# 江西省志

## 1991—2010

江西省地方志编纂委员会　编

江西人民出版社
Jiangxi People's Publishing House
全国百佳出版社

# 江西省地方志编纂委员会

## （2012 年 1 月）

**主　任**　吴新雄

**副主任**　朱　虹　　蔡玉峰　　刘　斌

**委　员**　陈东有　　谢碧联　　虞国庆　　王　海　　徐　毅
　　　　　胡　宪　　孙晓山　　毛惠忠　　李玉英　　王建农
　　　　　涂勤华　　张贻奏　　黄　鹤　　汪玉奇　　胡名义
　　　　　陈俊卿　　曾庆红　　刘昌林　　魏旋君　　钟志生
　　　　　董仚生　　王　萍　　张　勇　　吴小瑜　　周　慧

## （2013 年 3 月）

**主　任**　鹿心社

**副主任**　朱　虹　　蔡玉峰　　梅　宏

**委　员**　陈东有　　谢碧联　　虞国庆　　王　海　　徐　毅
　　　　　胡　宪　　孙晓山　　甘良淼　　王建农　　汪晓勇
　　　　　张贻奏　　黄　鹤　　汪玉奇　　张　锋　　陈俊卿
　　　　　刘昌林　　刘　捷　　钟志生　　蒋　斌　　潘东军
　　　　　胡世忠　　张和平　　吴小瑜　　周　慧

（2013 年 12 月）

**主　任**　鹿心社

**副主任**　朱　虹　　梅　宏　　蔡玉峰

**委　员**　方晓春　　张国轩　　张　锋　　欧阳苏勤　吴晓军
　　　　　虞国庆　　洪三国　　章凯旋　　徐　毅　　刘三秋
　　　　　刘定明　　朱　希　　孙晓山　　甘良淼　　李　利
　　　　　陈永华　　王建农　　邝小平　　刘　平　　汪晓勇
　　　　　梁　勇　　吴小瑜　　周　慧　　张贻奏　　魏　平
　　　　　钟志生　　熊茂平　　蒋　斌　　潘东军　　胡世忠
　　　　　张和平


（2014 年 6 月）

**主　任**　鹿心社

**副主任**　朱　虹　　梅　宏　　宋雷鸣

**委　员**　方晓春　　张国轩　　张　锋　　欧阳苏勤　吴晓军
　　　　　虞国庆　　洪三国　　章凯旋　　徐　毅　　刘三秋
　　　　　刘定明　　朱　希　　孙晓山　　胡汉平　　李　利
　　　　　陈永华　　王建农　　邝小平　　刘　平　　汪晓勇
　　　　　梁　勇　　周　慧　　张贻奏　　魏　平　　钟志生
　　　　　熊茂平　　蒋　斌　　潘东军　　胡世忠　　张和平

（2016 年 9 月）

主　任　刘　奇

副主任　毛伟明　　张　勇　　梅　宏　　刘晓艺

委　员　方晓春　　张国轩　　张　锋　　欧阳苏勤　　吴晓军
　　　　胡世忠　　虞国庆　　洪三国　　章凯旋　　　徐　毅
　　　　刘三秋　　刘定明　　朱　希　　孙晓山　　　胡汉平
　　　　李　利　　陈永华　　王建农　　邝小平　　　刘　平
　　　　汪晓勇　　梁　勇　　周　慧　　杨志华　　　张贻奏
　　　　魏　平　　钟志生　　熊茂平　　蒋　斌　　　潘东军
　　　　张和平


（2017 年 9 月）

主　任　刘　奇

副主任　毛伟明　　李　利　　张　勇　　梅　宏　　刘晓艺

委　员　郭　兵　　李　智　　王　俊　　郭建晖　　李庆红
　　　　钱　昀　　叶仁荪　　洪三国　　王国强　　刘金接
　　　　刘三秋　　邓兴明　　王爱和　　罗小云　　胡汉平
　　　　池　红　　丁晓群　　张和平　　万庆胜　　吴治云
　　　　杨六华　　方维华　　梁　勇　　周　慧　　杨志华
　　　　胡立文　　周恩海　　林彬杨　　梅　亦　　李江河
　　　　董晓健　　于秀明　　曾文明　　张小平　　王少玄
　　　　张鸿星

（2018 年 9 月）

主　任　易炼红

副主任　毛伟明　　孙菊生　　张小平　　梅　宏

委　员　夏克勤　　张国轩　　王　俊　　吴永明　　张和平
　　　　杨贵平　　叶仁荪　　谢光华　　张　强　　刘金接
　　　　朱　斌　　刘三秋　　张圣泽　　卢天锡　　王爱和
　　　　罗小云　　胡汉平　　池　红　　丁晓群　　胡立文
　　　　万庆胜　　吴治云　　方维华　　梁　勇　　周　慧
　　　　杨志华　　刘建洋　　谢一平　　梅　亦　　李江河
　　　　犹　瑾　　于秀明　　曾文明　　王水平　　谢来发
　　　　王少玄　　张鸿星

（2019 年 8 月）

主　任　易炼红

副主任　毛伟明　　孙菊生　　张小平　　樊雅强　　甘根华

委　员　杨志华　　周　慧　　王　俊　　吴永明　　夏克勤
　　　　张国轩　　张和平　　叶仁荪　　万广明　　杨贵平
　　　　刘金接　　王国强　　朱　斌　　刘三秋　　张圣泽
　　　　陈小平　　卢天锡　　王爱和　　罗小云　　胡汉平
　　　　刘翠兰　　池　红　　丁晓群　　龙卿吉　　辜华荣
　　　　赵　慧　　王福平　　万庆胜　　方维华　　梁　勇
　　　　胡立文　　刘建洋　　谢一平　　刘　锋　　李江河
　　　　犹　瑾　　于秀明　　曾文明　　王水平　　谢来发
　　　　王少玄　　张鸿星

（2020 年 5 月）

主　任　易炼红

副主任　孙菊生　　樊雅强　　甘根华

委　员　杨志华　张棉标　周　慧　王　俊　吴永明

　　　　夏克勤　张国轩　张和平　郭杰忠　万广明

　　　　杨贵平　刘金接　王国强　朱　斌　刘三秋

　　　　张圣泽　徐延彬　卢天锡　王爱和　罗小云

　　　　胡汉平　谢一平　池　红　王水平　龙卿吉

　　　　辜华荣　赵　慧　王福平　万庆胜　方维华

　　　　田延光　胡立文　黄喜忠　谢来发　刘　锋

　　　　李江河　犹　瑾　于秀明　曾文明　许南吉

　　　　陈　云　王少玄　张鸿星

主　修　吴新雄（2012 年 1 月—2013 年 3 月）

　　　　鹿心社（2013 年 3 月—2016 年 9 月）

　　　　刘　奇（2016 年 9 月—2018 年 9 月）

　　　　易炼红（2018 年 9 月—　）

副主修　朱　虹（2012 年 1 月—2016 年 9 月）

　　　　李　利（2017 年 9 月—2018 年 9 月）

　　　　孙菊生（2018 年 9 月—　）


总　纂　刘　斌（2012 年 1 月—2012 年 7 月）

　　　　梅　宏（2012 年 7 月—2019 年 3 月）

　　　　甘根华（2019 年 7 月—　）

副总纂　吴小瑜（2012 年 1 月—2014 年 7 月）

　　　　周　慧（2012 年 1 月—　）

　　　　杨志华（2014 年 7 月—　）

　　　　张棉标（2020 年 1 月—　）

# 凡 例

一、本志以马克思列宁主义、毛泽东思想、邓小平理论、"三个代表"重要思想、科学发展观、习近平新时代中国特色社会主义思想为指导，坚持党的路线、方针、政策，坚持辩证唯物主义和历史唯物主义，全面系统记述江西省自然、政治、经济、文化、社会等各方面的情况。

二、本志总名《江西省志》，系首轮《江西省志》续志，由独立出版的各分志构成。各分志名称为《江西省志·××志（1991—2010）》。分志为通志的不标注断限年份。

三、本志断限。上限原则上为1991年，与首轮《江西省志》下限相衔接，纵贯详记。首轮未修志书的分志上限不限，从事物发端写起；为全面、完整、系统地记述改革开放历史进程，部分分志上限上溯至1978年。下限为2010年底。为了反映机构撤并、领导班子换届、重大工程竣工等内容的完整性，部分分志下限适当下延。各分志断限，参见各分志《编纂说明》。

四、本志基本依照行业、部门设置分志，为反映江西地方特色，将《鄱阳湖志》《景德镇陶瓷文化志》《江河志》《名山志》《山江湖工程志》《茶志》《客家志》从相关行业、部门中分离出来，成为独立设置的7部分志。

五、各分志篇目根据科学分类和社会分工相结合的原则拟定，采用章节体，运用述、记、志、传、图、表、录等7种体裁，以志为主。

六、各分志根据需要设"人物"部分，收录本行业、本部门具有重要影响和作出重大贡献的人物。人物籍贯一律标注省县（市、区）名，城区名前标注设区市名。

七、本志除设《市县概况》分志外，各分志根据需要设"设区市概况"，记述设区市范围内本行业、本部门相关内容。

八、本志一律使用规范的语体文，以第三人称记述，述而不论，寓褒贬于记述之中。

九、本志纪年，一般采用公元纪年。1912年1月1日以前的，采用历史纪年括注公元纪年；1912年1月1日至1949年9月30日根据需要括注民国纪年。

十、行文中人物的职务、职称、军衔等冠于人名之前。

十一、本志语言文字、标点符号、计量单位、数字等表述执行国家标准和相关规定。

十二、志书编纂运用的数据以政府统计部门公布的法定数据为主，专业部门数据、调查数据为辅。

十三、本志采用统计部门、档案部门及相关单位提供的资料一般不注明出处。专用名词、特定事物、外文缩写等，随文括注。

十四、本《凡例》为《江西省志》全志通用体例，各分志的特殊问题，在各分志《编纂说明》中加以说明。

# 江西省志

# 工商行政管理志

## 1991—2010

江西省地方志编纂委员会　编

江西人民出版社
Jiangxi People's Publishing House
全国百佳出版社

# 《江西省志·工商行政管理志（1991—2010）》编纂委员会

## （2012 年 7 月）

| | | | | |
|---|---|---|---|---|
| **主 任** | 邝小平 | 王可忠 | | |
| **副主任** | 袁建军 | | | |
| **委 员** | 邝小平 | 王可忠 | 沈庆中 | 张 刚 | 刘建华 |
| | 魏晓奎 | 张 新 | 吴 伟 | 刘东庚 | 袁建军 |
| | 梁卫光 | 刘燕萍 | 王小庆 | 刘章明 | 李纬华 |
| | 裘应强 | 张忠文 | 周全民 | 杨 莹 | 郭国君 |
| | 旷虚赓 | 郑辅良 | 涂世宁 | 吕晓平 | 徐晓军 |
| | 包建勇 | 辜志明 | 刘瑞军 | 刘辉云 | 李日强 |
| | 李 峰 | 孔祥华 | 操柳林 | 李国梁 | 刘清明 |
| | 彭 鹏 | 刘雪峰 | 徐云辉 | 江训金 | 陈苗甫 |
| | 黄厚祝 | | | | |

（2015 年 9 月）

主　　　任　吴治云
常务副主任　刘建华
副　主　任　沈庆中　　魏晓奎　　张　新　　邹文东　　袁建军
　　　　　　郑辅良
委　　　员　梁卫光　　季建芳　　刘章明　　李纬华　　裘应强
　　　　　　康淑兰　　周全民　　杨　莹　　旷虚赓　　涂世宁
　　　　　　江训金　　王小庆　　吕晓平　　徐晓军　　包建勇
　　　　　　辜志明　　刘辉云　　林常青　　李日强　　徐云辉
　　　　　　郑　伟　　操柳林　　孙高清　　刘清明　　柳忠文
　　　　　　刘雪峰　　陈苗甫　　彭　鹏　　黄厚祝

（2019 年 12 月）

主　　　任　王福平
常务副主任　沈庆中
副　主　任　刘邦琰　　谭文英　　梁卫光　　刘建华　　杨　莹
委　　　员　徐仁龙　　刘志平　　季建芳　　李　峰　　李纬华
　　　　　　裘应强　　康淑兰　　马彩华　　矢　明　　毛镇祥
　　　　　　陈一和　　王小庆　　倪　腾　　马建国　　包建勇
　　　　　　辜志明　　李　崇　　林常青　　吴仁善　　徐云辉
　　　　　　郑　伟　　钟良贵　　贺根发　　刘清明　　夏涌波
　　　　　　温建华　　柳忠文　　张　华　　聂桑影　　谢克侵

# 《江西省志·工商行政管理志（1991—2010）》编纂办公室

## （2012 年 7 月）

主　任　梁卫光

副主任　刘承禄　　唐锋锋

成　员　罗　强　　陈　曦　　胡仁件　　彭火荣

## （2015 年 9 月）

主　任　梁卫光

副主任　李　崇

成　员　刘晓青　　彭永忠　　胡金印　　吴　玲

## （2019 年 12 月）

主　任　李　崇

成　员　喻德琪　　吴　玲

## 《江西省志·工商行政管理志（1991—2010）》
### 编纂指导

胡瑞云　　王小军　　孟　秀

## 《江西省志·工商行政管理志（1991—2010）》
### 审稿人员

| | | | | | |
|---|---|---|---|---|---|
| 初　审 | 甘根华 | 张棉标 | 周全民 | 徐晓军 | 王小军 |
| | 孟　秀 | | | | |
| 复　审 | 甘根华 | 张棉标 | 周全民 | 徐晓军 | 王小军 |
| | 孟　秀 | | | | |
| 验　收 | 孙菊生 | 樊雅强 | 甘根华 | 黄新建 | 贾　建 |
| | 江训金 | 刘章明 | | | |

1998 年 7 月 31 日，国家工商局局长王众孚（前排右二）在九江检查指导工作，深入抗洪一线慰问护堤工商干部。省工商局局长戴子钧（前排右一）等陪同

2008 年 11 月 13 日至 15 日，国家工商总局党组书记、局长周伯华（左二）在江西开展调研活动。14 日，省委副书记、省长吴新雄（左三）在南昌会见周伯华一行

1992年4月5日，国家工商局副局长曹天玷（左一）在萍乡市调研

2008年1月26日，国家工商总局纪检组长石见元（前排右二）到江西检查指导工商工作，省工商局局长邝小平（前排左一）陪同

2004年2月26日，副省长孙刚（左一）在省工商局调研，并参观全省工商系统美术书法摄影展

2008 年 3 月 15 日，副省长熊盛文（前排右二）在南昌八一广场出席消费者权益保护日活动仪式

2009 年 8 月 5 日至 7 日，国家工商总局副局长钟攸平（前排左一）到江西九江、宜春两地，就打击传销、家电下乡及农民专业合作社等工作进行督查调研

2004年12月30日，全省第六次个体私营经济工作暨表彰非公有制经济人士优秀建设者表彰大会在南昌召开

2007年4月4日，省工商局党组书记王可忠（右二）、副局长沈庆中（右一）深入企业调研指导

2003年8月，高安市工商局不断提升服务水平，在全局开展"形象服务、微笑服务、效率服务、规范服务、跟踪服务"五项服务活动

省工商局干部热情为企业服务，助推经济社会发展。图为2004年11月22日，装修一新的省工商局注册大厅

2003年4月，南昌市工商局在全国率先装备巡逻艇，成立水上工商执法队。图为水上工商执法人员在赣江河面进行监管工作

2005年3月1日，省工商局联合其他单位主办"3·15国际消费者权益日"纪念活动新闻发布会

2005年6月16日，省工商牵头召开江西省整治虚假违法广告联席会议

2006年3月22日，南昌市工商局联合公安部门查处全国十大传销案之一的江西红花国人（集团）股份有限公司网上传销案件

2007年4月11日，省、市、县工商局红盾护农活动在余干县开展

2007年11月13日，省工商局召开全省工商系统食品安全工作会

2007 年 12 月 6 日，南昌市工商局投资 560 万元研发建设的南昌市食品流通环节市场准入备案查询系统正式开通。该系统能对全市流通环节的食品经营企业（户）和食品的相关信息进行查询

2009 年 3 月 15 日，在南昌八一广场举行"2009 江西（南昌）3•15 国际消费者权益日"大型宣传咨询服务活动

省工商局办公楼大门

省工商局办公楼

南昌市工商局办公楼

九江市工商局办公楼

景德镇市工商局办公楼

萍乡市工商局办公楼

新余市工商局办公楼

鹰潭市工商局办公楼

赣州市于都县工商局办公楼

宜春市丰城市工商局办公楼

上饶市信州区工商局办公楼

吉安市工商局办公楼

抚州市工商局办公楼

2002年3月7日，省工商局局长殷国光（左二）深入基层就工商队伍建设进行调研

2003年4月19日，省工商局局长朱张才（右三）在井冈山工商培训中心调研指导

2006年12月27日，省工商局党组书记邝小平（前排右二）深入基层工商分局调研指导

2005年1月19日，省工商局召开全省工商管理工作会议，部署加强市场监督和队伍建设等工作

2005年3月4日，省工商局举办先进性教育学习心得交流演讲活动

2005年9月27日，省工商局召开驰名商标案件处理研讨会

2007 年 7 月 19 日，省工商局举办机关普法学习讲座

2008 年 7 月 31 日，省工商局组织新党员参观八一起义纪念馆，并举行入党宣誓仪式

2005 年 2 月 5 日，省工商局举行春节联欢会

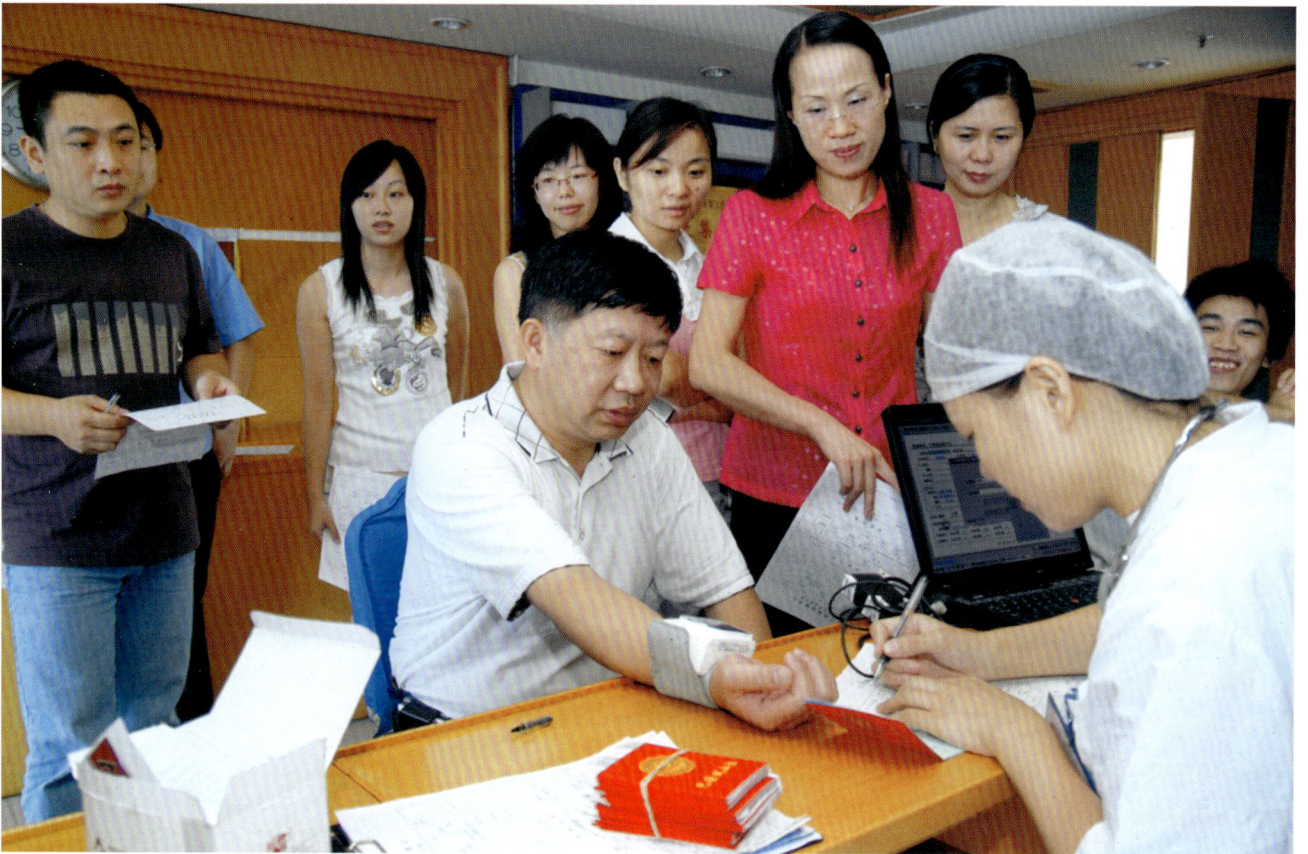

2007 年 8 月 17 日，省工商局组织职工义务献血

2008年初，在抗击冰雪灾害中，鹰潭市工商局组织全体干部职工扫雪

2008年3月，信丰县委宣传部、县工商局、文化局主办，县个私协会协办"消
费与责任"消费者之夜文艺晚会

2008 年 5 月 23 日，省工商局组织全体党员干部交纳"特殊党费"支援抗震救灾

2008 年 5 月，萍乡市工商局、市个私协会举行"向四川地震灾区献爱心"大型募捐活动

2008年7月，新余市渝水区个协举办"志愿服务迎奥运，文明和谐促发展"服务活动

2009年1月21日，省工商局组织开展全省工商系统"百名党员唱红歌"活动

2009 年 2 月 1 日，省工商局组织干部职工来到省局机关扶贫点——南昌县塘南镇蔡家村，参加新春植树活动

2010 年 6 月 30 日，省工商局组织全体党员开展缅怀革命先烈，重温入党誓词活动

# 序

"一邑之典章文物,皆系于志。"地方志是重要的资料宝库、知识宝库、文化宝库,是我国最深厚的文化软实力之一。源远流长的地方志书,犹如"明镜高悬",可以供广大群众"鉴前世之盛衰,考当今之得失";历久弥新的地方志编修,保存了中华民族的历史记忆与动力源泉,传承着华夏文明的文化基因与精神追求。当前,我国正处于建设中国特色社会主义的新时代,盛世修志,可谓正逢其时。

1991—2010 年,是世纪交替的 20 年。这期间,中国在各领域不断深化改革,扩大开放,社会主义市场经济体制逐步建立完善。江西省工商行政管理体制先后经历"调整大中城市工商行政管理体制""市场办管脱钩""工商所重新核定编制"和"省以下工商行政管理机关垂直管理"等重要改革,职能范围不断拓宽,管理体制不断理顺。20 年间,随着社会主义市场经济的发展,工商行政管理部门责任更大,任务更重,对工商行政管理队伍的素质要求更高。省工商局始终把建立一支高素质工商行政管理队伍作为一项战略任务来抓,开展政治思想教育,落实教育培训规划,加强基层规范化建设,提高干部队伍整体素质和依法行政能力,推动工商行政管理事业持续发展

自 20 世纪 90 年代开始,尤其是邓小平南方谈话发表和中共十四大召开后,江西省个体私营经济步入快速发展轨道。20 年中,全省各级工商部门围绕经济社会发展大局,立足登记管理职能,拓宽服务领域,出台一系列扶持企业和个体私营经济发展的措施,促进国有集体企业、外商投资企业和个体私营企业的发展。20 年中,各级工商部门坚持一手抓发展,一手抓监管,创新服务措施,推行政务公开制度和政务服务承诺制度,营造优质、高效的服务环境;坚持创新监管不停顿,从驻场式管理到市场巡查,从纸质经济户口到市场主体信用分类监管,从传统的刚性执法到"说理式"处罚等,无不充分体现全省工商人积极进取、与时俱进的精神。20 年中,各级工商部门以监管流通领域商品质量为重点,严厉打击制售假冒伪劣商品违法行为;以打击传销规范直销为重点,维护经营者和消费者的合法权益;以制止不正当竞争为重点,积极营造公平竞争的市场环境。20 年中,全省工商系统担负市场管理、企业登记管理、经济合同管理、商标管理、广告管理、消费维权、个体私营经济管理和打击投机倒把等工作任务,在维护市场秩序、服务地方经济、构建和谐社会中发挥了积极而独特的作用。

2018 年 11 月,由原省工商局、质监局、食药监局和省知识产权局、省价监局等部门整合组建成立省市场监管局,承担着深化商事制度改革、创新市场监管方式、营造公平竞争市场环境等重任。

过去工商的职能是现在市场监管局的一部分，做好《江西省志·工商行政管理志（1991—2010）》修志工作，全面、准确地记述这段历史，真实地反映这20年全省工商事业发展的重要事件和各方面成就，对于全省市场监管事业发展与传承具有积极意义。

《江西省志·工商行政管理志（1991—2010）》的编纂工作，是根据省政府办公厅批转省地方志办公室《第二轮江西省志编纂工作方案》的要求，由原省工商局于2013年启动的。历经9载寒暑，编委会人员更换3任，一任接着一任干，尤其是2019年底以来，编纂人员在过去大量内查外调、广征博采收集资料的基础上，积极整理编纂，内审修改完善，并在极短时间里总纂成稿。回顾过往，可谓得来不易。志稿终成，可谓善莫大焉。

《江西省志·工商行政管理志（1991—2010）》一书采用篇章结构，有7篇共34章，另有人物、附录部分。全书洋洋洒洒近百万字，涵盖了1991—2010年市场主体准入、市场秩序维护、法治建设、基层基础建设、工商管理机构、社会团体、设区市工商行政管理概况、人物等内容，资料丰富，内容详实，行文严谨、朴实、简洁、流畅，展现了江西工商行政管理事业20年的变化发展，突出了建设社会主义市场经济的时代特征和江西在中部崛起的地方特色，称得上是20年全省工商事业的"历史画卷"和全体工商人的"辅治之作"。

鉴古才知今，继往为开来。就此机会，我希望新一代的江西市场监管人，能积极从历史中汲取营养，充实智慧，承续激情，始终不忘初心，牢记使命，围绕党中央"五位一体""四个全面"总体战略布局，继续勇往直前，开拓进取，为夺取新时代中国特色社会主义建设的伟大胜利，早日实现中华民族的伟大复兴，作出江西市场监管人的应有贡献，展现江西市场监管人的昂扬风貌！

是为序。

江西省市场监督管理局党组书记、局长：王福平

2021年10月15日

# 编纂说明

一、《江西省志·工商行政管理志(1991—2010)》(简称本志)坚持实事求是原则,全面、准确、真实地记述1991—2010年江西省工商行政管理事业的发展情况。

二、本志上限接首轮《江西省工商行政管理志》的下限,即1991年;下限至2010年底。为保持对事物记述的完整性,少数内容时限适当上溯。

三、本志篇目基本框架包括图照、凡例、编纂说明、目录、概述、附录、后记等。卷首加插若干幅反映工商行政管理事业风貌与执法形象的图片。坚持志书体例,以志为主体,记述采用语体文,记述体。按工商行政管理事业分类设篇,篇下设章,分篇、章、节、目、子目5个层次。本志对机关单位名称的表述,第一次出现时,写出全称,以后则采用简称,如"江西省人民政府"简称"省政府","江西省工商行政管理局"简称"省工商局"。"国家工商行政管理总局"以2001年4月30日为界,之前简称"国家工商局",之后简称"国家工商总局"。

四、由于资料收集原因,第七篇第三章景德镇市只设6节。

五、本志工商行政管理机构的称谓,依照工商系统行文习惯表述,如地市工商局一般简称"设区市工商局";县(市、区)工商局一般简称"县级工商局"。

六、本志中人物部分分人物简介和人物名录。人物简介入选标准为省工商局主要领导、被省工商局发文开展向其学习活动的先进人物;人物名录入选标准为省工商局领导、被人事部和国家工商总局联合表彰的先进个人和集体。人物的排序按任职、获得荣誉时间先后排序。

七、本志资料来源,主要摘抄于江西省工商局档案室、江西省档案馆保存的文字档案;部分是各种报刊媒体中的原始资料;少数摘自国家工商总局编印的资料类书刊。本志中所列举的数据及报表,均为江西省工商局有关处室提供的正式报表和调查报告所列统计数据。

# 目 录

# 概　述

　　1991—2010 年,是中国深化改革、扩大开放和社会主义市场经济体制建立完善的重要时期,工商行政管理部门(简称工商部门)逐渐发展成为政府主管市场监管和行政执法的重要职能部门。在这一历史进程中,江西省工商部门坚持与时俱进,开拓创新,以提高干部队伍整体素质和依法行政能力为核心,以服务江西经济社会又好又快发展为目标,着力建立健全统一开放、竞争有序的现代市场体系,维护公平公正的市场秩序,营造良好的发展环境。20 年间,随着社会主义市场经济的发展,全省工商行政管理部门管理体制不断理顺,职能范围不断拓宽,职责任务更加繁重,作用地位日益凸显。

## 一

　　20 世纪 90 年代开始,尤其是邓小平南方谈话发表和中共十四大召开,确立建立社会主义市场经济体制后,全省经济体制改革逐步深入,对外开放不断拓展,市场各类主体得以蓬勃发展。1991—2010 年,内资企业、外商投资企业、个体工商户以及农民专业合作社等组织形式的市场主体在全省各(地)市广为分布,融入并促进全省经济社会发展。1991 年,经全省各级工商部门核准"三资"企业 160 家;全省个体工商户、私营企业有 41.2 万家。2001 年,全省累计实有外商投资企业 2284 家,投资总额 73.79 亿美元,注册资本 35.26 亿美元。全省个体工商户、私营企业达 60.54 万家,注册资本 275.62 亿元。2010 年,市场主体达到 131.26 万家。其中,内资企业 7.59 万家,私营企业 15.29 万家,外资企业 7570 家,个体工商户 106.42 万家,农民专业合作社 1.2 万家。

　　得益于改革开放的深入进行和社会主义市场经济体制的逐步建立,全省个体私营经济步入快速发展轨道,个体私营经济迅速发展壮大。伴随着改革开放的不断推进以及全面深化改革,全省个体私营经济从"拾遗补阙"变为"有益的补充",后又发展成为社会主义市场经济的重要组成部分。

　　为促进个体私营经济发展,1991—2010 年,全省各级工商部门解放思想,求真务实,坚持把服务地方经济发展作为第一要务,围绕经济社会发展大局,立足登记管理职能,拓宽服务领域,创新服务措施,为国有集体企业改革、外商投资企业和个体私营企业的发展献计出力。各级工商部门降低市场准入门槛,简化登记程序,提高办事效率,先后出台一系列扶持企业和个体私营经济发展的措施和优惠政策,放手推动个体私营经济快速健康发展。坚持一手抓发展,一手抓监管,充分发挥工商管理职能,促进全省个体私营经济不断发展壮大。

　　1991 年,全省城乡个体工商户和私营企业有 412334 家,从业人员有 86 万余人,占全省社会总人口 3865 万的 2.22%；其中，城乡个体工商户自有资金 96489 万元，私营企业注册资本 10460 万元；全省个体私营企业共缴纳税额 4.37 亿元。2000 年，全省个体工商户达 61.5 万家，从业人员 151.9 万人，私营企业 2.68 万家，从业人员 46.7 万人；全省个体工商户、私营企业注册资本累计分别为 59.3 亿元和 154.1 亿元，全省个体私营经济纳税超过 30 亿元，个体私营经济完成 GDP 约占全省总量的 8%。2010 年，全省实有个体工商户 106.86 万家，从业人员 274.44 万人，资本数额 451.41 亿元；全省私营企业 15.45 万家，从业人员 260.69 万人，注册资本 3500.09 亿元；个体私营从业人员占全省社会总人口 4456.75 万的 12%。20 年间，全省个体私营经济逐渐发展壮大，成为江西国民经济不可缺少的重要组成部分，是经济发展的重要生力军和极具活力的经济增长点。

为促进各类市场主体健康发展，从 20 世纪 80 年代末 90 年代初开始，全省各级工商部门对企业行使行政监督管理权，依据国家有关企业登记法规，监督企业法人按规定办理开业、变更、注销登记；监督企业法人按照登记注册事项和章程、合同从事经营活动；监督企业法人和法定代表人遵守国家法律、法规、政策；制止和查处企业法人的违法经营活动，保护企业法人的合法权益。各级工商部门采取日常监督与年度检验相结合、清理整顿与专项检查相结合、建立"经济户口"与企业信用分层分类监管相结合、出资管理与查处"两虚一逃"(虚假股东、虚假出资、抽逃出资)相结合、下放职权与属地监管相结合等方法，加强对内资企业、外商投资企业和个体私营企业的监管，依法查处各种不法行为。

# 二

1991—2010 年，江西省工商行政管理系统(简称全省工商系统)担负市场管理、企业登记管理、经济合同管理、商标管理、广告管理、消费维权、个体私营经济管理和打击投机倒把等工作任务，在维护市场秩序、服务地方经济、构建和谐社会中发挥了积极作用。20 年间，江西省商品市场得到快速发展。1998 年，全省各类商品交易市场由 1991 年的 2442 个发展到 2936 个。在众多各类商品市场中，有南昌市洪城大市场等一批典型综合商品市场，也有乐平市蔬菜批发市场等一批典型专业商品市场。同时，全省开展创建文明市场活动，涌现出南昌市东湖区墩子塘集贸市场等几十个"全国文明集贸市场"和南昌市郊区四交市场等一大批"全省文明集贸市场"。全省工商系统大力扶植培育市场发展，不断创新市场监管，经历了从兴办市场到"办管脱钩"等阶段。各级工商部门建立流通领域商品质量检查制度，落实日常监督管理责任制，实行商品交易市场信用等级分类管理。加强对粮食市场、棉花市场、成品油市场、农资市场、机动车市场等重要商品市场监管。从 2004 年开始，全省工商系统开展"红盾护农"行动，通过"红盾打假护农保春耕"专项行动、"红盾护农统一行动日"活动等，整治农资市场，维护农民合法权益。2010 年，查处涉及非法经营农资案件 2143 件，案值 1353.1 万元，为农民挽回经济损失 580.72 万元。

全省工商系统始终坚持创新监管不停顿。各市县工商部门改驻场式管理为市场巡查，改纸质经济户口为市场主体信用分类监管，改传统的刚性执法为"说理式"处罚等，采取"事前指导提醒、事中服务办妥、事后监督整改"的全程介入法。大力建设责任工商、法制工商、信用工商、信息工商，打造"放心食品、商标、信用、诚信维权、工商服务"五大品牌,加快实现从传统"监管型"工商行政管理向现代"服务型"工商行政管理的转变。

全省工商系统以监管流通领域商品质量为重点,严厉打击制售假冒伪劣商品违法行为。以打击传销规范直销为重点,维护经营者和消费者的合法权益。以制止不正当竞争为重点,打破地区封锁,营造公平竞争的市场环境,始终坚持破解难题不绕道。开展"办管脱钩"工作,解决历史遗留问题;停止征收"两费"(集贸市场管理费和个体工商户管理费),减轻经营者负担;改革"案结事了"的简单化执法,推行监管、执法、服务三部曲。

全省工商系统加强经济合同监督管理,开展合同鉴证工作,推行合同示范文本,调解合同纠纷;制止和查处利用合同进行的违法行为,保护当事人合法权益;开展"守合同、重信用"企业评比活动,2010 年,全省认定年度"守合同、重信用"3A 级企业 344 家。引导、扶持企业争创省著名商标和中国驰名商标,至 2010 年底,全省有注册商标 5.09 万件,其中中国驰名商标 30 件,江西省著名商标804 件;同时,查处商标违法行为,保护企业的注册商标专用权。大力支持和服务广告业发展,广告经营单位由 1991 年 361 家发展到 2010 年 4306 家;严把广告市场准入关、经营单位年检关和广告发布关,开展广告市场整治活动,查处虚假广告,维护广告市场秩序。

20 年间,全省工商系统加大市场监管和专项整治力度,坚持连年开展整顿和规范市场经济秩序的系列活动,规范市场行为,净化市场环境,整治交易秩序,制止不正当竞争,查禁市场上各种违法违章行为。强化网吧、建材、化妆品、成品油、儿童玩具、家用电器、汽车配件等市场监管力度,加大对虚报注册资本、抽逃注册资金、无照经营、虚假宣传、商业欺诈、短斤少两、掺杂使假等违法违章行为的查处力度,保护生产者、经营者、消费者合法权益,维护全省市场经济秩序。

1991—2010 年,全省工商系统切实履行公平交易执法职责,广泛开展打击制售假冒伪劣产品行为,制止不正当竞争,查处各类违法违章案件;坚决查禁传销及变相传销违法行为;严厉查处在药品购销、政府采购等重点行业重点领域的商业贿赂行为,营造公平竞争市场环境。不断加强消费者举报投诉网络建设,完善"12315"行政执法体系,大力推进消费者保护维权工作的制度化、规范化、程序化、法制化。围绕重点食品、重点单位、重点区域,集中开展清理和规范食品生产经营主体资格,明确经营者履行进货检查验收等法定责任和义务,开展食品安全及农村食品安全整治年、节日食品、季节性食品、儿童食品等一系列专项执法检查,加大整治力度和拓宽检查区域,建立和完善长效监管机制;2010 年,全省共创建食品安全示范店 5602 家,农资商品示范店 2476 家。全省工商系统在切实履行维护市场竞争环境和消费者合法权益、促进和谐平安消费环境建设等方面取得明显成就。

## 三

为适应依法行政工作需要,20 世纪 80 年代末,全省工商系统的法制工作机构开始设立,法制工作队伍从无到有,从小到大,逐步充实与加强。1995 年机构改革时,按照省政府批准实施的省工商局"三定"(定职能、定机构、定编制)方案,省工商局单独设立法制机构——政研法规处。之后,全省县级以上工商机关相继设立法制机构。在2002年的市县工商体制改革中，只保留设区市工商局的法制机构，县级工商局的法制工作职责由其办公室履行。2005年6月，县级工商局的法制机构——政研法规股得以增设。至2006年，全省工商系统法制机构基本上单独设立，法制工作体制机制基本建立。

从1991年起，全省工商系统逐步完善"权责分明、行为规范、监督有效、保障有力"的行政执法体系，执法监督检查形成规范化、制度化。省工商局与各设区市工商局，开展调研并参与地方性法规的立项申报，建立与国家法律配套的地方工商行政管理法规体系，为全省工商行政管理工作提供较为完备的执法依据。各级工商部门贯彻执行《行政处罚法》《行政复议法》《行政诉讼法》和《行政监察法》等法律法规，开展行政处罚核审、听证、行政复议和应诉工作，依法行政水平不断提高，促进依法行政效能的提升。

省工商局围绕中共中央关于全面推进依法治国的总目标，根据省委关于全面推进法治江西建设的决策部署和国家工商总局建设法治工商的意见，为突出"保障社会公正、促进社会诚信、维护社会秩序"三大重点任务，全面推进"职能科学、权责法定、执法严明、公开公正、廉洁高效、守法诚信"的法治工商目标建设。

全省工商系统重视制度建设。20世纪90年代开始，省工商局配合省人大加强地方立法立项，在充分调研的基础上，先后起草颁布《江西省实施〈消费者权益保护法〉办法》《江西省经纪人条例》《江西省户外广告管理条例》等地方性法规，完善修改有关法律法规以及对过时的法律规章进行清理。省工商局开展制度创新，先后印发《工商行政管理人员执法检查规则（试行）的通知》《江西省工商行政管理局行政执法公示制》等；推行行政执法公示、政务公开制度；推出政务服务承诺制度，向管理对象及全社会，公开承诺工商机关管理事项的办事程序、服务标准、办事时限、投诉制度，同时制定和公布违反相关承诺处罚办法，请全社会监督；聘请兼职监察员，实行"说理式"行政处罚，维护公平正义。

1991—2010年，全省工商系统加强执法监督，规范行政处罚案件的办理。省工商局印发《江西省工商行政管理局关于开展行政处罚案件审核工作的意见》，实行行政处罚案件审核制度；自1997年起，实行行政处罚案件听证制度；受理行政复议案件；贯彻实施《行政诉讼法》，做好全省工商系统的行政执法应诉工作；开展执法检查，规范行政执法行为。全省工商系统执法监督工作走上规范化、制度化轨道。

# 四

1991—2010年，为适应深化改革、扩大开放和社会主义市场经济体制的建立完善，江西省工商行政管理体制先后经历"调整大中城市工商行政管理体制""市场办管脱钩""工商所重新核定编制"和"省以下工商行政管理机关垂直管理"等重要改革，职能范围不断调整，管理体制不断理顺和优化。

20年间，全省工商管理机构逐步充实健全，人员逐年增加。全省工商行政管理队伍（简称工商队伍)经历人员不足到队伍庞大再到精简精干的过程。1992 年底,全省共设立工商行政管理机构1334 个,总人数 12344 人。1998 年底,全省工商系统共设管理机构 2553 个,有行政事业编制 13817人,实有在职人数 19219 人。2010 年底,全省工商系统共有 11 个设区市工商局、122 个县级工商局、881 个基层分局,在编人数 14674 人。

1996 年开始,各设区市工商机关开展公务员登记、过渡工作,符合条件的在岗拟过渡人员统一参加各市工商系统公务员过渡考试,合格者过渡为国家公务员,同时各级工商机关编制员额管理逐步规范化,建立公开、竞争、择优用人和进人机制,规范公务员考核录用工作。1999 年,工商行政管理机构实行省以下垂直管理,市工商局的人、财、物由省工商局直接统一管理。自 1999 年开始,赣州、宜春、上饶、吉安、抚州等地区先后撤地设市,随后原地区工商局更名为市工商局。2002 年,各设区市工商机关实行机构改革,内设机构进一步调整。

1991—2010 年,省工商局坚持把建立一支政治过硬、作风过硬、业务过硬、忠于职守、公正执法、廉洁自律的高水平、高素质工商队伍作为一项战略任务来抓,落实教育培训规划,开展政治思想教育、学历教育、各类专业培训,加强基层规范化建设,围绕中心,服务大局,提高工商队伍的政治素质和业务水平,为推动工商行政管理事业持续发展打下坚实基础。各设区市工商局有计划、有步骤、分层次、分阶段对工商干部进行业务培训、法制教育,编制干部教育培训"五年规划",建立干部教育培训领导责任制和目标责任制等制度措施,落实教育培训计划,优化学历结构,使各市工商干部的政治、业务、文化素质逐年得到提高。

20 年间,全省工商系统强化服务意识,转变观念,转变职能,改进工作作风,营造优质、高效的服务环境。推行首办负责、一次性告知、限时办结、公开承诺等工作制度,实行"5 + 2"(5 个工作日加两个双休日)与"白加黑"(白天加夜晚)工作法,开展窗口、网络、上门走访"三大服务"。各设区市工商局加强基层规范化建设,贯彻实施《全国工商行政管理系统基层建设纲要(试行)》《工商行政管理所条例》和《工商行政管理所初级规范》等工作制度,开展"工商形象建设年""公平交易执法年""机关效能建设年"等活动。

全省工商系统始终不放松廉政建设。自 20 世纪 90 年代开始,省工商局先后制定印发《江西省工商行政管理局机关关于严禁用公款吃喝和接受吃请礼品的规定》《切实加强工商行政管理干部队伍建设的若干意见》等文件,整顿基层存在的"吃、拿、卡、要、借"等不正之风,实行兼职监察员制度、述职述廉制度,从制度上扎牢防腐拒变笼子。开展行政监察工作,不断完善工商行政管理人员行为规范,全面推行风险岗位廉能管理;各设区市工商局建立副科级以上干部廉洁自律档案,各县区工商局建立股(所)级干部廉洁自律档案;落实执法办案回访卡和办照收费回访卡制度,基层执法人员向监管服务对象述职述廉活动全面开展。落实谈话、述职述廉、个人重大事项报告、局务公开、巡视监督五项制度。全省工商系统重视群众信访举报,查处干部违反党纪政纪案件。2009 年,各级工商局纪检监察机构严肃查办以权谋私、失职渎职、与民争利、直接侵害群众利益的违纪案件,全系统纪检监察机构共受理信访举报 71 件,立案查处各类违纪案件 10 件,给予党纪政纪处分 10 人,党纪政纪双重处理 2 人。各级工商机关始终保持对腐败高压打击态势,确保工商干部队伍的纯洁。

# 五

挂靠在省工商局的社会团体组织主要有4个,即省个体私营经济协会、省消费者协会、省广告协会、省工商行政管理学会。这4个社会团体遵照各自的章程开展工作,严格遵守国家法律法规,履行自我服务、自我教育、自我管理、自我发展的宗旨,在普及和宣传国家政策法规、加强行业自律、引导爱岗敬业、倡导守法经营、保护行业合法权益、维护社会主义市场经济秩序等方面发挥重要作用,成为各级工商机关的得力助手,是党和政府联系广大会员的桥梁和纽带。

江西省个体私营经济协会(简称省个私协)是伴随着全省个体经济的恢复和发展而产生的一个新型社团组织,是由全省个体工商业者和私营企业及其从业人员组成的非营利性社会团体组织。1991—2010年,省个私协先后召开会员代表大会三次,分别选举产生第三、四、五届理事会。省个私协自成立后,把宣传贯彻党和国家有关个体私营经济的方针政策,引导个体私营经济健康发展放在重要位置。在全省个私系统持之以恒开展职业道德教育,深入持久开展创评"光彩之星""青年文明号"等精神文明创建活动。全省各级个私协会结合当地会员的实际情况,适时举办各类职能技术培训班,帮助会员提高生产经营技能。为解决会员融资难问题,全省各级个私协会加大融资服务力度,拓宽融资渠道,搭建银企融资平台。省个私协在会员中大力提倡"富而思进,回报社会"。全省个私协系统贯彻落实省委、省政府关于下岗失业人员再就业工作的方针政策,把扶持和安置下岗失业人员再就业与发展个体私营经济有机地结合起来。省个私协开展维权服务,建立维权网络,维护会员合法权益。到2005年底,全省个私协系统建立法律咨询服务机构116个,聘请法律顾问120人,共受理侵权案件3612件,其中3433件得到处理,维护了会员合法权益。

江西省消费者协会(简称省消协)是由省工商局、省标准计量局(省质量技术监督局)、省商检局、省物价局等部门发起,经江西省人民政府批准,于1989年6月30日在南昌成立,对商品和服务进行社会监督,保护消费者合法权益的社会团体。江西省消费者协会的领导机构是理事会,理事由政府各有关部门、人民团体、社会团体、新闻单位、各设区市消费者协会推举产生。1994年9月,全省110个地(市)、县(区)建立消费者协会,成为全国第一个完成县级消费者协会组织建立的省份。1991—2010年,全省各级消协坚持为消费者服务的宗旨,围绕消费者关注的热点和难点问题,履行《江西省保护消费者合法权益条例》《中华人民共和国消费者权益保护法》和《江西省实施〈中华人民共和国消费者权益保护法〉办法》赋予的职能,加强消协组织建设,促进消费者权益保护事业发展;建立和完善消费者协会组织体制;形成覆盖全省城乡纵横交错的消费维权监督服务网络,更好为广大消费者服务;配合有关部门推动和参与制定保护消费者合法权益法规、规章;受理消费者投诉,化解社会矛盾,维护社会稳定;开展消费教育和消费指导,传播科学消费知识,提高消费者的维权水平和能力;做好保护消费者权益宣传,大力开展"年主题"活动,提高消费者的法治观念和意识,营造良好的舆论氛围;强化对商品和服务的监督,及时制止损害消费者权益行为,营造良好的市场环境;推进消费维权信息化建设和农村消费维权工作,开发利用好全省消协系统信息资源,为建设社会主义新农村服务。20年间,全省县级以上消费者协会共受理消费者投诉290218起,解决

284151 起,为消费者挽回经济损失 1.83 亿元,接待消费者来访、来电、来信咨询 980 余万人次,收到消费者送来的锦旗、表扬信等 20199 件(封),将一些不稳定因素消灭在萌芽状态,保护了消费者合法权益,促进社会和谐稳定。

江西省广告协会(简称省广协)是经江西省体改委批复同意成立的社会团体,是江西省广告界的行业组织,接受省工商局直接领导和江西省社团管理局管理。1991—2010 年,全省各级广告协会发挥"提供服务、反映诉求、规范行为"的功能作用,宣传贯彻《中华人民共和国广告法》,为广告业提供专业技术培训、企业资质认定、法律咨询、广告审查、交流合作等服务工作。省广告协会加强广告行业自律,建立和完善自律性管理约束机制。围绕规范广告市场秩序,健全各项自律性管理制度,制定并组织实施行业职业道德准则,大力推动广告行业诚信建设,规范会员行为,加强自我监管。先后制定《江西省广告行业自律规则》《江西省广告行业公平竞争规则》《江西省广告宣传精神文明自律规则》等自律性文件,为维护广告行业秩序和促进发展起到积极作用。

江西省工商行政管理学会(简称省工商学会)成立于 1991 年 4 月 27 日,是根据工商行政管理职能研究市场监督管理和行政执法理论与实践,具有法人资格的社会团体组织。省工商学会成立后,围绕工商行政管理部门中心任务,开展工商行政管理理论研究和学术交流活动,普及和宣传工商行政管理法律法规知识,先后召开 7 次全省工商系统理论研讨会,编辑出版《江西工商》(《江西工商行政管理》)等工商报刊,为繁荣工商行政管理理论,创新工商行政管理方式方法,提高干部队伍理论水平发挥积极作用。

# 大事记

## 1991 年

1月8日　省政府办公厅印发《关于开展烟草市场专项整治,加强烟草专卖管理的通知》,要求工商行政管理部门在打击非法运销、地下批发、走私贩私进口卷烟、制造销售假冒和手工卷烟等违法活动方面,发挥职能作用。

1月　《江西工商行政管理》月刊从1991年第1期起,更名为《江西工商》月刊,并增设内部版,省委原副书记、副省长、全国人大常委会委员方志纯为月刊题写刊名,中顾委委员白栋材,省人大常委会主任许勤,省人大常委会副主任、省委政法委书记王昭荣,副省长孙希岳,省工商局局长郭建章为月刊题词。

3月9—11日　全国工商系统纠正行业不正之风座谈会在南昌召开。国家工商局局长刘敏学出席会议,并先后到南昌市、九江市重点市场和企业调研。

4月8日　省政府首届"重合同、守信用"企业命名大会在南昌市召开。大会为获"重合同、守信用"称号的25家企业颁发牌匾。省政府秘书长孙瑞林、省工商局局长郭建章、国家工商局相关人员出席大会。

4月23—26日　全省工商行政管理工作暨廉政建设表彰会在南昌举行。会上传达省长吴官正的指示,副省长孙希岳、省政府副秘书长范小珊等到会讲话。会议对丰城市工商局等38个廉政先进单位、彭礼轩等75名廉政建设先进个人进行表彰。

4月27日　省工商行政管理学会在南昌召开成立大会,通过《江西省工商行政管理学会章程》,选举理事75人、常务理事26人。副省长孙希岳为名誉会长,原省长赵增益、省政协副主席叶学龄为顾问。省工商局局长郭建章任会长,副局长徐天庆任副会长。

5月14日　省工商局印发《关于〈江西省工商行政管理志编纂委员会组成人员及办事机构负责人名单〉的通知》,编纂委员会主任为郭建章,副主任为徐天庆。

8月1—2日　省工商局在庐山召开由各地、市工商局长参加的"进一步支持搞活企业和市场座谈会"。会议要求下更大力气支持搞活国营大中型企业,鼓励个体和集体所有制经济发展,制止乱设卡、乱收费、乱罚款现象。

# 1992 年

1月10日　省工商局印发《江西省城乡个体工商户监督管理规范》和《江西省城乡个体工商户登记管理规范》，从是年2月1日开始实施。

2月1日　省政府发出通知，批转《省工商局〈关于"八五"期间全省集贸专业市场建设规划要点〉的请示》，要求各地认真贯彻执行。

2月10日　省工商局印发《关于授予南昌、九江、景德镇、赣州市工商局外商投资企业登记初审权的通知》。

3月6日　省工商行政管理学会、省个体私营经济协会、省消费者协会、省广告协会经省社团管理机关审核合格，准予注册登记为社团法人，并于是日《江西日报》上公告。

3月6日　省工商局印发《关于防治假冒伪劣商品的14条措施》，要求各级工商行政管理机关指定1名局领导负责，协调组织机关内部关系，发挥整体合力，建立责任制，有效地开展"扫假"工作。

3月12—14日　全省工商行政管理工作会议在南昌召开。会议传达了全国工商行政管理工作会议精神，围绕工商行政管理机关既要更大胆地支持改革开放，又要更有效地加强监督管理的主题，进行研究讨论。副省长舒圣佑出席会议。

4月19—26日　国家工商局副局长曹天玷一行在省工商局局长郭建章陪同下，先后到上饶、鹰潭、景德镇、九江、南昌、萍乡等地考察。沿途听取当地党政领导有关市场建设的情况汇报，参观上饶市宝泽楼集市、鹰潭眼镜市场、景德镇陶瓷夜市、九江堤外市场、南昌万寿宫商城、贤士湖蔬菜水果批发市场、萍乡市西门市场等，还考察了部分正在兴建、扩建的专业、批发市场。

5月15日　省工商局通报表彰1990—1991年度"全省文明集贸市场"和"优秀市管员"，共有60个集贸市场和61名市管员受到表彰。

6月16日　省工商局印发《转发国家工商局〈关于稳定工商行政管理体制的意见〉的通知》，重申工商所是区、县（含县级市）工商局的派出机构，其人员编制、经费开支、干部管理和业务工作等由区、县工商局直接领导和管理。

7月20日　中顾委委员白栋材在抚州地委书记刘南方陪同下，专程到东乡考察市场建设，听取县委、县政府关于东乡市场建设的汇报，参观赣东贸易中心市场及即将竣工的建材专业批发市场。

8月6日　国家新闻出版署批准《江西工商》杂志向全国公开发行。公开发行从1992年第10期开始。

8月24日　省委书记毛致用在宜春地委书记周述荣陪同下，到奉新商品大世界市场调研并题词。

9月23日　省委、省政府印发《关于继续发展个体私营经济的决定》，强调全省大力发展个体私营经济，不断壮大市场主体，推动经济社会快速发展。

11月9—10日　中国广告协会主办的全国第3届广告作品展览会在南昌举行。

11月10—12日　全省个体劳动者、私营企业者第3次代表大会暨先进个体劳动者、私营企业表彰大会在南昌举行。省委常委、副省长舒圣佑出席并讲话，省人大常委会副主任王仲发，省政协副主席叶学龄、沈翰卿等出席会议。

11月14日　省工商局成立江西省工商行政管理咨询事务所和江西省商标事务所（县处级）。两所为两块牌子一班人员，属企业化管理的事业单位。

# 1993 年

1月4日　副省长郑良玉到省工商局听取情况汇报，并就市场建设等方面问题要求全省工商系统努力为培育发展社会主义市场经济服务。次日，郑良玉前往吉安市调研，考察南昌至吉安沿途市场情况，省工商局副局长徐天庆陪同。

1月12—14日　省工商行政管理工作会议在南昌市召开。会议强调工商系统要把工作重点放在壮大各类市场主体和建立培育市场上。副省长郑良玉到会讲话，各地市、县（市、区）工商局局长和省工商局各处室及直属单位主要负责人参加会议。

1月13日　省委宣传部、省工商局联合举行全省12个大中型集贸市场新闻发布会，对江西省培育和建立社会主义市场体系情况作介绍。

1月18日　省委书记毛致用，省委常委、南昌市委书记彭崑生到"全国文明市场"南昌市东湖区墩子塘集贸市场调研。

2月1日　省财政厅、物价局、工商局及省个协联合印发《关于坚决制止向个体户、私营企业乱收费的通知》。

3月10日　省工商局印发《关于开展打击假冒伪劣农业生产资料活动的通知》，强调把打击假冒伪劣农业生产资料工作放在"打假"工作的首位，重点打击假冒伪劣种子、化肥、农膜、农药等主要品种，确保农业生产顺利进行。

3月　省工商局副局长沃祖全出席全国政协八届一次会议。沃祖全在此次会议上当选为第八届全国政协常委。

3—4月　全省玉山县、定南县、吉水县、德兴市等一批机构改革试点县（市），将县（市）工商局与物价局合并为工商物价局。

4月6日　省工商局制定《江西省商标代理办法》。是年7月1日正式实施商标代理制，停止过去实行的商标注册两级核转制。

6月29日　省工商局经济合同仲裁委员会仲裁历年来全省首例合同纠纷大案，申诉方为广东韶关珠工贸发展公司，被诉方为南昌市金属材料公司。标段金额2050万元，争议金额930万元，后经仲裁委员会主持调解，双方达成调解协议，并按协议执行。

6月30日至7月1日　省消费者协会召开第四次理事会暨保护消费者权益先进集体、先进个人表彰会，会上表彰了全省保护消费者权益先进集体18个，先进个人20人。副省长郑良玉到会讲话，省人大常委会副主任王仲发、省消协名誉会长刘仲候出席会议。

7月21—24日　第13届华东地区工商局局长协作会议在井冈山市召开。会议就切实加强和改进工商行政管理工作展开讨论,交换意见。江西、江苏、浙江、安徽、山东、福建6省和上海市工商局局长,省工商局副局长徐天庆、胡菊芬、吴同国参加会议。

7月28日　省工商局与省公安厅联合印发《关于成立集市治安办公室的通知》,要求在全省各大中型集贸市场成立集市治安办公室,以维护市场秩序,规范市场管理。

10月12—13日　全省工商系统反腐倡廉工作座谈会在南昌市召开,会议要求全省工商人员做到廉洁自律"十不准"。

是月　省卫生厅、省工商局发出《关于加强城乡个体行医管理的通知》。

12月8日　全省个体工商户、私营企业代表座谈会在南昌召开。副省长郑良玉到会听取代表们发言并讲话,省工商局局长郭建章介绍全省个体、私营经济发展情况,省政府副秘书长范小珊主持座谈会。25名个体工商户、私营企业主代表参加会议。

12月19—20日　全省个体私营经济理论研讨会在南昌举行。会议围绕在社会主义市场经济体制下,加快发展个体私营经济的主题进行探讨。省工商局局长郭建章,副局长徐天庆、沃祖全,省个协会长张长久出席会议。

12月28日　省人大财经委员会、省工商局在南昌联合召开实施《中华人民共和国消费者权益保护法》新闻发布会。省人大常委会副主任王仲发,副省长郑良玉,省消协名誉会长刘仲候,省消协顾问裴德安、沈翰卿、柳滨出席会议。

# 1994 年

4月2日　省委书记毛致用在临川县东馆乡蹲点,到该乡刚建成的市场进行调研并题词。

7月4日　省人大财经委、省工商局在南昌举行《中华人民共和国公司法》实施新闻发布会。省人大常委会副主任王仲发、副省长郑良玉出席会议并讲话。省工商局局长郭建章就实施细则回答记者提问。

8月15日　省八届人大常委会第十次会议任命戴子钧为省工商局局长。之前,省委决定戴子钧为省工商局党组书记。

9月7日　省工商行政管理学会选举省工商局局长戴子钧为省工商行政管理学会理事、常务理事、会长。

11月11日　省工商局在南昌召开全省工商行政管理系统"打假"销毁假冒伪劣商品现场会,省市工商局干部,各企业代表和群众近千人参加。

11月20日　省工商局召开全省工商系统反腐倡廉工作暨表彰会。会上,共表彰廉政建设先进单位41个,先进个人70人。副省长郑良玉,省纪委副书记、监察厅厅长贾意安,省工商局党组书记、局长戴子钧到会讲话。

12月6—7日　省政府在南昌召开全省个体私营经济工作会议暨表彰会。会议表彰了30家先进个体户、先进私营企业。省委书记毛致用、省长吴官正等出席会议并为先进代表颁奖。

12月20日　南昌市5个城区工商局即日起,改为市工商局派出机构,由市工商局实行垂直领导。

12月21日　省工商局印发《关于在全省工商行政管理系统开展向王建辉同志学习的决定》,要求省工商系统广泛开展学习宣传泰和县工商局灌溪工商所所长王建辉英勇斗歹徒以及扎根山区,以所为家,廉洁奉公,敢于碰硬的先进事迹。

12月27日　省八届人大常委会第十三次会议通过并公布《江西省个体工商户与私营企业条例》,自1995年2月1日起施行。

# 1995 年

1月4日　省人大财经委、省人大常委会法工委、省政府法制局和省工商局在南昌联合举行实施《江西省个体工商户与私营企业条例》新闻发布会。省人大常委会副主任王昭荣和省工商局局长戴子钧先后在会上讲话。

1月16日　省工商局表彰南昌市东湖区子固路集贸市场等70个1993—1994年度全省文明集贸市场。

3月15日　省、市纪念"国际消费者权益日"活动在南昌八一广场举行。省市工商、消协、物价、计量等有关部门向广大消费者宣传《消费者权益保护法》,提供咨询服务,现场受理消费者投诉。省工商局局长戴子钧等出席活动。

3月16日　省财政厅、省工商局就加强和改进工商行政管理系统收费管理发出通知,对工商行政管理费的使用开支范围,各级工商局参与基层收入的部分分成比例,以及对完成上交管理费任务单位的奖励办法作出具体规定。

5月16日　全省工商学会第一次秘书长会议在南昌召开,就工商学会在加强工商管理建设中的地位及作用等问题展开讨论。省工商局局长、学会会长戴子钧,副局长、学会副会长沃祖全到会讲话。

5月28日至6月2日　国家工商局副局长韩新民一行先后到南昌、吉安、九江等地调研,参观考察南昌万寿宫商城、正在兴建的南昌洪城大市场、井冈山集贸市场和井冈山小商品市场,省工商局局长戴子钧、副局长徐天庆陪同。

6月5日　省工商局印发《江西省工商行政管理系统行政性收费专用票据管理施行办法》,规定由省财政厅、省工商局对全省工商行政管理行政性收费专用票据实行统一管理、统一格式、统一编号、统一印制。该办法从1995年7月1日起施行。

6月17日　省政府批准《江西省工商行政管理职能配置、内设机构和人员编制方案》,确定省工商局是省政府主管市场监督管理和行政执法的职能部门,主要职责有10项;内设11个职能处(室)和机关党委;机关行政编制为84人,领导职数局长1人,副局长3人,纪检组组长1人,处级职数28人。

6月30日　《江西省实施〈中华人民共和国消费者权益保护法〉办法》,由省八届人大常委会第十六次会议通过,自 1995 年 8 月 1 日起施行。

7 月 26—27 日　全省地市工商局局长会议在南昌县召开。会议要求积极稳妥地做好市场办管脱钩工作;深入开展向孔繁森、范宗平学习活动等。省长助理蒋仲平到会讲话。

7 月 28 日　省人大财经委、省人大常委会法工委、省政府法制局、省工商局、省消费者协会联合召开施行《江西省实施〈中华人民共和国消费者权益保护法〉办法》新闻发布会。省人大常委会副主任王仲发、省长助理蒋仲平、省工商局局长戴子钧出席并讲话,省人大财经委副主任委员王忠贤主持。省政府有关厅局及政法、群众团体和新闻单位负责人共 60 多人到会。

9 月 1 日　全省率先运用股份制方式组建的一座集商贸、服务于一体的大型综合商品批发市场——南昌洪城大市场开业。

9 月 8 日　省工商局公布首批 437 个工商所达到初级规范标准。

9 月 19—24 日　国家工商局副局长曹天玷,先后到九江市堤外市场、南昌市洪都集贸市场、井冈山农贸市场、赣州市卫府里等市场调研。省工商局局长戴子钧、副局长钟如考陪同。

9 月底　新建成的省工商局办公大楼(工商大楼)竣工并投入使用。

10 月 3 日　省个体私营经济协会成立 10 周年庆祝大会在南昌召开。会上表彰了由团省委、省工商局、省个体私营经济协会联合命名的全省个协系统首批 11 个"青年文明号"单位。省委副书记、代省长舒圣佑,省人大常委会副主任王仲发,省政协副主席叶学龄,省长助理蒋仲平到会祝贺。中国个体劳动者协会派员祝贺,全国各省(区、市)分别发来贺信和贺电。

10 月 10 日　省政府办公厅转发《省工商局关于工商行政管理机关与所办市场脱钩实施意见》,要求各级政府坚决按照政企脱钩、政事分开的原则实施市场办管脱钩。

# 1996 年

1 月 16 日　省工商局成立机关服务中心,负责省工商局机关后勤服务工作。

1 月 27—29 日　全省工商行政管理工作会议在南昌召开。会议为获得"全国文明市场""全国五百强私营企业""打击走私与打假"先进单位和个人颁发奖牌。代省长舒圣佑、省长助理蒋仲平出席并讲话,省工商局局长戴子钧作工作报告。全省各地、市、县(区)工商局局长和省工商局机关各处(室)及各直属单位负责人等参加会议。

3 月 15 日　省工商局、南昌市工商局、省消协、南昌市消协联合在南昌举行以"依法护权"为主题的"3·15"国际消费者权益日大型纪念活动。省市人大、政协及有关部门的领导参加活动。

4 月 11 日　国家计委副主任马凯到高安市凤凰商城和城南综合市场调研,省政府副秘书长范小珊、宜春地区行署副专员吴双喜等陪同。

5 月 14 日　省工商局在吉安召开全省工商系统"工商形象建设年"活动现场交流会。国家工商局纪检组副组长于水兰到会指导并讲话,省工商局局长戴子钧作总结讲话。全省各地、市工商局局长、办公室(人秘科)主任(科长)及部分县(市、区)工商局局长参加会议。

5 月 19 日　以"做文明商户　走光彩之路"为主题的个体经营户千人签名活动在南昌洪城大

市场举行。1300 名业主代表、5000 名经营户宣誓并签名承诺"文明经商、热情服务、守法经营、勤劳致富、助人为乐、多行善举"。省工商局副局长沃祖全、省个协会长张长久和南昌市有关领导出席签名承诺仪式。

6月7—8日　全省工商系统"公平交易执法年"活动经验交流会在鹰潭市召开。会议传达全国工商局局长座谈会议精神。各地、市汇报交流"公平交易执法年"活动和市场办管脱钩的情况和做法。

6月17—19日　省工商局在南昌举办首期私营企业法定代表人法律法规学习班。来自不同行业的私营企业法定代表人近 80 人参加学习。

6月21日　省八届人大第二十二次会议通过《江西省经纪人条例》,条例自 1996 年 8 月 1 日起施行。

6月底　全省市场办管脱钩工作全面完成。全省列入脱钩范围的 151 个市场(其中自办 133 个,联办 18 个)全部与工商部门脱钩,真正做到机构到编、人员到岗、职责到位、财务到账,从而结束了全省工商系统既管市场又办市场的历史,实现工商行政管理机关战略性转移。7月下旬,省局组成 5 个验收小组,对 11 个地市,71 个县市和 151 个脱钩市场进行全面验收。

7月18日至10月31日　全省各级工商行政管理部门、卫生行政管理部门、药品生产经营行业主管部门和廉政办等开展对药品购销中给予、收受回扣等违法行为进行专项检查,使药品回扣现象有所遏制,全省药品生产、经销企业和医疗机构药品购销行为逐渐趋向规范化。

8月10日　省政府批准成立省消费者权益保护委员会。由省长助理蒋仲平任主任,省政府副秘书长范小珊、省工商局局长戴子钧任副主任,委员由省经贸委、省工商局、省物价局、省卫生厅、省财政厅、省商业厅、省农业厅、省供销社、省商检局、省邮电局、省技术监督局等 11 个部门相关人员担任。省消费者权益保护委员会办公室设在省工商局,与省消费者协会合署办公,办公室主任由省工商局副局长徐天庆兼任。

11月5日　全省个体私营经济工作座谈会在南昌召开。省长助理、省个体私营经济工作领导小组组长蒋仲平,省政府副秘书长范小珊,省个体私营经济工作领导小组成员单位相关人员出席。各地、市个体私营经济工作领导小组办公室负责人,以及应邀来自全省各地的个体私营业主代表,中央及省、市新闻单位记者参加。

11月15日　省消费者权益保护委员会在省工商局举行揭牌仪式。至此,全国第一个以政府机关形式出现的消费者权益保护委员会正式成立。

12月18日　全省首批国家公务员在省工商局产生。省工商局召开实施国家公务员制度工作总结验收大会。经过考试和考核的 75 名现有机关工作人员,从省人事厅、省工商局领导手中接到公务员任命书。

12月20日　省八届人大常委会第二十五次会议通过《江西省商品交易市场管理条例》,条例自 1997 年 3 月 1 日起施行。

是日　省工商局发文要求在全省工商系统广泛开展向南昌市青云谱分局洪都工商所学习活动。

# 1997 年

1 月 15—17 日　全省工商行政管理工作会议暨表彰大会在南昌召开。大会向受到人事部、国家工商局和省人事厅、省工商局表彰的德安县工商局、南昌市洪都工商所所长安玉爱等先进集体和先进个人颁发奖牌。省长舒圣佑、省长助理蒋仲平到会并讲话,戴子钧局长做工作报告。

4 月 3—6 日　国家工商局主办的《中国工商行政管理年鉴》1997 年全国编辑工作会议在省井冈山召开。

9 月 10 日　省工商局局长戴子钧为鹰潭市工商局在全省率先设立"3·15"消费者投诉台开通投诉电话活动揭牌,同时对服务台工作流程进行调研指导。

12 月 18 日　全省面向 21 世纪个体私营经济研讨会召开,省工商局局长戴子钧到会并发言。

# 1998 年

2 月 8 日　针对山西特大假酒案事件,省工商局党组书记、局长戴子钧主持召开由省局领导、有关处室、省个协、省消协和南昌市工商局主要负责人参加的党组紧急扩大会议。会议传达中共中央总书记江泽民重要指示和国家工商局紧急通知,就全省各级工商部门如何呼应全国,迅速开展打假治劣大行动提出要求,并作出部署。

3 月 2—5 日　省工商局组织全省 11 个精神文明建设示范点工商所的所长集训。省工商局局长戴子钧、副局长徐天庆等看望参训所长并提出要求。

3 月 15 日　省市工商局、消协在南昌八一广场举行"为农村消费者打假护权"为主题的纪念"3·15"国际消费者权益日大型宣传咨询服务活动。现场受理消费者投诉,组织"四下乡"活动。是日,省工商局在南昌市湾里垃圾场进行假冒伪劣商品销毁活动,共销毁假冒伪劣商品品种 120 余种,总计价值达 107.16 万元。

5 月 6 日　省工商局召开全省地市工商局长会议。会议传达贯彻省委十届八次全会、国家工商局财务收支两条线工作会议、禁止传销经营工作会议、省政府粮食流通体制改革会议精神。副省长蒋仲平到会讲话。

6 月 12 日　针对江西连降大到暴雨,全省工商系统受灾也十分严重。据不完全统计,全省 110 多个县市局、工商所办公楼及 174 个市场被淹,倒塌房屋 2000 多平方米,直接经济损失 4820 余万元。省工商局局长戴子钧,副局长徐天庆、胡菊芬,纪检组组长张长久分别赴受灾最严重的鹰潭、上饶、抚州、九江等地市了解灾情,慰问灾区干部职工,捐赠救灾物资,指导抗洪救灾工作。

6 月 19 日　省长舒圣佑到抚州市五皇殿集贸市场调研。

7 月 31 日　面对长江流域严重洪涝灾害,国家工商局局长王众孚一行赴九江慰问保护长江大堤的工商干部,省工商局局长戴子钧陪同。8 月 4 日,王众孚一行到井冈山市工商局调研并慰问机关全体工作人员,省工商局局长戴子钧陪同。

8月12日　省工商局召开局机关赈灾捐献活动大会。会议传达省委书记舒惠国、省长舒圣佑8月9日重要指示和省直机关工委有关会议精神,动员全体干部职工积极参加赈灾捐献活动。在随后进行的捐赠中,省工商局干部职工共捐款15500元。此外,省工商局已向九江市工商局捐送救灾款5万元和300箱矿泉水。为支持1998江西赈灾义演,全省工商部门、个私协会为灾区募集钱物共计1400多万元。

10月23日　省九届人大常委会第五次会议通过任免名单:决定任命殷国光为省工商局局长;决定免去戴子钧的省工商局局长职务。之前,省委决定殷国光任省工商局党组书记。

11月26日　省个体私营经济协会直属工作委员会第一次代表大会在南昌召开。会上宣读省民政厅同意成立省个体私营协会直属工作委员会批准书,介绍直属工作委员会筹备工作情况,并依法选举产生首届工作委员会,理事22人,常务理事13人,设主任1人,副主任5人,秘书长1人。省工商局党组书记、局长殷国光出席并讲话。省工商局副局长胡菊芬,省工商业联合会副会长沈慧德及省委统战部领导到会祝贺。来自全省不同行业的近百名私营企业代表参加大会。

12月4日　省工商局举办《中华人民共和国反不正当竞争法》实施5周年理论研讨座谈会,邀请省人大、省政府领导、省直有关执法部门、省内法学界专家学者及企业界代表莅会并发表意见。副省长蒋仲平、省工商局局长殷国光在座谈会上讲话。

12月8日　省工商局在宜春开展全省工商系统1998年度案件评查及办案能手评选工作。经过检查评比,评选出"案件质量优胜单位"5个和"办案能手"10人。

# 1999 年

1月28—29日　全省工商行政管理体制改革暨工作会议在南昌召开。副省长蒋仲平出席并讲话。省纪委、省监察厅、省政府办公厅、省委组织部、省人事厅、省编委、省财政厅等部门的负责人围绕工商行政管理体制改革这一主题在会上讲话。各地(市)分管专员(市长)和组织、人事、编办、财政、工商等有关部门负责人以及全省各县(区)工商局长等共300多人参加。

4月12日　省工商局党组印发《关于加强全省工商行政管理系统党风廉政建设的意见》和《江西省工商行政管理系统干部管理暂行规定》。

4月19—23日　国家工商局在井冈山市召开全国工商系统反不正当竞争研讨会。省工商局副局长徐天庆出席。

4月26日　省工商行政管理体制改革领导小组会议在南昌召开。会议听取省工商局前4个月全省工商行政管理体制改革情况及下步工作的汇报,研究市场办管脱钩等问题。会议由副省长蒋仲平主持,领导小组成员李郭根、汪晓勇、殷国光及省委组织部、省人事厅相关人员出席。

4月28—29日　省个体劳动者、私营企业第4次代表大会在滨江宾馆召开。省人大常委会副主任华桐,省政协副主席沃祖全、喻长林出席,省工商局局长殷国光、副局长徐天庆出席并讲话,副局长胡菊芬主持会议。大会选举殷国光为省个体私营经济协会会长。

5月18日　省政协经科委在省工商局听取全省个私经济发展情况汇报。省政协副主席喻长林出席会议,省工商局局长殷国光、副局长胡菊芬作汇报。

5月28日　省人民政府批转省工商局《关于江西省工商行政管理系统市场办管脱钩和移交工作实施意见的通知》。

5月31日　全省各级工商局领导班子建设和队伍建设会议在南昌召开。会议举行地市工商局局长任命仪式,省工商局局长殷国光宣读11个地市工商局局长的任职决定并颁发任命书,副省长蒋仲平到会讲话,省委组织部三处处长就贯彻中央《党政领导干部选拔任用工作暂行条例》作辅导讲话。省纪委、省委组织部、省政府办公厅、省人事厅、省编委、省财政厅有关领导出席。省工商局副局长徐天庆、胡菊芬,纪检组长张长久参加会议。

6月17—20日　国家工商局市场司副司长宁望鲁率领粮食市场管理交叉检查组一行5人,在省工商局纪检组长张长久的陪同下先后到南昌、宜春、抚州等地市进行检查。其间,听取省工商局关于全省粮食市场管理情况汇报,省工商局局长殷国光参加情况汇报会。

7月28日　全省工商系统"12315"消费者投诉电话开通仪式暨新闻发布会在省工商局举行。副省长蒋仲平拨通全省第一个"12315"电话,省人大常委会副主任华桐、省政协副主席厉志成出席,副局长徐天庆讲话,副局长胡菊芬主持,纪检组组长张长久参加。

8月5日　省工商局召开局领导班子和领导干部"三讲"教育动员大会。省委"三讲"教育巡视组组长张会村到会讲话,局长殷国光作"三讲"教育动员报告。会议由局党组成员、副局长徐天庆主持,局党组成员、副局长胡菊芬传达省委书记舒惠国在全省第一次"三讲"教育工作会议上的讲话。省工商局党组全体成员、省委巡视组全体人员、省局机关及直属事业单位全体人员和全省地市工商局局长参加会议。

9月3日　省纠风办在省工商局召开省纠正医药购销中不正之风领导小组成员会。副省长胡振鹏到会讲话。省工商局局长殷国光、副局长徐天庆参加会议。

9月20日　省工商局举办庆祝中华人民共和国成立50周年文艺演出活动,省工商局各直属党支部及南昌市、九江市、赣州市、新余市工商局派代表参加文艺演出。省工商局领导班子全体成员、局机关和直属单位全体干部职工、离退休老干部观看演出。

10月9日　国家工商局在江西宾馆召开《个人独资企业登记管理办法》立法座谈会,省工商局局长殷国光、副局长胡菊芬参加。

11月16—19日　全国工商行政管理学(干)校协作会议在井冈山召开。省工商局副局长徐天庆到会讲话。

12月1—24日　国家工商局组织"合作经济的引导和管理"培训团赴德国培训考察,省工商局局长殷国光参加。

12月26—28日　全省个体私营经济工作经验交流会议在赣州召开。省工商局局长殷国光在会上通报全国和全省个体私营经济发展情况,副局长胡菊芬参加。

# 2000 年

1月4日　省工商局党组召开全省地市工商局领导班子和领导干部"三讲"教育动员大会。局党组书记、局长殷国光作动员报告。局党组成员、纪检组组长张长久主持,党组成员、副局长徐天庆、胡菊芬和局机关、直属事业单位正处级以上干部及11个地市工商局局长参加。

1月18—19日　全省工商行政管理工作会议在南昌召开。副省长蒋仲平出席会议并讲话。会议期间,蒋仲平接见了"星级基层工商干部"和2名获"全国经济卫士"称号的工商干部并合影。

1月27—28日　省工商局召开《中华人民共和国广告法》实施5周年座谈会,副省长蒋仲平出席会议并讲话,局长殷国光到会讲话。

2月15日　省政府常务会召开,会议原则通过《关于进一步加快全省个体私营经济发展的决定》。省工商局局长殷国光、副局长胡菊芬参加会议。

3月10日　省市工商局,省市消费者协会及其各成员单位在南昌举行2000年"3·15"国际消费者权益保护纪念日新闻发布会。副省长蒋仲平到会讲话,省工商局局长殷国光出席,省消费者协会会长、省工商局副局长徐天庆致辞。

3月22日　省工商局党组召开领导班子和领导干部、机关和直属事业单位处级干部"三讲"教育"回头看"动员大会。局党组书记、局长殷国光作动员讲话。党组成员、副局长徐天庆宣读省局党组关于认真做好省工商局"三讲"集中教育"回头看"的通知,党组成员、副局长胡菊芬宣读中共中央总书记江泽民在广东茂名高州市"三讲"教育会议上的重要讲话。会议由党组成员、纪检组长张长久主持。

4月3日　全省工商所公务员过渡培训班举行开班仪式,省工商局局长殷国光出席并讲话。

4月10日　省工商局召开省工商行政管理系统集中开展"整顿市场秩序,整顿队伍作风"(以下简称"两整顿")动员大会,会议传达学习国家工商局《关于在全国工商行政管理系统集中开展"两整顿"的通知》,宣读省工商局关于《全省工商行政管理系统集中开展"两整顿"的通知》。副省长蒋仲平到会讲话,省工商局局长殷国光作动员讲话,副局长胡菊芬主持会议,纪检组长张长久和局机关、直属事业单位全体干部职工以及全省地市工商局长、办公室主任参加。

4月19—23日　华东地区商标代理机构座谈会及中国个体劳动者协会举办第6期宣传干部培训班在井冈山举行,省工商局副局长胡菊芬参加。

4月25日　省工商局、省司法厅在南昌联合举办全省工商法律知识竞赛,11个地市工商干部和企业代表共33人参加竞赛活动。省工商局局长殷国光、副局长徐天庆、纪检组组长张长久和省司法厅副厅长王朝章为九江、抚州、萍乡、上饶、景德镇等地市获奖单位颁奖。

5月11日　全省私营企业经营培训班开学典礼在省委党校举行,副省长蒋仲平出席并为全体学员授课,省工商局局长殷国光、副局长胡菊芬出席。

5月23—24日　中国消费者报社在井冈山召开全国《消费者权益保护法》宣传先进单位表彰会。省工商局纪检组长张长久到会讲话。

6月23日　省个体私营经济领导小组召开会议,研究审定省计委等24个部门、单位贯彻省委、省政府《关于进一步加快全省个体私营经济发展的决定》的措施,通报全省个体私营经济经验交流会议的贯彻情况。省工商局局长殷国光到会就措施的形成过程作说明。

6月29—30日　国家工商局在九江市召开部分省市粮食收购市场管理座谈会,省工商局局长殷国光、副局长徐天庆出席。

7月3—6日　以国家工商局法规司司长王学政为组长的国家工商局"两整顿"巡查组一行4人,赴江西省工商系统检查指导工作。检查结束时,副省长蒋仲平在省政府第三会议室会见巡查组组长王学政一行,听取工作检查情况反馈。

8月23日　省工商局召开全省地市工商局局长会议,传达全省党员领导干部会议精神,学习人事部、国家工商局《关于严肃人事工作纪律,认真处理违规进人,严格录用考试纪律的通知》,听取11个地市工商局汇报前段安全监管和粮食收购市场监管工作汇报,进一步部署全省工商行政管理各项工作。省工商局领导、地市工商局长、局机关各处室和直属事业单位主要负责人参加。

8月30日　省工商局召开全体干部职工大会。宣读省委、省政府有关省工商局人事任免,宣布新领导班子成员工作分工。局长殷国光等出席。

9月16—22日　国家工商局广告监管司司长屈建民率检查组到赣检查、指导广告监管专项整治工作。检查组到赣州、吉安市检查,并听取全省广告监管执法检查及专项整治工作情况汇报。

10月18日　省工商局局长殷国光、助理巡视员吴伟前往省电视台看望慰问抗美援朝一等功臣、万年县工商局退休干部李亲武。

10月25日　中国消费者报社在南昌举行全国信息工作会议。省工商局副局长徐运平到会讲话。

11月2日　省工商局召开局机关机构改革动员大会。局长殷国光作动员报告,党组成员、副局长徐运平主持,党组成员、纪检组组长张长久宣读《省工商局职能配置、内设机构和人员编制规定》。省工商局其他领导和局机关全体干部职工参加会议。

11月5—10日　省工商局举办党的十五届五中全会精神学习班暨省工商局党校第一期学习班。副省长蒋仲平到场指导,国家工商局人教司司长钟攸平给大家授课。全省各市、县(区)工商局党组书记(局长)和省局局领导,机关各处室、直属单位负责人近160人参加。

11月16日　国家工商局在省工商局举办"网络交易监督管理"课题研讨会,省工商局局长殷国光到会讲话。

12月5日　省委组织部公开选拔的省工商局副局长沈庆中到省工商局赴任。

12月22日　全省个体私营经济工作暨表彰大会在南昌召开。省工商局局长殷国光,副局长徐运平,纪检组组长张长久,副局长刘柏林、沈庆中,助理巡视员吴伟及局机关、直属单位副处以上干部参加。

12月23日　省第九届人民代表大会常务委员会第二十次会议通过《江西省户外广告管理条例》。

# 2001 年

1月10—11日　副省长蒋仲平率工作组深入鹰潭、上饶等地,就粮食收购市场管理工作进行察访。省工商局局长殷国光陪同。

2月8日　省工商局党组召开会议,讨论《关于加强工商行政管理工作的意见》,审定《江西省取缔无照(证)经营条例(代拟稿)》《江西省发展个体私营经济条例(代拟稿)》等,局党组书记殷国光,党组成员徐运平、张长久、刘柏林、沈庆中参加。

2月23日　省工商局先后派出7个调研组共20人,深入全省11个工商局、24个县(市)工商局、18个工商所,召开39个县(市)工商局局长、科股长和工商所所长座谈会及个体工商户代表座谈会,就如何加快"经济户口"管理,实行监管联动,严把市场主体准入关以及市场营办脱钩中出现的新情况、新问题等15个课题进行调研。

2月28日　省工商局召开由"江西省著名商标"所有权人、私营企业代表参加的争创"中国驰名商标"座谈会。省工商局局长殷国光、副局长沈庆中到会讲话。

3月9日　省消协举办"3·15"国际消费者权益日活动新闻发布会。副省长蒋仲平到会讲话,省工商局局长殷国光、副局长徐运平出席新闻发布会。

3月18—30日　省工商局先后在省工商学校举办2期全省工商行政管理系统整顿和规范市场经济秩序培训班。副省长蒋仲平在第1期培训班结束时讲话。局长殷国光,副局长徐运平,纪检组组长张长久,副局长刘柏林、沈庆中,助理巡视员吴伟出席。

4月2—9日　省个体私营经济领导小组举办全省第2期私营企业管理培训班。省工商局局长殷国光,副局长徐运平、刘柏林分别出席培训班开学与结业典礼。

4月16—20日　省工商局举办全省第1期工商所长培训班。省工商局局长殷国光、副局长徐运平、纪检组组长张长久、副局长沈庆中、助理巡视员吴伟等出席开班典礼。局长殷国光在培训班结束时就加强全省工商所建设作讲话。

4月18—19日　省委书记孟建柱在南昌市调研,并对全省工商行政管理工作作出指示。省工商局局长殷国光陪同调研。

5月19日　中共中央政治局候补委员、国务委员吴仪在省委书记孟建柱、省长黄智权、国家工商总局副局长甘国屏等陪同下,到南昌市洪城大市场考察,并看望基层工商行政管理执法人员。省工商局局长殷国光陪同。

是日　省工商局召开局机关、直属事业单位副处以上干部会,国家工商总局副局长甘国屏到会传达中共中央政治局候补委员、国务委员吴仪的指示精神,并就全省工商工作提出要求。省工商局局长殷国光,纪检组组长张长久,副局长刘柏林、沈庆中,助理巡视员吴伟等参加。

5月29日　省工商局召开机关解放思想学习教育活动动员大会,传达学习省委书记孟建柱在全省开展解放思想学习活动动员大会的讲话,传达学习《中共江西省委、江西省人民政府关于在全省开展解放思想学习教育活动的通知》等。局长殷国光作动员讲话。

6月26日　省工商局召开全省烟花爆竹重点产区市县工商局局长会议。省工商局局长殷国光、副局长刘柏林到会讲话。

6月29日　省工商局召开局机关直属事业单位党员大会。省直工委副书记童水仙、省工商局党组书记殷国光到会讲话,张长久代表机关党委做工作报告。省工商局党组成员徐运平、刘柏林、沈庆中,助理巡视员吴伟,省局机关、直属事业单位及离退休干部全体党员参加会议。会议选举产生新一届省局机关党委委员、局机关纪委委员。

8月10日　省工商局局长殷国光向省长黄智权汇报省工商局贯彻落实省委十届十三次全体（扩大）会议精神情况和全国工商局长座谈会议精神。省长黄智权就进一步抓好落实作出指示。

8月17日　省工商局局长殷国光向省委书记孟建柱汇报省工商局贯彻落实省委十届十三次全体（扩大）会议精神情况和全国工商局长座谈会议精神。孟建柱就贯彻落实好两个会议精神作出指示。

9月11日　省委书记孟建柱、省长黄智权一行走访国家工商总局。省工商局局长殷国光陪同走访。

9月11日　2001 江西第二届国际广告"四新"及印刷设备展览会暨首届广告礼品工艺品展览会开幕式在南昌举行，省工商局副局长沈庆中出席。

9月14日　省政府召开全省工商体制改革、市场办管脱钩工作电视电话会议。省委书记孟建柱给大会致信，省长黄智权、副省长蒋仲平出席并讲话。省工商局局长殷国光汇报前一阶段全省工商体制改革，市场办管脱钩工作情况。全省 11 个设区市分管副市长及工商局长、县（市、区）长及分管副县（市、区）长、省市县"工商行政管理体制改革领导小组"成员，各县（市、区）工商局局长和工商所所长 3000 余人出席电视电话会。

10月29日　省工商局召开局机关、直属单位党员大会。会议传达学习省委《关于选举产生中共江西省第十一次代表大会代表的通知》，传达学习省委副书记步正发在省第十一次党代表选举工作会议上的讲话，选举殷国光为省工商局出席中国共产党江西省第十一次代表大会代表。省工商局领导殷国光、徐运平、张长久、刘柏林、沈庆中及局机关、直属单位全体党员参加。

11月5日　中央苏区工商行政管理史料馆揭幕开馆仪式在瑞金举行。省工商局纪检组组长张长久出席。

11月7日　省政协提案委在省工商局召开提案办理工作汇报会。省工商局局长殷国光出席并就省工商局办理政协提案工作情况作汇报，局有关处室（局）负责人参加。

11月26—30日　省个私经济领导小组与省委党校联合举办全省私营企业第 3 期经营管理培训班。副省长蒋仲平出席并讲话，省工商局局长殷国光就加快发展全省私营经济提出要求。省局纪检组组长张长久，副局长沈庆中，助理巡视员吴伟及局机关、直属事业单位副处以上干部参加。

12月7日　全省全面完成市场办管脱钩工作。全省应脱钩市场 806 个，已移交市场 806 个，完成率 100%。

12月30日　省工商局召开新闻发布会，向社会公布 2001 年全省 100 例虚假广告。省工商局副局长沈庆中到会讲话。省委宣传部、省广电局、省新闻出版局、江西日报社领导及全省商标广告办案经验交流会代表、广告经营单位、广告主代表、新闻媒体记者共 150 余人参加。

# 2002 年

1月16日　省工商局召开全省工商行政管理工作会议，传达学习朱镕基总理批示、国务委员吴仪讲话和全国工商行政管理工作会议精神,并为省工商局行风建设义务监督员颁发聘书和监督证。副省长蒋仲平出席并讲话。省工商局局长殷国光作工作报告。省工商局副局长徐运平、纪检组组长张长久、副局长刘柏林、助理巡视员吴伟,各市、县工商局局长,省局各处室(局)、直属事业单位主要负责人出席会议。

2月8日　省委书记孟建柱获悉江西省又有3件商标被认定为"中国驰名商标",对省工商局作出指示。

3月15日　省委宣传部,省工商局等6个单位联合在南昌八一广场举办"2002'3·15'"国际消费者权益日"宣传活动。省工商局局长殷国光,副局长徐运平出席。

3月26日　省人大召开常务会审议《江西省取缔无照经营条例》等。省工商局局长殷国光列席,并受省政府委托就《江西省取缔无照经营条例》作说明。

4月8日　由国家工商总局广告司司长屈建民率领国家工商总局督查组,深入江西就集贸市场秩序整治、市场办管脱钩和广告监管等情况,进行督查。省工商局局长殷国光主持汇报会,向督查组汇报情况。纪检组组长张长久,副局长刘柏林、沈庆中,助理巡视员吴伟参加会议。

4月22—30日　省工商局举办全省工商系统县级局局长培训班,邀请省纪委、省委组织部、省委党校、江西财经大学的领导和教授,就党风廉政建设、党性教育、组织人事纪律、WTO知识等内容进行授课。省工商局局长殷国光到会讲话,副局长徐运平、纪检组组长张长久、副局长刘柏林、助理巡视员吴伟出席,全省各地县级局局长参加。

4月24日　省工商局党组召开会议,审议《省、市、县工商局机构改革实施方案》和《关于在全省工商系统集中开展"塑造江西工商形象"主题教育活动实施方案》、听取关于工商所公务员考录工作情况汇报等。会议由局党组书记殷国光主持,党组成员徐运平、张长久、刘柏林、沈庆中出席,助理巡视员吴伟列席。

5月9日　省工商局召开全省"塑造江西工商新形象"动员大会,宣读省工商局《关于更新观念,提高效率,优质服务,塑造江西工商新形象的意见》。副省长蒋仲平到会讲话。省工商局局长殷国光就加强领导,精心组织,认真开展塑造江西工商新形象活动等7项工作提出要求。省工商局副局长徐运平,纪检组组长张长久,副局长刘柏林、沈庆中,助理巡视员吴伟分别就分管工作进行部署。各设区市工商局局长,省局机关、直属事业单位主要负责人参加会议。

5月29日　省工商局召开"推进我省名牌战略实施,争创中国驰名商标"恳谈会。副省长蒋仲平到会向获得"中国驰名商标"的企业颁发牌匾。省工商局局长殷国光、副局长沈庆中到会并讲话。

5月30日　省工商局获省委、省政府授予2000—2001年度文明单位奖牌。省工商局副局长徐运平出席全省精神文明建设表彰会。

6月8日　由国家税务总局、国家工商总局、国家药品监督管理局、卫生部监督中心、国家质量技术监督总局联合组成的全国集贸市场专项整治工作检查组,深入吉安市进行检查。省工商局副局长徐运平陪同。

6月17日　省委召开常委会,讨论《学习浙江经验,进一步加快民营经济发展的若干意见》等4个配套文件。省工商局局长殷国光列席并汇报相关工作。

6月21日　国家工商总局检查组到江西省检查安全生产监管工作。省工商局副局长徐运平主持召开会议,向检查组汇报全省工商系统安全生产监管工作情况。副局长刘柏林出席。

6月26日　省工商局倡议并举办"中部地区个体私营经济工作交流会"。副省长蒋仲平到会讲话,国家工商总局个体司司长胡修干、省工商局局长殷国光出席会议并讲话,省工商局副局长刘柏林出席。

6月28日　省工商局党组召开会议,讨论《全省工商系统市、县工商局机构改革人员分流安排意见(讨论稿)》和《关于全省各县工商局企业注册监督管理局和公平交易局、基层工商行政管理分局长竞争上岗工作实施方案(讨论稿)》。局党组书记殷国光,党组成员徐运平、张长久、刘柏林、沈庆中出席,助理巡视员吴伟列席。

7月1日　省工商局举办全省第2届工商法律知识竞赛,11个设区市工商局共33名代表参加竞赛。省工商局局长殷国光出席并讲话,副局长刘柏林、沈庆中,助理巡视员吴伟出席。

7月25—26日　省工商局举办全省工商系统"塑造江西工商新形象"演讲比赛。省工商局局长殷国光,纪检组组长张长久,副局长刘柏林、沈庆中,助理巡视员吴伟出席。

8月8—9日　省工商局召开全省工商局局长会议,传达贯彻全国工商局长会议精神等,举行全省工商系统"塑造江西工商新形象"汇报演讲。副省长蒋仲平到会讲话,局长殷国光作工作报告,副局长徐运平,纪检组组长张长久,副局长刘柏林、沈庆中,助理巡视员吴伟以及各市县局局长,各设区市局办公室主任和人事科长,省局各处室(局)、直属事业单位主要负责人参加。

8月23日　省工商局召开全省设区市工商局党员负责干部会议,任命省以下工商行政管理系统机构改革设区市工商局新的领导班子。

9月25日　省政协在省工商局开展政协委员活动日,先后听取省工商局关于"服务经济发展,维护市场经济秩序"的情况汇报,考察了青山湖区工商局贤士湖分局依法行政的情况,在洪城工商分局参观整顿和规范市场经济秩序,查处假冒伪劣商品成果及真假商品识别展览。省政协副主席黄懋衡、黄定元、刘运来、沃祖全、金异,秘书长蒋如铭及80余名省政协委员参加活动日。省工商局局长殷国光,副局长徐运平、沈庆中,助理巡视员吴伟参加。

9月30日　副省长蒋仲平深入南昌市铁路二村市场调研,并在洪城工商分局参观整顿和规范市场经济秩序,查处假冒伪劣商品成果及真假商品识别展览。省工商局局长殷国光等陪同。

10月21日　中央国家机关工委、省直工委领导到省工商局检查指导机关党建和精神文明建设工作。省工商局局长殷国光、副局长沈庆中、助理巡视员吴伟参加。

11月15日　省工商局党组召开会议,研究2003年部门预算,审定《市、县工商机构改革人员分流安排实施办法》《市、县工商局机构改革人员定岗定员实施办法》等。党组书记殷国光,党组成员徐运平、张长久、刘柏林、沈庆中参加,助理巡视员吴伟列席。

12月29日　全省个体私营经济工作暨表彰会议在南昌召开。省工商局局长殷国光,副局长徐运平,纪检组组长张长久,副局长刘柏林、沈庆中参加。

12月30日　省工商局召开全省工商行政管理工作暨表彰会议,传达国务委员吴仪与全国工商行政管理工作会议代表座谈时的讲话,传达全国工商行政管理工作会议精神。省政府副省长蒋仲平到会讲话,省工商局局长殷国光作工作报告。

# 2003 年

2月4日 副省长孙刚一行到省工商局检查指导工作。

2月22日 省委决定,朱张才任省工商局党组书记。3月12日,省政府决定,朱张才任省工商局局长。

4月19日 省工商局井冈山培训中心奠基仪式在井冈山举行。省工商局局长朱张才出席奠基仪式。

6月25日 副省长孙刚在省工商局党组书记、局长朱张才等陪同下,深入江西方大新型铝业有限公司、清华泰豪科技股份有限公司、江西国鸿实业有限公司、江西汪氏蜂业集团、汇仁集团等私营企业调研,了解企业生产经营情况。

7月23日 省工商局召开政务环境评议评价活动动员大会,对全省工商系统开展"双评"进行部署。局长朱张才在会上讲话。

8月1日 省第十届人民代表大会常务委员会第四次会议通过《江西省发展个体私营经济条例》。

8月10日 全国20城区工商局局长工作研讨会第17次会议在南昌市召开。省工商局局长朱张才出席开幕式并讲话。

9月19—21日 全省工商系统整顿规范市场秩序成果展暨名优商品真假鉴别会在南昌市人民公园举行。副省长孙刚出席并讲话,省工商局局长朱张才主持开幕仪式,副局长徐运平出席。

9月23日 省工商局、南昌市工商局联合组织"国庆节日食品药品市场千人执法行动"。省工商局局长朱张才、副局长徐运平,先后深入南昌(深圳)农副产品批发中心市场、洪城大市场等集贸市场进行节日市场检查,要求各地切实加强节日市场监管,确保群众节日消费安全。

11月11—13日 全省工商系统领导干部学习贯彻"三个代表"重要思想第一期研讨班在南昌举行。各设区市工商局局长、纪检组组长和省局机关各处(室)、直属单位主要负责人参加学习。省工商局党组书记、局长朱张才在研讨班上讲话,副局长沈庆中出席。

11月21日 省工商局、省著名商标认定委员会对到期的省著名商标及新申请认定著名商标进行审核。省工商局副局长沈庆中到会讲话,会上共认定210件省著名商标,其中连续认定122件,新认定22件。

# 2004 年

1月15日 全省工商行政管理工作会议在南昌举行。会议学习传达国务院总理温家宝、副总理吴仪的重要批示和全国工商行政管理工作会议精神,学习传达省委书记孟建柱、省长黄智权的批示和省委十一届五次全会精神。副省长孙刚出席会议并讲话,省工商局局长朱张才作工作报告,纪检组组长张长久宣读表彰决定,副局长刘柏林、沈庆中及助理巡视员吴伟出席。

1月24日　副省长孙刚到南昌市东湖区墩子塘工商分局慰问一线工商干部,并检查节日市场,省工商局局长朱张才、副局长徐运平等陪同。

2月19日　省工商局举办"双先"事迹报告会,局长朱张才出席并与报告团成员合影。

3月15日　围绕"诚信·维权"主题,省市宣传、工商部门和省市消费者协会,在南昌市人民公园主会场,联合举行"3·15"大型宣传咨询服务活动,副省长孙刚、省政协副主席雍忠诚和省工商局局长朱张才、副局长徐运平等有关部门领导出席主会场活动。

4月9日　省直部门第16次信访工作联席会在省工商局举行。省信访局副局长徐贵闽和省直22个单位信访部门负责人共30余人出席会议。省工商局副局长徐运平代表省工商局讲话。

4月13日　副省长孙刚到省工商局开展工作调研,听取省工商局领导就全省工商系统各项工作的情况汇报。

7月2日　全省工商局长会议在南昌举行。会议传达全国工商局长会议精神,对下半年在全省工商系统深入开展整顿规范市场秩序、开展队伍教育整顿进行部署,并印发《全省工商行政管理系统开展食品安全专项整治工作实施方案(讨论稿)》等。

8月11日　省工商局召开政务环境评议评价工作动员大会。省工商局党组书记、局长朱张才在会上作讲话,省局党组成员、纪检组组长张长久对省局开展政务环境评议评价工作进行具体布置。

8月18—19日和8月24—25日　省工商局举办两期县级局长培训班。省工商局局长朱张才就全面提升县级局长综合素质和能力,切实加强县级工商局长队伍建设提出一系列措施和要求。

12月5—19日　省工商局一行12人组团赴澳大利亚、新西兰,就澳大利亚的公平交易法律制度、行政执法体系、消费者权益保护和新西兰的商事登记管理等问题进行考察。

12月28日　省工商局举行流通领域食品安全新闻发布会,通报全省工商系统从2004年12月22日至2005年2月22日在全省开展元旦春节食品安全整治行动。同时,宣布12辆标有"工商行政管理"和"食品安全监测"字样工商执法专用车开赴全省各地。省工商局副局长徐运平出席新闻发布会。

# 2005 年

1月20日　全省工商行政管理工作暨表彰会议在南昌举行。副省长孙刚出席会议并讲话,省工商局局长朱张才作工作报告。省政府副秘书长胡金木,省委组织部副部长、省人事厅厅长揭赣元和省工商局领导徐运平、张长久、刘柏林、沈庆中、吴伟、肖长角、杜志刚出席会议。

1月31日　省商标协会成立暨首届会员代表大会在南昌召开。省工商局党组书记、局长朱张才,副局长沈庆中出席并讲话。

3月15日　全省"3·15"纪念活动在省体育馆举行。活动是由省委宣传部、省工商局、省消协联合举办。副省长孙刚、省政协副主席雍忠诚和省工商局局长朱张才、副局长徐运平等出席活动仪式。

4月7—8日 国家工商总局副局长刘凡在赣调研,深入井冈山市基层工商分局等地了解情况,指导工作。省工商局局长朱张才等陪同。

4月26—28日 省工商局在上饶市举办集中走访人大代表、政协委员活动,旨在加强与人大代表、政协委员联系沟通,改善工商形象,提高建议提案办理质量和效率。省工商局副局长徐运平参加集中走访活动。

5月17日 省工商局会同省整顿办、省发展和改革委、省国资委、省公安厅、省盐务局等部门举行新闻发布会,宣布全省整顿规范盐业市场秩序专项治理工作即日拉开序幕。省工商局副局长徐运平出席会议。

6月7—8日 省工商局举办《信访条例》培训班。全省设区市工商局分管信访工作的领导和信访干部及部分县(市、区)局分管信访工作人员参加培训。省工商局局长朱张才就学习宣传、贯彻落实《信访条例》,做好全省工商系统信访稳定工作作讲话,党组成员、副局长徐运平和党组成员、纪检组长张刚分别主持开班、结业仪式并讲话。省委省政府信访局副局长冯俊庭、徐贵闽在培训班上,就"贯彻新条例,规范办信接访工作"分别进行专题讲座。

6月16日 全省整治虚假违法广告第一次联席会议在省工商局召开。省工商局、省委宣传部等10个成员单位的有关领导出席会议。省工商局局长朱张才出席会议并讲话,副局长沈庆中主持会议。

7月1日 省工商局在井冈山举行国家工商总局江西培训中心、江西工商干部井冈山培训中心落成庆典。国家工商总局党组书记、局长王众孚发来贺电,副省长孙刚题词祝贺,省工商局领导朱张才等出席庆典仪式。

9月1日 省整规办、省委宣传部、省市工商局、省市消协在南昌八一广场联合举办"倡导诚信兴商、共建和谐社会"宣传月活动。

9月15日 省工商局政务环境评议评价工作动员大会在南昌召开,省工商局局长朱张才出席会议并讲话。

12月8日 省工商局局长朱张才深入九江县局、瑞昌市局及其部分基层分局实地察看地震灾情,向灾区干部群众、向九江县工商局、瑞昌市工商局受灾干部职工及其家属表示亲切的慰问,并对工商系统灾后重建工作提出具体要求。

12月29日 国家工商总局巡视员胡修干率保护注册商标权专用行动督查组一行到赣督查并在省工商局进行座谈会。省工商局局长朱张才、副局长沈庆中就全省开展保护注册商标专用权行动工作汇报。

# 2006 年

1月6日 副省长孙刚在省工商局局长朱张才等陪同下,观看省工商局举办的全省工商系统美术书法摄影作品展览。此次展览共收到11个地市工商局及省工商局机关132位干部的416件作品。经省摄影家协会、省书法家协会、省美术家协会的专家评定,有250件作品入选并参加展览,42件作品获奖。

3月15日　由省市委宣传部、省市工商局、省市消费者协会共同主办的"消费与环境"2006年"3·15"国际消费者权益日宣传咨询服务活动,在南昌八一广场举行。副省长孙刚、省政协副主席雍忠诚、省工商局局长朱张才、省委宣传部副部长陈东有、省工商局副局长徐运平等出席活动仪式。

4月10日　省工商局印发《关于充分发挥工商行政管理职能作用服务社会主义新农村建设的通知》。

4月21日　省工商局召开全省工商系统治理商业贿赂工作会议。省工商局党组副书记、副局长徐运平出席并讲话。

5月13—14日　国家工商总局专项补助资金检查汇报会在井冈山召开。中纪委驻国家工商总局纪检组长、总局党组成员石见元出席会议并讲话。石见元一行考察了井冈山市工商局茨坪分局,省工商局局长朱张才等陪同。

5月18日　省著名商标认定工作会议在南昌召开。此次共认定68件省著名商标,其中延续认定65件,个案认定3件。

6月16日　省工商局召开加强机关建设发挥表率作用动员大会。省工商局局长朱张才出席并讲话。

7月12日　全国工商系统爱国主义教育基地——中央苏区工商行政管理史料馆在瑞金揭牌。国家工商总局致贺信,省工商局局长朱张才出席揭牌仪式并讲话。

11月6—8日　省工商局在赣州市召开全省工商系统党风廉政建设示范点经验交流暨工商廉政文化建设现场会。中纪委、监察部驻国家工商总局纪检组、监察局监察专员蓝海,省纪委副书记胡波,赣州市副市长刘晓华,省纪委有关处室领导和赣州市纪委领导到会指导。

11月16日　省工商局召开机关干部和直属事业单位副处级以上干部大会。省委常委、组织部长董君舒出席会议并作讲话,省委组织部常务副部长弘强宣布省委决定:邝小平任省工商局党组书记,免去朱张才省工商局党组书记职务。局长朱张才主持会议。

11月17日　省工商局召开局机关、直属单位党员大会。会议总结局机关党委近5年多的主要工作,选举产生新一届省局机关党委委员和机关纪委委员。省工商局局长朱张才、省直工委常务副书记陈永华出席会议并讲话,局领导刘柏林、沈庆中、张刚、肖长角、杜志刚出席会议。

12月22日　省工商局召开全省工商系统基层建设和人才工作会议。省工商局党组书记邝小平出席并讲话。

# 2007 年

2月3日　全省工商行政管理工作会议在南昌召开。会议学习传达省委书记孟建柱、省长吴新雄对全省工商行政管理工作作出重要批示。省政协副主席,省工商局长朱张才,省工商局党组书记邝小平,省工商局领导徐运平、刘柏林、沈庆中、张刚、吴伟、肖长角、杜志刚出席会议。

3月6日　省政府决定,任命邝小平为省工商局局长,免去朱张才省工商局局长职务。之前省委决定:王可忠任省工商局党组书记,邝小平任省工商局党组副书记。

4月26日　省工商局在南昌市红谷滩举行全省工商系统执法专用车发放仪式。省工商局局长邝小平在仪式上讲话,省工商局党组书记王可忠主持仪式,省工商局副局长徐运平、刘柏林,纪检组组长张刚,副巡视员吴伟、肖长角、杜志刚出席。

5月11日　省工商局印发《关于在全省工商系统开展"创新创业,共建和谐"主题教育活动的实施意见》。

7月15日　省工商局印发《关于建立江西省工商行政管理系统基层行政执法人员向监管服务对象代表述职述廉制度的意见》。

7月18日　省工商局局长邝小平、纪检组组长张刚率有关处(局、室)负责人到《江南都市报》现场接听群众热线,南昌市工商局负责人指挥执法人员,现场处理接到的投诉。经过1个多小时的热线接听,共接到86个电话,当场解决投诉2个。

9月6日　省长吴新雄深入省工商局考察调研,听取省工商局长邝小平、党组书记王可忠的工作汇报,并对工商行政管理提出要求。

9月8日　《江西省著名商标认定和保护办法》经省人民政府第63次常务会议审议通过,自2007年11月1日起施行。

10月18—19日　省工商局举办全省工商系统"和谐共建树形象"演讲比赛。省工商局局长邝小平、党组书记王可忠等为获奖个人和集体颁奖。

11月19—21日　全省工商系统纪检监察工作会议在南昌召开。省纪委常委赵锦成、省纪委案件审理室主任肖德福为与会代表讲授案件检查和案件审理方面的专业知识。省工商局党组书记王可忠到会并讲话,省纪委驻省工商局纪检组组长张刚作题为"认真学习贯彻党的十七大精神,忠实履行好纪检监察机构的神圣职责"的报告。

12月4日　省工商局党组书记王可忠,省工商局副局长、省个私协会会长刘柏林接见参加全国个体劳动者第三次大会暨全国文明诚信表彰大会江西代表团成员,与代表们进行座谈并合影。

# 2008 年

1月8日　全省工商行政管理工作会议在南昌召开。省工商局局长邝小平作工作报告,党组书记王可忠讲话,纪检组组长张刚作廉政讲话。省工商局领导徐运平、刘柏林、沈庆中、吴伟、肖长角、杜志刚出席会议。全省各市设区市工商局长、办公室主任和县(市、区)工商局长及省工商局全体干部参加会议。

3月6日　全省工商系统党风廉政工作会议在南昌召开。省委常委、省纪委书记董君舒出席会议并作讲话。省工商局局长邝小平、党组书记王可忠出席会议并讲话,省纪委驻省局纪检组组长、局党组成员张刚作工作报告。

3月15日　由省市宣传部、省市工商局、省市消费者协会共同主办的江西省2008年"3·15"

宣传咨询服务活动在南昌八一广场举行。省人大常委会副主任朱秉发,省政府副省长熊盛文,省政协副主席朱张才和省工商局局长邝小平,省文明办主任杨六华,省工商局副局长、省消费者协会会长徐运平等出席活动仪式。

4月18日　省工商局举行深入学习贯彻科学发展观先进事迹报告会。省工商局局长邝小平、党组书记王可忠,副局长徐运平、刘柏林、沈庆中,助理巡视员吴伟、肖长角、杜志刚出席报告会,省局纪检组组长张刚主持。

4月25日　省工商局机关全体党员、干部赴南昌县小蓝工业园参观学习,体验落实科学发展观带来的新变化、新成果。省工商局党组书记王可忠、副局长沈庆中、副巡视员吴伟等参加活动。

5月5日　省工商局举办机关"领导干部讲座"。局长邝小平为省局机关、直属事业单位全体党员、干部作题为《努力实践科学发展观　全面推进依法行政》专题讲座。

6月30日　全省工商系统"12315"行政执法体系建设工作会议在南昌召开。省工商局领导邝小平、徐运平到会并讲话,各设区市工商局分管领导、消保局长、消协秘书长、信息中心主任参加会议。

7月10日　省著名商标认定委员会召开全体会议。省工商局局长、省著名商标省认定委员会主任委员邝小平出席会议,副局长、省著名商标省认定委员会副主任委员沈庆中主持会议。

7月18日　全省工商局长座谈会在南昌召开。副省长熊盛文出席会议并作讲话,省工商局局长邝小平作工作报告,省工商局党组书记王可忠主持会议。

9月19日　省政府印发《关于建立查处取缔无证无照经营行为长效工作机制的意见》。

10月15日　自9月发生石家庄三鹿奶粉事件后,省工商局部署全省奶制品专项整治工作。截至是日,全省工商系统出动执法人员114783人次,检查婴幼儿奶粉经营主体293332家次,下架奶粉169983.3千克,受理消费者有关婴幼儿奶粉咨询、申诉、举报27126件,为消费者退换奶粉21008.46千克。

10月16日　省工商局召开全省工商系统纪念改革开放30周年和工商行政机关恢复建制30周年座谈会。省工商局局长邝小平在座谈会上讲话,局党组书记王可忠主持会议。省工商局领导刘柏林、沈庆中、肖长角、杜志刚和各设区市工商局局长,省工商局机关各处(室、局)、直属事业单位主要负责人,以及基层分局、先进集体、先进个人和省局老干部代表等参加座谈会。

11月13—15日　国家工商总局党组书记、局长周伯华在江西调研。11月14日,省长吴新雄在南昌会见周伯华一行。省委常委、南昌市委书记余欣荣,副省长熊盛文,省工商局局长邝小平、党组书记王可忠等分别陪同调研。

11月26—28日　省工商局局长邝小平深入赣州市宁都县、石城县局调研,并在瑞金市出席由省工商局等捐资兴建的马山红盾长征小学落成典礼。

12月1日　全省工商系统推行领导干部监督"五项制度"现场会在九江召开。中纪委驻国家工商总局纪检组长石见元,省纪委副书记徐必鸿,省工商局党组书记王可忠出席会议并讲话。

## 2009 年

1月13日　全省工商行政管理工作会议在南昌召开。副省长熊盛文出席会议并讲话。省工商局局长邝小平作工作报告,党组书记王可忠作会议小结,纪检组长张刚作廉政讲话。副局长刘柏林、沈庆中,副巡视员吴伟、杜志刚等出席会议,全省各市设区市工商局长、办公室主任和县(市、区)工商局长及省局全体干部参加会议。

2月11日,全省工商系统机关效能年活动动员大会在南昌召开。省工商局局长邝小平作动员讲话,党组书记王可忠主持会议,省纪委效能监察室主任徐小平到会指导并讲话,省工商局领导刘柏林、沈庆中、张刚、吴伟、肖长角、杜志刚等出席会议。全省各设区市工商局局长、分管副局长、纪检组组长和办公室主任、监察室主任及省局机关、直属单位全体干部参加会议。

3月15日　由省市宣传部、省市工商局、省市消协共同主办的2009年江西(南昌)"3·15"国际消费者权益日大型宣传咨询服务活动在南昌八一广场举行。副省长熊盛文,省工商局局巡视员、省消费者协会会长徐运平等出席活动仪式。

6月2日　省工商局组织机关党员干部赴江西省反腐倡廉警示教育基地——省豫章监狱开展警示教育活动。局领导邝小平、王可忠、张刚、杜志刚等参加活动。

8月5—7日　国家工商总局副局长钟攸平在赣督查调研,副省长熊盛文和省工商局局长邝小平等陪同。

8月21日　省政协副主席李华栋一行视察南昌市工商局"12315"指挥中心,省工商局局长邝小平等陪同。

9月25日　全省工商系统廉政风险点防范管理工作现场会在南昌市局召开。中纪委驻国家工商总局纪检组正局级监察专员蓝海、省纪委副书记徐必鸿出席会议并讲话,省工商局党组书记王可忠就全省工商系统全面推行廉政风险点防范管理工作提出要求。省工商局纪检组长张刚主持会议,南昌市委常委、纪委书记刘东明致辞。

11月5日　省工商局印发《江西省工商局食品流通许可证管理实施办法(暂行)》。

12月8日　全省打击传销工作领导小组会议在南昌召开。副省长熊盛文、省工商局局长邝小平出席并讲话。

## 2010 年

1月11日　全省工商行政管理工作会议在南昌召开。副省长熊盛文出席会议并讲话,省工商局局长邝小平作工作报告,党组书记王可忠作会议小结,纪检组长张刚作廉政讲话。

1月21—25日　国家工商总局原党组成员、中纪委驻国家工商总局纪检组原组长石见元受总局局长周伯华委托,代表总局到赣州瑞金、抚州、鹰潭、南昌等地看望慰问基层困难工商干部职工,并在基层工商分局调研。省工商局局长邝小平、纪检组组长张刚等陪同。

3月4日　省工商局举行全省工商系统党风廉政建设工作会议、全省工商系统创业服务年活动动员大会。省监察厅副厅长何建洋、省纪委二室主任景有富（副厅级）到会指导,省工商局领导邝小平、王可忠、沈庆中、张刚、吴伟、肖长角、杜志刚等出席,各设区市工商局局长、纪检组长、分管局领导、监察室主任和省工商局机关、直属单位副处级以上干部参加会议。

3月15日　由省委宣传部、省工商局、省消费者协会和南昌市委宣传部、市工商局、市消费者协会共同主办的围绕"消费与服务"年主题的"3·15"宣传咨询服务活动在南昌八一广场举行。省人大常委会副主任朱秉发、副省长熊盛文、省政协副主席朱张才、省委宣传部常务副部长陈东有、省工商局局长邝小平、省工商局党组书记王可忠、省工商局副局长刘建华等出席。

4月1日　省政协副主席李华栋率省政协"食品安全"专题调研组在省工商局就流通环节食品安全情况进行座谈调研。省工商局党组书记王可忠、副局长刘建华陪同调研。

5月21日　全省工商系统综治信访工作会议在南昌召开。省工商局党组书记王可忠、省综治办主任张传发、省信访局副局长孙解生出席会议并讲话,省工商局副巡视员杜志刚主持会议。

6月17—18日　省工商局局长邝小平率团出访考察芬兰、瑞典、挪威,学习考察知识产权及反不正当竞争执法工作。

6月30日　省工商局召开全省工商系统深入开展创先争优活动动员大会。省工商局领导邝小平、王可忠、沈庆中、张刚、刘建华、吴伟出席会议,各设区市工商局机关党委书记、专职副书记、省工商局机关全体党员共160余人参加会议。

8月31日　全省工商行政管理信息化工作会议在南昌召开。省工商局局长、局信息化领导小组组长邝小平,省工商局副局长、局信息化领导小组副组长沈庆中出席会议并讲话。

9月7日　省工商局在高安市召开全省工商系统培育、发展农村经纪人工作现场会议。省工商局局长邝小平出席并讲话。

11月17日　省工商局召开全省工商系统知识产权保护与执法工作电视电话会议,部署全省工商系统打击侵犯知识产权和制售假冒伪劣商品专项行动。省工商局局长邝小平出席并讲话,副局长沈庆中主持会议。

# 第一篇　市场主体准入

市场主体是在市场上从事经济活动、享有权利和承担义务的个人和组织体。1992年,中共十四大确立建立社会主义市场经济体制,全省经济体制改革逐步深入,对外开放不断拓展,市场各类主体得以蓬勃发展。

1991—2010年,内资企业、外商投资企业、个体工商户以及农民专业合作社等组织形式的市场主体在全省各(地)市广为分布,融入并促进全省经济社会发展。

1991年,经全省各级工商部门核准"三资"企业160家。是年,全省个体工商户、私营企业有41.2万家。1992年,全省新登记"三资"企业855家,累计核准登记1158家,全省新登记注册企业27010家。

2001年,全省累计实有外商投资企业2284家,投资总额73.79亿美元,注册资本35.26亿美元。全省个体工商户、私营企业达60.54万家,注册资本275.62亿元。2002年,全省工商系统创新监管机制,优质服务,力促经济发展。截至12月底,全省实有内资企业10.66万家,注册资本(金)1636.8亿元;外商投资企业2478家,注册资本483533万美元;个体工商户为598501家、私营企业38979家,个体工商户、私营企业的家数、从业人数、注册资本(金)比2001年同期分别增长3.91%、32.4%、3.07%、25.9%、17.91%、49.34%。

2010年,市场主体达到131.85万家。其中,内资企业7.59万家,私营企业15.45万家,外资企业7571家,个体工商户106.86万家,农民专业合作社1.2万家。

1991—2010年,全省各级工商部门服务经济发展大局,坚持社会主义基本经济制度,积极支持和服务各类企业健康发展,规范企业登记注册和市场主体经营行为,加大监管力度,改进和创新监管方式,提升监管效能,不断提高服务质量,主动适应经济结构战略性调整,为全面深化改革、推进全省经济社会持续健康发展做了大量扎实有效的工作。

# 第一章　登记注册

## 第一节　内资企业登记

登记制度

20 世纪 80 年代末,全省各级工商部门根据国家工商局关于换发全国统一营业执照的有关规定,对全省具备法人条件的企业统一换发《企业法人营业执照》,对不能独立承担民事责任的分支机构统一换发《营业执照》。

1992 年春,邓小平南方谈话公开发表后,省工商局为适应深化改革的需要,更好地为搞活经济服务,是年 5 月印发《关于改进企业登记管理若干补充措施的通知》。该通知对企业集团的登记管理作了规定,同时要求企业法人实行内部股份制改造,成立股份公司;该通知还授权地区工商局受理登记中央、省政府各部门在地区行署所办企业和行署部门直属企业的登记管理工作。

1993 年,省工商局印发《关于进一步改进企业登记管理工作的意见》,提出企业登记管理工作要以建立社会主义市场经济体制和运行机制为出发点,牢固树立为发展经济服务、为企业服务的思想。为进一步落实企业经营自主权,省工商局取消一批不必要的条件限制,简化办照手续。企业申请的经营范围,除国家垄断经营和涉及国家安全及人民健康的行业外,对其他行业不实行限制。涉及行业归口管理部门审批、发证的商品经营审批机关批文及许可证,不作为核准登记的前置条件。企业的经营方式不受注册资金和所属行业的限制。省工商局还印发《关于核定企业名称若干问题的意见》,对企业名称是否反映行业或经营特点不作硬性规定,企业名称中的组织形式称谓由企业根据自身的需要自主选择,允许有多种产品的生产型企业法人使用第二名称,允许企业实行名称预先申请核准登记,继续支持企业集团的组建和发展,支持无主管部门的集体企业发展。为促进股份合作制企业发展和规范化管理,各地加强调查研究,根据省政府有关文件,研究提出《股份合作制企业登记管理办法》。针对党政机关兴办经济实体、分流人员中出现的问题,省工商局及时展开调查研究,向省委、省政府提供情况和意见,并会同有关部门,研究提出《关于党政机关兴办经济实体与机关脱钩的实施意见》,经省委、省政府批准各地执行。配合有关部门,认真清理房地产业和金融系统兴办的企业。

1994 年 8 月 1 日,省工商局印发《关于贯彻国家工商局〈关于施行中华人民共和国公司登记管理条例若干问题的意见〉的通知》(以下简称《通知》),要求各地、市、县(区)工商局认真实施《中华人民共和国公司法》(以下简称《公司法》)和《公司登记管理条例》,对新设立的公司,一律按规定的条件和程序办理设立登记。符合规定条件和程序的,登记为公司,不符合规定条件和程序的,不得登记为有限责任公司或股份有限公司,也不得称"公司";自然人之间以私人资本出资设立公司,暂由个体私营登记管理部门按《公司法》和《公司登记管理条例》规定的条件和程序办理,纳入公司统一管理,并使用新式样的《企业法人营业执照》。《通知》对公司的登记管辖规定为:省工商局负责登记省人民政府批准设立的股份有限公司及其授权投资的公司等;地区工商局负责登记法定住所设在地区行署所在地的各类公司;市、县工商局负责除国家工商局、省工商局管辖以外的法定依据设在本市、县及省直辖市城区内的公司登记。公司设立分公司,均由分公司所在地的市、县工商局登记。省直辖市设的区及各级政府设立的保税区、经济开发区工商局没有公司登记权。

全省各级工商部门以实施《公司法》为契机,推进企业登记制度改革。1994 年,从适应改革开放,建立现代企业制度的需要出发,改革企业登记制度,逐步实现依法独立注册。在登记过程中,除法律法规规定必须提交许可证批准件外,其他审批一律不作为企业登记注册的前提条件,为企业自主经营创造条件。

1995 年 4 月,省工商局印发《关于企业登记管理有关事项规范意见的通知》,要求:企业法人的注册资本(金)的最低限额,应严格按照《企业法人登记管理条例施行细则》及《公司法》的规定执行,不得突破;事业单位、社会团体、企业法人一律不准接受企业挂靠,只能以自有资金投资兴办企业;企业名称登记管理严格按照有关法律、法规的规定执行。无外主管部门的集体企业,应严格按照《企业法人登记管理条例》及其《施行细则》的规定办理登记注册。

1995 年,江西省人大常委会通过《江西省股份合作企业条件》,省工商局同时制定印发《江西省股份合作企业登记暂行办法》,促进符合市场经济的股份合作制企业和无主管企业的发展。

20 世纪 90 年代中期,为建立现代企业制度,全省企业登记管理机关改革和完善企业登记管理制度,加强工作规范化建设,积极支持国有企业改革,为企业转换经营机制出谋划策,帮助企业建立以"产权清晰、责权明确、政企分开、管理科学"为特征的现代企业制度,促使企业向更加科学、合理的组织形式发展,保证进入市场的主体合格和经济的正常运行。

1997 年,省工商局制定印发《江西省企业集团登记管理暂行规定》,严把市场主体准入关。

1998 年后,全省各级工商部门对企业档案进行彻底改造,实行"集装箱柜式"与计算机储存查询相结合的档案管理制度。

1999 年,省工商局印发《发挥工商行政管理职能作用,大力支持促进县域经济发展的通知》。各级工商部门支持促进县域经济发展,支持农村市场的培育、建设和发展,加强市场监管,促进农产品流通,发挥登记注册管理职能作用,支持中小企业改革和发展。

2001 年,省工商局按照上级"是否有利于发展社会主义社会的生产力、是否有利于增强社会主义国家的综合国力、是否有利于提高人民的生活水平"要求,对原有的工商注册登记制度全面创新,降低市场主体准入门槛,向所有正当的投资经营者敞开大门。全省各级工商部门下放管理权限,为方便企业进入市场,省工商局主动对原有的 31 项行政审批事项进行认真清理,经上报批准后取消

23 项。对有关工商行政管理的地方性法规、规章及省工商局印发的一些规定和文件,进行全面清理,其中有 205 件经过清理废止。制定《关于改革企业注册登记管理制度的意见》,进一步明确各级工商部门的首办负责制,规定企业登记注册必须实行"一站式服务、一条龙审批",从而为更多企业进入市场打开方便之门。

2002 年 6 月 2 日,省工商局制订印发《关于进一步创新监管机制　强化服务职能　力促经济发展的意见》,出台服务经济发展 26 条具体措施。省工商局提出的改革审批事项、优化政务环境的意见和建议得到省政府重视。

从 2002 年开始,南昌市工商局在服务与管理工作中进行八个方面的创新,将企业登记注册改串联审批为并联审批,全面推行"经济户口"管理计分制等改革创新服务举措,获得当地企业好评。

2003 年,全省各级工商部门全面实施首办责任制,积极推进企业登记前置审批和互联审批制度改革,改革多环节办理企业登记注册方式,逐步推行"一审一核"制度。加大对虚假出资、虚报注册资本(金)等违法行为的审核查处,认真探索研究,建立健全市场主体退出机制,建立企业信用体系,切实维护市场交易安全,营造公平竞争的市场秩序。为增强企业市场竞争力和信誉度,继续在全省推行企业免检制度,并拓展免检范围,全省有 450 家企业取得免检资格。同时,延长企业年检时间,积极配合有关部门加强对高危行业的注册登记把关、年检审查,坚持实行对高危行业的注册登记上报一级备查制度。

2004 年,各级工商部门全面实行并联审批制,按照"工商受理、抄告相关、并联审批、限时完成"的工作要求,严把市场主体准入关,不断提高办事效率。落实政务公开制度、首问负责制度、一次性说清制度、限时办结制度、否决报备制度、失职追究制度等,开展行政效能"零投诉"活动,虚心接受企业和群众监督。继续推行企业免检制度,提高服务效率和质量。进一步建立企业工商联络员制度,协助企业办理注册登记等相关手续,提供跟踪服务,解决实际困难,营造"亲商、安商、富商"投资氛围。2005 年,省工商局制定全民创业、加快富民兴赣"20 条措施"及实施办法,激发群众创业积极性。全省各级工商部门以简化审核环节、方便市场准入、提高工作效率为切入点,全面推行"一审一核"制、限时办结制、非工作日预约服务制等制度,开辟注册登记"绿色通道"。

2007 年,市县工商部门深入落实省工商局 20 条措施,着力在规范服务、提高质量上下功夫,积极拓展创业空间和监管领域,推进全民创业。完善办事公开制度,全省各设区市、县级工商局的企业注册窗口全面入驻当地统一审批办证中心(行政服务中心),落实各项"一个窗口对外"的行政许可办理制度,继续实行首办负责制及上门年检、咨询服务制度。全面启用新的企业登记格式规范文本和一次性告知单,推广预约服务、上门服务等新举措,实行免检制度和外商投资企业网上年检。省工商局为推行属地管辖,将部分原省工商局登记企业转移到所在地工商部门管理。

2008 年,全省各级企业登记机关推行"一审一核制""首办负责制""一次性告知制""限时办结制"等各项工作制度和服务承诺。

2009 年,全省建立服务重大投资项目服务机制,全面统一登记窗口、"绿色通道"服务规范,缩短办事时限,进一步完善首办责任制度,推行"延伸服务卡"等制度,规范全省工商注册大厅基本工作程序和企业年检集中到当地行政服务中心办理等规定。

2010年，省工商局印发《关于发挥工商职能作用服务鄱阳湖生态经济区建设的实施意见》，出台支持战略性新兴产业发展、支持企业重组改制、支持服务业加快发展等22条服务措施。各地在落实省工商局措施中，结合实际开展工作。鹰潭市工商局牵头组织实施市委、市政府进一步加快市场主体发展的工作部署；宜春市工商局主动策应全市重大项目建设，出台服务"实施千亿工程，打造亚洲锂都"等13条举措；九江市工商局开辟绿色通道服务九江石化油品质量升级工程等产业基地建设；南昌市工商局建成"南昌工商服务全球通"远程服务平台。萍乡市工商局制定服务经济、城市发展"双转型"的25条意见；赣州市工商局对全市132个重点项目实行专人专件服务。

## 登记程序

1992年5月，省工商局印发《关于改进企业登记管理若干补充措施的通知》，要求地、市、县（区）工商局对企业集团的登记管理，只要有一个具有一定实力的企业法人作为核心，并由若干个企业法人组成紧密层，就可组建企业集团，经县以上人民政府或其授权机关审批后，可向当地工商局申请办理登记注册手续；企业法人成立股份公司，可变更登记，办理登记注册；适当放宽企业登记条件和经营范围，简化登记程序，加快办照速度。

1993年，为进一步落实企业经营自主权，省工商局取消一批不必要的条件限制，简化办照手续。凡是有法人资格的机关、事业单位、社会团体、企业开办新企业，由主办单位直接向工商机关提出申请，即可办理登记注册手续。企业登记注册事项变动时，除法定代表人和经济性质变更需主办单位批准外，其他登记事项变更，由企业法人直接向工商行政管理部门申请变更。

1994年8月，省工商局作出规定，1994年7月1日前已登记设立的公司（以下简称原有公司）在未按《公司法》规范前，需要办理变更的，仍发旧式样的《企业法人营业执照》和《营业执照》，并在执照副本上注明变更日期；符合《公司法》规定，新设立的公司及原有公司按《公司法》进行规范的，使用新式样的《企业法人营业执照》和《营业执照》。

1995年4月，省工商局作出规定，外地企业法人来本埠设立分支机构的，应持原登记主管机关的核准通知函及其他有关材料，向分支机构所在地的登记主管机关申请登记注册；市、县工商局登记注册的有限责任公司，需冠省名的，应按规定程序上报省工商局办理名称预先核准（注册资本100万元以上，并有省属企业法人持股占51%以上，以及冠省名的企业法人应具备的其他有关条件）；凡规定无公司注册登记职能的工商局，不得办理公司登记，其核发的公司营业执照一律无效；经省工商局委托在规定范围内办理有限责任公司登记的地区工商局，应核发加盖省工商局印章的公司营业执照，并要核准登记（含设立、变更、注销登记）后10日内，将全套登记材料复制报送省工商局。

1998年以后，全省各级工商部门普遍设立企业注册大厅，对企业注册登记等事项实行"流水"式作业、"窗口式"服务。

2000年，各级工商部门开展创"文明窗口"活动，设立"国有企业改制登记绿色通道"，为企业提供高效快捷的服务，对符合条件的国有企业试行免检，制定债权转股权企业登记暂行办法，规范债转股企业的登记行为。

2001年,规定企业登记注册必须实行"一站式服务、一条龙审批"。

2003年,全省各级工商部门逐步推行"一审一核"制度,通过审查、核准两个环节,完成企业登记注册的受理、审查、审批、核准、发照工作,提高企业登记注册效率。

2004年,各级工商部门充分发挥进驻政府统一审批办证服务中心的工商窗口作用,实行统一受理,集中办理,"一站式"审批,"一条龙"服务,为企业注册登记提供方便。

2008年,全省工商部门服从和服务于经济和社会发展的大局,不断规范登记程序,创新服务手段,推行和谐执法理念和人性化监管,致力于创造公开、公平、公正的市场主体准入环境和规范有序的市场竞争环境。各地依法规范企业登记行为,严格登记程序。企业注册监督管理部门认真执行企业登记管理法律法规的规定,按照统一的登记标准、登记程序和登记要求,为各类市场主体营造公平公正的准入环境。凡是法律、行政法规未禁止的行业和经营项目,只要符合科学发展观要求、有利于经济社会发展的,都允许登记和积极支持;凡是法律、行政法规未禁止非公有制经济进入的领域和行业,都积极支持私营企业进入。2008年起,在登记业务办理上,推行企业名称远程核准、网上登记、网上年检工作,运用高技术手段提高登记工作效能。

## 登记队伍

1994年,为做好《公司法》实施前的各项准备工作,全省工商系统对《公司法》进行深入广泛宣传,培训企业登记干部和企业法定代表人,有的地、市还把《公司法》列入"二五普法"内容。

1996年,全省实行企业名称预先核准制度,省工商局组织进行两次企业登记代理人员资格考试,全省共有199人取得企业登记代理人员资格证书。

1997年,省工商局组织全省企业登记代理人员资格考试,合格率达87%。

1998年,全省工商系统各级企业登记管理机关按照党中央、国务院的决策和国家工商局工作部署,参与军队、武警部队、政法机关、中央党政机关与所办经济实体脱钩工作。

2000年,省工商局对26家企业集团的核心企业和主要成员企业委派事务联络员,为企业提供咨询服务。

高安市工商局瑞州分局的每个外勤人员都印制便民联系卡,加强与企业的交流与沟通。帮助几名下岗人员选准创业方向,办理营业执照,创办高安市第二腐竹厂,并跟踪帮扶,该厂于2002年成为年产300吨优质腐竹的私营企业,其腐竹产品"高安桥"商标被评为宜春市知名商标,"高安桥"商标后被评为江西省著名商标。

2002年,全省工商系统坚持政务公开制,企业登记人员在市场主体准入关上严格把关,热情服务,做到注册登记事前接受咨询,实行上门服务;事中依法把关,实行文明服务;事后跟踪,实行回访服务,促进市场主体壮大。

2004年,全省工商系统工作人员坚持以科学发展观统领各项工作,贯彻实施国家《行政许可法》,规范企业登记管理,统一登记标准、登记程序和登记要求,学习和贯彻执行国家工商总局制定修改的《企业登记程序规定》《企业名称登记管理实施办法》《公司注册资本登记管理规定》和《企业经营范围登记管理规定》等规章,进一步完善企业登记管理法规制度。

2005年,全省工商系统普遍选派业务骨干充实和加强企业注册工作,一批综合素质较高,工作经验较丰富的工作人员进入企业注册队伍。乐平市工商局组织注册登记专业知识考试,在35名合格者中,挑选29人进入注册登记审核队伍,经局长委托授权,取得审核员或核审员资格,在企业登记工作中发挥积极作用。

2009年,全省工商系统各级企业登记管理机关自觉服务市场主体,管活市场,紧扣"抓投入、上项目、保企业"战略部署,全力支持市场主体健康发展。采取有效措施,精简行政审批事项,全面开展股权出资登记、股权出质登记和小额贷款公司登记,帮助缓解企业发展困难。

在2010年创业服务年主题活动中,市场主体登记信息发布、企业信息公开查询、企业登记网上办理等服务平台全面开通。有33.16万投资者和公众通过省工商局网站查询企业登记和监管信息。市场主体登记管理信息开发利用实现制度化、常态化。

## 登记企业

1991年,全省各级工商部门帮助企业分析市场形势,解决经营中的困难和问题,提出一系列搞活企业的措施。对按照产业政策和市场需要调整产业结构和产品结构的企业及时办理登记手续,对成熟的具备条件的企业集团及时审核登记。各级工商部门运用企业登记管理职能,为调整企业结构、产业结构和产品结构服务。凡企业根据市场需求,要求增加经营范围和改变经营方式的,在法规许可范围内,都及时核准变更。对部分企业申请一次性经营生产资料的,为其核发"有期限经营"执照,对企业计划分配品种型号不对路的和以货抵债的物质(商品)经营放宽限制。对外贸企业、物资供销企业要求增加经营范围和经营网点的,均予以支持,为搞活企业生产经营起到促进作用,全省核准注册新开办企业9582家。

1992年,全省新登记注册企业27010家,同比增长19.4%,其中企业法人增加14482家,营业单位增加12528家。

1993年,全省各类企业有较大发展,截至年底,全省登记注册企业共202797家,比1992年同期增加6734家,增长3.43%。在注册企业中,全民所有制企业67090家,占企业总数的33.08%,比1992年同期增加13406家,增长24.97%。集体所有制企业132238家,占企业总数的65.2%,比1992年同期增加21008家,增长18.88%。联营及其他类型企业3469家,占企业总数的1.71%,比1992年同期增加2320家,增长201.91%。

1994年《公司法》实施后,全省工商系统对公司登记管理实行一步到位,严格依照《公司法》和登记条例规定办理,全省共登记注册701家有限责任公司,基本做到登记一家,规范一家。全省工商系统支持有关部门对国有企业实行公司制的试点和改造,对不符合要求的企业促其完善条件,保证32家试点企业按公司制要求顺利挂牌。1994年,全省新注册企业19755家,比上年同期增长9.7%。

全省各级工商部门改革和规范企业注册监督管理工作,依法确认市场主体资格,贯彻实施国家有关企业登记管理法律、行政法规及国家工商局制定的规章,进一步强化企业登记管理工作,在实行社会主义市场经济体制过程中,严把市场主体准入关,以维护社会主义市场经济的公平竞争秩序。截至 1995 年 12 月,全省企业登记合计为 22.2 万余户,注册资本 873.45 余亿元。

表 1-1-1　1995 年 12 月江西省企业登记管理基本情况

| 行业代码 | 行业分类 | 年末企业数合计(户) | 企业法人 | | | 营业单位 | | | 注册资本(金)万元 |
|---|---|---|---|---|---|---|---|---|---|
| | | | 年末企业数(户) | 本年开业(户) | 本年注销(户) | 年末企业数(户) | 本年开业(户) | 本年注销(户) | |
| A | 农、林、牧、渔、水利业 | 6052 | 3522 | 316 | 145 | 2530 | 264 | 110 | 143321 |
| 1 | 农业 | 815 | 494 | 48 | 21 | 321 | 49 | 12 | 28602 |
| 2 | 林业 | 1260 | 895 | 44 | 29 | 365 | 20 | 26 | 33803 |
| 3 | 畜牧业 | 510 | 355 | 45 | 18 | 155 | 10 | 9 | 18540 |
| 4 | 渔业 | 399 | 287 | 38 | 6 | 112 | 15 | 8 | 18494 |
| 5 | 农、林、牧、渔服务业 | 3068 | 1491 | 141 | 71 | 1577 | 170 | 55 | 43882 |
| B | 采掘业 | 3595 | 2210 | 138 | 144 | 1385 | 55 | 105 | 365052 |
| 6 | 煤炭采选业 | 1299 | 855 | 39 | 64 | 444 | 18 | 58 | 156299 |
| 7 | 石油和天然气开采业 | 7 | 4 | 1 | 7 | 3 | | 4 | 201 |
| 8 | 黑色金属矿采选业 | 91 | 71 | 8 | 2 | 20 | | 1 | 5319 |
| 9 | 有色金属矿采选业 | 669 | 335 | 23 | 27 | 334 | 10 | 10 | 150994 |
| 10 | 非金属矿采选业 | 1147 | 744 | 59 | 40 | 403 | 20 | 29 | 31342 |
| 11 | 其他矿采选业 | 176 | 83 | 6 | 3 | 93 | 7 | 2 | 6595 |
| 12 | 木材及竹材采选业 | 206 | 118 | 2 | 1 | 88 | | 1 | 14302 |
| C | 制造业 | 45144 | 31754 | 2651 | 2698 | 13390 | 1131 | 1092 | 2559345 |
| 13 | 食品加工业 | 3392 | 2134 | 186 | 185 | 1258 | 118 | 99 | 109059 |
| 14 | 食品制造业 | 2335 | 1350 | 93 | 77 | 985 | 43 | 59 | 81644 |
| 15 | 饮料制造业 | 1674 | 1146 | 95 | 64 | 528 | 54 | 45 | 78713 |
| | 合　计 | 222073 | 96734 | 7458 | 8445 | 125339 | 9572 | 6793 | 8734579 |

1996 年,全省登记注册企业达 213696 家,其中法人企业 93759 家。混合所有制企业尤其是有限公司成为发展的热点,全省有混合制企业 11005 家。依据《公司法》规定,全省 902 家原有有限责任公司和股份有限公司中,有 679 家进行重新登记,其余的办理了变更登记、注销登记等。

1997 年,全省依法登记注册企业 13168 家,其中非公司企业法人 3410 家,有限责任公司 2206 家,股份有限公司 7 家,核准登记 5 家企业为上市公司,审批企业集团 8 家,重新登记规范原有股份有限公司 20 家,通过组建一批大型企业集团和股份有限公司,连结和带动一批企业的改制、改组和发展,提高国有资产运营效率和效益;规范旅游、邮电、电力企业等特殊行业企业的登记管理,对商业连锁店的组建与登记、外贸企业内部职工持股等会同有关部门印发规范性文件。

截至1998年9月,全省有登记注册企业170491家,其中法人企业78800家,营业单位95249家,按《公司法》登记的公司7513家。

2000年,全省各级工商部门在依法确认市场主体资格,加强企业登记管理,严把市场主体准入关的基础上,严格企业开办条件的审核,规范企业档案管理,加快改制企业的变更登记,加强市场准入后的支持、引导和管理,为企业发展提供优质高效服务。积极支持符合条件的企业加快组建集团的步伐。2000年,对"江西四特集团"等12家企业集团进行登记、规范。

各级工商部门的服务意识进一步强化,变"业主上门"为"工商到位",仅2001年8月至12月,全省登记的预备期企业有125家,登记注册资本50万元以下分期注入的企业566家,核发母公司注册资本在5000万元以下的集团有限公司18家。取消公司冠以省名这一限制后,核准冠省名的企业近600家。2001年,全省工商部门为企业发展创造良好的外部环境。至年底,全省累计登记的内资企业共有12.34万家,注册资本(金)1458.4亿元。

表1-1-2  2001年江西省内资企业户数、注册资本(金)一览

单位:家、万元

| 指标<br>地区 | 户数 | | 注册资本(金) | |
|---|---|---|---|---|
| | 合计 | 其中:公司 | 合计 | 其中:公司 |
| 南昌市 | 8465 | 2287 | 1065975 | 575122 |
| 九江市 | 4849 | 837 | 1070462 | 510538 |
| 景德镇市 | 2180 | 410 | 730864 | 512479 |
| 萍乡市 | 4883 | 842 | 357013 | 233725 |
| 新余市 | 4516 | 336 | 380967 | 187671 |
| 鹰潭市 | 3365 | 360 | 267076 | 49790 |
| 赣州市 | 19393 | 1664 | 629930 | 225219 |
| 宜春市 | 10427 | 1669 | 1188327 | 628700 |
| 上饶市 | 12174 | 1426 | 552910 | 165706 |
| 吉安市 | 11779 | 694 | 593394 | 131979 |
| 抚州市 | 8168 | 769 | 398799 | 157638 |
| 省直 | 33211 | 2919 | 7348370 | 1068152 |
| 全省合计 | 123410 | 14213 | 14584087 | 4446719 |

2002年,全省实有内资企业10.66万家、注册资本(金)1636.8亿元。

2003年,全省实有注册登记的内资企业97254家,注册资本1728.16亿元。

2004年,全省实有内资企业95737家,注册资本1962.52亿元。

2005年,全省实有内资企业81542家,注册资本1794.9亿元。

2006年,全省各级工商部门把深入贯彻新《公司法》与落实"推动全民创业、加快富民兴赣"的重大战略决策相结合,提高办事效率和服务质量,调整公司登记管辖权限,规范登记行为,方便投资

者创业。围绕"科学发展、和谐创业"主题,一手抓发展,一手抓监管,坚持发展不动摇。截至2006年底,全省实有内资企业81046家,注册资本1990.91亿元。

是年,信丰县工商局在助推信丰工业园区建设发展中,主动到现场办理企业登记发照手续。企业在手续齐全的情况下可以当场受理和发照,取消主管领导批准程序。信丰县工商局为支持园区企业发展,从企业开始立项就派专人跟帮扶,直至备齐材料完成登记注册。

2007年,全省各级工商部门围绕经济结构调整和经济发展方式转变,按照国家淘汰落后生产能力和实现节能降耗、污染减排、安全生产等目标要求,依法对全省有关企业开展变更登记、注销登记和吊销营业执照等工作。至2007年底,全省实有内资企业80468家,注册资本2173.17亿元。

2008年,全省实有内资企业76488家,注册资本总额为2373.15亿元。

2009年,全省工商部门共为企业办理股权出质登记214件,出质股权数额达30.09亿股。企业通过股权出质获取质押贷款79.07亿元;有25个县(市、区)设立小额贷款公司。是年,全省实有内资企业75072家,注册资本总额2821.28亿元。

是年,各级工商部门加强企业注册登记等工作,促进当地内资企业发展。南昌市工商局实施重启经营资格和支持国企改革6项措施。上饶市工商局实施"3个1万"(年内新增1万家个体户、1万户农家乐、1万名创业者)刺激计划;宜春市工商局、上饶市工商局推广流动办照服务;萍乡市工商局围绕"减、快、帮、优"做好服务文章;九江、鹰潭市工商局实行窗口限时、延时服务。

2010年,全省内资企业达到75909家,注册资本总额为3166.43亿元。

表1-1-3 2010年江西省内资企业户数、注册资本(金)一览

单位:家、万元

| 指标 地区 | 户数 | | 注册资本(金) | |
|---|---|---|---|---|
| | 合计 | 其中:公司 | 合计 | 其中:公司 |
| 南昌市 | 14183 | 8184 | 6266232 | 5337796 |
| 九江市 | 9134 | 3265 | 2746855 | 2105654 |
| 景德镇市 | 3670 | 1482 | 1466729 | 1217813 |
| 萍乡市 | 2453 | 733 | 525145 | 407413 |
| 新余市 | 3497 | 1300 | 1003968 | 839192 |
| 鹰潭市 | 2047 | 621 | 690610 | 408897 |
| 赣州市 | 7937 | 3272 | 1986818 | 1618147 |
| 宜春市 | 7864 | 2384 | 1610878 | 1144618 |
| 上饶市 | 8379 | 2481 | 1659813 | 1254819 |
| 吉安市 | 6225 | 1519 | 1165266 | 763549 |
| 抚州市 | 5757 | 2177 | 759410 | 479739 |
| 省直 | 4763 | 1299 | 11782619 | 6196323 |
| 全省合计 | 75909 | 26775 | 31664343 | 21773960 |

# 第二节 外商投资企业登记

## 外商投资企业发展

20世纪80年代末90年代初,江西在利用外资、引进先进技术、吸引外商投资兴办各类"三资"企业(中外合资经营企业、中外合作经营企业、外商独资经营)迈出大的步伐。1991年,江西省外商投资企业出现新的发展趋势,各地立项、签约、申请开业的企业不断增多。

1991年,全省各级工商部门参与"三资"企业立项前期准备,提前介入搞好服务,同时严格把关,全年共核准"三资"企业160家。1991年共批准利用外资项目238项,合同外资金额15796万美元,完成年计划的143%。实际利用外资9371万美元,完成年计划的156%;其中:国外贷款7423万美元,外商投资企业1948万美元。利用外资项目出口创汇4380万美元,完成年计划的116%。

是年,全省共批准外商投资企业162家,是1990年的3倍;合同外资金额5563万美元,是1990年的2倍。至1991年底,全省累计批准各类利用外资项目959项,合同外资金额4.94亿美元,实际利用外资2.95亿美元,外资项目出口创汇1.69亿美元。其中累计批准外商投资企业345家,合同外资1.83亿美元。新批162家企业中,属生产性项目共159项,占98%;有37家当年进资占25%;独资企业达28家,占总数的17.2%;来自中国香港的投资有116家、中国台湾30家、美国6家,日本3家,阿联酋2家,菲律宾、奥地利、意大利、荷兰、玻利维亚各1家。其中奥地利、荷兰、玻利维亚在江西省投资尚属首次。

1992年,国家工商局下文授权南昌、九江、景德镇市行使外商投资企业核准登记权。为加快招商引资步伐,方便"三资"企业审核登记,省工商局分批授权给11个地、市和计划单列县级市工商局外商投资企业登记初审权。截至1992年底,全省新登记"三资"企业855家,累计核准登记1158家。

1993年是江西省吸收外商来赣投资形成高潮的一年。省工商局将颁发营业执照的权限委托给8个地市以及赣州、樟树两市,便利各地申办"三资"企业。全年共核准登记外商投资企业1210家,相当于此前历年注册登记数总和的1倍多。在新核准的外商投资企业中,合资企业878家,合作企业77家,独资企业255家;投资总额20.13亿美元,为历年累计投资额的115%;注册资本15.04亿美元,其中外方认缴资本8.86亿美元,分别是注册资本总量、外方认缴资本总量的109%和118%。到1993年底,全省累计核准"三资"企业2365家,投资总额37.93亿美元,注册资本28.99亿美元。为促进"三资"企业的健康发展,省工商局会同南昌海关、南昌市工商局、省会计师事务所,对1992年底前设立在南昌市内出资不明的123家外商投资企业出资情况进行调查。调查结果表明,123家企业出资率66.7%。对其中长期不进资的企业提出处理意见。

1994年,全省工商系统贯彻省委、省政府关于抓住机遇、扩大开放的方针,把吸引外资,利用外资兴办"三资企业"作为经济发展新的增长点来抓并注重外资的实际投入,加强对外商进资的督促检查。全年新登记外商投资企业 493 家,其中合资 312 家,合作 31 家,独资 150 家。投资总额 6.32 亿美元,注册资本 4.55 亿美元。外方认缴资本 2.86 亿美元,实际投入 2.2 亿美元,比上半年增长 30%。南昌市招商引资工作效应显著,诸多海外客商汇聚该市,共图发展。截至 1994 年底,全市累计批准三资企业 1062 家,合同外资金额 9.7 亿美元,实际进资 2.5 亿美元,其中实际进资额占整个外资金额近 30%,高于全国平均水平。

1995 年,全省新登记注册外资投资企业 473 家,投资总额 5.85 亿美元,注册资本 4.09 亿美元。

1996 年,为积极促进外商投资企业发展,各级工商部门大力改进作风,为"三资企业"提供优质服务,并依法把好核准关。全省登记注册的外资企业 2783 家,注册资本总额 276937 万美元。其中,1996 年新登记注册外商投资企业 295 家,投资总额 55396 万美元。

1997 年,全省各级工商部门提高服务水平和办事效率,促进外商投资企业发展。全省有登记注册的外商投资企业 3131 家,注册资本总额 420126 万美元,其中 1997 年登记注册 327 家,注册资本总额 64701 万美元。1998 年,全省登记注册的外资企业有 2724 家(中外合资 1676 家,中外合作 234 家,外商独资 814 家),注册资本总额 41.18 亿美元。

跨入 21 世纪,外商投资企业进入一个新的发展时期。2001 年,中国加入世界贸易组织,标志着中国对外开放进入一个崭新阶段。是年,登记注册外商投资企业 2284 家,其中新开业 281 家,增长 13.77%。2284 家企业中,合资企业 1202 家、合作企业 161 家、独资企业 920 家、中外股份公司 1 家,投资总额 73.79 亿美元,注册资本 35.26 亿美元,外方认缴额 23.15 亿美元,分别比上年增长 7.31%、6.82%、11.72%。

2002 年,外商投资企业 2478 家,注册资本 48.35 亿美元。

2003 年,全省实有注册登记的外商投资企业 2939 家,投资总金额 136.67 亿美元,注册资本 70.65 亿美元,其中外方认缴金额 50.79 亿美元;全年新开业外资企业 621 家,同比增长 21.53%。

2005 年,全省工商系统围绕"中部地区崛起"战略,坚持把加强市场监管与服务发展统一起来,通过履行职责,推动全民创业,成效明显。截至 2005 年底,全省实有外商投资企业 4191 家,注册资本 122.02 亿美元(其中外方 98.01 亿美元)。

2006—2010 年,全省的外商投资企业进入稳定发展阶段。2008 年以后,全省工商部门应对和克服国际金融危机带来的不利影响,提升服务外商投资企业的效能,外商投资企业仍然保持平稳发展态势。

2010 年,全省有新登记注册外商投资企业 980 家,其中法人企业 801 家,分支机构 178 家,外商投资合伙企业 1 家。法人企业中,合资企业 85 家,合作企业 3 家,独资企业 709 家,股份有限公司 4 家。

是年,全省实有外商投资企业 7571 家,比上年增加 749 家,增长 10.97%。其中法人企业 5295 家,增加 680 家,增长 14.7%;分支机构 2275 家,增加 68 家,增长 3.08%;外商投资合伙企业 1 家。法人企业中,合资企业 1451 家,合作企业 96 家,独资企业 3732 家,股份有限公司 16 家(其中上市股份有限公司 4 家)。

表 1 - 1 - 4　1991—2010 年部分年份全省外商投资企业发展情况

| 年　份 | 外商投资企业（家） | 投资总额（万美元） | 注册资本总额（万美元） | 新登记注册外资企业（家） | 新增投资总额（万美元） | 新增注册资本（万美元） |
|---|---|---|---|---|---|---|
| 1991 | 345 | 18338 | | 162 | 5563 | |
| 1992 | 1155 | 178013 | 139529 | 855 | | |
| 1993 | 2354 | 376358 | 288254 | 1210 | 201300 | 150400 |
| 1994 | 2847 | 439591 | 333722 | 493 | 63200 | 45500 |
| 1995 | 3016 | 497927 | 364733 | 473 | 58500 | 40900 |
| 1996 | 2804 | 526440 | 376150 | 310 | 61574 | 40325 |
| 1997 | 2654 | 576353 | 402055 | 347 | 101797 | 65046 |
| 1998 | 2383 | 565742 | 388978 | 305 | 58945 | 38489 |
| 1999 | 2149 | 485298 | 313552 | 189 | 32026 | 21528 |
| 2001 | 2284 | | 353000 | | | |
| 2002 | 2478 | | 483533 | | | |
| 2003 | 2939 | 1366700 | 706500 | 621 | | |
| 2005 | 4191 | | 1220200 | | | |
| 2010 | 7571 | | | 980 | | |

## 外商投资企业规范化登记

**登记程序**　1994 年,省工商局为利于外商投资企业的登记注册,提高工作效率,决定外商投资企业申请设立分支机构(办事机构)和外商投资企业或其分支机构改变登记注册事项,由各被委托工商局直接受理,进行初审并代为发放相应证照。南昌市工商局搞好登记管理为外资企业提供优质服务。在实际操作中,坚持"先予后补、先发后管"的做法,即对个别附件暂缺的,先受理登记后限定时间补齐。除国家、法律法规、政策有明文规定者外,允许发照后再办理其他手续(如房地产业的资质证书等)。对昌北开发区、高新产业开发区批准投资的外资企业登记,则随到随办,当天受理、登记,当天发照。在填写登记材料时,还给经办人解释如何填写,防止出差错。在登记的 664 家企业中,发照时间平均不超过 3 天。

2000 年,省工商局在办理国有企业利用外资改制、改组登记过程中,严格遵循国有企业利用外资的原则,规范改制企业设立、变更、注销登记程序和登记提交的文件、证件,明晰产权关系,维护国有资产权益。省工商局制定建立企业联系制度,对联系单位利用外资项目提供登记前、登记中、登记后的全跟踪服务,坚持实行企业改制现场办公制度。在全省外商投资企业登记窗口推广"一口清"做法,即对企业登记咨询做到一次讲清。2003 年,积极推行"一审一核"制,由原来企业登记受理、审查、核准 3 个环节减少为 2 个环节,提高办照速度。

2004 年 7 月 1 日《行政许可法》实施之前,全省外商投资企业登记程序适用《中华人民共和国中外合资经营企业法》《中华人民共和国中外合作经营企业法》《中华人民共和国外资企业法》《中华人民共和国企业法人登记管理条例》及相关的行政法规的规定。全省外商投资企业申请登记程序包括两项内容:一项是外商投资企业向登记主管机关申请登记的程序;外商投资企业取得项目审批和专项审批的批准文件之后,在规定期限内,向登记主管机关申请办理登记手续,根据《法人登记管理条例》及其施行细则规定,外商投资企业申请登记分为开业登记、变更登记和注销登记 3 种。另一项是登记主管机关对外商投资企业登记申请进行审核批准的程序;登记主管机关依照有关法律、法规,受理、审查、核准(或驳回)外商投资企业有关设立、变更、注销登记的申请。根据《企业法人登记管理条例施行细则》规定,登记主管机关审核登记的程序是受理、审查、核准、发照、公告 5 个步骤。

2004 年 6 月 10 日,国家工商总局印发《企业登记程序规定》。根据规定,全省企业登记程序为:登记申请,审查、受理和决定,同时还有撤销和吊销的注销登记。外国(地区)企业登记注册程序包括外国(地区)企业常驻代表机构登记注册程序和在中国境内从事生产经营活动的外国(地区)企业登记注册程序。该程序分两个步骤:第一个步骤是外国(地区)企业进行的申请登记注册程序;外国(地区)企业经审批机关批准后,持有关文件、证件,到登记主管机关申请登记注册;该程序分为开业登记程序、变更登记程序、延期登记程序和注销登记程序 4 种。第二个步骤是登记主管机关对外国(地区)企业的登记申请进行审核批准的程序;外国(地区)企业的审核登记注册程序分为受理、审查、核准、发照 4 个阶段,每个阶段的具体要求参照外商投资企业登记主管机关审核登记注册程序。

2008 年 11 月 5 日,国家工商总局印发《关于调整外商汽车销售企业审批程序的通知》,要求商务主管部门会同工商行政管理部门审核外商投资汽车销售企业的有关程序进行相应调整,即由省级商务主管部门会同省级工商行政管理部门对外商投资汽车销售企业进行审批。省工商局为做好外商投资汽车销售企业审批的相关工作,根据《中华人民共和国外商投资企业法》《汽车品牌销售管理实施办法》等有关法律法规的规定,制定和完善有关审核制度,严格按照有关程序,依法对外商投资汽车销售企业的设立、变更等进行审核,并根据日常监管档案记录及时向省级商务主管部门提出审核意见。

2010 年 8 月 19 日,江西省发展和改革委员会(简称省发改委)印发《江西省外商投资项目核准管理办法(2010 年修订)》,规定省发改委、各设区市发改委、各县(市、区)发改委为江西省具有外商投资项目核准权限的行政机关,统称为江西省外商投资项目核准机关,简称项目核准机关。按照《外商投资产业指导目录》,总投资(包括增资额,下同)3 亿美元及以上的鼓励类、允许类项目和总投资 5000 万美元及以上的限制类项目,由省发改委对项目申请报告审核后报国家发展和改革委员会(简称"国家发改委")核准,其中总投资 5 亿美元及以上的鼓励类、允许类项目和总投资 1 亿美元及以上的限制类项目由国家发改委对项目申请报告审核后报国务院核准。总投资 5000 万美元及以上 3 亿美元以下鼓励类、允许类项目和总投资 5000 万美元以下限制类项目由省发改委核准。

总投资 5000 万美元以下鼓励类、允许类项目由设区市发改委和县(市、区)发改委核准,具体核准权限划分由各设区市自行确定。

**登记事项** 20 世纪 90 年代初期,全省依据《中华人民共和国企业法人登记管理条例施行细则》,规定外商投资企业登记注册的主要事项有:名称、住所、经营范围、投资总额、注册资本、企业类别、董事长、副董事长、总经理、副总经理、经营期限、分支机构。外商投资企业设立的分支机构登记注册的主要事项有:名称、地址、负责人、经营范围、经营期限、隶属企业、隶属企业的注册资本、核算形式。外商投资企业设立的办事机构登记注册的主要事项有:名称、地址、负责人、业务范围、期限、隶属企业。

1995 年 2 月 17 日,国家工商局印发《关于启用〈中华人民共和国企业法人营业执照〉等六种新式证照及核定登记事项有关问题的通知》(以下简称《六种新式证照及核定登记事项通知》),对外商投资企业登记事项作调整。在原登记注册事项基础上,外商投资企业法人营业执照正本增加"执照有效期限"事项。

2000 年 12 月 1 日,国家工商局印发《中华人民共和国企业法人登记管理条例施行细则》修正案。根据修正案,江西省对外商投资企业、外商投资企业分支机构登记注册的主要事项作调整,外商投资企业登记注册的主要事项调整为:名称、住所、经营范围、投资总额、注册资本、企业类型、法定代表人、营业期限、分支机构、有限责任公司股东或者股份有限公司发起人的姓名或者名称。外商投资企业设立的分支机构登记注册的主要事项调整为:名称、营业场所、负责人、经营范围、隶属企业。

全省有关外国(地区)企业常驻代表机构登记事项,依据 1983 年 3 月 15 日国家工商局制定的《关于外国企业常驻代表机构的登记管理办法》规定,外国企业常驻代表机构主要登记事项有机构名称、驻在地址、代表人数和姓名、业务范围、驻在期限。根据《六种新式证照及核定登记事项通知》规定,外国(地区)企业常驻代表机构登记证登记事项中增设"本机构设立日期"和"驻在期限"两栏,"代表姓名"改为"首席代表姓名","派出企业地址"改为"派出企业注册地","有效期限"改为"本证有效期限"。

在中国境内从事生产经营活动的外国(地区)企业登记事项,依据 1992 年 8 月 15 日国家工商局制定的《外国(地区)企业在中国境内从事生产经营活动登记管理办法》的规定,外国企业登记注册的主要事项有企业名称、企业类型、地址、负责人、资金数额、经营范围、经营期限。

2006 年 9 月 20 日,省工商局转发国家工商总局外商投资企业注册局《关于启用新版外商投资企业营业执照的通知》,要求全省各设区市工商局按照国家工商总局的规定,对外商投资企业营业执照的部分内容和规格进行调整。新版《企业法人营业执照》将"经营期限"改为"营业期限","企业类型"改为"公司类型";去掉"分支机构"项目,增加"实收资本""股东(发起人)"两项;副本说明中将年检时间改为 3 月 1 日至 6 月 30 日;副本规格改为 A4。新版《营业执照》将"经营期限"改为"营业期限"、副本说明中将年检时间改为 3 月 1 日至 6 月 30 日;副本规格改为 A4。启用新版外商投资企业营业执照,并做好新旧营业执照使用的衔接工作。旧版执照在 2007 年 3 月 1 日以前停止使用。

2007年6月26日,国家工商总局外资局印发《关于执行〈工商行政管理注册号编制规则〉的说明》,规定外商投资企业工商行政管理注册号使用"4"或"5"作为8位顺序码的首位数字(由左至右),其中"4"代表"法人","5"代表"非法人";各级工商行政管理机关应当保证8位顺序码在其辖区范围内的唯一性,即一个顺序码只能赋予一个外商投资企业。2007年7月1日以后设立的外商投资企业,按照新赋号规则对其赋号;2007年7月1日以前设立的外商投资企业,在办理变更登记或年检需换发营业执照时,使用新的注册号;保证每一外商投资企业工商注册号的唯一性,且在存续期间始终不变。

**名称登记**　1991年以前,国家没有出台有关外商投资企业名称登记的法律法规,登记机关为外商投资企业办理名称登记,主要依据1985年国家工商局制定的《工商企业名称登记管理规定》和《关于外国企业、外商投资企业名称登记问题的通知》。1991年以后,国家工商局不断出台规定,完善企业名称登记制度,使外商投资企业名称登记逐步制度化、规范化。1991年9月6日,国家工商局印发《关于贯彻〈企业名称登记管理规定〉有关问题的通知》,对企业名称登记有关问题做出补充。

1992年2月10日,国家工商局印发《对外商投资企业名称中已使用及再核准"中国""中华""国际"字样的审核意见》,规定外商投资企业不允许使用"中国""中华""国际"作字号。如确有特殊原因,需在企业名称中冠"中国""中华"的,须报国家工商局核准。

1993年5月28日,国家工商局印发《关于外商投资企业名称登记管理有关问题的通知》,对外商投资企业名称核准的程序、提交的材料及相关要求作出规定。

1996年,省工商局依照国家工商局《关于制止大陆与港、澳、台地区合资(合作)企业错误称谓问题的通知》要求,在全省范围内开展对外商投资企业名称使用和广告宣传的大检查活动,该项执法检查制止大陆与港澳台地区合资(合作)企业错误称谓问题,消除因企业错误称谓而造成不良影响。

1998年,省工商局根据国家工商局《关于统一企业名称核准通知书式样的通知》要求,在全省启用新的外商投资企业名称预先核准通知书和变更核准通知书,同时进一步明确外商投资修订申请冠省级行政区划的登记条件、登记程序和应提交的文件、证件,规范名称登记文书格式和登记程序。

1999年1月19日,国家工商局印发《关于企业名称不再核定外文名称的通知》。全省各级工商部门根据规定,自该通知发布之日起,不再核定企业名称的外文名称,企业需要使用外文名称的,按文字翻译原则,将核准登记注册的中文名称译成相应外国文字使用。12月8日,国家工商局印发《企业名称登记管理实施办法》,该办法自2000年1月1日起施行。根据规定,全省工商部门规范企业名称的登记管辖、登记要求、登记程序及企业名称的使用、监督管理与争议处理。

# 第三节　个体工商户登记

## 个体工商户发展

个体私营经济从计划经济的"拾遗补阙"到"有益补充",再到成为"社会主义市场经济的重要组成部分"的发展历程,是伴随着改革开放不断推进以及全面深化改革的发展历程。全省各级工商部门服务经济发展大局,放手推动个体私营经济快速健康发展,坚持发展、监管两手抓,发挥工商管理职能,促进全省个体私营经济不断发展壮大。

自20世纪80年代开始,江西省政府根据中共中央、国务院有关个体经济的方针政策,结合江西实际,采取一系列措施,支持、扶助个体工商业、合作经营组织的恢复和发展;要求各地、市、县的有关部门制订切实可行的措施,把个体工商业的恢复和发展工作做好。到1991年底,全省城乡个体工商户、私营企业合计户数达412334家(其中私营企业1798家),从业人员866087人(其中私营企业为35164人)。从1987年至1991年5年间,个体工商户、私营企业合计户数和从业人员数年均增长8.2%和15.3%。

1992年,邓小平南方谈话公开发表和中共十四大召开后,有全省个体私营经济迅速发展壮大。是年,江西省委、省政府印发《关于继续鼓励发展个体和私营经济的决定》等文件,鼓励扶持个体、私营经济发展。是年,全省个体工商户发展到430829家,从业人员908911人,注册资金11.73亿元,比1991年分别增加4.94%、9.38%、20.5%。私营企业1957家,从业人员43995人,注册资金14648万元,比1991年分别增加8.84%、25.11%、34.2%,个体、私营企业向国家缴税4.9亿元。

1993年是江西省个体私营经济大发展的一年。截至年底,全省个体、私营经济户数495364家;从业人员1172222人,是个体私营经济恢复发展以来从业人员净增数量多的一年,占全省人口比例为3.03%,比1992年提高0.57个百分点,高于全国平均水平。其中,个体工商户492129家,从业人员1103843人,自有资金165576万元,分别比1992年增长14.22%、21.44%、41.14%;总产值29.07亿元,销售总额为87.73亿元,商品零售额66.35亿元,比1992年分别增长42.5%、34.22%、34.38%。

私营企业发展更为迅猛,至12月底,全省私营企业3235家,从业人员68379人,注册资金39231万元,比1992年分别增长65.3%、55.42%、167.82%;总产值6.14亿元,销售总额1.9亿元,商品零售额1.05亿元,比1992年分别增长110.55%、44.89%、38.49%;雇工500人以上的私营企业3家,雇工100~499人的私营企业32家,比1992年分别增加2家、9家。注册资金100万元以上的私营企业47家,比1992年增长30家,全省私营企业家数、从业人员、注册资金分别相当于全民、集体企业的1.59%、1.23%、0.64%;商品零售额占社会商品零售额的24.11%;全年上缴税收6.88亿元,占全省工商税收的10.77%。1993年,私营企业中工业所占比重下降,商业所占比重增加;私营企业有限责任公司迅速增加,城镇发展快于农村;私营企业资金规模提高,实力得到加强。

全省各级工商部门扶持、引导个体私营经济快速健康发展。1994年，全省个体工商户达608500家，从业人员1409210人，分别比上年增长23.64%、27.66%；私营企业7786家，从业人员146176人，分别比上年增长140.68%、113.77%；个体私营经济注册资金39.9亿元，比上年增长93.9%。1994年全省个体私营经济上缴税收近9亿元，比上年同期增长50.5%，占全省财政收入约12%。

1995年开始，全省鼓励私营企业向生产型、科技型、外向型发展。至1995年12月底，全省个体工商户和私营企业达75.97万余家，比1994年增长23.3%；从业人员达207.19万余人，比1994年增长33.2%；注册资金达79.88亿元，比1994年增长100.2%。其中，私营企业达15502家，从业人员达27.59万余人，注册资金达38.87亿余元，分别比1994年增长99.1%、88.8%、310.61%。

1996年，省政府鼓励个体私营企业参与国有、集体企业改革，全省有10万下岗人员从事个体私营经济。是年，全省个体工商户、私营企业达82.94万余家，从业人员236.95万余人，注册资金119.44亿余元，分别比1995年底增长9.17%、14.36%、49.52%。其中私营企业2万余家，从业人员38.07万余人，注册资金62.91亿余元，分别比1995年增长29%、38%、61.8%。注册资金百万元以上的大户突破1000家，其中千万元以上大户20家，集团有限公司25家。个私经济结构逐步优化，种植业、养殖业、贩运业、加工业全面发展，科技型、外向型企业也有新发展，涌现出一批经济效益和社会效益双丰收的私营企业大户。到1996年底，全省个体私营经济上缴税金超过16亿多元，比1995年底增长20%。

全省各级工商部门坚持一手抓发展，一手抓监管，推动个私经济上规模、上水平、上效益。1997年，全省个体工商户达81.8万余家，从业人员201.5万余人，注册资金65.24亿余元，比1996年分别增长1.9%、1.3%、15.4%；私营企业2.49万余家，从业人员40.11万余人，注册资金92.01亿元，比1996年分别增长24.5%、5.3%、46.3%。全省注册100万元以上的私营企业有1400家，登记注册的私营企业集团有30多家，年销售额1000万元以上的私营企业集团有30多家，年销售额1000万元以上的私营企业有50多家。行业结构多样化，涉及交通、农业开发、中介服务、房地产、程序设计等新行业，科技含量提高，出口创汇企业增多。外省市来赣兴办的个体、私营企业达1000多家。全省私营企业与国有、集体企业联营、合作企业有2000多家。以资本为纽带，私人与国有、集体企业联营、合作的企业共同设立有限责任公司的有1000多家。私营企业与外商合作合资企业也发展到50多家。从业人员素质明显提高。全省个体私营企业中现有大中专毕业生2.6万人，党团员2.7万人，有中级职称的2000多人，各级人大代表、政协委员700多人。1997年全省个私企业上缴税收20.55亿元，比1996年增长28%，1993—1997年全省个私企业累计上缴税收67.91亿元，年均递增29.7%以上，是增长最快的经济成分之一，全省有三分之一的县（市）个私企业上缴的税收占当地财政收入的三分之一，有的占税收总额一半以上。

1998年，全省积极推进个私经济发展。在城市，主要鼓励个私企业招聘和吸收下岗职工再就业，为缓解再就业压力做贡献；鼓励个私企业承包、购买国有集体中小企业。在农村，主要吸引个私经济向农业开发投资发展种养业、加工业等，引导农民进入市场，为推进农业产业化服务。截至1998年10月底，全省个体工商户达74.5万家，从业人员174万人；私营企业达2.4万家，从业人员

38.5 万人。全省个私企业向国家纳税 17.1 亿元。

1999 年，全省个体私营经济发展呈数量稳定增长、质量效益不断提高的态势。截至年底，全省个体户登记在册的私营企业累计达 2.53 万家，从业人员 45 万人，注册资金 131 亿元（户均注册资金 51.6 万元），分别比 1998 年增长 15.42%、16.80%、17.91%；个体工商户累计达 72.3 万家、从业人员 181.9 万人、注册资金 72.3 亿元。全省私营企业中，注册资金 100 万元以上的有 2400 家。1999 年，全省个体工商户、私营企业吸纳下岗职工约 7 万人，完成工业产值 213 亿元，比 1998 年增长 13.29%，实现销售总额 476.9 亿元，比 1998 年增长 7.4%，实现社会消费品零售 283 亿元，比 1998 年增长 21.9%，上缴税收 28.31 亿元，净增长 3 亿元，比 1998 年增长 11.8%，约占全省财政收入的 18.1%。

2000 年，全省个体私营经济发展呈现持续稳定增长趋势，至年底，全省个体工商户达 61.5 万家，从业人员 151.9 万人；私营企业 2.68 万家，从业人员 46.7 万人；全省个体工商户、私营企业注册资金累计分别为 59.3 亿元和 154.1 亿元。注册资金 500 万元私营企业新增 69 家、1000 万元以上的新增 24 家。全省个私经济纳税超过 30 亿元，个体私营企业完成 GDP 约占全省总量的 8%。

2001 年，全省私营企业 2.94 万家，从业人员 57.21 万余人，注册资金 209.82 亿余元，比 2000 年分别增长 9.7%、22.5%、36.1%。全省个体工商户 57.59 万余家，从业人员 137.95 万余人，注册资金 65.78 亿元，与 2000 年底相比，家数、从业人员分别下降 6.35%、9.18%，注册资金增长 5.97%。个私经济安置再就业人员 85475 人。个体私营经济 2001 年创总产值 269.1 亿元，销售总额 518.87 亿元，纳税 36.2 亿元，分别比上年增长 20%、5.7%、20.66%。

2002 年，省工商局指导个私经济参与国企改革，引导、扶持转制企业 226 家。执行下岗失业人员再就业有关扶持政策和优惠措施，引导个私企业主吸纳下岗职工实现再就业。是年，全省个私经济吸纳下岗失业人员 9.55 万人次，同比增长 3.26%。组织个私经济发展及工作情况的调研。至年底，全省实有个体工商户为 59.85 万余家、私营企业 3.89 万余家。个体工商户的家数、从业人员数、注册资金比上年同期分别增长 3.92%、32.40%、3.07%。私营企业的家数、从业人员数、注册资金同比分别增长 32.31%、17.91%、49.34%。

2003 年，全省个私经济发展创历史最高增速。全省两个重点指标均突破 20%：个私经济在当年纳税 56.92 亿元，同比增长 29.36%；占全省财政收入的 20.4%，比 2002 年扩大 2 个百分点，个私经济国内生产总值创 569.96 亿元，约占全省 CDP 总量的 20.14%，同比扩大 4 个百分点。年底，全省登记注册个体工商户 59.38 万家，比 2002 年下降 0.79%，私营企业 4.9 万家，比 2002 年增长 25.96%；个体工商户、私营企业从业人员分别为 142.93 万人、193.3 万人，比 2002 年分别增长 10.37%、29.51%；个体工商户、私营企业注册资金分别为 95.19 亿元、528.37 亿元，比 2002 年分别增长 24.27%、68.61%。

2004 年，全省共有私营企业 6.8 万家，从业人员 114.16 万人，注册资本 753.15 亿元，比上年分别增长 38.77%、-40.94%、42.54%；共有个体工商户 60.91 万家，从业人员 149.54 万人，注册资金 120.5 亿元，比上年分别增长 2.57%、4.62%、26.58%。全省个私经济吸纳下岗失业人员再就业 13.58 万人次；工商部门为 2.73 万户持《再就业优惠证》的下岗失业人员核发个体工商户营业执照,免收规费 4390.25 万元。全省工商系统支持再就业、促进个私经济发展工作得到国务院和省委、省政府的高度肯定。在再就业工作方面,上饶市信州区工商局受到国务院表彰,九江市工商局等 2 个单位、7 名个人受到省政府表彰。省工商局和南昌等 7 个设区市工商局及安福县工商局被省政府授予全省服务个私经济发展先进单位称号,有 11 人(含个协系统)被授予先进工作者称号。

2005 年,全省个体户、私营企业增速逐季加快,全面突破年度发展目标。年底,全省个体工商户已达 67.49 万余家,从业人员 167.74 万余人,注册资金总额 151.76 亿元,比上年分别增长 10.8%、12.17%、25.94%;私营企业 7.11 万家,从业人员 134.24 万人,注册资金 1025.84 亿元,比上年分别增长 4.55%、17.58%、36.2%。全年共为 19802 名持证下岗失业人员核发个体执照。全省个私经济吸纳下岗失业人员再就业 9.73 万人次,高校毕业生申办个体户 2612 人,个体私营企业吸纳刑释解教人员 1266 人。免收各项规费工作共 7149.84 万元(其中减免下岗失业人员规费 6279.71 万元)。

2006 年,在落实江西省"推动全民创业、加快富民兴赣"的重大战略决策中,全省各级工商部门调整公司登记管辖权限,规范登记行为,极大地方便投资者创业。全面推行企业登记"一审一核制",简化办事程序,缩短办事时间。是年,全省设区市、县一级企业登记机关全部入驻当地政府设立的统一审批(办证)中心,并落实各项"一个窗口对外"的行政办理制度,继续实行首办负责制及上门年检、咨询服务等制度。至 2006 年底,全省共有个体工商户 71.91 万家,从业人员 181.39 万人,注册资金 187.33 亿元,同比分别增长 6.41%、8.14%、23.44%。私营企业 8.52 万家,从业人员 160.62 万人,注册资金 1295.82 亿元,同比分别增长 19.8%、19.65%、26.32%。

2007 年,全省工商系统基层一线和窗口部门贯彻落实创业优惠鼓励政策,按照"巩固存量,挖掘增量,扩大总量,提升质量"的目标要求,积极拓展创业空间和监管领域,促进全省个私经济发展再上新台阶。至 10 月底,全省实有私营企业 9.73 万家,从业人员 177.86 万人,注册资金 1535.37 亿元,同比分别增长 18.16%、13.54%、25.05%;全省实有个体工商户 75.92 万家,从业人员 191.17 万人,注册资金 214.02 亿元,同比分别增长 9.31%、8.21%、21.81%。

2009 年,各级工商部门落实省工商局有关对新申办个体工商户 2009 年至 2010 年两年内免收登记费和副本工本费的优惠政策,鼓励创业,不断催生新的市场主体,促进个私经济平稳较快发展。截至 10 月底,全省实有私营企业 12.47 万家,从业人员 217.84 万人,注册资金 2358.23 亿元,同比分别增长 28.16%、22.47%、53.59%;全省实有个体工商户 81.38 万家,从业人员 209.75 万人,注册资金 291.85 亿元,同比分别增长 7.19%、9.71%、36.36%。

2010 年,全省各级工商部门落实创业服务年活动有关要求,以促进个私经济发展为重点,进一步完善服务措施,巩固存量,扩大总量,提升质量。各级工商部门不断改进工作作风,保证政令畅通,优化服务质量,规范工作行为,实现服务创优、效率提速。做好来信来访和民声通道的回复工作,了解个体户和私营企业的困难和诉求,及时纠正优惠政策落实不到位的行为,维护个私企业主的合法权益,保护群众创业积极性。

2010 年,全省新登记私营企业 3.34 万家、新增从业人员 34.97 万人、新增注册资金 806.26 亿元,与上年相比,分别增长 18.98%、1.29%、54.36%;新登记个体工商户 27.57 万家、新增从业人员

65.96 万人、新增注册资金 144.76 亿元。

至 2010 年底,全省实有个体工商户 106.86 万家,从业人员 274.44 万人,注册资金 451.41 亿元。全省私营企业有 15.45 万家,同比增长 24.65%;从业人员 260.69 万人,同比增长 14.31%;注册资金 3500.09 亿元,同比增长 41.3%;3 项指标均呈现两位数增幅的快速增长态势,特别是企业注册资金规模增幅显著。

是年,私营企业户均注册资金 226.62 万元,同比增长 13.36%。私营企业注册资金在 100 万~1000 万元区间内的企业数增幅平缓,其中 100 万~500 万元的企业有 3.22 万家,同比增长 5.07%;500 万~1000 万元的企业有 7671 家,同比增长 2.64%。注册资金在 1000 万元以上企业数增幅加速,其中 1000 万至亿元的企业有 5196 家,同比增长 18.9%,亿元以上有 129 家,同比达 72% 的高速增幅。个体私营经济成为江西国民经济重要组成部分,是极具活力的经济增长点。

表 1 - 1 - 5　1991~2010 年部分年份个体私营经济发展情况

| 年　份 | 私营企业（家） | 私营企业从业人员（万人） | 私营企业注册资金（万元） | 个体工商户（万家） | 个体工商户从业人员(万人) | 个体工商户注册资金（万元） | 备　注 |
|---|---|---|---|---|---|---|---|
| 1991 | 1798 | 3.51 | | 41.05 | 83.09 | | |
| 1992 | 1957 | 4.39 | 14648 | 43.08 | 90.89 | 117311 | |
| 1993 | 3235 | 6.83 | 39231 | 49.21 | 110.38 | 165576 | |
| 1994 | 7786 | 14.61 | | 60.85 | 140.92 | | |
| 1995 | 15502 | 27.59 | 388700 | 74.41 | 179.6 | 410100 | |
| 1996 | 20923 | 38.07 | 629100 | 80.84 | 198.88 | 565300 | |
| 1997 | 24988 | 40.11 | 920100 | 81.8 | 201.5 | 652470 | |
| 1998 | 24000 | 38.5 | | 74.5 | 174 | | 为 1998 年 10 月底数据 |
| 1999 | 25376 | 45 | 1310000 | 72.3 | 181.9 | 723000 | |
| 2000 | 26800 | 46.7 | 1541000 | 61.5 | 151.9 | 593000 | |
| 2001 | 29441 | 57.21 | 2098296 | 57.59 | 137.95 | 657875 | |
| 2002 | 38979 | 72.02 | 3133595 | 59.85 | 142.18 | 775700 | |
| 2003 | 49000 | 193.3 | 5283700 | 59.38 | 142.93 | 951900 | |
| 2004 | 68000 | 114.16 | 7531500 | 60.91 | 149.54 | 1205000 | |
| 2005 | 71100 | 134.24 | 10258400 | 67.49 | 167.74 | 1517600 | |
| 2006 | 85200 | 160.62 | 12958200 | 71.91 | 181.39 | 1873300 | |
| 2007 | 97300 | 177.86 | 15353700 | 75.92 | 191.17 | 2140200 | 为 2007 年 10 月底数据 |
| 2009 | 124700 | 217.84 | 23582300 | 81.38 | 209.75 | 2918500 | 为 2009 年 10 月底数据 |
| 2010 | 154500 | 260.69 | 35000900 | 106.86 | 274.44 | 4514100 | |

## 个体工商户规范化登记

**主要登记事项**　1991年,江西省个体工商户和私营企业的登记事项依据《城乡个体工商户管理暂行条例》《城乡个体工商户管理暂行条例实施细则》和《私营企业暂行条例》《私营企业暂行条例施行办法》确定,全省各级工商部门在登记中均严格把握。

个体工商户的登记事项为:字号名称、经营者姓名、经营者住所、从业人数、资金数额、经营范围、经营方式、组成形式、经营场所、经营期限。私营企业登记的主要事项包括企业名称、企业负责人(独资企业是指投资者本人,合伙企业是指合伙人确定的负责人,有限责任公司是指公司的法定代表人)、经营地址(企业所在市、县区、乡镇、村、街道、门牌等)、资金数额(包括企业的固定资产和自有流动资金)、经营范围(指经核准登记的生产经营项目和商品类别)、经营方式(自产自销、代购代销、来料加工、来样加工、来件加工、来件装配、零售、批发、批零兼营、客运服务、货运服务、代客储运、装卸、修理服务、咨询服务等)、企业种类(独资企业、合伙企业、有限责任公司)、雇工人数以及合伙企业的合伙人姓名、有限责任公司的投资者姓名等。

1992年11月30日,省工商局印发《江西省工商局关于个体工商户、私营企业登记管理中几个问题的通知》,对有关登记事项提出涉及从事第二职业人员登记,个体工商户、私营企业增加分支机构登记,放开的商品批发零售,"有限责任公司"或"有限公司"名称使用等9项要求。

1997年,全省开始施行《合伙企业法》《合伙企业登记管理办法》。合伙企业的登记事项包括合伙企业名称、经营场所、经营范围、经营方式和合伙人的姓名及住所、出资额及出资方式。合伙企业确定执行合伙企业事务的合伙人或者设立分支机构的,登记事项还包括执行合伙事务的合伙人或者分支机构的情况。2000年1月1日施行的《个人独资企业法》规定,个人独资企业设立申请书应载明企业名称和住所、投资人姓名和居所、投资人出资额和出资方式、经营范围。

**经营范围**　1991—2005年,个体私营企业的经营范围不断拓宽。20世纪90年代初期,全省对个体私营经济的经营范围还未完全放开,限制于法律、法规、政策所做的列举性规定中,个体工商户可以在国家法律和政策允许的范围内,经营工业、手工业、建筑业、交通运输业、商业、饮食业、服务业、修理业及其他行业,可以一业为主,兼营与主业相近的其他业务。国家规定经营者需要具备特定条件或需经行业主管部门、批准部门批准的,应当在申请登记时提交有关批准文件。申请经营旅店业、刻字业、信托寄卖业、印刷业,应当经所在地公安机关审查同意。私营企业可以在国家法律、法规和政策规定的范围内,从事工业、建筑业、交通运输业、商业、饮食业、服务业、修理业和科技咨询等行业的生产经营,不得从事军工、金融业的生产经营,不得生产经营国家禁止经营的产品。《私营企业暂行条例施行办法》规定,私营企业可以经营的行业还包括营利性的文化、艺术、旅游、体育、食品、医药、养殖等行业,可以一业为主,兼营他业。

1992年,全省各地根据当地实际情况,对国家规定的专营、专卖和限制经营的商品,除个别必须由国家计划控制的以外,经当地政府批准,大部分放开,允许个体工商户经营或搞一次性经营,有的地方还允许个体工商户开办当铺、粮店、加油站等。

从 1993 年开始,为鼓励支持个体私营经济发展,全省工商部门贯彻国家工商局《关于促进个体经济私营经济发展若干意见》,全面放开个体私营经济经营范围,凡是国家未明令禁止个体工商户、私营企业经营的行业和商品,原则上都允许个体工商户、私营企业经营;除国家有专项规定者外,经营方式全部放开。国家有专营和限制经营的商品,经当地政府或政府指定部门批准,允许个体工商户、私营企业经营或一次性经营;允许个体工商户、私营企业从事房地产业、经纪人活动、国内海运业、开办当铺等业务。积极支持个体工商户、私营企业发展第三产业,对申请从事商业、饮食业、服务业、修理业、咨询业、交通运输业和长途贩运业的,简化登记手续,及时予以登记注册。允许个体工商户、私营企业根据自身条件从事跨行业经营或综合经营;支持个体工商户、私营企业跨地区、跨行业、跨所有制开展横向经济联合、互相参股经营。同时,明确个体工商户、私营企业可以租赁、承包、购买国有、集体企业。省工商局根据国家工商局 1995 年 9 月印发的《个人经营集邮票品管理办法》规定,在全省范围内允许个人申请经营各种集邮票品。

2002 年,全省各地鼓励个体工商户、私营企业以独资、参股、控股、合作、联营和特许等方式,参与水利、交通、能源、公交、供水、供气、供热、道路、桥梁、垃圾处理、污水处理、环卫设施、房地产开发等基础设施和公益事业项目的投资和经营。支持个体工商户、私营企业参与教育、文化、卫生、体育、旅游、中介服务、物业管理、社区服务等社会事业和社会服务业的建设和经营。

**登记程序** 20 世纪 90 年代,全省各级工商部门按照国家工商局《城乡个体工商户管理暂行条例实施细则》规定,个体工商户的开业登记程序为业户申请,工商所受理申请,查验有关证明,准予填写申请登记表后,将有关文件报送县级工商局审查,由县级工商局做出审查决定,核准登记的,发给营业执照;不予登记的,书面通知申请人。个体工商户的登记发照权归县级工商局。个体工商户改变主要登记事项的,应向原登记机关申请变更登记。个人经营的个体工商户改变经营者时,应当重新登记。因故停业的,应在停业前 10 日向登记机关申报备案,停业期间,由工商所收存其营业执照及副本。歇业的,应当办理歇业手续,并收缴营业执照。此后至 2003 年,个体工商户登记程序没有大的变化。

2004 年 7 月 23 日,国家工商总局发布《个体工商户登记程序规定》,自 2004 年 8 月 1 日起施行。其中规定,全省市、县工商局以及大中城市工商分局负责本辖区内的个体工商户登记,登记机关根据需要可以委托工商所进行个体工商户登记。规定个体工商户的设立、变更、注销登记申请,登记机关受理、审查,以及在受理之日起 15 日内准予登记等具体程序以及撤销登记和登记公示、公开程序。申请个体工商户登记可以采取 3 种方式:到经营场所所在地的工商所,直接到登记机关的登记场所或者通过信函、电报、传真、电子数据交换和电子邮箱的方式提出申请,并在申请后 5 日内,向登记机关递交申请材料原件。

个体工商户分层分类登记管理,是国家工商总局部署的 2005 年重要改革措施之一。2005 年 2 月 5 日,国家工商总局印发《个体工商户分层分类登记管理办法》。全省各级工商部门全面推进个体工商户分层分类登记管理改革,各地工商部门向工商所委托下放个体工商户登记权,全省共委托 292 个工商分局(所)对 20 余万个体户实行分层分类登记管理。

# 第四节  农民专业合作社创立与扶持

## 农民专业合作社创立

农业、农村、农民简称"三农"。2005年1月,国家工商总局印发《关于贯彻落实中央1号文件精神大力支持"三农"工作的通知》。全省各级工商部门把贯彻中央1号文件与落实《国务院关于鼓励支持和引导个体私营等非公有制经济发展的若干意见》精神结合起来,采取多种形式,积极宣传党和国家支持"三农"工作、鼓励农村个体私营经济发展的有关方针、政策,把支持农村个体私营经济发展同推进农村经济结构调整和农业产业化经营相结合,并与促进农业增效、农民增收、农村发展、农村劳动力转移和维护农村社会稳定相结合,相互促进,共同发展。

全省各级工商部门引导支持农村个体私营企业发展专业合作经济组织和龙头企业,特别是运用注册商标和地理标志手段,保护涉农企业的知识产权,促进农业产业化经营和农村劳动力的转移,为农民增收、农业增效和农村发展服务。根据农村经济结构调整和农业产业化经营的要求,突出重点行业和领域,积极支持、引导农村个体私营企业向农产品加工业、种养业以及为农业生产服务的行业拓展;支持农村个体私营企业从事食品加工业特别是以粮食、重要农产品为主要原料的加工业;支持农民承包开发荒山、荒地、荒滩和退耕还林、还草,从事特色经济作物的种植业和优良品种畜、禽、鱼类的养殖业,促进农村发展特色产业。围绕培育、繁荣和规范农村市场,积极鼓励、支持农村个体私营企业参与农副产品批发市场和集贸市场的经营,发展农产品拍卖、网上交易等方式,扩大交易功能;积极拓宽农资商品经营,支持、引导发展各类农业经纪人,扩大农副产品流通,活跃农村经济,促进农民增收。

市场经济发展到一定阶段后,以家庭经营为主的小农经济逐渐适应不了经济全球化、贸易自由化发展趋势,农民专业合作社应运而生。

2005年开始,省工商局参与开展农民专业合作社调研工作。2007年7月1日,《中华人民共和国农民专业合作社法》(以下简称《农民专业合作社法》)和《农民专业合作社登记管理条例》正式施行的第一天,九江庐山区芳兰养鱼专业合作社、赣州寻乌县红澄果业专业合作社等12户农民专业合作社从工商登记部门领取《农民专业合作社法人营业执照》,标志着全省一个新型市场主体——农民专业合作社从此诞生。

全省工商部门致力于农民专业合作社的培育、保护和发展,培养大批农村经纪人,探索性地发展一批形式不同、实质相似的农民合作经济组织。在《农民专业合作社法》和《农民专业合作社登记管理条例》正式实施前夕,全省工商部门加强相关法律法规学习,进行业务培训,做好实施法律的技术和物资准备,制定好全套注册登记表格和章程范本,方便农民从"江西工商政务网"自由下载。工商机关人员分赴农村,宣传《农民专业合作社法》,一对一地辅导农民办理注册事宜,帮助农民解决实际困难,为《农民专业合作社法》和《农民专业合作社登记管理条例》正式实施打好扎实基础。

## 农民专业合作社扶持

《农民专业合作社法》正式实施后,全省工商部门围绕农业增收、农民富裕和农村发展,积极助推各地农民专业合作社的创办与发展。2007年至2008年,全省各地农民专业合作社尚处于创办成长早期,内部机构和运作机制不够规范,经营管理问题多,不能体现"民办、民有、民管、民受益"性质。部分合作社发挥了一定的社会效益,但经济效益总体不佳。

全省各级工商部门学习和贯彻《中共中央关于推进农村改革发展若干重大问题的决定》,按照"服务农民、进退自由、权利平等、管理民主"的要求扶持农民专业合作社加快发展,使之成为参与国内外市场竞争的现代农业经营组织。各级工商部门把发展农民专业合作社纳入"兴农富民"主体战略中,纳入新农村建设的总体部署中,与发展现代农业产业化结合起来,在培养和扶持优势产业和主导产业的基础上,发动和引导农民建社入社,力争形成"一村一社""一社一品"发展格局。

在农民专业合作社发展的初级阶段,最早出现的合作社是围绕专业化程度较高、市场风险较大的种植、养殖等优势特色产业组建的合作社。随着农业生产发展,农民对为农业生产提供服务的需求越来越大,集中体现在信息、融资、技术、生产资料甚至劳务等多方面,这些因素直接影响到农产品质量、销售、生产成本及农民市场经营能力,也影响到农业产业化进程。

各级工商部门按照农民专业合作社发展目标,正确处理发展农民专业合作社数量和质量关系,既抓量的扩张,又抓质的提高。对已组建的农民专业合作社,切实加强指导和服务,按照规范化建设标准,引导其逐步规范、提高;对正在组建的合作社,从筹建、登记阶段加以规范,并在各个方面给予指导和扶持,做到成熟一个、发展一个、规范一个、提升一个。

在发展模式上,各级工商部门坚持多元领办与提倡能人大户、龙头企业带动相结合的原则。在成立的合作社中,有国有企业领办的,也有私有行业龙头企业领办的;有企业职工和村干部发起的,也有能人、大户发起的。由能人大户、龙头企业带动的合作社能够帮助农户降低生产成本,有效对接市场,实现较好效益。工商部门加大对能人、大户的培养和扶持力度,在条件成熟基础上,鼓励他们组建合作社。

在发展措施上,各级工商部门坚持指导、服务、扶持并重原则,争取政府适当安排扶助资金,直补或奖励合作社,以增强合作社实力,同时提高农民兴办合作社的积极性和主动性。积极推动合作社按照"生产标准化、产品品牌化、管理规范化、经营一体化"要求,组织开展规范化标准示范建设。对运营规范、示范性强、带动作用明显的合作社给予奖励,推动合作社向高层次发展,形成农业部门主管,各涉农部门参与、协同服务的综合服务格局。

2006年12月,由南昌鄱阳湖农牧渔产业发展有限公司和南昌县蒋巷镇数户养殖户发起倡议,成立水产养殖农民专业合作社,得到蒋巷镇水产养殖经营专业户响应。2007年1月,南昌市工商局核准该合作社名称为"南昌鄱阳湖裕丰水产品合作社",并在南昌县工商局登记注册。该合作社通过统一为社员购进鱼苗、饲料,赠送投料机,新建鲜鱼运销加氧站等,为每户社员平均降低生产成本1.5万元。2007年底,合作社水产品总量达1500万千克以上,销售收入突破1.2亿元,带动农民

1200 余户,平均每户增收万元以上。

　　兴国县工商部门派出工作人员引导该县农民组建兴国县科丰杂交水稻制种专业合作社,并免费为合作社提供登记辅导和办理工商登记等项服务,使该县科丰杂交水稻制种专业合作社于 2007 年 10 月 23 日挂牌成立,从此,该县水稻制种有一个统一的组织。此外,县工商部门还相继扶持成立兴国县将军红赣南脐橙专业合作社、兴国县益民兔业专业合作社、兴国县高兴花卉协会等农民联合体组织。这些农民联合体的成立,带动当地特色产业进一步发展,零散的经营市场形成团体优势。

　　泰和县冠朝工商分局所辖的塘洲镇洲头村,家家户户种植马铃薯,是该村的一项传统产业,种植规模一般在 8000 亩左右,由于市场波动较大,品种杂,档次低,农户分散经营,在市场上没有竞争优势,经济效益低下。冠朝分局于 2008 年 9 月帮助和指导洲头村成立马铃薯农民专业合作社,负责指导和组织马铃薯标准化生产,提升服务能力和科技种植能力。在合作社的推动下,所产马铃薯价格由原来的每千克 1.2 元提高到 1.6 元,亩纯收益增加 1290 元,社员家庭年人均收入增加 2100 元。

　　2008 年,全省大力扶持农民专业合作社发展,至 12 月底,全省共有农民专业合作社 4037 家。

　　萍乡市工商部门全力扶持农民专业合作社发展。至 2009 年 6 月底,全市各级工商部门共注册登记 408 家农民专业合作社,出资额累计达 4.62 亿元,入社成员 3885 个,吸收近 8000 人劳动就业。专业合作社业务范围涉及瓜果、蔬菜、生猪、食用菌、果树苗木、特种水产等 10 余种行业。2007—2009 年,全市工商系统共发放有关宣传资料 6200 多份、制作宣传条幅 133 条、接受咨询近 1000 人次。萍乡市工商局开辟“绿色通道”,鼓励、引导和扶持工商企业老板、大中专毕业生、农业科技人才、外出打工回乡创业人员创办农民专业合作社。农民专业合作社成立后,该局人员实行定点帮扶,利用互联网络,帮助收集相关农产品信息,及时向农民专业合作社提供信息服务,帮助农民专业合作社的农产品拓宽销路,占领市场。该局还注重品牌培育,引导农民专业合作社申请注册农产品商标,推进“农民专业合作 + 农户 + 商标”新模式,至 2009 年,全市指导 13 件农副产品商标实现注册。

　　九江市共青城工商局及时为农民专业合作社提供信息、技术指导,利用自身资源帮助农民专业合作社掌握市场动态,组织农民专业合作社参与开展商品展销、展示、招商引资、经贸洽谈等活动。自 2007 年 7 月 1 日《农民专业合作社法》施行后,共登记注册农民专业合作社 25 家,涉及水稻种植、畜禽养殖、水产养殖、果蔬种植、棉花种植等诸多农业产业。农民专业合作社成员 249 人,其中农民成员 241 人,社团成员 5 人,非农民成员 3 人,成员辐射周边县市,产品除在省内销售外,还远销广东、福建、湖北、湖南等周边省份。

　　上高县工商局会同农业、金融等部门,通过在技术、信息、资金、信贷、项目、推介等方面对农民专业合作社提供全方位扶持服务。对新设立的农民专业合作社,由网格监管责任人实行“一对一”结对跟踪帮扶,帮助新成立的合作社建立理事会、监事会,搞好建章立制,促使农民专业合作社在规范中发展。自 2007 年 7 月 1 日至 2010 年,上高县发展农民专业合作社 120 个,并创造以江西金农米业集团为代表的企业联合农民专业合作社运行机制。

宜春市袁州区工商局举办《农民专业合作社法》专题业务培训班，在区行政服务中心工商窗口和该局15个分局注册大厅开设农民专业合作社登记服务"绿色通道"，落实首办责任制，提供咨询、受理、告知、审查、发照等一站式服务，对申请办理农民专业合作社营业执照的，实行"零收费"政策。该局专门配备一辆"合作社直通车"，深入边远农村和交通不便的乡镇，上门为参社农民创业提供咨询、办照和协调服务。自2007年7月17日袁州区第一家农民专业合作社——双鸿茶叶开发专业合作社成立后，该区登记发展农民专业合作社51家，出资额累计5169.39万元，成员总数达515家，经营方式以种植养殖、收购及销售为主，涉及蔬菜、茶叶、家禽、油茶、水果、水产、苗木、花卉、红薯等10余个行业或品种。

上饶市工商局主动扶持农民专业合作社发展，引导农民"抱团"闯市场。2008年起，全市农民专业合作社每年以100%以上的速度迅猛发展。到2010年4月底，全市共有农民专业合作社1129家，入社农民1.2万人。江西省乐丰农机专业合作社成立于2007年9月，当时只有1台联合收割机，经过联合入社、抱团发展，2010年拥有背负式、自走式、履带式等收割机280台，成员发展到122人，资产总额达436万元。该合作社出省跨区作业范围扩大到湖北、河南、山东、天津、安徽等省市。2009年总收入1200万元，创造利润650万元。

农民专业合作社经过几年的成长，在全省各地蓬勃发展。2008年底，全省实有农民专业合作社4426家，出资总额为62.65亿元。

各级工商部门积极扶持农民专业合作社发展。2010年，全省工商部门开展全省农民专业合作社大走访、农民专业合作社样板社评选活动，全省各级工商部门走访的农民专业合作社占87.09%，省工商局评定26家为"省级样板社"。全省农民专业合作社总户数、成员数、出资总额3项指标同比增长均超40%。

# 第二章　监督管理

1991—2010 年,全省各级工商部门依照《公司法》等国家法律法规,采取日常监督与年度检验相结合、清理整顿与专项检查相结合、建立"经济户口"与企业信用分层分类监管相结合、出资管理与查处"两虚一逃"(虚假股东、虚假出资、抽逃出资)相结合、下放职权与属地监管相结合等方法,全面加强对内资企业、外商投资企业和个体私营企业的监管,依法查处各种不法行为,促进各类市场主体的健康发展。从 20 世纪 80 年代末 90 年代初开始,全省各级工商部门对企业行使行政监督管理权,依据国家有关企业登记法规,监督企业法人按规定办理开业、变更、注销登记;监督企业法人按照登记注册事项和章程、合同从事经营活动;监督企业法人和法定代表人遵守国家法律、法规、政策;制止和查处企业法人的违法经营活动,保护企业法人的合法权益。1994 年,《公司法》和《公司登记管理条例》颁布后,各级工商部门根据国家赋予的职权,对公司进行监督管理,同时,按照国家的法规规定加强对公司证照和档案的管理。

## 第一节　内资企业监督管理

### 年度检验

企业年检主要是检查企业登记的事项有无变化,是否遵守国家法律、法规和政策。年检和日常监督管理互为补充,构成企业监督管理体系。

1983 年,全国工商行政管理机关开始对企业实行年度检验制度。1993 年 12 月,国家工商局发布《企业法人年度检验办法》,使工商行政管理机关依法按年度对企业法人进行检验,确认企业法人继续经营资格的制度,纳入法制化轨道。年检的内容包括企业法人登记事项执行和变动情况,投资情况,资产负债情况和投资者出资情况。企业法人参加年检须提交企业法人年检报告书,企业法人年度资产负债表和损益表,企业法人营业执照副本以及其他提交的材料等。年检的基本程序包括企业法人领取、报送年检报告书和其他有关材料,登记主管机关审核年检材料,登记主管机关加贴年检标识或加盖年检戳记,企业法人交纳年检费,登记主管机关发还法人营业执照。年检的起止日期为每年 1 月 1 日至 4 月 30 日。

1994 年,全省各级工商部门开展企业年度检验工作,把年检工作的重点放在监督企业登记事项的变化、出资人的出资、企业的对外投资以及负债情况上。在全国较早实行对企业年末实有资金通过国有资产管理部门和验资机构验证后再年检,进一步明确企业的产权关系,弄清企业资金来源和资金到位情况。1994年,应参加年检企业116043家,实际年检108961家,年检率达91%。1995年,全省共年检内资企业91419家,年检率为92.8%。结合年检清理"三无"(无厂址、无厂名、无营业执照)企业8929家(注销2690家,吊销15家),督促62395家实有资金与注册资金不一致的企业办理变更登记。

1996年12月13日国家工商局颁布并于次年1月1日起施行《企业年度检验办法》(以下简称《年检办法》)。1998年12月3日,国家工商局对《年检办法》作了修改。按照《年检办法》规定,企业年检报告书格式、年检标识样式、年检戳记样式以及其他有关年检的重要文书表式,由国家工商局统一制定。公司适用于粉红色年检报告书,非公司企业法人适用于蓝色年检报告书,分支机构和经营单位适用于黄色年检报告书。1996年,全省工商部门完成1995年度企业年检工作,注销、吊销内资企业18579家。

1997年,全省工商部门加强对企业和市场中介组织监管,重点开展对出资到位情况、企业经营范围专项审批的检查清理,查处一批违法违规企业。完成1996年度企业年检,通过对"三无"企业的清理,全省企业年检率达75%,依法吊销企业2652家。企业注册资本(金)到位率达93%。

1998年,各地以抓规范、抓监管为重点,完成1997年度年检,全省应年检的法人企业84658家,年检62889家,占应检数74%。继续对"三无"企业及虚假出资、抽逃出资企业进行清理。1999年,全省工商部门结合企业年检,规范市场主体经营行为。全省共对12.97万家内资企业进行1998年度年检,对年检中发现的问题进行规范,吊销一批违法违规企业。

1999年,新余市工商部门依照法定程序,共吊销多年来未年检、名存实亡企业1530多家。开展各种专项整治活动,并且把清理"三无"企业作为加强企业监督管理的一项重要基础性工作,是年清理"三无"企业105家,清理"挂靠"企业238家,清理重点行业无前置审批企业186家,全部要求其办理相关手续或注销或转为个体私营管理。对改制企业"回头看",对不符合要求的企业改制从严规范,发现有虚假改制的,注册资金不实的,股东虚假的,以及企业不按章程运作的,立即报告政府,采取补救措施。

2000年,全省工商部门结合年检工作,清查企业档案,对一大批不合格企业进行整改或注销、吊销其执照,取缔一批无照经营户。2001年,各地开展企业、个体工商户的年检工作,对辖区内企业进行一次普查,初步建立登记机关与工商所的信息沟通机制。继续加强对"三无"企业和无照经营专项检查、企业有关前置审批事项的清理。2002年,全省工商部门对企业验照和年检率较2001年同期有大幅度提高,重点查处虚假出资、抽逃出资、虚报注册资本(金)等违法行为。

2003年,全省加强企业年检,严格前置审批制度,严把市场主体经营资格重新审核关。进一步充实完善"经济户口"管理制度,严格规范市场主体经营行为。为增强企业市场竞争力和信誉度,继续在全省推行企业免检制度,并拓展免检范围,全省有450家企业取得免检资格。各地延长企业年检时间,支持企业发展。

2005年,全省工商系统改进年检工作,在省工商局推行网上年检服务。2006年,省工商局转发国家工商总局《关于印发〈公司年检报告书〉等企业年检文书格式和企业年检戳记样式的通知》,要求全省工商部门按新规遵照执行。

全省工商系统登记管理机关经过多年的企业年检工作实践,摸索并积累行之有效的年检工作方式和经验,主要有事前的精心部署和广泛宣传,事中的突出重点和严格审查,事后的问题整改和后续监管。各地普遍创新年检方式方法,创优年检服务环境,强化年检工作与企业经营行为监管的有机融合,取得良好年检工作成效。

2009 年,全省各级工商部门进一步加强对企业的监督管理,依据《公司登记管理条例》《企业法人登记管理条例》《企业年度检验办法》等有关规定,对全省各类企业开展 2009 年度企业年检。是年,全省应检内资企业 75072 家,实际年检企业 46260 家,参检率为 61.62%;其中应检内资企业法人(不含分支机构、营业单位、分公司)41440 家,实际年检企业法人 30394 家,企业法人参检率为 73.34%。

表 1 - 2 - 1　2009 年全省内资企业年度检验情况

| | 应检企业户数 | 参检企业户数 | 参检率 | 应检企业法人户数 | 参检企业法人户数 | 企业法人参检率 |
|---|---|---|---|---|---|---|
| 省工商局 | 4775 | 1596 | 33.42% | 2003 | 1293 | 64.55% |
| 南昌市 | 13678 | 8463 | 61.87% | 7804 | 5058 | 64.81% |
| 景德镇市 | 3265 | 1481 | 45.36% | 1670 | 991 | 59.34% |
| 萍乡市 | 2476 | 1565 | 63.21% | 1228 | 1099 | 89.50% |
| 九江市 | 9048 | 4442 | 49.09% | 3817 | 2146 | 56.22% |
| 新余市 | 3457 | 3182 | 92.05% | 1751 | 1521 | 86.86% |
| 鹰潭市 | 2052 | 1444 | 70.37% | 1185 | 712 | 60.08% |
| 赣州市 | 7791 | 4454 | 57.17% | 3242 | 2052 | 63.29% |
| 吉安市 | 6317 | 6065 | 96.01% | 5316 | 5052 | 95.03% |
| 宜春市 | 8156 | 3768 | 46.20% | 3321 | 1740 | 52.39% |
| 抚州市 | 5743 | 1910 | 33.26% | 2213 | 1234 | 55.76% |
| 上饶市 | 8314 | 7890 | 94.90% | 7890 | 7496 | 95.01% |
| 合　计 | 75072 | 46260 | 61.62% | 41440 | 30394 | 73.34% |

日常监督

工商机关根据企业登记管理方面的法律法规和规定,对辖区内的企业经营情况依法进行不定期检查、督查以及对新设立企业进行定期回查,日常监督管理属于经常性、分散式的监督管理。全省工商系统登记管理机关日常监督检查的主要内容和重点是督促企业依法办理登记,依法规范企业经营,查处违法违章行为,取缔无照经营。

自 1995 年起,省内一些地方、一些企业擅自改变登记事项,超出核准登记的经营范围、虚假出资、抽逃出资、以实物和土地使用权出资不按规定办理财产转移手续等问题时有发生,这类问题在公司表现尤为突出。为有力打击企业违法违规行为,加强对企业的经常性监督管理,省工商局根据全省企业日常监管出现的新情况和存在的重登记、轻管理、日常监管薄弱等问题,要求各级工商部门加强对企业的日常监督管理,实现日常监督管理制度化、规范化。全省工商系统探索日常监管的新路子,将监督管理职能下放到基层,由登记机关对企业注册事项监管向工商所属地监管过渡。1995 年,全省工商部门以换发营业执照为契机,对无照经营进行全面清理。1996—2000 年,全省工商部门坚持发展与管理并重,强化监督管理,各地开展市场巡查制等监管措施,对企业进行监管,督促企业规范发展。

2001 年 10 月,根据国家工商总局印发的《关于加强对企业属地监督管理工作的通知》,由工商所对企业实施属地监管,建立起上下联动、密切配合、渠道畅通的信息反馈机制。为加强企业日常检查,省工商局提出要落实工商所实施属地监管责任,并规定具体内容和方式。全省工商所对辖区企业是否未经核准登记擅自从事经营活动,是否按规定悬挂或放置营业执照,有无伪造、涂改、出租、出借、转让、出卖营业执照的行为,住所和经营场所是否真实,是否在规定期限内开展经营活动,企业法定代表人或负责人与核准登记是否一致,是否按核准的经营范围从事经营,有无违反规定未取得行业审批或许可擅自经营的行为,是否按规定出资,以实物出资的是否按规定办理财产转移手续等问题,进行日常检查或巡查。各地工商所依法实施商标、广告、合同、市场、公平交易管理等其他企业监督管理工作。全省工商部门对新设立企业,在其领取营业执照后 6 个月内进行回访检查,对登记事项、注册资本(金)分期到位等情况按期进行检查。利用"经济户口"开展对新开业企业的回访检查。坚持对重点行业、重点企业进行定期检查。尤其是把粮食、化肥、棉花经营企业、印刷企业、非银行金融机构、中介机构、非法和布局不合理的小煤矿、小水泥等"六小企业"以及各类"三无"企业,作为定期重点监督管理对象。

2002 年 6 月 1 日,《江西省取缔无照经营办法》由江西省第九届人民代表大会常务委员会第十三次会议通过,自 2002 年 7 月 1 日起施行。办法规定工商部门取缔无照经营时,可调查、询问无照经营者及相关的单位或者个人,查阅、复制与无照经营有关的合同、账册、发票、文件、记录、业务函电等经营资料和财务资料,检查与无照经营有关的场所和物品,查封、扣押与无照经营有关的资料和财物,查封无照经营场所,对无照经营行为实施行政处罚等。2002 年,全省工商系统推行 5 项监管模式改革,全面推行市场巡查制、经济户口管理、企业信用体系管理、首办负责制和收费管理 5 项监管改革。实行监管重心下移至工商所,全面推行市场巡查制;进一步规范经济户口管理,实行上下联动,并与建立企业信用体系结合起来,加强涉企信用信息的整合和网上发布工作,提高监管效率;落实首办负责制,提高服务效率。

针对有的企业在工商注册登记过程中,采取不正当手段虚报注册资本和虚假出资,待企业依法成立后,公司发起人或股东以撤回、转移、混同、冲抵等手段抽逃其出资(简称"两虚一逃")现象,2002—2003 年,全省各级工商部门开展查处"两虚一逃"专项行动。各级工商部门开展取缔中介机构无照经营、整治卫星地面接收设施生产经营企业等专项整治活动。对无证、无照从事出国留学、人才交流、房屋中介等活动单位进行全面检查,维护人民群众切身利益;对抗击"非典"期间违法从事过氧乙酸等预防"非典"用品生产经营单位进行查处,维护抗击"非典"期间的市场经济秩序;加强对煤矿等高危行业安全生产的监督检查。结合年检,对涉及经济安全的企业经营条件进行严格审查,对审查不合格企业下发限期整改通知书,取消不符合安全生产要求的经营项目。加强对道路、城市燃气、建筑施工、煤矿等行业的安全生产督查,确保安全生产。在全省开展煤矿企业生产经营资格大检查,取缔无证无照开采等非法行为。

玉山县工商局在 2004 年组织力量对企业"两虚一逃"行为展开调查。玉山县地处江西东大门,房地产市场空前繁荣,同时存在良莠不齐问题。为此,该局把查处的重点放在房地产企业,通过隐秘检查,发现 12 家已领取营业执照的企业,均存在不同程度的"两虚一逃"行为,有 6 家企业涉案金额都在百万元以上。本着引导、教育、规范的精神,该局对情节严重的 8 家房地产企业"两虚一逃"违法行为进行立案查处,罚没金额 15 万元。该局不断总结经验,把查处企业"两虚一逃"行为向其他行业延伸。

2005 年,全省工商部门深化监管制度、方式改革,促进监管到位。各地推行企业信用分类监管制度,完善"经济户口"管理,加强对企业动态监管。全省企业登记数据入库率平均达到 80%。同时,严把准入关,加大对企业虚报注册资本、虚假出资和抽逃出资等违法案件查处,取缔无照经营活动。

2007 年,全省各级工商部门深入查处"两虚一逃"行为,规范公司设立、经营秩序;围绕经济结构调整和经济发展方式转变,按照国家淘汰落后生产能力和实现节能降耗、污染减排、安全生产等目标要求,依法对全省有关企业开展变更登记、注销登记和吊销营业执照等工作。

## "经济户口"管理

推行"经济户口"属地监管,是国家工商总局倡导改革企业监管方式的主要措施。从 1999 年起,全省工商系统按照"积极稳妥、全力实施、配套进行、相互促进"的原则,在全省逐步推行和完善"经济户口",从体制、机制和制度上探索规范市场经济秩序新途径,积极探索和推进"经济户口"管理体制。

实行"经济户口"管理制度,即企业"户籍"管理制度,是工商行政管理机关打破封闭传统监管模式,实现由监管集贸市场向监管社会主义大市场转变,由驻场制向辖区管理制转变,由静态监管向动态监管转变的重大举措。"经济户口"管理以基层工商所为依托,遵照属地管辖原则,监管市场主体行为,通过微机联网监管,实现企业注册登记"户籍"管理。建立各项规章制度和操作程序,发挥省、地(市)、县、所四级工商部门的监管整体合力,形成快速监管反应机制,促进企业注册登记和监督管理朝着系统化、规范化、法制化方向发展,全面推动工商行政管理机关职能到位。建立严密的监管网络体系,加强和完善"经济户口"管理核心。

省工商局为强化对市场准入行为、市场竞争行为、市场交易行为、市场监督执法的规范管理,从 2001 年 3 月开始,在全省全面推行"经济户口"管理制度。"经济户口"管理的基本思路是以工商所为依据,以属地管理为原则,以计算机联网监督为主要手段,建立辖区内工商所与登记部门上下联动机制,形成省、设区市、县(市、区)工商局和乡(镇)工商所四级的监管合力,逐步实现工商行政管理全方位履行监管职能。"经济户口"管理的主要内容有:各类市场主体填写《经济户口管理簿》《经济户口管理卡》等资料,建立一户一档基本资料;建立巡查监管登记卡等。

2001年,各级工商部门开展市场主体普查,现场采集原始资料,查建档案,全省基本建好一户一档资料,部分县(市、区)对"经济户口"推行电脑化管理。为确保质量,省工商局对全省"经济户口"管理制度建设组织交叉检查和验收。

吉安市吉州区工商局实施"经济户口"管理,贯穿于市场监管的事前、事中、事后各个环节,包括各类经济组织的开业登记、业主的概况、经营行为和社会评价等综合情况。该工商局按照"三个结合"的方法开展"经济户口"管理,即"经济户口"与开业登记相结合,区工商局将注册登记初审、监察、查处三权下放到工商所,工商所登记初审,建立"经济户口";"经济户口"与片区监察相结合,定期或不定期进行片区巡查,涉及开业初审、经营行为、社会评价等;"经济户口"与现代技术相结合,处理好行政收费与信息共享的关系,创造科学管理、快速高效的工作环境。

2002年2月28日,省工商局印发《经济户口管理实施办法(试行)》的通知,明确"经济户口"管理规范和工作目标,包括对各类企业和个体工商户的开业、变更、年检验照、注销登记实行全过程监管,实行分级登记和属地管理原则,通过"经济户口"管理建立企业信用管理制度、预警制度、监督管理联动制度、安全生产重点企业监管制度等6项主要内容。登记主管机关同时建立企业到工商所备案制度,对企业开业登记、变更登记和注销登记,以及吊销营业执照的,通过书面或网上形式,通知企业在30日内到所在地工商所办理备案手续。备案的内容包括企业登记事项、出资人或股东姓名及其出资额、企业印章、注册商标、开户银行及账号、法定代表人(负责人)照片、企业联系人和联系电话。省级和地市级登记主管机关企业登记注册和备案材料,由县级登记主管机关负责传递到企业所在地的工商所。企业被吊销营业执照的,登记机关在依法做出吊销企业营业执照处罚后的30日内,通过网上或书面形式将《处罚决定书》按照本办法规定和程序传递到企业所在地的工商所。登记主管机关与工商所之间逐步建立准确、快捷、畅通的信息传递系统。已经建立计算机通信网络的,登记主管机关与工商所之间的信息传递在5个工作日内完成;没有建立计算机通信网络以书面形式传递的,登记主管机关与工商所之间的信息传递在15个工作日内完成。

2004年,南昌、九江、吉安、赣州和宜春市工商局合计有57个基层分局已开始运用计算机开展"经济户口"管理。截至2006年,全省各设区市工商局全部建立"经济户口"数据库,大部分基层工商分局启用"经济户口"管理模块。

## 第二节　外商投资企业监督管理

1991—2010年,全省各级工商部门规范外商投资企业管理工作,全面履行监管职能,坚持以出资和年度检验为重点,促进对外商投资企业的规范发展。

## 出资管理

20 世纪 90 年代,外商投资企业设立登记工作实行先登记、后出资办法,即外商投资企业领取营业执照后,投资各方再依据经过批准的合同、章程规定的出资期限实际缴付出资。因此,为完善外商投资企业法人条件,全省登记机关历来都将加强管理、监督外商投资企业按照合同、章程出资作为对外商投资企业监督管理的重要工作来抓。

1991 年,江西省外商投资企业出现新的发展趋势,各地立项、签约、申请开业的不断增多。为适应这种形势发展需要,促进外商投资企业健康发展,7 月 29 日,省工商局印发《关于进一步加强和改进外商投资企业管理工作的意见》,要求各地市和县(市、区)工商局,积极参与当地外商投资企业的项目设立及其可行性研究,为投资方和有关部门提供国家法律、工商法规及政策的咨询服务,指导外商投资企业开展正当合法的生产经营活动,指导和督促企业按规定及时办理变更登记、注销登记和年检工作等。是年,省工商局根据在哈尔滨召开的全国外商投资企业登记管理工作会议精神和国家工商局 1991 年工作要点安排,在全省组织开展对外商投资企业出资情况的督促检查。

1993 年 8 月 24 日,省工商局印发《江西省工商局关于督促外商投资企业各投资方按规定出资的意见》,提出 7 条意见供各地、市工商局在工作中掌握,即对于申请开业登记的企业,应严格审查其经审批机关批准的合同、章程中关于出资期限的规定;凡合同、章程中未予规定的,应要求企业补充其规定,否则不予登记注册。企业核准登记后,应要求其在各出资期限后 1 个月内向各局报送出资报表,报表中所列情况应在各局对企业建立的出资台账上明确记载,对于逾期不出资或出资不足的企业,各局应在出资期限后第五周内向企业发出催缴出资通知书。对于新核准登记的企业,应结合其出资期限确定营业执照副本有效期,有效期一般为各出资期限后 1 个月;待企业资金全部到位后,换发 1 年有效期的营业执照副本。对出资不足的企业,一般不允许其增加经营范围和设立分支机构。对企业的任何投资方,凡无正当理由未出资或出资不足的,一般不允许其再以自有名义开办新的外商投资企业。对中、外各方在其出资期限到后 1 年内均未出资,又无债权债务的企业,应注(吊)销其营业执照。对中、外双方只要有一方出资期限到后 1 年内不出资的企业,应收回其营业执照,待其资金投入后按规定发还营业执照。

1994 年,国家工商局和对外贸易经济合作部联合印发《关于进一步加强外商投资企业审批和登记管理有关问题的通知》,对各级外商投资企业登记管理机关提出"进一步加强和完善设立审查、出资检查、违章违法行为查处等工作"要求。1994 年,结合外商投资企业年检,开展外资出资检查。1995 年,全省工商部门对外商投资企业进行进资普查,对不按规定出资的企业进行清理,共注销、吊销外资企业 242 家。

全省工商部门在 1995 年以后推行注册资本催缴制和实缴资本公示制。对未按合同、章程规定的出资期限出资的企业发出"催缴入资通知书",要求其在规定的期限内出资,要求企业对未到资原因做出书面解释,并由董事会决议列出出资计划。同时,对企业核发不同期限的营业执照,如果缴资期满而首批资金尚无法到位,则不予延长执照期限,对未出资企业限制办理增加投资、对外投资等变更登记。对未按合同、章程期缴足注册资本的企业,由全市根据实际出资情况,在核发的营业执照上,标明实缴资本数额,以此对企业出资情况形成一定范围的公示。这种做法在企业中引起强烈反响,大部分企业明显加快补足出资进度。

1997年,各级工商部门进一步加强监管,对新开的226户企业进行回访,结合日常监管认真监促其规定进资,全省历年累计应出资总额33.22亿美元,实际出资总额达到23.59亿美元,实际出资率为71%。

各级外商投资企业登记机关根据本地区实际情况,采取一系列有效措施,加强对外商投资企业的出资管理,规范出资行为,并且加强中介机构管理,提高审计质量,重点查处会计师事务所和审计师事务所不规范、虚假验资行为。企业虚假出资,往往与中介机构出具虚假验资报告有直接关系。在1999年度年检工作中,各外商投资企业登记管理机关一方面加强对中介机构的日常监督管理,督促其守法经营;另一方面对本年度出资的外商投资企业提交的验资报告,严格审查其是否符合《公司注册资本登记管理暂行规定》要求。

1999年9月20日,省工商局转发国家工商局《关于改进外商投资企业登记管理工作的若干意见》,要求各地、市工商局加大对外商投资企业监管力度,准确运用法律、法规正确行使职权。各地、市工商局继续抓好以注册资本到位率和清理"三无企业"为重点内容的监管与服务工作。对未来参加年检的企业以及多年不出齐资本并且无出资可能的企业,依法予以吊销其企业法人营业执照,对在规定时间内不能出齐资本的企业,但又能正常经营的企业,要求其修改合同、章程或者调整注册资本数额。强化对企业住所登记审查,凡开业登记或变更住所登记时,除要求企业提交符合规定的有关材料外,还必须进行实地调查,以杜绝无场地企业存在。充分运用现代办公设施,开发适用企业监督管理的微机软件,如在对外商投资企业的出资监管方面,要使微机能存储企业的出资份额、比例、出资期限等,以利于对企业出资实行动态管理,及时采取相应的催缴措施。

2000年以后,对外商投资企业的出资管理主要是结合年度检验工作展开。全省各级工商部门在年检中继续整顿和规范出资行为,加强出资管理。年检中通过"三对照""三检查"办法,逐户严格审查外商投资企业出资到位情况。"三对照"即经审计的资产负债表中的实收资本数额,与企业合同章程规定的注册资本额及出资方式、出资期限相对照,与营业的注册资本额及实收资本额相对照,与验资报告中已验证的实收资本额相对照。"三检查"即检查资产负债表中"其他应收款""应收款"的明细及余额,检查审计报告中关于股东和关联企业的往来、交易情况,检查审计报告中关于"两虚一逃"的披露,及时掌握外商投资企业的出资情况,督促其按时足额出资。对逾期未出资或出资不到位的企业,采取有力措施依法进行处理。

## 年度检验

根据《企业法人登记管理条例》及其施行细则、《企业年度检验办法》及国家工商局有关外商投资企业年检工作的安排部署,工商部门各级登记机关对外商投资企业按年度进行检查。检查的主要内容包括企业登记事项执行和变动情况;股东、出资人的出资或提供合作条件情况;企业对外投资情况;企业设立分支机构情况;企业生产经营情况等。通过年度检查,登记机关据以确认企业是否具有继续经营的资格。

1991 年 4—5 月,省工商局对 1990 年底以前登记注册的外商投资企业进行检查。通过年检,调查掌握全省外商投资企业的出资、筹建、开业、投产、经营、创汇等方面情况,对违法违章企业进行处理。7 月 29 日,省工商局印发《关于进一步加强和改进外商投资企业管理工作的意见》,要求各地市和县(市、区)工商局,开展年检工作,加强和改进外资企业管理。

1994 年,全省外商投资企业 2354 家,实际年检 1772 家,年检率 75%。

1996 年 8 月,国家工商局开始与有关部门研究联合年检工作。在各方协调取得一致的基础上,1996 年 12 月,外经贸部、国家工商局等 7 个单位联合印发《关于对外商投资企业实行联合年检的通知》,决定 1996 年的年度检验工作由工商、外经贸、财政、外汇管理、税务、海关等部门联合开展。在联合年度检验工作中,工商部门在严格执法的同时,为企业解决实际困难。1996 年,全省顺利完成外商投资企业年检工作,注销、吊销外资企业 416 家。

1997 年,全省外商投资企业年检实行联合办公、上门年检,年检率达 85%,注(吊)销外商投资企业 208 家。工商机关积极配合有关部门,对全省外商投资企业进行认真调查清理。全省工商部门开展对《台湾同胞投资保护法》的执法检查,受到省人大的重视和肯定。

1998 年,各级工商部门进一步强化外资企业监管工作,会同有关部门进行联合年检,应检外商投资企业 2386 家,实检 1987 家,年检率 83%。1999 年,对 1892 家外商投资企业进行年检,对年检中发现的问题进行规范,吊销一批违法违规企业。对外商投资企业进行监督管理和实施行政处罚时,各级外商投资企业登记管理机关既注意做到严格依法办事,又根据实际情况,在法律法规允许的情况下,本着有利于企业发展的精神,实事求是地依法做出处理。对正常开展经营活动,但未按时参加年检的企业,工商部门一般做法是先批评、教育,再补办年检,情节严重的做出适当处罚;对擅自变更地址、人员、股东和注册资本数额等登记事项的,先依法发出《责令改正通知书》后,再予处理。对长期不出资,经教育不改正的企业以及“三无”企业,则采取有力措施,依法予以吊销执照。

从 2000 年开始,省工商局在外商投资企业年检工作中,综合各设区市年检情况,对年检数据、外商投资企业类型发展趋势、外商投资热点、外资并购情况等进行分析,并对年检中发现的外商投资企业存在的问题和困难进行归纳总结,提出政策建议、行政指导及整治办法,并进行帮扶。

在 2006 年度全省外商投资企业年检工作中,各级工商部门向外商投资企业进行行政提醒 775 次,其中提醒出资 598 次,提醒变更登记事项 177 次,共催缴出资 167 家,催缴资金 5942.05 万美元。通过年检责令改正的有 296 家,责令办理注销登记和拟办理吊销登记的企业有 1176 家,限期变更登记 129 家。

2009 年,全省依据相关法律规定对多年未参加年检的外商投资企业继续进行清理吊销。全省工商部门抓紧对年检中发现的外商投资企业违反登记法规的行为进行分类处理。对无正当理由不参加年检的企业,依照《企业年度检验办法》规定进行处理。2009 年,全省共有外商投资企业 6822 家,其中 314 家尚处于吊销程序中;应参加年检外商投资企业 6508 家,未参加年检 3057 家,参检率为 53.02%,参检率比上一年度减少 7.18%。2009 年全省注(吊)销外商投资企业 482 家,其中注销

48家,吊销434家。与2008年同期相比,注销数明显减少,为2008年全年注销数的23.6%,注销的48家企业主要以决议解散或经营期限届满为主,达33家;吊销数基本与2008年持平;2009年注(吊)销企业集中分布在制造业(274家)、批发零售业(70家)、农林牧渔业(46家)以及房地产(32家),占注(吊)销总数的87.55%。注(吊)销467家法人企业中,中国香港地区239家,占总数的51.17%,其次是中国台湾地区以及美国,分别为24家和17家。

2010年,全省共有外商投资企业7571家,其中417家尚处于吊销程序中,应参加年检外商投资企业7154家〔其中法人企业5130家、分支机构1574家、在中国境内从事生产经营活动的外国(地区)企业2家、外商投资合伙企业1家〕,实际参加年检3980家〔法人企业2403家、分支机构1574家、在中国境内从事生产经营活动的外国(地区)企业2家、外商投资合伙企业1家〕,参检率为55.63%(其中法人企业参检率为46.84%,分支机构参检率为100%,外商投资合伙企业参检率为100%,在中国境内从事生产经营活动的外国及地区企业参检率为100%),与上年相比增加2.61%。未参加年检3174家(法人企业2727家、分支机构447家)。年检合格率94%(其中企业法人年检合格率96%,分支机构年检合格率为91%,外商投资合伙企业年检合格率100%,在中国境内从事生产经营活动的外国及地区企业年检合格率为100%)。全省外商投资企业统一采用网上年检方式参加年检3980家,网检率为100%。年检中工商部门上门年检445家,延期年检204家,集中年检2005家,分类年检免于审查户数6家,超过6个月未开业或停业连续时间超过6个月延续至2011年底的企业162家,提醒企业前置许可证件缺失或过期269次,提醒企业变更、备案登记事项298次,提醒企业出资599次。催缴注册资本到位金额3.46亿美元。

## 第三节　个私业户监督管理

1991—2010年,全省按照"谁登记,谁管理"原则,工商登记机关负责其登记注册的个体工商户监督管理,规范个体工商户的主体资格和经营行为。一年一度的个体工商户验照、日常管理和专项检查共同构成个体工商户监督管理的主要内容。

验　照

全省各地市、县区工商局每年第一季度对个体工商户进行验照,并使用全国统一的个体工商业营业执照。20世纪90年代初,省工商局规定,凡领取江西省各级工商局审批核发的个体工商业《营业执照》、个人合伙、私营企业《营业执照》及跨年度的个体工商业《临时营业执照》,必须在规定的期限内,到原登记的工商行政管理机关进行年检验照。年检验照内容包括检查个体工商户、个人合伙、私营企业经营者的姓名、企业字号名称、经营范围、经营方式、从业人员、雇工人数、经营者住址等登记项目是否与实际情况相符,检查经营活动是否有制造、销售假冒伪劣商品和强买强卖、欺行霸市、哄抬物价、以次充好、短斤少两、投机倒把等违法违章行为,检查是否有偷漏税费行为。

1993年,省工商局发出通知,规定凡领取江西省县(市、区)工商局核发的营业执照的个体工商户,以及在本年度内注册登记、经营时间在 6 个月以上的个体工商户,均属验照贴花范围。1993 年度的个体工商户验照贴花工作,在 1994 年第一季度内完成,以后各年度依次类推,验照时间由各地根据实际情况自行确定。对于验照合格的个体工商户,在营业执照的左下方贴花。自 1993 年度的验照工作开始,贴花标记由省工商局统一设计、印制。1996 年,把特殊地段、特殊行业及异地经营户作为验照工作重点,加强对城乡接合部、繁华地段、食品加工业、旅店业、餐饮业、刻字业、酒吧、发廊、舞厅的检查;注重将验照与查处无照经营和违章违法经营相结合。

1998 年,全省个体工商户和私营企业年检率分别达到 95% 和 87%。1999 年,全省个体工商户为 72.39 万家,办理验照的为 72.08 万家,验照率为 99.5%。

根据国家工商局《关于个体工商户、独资企业、合伙企业使用统一年检验照标识的通知》要求,从 1999 年起,对个体工商户、独资企业和合伙企业 1998 年度验照年检使用统一的年检验照标识。通过年检验照的,在其营业执照正副本加贴年检验照标识,均统一使用标有“1998”字样的年检验照标识。1999 年,对个体工商户的验照和 2000 年统一换发新式《个体工商户营业执照》工作同步进行,其程序是个体工商户先通过验照,再填写换照登记表,办理有关手续,登记机关收回原营业执照,换发新营业执照并在新执照上贴花。验照审查的重点是从事食品、药品、化学危险物品、烟花爆竹生产经营业户以及采矿、建筑、安装、车船运输个体工商户,并把从事娱乐场所经营的个体工商户作为检查重点。

在 2000 年个体工商户验照工作中,全省各级工商部门严格验照审查程序,做到见人、见物、见照,全省应参加验照个体工商户 59.45 万家,实际验照 57.78 万家,验照率 97.19%。根据省工商局通知,2001 年各市工商局均组织人员对已验照的个体工商户进行实地检查。

2001 年,全省工商部门主要将个体工商户是否出租转让营业执照、超范围经营以及未经批准一照多摊行为作为检查重点,全省个体工商户应验照 57.59 万家,实际验照 55.96 万家,验照率 97.1%。2002 年,全省个体工商户应验照 59.85 万家,实际验照 59.01 万家,验照率 98.5%。

从 2003 年起,省工商局遵循“积极稳妥、适当范围、提高效率、方便业户、注重实效、促进发展”原则,试行个体工商户滚动验照改革。按照“谁监管,谁验照”原则,结合“经济户口”属地管理,县(分)局授权工商所负责本辖区内个体工商户验照工作,变年度集中验照为月度分散验照与集中验照相结合,即个体工商户按登记主管机关营业执照上核定的成立日期,在每满一年后的第一个月内到辖区工商所验照,对不适合采取滚动验照的区域和个体工商户,仍采取集中验照方式。这种验照方式改革,解决了验照时间过于集中、业户不便的问题,提高验照工作效率和质量。在 2003 年个体工商户验照工作中,省工商局在全省积极推广滚动验照,全省应验 59.38 万家,实际验照 58.64 万家,验照率 98.7%。2004 年,全省个体工商户应验 60.5 万家,实际验照 48.9 万家,验照率 80.8%。

2005 年,全省推行个体工商户分层分类登记管理,有序进行个体工商户分层分类登记管理改革,共委托 292 个工商分局(所)对 20 余万个体户实行分层分类登记管理。受委托工商所依据委托行使市、县工商局对个体工商户进行验照的职权。对通过验照的个体工商户,受委托工商所在其营业执照上加贴验照标记;对不予通过验照的个体工商户,受委托工商所依照有关规定进行处理。实行信用分类监管,通过制定出台个体工商户信用分类监管、“经济户口”风险等级预警管理、重点区域管理等办法,在工商所逐步建立和完善以信用类别为依据实施信用分类监管、以行业风险等级为依据实施风险分类监管、以警示信息为依据实施预警分类监管、以重点经营区域为依据实施区域分类监管"四位一体"的分类监管机制。按照分类监管要求,各地把分类监管与"经济户口"、市场巡查结合起来,根据个体工商户信用、风险等级分类信息资料,加强日常巡查,增加检查次数,加大对失信和风险度大的个体工商户的监管力度。同时,对C级个体工商户,进行重点监管,在办理登记和验照时进行重点审查;对严重违法需要吊销的D级个体工商户,建立严重失信淘汰机制,及时依法处理。2005年全省个体工商户应验67.48万家,实际验照67.23万家,验照率99.6%。

2006年,全省个体工商户应验71.91万家,实际验照71.53万家,验照率99.4%。2007年,全省个体工商户应验56.33万家,实际有49.51万家参加验照,验照率87.8%。2008年,全省应验69.78万家,实际验照59.79万家,验照率85.6%。2009年,全省应验为84.7万家,实际验照67.75万家,验照率为79.9%。

## 日常业务管理

**登记费与管理费** 自20世纪80年代末至90年代初,全省个体工商户(含个人合伙)办理开业登记收费(含工本费),每户为12元(国家规定为20元);办理变更登记,每户每次收费6元(国家规定为10元);因遗失、损坏等需要补发的每次收费为6.9元(国家规定为10元);需领取副本的,每户收取工本费3元。1994年12月,省政府规定,从1995年1月1日起,个体工商户的开业登记费每户20元;变更登记费每户10元;因遗失、损坏需补发的每户收费10元;营业执照副本工本费每户3元;验照贴花每次2元;临时营业执照登记费每户12元;临时营业执照变更登记费每户6元。

全省工商系统根据国家工商局、财政部规定,个体工商户按不同类别标准交纳管理费:从事购销活动的,按营业额的0.5%～1.5%收取;从事劳务活动的,按收入总额的1%～2%收取。对进入集贸市场从事经营活动的个体工商户,凡已收取集贸市场管理费(或交易手续费、设施租赁费)的,减半收取个体工商户管理费。收入较低、生活确实有困难的个体工商户,可以向市、县工商局申请减收或免收管理费。管理费用每月收取1次,收取管理费手续做到简便易行。市、县工商局可以自行收取,也可以委托市、县个体劳动者协会代收。

1999年10月30日,国家计委、财政部印发《关于第二批降低收费标准的通知》。根据规定,全省各级工商部门将个体工商户管理费在原收费标准基础上下调20%,并改为定额核定。个体工商户从事购销活动的,按营业额的0.4%～1.2%收取;从事劳务活动的,按收入总额的0.8%～1.6%收取。此后至2005年底,全省个体工商户登记、管理费没有进行调整。

2008年8月21日,财政部、国家发改委、国家工商总局联合印发《关于停止征收个体工商户管理费和集贸市场管理费有关问题的通知》,规定自2008年9月1日起在全国统一停止征收个体工商户管理费和集贸市场管理费。全省各级工商部门按此规定执行,时称"停征两费"。

2008年,全省为下岗失业人员、高校毕业生、退役军人等免收工商规费6146.09万元。各级工商部门全力以赴做好抗击雨雪冰冻灾害工作,落实减免收费规定,全省减免市场管理费、个体工户管理费820万元。

2009年,根据省财政厅、省发改委有关文件规定,省工商局在全省实施对新申办个体户两年内免收登记费和副本工本费,实施时间为2009年1月1日起至2010年12月31日。

**证照管理**　根据《城乡个体工商户管理暂行条例》及其实施细则的规定,个体工商户营业执照分《营业执照》和《营业执照》副本。《营业执照》副本可作为签订合同、注册商标等的合法证明;对从事客货运输、贩运以及摆摊设点、流动服务的个体工商户可作为营业凭证。

全省各级工商部门严格按照规定实施管理,要求个体工商户在生产经营活动中将营业执照悬挂在营业场所的明显易见处,不得涂改、出租、转借、转让或出卖给他人;督促其在规定期限内到原登记机关办理一年一度的验照手续;对发照后不经营超过6个月以上的个体工商户,工商机关收缴其营业执照。个体工商户可以持营业执照异地经营,但须向原登记的工商机关书面报告备案,异地工商机关同意接受后,收存其营业执照及其副本,发给盖有"临时"戳记的营业执照,并加强管理。个体工商户因故停业,向原登记的工商机关报告,暂时交回营业执照及其副本,在停业期间不缴纳管理费。个体工商户遗失营业执照及其副本,在向原登记或经营地的工商机关报告并登报挂失后,可以向原发照机关申请补发。个体工商户的营业执照自开业之日起,每满4年换发1次。换照到原登记机关办理,逾期不办理,营业执照自行作废,期满不换照继续经营的视为无照经营。异地经营的个体工商户,向原登记机关申请办理换照手续;向经营所在地的工商机关申请登记,领取营业执照,并将原营业执照交回原登记机关。个体工商户变更主要登记项目,也要换发新营业执照。更换新营业执照不影响4年1次的例行换照。

**档案管理**　随着个体私营经济的发展和壮大,各县、市(区)工商局按照企业登记档案管理办法,先后建立起个体私营经济档案并指定专人管理。

20世纪90年代初,省工商局制定《江西省个体私营经济档案管理暂行办法》,并印发国家工商局《个体工商户档案管理暂行办法》,规定两个文件一并执行,使全省个体私营经济档案管理工作逐步规范。

1993年8月23日,国家工商局发布《私营企业档案管理暂行规定》,全省各级工商部门按照规定完善私营企业档案。私营企业档案由开业登记材料、其他登记材料、日常监督管理材料和其他材料组成,按户建档,一户一档,一档多卷,档案由核准登记的工商部门建立和管理。各级工商部门负责接收、整理私营企业档案材料,按要求保护私营企业档案材料的完整与安全,积极开发利用档案材料,为私营企业管理提供基础信息。私营企业分支机构的档案在该企业档案中单独立卷。异地设立的私营企业分支机构在经营地单独建档。

全省工商部门落实1994年7月1日起施行的《公司登记管理条例》中关于公司档案管理规定,对借阅、抄录、携带、复制公司登记档案资料的,均按照规定权限和程序办理。任何单位和个人不得修改、涂抹、标注、损毁公司登记档案资料。

1991—2000年,全省各级工商部门结合档案管理对个体工商户、私营企业的登记事项及生产经营活动实行监督管理,对发现的问题认真纠正,依法查处。对登记事项的监督管理主要包括检查个体私营企业是否在登记中隐瞒了真实情况,弄虚作假;是否未经核准登记擅自开业;是否超越核准登记的经营范围从事生产经营活动;是否擅自改变经营方式;是否按规定办理变更登记、重新登记和注销登记;有无伪造、涂改、出租、转让、出场营业执照等行为。对经营行为的监督管理,重点检查是否有违反经济合同管理、广告管理、商标管理、市场管理等法规的行为;是否有生产销售伪劣商品、假冒商品、扰乱市场秩序、投机倒把等违法行为,以及国家法律、法规和规章规定的由工商机关给予行政处罚的其他违法行为。

2001年以后,全省个体工商户档案管理向"经济户口"管理过渡,档案管理进一步规范。

## 专项检查与治理

**无照经营清理** 自1991年起,全省各级工商部门一直把清理取缔无照经营作为一项重要工作,结合日常监督和整顿规范市场经济秩序工作,对无照经营行为进行清理整顿,查处违法违章行为。1995年,省工商局制定个人租用柜台管理规定、私人电话亭管理办法等。与公安、文化等部门密切配合,加强对从事文化娱乐、发廊、酒吧、书摊、饮食等行业的整治,查处一批违法违章行为。以换发营业执照为契机,对无照经营进行全面清理。

1996年,各级工商部门坚持发展与管理并重,强化监督管理。对全省私营有限公司、股份合作制企业进行规范,清理一批无照个体户。与公安、文化等部门密切配合,对个体文化娱乐业、美发、美容业以及书摊、饮食、旅店等行业进行专项整治。

1997年11月10日,国家工商局、公安部、国家税务总局印发《关于对无照经营进行综合治理的通知》,省工商局等单位转发该通知。根据要求,各地采取多种形式宣传有关清理无照经营的法律、法规和政策,突出重点进行无照经营的综合治理。在城镇,重点清理整顿挤街占道、在居民区随意摆摊设点的无照经营;在农村,重点清理整顿专业村中的无照经营。对生产经营假冒伪劣商品、损害消费者合法权益的无照经营者严厉查处。对无照经营的综合整治,实行集中清理和巡回检查相结合,并把集中整治和加强日常监督管理结合起来,坚持治理与疏导相结合原则,该规范的规范;对具备登记条件的,要求其申办营业执照,该取缔的取缔。

1998年,全省各级工商部门配合有关部门开展"扫黄""打非"斗争。根据国家工商局扫除"文化垃圾"的通知精神,省工商局及时制定方案,要求各地以铁路沿线城市为重点,对重点行业、重点内容进行重点清理。各级工商部门共出动检查人员17630人次,车辆4310辆次,检查企业、个体户3.6万家,取缔不符合要求的企业名称、牌匾2435个,吊销有色情活动的美容厅、歌舞厅等营业执照25个,收缴、销毁不健康光盘、录像带2.5万盘,书刊1.2万册等。全省共清理无照经营户1.45万家,补办证照0.6万家。

2001年8月,省工商局印发通知部署全省工商部门开展依法取缔无照经营专项整治活动。各级工商部门把依法取缔无照经营活动作为整顿和规范市场经济秩序的一项重要工作来抓,结合当地实际,制定详细的工作计划。抓清理、取缔和规范办照,建立对经营业户长效管理的体制和机制,专项整治活动收到明显成效。截至2001年底,全省出动执法人员66425人次,清理各类市场8206个次,全省共取缔无照经营2.7万余家,无照经营违法行为得到遏制。

2002 年 6 月 1 日,江西省第九届人民代表大会常务委员会第三十次会议通过《江西省取缔无照经营办法》,规定县级以上人民政府应加强对取缔无照经营工作的领导,工商行政管理机关具体负责依法取缔无照经营工作,其他有关部门应在各自职责范围内配合工商行政管理机关做好取缔无照经营工作。工商行政管理机关在为经营者办理营业执照时,采取集中办照、明示办照期限等形式,提供优质、高效服务。

2002 年 8 月 9 日,国家工商总局印发《关于进一步开展取缔无照经营的通知》。省工商局加大取缔无照经营工作力度,从 8 月上旬开始,利用 3 个月时间,在全省进一步开展取缔无照经营活动,巩固 2001 年整治成果,建立正常的市场准入秩序,保护经营者和消费者合法权益。全年取缔无照经营 0.42 万家。

2003 年 1 月 6 日,国务院公布《无照经营查处取缔办法》,自 2003 年 3 月 1 日起施行。2 月 19 日,国家工商总局印发《关于贯彻〈无照经营查处取缔办法〉的通知》,省工商局转发该通知,并提出具体实施意见。全省各级工商部门精心组织,广泛宣传,贯彻落实《无照经营查处取缔办法》,各地集中查处无照经营行为。全省共清理无照经营 4.43 万人次,查处取缔 0.74 万人次,规范补办登记注册 3.43 万家,占无照经营总数的 77.41%。

2004 年,全省工商部门继续取缔无照经营,查处无照经营案 0.65 万件,通过引导和规范,补办营业执照 0.31 万家。2005 年,全省各地共查处无照经营 0.59 万家,通过引导和规范补办营业执照 0.32 万家。在 2006 年,各级工商部门坚持疏导为主、处罚为辅的办法,开展查处取缔无照经营专项整治。在当地政府的支持和相关部门配合下,全省工商部门拓宽监管领域,加大监管力度,查处无照经营案件 0.64 万件,积极引导 4.42 万家无照经营户补办营业执照。全省各级工商部门在 2007 年继续开展查处取缔无照经营 14364 家,引导和规范符合条件的无照户 8632 家补办营业执照。

2008 年 9 月 19 日,省政府下发《关于建立查处取缔无证无照经营行为长效工作机制的意见》,要求通过建立联席会议制度和信息通报、案件移送制度,开展专项行动,形成监管合力,确保查处取缔无证无照经营行为工作落到实处;工商行政管理部门负责对依照法律、行政法规规定,需要办理营业执照方可从事的经营活动进行监督管理。

是年,省工商局印发《关于查处取缔无照经营行为的指导意见》,提出将无照经营监管方法由突击性专项整治向常态化和制度化监管转变,推动监管工作长效机制的建立。

2009 年,全省建立查处取缔无证无照经营联席会议制度;进行无照经营、特别是餐饮业无照经营情况专题调研;推进查处取缔工作制度化、经常化。全省工商部门共查处无照经营 649 家,引导规范办照 1264 家。

2010 年,各市、县(市、区)政府均建立查处取缔无照经营长效工作机制,实行综合治理。全省依法查处取缔无照经营体制机制进一步完善,基本形成政府统一领导,工商部门牵头,各职能部门各负其责,协调配合地查处取缔无证无照经营综合治理工作机制。

是年,省工商局通过争取省综治办的统一组织协调,积极发挥查处取缔无证无照经营联席会议办公室的职能作用,推动各设区市和县(市、区)政府全部出台建立查处取缔无证无照经营长效工作机制的规范性文件,全部成立查处取缔无证无照经营联席会议办公室,初步形成政府统一领导,工商部门牵头,各职能部门各负其责,协调配合地查处取缔无证无照经营综合治理工作机制。

**安全生产监督管理** 1999 年,全省各级工商部门配合政府有关部门切实做好关闭非法及布局不合理煤矿等工作,对全省 101 个县(区)中的 20247 个行政村开展"不漏一村,不漏一户"的安全生产检查,取缔无照经营 14588 家,对烟花爆竹、煤矿等涉及公共和人民生命财产安全的 4 个行业的 33173 家企业进行全面检查和复查。

2000 年,各级工商部门以监管烟花爆竹生产经营为重点,严厉打击和清理取缔违法违章生产经营行为,在全省范围内组织开展以"抓管理、查规范、保安全、促生产"为内容的专项活动。各级工商部门集中时间、人力、物力,不漏一村一户,对烟花爆竹生产经营等企业进行全面、深入、彻底的大检查和清理整顿。经过对原有登记注册的 11492 家烟花爆竹生产经营企业(含个体工商户)的清理整顿,全省有证照齐全的烟花爆竹生产经营企业 5002 家。同时,清理取缔和协助取缔一批违法违章严重和不符合安全生产条件的企业。

2001 年,各级工商部门把安全生产监管放在十分突出的位置,严把市场主体准入关。把烟花爆竹安全生产经营监管作为重中之重,常抓不懈。在 2000 年整治基础上,2001 年上半年对烟花爆竹生产经营紧紧围绕"一查、二看、三关、四停"原则进行清理,发出整改通知书 2212 份、责令企业办理变更登记 276 家,注销 316 家,吊销企业营业执照 1249 家,进一步严格市场准入条件。下半年,按照省政府部署,由省工商局领导带领督导组,对抚州市临川区、东乡县烟花爆竹生产经营秩序进行集中 3 个多月的整治,全力做好督查工作。同时,在全系统集中开展对烟花爆竹安全生产整治工作"回头看"督促检查。对南昌、抚州、鹰潭、赣州、上饶等 5 个设区市的 13 个重点县(区)84 个乡(镇)、464 个村、4277 家以前曾生产过烟花爆竹的家庭作坊进行明察暗访,发现死灰复燃的地下作坊 31 家,对发现的问题,及时报告并当场做出处理。对烟花爆竹经营清理整顿后的市场准入工作向省政府报告,与有关部门进行协调。

是年,工商部门依法整顿煤矿安全生产准入关。开展关闭国有煤矿矿办小井和乡镇煤矿停产整顿及"五小"(小煤矿、小炼铁、小炼油、小水泥、小玻璃)企业的整顿,全系统依法吊销、小煤矿企业营业执照 402 家,责令停产整顿并收缴营业执照 282 家。按照省政府统一部署,全面布置煤矿登记注册工作。

各级工商部门积极配合有关部门开展整治工作。依法全面开展对公共娱乐、公众聚集场所以及易爆易燃化学物品、道路安全等生产经营企业的监督管理和市场准入行为的检查,并配合有关部门对上述行业的消防安全进行专项治理。截至 2001 年 10 月底,全省工商系统共清理上述企业 20912 家,依法注销、吊销 1019 家,取缔无照经营 2982 家,办理变更 719 家,责令停业整顿 2869 家。

2002 年,各地工商部门开展对烟花爆竹、加油站、娱乐业等涉及安全生产行业注册登记工作的检查、指导、巡查及明察暗访,吊销不具备条件的各类市场主体营业执照 1444 家。做好对全省小煤矿生产企业的验收和重新核发营业执照工作。6 月开始,共依法吊销小煤矿营业执照 233 家,重新受理审查验收小煤矿 853 家,其中审查批准 792 家,占总数的 92.84%,截至 11 月 4 日重新核发营业执照 705 个。同时,建立高危行业注册登记上报一级备查制。

2004 年,第 5 届全国农运会在宜春市举行。宜春市袁州区工商局治理整顿危险行业,保障全国农运会的安全环境。农运会前夕,袁州区工商局在公安、安监、民企等有关职能部门和团体配合下,对全区大到中心城区,繁华闹市,小到街头巷尾、边远山区所有范围内的花炮、煤矿、非煤矿山、油漆化工、液化气等危险行业进行地毯式集中整治。其中,共关闭大小花炮厂 133 个,煤矿 33 个,非煤矿山 125 个,检查油漆化工经营户 117 家,发责令整改通知书 100 余份,收缴非法生产的花炮成品 300 余箱、引线 800 余万根以及一大批花炮原材料。袁州区慈化镇柏塘村老屋组黄某,在无任何合法手续并存在安全隐患的情况下,擅自在家里从事加工、生产、销售"一条龙"式花炮经营活动。2004 年 8 月 10 日上午,袁州区工商局执法人员接到举报后,立即会同区公安分局等部门执法人员到黄某家,当场依法查扣花炮成品 100 余箱及大量生产工具、原材料。黄某纠集 100 余名本组及附近不明真相的村民肩扛锄头,手持棍棒,将准备把查扣物品运走的执法人员和执法车辆围住,威胁执法人员将所扣物品留下。工商执法人员不惧威胁,通过做黄某和围攻人员的思想工作,最终化解矛盾,非法生产的物品得以顺利查扣,经营者黄某被公安机关刑事拘留。

2010 年,全省工商部门以企业年检为主要手段,对重点行业如涉及人身安全的食品、药品、农资、危险化学品、小煤矿、非煤矿山、烟花爆竹、交通运输、娱乐场所、电力供应施工、民用爆破器材等行业和有违法违章行为记录的企业进行重点审查,对不符合要求的企业,责令其限期整改或停业。

**"网吧"、上网服务业专项治理**　2001 年 5—8 月,全省工商部门对互联网上网服务营业场所进行全面整顿,重新规范登记的互联网上网服务营业场所 2420 家,查处违法经营 472 家,取缔无照经营 307 家,吊销营业执照 32 家。对不具备重新登记条件的 177 家办理注销,配合其他有关部门限制未成年人在非法定节假日或规定许可时间外进入互联网上网服务营业场所消费;限制距中小学校 200 米内开设"网吧";禁止浏览非法或不健康网站或网页。

2002 年 8 月 23 日,国家工商总局印发《关于进一步加大查处非法经营"网吧"力度的通知》,贯彻落实文化部、公安部、信息产业部、国家工商总局《关于开展"网吧"等互联网上网服务营业场所专项治理的通知》,决定于 2002 年 9 月 1 日至 10 月 15 日对非法经营"网吧"进行一次全面清理检查。全省工商部门通过全面清理检查,开展"黑网吧"专项整治,全省查处无照"网吧"1308 家,严厉打击非法经营"网吧"泛滥势头,进一步规范"网吧"经营行为,探索规范上网经营活动途径,着手建立网上经营主体登记后备案制度。

2004 年,省工商局成立"网吧"等互联网上网服务营业场所专项整治工作领导小组,制定"网吧"等互联网上网服务营业场所专项治理工作方案。省工商局组织全省工商部门开展"网吧"专项整治,2—8 月,全省各级工商部门以查处"黑网吧"和变相"黑网吧"为重点,规范"网吧"经营主体和经营行为,集中开展"网吧"专项整治工作。全系统检查已登记"网吧"0.59 万家,查处 565 家,吊销营业执照 32 家,取缔无照经营 1026 家。专项整治后,"网吧"违法违规经营势头得到遏制。

2004 年 11 月 18 日,国家工商总局印发《关于进一步深化"网吧"专项整治工作的通知》,省工商局转发该通知,要求严格依法确定互联网上网服务营业场所的市场主体资格,加大对农村"黑网吧"打击力度,严厉打击变相"黑网吧",建立完善长效管理机制。

九江市工商系统 2004 年在全市范围内开展"网吧"专项整治。各级工商部门按照上级部署,与文化、公安、电信部门密切配合,在全市范围开展代号为"零点行动"的"网吧"等互联网上网服务营业场所专项整治,有力地打击"网吧"经营中的违法行为。从3月初至7月初,全市共组织开展4次大规模集中整治行动,内容包括城区"网吧"整治、校园周边"网吧"整治、农村"网吧"整治、暑期"网吧"整治,重点打击"网吧"无证照经营、未成年人进入"网吧"上网、"网吧"超时服务等。全市工商部门共出动执法人员2700人次,排查"网吧"580家,取缔"黑网吧"47家,查处违法经营"网吧"29家,查扣电脑256台,对26家允许未成年人上网的"网吧"下达停业整顿通知书。在"零点行动"中,工商部门注重查处利用电子阅览室、计算机电教室变相经营"网吧"行为。6月7日,永修县工商局在市场巡查中发现,某通用技术学校利用教学电脑机房从事"网吧"经营活动,经调查,该校与教师家属签订聘用协议,在教学电脑机房出售上机票,让学生上网聊天、玩游戏,影响学校正常教学秩序。湖口县、武宁县、星子县、德安县工商部门进一步加强与电信、移动、联通等互联网接入企业的沟通,整合执法力量,采取对没有经过工商部门同意或未取得营业执照的"网吧",信号接入企业不给予办理信号接入手续等4项举措巩固网络市场整治成果,从源头上有效杜绝"黑网吧"滋生,遏制"网吧"超时服务违法行为。

2005年7月10日,省工商局部署在全省范围内组织开展为期2个月的打击"黑网吧"专项治理行动。全省工商系统共出动执法人员9945人次,检查已登记的"网吧"2689家,其中查处违法经营户数116家,罚款26.97万元,吊销营业执照5家,向有关部门通报违法经营户数160家。查处取缔"黑网吧"139家,其中罚款29.12万元,查封违法经营场所102处,没收专门用于无照经营的电脑269台。各设区市工商局按照要求开展不少于2次的专项执法行动,出动大量执法人员,分别对已登记"网吧"及先期纳入整治的"黑网吧"展开突击行动,有重点地以包片、包区、逐街、逐巷、逐户方式对辖区进行拉网清查。

2005年,全省各地工商部门取缔"黑网吧"364家。在打击利用网络从事不正当竞争行为执法活动中,共检查网站1185户,查处案件53起,并对720家互联网上网经营主体予以登记后备案,纳入"经济户口"管理,实行分类监管。

泰和县工商局采取多项举措整治"网吧"。2005年,成立互联网上网服务营业场所专项整治领导小组。县工商局与公安、文化、电信等部门共同整治"网吧",共采取"零点行动"8次,对"网吧"超时经营、接受未成年人等不法行为进行突击检查,收缴违规经营户证照1家。坚决查处取缔"黑网吧"和变相"黑网吧",该局共开展"网吧"专项整治统一行动15次,对全县范围内的"网吧"经营户、电子阅览室、电脑培训学校等展开拉网式清查,共出动执法人员469人次,出动执法车辆91辆次,查处取缔"网吧"3家,责令3家不符合条件的经营户停业整顿,纠正各类"网吧"经营违章行为43起。该局将"网吧"纳入"经济户口"管理,全面清理"网吧"经营业主档案,查验其文化经营许可证及相关资料,对许可证到期的,及时通知业主补办并提交备案,对已歇业的"网吧"经营户档案全部予以调档注销。

2006年,各地工商部门继续开展"黑网吧"专项整治。之后,各级工商部门将"网吧"整治纳入日常监管。是年,省工商局直属分局、南昌市工商局共同查处"红花国人"等大要案件。

2007年,全省实行打击"黑网吧"长效工作制度,查处取缔"黑网吧"258家。2009年,全省开展3次取缔"黑网吧"行动。

# 第三章　招商引资服务

1992 年,改革开放和引进外资掀起新的高潮,江西省各级政府重视招商引资工作,各级部门加大招商引资力度,进一步拓展利用外资的广度和深度,迎来江西省吸收外商来赣投资的高潮。

1995 年起,省工商局遵照省政府"积极参与招商引资,支持兴办'三资'企业,通过登记和监督管理,促进'三资'企业稳步发展",在积极参与招商引资的同时,进一步加强和完善对外商投资企业设立审查、出资检查、违章违法行为查处等工作,使江西省的外资企业健康发展。

2000 年后,全省各级工商部门按照全国工商行政管理工作会议部署,围绕经济结构调整,西部大开发等中心工作,增强服务意识,改革和完善外商投资企业登记管理的规范化措施,进一步加强登记管理。按照省委、省政府工作要求,全省各部门相继制定鼓励政策,降低投资门槛,改善外商投资环境,支持外商投资企业增加投资规模、调整投资方向,促进外商投资企业的健康发展。由此,外商投资迈出新的步伐,进入一个新的发展时期。

## 第一节　服务工作

### 政策法规制定与宣传落实

1991 年 7 月 29 日,省工商局印发《关于进一步加强和改进外商投资企业管理工作的意见》,要求各地市和县(市、区)工商局,积极参与当地外商投资企业的项目设立及其可靠性研究,为投资方和有关部门提供国家法律、工商法规及政策的咨询服务,指导外商投资企业开展正当合法的生产经营活动,指导和督促企业按规定及时办理变更登记、注销登记和年检工作,进一步加强和改进外资企业管理工作。

1992 年,全省各级工商部门开展法规政策宣传,为政府有关部门及企业提供政策服务。按照国家和江西省十年规划和"八五"计划,积极推进大中型企业利用外资进行技术改造,通过利用外资推动全省产业结构调整,技术进步和外向型经济发展;大力利用外资开发资源,发展农林牧渔业和农产品深加工;加快乡镇企业利用外资步伐;开展多形式、多层次的招商引资。

是年,省政府召开全省利用外资工作会议,举办全省利用外资研讨会,制定《江西省外商投资企业和外国企业地方所得税减免规定》,对从事农业、林业、牧业、水利业和以农产品为原料的加工业,实施优惠政策,鼓励外商投资。

1993 年,省政府把吸收外来资金作为加速经济发展的一个重要途径,努力改善吸收外商投资软硬环境,发动全民招商,大力利用外资,在全省范围内初步形成广泛招商引资、全方位对外开放的格局。省政府发布《关于进一步扩大对外开放,加速经济发展的决定》,建设昌九工业走廊,建立南昌市昌北开放开发区、南昌市高新技术开发区的决策相继出台,并为此配套制订一系列扩大开放的优惠政策,赣南改革开放试验区继续紧跟粤闽开放的特殊政策。全省各级工商部门为当地政府扩大开放、吸引外资的各项举措出谋划策,提供决策服务;参与省政府和当地政府在北京、上海、深圳、香港等地举办的各类洽谈会、恳谈会、新闻发布会,为宣传江西、扩大江西在海内外影响提供咨询服务;协助组织九江龙舟节、鹰潭道教旅游文化活动周、景德镇陶瓷节、南昌招商引资洽谈会等具体招商活动。

1993 年,省工商局印发《关于企业登记管理若干问题的通知》《关于改进企业登记管理若干补充措施的通知》和《关于进一步改进企业登记管理工作的意见》。再次放宽企业注册登记权,按照省工商局统一要求,全省各级工商部门对当地举办的外商投资企业,从项目论证开始提供全方位服务,从单纯的发照到扶持企业成长,并初步形成一套行之有效的办法。各级工商部门为招商引资提供政策法规咨询,从外商投资企业本身办理变更登记、设立分支机构、股权转让等,到如何办理验资、签订涉外合同等提供所需的法律、法规知识服务。

1994 年,江西省先后颁布《鼓励外商投资优惠新办法》《鼓励台湾同胞投资的规定》《三资企业管理暂行规定》《利用国外贷款项目管理办法》等一系列政策法规性文件,对全省 11 个地市和赣州市下放利用外资审批权,从多方面为扩大对外开放,加速利用外资发展提供有利条件。

1999 年,为贯彻省委、省政府关于发展县域经济促进全省经济发展的决定,省工商局印发《关于发挥工商行政管理职能作用,大力支持促进县域经济发展的通知》,要求充分发挥县(市、区)工商局的作用,参与本地区招商引资工作,提前介入引进外资项目前期论证工作,及时为企业做好政策法规咨询服务,当好政府的参谋,为政府决策提出建议和意见。积极开展法律、法规教育,增强企业的法律意识。全省各级工商部门贯彻落实全省改善外商投资软环境现场会议精神,进一步改进工作,热情服务,参加政府组织的深圳招商引资洽谈会。

2001 年,中国加入世贸组织(简称 WTO),工商部门作为政府主管市场监管和行政执法的职能部门,承担着重要责任。省工商局加快健全市场规划,在研究和熟悉 WTO 规则基础上,参与制定新的法规和规章,加快完善符合全省实际,与 WTO 规则相衔接的涉外法律体系,使之既适应江西省对外开放、吸引外资来赣投资需要,又有利于维护全省经济安全。改革和完善企业登记管理制度,把好市场准入关。

2002 年,省工商局为贯彻落实省委《关于进一步解放思想、加快经济发展的若干意见》,制定印发《创新管理制度,维护市场秩序,转变工商职能,力促经济发展》20 条措施及具体实施办法,提出具体操作规定,全省各级工商部门也制定相应的创新和改革措施。按照实施大开放主战略、大力发展开放型经济的要求,加大对招商引资工作服务力度。全面推行首办负责制、政务公开制、承诺办公制,继续开展创文明窗口活动。开设外商投资企业注册登记"绿色通道",继续实行对全省招商引资签约项目的跟踪服务,促进履约率的提高,按照 WTO 规则要求,依法做好服务领域等相关企业的注册工作,把好市场准入关。全省工商部门按照省委、省政府加快经济发展的要求,积极发挥职能作用,提高办事效率和服务水平,增加投资者信心。

2003年,省工商局参与《江西省发展个体私营经济条例》立法调研、论证、宣传、落实等工作。2004年,国家工商总局对江西省上饶、抚州、宜春、吉安、鹰潭5个设区市外商投资企业登记授权,从而省工商局和11个设区市局都获得授权,进一步扩大江西省招商引资、对外开放的平台。全省各级工商部门加强政策引导,促进符合国家行业规划和产业政策的企业发展,严格市场准入,保护全省生态环境这个品牌。执行国家产业政策,合理引导外资投向,支持鼓励外商投资企业发展与调整产业结构,促进区域经济协调发展结合起来,提高利用外资的质量和水平。

2005年,全省工商部门围绕"中部地区崛起"战略,创新服务举措,以简化审核环节、方便市场准入,提高工作效率为切入点,全面推行"一审一核"制、限时办结制、非工作日预约服务制等制度,开辟注册登记"绿色通道",改进年检工作,在省工商局推行网上年检服务。引导私企开拓省外、国外市场,促进开放型经济发展。

各级工商部门通过履行职责,落实江西省"推动全民创业,加快富民兴赣"的重大战略决策,不断提高办事效率和服务质量。2006年,调整公司登记管辖权限,规范登记行为,极大地方便投资者创业,紧紧围绕"科学发展、和谐创业"主题,一手抓发展,一手抓监管,坚持发展不动摇。全面推行企业登记"一审一核制",简化办事程序,缩短办事时间。全省设区市、县一级企业登记机关全部入驻当地政府设立的统一审批办证中心(行政服务中心),并落实各项"一个窗口对外"行政许可办理制度,继续实行首办负责制及上门年检、咨询服务等制度。

2007年,全省工商部门学习、落实省委、省政府《关于学习浙江经验,在新的起点上推动经济社会又好又快发展的意见》,围绕富民兴赣,积极服务全民创业、对外开放。落实国家宏观调控政策,按照国家产业政策和产业发展目录,严格把好市场主体准入关,加强经济区域合作,鼓励支持对外招商引资,积极引进战略投资者,做大做强省内企业,促进外商投资企业的健康发展。坚持"巩固存量、挖掘增量、扩大总量、提升质量"的发展思路,加强对外商投资企业进资情况分析,引导外资向国家鼓励类、允许类产业扩展,促进提高利用外资水平。全省工商部门深入落实省工商局20条措施,全面启用新的企业登记格式规范文本和一次性告知单,推广预约服务、上门服务等新举措,实行免检制度和外商投资企业网上年检。

2008年,全省工商部门按照促进科学发展、构建和谐社会和实现江西崛起新跨越的要求,推进公平准入,促进外商投资平等竞争、健康发展。全力促进集约型发展和可持续发展,围绕江西省"生态立省、绿色发展"战略,严格按照国家淘汰落后生产能力和实现节能降耗、污染减排、安全生产等目标要求,依法做好有关企业的变更登记、注销登记和吊销营业执照工作。

2009年,全省工商部门精简行政审批事项,下放审批权限,简化办事程序,降低企业成本,提高服务效率和市场主体满意率。

服务管理

1991年,江西省外商投资出现新的发展势头,省政府举办中国药都樟树首届国际中药节、中国瓷都景德镇第二届国际陶瓷节等9项国际旅游经贸活动,共接待国内外游客3万余人,经贸成交额共16.4亿元,签订中外合资、外商独资项目30个,引进外资4608.22万美元。省工商局参与"三资"企业立项前期准备工作,提前介入,搞好服务。1991年,全省吸收外商直接投资取得较大成绩,共批准外商投资企业162家,合同外资金额5563万美元。至1991年底,全省累计批准各类利用外资项目959项,合同外资金额4.94亿美元,实际使用外资2.95亿美元。1992年1月,江西省19家外商投资企业参展厦门首届中国外商投资企业出口商品交易会,产品有电子、机械、化工、纺织、服装、陶瓷、食品、轻工等8大类近1000个品种和规格,共接待客商1500余人次,成交231万美元,签订合资合同1个。1992年5月,省政府领导赴香港与中银集团商谈合作事项。6月,由台湾94个厂家组成的考察团专程来赣考察,参加江西省"1992国际旅游观光年"活动。8月,省政府在香港举办出口商品展销会及经济技术合作洽谈会。为加快利用外资审批,省政府从省经贸厅、省计委、省经委、省信托投资公司、中行江西分行等单位,抽调专门人员,组建临时性的引进外资综合服务中心,集中办公,做到利用外资咨询、立项、审批只进一个门。继续实行领导现场办公,解决实际问题。省工商局为加快招商引资步伐,方便"三资企业"审核登记,分批授权给11个地市和计划单列市工商局外商投资企业登记初审权。其中,南昌市工商局、景德镇市工商局、九江市工商局获国家工商局授权。全年,全省新登记"三资"企业855家,累计核准登记1158家。

1993年,全省工商部门调解企业合营各方矛盾,对于在各方出资、利润分配、进口设备以及生产经营上产生的各种矛盾,提出自己意见,帮助合营各方消除分歧、减少内耗;帮助寻找合作伙伴,一些外商投资企业因种种原因,其中的中方或外方无力投资或意向改变,工商部门帮助寻找新的合作伙伴,以利企业生存和发展;培训外商投资企业管理人员和专业人员,通过组织专家讲课,培训大批企业高级管理人员和专业人员。是年,全省共核准登记外商投资企业1210家,投资总额为20.13亿美元。

1994年,全省工商部门贯彻省委、省政府关于抓住机遇、扩大开放的方针,把吸引外资、利用外资兴办"三资企业"作为经济发展新的增长点来抓,并注重外资实际投入,加强对外商进资的督促检查。省工商局为利于对外商投资企业的登记注册和监督管理,提高工作效率,决定外商投资企业申请设立分支机构(办事机构),外商投资企业或其分支机构改变登记注册事项,由各被委托局直接受理,进行初审并代为发放相应证照。全年新登记外商投资企业493家,投资总额6.32亿美元。

1995年,省工商局按照省政府要求,参与招商引资,支持举办"三资"企业,通过登记和监督管理,促进"三资"企业稳步发展。在参与招商引资的同时,进一步加强和完善对外商投资企业设立审查、出资检查、违章违法行为查处等工作。对外商投资企业出资的监督检查加大力度,监督投资各方严格遵守《中外合资经营企业合营各方出资的若干规定》,按期缴清注册资本。对已经步入正常生产经营轨道的企业,如确有正当理由,在不侵犯债权人利益前提下,允许其调整投资总额的注册资本。对于新设立的外商投资企业可按该企业的出资期限发放有效期与出资期限相一致的营业执照,以规范投资各方按期缴资行为。全省全年新登记注册外商投资企业473家,投资总额5.85亿美元。同时,对外商投资企业进行进资普查,对不按规定出资的企业进行清理,共注销、吊销外商投资企业242家。

1996年,省政府专门成立招商引资领导小组,并在省工商局内设立办公室,多层次、多渠道、多领域、全方位展开招商引资。根据省政府部署,全省各级工商部门参加各级政府组织的招商引资活动,配合计委、经委、外经贸等审批机关做好引进外资项目论证工作,运用工商管理知识提前介入,为项目论证的科学化、法律化服务,加强纵向、横向联系,熟练掌握登记注册权限并用好、用足。为利用外省非公有制企业资金献计出力,积极参与组织省政府在北京、上海、福建、广东等地召开的招商引资座谈会和5月在南昌召开的"江西省横向经济联合暨利用非公有制企业资金洽谈会",签约合同引进资金15.9亿元。工商部门大力改进作风,努力为"三资企业"提供优质服务,并依法把好核准关。是年,全省新登记注册外商投资企业295家,投资总额55396万美元。各级工商部门进一步强化监督管理,完成年度企业年检工作,共注销、吊销外资企业416家。

1997年,全省各级工商部门继续抓好招商引资工作,主动搞好服务,贯彻落实省政府关于"多层次、多形式、全方位开展招商引资"精神,内资外资一起引,各级工商局、个私协会发挥与私营企业联系广泛的优势,开动脑筋,多想办法,举全系统之力,力争更多地引进外省、市特别是江浙等沿海地区的非公有制经济到赣投资。继续促进外商投资企业发展,主动提前介入,提供优质服务。同时加强监管,强化出资监督,建立健全出资检查制度,配合有关部门对全省外商投资企业进行调查清理,注(吊)销外商投资企业208家。至年底,全省新登记注册外商投资企业327家,注册资本总额64701万美元,对新开业的226家外商投资企业进行回访。

1998年,各级工商部门以十五大精神为指导,进一步改善外商投资软环境,改进工作作风,提高办事效率,做好外商投资企业的登记管理工作,加强对外资企业进资检查,督促企业按合同规定期限进资,提高全省引进和利用外资的质量,按规定认真做好外商投资企业的联合年检工作,按照省政府统一部署,配合有关部门开展对外商投资企业的清理整顿,依法保护其合法权益,同时严格管理,加强引导和服务。省政府组织在上海举行的引进外省资金新闻发布会及项目洽谈会,签约资金达20多亿元。至9月底,全省登记注册的外资企业有2724家,注册资本总额411809万美元。

1999年,各级工商部门结合日常监管和年检,督促企业按合同规定期限进资,全省外商投资企业的资金到位率在逐步提高;完成对新开企业的回访调查,通过回访调查,主动上门服务,帮助企业排忧解难,受到企业好评。10月,省工商局参与省政府代表团到浙江学习考察,先后到杭州等5个市,学习考察浙江深化改革、扩大开放、发展个私经济和高效农业、加快市场体系建设等方面的经验。

2000年,省工商局参与省政府代表团赴福建学习考察,先后到福州、莆田、泉州、漳州、厦门等地11个开发区,41家企业和单位,参观考察发展"三高"(高产、高质、高经济效益)农业,加快产业化经营,扶植高新技术产业,促进经济发展;加快培育各类市场、利用市场引导产业的典型做法。全省工商系统切实抓好省委、省政府部署的"整治环境年"工作,进一步建立健全各项制度,改善投资经营软环境,在把好市场准入关时,既严格执法、依法办事,又改进工作方式方法,主动为市场合法主体服务。强化对外开放意识,简化办事手续,公开办事程序,增强政策法规的透明度,服务招商引资工作。

2001年,全省各级工商部门针对新情况、新问题,采取新对策并适应新变化,为全省扩大对外开放服务。做好招商引资项目提前介入服务工作,对 100 个重点项目走访"三外"企业 354 家,并取得初步成效。积极做好横向协作工作,与广东等省市建立良好工作联系,参加省政府组织的招商引资、商品展销等活动,在联系省外客商等方面发挥积极作用。至 12 月底,全省累计登记注册外商投资企业 2284 家,注册资本达 35.3 亿美元,全省新开业外商投资企业 281 家。

2002 年,省工商局参与协办省政府组织的温州招商引资洽谈会、厦门横向经济协作洽谈会、上海全国消费品展销会。至 12 月底,全省实有外商投资企业 2478 家,注册资本 483533 万美元。

2003 年,省工商局对全省 118 个工业园区均派驻工作站,对招商引资项目实行全程跟踪服务,做好招商引资项目登记注册事前、事中、事后服务,改进对工业园区的服务,并协助当地政府开展招商引资工作。鼓励、支持外商投资企业加快发展,按照国民待遇原则,履行入世承诺,配合全省招商引资工作,开设"绿色通道",设立专门窗口,加强对外商投资企业签约项目跟踪服务工作,对招商引资项目进行跟踪服务,主动提供工商法律咨询,帮助促进签约项目早日登记注册。截至年底,全省实有注册登记的外商投资企业 2939 家,投资总额 136.67 亿美元,全年新开业外资企业 621 家,全省工商部门引进省外资金 45 亿元。

2005 年,省工商局先后组织部分个私企业赴"中国中小企业博览会""东西部合作与投资贸易洽谈会""青洽会"等参展。做好港澳居民在江西省申办个体工商户服务,与 8 个发达省市的工商局建立个私经济发展信息交换机制,开展信息交换。至年底,全省实有外商投资企业 4191 家,注册资本 122.02 亿美元。

2006 年,全省有外商投资企业 4276 家。

2008 年,全省工商部门加强外商投资企业监管,建立完善的出资管理数据库和统一的数据沟通信息化平台,促进其提高进资率。至 9 月底,全省实有外商投资企业法人 4745 家,投资总额 3226910 万美元,累计注销外商投资企业法人 432 家。

2009 年,根据省委、省政府部署的"机关效能年"建设活动,全省各级工商部门开展机关效能年活动,形成人人讲效能、处处抓效能、实施高效能的浓厚氛围。工商机关人员深入基层,对各类市场主体开展走访,及时了解掌握他们的难题,有针对性地制定服务措施;利用工商部门掌握企业登记等基本信息的优势,积极引导投资者、企业及时调整投资方向和产品结构,为政府决策提供服务。凡是政府确定的重大投资项目,实行特事特办、急事急办;对重点招商引资项目,实行全程跟踪,使服务提速提效,促进项目及时实施,加快推进。至 2009 年底,全省外商投资企业实有户数 6822 家。

2010 年,省委、省政府在经济任务上提出赶超进位、跨越发展、位次前移目标,在全省开展"创业服务年"活动。全省各级工商部门继续贯彻落实"增加总量,扩大规模,鼓励先进,淘汰落后"政策,服务外商投资企业发展,做好外商投资合伙企业的登记注册工作,丰富利用外资方式,简化利用外资程序,推动外资市场主体准入制度改革。全省各级工商部门结合《全省工商系统开展创业服务年活动实施方案》目标要求,创新举措,提高效能,在落实首办责任、限时办结、服务承诺等制度的基础上,拓展服务项目,推行外商企业"一局多点,就近受理,远程核准"登记模式改革,逐步实现外资登记"窗口前移"。全年共有 3860 家外商投资企业进行网上年检,支持有关部门在江西召开第 5 届中国中部投资贸易博览会。至年底,外商投资企业发展到 7571 家。

# 第二节　服务成果

1991—2010 年,省政府对全省 11 个地市下放利用外资审批权。从多方面为北部九江市、中部南昌市扩大对外开放,加速利用外资发展提供有利条件。南部赣南、吉安改革开放试验区实行继续紧跟闽粤沿海地区开放的特殊政策;东部景德镇和西部新余、萍乡及全省其他地区都迈出新的开放步伐。利用外资由单元结构逐步向多元结构转变,进资形式由加工装配发展到使用外国政府、国际金融组织贷款和国外商业贷款,以及举办中外合资、合作企业和外商独资企业,开展国际租赁业务等多种形式,投资规模有所扩大。利用外资的扩展填补了江西部分建设基金的不足,同时引进发达国家先进技术和管理经验,推动企业技术进步,促进人们思想观念转变。

## 改善投资环境

全省各级工商部门利用外资有效地改善全省基础设施等投资硬环境。20 世纪 90 年代,实施南九公路、南昌大桥项目,促进昌九工业走廊的经济开发;景德镇、赣州两机场的建设进一步扩展江西的空中走廊;九江发电厂三期扩建竣工,缓解省内电力紧张状况。利用外资实施红壤、吉湖、农村中间信贷等项目,有效地支持农业和农副产品深加工的发展。

自 20 世纪 90 年代开始,南昌市工商局不断优化外商投资软环境,印发《南昌市外商投资企业登记制改革方案(试行)》,开展外商投资企业设立登记制改革。推动外商投资企业设立登记制度与国际惯例接轨,外商投资企业设立登记审查主要程序为工商受理,抄告相关,并联审查,限时办结,使外商投资者只需在一个窗口办理一次登记,即可完成企业设立的全部手续。为营造"亲商、安商、富商"良好氛围,优化投资环境,印发《南昌市工商行政管理局关于对市外投资企业开展行政效能"零投诉活动"的实施方案》,严格执行首问负责制、限时办结制、岗位责任制和责任追究制。注册登记窗口的工作人员主动放弃节假日,天天到岗,热情服务,开通外商投资企业登记注册的绿色通道,对外资企业实行特事特办,注册资本 500 万元以上的企业实行跟踪服务,困难企业上门服务,为广大客商提供优质便捷的审批办证服务。1992 年,全市登记外商投资企业 106 家,投资总额21610 万美元,注册资本 13723 万美元;1995 年,新增外商投资企业 69 家,投资总额 8573 万美元,注册资本 6333 万美元;2000 年,新登记注册外商投资企业 38 家,投资总额 3920.39 万美元,注册资本3349.40 万美元;2003—2004 年,核准设立外商投资企业 242 家,投资总额 89532 万美元;2007 年,全市实有外资企业 891 家,注册资本 476481 万美元,新增外资企业 116 家,新增注册资本 83618 万美元。

自 20 世纪 90 年代中期开始,萍乡市工商局出台进一步开放搞活的措施,对外大力招商引资,营造良好投资环境。1996 年 7 月,国家工商局授予萍乡市工商局外商投资企业核准登记权。1997年,市委、市政府印发《关于改善外商投资管理工作及优化投资环境的决定》,决定成立多部门联合办公机制,集中审查外商投资项目。萍乡市工商局建立项目跟踪服务,制定印发《关于在全市工商系统深入开展"优化环境年"活动的实施方案》,简化办照程序,缩短办照时间,实行限时办照制度。对符合注册条件的外商投资企业,办照时间缩短为5个工作日,变更登记随到随办,推行预约服务,提高外商投资企业登记管理工作效率。加强与市发改委、市外经贸局、市外汇管理局以及各县(市、区)招商局的协作,实行一站式服务,架设互通的办事联系电话。开展创业创新服务年活动,建立企业联络员制度。至2010年底,全市共有外商投资企业251家,投资总额91809.68万美元,注册资本66853.29万美元,实收资本21290万美元。

20世纪90年代后期,省地县实施各级程控电话项目,全省通信水平得到大幅提高,为招商引资带来极大便利。1998年,赣州立新食品有限公司、深圳汉雄投资发展有限公司投资148万元收购泰和的养鸡场;江西"五粒青"绿色食品股份有限公司、海南益人生态有限公司投资上亿元,承包13万亩大湖水面养鱼。自20世纪90年代末,厦门好日子公司等外商企业投资缫丝、酿酒、糯米粉、罐头、藜蒿、龙虾加工;北京汇源饮料食品集团有限公司投资亿元建立分公司等,促进全省各类经济作物的种植和农副产品深加工;江西日丰农产品有限责任公司是食用菌经营龙头企业,他们通过技术培训,提供菌种及原材料,销售产品等方式,带动千家万户发展茶薪菇生产,形成龙头企业+千家万户格局。

1991—2010年,鹰潭市工商局为招商引资提供全程服务,改进注册登记制度,最大限度为外商投资企业减少办理时间,尽快使外资企业投入建设和经营。市工商局开辟绿色通道,为江西首家外商投资合伙企业——鹰潭市龙虎山风景区西江月明酒店办证提供便利,半日内就快速及时地为企业办理登记手续。建立招商引资"一对一"服务机制,实行事前、事中、事后全方位、全过程的跟踪服务,为地方党委政府发展"楼宇经济""总部经济"、引税代办企业登记,营造快速通畅的准入环境。

新余市工商局充分发挥工商行政管理职能作用,改善全市投资环境。1998年7月,新余市工商局组团到珠海举办招商引资活动,取得预想效果。为使前来咨询的外商投资者熟悉新余的市情、办事程序和有关优惠政策,对前来新余投资的外地客商提供咨询服务,编印《外商投资企业办照须知》,翻印新余市外商投资企业有关优惠政策,带领客商到现场考察项目,积极为企业穿针引线、铺路搭桥。放开办照程序,允许外商投资企业边筹建,边办照,或先生产经营,后规范办照。实行企业登记管理公示制度,实行办照"四公开",即公开办事程序、公开收费标准、公开办事制度、公开岗位责任。对外资企业前来办照,只要提交的文件、材料齐全,将法定30天发照期限缩短到3天办理完毕,促进一大批外地企业落户新余。2009年,全市登记注册各级政府(管委会)引税代办企业703家,完税2.065亿元。

赣州市工商系统坚持从实际出发,在政策允许的前提下,放宽条件,实行特事特办,急事急办,确保招商引资企业在工商业务范围内一路绿灯,畅通无阻,建立重点项目全程跟踪服务制度,明确责任人进行"一对一"帮扶,开辟"绿色通道",开展提前介入服务,实行专人专件办理。建立健全企业回查制度,确保外商投资企业健康有序发展。

## 提高工业技术水平

20世纪90年代,全省各级工商部门利用外资有效地促进工业技术水平提高,引进外资发展江铃汽车项目,带动全省机械制造行业发展;景德镇高档日用瓷和九江化纤厂黏胶补纤项目,成为全国同行业技术改造样板,新华预应力钢绞线、南吉白炭黑等填补了国内空白,赣新彩电、齐洛瓦冰箱等一批产品成为省优、国优精品。江西省一元数码科技有限公司主营半导体混合集成电路和 LCD 显示屏制造,产品全部出口。江西赛维 BEST 太阳能高科技有限公司主营太阳能电池模组件,南昌菱光科技有限公司主营复印机扫头和液体镜头,泰丰轮胎(江西)有限公司产品行销欧美和东南亚。泰和九鼎实业有限公司开发生产摩托车、电信器材。大批外商投资企业加大新产品新技术开发创新力度,调整产品结构,提高产品品质,有力提升江西工业化水平。2002 年,上海华源集团公司购买兼并江西新余纺织有限公司后,将其改制为新余华源远东纺织有限公司,安置 4200 多名工人就业;是年,广东科龙电器(江西格林柯尔有限公司)投资 3.6 亿美元的"格林柯尔·科龙"工业园项目,在南昌提供就业岗位 1 万个,为园区服务的配套项目产值达 80 亿元,是当时全国最大的空调生产基地,为南昌经济技术开发区的发展及产业结构调整起到"龙头"示范作用。

## 改善生态、教育环境

全省工商部门利用外资有效改善生态环境。20 世纪 90 年代,红壤项目使 2 万亩贫瘠红土壤变为果园、茶园,解决了红壤改良的世界难题,备受世行专家赞誉;国家造林项目使大片荒山荒地披上绿装;90 年代初,华意无氟压缩机在全国率先批量替代对臭氧层有破坏的氟利昂制冷型压缩机。90 年代开始,利用外资有效地促进文化教育的发展,为江西师范大学、南昌大学、江西农业大学、江西电视大学等高校的一批项目,引进先进的教学、实验、计算设备,建立培训、实验中心,改善科研条件,培养大批专业人才。

## 促进第三产业

1991—2010 年,全省工商部门利用外资促进第三产业发展。南昌市青山湖区、景德镇、鹰潭、赣州、新余等不断涌现中外合资或合作宾馆,为客商和旅游者提供舒适的生活环境。20 世纪 90 年代,南京中美技术合作公司在泰和县投资开发影视娱乐城等各类中外合资、合作、独资娱乐服务设施,丰富群众文化生活。1998 年,香港豪德集团投资的"赣州赣南贸易广场有限公司"独资经营房地产,投资兴建的赣南贸易广场成为一个辐射周边地区的集副食、百货、家电、粮油等为一体的具有一定规模和档次的专业批发市场。2004 年,浙江客商投资申办的大型企业"新余市钱塘房地产开发有限公司"主营房地产,加快江西房地产发展步伐。

# 第四章　服务企业发展

1991—2010年,全省各级工商部门围绕经济社会发展大局,立足登记管理职能,拓宽服务领域,创新服务措施,为企业改革和发展献计献策,先后推出诸多促进发展的优惠政策,降低市场准入门槛,简化登记程序,提高办事效率,有力地促进国有集体企业、外商投资企业和个体私营企业的发展。

## 第一节　支持国有集体企业改革

### 支持企业搞活与转换经营机制

1991年4月,全省工商行政管理工作会议召开,省工商局提出要把搞活企业作为一件大事来抓,并提出具体措施,印发《关于进一步搞活企业特别是国营大中型企业的实施意见》。8月初,省工商局在庐山召开进一步支持搞活企业和市场座谈会,就进一步放宽企业经营范围、支持组建企业集团、发展多种形式的集体所有制经济、制止"三乱"(乱收费、乱罚款和乱摊派)、搞活流通等问题印发会议纪要。各地工商局根据省工商局部署,结合当地实际,采取一系列积极措施,为搞好企业、搞活市场做了许多实事。

1991年,赣州地区各级工商部门全力支持企业调整产业、产品结构及组织结构;适度放宽企业生产经营范围和方式,在坚持专营专卖和行业分工的原则下,允许一业为主,兼营他业,办理"有期限经营"。1991年,全地区为企业办理"有期限经营"的产品销售总额达1.2亿元。会昌县棕麻塑料制品厂,经过工商部门帮助整改、转产,由一个老大难的亏损企业变成盈利户。大余县工商局为商业、供销、乡镇企业提供168个摊位,使企业减少200多万元的商品库存。

兴国县工商局支持企业开拓市场,为企业扩大购销活动提供方便。1991年,帮助8家企业扩大网点共18个,使这些企业增加营业额200多万元;积极动员个体户推销产品,全县个体户推销本地产品营业额达1389万元;协调良村松香厂和南坑松香厂联合成立兴国县联合化工厂,解决县内原有4个乡办松香厂争原料闹纠纷问题,并促进企业联合体发展。该局指导企业提高商标意识,义务为企业设计商标图案28个,派员上北京办理商标注册手续,至1992年,全县有5家企业的7个注册商标产品被评为省优产品。1991年,兴国县工商局为企业办实事70件,使企业增加产值450万元;及时为108家企业办理变更登记,使这些企业增加营业额342万元。

余干县工商局发挥职能作用,支持企业发展。通过搜集信息、发函推销等方式,帮助江西省第三制药厂解决拳头产品——920赤霉素滞销问题,盘活积压资金300万元。该局执行国家政策和工商法规,支持乡镇企业调整产品结构,给企业注入活力。支持余干县磷肥厂转产复合肥,采取变通办法,通过县政府会议纪要形式及时给该厂办理名称变更等手续,使该厂顺利转入复合肥生产,1991年产量达600吨,产值50万元。

南丰县长红胶合板厂,是长红垦殖场下属的一家国营企业。该厂长期生产100厘米×100厘米胶合板,产品规格单一,市场销售面窄,面临停工停产状态。南丰县工商局得知情况后,主动上门,共同研究搞活企业措施,确定增加生产卷布棍、棉条筒等一系列纺织工业所需的配件产品。利用本地丰富资源,投资仅10万元左右就可投入生产。工商部门与长红垦殖场负责人商定,增挂"南丰县长红纺织器材总厂白舍分厂"厂牌,及时给予办理企业名称及变更登记。有了这一名称,该厂可从单一产品困境中走向纺织配件生产行列,且可参加全国各种纺织工业产品看样订货交易会。该厂增冠第二名称,增加经营范围,试产投产几个月便初见成效。到1991年11月上旬,产值达8万元,利润率为7%~8%,而且产品畅销。

1992年7月23日,省政府办公厅转发省国有资产管理局、省财政厅、省工商局《关于一九九二年在全省范围内开展国有资产产权登记工作请示》的通知,要求全省各地组织实施国有资产产权登记工作,加强国有资产产权管理,防止国有资产流失,推进企业所有权和经营权适当分离,提高国有资产的营运效益,巩固和发展全民所有制经济。这次产权登记的目的,重点是解决企业、单位普遍存在的产权归属不清、定性不准、账实不符、国有资产流失等问题,为全面开展清产核资工作进行前期准备。产权登记的范围是凡占用国有资产的企业和实行企业化管理的事业单位,都必须办理产权登记。产权登记分为开办产权登记、变动产权登记、注销产权登记。国有资产产权登记实行年度检查制度。

8月18—20日,全省地市工商局局长会议在井冈山市召开,会议部署进一步落实放权搞活的措施。

1992年,全省工商部门改进登记管理工作,支持企业转换经营机制。为认真贯彻国务院《关于转换国营大中型企业经营机制条例》,支持企业走向市场,省工商局先后印发《关于企业登记管理若干问题的通知》《关于改进企业登记若干补充措施的通知》,下放登记管理权限,简化审核程序,放宽企业经营范围。只要企业要求经营而自身条件又具备的,就给其经营权,对国家规定的专营、专卖商品,允许根据各地实际,经当地政府或授权机关批准适当放开。对企业开办所需的注册资金,尤其对乡镇企业、科技开发、社会化服务等行业,从实际出发适当放宽。企业可以根据自己的需要,自行选择经营方式,其组织形式也可自定。登记条件放宽后,大大方便企业。1992年,全省新登记注册企业27010家,比1991年增长19.4%,其中企业法人增加14482家,营业单位增加12528家。

各地市工商部门结合本职工作,把支持搞好国营大中型企业作为一项中心任务,制定各种措施,采用多种办法,为企业办实事,充分发挥工商部门的职能作用,促进各地经济发展。

南昌市工商局把支持搞好企业特别是国营大中型企业作为一项主要任务。为适应企业发展需要,改进企业登记监督管理工作,提出7条措施支持企业发展:企业因生产经营不景气,要求转产、变更经营范围、增设分支机构、开办第三产业的,原则上予以办理;经营企业要求扩大范围,除国家规定的重要生产、生活资料及专营商品外,尽量予以核准;为搞活企业而要求经营重要生产资料和专营商品,经主管局和市政府批准,由市工商局核发有期限性营业执照;经营南昌市企业产品,只要具备相应资金和条件,经企业登记主管机关核准,允许批发;南昌市生产企业要求在外省设立销售窗口的,及时给予办理有关手续;南昌市生产企业的销售点经核准允许兼营其他商品;对全民和大集体企业,凡有利于发展生产、搞活企业和促进经济发展的经营活动均予以大力支持。此外,结合经济检查工作搞好大中型企业服务。

1992年,宜春地区工商局根据商业"四放开"(经营放开、价格放开、用工放开、分配放开)政策,明确除专营、专卖和归口经营的商品外,其余允许放开经营。这一措施出台后,得到商业企业好评,仅宜春市百货公司销售额就增长24.3%,由亏损4.8万元,转为盈利7.8万元。全地区办理有期限经营营业执照45份,贷款约2606万元;丰城市工商局针对地方煤炭大量积压状况,允许多家经营推销,实行有限期经营,累计推销约1.1万吨,经营额达182万元。全地区各级工商部门为企业提供有经济价值信息323条,使企业受益约188万元;协助企业在上海、广东、福建、辽宁等地设立销售联络机构62家。

景德镇市工商局适当放宽企业经营范围,允许一业为主兼营其他。支持企业到外省、市、县经营设点,为其推销产品,及时核发营业执照副本,出具推销证明。继续办理"有期限经营"许可证,为企业引进短缺、专营和专卖的生产资料,推销供大于求的生产资料和产品,以及为推销抵债商品提供方便;对计划分配型号不对路的物资品种允许进行调剂串换。积极收集企业产品积压、滞销信息和可求信息,搞好引缺泄余;对个别长期积压产品和严重滞销产品,准许在一定时间内采取一品一策。对停产、半停产企业职工和富余人员经单位批准要求从事经营活动的,给予办理临时营业执照。除国家专营的商品和某些控制批发的商品外,允许多渠道经营、跨行业经营。大力支持发展第三产业、乡镇企业和街道企业,对乡镇企业注册资金问题,允许企业适量吸收个人集资。

1992年,九江市工商系统普遍建立企业联络员制度,及时了解企业发展状况,对上年全市新开业的1025家企业中的974家进行回访,回访率达95%。为24家符合条件的企业及时申办冠省名、市名手续。为产业结构和产品结构调整及生产经营需要的,从简从快,及时办理1642家次的变更登记手续。针对九江企业产品普遍销售不畅的情况,九江市工商局组织全市个体工商户帮助推销地方产品,1992年共推销地方产品价值426万元。为解决企业生产所急需的原材料,该局共发放有期限经营执照78份,引进棉纺织品原料近万吨,支持九江炼油厂通过多种渠道购进原油8万吨。

吉安地区工商系统强化服务经济发展意识,支持企业搞活。万安县针织厂生产开司米毛衣毛裤,产品积压,企业濒临倒闭。万安县工商局高陂工商所派人到厂调查,发现开司米毛衣毛裤品种单调,款式老化。该所积极为其提供经济信息和市场行情,并利用乡镇企业转产快的优势,帮助该厂调整生产经营范围,使其产品由单一的开司米毛衣毛裤,扩大到全棉劳保手套、全棉漂白袜、尼龙手套、羊毛手套等10多个品种,使这个厂起死回生,产品销路大增,一年便扭亏为盈。永新县食品厂与山西某副食果品公司签订黄豆、绿豆购销合同,因该厂无经营粮油(豆类属粮油)的经营范围,被永新县工商局立案调查,办案中得知该厂处于困境,县工商局决定对该厂违法经营行为免予经济处罚,同时督促该厂办理豆类有期限经营手续,使该厂合法经营,企业很快扭亏为盈。东固山垦殖场在吉安市中山东路的吉安大厦内设立一个农副产品经销部,经营商品不适销,造成企业效益不好,吉安市工商局第二工商所经过了解,东固山盛产茶叶,质量又好,于是建议他们将农副产品经销部改为茶庄,公司负责人采纳建议,第二工商所及时为他们办理变更登记手续,开业4个多月,销售茶叶2500千克,获纯利1.5万元。

1993年,省工商局继印发《关于企业登记管理若干问题的通知》和《关于改进企业登记若干补充措施的通知》后,又印发《关于进一步改进企业登记管理工作的意见》(以下简称《意见》),再次放宽企业注册登记管理权限,改革不适应社会主义市场经济体制的企业登记管理制度、程序、登记事项和监督管理办法,使企业登记管理工作更好地为全省改革开放和经济发展服务。《意见》要求企业登记管理工作要围绕建立社会主义市场经济体制和运行机制为出发点,树立为发展经济为企业服务的思想,通过取消不必要的限制和简化办照手续,进一步落实企业的经营自主权,促进企业经营机制转变,使企业真正成为自主经营、自负盈亏、自我发展、自我约束的独立企业法人,实现设立企业按国家有关法律法规和宏观政策,由企业的筹建单位或出资人直接申请,登记机关依法直接登记注册的制度。具体放宽权限有:简化企业申办审批手续;放开经营范围、经营方式、企业名称中的组织形式、企业注册资金;放宽企业冠省名条件;允许有多种产品的生产型企业法人使用第二名称;鼓励集体所有制企业实行股份合作制等16项具体措施。

1994年,吉安地区工商局把支持企业转换经营机制,走向市场,作为工商行政管理工作的重要任务,有效促进地区经济发展。充分运用企业放开搞活政策,在企业申办程序上,除法律法规明确规定必须审批设立外,其余的都允许企业直接申请设立。在经营范围和经营方式上放开,只要企业有与经营范围相适应的资金,在国家法律法规和政策允许的范围内,其经营范围和方式均由企业自主选择。支持企业实行"聚合裂变",是年,全地区发展联营企业61家,组成企业集团5家,实行母体裂变企业86家。支持国合商业推行"国有民营"改革。全地区国合商业门店推行国有民营率达85%以上。支持乡镇企业大力推行股份合作制,至1994年6月底,全地区规范并登记注册的股份合作制企业达436家。

分宜县工商局支持商业和供销系统转变内部机制,发挥企业本身的综合优势,实行一企多能的生产、加工、服务、销售"一条龙"经营体系,改变单一商业流通经营轨道,先后为他们提供各种信息,办起床上用品厂、电线电缆厂、汽车保养厂、印刷厂、塑花厂、棉纺织厂等13家核算企业,使这些厂有灵活的经营方式和较强的市场应变能力。地方煤矿和夏布生产是该县各乡镇支柱产业,20世纪90年代,企业陷入困境。县工商局积极组织有关人员,帮助他们在全国部分省市建立煤炭经销处(部)12家,同时帮助组织运输车队,1994年外销煤炭8.4万余吨,销售额达1000多万元;是年,分宜县双林工商所派人去深圳了解到中国抽纱公司需要大量夏布出口,便一次协助签订全年购销合同,解决双林夏布有限公司3000匹夏布积压问题,使之走出困境。

## 支持国有企业深化改革

1994年,中共十四届三中全会做出《关于建立社会主义市场经济体制若干问题的决定》。全省工商部门围绕建立社会主义市场经济体制和现代企业制度这一中心,学习贯彻《公司法》和《公司登记管理条例》,规范公司登记注册,改革企业登记工作,支持企业搞活特别是国有大中型企业改革改制。

1995年,省人大常委会通过《江西省股份合作企业条件》,省工商局同时制定印发《江西省股份合作企业登记暂行办法》,促进符合市场经济的股份合作制企业和无主管企业的发展。以严格执行《公司法》为契机,改革和规范企业注册监督管理工作,依法确认市场主体资格,依法监督市场主体经营行为,主动介入和服务于国有企业实行现代企业制度的改革试点,积极参与扩大招商引资,搞好服务,提高办事效率。

全省工商部门按照省委、省政府做出主攻工业的部署,积极开展调查研究工作,为制定相应的扶持措施提供依据。1996年,省工商局先后几次派员深入南昌、鹰潭、景德镇、赣州等地的国有大中型企业调查研究,了解企业情况,寻找解决办法,在此基础上形成调查报告供上级领导参考。11月27日,省工商局召开全省企业登记管理工作会议,会议要求各地把促进工业企业改革与发展作为一项应尽的职责和中心工作来抓,结合本部门实际,采取行之有效措施,为企业改革与发展提供优质服务。

对于国有工业企业为建立现代企业制度而进行的改组、改制、改建工作,全省各级工商部门的企业登记管理机关给予大力支持,主动提前介入,在登记注册前提供法律服务,使现有企业顺利向现代企业制度过渡。企业按《企业法》要求实施公司制改革。鼓励企业之间互相参股,推动企业资产多元化,建立规范相互制约的法人治理结构,并严格按《公司法》规范运作。同时,积极支持现有大中型企业向集团发展,以充分发挥其规模优势,增强市场竞争能力。依法保护企业名称专用权,对已形成著名商标或字号的企业,采取必要的行政手段予以保护;规定江铃、华意、昌河、江中、东航等字号,凡未经原持有人同意,其他企业一律不得使用,过去已登记的此类企业名称,应根据《企业名称登记管理规定》,对不适宜的"企业名称"予以纠正。按"抓大放小"原则,支持放开放活中小型企业;对采取股份合作制、租赁、承包经营、托管、兼并、出售、破产等多种形式改革的企业,及时帮助办理相应的登记手续。各级工商部门根据企业实际需要,组建企业咨询服务组织,综合商业广告管理、经济检查、合同管理、企业登记管理等职能部门,上门为企业服务。一方面宣传国家有关法律、法规;另一方面直接为企业办理有关事项,切实为企业做一些排忧解难的工作,满足企业需要。

1997年,省工商局印发《江西省企业集团登记管理暂行规定》,重新登记规范原有股份有限公司20家,通过组建一批大型企业集团和股份有限公司,带动一批企业的改制、改组和发展,提高国有资产营运效率和效益;规范旅游、邮电、电力企业特殊行业企业的登记管理。对商业连锁店的组建与登记、外贸企业内部职工持股等问题,联合有关部门下发规范性文件。

1997年2月6日,南昌市工业企业改革动员大会在春节休假后第一个工作日举行。因在步入社会主义市场经济时期错过一些加快发展机遇,南昌国有企业负债率过高,社会负担重,技术设备及管理落后,效益低下。为改变局面,市委、市政府相继收缩国有企业数量,提高国有企业整体质量,部分资不抵债的企业宣布破产,部分体制不顺的企业下放区县管理,通过创新和成功企业托管的办法,使一些濒临破产企业起死回生。各种经济成分,产权主体大放开,大发展,大增长,鼓励国企,私企联手闯市场,形成混合经济的新机制,新局面。南昌市工商局为此组织国企和私企合作洽谈会,有9对国企、私企签订租赁、联营、合营协议,国有资产存量得到保护,富余场地得以盘活,部分下岗职工得到妥善安置。市工商局实行政务公示制度,对企业设立、分立、变更、合并的登记由法定30天缩短为7天,对企业的各种登记管理职能和服务实行特事特办,急事急办,对外资企业实行热线受理,上门服务,对个体和私营企业实行程序先放开后管理,引导私营企业根据自身发展需要与国有企业实行兼并,联营和租赁。市工商局提出,对国有企业职工下岗从事个私行业、优先办照,对特困职工办照免收管理费,代垫工本费。1997年1—4月,全市工商部门通过培育市场,发展个私企业,安排2万余国有企业下岗职工就业,减免30万元各种费用。

1998年5月8日,国家工商局印发《关于国有企业改革中登记管理若干问题的实施意见》。全省工商系统根据"产权明晰、权责分明、政企分开、管理科学"要求,对国有大中型企业实行规范的公司制改革,发挥企业登记管理在促进现代企业制度建设和推进国有企业战略改组中的职能作用。

1999年6月18日,省工商局印发《积极支持国有企业改革,为推进建立现代企业制度进程服务的通知》。全省工商部门支持国有企业改建为公司,主要是改建为有多个投资主体的有限责任公司和股份有限公司。10月26日,省工商局出台《关于监管创新、职能到位,支持国有企业改革和发展的通知》,内容包括改进企业登记注册工作,发挥对市场主体的确认作用;坚持建立现代企业制度改革方向,积极支持国有企业深化改革;整顿经济秩序,改善国有企业改革和发展外部环境等30条具体措施。全省各级工商部门支持国有企业建立现代企业制度,支持企业转换企业经营机制,对采取公司制、股份合作制、租赁、承包经营托管以及外资转内资等形式改革的企业,都依法为其办理登记注册手续,确保国有企业改制工作顺利进行。省工商局汇编《国有企业改革法律法规选编》,举办全省改制企业培训班,对95家改制企业的法定代表人或改制负责人进行培训,讲授《公司法》及与企业改制有关的法律、法规。各地工商机关支持符合条件的企业加快组建企业集团步伐,全省共登记集团5家。大力支持省政府确定的26家企业集团发展和培育,针对上述集团的核心企业和主要成员企业,委派工商行政管理事务联络员,开通"26088099"服务咨询热线,随时为企业提供咨询服务,帮助和指导企业搞好改制工作,全省国企改革进一步深化。

2000年是实现国企改革和发展3年目标的关键年。全省各级工商部门支持国有企业改革和发展。主动参与企业改制工作,为其提供法律咨询服务,使国有企业改制在初期就纳入法制轨道。支持符合条件的企业加快组建集团步伐,对"江西四特集团"等12家企业集团进行登记、规范。开展创"文明窗口"活动,设立"国有企业改制登记绿色通道",为企业提供高效快捷服务。各地积极探索国有企业改革的新情况、新问题,对符合条件的国有企业试行免检制度。省工商局制定债权转股权企业登记暂行办法,规范债转股企业的登记行为。

新余市各级企业登记机关不断强化服务意识,充分发挥职能作用,支持国有企业改革和发展。至2000年,新余市已有500多家国有企业进行改制并完成工商登记,占国有企业总数的30%。其中改制为股份制的78家;改制为股份合作制的196家;被兼并的32家;出售或拍卖的56家,破产的32家;租赁或托管经营的146家。通过改革、改组、改造和加强管理,大多数亏损企业逐步摆脱困境。渝水区良山冷轧带钢厂,原是一个亏损424.77万元的半停产企业,1998年6月,在新余市工商局人员参与帮助下,该厂建立劳动合作和资本合作相结合的股份合作制,在减少39名职工的情况下,仅前3季度销售收入就达460万元,实现纯利润41.6万元,首次实现"四不欠",即不欠国家税收,不欠银行利息,不欠职工工资,不欠水费电费。新余市宝旭带钢厂,在工商干部的帮助和支持下改制为有限责任公司,企业发生根本性变化,出现"二少三大":政府干预少、吃大锅饭少;企业自主权大、责任大、积极性大,当年实现扭亏增盈。新余市各级登记机关在登记注册过程中,坚持依法办事,防止一些企业借改制之机逃废债务的不良行为,对于改制企业,实行"五个"不发照,即产权关系不明确的不发照,注册资本不到位的不发照,法律关系没有理顺的不发照,债权债务不明确的不发照,投资主体不明确的不发照。

2000年,万安县工商局在国企经济结构调整中,采取积极措施,灵活运用政策,做到"四个支持",即支持企业盘活存量资产,支持企业跨行业跨所有制的改制重组,支持企业兴办第三产业,支持企业改革实现形式的多样化。配合粮食体制改革,给全县粮食系统办理种养基础执照2家和其他经营执照20余家,使70多名下岗职工再就业。

2001年初,鹰潭市政府决定成立龙虎山旅游(集团)有限公司,从北京请来中国旅游信托实业有限公司的顾问进行组建工作。由于母公司框架不够完善等原因,组建工作遇阻。鹰潭市工商局了解到龙虎山组建集团公司的困难,决定把帮助龙虎山组建集团工作作为一件大事抓,成立临时工作小组,派工作人员进驻景区,帮助开展组建工作,从6月下旬至7月上旬便帮助龙虎山完成组建工作。工商部门从解放思想加快发展的角度出发,变前置审批条件为后置审批条件,在登记注册后,请景区在一定期限内补交相关材料。鹰潭市工商局对尚不成熟而又有极大发展前景的企业,减少注册资金和不重要的审批事项,给予企业大力扶持。

2002年,全省工商部门指导个私经济参与国企改革,引导扶持转制企业226家。

大余县工商局主动提前介入,为企业改制提供事前、事中、事后全程服务。"南安板鸭"系大余县享誉600年的老牌子,但长期以来,鲜为外界所知。2002年7月14日,大余县板鸭厂拍卖给自然人邓万德。第二天,县工商局领导便来到该厂,当他们了解到"南安板鸭"的销售仅限于江西及附近几个省(市)时,即向邓万德提出组建强势龙头企业、做大"南安板鸭"品牌的设想,并现场指导其撰写一份《加大政策扶持与市场运作力度,推进"南安板鸭"的品牌优势与经济优势实现双赢》的政协提案。该提案很快引起县委、县政府高度重视,做大做强"南安板鸭"品牌计划被摆上重要议事日程并挂牌督办。同时,该局还采取"放水养鱼"办法,从资金、政策上予以倾斜,仅一年时间,"南安板鸭"不仅进入上海、广州、西安等大中城市的超市货架,且远销香港、澳门,实现大余龙头产业的规模效应和品牌优势。在该局"以品牌促发展"战略引导下,一些转制企业纷纷打造"名品",南安板鸭、多味花生等品牌闻名遐迩。

2003年,全省工商部门支持省属国有企业调整经济结构,指导国有企业建立完善的法人治理结构和现代企业制度。大力支持个体私营企业参与国企改革,1040家国有集体企业改制全部顺利完成。

2009年7月15日,省工商局印发《关于认真做好为国有企业改革服务工作的意见》,要求全省各级工商部门围绕贯彻落实省委、省政府对国有企业改革的工作部署,发挥工商行政管理职能作用,促进国有企业改革。全省工商部门发挥工商管理职能,切实帮助解决企业改制中遇到的困难,提供有关法律、法规方面的咨询服务,依法及时办理登记注册的有关手续,鼓励、帮助企业申报冠省名企业名称等。同时,完善服务制度,提供优质高效服务。改制企业办理登记注册时,登记机关开辟"绿色通道",实行专人专件办理、主动服务、提供指导、当场办结;材料一时不齐全的跟踪服务,尽快办结。

2009年,全省各级工商部门努力支持国企改革。在服务省委、省政府"用两年左右时间基本完成全省国有工业企业改革任务"工作部署中,省工商局专门下发工作意见,制定帮扶措施,实行一对一服务。据粗略统计,全省共为26家国企改革进行登记。

## 第二节 促进外商投资企业发展

1991年7月29日,为促进外商投资企业健康发展,省工商局印发《关于进一步加强和改进外商投资企业管理工作的意见》,要求各地市和县(市、区)工商局,参与当地外商投资企业的项目设立及其可行性研究,为投资方和有关部门提供国家法律、工商法规及政策的咨询服务,指导外商投资企业开展正当合法的生产经营活动,指导和督促企业按规定及时办理变更登记、注销登记。

1991年,省工商局配合有关部门,培训企业有关人员300余人。同时,改进管理方法,针对监督"三资"企业出资、办理经营性分支机构等问题制订内部掌握办法。

1992年初,省政府利用外资领导小组在南昌召开全体会议,研究部署1992年利用外资工作。会议确定1992年签订外资合同金额1.5亿美元,实际使用1亿美元,争取1.2亿美元,新批外商投资企业140家,争取200家。全省各地工商局学习会议精神,提高对改革开放重要性、紧迫性的认识,增强开放意识和服务理念;学习、掌握涉外工商法规和政策,开展法规政策宣传,为政府有关部门及企业提供政策服务。配合有关部门积极参与立项和可行性研究,做好外商投资前期准备工作,提高项目的整体素质。指导和督促企业及时办理开业、变更、注销登记;依法开展生产经营、办理年检。督促投资各方履行合同,如期缴足认缴资本,建立出资台账和回访制度;了解企业出资筹建、开业和生产经营情况。依法保护外商投资企业合法权益,做好协调服务工作。受理投诉和外商投资企业的冠名工作。是年,国家工商局下文授权南昌、九江、景德镇市工商局行使外商投资企业核准登记权。

1992年2月20日,江西省发布施行外商投资企业和外国企业地方所得税减免规定,对4种情况的企业给予免征、减征地方所得税,即外商投资举办的先进技术企业,外商投资举办的能源、交通、港口码头、科技开发企业,经营期在10年以上的,从获利年度起第1年至第5年免征地方所得税,第6年至第10年减半征收地方所得税。从事农业、林业、牧业、水利业和以农产品为原料的加工业外商投资企业,经营期在10年以上、15年以下的,从获利年度起,第1年至第5年免征地方所得税,第6年至第10年减半征收地方所得税;经营期在15年以上的,从获利年度起,第1年至第5年免征地方所得税,第6年至第15年减半征收地方所得税。外商投资举办的产品出口企业,凡当年企业出口产品产值达到当年产品产值70%以上的,免征地方所得税。

1992年,全省各级工商部门指导和督促企业及时办理开业、变更、注销登记,依法开展生产经营、办理年检,督促投资方履行合同规定,如期缴足认缴资本,建立出资台账和回访制度,依法保护外商投资企业的合法权益,做好协调服务工作。

1993年,省工商局根据省委、省政府关于加快招商引资步伐的决定,在外商投资企业登记管理工作中,与有关部门密切配合,在利用外资的形式和领域上放宽限制,只要不违背国家大政方针,允许在某些方面进行试验。在企业名称登记管理方面从实际需要出发适当放宽限制。

1993年是江西省吸收外商来赣投资形成高潮的一年。全年共核准登记外商投资企业1210家,相当于此前历年注册登记数总和的1倍多。在新核准的外商投资企业中,合资企业878家,合作企业77家,独资企业255家;投资总额2013亿美元,为历年累计投资额的115%;注册资本15.04亿美元,其中外方投资8.86亿美元,分别是历年注册资本总量、外方认缴资本总量的109%和118%。

1994年,省工商局在全省进行外商独资企业直接登记和发证试点。同时,根据国家工商局《关于对扬州市工商局〈关于扬州冠亚毛绒玩具有限公司变更外方投资者如何确定企业类别的请求〉的批复》,规定:外商投资企业中外方利用所投资企业分配的利润(包括人民币利润)再投资设立的企业,只要其投资比例占新设立企业注册资本的比例达到或超过25%,新设立企业可视为外商投资企业;投资性外商投资企业注册资本全部到位后,利用其投资所获人民币利润再投资设立企业,可视为外商投资企业。以投资性外商投资企业名义再投资设立企业,或与国内其他企业合资、合作设立企业,只要其中外商投资占新设立企业注册资本比例达到或超过25%,新设立企业可视为外商投资企业。内资企业与中外合资企业作为发起人共同组建股份有限公司,在中外合资企业作为发起人认缴的出资额内,只要外方对中外合资企业认缴注册资本,对于新设立的外商投资企业,可按该企业的出资期限发放有效期与出资期限相一致的营业执照,以规范投资各方近期缴资行为。

是年,省政府在南昌市召开3次企业现场办公会,提出加大招商工作力度,进一步拓展利用外资的广度和深度,并对各部门提出具体要求。

南昌市工商局在1992年至1994年,积极参加市政府召开的两次招商引资洽谈会、产品展示会和项目可靠性研究,落实200多个项目供外商选择,积极向外商宣传有关工商法规,提供外资企业登记的法律、法规咨询,对外商所需的有关登记材料及时予以提供。配合有关部门协调招商引资中的有关工作。该局抽出专人主动与昌北开放开发区、高新产业开发区、郊区、新建县等县区管委会或招商局取得联系,主动参与一些项目的立项审查,为项目立项提供咨询,并到实地年检、调查外资企业发展情况。该局还派出3名业务骨干与市招商局、经贸局、昌北管委会联合办公,对申请开业登记的外资企业现场受理、审查,提高办事效率。为扩大南昌在海外的影响提供咨询服务,该局领导带队或随市政府组团分别参加市政府在深圳、香港等地召开的招商引资洽谈会,介绍外资企业登记政策、法规及有关要求,欢迎外商来昌办企业。通过宣传和优质服务,赢得许多外商好评。加强对外资企业政策法规的宣传咨询,两年共印发有关外商投资企业方面的法律、法规及办照须知2000多份,分发到来南昌的外商和外资企业;同时,宣传市政府制定的有关吸引外商投资优惠政策,每年召开一次外资企业联络员会,向他们宣传《中外合资经营企业法》《中外合作经营企业法》《外资企业法》及有关政策法规,通报在登记管理中发现的及企业运转中存在的问题,并征求外资企业的意见及建议;通过宣传,使企业自觉地用法律、法规规范自己行为,并用法律手段保护企业合法权益。

1995 年,省工商局遵照省政府"积极参与招商引资,支持兴办'三资'企业,通过登记和监督管理,促进'三资'企业稳步发展"的指示,在参与招商引资同时,进一步加强和完善对外商投资企业的设立审查工作。各级登记机关对外商投资企业组建集团公司、转变为股份公司和国内企业改制成外商投资股份公司的,主动上门提供法规咨询服务,帮助企业研究方案,提前审阅其合同、章程及有关登记材料,保证集团公司和股份公司顺利发展。

1996 年,省工商局依照国家有关规定,制定企业变更类别、股份有限公司设立及内资企业承包经营管理中外合资、合作企业等登记规范意见,统一登记标准,方便企业登记。围绕服务于国有企业改组改制,省工商局组织对全省国有大中型企业利用外商直接投资的现状、问题、对策的调查研究,设计调研提纲。

1997 年,省工商局外资处要求全省各地工商机关建立健全对外商投资企业回访检查制度。对新登记注册企业按规定时限全部回访检查一次,主要检查核准登记注册事项的执行情况,企业开业或筹建情况,企业出资情况,同时做好回访记录,结合回访为企业搞好政策法规的咨询服务,及时帮助企业排忧解难。根据京九线贯通和江西省近几年利用外资登记管理中出现的新情况,对外商投资、旅游业及房地产企业现状,外商投资的独资企业发展情况和特点,外商投资企业特别是国有企业利用外资改造的效益及前景,利用企业登记管理职能提高出资率等问题,进行深入调查研究,形成调研报告,为政府招商引资,有效利用外资提出政策建议。

是年,全省各级登记机关补充完善政务服务承诺制度,当年受理的企业名称、开业、变更、延期、注销登记均在承诺期限内完成,办事效率和质量显著提高。江西省对外贸易经济合作厅、江西省工商局联合转发《对外贸易经济合作部和国家工商局关于印发〈外商投资企业投资者股权变更的若干规定〉的通知》,要求各级工商部门规范外商投资企业投资者股权变更手续,保护各方合法权益,促进外商投资企业的健康发展。

1998 年,赣州市实有外商投资企业 133 家,企业累计投资总额为 27392 万美元,注册资本为 21390 万美元,其中外方认缴资本为 13540 万美元;涉及生产、生活领域的 35 个行业。赣州市工商局坚持从实际出发,按照"三个有利于"(出自 1992 年初邓小平南方谈话,即:是否有利于发展社会主义社会的生产力、是否有利于增强社会主义国家的综合国力、是否有利于提高人民的生活水平)的标准,在政策允许的前提下,放宽条件,对政府确定为改革试验点投资的企业采取特事特办原则,即先办证,后完善,对企业在经营中遇到的困难鼎力相助。赣州赣南贸易广场有限公司是"香港豪德集团"在赣州市登记注册且颇具影响的以房地产经营为主的独资企业,其投资总额为 1000 万美元,注册资本为 800 万美元;1998 年,该公司投资兴建的赣南贸易广场在第一期工程即将完工之际,赣州市工商局专门成立"贸易广场启动领导小组",并派专人负责,组织骨干力量,上门动员经营业主签订进场经营意向书,使贸易广场如期启动并达到预期目的,使之成为一个辐射周边地区的集副食、百货、家电、粮油等为一体的具有一定规模和档次的专业批发市场。赣州立新食品有限公司是一家以农产品加工为主的外商投资企业,在兴办申请时,赣州市工商局外资科主动为其提供咨询服务,并协同工商所共同承担企业办证的一切事务,使企业在短时间内领到营业执照。

1999年9月20日,省工商局印发《关于转发国家工商局〈关于改进外商投资企业登记管理工作的若干意见〉的通知》,结合江西省实际情况,规范国有企业利用外资进行重组和改制的方式、适用法规和操作办法。

是年,全省各地积极促进外商投资环境的改善,各级工商部门进一步改进工作,热情服务,组织参加政府组织的深圳引资洽谈会,做好政策法规咨询工作,提前介入,参与项目前期调研,为政府决策提出建议和意见。结合日常监管和年检,认真督促企业按合同规定的期限进资。同时对新开企业的回访调查,回访企业173家,回访率98%。通过回访调查,主动上门服务,帮助企业排忧解难,受到企业好评。

跨入21世纪,全省各级工商部门围绕经济结构调整、西部大开发等中心工作,严格依法行政,增强服务意识,改革和完善外商投资企业登记管理的规范化措施,进一步加强登记管理。全省工商部门相继制定鼓励政策,降低投资门槛,改善投资环境,支持外商投资企业增加投资规模、调整投资方向,促进外商投资企业的健康发展。

2000年,各级工商部门从实际情况出发,积极为企业出主意、想办法,帮助企业研究分析相关法律法规,设计合资合作方案,解决疑难问题。省工商局对国有企业利用外资提高产业结构档次、投资规模较大、经济效益和社会效益较好的企业,作为重点跟踪服务对象,通过定期走访和挂钩服务,为这些企业提供法律、法规和政策咨询,指导帮助企业解决实际问题。对符合规定条件的企业,积极支持其设立分支机构,增加经营范围,增强改制企业的竞争力,促进改制企业发展。

2001年,中国加入世界贸易组织,国家利用外资政策的重点逐步转到优化利用外资结构,提高开放型经济水平上来。全省工商部门适应对外开放新形势,加强调查研究,围绕外资并购国有企业、外商投资企业的前置审批、入世后外资企业登记管理对策等问题进行深入研讨,及时解决登记管理中出现的热点和难点问题。

是年,全省工商部门采取"走出去、请进来、沉下去"的工作方法,创新登记管理制度,服务发展大局。省工商局提出解放思想、促进发展的"20条措施",制定《实施办法》。积极做好全省招商引资项目提前介入服务工作,为100个重点项目走访"三外"企业354家。

2002年4月25日,国家工商总局在上海召开全国外商投资企业登记管理工作座谈会,认真贯彻国务院对外商投资企业登记管理工作的要求。全省各级登记机关在促进外商投资企业发展方面采取新措施。清理前置审批目录,省工商局对现行的外商投资企业前置审批项目进行认真清理,只保留国家法律、法规明确规定的前置审批项目,并列出详细目录,印发全省执行。同时,根据外商投资企业先登记、后出资的特点,把法律、法规规定的前置审批事项,划分为登记前提交和登记后提交两类,解决外商投资企业登记中前置审批规定与实行认缴资本制的矛盾,简化登记程序,促进外商投资企业发展。简化登记材料,降低准入门槛,取消外商投资企业名称预先核准原要求提交的项目建议书、可行性研究报告及其批准文件;放宽外商投资企业冠省行政区划名称条件。改进服务方式,提高服务标准,规范登记受理人员接受咨询、受理登记、颁发营业执照、回访检查和出资管理等全过程行为,强化服务意识。

2002 年,国家工商总局召开全国外商投资企业登记管理工作座谈会,提出充分发挥外商投资企业登记管理职能作用,提高利用外资的质量和水平,改善投资环境。全省工商部门充分运用外商投资企业登记管理职能,参与本地区的招商引资工作,提前介入引进外资项目的前期认证工作,及时为企业做好政策法规咨询服务。

2003 年,省工商局提出,各级外商投资企业登记管理人员要更新登记管理理念,牢固树立 3 个观念,即责任意识与服务意识并重的观念、合法性与合理性相统一的观念、原则性与灵活性相结合的观念,设身处地为企业着想,为企业服务。同时正确处理 4 个关系,即严格执法与热情服务的关系、整顿外资与加快发展的关系、依法行政与提高效率的关系、降低门槛与经济安全的关系,围绕政府中心工作,做好服务经济发展与市场监管执法相结合的文章。

全省各级工商部门不断改进工作,简化登记程序。为支持经济技术开发区、高新技术开发区利用外资,营造园区优势,在有条件的市工商局实行"两头在开发区、审批在市"的做法,即外商投资企业登记受理、初审和发照(加盖市工商局印章)在开发区工商局,审批、核准在市工商局,方便企业办理营业执照。参与地方行政审批改革,凡地方政府成立行政审批中心的,工商机关无条件进入办公。

2004 年,省工商局及各设区市工商局被国家工商总局全部给予登记授权。不仅原有的 6 个设区市工商局通过国家工商总局重新授权确认,而且宜春、抚州、吉安、上饶、鹰潭 5 个设区市工商局都获得外商投资企业登记授权,扩大对外开放平台,促进外商投资企业在全省进一步发展。

2006 年,全省开始推行外商投资企业网上年检,充分发挥信息化技术在登记管理中的作用,提高外资企业年检效率,提升服务质量。2007 年开始,全省对外商投资企业年检采取免检与参检相结合、书式审查与实质审查相结合、网上年检与报送年检相结合、一般审查与重点检查相结合的方式进行审查。建立信用机制,为外商投资企业营造一个守法经营的市场环境。实行外商投资企业免检制,对连续 3 年以上无违法违规行为,注册资本全部到位,未受到过年检部门处罚,且经营情况良好,商事信誉较高的企业实行免检,并通过工商网站进行公告。

2010 年 6 月 3 日,省工商局转发国家工商总局《关于充分发挥工商行政管理职能作用进一步做好服务外商投资企业发展工作的若干意见》,要求全省工商部门认真贯彻执行,更好地发挥利用外资在推动科技创新、产业升级、区域协调发展等方面的积极作用,加快提高利用外资质量和水平,积极推动经济发展方式转变。实施支持外商投资企业集团化经营,支持外商投资企业以债权增资,鼓励外商投资设立合伙企业,扩大外商投资企业登记管理授权范围等 18 条措施。

## 第三节　服务个体私营经济发展

1991 年,全省工商部门对集体所有制经济的组织形式作一些探索,确定对"假集体"企业采取股份制登记。是年,全省城乡个体工商户和私营企业有 412334 家,从业人员 86 万余人,占全省社会总人口 3865 万的 2.22%,比 1986 年分别增加 45.94% 和 102.84%。其中,城乡个体工商户 410536 家(城镇 136530 家,农村 274006 家),从业人员 830923 人(城镇 275872 人,农村 555051

人），自有资金 96489 万元，总产值 158531 万元，销售总额 511961 万元（其中商品零售额 39754 万元）；私营企业 1798 家（城镇 684 家，农村 1114 家），雇工人数 29729 人（城镇 10019 人，农村 19710人），投资者人数 5435 人（城镇 1602 人，农村 3833 人），注册资金（本）10460 万元（固定资金 6097万元，自有流动资金 4363 万元），总产值 23104 万元，销售总额 6948 万元（其中商品零售额 4407 万元）。在 1798 家私营企业中，按企业种类分：独资企业 892 家，合伙企业 883 家，有限责任公司 23家。全省个体私营企业共缴纳税额 4.37 亿元。

1992 年初，邓小平南方谈话发表，江西个体私营经济进入一个新的发展时期。省工商局要求各地放宽对个体、私营经济从业人员的限制，放宽经营范围，减少审批环节，交通不便的地区可授权工商所受理、审核个体工商户注册登记。

10 月召开的中共十四大，确定建立社会主义市场经济体制。全省各地贯彻中共中央提出的以公有制经济为主，多种经济成分长期共同发展的方针，把发展个体私营经济作为加快当地经济发展的一条重要途径。11 月，省委、省政府印发《关于继续鼓励发展个体私营经济的决定》（以下简称《决定》），就大力发展个体私营经济和加强管理问题作具体规定。《决定》要求进一步放宽政策，创造个体私营经济发展的良好环境，以鼓励农民、城镇待业人员从事个体经营，开办私营企业，欢迎外地人员到江西从事个体经营、独资或合伙开办私营企业，并给予第一年内免交所得税的优惠；在经营行业和范围上，除专营专卖商品和国家有明文规定不准经营的行业和商品外，其余的放手让个体工商户和私营企业经营；统筹规划、建立各类专业市场和小商品市场，切实帮助安排好个体、私营企业的生产经营场所等。《决定》还要求县级政府建立健全个体、私营经济领导小组，由政府主管领导任组长，工商、税务、公安、工商联、城建、劳动、物价、土地、标准计量、卫生等部门负责人参加。

1992 年 12 月 3 日，省物价局、省财政厅、省工商局、省个体私营经济协会联合印发《关于坚决制止向个体工商户、私营企业乱收费的通知》（以下简称《通知》）。《通知》要求坚决制止各种乱收费行为，保护个体工商户、私营企业合法权益，促进全省个体私营经济发展，并作出规定：凡收费单位在收费时必须持有物价部门颁发的《收费许可证》，必须使用财政部门统一制定的收据，其他收据一律无效。凡违反自定收费项目，或超标准收费或未持物价部门印制的《收费许可证》、财政部门统一印制的收据向个体工商户、私营企业收费时，个体工商户、私营企业有权拒付，有权向物价局、工商局、个协以至政府反映，有权控告。各级物价、财政部门严格管理收费项目和标准，以及票据的使用情况，工商部门严格监督，收费部门严格按标准收费，建立严格的财务制度。依法向个体工商户、私营企业收取的各项费用，由收费部门定期向群众公布，接受群众监督。

各级工商部门把支持扶助个体私营经济更快发展列为本部门的重要职责，逐级下达发展指标，并把它列为年度目标考核的重要内容之一。各级工商部门进一步解放思想、放宽政策、强化服务、简化登记发照手续，做好个体私营企业的发展和管理工作，并加快市场建设步伐，使之能容纳更多的个体户和私营企业进入市场经营。从而，促进全省个体私营经济快速发展。

新余市工商局坚持"以公有制为主体、多种经济成分共同发展"方针，大力扶持私营企业发展，正确引导私营企业上规模、上档次。1992 年 9 月，市委、市政府组织召开全市加快个体私营经济发展动员大会，对个体私营经济放宽从业条件、经营条件、资金条件、场地条件和企业组织形式。1993

年初,在全市个体私营经济工作会议上,市委、市政府提出一系列促进个体私营经济发展的政策措施。市工商局组织县工商局长、个协会长及部分私营企业主,专程赴烟台、大连、温州、石狮等地考察发展私营经济的政策和经验。借鉴外省、市经验,结合新余实际,新余市工商局向市委、市政府提出"大开大放,实现我市私营经济大发展"的新思路。1993 年 7 月,市委、市政府印发《关于加快发展个体私营经济的决定》,制定具有开放度高、操作性强的 28 条优惠措施。新余市帮助私营企业宣传产品,拓宽市场,提高知名度。新余市工商局多次组织 18 个私营企业的 23 个产品,参加广州、深圳举办的经贸洽谈会,成交额达 560 万元。1993 年组织全市 24 家私营企业参加新余复市 10 周年经贸洽谈会,成交额达 150 万元。市工商局维护私营企业合法权益,通过与各级政法部门协调,帮助一批私营企业大户成立治安联防队,对侵犯私营企业合法权益和人身财产安全的案件,做到依法从重从快查处。到 1994 年底,全市私营企业发展到 215 家,比 1993 年的 86 家增长 150%;从业人员 6022 人,比 1993 年 3041 人增长 98%;注册资金 6651 万元,比 1993 年的 3592 万元增长 85%;总产值 12154 万元,比 1993 年的 4862 万元增长 149%。

1994 年 8 月 24 日,省工商局印发《关于私营企业登记管理有关问题的通知》(以下简称《通知》),要求各地按《公司法》规定,加强和规范私营企业有限责任公司登记管理,对自然人之间以私人资本出资登记注册为有限责任公司,开办条件符合《公司法》规定的,按《公司登记管理条例》办理登记,新开办的公司使用新样式的登记表格和《企业法人营业执照》《营业执照》。《通知》对产品已取得部、省级以上"优质"产品证书;具有市场前景看好的新产品或产品获得国家专利,生产性企业注册资金 100 万元以上,商业性企业注册资本在 300 万元以上,工业产值稳定在 500 万元以上,产品出口创汇 10 万美元以上的企业,鼓励他们冠省名。

12 月 6 日,省政府在南昌召开全省个体私营经济工作暨表彰会议。省委书记毛致用、省长吴官正等出席会议,常务副省长舒圣佑、省政府副秘书长范小珊分别主持会议,副省长郑良玉、省长助理蒋仲平在会上讲话。会议要求各有关部门做到"五个允许",即允许个体工商户和私营企业一业为主、综合经营,允许其自产自销、代购代销、批零兼营等多种经营形式,允许承担来料加工、来样加工、来件加工和补偿贸易业务以及从事其他对外贸易活动,允许依法与外商兴办合资、合作企业,允许私营企业依法作为股份有限公司的发起人和有限公司的股东,也可以依法组建集团公司;坚决禁止在个体私营经济上的"五乱",即乱收费、乱罚款、乱摊派、乱集资、乱检查,切实维护他们的合法权益。会上,省政府对艾银旺和赣南金达有色金属矿产品有限公司等 30 个先进个体工商户、先进私营企业予以表彰。是年,一个以城镇为依托,辐射乡村,遍及一、二、三产业,服务生产和群众生活,市场前景广阔,全面发展的格局开始形成。

12 月 25 日,省第八届人大常委会第十三次会议通过并颁布《江西省个体工商户与私营企业条例》(自 1995 年 2 月 1 日起施行)。这是江西省首次以地方性法规形式,规范个体私营经济工作,进一步促进全省个体私营经济的快速、健康发展。到 1995 年底,全省个体工商户和私营企业户数、从业人员数、资金总额、产值、销售总额、商品零售额分别比 1991 年增长 84.18%、138.24%、575.83%、384.4%、353.87%、266.18%;全年缴纳税额 13.5 亿元。

分宜县工商局大力支持个体私营经济发展,截至 1994 年底,全县累计个体工商户 4807 家,私营企业 79 家，从业人员 1.1 万人，为国家提供税收 912.5 万元。分宜县工商局分管局长、个协负责人、个体股长分别在私营企业挂点，提供服务。私营企业主廖松林兴办水泥厂，该局建议县政府抓好这家工厂筹建，县政府采纳建议，县主要领导带领有关部门和乡、镇负责人，召开现场办公会，当场拍板为该厂解决征地、建设、环境污染问题。该局积极保护个体私营企业者合法权益，有效地制止乱收费、乱摊派、乱罚款和各种违法、违章行为。加强对私营企业主培训，提高其守法经营、照章纳税的自觉性。在个体私营企业中，开展"三讲三守"竞赛活动，涌现一批勤劳致富、艰苦创业的典型。钢铁厂厂长刘润根，在全省表彰的 30 名"优秀私营企业家"中榜上有名；在新余市首次表彰的"双十佳"中，该县有 5 家个体户、3 家私营企业入选。

1995 年，省工商局印发《私营企业组建集团有限责任公司暂行办法》等文件，积极鼓励私营企业向生产型、科技型、外向型发展，引导私营企业经营上规模、管理上水平、产品上档次，支持私营企业兴办中外合资、合作企业。在边远山区，引导个体工商户、私营企业面向市场，利用当地资源优势，从事加工业、种养业，鼓励个体私营企业走公司加农户、农工商一体化经营之路。在城市，围绕国有、集体企业转换经营机制，采取鼓励扶持企业富余人员从事个体经营和开办私营企业等发展措施。

1996 年，根据省政府提出的目标，各级工商部门继续把发展个体私营经济作为一项硬任务，并与发展农村经济、优化产业结构、企业改制、安排下岗职工再就业有机结合，引导个体私营企业参与国有、集体企业改革，购买、租赁、承包国有、集体小型企业。到 1997 年底，全省私营企业与国有、集体企业联营、合作的企业有 2000 多家，以资本为纽带，私人与国有、集体企业共同设立有限责任公司的有 1000 多家，私营企业与外商合作合资企业发展到 50 多家。

武宁县充分利用丰富的山水资源，大力发展种养业。武宁县工商局把种养业作为振兴农村经济和个体私营经济发展的主要增长点来抓，1996 年，全县已登记注册的种养专业大户达 294 家。武宁县工商局大力协助政府开展五荒（荒山、荒坡、荒土、荒滩、荒水）拍卖工作，采取"放宽登记标准、简化办照程序、减免应收规费"等优惠政策，鼓励农民利用荒山、荒坡、荒水，开展农、林、牧、渔等专业生产。该局动员县直各部门各单位的党员干部进行集资，扶助种养业户上规模、上档次、增效益，利用资金帮助种养大户带小户、小户带农户，重点扶持困难户，形成合力促发展。1996 年 1 月，共集资 20 多万元，全部投入到宋溪乡田家垅养殖场，进行果业开发及发展高水平的网箱养鱼；1996 年，该场实现产值 320 余万元。武宁县工商局支持县内剩余劳力（停薪留职人员、社会闲散人员、城镇失业青年）创办种植场、养殖场，支持鼓励他们采取承包、租赁、合股、兼并或购买等方式取得荒山荒水及乡村集体的茶桑棉果园或林场使用权。为提高种养户市场竞争能力，积极为种养个体户开拓新的经营领域。该局支持个私企业开展争创名优产品活动，成功地推出竹木工艺品、猕猴桃饮料、小竹笋罐头等名优产品，使这些产品行销国内市场，远销日本、新加坡、韩国等国家和香港地区，成为武宁出口创汇拳头产品。支持引导种养个体户向私营企业转化，使之由种植养殖单一经营方式转化为种养结合、加工、销售"一条龙"的经营方式，引导他们追加投资、扩大规模，走联合开发、合股经营的路子。1996 年，该局将注册资金在 5 万元以上的 36 户个体种养业转为私营企业，全县有 90% 种养业户摆脱过去那种"小打小闹"的旧经营模式，逐步向集约化经营过渡。

赣州地区工商局抓住创办赣南改革试验区和"京九"铁路贯通的机遇,加大工作力度,促进个体私营经济不断上规模、上水平、增效益。到1996年9月底,全地区个体工商户达169255家,私营企业达3136家,个体私营经济从业人员达495282人。个体私营经济在赣南成为活力很强的市场主体,是吸纳城镇待业人员、农村剩余劳力、企业下岗职工的主要途径,农民和财政增收的主要增长源。全地区创办产值5000万元以上的个体私营经济工业小区9个,发展公司、工厂加农户经营组织8个,不少乡村形成产供销一条龙、科工贸一体化、一村一品、一乡一业的个体私营经济发展格局。南康市形成以个体私营为主体的成衣、家具、矿产品加工等三大支柱产业,成衣加工户达1600多家,从业人员近2万人,年产值达6.5亿元;木材加工企业达680家,年产值近2亿元。

围绕"在山上再造一个新赣南"发展战略,全地区登记发展一批脐橙、甜柚、柑橘等优质水果种植和竹木、茶叶等种植个体私营大户,同时发展从事生猪、家禽饲养及甲鱼、鳗鱼、牛蛙、山鸡、蛇类等特种动物养殖户。全地区登记发照的个体私营种养户达4000余家。全地区百亩以上的种植户有75家,其中500亩以上14家。全地区有科技型个体私营企业10家,取得发明专利16项,开发新产品16个,获省部优产品称号6个。出口创汇私营企业20余家,出口品种达30余种。瑞金市在1995年引进资金7000多万元办起8家甲鱼、鳗鱼养殖场的基础上,1996年又引进广东、福建私营资金5000多万元创办两家烤鳗厂,形成养殖、加工、销售一条龙新兴产业。引进地区外、省外非公有制企业资金使赣州地区个体私营经济向规模化、集约化方向发展。

赣州地区有近百万农民和城镇人员外出打工,打工人员回乡办企业,是20世纪90年代中期赣南经济发展的热点和新的增长点。从1994年到1996年6月底,全地区外出打工人员回乡创办私营企业648家,从业人员14048人,注册资金29859万元,引进项目200多个,引进资金10920万元,投资总额达36935万元。到1996年8月,全地区个体私营业者购买国有企业7家,集体企业15家,租赁国有集体企业538家,承包国有集体企业670家;有14733名国有集体下岗人员从事个体私营经济。

1997年,省工商局与省社科院联合举办《面向21世纪的个体私营经济》研讨会,从理论和实践的结合上探讨进一步推动全省个私经济大发展的路子和对策,大力支持实施"再就业工程"。省工商局和各地市工商局制订优惠措施,开设"解困市场""再就业一条街"等。据统计,个私企业安置下岗职工、支持下岗职工从事个私经济等总数达16万多人。

随着个体私营经济大发展,其作用、贡献越来越大。1997年,全省个体私营企业上缴税收20.55亿元,比上年增长16.1%;全省有三分之一的县(市)个体私营企业上缴税收占当地财政收入三分之一,有的占税收总额的一半以上。

1998年,全省各级工商部门贯彻省委、省政府关于下岗失业人员再就业工作的方针政策,充分发挥职能作用,将扶持和安置下岗失业人员再就业与发展个体私营经济有机地结合起来。是年,省工商局印发《关于发挥工商行政管理职能作用,为下岗职工排忧解难,扶持"再就业工程"的若干意见》。各地市工商局在省工商局提出的28条帮扶意见的基础上,进一步制定适合本地区的办法、措施,鼓励下岗失业人员更新择业观念,引导和扶持他们在个体私营经济领域实现自谋职业,全省个体私营经济成为安置下岗失业人员再就业的主要渠道。

1999年，全省各级工商部门以学习贯彻《宪法修正案》为契机，认真贯彻全省个体私营经济工作会议精神，转变思想观念，把握"三个有利于"标准，坚持"发展、管理、服务"三并重，以服务促管理，以管理促发展，引导个私经济上档次、上水平、上规模。

1999年12月9日，省工商局印发《关于私营企业申请冠省名有关问题的通知》，规定对私营高新技术企业要求冠省名可适当放宽条件，以支持民营高新技术企业的发展，支持产业结构调整。

2000年3月，江西省委、省政府做出《关于进一步加快全省个体私营经济发展的决定》（以下简称《决定》）。省工商局制定工商系统贯彻《决定》的具体措施，对《决定》中涉及24个职能部门配套措施的制定进行督办、汇总、送审，对《决定》的贯彻落实情况组织检查和调查，做好全省个体私营经济工作暨表彰会的各项筹备工作。全省个体私营经济发展呈现持续稳定增长趋势，至年底，全省个体工商户达61.5万家，从业人员151.9万人；私营企业2.68万家，从业人员46.7万人；全省个体工商户、私营企业注册资金累计分别为59.3亿元和154.1亿元。注册资金500万元私营企业新增69家、1000万元以上的新增24家。全省个体私营经济纳税超过30亿元，个体私营经济完成GDP约占全省总量的8%。

2001年，全省工商部门贯彻落实全省个私经济工作暨表彰会精神和《十五期间我省个私经济发展总体目标和思路》；做好横向协作，与广东等省市建立工作联系，参加省政府组织的招商引资、商品展销等活动，在联系省外客商等方面做了许多积极工作。为私营企业融资服务，报请省政府成立中小企业信用担保机构、建立信用担保基金。建立私营企业联系点制度，共建立联系点1610个，定期或不定期地走访、关心其发展情况。省工商局组织开展100家个私企业调查，加强对个体私营业主的教育，全省共举办培训班163期，培训人员近8000人。其中省工商局、省个协共同组织两期培训班，副省长蒋仲平作讲话、授课。各级工商部门采取优惠措施，促进个体私营经济发展服务。至12月底，全省私营企业29441家，从业人员572163人，注册资金2098296万元，比2000年分别增长9.7%、22.5%、36.1%。全省个体工商户575971家，从业人员1379578人，注册资金657875万元，与2000年底比，户数、从业人员分别下降6.3%、9.1%。个私经济安置再就业人员85475人。

2002年7月，省政府印发《关于进一步促进民营经济发展的若干意见》，全省各级工商部门加大从政策上扶持的力度，努力提高服务质量和执法水平，并坚持实行办事程序公开、国家有关扶持政策公开。同时，与中部各省开展个体私营经验工作交流，参与协办温州招商引资洽谈会、厦门横向经济协作洽谈会、上海全国消费品展销会，主动介入横向经济协作，穿针引线，牵线搭桥，想方设法争取更多的省外资金投入江西建设，吸引更多的客商来江西省兴业办厂。对于私营企业中有进出口经营条件的，工商部门进行协调，支持其申办进出口自营权，强化对个私企业主的培训，举办1期私营企业主培训班和1期申办进出口经营权培训班，帮助66家私营企业，获得进出口经营权。鼓励有实力的私营企业按照《公司法》，以兼并、收购、合作等多种方式，参与国有企业的资产重组。鼓励个体私营企业扩大生产经营规模，抓住机遇做大做强，并为其提供咨询、融资等社会服务。全省各级工商部门建立自己的私营企业联系点，经常调查了解其经营和发展情况，帮助其排忧解难，依法保障、维护其合法权益，促进全省个体私营经济持续健康地发展。

是年，全省工商部门执行下岗失业人员再就业有关扶持政策和优惠措施，引导个体私营业主吸纳下岗职工实现再就业。至 12 月底,全省个体私营经济吸纳下岗失业人员 95508 人,同比增长 11.73%。

自 2002 年 10 月至 2006 年底,全省工商系统为下岗失业人员持《再就业优惠证》申办个体户 82178 家,举办私营企业 6589 家,免收规费 1.6 亿元;动员、引导个体户和私营企业共吸纳下岗失业人员再就业 77.2 万人。2002—2006 年,在全国个体工商户持续下滑的状况下,江西省个体工商户数量逆势而上,持续增长并创造江西省历史上最快的增长速度,5 年净增 10.03 万家,年均增长 6.25%。

2003 年,省工商局贯彻落实省委、省政府关于加快个私经济发展的战略部署,把个体私营经济发展放在加快江西发展的战略位置,鼓励、扶持和引导全省个体私营经济快速健康发展。参与《江西省发展个体私营经济条例》的立法调研、论证,以及实施的宣传、落实。工商部门在原有 31 项行政审批事项的基础上,取消 23 项(取消率达 74%),大幅度降低个私经济的市场准入门槛,开阔个体私营经济投资领域。确定划分全省规模型私营企业标准,实行抓大促小,明确引导个体私营经济加快发展的主攻方向。认真开展调研,及时掌握个私经济发展运行的状况,建立健全全省私营企业基本情况档案资料;建立重点私营企业联系点 412 个,实行挂点帮扶。提前介入,跟踪服务,大力支持个体私营经济参与国企改制,使 1040 家国有集体企业改制全部顺利到位。把招商引资与促进个体私营经济发展有机结合起来。对全省 118 个工业园区均派驻工作站,对招商引资项目实行全程跟踪服务,并协助当地政府开展招商引资工作。大力引导个体私营企业发展外向型经济,省工商局专门举办全省私营企业申办自营进出口经营权培训班,同时组织私营企业参加全国商品交易会,开阔视野,拓展省外市场。

是年,全省工商部门加强市场监管,严厉打击利用防治"非典"名义制假售假、发布虚假广告、无照经营等各种违法违章行为,维护市场秩序,确保社会稳定。主动执行国家减免防治"非典"期间行政事业性收费规定和落实下岗失业人员再就业优惠政策。全省工商部门共减免防治"非典"期间各种规费 2288 万元,扶持下岗失业人员再就业减免行政性收费和垫付的工本费合计 1002.7 万元。

是年,江西省个体私营经济呈现持续、健康、快速发展的势头,创年度发展最高增速。全年纳税额 56.92 亿元,占全省财政收入的 20.04%;个体私营经济国内生产总值 569.962 亿元,占全省 GDP 总量的 20.14%。发展质量、效益显著提升。

2003—2006 年,全省个体私营经济安置下岗失业人员 48.05 万人,占全省下岗失业人员再就业总数的 47.81%;2003—2007 年,全省各级工商部门为 96008 名持《再就业优惠证》的下岗失业人员核发个体工商户营业执照,免收有关登记类、证照类和管理类各项工商行政管理规费 2.24 亿元。

2004 年,全省工商部门简化注册登记程序,提高工作效率;组织个体私营经济发展调研;对规模型私营企业挂钩帮扶,促其做大做强;支持 6000 家个体私营企业参与国有企业改制;开展全省政务环境测评,对个体私营企业的意见进行整改;改进有关个体私营经济发展指标统计工作。

是年,全省工商部门把促进个体私营经济发展与就业和再就业工作结合起来,贯彻执行中央、省有关政策及优惠措施,全省个体私营经济吸纳下岗失业人员再就业 13.58 万人次。全省工商部门为 2.73 万户持再就业优惠证的下岗失业人员核发个体工商户营业执照,免收规费 4390.25 万元,得到国务院和省委、省政府高度肯定。

2004年,余干县工商局派人下到一批民营企业,帮助10多家发展缓慢的民企合理调整产业结构,淘汰一批市场滞销又无潜力的产品,推出一批市场短缺有发展前途的拳头产品,帮助26家民企走上资源消耗低、无环境污染的发展道路。2004年1月至5月,该县民企总产值、销售收入、利税同比增长28.06%、30%、31%。针对余干县非公有制经济发展缓慢的特点,余干县工商局鼓励个体私营企业积极参与国有企业的改制改造,并将个体私营企业从业范围扩展到政策许可的各行业。余干县放开注册资本和户籍限制,鼓励引导民企投资特色产业及农产品加工,参与水利、交通、能源和城镇基础设施及公用事业建设。海南益人生态有限公司投资上亿元,承包13万亩大湖水面养鱼,为此该县及时成立大湖派出所,确保捕捞时节无人哄抢水中鲜鱼。余干县工商局把维权服务工作真正落到实处,至2004年,为民企挽回经济损失500万元。通过在浙江绍兴等地召开项目推介会,实际引进县外资金4.33亿元,同比增长154%。30多家外来企业到余干落户,占全县民企数量三分之一。2004年,余干新增民营企业108家,个体工商户增加715家,新增就业人数10923余人,纳税超100万元的企业达3家,销售收入过1000万元的有17家,新增通过ISO9001.200质量认证体系的有2家,其中民营经济产值占全县GDP32.2%,税收占全县财政总收入34.8%,年产值上500万元的有10家。全县各地进一步扶持和壮大缫丝、酿酒、糯米粉、罐头、藜蒿、龙虾加工等一大批工农业相关度高、牵动力强的龙头企业规模,民营企业的发展充满生机与活力。

2005年7月,江西省委、省政府提出"推动全民创业、加快富民兴赣"的战略决策,全省各级工商部门围绕省委、省政府战略目标,找准服务创业这一着力点,发挥工商行政管理职能,服务个体私营经济发展。

是年,全省各级工商部门建立私企大户联系点制度,加强调研,重点帮扶,维护个体私营企业合法权益。引导私企开拓省外、国外市场,促进开放型经济发展。省工商局先后组织部分个私企业赴"中国中小企业博览会""东西部合作与投资贸易洽谈会""中国青海结构调整暨投资贸易洽谈会"(简称青洽会)等参展。会同省国资委共同主办专题讲座。积极做好港澳居民申办个体工商户服务,加强调查统计工作,制定规范意见,提高统计人员素质和统计质量。与8个发达省市的工商局建立个私经济发展信息交换机制,开展信息交换。

全省工商部门着重围绕推动全民创业、支持个体私营经济发展、引导企业提升品牌竞争力、促进就业再就业,努力改进工作作风,创新举措,主动服务地方经济发展,在富民兴赣和建设和谐平安江西中发挥重要作用。2005年,全省私营企业户数、从业人员数、注册资金分别比上年增长16.88%、17.59%、36.21%。个体工商户数、从业人员数、注册资金分别增长10.8%、12.17%、25.94%。个私经济增加值占全省生产总值的比重达34.39%;纳税额占全省税收总额比重达39%。全年,各级工商部门为近2万名持证下岗失业人员核发个体执照,免收规费6279.7万元,有效促进社会和谐稳定。

2005—2006年,全省工商部门为高校毕业生、军队退役人员、失地农民、残疾人员自主创业申办个体户提供服务,并减免收费共64.3万元。

2007年,各级工商部门执行就业再就业优惠政策,会同劳动部门举办招聘会,开展劳动力市场专项整治;激励自主创业热情,促进就业再就业。为享受优惠政策的个体户免收规费 6866 万元,为持"再就业优惠证"人员办理个体执照 13520 家,动员、引导个私企业吸纳下岗失业人员再就业 4.59 万人,为 2372 名高校毕业生独立申办个体经营。

自 2008 年 9 月 1 日起,全省各级工商部门按照国家规定,停止征收个体工商户管理费和集贸市场管理费。2008 年,省工商局参与横向协作,组织私企参加中国西部国际博览会、青洽会,帮助企业开拓市场。到年底,全省实有内资企业 76488 家,注册资本(金)2373.2 亿元;外商投资企业 6640 家,注册资本 208.6 亿美元;私营企业 10.32 万家,注册资本 1919.42 亿元;个体工商户 737134 家,资金数额 247.43 亿元。

2009 年 1 月 1 日起,工商部门在全省实施对新申办个体工商户两年内免收开业登记费和副本工本费,促进个体私营等市场主体快速发展。至 2010 年 12 月底,个体工商户为 106.86 万家,同比增长 26.75%;私营企业为 15.45 万家,同比增长 11.91%;农民专业合作社 1.2 万家,同比增长 42.59%。

# 第二篇　市场秩序维护

1991—2010年，江西省商品市场得到快速发展。1998年，全省各类商品交易市场由1991年的2442个发展到2936个。在众多各类市场中，有南昌市洪城大市场等一批典型综合商品市场，也有乐平市蔬菜批发市场等一批典型专业商品市场。同时，全省开展创建文明市场活动，涌现出南昌市东湖区墩子塘集贸市场等几十个"全国文明集贸市场"和南昌市郊区四交市场等一大批"全省文明集贸市场"。

20年中，全省工商部门大力扶植培育市场发展，不断创新市场监管，经历了从兴办市场到办管脱钩等阶段。各级工商部门建立流通领域商品质量检查制度，落实日常监督管理责任制，实行商品交易市场信用等级分类管理。加强对粮食市场、棉花市场、成品油市场、农资市场、机动车市场等重要商品市场监管。从2004年开始，各级工商部门开展"红盾护农"行动，通过"红盾打假护农保春耕"专项行动、"'红盾护农'统一行动日"活动等，整治农资市场，维护农民合法权益。2010年，查处涉及非法经营农资案件2143件，案值1353.1万元，为农民挽回经济损失580.72万元。

全省各级工商部门加强经济合同监督管理，执行经济合同法规，保护当事人合法权益，开展"守合同重信用"企业评比活动，2010年，全省认定年度"守合同、重信用"3A级企业344家。积极引导、扶持企业争创省著名商标和中国驰名商标，至2010年底，全省有注册商标5.09万件，其中中国驰名商标30件，江西省著名商标804件；同时，查处商标违法行为，保护注册商标专用权。大力支持和服务广告业发展，广告经营单位由1991年361家发展到2010年4306家；严把广告市场准入关、经营单位年检关和广告发布关，开展广告市场整治活动，查处虚假广告，维护广告市场秩序。

1991—2010年，各级工商部门切实履行公平交易执法职责，广泛开展打击制售假冒伪劣产品行为，制止不正当竞争，查处各类违法违章案件；坚决查禁传销及变相传销违法行为；严厉查处在药品购销、政府采购等重点行业重点领域的商业贿赂行为，营造公平竞争市场环境。不断加强消费者举报投诉网络建设，完善"12315"行政执法体系，大力推进消费者保护维权工作的制度化、规范化、程序化、法制化，开展食品安全及农村食品安全整治年、节日食品、季节性食品、儿童食品等一系列专项执法检查。2010年，全省共创建食品安全示范店5602个，农资商品示范店2476个。

# 第一章　市场规范监管

20 世纪 80 年代,国家逐步放开对集市贸易发展限制,全省各地的商品交易市场逐步恢复、发展、兴旺。1991—2010 年,全省各级工商部门参与和组织各地市场的建设和培育,规范各类市场发展,依据国家有关法规和政策,行使对商品交易市场的监督管理职责,开展生产要素市场管理和经纪人管理,加强对重要商品市场监管,开展市场专项整治行动,建立和健全市场监管长效机制,维护规范有序的各类市场经济秩序,促进地方经济发展与社会和谐稳定。

## 第一节　商品交易市场

### 市场建设

20 世纪 90 年代初,各级工商部门积极给政府当好参谋,积极参与组织规划和建设,出现一个多形式兴建、多渠道集资、逐步向高层次市场发展的新格局。各地在利用集贸市场扩大工业品销售的同时,尤其重视搞活农副产品流通,新建一批农副产品专业、批发市场。1991 年上半年,全省集市总数达 2442 个。是年,全年市场投资总额 8380 万元,新建、扩建、改建市场 149 个,面积 51.1 万平方米。集贸市场年成交额达 78.8 亿元,比上年增长 16.2%,占社会商品零售总额的 34.8%。

1992 年 2 月 1 日,省政府批转省工商局《关于"八五"期间全省集贸专业市场建设规划要点请示》。省工商局制定"八五"期间全省集贸专业市场建设的目标、原则、重点和措施。目标是全省市场建设投资要求达 3.5 亿元至 4 亿元,新建、改建、扩建市场 811 个,新增面积 305 万平方米。重点是优先发展专业市场和批发市场,以省辖市和地辖市为中心,建设一批辐射全国的以批发交易为主的大型市场,大力发展老区和省际边界市场,培育和开辟生产要素市场。市场建成后按照"谁投资谁受益"原则,参加市场建设投资者可在一定时期内按有关规定收取租赁费。

10 月,中共十四大确立建立社会主义市场经济体制,培育发展社会主义市场体系,成为各级政府的自觉行为。江西在发展商品市场中,坚持"政府领导、统筹规划、合理布局、多方兴建、工商部门统一监管"原则,形成国家、地方、单位和个人多方投资、共同兴建商品市场格局,改变以往由工商部门直接投资、独家承办的局面,为全省商品市场发展上规模、上档次奠定坚实基础。各地纷纷采取措施,在原有市场基础上扩大面积,拆旧建新,完善设施,增加功能。抚州五皇殿布匹批发市场,南昌万寿宫商城、南昌贤士湖农副产品中心批发市场等年营业额超过亿元。是年,全省市场建设投资总额达 44647 万元,累计 183323 万元;新建市场 182 个,累计 2777 个,新建市场面积 85 万平方米,累计 806 万平方米。有多种经济成分参与,多类型、多层次的集贸市场网络在全省初步形成。至 1992 年底,全省集贸市场达 2567 个,集贸市场成交总额达 88.99 亿元,占社会零售总额的 34.52%;生产资料、生产要素市场 428 个,成交额 21.82 亿元。

1993 年 3 月 16—18 日,省工商局在九江市召开全省市场工作会议。会议确定江西省市场建设的方针、任务和具体措施,决定进一步加快全省各类市场的培育和发展,完善市场监督管理体制,改革监督管理方式、方法;要求工商部门在建设培育市场中争领导、争主动、唱主角,不等不靠,主动请求,主动汇报,主动参谋。会议还提出在建设和培育市场的实际工作中必须坚持"六个结合",即:把中心城市发展同老、少、边、穷地区的开发相结合;发展消费品市场同发展"双生"市场相结合;市场培育同调整产业、转换企业经营机制、引导企业面向市场相结合;市场建设同促进个体私营经济的发展相结合;市场培育同江西省农业生产发展战略目标相结合;发展市场同培育市场机制、坚持放开搞活相结合。至 1993 年底,全省集贸市场发展到 2686 个,其中各类专业市场 569 个,批发市场 81 个;市场建设投资额达 5 亿元,集贸市场年成交额突破 110 亿,其中超亿元的市场有 6 个;集贸市场年成交额占社会商品零售总额的 35.2%。生产资料市场、要素市场也有较快发展;全省有生产资料市场 171 个,生产要素市场 159 个;其中钢材市场 27 个,汽车市场及网点 11 个,煤炭商场 12 个,木材市场 57 个,房地产市场 74 个,劳务市场 28 个,信息市场 28 个。多层次、多类型、多成分、全方位开放的市场体系逐步形成。

1994 年,各级工商部门贯彻省工商局年初提出的"稳定数量、扩大规模、完善功能、提高效益"原则,参加各类市场建设。全年新建、改建、扩建集贸市场 200 个,全省集贸市场总数达 2720 个,新增市场面积 160 万平方米,累计达 701 万平方米;市场建设投资额 3.3 亿元,集市年成交额达 158.2 亿元,比上年增长 43%。市场建设主体发生很大变化,各行业主管部门和企业开办的市场有近 100 个。

是年,各地工商部门在抓好集贸市场建设的同时,参与生产资料、生产要素市场的培育,支持各有关主管部门运用资金、技术优势开办生产资料和生产要素市场。全省形成集中交易的生产资料市场 120 个,生产要素市场 145 个。全省成交额在 1 亿元以上的市场有 15 个,其中南昌市万寿宫商场市场年成交额达 15 亿元;年成交额在 3 亿元以上的有 4 个,分别为九江市浔阳楼农副产品市场、南昌市榕门路副食品批发市场、南昌市贤士湖农副产品中心批发市场、抚州市五皇殿集贸市场;年成交额在 1 亿元以上的有 10 个,分别为九江市卷烟市场、萍乡市西门市场、萍乡市新街市场、景德镇市沿河东路集贸市场、赣州市大公路工业品批发市场、樟树市药都商品大世界、上饶市白鸥园商场、赣州市赣州商业城、丰城市集市贸易中心、余干县集贸大世界市场。

1995 年是全国市场"办管脱钩"的启动年。至年底,全省共有生产资料市场 69 个,商品交易市场 2708 个(城市 458 个、农村 2250 个)。商品交易市场包括消费品综合市场、农副产品市场、工业消费品市场 3 大类,具体为:消费品综合市场 1840 个(城市 193 个,农村 1647 个);农副产品市场 696 个(城市 192 个、农村 504 个),其中农副产品综合市场 371 个,农副产品专业市场 325 个,农副产品专业市场含蔬菜市场 29 个、干鲜果市场 38 个、水产品市场 4 个、肉食禽蛋市场 4 个、粮食市场

23个、食用植物油市场1个、仔猪市场20个、中药材市场2个、其他市场19个;工业消费品市场172个(城市73个、农村99个)。全年,消费品市场成交额达204.46亿元(城市89.1亿元、农村115.36亿元),占全省社会商品零售总额的39.46%,其中:综合市场成交额104.67亿元(城市27.48亿元、农村77.19亿元);农副产品市场成交额66.88亿元(城市36.32亿元、农村30.56亿元),含农副产品批发市场成交额16.73亿元;工业消费品市场成交额32.91亿元(城市25.29亿元、农村7.62亿元)。农民在城乡消费品综合市场及农副产品市场出售农副产品总值为71.1亿元(城市20.9亿元、农村50.2亿元)。

表2-1-1　1995年全省商品交易市场建设情况

| 项　目 | | 单　位 | 期末实有数 | | 当年建设数 | |
|---|---|---|---|---|---|---|
| | | | 合　计 | 其中:工商部门主办 | 合　计 | 其中:工商部门主办 |
| 市场数量 | 楼层市场 | 个 | 99 | 53 | 19 | 6 |
| | 室内市场 | 个 | 252 | 141 | 30 | 5 |
| | 顶棚市场 | 个 | 1663 | 1258 | 115 | 54 |
| | 其他 | 个 | 763 | 416 | 18 | 7 |
| | 合计 | 个 | 2777 | 1868 | 182 | 72 |
| 市场面积 | 楼层市场 | 万平方米 | 133 | 79 | 29 | 12 |
| | 室内市场 | 万平方米 | 125 | 74 | 12 | 4 |
| | 顶棚市场 | 万平方米 | 306 | 187 | 39 | 20 |
| | 其他 | 万平方米 | 242 | 161 | 5 | 3 |
| | 合计 | 万平方米 | 806 | 502 | 85 | 40 |
| 市场建设投资额 | 市场管理费 | 万元 | | | 3434 | 2781 |
| | 社会集资 | 万元 | | | 29784 | 2219 |
| | 其中:企业集资 | 万元 | | | 1826 | 13 |
| | 银行贷款 | 万元 | | | 1807 | 1197 |
| | 财政拨款 | 万元 | | | 416 | 77 |
| | 其他 | 万元 | | | 9207 | 1187 |
| | 合计 | 万元 | | | 44647 | 7460 |

表 2 - 1 - 2　1995 年全省消费品批发市场情况

| 项　目 | 市场数(个) | | | 成交额(万元) | | | 成交量(吨) | | |
|---|---|---|---|---|---|---|---|---|---|
| | 城市 | 农村 | 合计 | 城市 | 农村 | 合计 | 城市 | 农村 | 合计 |
| 工业消费品市场 | 18 | 8 | 26 | 104701 | 60586 | 165287 | | | |
| 农副产品市场　蔬菜市场 | 14 | 15 | 29 | 36629 | 9081 | 45710 | 101194 | 61797 | 162991 |
| 干鲜果市场 | 17 | 21 | 38 | 39575 | 8609 | 48184 | 79884 | 23695 | 103579 |
| 水产品市场 | 3 | 1 | 4 | 3795 | 136 | 3931 | 4176 | 1230 | 5406 |
| 肉食禽蛋市场 | 1 | 3 | 4 | 295 | 1083 | 1378 | 450 | 1672 | 2122 |
| 粮食市场 | 4 | 19 | 23 | 545 | 5104 | 5649 | 1779 | 16505 | 18284 |
| 食用植物油市场 | | 1 | 1 | | 4316 | 4316 | | 4745 | 4745 |
| 仔猪市场 | 2 | 18 | 20 | 1835 | 6971 | 8806 | 1972 | 8230 | 10202 |
| 中药材市场 | 1 | 1 | 2 | 7500 | 1544 | 9044 | 8500 | 667 | 9167 |
| 其他市场 | 4 | 15 | 19 | 30321 | 9439 | 39760 | | | |
| 总　计 | 46 | 94 | 140 | 120495 | 46283 | 166778 | | | |
| 合　计 | 64 | 102 | 166 | 225196 | 106869 | 332065 | | | |

1998 年底,全省共有各类商品交易市场 2936 个,市场建设面积达 1062 万平方米,商品市场年成交额为 419 亿元,分别比 1991 年增长 17.06%、210.52%、431.72%。其中:消费品综合市场 1837 个,年成交额为 177 亿元;农副产品市场 767 个,年成交额为 60 亿元;工业消费品市场 197 个,年成交额为 153 亿元;生产资料市场 98 个,年成交额为 19 亿元;生产要素市场 37 个,年成交额为 10 亿元。全省仅 56 个年成交额超亿元以上大市场年成交额合计就高达 175 亿元,占全省商品市场年成交额的 41.76%。商品市场结构趋向合理,远辐射、多功能市场的形成,是江西省商品市场发展成熟的一个重要标志。

## 典型市场简介

**南昌市洪城大市场**　该市场坐落于南昌西湖区洪城路 588 号,1994 年动工兴建,1995 年 9 月正式开业,是全省首家由股份制方式建成的建管分离市场,也是全省首家规模大、档次高、多功能、辐射强的大型综合批发市场。

该市场总体规划占地面积 1700 亩,开发 619 亩,市场建筑总面积达 14.6 万平方米,可容纳近万户商户营业,进场营业的有 8000 余家个体、集体和国营各类商业户。其中,首期建成营业建筑面积 6.5 万平方米,有批发店面 4500 余间,有 7000 多家进场营业,内设小百货、鞋帽、服装、布匹、针纺织品、烟草、副食品 7 大类 4 个交易区,A、C 两区为百货类商品区,B、D 两区为副食品交易区,商品花色品种有几万个。后期建成营业的江西省五华商城批发市场与洪城大市场融为一体,有建筑面积 1.28 万平方米,店面 1000 余间,内设有小百货、塑料制品、服装鞋帽、五金家电、化妆品、文化用品等 8 大类 4 个交易区,花色品种万余个。市场自 1995 年投入营运后,交易活跃,购销两旺,年交易额达 30 亿元左右(地方产品占 5%～7%),年创税费 3000 多万元。集散商品以中低档又以低档为主,主要面向省内农村市场。

市场主建筑群为 2 楼或 3 楼楼层结构,一楼为店面,二楼、三楼可作仓库或住宿,还建有江南民间建筑风格的商业街相依托。每条商业街、每栋商业楼之间均安装防雨防晒天篷,交易环境优越。市场内设有住宿、银行保险、邮政通信、商业信息、广告代理、法律咨询、货运客运、代办运输、小件寄存、交通售票、打字复印、美容美发、文化娱乐、医疗保健,以及照相、修理等配套服务场所。市场另建有大、小型停车场共 4 个,可集中停放各类大小客车、货车,由市场始发开往省内主要市、县及省外。市区主要车站、码头、各商业中心有开往洪城大市场的公交线路,并形成网络,往返便利。

洪城大市场从建立开始实行办管分离。市场投资主体有洪城大市场股份有限公司、五华商城批发市场(原名九洲商城股份有限公司)、南昌市郊区桃花乡五村等 5 家,投资总额为 3.3 亿元。各物业单位均派出人员从事物业管理,主要任务是负责房产、水电、公共设施、治安、消防、环境卫生等日常管理工作。工商、税务、公安、卫生、防疫、交警、烟草专卖等执法单位均派出机构或人员进驻市场实行管理。南昌市工商局在洪城大市场设立分局进行监管,分局内设 1 室 4 科,下设 5 个基层工商所,配干部职工 51 人,行使工商行政管理职能。工商所依法登记审查经营者主体资格、核发营业执照;对市场进行规范化管理;对市场交易行为进行监督检查,查处假冒伪劣商品,打击强买强卖、欺行霸市和骗买骗卖等不法行为,保护消费者、经营者合法权益;依法进行商标、广告和合同管理。

1998 年,洪城大市场商品成交额累计 131.8 亿元,实现税利费累计 1.76 亿元。1999 年,商品交易额突破 60 亿元,商品辐射湖南、湖北、广东等省。1998 年被国内贸易部确认为国家级中心批发市场,后被国家经贸委确定为全国重点联系市场,进入全国九大日用工业品市场行列。

**九江浔阳楼农副产品批发市场** 该市场地处九江市滨江大道繁华路段,东西紧靠京九铁路货运站、长江客货运港、名胜古迹浔阳楼,北与湖北、安徽两省隔江相望。该市场原名九江堤外市场,1979 年在长江南岸的西门口堤外自发形成农副产品市场,1980 年建成总面积 7420 平方米的万人顶棚市场。1985 年因九江港口扩建需要,将堤外农副产品市场迁至九华门江边堤外重建,占地面积 9000 平方米,顶棚与楼层相间建筑,共有室内门面 390 个,营业面积 1.4 万平方米,经营农副产品和副食品等 8 大类、1000 多个品种的商品批发。20 世纪 90 年代后,市场的日人流量达 3 万多人次,年成交额、成交量均以 15% 以上速度递增。1995 年市场成交额为 3.8 亿元,年创税收 300 余万元,是赣北最大的,也是长江中游、京九线上较有影响的农副产品批发市场。

**南昌市贤士湖农副产品批发市场** 该市场原名南昌农副产品中心批发市场,始建于 1989 年,次年 1 月投入使用。市场占地 2 万平方米,年成交额达 2.1 亿元,全市 70% 的蔬菜、果品从这里进出,购销业务辐射全国 30 个省、自治区、市。市场内主要经营项目有蔬菜、瓜果、甘蔗、副食品等大宗批发交易商品,其中 60% 商品由外地长途贩运而来,40% 商品产于本地。日上市量 50 万千克,日成交额达 55 万余元。一年四季的各类果蔬轮番上市,交易活跃兴旺。该市场是列入《人民日报》"农副产品行情公布栏"的 16 大市场之一,也是《人民日报》华东版"华东区 10 城市蔬菜批发价格行情栏"所列市场之一。

南昌市工商局郊区分局设立贤士湖工商所对该市场进行监管,按管办分离原则由物业管理站对市场进行物业管理。根据大市场、大流通的特点,市场配置微机房,与全国农副产品信息中心实行联网,及时交流商品信息。同时,因地制宜地制定三班四运转的全天候管理体制,昼夜 24 小时提供服务,实行监督管理规范化、处理违章合法化、收费公开化的管理机制,为交易各方创造公平、公开、公正竞争环境。

**乐平市蔬菜批发市场** 该市场地处乐平市区城西 206 国道旁,与乐平火车站、汽车站隔道相望,附近设有宾馆、饭店、剧院和停车场,地理位置优越,交通便利。该市场是由原来的马路市场演变而来;以前的蔬菜批发在 206 国道乐平段进行交易。1994 年初,乐平市委、市政府为大力发展蔬菜生产,增加农民收入,并解决 206 国道交通阻塞问题,投资近千万元,兴建占地面积为 3.3 万平方米的蔬菜批发专业市场。

市场内设有固定营业房 120 多间,建有 1300 平方米的蔬菜产销综合服务大楼,棚顶交易场地 1200 平方米。有专业装卸队和停车场,夜间经营有 36 米的高杆灯照明,有完善的交通通信、营运、检疫、保安、饮食和住宿等配套服务体系。产品价格信息实现与全国大中城市“菜篮子工程”联网,由中央电视台农业台定期向全国发布,为蔬菜外销架设畅通、便捷的“空中走廊”。该市场是全省较为大型的蔬菜专业批发市场之一,也是乐平市赣东北大市场的重要组成部分。1997 年 11 月,该市场被国家农业部定为鲜活农产品中心批发市场。

**樟树市中药材专业市场** 樟树有 1700 百多年的药业史,享有“药不过樟树不灵,药不到樟树不齐”的美誉,素以“药都”著称。中药炮制、炒、浸、炙、烘、晒、切、藏均十分考究,独树一帜。樟树中药材专业市场,在新中国成立初期就被国务院认定为全国十大中药材市场之一。

樟树市中药材专业市场于 1991 年 5 月动工兴建,至 1992 年 11 月竣工投入使用。该市场是全封闭式专业市场,由经营区和仓储区两部分组成,占地面积 4.17 万平方米,建筑面积 30090 平方米,总投资 1620 万元。市场布局合理,场内有中药材店面 360 间,固定摊位 440 个,仓储面积 7880 平方米,交易面积 1980 平方米,可容纳 1 万多人进行交易。市场内货架统一,摊位整齐,标牌规范。市场设立银行营业所,配备水、电专供(管)线,安装 400 门程控电话等配套设施,可提供信贷储蓄、信息咨询、劳务等服务。

市场启用后,交易十分活跃。据统计,中药材经营户 360 家,有 16 个省(市)、72 个县(市、区)的药商在场内经营,从业人员 1200 人。药材市场辐射全国 21 个省(市)、132 个县(市),年成交额 1.2 亿元以上,上缴税收达 100 余万元,形成集中统一的江南中药材交易中心。

随着中药材市场的兴起,该市场传统的药材种植业得到迅速发展,呈现出个体、联户、集体种药新局面,1993 年江西省科委将樟树市列入星火计划“中药材基地市”。全市建立大、小药材基地 32 个,种植面积 5.1 万亩,品种有商州枳壳、黄栀子、吴芋子等 60 多种,其中 1000 亩以上连片药材种植基地 3 个,500 亩以上 13 个,100 亩以上 16 个,产值 1.4 亿元以上,并涌现出一大批药材种植专业户。樟树中药材专业市场设有驻中药材专业市场的工商所和公安派出所。

泰和县乌鸡市场泰和县乌骨鸡,原名武山鸡,发源于该县武山脚下的汪陂村,曾为清朝贡品。1905 年出展巴拿马国际博览会。1982 年,中国科学院南方自然资源综合考察队认定其为正宗乌骨鸡。自 20 世纪 80 年代农村实行家庭联产承包责任制后,乌骨鸡在该县快速发展,进入 90 年代后,全县年产乌骨鸡 520 万羽以上。

泰和县为进一步发挥乌骨鸡的产品经济优势,在紧靠 105 国道的文田镇建立专业性泰和乌鸡市场。第一期工程于 1993 年 10 月竣工交付使用,市场占地面积 6 万平方米,投资 460 万元,建筑面积 1 万余平方米,建有营业房 8 栋计 152 套。其中院落式营业房 4 栋计 72 套,建筑面积 9214 平方米,内设有营业店房、住户、厨房、卫生间、小院子,均有水、电供应。市场内还建有玻璃钢瓦棚 2 栋,面积 1823.6 平方米。市场营业房对外出售,首批购房已有各地客商 70 多家。该市场以经营县特产乌骨鸡及系列产品为主,同时还经营禽蛋、水果等农副土特产以及南百杂货、工业品等批发业务。该市场交易活跃,市场成交额 400 万元。

**丰城市禽蛋批发市场** 丰城市水系众多,有各类水面达 44 万亩。农村经济体制改革后,水禽养殖业快速发展,蛋品产量逐年增加。20 世纪 90 年代初,鸭农肩挑手提,到老火车站前北路进行鲜蛋交易,逐步自发形成鲜蛋交易市场。1992 年,丰城市实施"鹅鸭工程"后,鸭蛋日上市量骤增至 10 万枚,销往省内的萍乡、宜春、新余等地。

1993 年 5 月,丰城市委、市政府指示工商部门将禽蛋市场迁入位于城区解放南路丁字路口的原丰城市食品公司院内交易,使交易场地扩大到 2500 平方米,紧靠铁路火车站和 105 国道,交通便利。1994 年 5 月起,该市采取多主体投资、工程分期施工的办法,在院内建成一座占地面积为 1.4 万平方米的丰城市禽蛋批发市场,总投资 1476 万元。该市场共有交易门店 86 间,面积 1660 平方米;混凝土框架交易棚 4 座,面积 1800 平方米。市场内有专业禽蛋贩运户 29 家,进场交易的养鸭专业户约 400 人,交易品种主要有鸭蛋、鸡蛋、鹌鹑蛋,鲜蛋日销售量近 50 万枚,年成交额为 7000 万元,鲜蛋远销湘、鄂、粤、桂、皖、闽和深圳以及省内的萍乡、吉安、新余、宜春、赣州等地,形成全省最大的鲜蛋批发专业市场。

**进贤县文港毛笔皮毛市场** 该市场位于距南昌市 50 千米的进贤县文港镇,始建于 1986 年,后经多次改建扩建,占地面积 1.6 万平方米,内设摊位 937 个,划分为塑料套、钢笔、圆球笔、毛笔头、皮毛等 7 个交易区,共有经营者 937 家,6000 余人,采取产、供、销一体化,前店后厂,批零结合等经营方式,包括个体户、私营企业、农民户办、联户办、公司加农户等经济形式。经营品种包括低、中、高、豪华各个档次共 1200 多个,商品销往全国 30 个省、市,其中"邹紫光阁""光照轩""唐云阁"毛笔,远销港澳地区及日本、新加坡、韩国、菲律宾等国,成为辐射全国,联系国际市场的毛笔、皮毛及文化用品集散中心,享有"笔不到文港不全"美誉。1994 年营业额为 7000 余万元,年创税、费分别为 450 万元和 52 万元。

市场促使文港镇形成"一村一品""一品带多品"的新格局,拥有专业村 6 个、专业户 700 多家。农民收入大幅度增加,年人均收入 3000 余元,造就一批万元户、十万元户甚至百万元户。

**南康市成衣市场** 该市场位于南康市区泰康中路、323 国道旁,距 105 国道 1 千米,距京九铁路南康火车站 2 千米,交通十分便利。该市场占地 22.1 亩,建筑面积 1.8 万平方米,投资 800 多万元,拥有 6 栋营业大楼,495 间营业厅,是楼楼相通、店店相连的开放式庭院建筑群,雕塑、亭阁错落有致,环境优美。该市场是全省规模较大、功能齐全、配套设施完善的成衣专业批发市场。

1988年初,南康县委、县政府决定投资兴建南康成衣市场,1990年元旦正式开业。该市场有"做工精细、质量可靠、物美价廉、档次齐全"特点。市场内有成衣加工户495家,其中私营企业283家、制衣有限公司7家,拥有3500多台平缝高速电车,高压蒸汽发生器、高压黏合机、高级扣眼机、单多头绣花机500台,总投资在1000万元以上,其中有50家投资30万元左右购进成套专机生产流水线,加工能力、生产规模和服装档次大幅度提高,共有5个品牌获商标注册权,增强了市场的竞争能力和辐射能力,并走出国门对外承接业务。成衣品种共1000多种,产品远销全国20多个省市,市场商品吞吐量、营业额每年以20%的速度递增。1995年市场营业额达2.18亿元,高峰期日成交额达180万元,年上交税费280万元,解决近万人的劳动就业问题,并吸引广东、浙江等省及省内众多的经营户驻场经营。

南康市工商局设成衣市场管理所,负责该市场的工商行政管理任务,有工作人员16人,对市场实施规范化管理,建立同义乌、石狮等地的市场信息网络。场内还设有公安派出所、个协组织和金融电信等服务机构。

**永新县湘赣商品大世界** 该市场坐落在井冈山下的著名革命老区——永新县禾川镇,于1993年12月竣工开业。市场总投资870万元,占地面积1.97万平方米,建筑面积1.6万平方米。其中:商店门面196间,面积4958平方米;顶棚市场6座,面积4887平方米;还有办公楼、通道、花坛、公共厕所等附属建筑。市场采用院落式布局,合理适用,便于交易;顶棚采用钢筋混凝土结构,采光通风良好。整个市场可容纳摊位1000个(其中棚内固定摊位600个),日上市参加交易的人员有1.5万至3万人。场内设肉食水产、家禽家畜、百货、南杂货、蔬菜、干鲜果等交易区,经营方式以零售为主,兼营批发。设有总服务台,内有公平秤、信息咨询以及电话、广播、供水、停车场等服务项目和配套设施。1995年市场成交总额1.03亿元(其中棚内市场成交额6000万元),年创税70万元,可收规费40万元。

**瑞金市商业城市场** 该市场地处瑞金市区双清桥与瑞金大桥之间的环城路外侧,319、206、323三条国道由此经过,交通条件优越,是历史形成的闽、粤、赣3省6县(市)的商品中转集散地。

为适应培育市场、振兴革命老区经济需要,瑞金县(后改市)政府于1988年秋筹资620万元,动工兴建商业城市场,1991年6月竣工开业。市场占地面积1.6万平方米,建筑面积23676平方米,有8栋4层钢筋混凝土框架楼房组成的建筑群,并由16座天桥将整个建筑群体连为一体,场内人员流动方便。一楼为大型农副产品综合市场,二楼经营服装鞋帽,三楼经营布匹和服装加工,四楼为住宅楼。整个市场有店面396间,固定摊位880个,已容纳固定经营户500家,临摊户780家,从业人员2800人,其中有来自外地的经营户53家、119人。每天上市交易人数高峰时可达5万人次。市场商品丰富,交易活跃,1995年市场商品交易为8000万元,创税费200万元。

瑞金市工商局和公安局分别在商业城市场设立基层工商所和警务室,对市场进行监督管理,维护市场交易秩序和治安。农业银行、工商银行均在市场设立储蓄所,市场内其他配套服务设施齐全、交易方便。

**萍乡市新街市场** 该市场坐落在萍乡市湘东区中心地带,与湖南株洲、醴陵、攸县毗邻,紧靠浙赣铁路复线及320、319国道,交通便利。市场附近有萍乡钢铁厂、萍乡发电厂、萍乡铝厂、巨源煤矿、上官岑煤矿和市造纸厂6家中小型国有工业企业,全区工业人员10万,农业人口18万,人口密度高,工业人口比重大。为满足人们生活需求,新街市场这一大型综合性市场应运而生。

该市场始建于1985年,占地面积6600平方米,建筑面积1.4万平方米,营业面积1.1万平方米,累计投资550万元建成。市场分一、二两层,营业区内天桥连接,融美观与经济于一体,是萍乡市规模大、质量好的一座综合型、封闭式市场。市场内设有固定营业门店302间,固定摊位714个。市场实行分行划市挂牌营业,吸引来自全国14个省、市的经营者1500余人。经营方式为批零兼营,农副产品以批发为主,服装、百货以零售为主。经营品种近千种,主要是服装、百货、布匹、五金、陶瓷、塑料、大米、蔬菜、水果、肉食禽蛋、干鲜杂货、腌卤调味等。1995年商品成交1.8亿元,创税收90万元,收取工商管理费、设施费60万元。

**遂川县江南木材市场及木竹制品市场**　江南木材市场坐落于离遂川县城6千米、105国道旁的砂子岭开发区,是由县五指峰林场、云岭林场、县林业工业公司三家共同集资1000万元兴办的。市场占地面积100多亩,设有3个贮木场,一幢宿舍大楼,建筑面积2500平方米。市场以木材交易为主、木竹制品交易为辅,除该县所有商品木材和木竹制品进场交易外,还有省内和湘、粤、闽等省10多个县、市的木竹制品进场交易。木材交易品种有杉、松、楠、樟、柏等数十种原材和各种规格的板材、方料、特种工业用材。市场共有从业人员100余人,为木材交易提供检尺、计价、装卸、办理放行证等一条龙服务。该市场自1994年8月开业到1995年底,市场成交量近10万立方米,成交额6000多万元。

与此相配套的遂川县木竹制品市场,坐落于紧靠县城的105国道线两旁,南北延伸3千米,有多种经济形式的店铺200多家,从业人员500多人,经营各类中、低档木竹制品、如竹凉席、躺椅、折椅、圆桌、木箱、床架、竹垫等数十个品种,年交易额1500余万元。

遂川县是全省有名的林业大县,全县立木积蓄量20多万立方米。有丰富的林业资源为市场提供商品,且市场地处105国道上,交易运输方便,又有程控电话并入国内和国际通信网络等有利条件,市场辐射力北到长江下游各省、市和华北,南及粤、闽两省和港、澳地区。

**龙南县杨村香菇专业批发市场**　该市场坐落于龙南县杨村乡境内,地处江西省最南端,与广东省毗邻,距105国道仅6千米,交通方便。杨村、九连山一带,历来以盛产太平香菇著称,素有"香菇不到太平不香"之誉。20世纪80年代初期,由当地的香菇专业户自产自销形成香菇交易市场,后经工商部门和当地政府积极引导、培育,并投资建成3200平方米的钢架顶棚市场,逐步发展成为全省最大的香菇批发市场。进场从事香菇经营的固定人员3000多人,每逢旺季从粤、闽、浙、湘等省各地来的客商1000多人,年成交量250吨,成交金额1750万元。通过客商贩运,主要销往深圳、珠海、香港等地。市场设有供交易用的公平秤10多台,还有储藏室、旅馆、停车场待配套设施,实行"吃、住、存、运"一条龙服务,为客商提供交易环境。

**广昌县白莲市场**　该市场位于著名的白莲之乡——广昌县城中心,于1982年投资435万元兴建,是年8月竣工开业,占地面积、建筑面积均逾1万平方米,是以白莲交易为主的综合性集贸市场,1994年集贸成交额近1亿元。该市场的2号楼底楼1000平方米为白莲交易场所,在白莲上市旺季,日上市达5万千克,进城自产自销的莲农500余户(人次),参与白莲贩运的农民300余户。

每年经该市场转销于北京、上海、广东、河北、河南、江苏、浙江、湖北等省的莲产品 60 万千克,产品还远销东南亚乃至美国、加拿大等国。1995 年,共销售白莲 320 余万千克,成交额达 6800 余万元。

**兴国县潋江牲畜交易市场** 该牲畜交易市场原在县城潋江镇西街口,随着农牧业生产的发展,耕牛成交量增多,原交易场地显得日益狭窄。1986 年 1 月,该市场迁至潋江镇西部(西门坑),北与兴宝(万安宝山)公路相依,东连 319 国道,交通方便。

该市场占地面积 3092.5 平方米,建有 3 栋八字形框架结构交易棚,建筑面积为 1082.4 平方米,分为耕牛和仔猪两个交易行,并附设饮食、副食、住宿店。东南角建有牲畜寄存房 6 间,占地面积 60 平方米,主要为外来贩运户寄存牲畜提供方便。

仔猪交易棚一栋,面积为 360.8 平方米,能容纳 1000 头仔猪上市。仔猪主要来源于兴国县各乡镇,市场为日日圩,每日上市量 500 头以上,成交率超过 80%,主要销往吉安、万安、泰和等地。1986—1995 年,仔猪成交头数达 30.68 万头,成交金额达 1642.8 万元。

耕牛交易棚 2 栋,面积 721.6 平方米,能容纳 500 头耕牛进场交易。耕牛主要来源于兴国县各乡镇及邻县。每逢农历一、四、八为集日,每墟日 200 头以上,成交率 70% 以上,主要销往广东、福建等地。1986—1995 年,耕牛成交头数达 20691 头,成交金额达 893.7 万元。为加强对牲畜交易市场管理,1986 年 1 月,成立潋江牲畜交易管理所,有所长 1 人,工作人员 12 人,在打击欺霸市、查处短斤少两、维护市场秩序等方面发挥监管作用。县畜牧兽医站在市场设立畜牧兽医组,专司耕牛、仔猪的检疫和疫病预防工作。

**武宁县古艾集市** 该集市位于赣鄂交界的武宁县城,坐落于柘林湖畔,东南距省会南昌 160 千米,东北距江西北大门九江 110 千米,316 国道和九江至湖南长沙的省道在此交汇。古艾集市是湘鄂赣边界商品集散地,是一座多功能、档次较高的大型农副产品市场。

古艾集市于 1989 年 12 月建成,有 108 间营业店面、629 个摊位,年成交 6838 万元,主要经营农副土特产品,其中有著名的武宁板笋、烟笋、笋衣、笋片和软包装小山竹笋及各类清水笋罐头,植物纤维丰富,嫩脆爽口,长青牌小竹笋罐头曾获国际博览会银奖,远销欧美和东南亚各国。誉为山中珍品的武宁香菇,有花菇、厚菇、平菇等,肉厚味鲜,含有人体必需的多种氨基酸和微量元素及抗癌物质,是港澳同胞特别喜爱的上等佳品。柘林湖盛产优质鲜美的淡水鱼,共有 20 多个品种,其中鳜鱼、乌鱼、鲫鱼和甲鱼特别闻名,畅销北京、香港、深圳等地。

**玉山县白云边贸市场** 该市场位于玉山县东部白云镇,距县城 13 千米,与浙江省常山县、江山市毗邻。新中国成立以前,这里就有传统的墟市,历来是浙赣两省边界贸易集散地。

白云边贸市场紧靠 320 国道,交通条件极为便利。1992 年春,邓小平南方谈话后,玉山县委、县政府决定开发白云边界贸易,提供一系列优惠政策,使之成为一个理想的商品交易场所。该市场于 1992 年 8 月 1 日动工,10 月完工,总投资 280 万元。市场占地面积为 12500 平方米,其中营业楼房 64 套,面积为 6912 平方米,有大型玻璃钢瓦棚 8 幢,设有 600 个摊位,面积 2976 平方米。市场中心建有花池,水泥路纵横交错,市场新辟一条大街,北至 320 国道,南连白云镇老街,沿街新建 45 幢营业大楼。该市场经营百货、布匹、服装鞋帽、五金交电、粮油、木竹制品、南杂货、肉食品、水果、蔬菜以及其他农副产品,是一个固定店面与机动摊位相结合、批零兼营、功能齐全的新型乡镇大市场。

市场还有提供饮食、金融、医疗、广播宣传、电子复秤等综合性服务的设施。

1993 年 7 月,玉山县政府又投资 50 多万元,沿新街西侧建木材专业市场 8000 平方米,附 3 层办公楼,白云市场物业管理服务站设在这里,有 8 人负责市场管理服务工作。玉山县工商局设置白云工商所,专门负责该边贸市场的监管工作。

该市场的建成,给历史悠久的"白云墟市"增添现代化气息。据统计,1995 年该市场集市成交额由 1991 年的 282 万元增至 817.3 万元,增长 2.9 倍,市场管理费收入由 1991 年 2.04 万元增至 8.06 万元,增长 2.9 倍,工商税收翻了三番多。

**黎川县边际贸易市场** 黎川县地处赣闽交界的山区,东与福建的光泽、邵武为邻,南与福建的建宁、泰宁接壤,西连省内的南丰、广昌,北靠省内的南城、资溪,发展边际贸易具有得天独厚的地理优势。

该市场坐落于两条街道东方红大道和日峰路之间的县城腹地,两座大门紧靠县内主要公路干线——丰杉线,交通便利。该市场是在原第一农贸市场基础上扩建而来,1989 年 7 月动工兴建,整个市场分 4 期工程逐步建成,投资总额 1800 万元。其中第一期工程(含楼园式的黎川商城和简易式的玻璃钢瓦顶棚市场)于 1992 年元旦建成投入使用。市场占地总面积 2.65 万平方米,总建筑面积 4.05 万平方米,由楼园式的黎川商城、钢筋混凝土顶棚市场等大型建筑组成。场内共建有营业店面 400 余间,固定摊位 560 个,临时摊位 240 个,住宅房 192 套,市场日上市人数 2.5 万人次,日成交额 35 万元。

市场内设有工商、税务、公安、金融、邮电、卫生监管机关和服务机构。

## 文明集贸市场创建

20 世纪 80 年代后期,全省各级工商部门按照国家工商局制定的条件和部署,在全省范围开展创建"文明贸易市场"活动,培育出一批管理规范、设施完善、经营文明、交易兴旺、效益良好的集贸市场。

进入 90 年代,江西省有南昌市东湖区墩子塘集贸市场等 18 个各类集贸市场获 1991—1992 年度"全国文明集贸市场"称号。

1992 年开始,全省各级工商部门加强集贸市场规范化管理,更广泛地开展以规范交易行为、保护生产者和消费者权益、文明礼貌服务为核心内容的"创建文明集贸市场"活动,促进各类商品市场健康有序发展。通过各级工商部门的指导和监督管理,在全省范围涌现出一批繁荣活跃、管理规范、经营文明、秩序良好的市场。是年,有 63 个市场被评为"全省文明集市",18 个市场被评为"全国文明集市"。

省工商局根据以守法经营、文明服务等文明市场条件和标准,组织检查和推荐,经国家工商局抽查和审核,江西有南昌洪都集贸市场等 25 个市场被国家工商局授予 1993—1995 年度"全国文明市场"称号。

全省在评选"全国文明市场"的同时,开展"全省文明集贸市场"评选活动,一大批市场被评选为"全省文明集贸市场"。1990—1991年度,南昌市郊区的四交市场等61个市场被评为"全省文明集贸市场"。

1993—1994年度,南昌市东湖区的子固路集贸市场等70个市场被评为"全省文明集贸市场"。

1995年后,随着市场"办管脱钩"的开展,全省工商系统不再进行文明集贸市场创建活动。

表2-1-3 江西省"全国文明集市"

| 年　度 | 地区(市) | 市场名称 |
|---|---|---|
| 1991—1992 | 南昌 | 东湖区墩子塘集贸市场、郊区南昌农副产品中心批发市场、南昌县莲塘综合市场 |
| | 九江 | 九江市浔阳楼农副产品市场、武宁县古艾集市 |
| | 萍乡 | 萍乡市西门市场;萍乡市新街市场 |
| | 鹰潭 | 鹰潭市杏树园农贸市场 |
| | 景德镇 | 景德镇沿河东路集贸市场 |
| | 新余 | 分宜县城第一农贸市场 |
| | 宜春 | 宜丰县集市贸易中心、丰城市城镇贸易市场 |
| | 吉安 | 泰和县泰和贸易市场 |
| | 赣州 | 南康县南康成衣市场、赣县江口农贸市场 |
| | 抚州 | 抚州市五皇殿布匹专业市场 |
| | 上饶 | 弋阳县集贸大楼市场、玉山县仔猪市场 |
| 1993—1995 | 南昌 | 南昌市洪都集贸市场、南昌市墩子塘集贸市场、江西省洪都汽车配件市场、南昌县莲塘综合市场、新建县集贸中心市场 |
| | 九江 | 九江市浔阳楼农副产品批发市场、九江市房地产交易市场、武宁县古艾集市、德安县集贸市场 |
| | 萍乡 | 萍乡市新街市场 |
| | 鹰潭 | 鹰潭市杏园市场 |
| | 景德镇 | 景德镇市沿河东路农副产品综合市场 |
| | 新余 | 分宜县分宜商城 |
| | 宜春 | 丰城市城镇贸易中心、宜丰县集市贸易中心 |
| | 吉安 | 吉安市文山商贸大市场、永新县湘赣商品大世界、泰和县泰和贸易市场 |
| | 赣州 | 南康市南康成衣市场、赣州市大公路工业品批发市场 |
| | 抚州 | 临川市"农村大世界"市场、广昌县白莲市场、临川市抚州五皇殿集贸市场 |
| | 上饶 | 铅山县河口消费品综合市场、弋阳县集贸大楼消费品综合市场 |

表2-1-4 江西省"全省文明集贸市场"

| 年　度 | 地区(市) | 市场名称 |
| --- | --- | --- |
| 1990—1991 | 南昌 | 郊区四交市场、贤士湖果菜批发市场,西湖区高桥日用品市场,东湖区的墩子塘集贸市场、董家窑集贸市场,南昌县莲塘综合市场,进贤县文港皮毛、毛笔、笔料市场 |
| | 九江 | 九江市甘棠公园农贸市场、浔阳楼农副产品市场,武宁县古艾集市,九江县沙河农贸市场,德安县县城集贸市场,湖口的县城农贸市场 |
| | 萍乡 | 萍乡市西门市场,湘东区综合贸易市场 |
| | 鹰潭 | 鹰潭市杏树园市场、建设路集贸市场,余江县余江农贸市场 |
| | 景德镇 | 景德镇市斗富弄顶棚集贸市场、东郊集贸市场,乐平县西市集贸市场 |
| | 新余 | 新余市中心农贸市场,分宜县第一农贸市场 |
| | 宜春 | 宜丰县集市贸易中心,奉新县城东集贸市场,铜鼓县永宁市场,丰城市城镇贸易中心,上高县集贸中心市场,樟树市东门集贸市场,高安县城北农贸市场,宜春市城西综合农贸市场 |
| | 吉安 | 吉安市广场小商品市场,永丰县恩江中心贸易市场,吉水县商品大世界,泰和县城区贸易市场,遂川县农贸市场,莲花县路口集贸市场,安福县县城集贸市场 |
| | 赣州 | 南康县成衣市场,崇义县北门集贸市场,安远县版石集贸市场,全南县陂头集贸市场,赣县江口集贸市场,赣州市北京路工业小商品市场,兴国县潋江牲畜交易市场,瑞金县九堡集贸市场,石城县琴江集贸市场 |
| | 抚州 | 抚州市五皇殿布匹专业市场,临川县"农村大世界"集贸市场,南城县建昌集贸市场,南丰县琴城集贸市场,崇仁县桥南集贸市场,资溪县鹤城农贸市场 |
| | 上饶 | 弋阳县集贸大楼,婺源县紫阳镇集贸市场,玉山县的中心农贸、小商品市场,上饶市滩头集贸市场,波阳县东门口集贸市场,余干县黄金埠集贸市场,万年县石镇街集贸市场 |

续表

| 年　度 | 地区(市) | 市场名称 |
|---|---|---|
| 1993—1994 | 南昌 | 东湖区子固路集贸市场、墩子塘集贸市场,西湖区里州市场,青云谱区洪都集贸市场,南昌县莲塘综合市场,新建县集贸中心市场,进贤县文港皮毛、毛笔市场 |
| | 九江 | 九江市浔阳楼市场、甘棠公园农贸市场、九江石化总厂农贸市场、庐山牯岭集贸市场,九江县沙河街农贸市场,武宁县古艾集市,德安县城集贸市场 |
| | 萍乡 | 萍乡市西门集贸市场,湘东区新街集贸市场,上栗集贸市场,莲花县路口农贸市场 |
| | 鹰潭 | 鹰潭市杏树园市场,贵溪县贵冶大全市场,余江县农贸市场 |
| | 景德镇 | 景德镇市沿河东路集贸市场,乐平市西门集贸市场 |
| | 新余 | 新余市解放路小商品市场,分宜商场市场 |
| | 宜春 | 宜春市彬江农贸市场,丰城市城镇贸易中心,樟树市药都商品大世界,宜丰县集市贸易中心,奉新县商品大世界,万载县赣西商城,铜鼓县永宁市场 |
| | 吉安 | 吉安市文山商贸大市场、水沟前农贸市场,泰和县贸易市场,新干县赣中药材市场,吉水县商品大世界,永新县湘赣大世界,安福县城集贸市场,井冈山市茨坪集贸市场,遂川县农贸市场,永丰县中心贸易市场 |
| | 赣州 | 南康县成衣市场,赣州市大公路工业小商品批发市场、卫府里市场,龙南县杨村香菇市场,石城县白莲市场,崇义县北门市场,全南县陂头市场,瑞金市商业城市场,安远县石集贸市场,会昌县水东集贸市场 |
| | 抚州 | 抚州市五皇殿集贸市场,抚州水果批发市场,南城建昌集贸市场,黎川边际贸易市场,广昌白莲市场,资溪商业城综合市场,东乡赣东贸易中心,崇仁桥南集贸市场 |
| | 上饶 | 上饶市白鸽园商场,弋阳县集贸大楼市场,万年县城北市场,铅山县河口综合市场,波阳县东门口集贸市场,婺源县紫阳镇小商品市场,余干县集贸大世界,德兴市综合市场,玉山县中心农贸市场 |

# 第二节　商品交易市场监管

1991—2010 年,全省工商部门对各类市场实行有效的监督管理,查处各类违法违章行为,维护规范有序的市场经济秩序,推动各类市场健康发展。

## 市场登记与统计

从 1991 年度开始,全省工商部门执行国家工商局再次修订的市场统计报表制度。新制度的报表仍为 7 张,但内容有所调整和充实,包括:城乡集贸市场基本情况表;城乡集贸市场各类商品(仍为 15 大类)成交金额表;综合集贸市场及农副产品专业市场商品购销情况表;城乡集贸市场价格

（共反映 15 大类、27 种主要商品期末和期初平均价格水平）统计表；综合集贸市场及农副产品专业市场主要商品成交量情况表；城乡各类起居室市场情况表；城乡集贸市场建设情况表。

1992 年，省工商局开始利用微机，使用电脑计算和电传输送统计报表（1994 年南昌市工商局和其他地市工商局也先后利用微机进行市场统计和传输），大大提高统计工作效率，提高统计报表的及时性和准确性，从而告别使用手工计算和集中统计人员汇编年报的历史。

1993 年 7 月，国家工商局发布《商品交易市场登记管理暂行办法》（以下简称《办法》），这是商品市场登记管理第一个行政规章，确立市场的法律地位。9 月，为加强对市场建设的宏观调控，促进市场规范化管理，省工商局向各地（市）、县（市、区）工商局转发《办法》，并结合全省实际提出实施意见。截至 1994 年上半年，全省已登记各类市场 1519 个，其中消费品市场 1462 个，占全省消费品市场总数的 54.4%，生产资料市场 38 个，生产要素市场 19 个。上饶、抚州、九江、景德镇、赣州、鹰潭等地市工商局基本完成对现有市场的登记工作。

1994 年 4 月，国家工商局市场监督管理司印发《关于建立市场监控联系制度的通知》，决定在全国农副产品市场中选择 40 个市场作为监控联系点，从当年 6 月起，每 15 天向国家工商局市场司报送一次 20 种主要农副产品的商品价格，每两个月报送一次市场情况文字材料。江西根据要求，选择南昌市墩子塘农贸市场作为全国的联系点之一。6 月，省工商局向各地市工商局印发《关于建立市场监控联系制度的通知》，要求每个地、市选择 1 个具有代表性的，以零售为主，有粮、油、肉、禽、蛋、菜等多种农副产品交易的综合市场（城市或农村），作为监控联系点，每 10 天向省局报送一次主要农副产品（共 22 种）价格情况，每月报送一次市场交易情况分析。各地市分别报送南昌市墩子塘农贸市场、赣州市卫府里市场、萍乡市西门市场、上饶市八角塘中心农贸市场、宜春市彬江农贸市场、南丰县琴城农贸市场、泰和县泰和贸易市场、分宜县分宜商城、乐平市西门农贸市场等，作为监控联系点。

1995 年度全省市场统计年报，是按照年初国家工商局工商办字（1995）第 12 号文件进一步修订的统计表进行统计的。该套统计报表能更科学、合理、全面地反映社会主义市场经济体制下的市场培育、发展情况以及消费品市场、生产资料市场、生产要素市场的交易活动情况。它由商品交易市场分类情况统计表、商品交易市场各类商品成交金额表、商品交易市场成交量情况统计表、消费品批发市场情况统计表、消费品市场主要农副产品价格表、生产要素市场情况统计表、商品交易市场建设情况统计表、年成交额超亿元消费品市场超 10 亿元生产资料市场一览表、消费品综合市场农副产品市场商品购销情况表 9 个统计表组成。其中，商品交易市场各类商品成交金额表按市场类型分，包括消费品市场和生产资料市场；按商品类别分，包括消费品 11 个大类和生产资料 10 个大类的商品。

1996 年 7 月 22 日，国家工商局修订《商品交易市场登记管理暂行办法》，规定工商机关负责对市场登记注册、名称核准登记和年度检验。1996 年度，通过登记年检的市场有 1239 个。

1997 年 7 月 14 日，国家工商局印发《商品交易市场年度检验办法》。至 1997 年底，全省共登记各类商品交易市场 1367 个，面积 885 万平方米。

1998 年全省各级工商部门按照规定，对已登记注册的市场进行集中年度检验。此后，市场年检作为市场登记管理的一项日常工作,每年开展一次。1999 年以后,全省继续开展市场登记和市场名称核准等日常工作,对未经登记开办市场和未按规定办理变更、注销手续的市场进行处罚。

2004 年 8 月 31 日,国家工商总局废止《商品交易市场管理暂行办法》,全省工商部门按照《江西省商品交易市场管理条例》有关规定继续开展对各类市场的登记管理工作。至 2007 年 12 月底,全省共有各类消费品市场 2419 个,其中消费品综合市场 1023 个,农副产品市场 1023 个,工业消费品市场 89 个,生产资料市场 110 个。

## 市场监管的规范与创新

从 1990 年 9 月 1 日起,在全省各类集贸市场统一实行摊位证制度,规定凡进入集市从事经营活动的固定摊户,均需凭有关证照,到当地集贸市场管理部门领取摊位证,亮证经营,使集贸市场管理逐步规范。

1992 年开始,全省各级工商部门加强对各类商品市场的培育发展和管理。1994 年 10 月,省工商局印发国家工商局制定的《集贸市场管理规范》(以下简称《规范》),并向各地市、县(区)工商局发出通知,要求从 1995 年 1 月开始组织实施。《规范》包括市场开办及设施、市场经营者、市场商品陈列出售、市场交易行为、市场管理机构、市场管理服务、市场治安保卫及消防安全、市场卫生管理 8 方面的规范措施。各级工商部门提高集贸市场管理水平,维护公平交易秩序,把创建"文明集贸市场"活动推向深入,促进市场繁荣有序地发展。

1995 年 1 月,省工商局组织省局机关干部 109 人从元旦开始到春节前,每天清晨轮流到南昌市墩子塘、贤士路、体育馆、公园路、花园角市场进行调查研究和协调管理,贯彻落实省委、省政府关于加强元旦、春节期间市场管理、稳定市场价格的指示精神。

1996 年 5 月 20 日,省工商局印发《江西省集贸市场管理规范达标验收实施办法》,规定将室内市场管理规范达标考核内容,分为市场开办及设施规范、市场交易行为规范、市场监督管理规范、市场卫生规范、市场治安和消防安全规范 5 个方面,采取百分制计分办法,考核验收得获 90 分以上为"达标"。

《江西省商品交易市场管理条例》于 1997 年 3 月 1 日实施后,各地工商部门贯彻落实,加强各类市场开办者主体资格审查,规范市场开办和经营行为。各地对各类市场推广巡查制,改变过去驻场监管、坐等投诉或市场管理人员在职不在岗等现象,提高监管效能。深入开展创"文明市场"活动,省工商局分片对 25 个"全国文明市场"进行重点检查,促进市场规范化管理水平的提高。

1997 年 3 月 1 日,《江西省商品交易市场管理条例》实施,各地工商部门抓好学习、宣传、培训和贯彻,加强对市场开办者主体资格审查,规范市场开办和经营行为。是年,按照国家工商局部署,省工商局开展对市场"办管脱钩"复查工作。对全省确定脱钩的 151 个市场,按照机构、人员、职责、财务"四分离"要求,进行复查验收,进一步巩固工作成果。

1998 年,省工商局制定执法责任制和公示制。规定有以下行为的工商机关市场管理人员必须追究其相应责任:不按规定着装、不按规定时间上下岗,消极怠工、不履行岗位职责,市场上出现无证经营、掺杂使假、短斤少两、骗买骗卖、欺行霸市、销售假冒伪劣商品或国家和自治区禁止上市物品,以及不按规定明码标价、计量器具不合格的;滥用职权,执法不符合法定程序,违法行政,出现乱没收、乱罚款、乱收费的;缺乏群众观念和监督意识,在职权范围内不及时处理人大议案、政协提案和消费者投诉,又不及时给予答复,使经营者和消费者的合法权益得不到保护的;以权谋私,吃拿卡要,少收、漏收、不收管理费或以物顶费,只收费不出具票据,贪占、挪用市场管理费,以及接受经营者吃请送礼的;不认真执行市场巡查等管理规定的。

国家工商局于1998年4月7日印发《关于在市场监管工作中推行市场巡查制的通知》后,1999年12月27日,省工商局印发《江西省工商行政管理系统市场巡查制工作意见(试行)》,要求全省各级工商部门及其派出机构依法对辖区内各类商品交易场所、市场主体、上市商品以及经营等,采取巡回检查的形式履行监管职能。市场巡查的主要职责包括市场开办主体资格查验、市场经营者的监督管理、制止和查处违法违章行为、受理群众举报、申诉。

1999年,省工商局重点抓好"主要领导负责制、责任网络制、巡查制、联保责任制、举报奖励制、经营台账和月报表制、执法责任追究制、明查暗访制"等各项监管制度的完善和落实。全省工商系统市场管理进一步制度化、规范化。

2001年,按照国务院的部署及省政府有关规定,全省工商部门与所办市场全部"办管脱钩",工商行政管理工作的重点实现3个转变,即从侧重于依照政策和行政手段管理,向全面依法监管转变;从监管集贸市场和个体私营经济向监管社会主义大市场和各类市场主体交易行为转变;从繁杂的非工商职责,向市场监管和行政执法上转变。

全省工商系统深化市场规范管理,在2002年建立流通领域商品质量检查制度、日常监督管理责任制、查验市场商品来源证明制度、"信誉卡"制度。

2003年,全省工商机关严格依法行政,实施"阳光执法"工程,加大宣传力度,加强执法监督,全面落实案件核审制,规范行政处罚行为。省工商局被省政府授予行政执法责任制先进单位。

2005年,省工商局制定建立市场长效监管机制的制度。全省各地工商部门按照"总结完善、巩固提高、探索创新"思路,重点建立和完善市场长效监管十项制度,即索票索证制度、重要商品准入制度、不合格食品退市制度、商品质量承诺制度、商品质量信息公示制度、市场区域巡查责任制度、市场预警制度、市场突发事件应急处理制度、工商法规政策公示制度、监管责任追究制度。

2006年,全省工商系统着力推进行政执法责任制,坚持以科学发展观为统领,坚持依法行政,采取有力措施,大力开展提高执法效能、规范执法行为的各项工作,进一步加强行政执法的规范化、制度化、科学化建设,促进队伍建设和事业发展。

2007年10月19日,省工商局转发国家工商总局《关于建立商品交易市场信用分类监管制度的指导意见》,要求全省工商机关贯彻执行,确保工作取得实效。商品交易市场信用分类监管,是工商行政管理机关以商品交易市场开办单位和场内经营者的信用状况、日常经营活动情况和违法行为记录为依据,设定标准,将商品交易市场划分为不同信用类别,并采取不同方式对其实施监管的管理制度。商品交易市场信用类别和认定标准,根据市场开办单位和场内经营者两个经营主体市场准入、经营行为、市场退出等指标进行综合认定,具体分为A类、B类、C类、D类4个类别。商品交易市场信用类别认定,由县(市、区)工商局根据类别标准,结合当地实际情况提出认定意见,报市级工商局者审查汇总,统一由省工商局组织认定,并报国家工商总局备案。

在商品交易市场信用等级分类工作中,全省工商系统市场监管部门依据国家工商行政管理总局《关于对企业实行信用分类监管的意见》《个体工商户信用分类监管指导意见》有关规定,联合企业登记注册部门,严格考察市场开办单位和场内经营者两个经营主体市场准入是否合法,市场经营管理组织机构(市场退出管理、消防安全、商品质量检测、市场应急等机构)、规章制度(商品准入管理、质量管理责任、市场退出管理、消费者权益保护、信息公示等制度)是否健全落实,场内经营行为是否规范。同时对市场开办单位和场内经营者近3年的年检情况进行考查。

对实施市场信用的分类监管中,全省各级工商部门对不同信用类别市场分别采取不同监管方式、方法。对A类市场,除开展专项检查、市场巡查、接申诉举报或发现其他线索开展检查外,一般每季度检查1次。优先推荐A类市场参加"守合同、重信用"单位认定活动。对B类市场,除开展专项检查、市场巡查、接申诉举报或发现其他线索开展检查外,至少每季度进行1至3次口常巡查;对市场开办单位和场内经营者验照或变更登记时,进行针对性的审查。对C类市场,除开展专项检查、市场巡查、接申诉举报或发现其他线索开展检查外,至少每季度进行3次以上日常巡查;对市场开办单位和场内经营者验照或变更登记时,进行重点审查。对D类市场,除开展专项检查、市场巡查、接申诉举报或发现其他线索开展检查外,至少每周进行1次日常巡查,必要时,检查市场整改情况不受每周检查1次的限制,通过检查及时发现并查处市场内违法经营行为;将市场开办单位和场内经营者列为年检重点检查对象,对违法违章行为,依法从重处罚;公开违法记录,加强对市场开办单位和场内经营者验照或变更登记时,进行全面审查,限期整改存在问题后,方可办理年检、验照或变更登记。

对经认定的信用类别市场,发生销售假冒伪劣商品,并造成严重恶劣影响的,或发生严重质量、安全和卫生事故的以及其他严重违法违规行为的,经核实证明市场运营不符合原有信用类别标准的,立即调整其信用类别,并采取相应的监管措施。

2007年,省工商局按照国家工商总局《关于建立商品交易市场信用监管制度的指导意见》要求,及时印发在全省范围内开展商品交易市场信用分类评定及监管工作的实施意见。各级工商部门迅速组织实施,对辖区内的商品交易市场开办单位和场内经营者信用状况、日常经营活动及违法经营记录等情况进行一次全面摸底,严格按照认定标准评定市场信用类别,实施分类监管。全省共有各类消费品市场2419个。至12月底,全省首批527个商品交易市场信用评定和录入工作已经完成,共评出A类市场83个,B类市场372个,C类市场70个,D类市场2个。省工商局向国家工商总局推荐"南昌市墩子塘集贸市场"等16个A类信用市场,作为国家工商总局重点联系市场。

2008年7月,"个体工商户管理费和集贸市场管理费"停止征收后,省工商局按照监管与发展、服务、维权、执法相统一的要求,调整工作思路,在原有区域巡查基础上,进一步明确"网定格、格定责、责定人"的市场区域巡查责任制。每个工商所责任片区的执法人员必须对其分管辖区内的经营者市场主体资格是否合法,市场经营行为是否规范,商品质量是否合格,食品经营者索证索票制度和进销台账制度是否落实到位,消费者申诉、投诉是否及时受理办结,印刷品广告、店堂广告、户外广告是否合法规范,市场专项整治的措施和要求是否落实,市场主体经营性普法教育是否到位,信用分类监管措施是否落实,违法违章行为是否得到及时有效查处等10个方面的工作全面负责。

2009年,全省工商系统全面开展基层工作模式改革。"停征两费"后,如何解决基层干部中存在的"干什么""怎么干""干得怎样"等问题,各地积极探索基层监管职责到位。九江市工商局创建以"片区监管责任制"为主要内容的基层工作模式。新余市工商局建立违纪违规问责机制。南昌、赣州市工商局采取措施转变基层职能。省工商局在九江召开现场会,全面推行基层工作模式改革。各地工商部门努力调整工作思路,创新监管方式和方法,很快填补"停征两费"后市场管理工作中的空白点,各类市场的规范管理工作进一步得到加强。

2010年5月31日,省工商局印发《关于开展创建诚信市场活动的通知》,决定于2010年6月至11月,在全省范围内集中开展创建诚信市场活动,并拟定创建诚信市场办法和参考标准。在创建诚信市场活动中,评定首批527个商品交易市场的信用等级,确定全省诚信市场创建活动示范点19个。

## 经济监督检查

20世纪90年代,各地的经济建设步入新的发展阶段。查处经济违法违章案件,维护良好市场经济秩序,是工商行政管理机关的工作重点。

全省工商系统的经济监督检查突出大案要案的查处。1993年,根据国家工商局和省委、省政府的部署,省工商局及时参与查处北京长城公司南昌长城科技产业非法集资案。组织精干力量,参与新华液化有限公司违法案件的查处工作,对广东振兴国际金融商品期货服务有限公司江西分公司违反国家《期货经纪公司登记管理暂行办法》等问题进行调查处理。

全省各级工商部门从维护改革、发展、稳定的大局出发,充分运用工商行政管理职能,在1994年把平抑市场物价作为中心任务来抓。各地优先安排菜农进入市场,减少中间环节,减免市场管理费,制止乱扣乱罚,为农副产品贩运提供便利和服务。严厉打击囤积居奇,欺行霸市、哄抬物价、短斤少两及垄断市场和价格的"菜霸""肉霸""粮霸"(简称"三霸")等违法行为。经当地政府同意,部分城市对价格居高不下的肉、禽、蛋等主要食品采取临时性限价措施,使集贸市场价格趋于平缓。

1995年,江西省各级政府把稳定物价作为经济工作的关键一环来抓,各级工商部门切实履行职能,配合有关部门加强价格监控,维护市场秩序。省工商局会同物价部门制订批零差价监控制度,根据不同商品,确定当日集市批零差价率,推广南昌、鹰潭、上饶等城市的经验。在江西省大部分地区遭受特大洪涝灾害期间,各级工商部门采取积极措施,疏通流通渠道,组织集市供应,保持市场稳定。各地把除"三霸"作为平抑物价、维护市场秩序的重要工作,对欺行霸市、哄抬物价和垄断市场、垄断价格的违法违章行为坚决予以打击,全省处理此类案件2000余件,有效地维护消费者权益。

1998年,各级工商部门在开展市场专项整治行动的同时,加强市场日常监管。与有关部门一起在全省对所有销售碘制品、饮品、食品的企业和个体工商户以及相关药品市场进行一次全面检查,对不具备生产条件,在产品中掺杂使假、以次充好的企业,一律责令停业整顿,对无证无照生产、销售饮品、食品行为,坚决予以取缔。全省共收缴、查获非碘、劣质盐230吨,假劣、过期食品1.53万千克;取缔无证照冷饮店、食品店324家,捣毁制假窝点54个;查处制售假冒伪劣药品案件12件,没收假冒伪劣药品标值6.58万元。

全省工商部门在1999年以体制改革为契机,加大市场监管和行政执法力度,配合政府有关部门开展旧货市场、水产品市场、卷烟市场、文化市场、中药材市场的专项检查整治。省工商局印发《关于加强市场监管,加大执法力度的意见》,全面提高市场监管和行政执法的主要任务。在一季度开展的"整市场,保节日"专项执法检查行动中,共出动执法人员6192人次,检查市场87个,各类经营户20036家,查封制假窝点22个,立案159件,查处物资标值498万元。

2001年4月11日,江西省成立由省长黄智权任组长的省整顿和规范市场经济秩序工作领导小组。5月11日,省委、省政府印发《江西省整顿和规范市场经济秩序工作总体实施方案》。全省各级工商部门按照"依法整治,把握长远,抓紧当前,全面推进,突出重点,标本兼治"原则,全力整顿和规范市场经济秩序。2001年,省工商局在整顿和规范市场经济秩序工作中共组织10次全省统一行动,开展8次专项整治活动。全省受理各类举报案件4613件,受理消费者申诉案件11807件;查处各类经济违法违章案件11790件,案值1.16亿元,罚没金额1117万元;查处违法经营主要物资总标值4323万元,销毁假冒伪劣商品标值720万元,销毁侵权商标标识91134套;出动执法人员66425人次,清理整顿市场主体47000余家;清理各类市场8206个,查处"三无"企业715家,取缔无照经营1778户,取缔制假售假窝点186个。省工商局召开4次大型宣传活动,编发整顿和规范市场经济秩序工作简报44期,并对查处的十大典型案件向社会公开曝光。

2002年,省工商局制定印发《江西省工商局关于开展集贸市场专项整治工作的实施意见》和《关于进一步深入开展集贸市场专项整治工作的通知》,将南昌市洪城大市场、赣州市赣南贸易广场等12个辐射力强、影响面大的集贸市场作为全省整治的重点市场,将南昌市、九江市、赣州市3个城市确定为全省重点整治的地区。按照"五个100%"(市场开办主体办证率100%,市场内固定摊位经营户发照率100%,亮照经营率100%,对发现的违法行为处罚率100%,市场开办主体单位建立责任制和市场管理制度率100%)的整治要求,集中开展集贸市场整治,对36个重点地区122个重点市场进行全面整治。要求农贸市场周围50米内无流动摊贩,鲜肉、水产品均入场交易;集贸市场内干净整洁,各种商品摆放有序,做到明码标价;市场内基本无假冒伪劣商品,无短斤少两、欺行霸市等违法行为;整顿集贸市场专项整治的宣传工作抓得实,力度大,有一定数量的稿件发表在相应级别的媒体上;各阶段工作情况、统计报表和有关材料按要求向政府及上级机关及时,准确地上报等。全省共检查各类市场2540个,清理整顿各类市场主体63432个,取缔无照经营4284家,变更3340家,注销1529家,吊销1573家。全省各级工商部门认真贯彻落实"全面展开、突出重点、标本兼治、重在治本"的工作方针,2002年1—11月,共查处各类经济违法案件14318件,其中5万元以上大要案425件,案值10303万元,罚没金额2034万元,捣毁制假窝点284个,移送司法机关案件23件,涉案人员295人。

2003年,各地深入开展整顿和规范市场经济秩序工作。在防治"非典"中,全省工商部门把做好防治"非典"工作作为一项十分重要任务,充分发挥职能作用,严厉打击利用防治"非典"名义从事违法经营活动,共出动执法人员61106余人次,出动执法车辆9812台次,检查市场各类主体174766户次,查处违法案件576件。在开展农村市场整治中,全省工商系统共检查农村市场560个、经营户16320家,受理投诉1846起,举办识真辨假展示会98次,查处违法违章案件435起,案值36万元。开展维权反欺诈服务消费领域专项检查,重点对餐饮行业和美容美发行业进行专项整治,检查经营单位17333家,责令整改2572家,查处违法案件194件,查获假冒伪劣商品和不合格商品3474件,罚没金额16万元。加强节日市场、旅游市场监管,组织开展专项整治。2003年,全省工商系统共查处各类经济违法违章案件18623件,案件总标值1.59亿元,罚没金额3081余万元。

2004年,全省工商部门开展节日市场专项整治等9项整治行动,共查处各类经济违法违章案件21916件,案件总标值2.63亿元,罚没款入库数5651.75万元,案件总标值数和罚没金额数分别比2003年同期增长134%和68%,移送司法机关处理案件9件。

2005年,全省工商部门先后开展"元旦""春节"两节市场专项整治、"红盾护农"农资市场专项整治,"五一"黄金周旅游市场专项整治,盐业市场专项整治,糖精和含糖食品市场专项整治,月饼市场专项整治,"中秋""国庆"旅游市场专项整治等11项专项整治行动,全省共查处各类经济违法违章案件21021件,案件总标值3.34亿元,罚没款入库7289.67万元。

2005年,高致病性禽流感疫情在部分省市出现后,全省工商部门高度重视防控工作。省工商局及时组织召开会议,作出部署,制定应急预案。各级工商部门实行分段分片包干,层层落实责任制和责任追究制,形成市、县、乡三级联动工作格局。各地采取加大市场巡查力度、签订责任书、完善索证索票制度、实行"挂牌经营"制、加强对防疫产品的市场监督检查、及时掌握有关疫情动态信息、加强禽类市场监测和抽检等措施,做到职能到位。遂川县发生禽流感后,启动应急预案,加强市场监管,防止禽流感蔓延。

2008年,省工商局组织开展整顿规范市场经济秩序有关工作,着力加强对全省系统业务口的监督、指导、协调,为全省经济社会发展服务。全省工商部门共查处各类经济违法违章案件17295件,案件总标值3.53亿元。

全省工商部门围绕监管职责,抓住重点,强化日常监管,规范市场经济秩序,在2009年,确保全省市场秩序良好有序,为新中国成立60周年营造良好市场氛围。中央电视台报道了九江、景德镇、宜春等市整治市场、打击传销工作。各地认真开展市场中介机构、行业协会专项整治,按照省委、省政府的部署和责任分工,完成1775家登记在册的经济鉴证类市场中介组织专项治理。2009年,全省工商部门查处各类经济违法案件61509件,案值52695万元,罚没金额11335万元。

2010年,全省工商部门以查资质、验标识、打假劣、保权益为重点,继续深入开展"家电下乡"等重要商品市场专项整治,保障惠民政策落到实处。全省共检查家电等经营主体5.08万家,查处违法案件17件,为消费者挽回经济损失29万元。大力推行商品准入和退出制度,查处制售假冒伪劣商品案件4407件。立足职能,不断提高行政执法水平,健全长效监管机制,共整治重点区域249个,捣毁经销假冒伪劣产品窝点23个,共查处经济违法违章案件62686件,案值81884万元。

## 第三节　重要商品市场监管

在不同的历史时期,国家实施宏观调控和重点保护的商品种类有所不同。国家对重要商品的计划管理体制不断进行改革,逐步减少对重要商品的指令性计划管理。国家计委负责平衡、分配的重要商品由1978年256种,减少到1992年的22种。至2005年底,国家重点调控的重要商品仅有粮食、棉花、蚕茧、化肥、农药、成品油、小轿车等10余种。全省各级工商部门贯彻执行国家有关重要商品管理政策,加强对重要商品市场主体、客体、载体及交易行为等方面的管理,取缔非法经营,维护重要商品市场流通秩序。

### 粮食市场监管

20世纪80年代,国家对粮食流通管理体制进行一系列改革,粮食市场逐步放开。1991年,对粮食在完成国家定购任务的前提下,常年放开经营。全省工商部门贯彻执行国家粮食政策,加强粮食市场管理,促进粮食市场流通。1991年10月24日,省工商局印发《关于搞活粮食流通的通知》,就全省粮食市场管理问题提出意见,要求各级工商部门积极支持粮食运销和贩运活动,对供销社、国营企业、乡镇企业、农业企业和个体工商户经营粮食及时核发营业执照;对粮食出省无条件放行,不准设卡,确保粮食流通畅通无阻;大力搞活粮食集贸市场,所有综合性的集贸市场都划出专门场地组织粮食交易;对那些利用农民卖粮难之机,内外勾结,压价收购,然后又卖给粮食部门,损害农民和国家利益的投机行为严厉打击。省工商局在1991年还印发《关于工商行政管理检查站检查商品范围的通知》,严禁随意上路检查,各检查站除检查24种进口商品和国家明文规定实行运输管制的物资(商品)外,一律不准拦路检查,保证粮食流通渠道畅通,促进农村粮食及其他商品生产。

1992年2月1日,省政府批转省工商局《关于"八五"期间全省集贸专业市场建设规划要点请示的通知》,决定在"八五"期间,继续搞好九江粮食批发市场的建设,并在南昌、吉安、赣州、抚州等地建设外向型粮食批发市场。

9月1日,国家正式放开粮油价格,取消平价粮油供应,一律改为议价销售。由国营粮食部门独家经营粮油的时代宣告结束,粮食购销步入市场经济体制运行。

1994年,国务院对粮食等重要商品流通体制进行改革。省工商局及时研究提出具体实施办法,7月28日,会同省粮食局联合印发《关于加强粮食市场管理做好粮食批发企业清理工作的通知》,全省工商部门清理整顿粮食批发企业,取缔无照经营135家,对不符合条件的150余家粮食批发企业办理注销登记。除国有粮食收购单位,杜绝其他单位或个人直接到农村收购粮食的现象。

1995年,根据国务院、省政府有关继续加强粮食等市场管理、巩固流通体制改革成果的指示精神,全省各级工商部门加大管理力度,对粮食批发企业进行重新登记,对不符合条件的粮食批发企业予以注销,规范粮食批发市场秩序。1996—1997年,全省工商部门持续开展粮食市场整顿,重点对粮食批发企业进行清理,查处无粮食批发权和违反规定收购粮食的企业。

1998年6月,国务院发布《粮食收购条例》。根据全省粮食市场逐步放开的新情况,各级工商部门加强对粮食收储企业、粮食加工企业、粮食批发企业的登记监督管理,检查取缔无照经营和查处超范围经营的粮食企业。11月20日,省工商局印发《江西省工商局关于开展坚决打击不法粮商维护粮食收购秩序专项斗争的实施方案》,要求各级工商机关贯彻执行《国务院关于进一步深化粮食流通体制改革的决定》和《国务院关于印发当前推进粮食流通体制改革意见的通知》,打击不法粮商、维护粮食收购秩序,促进粮食流通体制改革顺利进行。

1998年,省工商局党组把管住粮食收购市场列为头等大事,数次召开地市工商局长会议,及时印发《关于加强粮食收购市场监督管理的紧急通知》等一系列文件。各地工商局均成立以局长为组长、分管局长为副组长的粮食市场管理领导小组,一把手负总责。省工商局编印粮改简报,编发《粮食流通体制改革有关方针政策解答》发至基层。省工商局多次派出督查组进行督查,派员参加省政府粮改检查组工作。全省工商部门共派出督查组1500余人次深入到农村基层工商所进行督查。各级工商部门采取有力措施,坚决管住粮食收购市场。建立领导责任制,制定粮食市场管理目标制,做到责任到人、任务到人,落实包乡、包村、包片的责任制。各地以基层工商所为单位普遍建立粮食收购市场巡查队伍,全省共成立粮食收购市场巡查队397个,在夏粮收购期间,深入乡村昼夜进行巡查。全省清理整顿粮食批发企业3631家,取消批发资格2499家,取缔无照经营1435家。对重新获得加工资格的企业实行跟踪管理,建立台账制度。各地设立粮食收购市场管理举报电话和举报箱,接受举报非法收购粮食1200余起,对举报案件做到件件抓落实,事事有结果。各级工商部门一手抓维护收购市场秩序,一手抓违法案件的查处。至年底,全省共查处粮食案件3317件,没收非法收购粮食2471万千克,罚没金额637万元。

定南县工商局制定《粮食市场管理实施方案》,要求保证做到管住粮食加工企业、收购环节、粮食经营企业、粮食批发市场、集贸市场、粮食运输环节等"六个管住"。1998年11月中旬,该局市场巡查队发现郭某、何某等5家个体粮食销售经营户非法从农民手中直接收购5吨粮食,当即没收这些粮食。11月下旬,该局接到群众举报,有辆满载稻谷的货车将从该县与广东交界处经过。巡查队及时拦截,查获卢某非法贩运的粮食12吨。1998年12月上旬,定南县工商局在检查中发现陈某、何某2家个体粮食加工经营户对所调进的粮食不能出具合法凭证,检查人员当即对其库存粮食进行就地封存。调查后,分别将陈某、何某的稻谷、大米共计16吨多没收,交国有粮食收储企业收购,处以相关罚款,并吊销营业执照。

1998年8月20日,南昌市政府副市长雷武江组织工商、公安、粮食等部门联合对全市部分粮食加工企业进行一次深夜突击检查,南昌县工商局当晚现场查获南昌县某粮食加工厂擅自从农民手中收购的新晚谷3.5万千克。经群众举报,办案人员又查获该加工厂未被发现欲转移的非法收购稻谷168918.5千克,当即运往国有粮食收储企业予以暂扣。经查实,该加工厂于1998年6月20日至7月9日期间,以每50千克45元至67元不等的价格,从农民手中大量收购早、晚稻谷204918.5千克,计收购款209016.87元。该加工厂在国务院印发《粮食收购条例》之后,擅自大量从农民手中收购稻谷行为违反国务院《粮食收购条例》第五条之规定。经南昌市工商局研究决定:责令立即停止收购粮食行为;没收该加工厂非法收购的204918.5千克早、晚谷交有关部门收购,收购款上缴国库;对该加工厂擅自从事粮食收购活动的行为处以209016.87元罚款,上缴国库。

8月29日,南昌市工商局接到群众举报,反映南昌县某粮食加工厂与进贤县架桥镇粮管所互相勾结,以低于保护价的价格,大量收购当地农民的稻谷。南昌市工商局公平交易科立即赶赴进贤县架桥镇,在当地政府支持下,分两组进行调查取证。经查实,该加工厂于1998年6月4日至7月30日期间陆续向进贤县架桥镇粮管所先后借早、晚稻谷398785千克进行大米加工。8月18日至22日,该加工厂擅自以每千克1.10元的价格直接从农民手中大量收购早谷60299千克,计收购款66328.9元,尔后将非法收购的60299千克早谷还至进贤县架桥镇粮管所。该加工厂擅自从农民手中非法收购粮食的行为违反国务院《粮食收购条例》第五条之规定。南昌市工商局决定:责令该加工厂立即停止非法收购粮食活动;没收擅自收购的早谷60299千克,送粮食部门收购,收购款上缴国库,并处罚款66328.9元上缴国库。案发之后,进贤县架桥镇粮管所所长李某被上级主管单位撤职查办。

8月31日,经群众举报,南昌县工商局查获南昌市将军洲良种场粮油加工厂私自收购稻谷,当场查获早谷11304千克,大米12909千克及部分收购早谷的票据。经查实,南昌市将军洲良种场为市属农业企业,其粮油加工厂为该场下属个人承包企业,承包合同中将军洲良种场委托该粮油加工厂收购稻谷,但该粮油加工厂没有收购粮食的权力。该粮油加工厂未经任何部门批准,自筹收购资金,以1.08元/千克至1.2元/千克的价格擅自从良种场职工和附近农民手中大量收购稻谷计32819千克,准备加工成大米后销售往当地和广东等处,从中牟利。截至8月31日案发时,该粮油加工厂已加工成大米1.2万千克,南昌县工商局现场暂扣其私收稻谷11304千克,大米12909千克。南昌市将军洲良种场粮油加工厂未经批准和委托,擅自向农场职工和附近农民手中收购粮食,违反国务院《粮食收购条例》第五条的规定。南昌县工商局决定:责令立即停止非法收购行为;没收南昌市将军洲良种场粮油加工厂私自收购的稻谷11304千克、大米12909千克,交粮食部门收购,并处罚款37413.66元,收购款、罚款一并上缴国库。

9月1日,南昌县工商局粮食稽查组发现南昌县粮食局向塘粮油贸易有限公司私自从农民手中收购稻谷,现场查获稻谷69355千克。经查实,南昌县粮食局向塘贸易有限公司不是国有粮食收储企业,而是无收购权的贸易企业。在1997年8月1日至31日期间,该公司未经任何部门批准,仅从本公司的利益出发,由公司的几位负责人开会决定,自筹收购资金,以1.08元/千克的价格,擅自从农民手中收购稻谷。案发后,南昌县工商局暂扣该公司擅自收购的早谷69355千克。南昌县粮食局向塘粮油贸易有限公司在国务院印发《粮食收购条例》之后,擅自大量从农民手中收购稻谷,违反《粮食收购条例》第五条的规定。南昌县工商局决定:责令南昌县粮食局向塘贸易有限公司立即停止非法收购行为;没收该有限公司稻谷69355千克,交有关部门收购;对该有限公司非法收购粮食的行为处以74903.4元罚款,收购款、罚款一并上缴国库。

12月23日上午,省工商局举行新闻发布会,向省、市新闻界通报南昌市将军洲良种场粮油加工厂擅自收购稻谷案、南昌县尤口第二粮食加工厂非法收购粮食案、进贤县永盛大米加工厂非法收购粮食案等10起非法收购和非法经营粮食大案的查处结果。这10起大案件均由当地工商部门依据《粮食收购条例》有关条款的规定,分别作出没收非法收购的粮食、罚款、吊销营业执照等处理。

1999年，全省各级工商部门贯彻落实中央领导关于粮食市场管理"要一抓到底"的指示和全国、全省粮食流通体制改革工作会议精神，坚持实行"一把手"负责制，层层建立责任制，进一步加大执法、宣传力度，全省工商系统共举办粮改政策法规培训班180期，培训1.1万人次；投入粮食市场管理人员1.9万人次，组织巡查组1114个。各地还培训粮食经营、加工企业负责人700多人次。全系统共印发宣传材料25万余份，出动宣传车1.6万余次。在巩固粮食市场管理工作成果的基础上，1999年重点抓了"主要领导负责制、责任网络制、巡查制、联保责任制、举报奖励制、经营台账和月报表制、执法责任追究制、明查暗访制"等各项监管制度的完善和落实。省工商局组织全省粮食市场管理交叉检查。全省共查处粮食违法案件3671件，扣缴粮食956.76万千克，罚没金额838.84万元。1999年全省粮食收购量达26.74亿千克（原粮），比1998年同期多收5.16亿千克。

1999年5月12日下午，婺源县工商局中云工商所得知龙山乡有一车非法收购的粮食即将运出。工商所立即派胡建武等人赶赴龙山至中云路口守候，并拦截一辆满载着稻谷的小四轮，经过工商所、派出所人员跟粮贩的搏斗，制服6名粮贩，粮贩非法收购的稻谷2000千克交粮管所收购。

8月28日，宜春市慈化工商所的一名执法人员休假后在乘坐客车返回工商所途中，发现有人将无任何合法手续的10多包大米欲通过该执法人员乘坐的客车，从宜春市金瑞镇运往慈化镇销售。该执法人员使用公用电话向所里报告情况，工商所迅速部署，在慈化镇将粮贩的大米共1000余千克予以扣押。据查，该批大米是宜春市金瑞镇粮贩周某和晏某于8月中旬从金瑞镇农民家里非法收购的。

1999年11月10日，省工商局印发《关于进一步加强我省粮食收购市场监管工作的通知》，指出粮食收购市场管理是工商部门一项中心工作，粮食收购市场管理工作只能加强。省工商局部署从当年11月中旬起至次年5月，各地集中力量对粮食收购市场开展清理整顿工作，对粮食收购主体清理整顿，对不符合条件和标准的企业进行清理，对无照经营的予以取缔。

2000年，全省工商部门继续加强粮食市场监管，把粮食收购市场管理工作作为第一位责任和任务来抓，采取有效措施，加大监管力度，维护粮食收购市场秩序。全省共查处违法收购、经营粮食案件403件，查扣粮食205万千克，粮食214万千克，罚没款91万元，吊销营业执照191家。对列入保护价收购范围的粮食品种，严格按条件和程序批准105家企业的收购资格。早籼稻定出保护价后，省工商局对粮食收购市场监管工作提出具体要求，共审批入市收购早籼稻企业3252家。

2000年6月，国家工商局要求各级工商部门认真处理好管住粮食市场与拓宽粮食购销渠道的关系，调整工作思路、监管措施管理方式，以推行巡查制为重点，提高粮食市场管理效率。此外要求各地工商局在审批入市收购企业最好要以政府名义印发名单，接受社会监督。

7月10日，省工商局印发《关于认真贯彻国务院、省政府粮食生产和流通工作会议精神切实加强粮食收购市场管理的通知》，要求各级工商部门准确理解中央粮改方针政策精神，进一步拓宽粮食购销渠道，大力搞活粮食流通，继续加强粮食收购市场管理，维护粮食收购秩序。

12月8日，省工商局召开全省工商系统粮食市场监管暨联合打假会议，会议传达省长舒圣佑在吉安检查粮食工作情况和对粮食市场监管工作的批示。副省长蒋仲平到会作讲话。省工商局局长殷国光要求全省工商系统认真贯彻落实会议精神，切实抓好粮食收购市场管理工作。

各级工商部门在粮食市场管理中创新举措。新余市工商局在加强粮食市场监管工作中，制订和落实主要领导责任制、监督网络制、市场巡查制、举报奖励制、执法责任追究制、明察暗访制、电量核算法等行之有效的制度和方法，粮食市场监管进一步制度化、规范化。2000 年，新余市工商局共查处粮食案件 79 件，没收稻谷、大米 423 吨，罚没款 18 余万元。

2001 年，全省工商部门查处非法购销粮食案件 506 件，没收粮食 105.37 万千克，罚没金额 79.25 万元。粮食收购市场监管工作得到省政府、国家工商总局的肯定。

2002 年，全省工商部门重点抓好对陈化粮销售的跟踪监管，严把市场准入关，扶持合法经营，严查倒卖陈化粮的违法违规经营活动，确保全省粮食市场有序发展。

石城县某粮食加工厂是一家在 2000 年开办的从事以粮食加工为主的私营企业。2001 年，曾有群众举报，该厂有在农村非法收购粮食的行为。2002 年 8 月 21 日，石城县工商局又接到群众举报：该厂在石城县的屏山、珠坑等地向农户收购粮食。工商执法人员根据举报线索，深入农村中调查取证，取得该厂在珠坑乡和屏山乡的农户中非法收购粮食的确凿证据。8 月 22 日，石城县工商局执法人员对该厂《粮食经营台账》和库存粮食进行核对，发现实际库存数多出 3600 千克稻谷。当工商执法人员向该厂厂长陈某出示该厂在农户中收购稻谷的部分证据时，陈某供出该厂在农村非法收购稻谷的违法事实，其中有 1000 千克是个体粮商范某在农村收购后委托其加工的。粮食加工厂和个体粮商范某均受到《粮食收购条例》有关规定的处罚。

21 世纪初，全国粮食购销完全由市场调节的市场化趋势初步形成。2002 年后，江西省同全国其他地区一样，取消粮食定购任务和粮食运销凭证，实行彻底的市场化改革；放开粮食购销价格，放开粮食收购市场主体数量限制，取消对粮食收购市场主体的前置性审批，实行备案制，由市场优胜劣汰；进一步完善储备粮管理体系，确保国家对粮食的调控能力；鼓励多形式多方式产销合作，鼓励农民之间加快组织联合，形成有竞争力的粮食生产主体，推进农工商综合的宏观管理，把粮食生产变成有盈利的产业。同时，按照"政府引导、多方兴办、放而有序、活而不乱、层次多样、期现并举，有形与无形相结合"原则，加强粮食市场体系建设。

国家工商总局在 2004 年 12 月 20 日印发《关于进一步加强陈化粮市场监管工作的通知》，要求各级工商部门按照《粮食流通管理条例》《陈化粮处理若干规定》等法规政策规定，加强对陈化粮销售、运输、保管、加工、使用等各环节的全程监管，坚决制止陈化粮流入口粮市场。

全省工商部门按照国家工商总局的要求和部署，在 2004 年严厉查处倒卖陈化粮案件 125 件，罚款 154.9 万元，没收陈化粮 3626.98 万千克，严厉打击粮食市场违法犯罪行为，保证人民群众粮食消费安全。2005 年，各地进一步强化粮食市场监管，查处倒卖陈化粮案件 45 件，没收陈化粮 4250 万千克。

2006 年 10 月 20 日，国家工商总局、国家粮食局印发《关于进一步加强陈化粮监管工作的紧急通知》，要求工商行政管理和粮食行政管理部门继续贯彻国务院《粮食流通管理条例》《关于陈化粮销售处理有关问题的通知》等文件的有关规定，进一步明确工商行政管理、粮食行政管理部门陈化粮监管的职责，认真落实责任制和责任追究制，严防陈化粮流入口粮市场。

2007 年，全省工商部门严把陈化粮购买使用资格准入关，清理陈化粮购买资格企业。

## 棉花市场监管

棉花是关系人民生活的重要物资。根据棉花市场供求情况,国家对棉花的经营政策在不同时期有过一些调整。改革开放初期曾规定粮食、棉花取消统购,改为合同定购,定购以外的棉花允许农民上市自销。之后由于棉花生产和市场供求发生很大变化,20世纪80年代后期,工商部门加强对棉花购销活动的管理,关闭棉花市场,取缔非法的棉花收购、加工和经营单位,严厉打击套购倒卖棉花的非法行为。

1992年10月5日,省工商局、省供销社联合发出通知,要求各地搞好当年棉花市场管理。通知指出,当年棉花继续执行由供销社统一收购、统一经营的基本政策。全省棉花收购任务完成之前,不能开放棉花市场,完成收购任务以后,何时放开棉花市场由各产棉县政府决定。

1994年,全省各级工商部门严格棉花市场管理,维护棉花收购秩序,采取有效措施,定点、定人、定任务、定职责,先后派出5000余人次深入第一线,监督管理棉花市场,扣缴非法经营棉花300多吨,维护棉花市场秩序,保证棉花收购任务完成。

全省各级工商部门在1995—1996年继续加强棉花市场管理,对棉花收购加工企业进行重新登记,配合有关部门贯彻棉花购销政策,确保全省棉花收购秩序。

1997年9月5日,省工商局、省公安厅、省供销社联合印发《关于切实加强棉花市场管理的通知》,要求坚决贯彻执行国家棉花"七不"政策,即继续实行"不放开市场,不放开经营,不放开价格"的"三不"政策,国家只委托供销社棉花经营单位统一收购、统一加工、统一经营棉花,其他任何单位(包括供销社内部非棉花经营单位、各类企业和党政机关以及社会团体等)和个人,一律不得收购、加工、经营棉花;良繁区的良种棉加工厂、劳改农场和国营农场的棉花只能受供销社的委托收购、加工本区(场)内生产的棉花,不准收购区(场)外的棉花,他们所收购、加工后的棉花交当地棉麻公司经营。在这些政策的基础上还要按照国务院的指示做到"四不",即"不限收、不拒收、不停收、不压(抬)级压(抬)价"。以上"七不"政策,既是国务院确定的政策,又是对各级政府和有关部门的要求。同时规定,严禁生产,坚决没收,彻底销毁小轧花机、土打包机;全省继续实行准运证制度。1997年,全省工商系统清理整顿棉花市场,取缔不符合规定的棉花经营单位21家,查处非法贩运棉花案93件。

1998年10月15日,省工商局与省公安厅、省物价局、省供销社联合印发《关于加强棉花市场管理的通知》,就切实搞好1998年度棉花购销工作,提出要求,强调1998年度的棉花政策仍继续实行由供销社统一收购、统一加工、统一经营,敞开收购的政策,保护农民利益,维护好棉花流通秩序。

12月,国务院发布《关于深化棉花流通体制改革的决定》,决定推进市场化改革。从1999年9月1日起,棉花的收购和销售价格均由市场形成。政府有关部门只根据棉花供求情况等提出棉花收购指导性价格和指导性种植面积。供销社及其棉花企业、农业部门所属的种棉加工厂和国营农场、经资格认定的纺织企业,都可以直接收购、加工和经营棉花。供销社棉花经营企业与供销社彻底分开,成为独立的经济实体。

2000年,全省各级工商部门继续开展对棉花经营和加工企业的清理整顿,严厉打击棉花经营中的违法违章行为。2001年,全省工商部门在棉花市场经营主体监管中,检查企业、经营户1246家,取缔非法经营企业56家,查处非法收购、加工棉花案件94件,收缴非法收购的棉花85.4万千克,查封、销毁小轧花机、土打包机815台,罚没款45万多元;对100个重点产粮、棉乡(镇)进行调研,强化监管,较好地维护棉花市场秩序。

2001年7月,国务院印发《国务院关于进一步深化棉花流通体制改革的意见》,提出放开棉花收购,鼓励公平有序竞争,凡符合《棉花收购加工与市场管理暂行办法》规定、经省级人民政府资格认定的国内各类企业,均可从事棉花收购。9月,国务院办公厅印发《国务院办公厅关于印发〈棉花收购加工与市场管理暂行办法〉的通知》,明确国家对棉花收购加工实行资格认定制度。各省、自治区、直辖市人民政府组织计划、经贸、工商、质检等部门进行棉花收购准入资格的审查和认定,取得棉花收购加工资格认定的企业,凭资格证书在当地办理工商登记之后,方可从事棉花收购加工。

2001年,全省工商部门在对棉花市场经营主体监管中,检查企业、经营户1246家,取缔非法经营企业56家,查处非法收购、加工棉花案件94件,收缴非法收购的棉花85.4万千克,查封、销毁小轧花机、土打包机815台,罚没款48万多元。对100个重点产粮、棉乡(镇)进行调研,强化监管,较好地维护全省粮棉市场秩序。

2002年8月,全国进一步放开棉花收购市场,鼓励各类具备条件的企业参与棉花收购,禁止以任何理由、任何方式实行地区封锁,取消对企业跨地区收购棉花的限制。各地按照《棉花收购加工与市场管理暂行办法》有关规定,鼓励棉花收购加工企业竞争,允许收购籽棉送加工厂委托加工。严防小轧花机、土打包机死灰复燃,与此同时严厉打击各种扰乱市场秩序的行为,维护公平、竞争、有序的市场环境。对丧失资质条件的企业、有严重违法行为的企业、无加工实绩的企业,取消其收购加工资格。培育和完善棉花市场体系,有计划地开办区域性棉花市场。

全省工商部门按照国家工商总局的要求和工作部署,在2004年查处非法收购、加工棉花案件56件,没收非法收购的棉花8.25万千克。

## 成品油市场监管

成品油是发展国民经济的重要生产资料,是国家的重要战略物资,国家对成品油实行统一计划分配管理。国家统一管理成品油的生产和计划,所有成品油生产企业超产和计划外生产成品油,除规定留给企业部分自销外,均由中国石油化工总公司销售公司统一收购经营。20世纪90年代初,进入市场调节的计划外成品油只占全部资源的30%左右,随着计划外成品油进入市场,一些单位和个人钻成品油价格"双轨制"的空子,纷纷插手非法经营成品油。为整顿成品油市场混乱状况,国家计委、国家工商局、中国石油化工总公司联合印发《关于加强成品油市场管理和整顿的通知》,就清理整顿成品油经营单位,整顿小炼油厂,取缔小土炼油炉,加强成品油经营单位的管理等方面予以规范,并采取严格经营单位开业的审批制度,取缔个体加油摊点,加强对生产经营单位检查,监督各用油单位,加强对油票和油料的管理等措施,完善成品油市场管理办法。清理整顿成品油流通秩序,保证市场的供应。

20 世纪 90 年代初期,全省工商部门对成品油市场开展多次清理整顿,使成品油市场秩序有过好转,但由于深层次的问题(如体制问题)没有得到解决,实行统一经营的阻力仍很大,个体户经营成品油仍呈上升趋势。据 1994 年 10 月统计,全省成品油经营单位约 3000 余家,其中,石油销售系统只占 18%,行政机关主办占 14%,集体、个体及其他部门主办占 77.8%。有的经营者不择手段,掺杂使假,缺斤少两,哄抬油价,偷税漏税,严重扰乱成品油市场秩序。1994 年 11 月,省工商局部署安排各级工商局,在内部利用企业登记、市场管理、经济检查的综合职能作用,外部与经贸委、计委、公安、物价、计量、技术监督、石油、税务等部门联手作战,在全省范围开展成品油市场的治理整顿工作,至 12 月底基本结束。在清理整顿中,本着"批发机构从严,加油站、零售网点适度从宽"原则,对全省成品油经营单位 5226 个(其中批发机构 712 个,加油站、零售网点 4514 个)进行逐级审查,成品油批发经营单位的经营资格,由各级经贸委会同同级工商局、石油公司审查提出意见后,报省监督领导小组审批;对符合建设和管理规范(包括安全、质量、计量、价格、技术规范等)的加油站和零售网点的经营资格,必须经当地经贸委、石油公司审查同意后,报地(市)监整领导小组审批。通过审查,全省取缔成品油批发经营单位 574 个和加油站、零售网点 1529 个。

1995 年,全省各级工商部门根据国务院、省政府有关继续加强成品油等重要商品市场管理,巩固流通体制改革成果的指示精神,加大管理力度,对成品油经营单位进行重新登记,重新审核登记成品油批发企业 112 家。省工商局与省经贸委共同制定《江西省成品油市场管理暂行办法》,有效遏制资源分散、多头经营、价格失控等混乱现象。

是年 11 月 1 日,省工商局印发《关于加强对成品油市场监督管理的通知》,要求各地在近期内组织人员对成品油市场进行检查,规定成品油经营单位(批发企业、加油站、零售网点)必须持有《石油成品油经营许可证》《营业执照》《税务登记证》《消防安全许可证》等证照,方可经营,对证照不齐全的(个别地区因发证等原因,有些经营单位未办齐证照的)当年年底之前必须补办完毕,否则将视为不具备经营成品油条件单位,坚决予以取缔。各地坚决查处成品油市场掺杂使假、缺斤少两、偷税漏税等违章违法行为,切实维护成品油市场流通秩序。严禁擅自设卡拦截过往油车(船),坚决杜绝成品油市场的"三乱"(布点乱、油源乱、管理乱)行为。

1996 年 2 月,省成品油市场监督整顿领导小组召开第二次会议,对各地、市上报的 138 家成品油批发机构,首批审查确认 96 家(石油公司系统内 92 家,系统外 4 家)经营资格;4 月,复查确认第二批 16 家(石油公司系统内 4 家,系统外 12 家)的经营资格;余下的 26 家,于 5 月复审完毕。

1996—1997 年,全省各级工商部门继续清理整顿成品油市场。1997 年,检查成品油经营单位 3643 家,查处违法违章经营单位 265 家,取缔非法经营单位 489 家,进一步规范成品油市场秩序。全省各级工商部门在 1998 年的打击走私贩私联合行动专项斗争中,查获走私的成品油 65 吨。

1999 年 5 月,国务院办公厅转发国家经贸委等部门《关于清理整顿小炼油厂和规范原油成品油流通秩序意见的通知》,要求遏制小炼油厂过多过滥盲目发展,与国有大中型炼油企业争原油、争市场的混乱状况。各地贯彻国务院文件精神,在生产环节取缔非法采油和土法炼油,清理整顿小炼油厂,在流通环节实行成品油集中批发,规范成品油零售市场。

2001年，国务院办公厅转发《国家经贸委等部门关于进一步整顿和规范成品油市场秩序的意见》，要求各地开展对批发企业、加油站专项整治，打击成品油违法经营。严格成品油市场准入，各地区新建的加油站，统一由石油集团、石化集团全资或控股建设；新建加油站和成品油批发企业，要经经贸委核发成品油零售经营批准证书、批发经营批准证书，再到工商机关办理登记注册手续。

2001年，吉安市工商局在对加油站和液化气站的整治工作中，取消成品油、液化气站和其他化学危险品经营资格企业45家，责令停业整顿48家，责令变更35家，取缔无照经营10家。

2001年10月8日晚上10时，安远县工商局根据群众举报，在孔田镇上魏村查获一家用废机油提炼燃油的非法炼油厂，当地查扣成品劣质燃油7.35吨，废机油1.2吨，用于生产的抽油泵2台、铁制存油池1个、冷却池1个，用于运输燃油的车辆2辆。经查，该非法炼油厂业主司某系安徽省太和县人，其将从安徽购买的生产设备运到安远后，便从安远、定南、信丰等县汽车修配厂以每桶150～200元的价格收购废机油，然后加热和加入化学物品后炼成燃用油，灌装成桶，再以每吨2450元的价格销往广东等地。据悉，这是一个无安全生产许可证、消防许可证、工商营业执照的非法炼油厂，2001年9月27日开始生产，已销售劣质燃油1050千克。由于当事人的炼油厂存在着严重的安全隐患，其制售假冒、劣质燃油行为严重违反国家有关规定，安远县工商局对该厂依法取缔。

在2001—2005年的成品油市场专项整治中，全省工商部门结合企业年检，以社会加油站、农村加油站及有违法违规经营记录的加油站为整治重点，对当地的加油站进行全面检查，重新审查加油站经营资格，对无证和不具备经营条件的加油站进行变更或注销登记，对手续不全的加油站限期进行整改。采取有效措施，指导督促加油站建立成品油购销台账，与批发企业建立供油合同，定期对加油站进货凭证进行检查。

2005年，会昌县工商局对该县的石油经营市场进行专项整治，查获不合格成品油60多吨，当事人依法受到行政处罚。从检查中发现，部分乡镇经营不合格成品油现象较为突出。经过专项整治，会昌县石油市场的各类违法经营行为得到遏制。上饶县工商局对一起无照从事以废机油提炼润滑油的行为进行查处。经查，当事人吴某从2004年4月起，在未依法取得有关许可证或批准文件和营业执照的情况下，擅自在上饶县旭镇前山村一村民家中从事废机油加工经营活动。该局依法责令当事人停止非法行为，并处以2000元罚款。

根据国际市场油价不断攀升，一些地方市场供应紧张，非法经营成品油现象又有所抬头的情况，国家工商总局分别于2006、2008年两次印发关于开展成品油市场专项整治工作的通知，要求进一步加强成品油市场监管。同时，明确提出要认真组织开展成品油质量监测工作，并具体指导地方工商机关开展监测工作，推动整治工作不断取得成效。

2008年，各级工商部门集中力量开展对成品油市场专项整治行动，有效地规范成品油市场经营行为，维护良好市场秩序，保护消费者和经营者合法权益，成品油市场专项行动取得阶段性成效。尔后，随着国内成品油市场需求的持续快速增长，一些不法商贩铤而走险，非法经营成品油，以劣充优、缺斤少两、无照经营状况屡禁不止，企业内部管理不严造成油品水分、杂质超标等现象时有存在，扰乱市场秩序，侵犯消费者和其他经营者合法权益。为进一步加强成品油市场监管，省工商局决定于2009年3月至11月在全省开展成品油市场专项整治行动。要求各级工商部门集中开展成品油市场检查,组织开展流通领域成品油质量监测工作,把不合格油品清除出市场,严厉查处成品油违法经营行为。全省工商部门按照省工商局部署,开展成品油市场专项整治。各地共出动执法人员3986人,检查成品经营户1517家,抽查成品油221个批次,查处各类违法案件22件。

2010年,全省各级工商部门组织抽检成品油1192个批次,共立案查处无证无照、掺杂使假、缺斤少两成品油案件273件。全省成品油市场秩序进一步规范。

### 农资市场监管

化肥、农药、种子、农膜等系重要的农业生产资料。20世纪80年代,各地农村对化肥、农药、农膜、种子等农业生产资料的需求量猛增,供求关系日趋紧张。国家对农资的计划管理和市场管理逐步重视。80年代末90年代初,国家、江西省政府先后出台相关文件,加强农资市场管理,实行化肥、农药、农膜专营等,同时要求各级工商部门经常开展针对化肥、农药、农膜生产经营单位经营行为的检查活动;对无生产经营许可证(或准产证)生产农药的企业以及非专营单位销售农药的,一律取缔;严厉打击制造、销售假劣化肥、农药、农膜行为,杜绝假冒伪劣农资商品流入市场坑农、害农,达到治假、治涨、治乱目的。

1994年,国务院对化肥等农资流通体制进行改革。3月10日,省工商局印发《关于加强化肥、农药、农膜及种子市场监督管理的通知》,要求各级工商部门坚决制止和打击化肥、农药、农膜及种子生产经营中的违章违法行为,切实保障春耕春种顺利进行,维护农民利益。

1995年5月30日,《赣州晚报》刊登题为《谁来给菜农一个说法》文章。接着,又收到有赣州市政府主要领导批示的13户菜农反映使用假农药坑害菜农的投诉信。赣州市工商局非常重视,立即组织人员,进行调查处理。经调查证实:赣州市水东供销社沿坳农资商店谢某秀于当年3月底,与赣县江口镇植保站叶某生二人,从赣州地区农资公司购买1桶计80千克进口农药托布津,每千克购进价57元,购货款4560元,购回后,谢将分得的40千克托布津倒入装有3千克失效农药矮壮剂多哨唑的旧桶内。尔后,以每千克76元的价格将这种掺有失效农药的托布津销售给水东沿坳村菜农,共销售10千克,销货款760元。15户菜农使用后,地里的冬瓜、丝瓜、苦瓜、豆角、茄子、辣椒等农作物都出现叶片萎缩,菜秧不拔节现象,造成15户菜农12亩菜地的严重损失。案发后,谢某秀隐瞒事实真相,把责任转嫁地区农资公司。经过赣州市工商局办案人员反复调查,去伪存真,终于把事实搞清楚,谢某秀在事实面前,交代了上述违法行为。依据《中华人民共和国消费者权益保护法》的规定,市工商局对其作出行政处罚:没收其尚未销售的掺假农药托布津,予以销毁;没收其销售掺假农药托布津的违法所得760元,并处以违法所得一倍罚款。同时,责成其赔偿菜农经济损失17817元。

1995年1—7月,德安县工商局主动出击,一举查处违法经营农资案12件,案值13万余元。所查处案件违法经营的品种多,既有化肥,也有种子、农药;作案人员有不法商贩,尤以集体单位为最多;案件性质有无证经营,更有劣质产品。杀虫脒是国家早已禁止生产使用的农药,而林泉乡竟有一家商店大量出售,严重影响农民健康;磨溪乡有个集体单位,从湖北一家工厂购进11吨复合肥,质量不合标准,正在出售时被当地工商所查获,按规定进行处罚。

7月4日上午,瑞昌市横港镇清溢村几位农民到消协横港监督站反映:他们25家农户,上月在横港供销社清溢分店购买的晚稻杂优种子,发芽率普遍很低,要求供销社赔偿损失。经调查核实,并由市消协出面邀请市种子管理站专业技术人员到该村农户秧田实地检测,认定这批晚稻种子发芽率仅为15%～39.2%,属不合格种子。按照规定,由清溢分店向受害农户赔偿损失1241.25元,工商部门对清溢分店给予相应处罚。

1996年,全省各级工商部门在农资市场专项整治行动中,共检查农资经营单位6500家,取缔各类违法经营网点1000余家,查处假冒伪劣化肥、种子、农药共9100余吨,查处坑农案件570件,保护农业生产和农民利益。

1997年3月10日,省工商局、省供销社联合印发《关于进一步加强农资市场监督管理的通知》,要求各级工商部门切实整顿好农资流通秩序,加强农资市场监督管理;对农资经营主体进行一次全面清理,对所有农资经营和有偿转让服务单位实行规范管理,配合物价等部门对农资商品价格执行情况进行检查,严肃查处价外加价、价外收费的变相涨价行为,坚决打击乱涨价、哄抬农资价格、牟取暴利的违法行为。全省各级工商部门按照省工商局要求和工作部署,精心组织农资市场整顿,全省共组织738个检查组,检查农资经营单位7680家,查处无照和超范围经营343家,查处假化肥、假农药、假种子案件290件,标值941万元。

1998年,全省工商部门集中1个月在全省开展农资市场的专项整治活动,出动执法人员20437人次,对6029户国有、集体、私营、个体经销企业进行检查,查处非法倒卖化肥和经销假冒农资商品案件563件,取缔无照经营户213家,查处假化肥6632吨、假农药10397千克、假种子2835千克。在1999年第二季度,全省工商部门开展"整农资、保春耕"红盾打假护农行动,检查生产经营农资单位5886家,查处农资案件112件,罚没款247万元,案件总值602万元,取缔制假窝点15个,取缔无照经营单位559家,查获假种子50.1吨,假化肥1907吨,假农药35吨,为农民挽回经济损失615万元。

为切实保护农民利益,保证春耕生产的顺利进行,2002年3月21日,省工商局、省农业厅联合下发《关于开展全省农资市场整治,确保春耕生产安全的紧急通知》,并于4月1—30日,在全省开展农资市场整治活动。这次专项整治围绕农民反映强烈的假冒伪劣种子、肥料、农药、兽药、饲料、农机及零配件和渔业机具等七类商品,对农资专业市场和集贸市场内农资经营点进行重点检查和拉网式巡查。通过查三证(登记证、生产经营许可证、产品质量合格证)、验标识标签、抽检质量、端窝点等手段,严厉查处农资生产、销售中无产品登记证、无质量合格证、掺杂使假、以次充好;假冒他人产品商标、名称、包装、装潢;伪造、涂改产品生产、经营单位名称、地址、有效期限;利用广告或其他手段对产品质量、服务,功效、适用范围作引人误解的虚假宣传等侵害农民合法权益的违法违章行为。在农资专项整治工作中,全省各级工商部门共立案查处违法案件609件,取缔无照经营133家,查获假冒伪劣化肥3715吨、农药1.30万千克、种子6.81万千克。

2002年,全省工商系统组织开展以农资商品为重点的质量监督抽查三次。在日常监管和专项行动中,全省查处假冒伪劣农资案903件。

2003年,全省工商部门出动人员12150人次,检查集贸市场2364个,抽查农药经营户1626家,取缔无照经营38家,捣毁制假窝点21个,维护农村消费者合法权益。

是年,全省工商部门对农资专业市场和集贸市场内的种子、肥料、农药、饲料、农机等重点商品进行专项整治。专项整治做到"五不放过",即案情没有搞清的不放过,假冒伪劣商品的源头和流向没有查明的不放过,制假售假没有依法行政的不放过,该移送司法机关没有移送的不放过,包庇、纵容、参与制假售假的国家公职人员没有受到追究的不放过。在严格清查农资经营主体资格、整顿农资经营渠道的同时,进一步建立辖区负责制和经济户口管理等办法,完善农资打假目标责任制,落实农资生产、经营单位责任书的各项责任,促进农资市场整治工作的全面开展。通过电视、墙报等多种形式,广泛宣传有关法律、法规、政策和专业知识,对查获的大案要案及时予以曝光。据统计,1到11月,全省工商部门共立案查处各类农资案件876件,总案值达2154.6万元;查获假冒伪劣农药68吨、种子396.84吨、化肥7893.51吨;取缔无照经营户626家。

南城县工商局在2003年开展农资市场整治。该局通过对经营资格审查、产品质量抽检等方式,对农资市场进行严格监管,严查在农资经营中无照经营、掺杂使假,以次充好,销售假冒伪劣商品的违法违章行为。查处销售不合格复合肥企业4家(品种9个),查封不合格化肥20余吨。查处上塘供销社经营的江西临穗实业有限公司冒牌生产连云港丰宇化工有限公司"雪星红"复合肥13吨、抚州市兴农复合肥厂冒牌生产的吉安市丰农复合肥有限公司"润丰"复合肥30吨。

2004年2月,国家工商总局党组专门召开会议,将工商行政管理机关开展的农资打假工作命名为"红盾护农"行动。此后,全省工商系统开展"红盾护农"行动。各级工商部门发挥工商行政管理职能作用,创新农资市场监管机制,以整顿农资市场为重点,深入进行农资打假,严厉打击制售假冒伪劣农资坑农害农行为,规范农资市场秩序,切实维护农民利益和促进农民增收。

## 机动车市场监管

20世纪80年代末,全省各地市工商局先后组织建立机动车辆交易市场管理所,选派专人进驻车辆交易市场进行验证管理,即对所有进入交易市场成交的汽车(包括计划内、外汽车)、旧机动车(包括旧汽车、旧拖拉机、旧摩托车)的发货票,加盖工商部门"验证"印章,并按规定标准收取机动车辆交易管理费。

1992年,省物资局、省工商局、省公安厅印发《江西省旧机动车辆交易市场管理办法(试行)》,规范全省旧机动车交易市场管理。

随着经济社会发展,1993年全省集贸市场发展到2686个。生产资料市场有171个,其中的汽车市场及网点11个。全省各级工商部门在市场监督管理方面,从侧重于微观管理向参与宏观监控过渡,从侧重于消费品管理向着重抓重要生产资料和生产要素市场过渡。

1994年初,广丰县社后工商所查获广东省河源市一些不法分子冒用河源市法院、检察院等执法单位自用车的名义,走私销往江苏、浙江、山东一带的豪华小汽车52辆。

从1995年开始,根据国务院《汽车产业政策》要求,国家发展计划管理委员会、国家工商局为支持汽车生产企业建立和完善销售网络,对轿车经营实行市场准入制度。

1995—1996年,各级工商部门结合打击走私贩私及私货交易市场整治,对机动车市场加强监管,查处非法拼装汽车及摩托车等违法行为。1997年,全省工商系统开展汽车市场整顿,对集中交易的11个汽车市场、570家经营单位进行检查,对擅自开办汽车市场、无照经营、超范围经营、从事非法车辆交易的137家经营企业依法进行处理。1998年,全省各级工商部门贯彻全国、全省打私工作会议精神,省工商局及时制定打私联合行动和专项斗争方案,加强对进口商品的监管,各级工商部门共查处各类走私贩私案件57件,查获走私汽车、摩托车147辆。

1999年,石城县工商局摧毁一家生产拼装机动车的地下工厂;厂主从福建、浙江等地购进报废车,经过拼装后的机动车不具备安全行驶条件;石城县工商局会同有关部门对地下工厂依法进行查处。兴国县工商局查处一起假冒摩托车案件,查获假冒嘉陵牌90型摩托车、70型摩托车、大阳牌90型摩托车,案值2万余元。井冈山市工商局精心组织打假维权活动,在湖北十堰东风轿车有限公司协助下,查处井冈山企业集团轿车厂销售东风汽车配件的不法行为。

2000年6月14日,全省市场规范管理工作会议指出,为适应加入WTO的要求,培育建立产销结合,注重服务,共担风险的现代汽车流通体制和市场网络,引导小轿车经营企业采取品牌专卖、特许经销等交易方式。根据会议要求,各地加强对汽车交易市场监管力度,对小轿车经营单位进行一次检查,对无照或超范围经营小轿车行为坚决予以取缔;继续按照国务院办公厅《转发国家工商局〈关于汽车交易市场管理暂行规定〉的通知》,国家工商局、公安部《关于进一步加强汽车交易市场管理有关问题的通知》要求,坚持汽车交易发票进行验证盖章。2000年11月10日,横峰县工商局与公安局联手出击,破获一起走私摩托车大案,查获走私高档摩托车8辆。

2001年,按照国家工商总局要求,在省"整顿办"统一领导下,由省工商局、省内贸办牵头,会同有关部门,在当地党委政府支持下,全省各地工商机关开展车辆回收拆解市场专项整治行动。截至6月20日,全省22个报废车辆回收拆解市场和128个回收拆解点已全部取缔,各市场(点)做到人走、房拆、场清、复耕。各地进一步加强对现有取得报废汽车回收资格认定企业的监管,严厉打击违法经营行为。

九江市工商局把打击拼装汽车行为、取缔报废车辆回收拆解经营点,作为规范和整顿市场经济秩序工作来抓。2001年,在全市联合统一整治行动中,组织人员对物资、供销部门所提供的辖区内报废车辆回收拆解点情况和领导小组所检查到的情况进行排查,发现九江市存在拼装汽车、报废车辆回收拆解行为,但没有形成一定规模的拼装拆解市场,只有分散在各乡、镇、村的个体经营户或委托单位;工商部门发现一起即取缔一起,同时对车辆改装厂、汽车修理厂加强日常监管,彻底消除隐患。都昌县工商局取缔10家报废汽车回收拆解经营点,根除该县非法回收拆解报废汽车的不法行为;该局对全县的企业档案和个体私营经济户口进行全面排查,清理取缔2家已核准报废汽车回收经营户;同时先后出动160余名执法人员对各乡(镇)逐村逐户进行地毯式排查,分别在北炎、西源、中馆等地查获无照从事报废车辆回收拆解的经营户8家,10家拆解点业主在执法人员的场监督下动手将旧车五大总成进行破坏性拆解,经督查验收,回收的废旧车辆全部拆解成废钢铁卖掉,并解散聘请的拆解人员。

2001年,泰和县工商局开展清理取缔报废车辆回收拆解市场(点)行动。该局在公安部门配合下,共出动车辆30车次,执法人员196人次,对全县26个乡(镇、场)报废车辆回收拆解市场(点)进行拉网式、地毯式清查,当场收缴4家经营报废车辆回收拆解点的营业执照,公安部门收回《特种行业许可证》,同时印发限期整改通知书。到2001年6月18日,对上述4家报废车辆回收拆解点分别进行彻底清场。

2001年5月,新余市渝水区水北镇自发形成的报废车辆回收拆解市场,在市、区政府的直接指挥下,被工商、公安等部门彻底取缔。然而,未过多久,旧车回收拆解行为又冒苗头。根据群众举报,水北镇又有旧车(报废车)改装、拼装现象。渝水区工商分局整顿和规范市场经济秩序办公室会同水北工商所执法人员经过3天2夜的明察暗访,不法经销商的违法事实终被查明。通过调查取证,工商部门分别对这3个违法经营者做出处理,责令立即停止非法改装车辆行为,并给予3000~4000元罚款。

2001年,德兴市工商局接到群众举报,一辆经非法改装的报废东风汽车,由于存在安全隐患,导致一名4岁小孩当场被撞身亡的重大交通事故,对社会造成极坏影响。德兴市工商局派执法人员立即前往出事地点立案查证。经多方调查,当事人黄某系江西婺源县中云镇人,自1998年8月起,在德兴市泗洲镇张家畈桂娇汽配店经销汽车、农机配件。自2000年底,他多次违法承揽大型货车维修业务。2001年3月24日,经人介绍,将泗洲镇铜人村村民汪某从浙江开化以2800元购进一辆无牌无照的报废东风汽车擅自进行车厢改装,非法获利1000元。德兴市工商局依据国发《报废汽车回收管理办法》第307号令,对当事人依法吊销营业执照,没收违法所得1000元,并处罚款5万元,并将该案移交人民法院强制执行。

2001年5月,吉水县工商局立案调查九鼎摩托车制造公司假冒他人注册商标,擅自使用他人企业名称的违法行为,经查明,九鼎公司生产擅自使用"南昌飞机制造公司""洪都航空集团公司"和"江西南昌华洪机械厂"等企业名称的摩托车132辆,案值275140元,涉嫌触犯刑律,吉水县工商局依法将此案移交公安机关。

南城县株良报废车辆回收拆解市场最早出现于20世纪90年代初期,只是零散经营,此后逐渐扩大,到2000年底拆车市场占地面积达已6000多平方米,是抚州市最大的拆车市场。因各种原因,该市场的整治一直是个老大难问题。根据国家工商局关于坚决取缔报废车辆回收拆解市场的要求,抚州市工商局局长多次向市委、市政府汇报,并几赴南城亲自协调、指导取缔工作。2001年6月,该市场460辆废旧车辆已全部拆解成废旧钢材自行处理完毕,拆车市场全部取缔清场。

广丰县塘溪废旧车辆拆解市场是赣东北地区规模最大的拆解市场,占地面积60亩,建于1997年,共有16家个体工商户进场经营,2000年度拆解报废汽车560余辆,年交易额280多万元。2001年7月,广丰县工商局在公安局的配合下,在规定时间内一举依法取缔源溪车辆拆解市场,达到"人走房拆、场清、复耕"的要求。为防止其死灰复燃,公平交易执法大队对全县汽车维修企业(点)、汽配企业(店)和重点村庄(户)进行拉网式检查,共查处拆解旧车4辆等。对凡属假冒汽配一律收缴,凡无产品合格证、未标明厂址、厂名、汽配名称的一律暂扣,并逐一进行调查。此次执法行动,共检查汽配经营点、维修企业(点)废品收购站(点)25家,收缴、暂扣假冒伪劣车灯、刹车片、离合片、减震器、续电器、滤清器等265合(片),总案值达4万余元;根据群众举报,端掉销售劣质挖机配件窝点1个,对15家售假单位和2名涉案人员立案查处,并属地进行处罚。

2003年,全省各地继续开展查处非法拆解拼装报废汽车行动,全面清查汽车配件经营户、报废汽车拆解企业及机动车改装企业,立案42件,案件总值142.6万元,罚没金额22.9万元,取缔无照经营7家,进一步规范和净化报废汽车回收拆解市场。

2003年3月31日,省工商局印发《关于规范小轿车销售企业经营行为的通知》,重申小轿车的经营权由国家工商总局和国家计划发展委员会审批,小轿车连锁经营的审批,由省工商局按照国家工商总局市场司市字〔1999〕33号文件规定办理。各地对市区内经营小轿车(含小轿车连锁经营)企业进行调查摸底,并将企业经营情况填表上报;各级工商局不再自行核发经营小轿车的《营业执照》《一次性经营许可证》或允许临时销售小轿车的证明。

2004年,信丰县工商局执法人员一举查获两起非法拆解报废汽车案件,当事人以低价回收报废汽车非法拆解,并与县内外汽车维修点和汽车配件经销商暗中交易,牟取不义之财;对此,执法人员依法对当事人责令其停止营业,并处以罚款和收缴全部非法拆解工具的处罚。石城县琴江工商分局对该县较大的汽车修理、汽配市场进行突击检查,此次行动共查扣涉嫌"三无"(无生产日期、无质量合格证、无生产厂家)产品、无中文标识等产品23个品种,案值1万元。井冈山市工商局会同交警大队等有关部门在全市范围开展集中治理无牌无证工程大货车专项行动,将辖区内所有工程车全部登记注册,将报废、拼装、组装车辆全部按规定扣留。

2005年12月6日,省工商局转发国家工商总局《关于进一步贯彻实施〈汽车品牌销售管理实施办法〉〈二手车流通管理办法〉的意见》,要求各设区市工商局加强对汽车市场监督管理。2007年,全省各地规范品牌汽车经营行为,对326家汽车经销企业备案审查。

2007年,规范品牌汽车经营行为,对326家经销企业备案审核。

2006—2010年,国内所有自产汽车产品均已实现品牌销售和服务,汽车销售商在工商部门核准的经营范围内开展汽车经营活动。全省对二手车交易市场进行清理和确认经营主体资格,规范二手车经营秩序。全省机动车市场销售经营逐步品牌化、规范化,市场秩序良好。

# 第四节　经纪人管理

20世纪90年代,改革开放不断深化,全省各类消费品市场、生产资料市场和生产要素市场不断发展,不同类型的经纪组织和经纪人随之产生并日趋活跃,为促进流通、繁荣市场、发展经济,发挥着越来越重要的作用。

全省各级工商部门从1992年开始关注并介入经纪人的登记管理,但进展较慢,监管工作尚未制度化和规范化。1993年10月,省工商局在报经省政府同意后印发《江西省经纪人中介活动管理暂行办法》,指出经纪人是在社会经济活动中,为买卖双方撮合交易,以收取佣金为目的,并经工商行政管理机关登记发证的个人和经纪组织,必须遵循依法设立,守法活动的原则和自愿、诚实、守信、客观、公正的原则,自觉遵守法律、法规和政策,接受政府行政执法部门的监督管理;工商行政管理机关是经纪人中介活动的主管机关。全省工商部门逐步加强经纪人中介活动的管理,充分履行经纪人管理职能,更好地发挥经纪人在活跃流通、沟通信息、促进交易、优化资源配置中的积极作用,引导和促进经纪人中介活动的健康发展。

1994年1月30日,省工商局印发《江西省经纪人中介活动管理暂行办法的实施意见》,规范经纪人的开业登记条件及经营行为,规定经纪人、经纪企业、经纪服务机构应当在每年3月底以前持证到登记主管机关进行年检。各级工商部门有权对辖区内的经纪人或经纪企业及服务机构进行监督管理。

1994年,樟树市出现影视经纪事务所,江西省第一家影视经纪人企业——天马电视艺术事务所在樟树市挂牌成立。这是由6名酷爱影视艺术的青年大中专毕业生创办,专门从事影视策划、影视公关、影视经纪人工作的事务所。

随着生产发展需要,全省各地农民自发兴起农产品经纪业务。临川县兴起信息服务业热;全县3.1万多名青年农民在全国各地穿针引线,从事信息推销,创造产值1500多万元。该县河埠乡农民胡开高搞食用菌信息推销,经他提供的美国平菇、竹荪等10多个品种,在宜黄、南城和临川县等地种植,创产值17.3万元,他从中获利0.8万元。

全省各地城乡的经纪人中介活动,对促进商品和生产发展发挥积极作用。但部分经纪人的经营活动属于自发和零散型的,随意性较强,也未经过规范登记注册,缺乏监管,存在一些违法违章行为或市场风险。

江西省人大常委会于1996年6月审议通过《江西省经纪人条例》,明确赋予工商行政管理机关负责对经纪人的资格认定、登记注册,依法对经纪活动进行监督管理职能。省工商局印发《关于认真贯彻实施〈江西省经纪人条例〉的通知》,要求各地市工商局加强经纪人市场监管,促进经纪人事业发展。省工商局从抓业务培训、提高执法人员自身素质入手,并对经纪人进行培训考核,做好经纪资格认定和发证工作。南昌市工商局以技术经纪人、九江市工商局以保险代理人、萍乡市工商局以劳动力职业经纪人、上饶地区工商局以信息经纪人、宜春地区工商局以个体运输经纪人作为突破口,介入对经纪人的监督管理工作,并逐步加大监管力度,取得良好成效。

截至1997年6月,全省取得证书的经纪人有3000余人,中介机构有5328家,经纪人事务所有11家,经纪从业人员约5万人。经纪人和中介机构主要分布于消费品、生产资料、房地产、劳动力市场、保险、证券、期货、技术、信息等行业。

1997年,各级工商部门努力拓宽市场监管领域,从抓经纪人监管入手,介入生产资料和生产要素市场监管,对全省经纪人进行清理、检查和培训考核、资格认定,截至年底,4500多人获得资格证书。

新余市工商局为促进农副产品流通,充分发挥经纪人的中介作用,规范大牲畜、仔猪市场的经纪行为。该局举办多期市场经纪人培训班,为培训合格者核发经纪资格证书和上岗证。制定经纪人管理规定,有效调动经纪人积极性,推进市场繁荣。

赣州市工商局本着"培育引导、规范发展"原则,从1997年开始对经纪人进行清理、整顿、培训发证,共组织中介机构从业人员20多人参加3期省工商局组织的各类培训,市工商局组织举办经纪人培训班5期,培训人数300余人,核发经纪资格证书271本。截至2001年,在全市已有各类经纪人组织119家,其中从事房地产36家,从事旅游、产权评估等38家,兼营信息咨询等业务10家,运输35家,有各类经纪人291人。针对一些人利用法律法规不完善,在中介中进行欺诈、违反合同等行为,按照"查处、规范、发展"的原则,从市场主体资格抓起,查处无照经营,再查其个人从业资格,对无证经纪坚决查处,严格把关,对没有达到《江西省经纪人条例》规定中介机构开办条件的不予核准发照。进行经常性的检查,打击交易中的欺诈行为,监督合同履行。针对信息发布不透明,从业记录不规范,介绍手续不健全,服务质量不到位等现象,该局与劳动、旅游等有关部门加强对信息来源及发布的审查、监督,公布举报电话,如劳务中介不能提供证照和明确工作时间、报酬、保险的,对旅游不能明确线路、费用、导游证、保险情况的严禁发布,实行全程监管。建章立制,针对少数中介机构和经纪人乱收费现象,制定收费项目标准、信息发布、广告发布制度和行政建议、劝告、告诫等制度。

2001年,全省全面清理商品房买卖经纪人。

2002年,为加快发展农业经纪人,尽快解决农产品买难卖难问题,省工商局印发《关于加快发展农副产品经纪人工作的通知》,要求降低农副产品经纪人准入门槛,免费培训农副产品经纪人。是年,全省着力发展农村经纪人,不断规范经纪人行为,培训各类经纪人1660人。

2003年2月28日,省工商局印发《关于进一步加快发展农业经纪人工作的通知》,指出要进一步发挥农业经纪人在促进农产品流通、农村产业结构调整中的中介作用,促进全省农村经济快速发展。各设区市工商局围绕发展农业经纪人,深入开展多种宣传引导工作,继续降低农业经纪人准入门槛,积极开展农业经纪人的组织培训工作;加强监督管理,清理无证经纪活动;加快建立相应的自律组织;在发展、培育、规范农业经纪人过程中探索总结经验。

2003年,省体改办、省工商局联合印发《关于印发〈江西省产权经纪机构管理办法〉的通知》,对江西省产权经纪机构的资格认定、经营活动、监督管理作明确规定。省体改办、省工商局举办江西省首期产权交易经纪人培训班,参加学习培训人员368人。

2004年,国家工商总局公布新修订的《经纪人管理办法》,省工商局及时印发《关于认真落实〈经纪人管理办法〉的通知》,要求全省认真做好经纪人备案工作;监督经纪人做好从业的明示工作;建立经纪人及经纪执业人员档案管理制度;对辖区内经纪人从业情况进行全面检查,对违反《经纪人管理办法》的行为按规定予以查处。

全省工商部门将发展农村经纪人作为服务经济发展的一项重要举措。2005年,省工商局专门印发《关于大力发展农村经纪人工作的通知》,选择南昌县、丰城市等24个县(市)为农村经纪人帮扶点,充分发挥以点带面的作用。到2005年底,全省从事农村经纪人行业的有6499家,农村个体经纪执业人员17116人。

全省工商部门围绕支持"三农"(农村、农业、农民)发展,服务社会主义新农村建设大局,大力发展培育农业经纪人,截至2006年底,全省农村经纪人6206家,发证人数17116人。2007年初,兴国县工商局组织来自25个乡镇的120名农村经纪人在县委党校接受为期1周的系统培训。培训内容涉及合同法、商标法、订单农业、期货、经纪人谋略与危机处理等内容,培训合格颁发资格证书,使经纪人协会规范化运作。

2008年5月28日,省工商局印发《关于转发〈关于进一步培育发展高素质农村经纪人促进农业发展农民增收的意见〉的通知》,指出各地在培育发展高素质农村经纪人工作中,深入开展调查研究,结合当地实际情况,大力培育发展农村急需的各类高素质农村经纪人。是年,各级工商部门积极会同农业、科技等有关部门,有计划地开展农村经纪从业人员法律法规、合同规范、市场营销、执业道德等方面的培训,提高农村经纪执业人员的业务素质、服务技能。继续做好引导农村经纪人注册登记、建立健全农村执业人员备案及基本情况明示制度等工作。加强对农村经纪合同指导,各设区市工商局发挥农村经纪人帮扶联系点的作用。全省各级工商部门加大对农村经纪人帮扶点扶持力度,形成"农户+经纪人+公司"的产销模式,发挥其在农产品流通服务农村经济发展中的"龙头"引领作用,促进农民增产增收。

2009年,全省共有农村经纪人8785家,从事农村经纪活动人员近6万人,形成农民、经纪人和企业三方互利共赢。各地推行"市场+经纪人+品牌+农户"的产业化经营模式。是年,抚州市工商局会同有关部门举办60多期农村经纪人培训班。

是年,全省有农村经纪人8685家(其中从事粮食类的1670家,蔬菜类1550家,水果类2400家,苗木类270家,牲畜类470家,禽蛋类820家,手工业品及工业品类285家,水产品类901家,劳动力类151家,其他类168家),个体农村经纪人5672家,占农村经纪人总家数65%。农村经纪人的业务分布、经纪方式、组成成分等较过去有明显不同:经纪业务范围不断扩大,经纪活动区域逐步拓宽,经纪活动方式日益灵活,经纪手段日益现代化。农村经纪人从限于利用电话、手机联系业务,发展到成立信息购销部、信息中介部等,采用互联网信息,信息手段逐步提高。乐平市乐港镇蔬菜经纪人王步梅,每年外销蔬菜350万千克,2008年通过"江西农网"发布供求信息,将当地100多万千克大白菜销售一空。

2010年,省工商局在高安市召开农村经纪人发展现场会。会议为规范农村经纪人管理和促进农村经纪健康发展交流经验,提出建设性意见。各地全力培育发展农村经纪人,全省建立130个帮扶联系点。至年底,全省共有农村经纪人1.8万家,从事农村经纪活动人员7.2万余人,分别比2009年增长107%和23%,业务总量达24亿元。

# 第五节　市场"办管脱钩"

1995年,全省工商系统开始启动市场"办管脱钩"工作。根据全国工商行政管理工作会议要求,从年初开始,各地进行市场"办管脱钩"方面的调查研究。从第二季度开始,部分县、市展开这方面的试点。省工商局在调查研究基础上,印发《江西省工商行政管理部门市场办管脱钩的实施意见》(以下简称《实施意见》),文件对市场"办管脱钩"的原则、范围、脱钩内容和办法做出具体规定。《实施意见》在当年10月经省政府办公厅批转各地执行。大部分地市政府批转"办管脱钩"的具体方案,进入实施阶段。工商系统实行"四分离",即对自办、联办的具有一定规模的市场,分批进行与工商部门在职能、机构、人员、财务等方面脱钩。通过实施"办管脱钩",各级工商部门主要精力开始转向监督管理社会主义统一的大市场上来,职能逐步转变,执法力度逐步增强。

实行市场"办管脱钩",是新形势下工商管理体制的重大改革。省政府对此非常重视和关心,多次作出重要指示。省工商局把市场"办管脱钩"作为1996年全系统的一项中心工作。1996年5月,根据国家工商局局长座谈会议精神和省政府领导的指示,省工商局在1个月内两次召开地市局长会议,进行再学习、再动员、再部署,两次派督查组深入70多个县市进行督查。针对个别地区进展缓慢的情况,再次印发《关于加快我省市场办管脱钩步伐的紧急通知》,6月底之前,对未完成市场"办管脱钩"任务的单位实行"四不",即不给工商所核编、年终目标考评不评先、不发工商制服、不得参加全省文明市场评比。

1996年7月,省工商局对全省市场"办管脱钩"工作进行全面验收,重点检查"四分离"落实到位情况,逐个市场"过关"。验收情况表明,全省列入脱钩范围的151个市场,按照"四分离"原则已全部脱钩并开始正常运转,市场服务机构做到"六有一变一分开",即有机构、有编制、有办公房、有人员、有制度、有账户,市场办理变更登记,市场服务机构的服务职能与工商行政管理的监督管理职能一分开。

机构分离。全省采取政事分离的模式,有脱钩任务的71个市县,经政府批准成立"市场建设服务中心"(以下简称"中心"),151个脱钩市场设立"市场建设服务站"。南昌、九江、萍乡、景德镇市的"中心"定为副县级,大部分县市的"中心"定为副科级。"中心"为全民事业单位,自收自支,独立核算,实行企业化管理,各"中心"都有自己的办公场所,并挂牌运作。

职责分离。各地服务机构的主要职责与工商行政管理监督市场的职能分开。市场服务中心的主要职责是:接受委托使用市场固定资产,做到市场保值增值;实施日常管理,组织摊位出租、出售,建立信息网络,开展有偿服务;收取设施使用费、服务费等。新成立的市场建设服务中心建立各项工作制度。

人员分离。各地根据服务中心的职责及脱钩市场的数量和规模,报经编制部门核定一定数量的事业编制,全省工商系统共分流1949名人员到服务中心工作,其中干部204人,职工1562人,招聘人员183人,这些人员脱去工商服装,全部到位上岗。

财务分离。各"中心"单独建账,市场债务原则上"债随市走"。市场资产评估后交"中心"使用,对个别债务重、无偿还能力的市场暂由工商局挂账,"中心"在总收入中按商定的金额交工商部门还债。"中心"财务接受同级工商、财政、审计部门监督。

1999年11月8日,省工商局印发《关于做好市场办管脱钩移交工作有关具体问题的通知》,指出:按照省政府赣府发〔1999〕17号文件要求,市场服务机构、人员整建制移交给当地,各级工商部门在移交前,建立和健全市场服务机构移交档案;移交的档案包括当地政府关于批准成立市场服务机构、核定编制的批文,市场服务机构负责人的任命书,工商部门分流到市场服务机构的人数,服务机构管辖市场的名称、个数等,并制定市场服务机构概况表以及分流人员花名册。按照规定工商行政管理系统所有的自办或联办市场全部脱钩移交,包括市场的资产、市场的债权、建市场所欠的债务一并移交。完善相关资料,建立完整的市场移交档案,为正式移交做好充分的准备工作;移交市场必须逐个建立档案,一式三份,一份交市场机构,一份留县工商局存档,一份送上级工商局备案,移交市场档案材料包括移交市场基本情况表、市场资产情况表、变更后的市场登记证复印件及其他有关材料。

1999年,省以下工商机关实行垂直管理体制改革。实施人员分流和市场办管脱钩是体制改革工作中的重要内容。全省工商系统需要通过各种渠道分流6519人。省工商局在调查研究基础上,确定4条人员分流原则,各地按照上级有关文件规定使分流工作稳步推进。为抓好市场"办管脱钩",省工商局做出大量的调查研究。省政府在《批转省工商局工商行政管理体制改革方案的通知》中,明确市场"办管脱钩"和移交工作的总体原则和要求。为彻底解决明脱暗不脱、藕断丝连的问题,省工商局起草《全省工商系统市场办管脱钩和移交工作实施意见》,省政府常务会议通过该实施意见,以省政府文件批转下发。各地市按照要求,成立领导小组,召开专门会议,并贯彻落实。对自办或联办的875个市场进行全面摸底调查,对市场产权进行登记;对市场的债权债务进行审核登记;有8个地市行署、政府批转工商部门市场"办管脱钩"《实施方案》,有96个县(市)成立市场服务中心,移交市场115个,分流到服务中心1210人,通过其他渠道分流187人。

2000年,全省各级工商局结合实际,增强工作的主动性和积极性,推动市场"办管脱钩"和人员分流工作的顺利开展。全省有9个市工商局的市场"办管脱钩"《实施方案》经当地政府批转并实施,158个具备"四分离"条件的市场办理脱钩和移交手续,分流到市场服务机构1114人,办理退休退职2049人,其他渠道分流人员156人。

全省在市场办管脱钩中初步实现"四分离",但有的市场产权仍然在工商机关手中,不利于公开公平公正执法,也容易产生执法腐败问题。2001年8月21日,国家工商总局印发紧急通知,进一步细化市场彻底脱钩的相关工作。国家工商总局要求纳入彻底脱钩范围的各类市场,全部无偿移交当地政府,或者由政府指定的国有资产经营管理公司,并明确各省级工商局在9月底前完成部署,在11月底前完成彻底脱钩工作,12月中旬前通过国家工商总局组织的验收。

省委、省政府重视市场"办管脱钩"工作。在2001年9月14日召开的全省工商行政管理体制改革市场"办管脱钩"工作电视电话会上,省委书记孟建柱致信,省长黄智权作讲话,提出严格要求,引起各级党委、政府重视,推进了市场"办管脱钩"工作顺利进行。是年10月22日起,省政府派出三个检查组对各地落实电视电话会工作部署情况进行检查,之后省政府又两次组织督查组对各地市场"办管脱钩"工作情况进行督促检查,确保这项工作按政策规定、按时间要求全面完成。面对分流人员问题,各级工商部门主动向地方政府请求、汇报,争取地方党政部门领导支持,及时做好脱钩市场的"四分离"和移交工作。至2001年12月7日,全省应脱钩的806个市场全部完成脱钩移交,移交的市场资产76712万元,市场债务25964万元,分流人员3321人。国家工商总局、省政府对市场"办管脱钩"工作分别组织进行验收,全省工商行政管理体制市场"办管脱钩"工作全面完成。

# 第六节 "红盾护农"

## 制度建设

2004年2月,为切实维护农民群众利益,国家工商总局党组专门召开会议,将工商行政管理机关开展的农资打假工作命名为""红盾护农'行动",明确专门的机构落实此项工作。江西工商系统积极开展"红盾护农"行动,深入进行农资打假,围绕爱农护农帮农行动,铲除坑农损农害农行为。

5月13日,国家工商总局印发《关于继续深入开展"'红盾护农'行动"的通知》,要求各级工商行政管理机关把"'红盾护农'行动"作为一项重要工作切实抓出成效,彻底查实一批危害性大、农民群众反映强烈的制售假冒伪劣农资等违法违规案件,坚决维护农民群众的合法利益。

2004年,全省工商系统按照国家工商总局的总体部署,从讲政治、保稳定、促发展的高度,开展"红盾护农"行动,将农资市场整治工作放到重要位置。省工商局召开专题会议,制定印发《关于开展"打假保春耕"农资市场整治的通知》,在全省范围内组织开展"打假保春耕"农资市场专项整治活动,重点对种子、化肥、农药、饲料、农机等与农民群众生产密切相关的商品进行专项整治。省工商局成立"红盾护农"工作领导小组,召开全省工商局长动员大会,要求全省各级工商部门发挥工商行政管理职能作用,制定"红盾护农"实施方案的工作进度表,以整顿农资市场为重点,农资打假为手段,规范农资市场秩序为目标,严厉打击制售假冒伪劣农资坑农害农行为。

国家工商总局《关于加强农资市场管理开展农资打假护农专项整治活动的通知》文件印发后,省工商局对全省农资市场整治工作做进一步部署,要求各级工商部门在农业生产用肥用药高峰期,开展农资专项整治活动,重点打击无照经营农资和制售假冒伪劣农资的违法行为;规范农资市场主体行为,创新农资市场监管机制,切实解决损害农民群众利益的突出问题。各地市工商局先后成立农资专项整治工作领导小组,结合本地实际,制定农资专项整治实施方案,维护农民消费者合法权益,确保农民群众的合法权益和社会稳定。

2005年,全省工商系统根据国家工商总局《2005"红盾护农"方案》,全面部署"红盾护农"行动。加强农资质量监测,严格对农资市场和农资商品的监管,确保农资商品质量,督促农资经营企业、个体工商户健全完善"两账两票一书一卡"(进、销货台账、进、销货发票、农资商品质量信誉卡、农资商品质量责任书)制度,督促公示经营,并做好巡查记录,围绕4类农资商品,开展整治行动和农资质量监测工作。组织开展农药市场、农机具市场专项整治,在农资市场监管中,把具有农资商品经营资格的企业纳入信用等级分类监管范围。

南昌市工商局印发《2005年"红盾护农"专项整治方案》,强调以服务"三农"为主线、打假护农为动力、保粮增收为目标,立足职能,找准服务农村经济发展最佳切入点,开展"红盾打假护农保春耕"专项行动。

2005年,九江市工商局制定《九江市"红盾护农"维权进村实施方案》,组织开展"'红盾护农'

维权进村"工作,按照"一个机构、一块牌子、一套制度、一部电话、一笔经费"的基本框架设立维权点,全市工商部门创新监管方式,有1722个行政村设立维权点,1722名村干部被聘用为维权员,并由县级工商局发放聘书。制定《维权员工作职责》《投诉办理程序》《维权点工作制度》,使村级维权点工作做到操作规范、有章可循。

是年,吉安市工商局以开展"红盾护农"行动为契机,围绕种子市场监管重点,坚持"自我监督、执法监督、社会监督、舆论监督"相结合的工作机制,制定《吉安市工商系统流通领域种子质量监管实施方案》,明确市、县、分局三级种子市场监督管理责任人。着力引导督促种子经营者建立"两账两票一卡一书"制度,稳步推行种子质量留样备查公示制。

2006年,省工商局印发《关于充分发挥工商行政管理职能作用,服务社会主义新农村建设的通知》,对全省工商系统做好"红盾护农"工作提出要求。要求全省各级工商部门规范农资商品经营主体,把好市场准入关,加大对流通领域农资商品的监管力度,分阶段有重点地开展农资打假工作。建立健全农资市场科学监管体系,探索建立农资监管长效机制,做到"五个明显",即农资经营主体行为明显规范,农资经营者自律意识明显增强,农民维权意识、购买农资商品安全感明显提高,农资消费投诉明显下降,农资市场秩序明显好转。

2007年,省工商局要求全省各级工商部门把确保农民用上放心农资作为工作的出发点和落脚点,深入开展农资打假行动,围绕爱农、护农、帮农行动,铲除坑农、损农、害农行为。各级工商部门把好农资经营主体准入关,建立和完善农资市场主体准入和退出机制,实现对准入、交易、竞争和退出行为的全过程监管;严厉打击制售假冒伪劣农资坑农害农违法行为,保持对农资市场持续高压监管,切实净化农资市场环境;根据农时季节,集中力量开展专项执法行动,加强对种子、肥料、农药、农机具及零部件等农资商品的监管;将农资监管责任落实到人,实行定岗、定员、定责,强化农资市场监管责任制和责任制追究制,强化农资商品经营者的诚信意识和责任感,依法规范经营。同时,引导农民增强自我保护意识,增强辨假识假能力,尽量减少地毯式检查、突击性检查和专项整治,集中精力抓好基础性工作和日常监管,进一步完善农资商品准入、市场巡查、市场预警、不合格农资商品退市、农资经营可追溯管理、信用分类监管、种子留样备查公告制度等行之有效的市场监管制度,促进农资市场规范管理,不断提高农资市场监管执法效能。推行农资质量责任先行理赔制度,探索农民购买假冒伪劣农资后的先行理赔制度和先行赔偿制度,解决农民利益受到严重损害并难以及时补救、合理赔偿的问题,最大限度解决农民使用农资产品的后顾之忧。

是年,全省工商系统把深入开展"红盾护农"行动作为解决农民群众最关心、最直接、最现实利益问题的有效措施,实行监管目标责任制,加大市场监管力度,清理规范农资商品经营主体,全省有农资商品经营户14645家;开展的全省"红盾护农"统一行动日活动得到地方领导和农民群众的一致好评;全省普遍建立市、县(市、区)、乡(镇)三级红盾维权网络,90%以上的行政村设立红盾维权站(点)。

2007年,九江市工商局不断强化农资市场监管执法,制定《九江市农资市场专项整治工作方案》,并经市政府转发各地执行,形成政府领导、工商牵头、部门联动的工作机制。市工商局、县级工商局、基层分局层层签订《农资商品市场监管工作目标责任书》。针对农资消费季节性、区域性强的特点,以春耕、夏播、秋收为重点季节,以农村和城乡接合部为重点区域,以种子、化肥、农药、农机具等为重点商品,深入开展专项整治。

2008年,江西省发生雨雪冰冻灾害,化肥、农药、农膜等农资价格普遍上涨。省工商局做好灾后农资市场监管应对工作,支持农业灾后重建和恢复生产工作,及时印发《关于深入开展"2008红盾护农"行动积极支持农业灾后重建和恢复生产工作的通知》,要求全省各级工商部门发挥职能作用,做好灾后农资市场监管的应对工作,采取有力措施加强农资市场监管,服务农民群众,做到早动员、早部署、早安排、早行动,确保农资流通渠道畅通、农资市场秩序稳定、农民群众用上放心农资。全省各地工商部门把开展"红盾护农"行动作为积极支持灾后农业恢复和春耕生产的重中之重,采取有力措施,加强农资市场监管,把好市场准入关,加大监测力度,严厉打击坑农害农违法行为,将不合格农资清理出市场,保护广大农民群众的切身利益。实现工作重点由农资打假为主向建立健全农资市场长效监管机制转变。

省工商局制定"红盾护农"工作联系制度,确定19个县(市、区)工商局作为省工商局"红盾护农"工作联系点,九江市局和吉安市青原区局被推荐为国家工商总局"红盾护农"工作联系点。全省进一步完善"12315""五进"(进商场、进超市、进市场、进企业、进景区)工作,年内共受理申诉举报5697件,为消费者挽回经济损失1573.25万元。

2009年,省工商局印发《关于深入开展2009"红盾护农"行动的通知》,要求全省各级工商机关贯彻落实国家工商总局"创新红盾护农机制,服务农村改革发展"精神,以停止征收"两费"为契机,深入开展"红盾护农"行动,加大监管力度,严厉查处制售假冒伪劣农资坑农害农行为,确保农资流通渠道畅通,农民群众用上放心农资。是年,95%以上农资经营户建立较完善的索证索票、购销台账制度。流通领域农资商品质量合格率达82.66%。

是年,全省工商系统继续履行《江西省农资商品市场监管目标责任书》各项承诺,按照管辖区域责任制的要求,一级对一级负责,层层落实好职责,实现工作重点由农资打假为主向建立健全农资市场长效监管机制转变,不断提高执法效能。

是年,各级工商部门继续实行和完善农资商品日常监管和巡查制、农资商品质量承诺制、进销货台账制、种子留样备查公告制四项制度。以巡查制作为农资商品市场监管的主要手段,确保农资商品市场各项制度措施落实到位。各地继续抓好农资示范店创建活动,在创建示范店的质量和数量上加大力度,确保农民购买到放心农资商品。同时,会同有关部门推进农资企业开展连锁经营和建立物流配送等营销体系,有条件的地方推广使用电子台账,推动农村市场商品流通现代化的实现。抓好农村维权点设立工作,完善农民消费投诉维权网络,畅通农民投诉渠道,确保每个行政村都有"红盾护农"维权点。

2009年,安义县工商局将"红盾护农"工作融入促进农业生产发展,维护农村稳定,确保农民增收的全过程。采取多种形式宣传"红盾护农"行动,共悬挂横幅100多条,张贴标语262张,散发宣传资料4万多份。逐步建立工商监管和商户自律结合的农资市场监管长效机制,抓好农资市监管各项制度的落实,继续实行和完善"两账两票一卡一书"制度,农资企业信用分类监管制度等,推广农资示范店的规模和农资超市化监管的新模式及农资经营户协会的建立等。安义县局被国家工商总局评为"红盾护农"先进单位。

赣州市工商系统加强农资市场监管,有效规范农资经营行为,促进监管职能到位。同时,着重在建立长效监管机制方面进行有益探索。赣州市工商局在市场监督管理专门会议上推广宁都县工商局农资市场监管"两票一档"(两票指购货发票和销货发票,一档指农资经营户一户一档)制度的经验和做法,促进全市农资市场监管的规范化、制度化建设。

2010年,省工商局制定印发《关于贯彻实施〈农业生产资料市场监管管理办法〉推动"红盾护农"行动深入开展的指导意见》(以下简称《指导意见》),制定农资市场监管和农资市场开办者、经营者责任制度、流通领域农资商品质量准入报备制度、农资商品质量监测制度、农资商品市场监管"两票一档"制度、农资商品市场信用分类监管制度等10项制度以及30条具体措施,指导、推动全省"红盾护农"工作进一步深入开展,实现"红盾护农"工作制度化、规范化。农资监管10项制度和30条措施,具有很强的操作性,在全省得到贯彻落实。国家工商总局市场司对江西省出台《指导意见》给予充分肯定,并在《"红盾护农"工作动态》上刊发。

2010年,全省工商系统以贯彻《农业生产资料市场监督管理办法》为重点,强化日常监管,规范执法行为;创新监管机制,积极推广农资市场监管软件,建立农资市场监管预警防范和快速反应机制,开展"红盾护农保春耕"、灾后重建农资市场等专项执法行动,切实维护农资市场秩序,保护农民合法权益,农资商品质量明显好于2009年。

### 开展实施

随着经济体制的转型和供销社系统改制,农资市场原有的经营格局被打破,形成生产企业直销,供销社企业、私营批发企业、农技站、个体经营户营销等多种经营主体的格局。2004年,省工商局派出调研组,对全省农资市场监管现状,尤其是农药、肥料、种子等主要农资的购买使用、质量,农资市场监管中存在的主要问题,农民反映的热点、难点问题进行一系列实地调研,掌握全省农资市场和农资销售概况、农资市场监管的现行模式、农资市场及农资监管存在的问题,为"红盾护农"工作的推开和实施奠定基础。

2004年,省工商局结合"春耕打假护农"专项整治行动,组织开展以化肥、农机为重点的省级流通领域农资质量监督抽查。依法对化肥、农机及配件进行抽样检查,分别抽取化肥样本33批次,其中16个批次检测合格;农机及配件样本30批次,其中8个批次检测合格。共抽取样本63批次,其中24个批次检测合格,合格率38.09%;对抽检不合格的商品在全省范围内给予通报,限期退出市场并依法进行查处,杜绝不合格农资产品蔓延势头,彻底消灭死角,杜绝盲区,切实维护好农资市场秩序。

是年,各级工商部门在当地政府的领导下,与农业、公安等部门密切配合,对农资专业市场和集贸市场农资经营点进行专项检查和整治,重点对种子、化肥、农药、饲料、农机等与农民群众生产密切相关的商品进行专项整治,对农资专业市场和集贸市场内农资经营点进行专项检查和整治,查处一批制售假冒伪劣农资的案件。农资市场专项整治期间,全省工商部门共出动执法人员18590人次、印发宣传资料 76290 份，检查农资市场 1537 个次、农资经营单位 14167 个，取缔无照经营、超范围经营户 272 家，立案查处 523 件，查获假冒伪劣农药 16302 千克、种子 34453 千克、化肥 430.5 万千克，饲料 1.2 万千克等违法物品，案件总标值 263.7 万元，罚没金额 56.3 万元。

2004 年，各级工商部门结合"红盾护农"行动，加大农资市场监管，取得较好成效。南昌市工商局成立打假保春耕农资市场整治领导小组，全市展开 3 次农资市场专项整治统一行动，检查农资生产经营企业 650 家，取缔无证照经营 25 家，立案 10 件，查获假冒伪劣化肥 18.4 万千克。

都昌县工商局建立长效机制，强化农资市场监督管理。该局通过索证检验、售前抽检共阻止 800 余吨不合格化肥流入都昌市场。2004 年 2 月，该局邀请九江市产品质量检验所，会同市工商局公平交易执法人员，组成联合检查组对 16 家农资经营企业购进的化肥进行抽样，共抽取 16 个批次的复合肥样品。其中有 6 个被判定为不合格，涉及经营企业 5 家，复合肥 40 余吨。该局立即对 5 家销售不合格复合肥企业进行立案查处，确保春耕期间农民用肥安全。6 月，该局又会同有关部门在全县范围内组织 次农药市场专项整治行动，共取缔无照经营农药的 3 家，超经营范围经营农药的 12 家，查扣不合格农药 1012 箱，计 39080 瓶，折合价格 6.23 万元。这次专项整治行动有效地净化辖区农药市场，维护农民消费者利益。

安福县工商局与企业联合打击假冒种子，保护农民利益。安福县工商局联合四川农大高科农业有限责任公司、合肥丰乐种业股份有限公司对辖区内的种子进行专项整治，共查获假冒种子 400 余千克，确保春耕的顺利进行。

2005 年，省工商局积极响应国家工商总局印发的《2005"红盾护农"方案》，部署全省工商机关开展"红盾护农"行动，支持"三农"（农村、农业、农民）经济发展。严把农资市场主体准入关，对农资经营渠道进行规范，加强"经济户口"管理，对农资市场和农资经营资格的巡查和检查，对不具备经营资格的农资经营户，坚决予以取缔。依法清查主体资格，规范农资经营渠道。开展农资商品质量定向检测工作，据统计，全省 11 个设区市共抽查农资商品 2256 批次，其中种子 177 批次，平均合格率 91.22%；化肥 1606 批次，平均合格率 74%；农药 366 批次，平均合格率 52.46%；农机具 107 批次，平均合格率 80.87%。对抽查中发现的不合格产品，工商部门按照《中华人民共和国产品质量法》等有关法律法规的规定，依法予以查处。围绕种子、肥料、农药、农机具及零配件等 4 类商品，分 4 个阶段开展农资专项整治行动，特别是对种子、肥料、农药开展 3 次集中整治和农资打假工作，对制售假冒伪劣农资坑农害农的不法行为进行严厉打击，对一些典型案例予以曝光，坚决打击制售假冒伪劣农资商品等坑农害农的违法行为。查处非法经营农资案件 1125 件，案值 1818.71 万元，罚没款 869.23 万元，取缔非法经营户 474 户。是年，省工商局向国家工商总局推荐表彰"红盾护农"工作先进集体 18 个，先进个人 26 人。

是年，南昌市工商局共检查农资商品经营户 579 户，取缔不具备农资生产经营条件和资格的经营户 36 户，查处违法案件 84 件，查获假冒伪劣化肥 8.82 万千克、假农药 5.21 万千克、货值为 206.17 万元，罚没金额 123.13 万元。

2005 年 7 月 5 日，新建县工商局"12315"申诉举报中心接到新建县象山镇熊某等 20 余户村民投诉，因种子质量问题导致他们栽种的"德农 90"水稻大面积减产，要求新建县某农技站种子经营部赔偿损失。投诉中心于7月17日会同县农业局高级农艺师等4人前往使用"德农90"种子的象山、隆庆、郭家等地进行实现调查,情况基本属实。后经专家组鉴定,该品种(组合)纯度符合国家标准,但田间所出现的情况3164005批号种子比其他"德家90"批号种子推迟成熟,推迟期为7～10天。成熟期的推迟,影响了结实率和千粒重,预计减产18%～28%左右。7月26日,县工商局"12315"申诉举报中心将德农种业直销店负责人刘某、某农业服务中心负责人胡某、象山镇村民代表等十余人召集在一起进行协商调解,经反复协商,最终达成协议。根据《消费者权益保护法》相关规定,由供种方按每千克种子赔偿农户40元,800千克种子共赔偿3.20万元,赔偿金额在8月10日前到位。至此,农民这次投诉得到解决。

2005年,九江市工商局在行政村设立维权点,聘用村干部为维权员,共培训维权员3000人次,使维权员初步掌握工作方法、工作流程;印发大批宣传资料,开展形式多样的法律法规宣传辅导,充分调动群众参与的积极性。湖口县工商局发放宣传资料2470份,为农民提供消费咨询267人次;九江县工商局取缔无照经营农资商品两家,暂扣化肥4吨,农药320瓶,接受群众咨询10人次,现场散发宣传资料1000余份。全市各村级维权点共受理和调解农村消费纠纷371起,为农民挽回经济损失35万元。

是年,吉安市工商局严把种子主体准入关,加强"经济户口"管理,依法取缔不具备经营资格的种子经营户45家,确保种子经营主体合法;共培训种子市场专管员140余人,经营者1000余人次;引导种子经营者建立自律的各项制度;结合"3·15"宣传活动,大力宣传"红盾护农"政策,提高农民维权意识。全市工商系统共检查种子经营户562家;抽检种子27批次,合格率89%,查办假劣种子案件16件,案值4.53万元,罚没款5.07万元。

永新县工商局围绕"放心农资下乡进村、维护农民合法权益"主题,成立4个督查小组,2005年春耕时节,分别下到基层与各分局人员采取边宣传、边查处的方式,对种子、农药、化肥市场依法进行整治,共出动执法人员108人次,检查农资经营门店69家(次),立案查处6件,结案3件,现场没收查扣未经审定以及虽已审定但在省内无引种批文的种子420千克,责令经营户销毁欲销售的问题种子119千克;现场查封不合格化肥产品17吨,扣押劣质化肥39吨,责令经营户退回已销售的劣质化肥30吨。

丰城市工商局查获一起销售不合格复合肥案;丰城市双阳农资经营部个体经营户欧某,2005年从昆山丰迪复合肥有限公司购入"丰迪"牌40%复合肥30吨,已销售20吨,从中获利1000元;经送省化工化肥农药质量检测站检测,此批复合肥总氮含量、总养分含量技术指标均不符合指标要求,属不合格产品;该局依法对当事人做出没收非法所得1000元,罚款9000元处罚。

表 2-1-5　2005 年全省"红盾护农"市场整治情况

| 项目 | 查处案件（件） | 案值（万元） | 罚没金额（万元） | 没收或查扣数量 | 检查经营主体（个次） | 检查农资市场（个） | 取缔无照经营（户） | 捣毁制假售假窝点（个） |
|---|---|---|---|---|---|---|---|---|
| 种子 | 108 | 73.46 | 51.09 | 9683 千克 | | | | |
| 化肥 | 605 | 1117.72 | 531.36 | 1804 吨 | | | | |
| 农药 | 211 | 212.73 | 89.65 | 3130 千克 | | | | |
| 农机 | 42 | 75.53 | | | | | | |
| 其他 | 159 | 339.27 | 197.13 | | | | | |
| 合计 | 1125 | 1818.71 | 869.23 | | 13357 | 22 | 474 | 2 |

2006 年 5 月 29 日，全省工商系统"红盾维权进乡村宣传周"启动仪式在上饶市余干县瑞洪镇举行，在启动仪式上省工商局领导为"维权联络员"颁发聘书。江西省、上饶市、余干县 3 级工商局执法人员现场参加消费知识、维权知识、《消费者权益保护法》等咨询，并接受消费者投诉。省农机局、省土肥站、县农业局、县个协有关专家及技术人员现场为消费者提供农业知识咨询服务及家电、农机、摩托车等义务维修服务。启动仪式上，现场发放宣传资料 4600 份，接受咨询 1750 人次，受理投诉 26 件。

2006 年，国家工商总局把严厉打击制售假冒伪劣农资行为，提高流通领域农资商品质量，作为各级工商行政管理机关 2006 年"红盾护农"行动的核心任务，省工商局结合实际，提出进一步深入开展"2006 红盾护农"行动，积极推进社会主义新农村建设工作的意见，并在全省范围内开展大规模的以服务社会主义新农村建设为重点的"2006 红盾护农"行动，规范农资经营主体行为。全省共有农资商品市场 10 个；农资商品经营户口 14109 户，其中：种子经营户 2429 家，化肥经营户 3071 家，农药经营户 1684 家，农机具经营户 898 家，综合农资商品经营户 6027 家；农资商品经营企业类型主要有公司 1266 家、个体户 7600 家、其他 5243 家。对农资经营户进行分类监管，把农资经营企业按信用等级分类评定。全省各设区市工商局完成对辖区内 8324 家农资经营户信用等级类别的评定，共评出 A 类企业 4625 家，B 类企业 1553 家，C 类企业 283 家，D 类企业 92 家。加大对流通领域农资商品的监管力度，全省"红盾护农"行期间，共检查各类农资经营主体 14773 个，检测农资商品 2477 批次；整顿市场 10 个；取缔无照经营 664 家；受理投诉 617 件；查处非法经营农资案件 958 件，其中化肥案件 666 件、农药案件 146 件、种子案件 111 件；农机具及其他案件 35 件。总案值 1267.59 万元；罚没款 439.76 万元；没收或查扣假冒伪劣农资 62.15 万千克；为农民挽回经济损失 2357.8 万元。

是年，上饶市工商局组成 6 个工作组，对 12 个县（市、区）工商局、34 个基层工商分局、81 家经营户进行督查，重点是"一考二查三访"，即抽考基层工商人员是否熟悉"红盾护农"行动方案、是否熟悉本身职能、是否熟练掌握农资质量检测技能；抽查 12 个基层工商分局的农资市场监管各项制度是否落实到位,抽查 60 户农资经营户的证照是否齐全;走访部分农民了解基层工商分局的农资市场巡查是否到位,走访农资经营户检查"两账两票一卡一书"制度是否落实,走访乡镇人大代表、政协委员征求对工商部门农资市场监工作的意见和建议,促进"红盾护农"工作的落实。

表 2 - 1 - 6　2006 年全省"红盾护农"市场整治情况

| 项目 | 查处案件（件） | 案值（万元） | 罚没金额（万元） | 没收或查扣数量（万千克） | 检查经营主体（个） | 整顿市场（个） | 取缔无照经营（户） | 受理投诉（件） | 挽回损失（万元） |
|---|---|---|---|---|---|---|---|---|---|
| 种子 | 111 | | | | | | | | |
| 化肥 | 666 | | | | | | | | |
| 农药 | 146 | | | | | | | | |
| 农机及配件 | 35 | | | | | | | | |
| 合计 | 958 | 1267.59 | 439.76 | 62.15 | 14773 | 10 | 664 | 617 | 2357.8 |

2007 年,根据国家工商总局的要求,省工商局结合实际,提出进一步深入开展"2007'红盾护农'行动",积极促进社会主义新农村建设的意见。3 月 20 日,按照省工商局的统一部署,全省工商系统在全省范围内开展"红盾护农统一行动日"活动;行动日当天,各地现场咨询人数达 8 万人次,受理投诉 61 件,工商部门向农民消费者发放宣传资料、维权手册等 10 万余份,活动得到当地政府领导的高度评价和农民朋友的好评;省工商局、南昌市工商局和南昌县工商局统一行动日当天,在南昌县广福镇开展"省、市、县 2007'红盾护农'宣传活动"。

是年,各级工商部门以整顿农资市场为重点,以农资打假为手段,规范农资市场秩序为目标,切实解决好农民群众最关心、最直接、最现实的利益问题,对辖区农资经营企业进行一次全面清理检查,依法对农资经营主体资格进行清理规范,重点清理整顿政企不分、乱挂钩、乱挂靠的农资经营企业,依法取缔无证照经营农资行为。共抽检农资商品 3484 批次,其中抽检种子 196 批次,合格率96.43%;抽检肥料 2271 批次,合格率 79.87%;抽检农药 447 批次,合格率 86.35%。组织开展以复混(合)肥为重点的省级流通领域肥料质量监督抽查,共检查肥料经销企业 40 多家,检查肥料商品1 万多吨,抽查 45 批次肥料品种,合格 36 批次。对制假售假重点区域进行专项整治,共受理投诉564 件;查处非法经营农资案件 993 件,案值 1524.78 万元;罚没款 681.89 万元;没收或查扣假冒伪劣农资 199.2 万千克等;为农民挽回经济损失 392 万元。全省各设区市工商局完成对辖区内 9354家农资经营户信用等级类别的评定,共评出 A 类企业 6225 家,B 类企业 2356 家,C 类企业 582 家,D 类企业 191 家,对守信经营户进行大力宣传,对严重失信的企业依法予以惩戒。

表2-1-7　2007年3月20日全省"红盾护农"统一行动情况

| 项目 | 查处案件（件） | 案值（万元） | 罚没金额（万元） | 没收或查数量（千克） | 检查经营主体（个次） | 取缔无照经营（户） | 受理投诉（件） | 挽回经济损失（万元） |
|------|------|------|------|------|------|------|------|------|
| 化肥 | 48 | 50.3 | 18.46 | 134860 | 2804 | 52 | 21 | 14 |
| 农药 | 14 | 1.8 | 1 | 2671 | 1622 | 14 | 10 |  |
| 种子 | 15 | 15.3 | 12.43 | 15168 | 1977 | 11 | 21 | 2.57 |
| 农用地膜 |  |  |  |  | 391 |  |  |  |
| 农机 | 5 | 1.25 | 1.25 |  | 483 | 1 | 3 | 1.61 |
| 渔机渔具 |  |  |  |  | 125 |  |  |  |
| 兽药 |  |  |  |  | 309 | 2 | 1 |  |
| 饲料及添加剂 | 1 | 0.65 |  |  | 700 | 2 | 3 |  |
| 其他 | 3 | 0.8 | 0.8 |  | 2399 | 22 | 2 | 3 |
| 合计 | 86 | 70.1 | 33.94 | 152699 | 10810 | 104 | 61 | 21.18 |

2007年，南昌市工商局围绕"树立为民执法理念，服务经济发展"主题，开展"红盾护农"行动。全市工商系统出动执法人员1630人次，检查农资市场12个，检查农资经营企业345家，抽查农资商品122批次，合格率82.6%，立案查处农资违法案件25件，罚没金额27.88万元，查扣假冒劣质农资17.1万千克，为农民挽回经济损失2.98万元，取缔农资无照经营户13家。全市农资市场经营秩序明显好转，中央电视台在当年全国"两会"期间报道南昌市工商局"红盾护农"先进事迹。

表2-1-8　2007年1月1日至11月30日全省"红盾护农"（农资市场监管）情况

| 项目 | 查处案件（件） | 案值（万元） | 罚没金额（万元） | 没收或查扣数量（千克） | 检查经营主体（个次） | 整顿市场（个） | 取缔无照经营（户） | 受理投诉（件） | 挽回损失（万元） | 捣毁制假售假窝点（个） |
|------|------|------|------|------|------|------|------|------|------|------|
| 化肥 | 609 | 1230.91 | 503.05 | 1883720 |  |  | 190 | 324 | 274.16 | 5 |
| 农药 | 240 | 168.94 | 116.52 | 73140 |  |  | 64 | 136 | 24.2 |  |
| 种子 | 84 | 73.29 | 27.07 | 35228 |  |  | 52 | 68 | 39.35 |  |
| 农机及配件 | 26 | 29.25 | 23.27 |  |  |  |  |  | 36 |  |
| 其他 | 34 | 22.39 | 11.98 |  |  |  | 26 | 36 | 18.29 | 2 |
| 合计 | 993 | 1524.78 | 681.89 | 1992088 | 12458 | 10 | 332 | 564 | 392 | 7 |

2008年，全省共有农资商品市场10个，农资商品经营户16045家。其中种子经营户2237家，化肥经营户3171家，农药经营户1799家，饲料经营户1611家，农机具经营户769家，综合农资商品经营户6458家。有13816家建立比较完善的索证索票、购销台账制度，农资市场监管实现分类监

管和可追溯管理。

是年,全省工商部门充分发挥职能作用,开展"红盾护农"行动,采取抓源头、严准入、查质量、打假劣、稳市场、保供应等有效措施,加强农资市场监管,规范农资经营行为,健全和完善农资市场监管长效机制,维护全省农资市场秩序。全省工商部门检查农资经营户16045家,整顿市场10个,取缔无照经营户491家,清理不规范农资经营主体326家。共抽检农资2611批次,其中抽检种子285批次,合格率95.79%;抽检肥料1890批次,合格率81.96%;抽检农药268批次,合格率88.43%;抽检农机具33个批次,合格率69.69%;抽检农用地膜27批次,合格率100%;抽检饲料及添加剂47批次,合格率95.7%;抽检兽药61批次,合格率91.8%。各级工商部门对检测不合格的农资商品分别依法进行查处,责令下架、退市处理,并及时发布监测结果和消费预警信息,引导农民群众选择放心农资。全年共受理投诉213件;查处非法经营农资案件614件,总罚没额756.49万元,其中化肥案件440件、农药案件71件、种子案件53件,案值802.83万元;没收或查扣假冒伪劣农资280618千克等,为农民挽回经济损失235.25万元。

2008年初,安义县遭受严重冰雪灾害,全县冬季农作物受冻面积达20万亩,大部分农民陷入困境,开展生产自救迫在眉睫。周火根是当地有名的红薯种植大户,几场大雪把他精心培育的薯苗全部冻死,类似周火根这种情况的薯农有1000多户。是年全县红薯种植面积2万余亩,80%薯苗被冻死。安义县工商局急农民之所急,充分发挥职能优势,通过网络和其他省、市工商部门打听寻找薯种。当打听到河南信阳有优质红薯种销售这一信息后,及时将这一信息告知红薯加工企业和薯农,并派人与企业一道前往河南调运薯种。2月29日,一辆满载50吨薯种的大卡车驶入安义县黄洲镇红薯种植基地。30多名工商干部将薯种分送到1000多户薯农手中,并帮助薯农进行紧急补种,几天之内,帮助薯农将受灾的1.8万亩薯地全部进行补种。完成薯苗补种后,工商部门督促红薯加工企业与薯农签订红薯购销合同,共为1000多份购销合同进行鉴证,用合同的形式确定红薯最低保护价。安义县工商部门在帮助农民生产自救的同时,还号召全局干部、职工和发动个私业主向灾区捐款捐物,累计捐赠款物2万余元;同时,发挥职能作用,落实国家优惠政策,为102户鲜活农产品经营户免除工商规费9.8万元。

是年,吉安市局在市场监管中早安排、早部署、早监管、早规范,继续推行农资商品市场准入制度和"两账两票一卡一书"制度,以及进货查验备案制;探索实施"执法前移",将过去停留在门店打假,延伸至城乡接合部,全面实施执法时间、执法空间、监管对象、监管措施前移;认真开展农资商品质量监测,共抽检农资289批次,抽检水稻品种18批次;集中时间和力量开展农资市场专项整治,规范全市的农资市场经营秩序。

表2-1-9  2008年全省农资市场监管情况

| 项目 | 案件总数(件) | 案值(万元) | 没收查扣物资(千克) | 农资经营者(户) | 检查农资经营者(户) | 检查市场(个次) | 取缔无照经营(户) | 受理投诉(件) | 为农民挽回经济损失(万元) | 捣毁制假售假窝点(个) |
|---|---|---|---|---|---|---|---|---|---|---|
| 种子 | 53 | 35.85 | 1062 | 2237 | 2237 | 166 | 12 | 20 | 23.72 | |
| 化肥 | 440 | 605.97 | 268723 | 3171 | 3171 | 834 | 397 | 134 | 178.4 | 3 |
| 农药 | 71 | 117.71 | 1135 | 1799 | 1799 | 145 | 25 | 22 | 12.83 | |
| 农机及配件 | 11 | 26 | | 769 | 769 | 102 | | 5 | 16 | |
| 农用地膜 | 1 | 1 | | 170 | 170 | 37 | 1 | | | |
| 其他 | 38 | 16.3 | 9698 | 7899 | 7899 | 21 | 56 | 32 | 4.3 | |
| 合计 | 614 | 802.83 | 280618 | 16045 | 16045 | 1305 | 491 | 213 | 235.25 | 3 |

2009年,全省工商部门严把市场准入关和商品质量关两个关口。坚持每年对农资商品经营主体进行一次全面清理检查,确保农资商品经营主体资格合法、规范,促进农资经营者依法经营、诚信经营。对上市的农资商品,尤其以新闻媒体披露的、农民群众投诉集中的、进化渠道不明的、信誉差的农资商品作为监测重点,组织进行抽检,力保农民用上放心农资商品。

是年,全省各级工商部门共受理农资投诉403件;查处违法经营农资案件1219件,案值1651.12万元,总罚没额700.55万元,为农民挽回经济损失450.9万元。各级工商部门从源头上加强对农资商品市场主体经营资格的审查,规范农资商品经营者主体行为。共检查农资经营企业16157家,取缔无照经营446家,清理不规范农资经营主体421家。积极推进"农资商品示范店"创建,全省建立农资商品示范店10901个,充分发挥农村基层工商所(分局)职能作用和"12315"执法网络作用,完善农民消费投诉维权网络。继续开展农资经营企业信用分类评定,积极发挥典型示范作用,完成对全省15059家农资经营户信用等级类别的评定,共评出A类企业7715家,B类企业4095家,C类企业3249家。

表2-1-10  2009年全省农资市场监管情况

| 项目 | 案件总数(件) | 案值(万元) | 罚没金额(万元) | 没收查扣物资(千克) | 检查农资经营者(户) | 清理不规范经营主体(个) | 取缔无照经营(户) | 受理投诉(件) | 为农民挽回经济损失(万元) | 捣毁制假售假窝点(个) |
|---|---|---|---|---|---|---|---|---|---|---|
| 种子 | 18 | 22.8 | | 300 | 1637 | | 28 | 13 | 14.35 | |
| 化肥 | 193 | 530.04 | | 214000 | 3040 | | 59 | 22 | 43.4 | 1 |
| 农药 | 16 | 8.15 | | 1 | 1799 | | 34 | 15 | 15.8 | |

续表

| 项目 | 案件总数（件） | 案值（万元） | 罚没金额（万元） | 没收查扣物资（千克） | 检查农资经营者（户） | 清理不规范经营主体（个） | 取缔无照经营（户） | 受理投诉（件） | 为农民挽回经济损失（万元） | 捣毁制假售假窝点（个） |
|---|---|---|---|---|---|---|---|---|---|---|
| 农机及配件 | | | | | 900 | | 1 | | | |
| 农用地膜 | | | | | 420 | | 3 | | | |
| 其他 | 992 | 1090.13 | | | 8361 | | 321 | 353 | 377.35 | |
| 合计 | 1219 | 1651.12 | 700.55 | 214301 | 16157 | 427 | 446 | 403 | 450.9 | 1 |

2010年,省工商局围绕支持"三农"发展,创新农资市场监管机制,力创"红盾护农"品牌,切实维护农民消费者的合法权益,保障农资市场良好秩序。全省各级工商部门开展"红盾护农保春耕"、灾后重建农资市场等专项执法行动,农资商品质量明显高于上年。以与农民生产生活密切相关的农村建材、铝材等为重点开展专项整治。查处案件2720件,其中涉及非法经营农资案件2143件,案值1353.1万元,为农民挽回损失580.72万元,维护农村市场秩序。

各级工商部门结合企业年检和个体户验照,从源头上加强对农资商品经营主体资格的审查,规范经营者主体行为,确保农资经营主体资格合法有效。全省共检查农资经营主体15240家(次),检查市场836个次,取缔无照经营户2138家,清理不规范农资经营主体372家。共抽检农资3858批次,其中抽检种子113批次,肥料2761批次,农药942批次等;共查处完成对15059家农资经营户的信用等级类别的评定,评出A类企业7715家,B类企业4095家,C类企业3249家。建立农资商品示范店2476个,在行政村建立"红盾护农"维权站(点)11099个。

表2-1-11　2010年全省农资市场监管情况

| 项目 | 案件总数（件） | 案值（万元） | 抽检农资（批次） | 检查农资经营主体（家次） | 清理不规范经营主体（家） | 取缔无照经营户（家） | 为农民挽回经济损失（万元） |
|---|---|---|---|---|---|---|---|
| 种子 | | | 113 | | | | |
| 化肥 | | | 2761 | | | | |
| 农药 | | | 942 | | | | |
| 其他 | | | 42 | | | | |
| 合计 | 2143 | 1353.1 | 3858 | 15240 | 372 | 2138 | 580.72 |

# 第二章　合同监管

　　1991—2010 年,全省各级工商部门依照法律、行政法规规定的职责,运用指导、协调、监督等行政手段,促使合同当事人依法订立、变更、履行、解除、终止合同和承担违约责任,制止和查处利用合同进行的违法行为,调解合同纠纷,维护合同秩序。加强经济合同监督管理,执行经济合同法规,保护当事人合法权益,制止违法活动,维护合同纪律,稳定经济秩序,促进社会主义市场经济健康而有序地发展。

## 第一节　监督管理

### 合同制度

　　从 1990 年 10 月 1 日起,在全省实行经济合同示范文本制度。1991 年 2 月开始,全省试行以《建设工程施工合同条件》和《建设工程施工合同协议条款》两部分组成的建设工程施工合同示范文本。自 1993 年 1 月 1 日起,省工商局向全省推行广告发布业务合同示范文本,进一步完善广告管理制度,规范广告经营行为,指导当事人正确签订广告发布业务合同,明确广告责任,避免或减少无效合同和合同纠纷,保护当事人的合法权益。

　　1993 年,江西省对粮食收购工作进行改革,取消粮食订购任务,运用经济合同手段收购粮食。3 月,在全省实行粮食收购合同统一样本。4 月 18 日,公布施行《江西省建设工程施工合同管理办法》,加强对建设工程施工合同的管理,维护建设市场的正常秩序,保证工程建设质量和效益。

　　是年,《中华人民共和国经济合同法》(以下简称《经济合同法》)修改,工商部门经济合同监督管理职能有所调整,查处无效合同的职能被取消。经济合同管理由于缺乏必要的手段,加上"合同自由"等观念影响,合同管理工作有弱化趋势。

　　1995 年 9 月 1 日,按照有关法律规定,工商部门的经济合同仲裁机构撤销,退出合同仲裁职能。年底,江西省工商局机构改革,经济合同管理机构被撤并到新组建的公平交易局,随后,部分地市合同管理机构也出现相应撤并。1999 年 12 月,合同行政监管工作又合并在市场规范监督处,但合同监管工作始终没有放松。

　　1999 年,《中华人民共和国合同法》(以下简称《合同法》)颁布实施。《合同法》第一百二十七条明确规定工商部门监督管理合同的职责,工商部门合同监督管理工作在新合同法的指导下进行。

重点是推行合同示范文本,查处合同违法行为,监督管理拍卖行为,开展重合同守信用活动,合同争议行政调解,企业动产抵押登记,合同鉴证等工作。

## 合同鉴证

全省工商部门开展合同鉴证工作,根据双方当事人的申请,依法证明经济合同的真实性和合法性。鉴证工作的开展有利于指导合同当事人依法签约,防止违法、无效合同的产生,提高签约质量和履约率。

党的十一届三中全会后,经济合同鉴证制度化并逐渐完善。1991 年,全省各地工商部门加强对企业承包(租赁)经营合同规范化管理,开展合同鉴证工作。通过经济合同咨询、鉴证、仲裁和调解,共处理企业承包(租赁)经营合同纠纷 236 起,为企业避免和挽回经济损失 1.9 亿元。

泰和县工商局重视建筑市场合同管理,1991 年 1—11 月,全县签订建筑工程承包合同 94 份,建筑面积 72869 平方米,金额 1738 万元,所签订的这些合同实现 4 个百分之百,即使用统一合同文本的达 100%;鉴证合同的达 100%;监督合同履行达 100%;合同履约率达 100%。全县没有因签订或履行合同不当而发生纠纷、造成损失的现象。该局在建筑市场合同管理中实行"四化"管理办法,即合同管理人员专职化、合同文本规范化、合同鉴证程序化、合同监督检查经常化。

南昌市工商局东湖分局合同科对合同中签订、鉴证、履行、纠纷处理几个环节加强管理,把好关口,防止多起经济纠纷发生,为当事人挽回经济损失近 700 万元,收到较好社会效益。为保证经济合同内容真实、合法,鉴证人员对当事人申请鉴证的合同文本,严把"闸口"。

全省各级工商部门运用经济合同管理职能,为搞好大中型企业和发展农村经济服务。1992 年,各级合同管理机关通过鉴证、办案、咨询和其他方式共为 6735 家企业挽回经济损失 57539 万元。全省共鉴证各类经济合同 53163 份,合同金额 36.5 亿元;合同备案 1823 份,金额 13.06 亿元。其中农副产品购销合同、财产租赁合同以及借款合同的鉴证分别占总数的 20%、28%、37%。鉴证建筑安装合同 3000 份,合同金额 25.98 亿元,比 1991 年同期增长 68%。

1993 年,各级工商部门加强对经济合同的监督检查工作,通过对经济合同鉴证,依法事先介入。全省共鉴证各类经济合同 23580 份,金额 329591 万元。通过日常的监督检查工作,普遍提高合同履约率,为企业公平竞争创造良好条件。

1995 年,各级工商部门支持国有企业深化改革,加强"国有民营"企业经济合同规范化管理。重点加强农村经济合同管理,特别注重加强对关系国计民生的粮、棉、油等重要商品合同的监督管理。据统计,1983 年至 1995 年 9 月 1 日,全省工商部门共鉴证合同 680 万份,合同金额 973.88 亿元。

1997 年 11 月,国家工商局发布第 80 号令《合同鉴证办法》,使合同鉴证工作更加规范化。1996—2003 年,全省强化合同鉴证工作,结合日常监督检查,重点开展打击合同欺诈行为,合同鉴证管理的规范化和制度化成为常态。

2004 年,国家工商总局废止《合同鉴证办法》,全省各级工商局停止所有经济合同的鉴证工作。

打击利用经济合同进行欺诈是 2004 年之后合同监管的重要工作。

### 无效合同确认

20 世纪 90 年代初,经济合同管理由过去引导企业如何运用合同进行经济交往逐步转向指导企业防止不法分子利用合同进行诈骗。全省工商部门为企业提供法律咨询、服务,培训合同管理人员。1992 年,全省工商部门共受理经济合同案 5160 件,解决争议金额 4474 万元,确认无效合同 782 件。

1991 年至 1993 年 9 月,全省各级工商部门依照《经济合同法》和国家工商局规定,对 8 种情况的合同确认无效,即主体不合格的;内容不合法的;无效代理导致无效的;违反国家利益或社会公共利益的;非法垄断技术、妨碍技术进步的;侵害他人合法权益的;对领取《营业执照》的企业和经营单位以自己名义所签订的,以及未经所归属法人事前明示授权或事后追认,而以该法人名义所签订的;采取欺诈或胁迫手段订立的。这一时期,全省确认无效合同 1172 件,涉及金额 1 亿余元。

1993 年 9 月,《经济合同法》修改,规定无效经济合同由人民法院或者仲裁机构确认。从此,工商部门不再确认无效合同。

## 第二节　合同示范文本

《经济合同法》自实施后,经济合同在全国城乡经济生活得到广泛应用。到 1992 年,经测算全国每年签订的书面经济合同在 8 亿份以上,经济合同制度在国家社会主义经济中发挥着愈来愈重要作用。

20 世纪 90 年代,全省各地规范经济合同管理,陆续开展合同示范文本工作。南昌市工商局为进一步改进和完善企业承包经营责任制,对承包合同实行规范化管理,规定南昌市企业承包经营责任制合同书按工业、商业、运输业、建筑业四大类产业分类,全市所有国营和集体承包企业(不论隶属关系),实行滚动承包和下一轮承包的企业都必须按照上述四大类产业归类签订,由市工商局统一印制的承包合同,并对承包合同进行鉴证。1991 年,南昌市试行《建设施工合同条件》和《建设工程施工合同协议条款》组合的建设工程施工合同示范文本。

1992 年 9 月 25 日,国家工商局印发《关于实行广告发布业务合同示范文本的通知》(以下简称《通知》),规定广告发布单位与广告客户代理人签订广告发布业务合同,应使用《通知》规定的广告发布业务合同示范文本。1993 年 1 月 1 日起,全省推行广告发布业务合同示范文本,是年 3 月实行粮食合同统一样本。

1992 年,国家工商局单独或与有关部委联合发布 7 大类 28 种示范文本。示范文本条款完备,内容严谨,有利于规范企业的签约行为。广大企业作为实施合同示范文本的主体,成为该项制度的直接受益人。

1992—1998 年,全省各级工商部门加强合同示范文本工作,按照国家工商局发布的 7 大类 28

种示范文本规范有关合同签订,保护当事人的合法权益。各地结合工作实际,参照合同示范文本,逐步扩大合同示范文本的范围,维护正常经济秩序。

1999 年 3 月 15 日,全国人民代表大会九届二次会议通过新《合同法》,规定"当事人可以参照各类合同的示范文本订立合同"。2000 年,为规范粮食流通秩序,加强粮食监管,全省各级工商部门开始实施粮食买卖合同、粮食收购合同、粮食加工定作合同规范管理,以合同法律形式规范粮食收购和经营行为。

2006 年,全省各级工商部门结合农业大省实际,围绕支持"三农"发展,服务社会主义新农村建设工作大局,把推进"订单农业"作为合同管理工作重点,积极开展涉农合同帮扶活动,加强对农业订单合同的指导和规范,通过"订单农业",促进农业产品流通,保护农民合法权益。在广泛征求各部门、农户意见的基础上,省工商局拟定下发涉及生猪、禽蛋、牛、羊、家禽、棉花、粮食、化肥、农药、木材(毛竹、木炭)、水产品、水果、蔬菜等农副产品的 15 个涉农合同示范文本,并在省工商红盾网上公布,供全省推广使用。

是年,南昌市工商局为加强合同格式条款的监督管理,对格式合同进行审查、备案和公示,进一步明确和细化消费者权益及其相应保护制度,坚持维护消费者合法权益与促进企业规范发展相统一,将格式条款合同备案范围限定在 9 大类生活消费类之内,即房屋买卖、房屋中介、物业管理、住宅装饰装修合同;汽车买卖、租赁合同;供用电、水、气合同;有线电视、邮政、通信服务合同;经营性培训、医疗服务合同;消费贷款和人身、财产保险合同;旅游、运输合同;典当、拍卖合同;美容、健身、餐饮服务合同。对以上各大类格式合同实行备案审查制度,提供方在合同文本开始使用之日起 30 日内将合同文本报所在地县(区)工商部门备案。备案审查的重点主要是提供方设定免除或者限制自身责任、加重消费者责任以及排除消费者主要权利 3 个方面。

至 2008 年上半年,由国家工商总局制订、修订发布,或由国家工商总局与国家建设部、国防科工委、水利部、国土资源部、国内贸易局、国家煤炭局、国家林业局、国家人防办、国家电力公司等部门联合制订、修订发布的合同示范文本,有 14 类共 90 余种。其中,买卖合同类 31 种,供用电、水、气、热力合同类 5 种,赠与合同类 1 种,租赁合同类 6 种,承揽合同类 7 种,建设工程合同类 16 种,运输合同类 5 种,保管合同类 1 种,仓储合同类 1 种,委托合同类 4 种,经纪合同类 2 种,居间合同类 3 种,特许经营合同类 5 种。

2009 年,各级工商部门做好合同帮扶工作,提高合同履约率。抚州市工商局因地制宜推广 23 种涉农合同示范文本。上饶市 500 多家企业、6 万多家专业户使用市工商局制定的涉农合同示范文本。

2010 年,全省各级工商部门进一步加强合同管理工作。省工商局共发布 60 余种合同示范文本。全省合同示范文本基本涵盖各行各业,合同规范管理工作进一步完善。

# 第三节　合同争议行政调解

全省工商部门对法人、个人合伙、个体工商户、农村承包经营户以及其他经济组织,相互之间发生的以实现一定经济目的为内容的合同争议,即经营者之间的合同争议进行调解,及时、方便、低成本、高效率解决争议,使企业恢复正常的经济交往和交易活动;化解社会矛盾;帮助农民等弱势群体及时解决经济交往中难题和障碍,支持农民发展生产,提高经济效益。

20世纪90年代初,全省共建立专业仲裁庭15个,派出仲裁庭400余个。1991年,全省各级工商部门加强对企业承包(租赁)经营合同规范化管理,开展合同仲裁工作。全省共处理企业承包(租赁)经营合同纠纷236起。帮助企业清理债务纠纷,处理各类经济合同10193件。通过经济合同咨询、鉴证、仲裁和调解,为企业挽回经济损失1.9亿元。

各级工商部门为企业提供法律咨询、服务、培训合同管理人员,调解处理合同纠纷。1992年,共受理经济合同案5160件,解决争议金额4474万元,为企业挽回经济损失2544万元,保护企业合法权益。

1992年,广昌县工商局经济合同仲裁人员依法对经济合同纠纷进行仲裁调解。广州市一位个体工商户与广昌县一家商行签订一份5吨白莲购销合同。商行收到需方4万元预付货款后,既不发货,也不退还预付货款。需方诉至广昌县工商局仲裁委并申请诉讼保全。仲裁委当即采取措施,到银行冻结商行款项。但商行账上已无分文,只好查封库存白莲。此时,商行人员上门围攻仲裁人员,并唆使群众冲进仓库抢白莲。仲裁委工作人员顶住压力,依法查封库存白抵还预付货款,并为广州客户联系汽车,装车出境。广州客户深受感动,给仲裁委赠送一张"秉公执法,廉洁为政"锦旗。1991—1992年,广昌县工商局仲裁委为外埠客户、代外地仲裁机关调解、仲裁经济合同纠纷案件20余件。各地商贾纷纷前来签约,竞购广昌白莲,每年成交额平均递增率达20%。

1993年,全省各级工商部门共受理经济合同纠纷案1601件,结案1560件,结案率为97.4%。省工商局经济合同仲裁委立案处理两起争议金额上千万元的大案;运用合同管理手段,为企业挽回或避免损失2.27亿元。

1994年,全省工商部门探索"国有民营"合同管理新途径,通过对"国有民营"合同的管理,规范双方权利义务,使"国有民营"逐步法制化、规范化;至年底,全省共受理各类合同纠纷案件2500件,解决争议金额5600万元。

1994年8月31日,全国人大常委会八届九次会议通过并公布《中华人民共和国仲裁法》(以下简称《仲裁法》)。全国在《仲裁法》颁布施行后,合同纠纷处理主要是通过民事诉讼和仲裁的方式,行政调解方式已逐步弱化。据统计,自1983年至1995年9月1日,全省共仲裁合同纠纷21520件,合同争议标的金额16.58亿元。

1996年4月中旬,河南省漯河市农产果品总公司综合经营部由于业务人员工作失误,被南昌市某饮料厂以欺诈手段骗取从河南发往南昌的棉粕60吨,价值7万余元。该饮料厂虚拟资金、虚设分厂、骗买骗卖,是一个地地道道的皮包公司。货到南昌后,该厂又以违约责任处罚该部违约金,并到南昌市青云谱法院以诉讼保全为由封存该部之货物。在此情况下,漯河市农产果品总公司综合经营部人员找到南昌市工商局经济合同管理科投诉。合同管理科人员多次到郊区查询取证,在公安特警和法院支持帮助下,圆满解决此案。

20世纪90年代中期开始,中国经济体制由计划经济向市场经济转型。1994年《仲裁法》颁布之后,各地的合同监管开始弱化,合同监管机构被撤并,监管力量严重削弱。为继续强化合同监管工作,2010年国家工商总局印发《合同违法行为监督处理办法》,省政府印发《江西省合同格式条款监督办法》,全省合同监管工作得到进一步加强。

2010年,全省共受理合同格式条款备案1085份,检查各类合同11811份。各地在监督检查合同履行情况中,充分发挥行政调解职能,坚持公平、公正、合法、合理的原则,调解合同纠纷,及时化解矛盾。积极创新行政调解机制,整合调解资源,运用综合手段高效调解合同纠纷。

## 第四节　合同违法行为查处

1991年,全省工商部门对订立假经济合同、倒卖经济合同、利用经济合同买空卖空、转包渔利、非法转让、行贿受贿以及其他危害国家利益和社会公共利益的违法行为进行查处。结合经济合同咨询、鉴证、仲裁和调解展开合同日常监管。

1992年,全省各级工商部门指导企业防止不法分子利用合同进行诈骗,为企业提供法律咨询,培训合同管理人员。全年共受理经济合同案5160件,解决争议金额4474万元,确认无效合同782件,查处违法合同616件,为企业挽回经济损失2544万元,保护企业合法权益。

南昌市青云谱区工商局为省内外企业处理防止两起合同欺诈案。

1993年,省工商局立案处理两起争议金额上千万元的大案。各级工商部门共受理经济合同纠纷案1601件,结案1560件,结案率为97.4%,确认无效合同390份。运用合同管理职能,为企业挽回或避免损失2.27亿元。

1994年,全省加强经济合同的监督管理,对1200家企业经济合同签订履行情况进行检查,检查经济合同21万份,合同金额78亿元。各级工商部门查处违法合同400份,协助经济合同当事人挽回和避免经济损失48亿元。全省共受理各类合同纠纷案件2500件,解决争议金额5600万元。

省工商局组织开展全省百家企业经济合同签订、履行情况检查工作。1995年,全省共抽查建筑、工矿、商业企业199家,检查经济合同1.66万份,合同金额194583万元。在被检查的199家企业中,共发生经济合同纠纷216件,其中当事人双方协商处理132件,争议金额1995.3万元;由经济合同仲裁机构仲裁11件,争议金额143.7万元;由人民法院审理44件,争议金额288.65万元;尚未处理29件,争议金额330.2万元。在检查的1.6632万份合同中,实际履行的合同1.37万份,履约率为82.5%;未履行的合同2899份,占总数的17.4%;因合同问题被诈骗的19份,金额306.4万元;拖欠货款的516份,金额5506万元,资不抵债无赔偿能力的11份,金额70万元。

1995年7月4日,全省查处合同欺诈行为座谈会在赣州市召开,省工商局副局长吴同国到会并讲话。会议要求各级工商部门转变合同管理观念,进一步健全机构、稳定队伍、充实人员、总结经验、强化管理;对合同欺诈行为进行综合治理,加强协作和配合,探索一条经济合同管理新路子。会议讨论修改《全省查处合同欺诈行为工作意见(征求意见稿)》,明确以后全省合同管理机关的工作重点和查处合同欺诈行为范围。

1996年,全省工商部门重点加强对农村经济合同管理,特别注重加强对关系国计民生的粮、棉、油等重要商品合同监督管理。

1997年，各级工商部门严厉打击合同欺诈行为，全省共查处合同欺诈案件247件，合同欺诈标值5720万元，为企业避免和挽回经济损失5446万元。

全省各级工商部门贯彻《合同法》《担保法》，1998年合同监管工作保持良好势头。国家工商局于1999年9月7日印发《关于严厉整治合同欺诈、维护市场交易秩序的通知》，通知对整治的重点、目标、时间、步骤、办法与措施作全面部署。全省各级工商机关合同监管部门从9月中旬开始至12月底，集中力量开展合同欺诈专项整治工作，强化市场监管，整顿交易秩序。各地积极开展打击合同欺诈的专项执法行动，工商机关对合同方面存在的问题做认真调查摸底，在此基础上制订打击合同欺诈的行动方案，增强工作的针对性和实效性。

2000年7月后，全省工商部门重点打击利用买卖合同、承揽合同、居间合同、技术转让合同、建筑工程合同进行的欺诈行为；处罚利用合同进行欺诈的"三无"企业、中介服务企业、无照经营企业，特别是屡教不改的单位和个人；整治合同欺诈多发区，重点查处利用合同诈骗国有资产行为和重大案件。

2005年，全省工商部门严厉打击利用买卖重要生产资料、农副产品订购、承揽、医疗医药、旅游、中介服务、房地产开发、商品房买卖产权交易等合同进行欺诈的违法行为；利用"订单农业"坑农、害农的案件；企业改组、改制中的利用合同造成国有资产流失和被侵吞的合同案件以及外贸合同进行欺诈的违法行为。是年，全省各级工商部门开展打击合同欺诈专项执法活动，共检查企业合同1700件，查处合同欺诈行为案件35件。

2006年11月16日，国家工商总局在广西桂林召开全国工商系统打击合同欺诈工作研讨会。会议后，全省工商系统探索建立治理合同欺诈等合同违法行为的长效机制，不断拓宽合同行政监管领域；建立打击合同欺诈等违法行为的预防、预警机制；加强职能保障，强化部门、区域间的沟通协作，形成监管合力。

2010年3月，由省工商局起草的《江西省合同格式条款监督办法》（以下简称《办法》）以省政府令形式颁布。为贯彻实施好《办法》，积极做好合同格式条款备案受理工作，省工商局举办1期全省培训班。各市、县（市、区）工商局以此为契机，全面强化合同监管工作，合同格式条款备案工作全面开展。各级工商部门以房地产、通讯、农产品订购、买卖、加工承揽等社会关注的重要、热点行业为重点，加大合同行政执法力度，规范经营行为，严厉打击合同欺诈等违法行为。2010年，全省共受理合同格式条款1085份，检查各类合同11811份。各地在监督检查合同履行情况中，还充分发挥行政调解职能，坚持公平、公正、合法、合理的原则，调解合同纠纷，及时化解矛盾。

## 第五节　"守合同、重信用"活动

"守合同、重信用"活动在2002年以前称为"重合同、守信用"活动。江西省此项活动起始于1984年。1984年，景德镇市、吉安市、瑞金县等地开展"重合同、守信用"企业评比活动，省工商局及时总结他们的经验并向全省推广。

1991年,全省继续开展"重合同、守信用"活动。4月12日,在南昌召开全省第一次"重合同、守信用"企业命名大会,景华无线电器材厂、吉安无线电线材厂、国营七四〇厂等25家企业被省政府授予"重合同、守信用"企业称号。是年,省经委、省工商局授予南昌齿轮厂、江西造纸厂、国营九江仪表厂等107家企业(单位)为省级"重合同、守信用"单位。1991年,县以上政府命名"重合同、守信用"企业1558家。1993年,各级政府和工商机关命名的"重合同、守信用"企业2000余家,其中获省级"重合同、守信用"企业称号的有500余家。1994年,全省在企业中深入开展"重合同、守信用"评选活动,有710家企业被命名为省级"重合同、守信用"企业。1995年,全省新审批省级"重合同、守信用"企业称号300家。

表2-2-1　1991年省级"重合同、守信用"企业(单位)

| 称　号 | 被授予企业(单位) | 颁授单位 |
| --- | --- | --- |
| "重合同、守信用"企业 | 景华无线电器材厂、万平电容器厂、景德镇市宇宙瓷厂、吉安无线电线材厂、邮电部景德镇通讯设备厂、江西省瑞金化工机械厂、国营第八五九厂、景德镇市无线电元件五厂、万安县林业工业公司、景德镇市高压紧固件厂、宜春风动工具厂、高安县灰埠瓷厂、江西省陶瓷销售公司、国营七四〇厂、国营四三二一厂、国营红声器材厂、景德镇陶瓷机械厂、景德镇市为民瓷厂、江西省安福液压元件厂、吉安县赣江柴油机厂、江西省宁冈会师瓷厂、江西省瑞金电线厂、景德镇市印刷机械总厂、宜春市锁厂、新干县供销社综合贸易中心 | 省政府 |
| "重合同、守信用"单位 | 南昌齿轮厂、江西造纸厂、南昌柴油机厂、江西油脂化工厂、江西第二造纸厂、江西橡胶厂、南昌通用机械厂、国营九江仪表厂、国营长江化工厂、九江有色金属冶炼厂、江西制氧机厂、赣州钴冶炼厂、江西省赣南农药厂、江西气体压缩机厂、江西第一制糖厂、江西电缆厂、江西前卫化工厂、江西南昌桑海制药厂、南昌市粮油贸易公司、江西省南昌化工批发公司、江西赣州阀门厂、赣州市土产公司、赣州市机绣童装厂、赣州地区金属材料公司、赣南有色矿山机械厂、赣州市赣江棉织厂、赣县供销联营公司、宁都县钨矿、吉安市第四建筑工程公司、宁冈县林业工业公司、江西铁路经济开发部公司、万安县农业生产资料公司、江西省吉安地区水泥厂、中国人民保险公司万安县支公司、江西峡江制药厂、国营万安县麻源胶合板厂、江西永丰制药二厂、江西泰和制药厂、万安县粮油贸易公司、江西省泰和县火柴厂、江西冶金矿山建设厂、江西新余纺织厂、国营江西省乐安家具总厂、临川县粮油贸易公司、国营乐安县印刷厂、临川县染厂、江西电力整流器厂、临川县磷肥厂、中国人民保险公司乐安县支公司、中国人民保险公司黎川县支公司、江西省乐安江边机械厂、铅山县农业生产资料公司、玉山县二轻供销公司、弋阳县磷肥厂、江西省玉山油墨厂、赣东北轴瓦厂、玉山县水泥制品厂、江西省广丰县工艺美术厂、上饶县贸易公司、江西省上饶市棉针织厂、江西省上饶全粮液酒厂、江西上饶星火制药厂、江西省上饶市农业生产资料公司、萍乡市塑料七厂、萍乡市芦溪水泥厂、萍乡市水泵厂、萍乡市三田煤矿、萍乡矿务局高坑多种经营公司、萍乡市国营广寒寨垦殖厂、萍乡市陶瓷机械厂、萍乡市制伞造纸厂、江西省萍乡市国营万龙山电扇厂、江西 | 省经委、省工商局 |

续表

| 称　号 | 被授予企业(单位) | 颁授单位 |
|---|---|---|
| | 省遂川县工艺包装厂、贵溪县粮油加工总厂、江西省修水茶厂、德安共青供销贸易公司、彭泽县二轻工业供销公司、九江市国营芙蓉农场油脂化工厂、南昌异型砂轮厂、江西省进贤铆钉厂、国营南昌赣江生物化工厂、江西向塘针织厂、南昌市湾里防潮纸厂、南昌市锅炉设备安装公司、南昌钢窗厂、西湖区物资供销公司、南昌水表厂、南昌塑料制花厂、南昌微型电机厂、南昌小天使童装公司、南昌亨得利钟表眼镜销售中心、江西省向塘化肥厂、南昌衡器厂、南昌市大华塑料厂、南昌螺丝钉厂、南昌市第五建筑工程公司、南昌市第一建筑工程公司、南昌市第三建筑工程公司、江西南昌白马庙制药厂、江西气门芯厂、景德镇市雕塑瓷厂、景德镇市陶瓷窑具厂、安福车务段公司、景德镇市红光瓷厂、景德镇市瓷用原料化学工厂、国营乐平县纺织厂、景德镇市青花文具瓷厂、景德镇气门厂 | |

1996年,省工商局本着"宁精勿滥、保证质量、健康发展"原则,在总结10年来开展"重合同、守信用"活动基础上,对"重合同、守信用"企业评选方式进行较大调整。

2001年4月19日,省工商局制订印发《江西省重合同守信用企业认定管理暂行办法》,规定"重合同、守信用"企业认定实行A制,分为A、AA、AAA三个等级。

2001年,省工商局对全省历年"重合同、守信用"企业进行全面清理,与省经委联合印发《关于实施〈江西省重合同、守信用企业认定管理暂行办法〉的通知》,对原有的评比条件作调整和补充,提出"重合同、守信用"企业的认定标准。12月18日,省工商局、省经贸委授予江西洪都航空工业集团有限责任公司等81家企业为"重合同、守信用"AAA企业。

2001年,国家工商行政管理总局公布首批520家"重合同、守信用"企业名单,其中江西省有16家,分别是:江西光学仪器总厂、江西省冶金集团公司、江铃汽车集团公司、南昌卷烟厂、江西洪都航空工业集团有限责任公司、汇仁集团有限公司、江西铜业公司、景德镇华意电器公司、昌河飞机工业(集团)有限责任公司、江西医药集团公司、清华泰豪科技股份有限公司、江西广丰月兔集团、江西万年青水泥股份有限公司、核工业华东建设工程集团公司、南昌钢铁有限责任公司、江西四特酒厂。

表2-2-2　2001年全省"重合同、守信用"AAA企业

| 称　号 | 被授予企业（单位） | 颁授单位 |
|---|---|---|
| "重合同、守信用"AAA企业 | 江西洪都航空工业集团有限责任公司、核工业华东建设工程集团公司、江西洪都消防工程有限公司、江西中昌工程咨询监理有限公司、江西公路开发总公司、江西省美华建筑装饰工程有限责任公司、江西利达装饰工程有限公司、江西省金岛实业有限公司、江西南方建筑装潢配套公司、清华泰豪科技股份有限责任公司、江西省南昌市赣江医疗器械厂、江西洪都消防设备有限公司、南昌市第三建筑工程公司、南昌卷烟厂、南昌市第一建筑工程公司、安源实业股份有限公司客车制造厂、萍乡市特种电机厂、萍乡市湘东瓷厂、江西省抚州建筑工程公司、江西临川酒业有限公司、江西红星机械厂、江西省东乡县缫丝总厂、德兴市师牌水泥有限公司、广丰月兔集团、江西万年青水泥股份有限公司、蓝星星火化工厂、九江昂泰胶囊有限公司、江西生成卫生用品有限公司、景德镇华意电气总公司、江西化纤化工有限责任公司、浮梁县茶厂、贵溪市建筑工程总公司、江西余江制药厂、江西省遂川县狗牯脑茶厂、江西省吉安市建筑安装总公司、江西核工业瑞丰生化有限责任公司、江西金虎保险设备有限公司、江西盐矿有限责任公司、江西新余纺织有限责任公司、中国石油化工股份有限公司江西新余石油分公司、江西省贵溪华康天然色素厂、江西省冶金集团公司、江西省医药集团公司、中国有色金属工业华昌工程承包公司、江西地质工程勘察院、江西长运股份有限公司、江西创艺广告有限公司、江西省商业拍卖有限公司、江西永安消防工程有限公司、南昌钢铁有限责任公司、汇仁集团有限公司、江西南昌新颖装饰机电消防工程有限公司、江西省水电工程局、江西南昌济生制药厂、江西起重机械总厂、江西腾飞塑胶总厂、萍乡钢铁有限责任公司、萍乡市碳酸钙实业有限公司、江西日江水泥制造有限公司、江西临川建筑安装工程总公司、江西东亚药业有限责任公司、恒安（江西）卫生用品有限公司、赣东苎麻纺织厂、江西凤凰光学仪器（集团）有限公司、江西弋阳制药厂、江西怀玉山活性炭（集团）有限公司、武宁县明星锑业有限公司、江西船用阀门厂、湖口县棉麻公司、景德镇印刷包装机械有限公司、昌河飞机工业（集团）有限责任公司、江西省贵溪火力发电厂、江西华帮复合材料有限公司、江西果喜实业集团有限公司、江西省泰和玉华水泥有限责任公司、江西燕京啤酒有限责任公司、江西省樟树粮油公司、江西樟树四特酒厂、新余钢铁有限责任公司、新余市建筑工程总公司、赣州装饰工程公司 | 省工商局、省经贸委 |

2002年,省工商局公示的省级"守合同、重信用"企业35家。向国家工商总局推荐公示的"守合同、重信用"企业25家。至年底,全省共评出省级"守合同、重信用"企业1053家。10年以上的"守合同、重信用"企业有295家。

2003年,省工商局对参加认定的企业在纳税、贷款、资源、安全生产、劳动用工、民工工资发放及经营行为等方面,开展广泛征求相关管理部门意见的工作,提高"守合同、重信用"企业的质量,推动江西省社会信用体系建设。

2006年1月24日,国家工商总局印发"守合同、重信用"活动的指导性、规范性文件——《关于

深入开展"守合同、重信用"活动的若干意见》,进一步明确提出"守合同、重信用"活动应遵循自愿、公开、公正、公平、不搞终身制原则,并提出新的"守合同、重信用"企业标准,包括申请参加企业应是企业信用分类监管中的守信企业,企业建立科学合理的合同信用管理机制,合同履约率达到100%等7条标准。

2007年,全省工商部门开展合同管理工作,认定省"守合同重信用AA"单位共112个,推行各类合同示范文本,规范全省出境旅游合同。

自2003年至2008年,全省工商部门共推荐国家级"守合同、重信用"企业95家,认定省级"守合同、重信用"企业628家。

2010年,各级工商部门继续组织开展"守合同、重信用"单位认定工作。全省"守合同、重信用"单位认定工作坚持全面守重和服务企业的理念,抓好审核,严格认定。经企业自愿申报,严格按照受理、审查、公示、认定和公布等5个程序组织实施,严把认定关。是年,全省认定年度"守合同、重信用"ΛΛΛ级企业344家;评定首批527个商品交易市场的信用等级,确定全省诚信市场创建活动示范点19个。全省累计"守合同、重信用"企业1354家,比上年同期增加189家,增长16.22%。

各级工商部门把"守合同、重信用"活动作为加强企业经营行为监管的重要措施,不断提高监管水平和效能,实现为经营者和消费者服务、为促进改革发展服务的目的。

樟树市工商局把服务经济发展与科学监管结合起来,尤其在合同监管方面,认真执行《江西省守合同重信用认定管理暂行办法》。以"守合同、重信用"信用品牌为导向,开展"诚信兴市"活动。通过"守合同、重信用"和"商标战略"两大品牌建设,助推樟树市经济发展迈上新台阶。至2010年底,樟树全市共有"守合同、重信用"单位88家,其中国家公示的"守合同、重信用"单位5家,省级公示的AAA级"守合同、重信用"单位17家,设区市级公示的AA级"守合同、重信用"单位22家,樟树市公示的A级"守合同重信用"单位44家,行业涉及建筑、制造、饮料、矿产、食品、制药、加工等领域。江西金虎保险设备集团有限公司和江西远洋保险设备实业集团有限公司是樟树市2家生产保险柜企业,取得"守合同、重信用"单位称号后,被认定为国家档案机关定点供应企业、国家机关认定点供应商,所产产品被认定为中国名牌产品。企业发展带动就业,仅保险柜行业就吸纳下岗失业人员2200人,为农村富余劳力提供就业岗位1500个。

## 第六节　动产抵押登记

工商部门进行企业动产抵押物登记,是依法对企业设备和其他动产抵押物进行审核登记的行政行为。抵押是一项重要物的担保方式。

1995年6月30日,全国人大常委会八届十四次会议通过《中华人民共和国担保法》(以下简称《担保法》),规定财产抵押须向财产所在地的工商部门办理抵押物登记。10月,国家工商局发布《企业动产抵押物登记管理办法》,规定企业动产抵押物登记范围为航空器、船舶、车辆以外的企业设备、企业的原辅材料、企业的产品或者商品、企业其他可以依法抵押的动产。这是法律赋予工商部门的一项新职责。

1996年，由省工商局牵头，会同有关部门联合印发《关于实施〈江西省企业动产抵押物管理办法〉的通知》，开始江西省企业动产抵押管理工作。全省各地在1996年开始陆续开展企业动产抵押登记工作。

1996年1月，南昌市工商局依据《担保法》有关规定，印发《关于办理企业动产抵押物登记的通知》，部署抵押物登记事项，规定受理、审查、勘验、发证、备案、归档工作程序和标准，统一制定各种文书及印鉴、标识、证书、台账，率先开发抵押物登记与合同执法档案微机管理系统，包括快速查询企业资质、抵押物登记状况、合同鉴证与抵押担保主合同、抵押合同、企业合同违法记录等相关材料，及时为企业签订履行合同提供有效动态信息。至1997年11月底，全市共办理企业动产抵押登记347份，盘活企业资产29.25亿元，为企业技术创新融资、流动资金贷款22.84亿元，为国家提供产权市场的准确信息。

南昌市郊区工商分局自1996年4月起，开展动产抵押登记管理工作，通过两年的实践，管理工作逐渐规范。至1997年9月底，共办理动产抵押登记73家（其中变更续期8家，注销6家）抵押总金额为人民币11794.08万元，美元333.6万元。

景德镇市工商局依据《担保法》和国家工商局《企业动产抵押物登记管理办法》所赋予的职权，自1996年开始，为企业办理抵押合同登记，为企业融资"输血"，支持企业发展；至1997年底，共办理抵押合同登记40件，抵押物总价值14483万元，为企业争取银行贷款10299万元。

峡江县工商局到1997年底共办理58件企业抵押物登记，抵押物价值8570.3万元，贷款金额5260.1万元。为确保企业动产抵押物登记质量，县工商局合同股指导企业认真填写《企业抵押物登记申请书》和提供有关文件或复印件，工商所协助审查抵押合同条款、审查抵押合同是否重复抵押，是否为禁止抵押之物，是否有所有权，权属期限或使用期限是否符合抵押期限。登记发证、装订、归档等项重要工作，统一由县工商局负责，做到手续完备、材料齐全、档案规范。

赣州地区工商局在1997年1月至8月共办理企业动产抵押登记158件，抵押金额63596.3万元，主债权金额48089.5万元。

抚州地区工商局的抵押物登记工作不断深入、规范。登记范围不断拓宽，由过去单一的借贷合同购销向货物运输等领域拓展，登记数量成倍增长。1998年1—8月，全系统共办理各类抵押物登记914件，是1997年同期的两倍多。该局严格把关，取信于抵押权人。坚持认真审查，在抵押物登记的内容上坚持严把"三关"，注意"三防"，即严把登记的主体关、抵押物权属关、抵押物价值关，防止无效登记、重复登记、债权大于抵押物价值登记。在办理程序上坚持"三级"审查制度，即每件登记由受理人初审、合同科（股）长复审、局分管领导再审。"三级"审查，逐级把关。材料欠缺的补充后登记，不符合条件的不予登记。1998年1—8月全系统未登记不符合条件的有42家。

南丰县工商局坚持与银行一道实地勘验抵押物，对边远地区抵押物委托所在地工商所实地勘验。同时根据"公示原则"将登记事项在电视台公告，既把握登记质量，又防止第三人受损害。严格把关，确保登记质量，赢得抵押权人的信任。1998年，全县有5件抵押物登记因实现抵押权变卖了抵押物，未发现一件因登记质量问题影响抵押权的实现。使抵押权人觉得，到工商部门办理抵押物登记放心。

1996—2002 年底,全省共办理抵押登记 13740 件。2003—2008 年,全省办理抵押登记 1 万余件,为企业办理担保金额 10 亿元。

2007 年 3 月 16 日,全国人民代表大会十届第五次会议通过《中华人民共和国物权法》,于 2007 年 10 月 1 日开始实施。这部有关物权的法律是明确物的归属,发挥物的效用,保护权利人物权的基本法律,该法明确工商行政管理部门是动产抵押登记机关。

全省工商系统持续开展动产抵押登记工作,为企业破解融资难题提供有力支持。各级工商部门积极履行动产抵押登记管理职能,为支持企业投资和发展,加快商品流通和资金融通,保障债权实现,促进经济发展发挥积极作用。按照《动产抵押登记办法》规定的范围、内容和程序,严格把好申请、备案、注销三关,对动产抵押相关文件及每个环节进行审核,维护抵押双方利益;提供"一站式"服务,按照"及时、方便、快捷"的登记方法,为动产抵押登记"提速"。对动产抵押登记的申请、审核、核准、办结实行"一站式"服务,在符合登记条件的情况下,确保动产抵押随到随办,并建立抵押登记台账,接受银企双方咨询,实现信息互通、良性互动的共赢局面。各地担保金额大幅增加,有力促进企业融资。2010 年,全省共办理动产抵押登记 1926 份,登记抵押金额 141.26 亿元。

# 第七节　拍卖监管

1992 年,国务院颁布《关于公物处理实行公开拍卖的通知》,从此,中国拍卖业步入起飞阶段。由初期的公物到无形资产产权拍卖,到破产企业拍卖、文物艺术品拍卖,涉及经济生活的各个领域。各地拍卖行大量成立,一些颇具实力的拍卖行脱颖而出。

1996 年 7 月 5 日,《中华人民共和国拍卖法》(以下简称《拍卖法》)颁布,于次年 1 月 1 日起施行。《拍卖法》赋予工商部门负责拍卖主体注册登记,对拍卖交易行为实行监督管理,查处违法拍卖行为的职责。江西省拍卖活动起步较晚,2000 年,全省工商部门采用事前备案、进场监拍、对违规活动进行查处等方法,开始对拍卖活动全面进行监管。至 2002 年底,江西省拍卖企业到各级工商部门备案达 491 起,各级工商部门进场监拍 427 次,查处违法违规拍卖案件 26 件。

《拍卖法》实施过程中,各地感到拍卖监管工作难度较大,不少地方感觉无从下手,监管工作难以到位。根据这种情况,2001 年 1 月 22 日,国家工商局印发《拍卖监督管理暂行办法》,并于 2001 年 3 月 1 日起施行。

2003 年,为进一步规范拍卖市场管理,省内贸办、省公安厅、省工商局联合印发《江西省拍卖管理办法(暂行)的通知》,对全省拍卖市场的监管进行细化。从 2003 年至 2008 年,全省各级工商部门加强拍卖企业日常监管,规范拍卖行为,防止拍卖活动中的恶意串通行为。全省共有拍卖企业 133 家,至工商部门进行拍卖备案的达 6500 件。

2008 年 4 月 8 日,九江市庐山区工商局接到相关部门转来的一份涉嫌恶意串通行为的举报材料,反映张某等 5 人与李某双方在某房产竞拍活动中,由张某等 5 人支付 2 万元现金给李某,让李某在拍卖过程中配合张某等 5 人以低价竞得该房产。该局依法对当事人上述行为予以立案调查。经查实,2007 年 9 月 13 日,某房产所有者因故需要拍卖一宗闲置的面积为 182 平方米房产,并委托某拍卖公司进行拍卖。当事人张某等5人与另一位当事人李某通过报名分别成为该宗标的物仅有的两方竞买者。12月9日下午4时,当事人张某等5人与李某通过私下协商并达成口头协议,由张某等5人分别出资0.4万元,合计2万元,以"损失费"名义支付给李某,要求李某在第二天拍卖过程中采取象征性地举3次牌后便放弃竞拍,使当事人张某等5人这一方最终以每平方米2200元价格拍得该宗房产。由于该宗被拍卖房产是一临街门面,庐山区工商局请来有关房地产评估机构对当时该房产价格进行评估。评估结论为该房产按2007年12月期间的市场评估价在每平方米4000元至4500元之间。当事人上述行为违反《拍卖法》有关规定,属在拍卖活动中恶意串通行为,九江市庐山区工商局对恶意串通竞买人张某等5人及李某予以罚款12万元处罚。

2010年,各地工商部门强化拍卖合同监管工作。按照《拍卖法》等相关法律规定,强化对拍卖活动的备案审查,指导企业在拍卖交易中依法签订拍卖合同。加强对重点企业、重点拍卖品的现场监拍管理,有力地维护拍卖市场秩序。至年底,全省共有拍卖企业320家,比2009年同期增加26家,增长8.84%。全省工商系统共受理拍卖备案905份,现场监拍410次。

# 第三章 商标监管

1991—2010年,全社会商标意识不断提升。随着商标代理制度的确立和发展,全省商标事业不断推进,商标申请量和注册量逐年增长。全省工商部门引导、扶持和培育企业争创省著名商标和中国驰名商标,规范商标注册和使用管理,查处商标违法行为,保护注册商标专用权,维护注册商标企业合法权益,推动全省商标战略的实施与发展。

## 第一节 商标申请与注册

1990年5月22日,国家工商局印发《关于试点建立商标事务所,推行商标代理制的通知》,决定在上海、江苏等13个省、市试点建立商标事务所,推行商标代理制。在试点的基础上,逐步推开,在各省、自治区、直辖市建立商标事务所。

1991年5月22日,国家工商局根据前一阶段试点工作的实践情况,印发《关于建立试点商标事务所,推行商标代理制的补充通知》,对商标事务所的性质、代理内容、代理范围及其他有关问题进一步明确。1991年,全省工商部门帮助企业管好、用好商标,全年核转商标1142件,新注册商标862件。

1992年5月6日,国家工商局印发《关于修改商标续展注册申请书的通知》,启动国内商标的续展工作。是年,全省各级工商部门支持企业利用商标参与市场竞争,全年为企业核转商标1178件,新注册商标567件,同时开展商标续展工作。

1993年2月22日,全国人大常委会七届十三次会议审议并通过《中华人民共和国商标法修正案》,对《中华人民共和国商标法》(以下简称《商标法》)作了九条修改,并颁布《关于惩治假冒注册商标犯罪的补充规定》。7月5日,国务院批准《商标法实施细则》第二次修订,7月28日,国家工商局发布实施。

全国人大常委会关于《商标法》修正案和《商标实施细则》公布后,省工商局即着手按照有关规定,实行商标代理制准备工作。1993年,江西省商标事务所成立。是年6月15日,全省商标注册申请由核转制改为代理制,商标核转制终止。

1993年修改后的《商标法》增加对服务商标进行注册保护的规定。服务商标的注册也引起各界的重视。1993年7月1日起,全省工商部门开始受理服务商标注册申请,有部分企事业单位开始申请服务商标注册。随着商标代理制的实施,全省把商标管理工作重点转向保护商标专用权及查处商标侵权案件。是年,全省申请商标873件,注册数410件。

1993年修改的《商标法实施细则》将集体商标和证明商标纳入保护范围。1994年12月30日，国家工商局印发《集体商标、证明商标注册和管理办法》，并于1995年3月1日开始受理集体商标、证明商标的注册申请，依法保护集体商标、证明商标。集体商标和证明商标注册之后，各级工商部门采取积极措施，加大对集体商标和证明商标的保护力度。

省工商局贯彻落实国务院关于加强知识产权保护的规定，与科委等部门共同成立江西省产权研究会，举办学习班，对大中型企业法定代表人进行知识产权培训，培育和增强商标意识，加强企业自我保护能力。1994年，全省新增注册商标1200件，比上年增长2倍。有3个单位、2名个人被国家工商局商标局评为商标管理和商标办案先进单位、先进个人。1995年，全省注册商标变更358件，转让66件，续展281件，使用许可99件，核准注册580件。截至年底，全省共有有效注册商标5312个。

1996年以后，全省工商部门以《商标法》等法律法规为依据，开展商标专用权保护工作，围绕企业商标，引导企业和个体工商业者充分运用商标策略，实施名牌战略，为振兴全省经济服务。

1999年，国家工商局确立商标代理机制改革的总体思路，决定逐步向社会放开商标代理市场，并且要求商标代理机构与挂靠的工商局脱钩。12月2日，国家工商局公布《商标代理管理办法》，并于2000年1月1日起正式实施。新的《商标代理管理办法》规定，面向社会放开商标代理业务，取消涉内、涉外商标代理业务的区分；改革商标代理机构的审批程序，由原来的"先登记后特许"改为"先特许后登记"；建立"两证执业"制度，将商标代理人的执业证书和资格证书相分离；健全监督机制，对商标代理人和商标代理机构的违法违纪行为加大处罚力度。

根据2000年5月29日《国务院清理整顿经济鉴证类社会中介机构领导小组关于经济鉴证类社会中介机构与政府部门实行脱钩改制意见的通知》及2000年8月20日《关于进一步明确经济鉴证类社会中介机构清理整顿范围的通知》的规定，各商标代理机构应按规定时限与所属或挂靠的单位脱钩，并实行改制。2002年1月22日，国家工商总局印发《关于商标代理机构脱钩改制工作的通知》，对商标代理机构脱钩改制的范围、时间、步骤及有关问题做具体规定，要求各级工商部门制定切实可行的脱钩改制方案，保证脱钩改制工作按期完成。经过各方努力，到2003年底，全省原先挂靠在工商部门的商标代理组织全部顺利完成脱钩改制工作。

1996—2002年，全省每年商标申请量与注册量都保持在1000件以上，年均增长率达10%以上。2002年，商标注册申请量达3000余件，是历年来申请量最多的一年；是年，全省有效注册商标为11000余件。

国家工商总局于2003年4月15日印发《工商行政管理部门商标注册、管理和评审工作守则》，并决定自5月1日开始施行。该工作守则对从事商标注册、管理和评审工作的国家机关工作人员行为规范作明确规定，进一步健全和完善商标管理的监督制度，有助于监督、约束商标工作人员，从制度上保证商标行政执法的公正性。

2003—2006年，全省商标注册申请量与注册量大幅度上升，每年以20%以上速度递增。2006年，商标注册申请量首次突破1万件。2007年1月24日，国家工商总局公布地理标志产品专用标志，同时发布《地理标志产品专用标志管理办法》，自2007年1月30日起施行。该办法明确规定，凡经国家工商总局商标局依法核准注册的地理标志注册人集体成员或经注册人许可的地理标志产品生产者、经营者均可使用该标志,该标志与地理标志一同使用,使用者无需缴纳任何费用。该办法指出,地理标志产品专用标志属于官方标志范畴,按照官方标志进行保护,对于擅自使用地理标志产品专用标志或者擅自使用与地理标志产品专用标志近似的标志的单位和个人,工商机关可依据《商标法》和《商标法实施条例》有关规定予以查处。至 2010 年底,全省累计注册商标近 4 万件。

## 第二节　商标战略实施

江西省商标战略工作启动于 20 世纪 90 年代中期。在社会主义市场经济体制的市场竞争中,不少企业特别是重点骨干企业制定和实施商标发展战略或名牌战略。

1992 年,永丰县保健公司开始生产销售娃娃哈儿童营养食品,1989 年向国家工商局商标局申请“娃娃哈”商标注册。而杭州市娃哈哈营养食品厂早已办理“娃哈哈”注册商标,国家商标局认为“娃娃哈”与“娃哈哈”商标容易混同,不予注册。这样迫使该公司的娃娃哈儿童营养食品生产线停产。经工商部门对双方协商和调解,允许永丰保健公司将原来生产包装好的“娃娃哈”在市场上销完为止,从而避免经济损失 300 多万元。与此同时,永丰县工商局一面帮助该公司重新申请改为“咪咪乐”注册商标,一面出具证明,说明“咪咪乐”商标正在注册,允许到全国各地电台、报纸做广告宣传。这样,半年时间就销售“咪咪乐”儿童口服液达 530 万元,使该厂重获生机。

1996 年,上高县工商局牵线搭桥,最终使上高县食品厂(留守处)将“迪康”商标有偿转让给上高新型木业有限公司,闲置多年的商标实现了它的经济价值。

1997 年,全省工商系统强化商标监管,推动省“名牌战略”实施,运用商标开拓市场。省工商局印发《江西省著名商标认定与保护暂行办法》,规范著名商标认定与保护工作,组织、指导企业广泛开展驰名商标和著名商标的申报工作,向国家工商局推荐“昌河”“江中”等 6 个著名商标,争取认定为全国驰名商标,有 56 件商标被认定为全省第 3 届著名商标;全面开展商标验证工作,全省验证商标 5393 件;组织参与国家工商局举办的《中华人民共和国商标法》(以下简称《商标法》)知识竞赛;举办商标印制管理人员培训班 33 期,考核 754 家企业的 2500 余人,颁发商标印制管理人员资格证 1942 本。通过加强商标法制宣传、商标印制管理,指导企业对注册商标进行价值评估等措施,增强企业的商标意识。

全省各地运用商标战略,为企业加快发展、提高市场占有率服务。1998 年,各级工商部门以企业商标工作为重点,在全省广泛开展《商标法》实施 15 周年宣传月活动,省市工商局在人民广场开展大型咨询服务活动。各地普遍召开“强化名牌意识,实施名牌战略,争创著名商标”座谈会,举办各类宣传活动。省工商局根据全省企业商标工作情况,向省政府呈报《关于加强我省商标工作的若干意见》,被转发各地执行。省工商局采取措施,进一步加强流通领域商品商标监管工作的做法,得到国家工商局的肯定。

1999 年,各地工商部门对全省 5112 件注册商标进行验证,对 405 家商标印制单位、581 家非商标印制企业进行验证检查,规范商标印制行为。2000—2001 年,全省工商部门坚持为企业实施名牌战略服务,加强宣传教育力度,强化社会的商标意识。

2001 年,为贯彻省委、省政府的品牌战略,省工商局组织召开全省"争创中国驰名商标"座谈会,认定中国景德镇瓷厂的"红叶"商标、江西清华科技集团有限公司的"TELLHOW"商标、江西武冠实业有限公司的"武冠"商标、江西贵溪化肥有限责任公司的"施大壮"商标、江西盐矿有限责任公司"井冈"商标等 42 件商标为江西省著名商标。为"得雨""四特""远泰"等 19 件商标组织申请中国驰名商标材料,向国家工商总局商标局申报推荐"江铃""汇仁""景德镇华意"等 9 件商标申请驰名商标认定。

2002 年初,全省有"汇仁""江铃""景德镇"3 个商标被国家工商行政管理总局认定为"中国驰名商标"。为进一步推动全省名牌战略实施,指导企业正确运用商标策略。

5 月 29 日,省工商局在南昌召开"江西省实施名牌战略、个创驰名商标"恳谈会。会议由省局党组书记、局长殷国光主持,副省长蒋仲平出席会议并为获得中国驰名商标企业颁牌。已创立驰名商标的"凤凰""鸭鸭""昌河""汇仁""江铃""景德镇"6 家企业和已被认定为"江西省著名商标"的近 30 家企业负责人出席会议。获得中国驰名商标的汇仁制药有限公司代表和为企业提供优质服务的景德镇市工商局代表在会上作典型发言。省工商局商标处代表就如何争创中国驰名商标作辅导。这次大会得到新闻媒介的大力支持,《中国法制报》、省电视台等九家媒体作了宣传报道。会议表彰为争创中国驰名商标、省著名商标提供优质服务的南昌、景德镇、宜春、萍乡、鹰潭 5 个市工商局。

2002 年,全省各级工商部门将宣传新《商标法》列入年度工作计划,各地结合每月一法和每日一题的学习活动,向本系统人员宣传、学习新《商标法》内容,并对当地重点企业及有发展潜力的企业上门提供服务,指导他们及时注册商标,维护自己的合法权益。通过学习宣传,企业商标意识得到提高,申请商标注册大幅度增长。九江市工商局向 400 多家企业发送商标法制资料或上门宣传新《商标法》。在新《商标法实施条例》下发后,吉安、鹰潭等地工商部门及时组织由县、区工商局科、股长和商标印制企业的负责人参加《商标法》培训班,省工商局商标处派人进行授课。

2003 年,全省各地加强对地理标志的保护,促进当地经济发展。为加强全省地理标志的保护工作,省工商局印发《关于依法加强地理标志注册与保护,为发展地方经济服务的通知》,要求各地充分认识做好地理标志保护的重要性和必要性,加强调查研究,切实摸清家底,加强引导,加强服务,帮助地方建立健全地理标志的农产品原产地档案,对地理标志加强注册与保护,促进江西经济的发展。是年,全省已注册地理标志的证明商标有"景德镇瓷器""南丰蜜桔""泰和乌骨鸡""安福火腿"四件;"广昌"白莲被国家商标局受理。

是年,全省工商部门着力商标法制宣传,提高社会商标法制意识。按照国家工商总局的统一布置,全省各地开展《商标法》实施 20 周年纪念活动。各地根据省工商局转发的国家工商总局办公厅《关于开展〈商标法〉实施 20 周年纪念活动的通知》要求,各设区市工商局成立纪念活动领导小组,采取多种形式,积极开展纪念《商标法》实施 20 周年活动。全省开展《商标法》实施 20 周年纪念活动共出动宣传车辆近 200 辆次,出动宣传人员 1500 人次,向群众发放宣传资料 123360 份,悬挂张贴宣传标语 946 条,电视、广播宣传 100 多次,报刊与黑板报宣传 722 次,举办座谈会 15 次,现场咨询12000人次。省工商局与南昌市工商局在南昌八一广场组织大型的商标法宣传咨询活动，制作彩球、图片、印发宣传册子1000多份。吉安市各县（市、区）工商局分别在城区主要街道、各基层工商分局所在地悬挂纪念《商标法》20周年活动条幅，营造纪念氛围；萍乡市工商局与萍乡市电视台在"萍乡经济"栏目推出纪念《商标法》实施20周年，《实施品牌战略，实现萍乡崛起——走向名牌》专题连续报道，提升品牌意识，引导消费者认牌购物。九江市工商局结合纪念活动，召开100多人参加的九江市第一届商标促进会，指导企业正确运用商标战略，促进经济发展。

2004年，全省工商部门大力培育发展注册商标，夯实实施商标战略的基础。各地采取多种形式和办法，在大力宣传商标法律法规的同时，认真指导企业、自然人或其他组织申请商标注册，努力提高全省注册商标总量。把推动发展农产品商标注册作为增加农业附加值和增加农民收入、发展农村经济的一项重要措施，特别是着力引导一批具有地方特色的农副产品申请证明商标或者集体商标注册。2004年初，省工商局要求各地在发展商标注册工作中，重点开展指导商标的申请注册工作。"广昌白莲""宁都黄鸡""弋阳年糕""庐山云雾茶""永丰蔬菜"已申请注册证明商标或集体商标，国家工商总局商标局有关专家于2004年6月28日到江西省对申请证明商标注册的商标进行实地调研，并对上述申请商标进行初审。

各地加强商标理论研讨，进一步提高商标理论水平。2004年9月中旬，萍乡市工商局组织召开"实施品牌战略，促进经济发展"理论研讨会。与会单位有国家工商总局商标评审委、中华商标协会、萍乡市政府、省工商局、省知识产权局、省社科院、各设区市工商局、江西驰名（著名）商标企业代表及中央驻赣新闻单位、省新闻媒体等近200人。国家工商总局商标评审委助理巡视员陈涛、萍乡市政府副市长黄庭乡、省工商局副局长沈庆中、省社科院教授汪玉奇等在会上作发言。部分驰名商标企业、著名商标企业代表就本企业实施商标战略促进企业发展作专题发言。

2005年，省工商局转发国家工商总局、农业部《关于加强农产品地理标志保护与商标注册工作的通知》，各地按照要求对辖区内农产品涉及地理标志的商标进行调查摸底工作。江西省申请的"广昌白莲""宁都黄鸡""弋阳年糕""庐山云雾茶""永丰蔬菜"通过国家工商总局商标局审查批准。截至2005年底，全省共有地理标志证明、集体商标8件，列全国第7位，中部地区第1位。

全省开展2005年"保护知识产权宣传周"活动，省工商局制订《江西省工商局2005年"保护知识产权宣传周"活动方案》，各市、县结合开展保护注册商标专用权行动采取各种形式宣传。通过媒体和宣传车广泛宣传商标法律法规。各地通过当地电视台、广播电台制作节目宣传商标法律法规，萍乡市工商局开展电视访谈，在市电视台"法制在线"栏目上邀请知名企业家、工商局领导畅谈商标法律知识，鼓励和引导企业争创著名、驰名商标；4月20—26日，九江县、永修县、庐山区工商局连续1周采用广播车在乡镇巡回播放有关知识产权知识；吉安县工商局与县移动通讯公司协作，在"4·26知识产权日"向用户发送"保护知识产权，促进创新发展"短信3000余条。开展咨询活动扩大宣传效应。4月20日省工商局、南昌市工商局派出60多位工商干部参与在南昌八一广场启动的"保护知识产权宣传周"活动，开展现场咨询并制作展板，宣传保护知识产权，曝光十大侵犯商标专用权典型案件。吉安市、县（区）工商局组织100多人次工商管理干部两次参加当地政府组织的宣传咨询活动，结合保护商标专用权专项整治，以案说法，指导、帮助企业规范商标使用行为。各地工商机关于"4·26世界知识产权日"在当地广场或主要街道开展现场咨询,向群众散发商标法律法规汇编。永修县、九江县工商局组织工商执法人员55人开展为期2天的现场咨询活动,重点上门走访,面对面宣传。九江市工商局走访26家企业,大力宣传商标战略的发展作用,征求企业对工商部门意见。举办座谈会或知识竞赛活动。鹰潭市工商局与电视台联合举办《商标法》知识竞赛,竞赛设20个奖项,参赛人员达120人,广泛宣传商标法。全省各级工商部门在这次宣传周活动期间共派出咨询宣传人员近2000人次,接待咨询人员21200人次,发放宣传材料68760册(份),制作、悬挂宣传条幅388条,宣传牌110块,发送短信83000条。

2005年,江西省企业新增"武冠""月兔""汪氏"中国驰名商标3件,新认定省著名商标141件。全省有驰名商标达13件,著名商标总数达435件,地理标志证明、集体商标达8件。

2006年,全省各地广泛开展"4·26保护知识产权宣传周"活动。省工商局与省直有关部门联合开展为期1周的知识产权保护宣传周活动。省工商局制定并印发《"4·26保护知识产权宣传周"活动方案》。4月26日,省工商局与南昌市工商局在南昌八一广场参加"江西省4·26保护知识产权宣传周活动"启动仪式,并组织30多名工商干部参加大型宣传咨询活动。全省工商系统共发放商标法律法规宣传资料7.8万份,接待咨询人员8万多人次,宣传横幅100多条。同时,省工商局参加省政府知识产权保护办公室组织的江西省知识产权保护成果展,组织10块展示牌,图文并茂,充分展示江西省保护注册商标专用权成果。

省工商局参与国家有关部门组织的知识产权宣传活动,抓住契机充分展示江西商标战略发展状况。根据国家工商总局要求,2006年4月,省工商局认真组织"中国商标成就展"中江西保护商标专用权成果展,部署是年9月"全国工商行政管理系统服务社会主义新农村成果展"中江西商标富农篇展出。9月8日,《江西日报》二版头条刊登《一村一品、商标保护助农增收》宣传报道。9月14日,《人民日报》六版将成果展的地理标志——南丰蜜橘证明商标促进地方经济发展、增加农民收入的素材,作为全国工商系统积极参与新农村建设、品牌富农的典型加以宣传。省工商局参加国家商务部组织的《品牌万里行——中部崛起品牌行江西品牌》宣传活动,组织200多件省著名商标在南昌八一广场展示,并且做好《2006年中国品牌发展报告——江西篇》江西品牌的组稿工作。

2006年,全省工商部门继续做好地理标志保护工作,实施商标富农。省工商局协助国家工商总局商标评审委员会,对江西省名胜风景旅游景区名称作为商标使用情况进行调研,并与鹰潭市政府、万安县政府、永丰县政府、井冈山市政府的领导就地理标志保护和旅游景区商标使用情况及如何使用旅游景区商标,服务地方经济发展进行广泛交流。各地工商部门开展对当地特色农副产品调查摸底工作,建立健全各地特色农产品档案;加强与农业主管部门联系和协调,指导广大农民、农产品加工企业及时申请农产品商标注册;对当地传统农产品中品质独特,符合地理标志产品进行培育,及时指导其申请地理标志保护。是年,全省已注册地理标志七件(景德镇瓷器、南丰蜜橘、安福火腿、泰和乌骨鸡、广昌白莲、宁都黄鸡、信丰脐橙)、集体商标一件(永丰辣椒),有三件地理标志证明商标已初审公告(婺源绿茶、浮梁茶叶、崇仁麻鸡),还有四件被商标局受理(遂川金橘、瑞昌山药、万安玻璃鲤鱼等)。是年,"江中""泰豪"被认定为中国驰名商标,全省有中国驰名商标15件、省著名商标422件,有农产品注册商标2569件。

2007 年,各级工商部门继续引导企业争创著名商标、驰名商标,对特色农产品资源建立档案,实行重点培育引导,"南丰蜜桔""泰和乌鸡""万年青""仁和"四件商标被认定为中国驰名商标。

2008 年 3 月,省工商局印发《关于全面开展农产品商标和地理标志产品调研的通知》,各地根据省工商局部署,加强与涉农主管部门的联系,深入开展农产品商标和地理标志产品调查摸底,摸清当地农产品数量、种类、产值、规模、注册商标以及发展潜力,建立健全农产品数据档案,为服务"三农"提供资料。10 月,省工商局领导带队,会同省农业厅有关人员到国家工商总局商标局,提出申请注册"江西绿茶"地理标志证明商标;是月,省工商局代省政府草拟《江西省人民政府关于进一步实施商标战略的意见》,并提交省政府予以审颁。省工商局局长邝小平在吉安市委党校全体学员及吉安市各县、市、区分管工商工作的领导参加的大会上作《科学发展观与商标战略》宣讲,阐述农产品商标和地理标志在发展现代农业、推进新农村建设中的作用和意义。

2008 年,为服务"三农"发展,省工商局开展农产品商标和地理标志产品调研。继续做好中国驰名商标申报工作,年内"煌上煌""洪达""三川"商标被认定为中国驰名商标,全省有驰名商标 22 件、省著名商标 502 件。

2009 年,全省各级工商部门围绕中央"保增长、扩内需、调结构"方针政策,把实施商标战略与应对国际金融危机、服务经济发展大局有机结合起来,全面落实《国家知识产权战略纲要》和全省工商局长会议精神,充分发挥职能作用,加大商标战略推进力度。各级工商部门根据省工商局印发的"4·26 保护知识产权宣传周"活动方案,从 4 月 20 日至 26 日开展为期 1 周的知识产权宣传周活动。宣传周活动期间,全省共派出咨询宣传人员近 1000 人次,接待咨询人员 1.2 万人次,发放宣传材料 18160 册(份),制作、悬挂宣传条幅 130 多条。

上饶市工商局于 4 月 20 日至 30 日在市电视台设立《商标法》宣传专题节目,该市各级工商部门在"4·26"宣传周期间,发放商标联系服务卡,便于工商部门与企业、群众的联系。抚州市工商局走访当地著名商标企业,大力宣传商标战略的发展作用,征求企业对工商部门在推荐著名商标认定和申报中国驰名商标认定工作的意见,与电视台、抚州日报社深入企业用保护知识产权的实例进行宣传报道。吉安市工商局注重深入企业实地宣传调研活动,每个县级局组织一支 3~5 人的宣传小分队深入企业进行宣传,同时发放相关资料,使企业遇到商标方面问题能及时与工商部门联系。南昌市工商局在胜利路步行街、洪城大市场举行"4·26"知识产权大型宣传活动,向广大市民、企业和经营者,宣讲商标基础知识和商标法律法规,发放宣传资料,接待群众咨询,受理投诉。

省工商局组织江西省地理标志和中国驰名商标企业参加国家工商总局组织的有关商标展示活动,大力宣传江西商标,提升江西商标知名度。2009 年,组织江西省已注册的地理标志商标参加《当代中国》画报社举办的中国地理标志管理与运用工作大型宣传报道活动,大力宣扬江西省地理标志及其产品;组织企业参加第 10 届中国国际西博会中国驰名商标馆展览。省工商局参加亚太地区地理标志国际研讨会,并组织南丰蜜橘、上饶白眉茶叶、太仔休闲食品参加亚太地区农产品及地理标志产品展示。

2009 年,全省工商部门大力扶持企业创立著名商标、驰名商标,提升企业核心竞争力和产品的市场占有率。通过对一些商标知名度高、行业规模较大、产品质量优、市场占有率高、经常被侵权的商标分类排队,引导企业积极申报著名商标、驰名商标认定。对上规模、有影响、发展潜力大的企业、商标,及时提出行政建议,深受企业好评。到年底,全省共有注册商标 3 万余件,其中著名商标 615 件;驰名商标 27 件。仅 2009 年全省认定驰名商标 5 件,为历年之最。

各级工商部门充分发挥工商行政管理职能作用,对在传统农产品中具品质独特,符合地理标志的产品进行培育,及时指导"资溪白茶""靖安白茶""江西绿茶"申请地理标志保护。大力推行"公司＋商标(地理标志)＋农户"的产业化经营模式,提高农民进入市场的组织化程度,"商标富农"工作为各级政府所重视。

2010 年,全省各级工商部门根据省工商局印发的"4·26 保护知识产权宣传周"活动方案,从 4 月 20 日至 26 日开展为期一周的知识产权保护宣传周活动。活动周期间,全省悬挂、张贴有关宣传巨幅横标 727 条,出宣传栏共 112 期次,电视台、广播电台播放宣传稿 47 篇。全省工商系统工作人员共 200 余次走上街道、集市,开展商标法律知识宣传咨询活动,共接待来访咨询人员 21100 余人次,发放商标宣传资料 5 万余份。上饶、九江、赣州等市工商局商标管理工作人员深入企业,结合省政府的创业服务活动和省工商局的"一社一标"工作,上门宣传商标法律和"商标富农""商标兴业"等知识。

是年,省工商局印发《关于实施"一社一标"品牌创建工程工作方案》,要求全省各地工商部门大力实施"一社(农民专业合作社)一标(商标)"品牌创建工程,充分发挥商标执法监管在建设社会主义新农村中的重要作用,进一步完善商标富农工作机制,促进农业增效、农民增收,全力助推农村经济又快又好发展。全省各地工商部门按照省工商局的布署,全面推进实施"一社一标"品牌创建工程。组织举办针对农民专业合作社的商标品牌专题讲座、培训班,或开展现场咨询、上门服务;通过电视、广播、企业座谈和宣传栏等形式,广泛宣传商标富农的战略意义,提升广大农民群众"商标兴农、商标富农"意识;将开展"一社一标"品牌创建工程的工作情况,向当地党委、政府领导详细汇报,争取地方党委、政府重视和支持。全省工商系统干部走上街道、集市 210 余次,举行"一社一标"与商标富农宣传咨询活动,共接待来访咨询人员 21100 余人次,发放商标宣传资料 5 万余份。各地对所在地现有农民专业合作社的营业执照注册情况、实际经营运作情况、商标使用注册情况等进行专题调查,全面掌握一手资料,为"一社一标"品牌创建工程夯实工作基础,提供决策参考,特别是对当地农民专业合作社商标已经注册、初审公告、受理申请、正在申请以及尚未申请等情况,作详尽准确的调查。基层工商分局(所)对所在地农民专业合作社,实现"一对一"帮扶机制,设立商标联络员,直接服务上门,确保创业服务效果;对农民专业合作社广泛发送《商标注册建议书》《商标战略提示书》和《商标法律宣传书》,开展面对面的商标品牌战略宣传;对条件成熟的农民专业合作社,协助其申请注册农产品商标或地理标志等;对现有农民专业合作社使用的注册商标加以宣传和培育,重点支持和鼓励其争创知名商标、著名商标、驰名商标,提升农民专业合作社商标品牌美誉度。按照"培育一批、推荐一批、储备一批"工作原则,坚持择优扶强,定向培育,跟进服务。创建一批新、优、特农副产品品牌,用商标品牌提升农产品附加值,增加农民收入,促进农村发展。积极推广"公司(农民专业合作社)＋商标＋农户"等新型农业产业经营模式,着力培育一批具有国际竞争力的地理标志、农产品商标,支持鼓励以特色产业带动农业产业结构调整。截至 2010 年 9 月底,全省农民专业合作社使用商标 776 件,注册商标 229 件,正在申请注册 317 件,待申请注册 192 件。

2010年,省工商局组织开展商标战略实施的示范城市和示范企业推荐评审工作。南昌市与江西仁和集团有限公司分别被国家工商总局授予积极推进商标战略示范城市和示范企业。"万年贡""义鑫""银圣王"被国家工商总局商标局认定为中国驰名商标。截至年底,江西省有效注册商标5.09万件,其中,中国驰名商标30件;江西省著名商标804件,地理标志商标33件;农产品商标3000多件。

## 第三节　商标行政执法

自20世纪90年代开始,全省各级工商部门服务改革开放和经济建设,贯彻执行《商标法》及商标法规和规章,以保护注册商标专用权为核心,加强商标印制管理,严厉查处商标侵权假冒行为,履行行政执法职责,查办了一批有影响的商标大案要案。对侵犯注册商标专用权的行为责令侵权人立即停止侵权、封存或收缴商标标识,消除商品或包装上的侵权商标、处以罚款的处理,有效地保护商标权人的注册商标专用权,切实维护消费者合法权益。

20世纪90年代初,江西省全面恢复"定点印制"制度。凡是依法登记的从事印刷、印染、制版、刻字、织字、晒蚀、印铁、铸模、冲压、烫印、贴花等项业务的企业和个体工商户,只要在所在地县级以上工商机关申请"指定印制商标单位"资格,获得由国家工商局统一印制、省工商局核发的《指定印制商标单位证书》,均可承接商标印制业务。

省工商局加强江西省人用药品、烟草制品商标标识印制的管理,在经商标定点印制企业申请和地、市工商局综合考核、推荐下,依照国家工商局《关于加强商标印制管理的通知》要求,于1990年11月4日印发《关于指定江西省人用药品、烟草制品商标定点印制单位的通知》,指定江西印制公司等77家印制单位为江西省人用药品、烟草制品商标标识定点印制单位。对没有取得指定资格的企业,从1995年1月1日起,不得承接印制这两类商品的商标业务。

1993年,南昌某酒厂生产假冒"百花洲"牌三花酒被南昌市工商局查处。根据《商标法》规定,南昌市工商局责令洪洲酒厂立即停止生产销售假冒劣质、侵权产品,并予以罚款12.8万元,上缴国库,没收现场查扣的各种假冒劣质侵权白酒3160瓶及假冒商标标识11万套,并予以销毁。因洪洲酒厂商标违法屡查屡犯,工商部门将其承包厂长移交司法机关追究刑事责任。

1994年,全省各地工商部门通过开展商标验证,规范商标使用行为。全省共验证商标5527件,验证率达85.4%,从中发现使用不当或违法使用商标865件。各地加强商标印制管理,通过对全省693家商标定点印制单位的普查、换证和对印制企业法定代表人培训,帮助其健全管理制度,进一步规范商标印制行为。确定77家烟草、药品商标印制单位,防止假冒注册商标行为。加大商标执法力度,共查处商标违法案件1092件,其中商标侵权案件380件,缴、销毁侵权假冒商标标识150万套,罚款73.8万元,责令赔偿被侵权人经济损失6.5万元。

1995年,全省工商系统进一步加强商标印制管理,保护注册商标专用权。经过审核,全省有745家企业获得商标定点印制资格,工商机关颁发《商标印制单位证书》745份。各地共举办商标印制业务管理人员培训班38期,培训考核745家商标定点印制企业的商标业务管理人员1842人,颁发资格证书1842本。

1997年,省工商局制定《江西省著名商标认定与保护暂行办法》,规范著名商标认定与保护工作。各地全面开展商标验证工作,全省验证商标5393件;举办商标印制管理人员培训班33期,考核754家企业共2500余人,颁发商标印制管理人员资格证1942个。全省查处商标侵权案件845件,罚款112.5万元,有效保护商标专用权。

省工商局根据全省企业商标工作情况,于1998年向省政府呈报《关于加强我省商标工作的若干意见》,省政府批复后转发各地执行。

1999年,全省各级工商部门加强和改进市场监管,对全省5112件注册商标进行验证,对405家商标印制单位、581家非商标印制企业进行验证检查,规范商标印制行为。全省加大商标违法案件查处力度,全年查处商标假冒、侵权案817件。

全省工商部门在2000年与企业开展联手打假,加大对全国驰名商标、省著名商标和地方名优产品的保护力度,严厉打击商标侵权违法行为。各地加强对商标印制单位的监管,开展对各类专卖店的专项整治,查处一批商标侵权假冒案件和非法印制商标标识企业。

2001年,各级工商部门对全省745家印制商标单位进行专项整治,加大对专卖店(专修店)的整治,查办一批商标侵权案件。

2002年,全省工商部门在监管上探索新领域,逐步将监管重心下移,充分发挥工商所监管的优势,强化市场巡查制,发现问题及时处理。是年,按照省工商局部署,各地开展对商标印制企业和非商标印制企业的检查。全省各级工商部门共检查商标印制单位和非商标印制企业960家,查处非法印制商标标识企业12家,责令规范商标印制行为企业23家;全省共查处各类商标违法案件364件,罚款56万元。

是年,省工商局商标处派人两次赴秦皇岛、昌黎等地协调案件,帮助企业解决困难;协助青岛市工商局调查处理进贤"白雪"笔侵权案件;及时完成国家工商总局交办的"21金维他"商标侵权案件。南昌市建立健全市工商局、县工商局(区分局)、工商所的商标监管网络,确定各级商标监管负责人、商标专管员,保证工作制度落实到人,责任到位。景德镇市工商局集中人力、时间对专营(卖)店进行检查,建立专营(卖)店档案,做到心中有数。

2003年,各级工商部门指导帮助企业建立健全商标管理制度,规范企业商标使用行为,提高企业自我保护注册商标的能力。全省共查处各类商标违法案件734件,罚款153万元,比2002年分别增长101.65%、173.21%。

2004年,省工商局印发《全省工商行政管理系统开展保护注册商标专用权行动方案》。全省各级工商部门周密安排,突出重点,依法开展3次集中整治行动。7月中旬至8月中旬,各地开展查处食品、药品商标案件和涉外商标案件集中行动;9月中旬至11月中旬,各地开展查处侵犯驰名、著名商标和证明商标、集体商标专用权案件集中行动;11月中旬至12月中旬,各地依法开展查处非法印制及购买使用假包装、假标识、假商标违法案件的集中行动。全省3次专项集中整治行动,共出动执法人员57882人次,车辆3285辆次,检查商品交易市场2600个,检查经营户57079家,捣毁制假售假窝点38个。查处商标侵权案件250件,其中查处侵犯食品商标专用权案83件,侵犯保健品、药品商标专用权案 28 件，侵犯驰名商标和著名商标专用权案 18 件，侵犯证明商标专用权案 6 件，涉外商标侵权案 11 件；查处伪造、擅自制造及销售他人注册商标标识案 34 件，没收侵权商标标识 437797 件，销毁侵权商标 35130 件，没收专门用于制造侵权标识的工具 15 套，没收、销毁专门制造侵权商品的工具 17 套，罚款 136.16 万元，有效维护市场经济秩序，保护商标注册人的合法权益。

为配合这次保护注册商标专用权行动，省工商局组织开展对"三专店"（专营、专卖、专修店）商标使用情况的专项检查，依法规范"三专店"商标使用行为。省工商局印发《关于进一步加强专营（卖）店商标使用行为监管的通知》，各地按照省工商局要求，结合实际，制定具体实施方案。全省共检查"三专店"6000 余家，符合商标使用许可条件的 2000 多家，正在补办手续的 1500 多家，取缔整改的 2500 家，责令停止经营的 89 家，查处假冒商标案件 63 件，罚款 36 万元，收缴并销毁假冒商标标识 134 万件。

2005 年，全省持续开展保护注册商标专用权专项行动。省工商局先后两次印发《江西省 2005 年保护注册商标专用权行动方案》，明确工作目标和主要任务，确定工作方法及实施步骤。各市、县工商局结合当地实际，及时制定开展保护注册商标专用权的行动方案，成立以主要领导为第一责任人的开展保护注册商标专用权行动领导小组，统一领导，各相关职能科室协调一致，上下联动。全省各地采取公布举报电话、设立宣传栏、举办广播讲座、电视采访和现场咨询等各种形式，宣传商标法律法规，形成保护知识产权的社会氛围。各级工商部门注重突出重点，查处大、要案和加大驰名商标、著名商标的保护力度。各地在整治行动中，狠抓对重点区域、重点商标、重点商品的检查，对辖区内的专卖店、连锁店、商场、超市、市场和印刷企业等进行全面巡查摸底，发现问题及时处理，坚持打防结合。

2006 年，全省加强流通领域商品商标的日常监管，净化商标使用行为。各级商标监管部门加大市场巡查力度，对节假日上市商品的商标使用情况进行检查，重点查处食品、药品等关系人民生活安全方面商品的商标违法行为。各级工商部门突出重点，开展专项整治行动。对驰名（著名）商标持有人的投诉，做到投诉一件，查处一件，件件有结果。是年，全省共查处商标违法案件 953 件，案值 1363.76 万元，罚款 486.73 万元，有效遏制各种侵权行为，维护市场经济秩序，保护商标注册人合法权益。

是年，全省查处商标违法案件 456 件，其中涉外商标案件 4 件，有效地遏制各种商标侵权行为。查处反不正当竞争案件 682 件，案值 3151.97 万元。

2007 年，各级工商部门加强流通领域商品商标日常监管，开展"4·26 世界保护知识产权日"活动，大力宣传商标法律法规，指导市场主体依法维护商标专用权。开展保护奥林匹克标志和奥运特许商品商标专项行动。在节假日对上市商品商标使用情况进行重点检查，重点打击侵犯驰名商标、著名商标和涉外商标行为。全省共查处商标违法案件 986 件。

全省工商部门在 2007 年 11 月底至 2008 年 1 月底开展保护奥林匹克标志专项行动，为 2008 北京奥运会成功举办创造良好知识产权环境。保护奥林匹克标志及奥运特许商品暨保护联想电脑及产品专项整治工作进展顺利。全省各级工商部门在此次专项整治行动中共出动检查人员 4000 多次，执法车辆 300 多台次，检查企业及经营户 8000 余家，拆除擅自将联想商标、奥林匹克标志、北京奥运会徽作为招牌或店面装潢的店牌70余块,查处假冒2008北京奥运合作伙伴欺骗消费者案件2件,罚款6000元。

2008年,全省加大注册商标专用权行政保护力度,积极开展保护奥林匹克标志及奥运特许商品专项整治工作。各级工商部门以食品商标、药品商标、涉农商标、地理标志、驰名商标、著名商标、涉外商标及商品批发零售市场的商标为重点,加大商标行政执法力度,遏制商标侵权假冒行为,充分保障消费者和生产经营者的合法权益。全年,全省共查处商标违法案件524件,案值960万元,罚没280万余元。

2009年,各级商标监管部门加大市场巡查力度,对节假日上市商品商标使用情况进行检查,重点查处食品、药品等关系人民生活安全方面商品商标违法行为。商标监管部门继续围绕整治重点,严厉查处各类商标违法案件,全省共查处商标违法案件820件,罚款418万元。九江市城区工商分局对辖区各大商场所销售的所有商品分类建立商标档案,加强商品流通领域商标监管的巡查力度。

2010年,省工商局按照国家工商总局的工作部署,召开全省工商系统打击侵犯知识产权和制售假冒伪劣商品专项行动电视电话会议,成立打击侵犯知识产权和制售假冒伪劣商品专项行动领导小组,印发《全省工商系统打击侵犯知识产权和制售假冒伪劣商品专项行动方案》。全省各级工商部门开展保护上海世博会标志、广州亚运会标志专有权等专项行动,把保护注册商标专用权、打击制售假冒伪劣商品、遏制规模性侵犯商标专用权行为为重点内容,重点检查产品制造集中地、商品集散地、侵犯商标专用权和制售假冒伪劣商品案件高发地,对商标印制行业、高新技术产业、农业等重点领域,坚持打防结合、务求实效。加强对农民专业合作社商标的维权保护。全年,全省工商系统共立案查处商标侵权违法案件968件。其中,南昌市工商局依法查处美国麦克尼尔营养品有限公司SPLANDE注册商标专用权案、美国ZIPPO注册商标专用权案等3起涉外商标案件。

# 第四节 驰名商标与著名商标认定保护

驰名商标认定保护

驰名商标是市场上享有较高声誉并为相关公众所熟知的注册商标。驰名商标的认定方法及制度有行政认定制、评选制、司法认定制3种。行政认定制是由国家工商总局商标局认定,评选制主要是通过媒体由消费者评选,司法认定制是由人民法院在案件审理中认定驰名商标的制度。

1991年,法制日报社、中央电视台、中国消费者报社3家联合举办"首届中国驰名商标(部分商品)消费者评选活动";1995年5月26日,国家工商局印发《关于组织推选中国驰名商标的通知》,重申驰名商标推选采取社会调查和消费者(用户)推选相结合的方法,明确驰名商标推选活动的公开性、公正性和群众性,评选活动在报纸上刊登选票,有针对性地在不同行业、不同层次消费者中采取问卷方式投票,组委会按得票数的多少,首先推出得票数在前40%的商标,然后再从中推出前3%,确认为中国驰名商标。20世纪90年代中期之后,驰名商标的认定主要由国家工商局依法认定,驰名商标即中国驰名商标。最高人民法院2001年的《关于审理涉及计算机网络域名民事纠纷案件适用法律若干问题的解释》和2002年的《关于审理商标民事纠纷案件适用法律若干问题的解释》规定,人民法院在审理域名纠纷案件、商标纠纷案件中,根据当事人请求和案件的具体情况,可以对涉及的注册商标是否驰名商标依法做出认定;这两个司法解释明确了人民法院在案件审理中可以认定驰名商标的制度,为中国驰名商标认定开辟新的途径。

1996年8月,国家工商局颁布中国保护驰名商标的第一部行政规章——《驰名商标认定和管理暂行规定》。这部规章将市场上享有较高声誉并为相关公众所熟知的注册商标界定为驰名商标,明确驰名商标的认定程序、认定条件和扩大保护范围。认定的目的在于保护。依照《驰名商标认定和管理暂行规定》有关规定,驰名商标除依法享有商标注册所产生的商标专用权外,还有权禁止他人在相关联的非类似商品或服务上注册或使用其驰名商标。在其驰名商标具有较强显著性情况下,还有权禁止他人将其驰名商标作为企业名称的一部分使用。

全省工商部门推动省"名牌战略"实施,支持和服务企业运用商标开拓市场。1997年,组织和指导企业开展驰名商标的申报工作,省工商局向国家工商局推荐"昌河""江中"等六个著名商标,争取认定为全国驰名商标。

省工商局根据全省当时没有驰名商标的状况,经常深入企业,主动介入帮助企业创驰名商标。1999年,向国家工商局申报"凤凰""鸭鸭""草珊瑚""华意""宝丰871"等著名商标参加驰名商标的评审认定。是年12月,国家工商局认定"凤凰"(照相机)、"鸭鸭"(羽绒服装)为中国驰名商标。至此,江西省第一批驰名商标认定问世。

2000年,江西昌河飞机工业公司的"昌河"牌商标被国家工商局认定为驰名商标。

2001年,省工商局组织召开全省"争创中国驰名商标"座谈会,为"得雨""四特""远泰"等19件商标积极组织申请中国驰名商标材料,向国家工商总局商标局申报推荐"江铃""汇仁""景德镇""华意"等9件商标申请驰名商标认定。其中"江铃""汇仁""景德镇"3件商标在2002年被国家工商总局认定为中国驰名商标。

为更好地帮助企业争创中国驰名商标,2002年,省工商局组织召开金圣、施大壮、华意、得雨等20余家品牌企业座谈会。会议围绕争创驰名商标工作以及企业申报材料的准备做统筹安排,切实做到主动为企业服务,推动商标战略发展。省工商局指导帮助金圣、华意、四特、得雨、施大壮、博升、大鄣山、宁红8件商标的企业,认真组织申报驰名商标材料。

2003年,省政府将"金圣""华意"两件商标申报中国驰名商标工作作为省工商局的责任目标。省工商局高度重视,着力抓驰名商标申报工作的落实措施,每月向省政府报告申报工作进展。3月,省工商局专程向国家工商总局领导汇报江西省争创中国驰名商标情况及商标战略实施情况,得到国家工商总局领导肯定。为更好地帮助企业申报,省工商局指定专人负责做好"金圣""华意"两商标申报工作的法律、法规咨询服务,并协助企业在外省收集两商标申报驰名商标的证据材料,帮助申请企业解决申报工作碰到的疑难问题。经各方面协调努力,"金圣""华意""施大壮""博升"等商标的申报驰名商标证据材料呈报国家工商总局商标局。

2004年2月,"金圣"卷烟商标、"HUAYI"(华意压缩机)商标被国家工商总局商标局认定为中国驰名商标。3月31日,省政府新闻办公室召开当年获中国驰名商标新闻发布会,全省各大新闻媒体对此做了大量报道,在社会上引起很大反响,取得社会示范效应,提高了企业争创中国驰名商标的积极性。在各级工商部门指导和推荐下,"汪氏"蜂蜜、"武冠"防水剂、"仁和"药品、"腾飞"塑料制品、"月兔"橱柜等商标企业向国家工商总局申报中国驰名商标认定,其中"汪氏"蜂蜜、"武冠"防水剂、"月兔"橱柜等商标被国家工商总局有关部门受理申报。6月,"四特"酒商标、"施大壮"化肥商标被国家工商局认定为中国驰名商标。至此,江西省已获得10件中国驰名商标,当年认定的驰名商标数量在中部地区名列前二位,在全国名列前十位。

2005年9月27日,国家工商总局商标局在江西南昌召开驰名商标案件处理研讨会,听取各地对驰名商标案件处理情况的汇报,对驰名商标案件处理工作的经验和做法进行交流。会议强调,驰名商标案件处理既是驰名商标认定和保护工作的重要环节,也是保护驰名商标权利人切实利益的重要体现,同时还是促进商标执法工作依法行政的重要推动力。

是年,省工商局向国家工商总局推荐"武冠"等5件商标申报驰名商标。其中,江西武冠新材料股份有限公司的"武冠"等商标被国家工商总局商标局认定为中国驰名商标。

2006年,全省工商部门扶持企业创立驰名商标,提升企业核心竞争力和产品的市场占有率。各级商标监管部门对一些商标知名度高、行业规模较大、产品质量优、市场占有率高、经常被侵权的商标分类排队,引导企业积极申报驰名商标认定。省工商局领导率商标广告处走访江中集团、泰豪集团、煌上煌集团、汪氏蜜蜂园有限公司等企业,与企业负责人就申请驰名商标认定和发挥驰名商标作用进行交流和座谈,帮助企业充分发挥驰名商标市场影响力,提升企业品牌经济效益和社会效益。同时,指导企业规范开展驰名商标的宣传。是年,"江中""泰豪"被认定为中国驰名商标。

2007年,"万年青""南丰""仁和""泰和"四件商标被国家工商总局商标局认定为中国驰名商标。赣州市工商局主动指导江西赣玛实业有限公司维护"赣玛"商标专用权,"赣玛"商标被司法认定为驰名商标。

2008年,全省设区市工商局积极帮助申请人整理驰名商标的证明材料和申报诉求。省工商局加强与申请人、国家工商总局有关部门的沟通和联系。2008年上半年,"煌上煌""洪达""三川"商标被认定为中国驰名商标。至此,全省驰名商标共计22件。

省工商局利用认定著名商标工作契机,对上规模、有影响、发展潜力大的企业商标及时提出行政建议,对上饶市茗龙实业集团有限公司"绿露"商标、景德镇市法蓝瓷实业有限公司"FRANZ"等商标提出申报中国驰名商标的建议书。2009年国家工商总局新认定江西省的"雅丽泰""得尔乐""半边天""振宇""康舒"5件商标为中国驰名商标,是历年来认定件数最多的年份。至2009年底,江西省拥有中国驰名商标27件,地理标志22件。

2010年,全省各地工商部门加强驰名商标培育认定工作,进一步严格认定标准和认定程序。鼓励引导企业以创立驰名商标、著名商标为重点,提升产品质量、商业信誉和企业自主创新能力。加大对创新型、科技含量高、市场占有量大、经济效益好的企业,特别是战略性新兴产业企业驰名商标的认定工作力度。2010年10月8日,"万年贡""义鑫""银圣王"被国家工商总局商标局认定为中国驰名商标。省工商局将"金虎""大澳""恩达""国鸿""天利""井冈""春丝""洪门""香贡世家""怀泉"等10件商标向国家工商总局推荐申报中国驰名商标。至年底,全省获得国家工商总局商标局依法认定的中国驰名商标共30件。

表2-3-1　1999—2010年江西省获国家工商总局认定中国驰名商标情况

| 商标名称 | 商标注册人 | 商　品 | 认定时间 |
|---|---|---|---|
| 凤凰 | 江西凤凰光学食品集团有限公司 | 照相机 | 1999 年 |
| 鸭鸭 | 江西共青鸭鸭集团有限公司 | 羽绒服 | |
| 昌河 | 江西昌河汽车股份有限公司 | 微型汽车 | 2000 年 |
| 汇仁 | 江西汇仁集团有限公司 | 中成药 | 2002 年 |
| 江铃 | 江铃汽车股份有限公司 | 轻型汽车 | |
| 景德镇 | 景德镇陶瓷协会 | 瓷器 | |
| 四特 | 江西四特酒业集团有限公司 | 酒 | 2004 年 |
| 金圣 | 南昌卷烟厂 | 卷烟 | |
| HUAYI | 景德镇华意电器总公司 | 压缩机 | |
| 施大壮 | 江西贵溪化肥有限责任公司 | 磷酸二铵 | |
| 武冠 | 江西武冠高新材料股份有限公司 | 防水剂 | 2005 年 |
| 汪氏 | 江西汪氏蜜蜂园有限公司 | 蜂蜜、蜂王浆 | |
| 月兔 | 江西月兔企业集团有限公司 | 橱柜 | |
| 泰豪 | 泰豪集团有限公司 | 发电机 | 2006 年 |
| 江中 | 江西江中药业股份有限公司 | 中成药 | |
| 万年青 | 江西万年青水泥股份有限公司 | 水泥 | 2007 年 |
| 南丰 | 南丰县柑桔技术推广中心 | 蜜橘 | |
| 仁和 | 仁和(发展)集团有限公司 | 医用胶囊等 | |
| 泰和 | 泰和县乌鸡协会 | 乌鸡 | |
| 洪达 | 江西洪达医疗器械集团有限公司 | 一次性输液器(针) | 2008 年 |
| 煌上煌 | 江西煌上煌集团有限公司 | 酱鸭 | |
| 三川 | 江西三川集团有限公司 | 水表 | 2008 年 |
| 雅丽泰 | 江西泓泰集团有限公司 | 铝塑型材 | 2009 年 |
| 得尔乐 | 江西春源绿色食品有限公司 | 茶油 | |
| 振宇 | 江西南丰振宇实业集团有限公司 | 垫席、地垫 | |
| 康舒 | 江西省康舒陶瓷有限公司 | 陶瓷炊具 | |
| 半边天 | 江西半边天药业有限公司 | 中成药 | |

续表

| 商标名称 | 商标注册人 | 商　品 | 认定时间 |
|---|---|---|---|
| 万年贡 | 江西万年贡米集团有限公司 | 米 | |
| 义鑫 | 江西三鑫医疗科技股份有限公司 | 一次性输液器 | 2010 年 |
| 银圣王 | 抚州市银圣王洁具有限公司 | 水龙头 | |

## 著名商标认定保护

著名商标即省著名商标,是市场上具有较高信誉、较高市场占有率、较高商标附加值的商标。1993 年,省工商局启动首届江西省著名商标评选认定工作。全省范围内的商标所有人均可自愿报名,通过在报纸上刊登选票和在消费者中采取问卷方式投票,根据每个商标得票情况确定著名商标评选结果。是年 9 月,评选结果揭晓,江西共青羽绒厂的羽绒服装"鸭鸭"牌商标以得票 16477 张获第一名。共评选出生活资料商标 24 件,生产资料商标 6 件,合计 30 件。

1995 年,全省工商部门通过深入宣传《商标法》,提升企业的商标意识和名牌意识,激发广大企业积极参加第 2 届江西省著名商标评选认定活动。南昌第二面粉厂的"绿叶"牌等 50 件商标被评选认定为第 2 届江西省著名商标。

表 2 - 3 - 2　1993 年首届江西省著名商标评选名录

| （一）生活资料部分 | | | |
|---|---|---|---|
| 名　次 | 商标名称 | 商标注册人 | 商　品 |
| 1 | 鸭鸭 | 江西共青羽绒厂 | 羽绒服装 |
| 2 | 华意 | 景德镇华意电器总公司 | 冰箱等 |
| 3 | 飞蝶 | 萍乡市国营万龙山电扇厂 | 电风扇 |
| 4 | 英雄 | 江西乳品厂 | 奶粉 |
| 5 | 四特 | 江西樟树四特酒厂 | 酒 |
| 6 | 飞鱼 | 江西连胜自行车厂 | 自行车 |
| 7 | 牡丹亭 | 大余县食品厂 | 多味花生 |
| 8 | 赣新 | 赣新电视有限公司 | 电视机 |
| 9 | 庐山 | 南昌日用化工总厂 | 草珊瑚牙膏 |
| 10 | 江中 | 江西江中制药厂 | 草珊瑚含片 |
| 11 | 凤凰 | 江西光学仪器总厂 | 照相机等 |
| 12 | 洪都 | 江西油脂化工厂 | 肥皂 |
| 13 | 红马 | 南昌日用化工总厂 | 鞋油 |
| 14 | 金杯 | 万载县株潭烟花鞭炮总厂 | 烟花、爆竹 |

续表

| 名 次 | 商标名称 | 商标注册人 | 商 品 |
|---|---|---|---|
| 15 | 桑海 | 南昌桑海制药厂 | 片剂、药酒等 |
| 16 | 咪咪乐 | 江西永丰中药厂 | 口服液 |
| 17 | 狗牯脑 | 江西省遂川县狗牯脑茶厂 | 茶叶 |
| 18 | 长江 | 中国航空工业供销总公司江西公司 | 摩托车 |
| 19 | 上字 | 上饶市仪表厂 | 电度表 |
| 20 | 凯露 | 南昌日用化工总厂 | 香波、护发素 |
| 21 | 月月红 | 江西合成洗涤剂厂 | 合成洗衣粉等 |
| 22 | 三健 | 南昌广播电视总厂 | 电视机等 |
| 23 | 维美 | 江西油脂化工总厂 | 化妆品(丝肽洗发精) |
| 24 | 锦江 | 万载县酿酒厂 | 酒 |

(二)生产资料部分

| 名次 | 商标名称 | 商标注册人 | 商 品 |
|---|---|---|---|
| 1 | JMC | 江西汽车制造厂 | 汽车 |
| 2 | 红旗 | 江西前卫化工厂 | 油漆 |
| 3 | 丰收 | 江西拖拉机制造厂 | 拖拉机 |
| 4 | 万年青 | 江西水泥厂 | 水泥 |
| 5 | 山凤 | 江西新余钢铁总厂 | 钢材钢丝 |
| 6 | 海洋 | 南昌造漆厂 | 油漆 |

表 2-3-3 1995 年第 2 届江西省著名商标评选名录

(一)生活资料类

| 商标序号 | 商标名称 | 商标注册人 | 商标序号 | 商标名称 | 商标注册人 |
|---|---|---|---|---|---|
| 028 | 绿叶 | 南昌第二面粉厂 | 059 | 万年青 | 景德镇市人民瓷厂 |
| 036 | 南方 | 南昌卷烟厂 | 003 | 临川 | 江西临川酒厂 |
| 005 | 堆花 | 江西堆花酒厂 | 007 | 李渡 | 江西省进贤县李渡酒厂 |
| 017 | 雪山 | 国营南昌制冰厂 | 025 | 长青 | 江西省粮油食品进出口公司 |
| 033 | 南安 | 江西省大余县南安板鸭厂 | 049 | 金球 | 江西压力锅厂 |
| 040 | 药都 | 江西樟树制药厂 | 056 | 鲜花 | 江西合成洗涤剂厂 |
| 044 | 洪都 | 南昌飞机制造公司 | 018 | 雄鸡 | 国营南昌肉类联合加工厂 |
| 060 | 华声 | 国营第八三四厂 | 022 | 梨花 | 江西第三制糖厂 |
| 009 | 吉安 | 吉安啤酒厂 | 029 | 皓玉 | 鹰潭面粉厂 |

续表

| 商标序号 | 商标名称 | 商标注册人 | 商标序号 | 商标名称 | 商标注册人 |
|---|---|---|---|---|---|
| 011 | 新纪元 | 江西共青酒厂 | 051 | 飞宇 | 江西省畜产进出口公司赣州畜产厂 |
| 020 | 南昌 | 南昌市奶业产销公司 | 063 | 庐山 | 江西轮胎厂 |
| 023 | 大观楼 | 江西省高安市腐竹厂 | 043 | 斗牛 | 南昌华思特服装实业公司 |
| 027 | 孔雀 | 南昌市朝阳酿造厂 | 021 | 安牌 | 江西食品厂 |
| 045 | 金虎 | 南昌电池厂 | 065 | 江安 | 江西省上饶市消防器材厂 |
| 054 | 五洲 | 江西五洲电扇厂 | 070 | 东方 | 江西东方制药厂 |

（二）生产资料类

| 商标序号 | 商标名称 | 商标注册人 | 商标序号 | 商标名称 | 商标注册人 |
|---|---|---|---|---|---|
| 071 | 宝丰871 | 江西饲料厂 | 127 | 庐山 | 江西省九江一棉纺织有限公司 |
| 108 | 赣江 | 江西手扶拖拉机厂 | 074 | 苗壮 | 江西省樟树粮油公司 |
| 129 | 三角 | 景德镇陶瓷厂 | 096 | 龙山 | 江西安远化工厂 |
| 077 | 正泰 | 江西泰和正泰饲料股份有限公司 | 112 | 高峰 | 江西石脑陶瓷厂 |
| 080 | 庐山 | 江西省庐山水泥厂 | 120 | 555 | 江西第三制药厂 |
| 094 | 南山 | 江西省永修有机化工总厂 | 123 | 天岩 | 赣州木材厂 |
| 100 | 宝坤 | 新余市无缝钢管厂 | 103 | 山花 | 宜春风动工具厂 |
| 107 | 昌河 | 昌河飞机工业公司 | 089 | 贡江 | 江西省东方红实业股份有限公司 |
| 092 | 羊角 | 江西第二化肥厂 | 105 | PL | 萍乡铝厂 |
| 117 | 洪都 | 洪都无线电厂 | 086 | 青峰 | 江西青峰水泥有限责任公司 |

1997年4月，省工商局印发《江西省著名商标认定与保护暂行办法》，明确著名商标认定程序、认定条件和保护范围，将市场上具有较高信誉、较高市场占有率、较高商标附加值的商标，界定为著名商标，规范著名商标认定与保护工作。各级工商部门继续推动省名牌战略实施，全省共有56件商标被认定为第3届江西省著名商标。

1998年，各级工商部门以企业商标工作为重点，在全省广泛开展《商标法》实施15周年宣传月活动。省工商局与南昌市工商局在人民广场开展大型咨询服务活动。各地普遍召开"强化名牌意识，实施名牌战略，争创著名商标"座谈会，举办各类宣传活动。省工商局根据全省企业商标工作情况，向省政府呈报《关于加强我省商标工作的若干意见》，被转发各地执行。

进入21世纪，全省工商部门加大对省著名商标和地方名优产品的保护力度，与企业开展联手打假。2000年，展开对各类专卖店的专项整治，查处一批商标侵权假冒案件。2001年，各级工商部门推进全省名牌战略实施，做好著名商标的培育、认定和服务工作，依照程序和标准认定42件省著名商标。

2002 年下半年,为增强江西品牌的市场竞争力,省工商局在总结历年著名商标认定及保护工作的经验基础上,开展省著名商标申报的摸底调查和推荐认定工作。

2003 年,全省各地根据《江西省著名商标认定与保护办法》的规定,对有效期已满的 122 件原著名商标进行续认,省工商局征求省直 13 个职能部门意见。各职能部门对自身系统的企业都很重视,及时反馈意见。对争创著名商标,各地政府很重视,落实省政府关于对著名商标奖励政策。新余市、萍乡市及樟树市政府对新认定的民营企业著名商标每件奖励 10 万元,九江市政府每件奖励 3 万元。

2003 年 12 月,江西省著名商标认定委员会初审核认定中国石油化工股份有限公司九江分公司的"江海"商标、南昌先锋软件股份有限公司的"AHEAD"商标、南昌卷烟厂的"海鸟"商标等 88 件商标为江西省著名商标;延续认定江西汇仁药业有限公司的"汇仁"商标、江铃汽车股份有限公司的"江铃 JMC"商标、景德镇陶瓷协会的"景德镇"商标等 122 件商标为江西省著名商标。至年底,江西省共有省著名商标 336 件。

2004 年,为更好地掌握著名商标企业的商标使用情况,省工商局印发《关于对江西省著名商标使用情况进行调研的通知》,要求各地工商部门认真指导著名商标企业经营和管理好自己的商标,进一步发挥著名商标在市场竞争中的主导作用,使省著名商标在生产经营中不断升值,促进企业做强做大。有关调研材料在媒体刊发,引起企业界关注和重视,推动商标战略进一步发展。

全省各级工商部门以保护商标专用权为核心,开展保护注册商标专用权行动,维护市场经济秩序。2004 年下半年,按照国务院全国保护知识产权专项行动电话精神和国家工商总局的工作部署,省工商局印发《全省工商行政管理系统开展保护注册商标专用权行动方案》。各级工商部门精密部署,突出重点,依法开展 3 次集中整治行动,严厉查处各类侵犯注册商标专用权行为,整个专项行动取得明显成效。

2005 年 10 月,省工商局印发《关于认真开展江西省著名商标认定工作的通知》,要求各地工商部门认真开展省著名商标认定工作,加大商标专用权保护力度。全省新认定著名商标 81 件,续认著名商标 30 件。省工商局对 2005 年到期的 83 件著名商标续认工作作出部署。

2006 年,省工商局参与商标执法区域协作,提升商标执法水平。是年,省工商局加强与华东六省一市和泛珠三角经济区域商标保护协作工作,参与对区域内商标保护协作文件的修改,派人参加在武夷山、成都召开的华东六省一市、泛珠三角区域商标保护协作工作会议,交流工作经验,借鉴兄弟省市商标管理办法。2006 年,有 301 件商标被认定为江西省著名商标,其中 211 件商标属延续认定。至年底,全省有著名商标 427 件。

2007 年,省工商局配合有关部门制定《江西省著名商标认定和保护办法》,以江西省人民政府令第 161 号下发,于 2007 年 11 月 1 日起施行。

表 2 - 3 - 4　2010 年江西省著名商标名单

| 序　号 | 商标名称 | 商标注册人 | 商　品 |
|---|---|---|---|
| 1 | 天利 | 江西天人生态工业有限责任公司 | 农业(林业、园艺)化学品,生物农药 |
| 2 | 沃尔得 | 江西沃尔得农资连锁集团有限公司 | 肥料 |
| 3 | 兴赣 | 南昌市兴赣科技实业有限公司 | 苯甲醇 |
| 4 | 金龙耀升 | 江西耀升工贸发展有限公司 | 碳化钨,氧化钨 |
| 5 | | | 钨粉,钨 |
| 6 | 欧士洁 | 江西山峰日化有限公司 | 肥皂,香皂,洗涤剂,去污剂 |
| 7 | 横峯 | 江西盛翔制药有限公司 | 中药成药 |
| 8 | 秀江 | 江西济民可信药业有限公司 | 中药成药 |
| 9 | 南昌 | 江西南昌制药有限公司 | 人用药 |
| 10 | 青春康源 | 江西青春康源制药有限公司 | 人用药 |
| 11 | 蒲可欣 | 江西钟山药业有限责任公司 | 人用药 |
| 12 | 仁和可立克 | 仁和(集团)发展有限公司 | 人用药 |
| 13 | 达舒克 | | 人用药,消毒剂 |
| 14 | 立健新 | 南昌立健药业有限公司 | 粉针剂,软膏剂,口服溶液 |
| 15 | 维得小丸子 | 江西天海药业股份有限公司 | 维生素 AD 胶丸 |
| 16 | 妇炎洁 | 江西康美医药保健品有限公司 | 卫生消毒剂,杀菌剂 |
| 17 | 闪亮 | 仁和(集团)发展有限公司 | 滴眼液 |
| 18 | 晨康 | 南昌市康华卫材有限公司 | 自黏性无菌敷料,无菌婴儿护脐,医用胶带 |
| 19 | 伊康美宝 | 江西康美医药保健品有限公司 | 消毒剂,卫生用品 |
| 20 | 冠菊 | 江西省冠菊精细化工有限公司 | 蚊香 |
| 21 | 田友 | 江西田友生化有限公司 | 农药 |
| 22 | 响亮 | 江西省百思特动物药业有限公司 | 兽药,农药 |
| 23 | 多尔金 | | |
| 24 | 付仲襄(像) | 江西中成药业集团有限公司 | 兽药 |
| 25 | 创欣 | 江西省创欣药业集团有限公司 | 兽药,医用饲料添加剂 |
| 26 | 吉星 | 江西大吉山钨业有限公司 | 钨 |
| 27 | 白鹭 | 吉安市钢铁有限责任公司 | 热轧筋(螺纹钢),热轧光圆钢筋 |
| 28 | 荣凯 | 南昌荣凯实业有限公司 | 铝型材 |
| 29 | 雄鹰 | 江西雄鹰铝业股份有限公司 | 铝合金型材 |
| 30 | 转转门业 | 抚州市转转门业有限公司 | 防盗门,金属门,门 |

续表

| 序　号 | 商标名称 | 商标注册人 | 商　品 |
|---|---|---|---|
| 31 | 春光 CHUGN | 江西春光五金有限公司 | 金属门把手,金属合页,小滑轮 |
| 32 | KWSTO | 江西凯斯通环保设备有限公司 | 金属阀门 |
| 33 | 红星 | 江西红星机械有限责任公司 | 粉碎机 |
| 34 | 江机 | 江西盛豪机床制造有限公司 | 车床,铣床,磨床 |
| 35 | 江特 | 江西特种电机股份有限公司 | 电动机 |
| 36 | 赣发 | 江西赣发农机制造有限公司 | 水稻联合收割机 |
| 37 | 盛泰 | 江西井冈山盛泰通讯技术有限责任公司 | 手提电话,电话机 |
| 38 | 久发 | 南昌市强劲电源科技有限公司 | 铅酸蓄电池 |
| 39 | 化南 | 江西省华南蓄电池有限公司 | 铅酸蓄电池 |
| 40 | HAIYOU | 江西海有实业有限公司 | 铅酸蓄电池 |
| 41 | 金科交通 | 南昌金科交通科技有限公司 | 防止交通事故的反射盘,信号灯 |
| 42 | 金科 | | |
| 43 | DH 图 | 江西光华玻纤集团有限公司 | 玻璃网格布,玻纤纱 |
| 44 | 鑫鑫亮 | 江西光华科技图像有限公司 | LED 电子显示屏 |
| 45 | 华赣 | 江西变电设备有限公司 | 变压器 |
| 46 | 小桥 | 吉安市小桥电线电缆有限公司 | 电缆,电线 |
| 47 | TPY | 江西太平洋电缆有限公司 | 电线,电缆 |
| 48 | FEK | 江西富尔康实业集团有限公司 | 一次性使用输液器,无菌注射器(针) |
| 49 | MIPAI | 江西名派光电科技有限公司 | 节能灯,节能灯管,照明电器 |
| 50 | 赣齿 | 江西赣铃齿轮有限责任公司 | 变速器 |
| 51 | 永昌盛 | 南昌市宏达铸锻有限公司 | 机动车辆零配件 |
| 52 | 辉泰 | 万载县辉泰花炮制造有限公司 | 鞭炮,爆竹,烟花 |
| 53 | 康民 | 江西康民药用包装有限公司 | 旋瓶盖用橡皮圈,橡皮塞子 |
| 54 | 新萍瓷 | 江西省萍乡电瓷电器厂 | 绝缘电瓷 |
| 55 | 大地走红 | 江西大地走红伞业有限公司 | 伞,伞骨,伞棒,伞架,伞柄 |
| 56 | 纳百川 | 江西纳百川实业有限公司 | 皮革,皮件,皮带 |
| 57 | 吉祥鸟 | 江西省正大陶瓷有限公司 | 地砖 |
| 58 | 瑞鹏 | 高安市瑞鹏陶瓷有限责任公司 | 建筑瓷砖 |
| 59 | TEAMGO | 南昌天高新材料股份有限公司 | 塑料土工格栅,非金属隔板(搁栅、格子) |
| 60 | 万年树 | 江西省百源木业有限公司 | 杉木细木工板,松木建筑模板 |

续表

| 序 号 | 商标名称 | 商标注册人 | 商 品 |
|---|---|---|---|
| 61 | 佳家福 | 江西省金松木业有限公司 | 木地板 |
| 62 | 竹涛 | 江西松涛竹业有限公司 | 竹地板 |
| 63 | 梦竹 | 江西金凤竹业有限公司 | 竹地板 |
| 64 65 | 贵竹 precious bamboo | 江西省贵竹发展有限公司 | 竹地板 |
| 66 | 奋发 | 江西奋发竹木业有限公司 | 竹地板 |
| 67 | 扬宏 | 江西扬宏建材有限公司 | 竹胶板 |
| 68 | 风云 | 江西省资溪县青云地板集团有限公司 | 竹地板 |
| 69 | 雪原 | 江西雪原实业有限公司 | 胶合板 |
| 70 | 绿色芸林 | 江西芸林木业有限公司 | 胶合板 |
| 71 | 百鸟之王 | 九江金凤凰装饰材料有限公司 | 大理石 |
| 72 | 邓氏 | 江西邓氏园林(集团)有限公司 | 园林竹木制品 |
| 73 | 基祥 | 德兴市鸿祥木业有限公司 | 家具 |
| 74 | 斯尔摩 | 江西省斯尔摩红木家俱有限公司 | 家具 |
| 75 | 金月亮 | 南康金月亮床垫厂 | 床垫 |
| 76 | 亚欧神韵 | 南康市金海家具有限公司 | 实木床,实木沙发 |
| 77 | 厨尊宝 | 江西厨尊宝厨具有限公司 | 铁锅 |
| 78 | 怀泉 | 江西省环球陶瓷有限公司 | 日用瓷 |
| 79 | 红杜鹃 | 井冈山市映山红瓷业有限公司 | 日用瓷器 |
| 80 | 雨蘭 | 江西蓝天宇家纺用品有限公司 | 床上用纺织品 |
| 81 | 朗祺 | 南康市三英制衣有限公司 | 服装 |
| 82 | 衫老爷 | 江西福盛制衣有限公司 | 服装 |
| 83 | 回圆 | 江西回圆服饰有限公司 | 羽绒服装 |
| 84 | 深傲 | 江西深傲服装有限公司 | 羽绒服装 |
| 85 | 天山雪 | 江西雪羽服饰有限公司 | 羽绒服装 |
| 86 | 英雄 | 江西英雄乳业股份有限公司 | 奶粉,酸奶 |
| 87 | 甘源 | 萍乡市甘源食品有限公司 | 烘烤制品(豆子、花生) |
| 88 | 梅氏 | 南昌市梅氏食品有限责任公司 | 咸蛋,皮蛋,禽蛋 |
| 89 | 神珠田园 | 江西神珠田园食品有限公司 | 禽蛋 |
| 90 | 华绿 | 江西东华种畜禽有限公司 | 禽蛋 |

续表

| 序　号 | 商标名称 | 商标注册人 | 商　品 |
|---|---|---|---|
| 91 | 萧翔 | 江西萧翔农业发展有限公司 | 禽蛋 |
| 92 | 海浩 | 江西海浩阳湖水产有限公司 | 水产品 |
| 93 | 青岚湖 | 江西省进贤县青岚湖水产养殖试验场 | 水产品 |
| 94 | 赣泉 | 万安县水产有限责任公司 | 鱼制食品、鱼片 |
| 95 | 无则添 | 赣县无则添食品厂 | 鱼制食品 |
| 96 | 维宝 | 江西维尔宝食品生物有限公司 | 植脂末 |
| 97 | 润心 | 青龙高科技股份有限公司 | 茶油 |
| 98 | YOUNSEN | 江西仰山园油茶开发有限公司 | 茶油 |
| 99 | 西湖珍芝 | 景德镇市西湖珍芝天然食品有限公司 | 茶油 |
| 100 | 家旺好日子 | 江西省大白鲨油脂实业有限公司 | 食用油 |
| 101 | 信天翁 | 玉山县创新农业综合开发有限公司 | 鲜冻,酱卤,腌制兔肉 |
| 102 | 龙共 | 丰城市龙共食品有限公司 | 田螺辣酱 |
| 103 104 | 三清山 冠圣生 | 江西三清山绿色食品有限责任公司 | 腌制蔬菜,笋干食用菌茶叶 |
| 105 | 水水 | 南丰县江丰蔬菜食品厂 | 酱腌菜 |
| 106 | 维兰 | 鹰潭市大地蔬菜制品有限公司 | 泡菜腌制蔬菜,干蔬菜 |
| 107 | 桂香婆 | 江西桂香婆食品有限公司 | 豆腐乳 |
| 108 | 无及 | 信丰味中味食品有限公司 | 脚板酱萝卜干 |
| 109 | 爱杰鑫 | 乐安县鹏鑫食品有限公司 | 蔬菜罐头 |
| 110 | 老妪 | 婺源县三禾生态农业开发有限公司 | 酒糟鱼,酒糟肉 |
| 111 | 豪荣 | 樟树市豪荣粮油食品有限公司 | 板鸭,腌腊肉 |
| 112 | 八都 | 江西省吉水八都板鸭有限公司 | 板鸭 |
| 113 | 雁塘 | 德安县矮子板鸭厂 | 板鸭 |
| 114 | 鸽鸽 | 江西省鸽鸽食品有限公司 | 牛肉干,豆角干(豇豆干),豆腐干,豆酱干 |
| 115 | 万福亨 | 鄱阳县万福畜牧有限公司 | 烤卤肉 |
| 116 | 富龙 | 江西富龙食品有限公司 | 牛(猪)肉干,酱卤肉制品,蛋 |
| 117 | 日日想 | 高安市日日想食品有限公司 | 腐竹 |
| 118 | 大观楼 | 高安市大观楼腐竹有限责任公司 | 腐竹 |
| 119 | 凤崖 | 景德镇市三星绿色食品有限公司 | 笋干,冬菇,木耳,干食用菌 |

续表

| 序号 | 商标名称 | 商标注册人 | 商品 |
|---|---|---|---|
| 120 | 绿滋肴 | 江西省绿滋肴实业有限公司 | 蜜饯,坚果仁,干食用菌,笋干,干菜笋 |
| 121 | 绿滋肴 | | 茶叶,饼干,糕点,米粿 |
| 122 | 思红 | 乐平市思红蜂业专业合思红作社 | 蜂蜜 |
| 123 | 花汇宝 | 江西花汇宝蜂业有限公司 | 蜂蜜,蜂王浆,蜂花粉 |
| 124 | 大红包 | 江西省老蔡糖果有限公司 | 糖果 |
| 125 | 初元 | 江中药业股份有限公司 | 食品用糖蜜,非医用营养粉 |
| 126 | 鑫康宝 | 江西康宝医药生物科技有限公司 | 非医用营养液(膏、粉),非医用营养胶囊,非医用营养品 |
| 127 | Baihe 图 | 江西百禾药业有限公司 | 非医用营养液,非医用营养品 |
| 128 | 德美嘉 | 江西德上科技药业有限公司 | 非医用营养液(粉),非医用营养胶囊 |
| 129 | 药乡人 | 江西樟树市庆仁保健品有限公司 | 非医用营养口服液,鹿茸人参酒 |
| 130 | 川奇 | 南昌川奇保健品有限公司 | 非医用营养液(粉、膏),非医用营养胶囊 |
| 131 | 江绿 | 江西草珊瑚药业有限公司 | 非医用营养液,薄荷糖 |
| 132 | 万年香 | 江西万年香米业有限公司 | 大米 |
| 133 | 金畈 | 鄱阳县金田米业有限公司 | 大米 |
| 134 | 宜万家 | 江西永康实业有限公司 | 大米,百合面条(米粉),百合粉 |
| 135 | 汇银 | 江西金农米业集团有限公司 | 大米 |
| 136 | 孔雀晋宝 | 兴国县绿宝米业有限公司 | 大米 |
| 137 | 粮环 | 南昌田环粮食产业有限责任公司 | 大米 |
| 138 | 圆环 | 南昌园辉精制米业有限公司 | 大米 |
| 139 | 晶钻 | 江西新华米业有限公司 | 大米 |
| 140 | 香贡世家 | 江西鹰南贡米有限公司 | 大米 |
| 141 | 富滩 | 吉安县青原区富吉粮油有限公司 | 大米 |
| 142 | 赣泰 | 泰和县白凤米业有限公司 | 大米 |
| 143 | 港达兴 | 新干县港达兴米业有限公司 | 大米 |
| 144 | 吉丰源 | 江西省吉水县金源米业有限公司 | 大米 |
| 145 | 广裕发 | 修水县裕发河粉厂 | 米粉,粉丝(条) |
| 146 | 赣佳瑞丰坊 | 定南县瑞丰粮油食品有限公司 | 面条 |
| 147 | 源之源 | 江西香檀山茶业有限公司 | 白茶 |
| 151 | 龍庭 | 寻乌县龙庭阳天茶场 | 茶叶 |

续表

| 序　号 | 商标名称 | 商标注册人 | 商　品 |
|---|---|---|---|
| 152 | 昌南雨针 | 浮梁县昌南茶叶有限公司 | 茶叶 |
| 153 | 梅山 | 江西省修水神茶实业有限公司 | 茶叶,保健茶 |
| 154 | 小布岩 | 宁都县小布岩茶业有限公司 | 茶叶 |
| 155 | 金生缘 | 江西东南野生植物开发有限公司 | 藤茶 |
| 156 | 洁惠 | 江西大铭食品有限公司 | 元宵,饺子,粽子,馒头,花卷,包子,春卷 |
| 157 | 信丰脐橙 | 信丰县果业协会 | 脐橙 |
| 158 | 橙乡天使 | 安远县赣之源果业发展专业合作社 | 脐橙 |
| 159 | 培华 | 南康市培华沙田柚场 | 甜柚 |
| 160 | 宝宝仔 | 江西宝宝仔饲料有限公司 | 饲料 |
| 161 | 8V | 赣州八维生物科技有限公司 | 饲料 |
| 162 | 志创 | 南昌志创高科生物有限公司 | 生物饲料 |
| 163 | 东旭 | 江西省进贤县畜牧良种繁殖场 | 种猪 |
| 164 | 象龙山 | 江西诸信实业有限公司 | 生猪 |
| 165 | 八头牛 | 江西现代种业有限责任公司 | 水稻种子 |
| 166 | 婺荷 | 婺源县江源科技农业发展有限公司 | 荷包红鲤鱼 |
| 167 | 金归 | 江西金龟王实业有限责任公司 | 活龟鳖 |
| 168 | 康欣 | 玉山县创新农业综合开发有限公司 | 种家禽,活鱼,活家禽 |
| 169 | 玉达 | 江西玉丰实业有限公司 | 新鲜蔬菜 |
| 170 | 润田 | 江西润田饮料股份有限公司 | 蒸馏水,矿泉水 |
| 171 | 猴圣 | 江西猕猴桃酒业股份有限公司 | 猕猴桃果酒,饮料 |
| 172<br>173 | 蓝欣图 | 江西蓝欣啤酒有限公司 | 啤酒 |
| 174 | 南华山 | 宜黄县南华山饮用天然矿泉水业有限公司 | 矿泉水 |
| 175 | 天久 | 江西省天久矿泉水开发有限公司 | 矿泉水 |
| 176 | 洞山 | 江西省宜丰洞山酒业有限公司 | 黄酒 |
| 177 | 帝缘 | 江西帝缘食品有限公司 | 黄酒 |
| 178 | 盘圣 | 江西盘圣食品酿造有限公司 | 杨梅酒 |
| 179 | 齐力春 | 江西齐力酒业有限公司 | 杨梅酒 |
| 180 | 饶州 | 江西省鄱阳县饶州酒业有限公司 | 白酒 |

续表

| 序号 | 商标名称 | 商标注册人 | 商品 |
|------|----------|------------|------|
| 181 | 九仙岭 | 江西九岭酒业有限公司 | 白酒 |
| 182 | 神鸟 | 江西久天实业有限公司 | 乌鸡酒 |
| 183 | 吉凤 | 江西吉凤实业有限公司 | 乌鸡酒 |
| 184 | 联盛 | 九江联盛实业集团有限公司 | 商业贸易 |
| 185 | 仙女湖 | 新余市旅游局 | 旅游 |
| 186 | 品禄园 | 兴国县品禄园实业有限公司 | 餐馆,旅馆食宿 |
| 187 | 大觉山旅游 | 江西大觉山景区集团有限公司 | 住所,饭店,提供野营场地 |
| 188 | 图 | 江西省川妹餐饮连锁管理有限公司 | 餐饮服务 |
| 189 | 贝嘉 | 江西贝嘉实业有限公司 | 园艺(温室工程),植物养护 |

# 第四章　广告监管

1979 年 4 月,《江西日报》首先恢复广告业务,《南昌晚报》和省、市广播电台也相继恢复广告业务。当年,南昌市工商局成立南昌市商标广告设计服务部(即南昌市广告公司的前身),是江西省改革开放之后第一家从事广告设计的公司。截至 1990 年底,全省共有广告经营单位 381 家,年广告营业额 3324.6 万元,广告从业人员 4312 人。

1991—2010 年,全省工商部门大力支持和服务广告业发展,加强对广告行业队伍的建设和专业人才的培养,规范广告市场秩序,提升广告文化,促进全省经济社会和文化的发展。

## 第一节　广告市场

1991 年,全省工商部门对广告经营单位进行指导和管理,扶持广告业发展,扩大对全省企业和产品的宣传。截至年底,全省广告经营单位有 361 家,广告营业额 4651 万元,从业人员 4700 人。

1992 年,省工商局协助中国广告业协会在南昌市成功举办全国第 3 届广告作品大赛,扩大江西省广告作品在全国的影响力,促进全省广告业发展。截至年底,全省广告经营单位有 552 家,广告营业额 6214 万元,广告从业人员 6217 人。

1993 年 7 月 10 日,国家工商局会同国家计划委员会联合发布实施《关于加快广告业发展的规划纲要》(以下简称《纲要》)。《纲要》首次提出广告业属于知识密集、技术密集、人才密集的高新技术产业,总结了改革开放后全国广告业所取得的成绩和存在的问题,对广告业的改革与发展做出基本规划。这是新中国成立后第一部广告业发展的规划纲要,成为 20 世纪 90 年代全国广告业发展重要指导性文件。

全省工商部门依据《纲要》精神,取消广告经营总量控制,放开所有制形式,在掌握资质标准、提高质量的基础上,允许国营、集体、私营、个体及中外合资、中外合作等各种经营成分从事广告经营。1993 年,全省广告业得到较快发展,全省广告经营单位有 730 家,广告营业额 9570 万元,广告从业人员 8952 人。

1994 年,全省各地培训广告从业人员 1147 人,以此提高广告从业人员素质,培养广告人才,提升广告业的市场影响力。各级工商部门进一步加强广告管理,规范广告经营行为,维护广告经营秩序,进一步推进广告业健康发展。经上级批准,在南昌市开展广告代理制试点,探索总结行之有效的广告运营管理经验。截至年底,全省广告经营单位有 1111 家,广告营业额 18005 万元,广告从业人员 8687 人。

1994 年 10 月 27 日,全国人大常委会八届第一次会议举行全体会议,表决通过《中华人民共和国广告法》(以下简称《广告法》),自 1995 年 2 月 1 日起施行。《广告法》是中国历史上第一部规范广告内容和广告活动的法律。

全省各级工商部门深入学习宣传《广告法》,广泛宣传贯彻实施《广告法》的重要意义和主要内容。在大力宣传《广告法》的同时,各级工商部门抓好广告监管干部以及广告行业有关人员的培训。1995 年上半年,各地工商部门广告监管干部以及广告经营单位的业务骨干,大都经过不同形式培训。全省共举办各类广告人员培训班 192 期,培训人员 7436 人。通过培训,广告监管人员掌握《广告法》有关条文,提高执法水平;广告经营单位和人员增强法制观念,为《广告法》的执行和落实打下良好基础。至 1995 年底,全省广告经营单位有 1106 家,广告营业额 28297 万元,广告从业人员10160 人。

1996 年,全省各级工商部门注重广告市场的精神文明建设,在全省开展"公益广告月"活动。至年底,全省广告经营单位为 1271 家,广告经营额 41385 万元,广告从业人员 10427 人。

1997 年,为倡导广告业为精神文明建设服务,省工商局与省委宣传部印发《江西省广告宣传精神文明标准》,组织开展广告行业"争创精神文明单位"活动;有 2 家广告单位被命名为"全国广告行业文明单位";开展"自强创辉煌"主题公益广告月活动,其中 3 件作品获"公益广告作品政府奖";省广告协会举办全省第 5 届优秀广告作品评比,选送 22 件作品参加第 5 届全国优秀广告作品展。各地评定全省 A 级资质综合型广告公司 22 家和 A 级资质设计制作公司 7 家,提高广告业的基本经营素质,促进全省广告业健康发展。至年底,广告经营单位达 1245 家,从业人员 10647 人,全年广告经营额达 54457 万元。

1998 年,全省各级工商部门加强对广告审查员队伍培训,截至年底,全省广告经营单位有 1248家。1999 年,各地工商部门继续贯彻落实《广告法》,推进广告业为全省经济社会发展服务。2000年,省工商局组织全省 A 级广告企业资质评定工作,推动广告市场主体质量的提升。

2000 年 12 月 23 日,省大会常委会九届第二十次会议通过颁布《江西省户外广告管理条例》,这是江西省有关广告规范发展的第一部地方性法规。省工商局副局长沈庆中在《江西工商》杂志月刊 2001 年第 3 期刊发文章,就全省户外广告健康发展提出指导性意见,提出要处理好规范与发展、数量与质量、内容与形式、循规与创新四种关系。

2001 年,全省广告业蓬勃发展,广告的创意、设计、制作水平有明显提高。10 月 17—20 日,中国广告协会在厦门市举办中国第 8 届广告节,江西省选送 41 件作品参展和评比,入围奖的达 13件,是江西省历次参评中获奖数量最多的一次。在中国广告协会、中国消费者协会联合举办的全国"绿色消费"公益广告大赛中,江西省有 6 件作品获入围奖,其中一件获铜奖,省广告协会获得大赛组织奖。全省涌现一批"两个文明"一起抓,经济效益和社会效益显著的广告经营单位。获"全国广告行业文明单位"称号的广告经营单位有 4 家,获"全省广告行业文明单位"称号的有 27 家。是年,全省广告经营额达 8.6 亿元,同比增长 7.8%。

2002 年,全省开展以"公民道德规范"为主题的公益广告宣传活动,宣传树立良好的道德规范,清理不良文化,促进社会主义精神文明建设。各级工商部门落实广告定期联系制度,主动服务,帮助企业树名牌,开拓市场。

2003 年,面对突如其来的"非典"疫情,在应对各种困难和挑战的情况下,全省广告业依然取得较好业绩,行业经济得到快速增长,行业实力大大增强,广告经营信誉得到提高。全省开展评选先进广告协会和协会优秀工作者活动,评选出全省先进广告协会 4 家、全省协会优秀工作者 4 人,受中国广告协会表彰的全国先进广告协会 2 家、全国协会优秀工作者 2 人。全省有 6 家广告单位获中国广告协会颁布的"全国广告行业文明单位"称号,有 38 家广告经营单位被评为"全省争创广告行业精神文明先进单位"。全省选送 114 件广告作品参加第 10 届中国广告节展出和评比,其中 1 件获铜奖,9 件获入围奖,是江西省在全国历次参评中选送作品数量最多、影响最大的一届。为此,省广告协会获该届大赛的组织奖。通过参赛,全省广告的创意、策划、设计、制作水平不断突破,得到全面提高。截至 2003 年底,全省广告经营单位有 1678 家,广告经营额 11 亿元,广告从业人员14122 人。

2005 年,全省广告业在广告的创意和设计制作等方面有长足发展,广告整体质量明显提升。全省有 12 件作品在第 12 届中国广告节上获奖,25 件广告作品在省第 12 届优秀广告作品评比中获等级奖。全省有 6 家广告企业获全国广告行业文明单位称号,26 家广告企业获省广告行业文明单位称号。全省广告企业综合实力进一步增强,涌现出 1 家中国一级广告企业,11 家中国二级广告企业,1 家中国三级广告企业。是年,全省广告经营单位有 2008 家,同比增长 9%;广告经营额 16.3亿元,同比增长 14.8%;广告从业人员 2.17 万人,同比增长 16%。

2006 年,全省广告投入总体表现出高度理性化特征,广告业通过加强行业自律,促进产业升级,向创意经济、注意力产业方向迈进。是年,全省广告经营单位有 2230 家,同比增长 11.05%,广告经营额 192352 万元,同比增长 18%,广告从业人员 23064 人,同比增长 6.2%。

2007 年,省工商局与省文明办联合印发《组织以"迎奥运、讲文明、树新风"为主题的公益广告作品征集和评选活动的通知》,各地广告企业踊跃报名,纷纷开展创作,作品征集活动进展顺利。6月 15 日,省工商局与省文明办共同组织评选活动,有 9 件作品在各地报送的作品中脱颖而出,分获一、二、三等奖。

2008 年,省工商局着力推动广告制度化建设,促进全省广告业科学发展。按照"制度化、规范化、程序化和法治化"要求,出台一系列制度和措施。会同省发改委印发《促进广告业发展的实施意见》,指出当前广告业发展的指导思想、主要目标和任务,制定规范广告业发展的具体措施;印发《关于开展广告审查员培训的通知》,明确广告监管部门开展广告审查员培训的原则、对象、方式等内容,旨在提高广告监管服务质量。全省各地工商部门共培训广告审查人员 1000 余人(次),为帮助广告经营单位建立健全广告审查制度提供有力保证,省工商局编辑《广告法律法规文件汇编》,把《行政许可法》出台后修改和新制订的有关广告法律法规文件进行汇总,以利于学习和宣传。江西省"两会"期间,省工商局收到省人大代表和省政协委员关于广告方面的建议提案共 4 件。省工商局研究办理,安排专人上门走访给予答复,与人大代表和政协委员商讨广告市场规范发展策略,获得好评。全省广告业在 2008 年继续保持较快发展,截至年底,全省广告经营单位有 3215 家,同比增长 5.6%,广告经营额 23.16 亿元,同比增长 8.8%,广告从业人员 31956 人,同比增长 8.5%。

省工商局会同省文明办在 2009 年印发《关于组织参加我国优秀公益广告评选活动的通知》,组织广告企业参加第 8 届全国优秀公益广告评选活动,此活动得社会各界的大力支持,共收到平面、影视和广播作品等参赛广告 90 余件,充分反映人民群众关注公益、热忱公益的时代风采。经过精心筛选,推荐 9 件作品参加全国公益广告评选。

2010 年,省工商局对全省广告业进行广泛深入调研,形成全面分析江西广告业发展状况、存在的主要问题及解决问题方法建议的调研报告。省工商局提出编制《江西省广告业发展规划》的建议,主要有加大政策扶持力度,完善广告业发展机制;注重广告市场培育,提升广告企业竞争力;建立健全广告市场主体信用体系;加大广告专业人才培养力度,提升广告从业人员素质等 7 方面的建议。截至 2010 年底,全省广告经营单位有 4306 家,广告经营额 28.72 亿元,广告从业人员35260 人。

表 2 - 4 - 1　1991—2010 年江西广告业发展情况表

| 年　份 | 广告经营单位(家) | 广告从业人员(人) | 广告经营额(万元) |
|---|---|---|---|
| 1991 | 361 | 4700 | 4651 |
| 1992 | 552 | 6217 | 6214 |
| 1993 | 730 | 8952 | 9579 |
| 1994 | 1111 | 8687 | 18000 |
| 1995 | 1106 | 10160 | 28297 |
| 1996 | 1271 | 10427 | 41385 |
| 1997 | 1245 | 10647 | 54457 |
| 1998 | 1248 | 11690 | 60617 |
| 1999 | 1273 | 11978 | 71317 |
| 2000 | 1271 | 12249 | 79000 |
| 2001 | 1345 | 13148 | 85350 |
| 2002 | 1685 | 14831 | 98000 |
| 2003 | 1790 | 15408 | 113248 |
| 2004 | 1910 | 18688 | 142250 |
| 2005 | 2080 | 21764 | 163000 |
| 2006 | 2230 | 23064 | 192352 |
| 2007 | 3042 | 29445 | 212998 |
| 2008 | 3215 | 31956 | 231682 |
| 2009 | | | 249753 |
| 2010 | 4306 | 35260 | 287215 |

## 第二节　广告登记管理

20世纪90年代初期，全省工商系统贯彻执行《江西省户外广告管理办法》，加强户外广告登记管理。根据国家工商局等部门要求，制止利用广播、电视、报纸、期刊刊播烟草广告，对非法使用党和国家领导人名义、形象、言论进行广告宣传的情况进行全面检查。

1993年，省工商局印发《关于改进广告协会和广告管理工作的意见的通知》，要求全省各地工商部门改革广告管理方式，推进广告业健康发展。各地实行广告经营单位审批的"试营业制"等改革举措。南昌市工商局对新申请经营广告业务的企事业单位，实行"试营业制"管理，即申请专营、兼营广告业务的企、事业单位和个体工商户，先由市广告协会对其进行评议，尔后市工商局为其办理为期1年的试营业执照。试营业1年后，再由市广告协会复议。复议认为合格的，市工商局为其颁发正式营业执照，确立其合法的市场主体地位；对条件不具备的，不再颁发营业执照，原试营业执照自动失效。

省工商局按照国家工商局有关文件的规定，加强对药品和医疗器械广告发布的登记管理，防止虚假医药广告在媒体刊发，防止伪劣医药产品对人民群众身心健康的伤害。1994年9月27日，省工商局转发新闻出版署、国家工商局《关于禁止以报纸形式印送广告宣传品及印刷品广告加强管理的通知》。10月11日，省工商局与省委宣传部、省新闻出版局、省邮电管理局联合印发《关于加强江西省内部报刊管理的通知》，规范报刊及印刷品广告发布管理。

1995年，国家工商局印发《广告经营者广告发布者资质标准及广告经营范围核定用语规范》。全省工商系统依据这些规定办理内资广告企业登记。中外合资、中外合作广告公司、外资企业登记，全省根据1994年的《关于设立外商投资广告企业的若干规定》办理登记，登记程序按照国家工商局1988年的《广告管理条例施行细则》、1995年《关于设立外商投资广告企业的若干规定》办理。

1995年6月1日，国家工商局印发《临时性广告经营管理办法》，规定对临时性广告经营进行登记。全省工商部门对辖区内各种临时性广告进行清理，对具备条件的按要求补办手续，对不具备条件的，立即停止其广告经营活动，对已经批准的依法做好监督检查工作。是年，省工商局印发《关于加强江西省境内烟草制品广告管理规定的通知》，各地工商部门按照要求，加强烟草广告管理，按《广告法》规范烟草广告宣传内容审查，坚决制止非法刊播烟草广告。

为提高广告审查质量，防止和减少违法广告发生，从1995年末开始，国家工商局探索建立广告经营单位和发布单位自我约束、守法经营的广告审查员制度。1996年7月2日，国家工商局依据《广告法》规定，制定印发《广告审查员管理办法》，并于1997年1月1日起施行。

1997年，全省工商部门建立广告经营单位和发布单位广告审查制度。各地开展广告经营资格专项检查。

全省各级工商部门严把广告市场准入关、经营单位年检关和广告发布关。1998年，对广告审查员队伍进行培训，全面开展广告经营资格检查，全省1120家广告企业参加年度检验，注销或吊销不合格广告企业226家，维护广告市场良好秩序。

2001—2003年，全省各级工商部门结合广告企业年度检验，加强广告企业经营资格审查，着力日常广告发布审查登记,尤其对关系民生健康的医药广告,严格按国家工商总局及国家药监局有关规定执行。

自 2001 年 10 月国务院开展行政审批制度改革后,经国家工商总局研究并报国务院批准,工商系统于 2002、2003、2004、2007 年分四批共取消广告行政审批项目 12 项,保留 7 项。取消的广告行政审批项目包括外国广告企业设立常驻代表机构审批、白酒类广告发布审批、广告显示屏设立审批等;保留的行政审批项目包括烟草广告审批、户外广告登记、固定形式印刷品广告登记等。

国家工商总局会同商务部在 2004 年修订《外商投资广告企业管理规定》,对国内的外商投资企业及其分支机构设立广告企业的条件、报送材料、办理程序、经营范围以及企业的变更、购并等内容作明确规范。规定自 2005 年 12 月 10 日起,允许设立外资广告企业、外商投资广告企业,其经营范围经国家工商总局及其授权的省级工商局依据《广告经营者、广告发布者资质标准及广告经营范围核定用语规范》予以核定后,可以经营设计、制作、发布、代理国内外各类广告业务。

2006—2007 年,国家工商总局会同相关部门先后修订《户外广告管理规定》《医疗广告管理办法》《药品广告审查发布标准》和《药品广告审查办法》。

全省各级工商部门严把广告市场准入关,开展事业单位广告经营资格检查。根据国家工商总局《广告经营许可证管理办法》相关规定,全省工商部门集中于 2007 年 3 月、4 月,开展在全省登记的 190 余家事业单位广告经营资格检查工作,检查合格率达 95% 以上,对于检查不合格单位,要求其整改直至符合要求,从而进一步推动事业单位建立健全广告经营管理制度,严把广告发布关口,落实广告审查员"一票否决制"。

2008 年,全省工商部门完善促进广告业发展的具体措施,联合省发改委共同转发《促进广告业发展的实施意见》。通过每年一度的广告经营资格检查,了解和掌握各媒介单位的广告经营状况,督促其健全广告经营管理制度,实行广告审查员"一票否决制",加强自律与诚信意识。2008 年上半年,全省共检查从事广告经营的事业单位 199 家,通过检查的 194 家,检查合格率为 97.4%。

2009 年,省工商局制定印发《关于加强广告审查,进一步净化社会文化环境,促进未成年人健康成长的办法》,明确不良广告的认定标准,增强可操作性。各级工商部门对相关广告发布加强审查,某些媒体发布不良广告现象得到有效遏制。全省工商部门继续开展广告经营资格检查工作,继续落实广告审查员"一票否决制",严把广告发布关口。

2010 年,省工商局对全省广告业发展状况进行广泛深入调研,提出编制《江西省广告业发展规划》,对全省广告业健康发展进行战略统筹思考。各级工商部门加大政策扶持力度,完善广告业发展机制;注重广告市场培育,提升广告企业竞争力;建立健全广告市场主体信用体系,增强广告企业诚信自律的社会舆论氛围。

# 第三节　市场监管

1991 年,是广告行业治理整顿取得重要成效的一年。全省工商系统广告管理机关在清理整顿的基础上,把强化监督管理与查处虚假广告结合起来,常抓不懈,虚假广告呈下降趋势。各级工商部门根据国家工商局等部门规定,在全省推行《广告业务员证》制度和《广告业专用发票》制度。《广告业专用发票》制度规定,凡经工商机关批准登记经营广告的单位和个体工商户,开展广告业务收取费用时,应一律使用税务机关统一监制的"广告业专用发票"。广告业务员证是专职从事承揽、代理广告业务人员外出开展广告业务的有效凭证。广告经营单位的广告业务人员须持证方可从事广告业务活动;广告业务人员须持证在所属单位经营范围内开展广告业务活动;与广告客户签订合同时应在合同书上注明广告业务证号,广告客户不得与无广告业务员证者进行广告业务活动。通过实行两项制度,在全行业中进行一次大规模的广告法规政策宣传教育活动,对部分广告业务人员进行培训考核,增强广告业务人员守法意识。

1993 年 7 月 15 日,国家工商局印发《关于在部分城市进行广告代理制和广告发布前审查试点工作的意见》,决定在部分城市进行广告代理制和广告发布前审查试点。实行广告发布前审查试点,即将现行的由广告经营单位分散审查广告,广告发布后由广告管理机关依法监督检查的管理方式,改为由广告管理机关制定统一标准,充分发挥广告协会自律作用,组织广告经营单位依照标准在广告发布前对广告内容进行审查。为此,省工商局印发《关于改进广告协会和广告管理工作的意见》。南昌地区广告发布实行事先审查制,减少虚假广告的出现。各级工商部门实行广告经营单位审批的"试营业制",逐步推行广告代理制,广告协会由官办转入民办,基本建立起广告企业自主经营、政府依法监督管理,以代理制为运营制度,以广告事先审查为保障,充分发挥行业自律作用的新的管理制度。

全省各级工商部门加强对广告的监督管理。1994 年,查处虚假广告案件 1333 件,维护广告经营秩序。《广告法》颁布施行后,全省各级工商部门利用多种形式,深入宣传《广告法》,举办各类广告人员培训班 192 期,培训 7436 人。

1995 年,各地严把广告市场准入关,抓好广告企业年检工作,对 1111 家广告经营企业进行年检,年检率为 97.1%,其中合格率 89.5%。为净化广告市场,在全省范围内对电视、广播、报纸、期刊、电影和户外广告进行全面检查。省工商局召开电视广告抽查现场办公会,组织对 11 个地、市报纸广告抽查和对卷烟广告专项检查。

1996 年,全省各地进一步规范广告市场秩序,建立全省广告监测网络,强化广告发布前的审查工作,注重广告的精神文明建设。在广告业年度检验中取消 78 家广告经营单位资格。各地工商部门开展广告市场专项整治,对户外广告、印刷品广告和药品、饮料、烟草广告进行检查,共查处违法违章广告案件 512 件,罚没金额达 78.6 万元。

省工商局与省委宣传部在 1997 年联合印发《江西省广告宣传精神文明标准》,组织开展广告行业"争创精神文明单位"活动。各地工商部门加大广告监管力度,规范广告经营行为,建立广告经营单位和发布单位广告审查制度。开展广告经营资格专项检查,有 1152 家参加检查,参检率 91%,854 家检查合格,占参检单位的 74%,有 118 家暂缓通过检查,有 180 家检查不合格被取消经营资格。评定全省 A 级资质综合型广告公司 22 家和 A 级资质设计制作公司 7 家,提升了广告业基本经营素质。各地工商部门开展对广告显示屏、酒类、食品、房地产、医疗、印刷品广告等 6 次重点整治,全省共查处广告案件 1195 件,罚没款 75 万元。

　　1998 年,全省工商部门以维护广告市场秩序为重点,全面加强广告监管工作,严把广告市场准入关、经营单位年检关、广告发布关。是年,全省有广告经营单位 1248 家,参加年检 1120 家,注销、吊销 226 家。全面开展广告经营资格检查,对招生、招工、医药广告进行重点整治。根据国家工商局 1998 年 3 月 1 日起施行的《店堂广告管理办法》,对店堂广告进行整治,依法查处一批广告违法案件。

　　1999 年 4 月 9 日,省工商局印发《关于加强市场监管,加大执法力度的工作意见》,要求全省工商系统加强制度建设,规范广告市场交易行为。广告经营单位实行广告审查员"一票否决制",维护广告发布的真实性、合法性。坚决制止不符合社会主义精神文明建设要求,含有不良文化内容的广告宣传。严格依照广告经营审批程序和广告经营资质标准,把好广告市场主体准入关。是年,各级工商部门在全省开展印刷品广告、户外广告、医疗广告、电视直销广告等专项检查与整治活动,拆除破损广告牌 1886 块,收缴非法印刷品广告 56 万份,对 121 家电视台的电视直销广告进行检查,全面规范广告经营行为。

　　全省工商系统在 2000 年对虚假广告、医疗药品广告等进行专项整治,查处医疗、加工承揽、保健食品和电视直销广告违法案 224 件。对广告经营单位的主体资格进行集中检查。

　　2001 年,全省加强执法宣传,大造声势,营造"严格执法、自觉守法"的舆论氛围。各地开展以药品、医疗、保健食品广告为主要内容的"反误导、打虚假"广告专项治理行动。加强对各类广告的监测和巡查,加强对户外广告内容合法性的规范和监管。开设虚假广告曝光台,对虚假违法广告进行曝光。12 月 30 日,省工商局召开新闻发布会,向社会公布 2001 年全省 100 例虚假广告。

　　2002 年,各级工商部门继续对重点广告进行专项治理,对损害国家主权、尊严和利益,妨碍社会安全,有悖于社会主义精神文明建设的广告进行清理。加强广告监测,查处一批虚假违法广告,对典型案件进行曝光,社会效益显著。

　　为维护社会安定、清理广告宣传中的不良文化,2002 年 10—11 月,全省工商系统开展广告市场专项检查的整治活动。这次广告市场专项检查的重点是:危害祖国统一,损害国家尊严和利益,有反动言论和政治错误,妨碍社会安定,损害社会公共利益的;宣传迷魂药和各种骗术、赌术等内容,妨碍社会公共秩序和违背社会良好风尚的;含有淫秽、恐怖、暴力、丑恶内容的;含有民族、种族、宗教、性别歧视内容的;宣传与性行为有关的产品或服务的特性与功能,直接描写或暗示性行为、性心理、性技巧,容易诱发不健康意识和不良行为的;利用国家机关和国家机关工作人员名义或形象的;含有封建迷信、伪道德、伪科学内容的。在这次行动中,南昌市工商局出动执法人员 120 余人,车辆 30 辆次,收缴性商品广告牌 50 余块,清除各类不良文化广告 480 余条(张),下发责令整改通知 8 份,立案查处不良文化广告 4 件。

　　2003 年,全省工商系统完善广告监管制度,实现上下互动,严厉打击虚假表示、误导性宣传等欺诈行为。全年共查处各类虚假违法广告 1150 件,罚没款 135 万元。

　　2004 年,全省开展广告专项整治行动,按照省工商局工作部署,各地工商部门加大对虚假违法广告查处力度,共查办案件 1320 件,罚没款 206 万元。在各设区市推行网络化广告监管模式,提升广告监管效能。

　　为进一步落实国家整顿和规范市场经济秩序的工作部署,2005 年,省工商局决定在全省开展

"打虚假 树诚信"广告专项整治行动。上半年,全省共监测和检查保健食品、药品和医疗广告1596条(次),发现涉嫌违法广告195条(次),印发行政告诫书172份;经过市场巡查,收缴违法印刷品21万余份,立案查处虚假违法广告案件62件,罚没款达32万元。省工商局投资20余万元建立现代化技术装备的广告监测中心,提高对重点广告的监管力度。经省工商局监测结果显示,2005年第二季度,全省广告监测得分排名上升到全国第5,虚假违法广告明显减少。截至2005年底,全省工商系统共查处各类虚假违法广告案件1736件,罚没款417万元。

2006年,省工商局制定印发《江西省大众媒介广告监测实施办法》,省工商局监测各类广告11万条次,与省广告联席会议成员单位在媒体共同公布十大虚假违法广告典型案件。全省持续开展广告专项整治行动,全年共查处各类虚假违法广告案件2256件。

是年,全省各市县工商部门按照上级工作部署,对辖区内广告宣传加强巡查和监管,尤其对食品、饮料、医药器械等关系民生健康的广告宣传进行重点监测和监管。定南县工商局执法人员在市场巡查中发现某矿泉水有限责任公司正在散发含有虚假宣传内容的广告宣传单。其广告单宣称"江西定南某某矿泉水有限责任公司是生产矿泉水的大型企业,引进法国先进矿泉水自动化生产线,聘请水处理行业资深专家总体布局和品质监控……"经调查,该公司实际日产销量仅3吨,员工也只有13人,尚构不成大型企业规模,其生产设备总价为2.75万元,在这套设备中只有"中空纤维超滤膜"系统主要部件的材质产地显示为进口,但没有标明是法国产品。其自动灌装生产线的生产商安吉尔电器有限公司,只有主要电脑主板为韩国LG的进口元器件,所谓的"专家"黄某是广东江门市安吉尔公司的一般工作人员。广告宣传单中"每天饮用某某矿泉水,能保持良好的新陈代谢,皮肤也会变得更加光滑润泽,让您更加靓丽,常饮可延年益寿"等内容,引用语不真实、不准确,无科学依据,造成消费者误解。2006年3月,定南县工商局按照有关规定,对该公司作出责令停止对商品作虚假宣传的违法行为,并在定南和龙南等地公开更正消除影响,罚款1万元的行政处罚。

2007年,全省工商系统广告监管部门按照全国整顿和规范市场经济秩序电视电话会议精神,抓住整治重点,坚持治标与治本相结合,开展虚假违法广告专项整治工作。省工商局对省内25家电视、报纸媒体发布的广告进行抽查,共抽查广告4634条,其中涉嫌违法违规广告508条,广告违法率为11%,广告违法率整体下降明显;药品、医疗、保健食品广告占比例下降到24%。省工商局在《江西日报》等媒体共刊登《江西省工商局违法广告公告》等10余篇宣传稿件,曝光典型虚假违法广告案例,揭露其欺骗和误导消费者的伎俩,从而提高广大消费者识别和防范虚假违法广告的能力和水平。

全省工商系统完善广告联席会议制度,形成齐抓共管、综合治理长效机制。宣传《医疗广告管理办法》等新规章,开展药品、保健食品和医疗广告整治行动;严格检查事业单位广告经营资格,从源头上防范虚假违法广告,广告违法率整体明显下降。组织"迎奥运、讲文明、树新风"主题公益广告作品评选。各级工商部门全面开展对固定形式印刷广告的专项检查,对商场、宾馆、咖啡厅、酒店、酒吧等场所进行逐一检查,严厉查处非法经营固定形式印刷品行为。根据江西省民办高校教育产业相对发达的特点,组织在全省开展对招生广告进行清理,重点对含有升学率、入学率及就业率等内容欺骗和误导消费者的招生广告进行查处。2007年,全省共查处各类虚假违法广告案件1822

件,罚没款 253 万元。

2008 年,全省工商系统广告监管部门把监管与服务、维权、执法、发展有机地统一起来,创新广告监管模式,提升广告监管水平。各地深入开展网上非法"性药品"和性病治疗广告专项整治工作。着重加强对医疗机构、药品生产经营企业及网络经营者的自设性网站进行重点监测与巡查,及时发现和制止非法"性药品"和性病治疗广告的发布。自网上广告整治专项行动开展以后,全省共发现涉嫌发布不良内容广告的网站 12 家,印发责令改正通知书 8 份,责令停止发布非法"性药品"广告和性病治疗广告 252 条,取缔非法经营网站 5 家,立案查处案件 6 起,已到账罚没款近 4 万元,移送通信管理部门采取技术手段屏蔽、删除广告 252 条。

省工商局部署在全省范围开展对奶产品广告的清查,严厉查处各种含有"三聚氰胺"和"蛋白精"内容的广告发布行为,广告监管队伍处置突发事件的能力和水平也得到提升。

为迎接北京奥运会的到来,体现"人文奥运、安全奥运"的宗旨,全省广告监管部门倡议各媒介单位认真把好广告发布关口,自觉抵制发布侵犯奥林匹克知识产权的广告。开展对商场、超市、药店和社区等重点场所的市场巡查,全省巡查重点场所共 2000 余次。2008 年,全省共查处各类虚假违法广告案件 1000 余件,收缴违法印刷品广告 70 余万份,罚没款达 400 余万元,有效地震慑违法当事人,净化广告市场环境。

2009 年,全省工商系统落实违法广告公示制度,威慑违法当事人。为广泛宣传不良广告整治动态与成果,鼓励社会公众的广告监管意识,省工商局分别在《江西日报》和《江南都市报》等媒体发布《2009 年违法广告公告》,共涉及违法当事人 15 家,各类违法广告 74 条,其中网站广告 60 条,保健食品广告 2 条,医疗 11 条。上饶市工商局发布违法广告公告 42 条,其中涉及含有不良内容广告 8 条。各地纷纷通过各种渠道和途径公布违法广告,进一步增强广告监管工作的公开性与透明度。各地进一步深入开展网上性病治疗广告及非法"性药品"广告整治,加强互联网广告的浏览与监测,取缔无照经营广告行为,清理非法经营性单位门户网站发布的广告。各级广告监管部门共对全省 1200 余户网站广告进行不间断监测,监测网络各类广告及相关信息 3 万余条。全省取缔非法网站 9 家,责令停止发布、删除、屏蔽各类不良广告 60 余条。省工商局会同省委宣传部、外宣办、公安厅、监察厅、纠风办等 11 个部门制定印发《关于开展对损害未成年人身心健康的不良广告专项整治工作的通知》,加大对不良广告专项整治力度。与公安、银监部门共同开展预防和打击利用银行卡犯罪的信用卡广告专项整治,规范涉贷、房产中介广告,取缔无照经营,制止超经营范围发布涉贷广告行为。全年,全省共查处各类违法广告案 798 件,罚没款 276 万元。

2010 年,全省各级工商部门持续深入推进广告专项整治工作。各地继续把直接关系人民群众健康安全的医疗、药品、保健食品广告,危害未成年人身心健康的非法涉性、低俗不良广告,将种子、农药、化肥、农机具以及加工承揽、种植养殖等涉农广告一并列为整治重点;继续加大省级电视台卫视频道、大中城市电视台经济生活频道、都市类报纸广告的监督检查力度,严格监管电视购物广告,整治以健康资讯节(栏)目名义和新闻报道形式变相发布的广告,着力做好药品安全、打击利用互联网和手机媒体传播淫秽色情及低俗信息等专项整治工作。是年,全省查处案件 1217 件,虚假违法广告明显减少,广告市场秩序进一步规范。

# 第五章　公平交易执法

中共十四大以后,全省工商部门在思想观念和工作重心上有重要转变:从主要服务于计划经济,转到服务于社会主义市场经济;从侧重于监督管理集贸市场,转到监督管理社会主义统一大市场;从局限于国内传统的监督管理方式,转到更多地借鉴国际通用的管理方式;从侧重于具体业务管理,转到运用法律和行政手段进行宏观监督管理。在查处经济违法违章案件工作上,重点从查处倒卖国家限制自由买卖物资的行为,转到查处严重影响社会主义市场经济秩序的制售假冒伪劣商品行为、走私贩私行为、不正当竞争行为等方面。

1995 年,江西省工商局设立公平交易局。全省各级工商部门立足职能,创新监管,切实履行公平交易执法职责。深化打假护优工作,加强"12315"消费者举报投诉网络建设,制止不正当竞争行为。严厉打击走私贩私行为,坚决查禁传销及变相传销违法行为。探索流通领域商品质量监管新途径,进一步完善和创新市场监管各项制度与措施,维护社会主义市场经济秩序。全省工商部门围绕各个时期的中心工作任务,狠抓落实,有重点、有步骤地推进公平交易执法工作。

## 第一节　制止不正当竞争

### 市场经济秩序整治

20 世纪 90 年代,全省各级工商部门不放松对走私行为的查处。宁都县工商局在 1991 年查获一起走私案。1991 年 10 月 23 日傍晚,一辆"少林"牌小客车沿着 319 国道线,从福建驶入江西。途经宁都县河东时,执行任务的工商管理人员上车检查,经细致查看,发现在车顶篷夹层中间藏匿1100 条"箭牌""希尔顿"走私香烟,是走私分子林某、刘某、李某利用单位派车出差之机,拉拢贿赂司机,从莆田市洋尾村购进,企图运往武汉市高价倒卖。宁都县工商局依法将这批价值 4 万余元的走私香烟全部没收,并对违法者处以罚款。

为制止现实经济生活中存在的不正当竞争行为,促进市场经济发展,1993 年 9 月 2 日《中华人民共和国反不正当竞争法》(以下简称《反不正当竞争法》)颁布,并于 1993 年 12 月 1 日起施行。这是中华人民共和国第一部调整市场竞争行为的基本法律。

1996 年,各级工商部门根据省工商局统一部署,在全省广泛开展以贯彻《公司法》《反不正当竞争法》《消费者权益保护法》《商标法》《广告法》为重点,以"一反二保"(反对不正当竞争,保护消费者、经营者合法权益）为主要内容的"公平交易执法年"活动。省工商局及时制订印发《关于开展公平交易执法年活动的实施意见》，各地均成立执法年活动领导小组或专门机构，提出活动的具体目标和内容，广泛开展宣传，努力营造公平交易执法的社会环境。6月，全省工商系统在鹰潭市召开"公平交易执法年"活动现场经验交流会，推动活动的深入开展。全年，省工商局组织10项系列执法行动，查处违法违章案件，捣毁一批制假窝点，稳定节日市场秩序；开展农资市场整治，保护农业生产和农民利益。

为继续深化"公平交易执法"活动，省工商局结合实际制定1997年实施方案，贯彻实施《反不正当竞争法》，以"一反、二保、三打"（三打为打击投机倒把，打击假冒伪劣，打击无照经营）为重点，提高执法成效和执法水平，查处大案要案和抓住重点、热点问题，公平交易执法活动取得新成果。加大打假、打私执法力度，查处一批大案要案。围绕省委、省政府提出的"主攻工业"的主题，将打假与保护名优产品相结合，省工商局制定《全省工商系统"打假保名优"，名牌产品备案实施方案》，对33家企业的名优产品建立备案保护，全省共查处制假售假案件798件。打私工作根据抓好重点地区、重点商品，采用重拳出击的总体思路，将打击走私汽车、摩托车作为"打私"的重中之重，并与省商检局共同开展对进口商品的市场监管。全省工商系统查处走私贩私案件325件，案件总标值1300余万元。依法查处一批假冒、非法进口照相机、录像机、空调机等商品案件。

1999年，全省各级工商部门深入开展打假保名优工作，与企业联手开展"打假维权"行动，制定与企业联手打假协作网络实施办法，把打假与保护全省名牌产品、著名商标产品结合起来，依法保护企业的合法权益。各地把执法重点转到执行《反不正当竞争法》上来，加大案件查办力度，拓宽办案范围。一季度开展的"整市场、保节日"专项执法检查，共出动执法人员6192人次，检查市场87个，各类经营户20036家，查封制假窝点22个，立案159件，查处物资标值498万元。全年，全省查处不正当竞争案541件。各地加大打击走私贩私行为力度，共查处走私案件51件，标值98万元，罚没款35万元。

2000年，各级工商部门持续深化"打假保名优"备案工作，着重打击制售假冒伪劣商品行为及为制售假冒伪劣商品行为提供方便条件的违法行为，突出抓好打假的重点商品、重点区域和重点市场。各地根据实际情况，对关系国计民生、严重危害人民群众生命财产安全的假冒伪劣商品进行重点整顿。南昌市工商局对进贤县文港镇进行重点突出检查，查获四个制售假冒笔窝点、一批假冒名牌笔和配件。至年底，全省共查处假冒伪劣违法案件5898件，案值3414.5万元，捣毁制假窝点87个，罚没款458.5万元。

2002年，各级工商部门全力整顿和规范市场经济秩序，加大对节日市场、旅游市场整治力度。组织开展节日市场整治、"放心菜篮子"整治活动、食品市场整治、肉类市场整治、旅游市场打假打非、打假保安全居住整治等，查处一批案件，维护消费安全。进一步深化流通领域商品质量监督管理，建立流通领域商品质量检查制度、日常监督管理责任制、查验市场商品来源证明制度、"信誉卡"制度，组织开展以食品和商品为重点的三次质量监督抽查。各地加大打假力度，集中开展集贸市场整治。是年，对36个重点地区122个重点市场进行全面整治，清查市场主体。

2002年9月25日，省政协在省工商局开展政协委员活动日，先后听取省工商局领导关于"服务经济发展,维护市场经济秩序"的情况汇报,考察青山湖区工商局贤士湖分局依法行政的情况。在洪城工商分局参观整顿和规范市场经济秩序,查处假冒伪劣商品成果及真假商品识别展览。省政协副主席黄懋衡、黄定元、刘运来、沃祖全、金昪,秘书长蒋如铭及80多位省政协委员参加活动。

2003年,全省工商系统共部署元旦春节市场整治、农资市场整治、食品药品市场整治、"毒鼠强"市场整治等近20次市场专项整治行动,检查市场2000余个、经营者19652家,取缔无照经营1249家,抽查461批次,查办案件692件,查获一大批违法经营的物资。

2004年,各级工商部门深入开展整顿和规范市场经济秩序,加大工商行政管理公平交易执法力度,打击扰乱市场经济秩序的不法行为,严厉打击制假售假、不正当竞争、走私贩私等各类经济违法违章经营行为,保护经营者和消费者合法权益,营造安全、健康的消费环境和竞争有序的市场秩序。截至年底,全省各级工商部门共查处各类经济违法违章案件21916件,案件总标值26356.4万元,罚没款5651万元,分别比上年增长17.8%、64.7%和68%,移送司法机关处理案件14件。

2005年,全省工商系统充分发挥职能作用,紧扣热点,抓住重点,扎实整顿规范市场经济秩序,取得新成效。全系统共查处各类经济违法违章案件24243件,总案值37860万元,上缴国库的罚没收入8005万元,移送司法机关处理案件19件。

2006年,在打击流通领域走私贩私专项工作中,全省工商部门共立案查处走私贩私案件332件。查处各类经济违法违章案件40139件,案件总标值52325万元,市场经济秩序进一步规范。

是年,吉安市工商系统重点开展对城乡接合部的整治65次,出动执法人员856人次,查办各类违法案件126件,取缔黑窝点21个,无照经营户62家,查获假冒伪劣农资160余吨,案值近130万元,使城乡接合部的市场秩序得到好转。

2007年,全省工商系统开展整顿和规范市场经济秩序工作。规范品牌汽车经营行为,对326家经销企业备案审核。全年共查处各类经济违法违章案件18255件,总案值43501万元。全省工商系统反不正当竞争执法深入推进。各地工商部门把打击"傍名牌"违法行为作为全年反不正当竞争工作的重中之重,开展专项执法行动,取得阶段性成果。全省共查处不正当竞争案件1380件,案值2217万元,其中"傍名牌"案件384件。

2008年,省工商局制定印发《关于切实加强市场监管打击商业欺诈保障市场稳定的通知》,部署1月25日起在全省范围内开展专项执法行动,重点查处以假充真、以次充好、缺斤少两、欺行霸市、囤积居奇、散布虚假信息等扰乱市场秩序行为;对商场、超市、市场促销活动和广告宣传,从严控制,对促销活动限时、限量,禁止市场、商场、超市以低于购进成本进行促销活动,防止经营者利用打折、抽奖、让利、返券、赠送等促销活动和虚假广告误导消费者;严厉打击制假售假、商标侵权、违法有奖销售、传销、无照经营等扰乱市场秩序的各种违法违规行为。此次执法行动,全省共出动执法人员7507人次,检查经营企业和个体工商户16979家,检查批发市场、集贸市场等各类市场450余个,查处无照经营20家,捣毁制假售假窝点2个。立案查处各类违法违章案件63件,其中虚假宣传9件,不正当有奖销售1件,"傍名牌"案件19件,总案值80余万元。

是年,各级工商部门加大制止行政性垄断、打破地区封锁的工作力度,查处垄断企业限制竞争行为案件5件。

2009 年,省工商局将国家工商总局确定的供电、供水、供气、交通运输、专营专卖等与人民群众生活密切相关的垄断性行业列为重点领域。指导各地准确地理解《中华人民共和国反垄断法》的基本精神和主要内容,把握合法与非法的界线,在执法中切实做到程序合法、证据确凿、定性准确、处罚有据;开展调查研究工作,及时总结执法经验,探索建立有效的监管方式和措施,提出有针对性的意见和建议,先后对一批省内影响大、涉案金额大的案件进行指导查处,严厉查处垄断行业滥用其垄断地位限制竞争、强制交易、强制服务等行为。运用行政建议和行政告诫等方式,制止和查处地区封锁、地方保护等行政性垄断行为。是年,全省工商部门共查处违反不正当竞争法规案件 1542 件,案值 3001 万元,罚没款 1260 万元。

2010 年,省工商局组织开展"制止滥用行政权力排除、限制物流业竞争,规范物流市场秩序"行动。查处一批省内影响大、涉案金额大的案件,特别是查处省保险行业协会组织的全省财险公司对家庭自用车承保车损险附加不合理免赔条款案,促进省保险业的自我纠正,达到查处一个案件,规范一个行业的效应。

是年,省工商局制定印发《打击侵犯知识产权和制售假冒伪劣商品专项行动方案》。全省工商部门打击"傍名牌"、虚假宣传、违法有奖销售等不正当竞争案件 1113 件。省工商局对泰和县华维气站组织垄断协议案等 26 起限制竞争案件进行查处。5 月 26 日,国家工商总局副局长钟攸平在全国工商行政管理系统反不正当竞争执法与经济检查工作会议上对江西反垄断执法工作给予肯定。

## 打击制售假冒伪劣产品活动

1991 年,在江西省境内,典型的、规模性的、危害性大的制售假冒案件是非法生产和经营一次性输液器。年初开始,省工商局和省医药局多次接到群众对非法生产、运输、经营一次性输液器产品的举报,省工商局对此多次进行调查,发现在进贤、临川等县一些农民有非法生产、经营一次性输液器行为,禁而未绝,并大有蔓延之势。这些伪劣产品流入社会必将对人民身体健康、生命安全造成极大危害,也将对江西省声誉产生不良影响。省工商局部署全系统对此类案件重点查处。全省工商系统在 1991 年的打击非法生产和经营一次性输液器的专项斗争中,实行上下联动,并排除某些不予配合部门单位的干扰,取得阶段性打假成果。

永修县工商局在 1991 年 1 月 13 日、4 月 12 日、4 月 13 日共查扣 3 车销往外省的假冒一次性输液器,共有 838 箱,分别假冒南昌高分子医疗器械厂的"康洪"及"达江"牌商标。货主分别是临川县张某、进贤县吴某万某等人,产品是临川县大岗文化医疗器械厂和临川县、进贤县长山乡农民自己加工生产的,这批货拟发往黑龙江、吉林等地。

1991 年 2 月 2 日,抚州市工商局接到群众举报,随即在抚北镇唐家村一农民家中查获伪劣输液器 509 箱。该批输液器全部是假冒南昌高分子医疗器械厂的"康洪"牌注册商标,拟通过铁路发往西安、哈尔滨、乌鲁木齐、昆明等 16 个地方。4 月初,省工商局接群众举报,当即通知萍乡市上栗县工商分局在东风界检查站设卡检查,4 月 5 日上栗区工商分局在东风界检查站查获 3 车伪劣输液器共计 1500 箱。这 3 车输液器都是由货主代办在临川县大岗、云山、罗针等乡和进贤县长山、李渡、白圩乡等地非法生产户中收集起来,运往湖南株洲火车站发往全国各地,这批输液器假冒的合法厂家有南昌高分子医疗器械厂、赣江医疗器械厂、南昌医用器材厂、上海康寿医疗器械厂、江苏振中医疗器械厂。经上述厂家送样甄别,该批输液器均属私人非法生产的假冒伪劣产品。

1991年,针对全省部分地区出现制售假冒伪劣商品的违法活动,省工商局部署在全省范围开展两次较大规模的"扫假"活动,共查处假冒劣案件3200件,商品标值9150万元。各地工商部门捣毁一批制售假冒一次性输液器地下窝点。

1992年1月17日,省政府召开"打假"电话会议,副省长孙希岳在会上讲话,要求各地"打假"工作由工商部门牵头,组织几个战役,加强经常性的防假治假工作,在基层建立防假责任制。在4月中旬召开的全省工商局长会议上,常务副省长舒圣佑在讲话中又就打假工作提出具体要求。4月下旬,省长吴官正在给省工商局主要负责人的批示中,要求严惩制售假冒劣商品责任者。为此,省工商局及时向各地下发查处制售假冒劣活动的紧急通知,要求各级工商局把打假作为经济检查工作的重点,并制订印发《关于防治假冒劣商品十四条措施》,提出打假重点为抓好商业企业自查为主的"清柜台"活动,有重点、有计划、有步骤地抓好医药、食品、烟草、眼镜4类市场的整顿,抓好农资产品、药品、食品、烟酒、食盐、建筑材料、棉花、煤炭、伪劣机械和电器产品及假冒进口产品的专项"打假",对大案要案进行重点查处和公开曝光,实施"打假"保名牌工程。各级工商局落实十四条措施,加强监督管理。全年,省工商局组织4次全省统一查假打假行动,共捣毁制售假冒商品窝点184个,抓获作案团伙11个,立案1120件,其中万元以上大案230件,移送司法机关处理30件。

1992年10月7—10日,省工商系统经济检查工作会议在萍乡市召开,参加会议的有省工商局副局长徐天庆及各地市工商局分管经检工作的负责人。会议充分肯定1992年全省经检工作所取得的成绩,研究分析经济领域违法违章活动的变化和特点,明确新形势下经检工作的重点是打击制售假、冒、劣商品的不法行为。

1992年,全省工商部门开展专项打假282次,检查国有企业9864家,集体企业1.41万家,私营个体3.67万家,共有17起制售假冒劣案件中的42人被移送司法机关追究刑事责任。全省共组织4.57万家企业进行自查,查处有问题企业2722家。

南昌市西湖工商分局在1992年查处一起倒卖劣质轴承大案,为省内有关工矿企业等轴承用户避免了损失。1992年春节过后,西湖工商分局在查到的假冒劣商品中,发现不少劣质轴承,占查出的五金类伪劣商品的80%左右。针对这个情况,分局从市场科挑选6名业务骨干成立整顿小组,专门查处劣质轴承。6人根据线索,兵分几路,对经销五金商品的商店进行深入调查,查明这些废旧劣质轴承是河北黄某、石某等10人从山东省烟台轴承市场和私人手中购进。之后,在南昌市查出50多家集体五金店出售这种劣质轴承。这些劣质轴承扩散到上饶、九江、高安、新余等地,严重地扰乱市场秩序,给用户造成严重损失。西湖工商分局依法对该案作出处罚。

1993年,全省工商部门开展打击制售假冒伪劣商品宣传活动。召开各类宣传"打假"会议612次,由电台、电视台播放,报刊刊登稿件745件,印发各种宣传22.69万份,在街头进行大型宣传336次,出动"打假"宣传车辆4366次,举办保名优打假冒商品展览412次,开展政策法规咨询活动574次,出"打假"专题简报583期,公开销毁假冒伪劣商品274次。通过宣传,全社会关心"打假",参与"打假",逢假必打成为群众共识。年底,省工商局及南昌市工商局在南昌八一广场举行声势浩大的《反不正当竞争法》宣传活动,由数十辆公安系统摩托车、工商系统摩托车及宣传车在全市主要街道进行巡回宣传,散发宣传资料,在沿途大型商场悬挂巨幅宣传标语,取得宣传效果。

是年,省工商局在省产品质量监督检验所、南昌市工商局配合下,对南昌百货大楼、南昌华侨友谊公司、南昌商场、江西纺织大厦商场、江西物资贸易中心、南昌时装大厦、裕丰大厦、交电大楼、南昌轻工公司、南昌市第一百货商场、三泰商场、南昌市副食品公司批发部等12家商业企业进行一次"打假"行动。这次"打假"行动,省工商局成立临时工作组,省工商局副局长徐天庆担任组长,共出动250多人次,分化工、家电、轻工3个小组进行检查。这次检查检测发现,胶黏皮鞋、电源插座、稳压保护电源、食品饮料、化妆品、电线、砂轮、轴承、电热炊具、吊扇荧光灯架、铝电水壶、眼镜片等存在较多劣质不合格产品,有的甚至全部为劣质不合格产品。大多数商场实行"引厂进店",商场只需每月在销货款中扣收约定数额的款项(实为租金),而质量问题商场却不过问。为打击制售假冒伪劣商品违法活动,维护社会主义市场经济秩序,省工商局建议采取措施,对南昌市各大商场进行一次整顿,取缔变相出租柜台的行为,每年由省工商局牵头组织在全省范围内对国营大型商场进行检查。

1993年,全省工商部门共对6.35万家企业进行检查,立案查处制售假冒伪劣案件1045件,其中万元以上大案180件,查获假冒伪劣商品总值2899万元,销毁假冒伪劣商品总值894万元,捣毁制售假冒伪劣商品窝点153处,罚没金额352万元;共查获假冒伪劣商品21大类,563个品种,主要物资有化肥4531吨、农药20.83万千克、水泥2398吨、香烟8.96万条、酒51.5万瓶、服装2.61万件、鞋1.18万双、自行车1556辆、化妆品1.79万盒、药品11.2万瓶、饮料35.91万瓶、低压电器1.91万件、一次性注射器5629箱、商标标识344万张、罐头1.79万瓶、钢材2256吨、食盐147吨、肥皂2.08万条,打击了制售假冒伪劣商品违法分子嚣张气焰,保护企业和消费者的合法权益。

是年,全省各级工商部门共查处假冒劣商品案件3240件。其中大案要案120件,罚没金额945万元,出动打假人员共2万余人次。各地还分别举办打假巡展和公开曝光,集中销毁假冒商品等活动。

萍乡市工商局于1993年2月查处一起假劣酱油制售案。2月16日,萍乡市工商局直属分局经检股接到群众举报:西门八一街杨家冲有一个制售假劣酱油的黑窝。经检股在公安干警配合下,当场销毁假酱油1000余千克,查获假商标标识3万余个、公章3枚等作案工具,还收缴赃款3826元。经审讯,案犯名叫唐某,1992年就伙同钟某等人在萍乡麻山新塘村制售假劣酱油,当年已被工商部门查处。可唐某发财心切,屡教不改,次年又非法购进酱油色素250千克,伙同其妻陈某在"防空洞"内用生水、食盐、色素、防腐剂等制售1.65万千克不符合卫生标准的劣质酱油,还以假乱真,分别窃用原萍乡市制酱厂"孽龙牌"商标和湖南湘潭市宝塔调味厂"湘潭牌"一等酱油商标标识,在萍乡各地进行销售,从中牟利。

1994年,各级工商部门继续深入开展"打假"专项斗争。全省共查处制售假冒伪劣案件1138件,比上年增长8.89%,其中万元以上大案253件,罚没金额1219万元。各地组织实施《反不正当竞争法》,查处违反《反不正当竞争法》案件33件。工商部门通过典型案件处理,推动《反不正当竞争法》的宣传、贯彻。全省开展打击走私贩私专项斗争,共查处走私贩私案件111件,查获走私物品价值642万元,有效维护国家利益。

南昌市工商局从1994年7月1日起至7月31日,组织全市工商系统广泛开展"打假"专项斗争。专项斗争的主要目标是城市3个区以查饮料为主,4县和郊区、湾里区以查农业生产资料为主。全市工商系统共组织"打假"人员1176人次,出动"打假"车辆共217辆次,检查各类企业和个人888家,立案查处案件31件;并在各级公安、检察、标准计量及卫生防疫等部门大力配合下,共查获各种假冒商标标识1.69万套,各种假冒过期变质饮料1.53万箱,自制不符合卫生标准的冰水4500千克;假冒劣质或过期失效农药270吨、化肥36吨、种子8.3吨、饲料6.4吨。同时,查获假冒"红塔山"香烟200箱,以及假冒或过期食品、药材、食盐、食油、酱油、名酒、奶粉等物资一批,计标值366万余元(含上半年一部分),销毁假冒劣质商品标值137万余元,取缔非法生产假冒产品窝点12处,取缔伪劣商品经营点和个人46家。经查假冒品种,一般都是名优畅销产品或新产品,有假冒"龙力"牌雪的、"蓝带"矿泉水等。东湖区工商局现场查获南昌市隆兴农副产品经营部经销过期变质奥林巴斯鲜橘拉罐饮料5000箱,标值22万余元。

11月11日,省工商局与南昌市工商局在南昌八一广场举行"打假"、销毁假冒伪劣商品现场会。省、市工商局干部、企业代表和群众近千人参加。省工商局党组书记、局长戴子钧主持会议,省人大常委会副主任王昭荣、副省长郑良玉、省人民检察院副检察长邓文定、省工商局副局长徐天庆分别进行"打假"动员。会后,满载全省11个地市查处的假冒伪劣商品的车辆,绕南昌市主要街道环行巡展。上午11时在南昌市郊垃圾场,喷火器将标值达136万元的假冒伪劣商品燃烧化为灰烬。

1995年,全省查处违法广告案件485件,罚款71.8万元;查处商标侵权假冒案件421件,罚没款105万元,收缴侵权假冒商标标识33.8万套。全省各地共召开打假新闻发布会18次,省级广播、电视、电台宣传报道112次。

1998年,省工商局部署在全省广泛开展市场秩序大整顿,突出重点商品、重点地区,对相关企业和个体户进行一次全面普查。各级工商部门共出动检查人员13928人次,出动检查车辆1865辆次,检查企业14262家,检查市场1063个,捣毁制假窝点59个,立案258件,结案147件,查获物品标值233万元,曝光案件20件。查处假冒伪劣商品有假冒伪劣酒69511瓶,散装白酒11723千克,食品11463.51千克,饮品65740瓶(听),药品70余件,化肥108吨,农药4050千克,假冒商标标识1400套等。

2001年,各级工商部门抓住重点,整顿市场交易行为和市场竞争行为,组织"打假"专项行动11次。在全国率先组织开展省级流通领域商品质量监督抽查,共抽查11个设区市共100个经营场所销售的11类商品。加强社会监督,"12315"24小时值班,迅速处理举报、投诉。组织开展省内外部分名优商品鉴别暨打假工作情况宣传活动,组织开展对全省虚假商业宣传"揭谎月"活动。9月27日,省工商局召开整顿和规范市场经济秩序大要案件新闻发布会,会上公布自2001年4月开展整顿和规范市场经济性程序工作后,全省工商部门查处的十大案件,即:南昌市熊坊村刘某制售"黑心棉"案;夏某在共青酒厂制售假冒"珠江"啤酒案;都昌县鸣山粮油经营所掺杂使假案;瑞昌石油分公司销售劣质省汽、柴油案;新余市金鸿投资信息咨询有限责任公司非法经营证券业务案;新余市安某从事传销活动案;赣州市章贡区周某阳收购、销售病死肉食品案;南昌好就来性用品开发公司网上虚假宣传及欺诈消费者案;新余市新航电线电缆厂制售冒牌、劣质电线案;高安市程某林等人制售劣质肉松案。是年,全省工商部门查处制售假案 2617 件,总案值 4022 万元,捣毁制售假窝点 84 个。

2002 年,各级工商部门围绕农民反映强烈的种子、化肥等 7 类商品,整治农资市场,查处制售假冒伪劣喷雾器案 903 件,共立案查处制售假冒伪劣商品案件 2119 件,案值 1683.42 万元,罚没金额 2499 万元,捣毁窝点 284 个,移送司法机关案件 23 件,涉案人员 295 人。

2003 年,全省工商系统继续打击制售假冒伪劣商品行动,营造安全消费环境。省工商局举办全省工商系统整顿和规范市场经济秩序成果展暨名优商品真假鉴别展示会。开展农村市场整治,维护广大农村消费者的合法权益。全省工商系统共检查农村市场 560 个、经营户 16320 家,受理投诉 1846 起,举办识真辨假展示会 98 次;查处违法违章案件 435 件,案值 36 万元。各地开展维权反欺诈服务消费领域专项检查,重点对餐饮行业和美容美发行业进行专项整治,检查经营单位 17333 家,责令整改 2572 家,查处违法案件 194 件,查获假冒伪劣商品和不合格商品 3474 件,罚没金额 16 万元。全年,全省共查处各类违法违章案件 1.86 万件,总案值达 1.6 亿元,捣毁制假窝点 321 个。

2005 年 4 月,南昌市东湖区工商局查获一起特大系列假洋酒经销窝点案。东湖区工商局于 4 月初接到知情者举报,称在市区内的多家酒吧销售假洋酒。经初步核实情况后,考虑到案情重大,为从源头上遏制这种不法行为,区工商局立即调集基层 3 个分局的精干执法力量,对销售假洋酒的酒吧进行暗访。执法人员采取蹲守、跟踪的方法,暗中在酒吧查找供应假酒不法人员线索。此次行动,东湖区工商局查处销售假冒洋酒的酒吧 6 家,捣毁贩卖假洋酒窝点 3 个,缴获假冒各类洋酒 300 余瓶,涉案金额达 40 余万元。

2005 年 6 月 20 日,宜春市袁州区工商局城东分局办公室执法人员突然接到群众电话举报,称宜春城区东浦大市场内有人正在涂改过期啤酒日期。袁州区工商局依据法律法规有关规定,对龙某夫妇伪造生产日期的啤酒及制假工具予以销毁,并处以没收非法所得 1485 元,罚款 1 万元上缴国库的处罚。

泰和县工商局在 2005 年查处一起销售劣质水稻种子案,为当地农民减少很大损失。2005 年上半年,泰和县工商局苑前分局连续接到不少农民反映播下的水稻种子发芽率很低的投诉。办案人员经调查终于查实。泰和县工商局依法分别对当事人做出处罚,责令当事人立即停止销售劣质种子,并分别处以 1 万元罚款上缴国库。

南昌市西湖区工商局于 2005 年查处一起危害少年儿童的"整人玩具"案。2005 年 10 月 25 日,西湖区工商局连续接到学生家长举报,说在学校周边一些文具店销售"整人玩具",危害少年儿童健康,要求工商部门严厉查处。接到举报,西湖区工商局迅速组织力量,对辖区校园周边的文具店销售"整人玩具"进行突击检查,共查缴"整人玩具"18 个品种共 2000 余包,又在万寿宫玩具市场 2 楼一家店面内,当场缴获大量"整人玩具"。

2006 年,全省各级工商部门持续严厉打击制售假冒伪劣违法行为,查处制售假冒伪劣商品案件 2705 件,挽回经济损失 1252.24 万元。

2010 年,全省大力推行商品准入和退出制度,各级工商部门查处制售假冒伪劣商品案件 4407 件。

# 第二节　打击违法传销

## 工作机制建立运行

传销是一种严重扰乱市场经济秩序的违法活动,具有隐秘性、蒙蔽性、欺骗性、扩散性等特点,且常常集聚成团伙,传销窝点及传销手法亦飘忽不定,极易死灰复燃,沉渣泛起。全省工商、公安等多部门协同推进,形成合力打击违法传销活动,始终保持高压态势,对传销露头就打,一打到底,并注重提高社会民众的防辨传销意识和能力。

1998 年 4 月 18 日,国务院印发《国务院关于禁止传销经营活动的通知》,决定禁止任何形式的传销活动。4 月 28 日,国家工商局印发《关于贯彻落实〈国务院关于禁止传销经营活动的通知〉的通知》。4 月 30 日,省工商局向各有关传销公司(分公司)印发《关于立即停止传销经营活动的通知》,规定:立即停止一切形式的传销经营活动,过去核发的传销核准证书和核定的传销经营范围一律无效;立即自行清理企业债权债务,不得非法转移资产和销毁账目,债权债务清理完毕后向工商行政管理机关提交清算报告、传销核准证书和营业执照正、副本,办理企业变更登记和注销登记等。

国务院和国家工商局关于禁止传销经营活动的通知印发后,全省各级工商部门坚决、稳妥地做好禁止传销经营工作。省工商局及时开会研究并发文,提出贯彻实施意见。各级工商部门开展行动,狠抓落实,一些非法传销活动得到迅速查禁和取缔,个别突发事件得到及时、有效处理,善后事宜得到妥善处理。

2005 年 8 月 23 日,国务院公布《禁止传销条例》与《直销管理条例》,分别于 2005 年 11 月 1 日、2005 年 12 月 1 日起施行。是年,省工商局组织开展以上条例的相关实施工作。

2006 年开始,传销活动在江西省又有所抬头,尤其是在九江、南昌、景德镇、宜春、吉安等地,传销活动更为猖獗。按照国家工商总局"2006 年打击传销专项整治工作方案"的要求,2006 年,省工商局成立以副局长徐运平为组长的打击传销专项整治工作领导小组,由公平交易局负责日常工作;各设区市成立领导小组,切实加强打击传销工作的组织领导,严格执行辖区领导责任制、目标责任制和过错追究制,进一步健全完善打击传销和规范直销的日常监管、投诉举报、快速反应和预警机制。

2006 年,全省工商部门进一步利用计算机网络化管理,结合省工商局局域网建设的要求,充分发挥"12315"投诉举报网络的平台作用,逐步建立打击传销以及直销监管的数据网络系统。

是年,九江市工商局、公安局经请示九江市政府同意决定,将每年 4 月定为"九江市打击传销宣传月"。崇仁县工商局办公室主任黎国华在反传销工作中投身反传销帮教活动,于 2004 年 12 月创作中国第一部反映工商、公安联手反传销的长篇纪实小说《骗网》。2006年4月23日，《信息日报》在"人物对话"专栏中，以整版的篇幅刊登《卧底只为写书揭露传销黑幕——对话中国反传销出书第一人黎国华》专访。《江南都市报》《抚州日报》报道黎国华利用书籍短信挽救传销家庭的故事。

2007年，全省打击传销工作机制进一步完善。工商部门面对部分地方传销活动有所抬头的严峻形势，开展打击传销专项活动和集中行动。全省基本形成政府牵头、部门协调的打击传销领导机构和工作制度，省综治办将打击传销纳入社会综合治理范畴，由省工商局对各市打击传销工作进行考核。同时，各地还大力开展宣传教育活动，增强广大群众识别、防范和抵制传销的能力。

2008年，全省各级工商部门对在异地聚集、拉人头式等危害性较大的传销活动给予集中重点打击，同时加大宣传教育力度，公开曝光查处的传销大要案件，与省教育厅等单位联合组织开展"防止传销进校园"等活动，还在省城主要媒体上开展《禁止传销条例》《直销管理条例》有奖知识问答活动。7—9月，各地按照国家工商总局和公安部《关于加强防范和打击传销维护社会稳定确保奥运会安全顺利举办的通知》和省工商局党组要求，组织执法力量，采取有力措施，摧毁一批传销网络和窝点，立案查处李某、黄某等人非法传销案等一批涉及地域广、参与人员众多、危害程度深、社会影响大的传销大案。全省工商部门向社会发放打击传销、规范直销宣传册、宣传画和通俗读物10余万册（张）。

2009年初，省工商局与省综治办、省公安厅联合组织对全省11个设区市政府2008年打击传销工作进行自查自评，形成《江西省2008年开展打击传销工作自查自评报告》。是年，省工商局与省公安厅共同在南昌八一广场举行"禁止传销"大型现场宣传会，并联合省教育厅开展向省内高校赠送《禁止传销与规范直销知识问答》书籍活动。九江市工商局派出业务骨干，到市区高校为应届毕业生上好"离校前最后一堂课"，到军营为退役士兵开好"离开军营最后一次学习会"；鹰潭市邀请"中国反传销自愿联盟"成员现身说法，对被骗传销人员及群众进行"反传销"教育；江西电视台、江西广播电台、宜春电视台及湖南卫视先后6次现场直播宜春市打击传销情况；南昌市湾里区、昌北经济开发区等工商局与辖区的大专院校签订《严防传销进校园责任书》，赣州市经济技术开发区工商局与公安局联合在赣南师院黄金校区开展"校园拒绝传销"大型现场咨询会。9月下旬，中央电视台《经济与法》栏目对江西省开展打击传销百日联合执法行动进行现场跟踪采访，报道江西省打击传销工作成果。

9月7—17日，省工商局与省公安厅联合组成检查组，对全省打击传销百日联合执法开展情况进行督导检查。为指导各地开展好打击传销、规范直销工作，省工商局还将各地打击传销工作中好的经验、做法及工作成效及时进行总结、汇总，编发工作简报，供各地借鉴参考。

### 查处违法传销活动

1996年，江西省部分地区出现来势迅猛的非法多层次传销活动，一些非法传销带有社团、帮会色彩，成为公安部门监视取缔的对象。参加所谓传销业务培训集会的人员成分复杂，培训集会的性质也在发生变化，有的甚至搞举手宣誓仪式，有的非法传销聚会人数有时多达二三百人，任其发展将可能危害社会治安。各级工商部门行动迅速,对传销活动进行严厉打击,查处一批传销案件,查获违法金额 100 余万元。

1997 年,全省工商部门规范合法直销,打击非法传销活动取得新进展,各地查处非法传销案件 34 件,取缔非法传销培训 140 次共 10426 人,有力制止非法传销蔓延之势。

1998 年国务院和国家工商局关于禁止传销经营活动的通知印发后,1998 年底,全省传销经营活动都已查禁。各级工商部门督促企业为符合条件的 4298 人退货,退货金额达 582 万元;提供政策咨询服务、指导,帮助企业做好善后工作,尽快转制,确保企业和社会稳定。

1998 年,在 1 个月的传销专项整治中,南昌市工商局清理违法企业 17 家,取缔非法传销企业 8 家,捣毁传销团伙 2 个,立案 5 件,遣送外地传销人员 10567 人。

1999 年上半年,全省部分地区传销及变相传销活动死灰复燃,并有蔓延势头。省工商局就打击传销活动发出紧急通知,各地市工商部门高度重视,从重从快打击传销活动。是年,全省共查处传销案件 25 件,把传销活动消灭在萌芽状态。

2000 年,全省各级工商部门在当地党委、政府领导下,与有关部门配合,加大对传销和变相传销的查禁力度,共查处传销与变相传销案件 30 余件,传销的蔓延势头得到遏制。

九江市工商局从 2000 年 2 月 20 日到 3 月 20 日,共查处非法传销案件 5 件,其中立案 4 件,取缔和制止非法传销及培训班 16 起。

2001 年,全省工商部门严查狠打,坚决查禁传销和变相传销。为贯彻中央经济工作会议与全国整顿和规范市场经济秩序工作会议精神,省工商局印发通知进行部署,组织开展 3 次严厉打击传销及变相传销行为专项行动,立案查处传销及变相传销案件 23 件,捣毁传销窝点 46 个,涉案金额达 488 万元,驱散参与传销人员 3000 余人次,移送司法机关追究刑事责任 10 人。

2002 年,全省工商部门依靠当地政府,加强与其他部门配合,加大宣传力度,采取有效措施,始终保持高压态势,严厉打击传销和变相传销违法行为,共立案查处传销和变相传销 37 件(其中互联网上传销案 1 件),涉案金额 545.92 万元,涉案人员 1559 人,取缔窝点场所 89 处,移送司法机关处理的案件 5 件。

2003 年,南昌市青云谱区工商局执法人员接群众举报后,一举查获设在朱家湖住宅区的传销窝点。该传销窝点住着 40 余人。执法人员了解到,这些人大多来自四川,被朋友骗来南昌参加所谓"连锁加盟"培训。

2004 年,全省各级工商部门针对传销和变相传销活动特点,继续保持高压态势,对传销露头就打。全省共查处传销案件 13 件,捣毁传销窝点 26 个,遣散传销人员 857 人,并加强对转型企业产品销售点的检查。

2005 年,全省工商部门继续开展以"拉人头"为重点的打击传销和变相传销专项整治工作,共认定查处传销案件 13 件。

2006 年,全省各设区市纷纷查处一批传销案件,进一步打击传销分子的嚣张气焰,遏制传销在江西省蔓延的势头。5 月 20 日,景德镇市政法委统一指挥,工商牵头,集中公安、城管、街办乡镇近 400 人的执法队伍,开展打击传销集中统一行动,一举捣毁传销窝点 21 个,遣返参与传销人员 204

人,并对所有出租给传销人员的出租房进行查封,维护一方平安。

2006年,全省共查处传销案件47件,取缔传销窝点721个,清查遣散传销人员12753人次,移送司法机关追究刑事责任16件,人数达43人。

2007年,全省共取缔传销窝点760个,驱散、遣送18803人次,查处案件65件,移送司法处理案件33件,移送涉案人员84人。

是年,上饶市信州区工商部门联合公安、民政、城区街道办等5家单位对辖区传销活动开展声势浩大的打击整治活动。本着"捣点、破网、打头、断线"原则,以城乡接合部和外来人口集中地区为重点,加强对户籍、重点人口、特种行业、出租房屋的管理,从源头上减少和预防非法传销活动,严惩传销组织者和骨干分子。连续捣毁传销窝点41个,遣散传销人员1000余人,刑事拘留9人,缴获大量传销笔记本。

2008年,全省查处传销案件38件,取缔传销窝点663个,教育遣散传销人员14880人次,解救人员455人,遏制住传销活动向校园、农村蔓延势头。

是年,高安市工商局在不到两个月的时间内连端四个传销窝点,驱散传销人员210余人。

2009年,各级工商部门按照省工商局统一部署,在当地党委、政府领导下,与公安机关等有关部门配合,把打击传销、规范直销作为维护江西社会和谐稳定的硬任务,采取有力措施,加大办案力度,集中开展宣传教育活动,及时做好传销受骗者的解救工作,开展"无传销社区(村)"建设。是年,全省工商系统共出动人员13672人次,捣毁传销窝点1980个,查处传销案结案62件,案值997.67万元,罚没款659.35万元,教育遣散传销人员20791人,解救受骗群众824人,移送司法机关案件10件、人员186人。

2009年,省工商局直属分局、省公安厅网监总队、青山湖区工商局在南昌市联合查办"MELO国际(香港)有限公司"(简称麦罗公司)及秦某等人,以电子商务为名义,以高额回报为诱饵,收取入门费,发展下线的网上传销案件。吉安市工商、公安机关联合破获"香港腾飞国际贸易公司"特大传销组织,抓获传销组织全国总头目王金祥和另外5个4A、5A级犯罪嫌疑人,彻底摧毁该传销组织。宜春市公安、工商机关破获"美亚国际"传销组织,涉案金额上亿元,抓获传销骨干分子8人。新余市工商、公安查处"世界通"传销案,涉案金额上百万元。南昌市工商局查处一起将本地市民诱骗到外地从事传销的大案,对卢某等3名涉案当事人做出罚没261万余元的行政处罚。萍乡市工商局查结深圳月朗科技有限公司重大传销案,并将两名参与组织者移送司法机关追究刑事责任。上饶市工商局与市公安局联合开展打传"夏季风暴"专项行动,针对该市"假天狮"传销组织采取攻坚战,列入打击重点,进行"斩首行动",打掉一批组织严密、规模较大的传销组织。

2010年,省工商局、省公安厅决定自4月1日至11月1日期间,在全省范围开展"迎世博、禁传销"专项执法行动,并联合印发行动方案。此次专项执法行动的重点是打击以"拉人头""收取入门费"或打着"高科技""纯资本运作"等幌子以及利用网络从事传销犯罪活动的行为;严惩以介绍工作、从事经营活动等名义欺骗他人离开居所非法聚集并限制人身自由的行为;坚决查处为传销活动提供房屋、仓储、经营场所等便利条件的行为。专项执法行动重点打击传销组织者、策划者和骨干分子,严厉查处诱骗学生参加传销的违法行为,及时解救受骗受害学生。截至2010年底,全省共捣毁窝点675个,立案36件,清查遣散传销人员8803人,移送司法机关处理85人。

### 典型传销案例

**新余市"爽安康"健身器传销案** 20世纪90年代,新余市部分地区是江西省传销活动比较严重的地方之一。由于传销活动属于地下交易,无一家传销公司在新余工商部门注册登记,国家税收大量流失。传销活动往往引起经济纠纷和家庭矛盾,甚至发生妻子杀死丈夫的家庭惨剧。传销商品价格极高,损害消费者利益。1997年,有传销组织开展"爽安康"健身器传销活动。在新余市传销的"爽安康"健身器,进价仅500元左右,而传销价高达4000多元。"爽安康"健身器传销2000多台,按每台售价4000元计算,折合人民币800万元。为维护消费者利益和社会稳定,新余市工商局城关分局查处"爽安康"健身器传销活动,查处"传销主任"200人,"经理"40人,"一线总裁"2人,"总裁"1人。

**武汉新田保健品有限公司非法传销案** 武汉新田保健品有限公司江西分公司自1998年3月起,开始举行传销培训活动,非法组织传销网络,发展传销员队伍,很快该公司传销额上升到120万元。1998年3月20日,南昌市工商局青云谱分局依法查处该公司,决定对武汉新田保健品有限公司江西分公司非法传销行为处以罚款3万元,并责令该公司停止非法传销活动。武汉新田江西分公司一方面接受处罚,一方面又加紧发展传销队伍,动员更多的传销员来昌活动,3月27日、28日就有15辆大客车和7辆装满传销商品的大货车,载着近千名传销员由武汉到达南昌,汇集在该公司所在地——南昌青云谱区,与先期零星到达的传销员一起开始一场盲目非法的"淘金"。在南昌,来自河南、安徽、云南、新疆、山东、浙江等地的传销人员总数有近万人。为保护广大群众利益,维护社会稳定,南昌市工商局组织力量,加大对非法传销的专项整治力度,开通6221794举报电话,部署全市工商机关,坚决查处非法传销行为,严格监督清理原核准的传销企业,并配合公安部门对非法培训和集会活动坚决给予打击。南昌市工商机关查处武汉新田保健品有限公司江西分公司,查处传销人员达2000余人。同时,还查处其他非法传销企业。至1998年4月5日,云集南昌的传销人员开始回流,南昌传销活动消失。

**九江市兴康公司非法传销案** 2000年3月15日,九江市工商局接省工商局转发国家安全部通报"九江市庐山区有一传销窝点"后,立即联合公安部门对庐山区进行检查,16日上午在庐山区百货大楼抓获两名参与兴康公司传销的外来人员。经查,这伙传销者有30多人,分别来自甘肃、新疆两省区,他们住在人民路供电局宿舍附近的民宅内,都是从湖北黄梅县移至此地进行传销活动的。执法支队当日上午赶赴湖北黄梅县工商局调查得知,湖北兴康公司设在黄梅县小池镇,其法定代表人董某曾在该镇聚集近4000人员搞传销,3月10日《湖北日报》对其传销活动曝光后,其人员便陆续转移九江市区及瑞昌郊区。于是,九江市工商局通知瑞昌迅速查处兴康公司非法传销活动,此时瑞昌聚有300名传销人员。之后,九江市工商局又得知九江县、德安县工商局也发现兴康公司在辖区从事传销活动,当事人朱某、董某还在九江县注册登记"江西省兴康贸易有限公司"。执法支队派人赶赴九江县等地,指导该县查处传销活动,与公安部门一道疏散传销人员,做好思想工作,劝其返回家园,防止传销扩大,并吊销兴康贸易有限公司营业执照。至此,九江市这场涉及面较广的传销活动被制止。

**宁都县非法传销集资案**　2000年春季,宁都县工商局会同公安等部门侦破一起非法传销集资案。2000年3月14日,宁都县公安局经侦大队对该县"昌成中介服务部"的异常情况进行调查发现,该服务部在宁都县城以销售化妆产品提供高额回报为诱饵,实施变相传销、非法集资,已有众多群众卷入其中,日进账高达万元。案情上报后,引起县委、县政府领导高度重视。3月26日,县委、县政府成立"宁都县制止打击非法传销集资活动专案领导小组",并从公安、工商及银行系统抽调36名人员为专案人员,分别组成审讯组、宣传接待组、数据审计组、材料秘书组。审讯组首先对"宁都县昌成中介服务部"及其下属的13个工作站迅速予以取缔和查封,对涉案人员进行传讯,并对有集资诈骗犯罪嫌疑人曹某、卢某、舒某等3人依法实施刑事拘留,对他们的住处及其经营场所进行搜查,缴获其全部会计资料及部分财物,现金存折予以冻结及扣押。宣传接待组开展宣传引导工作;数据审计组对该服务部账目进行全面清理和审计;材料组对参与投资传销者进行逐个登记取证,掌握受骗人员投资受骗的详细情况,并做好相应安抚工作。从登记中发现先期参与者多数为干部、职工,后期参与者以下岗职工和农民占多数。曹某等人将此传销活动对外宣称为"红销",红利来源都是后入股者的本金。在短短的6个月内,有800余人入股,收纳资金201.77万元,造成亏空资金67万余元。4月18日,犯罪嫌疑人被移送检察机关追究其刑事责任。

**吉安市"飞鹰团队"非法传销案**　吉安市工商局在2000年4月查处一起传销挪窝案,此案传销组织自称为"飞鹰团队"。3月底,在九江市搞非法传销受到打击的"江西兴康经贸有限公司"主要成员,突然大举移师吉安,拟注册"吉安市安达经贸有限责任公司",并在吉安地区物资大楼8楼租办公场所,然后,来自河北、河南、安徽、黑龙江传销人员在河东马鞍前村入住。樊某、郝某等为主的传销人员,迅速组建一个"飞鹰团队"。随后,把原"江西兴康经贸有限公司"营销人员发展为其下线,继续开展非法传销活动。樊某、郝某在马鞍前村的一农户家设案授课,开办4期培训班,计有100余人听课,并发展新成员10多人。吉安市工商局经调查后,依法查扣樊某、郝某等人收取的所谓入队费计18330元、联络用手机两部及各种传销培训资料、账目等,河东镇政府派出工作组深入马鞍前村疏散外来人员。在工商部门的迅速打击下,"飞鹰团队"成员不少人连夜打包返乡。但案情并未就此结束,工商执法人员通过点滴线索跟踪调查,发现还有少数"飞鹰团队"成员趁夜色偷偷从马鞍前村"挪窝"至该市白塘乡上巷村,企图继续从事非法传销。4月18日,专案组人员在公安、当地村民配合下,果断出击,"飞鹰团队"在吉安于土崩瓦解。

**赣州华恩实业有限公司非法传销案**　赣州华恩实业有限公司的前身是赣州华良实业有限公司。华良公司由于进行传销活动于1999年5月被查处取缔后,于同年6月改头换面注册江西赣州华恩实业有限公司。华恩公司获取《企业法人营业执照》后,从未开展合法经营活动,仍以华良公司传销模式整建制转换,继续从事传销活动。华恩公司为规避国家法规禁止的"单层次传销"和"多层次传销"形式,以"消费联盟"名义发展网络,诱骗不明真相群众加入其所谓的"消费联盟",成为"卡友"。他们从东北三省、河南、陕西等地诈骗大量外地人员至赣州集中,高峰期达五六千人,分别聚居该市章贡区和赣县等十几处地方,进行传销活动。赣州华恩公司从1999年12月5日至2000

年4月27日共发展"卡友"6000余人,非法营业额1061.8万元。赣州市工商局经调查后,成立查禁华恩公司传销活动指挥部,市工商局、市公安局分别抽调组成近百人查禁传销执法队伍,宣传有关法律法规,教育动员外地传销人员尽快返回原籍;同时对华恩公司进行查封。至5月上旬,华恩公司变相传销网络下设的4个代办点全部被查封,骨干分子和卡友及被骗群众陆续安全返回原籍或驱散离开赣州。

**兴国县"胎神"变相传销案** "胎神"变相传销案系广州某公司总经理郭某明于1999年推出,即用375元买一份公司产品特效轮胎自动弥合液(即"胎神",成本27元),可成为"胎神"永久性会员,利用逐次回报等方式诱骗不明真相的群众加入"胎神"销售网络。1999年5月底,"胎神"兴国服务中心成立,在兴国掀起一场来势凶猛的"胎神"传销风暴。"胎神"神话破灭后,许多人血本无归。该县农民朱某将房屋拆迁费数万元全部购买"胎神",本想赚钱盖栋新楼,不料房子没了,钱也没了,只留一堆没用的"胎神",一家人大哭一场,不得不借宿亲戚朋友家。以捡破烂为生的老汉江某倾其一生所有1.6万多元,买进50份"胎神",面对血本无归的悲惨,老汉万念俱灰,几次欲自杀了事,幸亏亲朋好友多方劝解,老汉才熬过难关。"胎神"变相传销案涉案金额高达1500多万元、受害群众多达4000余人,直接损失400多万元。2000年6月22日,省工商局做出决定,认定"胎神"营销性质为变相传销。2000年底,兴国县公安局经侦大队转战赣粤两地,抓获11名主要涉案嫌疑人。

**抚州市普光代理网络营销系统传销案** 2003年,抚州市人陈某,在其开办的普光网站上,制作大量传销宣传网页和"你是否想过穿着睡衣赚钱"等充满诱惑力的广告,并发展会员。鼓吹只要加入其营销代理网络,成为其会员,投资回报率可达到1万倍以上,投资少、后劲大、收益高。只有通过老代理会员推荐才能注册成为其新代理会员。同时该网络系统为每个代理会员自动生成一个个性化的网络营销代理网页,宣称只要找到10人加入自己的下线,其月收入就能达到10万元。由于当事人传销宣传网页白天不在其网站上张贴,新会员加入后必须按指定地址汇款又采用平信夹寄方式,其传销活动有较强隐蔽性。3月16日,省工商局直属分局通过网络举报平台,接到署名"911"举报人的举报,称普光代理网络营销系统采用金锁链方式从事传销。至案发之日,陈某已发展会员30余人。7月3日,省工商局直属分局会同抚州市工商局直属局依法查处该起利用互联网从事传销案。

**吉安市"4·30"非法传销专案** 2007年4月27日,吉安市传销参与者林某、黄某受骗近10万元后幡然醒悟,向吉安工商部门举报,寻求帮助,工商部门及时向公安机关通报情况。4月30日,市公安局经侦大队成立"4·30"打击非法传销专案组。6月9日,办案人员经过1个多月的内线侦查、外围调查,得知该传销团伙的一名重量级人物——"高级业务员"张某及另一名骨干成员余某到达吉安。市公安局、工商局联合统一行动,在各街道社区的配合下,当晚11时,专案组实施抓捕,分别在宾馆抓获张某、余某,在一个出租屋抓获该团伙成员吉安负责人郝某。6月13日,专案组远赴景德镇、山西,将该团伙另两名骨干成员吕某、张昌某抓获。其间,公安、工商执法人员连续端掉该团伙20多个窝点,驱散、遣返140多名传销人员。2007年7月18日,该团伙的5名传销成员被检察机关批准逮捕。至此,一个涉及2000多人、涉案金额高达近千万元的非法传销团伙,在吉安市被捣毁。

## 第三节　规范直销企业经营

2001 年 11 月,中国加入 WTO(世界贸易组织,英语 World Trade Organization 的简称),并签署一系列"入世"承诺。根据"入世"承诺,中国应当在 2004 年底取消在无固定地点批发或零售服务领域设立商业存在方面的限制,并制定与 WTO 规则和中国"入世"承诺相符合的关于无固定地点销售的法规。"无固定地点销售",其主要形式之一是直销。2005 年 8 月,国务院颁布《直销管理条例》正是中国履行"入世"承诺的重要举措。按照《直销管理条例》,企业经批准可以从事直销经营,直销成为一种新的营销模式。按照《直销管理条例》规定,监管直销经营活动,规范直销企业行为,维护直销市场秩序,保护消费者的合法权益和社会公共利益,是工商部门在新形势下的一项重要任务。

《直销管理条例》颁布实施以后,全省各级工商部门从讲政治、讲稳定的大局出发,予以高度重视。坚持依法行政,从严监管,通过完善"政府监管、企业自律、社会监督"管理机制、建立健全"政策引导、行政指导、教育督导"监督机制,加强对直销经营行为全过程监控,对直销经营行为实行科学监管、有效监管。通过组织开展直销市场检查、深入开展调查研究、加强对直销企业监管工作力度,坚决查处直销违法经营行为,确保直销业健康有序发展。

2005 年底,省工商局牵头部署《直销管理条例》的实施。2005 年第 12 期的《江西工商行政管理》刊登省工商局负责人关于实施《直销管理条例》答记者问提纲,以期开展对社会公众的宣传,对全省工商系统实施《直销管理条例》进行指导。

2006 年 8 月 22—30 日,省工商局会同省外贸厅等部门对江西境内从事无店铺销售企业的经营情况进行一次联合调查,进一步摸清《禁止传销条例》《直销管理条例》实施后,全省直销行业现状和存在的问题,为下一步在全省建立推广无店铺销售企业分类监管打下基础。

10 月 17 日,省工商局召开全省工商系统公平交易局执法工作会议,要求依法规范直销行为,严厉查处以批准擅自从事直销活动或假借直销名义从事传销活动的行为。11 月 9 日,省工商局转发国家工商总局《关于开展〈禁止传销条例〉〈直销管理条例〉实施一周年宣传教育活动的通知》的通知,要求各级工商部门切实加强宣传引导,强化社会舆论监督,使规范直销的宣传活动进农村、进学校、进社会、进企业、进家庭,真正建立完善防范、控制、打击三位一体查禁传销、规范直销的长效机制。

2006 年,全省工商部门依法规范直销行为,全面加强对已获直销经营资格企业的监管,重点加强对直销员招募、直销员的计酬方式和培训等重点环节监管,监督企业对直销员身份的确认;对虽已获直销经营资格但尚不能在江西区域内从事直销活动的企业,监督其采取传统的商业销售模式经营,不得实行店铺加雇佣推销员的转型企业模式经营,更不得从事直销活动。其次是继续加强对转型企业的监管,重点监督转型企业对其推销人员身份进行重新清理,坚决清除不符合身份的推销人员;对转型企业开展的培训活动严格按照国家工商总局公字〔2002〕第 31 号文件规定执行,培训人员数量不得超过 50 人,更不得借机收取门票费;严格禁止推销员在推销活动中夸大产品功能或贬低同类产品的虚假宣传行为,坚决查处转型企业暗地采取"团队计酬"等形式的传销行为。各级工商部门继续加大对其他无店铺销售企业的监管力度,对尚未在赣设立省级分支机构企业,对其在赣设立的专卖店按照属地管理原则由当地工商部门监管;对在赣参照转型企业经营模式经营多年且设立省级分支机构企业,按照转型企业的相关规定予以规范;对未经批准擅自从事直销活动或者假借直销名义从事传销活动的企业,一经发现,坚决予以查处。

2006—2008年,全省工商部门在每一年的打击传销专项行动中,均严格规范直销企业经营行为,切实加强对直销企业的调查研究和监督管理。

2009年1月下旬至9月下旬,省工商局组织11个设区市工商局对全省直销市场进行一次全面检查,加强对直销市场的监管。此次直销专项检查,全省工商系统共出动执法人员1100余人次,检查直销企业10家,直销企业设立的服务网点297个,直销企业授权经销店、专卖店共190家。经过为期两个月的直销专项检查,发现在赣直销企业及其分支机构经营情况总体良好,做到遵章经营、健康发展,未发现在赣直销企业及其分支机构、店铺、直销员有因违规直销被工商部门处罚的现象,也未发现正在申请的企业存在因违规直销或从事传销被工商部门处罚的现象。

2010年上半年,全省各地对直销企业省级分支机构发出提醒、告诫91次。南昌市工商局加强对已取消直销资格企业的严格监管。各级工商部门开展打击传销、规范直销工作宣传警示活动,开展现场咨询、宣传473次,悬挂宣传标语、横幅5000余条,派发宣传单、张贴宣传画14万余份,发送手机公益短信近10万条。

2010年,全省各级工商部门构建打防并举的直销监督管理长效机制,利用移动等信息平台发送防范传销与规范直销的公益短信,利用广播电视、报刊、网络等媒体向社会发出警示和提示3491次,深入高校、城市社区、农村乡镇等地,开展针对性宣传教育,提升宣传教育效果,加强社会公众的防范意识。

# 第四节　治理商业贿赂

20世纪90年代,商业贿赂在一些行业、领域或单位较为严重,表现形式多种多样,成为经济社会生活中的一大公害,人民群众反映强烈。打击商业贿赂是《反不正当竞争法》赋予工商行政管理机关的一项重要职责。全省工商系统贯彻国家工商总局和省委、省政府关于开展商业贿赂专项治理工作的一系列部署,突出重点领域,重点行业,组织开展治理商业贿赂专项工作,严厉打击在市场交易活动中给予、收受回扣以及其他形式的商业贿赂行为,营造公平竞争市场环境。

1996年,国家工商总局会同卫生部等部门共同组织全国整治药品回扣违法行为工作,成立全国药品回扣专项检查联席会议,研究制订工作方案,印发《关于对药品购销中给予、收受回扣等违法行为进行专项检查的工作方案》,对全国的专项检查行动做出具体安排。

7月18日至10月31日,省工商局与有关部门联合开展对药品购销中给予收受回扣等违法行为专项检查整治活动。全省4463家药品生产、经销企业和医疗机构,有4007家进行自查,占应查比例90%,其中医疗机构2082家,药品生产企业644家,药品经销企业1281家。自查自纠共查出包括以折扣、让利、宣传费、广告费、处方费、劳务费以及实物等各种给予、收受回扣金额35350万元,其中给予回扣金额2.7亿元,收受回扣金额8350万元。全省工商部门会同有关部门共6180人,组成400个检查组,对1444家药品生产、经销企业和医疗机构进行重点检查,占自查比例的36%,其中医疗机构978家,药品生产企业57家,药品经销企业409家。共查出回扣违法金额10350万元,其中给予回扣金额4482万元,收受回扣金额5868万元。排查出案件57件,均予以查处。

商业贿赂不仅局限于药品购销中的回扣,其他行业或领域同样存在回扣等商业贿赂行为。1996年,庐山工商物价处发挥工商物价双重职能作用,对吃、住、行、购物、娱乐五大行业进行重点治理。对餐饮行业,实行划分类别,按档定价,不给搞"回扣"者有机可乘。对给"回扣"和进行价格欺诈宰客的,予以重处。实行提价申报备案制度。凡在庐山从事宾馆、饭店、疗(休)养院以及招待所经营的,其床位价格一律须报经该处审核批准后,方可在服务台明码标价。采取临时性限价和最高限价相结合的管理方法。对旅游车"统一发车、统一价格、统一售票、集中管理",旅游旺季实行最高限价。以重罚促管理。庐山管理局就整治"回扣"问题发出《关于进一步加强庐山旅游市场整顿工作的通告》,通告规定凡经营单位或经营者给一次"回扣"的,则罚款2000元,并停业整顿;发现第二次给"回扣"的,则吊销营业执照,且不允许在山上从事经营活动。庐山工商物价处按照规定,对两家暴利宰客户分别进行4000元和2000元处罚,在全山引起强烈反响。

2000—2001年,南昌市工商局东湖分局查处系列医药行业贿赂案。

全省各级工商部门贯彻落实国务院关于纠正医药购销中不正之风工作要求,2000年,依法取缔各种非法药品集贸市场和变相药品集贸市场,整顿和规范中药材专业市场,对以药品回扣为主的商业贿赂行为进行专项检查和处理。全省各级工商部门共查处商业贿赂等不正当竞争案190件。

2001年11月2日,省工商局印发《关于开展以药品回扣为重点的商业贿赂行为专项整治活动的通知》,要求各级工商部门依据有关法律法规,加大执法力度,切实履行职责,查处一批有影响的大要案件。

2003年,安福县工商局查处一起推销啤酒商业贿赂案。4月23日,安福县工商局接到群众举报,反映安福县某食品批发部向各大酒店采取回收啤酒瓶盖的方式,推销其经营的"珠江""金小麦"啤酒。安福县工商局根据调查取证,认定该批发部以回收啤酒瓶盖方式推销啤酒的行为构成国家工商总局《关于禁止商业贿赂行为的暂行规定》所指的商业贿赂行为。安福县工商局决定对该批发部做出处罚,责令立即停止违法行为,处以罚款1万元,上缴国库。

2004—2005年,全省工商系统共查处各类商业贿赂案件126件,案值650.82万元,罚没入库256.04万元。各级工商部门的监管领域从单一的药品购销活动拓宽到餐饮业、旅游业、建筑业、商场、超市、药店等多个领域的监管。通过查办这些商业贿赂案件,各地积累了经验,锻炼了队伍,并摸索出不少行之有效的好经验、好办法。各级工商部门在工作中注重标本兼治,综合治理取得成效。

万年县工商局陈营分局成功查获"雪津"啤酒万年总代理实施商业贿赂案。2005年,"雪津"啤酒万年总代理邱某,为推销其品牌系列啤酒,采用送啤酒、送展示柜等手段进行贿赂,以便各餐饮店或超市经销、购买自己的品牌啤酒，其行为涉嫌商业贿赂，违反《反不正当竞争法》相关规定。万年县陈营工商分局报请县工商局依法对当事人邱某做出处以罚款1.5万元的决定。

2005年12月27日，南昌市工商局红谷滩新区分局根据群众举报，对某药业公司江西办事处的经营情况进行检查，发现该公司江西办事处在销售药品过程中涉嫌商业贿赂。经查，该药业公司于1月3日分别与某医药公司和某医药集团公司等药品购买单位约定：按药款回款周期规定0.5%～1.5%不等的奖励，收受单位以代理费、会务费、劳务费名义出具票据，销售方在财务处理时记录"财务费用—现金返利折扣"。至案发时，药业公司以上述名义已支付现金6万元。另查明药业公司按每支0.5元至2元不等的标准以劳务费、促销费的名义给付药品经销单位的23名业务人员现金2.5万元，均以办事处手机话费发票为名报销充抵。药业公司通过这种方式销售药品当年实现销售额600万元。南昌市工商局认为药品销售过程中，假借会务费、劳务费、促销费名义给付药品购买单位或个人现金的行为违反《反不正当竞争法》关于商业贿赂的禁止性规定，对公司做出处以15万元罚款的行政处罚。

2006年4月6日，省工商局制定印发《江西省工商管理系统治理商业贿赂专项工作实施方案》，要求各地要在党中央、国务院确定的工程建设、土地出让、产权交易、医药购销和政府采购等治理重点领域和行业的基础上，适时开展书刊发行、旅游、餐饮、商业零售等行业的专项整治。对上述行业和领域，全省着力开展对不正当交易、限制竞争、非法经营、无证经营等违法行为的整治，坚决打击在市场交易活动中给予、收受回扣和假借促销费、广告费、科研费等各种名义的商业贿赂行为。各地结合实际，提高监管实效，加强对重点地区、重点行业、重点单位的督导、检查，防止走过场，排除一切干扰，坚决依法从严查办各类商业贿赂大要案件。

2006年，全省各级工商部门以查办商业贿赂案件为中心，以严格依法办案为检验治理行动成效的重要标准，围绕拓宽线索来源、突出办案重点、健全办案机制做文章，集中力量查办一批有影响的商业贿赂大要案件。全省工商部门出动执法人员16742人次，排查案件线索2000余条，立案查处商业贿赂案件890件，其中涉案金额10万元以上，以及行受贿金额超过5万元以上的大要案件61件，移送司法机关处理案件20件。涉案总金额9000余万元，罚没入库1500万元。案件涉及医药购销216件，占案件总数的24.3%；酒类销售129件，占14.5%；零售业120件，占13.5%；书刊发行131件，占14.7%；其他行业294件，占33%。其中，涉及医药购销领域商业贿赂案件占系统查办商业贿赂案件的近四分之一。

2006年4月，赣县工商局在商业贿赂专项治理工作中查获一起商业贿赂案件。经查证，江西赣南某药业股份有限公司为争取交易机会，排挤同类产品，在2005年10月18日与赣县某药房签订《某品牌转移因子口服溶液（6支装）重点零售药店分销协议》，承诺向赣县某药房按3元/盒支付广告支持费用以销售某品牌转移因子口服溶液，同时要求某药房保证不首推、不经销类似转移因子的同类产品。2006年2月，该药业公司在实际操作中采用为该药房林某等人报销2800元旅游费的方式支付协议中承诺的"广告支持费用"。事后，再由该药业公司员工李某以内设部门OTC部人员差旅费形式向该药业公司核销2800元支出。根据相关规定，赣县工商局对该药业公司做出责令改正和罚款的行政处罚。

2006年7月4日,吉水县工商局分别对吉水县中医院和吉水县妇幼保健院下达没收违法所得393967.06元,并处5万元罚款和没收违法所得200411.17元,并处2万元罚款的行政处罚决定。据查,吉水县中医院在2004年6月至2006年3月期间的药品采购中,先后收受吉水县医药公司、樟树医药公司等多家药品供货方给予的药品让利款共计386967.06元;先后收受红君公司、康成公司等供药方给予的赞助款共计7000元,合计393967.06元。吉水县妇幼保健院在2004年6月至2005年12月的药品采购中,先后收受吉水县医药公司、广东普宁市三科药业有限公司等多家药品供货方给予的药品让利款200411.17元。两医院将这些让利款全部记入其财务账上的"专用基金"科目,未按照有关规定如实反映并记入"药品收入"科目,从而未冲减药品成本。这一做法推动药品价格的上涨,加重企业和公费医疗、劳保医疗单位及患者负担,扰乱医药市场秩序,造成不公平竞争,其行为违反《反不正当竞争法》及国家工商总局《关于禁止商业贿赂行为的暂行条例》等规定。

2007年,全省工商系统治理商业贿赂专项工作取得新突破。在坚持案件归口查处基础上,各地深入总结经验,创新办案工作机制,严格奖惩制度,健全大要案督办和案件定期回报制度,加强与各大媒体宣传活动,拓宽案件查办领域,初步形成治理商业贿赂长效机制。全省共查处商业贿赂案件325件,案值3150万元。

2007年6月,铜鼓县工商局接县联通分公司投诉,反映铜鼓移动分公司针对其退网客户违规免费赠送套餐话费,损害投诉人合法权益,请求查处。该局立案查明,铜鼓移动分公司于2007年5—6月间,通过采取在双方所签《业务受理单》和财务账之外暗中向客户免费上号、免费赠送话费、变相销售套餐等手段,对能提供《联通退网单》并预存一定话费(如100元不等)的66户客户,向其免费赠予12个月X资费标准为98元/月的套餐服务,以引诱原联通客户退网转而加入其移动网络。而这一免费赠予的套餐服务,对于无法提交《联通退网单》但购买了同一资费标准套餐的其他同类新、老客户,则一律不予同等享受。至2007年8月底,铜鼓移动分公司仅向这66户新上号入网户收取除话费、SIM卡费之外的其他费用6600元,其中在话费单上共直接免收套餐话费1.9万余元。铜鼓县工商局认为,铜鼓移动分公司的上述套餐话费赠送行为具有明显的针对性和排他性,损害了其他同类消费者和竞争对手合法权益,打乱公平竞争市场秩序,其行为已违反《反不正当竞争法》规定,并构成《关于禁止商业贿赂行为的暂行规定》所规制的商业贿赂行为。县工商局对铜鼓移动分公司做出处罚,责令立即停止违法行为,没收违法所得6600元,罚款5万元。

按照国家工商总局和省治理商业贿赂领导小组的要求,2008年,全省工商系统把工作重点放在推进诚信体系建设上,引导行业协会建立自律体制,充分发挥出个体劳动者协会等行业协会的自律作用,规范为主,诚信兴商,提高经营者自觉守信意识。同时,全省工商系统以经济户口管理制度为依托,按照分级登记管理与属地监管相结合的原则,将公平交易网上管理、企业信用分类监管与治理商业贿赂专项工作有机结合起来,初步形成以企业信用监管为核心,以经济户口管理为依托的信用监管制度。在治理工作中,还注重加大信用信息公开力度,在省城主要媒体公布工商系统下阶段治理商业贿赂工作重点进程,着力宣传治理商业贿赂在推动经济社会发展方面取得的成效,曝光一批查处的商业贿赂大要案件。2008年,全省共查处商业贿赂案件155件,涉案金额483.36万元,罚没款项401.77万元。

2009年初，省工商局转发国家工商总局《关于依托"金信工程"加快建立健全防治商业贿赂长效机制的实施意见》，并对各设区市、县（区）工商局治理商业贿赂进展进行督查指导，协调具体案件查处，构建防治商业贿赂长效机制。《关于开展工程建设领域突出问题专项治理工作的意见》（中办发〔2009〕27号）文件下发后，在全省工商系统公平交易执法工作会议上进行传达、学习，并要求全省各级工商机关在当地纪检监察部门的统一指导下，履行工商职能，拓宽工商执法领域，将治理商业贿赂的工作重点向工程建设领域转移，加强对工程建设合同履约率的监管，开展对工程建设施工单位资质等级证书的检查，检查是否有出租、出借营业执照、施工资质等级证书的违法行为。2009年，全省共查处商业贿赂案166件，案值1083.24万元，罚没款332.78万元。

2009年8月3日，九江市庐山区工商局立案查处某旅行社（简称当事人）在与某温泉度假有限公司的经营活动中商业贿赂行为。根据举报线索，该局派员先后前往当事人单位和该温泉度假有限公司调查。查明，该温泉度假有限公司分别于2008年10月3日，2009年1月2日、3日以住房及温泉返利款、温泉差价返利款名义给予当事人共17510元。又据调查得知，当事人收到的其实是该温泉度假有限公司支付给当事人的"人头费"。依据《反不正当竞争法》规定，庐山区工商局对当事人上述行为做出处罚，责令当事人立即改正上述行为，没收违法所得17510元，处以3万元罚款。

2010年，全省工商部门着力加快构建信用监管体系，重点推进市场体系诚信建设，进一步完善治理商业贿赂长效机制，加强商业贿赂高发行业日常监管，提升企业防贿拒贿的法规意识，全省共查结商业贿赂案件133件。

# 第五节　专项治理

中共十四大召开以后，江西省进一步加快改革开放步伐，社会商品逐渐丰富，生产、生活资料短缺与社会需求发展的矛盾得到缓解，群众生活水平日益提高，法律、法规不断健全，旧体制下的一些行为，如就地转手倒卖重要生产资料和紧俏耐用消费品等，已不再作为投机倒把违法违章行为对待，对投机倒把违法违章行为的查处重点转移到依据《投机倒把行政处罚暂行条例》及其《细则》查处严重扰乱社会经济秩序的行为上。20世纪90年代始，全省工商系统有针对性地开展对各类违法违章经营行为的整顿治理，维护公平竞争良好市场经济秩序，维护社会和谐稳定，促进经济社会健康发展。

1993年，全省开展盐业市场整顿，各级工商部门配合盐务部门展开查禁无碘劣质盐倾销市场。为保障人民的身体健康，各地盐务、工商等部门都不断抽调精兵强将，查禁无碘劣质盐倾销市场。1月至4月，仅南昌盐务局查缴的各种假冒伪劣盐就达112.5吨。

每年4月中旬，庐山风景名胜区开始进入游客登山游览旺季。1994年，山上出现无证导游、不文明揽客、乱收费、抬高价格及索取高额回扣等现象，严重破坏旅游环境和市场秩序。为保护广大游客合法权益，促进旅游经济健康发展，庐山风景名胜区管理局印发《关于整顿庐山旅游市场秩序的通告》（以下简称《通告》），工商物价、公安、旅游等部门集中力量，联合行动，全面整顿。工商物价等部门派出宣传车辆在全山范围内巡回宣传《通告》精神，在各地旅游景点和旅游市场散发、张贴

《通告》,发动广大群众和游客支持整顿工作。从 4 月 19 日开始,工商物价处、公安局、旅游局、地方政府"文明办"等部门抽调骨干力量,联合组成旅游市场秩序整顿检查队,用 1 周时间突击检查,在重点部位的牯岭正街、南山园门、北山园门安排三个检查小组,现场办公。对当地揽客人员进行登记办证,协助清理外流来山人员,查处违法活动。庐山工商物价处和个体私营经济协会,共同举办个体工商户法制与职业道德教育学习班。牯岭市场工商所和每个工商个体户签订《文明经商、优质服务责任状》。全山突击检查的第一天,查出无证导游人员 27 人,暂扣非法违章金额近 7000 元,收缴一批经营工具。对带领旅游团队的导游人员,检查组进行资格检查,凡发现收取高额导游费的人员,当场做出罚款处理,并退还多收旅客的导游费,受到外地游客赞扬。

1995 年,全省开展 4 次以打假治假为主要内容的专项治理活动。四次专项治理共查处违法违章案件 3100 余件,案件总值 7500 万元,罚没款 1100 万元;捣毁、取缔制假窝点 180 个,取缔非法批发假冒伪劣商品摊点 573 个,开展公开销毁假冒商品活动 95 次;查获注水猪肉 3.85 万千克,伪劣营养品、保健品标值 47 万元,伪劣农药 20 吨,种子 27 吨,化肥 3216 吨,饮料 93144 箱。南昌市实行对消费者在市场上购到注水猪牛肉的赔偿制度。

1996 年初,全省各级工商部门开展元旦春节期间的市场整治,查处 2000 余起违法违章案件。春节过后至年底,各级工商部门精心组织 10 项系列专项整治执法行动。农资市场整治,共检查农资经营单位 6500 家,取缔各类违法经营网点 1000 余个,查处假冒伪劣化肥、种子、农药共 9100 余吨,查处坑农案件 570 件,保护农业生产和农民利益;保健品市场整治,先后出动检查人员 12570 人次,检查生产经营单位 18696 家,查处案件 1200 余件,总标值 1034 万元。赣州市工商局组织力量对赣南稀土市场进行整治,取缔非法稀土经营单位 200 余家。各地工商机关开展对建设工程项目执法监察和建设市场整治;配合有关部门开展"扫黄""打非"专项斗争,查获各类非法录像带、激光唱盘 1 万余盒,非法出版物 31617 册,取缔违法录像点、镭射影视厅 182 家;开展对私货交易市场整治,在打击非法拼装汽车、摩托车和加强进口照相机监管等方面取得成果;配合有关部门对烟草市场进行整治,取得阶段性成效。

1996 年 7 月 11 日,省工商局局长戴子钧在全省建设工程项目执法监察工作会议上讲话,要求全省工商系统开展建设工程项目执法监察;加强对市场主体的资质审查和规范管理;加强建筑合同监管,依法查处合同欺诈行为;严格执行《反不正当竞争法》规定,促进建筑市场的公平竞争;严厉打击制售假冒伪劣建材、配套设备等违法违章行为。

宜春地区工商系统紧密结合当地实际,在全地区范围内先后开展以整顿"两节"(元旦、春节)市场、农资市场、卷烟市场、药材市场和文化市场等为主要内容的"公平交易执法年"活动,严厉打击不法行为,维护经济秩序。1996 年 1—5 月,全地区工商机关共开展四次大的市场专项整治,重点对集贸市场、日用生活小商品市场、副食品市场等进行突击检查,对市场上骗买骗卖、欺行霸市、垄断价格等行为进行查处。配合公安、文化等部门开展"扫黄打非"("扫黄"是指扫除有黄色内容的书刊、音像制品、电子出版物及网上淫秽色情信息等危害人们身心健康、污染社会文化环境的文化垃圾;"打非"是指打击非法出版物,即打击违反《中华人民共和国宪法》规定的破坏社会安定、危害国家安全、煽动民族分裂的出版物,侵权盗版出版物以及其他非法出版物)活动。

1997 年,全省各类市场整顿和专项整治成效明显。年初,各级工商部门加强节日市场监管,查处 1200 余起违法违章案件,保持市场繁荣有序。

是年,全省各级工商部门根据第八次全国"扫黄"工作电视电话会议精神和全省冬季"扫黄打非"工作电话会议的统一部署,在各级政府领导下,参与和配合有关部门开展"扫黄打非"集中行动,取得阶段性成果。各地重点打击音像和电子出版物领域的"制黄""贩黄"和非法出版活动,在查处和取缔反动、淫秽、色情出版物同时,重点打击侵犯知识产权的盗版、盗印活动。各级工商部门开展集中行动累计 300 余次,出动人员 6500 人次,调动车辆 1080 辆次,对全省各音像放映点、电子游戏室、书刊摊点以及小商品市场、家电市场、电子科技市场中从事音像、电子出版物销售的摊点进行拉网式检查。通过采取突击检查、集中检查、分片检查、交叉检查、专项检查等形式,共收缴各类非法音像制品 11 万张(盒),其中录像带 42900 盒,激光视盘 3200 盘,激光唱盘 2000 盘,非法书刊 1.72 万册,非法年画台日历 91063 张(本),赌博游戏机电脑板 22 块,黄色光盘 5 只,录、放像机 20 台、彩电 4 台、放像设备 9 套。查处录像放映点 28 家,取缔各类无照经营户 334 家,查处违法经营户 200 余家,限期更改的 15 家,对情节恶劣的 6 人移送公安机关进行拘留处罚。

1998 年,为净化节日市场,省工商局组织全省工商系统于春节前后开展一次以"食品打假、清理不良文化和检查流通领域进口商品"为重点的"整市场、保安康"专项执法检查活动。这次检查共出动执法人员 6192 人次,车辆 1041 辆次,检查市场 87 个,各类经营户 20036 家,厂家 4 个,查封制假窝点 22 个,取缔无照经营淫秽色情娱乐场所 7 个。已立案调查 159 件;查获假冒劣、走私和文化垃圾制品总标值 498 万余元;其中各类假酒 18167 瓶,假烟 75886 条,假劣食品 7922 箱,伪劣化妆品 2266 台,冒牌自行车 899 辆,走私进口手机 195 部,走私进口各种家用电器 396 台,盗版书刊 3244 册;拆除违禁牌匾及条幅 201 条,非法广告 1180 张,发出整改通知 36 份,规范企业名称 116 家等。

是年,各级工商部门开展一系列专项打假执法行动。省工商局贯彻落实中共中央总书记江泽民对朔州假酒案批示,采取有力措施打击制售假酒违法行为,对关系人民生命安全的重点商品,如酒、饮品、食品、医药等进行重点检查,对生产和销售食糖、甲醇和酒类的企业和个体户进行一次全面普查,重点查处散装白酒。

1998 年,各级工商部门与其他有关部门配合,对全省所有销售碘制品的企业和个体工商户以及相关的药品市场进行一次全面检查,对不具备生产条件,在产品中掺杂使假、以次充好的企业,一律责令停业整顿,对无证无照生产经营的,坚决予以取缔。全省各级工商部门共收缴、查获非碘、劣质盐 230 吨,假劣、过期盐 1.53 万千克;查处制售假冒伪劣药品案件 12 件,没收假冒伪劣药品标值 6.58 万元。

1999 年,全省工商部门在"扫黄打非"集中行动中,检查企业 3137 家,查处违规企业 311 家,取缔无照经营 110 家,捣毁窝点 43 个,收缴光盘、书刊、音像制品 2.96 万盘(册),移送公安机关处理 2 人。各地工商部门配合其他有关部门开展旧货市场、水产品市场、卷烟市场、文化市场、中药材市场的专项检查整治。

2000 年,全省工商部门开展一系列市场专项整治,取得明显成效。各地开展"净市场、保名牌、促消费"专项执法活动、"红盾打假护农"专项执法活动、"打假冒食品,保国庆中秋佳节"、整治农副产品及肉类市场、整治旅游市场等三个阶段的专项整治活动;开展以打击制售假冒"金圣""海鸟"卷烟违法行为为重点的烟草市场专项整治。各级工商部门以监管烟花爆竹生产经营为重点,在全省范围内组织开展以"抓管理、查规范、保安全、促生产"为内容的专项活动。集中时间、人力、物力,不漏一村一户,对烟花爆竹生产经营等企业进行全面、深入、彻底的大检查和清理整顿。各地结合年检,清查企业档案,对一大批不合格企业(个体户)进行整改或注销、吊销其执照,取缔一批无照经营户;加强与有关部门配合,规范前置审批条件;健全安全生产台账,印发《江西省工商系统安全生产监管资料汇编》,实行动态监管;建立安全生产预防事故责任制,实行领导分片负责,切实将整治工作落到实处。

2001 年,公安部、国家经济贸易委员会、教育部、监察部、建设部、文化部、卫生部、国家广播电影电视总局、国家工商总局、国家旅游局、国家安全生产监督管理局 11 部、委、局联合印发《关于开展公众聚集场所消防安全专项治理的实施意见》,决定于 5 月至 9 月,由地方人民政府负责,组织各有关部门,依法开展以公共娱乐、宾馆、饭店、商场、市场等公众聚集场所和学校、医院为对象,以防止群死群伤火灾为目的的消防安全专项整治。

6 月 14 日,省政府召开全省安全工作电视电话会议。省工商局迅速传达贯彻,结合工商部门在安全工作中的职能,以及相关的整治内容和时间,部署全省工商系统安全工作专项治理行动。专项治理行动的检查整顿范围是烟花爆竹企业、易爆易燃化学物品场所、公众聚集场所、道路安全、煤矿生产、学校周边环境。各级工商部门对烟花爆竹企业生产经营围绕"一查、二看、三关、四停"原则进行清理,发出整改通知书 2212 份,责令企业办理变更登记 276 家,注销 316 家,吊销企业营业执照 1249 家。下半年,按照省政府部署,由省工商局领导带领督导组,对抚州市临川区、东乡县烟花爆竹生产经营秩序进行集中 3 个多月的整治,全力做好督查工作。全系统集中开展对烟花爆竹安全生产整治工作"回头看"督促检查。对南昌、抚州、鹰潭、赣州、上饶等 5 个设区市 13 个重点县(市、区)的 84 个乡(镇)、464 个村、4277 家户以前曾生产过烟花爆竹的家庭作坊进行明察暗访,发现死灰复燃的地下家庭作坊,对发现的问题,及时报告并当场做出处理。各地依法整顿煤矿安全生产准入关,开展关闭国有煤矿矿办小井和乡镇煤矿停产整顿及"五小"企业的整顿,全系统依法吊销"四个一律关闭"(国有煤矿矿办小井,国有煤矿矿区范围内的小煤矿,不具备基本安全生产条件的各类小煤矿,采矿许可证、煤炭生产许可证、营业执照和矿长资格证书"四证"不全以及生产高灰高硫煤炭的小煤矿一律关闭)的小煤矿企业营业执照 402 家,责令停产整顿并收缴营业执照 282 家,取缔无照经营 210 家。各级工商部门依法全面开展对公共娱乐、公众聚集场所以及易爆易燃化学物品、道路安全等生产经营企业的监督管理和市场准入行为的检查,并配合有关部门对上述行业的消防安全进行专项治理。截至 10 月底,全省工商系统共清理上述企业 20912 家,依法注销、吊销 1019 家,取缔无照经营 2982 家,办理变更 719 家,责令停业整顿 2869 家。参与对互联网上网服务营业场所为期 4 个月的专项清理整顿工作,重新规范登记互联网上网服务营业场所 2420 家,查处违法经营 472 家,取缔无照经营 307 家。

2001 年,全省工商部门开展以查处不正当竞争大要案件为重点的反仿冒反误导、农资市场打假、互联网服务营业场所及粮食市场等8次专项整治活动和10次全省统一执法行动。共查处各类经济违法违章案件9565件，案值1.16亿元，罚没金额1117万元，取缔非法窝点、场所186个；清理整顿市场主体4.7万多家，查处违法经营主要物资总标值4323万元；受理各类举报4613件，受理消费者申诉1.18万件；出动执法人员6.64万人次，清理各类市场8206个（次）；查处"三无"企业715家，取缔无照经营2.7万多家，销毁侵权商标标识9.11万套。

旅游业是井冈山市的一大支柱产业。2001年，井冈山市工商局以旅游市场整治为突破口，把它作为整顿和规范市场经济秩序的重头戏，结合井冈山特点，广泛深入开展"打好井冈旅游牌，繁荣活跃大井冈"专项整治工作。采取"日常管、面上抓、游客举报、重点查"等措施，突出重点，有的放矢。该局共组织旅游市场专项检查5次，对1000余家经营户进行检查，查处案件30件，捣毁制售假冒伪劣旅游商品窝点4个，收罚没款1.3万元，为游客挽回经济损失7万多元，没收并销毁劣质土特产、饮品等价值4万余元。较典型的有销售"毛泽东开国大典"小型铜像侵权案、非法销售野生保护动物案，查获用硫黄熏制的笋干、银耳、百合、竹笋1700千克，总标值达14.3万元。

2002年，全省工商部门组织开展节日市场整治、"放心菜篮子"整治活动、食品市场整治、肉类市场整治、旅游市场打假打非、打假保安全居住整治等10次市场专项整治。围绕农民反映强烈的7类商品，整治农资市场，查处制售假冒伪劣农资案903件。同时，参与开展成品油、燃气、地图市场联合整治，开展对2760所学校校园周边环境综合治理，以及互联网有害信息专项清理。市场经济社会环境得到净化。

2003年4月，"非典"疫情来势迅猛，全省工商部门贯彻落实省委、省政府和国家工商总局关于做好"非典"防治工作要求，加强市场监管，突出重点开展严厉打击利用防治"非典"名义从事违法经营活动专项行动：重点查处利用防治"非典"名义出售假冒伪劣药品、医疗器材和相关商品；重点查处超范围经营和无照经营防治"非典"药品和相关商品的行为；对有关预防"非典"商品广告的监督检查，严厉查处虚假广告等违法行为；积极配合物价部门加强价格监督检查，严厉打击囤积居奇、欺行霸市、哄抬物价等违法行为；重点检查集贸市场、集市摊点，督促市场主办单位和生产经营单位强化防治"非典"的卫生消毒工作，并按政府减免部分行业规费2288万元。此次专项行动，全省工商部门共出动执法人员8900余人次，出动车辆663辆，检查市场主体1.78万家次；查处销售假冒伪劣药品案44件，超范围经营、无证照经营案7件，虚假广告案20件，囤积居奇、欺行霸市、哄抬物价案8件，其他违法行为10件；查获劣质口罩1.88万只。

是年，各级工商部门对餐饮行业和美容美发行业进行专项整治，检查经营单位17333家，责令整改2572家，查处违法案件194件。同时继续开展节日市场和旅游市场专项整治。深入开展毒鼠强专项整治，保护人民群众身体健康和生命安全；全省工商部门共出动人员12150人次，检查集贸市场2364个，抽查农药经营户1626家，取缔无证无照经营38家，捣毁非法制假窝点21个，收缴各类剧毒鼠药8753包，罚款5.1万元，移送司法机关3人。

2004年元旦、春节期间，全省工商部门开展以打假治劣为重点的节日市场整治月行动，严厉打击制售假冒伪劣商品违法行为。在此期间，共出动执法人员3.25万人次，检查经营户5.16万家，检查市场（商场、超市）6439个，查办案件398件，案件总标值341.2万元。查获的假劣商品主要有:黑心棉 285 床,假劣粮油及其制品 2.06 万千克,添加吊白块腐竹 3965 千克,问题肉 1.97 万千克,假劣饮料 2.65 万瓶,酒类 2.69 万瓶,烟 231 条。过期食品 1.07 万千克,乳制品 2742 千克,保健品 4697 千克,不合格水发产品 1350 千克,调味品 4560 千克,不合格计量器具 412 把(台),非法出版物 892 件等。

2004 年 2 月,全省工商部门开展打击制售假冒伪劣禽流感疫苗专项执法行动,加强对禽畜类产品经营户及其市场的检查,对禽兽药销售的经销单位,经销门店点,特别是疫区周边集贸市场、农村集贸市场、城乡接合部集贸市场开展拉网式的清理检查。同时加大市场巡查力度,细化市场巡查内容和任务,对禽兽药经营单位执行索证索票制度,建立健全台账购销制度。整治期间,全省各级工商部门共出动执法人员 1.63 万人次,检查经营户 5816 家,检查市场 1220 个,发现制售假冒伪劣禽流感违法行为 3 起。

2004 年,按照全省工商行政管理工作会议的工作部署,各级工商部门共开展 16 项专项执法检查及整治行动。省工商局对每项执法行动均行文通知,进行部署。各级工商部门周密安排,逐项落实。其中:1 月 6 日至 2 月 6 日,开展以保障节日市场群众消费安全为重点的"元旦、春节"市场专项执法检查;2 月下旬至 4 月上旬,开展以"打假保春耕"为重点的农资市场专项执法检查;2 月下旬至 3 月上旬,开展以抽查化肥、农机商品质量为重点的全省一季度省级流通领域商品质量抽查;2 月下旬至 3 月下旬,开展以打击"拉人头"为重点的打击传销和变相传销专项执法检查;3 月中旬至 4 月中旬,开展以打击贩私行为为重点的全省进口商品专项执法检查;6 月上旬至 7 月下旬,开展以保障群众食品消费安全为内容的夏季食品饮品打假专项执法检查;7 月下旬至 8 月下旬,开展以保障建筑商品安全为重点的建筑材料市场专项执法检查;9 月下旬至 10 月上旬,开展以保障旅游和节日消费安全为重点的"十一"黄金周节日市场专项执法检查;10 月下旬,开展以查处医药购销中商业贿赂行为为重点的对药品生产经营企业和医疗机构的专项执法检查;11 月,开展以保障交通安全为内容的对汽车配件市场的专项执法检查等。

2005 年,全省工商系统开展网吧专项整治,取缔"黑网吧"364 家。在打击利用网络从事不正当竞争行为执法活动中,共检查网站 1185 家,查处案件 53 件,并对 720 家互联网上经营主体予以登记后备案。开展盐业市场整治、反不正当竞争、清理整顿劳动力市场秩序等专项行动。同时,配合有关部门开展整治铁路沿线废旧金属收购站点。

按照省工商局工作部署,全省工商系统在 2006 年开展"制止欺诈月"活动、打击走私贩私专项工作、车辆非法改装整顿工作等 7 次专项整治行动。全省工商系统继续加大对制售假冒伪劣商品的打击力度,特别是围绕群众反映强烈的突出问题,有重点、有步骤地组织开展市场专项整治行动,全省查处制售假冒伪劣商品案件 2705 件,案值 1657.64 万元,没收金额 82.16 万元,罚款金额 943.92 万元。针对移动电话机市场开展专项整治行动,各地出动人员 7401 人次,检查市场 232 个,检查经营户 3038 家,查扣走私移动电话机 173 部。

2007 年,全省工商系统继续配合相关部门做好"扫黄打非"、自行车被盗整治、旅游市场监管以及国家机关工作人员投资入股煤矿清理、打击"黑网吧"等工作,专项整治工作取得新成效。

2008 年,含三聚氰胺婴幼儿奶粉事件引起社会广泛关注。全省工商系统迅速行动全力清查含三聚氰胺婴幼儿奶粉,在全省范围内开展奶粉市场专项检查。

2009年,各地工商部门开展3次取缔"黑网吧"行动,参与校园周边环境治理、取缔黑中介、"扫黄打非"等专项治理行动。

2010年,各地工商部门以查资质、验标识、打假劣、保权益为重点,继续深入开展"家电下乡"等重要商品市场专项整治,保障惠民政策落到实处,全省共检查家电等经营主体50747家,查处违法案件17件,为消费者挽回经济损失29万元。

# 第六章　消费者权益保护

　　1983 年,国际消费者联盟组织确定每年 3 月 15 日为"国际消费者权益日"。也就是从 1983 年开始,每年的 3 月 15 日,世界各国的消费者组织都要开展纪念活动。中国从 1986 年开始,在全国范围内组织开展"国际消费者权益日宣传咨询服务活动",至 2010 年已经连续开展 25 年。

　　1989 年 6 月 30 日,经省政府批准成立江西省消费者协会(简称省消协),到 1994 年 9 月,全省有 110 个地(市)县(市、区)建立消费者协会(以下简称消协),成为全国第一个完成县级消协组织建立的省份。为方便消费者投诉,在全省城乡及商业企业建立消协分会和监督站、投诉站。全省各级工商部门以流通领域商品质量监管、"12315"行政执法体系建设和消费维权机制创新为主线,大力推进消费者保护维权工作的制度化、规范化、程序化、法制化建设,切实履行维护市场竞争环境和消费者合法权益的职责、促进和谐平安消费环境建设。

　　1993 年 10 月 30 日,全国人大常委会八届第四次会议审议通过《中华人民共和国消费者权益保护法》(以下简称《消费者权益保护法》),这是中国第一部专门保护消费者权益的法律。《消费者权益保护法》第一次用法律的形式确定消费者权利、经营者职责,明确国家保护消费者的责任,还明确规定保护消费者权益是全社会的共同责任。它的出台标志着中国消费者权益保护工作纳入法制轨道,步入全面依法保护的新阶段。

　　经省政府研究决定,1996 年,成立江西省消费者权益保护委员会。委员会由省长助理蒋仲平任主任,省政府副秘书长范小珊、省工商局局长戴子钧任副主任。委员有 11 人,委员会办公室设在省工商局,与省消协合署办公,徐天庆兼任办公室主任。该委员会是政府实施消费者权益保护的议事协调机构。江西省消费者权益保护工作从管理机制和组织形式上,列为政府一项重要的日常工作,从而理顺了行政保护与社会保护的关系,强化行政保护手段,对推动消费者权益保护事业发展奠定了组织基础。

## 第一节　商品质量监管

### 监管机制

　　1993 年 4 月 16 日,省消费者协会为把商品质量社会监督引进企业管理,邀请南昌百货大楼、南昌商场、洪城大厦、南昌华侨友谊公司、南昌时装大厦五大商场负责人,就大型商场贯彻实行商业部、国务院经贸办、国家技术监督局倡导的,对商品质量实行"先行负责制"进行座谈并交流看法。省消协名誉会长刘仲侯出席会议并讲话。省消协会长李立超主持会议。会议认为"先行负责制"就是商业零售企业在所售出商品有质量问题时,先行负责有质量问题商品的修、退、换,属于生产者的问题,则由商店向生产者追偿。这是对工业产品质量进行社会监督,把社会监督引进企业管理的一个有效措施。

南昌市工商局在多年工作中发现,在处理投诉、质量监督和消费者咨询服务工作中,由于缺乏质检手段,对消费者投诉的商品和服务质量难以把握,影响处理投诉效率。为此,南昌市工商局和有关部门支持市消费者协会于1997年7月30日挂牌成立南昌市消费商品检测中心,指定江西省分析测试中心对黄金饰品、化妆品、洗涤用品等消费商品检测,并出具具有法律效力的检验报告,作为消费者协会处理消费者投诉的科学依据。为方便和服务消费者,南昌市消费者协会规定产品检测中心检测费按国家有关规定收取,对消费者要求送检的合格商品,只收取检测费用的20%~50%,对不合格商品检测费用,由责任方全额承担,对要求仲裁鉴定的商品检测费用也由责任方承担。

2001年,省工商局部署开展全省分级创建百条"打假维权、消费者满意街(区)"活动,做到全省每个县级行政区域至少有一条消费者满意街(区)。在个私业主中开展"户户讲道德、店店无假货"活动,加强行业自律;在经营者中广泛开展"自我规范、守法经营"宣传教育活动,倡导经营者诚实守法经营,自觉拒售,主动销毁假冒伪劣商品,为广大消费者创建一个安全、放心、顺心的消费环境。中央电视台对此进行过多次专题报道。

2002年3月25日,省工商局印发《关于授权各设区市工商局开展流通领域商品质量监督抽查的通知》,决定从2002年4月1日起授权各设区市工商局在自辖区内开展流通领域商品质量监督抽查工作;商品质量监督抽查工作每季度组织抽查一次,上级监督抽查的商品,下级不得另行重复抽查,抽查方案须上报省工商局批准后实施。全省各级工商部门开展流通领域商品质量监督管理,建立流通领域商品质量检查制度、日常监督管理责任制、查验市场商品来源证明制度、"信誉卡"制度,组织开展以食品和农资商品为重点的3次质量监督抽查。

2005年12月,省工商局成立消费者权益保护局(简称消保局)。消保局作为一个新设立的机构,肩负打击制售假冒伪劣商品违法行为、维护消费者合法权益、监管流通环节商品质量的职责。

2006年起,全省各市、县(市、区)工商局逐步成立消保机构。

全省工商部门大力推进商品准入和退出制度。2010年,针对关系国计民生和与消费密切相关的重要商品,进一步完善分类监管措施,监督商品经营者落实质量责任,省工商局要求各地试点先行、分步推进,逐步实现对重点商品入市、交易、退市的全程质量监管。建立健全重要商品经营者商品质量责任自律制度。强化商品质量安全监控等功能,逐步实现对流通领域商品质量市场准入、仓储、销售、退市的全程信息化监管。

2010年,工商系统"12315"行政执法体系不断完善,"四个平台"(消费者信息互动平台,畅通民意平台,接受社会监督和听取群众意见平台,指挥调度、快速处置、分析发布机制平台)建设深入推进,提高维权监管执法水平。"一会两站"(消费者协会分会、消费者投诉站、"12315"联络站)基层维权组织建设加强,全省有维权站(点)1.28 万个,初步实现"百姓投诉不出村,市民维权在家门";消费维权教育示范引导作用明显。全省共创建食品安全示范店 5602 个,农资商品示范店 2476 个。构建维权新模式,逐步实现对重点商品入市、交易、退市的全程质量监管;消费维权"绿色通道"机制、消费纠纷和解对接机制已经建立,省工商局和省消协发展省邮政公司等 23 家和解对接单位。

## 市场监督检查

1991 年,全省工商系统开展打击制售假冒劣商品活动,在全省范围开展两次较大规模的"扫假"活动,查处假冒伪劣案件 3200 件,商品标值 9150 万元。捣毁一批制售假冒商品的地下窝点。

1991 年,宜丰县消费者协会协同有关行政管理部门,对商品和服务的质量、标准、计量、安全、卫生进行监督检查和测定,对执行好的进行表彰,对不合格的产品进行公布,对劣质产品进行查处和销毁。7 月,县消协质量检验检查办公室协同县技术监督局对冰棒、雪糕等 15 个冷饮食品进行检查化验,发现无一个合格,当即给予警告,限期改正,使全县冷饮食品质量得到改善。为加强市场监督检查,8 月,宜丰县消协又协同县工商局开展一次为期 10 天的"扫假"活动,对全县 49 个国营集体单位的 64 个仓库、96 个门店和批发部,326 个个体工商户进行检查,共查出假冒劣商品 397 件,金额达 19860 余元,当场做出处理。对 24 个"物价计量"信得过单位、5 个"无假冒商品经销单位"、5 个食品卫生优秀单位、2 个十佳企业进行通报表扬。宜丰县消协与县工商局一道举办假冒劣商品展览及政策法规咨询活动,发出宣传材料 180 余份,接受消费者投诉、询问 1200 余人次。宜丰县消协协同县工商局、技术监督局,查处假化肥、劣质化肥案 5 起,查处假劣化肥 50 余吨。

余江县消协和县工商局一道,对农资经营者反复进行守法经营教育,打好"预防针",要求把好进货关。1994 年入春以后,又对经营者所进各种化肥、农药、种子和农膜的进货渠道,逐一进行监督检查;并通过仓库采样,走访农户,发现问题;还发动全县 36 家农资经营者建立约束机制。

1994 年,南昌市工商局在各级公安、检察、标准计量及卫生防疫等部门配合下,检查各类企业和个人 888 家,立案查处案件 31 件,共查获各种假冒商标标识 1.698 万套,各种假冒过期变质饮料 1.53 万箱,自制不符卫生标准的冰水 4500 千克;假冒劣质或过期失效农药 270 吨、化肥 36 吨、种子 8.3 吨、饲料 6.4 吨,以及假冒过期食品、药材、食盐、食油、酱油、名酒、奶粉等物资一批,计标值 366 万余元,销毁假冒劣质商品标值 137 万余元,取缔伪劣商品经营点 46 家。

1995 年一季度,全省各级消协配合工商、物价等行政部门开展商品质量和物价检查。南昌市西湖区对辖区内出售的粮油、肉类、副食品、煤气的经销单位进行重点检查,查到灌水牛肉等,当场处以罚款;对食品质量差和食品卫生条件不好的单位,提出批评,并督促其改正。新建县集中 7 天时间对较大的 11 个集镇进行检查,查获不合格木杆秤 61 把,假冒面条 60 千克,变质方便面 20 箱,过期变质的水果罐头 20 瓶、蜂王浆 5 盒、葡萄酒 5 瓶,取缔一家地下酱油厂。

铅山县工商局武夷山分局为切实维护消费者合法权益,打击经营中的不法行为,决定实行索赔制度。1995 年,他们针对大部分消费者在自己合法权益受到侵害时的息事宁人态度,做好宣传工作,让辖区内广大消费者认识到自己的合法权益。分局组成三个工作组,走访每一家经营户,将索赔制度的有关事项向他们做宣传,要求他们争做合法守法经营户。同时,分局将索赔的程序、条件、范围等一系列措施,用布告形式公之于众。分局在实行索赔制度后,对购买到假冒伪劣、缺斤少两商品的消费者12人进行赔偿,同时对经营者做出相应处理。

共青城工商局为保护合法经营,维护消费者合法权益,从1995年9月24日到28日分片区进行检查,对市场商户要求一律明码标价,亮证营业,发现问题从严查处。共查缴各种罐头、糕点、酒、酱油、麦乳精、中华鳖精503件(合)。这些物品都是劣质、过期、三无商品,国家禁止产销农药杀虫脒就有14瓶。抽查国营、集体、个体工商户共115家,有问题的占检查户24%,罚款近1000元。

省工商局在2003年部署三次流通领域商品质量抽查,各地开展维权反欺诈服务消费领域专项检查,重点对餐饮行业和美容美发行业进行专项整治,检查经营单位17333家,责令整改2572家,查处违法案件194件,查获假冒伪劣商品和不合格3474件,罚没金额16万元。

2004年,全省各级工商部门在抓好日常市场监督的同时,突出重点商品、重点市场及重点地区的监督。全年,有针对性地组织开展10余次专项整治行动,强化流通领域商品质量监管。其中,在农资打假专项整治中,立案查处523件,查获大批假冒伪劣农资,案件总标值263.7万元,罚没金额56.3万元。

2005年,全省工商部门强化农资商品质量的监测,全省共抽查农资2256批次,查处非法经营农资案件1017件,案值1199.63万元,取缔非法经营户452家。

2005年,各级工商部门查处各类违法违章案件2.42万件,总案值3.79亿元。受理消费者投诉1.06万件,调解消费纠纷1.04万起,挽回经济损失990万元。

2007年,省工商局印发《关于开展2007年度流通环节食品质量监测有关事项的通知》,组织部署对关系民生的25个品种7700批次重点食品进行抽检。从6月初到8月中旬,省工商局对大米、食用植物油、酱油、禽蛋、果冻、速冻米面食品、婴幼儿奶粉和酱腌菜等8个品种共2600批次进行检测,总体合格率为91.5%。8月下旬,对蔬菜、饮料、月饼、方便面、冷冻饮品、豆干、蜜饯和啤酒等8个品种2600批次进行抽检,总体合格率为89.6%;10月底,对水果、猪肉、水发产品、腐竹、液态奶、膨化食品、生肉制品、饼干、白酒等9个品种2500批次进行抽检,对检测中存在的不合格商品已责成所在地工商局依法进行处理。

2008年,省工商局印发赣工商消字〔2008〕6号、12号、18号文件,分3次部署各地对大米、食用植物油等20个品种7500批次的食品进行抽验。省工商局印发《江西省工商系统2008年度流通环节商品质量监测工作计划》,全省各级工商部门于3月19—22日、5月26—29日、7月21—23日、9月22—25日分4次组织开展是年4个季度流通环节商品质量监测工作。抽取洗发液(膏)30批次、速冻预包装面米30批次、插头插座、涂料2个品种,共60批次和30批次旅游鞋等进行检测,完成各项商品质量监测工作任务。省工商局同时组织开展省级流通环节商品质量监测工作,共抽查11个品种、329批次,得出检验结果239批次,经检验合格115批次,合格率48.1%。

2009年,全省工商系统加强农村市场监管,服务农村改革发展。各级工商部门开展农村商品市场专项执法检查。以电视机、洗衣机、电冰箱等"家电下乡"商品、摩托车和农村建材等商品为重点,检查其来源是否合法、标识是否齐全、质量是否合格、经营行为是否规范、售后服务义务是否得到切实履行,确保"家电下乡"活动顺利开展。各地加强与质监等执法部门协调与配合,对国家实行强制质量标准的食品、电器等重要商品,加大商品质量安全监管力度,对未在食品和电器等重要商品包装上标注强制实施标志的一律强制下架,不得在市场上销售,确保在农村市场销售的食品、电器符合国家质量标准。

2010年,省工商局对全年流通领域商品质量监测工作进行部署,并于5月至10月组织抽检8个品种、240批次的商品。其中润滑油合格率为90%、涂料合格率为90%、儿童玩具合格率为83.3%、儿童服装合格率为73.3%、制动液合格率为50%、卫生纸合格率为36.6%、铝合金合格率为6.7%、人造板合格率为零。各级工商部门对于抽查中发现的不合格商品,责令经销商停止销售;通知经销商及生产企业,对在法定期限内未提出复检要求的,按照有关规定对不合格商品监督销毁并依法做出处罚,同时将抽查不合格商品情况及时通报给质量监督部门。

## 专项行动

**省工商局专项行动**　2001年,省工商局组织"打假"专项行动11次,在全国率先组织开展省级流通领域商品质量监督抽查,共抽查11个设区市的100个经营场所销售的11类商品。加强社会监督,"12315"实行24小时值班,迅速处理举报、投诉。组织开展一次省内外部分名优商品鉴别暨打假工作情况宣传活动;组织开展对全省虚假商业宣传的"揭谎月"活动。

2006年上半年,省工商局消保局通过对南昌市几家大型超市、商场进行调查摸底,开展对珠宝饰品行业专项整治。《江南都市报》《都市消费报》等媒体进行跟踪采访和曝光。6月初,上饶市发生"钡中毒"和"问题牛蛙、甲鱼"等事件,省工商局要求上饶市工商局消保局立即对此事开展调查,并要求组织执法人员对市场、商场、超市销售的咸鸭蛋进行全面监控,配合疾控部门开展抽样检测,对有毒食品进行查封;上饶市工商局结合此事件对食品流通环节和消费环节,开展拉网式检查。9月,省工商局部署开展以检查月饼市场为重点的专项行动,此次行动全省消保系统共出动执法人员13590人次,检查月饼经营者17017家次,查处无照经营250家,捣毁制作假冒伪劣月饼窝点14个,查扣假冒伪劣等不合格月饼3881千克,标值5.95万元,抽取样品326组,其中不合格24组,受理申诉举报51件,查处制售假冒伪劣案件106件。

2007年3月,省工商局部署全省工商系统产品质量监管及专项整治工作。组织开展对"节能灯""热水器"等商品质量的专项执法大检查活动。4月,组织各地开展对18款移动手机产品质量的执法大检查,仅新余市工商局就出动70名执法人员,查获涉嫌假冒手机105部,涉案金额近10万元。各级工商部门按照部署对食用农产品、食品、药品、家用电器、儿童玩具、劳动防护用品、汽车配件、低压电器、建筑钢材、人造板、扣件、电线电缆、燃气器以及进出口产品等重点产品进行专项检测。

2007年,省工商局配合省信息产业厅开展手机售后服务专项整治,联合印发《关于开展手机售后服务集中检查的通知》,全省共出动执法人员9474人次,检查经营户3212家次,查处资质不合法经营户194家,查获不合法手机621部,查处案件156件,案值66.33万元,罚没金额38.5万元,受理或处理消费者申诉和举报 840 件,为消费者挽回经济损失 80.68 万元。配合邮政局加强对邮政快递业市场的监管,联合印发《关于联合开展全省规范快递服务行为 促进快递行业发展执法检查活动的通知》,在全省消费者权益保护工作会议上,与邮政部门一起研讨有关工作安排,开展快递行业执法检查。

根据国家工商总局的统一部署,2008 年,省工商局组织开展饮水机市场专项检查。重点检查经营者销售的饮水机来源是否合法,质量是否合格,经营行为是否规范。督促经营者切实建立健全饮水机的进货检查验收、索证索票、购销台账和不合格饮水机退市等制度,确保饮水机质量安全,切实对消费者负责。根据国家邮政局、国家工商总局快递服务规范发展工作领导小组印发《关于迅速开展快递服务和消费维权专项执法检查的紧急通知》精神,省工商局会同省邮政局部署开展为期两个月的快递服务和消费维权专项执法检查工作,检查内容主要是检查快递经营者主体资格是否合法,是否违法违规经营。

**市县专项行动** 1993 年,宜春地区工商局在市场巡查中检查收缴假桂圆,截至 12 月 1 日,该局收缴假桂圆 80 余千克。冒充桂圆的这种干果叫龙荔,俗称疯人果,是一种亚热带荞木植物的有毒果实,在我国广西、云南、广东等省区及越南、泰国、老挝等国均有分布。龙荔对人体神经中枢系统有损害,食用过多会引起中毒,重者瘫痪,严重的甚至导致死亡。

鉴于鹰潭金银饰品市场比较混乱,市人民银行和工商、公安、物价、标准计量等单位于 1994 年 4 月上旬组成联合检查组,对金银饰品市场进行全面整顿。检查组对全市金银加工业和金银饰品销售店逐一进行检查,发现无证经营现象严重;擅自扩大经营范围也很普遍。从事金银加工的,实际都是加工、销售"一条龙",经营珠宝的,也销售纯金银饰品;成色严重不足,尽管金块标有"999"字样,售出时也说纯金含量是 99%,实际最高只有 98%,最低仅 80%;衡器不准、计量不足,架盘天平和手秤都不合格,误差与国家标准相差几十倍甚至上百倍;90% 的商户未按规定去物价部门办理收费许可证,也未明码标价,乱涨价现象也很严重,加工费无统一标准。针对上述问题,联合检查组织加工业户学习有关法律法规,使之知法、懂法、守法,限期办齐各项手续,挂牌营业,逾期不办者,不准营业。鹰潭市工商局把分散的加工点组织起来,进入赣东商城经营,实行统一管理,相互监督;计量衡器,限期校正,明码标价,办证收费。对屡教不改者,依法严肃处理。

1994 年 7—8 月,于都县消协会同县工商局、物价局、技术监督局、卫生防疫站、总工会、广播电视局等消协理事成员单位有关人员 186 人次,历时 20 天,对全县 125 家国营企业,86 家集体企业(含私营企业),1385 家个体户和 19 个重点集贸市场进行一次大检查。检查国营企业商品合格率达 85.3%,明码标价率达 96.5%;集体企业(含私营企业)商品合格率达 70.2%,明码标价率达 78%;个体工商户商品合格率达 61%,明码标价率达 28%。重点检查的商品主要有文具类、化妆品类等 15 大类,共检 2435 种。被检商品中,除大小百货、布匹等 8 大类商品合格率达 85% 外,其余 7 大类商品合格率仅在 75% 以下,问题最严重的是鞋类、服装类、五金交电类,合格率不到 60%。查出价值 1.2 万元的假冒伪劣商品,其中销毁价值 2250 元的假冒劣商品。查出市场违法违章案 35 件,转行政执法单位处罚违法违章经营户 16 家。下发商品与服务质量整改通知书 65 份,进行口头教育 689 家,整改的企业、个体户共 954 家。

波阳县人大、工商、公安、卫生等部门组成执法检查组,于1994年8月11日起,对该县贯彻执行《中华人民共和国消费者权益保护法》和《全国人民代表大会常务委员会关于惩治生产、销售伪劣商品犯罪的决定》情况进行为期两个月的检查。共查出个体经营的袋装饮料、食品等108件变质商品并当场予以销毁,标值达1600余元。收缴电器、电线、香烟、酒、药品、计量器具等假冒伪劣商品40种,标值达5000余元。在检查中共发现查处私人生产、加工劣质电池案等5件影响较大的案件。

1994年8月29日,宁都县工商、技术监督、消费者协会、粮油质检等部门联合行动,全面整顿县城食用油市场,严厉打击掺杂使假、以次充好的违法行为。一些经销单位和个体户见利忘义,将低价棕榈油掺混入菜油、豆油、花生油中高价出售,甚至销售变质食用油,欺骗群众,牟取暴利。在抽查的33家企业和个体户经销的71个食用油样品中,掺杂使假的有39个,占总数的54.9%。查获严重变质的猪油150多千克。经检验掺假食用油中混合的棕榈油比例高达40%至80%。工商部门依照规定,对违法者处以罚款共3000余元,并将变质猪油予以没收销毁。

江苏兴化市垫圈厂工人刘某美牟利心切,于1994年3月离厂前来南昌市租用后桶巷20号房进行制售假冒低毒性胡椒粉的违法活动。刘某美在窝点利用低毒性氧化黄调色等原料大量制售有毒性胡椒粉,然后分别装入塑料瓶(袋)内,并运往广东、海南、山东及上海等10余个地区和单位的调味食品厂进行批量销售,在江西省则销往南昌市滕王阁副食品批发市场、丰城、樟树市等地。每斤胡椒粉成本只需1元多,配制成的假"胡椒粉"销售价却高达10元左右。刘某美不仅从中获取暴利,还因其制造原料氧化黄系低毒性化学物质而损害消费者人体健康,性质非常恶劣。1994年11月17日,被南昌市工商局查获,就地查封假冒有毒性胡椒粉500余千克及制作原料、生产工具、商品包装假冒商标等一批。经报公安机关批准,依法对案犯刘某美进行搜查和收容审查。

上高县工商局在1994年牲畜五号病流行期,会同兽医检疫、卫生、公安等部门对各集镇的肉类市场实行联合检查,合署办公。规定凡进入市场的猪牛肉,屠商一定要带齐猪牛头、脚、皮张以及牲畜产地检疫证明,否则按病猪牛肉处理。严禁将母猪肉、灌水肉充当好肉销售,关闭肥膘肉、冻肉及"下水"市场。凡进入市场交易的仔猪和耕牛,畜主和贩运户要带齐牲畜产地检疫证明,经检疫人员验证检查健康后,方可交易。

1994年,上饶县消费者协会根据广大消费者反映的情况,邀请县粮油质检站,共同对上饶县城11家个体粮店、3家面条加工厂进行突击检查。在被检查的14家中,有6家程度不同的存在掺杂掺假问题。有的把早米和晚米混在一起,当晚米出售;有的谷粒、碎米、砂子严重超标,质次价高;有的将发黄霉变大米拌进好米出售;有的缺斤少两,克扣消费者等等。对此,上饶县消协按有关政策分别作批评、经济罚款等处理。

1995年初春某晚,吉安市工商检查人员在一辆江西33－11334小型货车上查获假冒蜜蜂牌劣质味精129箱,产品标值约2万余元。经送质检部门检验,这批味精是由84%对人体有害的硫酸盐和13.8%食盐加工而成的结晶体,没有一点谷氨酸钠(即味精)。

1995年4月10日,龙南县工商局接群众举报,县城街头有人销售假劣棉被,当办案人员强行扣留当事人物品,一举捣毁隐藏在龙南镇金钩村许屋坰由新余市下村镇步桥村不法村民简某操办的制假棉被黑窝点,查扣加工机床一台,假劣棉被60床及其原料,不法分子受到应有处罚。

萍乡市工商局安源分局做出决定:从1995年8月20日起,凡在高坑、安源、北桥三个市场固定摊位内买到注水肉(包括猪肉、羊肉、狗肉、鸡肉),消费者可凭实物向当地工商所举报,经查属实的,由工商所照价赔偿。对查实的注水肉,工商所依照有关法规做出严肃处理,将注水肉以市场价的8折当场拍卖;对经营注水肉者每次处以50~200元罚款,并责令其写出检查张贴于市场。在查处注水肉的同时,安源工商分局还决定加大对缺斤少两和其他掺杂使假行为的打击力度。

斗富弄农贸市场是景德镇市鸡鸭交易量最大的市场,平均每天交易额在800只左右。一些不法商贩利欲熏心,将上市的鸡鸭灌砂出售给消费者,有的一只鸡鸭灌砂达二三百克,特别是逢年过节更是变本加厉。对此,斗富弄工商所从1995年中秋节开始,进一步强化管理力度,把制止不法商贩对鸡鸭灌砂作为下半年市场管理的一项大事来抓。他们把全所分成4个组,轮流值班每天检查3次,并将检查情况登记交接。工商所规定每个上市出售鸡鸭的经营户都必须到工商所交押金领号牌,按号入座,经发现有灌砂等违法行为,坚决从严查处,从重处罚。截至1996年8月底,共查处鸡鸭灌砂事件30多起,维护消费者合法权益。

1996年,宜春地区消费者协会为保护消费者合法权益,维护金银珠宝市场的经营秩序,会同地区工商局、人民银行、标准计量局等4家单位联合组织进行一次市场金银珠宝饰品质量大检查,特邀江西省消协黄金饰品监测中心(即核工业华东测试研究中心),对宜春市区7家金银珠宝饰品经销店1963件金银珠宝饰品进行科学测试。检测结果发现,黄金饰品成色(含金量)合格率76.4%,重量合格率为61.8%;经销商店出售的饰品,有的标牌说明不规范,有的以劣充优、以次充好,有的使用衡器精度差等。这次检测结果向7家经营单位作讲评,批评少数经营作风不正的商店,表扬货真价实的宜春地区人民银行金店和金辰购物中心两家金店,对以劣充优短少重量的单位作必要处理。

是年,南昌市消协参与市工商局及食品卫生防疫部门对全市豆制品市场的专项调查,发现许多外地无业人员,无生产加工条件,无营业执照,无食品卫生许可证,擅自加工豆制品,掺杂使假严重,有的甚至使用工业色素、化学催化剂等手段生产豆制品,坑害消费者。为保障广大消费者身体健康,市工商局和市消协通过新闻媒介进行曝光,在有关部门配合下,市工商局对全市豆制品市场开展整治工作,并采取定点生产、分片供应的办法,强化对豆制品生产监督管理。

1996年,萍乡市消协接到30户消费者联名投诉西环路综合楼6层至7层住宅质量问题后,及时组织人员进行调查。除1户不在家无法察看外,对投诉的29户消费者逐一作实地察看,发现每户墙体均有裂缝,少则5条,多的达30至40余条;有的房内、墙体漏水,墙面发霉严重,无法住人。由于商品房质量问题较多,21户消费者提出要求退房、换房。对消费者投诉的意见,市消协及时向城建部门反映,并向有关领导和职能部门汇报,通过多次调解、协商,终于使问题得到解决。

1999年入春以后,赣州市工商局市场管理大队围绕与人民群众生活密切相关的米袋子、菜篮子、油壶子等问题,在市场上开展缺斤少两专项整治,仅1个多月便查处缺斤少两行为300余起,为群众挽回经济损失超万元。

1999年11月17日晚,中央电视台《焦点访谈》对山东滕州某些作坊生产劣质豆制品进行曝光,报道中提及该劣质豆制品销往南昌等地。南昌市工商局洪城分局对此非常重视,立即通知有关单位,开展查处行为。11月18日晨8时,分局局长带领20名工作人员对洪城交警停车场干货市场进行突击检查,发现在市场内有大批"鸡肠""牛排"等豆制品,这些食品被露天堆放,而在一捆"鸡肠"上,还可以看见明显的白色霉点。检查组顺藤摸瓜,跟踪追击,查获6家业户计有5000余千克滕州劣质豆制品。据取证发现,被查的业户中有在山东滕州多次进货的记录,其中附14栋某业户6次进货已逾1万余千克。

2009年,赣州经济技术开发区工商局在市场巡查中,发现南北大市场25栋8—11号商铺从事物流配送业务的一物流公司涉嫌仓储、运输硫黄熏蒸辣椒干行为,决定抽样送检;1月20日,该批次辣椒干经赣州市疾病预防控制中心检验为不合格产品,工商机关依法对该批次9855千克辣椒干予以扣留,并将该案移送公安机关侦查。

是年,宜春市工商局查处一起用双氧水浸泡牛筋案件,共缴获牛筋527千克,价值1.21万元,并处以2万元罚款;该局在全市范围内对腌腊制品、酱腌菜、酒类、调味品等食品共223个批次进行抽检。鹰潭市工商局查获含吊白块米糖20千克,灭活罂粟籽油脂粉末(精)9.43千克,不合格辣椒干500余千克;查处案件2件,共计罚没款1.22万元。乐平县工商局查处一起违法销售不合格、过期奶粉案,收缴不合格奶粉328袋,罐装26罐,罚款3万元。九江市浔阳区工商局查获查封的"有害甲鱼"经营案被九江市政府列为2009年整顿规范市场经济秩序优化经济发展环境十大案件。

## 第二节　维护消费者合法权益

### 维权行动

江西省于1989年颁布《保护消费者合法权益条例》,消费者合法权益逐渐得到重视和保护。1991年,各级消费者协会开展大量工作,受理各类投诉4572件,解决率达96%,为消费者挽回经济损失155万元。

1991年,全省各级消协在受理投诉调处中,依法办事,有问必答,件件有着落。萍乡市各级消费者协会共受理消费者投诉780件,调解处理762件,为消费者挽回直接经济损失29397万元,收到消费者送来感谢牌匾两块,锦旗、感谢信40多面(封)。宜丰县消协受理消费者各种投诉共83件,做到件件有着落,为消费者挽回损失25160元,取得消费者信赖。

1993年3月15日,江西省和南昌市消费者协会共同在南昌八一广场隆重举行以打击假冒伪劣行为,推荐名特优商品,维护市场经济秩序,保护消费者利益为主题内容的纪念活动。江西省消协名誉会长刘仲侯、南昌市副市长查俊如等人出席活动。现场"投诉台"接待投诉者,接待投诉者150余人。投诉的商品大到家用电冰箱,小到食品酥糖。家住南昌市百花街的徐某,1990年7月买的一台"双鹿"牌电冰箱,用了一年就不制冷,找商店说只管销售,送维修点说是冰箱内漏无法修理,最后与生产厂家联系,得到的答复是要他将冰箱装箱运到上海去复查。无奈,他和母亲到投诉台现场述说。生产厂家驻南昌的销售经理得知后,很快就带上技术人员登门查访,在用户交付折旧费后从仓库调换一台新的冰箱,经理致歉并表示终身保修。

1994年,省工商局配合省人大组织的全省贯彻《消费者权益保护法》等法规的执法检查,在南昌召开全省打假、销毁假冒伪劣商品现场会,宣传有关法律法规,收到宣传法律、发动群众、震慑不法分子的社会效果。全省各级消协采取各种形式,组织开展《消费者权益保护法》的宣传活动,增强消费者自我保护意识。全省共受理消费者投诉12359件,解决率达98%。

抚州市第一百货商场是全地区最大的国有零售商店,非常重视消费者监督站工作,由副经理兼任站长,两名业务经理任副站长,各柜组长为监督站成员,并设有专职秘书。1994年,监督站组织商场职工学习《消费者权益保护法》,举办1期《消费者权益保护法》学习班,请市消协会长讲课,《消费者权益保护法》单行本人手一册。商场监督站接待顾客投诉,及时为消费者修理、退换商品。该商场设有家电维修部,不仅在商场内包修投诉的家电,而且还开车到农村现场包修冰柜等大型家电。1994年,江西第六机床厂郑某,在该店买一台20英寸"康艺"牌彩电,用两年多,显像管漏气,抱着试试看的心态到市场监督站投诉,要求修理,商场为其免费换新显像管。包修消息传出后,该厂职工接连向该商场购买10多台"康艺"彩电。

1995年6月30日,江西省制定印发《〈中华人民共和国消费者权益保护法〉实施办法》(以下简称《实施办法》),各级消协会同有关部门和新闻单位密切配合,通过各种渠道,采取多种形式,特别是在每年的"3·15国际消费者权益纪念日",广泛开展宣传活动,不断提高消费者自我保护意识,全省各级工商部门和各级消协宣传国家有关法律法规,宣传消协为消费者服务的宗旨,大力宣传各种消费知识,引导消费者适度、合理、科学、健康消费,提高自我保护能力。

德安县消协坚持对每一件消费者的投诉都受理。消费者祝某1994年11月中旬,在县城一家摩托车经销部花6800元购飞盾牌100型FD90摩托车1辆,使用仅3天,该车气门盖漏油,发动机左外壳有裂痕,不能正常使用。先后3次找经营者交涉,历时3个月仍得不到解决。于是,祝某向县消协投诉,要求退货。消协受理此案后,与经营者进行协商、调解,7天不到,经营者给祝某调换一辆新的捷达100型摩托车。1995年1—6月,德安县消协共受理消费者投诉68件,解决率为100%,为消费者挽回经济损失3.1万元。

1996年,全省各级消协针对《消费者权益保护法》和《实施办法》贯彻实施后的新情况、新问题,进一步加强受理消费者投诉工作。1月至9月,共受理消费者投诉12177件,解决率达到98%,为消费者挽回直接经济损失496万元,消费者依法获得赔偿金33616元,经消协提供案情,执法部门查处罚没款421518元,接待来访和接受咨询45875人次,收到表扬信314件,锦旗18面。是年,投诉范围逐步扩大,涉及商品房、交通、邮电、医疗、农资、欺诈骗销、虚假广告等方面的问题。萍乡市消协受理商品房质量的投诉,1996年上半年达71件。各地在受理投诉工作中,贯彻国家四部委联合发布的"新三包"(包修、包换、包退)规定和中消协《受理消费者投诉规定》,加强调查研究和专题分析,对重大问题通过新闻媒介及时向社会公布,提醒社会有关方面及消费者注意,促使问题解决。对大案要案和疑难案,会同有关部门共同研究处理。为解决消费者投诉难问题,各地创造条件做到就地投诉就地受理,减少中间环节,把问题解决在基层。

南昌市消协制定"三优先""两坚持"的办事制度,即涉及影响精神文明建设的投诉优先,涉及损害农民利益的投诉优先,涉及人身安全的投诉优先;坚持依法公正办事,杜绝感情用事,坚持消费者利益第一原则。市消协在南昌百货大楼等29个商场设立消费者投诉语音电话。当消费者购物不满意时,可以在任何地方向购物的商场在语音电话中留言,商场监督站根据留言及时进行处理。景德镇市消协在摩托车上挂"受理消费者投诉"牌,在市区巡回受理投诉,现场解决问题。新建县发挥消协网络作用,消费者购物碰到短尺少秤、伪劣烟酒、过期劣质食品等问题,80%以上是通过乡镇分会解决的。全南县消协在乡镇分会设立9部投诉电话,在县城增设3部投诉电话和3只投诉箱,当消费者权益受到侵害时,随时可用电话投诉,县消协及时派人调查处理。省消协直接受理使用燃气热水器导致一氧化碳中毒造成7人死亡、8人经及时抢救脱险的重大投诉案件,会同工商、技术监督等有关部门实地调查、取证和依法调解处理。省消协帮助各地消协解决一些诸如灯泡爆炸致使消费者左眼炸伤以及行医骗钱等难度和涉及面较大的投诉案件。有的案件如江西师大学生刘喜儿因啤酒瓶爆炸导致左眼重伤致残,生产厂家又不配合调解的投诉,省消协支持消费者向法院提起诉讼。

1997年,全省各级工商部门和消协,贯彻《消费者权益保护法》,加大处理投诉力度,全省共受理投诉19392件,解决18944件,为消费者挽回经济损失1200多万元。

1998年第三季度,全省县以上消协共受理消费者投诉5306件,解决5282件,解决率为99.5%;为消费者挽回经济损失300097元,提供案情后有关执法部门罚没款207327元。接待消费者来访、咨询14979人次。是年,一些不法经营者借抗洪救灾之机损害消费者权益。6月入汛后,江西省长江沿岸及鄱阳湖等地区遭受百年未遇的特大洪涝灾害,损失巨大。全省军民全力抗洪抢险,帮助灾民重建家园,做出巨大贡献。但有一些不法经营者趁火打劫,坑害消费者利益。南昌市消费者余某,花400余元从个体商贩处购得4市斤一床的"军用"棉被1包10床,支援灾区人民。拿回去以后拆包发现,所谓的"棉被"质量差,重量不足,被子短小,价不所值,更重要的是对灾民过冬起不到御寒作用,也损害捐献者赤诚爱心。他立即向有关部门投诉,工商部门随即对坑人的商贩进行查处。入夏以后,啤酒瓶爆炸伤人事件屡屡发生,给消费者带来的伤害非常严重。据各地不完全统计,该季度因啤酒瓶爆炸伤人的投诉达100余件,致伤62人,致残5人。

1998年,随着农民消费者维权意识的增强,农村投诉量逐渐增多。据萍乡市上栗县消协统计,1998年,通过"为了农村消费者"这一主题的广泛宣传,农民消费者维权意识不断增强,向消协组织投诉125件,通过调处为受害农民挽回经济损失40余万元。宜春市南庙乡白马村农民们向该村村委会购买1402号早稻杂交种46包。种植后,出现大面积稻瘟病,减产严重。为此投诉到市消协讨说法。市消协受理后,组织有关专家对种子进行鉴定,确认此批稻种却是Ⅰ华2号,市消协依法帮助农民消费者获得应有的补偿。万载县康乐村李某因患乳腺癌做手术后,听说有种药疗保健床垫对手术后恢复身体有帮助,便借款750元购买该床垫。李使用数周后,不仅不能治病,反而头痛,血压升高,加重了病情。为此,李根妹带病找到县消协讨公道。县消协受理后,通过调查,发现该床垫一无合格证,二无保健作用,更不能治病,责成经销者退款750元。

1999年3月15日,国家工商局决定,各地的315投诉举报电话号码将在全国统一为"12315"。

4月25日,鹰潭市工商系统消费者投诉专线电话号码,在该市电讯部门的支持下,全部改为"12315"。这是全国首家开通这一专用号码的地方工商行政管理机关。

7月28日,全省工商系统开通"12315"消费者举报申诉电话,配备"12315"专用车辆,进一步方便消费者的申诉、举报,促进各级工商部门举报申诉受理工作的规范化、制度化。1999年,全省11个设区市成立"12315"消费者举报申诉中心,各基层工商所设立"12315"消费者举报申诉站,形成一个连贯于市、县(区、市)、所的三级执法维权网络,较好地解决消费者投诉难问题,成为政府放心、消费者满意的"民心工程""形象工程"。全省共受理消费者举报投诉2373件,为消费者挽回经济损失347万元。

南昌火车站是南昌市容形象的一个重要"窗口"。长期以来,火车站周围的一些非法经营户强买强卖、敲诈勒索、销售假冒伪劣产品,影响南昌城市形象。西湖工商分局南站工商所考虑到工商所的办公地点离火车站较远,投诉不方便等问题,2000年,专门组织一批精干力量,在火车站附近设立"3·15投诉站",并配备一辆受理投诉的流动车。该投诉站的设立,不但能及时、主动地受理消费者投诉,保护消费者合法权益,而且能结合工商系统的市场巡查制,对经营户进行日常巡查监管,使整个投诉工作由被动管理转向主动管理,方便消费者投诉,受到广大群众欢迎。

2000年,全省工商系统加强"12315"网络建设,网络规范化、制度化建设加快,发挥的作用越来越大。全省"12315"共受理举报投诉6157件,调解处理4944件,立案查处253件,案值212万元,为消费者挽回经济损失674万元。通过"12315"消费者举报热线,查办一批典型案件。围绕"明明白白消费"年主题,组织开展"3·15"国际消费者权益日纪念活动。各地结合实际,开展创建"文明一条街"活动,形成各具特色的模式。是年,全省申报19条街(区)为全国"打假维权、消费者满意文明一条街"。

2001年,全省各级消协受理解决消费者投诉,维护消费者合法权益。至12月底,全省工商系统查处制售假案2617件,总案值4022万元,捣毁制售假窝点84个。

2002年,全省工商系统加强"12315"工作,广泛开展"3·15"活动。受理举报投诉12722件,查处案件2346件,案值1114万元,为消费者挽回损失1246万元。市场环境得到进一步净化。

2005年,全省工商系统"12315"执法网络体系建设稳步推进。消费维权进社区、进村镇、进市场、进商家,提升消费维权水平。全省共查处侵权案件2218件,总案值963.77万元,受理申诉举报732件。

为更好地解决农民消费者投诉难、维权难、知情难的问题,2006年,省工商局深入抚州市南城、金溪、崇仁等县和鹰潭市余江等县的乡村进行调查研究,按照国家工商总局的要求,建立健全和完善"一会两站"制度,即依托基层工商分局(所)广泛建立消费者协会分会,以乡镇政府、街道办事处为单位建立消费者投诉站和"12315"联络站,共同负责消费者的咨询、受理消费者的投诉举报、调解消费纠纷,有效降低消费者维权成本,方便消费者就近投诉举报。至2006年底,全省共查处侵害消费者权益案件2149件(其中商品消费案件1955件,服务消费案件194件),案值1801.13万元,没收金额46.1万元,罚款金额825.35万元;查处制售假冒伪劣商品案件2705件,案值1657.64万元,没收金额82.16万元,罚款金额943.92万元;受理申诉12503件(其中商品消费9919件,服务消费申诉2584件),已处理12306件,调解成功11092件,挽回经济损失1252.24万元;抽检商品3688批次,有效地打击侵害消费者权益行为,切实保护消费者合法权益。

2007年,全省完善"12315""五进"(进商场、进超市、进市场、进企业、进景区)工作,扩大维权网络,切实保护消费者合法权益。全省"12315"共受理消费者申诉举报6379件,为消费者挽回经济损失1649万元,查办各类侵权案件6542件,案值10248万元。全省各级工商部门共受理消费者申诉14574件,成功调解13874件。

2008年,全省工商系统进一步加强"12315"行政执法体系建设和消费维权体制创新,大力推进消费维权工作制度化、规范化、程序化、法制化建设。全省共受理消费者申诉举报21308件,接受消费者咨询91323件,为消费者挽回经济损失1011.78万元,查办各类侵害消费者权益案件3907件,案值5056.9万元,罚没2158.58万元。全省工商系统推进"12315"信息化网络建设。截至2008年10月底,全省设区市"12315"消费者申诉举报中心已全面建立,"12315"新软件系统全面启用,11个设区市工商局"12315"消费者申诉举报指挥中心实现信息化管理和以各设区市工商局为主的相对集中受理模式。实行上班时间人工接听,其他时间电脑自动录音受理。

2009年,全省工商系统进一步完善维权服务机制,加强"12315""四个平台"建设,做到指挥调度及时、反应快速、协作密切、保障诉求渠道畅通,完善网络体系,继续推进"一会两站"建设,扩大覆盖面。全省建立862个消协分会、10312个"两站"。各地建立健全维权执法监督机制,切实保护消费者合法权益,促进社会和谐稳定。全省工商部门共受理消费者咨询申诉举报70068件,为消费者挽回损失1382万元;消协系统受理的8692件消费者投诉解决率达98.4%,挽回经济损失1071万元。全省工商、消协完成省政府交办的"三鹿"奶粉婴幼儿患者赔偿金发放工作。

2010年,全省工商系统强化日常监管,保障民生服务,加强与商务部门和消费者协会、行业协会配合,规范商业零售、家电维修等行业经营行为,并加强与相关部门的工作协作和信息通报,针对消费者申诉举报热点,共同研究解决的具体措施。"12315"指挥中心受理的消费者申诉中有关手机质量、售后服务、收费等方面问题尤为突出。是年,全省工商部门受理消费者咨询、申诉、举报87858件,查处侵权案件5354件,为消费者挽回损失2218万元。消协受理投诉10039件,解决率达95.9%。

是年,针对消费者申诉的"吸费手机"问题,赣州市工商局以行政约谈方式约见城区80余户手机经销商,要求在规定时间内将"吸费手机"全部下架,对预期不下架的经营者从严查处,情节严重的移交司法部门处理,所有经销商销售手机时,必须在发票背面书写"此手机如存在内置捆绑收费菜单等问题,按手机售价双倍赔偿",并要求三大电信运营商开通绿色退费通道,向社会公示退费热线电话,并配备专人负责退费工作。上饶市工商局根据消费者举报,及时查处上海市秀果商贸有限公司广丰分公司利用网络欺诈消费案。该公司雇佣100多名员工,利用电视购物节目、网络购物平台,通过对商品进行虚假宣传、电话强行推销等手段,欺诈消费者的购物款近百万元。通过执法人员努力,能够查清地址的被骗消费者拿回被骗款。

典型维权案例

**新建县胡某手扶拖拉机修复案**　新建县大塘乡红旗村村民胡某,于1991年9月28日花5674元,在新建县农机公司购买一台手扶拖拉机,用了半月后发生扶把震动强烈,左右摇摆厉害,震得两手发麻,遮泥板横铁、机架全震断。胡某便在新建县农机公司开具购机证明,多次找到江西手扶拖拉机厂要求给予保修,一直得不到解决。他便向江西日报社写了一封信转往省消协,省消协随即转新建县消协处理。县消协领导带领工作人员前往江西手扶拖拉机厂调解,在南昌县工商局、南昌县消协的支持下,江西手扶拖拉机厂决定由厂方将胡购买的手扶拖拉机修好。根据调处意见,胡将手扶拖拉机送往厂方很快修复一新。

**崇仁县周某冰柜修理案**　崇仁县礼陂乡下许坊村村民周某,1992年6月在县郊西一家商店买了一台苏州冷柜三厂产的香雪海冰柜,不到1个月就不制冷,使贮于冰柜中的150余元的肉食品变质。经维修,还是不制冷,后检测确认是压缩机坏了,需要更换。保修点要周交付材料费680元,后降至480元才修理,周不同意付款,延至1993年5月到县消协投诉。县消协当天就到销售店查明事实,店家也答应一同去保修点解决问题。抚州地区五交化公司保修点当着县消协、店家和周的面,答应不收材料费,但当周去提冰柜时,保修点仍要收480元才修理。县消协只得去保修点交涉,对其违反国家"三包"规定给予批评,并强硬地告知保修点:若不免费修好冰柜,要在媒体曝光。保修点慑于曝光,当天免费把冰柜修好。

**玉山县冒牌吉普车案**　1993年,玉山县委某部新买的一辆BJ2020M型的吉普车,上路跑了几天就出现零部件断落、车身摇晃、噪音增大等现象,后与经销单位交涉几次都没有结果。玉山县消协接受投诉后,立即展开调查,得知该车是由江西省汽车工业贸易公司上饶分公司从九江县金属机电公司购进,然后以4万元价格转手卖给玉山县委某部。把车开到上饶地区车辆质检部门检验后,证实该车是一部劣质车。县消协随即召集购销双方进行调解,上饶分公司坚持说该车是正宗北京产的吉普车,理由是随车来的车辆购置附加费收据是北京吉普汽车有限公司开出的,收据上有有限公司印章,他们不负一切责任。调解无效。县消协不放弃,发函中消协请求协助了解有关情况。10天之后,中消协、北京吉普汽车有限公司分别来信,明确答复:公司未曾销给江西九江县金属机电公司发动机号码为04324,车驾号码为500580的BJ2020M型的吉普车;随信寄来的车辆购置附加费收据,经检验不是公司财务开出的单据,公章是伪造刊刻的;公司没有联营厂,不存在产品质量差问题,证明此车是假冒产品。在铁的证据面前,上饶分公司不得不答应承担责任。九江县金属机电公司也不得不道出实情:原来这是一部二次转手车子,经车辆改装厂整修后,再售出给玉山县。这件历时3个月的汽车质量投诉案,终于以九江县金属机电公司退赔玉山县委统战部1.2万元而结案。

**新余市液化气债务案**　1993年3月,核工业部25公司下属合成液化气厂与新余市46户消费者签订液化气供需合同。合同规定消费者预付500元给该厂,该厂按金额定期供给消费者液化气。5月,一场意外事故该厂被炸,损失惨重,无法再生产,更无力偿还债务。新余市消协受理消费者投诉后,曾多次带着有关保护消费者合法权益的规定找核工业部25公司有关领导进行调解,但公司总是借各种理由推诿敷衍。1994 年 1 月,《消费者权益保护法》实施后,市消协带着《消费者权益保护法》再行调解。核工业部 25 公司的领导看了《消费者权益保护法》当即决定,对其下属合成液化气厂的所有顾客造成的损失一概由公司负责赔偿。至此,一起拖了 10 个多月的消费纠纷随《消费者权益保护法》的实施而得到圆满解决。

**庐山区劣质饲料案**　1994 年 3 月 4 日,养猪专业户何汉强从茅山头一家饲料厂购买 100 千克猪饲料,由于这批饲料已经霉变,猪食用后都出现腹泻。何汉强几次找到厂方,要求赔偿损失,遭到拒绝后,他来到庐山区消费者协会投诉。消协经实地调查,证实饲料属劣质产品,根据《消费者权益保护法》有关条款,责成厂方退还何汉强购饲料款,由工商部门收缴该厂霉变的 500 千克猪饲料,并对这一销售劣质产品的行为进行处罚,维护了消费者合法权益。

**万年县胡某滨彩电赔偿案**　万年县邮局职工胡某滨在 1985 年 10 月间买的一台天津无线电厂(1989 年更名为通信广播公司)生产的北京牌 836 型 14 英寸彩色电视机,在 1994 年 3 月 18 日晚上 7 时收看时,突然机内冒烟起火继而爆炸。机壳机芯烧焦,荧光屏成碎片。消协工作人员得知后即与协会技术顾问前往胡的住所查验、取证、拍照。了解到这台彩色电视机自买来 9 年中未曾修理过,一直是图像清晰,色彩鲜明,伴音洪亮,音质良好。经检查这次冒烟起火爆炸的原因,是电源部分的个别元器件耐久性差,承受不了高温过热,导致机内非阻燃材料燃烧,使显像管受热过度自爆。按照国家有关部分家用电器整机 1 年、主要部件三年的“三包”规定,9 年之后电视机起火爆炸索赔显然超过时间。县消协抱着试试看的心情,仍将检定材料、照片和投诉书按原厂名、地址一并寄给原天津无线电厂。信函发出一星期,天津通信广播公司特派 1 名技师从天津赶至南昌,由南昌市电子器材公司技术服务部的 1 名技师陪同,连夜到万年进行维修。因该公司不再生产 14 英寸彩色电视机,根据认可的检定结果和投诉人的意愿,天津通信广播公司按原价予以赔偿,同时按出厂价优惠供应投诉人一台式样新颖 21 英寸带遥控的北京牌彩色电视机。

**上饶县液化气公司门市部刁难消费者案**　1994 年,上饶县建筑公司职工刘某英从上饶地区液化气供应公司的门市部购买一套新灶具和 2 只带气钢瓶,一个“万家乐”牌热水器共计 1866 元。付钱后供方开了发货票和提货单,因当时无“万家乐”牌热水器,讲清半个月后提货。半个月后,刘某英去提货时,被告知该公司门市部负责人已离开这个单位,以移交未办清、货款未上交为由不予提货,拖了一月又一月。1994 年 4 月末,刘某英找到该门市部主管领导,有位经理告诉她:“你把原经理找来算清账还了款可立即提货。”刘某英来回奔跑一二十次均无效,只好向县消协投诉。县消协经过调查,证实该液化气公司门市部原经理离开时账已算清,门市部有外债应收账款 3.6 万余元与这位消费者完全没有关系。消协人员即与该公司领导协商,该公司领导竟提出要让消费者去告原经办人,以便收回债款等。无奈,至 6 月底,县消协将全部调查材料转给法院,支持消费者提起诉讼。经过法院半个多月的调查审理,做出消费者胜诉,企业败诉判决,并由企业承担 105 元诉讼费。3 天后,消费者刘某英拿到全新的液化气灶具和带气钢瓶。“万家乐”牌热水器因无货便按原价退回全部货款。一起刁难消费者的纠纷案获得解决。

**安福县售货员强行搭配商品案**　1994 年,安福县横龙镇盆形村十组村民颜某忠到横龙供销社生产资料门市部购买化肥,售货员强行给这位村民搭配一瓶前年剩下来的“增产灵”。谁知“增产灵"却毁了颜某忠家两亩多地的瓜苗,使颜蒙受3000多元经济损失。索赔未果,颜某忠于6月9日投诉到安福县消费者协会。消费者协会派人深入到喷洒过"增产灵"的瓜地现场查看,证实情况属实。经多方调查和调解,根据《消费者权益保护法》中"消费者享有自主选择商品的权利"规定,认定该门市部强行搭配其他商品,实属违法;同时,县消协支持这位受损害的农民向法院提起诉讼,并以消费者协会的名义在受理调查的材料上签署意见一并移送到法院。在人民法院的邀请下,消费者协会派员密切配合,于1994年6月17日,约定双方当事人,并请当地一位农技师到场,大家逐项核实受损金额,经调解双方最后达成协议,由经营方赔偿村民颜学忠经济损失1000元。

**铜鼓县洗衣机起火案** 1994年4月26日,铜鼓县幼儿园老师何某家的一台由赣湘电视电器维修经营部修理好的洗衣机突然起火,烧毁了洗衣机和一台新安装的阿里斯顿全自动电热水器,室内绝大部分物品无一幸免,就连卫生间四周墙壁都被熏成漆黑,损失折合人民币达1600余元。为此,用户于5月2日向铜鼓县消费者协会投诉。县消协和辖区温泉分会组织联合调查,经现场勘察认定着火点起自洗衣机电机部位,虽然试机后没有把电源插头拔下,但定时器到位,电机应该断电,电机起火肯定是线路问题。因此,赣湘电机电器维修经营部应负全部责任。经消费者协会主持调解,在取得用户谅解后,由赣湘电机电器维修经营部赔偿一台同类型阿里斯顿全自动电热水器,负责买回一台洗衣机及其他赔偿,共计赔偿金额为1300余元。

**兴国县啤酒瓶爆炸案** 1994年5月12日,兴国县鼎龙乡消费者肖某海购买"吉安啤酒"招待客人,尚未开盖,啤酒瓶发生爆炸,造成玻璃碎片将肖某海右手臂动脉、静脉血管割断的严重事故,肖当即被送往县人民医院紧急手术抢救。5月13日,县消协接到肖某海委托他人送来的投诉后,即派员前往医院看望伤者,并到事故现场了解情况,走访有关知情人员。5月16日,县消协通过电话与吉安啤酒厂联系,通报"5·12"啤酒瓶爆炸事故情况,要求厂方派人前来协商解决。5月24日,吉安啤酒厂派员到兴国县人民医院看望肖某海,了解因"吉啤"瓶爆炸致伤情况,但该厂直至6月17日肖某海伤愈出院,尚未妥善处理此事。6月23日,肖某海再一次向县消协投诉,要求吉安啤酒厂承担赔偿责任。县消协即函告吉安啤酒厂,要厂方以保护消费者权益为重,速派人前来协商解决。8月18日,吉安啤酒厂质检科科长到兴国县消协,表示接受消协调解。8月19日,兴国县消协根据《消费者权益保护法》第二章第十一条规定进行调解,达成协议,由吉安啤酒厂一次性赔偿肖某海包括车辆护送费、住院医疗费、护理费、营养费等在内,共计3356.60元,维护了消费者合法权益。

**南昌县泾口乡劣质化肥案** 南昌县泾口乡供销社每年供给农民水稻专用化肥百吨以上,因质量好受到农民欢迎。可是1994年农民却买到劣质化肥,化肥施下稻田后,晚稻久久不能返青,农民心急如焚,便拿着剩下来的劣质化肥到县工商局、县消协,要求赔偿损失。县工商局、消协受理投诉后,局长带队深入现场进行调查,查明泾口供销社于1994年所进化肥系从私人涂某、陶某、雷某手中购进,每吨进价830元,是假冒湖北三梅复合肥厂"三梅牌"化肥,还以每吨860元购进假冒南京化工集团生产的"红三角牌"水稻专用肥39.85吨,尔后以每吨920元和960元不等价卖给当地农民,从中获利坑农。上述化肥经江西省化工产品质量监督检验站检测,养分总含量只有7.31%或25.8%,纯属劣质化肥。泾口供销社不通过正当进货渠道,购进假劣化肥坑农,致使千户农民受害,在当地造成恶劣影响。根据《消费者权益保护法》及有关规定,南昌县工商局、县消协作出处罚决定,给泾口供销社罚款 1.7 万元、赔偿农民经济损失 2 万元。剩余的假劣化肥全部就地销毁。

**德兴市空调稳压器失火案**　1994 年 8 月 2 日晚 11 时许,德兴市银城镇建筑公司消费者赵某家二楼内突然起火,经武警德兴市消防队和德兴铜矿消防队奋力抢救后,烈火才被扑灭。赵某从外地赶回家,经人指点来到市消协,要求为其撑腰,挽回火灾造成的经济损失。市消协对此事极为重视,立即会同工商、消防、技术监督部门组成专项调查组,对这一起火灾投诉案进行专项调查。经消防部门及技术监督部门的初步鉴定,火源来自于空调稳压器。调查组立即电告空调稳压器厂家——江西某中外合资电子有限公司。厂家迅速派出一名工程师与调查组一道再次勘察火灾现场,认为空调稳压器不是火源,火灾是由其他火源引起的。针对以上情况,市消协两次向省消费者协会汇报,得到省消协大力支持。同时,经对该空调稳压器残骸进行进一步鉴定,确认空调稳压器内的继电器质量不合格,造成机体内温度过高进而使机体内可燃性塑胶线等物质燃烧,以致产生火灾。根据《消费者权益保护法》第四十四条:"经营者提供商品或者服务造成消费者财产损害的,应当按照消费者的要求以修理、重作、退货、补足商品数量、退还货款和服务费用或者赔偿损失等方式承担民事责任……"之规定,厂方承担因产品引进火灾所造成的实际家庭财产损失共计 2.2 万元。

**玉山县煤油爆炸案**　1995 年 3 月 31 日晚,玉山县文成镇毛圹村张某炳的妻子邱某仙带其女儿回县城娘家,晚上坐在厅堂看电视,约 11 时许突然停电,邱取出装在塑料桶里的煤油灯加油,其女儿张某梅划火柴为母亲照明,突然发生爆炸,溅到四处和身上的煤油随着燃烧起来。气浪掀翻了厅堂上的塑料天棚,一只铁壳热水瓶冲跌在地,外壳被烧焦一块,八仙桌一条腿被烧着起火。邱某仙的头脸、双手、大腿被严重烧伤,张某梅的双手也被严重烧伤。在此之前,另一个消费者夏某明家也发生加煤油灯时煤油爆炸事件,烧伤夏某信、张某英的脸、手,但伤势没有那么严重。4 月 6 日,玉山县消协接到投诉后,迅速向县政府常务副县长、县消协名誉会长李周河作汇报,并及时到实地进行调查。所取得的这两家残留的煤油,闻之有明显的汽油味,倒在水泥地上立即可以点燃。他们两家用的炼油,是文成镇一个体工商户王某推车上门销售的,王某是从县城玉安加油站购进的。据玉安加油站的人讲,这批煤油又是从浙江某地购入。鉴于这起投诉案情节复杂,后果严重,为更有效地保护受损害消费者权益,县消协支持受害的消费者提起诉讼,并同县法院联系。玉山县人民法院对此案非常重视,及时予以受理(经法医鉴定:张某炳妻子邱某仙为重伤甲级,张女某梅为重伤乙级),法院派员冒雨出发调查取证。经上饶地区石油成品油监督检验站检验,他们所有的煤油"含有部分汽油,很不安全",不能作煤油用,检验结论为"不合格"。经县人民法院调解,由被告王某和第三人玉安加油站负责人邱某富赔偿邱某梅、张某梅医疗费、护理费、误工费等 1 万元;赔偿夏宗信各种费用 2619.09 元;诉讼费和鉴定费全部由被告、第三人承担。

**丰城市秀市钢材店坑害消费者案**　1995 年 8 月 23 日,丰城市秀市工商所接到消费者举报,说是在该乡集镇东门口姓曾的一家个体店中购买 590 千克圆盘钢和 340 千克螺纹钢,分 3 次用磅秤称重量,付款后运回家中复秤,发现少 79.5 千克。要求工商所予以查处,讨回公道。秀市工商所迅速组织人员到消费者家中实地调查取证,通过用标准衡器复秤后,确认举报情况属实。该所在 8 月 24 日突击检查该经营钢材的个体店,现场查获购货发票和 2 本销售记录本及 7 个 25 千克至 200 千克磅秤砝码,并及时封存该店库存钢材。经检测,确认 7 个磅秤砝码中一个 100 千克和一个 200 千克的砝码自身量少 0.1 千克。该所抓住这一突破口及时作询问笔录,在铁的事实面前,经营者交代人工拿砝码到水泥地上摩擦和用车床车去砝码重量,然后用黑漆刷上,以欺骗和坑害消费者的恶劣行为。该个体店除赔偿消费者经济损失外,并受到停业整顿处理。

**瑞昌市徐某春农用车发动机更换案** 1995 年 6 月,瑞昌市花园乡扬湾组农民徐某春贷款 4.28 万元购买一台福建省龙岩拖拉机厂制造的"F128451BBC"型农用运输车。该车购回后使用不到 1 个月,由于质量原因,发动机因爆炸而报废,更换一台新发动机则需 1.2 万多元。为此,徐某春到瑞昌市消协徐沅监督站投诉,要求更换一台新发动机。徐某监督站通过实地调查了解后,确认属质量问题而致使发动机报废,应由生产厂家负责。经与生产厂家联系,厂方答复发动机是由云南内燃机厂制造的,要更换发动机,还需与云南内燃机厂接洽。通过 1 个多月的努力,对方终于同意到广东汕头保修点更换发动机。徐某春从汕头保修点换回的新发动机请人安装后,又发现在使用当中经常发生故障,只得将车停开,又到徐沅监督站投诉请求解决。经过与汕头保修点电话联系,对方同意上门维修,但考虑到汕头距瑞昌太远,答应从湖南长沙保修点派人。10 月 30 日,长沙保修点两位师傅赶到徐某春家中,对发动机进行检查,确认发动机有异常情况,需要换零配件,并表示愿负担费用而由徐某春赶往长沙保修点取回零配件。经过一个星期的维修,终使农用车完全修复,为用户挽回约 2 万元损失。这起历时 3 个多月、跨越三省、涉及两个厂家的投诉案经过消协的努力终于完结。

**玉山县某酒店多收费案** 1995 年 11 月 7 日上午,厦门海事技术顾问有限公司的金某与胡某到玉山消协办公室,诉称他们 6 日晚请人在某酒店吃饭,实际花销 852 元,但被收去费用 2180 元,要求消协帮助追回多收的费用。县消协即会同有关部门到酒店进行调查。经调查,厦门两位消费者订了一桌菜,为包桌,菜款 600 元,连同烟酒花费 842 元,另加 10 元服务费,共 852 元。付款时,均由厦门来的金某与该酒店服务小姐经手,当时正好停电,使用蜡烛照明。该酒店确认收了 2180 元。酒店为什么收这么多钱? 是因为酒店应了被请的几个玉山人的要求,把这几个人过去在该店先后吃饭两次的欠款加了进去,计 778 元,另外付给了几个玉山人现金 550 元。玉山县消协工作人员当即指出,酒店既未征得厦门金、胡二人同意,又未如实向金、胡二人说明,这种做法是违法的。要求酒店将多收的钱退回厦门的两位消费者。至于酒店与那几个玉山人的事,应另外通过正当渠道解决。县消协经过先后 5 次到该酒店进行教育调解,最后该酒店将多收的 1328 元钱退回消费者。

**吉安县药店发错药案** 1996 年 8 月 21 日上午,吉安县印刷厂职工熊某生持吉安市白塘医院某医师开的处方笺到县城凤凰路某药店购药,为爱人治疗坐骨神经疾病,店主看处方字迹比较潦草,放慢了发药速度。熊当时就讲明:认不清字,就不要发药,不要发错了。店主仍坚持捡了 5 剂中药,计 45 元。当天熊某生将购回的中药煎了一剂,让爱人服了两次,睡后至下半夜,其爱人全身出现瘙痒。第二天,全身出现红斑块。熊再煎一剂,服后患者病情加重。于是,熊护送其爱人带着药和处方笺去医院找医师寻问,经医师检查所购中药,发现错发了几种药,马上又开了解药。对此,熊某生向县消协投诉。8 月 23 日下午,县消协人员和熊某生到该药店,对照处方进行查验,验明将"半荷枫"15 克错发"薄荷"15 克;"二布"30 克错发"二叩"(即"白叩")30 克、"草叩"30 克,漏发"牛夕"10 克。按照药的用量,"白叩""草叩"各不得超过 10g,一般是 5~8g,药量过大,导致患者出现以上症状。店主承认自己的过错,并承担发错药所造成患者的经济损失,共计1000元。

**铜鼓县摩托车质量赔偿案**　1997年1月13日,消费者汪某在铜鼓县二轻摩托车贸易公司花10500元购买一辆浙江某公司生产的女式奔达BD125-T摩托车,经营单位开具的发票称"中南鲨",而且商品价格标签标明是125-进口光阳机,汪某购买后第二天就发现油门线路和电瓶故障、发动机不启动等问题,经修理10多次仍不能正常使用。汪某于5月10日到县消费者协会投诉,要求退货并赔偿误工和交通费500元。县消协经调查属实,责成经营单位退货处理。经营单位法人代表蛮不讲理,不接受调解。对此,县消协支持消费者依法向县法院起诉。在法律面前,经营单位不得不承担退货和赔偿消费者误工、交通费用共11000元。

**玉山县生日蛋糕中毒案**　1997年5月8日,玉山县消费者协会同时接到谢某某、刘某某两件同一性质的投诉案:谢某某为白云镇古城街朋友过生日,到瑾山小学附近的面包房定做一个生日蛋糕,当"祝您生日快乐"的歌声刚刚结束,十几个贪吃的小孩就先后出现腹泻、头晕中毒症状。无独有偶。梅花埂刘某某也于同一天到同一面包房定做一个生日蛋糕,为亲戚生日助兴,食用后出现同样的中毒症状,10多个小孩相继被送进医院抢救。县消费者协会对这两起30多人食物中毒的事件极为重视,派人赶到现场了解情况,抽查化验,检出是奶油质量不合格,细菌总数严重超标造成的。消协随即找来双方当事人,通报情况,进行调解。经营者态度比较好,承担了责任。消协对经营者进行批评教育,并根据《食品卫生法》第四十八条和《消费者权益保护法》第四十一条的有关规定,由经营者赔偿消费者住院医疗等费用共2700元。

**婺源县李某福农用地膜机组保修案**　婺源县赋春镇虎溪村农民李某福,于1996年11月20日从浙江省瑞安市东风塑料机械厂,购进一台东风85型农用地膜机组,总价款4.5万元。双方签订的购销合同约定:"质量三包,保修壹年;到需方安装调试,出合格产品为准。"同年12月中旬,厂方委派技术员上门安装机械调试生产,3天后虽生产出农用地膜,但长、宽和厚度均达不到规定标准,属不合格产品。李某福多次打电话与厂方联系,并派人专程到厂家交涉,请求按合同再次派技术人员前来维修,而厂方都以抽不出人为借口,一推了之。李某福遂于1997年6月17日向婺源县消费者协会投诉,要求厂方履行合同,兑现承诺。县消协对投诉事项进行调查,确认机器存在某些质量问题和厂方违约后,及时发函请求浙江省瑞安市消费者委员会协助调处。在瑞安市消委会和市工商局经济合同科的协助下,厂家于1997年7月上旬派技术员来帮助维修机器和调试生产,但生产出的地膜,仍厚薄不均。县消协又立即与厂方联系,要求按《消费者权益保护法》第二十三条和第四十五条规定履行义务。厂长再次增派人员前来赋春虎溪。经三位技术人员修理和调试,排除机械性能故障,生产出合格的农用地膜。为使用户放心,该厂三位技术员根据李某福要求,并征得厂长同意,于1997年7月18日代表厂方立下机械设备保修期延长至1998年11月的书面服务承诺,用户和厂方均满意。

**波阳县水费纠纷案**　1998年,波阳县鄱阳镇自来水用户以前是按每月3吨为基数,后为每月5吨,再后来又提高到10吨。两口或三口之家根本用不了10吨水,却要交10吨水费。每年自来水公司收水表年检费5元,可实际上却没有进行过年检。杜某等12名消费者将上述问题向波阳县消协投诉,要求找到真正原因,讨个说法。县消协派人进行为期一周的调查,找到原因:每户用水吨数由 3 吨升为 5 吨，是根据用水条例规定办理的，但由 5 吨增至 10 吨是自来水公司擅自决定提高的，没有文件依据。水表年检费 5 元是自来水公司收取的；而水表年检则是由计量局实施，由于没有协调好，收了年检费却没有校表。在消协的调解下，县自来水公司将水费收缴作出调整，自来水起点由 10 吨降为 5 吨，没有校表一律不收年检费。此后，用户不再投诉。

**临川市电表纠纷案** 1999 年，临川市桥东商住楼 60 余户购房户投诉抚州地区某房地产公司，还有临川青云峰路某商住楼 70 余户购房户投诉市某房地产开发公司。这两起投诉均是购房户在购房前已交纳水电增容费，但公司均不能保障用户的正常供电，影响住户正常生活和子女的学习。经市消协深入调查，2 起购房户交纳的增容费只能安装普通机械电度表，价值每只约 35～40 元，这种机械电度表不利于公司管理和收取电费，也有不少住户不交纳水电费。公司根据供电部门的要求改装磁卡电表，其费用每只约 1700～2000 元，而住户以已交增容费为由不肯交纳改装磁卡电表的费用，致使此事一直未得到解决；其间，某商住楼住户非常气愤，多次聚众到公司围攻公司经理，似有酿成群体事件之势。市消协接到投诉后，组织专门人员进行调查，做耐心细致的工作，并派员同抚州地区供电局协调，经几番调解，终于在 4 月下旬和 5 月初分别达成协议，同意安装磁卡电表，费用由消费者和经营者按比例分担，纠纷得到平息。

**赣县瓜用农药赔偿案** 1999 年 4 月 22 日，赣县五云乡五云村瓜农陈某洪、陈某华两兄弟，在该乡供销社农资经销部购买 2 袋"重茬剂"瓜用农药，预防瓜苗枯萎。按说明书撒在 5 亩瓜苗上，谁知 24 小时后瓜苗全部枯死。他们怕自己有误，按比例在另一瓜地试验，结果也一样。于是陈氏兄弟来到该乡工商所投诉，要求赔偿损失。工商所立即受理，派人到瓜田现场勘察，同时对经销部尚未销售的农药就地封存。五云工商所随即向县工商局汇报。县工商局、县消协派专人负责处理此事，并邀请县农业局农技师与销售单位县农资公司，地区果业公司人员再到实地勘察，重新进行"临床"试验和异地试验，结果和陈氏兄弟使用的药性反应一样。取证后，工商局立即与生产厂家四川省农科院植物物产调节研究中心联系，通报取证和勘察的情况。同时，工商局组织瓜种，为瓜农补种。5 月 6 日，在赣县工商局、县消协的主持下，召集五云乡领导、县农业局技术人员、四川厂家代表、销售单位地区果业公司、县农资公司、五云乡供销社代表、瓜农陈某洪、陈某华，就投诉事项进行调解。厂家同意一次性赔偿瓜农陈某洪、陈某华两兄弟经济损失 8500 元。

**南昌县集资房铝合金窗纠纷案** 2000 年初，南昌县消协接到江西省送变电建设公司部分职工代表的投诉。他们诉说集资建的新房交付使用后，发现新房铝合金窗不仅造价高，而且存在短尺少寸、漏水等质量问题，要求给个说法。受理投诉后，县消协就此事作出部署，并得到省送变电建设公司领导的支持，公司专门成立由主管副经理牵头，纪检、行政等部门参加的市场调查组，配合消协多次深入市场详细询问各种建材价格，测算每平方米铝合金窗口所需的铝材量，并着重调查铝合金窗施工时间（1997 年 9 月）的铝材价格。在摸清情况的基础上，县消协便与施工单位和住户反复协商，确定铝合金单位为施工时的市场价，每平方米 227 元，造价是合理的。窗纱选用的是不锈钢窗纱，质量也是好的。关于铝合金窗面积问题，建筑公司认为应以设计洞口为标准，而住户认为应以实际面积为标准，双方争执不下。为此，消协询问南昌市建设工程造价管理站。该站的答复是：按照江西省（1993 年）再版定额中的计算规则，应该按设计的洞口面积计算，但考虑到南昌县铝合金造价一般都是按实际面积计算,加上价格方面也是按市场定价,经与双方协商后,决定铝合金窗按实际面积计算,建筑工程公司同意把差额退回每个住户。至于窗户漏水问题,建筑工程公司同意全部更换材料。至此,一起集资房纠纷得到解决,对调解结果双方都满意。

**南昌市郑某平砂轮片赔偿案**  2001年下半年,南昌市南京西路个体户郑某平花1元钱从一建材店购得一块砂轮片,拿回店里安装使用,谁知不到5分钟,砂轮片就碎了,碎片击中站在旁边的徒弟胸部,当即昏倒在地,郑某平马上送他到第一附属医院检查,所幸胸骨没有骨折,但是该徒弟几天不能上班,郑某平也因此付出一笔医疗费用,生意受到影响。郑某平拿着砂轮片找到销售者,销售者态度非常强硬,只承诺退赔"一元钱",至于医药费等一概不予承担。郑某平情急之中想到"12315",他抱着试试看的想法,到附近的郊区工商分局京西工商所进行投诉。京西工商所按照"有诉必接,有案必查,有假必打"的服务宗旨予以受理。通过调查取证,工商人员确认砂轮存在质量问题,但销售者认为是用户安装不当造成的。为让销售者心服口服,工商人员买来同样价格同样规格的正规产品,现场演示和比较鉴别,终于使他承认其产品的确存在质量问题。郑某平在投诉后第3天,拿到赔偿金250元。

**靖安县唐某残疾人专用车改装案**  2001年9月,家住江西靖安县雷公尖乡的唐某(残疾人)在南昌市青云谱云华摩托车销售中心,购置江苏常州产的"路路达"残疾人专用车100型号三轮车,价值4500元。当他把车开往县交警车管所办理驾驶证时,被告知此车车架是70型号,而发动机是100型号的,属改装车。唐某得知后,懊恼不已,到南昌市工商局青云谱分局投诉。工作人员在听取事情经过之后,立即前往经销处进行明察暗访。经查实,该车车架号与发动机号不相符合,属改装车。于是,工作人员本着保护消费者合法权益宗旨,耐心地对双方进行调解。最终达成一致协议:经销商同意将原先70型号的车架更换为100型号的,并赔偿消费者由此造成的直接经济损失500元。

**万安县除草剂使用不当案**  万安县窑头和百加两镇农户在2002年5月下旬,陆续从当地经销部购回"农时"牌抛秧移栽田新型除草剂,在施用5天至7天后,出现禾苗叶片发黄枯萎现象,有的还成片枯死。为此,两镇农民集体向县消协投诉。根据诉情,万安县消协立即联合农技部门前往实地进行调查。经查实,受损农民上百户,受损农田总面积达342.28亩。经了解,这些村民使用的除草剂全部是同一品牌。据经销商陈某说,这批除草剂系其于2002年4月中旬从吉安市某公司购进,共5件(每件600包)。调查过程中,在谈及事故发生时,农户和经销商各执一词,受损农户认为除草剂质量有问题,而经销商则声称该批除草剂不存在质量问题,只是在销售时指导农户如何正确安全使用方法方面有所疏忽。万安县消协便与这批除草剂的生产方浙江省永康农药厂取得联系,并就质量问题以及受损农户经济赔偿问题和生产厂家的委派代表进行调查和协商。经过大量调查,又将该批除草剂取样送江西省农药检测中心鉴定,认为这批"农时"牌除草剂属合格产品,不存在质量问题。而造成事故的原因主要有二:一是当地经销商对该产品使用宣传不到位;二是同当地农田土质和异常天气有关,万安县窑头、百加两镇农田多为沙性田,且农户在使用除草剂后,连遇阴雨天气,农田水位上升,造成禾苗叶片及嫩茎部分被药物浸蚀。经调解,由浙江永康农药厂按实际损失一次性补偿受损农户34228元,其中窑头镇农户31400元,百加镇农户2828元。调解双方对此均表满意。

**南城县水泵漏电致人死亡案**　2002年7月11日，南城县建昌镇黄家围村江家园6小组农民黄某发，用新买的浙江某品牌水泵给干枯的田里抽水。在抽水过程中，黄某发在未切断电源情况下，赤脚踏进水中想拔去吸附在泵口的杂物，遭到电击，不幸身亡。由于黄某发死亡时躯体是压在水泵上，并且与水泵接触的皮肤被烧焦。事发后，黄某发的家属怀疑电击可能是与水泵有关，便拨打了"12315"投诉电话。南城县工商局"12315"投诉指挥中心负责人接诉后，带队火速赶到事发现场调查取证，通过法医的尸检报告和对现场证物勘验，办案人员初步认定，事故根源在于水泵漏电。于是，办案人员在妥善保存证物同时，很快找到水泵销售商，查封销售商店中的同品牌水泵，并与水泵生产企业浙江某泵业公司取得联系。厂方起先并未表现出积极态度，在南城"12315"工作人员的督促说服下，厂方工作人员于7月15日到达南城处理此事。通过对水泵进行技术鉴定，证实该水泵确实会漏电，漏电原因是水泵电源线的密封套被外力扯断松动，水进入水泵电机内造成泵体带电。鉴定结果说明，电击与死者使用不当也有关系，但"12315"指挥中心的办案人员通过调查分析认为，该水泵的电源线与泵体之间没有固定点，用户在使用过程中很容易扯松密封套，这是产品设计上的缺陷，生产企业应对此事故承担不可推卸的责任。最后通过南城"12315"指挥中心的调解，于7月20日达成一致协议：水泵生产企业一次性补偿死者家属6.8万元，且赔偿款于当日送到死者儿子手中。

**龙南县农用三轮车翻车伤人案**　2002年7月29日，龙南县凌某驾驶刚买十几天的山东时风牌农用三轮车途经定南县汶岭路段下坡时，因刹车突然失灵，导致车翻人伤，在定南举目无亲的凌某找到县消协。经消协多次与山东厂家联系，终于达成调解协议：除车辆保留发动机外，其余部件全部换新修复，费用1.3万余元由厂方负责，并赔偿凌某医疗费3000元。

**万年县不良种子案**　2001年，为改良品种，提高水稻产量，万年县粮食局从湖南常德引进一种叫"金优117"的优质高产晚稻种，无偿送给该县裴梅镇几户农户试种，约定收获后交粮食局优惠价收购。经试种，亩产高达600千克，比当地晚稻品种产量高出近一倍。当地农民见此，纷纷购买这种稻种。该县大黄乡种子经营户夏某、李某、汪某、陈某等4人见有利可图，于2002年3月，他们以4元/千克的价格从试种农户手中收购1100千克稻谷，以8～10元/千克的价格卖给同乡虎山、双山、汪李3个行政村的村民种植，从中获利5000余元。当这些农民栽下"金优117"后，不久便发现同一时段内田间同时伴有灌浆、抽穗、孕穗、拔节等不同生产期现象。2002年7—8月期间，陆续有农民向万年县工商局投诉。接到投诉后，该局非常重视，派出两组人员同时开展调查取证。一组人员到种子店查看并封存种子销售原始台账，对购买了"金优117"稻谷种子的农民逐村逐户登记，对田间禾苗生产情况进行拍照，提取证据。另一组人员邀请县农业局种子站技术人员到现场进行技术鉴定，结论为经过二次繁殖，新品种稳定性不高导致种子出现变异、分离。经测算，大黄乡3个行政村种植"金优117"的稻田面积约为1000亩，每亩减产100～200千克，折算人民币损失额达20万元。根据《中华人民共和国种子法》规定，繁育种子应具备相应的资格、技术和检验设施，经过检验检疫合格后方可推广种植。而夏某等4人不具备繁育种子主体资格和条件，更没有进行检验、检疫规程，而是从农民手中购来稻谷作种子销售，给农民造成严重经济损失，其行为违反《中华人民共和国种子法》。万年县工商局依据《中华人民共和国种子法》和《中华人民共和国消费者权益保护法》关于"农民购买,使用直接用于农业生产的生产资料,参照此法执行"的规定,除对夏某等人给予行政处罚以外,还责令他们共同赔偿120户受害农民14万元经济损失。在工商部门的监督下,夏某等人分期支付赔偿款,到2003年5月25日赔付完毕。牟利仅5000余元,却赔偿14万元。夏某说,他们尝到违法经营的"苦果"。

**宜春袁州区学生食堂劣质食用油案** 2003年6月初,有人向宜春市袁州区工商局城东分局值班室举报,说:"分局辖区有三所中学的学生食堂采用劣质食用油,危害学生身体健康。"举报者自称是学生家长。接到举报后,城东分局一面及时向区工商局领导汇报,一面迅速组织执法人员分三路赶赴举报的三所学校学生食堂现场调查。执法人员发现其食用油、大米等食物的堆放一片狼藉,卫生条件较差,烹饪采用的猪油和棕榈油发出阵阵难闻异味。执法人员当场将该三校食堂300余千克此类食用油依法予以查扣,责令该三校学生食堂立即停止购买、使用此类食用油,并注意搞好食堂内外卫生。执法人员将暂扣的食用油抽样送粮油质检部门检测,结论为该食用油均为不合格劣质油。经查,该三校学生食堂均是学校承包给私人经营的,约有5000余学生用餐,这些食用油是2003年5月从宜春城区粮油经营户吴某、龙某、易某等处低价购进的有异味劣质食用油。所幸除了部分学生有轻微呕吐症状外,尚未酿成大的中毒事故。经过近两个月调查取证,在案件事实清楚、证据确凿充分的基础上,袁州区工商局城东分局于8月24日依法查扣该三校学生食堂及吴某、龙某、易某等个体经营户库存的所有劣质食用油,并处以罚款1.7万元的处罚决定。

**南昌西湖区熊老太超市跌伤案** 2003年12月23日上午10时许,70岁的熊老太在南昌市象南洪客隆超市购买蔬菜,被左右两边拥挤的人群挤倒在地。洪客隆超市员工当即打电话请"120"急救,把熊老太送往医院。经医院诊断,老人关节跌伤成粉碎性骨折,需住院治疗。住院费约需1.5万元左右。熊老太家属于当日下午到新洪客隆超市找到该店负责人要求承担全部医疗费。但该负责人却声称熊老太当时是被客人所挤倒,商家不负责任。之后,熊老太家属又到超市交涉过几次,均无结果。于是,熊老太家属于2004年1月3日到南昌市西湖区消协投诉。西湖区消协受理投诉后及时展开调查,查实熊老太是在超市买菜被人挤倒,跌成骨折,与超市管理不到位,没有疏导人流有关。该超市地面比较光滑,容易造成小孩和老人跌跤,而超市没有明确的警示标志提醒消费者,顾客跌伤,超市应负主要责任。但是,熊老太年已七旬,不宜到人流拥挤的地方,作为监护人(儿子、女儿)也应负一部分责任。西湖区消协依据《消费者权益保护法》有关规定,经区消协调解,由商家一次性补偿熊老太医疗费1.3万元。

**石城县液化气联营体短斤少两案** 2004年7月起,石城县工商局不断接到消费者投诉,反映瓶装液化气短斤少两,对此,该局立即组织人员对此事依法调查处理。为掌握确切情况,县工商局执法人员对石城县城南液化气站、石城县液化气储供总站进行4次实地称重抽查,共随机抽查78瓶液化气。4次抽查除1瓶液化气重量达到13.5千克外,其余的全部短少1.25千克,4次抽查平均每瓶短少液化气0.46千克(不包括每瓶液化气空钢瓶内平均有0.4千克残液的重量)。为证实液化气短少是人为故意操作造成,还是由于人力不能控制造成,执法人员会同联营体工作人员在城南液化气站现场进行液化气充装测试。经连续对20瓶气的充装测试,液化气的净重全部达到13.5

千克，这说明人力还是能够控制和把握的。液化气联营体的做法完全是利用允许误差不超过±0.5千克的规定做手脚，故意缺斤少两，以合法的形式掩盖其违法目的，坑害消费者，从中牟取非法利益。据调查，联营体每年12月至次年2月期间平均每天能销售200瓶液化气，其他时间每天销售120瓶，按抽检时间2004年8月25日至2005年1月4日跨度算，他们共销售液化气18760瓶，共获违法所得46923.12元。依据《欺诈消费者行为处罚办法》第五条和《消费者权益保护法》第五十条的规定，对4家液化气站作出没收全部违法所得，处以违法所得2倍罚款的行政处罚。

**定南县健身器材致人伤残案** 2005年2月6日，在定南县台资企业赣州新桥艺品有限公司打工的云南人段某邀两个老乡何某、高某去逛超市。在定南一超市的体育健身器材货架前，何某看中一款浙江义乌一塑胶有限公司生产的"爱思维"牌拉力器，便想试一下，不料，何某在试拉过程中，拉力器的一只握柄断裂，刚好砸在旁边观看的段某左眼，顿时血流如注，痛不欲生。何某赶紧送段某到县人民医院治疗，20多天后拆线，却发现左眼看东西一片模糊。此后段某返回云南，经云南省第二人民医院、昆明眼科医院治疗后仍视物不清，且花费近万元费用。3月27日，段某投诉到定南县消协，并委托县消协对损伤进行评残，经定南县人民法院法医技术鉴定为七级伤残。段某遂要求经营者赔偿医药费、伤残补偿金、营养费及精神损害赔偿金等10万余元。定南县消协迅速组织精干人员对该案展开调查。经查，消费者反映的情况属实，要求合理合法。为此，县消协工作人员组织双方进行调解。县消协调解几次未见效。因此案涉及产品质量问题，县消协便与厂家取得联系，要求厂家速派人来定南处理此事，但厂方迟迟不肯过来接受调解。鉴于上述情况，定南县消协将此案通报给义乌市消协，要求共同对该案进行调处，以维护民工合法权益。义乌市消协对此案十分重视，经多次研究，提出详细调解方案，并指定办案人员做好厂方思想工作，要求其前往定南县消协磋商。经协商，厂方答应在义乌进行调解。定南县消协工作人员陪同段某和经销者前往义乌市消协，共同对该案进行调解。义乌市消协根据消费者的具体伤残程度，召集厂方负责人前来消协和经销者、消费者协商赔偿方案。两地消协认为：厂方生产不合格的拉力器使消费者人身、财产受到损害，应承担主要责任；超市进货把关不严，存在一定过错，相应承担一定责任。由于义乌市消协对厂方已做好思想工作，并认真讲解《消费者权益保护法》有关规定，经过调解，顺利达成协议，由超市赔偿段某1.5万元，厂家赔偿5万元，段某对此调解表示满意。

**资溪县病仔猪销售案** 2005年4月15日，资溪县工商局"12315"举报投诉中心接到该县乌石镇草坪村农民电话投诉，反映该村十多户农民购买的同一批仔猪全部生病，病死了好几头，当地兽医站治不好。接到投诉后，县工商局立即派员赴该村进行实地调查，了解到仔猪是一个安徽人贩运到当地销售的，在当地共卖18头猪，每头最少有二三十千克，这批猪在不到5天时间内全部发病，已死亡3头，当地兽医站也查不出病因，此安徽人早已离开资溪，不知去向。18日上午，又有高阜镇、乌石镇等地20多户农民直接到工商局投诉称所购仔猪发病，买一头仔猪至少要花好几百元，对当地生活尚不富裕的农民来说是相当大的开支，因此情绪都比较激动，强烈要求赔偿。县工商局领导感到事关农民利益，一方面迅速组织精干力量分赴各乡镇调查取证；另一方面向县政府领导汇报情况，协调农业兽医部门对病猪进行诊治，确定病因，避免农民损失进一步扩大。经过多方调查取证，得知这批猪是安徽人郭某从江苏滨海县收购来的，通过高田乡兽医站站长方某介绍给资溪县各乡镇兽医站,将猪推销给农民,兽医站收取每头猪 3 至 6 元介绍费,此次贩运的一车共 60 头仔猪,以每千克 14.6 元的价格已全部销售给各乡镇农民,金额达 3 万余元。但是这些猪都经过江苏、江西两地的动物防疫部门检疫,每头猪都戴有检疫耳环,当事人持有检疫证明,在销售前经过兽医站检疫和消毒,猪也无任何异常迹象。执法人员在做通方某的工作后,方某联系安徽人郭某来资溪接受调解。4 月 26 日,郭某来到资溪,但其辩解这些猪是出售后被传染的,自己没有任何责任。此案牵涉到 48 户农民利益。后经农业部初步诊断结果明确,这批仔猪染上猪附红细胞体病,具有传染性,治疗难度极大,染病生猪死亡率高达 70% 以上。该病具有潜伏期,时间长达 7~14 天,不易发现。4 月 27 日,此时发病的猪已有 47 头,已死亡 36 头。在整车猪基本染病的事实面前,郭某也不得不承认猪在售出前染病的事实。在工商局人员努力下,猪贩郭某、兽医站方某、48 户农民达成一致协议,郭某愿承担此事件主要责任,原价退赔农民 60 头仔猪款,兽医站从中渔利也应承担相应责任,给予农民每头猪 100 元补偿,总赔付农民 21300 元。当天晚上,农民领到赔款和补偿款。

**泰和县诺基亚手机销售纠纷案**　2006 年 4 月 4 日,吉安的消费者赵某在泰和县鸿通手机城以 1400 元的价格购得一款诺基亚 7260 手机一部,用后发现该手机不在手机全国联保范围内,且该手机机内显示生产日期为 2004 年 12 月 20 日,通话时长已达 75 小时之多,显然非新机。赵某于 4 月 7 日到该店去交涉,却发现大门紧闭,知情人向其透露该店被吉安市公安局、市质量技术监督局抽查后关门。无奈,赵某便向泰和县消协投诉,要求该店给予退货和赔偿一定的经济损失。县消协受理投诉后,多次派员到该店交涉未遂,遂向县工商局、县技术监督局等部门了解,得知未介入此事,又通过与该店合作的县移动公司才了解到该店被人举报后,已被吉安市公安局、技术监督局等部门抽查过。于是,县消协通过电话与市技术监督局经办此案的支队长取得联系,得知此案正在办理中,涉案手机已送南昌进行检验,有结果会告知县消协。4 月 10 日,该手机城开门营业,县消协将消费者的投诉告知该店老板石某后,他当即表示愿意和消费者协商解决。当天下午市技术监督局来电话告知,涉案送检的手机是三星机型,消费者投诉的诺基亚 7260 手机没有抽样送检。经与诺基亚客户服务热线联系,消费者投诉的该款诺基亚 7260 手机不在全国联保范围内,且手机上的标贴是过期的试用版入网许可标贴。后经县消协召集消费者赵某、经销商石某多次协商,经销商石某同意给予消费者适当补偿(如路费、误工费等),经双方再三交涉,最后经销商退还消费者赵某购机款 1400 元和赔偿 260 元。

**新余市相机维修纠纷案**　2002 年 6 月 11 日,新余市消费者王某花费 880 元购买一台上饶市出产的照相机。2005 年 12 月 21 日,王某打不开相机,就把照相机送到新余市某照相馆维修,维修人员小陈打开照相机后,认为照相机受潮,只需清洗一下,烘一烘即可。然后收了王某"受潮、清理费" 40 元,并开具收据。第二天,王某用"修好了"的相机照相,发现洗出来的照片模糊不清,呈现暗淡的蓝灰色。王某与该照相馆联系,该馆认为照片不清是由于照相机本身质量问题所致,不是清洗造成的,拒绝赔偿。多次争吵未果,王某便到市消协办公室投诉。市消协直接受理这起投诉,通过向双方当事人了解情况和综合分析,发现情况较复杂。后市消协通过电话与该照相机生产厂家取得联系,与厂家部门负责人员电话商谈后,市消协组织消费者王某、维修人员小陈共同将照相机封存寄送给厂家,市消协同时附函,要求厂家尽快给予答复。后来厂家回话:该照相机确实存在问题,与该照相机的清洗也存在关系,而且这台照相机如果要维修,其维修成本较高;鉴于上饶市消协人员专程到厂家联系,新余市消协人员多次通过打电话、发函形式与厂家沟通的诚心,厂领导被两地消协为消费者的热心服务和对工作认真负责行为深深感动,愿意免费给王某调换一台同类型新照相机。2006年4月25日,消费者王某从新余市消协工作人员手中拿到一台新的照相机。

**修水县电视机柜质量事故赔偿案** 家住修水县城滨江花园的阮某,2006年春节喜迁新居,在县城一大型家具城花1100元订购一套变色龙2730#电视机柜,经销商派安装工人到家里进行安装。1月30日晚,打开电视机柜抽屉时,电视机柜中间部分突然倾斜,放置在柜上的电视机因失去平衡摔倒在地。春节过后,阮某随同相关部门找到经销商,可经销商认为事故是人为造成的,与他们的产品质量无关,不愿承担赔偿责任,也不接受任何调解意见,事件处理因此陷入僵局。4月15日,阮某拨通"12315"热线。修水县工商人员通过实地查看,发现在电视柜中间主柜与两边的柜子连接处没有上螺丝,而且在主柜的前下方悬空处的底板上有一个支架口,按设计应该有一个底脚,可当初运来的配件中没有这个脚,使得电视机柜的稳定性大大降低。商家最终认识到自己应承担的责任,经过工商人员摆事实耐心调解,于是赔偿阮某2100元,并更换新的电视机柜。

**九江派拉蒙事件** 2007年,九江派拉蒙集团在全市开展人民币尾数为315的可以"以一当二"使用,后因为持币参加活动的消费者太多而临时取消活动,引起消费者群体投诉。接到投诉后,九江市工商局315应急分队赶赴市区的几个现场妥善解决申诉纠纷,监督商家按照宣传将活动坚持开展至营业结束,维护了广大消费者权益。

# 第七章　　流通环节食品监管

2004 年 9 月 1 日,国务院印发《国务院关于进一步加强食品安全工作的决定》,做出建立国家食品安全监管新体制的决定,明确食品流通环节的监管由工商部门负责。全省各级工商部门把开展流通环节食品安全监管作为全面落实科学发展观、构建社会主义和谐社会、改善民生和维护中国产品信誉的重大政治任务,切实履行职能,尽职尽责,坚持"标本兼治、防打结合、分类监管、综合治理"原则,围绕重点食品、重点单位、重点区域,集中开展清理和规范食品生产经营主体资格,明确经营者履行进货检查验收等法定责任和义务,开展食品安全及农村食品安全整治年、节日食品、季节性食品、儿童食品等一系列专项执法检查,强化组织领导和工作责任,加大整治力度和拓宽检查区域,建立和完善长效监管机制,取得显著成效。

## 第一节　食品监管体制

江西省工商局于 1990 年设立经济检查处,打击含食品在内的假冒劣商品。尔后,各(地)市工商局相继设立经济检查科,县(市)工商局设立经济检查股,至此,以打击假冒劣食品为重点的食品安全监管体制机制在全省工商系统初步形成。1990—1995 年底,全省工商系统经济检查部门加强市场日常监管,按照江西省政府 1988 年印发《关于严厉打击掺杂使假伪劣食品非法活动的通知》要求,加大监管力度,对假冒劣食品非法经营活动进行严厉打击,取得显著的阶段性成效。

1995 年,江西省直机关机构改革,省工商局被确定为省政府主管市场监督管理和行政执法的职能部门。1995 年底,省工商局设立公平交易局,经济检查处撤销,原属经济检查处的食品安全监管职能转至公平交易局。1996 年,各设区市及县(市)工商局相继成立公平交易局及进行相应的职能调整。

1996—2005 年,全省工商系统公平交易职能部门切实履行公平交易执法职能,深化打假护优工作,加强"12315"消费者举报投诉网络建设,制止不正当竞争行为,进一步完善和创新市场监管各项制度与措施,受理消费者大量消费投诉,维护消费者合法权益,促进流通领域食品安全形势好转。

2004 年 9 月 1 日,国务院印发《国务院关于进一步加强食品安全工作的决定》,规定农业部门负责初级农产品生产环节监管;质检部门负责食品生产加工环节监管;工商部门负责食品流通环节监管;卫生部门负责餐饮业和食堂等消费环节监管;食品药品监管部门负责对食品安全综合监督、组织协调和依法组织查处重大事故。按照责权一致的原则,建立食品安全监管责任制和责任追究制。2005 年 1 月 1 日实施。地方各级人民政府对当地食品安全负总责,统一领导、协调所辖地区的食品安全监管和整治工作。

2005年底,全省在省、市、县三级工商局成立消费者权益保护局,在组织上强化对消费者权益保护工作。各级工商机关公平交易局流通环节食品安全监管职能转至消费者权益保护局。全省各级消保组织以流通领域商品质量监管、食品安全专项整治、"12315"行政执法体系建设和消费维权机制创新为工作主线,推进消保维权工作的制度化、规范化、程序化、法治化建设,切实履行维护市场竞争环境和消费者合法权益的职责,促进和谐平安消费环境建设。

2009年5月15日,经省政府批准,省政府办公厅印发《江西省工商局主要职责内设机构和人员编制规定的通知》,决定省工商局设立食品流通监督管理处,其职责涉及拟订流通环节食品安全监督管理的具体措施、办法,组织实施流通环节食品安全监督检查、质量监测及相关市场准入制度,承担流通环节食品安全重大突发事件应对处置和重大食品安全案件查处工作。自此,食品流通环节安全监管工作职责由消费者权益保护局转至食品流通监督管理处。

2009年6月1日,《中华人民共和国食品安全法》(简称《食品安全法》)开始施行。《食品安全法》规定,卫生部门从2009年6月1日起不再发放食品卫生许可证,由工商部门承担食品流通许可工作。当时国家对食品流通许可的相关配套法规规章尚未公布,按照"先证后照"的原则,会对新从事食品经营企业和个人的注册登记、原食品经营者的年检带来一定影响。为此,省工商局参照原卫生许可证的审核要求,按照《食品安全法》相关规定,于2009年6月16日印发《关于目前在注册登记、年检中涉及食品流通许可事项处理意见的通知》。通知下发后,有效解决了全省新从事食品流通经营市场主体的许可审核问题,以及一些市场主体原《食品卫生许可证》到期后与食品流通许可间的衔接问题。11月5日,省工商局印发《江西省工商行政管理局食品流通许可证管理实施办法(暂行)》,进一步明确食品流通许可的管辖分工,细化现场核查内容。

# 第二节　专项整治

1996年,省工商局部署对全省保健食品市场的整治,全省工商系统先后出动检查人员12570人次,检查生产、经营单位18696家,查处案件1200余件,总标值1034万元。

1998年,各级工商部门与其他有关部门一起在全省对所有销售碘制品、饮品、食品的企业和个体工商户进行一次全面检查,对不具备生产条件、在产品中掺杂使假、以次充好的企业,一律责令停业整顿,对无证无照生产、销售饮品、食品行为,坚决予以取缔。全省各级工商部门共收缴、查获非碘、劣质盐230吨,假劣、过期食品1.53万千克等;取缔无证照冷饮店、食品店324家,捣毁制假窝点54个。

2002年,全省各级工商部门开展对节日市场整治、"放心菜篮子"整治行动、食品市场整治、肉类市场整治等专项整治,查处一批案件,维护消费安全。

全省各级工商部门实施食品放心工程,保障人民群众食品消费安全。2003年,全系统共检查市场2189个、经营者19652家,取缔无照经营1249家,抽查各类食品461批次,查办案件692起,查获一大批违法经营的物品。举办全省工商系统整顿和规范市场经济秩序成果展暨名优商品真假鉴别展示会。开展农村市场整治,维护广大农村消费者合法权益。全省工商系统共检查农村市场 560 个、经营户 16320 家,受理投诉 1846 起,举办识真辨假展示会 98 次;查处违法违章案件 435 件,案值 36 万元。

2004 年,全省各地以流通领域食品安全专项整治为重点,促进消费环境好转。全省工商系统围绕建立食品安全信用体系和失信惩戒机制,实施食品放心工程,将市场准入关口前移,开展专项整治和商品质量抽查,结合市场巡查和日常检查,实行重点查看,强化对食品经营主体和食品入市、交易、消费环节监管,狠抓大要案件的查处,严厉打击各类食品违法经营行为,先后组织开展儿童食品市场集中整治、夏秋时令食品市场集中整治、中秋、国庆节日旅游市场整治等流通领域食品市场安全整治,对与人民群众日常生活息息相关的奶制品、酒类、饮料、粮油、肉类、蔬菜、水果、豆制品、水产品九大类食品实行重点整治,取得阶段性成果。开展食品安全专项整治期间,全省工商系统共检查经营户 17.5 万家,取缔无照经营户 2449 家,吊销营业执照 37 家,查处制售假冒伪劣食品案件 6823 件,案件总标值 7110 万元,罚没总金额 833.5 万元,捣毁制假售假窝点 144 个,移送司法机关处理案件 5 件。各级工商部门全面实施以食品安全为重点的流通领域准入制度。各地结合实际,推行食品进货查验、购销台账、市场开办者质量责任、销售食品质量承诺等制度,以及重要食品"厂地挂钩""场地挂钩"制度、不合格食品退市制度。同时,总结试点经验,积极推行商品市场准入制度,从源头上治理制售假冒伪劣商品等违法行为。加强"12315"申诉举报网络建设,建立健全食品安全快速反应机制。

2005 年,全省各级工商部门开展流通领域食品安全专项整治,群众消费安全感增强。全系统按照省工商局统一部署,集中组织开展节日食品市场整治等 10 次专项执法检查,严厉打击扰乱食品市场秩序的违法经营行为。全系统共检查食品经营户 41 万家次,查处制售假冒伪劣食品案 2632 件,案件总标值 1396 万元,罚没总金额 522 万元,捣毁制假售假窝点 134 个,移送司法机关处理案件 3 件。同时,落实工商所食品安全监管工作规范,强化日常监管;以食品准入制为重点的流通环节商品质量监管新机制不断完善,进货检查验收等 6 项制度基本落实,食品市场准入制等 5 项制度全面到位,食品质量检测监测力度不断加大,"三位一体"的监管体系逐步形成。

是年,全国部分省份出现高致病性禽流感疫情。各级工商部门加大市场巡查力度,签订责任书,完善索证索票制度,实行"挂牌经营"制,加强对防疫产品的市场监督检查,及时掌握有关疫情动态信息,加强禽类市场监测和抽检等措施。

2005 年 9 月 18 日,赣州市数十名市民因食用牛肉,出现头昏、耳鸣、乏力等中毒症状,赣州市和章贡区两级工商部门迅速调集市、区所有工商执法人员,对各市场的销售牛肉经营户和摊点进行排查,并通知城区各餐饮店和商家停售并封存未销售出的牛肉及相关产品。由于市政府以及工商、卫生等部门应对措施有力,全市没有出现因食用牛肉危及生命的情况。经工商执法人员排查发现,9月 18 日,赣州市卫府里市场个体工商户涂某从上犹县、南康市、章贡区沙石等地购进 5 头牛肉 400 余千克,卖给赣州市城区明珠、赣电等 12 家酒家和餐馆,部分顾客食用后出现中毒现象。其中,涂某从南康市购进了含"瘦肉精"的牛肉,除赣州市部分人食用了这种牛肉后出现中毒情况外,南康市的少数市民食用后也出现中毒现象。涂某当晚被公安机关留置调查。赣州市和章贡区工商局根据牛肉市场出现的情况,开展肉类食品安全专项整治行动,成立以市、区两级工商局长为组长的"肉类食品安全专项整治"领导小组,制定出周密整治方案,明确整治措施;继续在全市彻底清查有毒有害牛肉,对城区所有当天购买牛肉的酒家和餐馆排查一遍,防止误食有毒牛肉中毒;严把市场准入关,各肉类食品经营户必须证照齐全,坚决取缔肉类、食品无照经营;加强动物产品入市管理,未经动物防疫监管部门检疫的动物产品(猪、牛、羊)不准上市,病死肉、注水肉、私宰肉、未经检验检疫的各类肉品不准上市,来自疫区的肉产品不准上市,所售肉类食品必须检验合格。坚决杜绝制售有毒有害肉类食品违法行为,确保消费者安全、健康消费。

2006 年,省工商局部署开展全省流通环节食品安全专项整治工作。全省工商系统出动执法人员 128175 人次,清理检查食品生产经营主体 172390 家,吊销营业执照 1087 家,取缔无营业执照生产经营户 3427 家,查处制售假冒伪劣食品案件 1852 件,查获假冒伪劣食品 558599.6 千克,其中粮食及其制品 233159 千克、肉及其制品 18267.25 千克、儿童奶粉 18469 千克、奶制品 19213.72 千克、食用油 19092 千克、饮料 29180.5 千克,罚款金额 564.63 万余元,有效地规范食品经营主体资格和经营行为。

2007 年,根据国家工商总局《关于印发〈2007 年流通环节食品安全专项整治工作方案〉的通知》精神,省工商局及时印发《江西省工商管理局 2007 年度流通环节食品安全专项整治工作实施方案》,部署集中开展"农村食品市场整顿年"活动,严厉打击制售假冒伪劣食品违法行为,强化食品经营者经济户口管理,推进食品经营主体信用分类监管统一命名和公示农村食品安全示范店 2180家。严格食品质量管理和质量监测,加强对食品准入、交易和退市的全程监管,全省 1419 个市场开办者建立质量责任制度,在全省食品质量抽检中,共检测 25 个品种 7700 批次,切实保障农村食品市场消费安全。发挥基层工商所职能作用,强化食品安全日常监管,狠抓食品案件查处,加大对大案要案的查办力度和构建食品安全长效监管机制,有力维护食品市场消费安全,增强人民群众的消费信心。

是年,省工商局印发《关于开展 2007 年度流通环节食品质量监测工作有关事项的通知》等一系列文件,部署县级以上城市的市场、超市 100% 建立进货索证索票制度;乡镇、街道、小区食杂店 100% 建立进货台账制度;彻底解决乡镇政府所在地及县城以上城市小食杂店、小摊点无照经营问题三项工作目标,开展为期 4 个月的流通环节食品安全专项整治。至年底,全省 346 个批发市场、915 个集贸市场、306 个商场、1387 个超市全部建立经营者进货索证索票制度,35552 个乡镇食品经营店铺、25472 个街道食品经营店铺、7455 个小区食品经营店铺全面建立进货台账制度,完成"两个100% 和一个彻底解决"的工作目标,专项整治取得成效。

是年,全省工商系统共出动执法人员 206141 人次,检查批发市场、集贸市场等各类市场 11593个,取缔无照经营 2801 家,查处制售假冒伪劣食品案件 6300 件,案值 813.94 万元,罚没金额609.75 万元,受理和处理消费者申诉和举报 7834 件,为消费者挽回经济损失 873.87 万元。

2008 年初,全省工商系统开展对食用油市场的专项执法检查。省工商局部署开展"元旦春节"和"中秋国庆"节日市场整治,要求各地以节日市场为重点,结合日常监管工作,突出农村食品市场、商场超市、集贸市场、食品批发市场和农村集市、城乡接合部、城市小区、旅游景点等重点监管区域,加大对节日食品市场的监管力度。元旦春节期间,全省工商系统出动执法人员29196人次,检查经营户91675家次,取缔无照经营户351家,捣毁制假售假窝点28个,查处制售假冒伪劣食品案件147件,抽取食品质量监测样品956种共计3087批次,查获假冒伪劣食品及不合格食品26564.4千克。

5月12日,四川省汶川发生8.0级大地震。随后,省工商局印发《关于做好抗震救灾期间食品安全监管工作的通知》,要求各地发扬"一方有难,八方支援"精神,紧急行动起来。各级工商部门严格履行食品安全监管职责,尤其对米、面、油、酱油、醋等基本日用食品,以及饼干、方便面、饮料、香肠、瓶装水等救灾亟须的方便食品为重点,有针对性开展食品质量专项执法检查。同时各地密切关注和了解食品经营环节的贮备状况,随时为灾区提供安全放心食品。

2008年三鹿奶粉事件发生后,省工商局分几个阶段印发和转发几十个专项整治行动文件及明传电报,部署全省奶制品专项整治工作。截至2008年10月15日,全省工商系统出动执法人员114783人次,检查婴幼儿奶粉经营主体293332家次,下架奶粉169983.3千克,受理消费者有关婴幼儿奶粉咨询、申诉、举报27126件,为消费者退换奶粉21008.46千克。全省各地下架液态奶117252.6千克,受理消费者有关液态奶的咨询、申诉、举报6448件,为消费者退换奶粉4674.95千克。下架各类不合格奶制品214.4吨,组织监督在省内有销售不合格奶制品的35家企业召回156.73吨。全省共销毁不合格奶制品57.79吨。根据国家发改委、农业部、国家工商总局和国家质监总局《关于加强监督管理规范原料奶市场秩序的通知》要求,全省工商系统开展对原料奶经营者监督检查工作,清理规范原料奶经营主体资格,严厉查处各类违法行为。全年,检查奶制品经营主体55.14万家次,下架封存问题奶制品28.75万千克,受理消费者咨询、申诉、举报34590件,监督经营者为消费者退换货2.57万千克;查处制售假冒伪劣食品案件1332件,涉案金额1139.7万元。

含三聚氰胺婴幼儿奶粉事件发生后,南昌市工商部门立即要求经销商对所售的三鹿奶粉进行下架处理,特别加强对消息相对闭塞的城乡接合区域奶粉经营点的排查力度。宜春市工商系统出动执法人员1130人次,对全市范围内的超市、副食品店进行拉网式清查,全力围剿含三聚氰胺婴幼儿配方奶粉;到9月17日12时,全市工商系统共下架、封存含三聚氰胺婴幼儿配方奶粉6483千克。9月11日,新余市工商局要求全市工商部门对辖区内奶粉市场开展拉网式检查;9月11—15日,分宜县、渝水区、仙女湖区、开发区工商部门,对辖区内经销婴幼儿奶粉的经营单位进行3次全面大清查;截至9月16日,全市工商系统出动工商执法人员180人次,检查经营主体813家次,退市奶粉925.4千克,受理和处理有关三鹿奶粉的消费者咨询、申诉和举报8件,向有关部门通报当地三鹿奶粉导致病例1例。赣州市上犹县是一个山区小县,大部分人口居住在偏远的深山处,很多老百姓逢圩购物没有索要发票的习惯,即使商家给了票证也不会在意保存;奶粉事件发生后,上犹县工商局为及时收回偏远山区老百姓手中的问题奶粉,让山区儿童免受危害,对不能出示购货票证或者有票证,又因地处偏远山区不方便退货的,由当地工商分局(所)就地退货"先行赔偿",再由工商部门统一到三鹿奶粉上犹供货商驻所办理退货赔偿。

萍乡市安源区工商局采取多项措施应对三鹿奶粉事件。全局上下迅速行动,对市场上销售的三鹿婴幼儿配方奶粉全面开展清查、下架工作;及时发布消费警示,提醒消费者注意自我防范,不购买国家相关部门公示的问题奶粉；严格实行24小时值班制度，对投诉举报的相关事件，采取措施及时处置。到9月16日，共出动执法人员202人次，对辖区内市场、超市、批发部、食品经营户718家进行检查，发现并依法退市涉嫌不合格三鹿奶粉55.2千克，受理消费者相关咨询、申诉5起；经销商上报向其投诉的消费者共4例，其中3例存在肾结石症状；经销商共召回并退回涉嫌不合格三鹿婴幼儿配方奶粉1381件。

9月13日，婺源县工商局取消中秋节假日休息，组织力量有针对性地开展专项执法检查，重点检查奶粉标签、合格证、保质期及相关经营手续等内容，严厉打击以假充真、以次充好、缺斤少两、散布虚假信息违示经营等损害消费者合法权益、扰乱市场秩序的行为；实行24小时值班制，正确答复群众咨询，引导群众健康消费，稳定人心；对城区、批发商、超市等加大检查力度，准确掌握其销出数量和销售去向，确保"问题奶粉"及时召回；县工商局于12日晚在政务信息网上发布三鹿婴幼儿配方奶粉消费警示，各分局在食品批发市场、大型商场、超市、连锁店、食杂店醒目处张贴消费警示100多张。

根据全国打击违法添加非食用物质和滥用食品添加剂专项整治电视电话会议精神，全省工商系统自2008年12月23日起，分3个阶段，组织开展为期4个月的打击违法添加非食用物质和滥用食品添加剂专项整治。第一阶段即自查自纠阶段，全面排查，不留监管死角；第二阶段即清理整顿阶段，严格执法，震慑违法行为；第三阶段即规范巩固阶段，立足长效，完善治本措施。截至2009年10月底，全省共出动执法人员85738人次，排查食品添加剂经营户5897家（其中农村2714户，企业139家，个体工商户5758家），查扣非食用物质和食品添加剂313.98千克、滥用食品添加剂的食品1.3万千克，查处流通环节涉及违法添加非食用物质和滥用食品添加剂的案件58件，案值220余万元，罚没金额130余万元，受理消费者申诉和举报137件，为消费者挽回经济损失22.9万元。全省工商系统还开展查处"味圣灭活罂粟籽油脂粉末"、查处涉嫌违法经营育顾牌果香型固体饮料活动，对"无抗奶"市场等进行专项执法检查。为期4个月的专项整治工作告一段落后，全省工商系统继续按照国家工商总局和省工商局要求，持续开展打击违法添加非食用物质和滥用食品添加剂整治工作。

2009年3月，国家工商总局印发《流通环节食品安全整顿工作方案》，省工商局制订印发《江西省工商系统流通环节食品安全整顿工作方案》，决定用两年左右时间集中开展流通环节食品安全整顿，确保人民群众食品消费安全进一步增强。各级工商部门贯彻落实《江西省工商系统流通环节食品安全整顿工作方案》，开展流通环节食品安全整顿工作。集中开展奶制品市场、季节性、节日性食品的专项执法检查。是年，全省工商系统在食品安全专项整治中，共查处制售假冒伪劣案件4613件，案值1933万元，取缔无照经营1546家，责令停止销售不符合食品安全标准的食品37万千克。

6月16日，省工商局印发《关于目前在注册登记、年检中涉及食品流通许可事项处理意见的通知》。从6月1日起至12月底，全省工商部门共受理食品流通许可申请8463件。

从2009年8月15日开始，全省开展为期一个半月的"万名工商干部服务下乡镇"活动，累计设置食品真假鉴别服务台1000余个，发放宣传资料23万余份。接受群众咨询服务1万余人次，征求意见建议200余条；走访企业、经营户、农民专业合作社8000余家；现场调解处理消费者食品投诉

300 余件。

2009 年,全省各级工商部门在开展农村节日食品市场专项执法检查中,突出抓好粮食、食用植物油、肉类、蔬菜、禽蛋、奶制品、副食品等农民群众日常生活必需品种的检查整治。重点抓好各类食品展销会、年货特卖会、送货下乡摊区以及城乡接合部、乡村食杂店、农村集市监管,严厉查处无照经营、销售不合格食品、以次充好、以假充真、掺假使假等违法行为,切实保障农村食品市场安全。

是年,各级工商部门结合开展"百城万店无假货"、食品安全示范县创建等活动,稳步推进农村食品安全示范店建设活动,取得一定成效。据统计,到 2009 年底,全省共创建食品安全示范店 5602个,其中农村食品安全示范店 4088 个(占全省行政村总数的 25.29%),建立电子台账示范店 1049个,实行统一配送连锁经营示范店 573 个。

2010 年,全省各级工商部门开展流通环节食品安全整顿,营造人人关注食品安全的社会氛围,创新食品监管"八项制度"(食品市场主体准入登记管理制度、食品市场质量监管制度、食品市场巡查监管制度、食品抽样检验工作制度、食品市场分类监管制度、食品安全预警和应急处置制度、食品广告监管制度、食品安全监管执法协调协作制度)等机制,突出抓好日常监管,受理流通许可申请61876 件;加强流通环节重点食品、重点区域、重点时节的食品安全监管和食品质量检测,集中开展奶制品、食用油市场和世博会、中博会、亚运会、省运会期间流通环节食品安全监管,查处案件 2947件。新办或换发《食品流通许可证》52198 本。

# 第三篇　法治建设

20世纪80年代末,为适应依法行政工作需要,江西省工商系统的法制工作机构开始设立。法制工作队伍从无到有,从小到大,逐步充实与加强。1995年机构改革时,按照省政府批准实施的省工商局"三定"(定职能、定机构、定编制)方案,省工商局单独设立法制机构——政研法规处。之后,全省县级以上工商局相继设立法制机构。在2002年的市县工商体制改革中,只保留设区市工商局的法制机构,县级工商局的法制工作职责由其办公室履行。2005年6月,县级工商局增设法制机构——政研法规股。至2006年,全省工商系统法制机构基本上单独设立,法制工作体制机制基本建立。

全省工商系统逐步完善"权责分明、行为规范、监督有效、保障有力"的行政执法体系,执法监督检查形成法制化、制度化、规范化。省工商局与各设区市工商局,调研、参与地方性法规的立项申报,建立与国家法律配套的地方工商行政管理法规、规章体系,20世纪90年代开始,省工商局配合省人大加强地方立法立项,在充分调研的基础上,先后起草颁布《江西省实施〈消费者权益保护法〉办法》《江西省经纪人条例》《江西省户外广告管理条例》等地方性法规,为全省工商行政管理工作提供较为完备的执法依据。

全省工商系统改进工作作风,推行政务公开制度,公开承诺工商机关管理事项的办事程序、服务标准、办事时限、投诉制度,接受全社会监督。全省工商机关贯彻执行《行政处罚法》《行政复议法》《行政诉讼法》和《行政监察法》等法律法规,实行行政处罚案件审核制度、行政处罚案件听证制度,受理行政复议案件;开展执法检查,规范行政执法行为,依法行政水平不断提高,依法行政效能得到提升。

# 第一章　法规制度建设

全省工商部门重视法规制度建设。20世纪90年代开始,省工商局配合省人大加强地方立法立项,在充分调研的基础上,先后起草颁布《江西省实施〈消费者权益保护法〉办法》《江西省经纪人条例》《江西省户外广告管理条例》等地方性法规,组织参与有关法律法规和规章的清理。同时,省工商局开展制度创新,先后印发《工商行政管理人员执法检查规则(试行)的通知》《江西省工商行政管理局行政执法公示制》等,推行行政执法公示,推出政务服务承诺制度,向管理对象及全社会,公开承诺工商机关管理事项的办事程序、服务标准、办事时限、投诉制度,同时制定和公布违诺处罚办法。聘请兼职监察员,实行说理式行政处罚,维护公平正义。

## 第一节　地方立法立项与调研

1995 年,省工商局按照省人大立法计划,如期完成《江西省实施〈消费者权益保护法〉办法》的起草、修改、论证工作。6 月,省人大常委会通过并颁布该实施办法。省工商局代省政府起草《江西省经纪人条例》,完成修改、论证工作。省工商局还参与 50 多项地方性法规、规章的修改、论证工作。

1996 年,省工商局承担《江西省经纪人条例》《江西省商品交易市场管理条例》的起草、修改、论证等任务。6 月 21 日,省八届人大常委会第二十二次会议通过《江西省经纪人条例》;12 月 20 日,省八届人大常委会第二十五次会议通过《江西省商品交易市场管理条例》。对省政府其他厅、局、委起草的 60 个法规、规章,省工商局也提出涉及工商行政管理方面的修改意见。

1998 年 8 月 5 日,省政府讨论通过《江西省行政处罚听证程序规定》,8 月 30 日发布实施。此规定的宗旨是保障和监督行政机关依法实施行政处罚,保护公民、法人或者其他组织的合法权益。听证实行告知、回避制度,依法保护当事人的陈述、申辩和质证权利。

1999 年,省工商局按期完成《江西省户外广告管理条例》的立法调研,确保立法质量。

2000 年,省工商局报送立法的《江西省户外广告管理条例》通过省人大常委会审议颁布。向省政府报送《江西省个体工商户与私营企业条例》修订稿,并征求有关部门意见。省工商局开展《江西省取缔无照经营条例》前期调研工作,上报 2000 年的立法规划。

2001 年,省工商局组织实施《江西省个体工商户与私营企业条例(修订)》的立法工作,并呈报省政府法制办,列为当年省政府、省人大的立法调研项目。

2002 年,省工商局协同省政府法制办、省人大财经委、省人大法工委完成《江西省取缔无照经营条例(草案)》的省内外调研,并对条例草案进行反复修改,形成条例草案修改九稿。《江西省取缔无照经营条例(草案)》于 2002 年 3 月 22 日经省政府 77 次常务会议讨论通过,正式上报省人大常委会审议;6 月 1 日,省人大常委会第三十次会议二审通过《江西省取缔无照经营办法》,同日以省人大常委会第 111 号公告公布,自 2002 年 7 月 1 日起施行。是年,省工商局办理省政府、省人大以及省直有关部门对法律、行政法规、地方性法规、规章和其他规范性文件征求意见的回复工作 74 件(次),参与相关的论证、研讨、协调工作,对涉及工商行政管理工作的相关内容进行修改。加强日常监督,组织实施推行行政执法责任制和评议考核制工作的检查,开展全省工商系统"四五"普法工作。

2003 年,省工商局协同省政府法制办、省人大财经委、省人大法工委完成《江西省个体工商户与私营企业条例(修订)》的省内外调研,并对该条例草案进行反复修改,该条例草案经省政府第二次常务会二次审议,于 2003 年 8 月 1 日通过并以省人大常委会公告公布,自 2003 年 9 月 1 日起正式施行。该条例修订后,更名为《江西省发展个体私营经济条例》。是年,省工商局办理省政府、省人大以及省直有关部门对法律、行政法规、地方性法规、规章和其他规范性文件征求意见的回复工作71件(次),参与相关的论证、研讨、协调工作,对涉及工商行政管理工作的相关内容进行修改;参与省政府对行政审批事项的第三次清理工作,提出清理意见,完成清理任务。

2004年,省工商局办理省政府、省人大以及省直有关部门对法律、行政法规、地方性法规、规章和其他规范性文件征求意见的回复工作77件(次),继续参与相关认证、研讨、协调等工作,完成对相关内容的修改。根据省政府部署,参与省政府对行政许可事项的清理工作,提出意见并完成相关任务。

2005年,省工商局办理省政府、省人大以及省直有关部门对法律、行政法规、地方性法规、规章和其他规范性文件征求意见稿的回复工作75件(次)。按照省政府法制办要求,在征求省工商局各部门意见基础上,向省政府上报省工商局2006年立法计划,再次正式申报《江西省著名商标管理办法》的立项请求。省政府已于2006年批准立项。

2006年,全省工商立法立规工作取得新进展。省工商局配合省政府法制办做好《江西省著名商标认定和保护办法》的相关立法工作,以24项制度为基础的法制工作制度基本建立。

省工商局配合省人民政府法制办,完成《江西省著名商标认定和保护办法》的立法工作,经省政府常务会讨论通过,于2007年11月1日起实施。开展《江西省实施〈中华人民共和国消费者权益保护法〉办法》修订工作,将送审稿草案上报省政府。办理国家工商总局、省人大、省政府以及省直有关部门对法律、行政法规、地方性法规、规章和其他规范性文件征求意见稿的回复工作71件(次)。实施对规范性文件的法律审核工作,审核省工商局业务部门报送的规范性文件6件。为规范拟订地方性法规草案和规章送审稿的程序,制定《江西省工商行政管理局拟定地方性法规草案和规章送审稿程序规定》。

2008年,省工商局上报省政府《关于建议提请废止〈江西省取缔无照经营办法〉的报告》。配合省人大、省政府法制办,完成《江西省实施〈中华人民共和国消费者权益保护法〉办法》的立法调研工作,其修订稿上报省政府,配合省政府法制办开展征求省直有关部门意见和第一轮调研工作。省工商局申报2009年立法项目,《江西省合同格式条款监督管理办法》《江西省实施〈中华人民共和国消费者权益保护法〉办法》被列入2009年省立法规划。办理各类征求意见稿的回复工作,截至2008年12月15日,办理64件(次)。

2009年,省工商局配合省人大、省政府法制办,完成《江西省合同格式条款监督管理办法》立法调研工作,其修订稿上报省政府,配合省政府法制办开展征求部门意见和调研工作,该办法经省政府法制办讨论通过。是年,省工商局向省政府申报《江西省实施〈中华人民共和国消费者权益保护法〉办法》作为2010年立法计划;办理各类征求意见稿的回复工作,截至2009年12月14日,办理共计44件(次)。

2010年,省工商局向省政府申报《江西省合同监督办法》作为2011年立法计划;办理各类征求意见稿的回复工作,截至2010年11月4日,办理共计59件(次),并继续参与相关论证、研讨、协调工作。

## 第二节 法规和规范性文件清理

1996年,为做好《中华人民共和国行政处罚法》的实施准备,省工商局清理2项法规、24项规章和1294份文件。

2001年,省工商局制定以实行营业执照预备期制、取消公司冠省名的限制等为内容的降低门槛、强化服务的20条措施及20条具体措施;清理行政审批事项23项,取消率达74.5%。清理205件地方性法规、规章及省工商局下发的规范性文件。

2002年,省工商局的行政审批事项在2001年清理的基础上,再减20%。

2004年,为配合《行政许可法》的实施,根据上级的统一部署,省工商局组织参与有关的法律、法规和规章的清理,实施对省工商局颁布的规范性文件清理工作,共清理文件699份,提出处理意见。

为配合《行政许可法》贯彻实施,2006年,省工商局对与工商有关的规章和规范性文件进行清理,删去条款的有17条,废止的有8项,修订的有2条。组织并参与有关行政许可目录清理,省工商局原有的31项行政许可,经过清理,按照有关规定保留13项。自《行政许可法》实施以后,全省工商机关所实施的行政许可项目,均符合《行政许可法》有关规定。

2007年,省工商局组织实施对涉及工商工作的22件行政法规进行清理,并向省政府法制办和国家工商总局报送相关意见。

2009年,省工商局制订《全省工商行政管理机关开展规范行政执法行为活动实施方案》,清理行政执法主体、行政执法人员:梳理行政执法依据,列出本部门执行的执法依据共315项;规范行政执法程序,使用国家工商总局统一的行政执法文书样式共155份;清理执法职权,列出行政许可10项(含委托下级工商局5项),行政处罚183项,行政强制12项,行政裁决1项,行政征收2项,其他具体行政行为22项;规范涉及企业的行政执法行为,改进执法作风,落实行政执法评议考核制度;清理行政审批事项,已完成行政许可事项的清理规范工作,13个行政许可项目,保留5项,委托3项,下放2项,取消1项。大幅度地压缩行政许可办理时限,许可时间最长的由20天变为5天,短的由5天变为3天,甚至有的压缩至1天内办结,超额完成省政府下达的任务。

2010年,省工商局进行部分规章和规范性文件清理工作,其中省政府规范性文件2件,省政府办公厅规范性文件4件,建议废止4件,建议宣布失效1件,建议不修改1件;省工商局规范文件共7件,拟废止1件,拟宣布失效1件,拟不修改5件。

## 第三节 制度制定与执行

1991年12月7日,省工商局印发《工商行政管理人员执法检查规则(试行)的通知》,规定工商行政管理人员在执行检查任务时必须着工商制服,佩戴胸证号,并携带工商行政管理机关统一制作的检查证;在公路检查时必须同时佩带公安机关统一制作的公路检查证;检查人员在执行检查任务时,不得少于 2 人;工商机关管理人员执行检查任务时必须规范用语等。该规则自 1992 年 2 月 1 日起试行。

1991 年,为确保流通渠道畅通,省工商局先后印发《关于工商行政管理检查站检查商品范围的通知》和《关于搞活粮食流通的通知》,严禁随意上路检查,各检查站除检查 24 种进口商品和国家明文规定实行运输管制的物资(商品)外,对其他商品一律不准拦路检查。

1994 年 5 月 20 日,省工商局印发《江西省工商行政管理局关于开展行政处罚案件审核工作的意见》,确定行政执法机关内部监督制约机制,即行政处罚案件审核制度。要求各级工商机关建立健全行政执法机关内部监督制约机制,完善行政执法程序,设立法制机构或配备法制专职工作人员。行政处罚案件审核工作,由工商机关法制机构或者法制工作专职人员承办,不得由办案机构进行。

1997 年,各级工商部门参与有关法规的起草、修订工作,完成地方性法规规章、规范性文件的清理、修改工作。省工商局成立行政复议委员会、行政诉讼应诉委员会,制定行政处罚程序规定、案件审核办法等。全省工商系统开展《行政处罚法》《江西省经纪人条例》《江西省商品交易市场管理条例》执法检查。各地市、县区工商局法制机构得到加强,充实了人员,并开展案件评判,有的地市工商局实行执法责任制。

是年,鹰潭市工商局建立工商法制监督联络员制度。工商法制监督联络员配合工商部门开展普法教育,协助实施行政执法监督,经常收集并反馈基层单位和群众对工商行政管理工作看法和要求。鹰潭市工商局在全市机关、企事业单位、个私企业中首批聘请法制监督联络员 50 人。

是年,崇义县工商局建立市场巡查监管工作制度。要求各所(分局)制订符合实际情况的巡查方案,成立市场巡查小组,采取由各所(分局)轮流派人上岗巡查和县工商局派员配合重点巡查相结合的方法,实行定时、不定时、流动性监督检查,把问题消灭在萌芽状态,同时对工商管理人员实行有效监督,防止执法人员有法不依、执法不严和徇私舞弊现象发生。

1998 年,省工商局制定印发《江西省工商行政管理局行政执法公示制》,将行政执法行为内容及期限、法定收费项目及额度、行政强制措施、违示责任追究、监督举报电话予以公示。省工商局举办全省地市、县区工商局长法制学习班。在景德镇市召开全省工商系统法制工作座谈会。省工商局部署各级工商部门推行执法责任制和执法公示制,建立错案追究制度。

1998 年,吉安永新县工商局推行"执法公示制",并进行巡查。3 月 20 日,宜春高安市工商局在全局 18 个基层工商所(分局)聘请 18 名兼职监察员,并进行培训。6 月 8 日,九江修水县工商物价局在县人大代表、政协委员和政法系统、乡村、企业、个体私营户中聘请监督员 100 人,对县工商行政管理人员的执法情况进行评价监督。赣州兴国县工商局将行政执法责任直接落实到人,每位执法人员同县工商局签订"行政执法责任状",并制定《兴国县工商局行政执法责任制若干试行规定》。

2000 年 9 月 19 日,省工商局印发《江西省工商行政管理局关于实行规范性文件法律审核制度的规定》,要求各级工商行政管理机关在起草制定规范性文件时必须实行规范性文件法律审核制度;负责起草的职能机构应将草拟的规范性文件送机关的法制机构审核,经其审核并签署同意意见后再报分管领导签发。

2001年2月12日,省工商局印发《江西省工商行政管理局关于整顿和规范行政执法行为提高依法监管水平的意见》,要求规范和整顿各级工商部门及其工作人员的行政执法行为,完善和落实执法公示制、执法责任制等一系列执法监督制度。

4月,省工商局进行机构改革,原有的一些行政审批事项进行调整。对原制定的公示制内容作相应的修改完善,将经修改完善后的《江西省工商行政管理行政执法公示制》印发给各设区市工商局;及时制定全系统整顿和规范行政行为提高依法监管水平的意见;重新制定、实施新的行政执法责任制和行政执法公示制,推进政务公开,促进依法行政;全面开展对各级工商部门行政执法行为工作的评议考核;组织实施各级工商部门对100个行政处罚当事人的回访。

2001年,全省工商系统建设登记管理体系行政执法体系和服务体系,省工商局创新登记注册管理制度,加快壮大市场主体。提出解放思想、促进发展的“20条措施”,制订《实施办法》,实行责任制,建立投诉制。为贯彻党的十五届六中全会《中共中央关于加强和改进党的作风建设的决定》精神,联系实际,改进作风,又制定“20条具体措施”。解放思想、力促发展“20条措施”下发后,得到企业肯定和社会赞同。至12月底,全省登记预备期企业近125家,登记注册资本50万元以下分期注入的企业566家,核发母公司注册资本在5000万元以下的集团有限公司18家。取消公司冠省名的限制后,核准冠省名的企业名称近600个。

2002年,省工商局组织实施各设区市工商局2001年度行政执法评议考核工作,严格按照《江西省工商行政管理局行政执法评议考核方案(试行)》要求,对各单位的行政执法工作进行评分,将得分排列在前6名的单位,作为法制工作先进单位,在全省工商行政管理工作会议上进行表彰。省工商局局长与各设区市工商局、省工商局机关各部门负责人签署2002年行政执法责任书。

是年,推行五项监管模式改革,即全面推行市场巡查制、经济户口管理企业信用体系管理、首办负责制和收费管理、集贸市场日常监管五项监管改革。实行监管重心下移至工商所,全面推行市场巡查制;进一步规范经济户口管理,实行上下联动,并与建立企业信用体系结合起来,加强涉企信用信息的整合和网上发布工作,提高监管效率;落实首办负责制,提高服务效率;推行收费改革,进一步规范收费行为;进一步建立和完善集贸市场日常监管制度,将商品交易市场纳入企业登记管理范围,实现市场经营单位法定化。引导市场主办单位和各类市场经营主体加强自律,完善管理制度;推广市场监管预警制、消费者申诉举报制、打假目标责任制等规章制度。

2003年4月3日,省工商局印发《江西省工商行政管理局关于进一步实施行政执法责任制促进依法行政的通知》,要求全省工商系统加强组织领导和制度建设,各单位切实落实和完善行政执法责任制;进一步规范文件备案制度,规范行政执法文书;实行行政执法过错责任追究制度,落实和完善评议考核制度,把评议考核与一年一度的公务员考核结合起来,探索评议考核的新路子。

省工商局于2003年7月下旬开始,在全省工商部门推行“阳光执法工程”,其核心就是通过加强规章制度建设,进一步明确和细化执法办案的具体操作程序,实现对办案过程事前、事中、事后全方位监督,以提高执法透明度、减少执法的随意性,增加执法的公正性、廉洁性,促进工作作风转变和队伍建设。主要内容有案源预先申报制度、案件跟踪制度、案件回访制度、重大案件集体讨论制度、案件廉政监督制度、没收(暂扣)物资集中保管制度、工商建议书制度、重要商品追缴责任制度等8项制度。

2005年,省工商局制定印发《贯彻落实全国、全省依法行政工作会议精神和〈全面推进依法行政实施纲要〉的实施意见》和《江西省工商行政管理局关于分解落实全面推进依法行政工作任务的通知》,对国务院《全面推进依法行政实施纲要》的贯彻落实提出实施意见,对省工商局各部门及各设区市工商局的依法行政工作任务进行分解。组织实施对《江西省工商行政管理局行政执法责任制》的修改和完善工作,在征求省工商局各有关部门意见的基础上,重新制定《江西省工商行政管理局行政执法责任制》。

是年,全省工商系统创新体制机制取得新进展。在深化企业信用监管、落实商品准入制度、完善"12315"执法网络、改革企业注册审批制度、改革基层监管模式、加快信息化建设、提升规范化服务水平等方面采取一系列改革举措,重点推行企业信用分类监管、工商登记审批一审一核制,强化"12315"维权服务网络建设,开展"12315"维权进商场、进社区、进村镇活动,深受企业和广大群众欢迎。进一步加强法制建设,大力推进政务公开,开展行政执法监督,使法制工商提高到一个新水平。

2006年,全省工商系统把深入贯彻新《中华人民共和国公司法》(以下简称《公司法》)与落实江西省"推动全民创业、加快富民兴赣"重大战略决策相结合,不断提高办事效率和服务质量。贯彻落实新《公司法》及《公司登记管理条例》,调整公司登记管辖权限,规范登记行为,极大地方便投资者创业。围绕"科学发展、和谐创业"主题,一手抓发展,一手抓监管,坚持发展不动摇,促进个私经济快速健康发展。全面推行企业登记"一审一核制",简化办事程序,缩短办事时间。到年底,全省设区市、县一级企业登记机关全部入驻当地政府设立的统一审批(办证)中心,并落实各项"一个窗口对外"的行政许可办理制度,继续实行首办负责制及上门年检、咨询服务等制度。

2007年,省工商局继续建立健全各项行政执法制度,并就新制度的贯彻落实情况进行调研。加强对案源的监督管理,制定《江西省工商行政管理机关案源实时报告办法》;制定《江西省工商行政管理机关举报经济违法案件有功人员奖励办法(试行)》,规范全省工商机关举报经济违法案件有功人员奖励制度;制定《关于预防若干行政执法不作为行为的指导性意见》,防范和避免行政执法不作为带来的危害。印发《关于行政处罚案件评查工作中有关问题的通报》,将2006年底全省工商系统行政处罚办案先进单位、办案能手评选工作中的案件质量评查工作中发现的不规范行政处罚行为,向全省工商系统进行通报。

是年,全省工商系统加强执法监督,推行行政执法责任制,落实行政执法检查制度和案件评查制度,统一全省巡查登记文书,开展以《行政复议法》《行政许可法》为内容的年度行政执法检查,规范行政执法行为,得到省政府和总局检查组好评。

2008年,省工商局注重把解决具体问题与建立长效机制结合起来,制定《关于进一步完善领导干部监督若干制度的意见》《关于进一步巩固科学发展观教育成果改进机关作风若干制度的意见》等16个制度性意见。

是年,省工商局修订《江西省工商行政管理机关行政处罚规则》,并批准宜春市和抚州市集体讨论决定重大复杂案件范围类型。修订《江西省工商行政管理机关行政处罚自由裁量权适用规则》和《江西省工商行政管理机关行政处罚自由裁量权参照执行标准》。省工商局被省政府法制办列为全省推进自由裁量权工作的五个示范单位之一,并在政府相关会议上作典型介绍。制定《江西省工商行政管理局 2008 年推进依法行政工作实施方案》《江西省工商行政管理机关关于移送涉嫌犯罪案件的指导性意见》《江西省工商行政管理机关正确处理行政复议疑难问题的若干指导性意见》《关于加强行政处罚自由裁量说理实务的指导意见》等 30 项制度,形成较为完善的行政执法制度体系。完成《江西省工商行政管理机关优秀办案集体、办案有功人员的评选办法》的起草。

是年,全省工商系统深入推进工作机制完善。建立查处取缔无照经营长效工作机制,进一步完善政府牵头协调的打击传销工作机制、治理虚假违法广告协调机制、治理商业贿赂工作联系会议制度等。区域协作机制继续加强,建立农资打假、电子商务监管、防止合同欺诈等合作机制。全面推行政务公开、"阳光执法"工程,建立完善"12315"消费者申诉举报指挥中心工作规程、执法办案内部监督、"四化"建设绩效评估等工作机制。各级工商部门全面推行首办负责制、服务承诺制、一审一核制,为重大项目投资、下岗失业等人员办理登记事项,开辟"绿色通道",提供快速便捷服务。

2009 年,省工商局继续组织全省工商系统行政处罚自由裁量权的实施,结合《江西省工商行政管理机关行政处罚程序规则》,制定《江西省工商行政管理机关行政处罚文书使用规范指导性意见》,并批准各设区市工商局集体讨论决定重大复杂案件范围类型,从而全面推行重大复杂案件集体讨论制度。省工商局部署各地工商机关全面推行"说理式"行政处罚文书,组织有关法制工作和办案人员赴浙江学习说理式处罚决定书,组织开展"说理式"行政处罚文书研讨论文评选,举办全省工商系统说理式处罚文书制作研讨班,并制定《关于推行"说理式"行政处罚决定书的实施意见》和《关于"说理式"行政处罚决定书制作的指导意见》,针对九类常见案件制作示范文书,且对"说理式"行政处罚文书的推行情况进行调研;是年,全省工商系统的行政处罚文书都能够按照"说理式"要求进行制作。省工商局举办职务风险预警培训班,讨论有关职务风险案例,梳理关于行政许可、行政审批、行政处罚以及日常监管工作中的风险点,提升执法办案人员的职务风险意识。

2010 年,省工商局建立行政处罚典型案例类比制度,制定《江西省工商行政管理局及其各行政执法机构的行政执法职权、主要执法依据》《江西省工商行政管理局行政处罚自由裁量权参照执行标准补充规定》,规范行政处罚自由裁量权实施、证据规则、行政执法案管系统等工作,要求对按照行政处罚自由裁量基准做出的处罚案件进行总结归纳,编写同类违法行为的典型案例,约束行政处罚自由裁量行为,以切实解决行政执法工作中存在的"同案不同罚"问题。为落实类比制度,省工商局推行说理文书、运用案管系统,组织案卷评查,并将此项目作为一个评分点。进一步规范行政处罚案件程序,印发《江西省工商行政管理局行政处罚案件证据规则指导意见》,强调案件质量标准,重申调查取证的基本原则,重点对证据的种类、要求、收集、保全、审查与认定进行梳理明确,并列举部分行政处罚案件应收集的证据。

是年,省工商局制定并印发《江西省工商行政管理机关开展行政指导工作方案》《江西省工商行政管理机关行政指导工作程序规定(试行)》《江西省工商行政管理机关市场监管职能活动行政指导细则》《江西省工商行政管理局关于进一步行政指导工作的意见》;截至年底,全省共作出 4.85

万次行政指导。

是年,《鄱阳湖生态经济区规划》获得国务院正式批复,标志着建设鄱阳湖生态经济区上升为国家战略后,省工商局及时下发《关于发挥工商职能作用服务鄱阳湖生态经济区建设的实施意见》,出台积极支持战略性新兴产业发展、积极支持企业重组改制、积极支持服务业加快发展等22条服务措施。

# 第四节　政务公开制度

1991—2010年,全省工商系统强化服务意识,转变观念和职能,改进工作作风,推行政务公开制度,推出政务服务承诺制度,营造优质、高效服务环境。向管理对象及全社会,公开承诺工商机关管理事项的办事程序、服务标准、办事时限、投诉制度,同时制定和公布违诺处罚办法,请全社会监督。

## 政务公开制创立

自1990年国家工商局印发《工商行政管理机关办事制度公开要则》《工商行政管理人员廉洁守则》《违反工商行政管理人员廉洁守则处罚办法》,江西省廉政建设领导小组印发《关于审定江西省基层工商行政管理所"两公开一监督"廉政制度的函》,省工商局印发《江西省基层工商行政管理所实行"两公开一监督"的若干规定》后,全省工商系统推行以"两公开一监督"(公开办事制度、公开办事结果、依靠群众监督)为主要内容的政务公开制度。

1996年,全省工商系统推出政务承诺制度,主要内容分为工作标准承诺、服务规范承诺,以及违诺行为的处理。全面推行首办负责制,各级工商部门的办事窗口,张贴省工商局制定的《首办负责制》,窗口工作人员挂牌上岗,亮证服务,接受监督,推行文明服务用语;全面推行政务公开制,各级工商行政管理机关和工商所将服务程序、规定条件、所需手续、收费标准、处罚条例、办事时限、办事人员等内容予以公开,方便群众办事,接受群众监督,杜绝暗箱操作;全面推行承诺办公制,减少环节,简化程序,提高效率,为投资者开辟投资兴业"绿色通道",坚持急事急办、特事特办,节假日实行预约服务。继续开展创文明窗口活动,开展讲文明、树立新风、塑形象竞赛活动,以竞赛带动工作作风的转变。

政务承诺涵盖企业登记管理、市场监督管理、商标广告管理、经济合同管理、经济监督检查、消费者投诉、商标事务代理等方面。

## 政务公开制实施

20世纪90年代中期开始,全省各级工商机关根据省工商局的部署,推广政务承诺制。各地市工商局结合当地实际进一步完善制度,并通过当地新闻媒体或宣传栏、张贴画等形式,将政务承诺内容、违规处罚办法、监督实施机构等向社会公布。

南昌市工商局先后制定《实行办事公开的若干规定》《公开办事公开要则》,推行"两公开一监督",推行服务承诺、服务公示等选购建设举措。1995年,南昌市工商局在洪都工商所、丁公路工商所开展"两公开一监督"试点工作。1996年,在借鉴洪都工商所、丁公路工商所试点经验,在全市工商系统实施社会监督工程,完善配套制度,使"两公开一监督"具体化、制度化、可操作化。南昌市工商局向社会推出企业审核登记承诺、市场监督承诺、保护消费者合法权益承诺、检查处罚承诺、服务态度承诺等政务服务承诺。为保证承诺的落实,南昌市工商局设立督查办公室(设在监察室),制定《南昌市工商行政管理局行政执法公示制度及配套制度》,公示内容主要有办事依据、要求、程序、时限、收费标准等政务信息和岗位责任制、服务承诺制等相关制度;同时,公示工作人员相关信息,办理企业登记、个体执照、商标注册、广告审批、经济合同鉴证等条件、程序、期限,"12315"维权中心和消费者权益保护委员会对消费者申诉举报电话受理条件、范围、处理原则,各项收费项目、标准和依据,查处各类违法违规案件的依据、权限、程序和结果,下岗失业人员、退伍军人、大学生、失地农民、零就业家庭、残疾人就业享受优惠政策结果,工作人员纪律、守则及违纪处罚等办法,接受社会监督的方式、措施等。全市工商系统设立举报箱150个、举报电话120部。随后,市工商局建立电子信息网等方式,向社会公示,广泛接受社会监督。2002年,市工商局制订《南昌市工商行政管理局政务公开指南》,将工商行政管理的范围、职能、权限、程序、时限、收费、处罚的法律依据和标准,以及工作人员违规的责任追究等予以公开;印发《南昌市工商行政管理机关政务公开实施办法》,全面实施监督举报畅通工程。2003年起,市工商局推行"首办责任制""并联审批制""行政执法责任制"等政务公开新举措。

2006年,各级工商部门深入贯彻实施《全面推进依法行政实施纲要》,着力推行行政执法责任制,加强行政执法监督。大力推进政务公开工作,进一步完善行政执法公示制和《政务公开指南》,方便相对人,接受社会监督,得到省政府法制办的好评和推广宣传。

2007年9月,国家工商总局确定青山湖工商分局为全国工商系统政务公开示范点单位。

新余市工商局实行服务承诺制。全体工作人员到有关单位执行公务一律不去企业用膳,公开规费收缴项目和标准,简化办事程序,实行着装执法,佩戴岗位证上岗;办理证照、受理投诉均明确完成时限。实行企业注册登记"一审一核"制度,向企业发放《红盾联系卡》,提供"六种服务",即引导服务、延时服务、预约服务、即日服务、上门服务、跟踪服务。

宜春市工商局推出"工商服务承诺制度"。政务承诺内容囊括各项为市场经营主体服务受理程序,违背承诺的处罚。为确保承诺制度的落实,成立由纪检监察机构为基础的工商服务承诺制度监察办公室,加强监督,受理投诉。制定"三、五、七天办照制度"(即办理营业执照个体户3天、企业5天,有限责任公司7天),同时做到"五个一",即一张笑脸相迎,一声主动问候,一张椅子让座,一杯茶水解渴,一次解释清楚。

九江、上饶、赣州、吉安、萍乡、鹰潭、景德镇等地市工商局对企业登记、商标广告管理、经济检查、个体管理、市场管理、合同管理等"窗口"的具体行政行为实行公开承诺。同时,设立举报箱、举报电话、聘请义务监督员,发放"社会监督卡",使各项工作置于群众监督之中。各地市工商局成立政务承诺制监察办公室,按照省工商局处罚规定进行处理。

实行政务承诺制后,全省各级工商部门全面践行并兑现承诺,工作人员服务意识日益增强,服务范围不断扩大,管理层次明显提高。

2010年,省工商局完善政务公开制度,政府信息及时在网上公开,完成13项行政许可事项的清理规范工作,清理后行政许可事项减少为原来的61.5%,单项行政许可承诺的时间压缩为原来的30%。整理发布《江西省企业登记前置许可项目目录》。制定并印发《江西省工商行政管理机关开展行政指导工作方案》《江西省工商行政管理机关行政指导工作程序规定(试行)》《江西省工商行政管理机关市场监管职能活动行政指导细则》《江西省工商行政管理局关于进一步推进行政指导工作的意见》。

## 第五节　普法宣传

自1991年开始,全省各级工商部门加强工商法规宣传。各地普遍对企业法定代表人和企业各类协管人员进行培训。

1993年12月29日,《公司法》由第八届全国人大常委会第五次会议审议通过,自1994年7月1日起施行。1994年,为做好《公司法》实施前的各项准备工作,全省工商系统对《公司法》进行深入广泛地宣传,培训企业登记干部和企业法定代表人。有的地市还把《公司法》列入"二五普法"内容。

2001年,各级工商部门加强执法宣传,大造声势,营造"严格执法、自觉守法"的舆论氛围。全省工商部门在国家级和省级新闻媒体上稿380余篇(次)。省工商局组织的新闻报道在《人民日报》、中央电视台、《江西日报》、江西电视台等重要新闻媒体上上稿116篇(次),召开专题执法行动和典型案件曝光新闻发布会5次,编发简报44期,转办督办群众举报线索221条。

是年,全省在经营者中广泛开展"自我规范、守法经营"宣传教育活动,倡导经营者诚实守法经营,自觉拒售、主动销毁假冒伪劣商品。中央电视台对此进行多次专题报道。在个体私营业主中开展"户户讲道德、店店无假货"活动,加强行业自律。省工商局以"江西工商行政管理网"为平台,整合各处室(局)涉企信用信息8000余条和有关法律、法规文件,初步创建企业信用档案,促进企业依法经营,以营造良好的经济信用环境。

2002年,全省工商系统开展"四五"普法工作。

2009年,全省各级工商部门开展"六进"(进商场、进超市、进批发市场、进食杂店、进社区、进学校)活动,利用多种形式宣传《中华人民共和国食品安全法》。据统计,在"六进"活动中,共发放宣传资料28万余份,举办报告会336场次,开展现场咨询673场次,开辟宣传专栏917个。

2010年3月15日前后,省工商局会同宣传部门、消费者协会等组织开展以"消费与服务"年主题国际消费者权益日系列庆祝活动。通过举办新闻发布会、举办专题晚会、开办年主题讲座、组织"消保"知识竞赛、举办电视专题节目等形式接受咨询、受理消费者投诉,为消费者答疑解难,向广大消费者宣传《消费者权益保护法》和有关法律法规,宣传"消费与服务"年主题。

# 第二章　执法监督

1991—2010 年,全省工商部门加强执法监督,规范行政处罚案件的办理。省工商局印发《江西省工商行政管理局关于开展行政处罚案件审核工作的意见》,实行行政处罚案件审核制度;自 1997 年起,实行行政处罚案件听证制度;受理行政复议案件;贯彻实施《行政诉讼法》,做好全省工商系统的行政执法应诉工作;开展执法检查,规范行政执法行为。全省工商系统执法监督工作走上规范化、制度化轨道。

## 第一节　案件审核

进入 20 世纪 90 年代,全省工商部门日益重视行政处罚案件审核工作,对办案机构已经调查终结并提出处罚建议的行政处罚案件,进行书面审查、复核,并提出书面意见或建议,保证行政执法工作规范化、法制化,提高办案质量。

1994 年 5 月 20 日,省工商局印发《江西省工商行政管理局关于开展行政处罚案件审核工作的意见》,要求全省工商机关法制机构在审核行政处罚案件时应着重审核以下几方面内容:行政处罚相对人的基本情况是否清楚;工商机关是否具有管辖权;案件事实是否清楚,证据是否充分;对违法事实的定性是否准确,是否概括违法行为的本质特征;适用法律、法规、规章是否准确,对违法行为的处罚是否恰当;行政处罚程序是否符合规定等。

1995 年以后,全省各地工商机关开始实行行政处罚案件审核制度。1998 年,全省工商机关法制机构核审案件 5516 件,核审率达 70%。

1998 年,崇仁县工商局严格执行《案件核审制度》,凡对法人或其他组织罚款 1000 元以上、对公民罚款 50 元以上的案件,须经县工商局法制股审核后,方可下达处罚决定书。崇仁县工商局上半年审结 101 件行政处罚案件,其中只有一起向人民法院起诉,该局最终胜诉。吉水县工商局开展案件质量查评活动,促进办案质量不断提高。在案件审核中,采取"分片负责、专人审核、交叉管理"的办法,按"事实清楚、证据充分、定性准确、处理恰当、程序合法、手续完备"的要求严格把关。

2002 年,省工商局审核行政处罚案件 7 件;2003 年,审核行政处罚案件 6 件;2004 年,审核行政处罚案件 12 件;2005 年,审核行政处罚案件 125 件;2007 年,审核行政处罚案件 157 件;2008 年,审核行政处罚案件 1021 件;2009 年,审核行政处罚案件 42 件(主要是吊销小煤矿营业执照)。

2010 年,省工商局通过推行说理文书、运用案管系统等措施,约束行政处罚自由裁量行为,以切实解决行政执法工作中存在的"同案不同罚"问题。规范行政处罚自由裁量权实施、证据规则、行政执法案管系统等工作。

# 第二节　案件听证

行政执法机关处罚的案件,其处罚程度对当事人权益影响较大,当事人往往要求举行对案件的听证。1996 年 10 月 17 日,国家工商行政管理局根据《中华人民共和国行政处罚法》规定,公布《工商行政管理机关行政处罚案件听证暂行规则》。

1998 年 8 月 5 日,省政府发布《江西省行政处罚听证程序规定》,指出在省行政区域内各级行政机关或者法律、法规授权的组织(简称行政处罚实施机关)对当事人依法做出停产停业、吊销许可证或者执照、一定额度以上罚款等行政处罚之前,应当告知当事人有要求举行听证的权利。

1997 年始,全省工商机关实行行政处罚案件听证制度。1998 年初,九江市工商系统全市 7 件符合听证条件的处罚案件,全部发送听证告知。应当事人请求,对九江市工商局二分局"张某擅自出租营业执照案"、湖口县工商局"湖口农业机械集团公司销售假冒'龙马'牌厢式客车案"、都昌县工商局"都昌农业生资公司经销不合格复混肥案"三起案件进行听证,充分保障当事人行使陈述和申辩的权利。

1999 年,彭泽县黄岭乡黄岭精制米厂(私营)负责人胡某利用假发票非法收购、加工稻谷 5000余千克,运销大米 4000 余千克,彭泽县工商局市场监督管理股执法人员对当事人给予处罚 3 万余元,当事人要求听证。听证会在彭泽县工商局举行,成为彭泽县首例行政处罚听证会。

# 第三节　行政复议

行政复议是工商行政管理法制工作的一项重要内容。自 1990 年 10 月 1 日《中华人民共和国行政诉讼法》实施后,省工商局成立案件复议委员会,全省各级工商部门成立复议、应诉小组,复议、应诉工作由主要领导负责,配备专(兼)职复议、应诉人员。

1990—1992 年,全省各级工商部门受理行政复议案 103 件,经复议维持原处理决定 57 件,变更18 件,撤销 11 件。人民法院受理的工商行政管理案件 3 件,经法院审理维持行政处理 1 件,变更 1件。通过行政复议、应诉工作实践,各地摸索、总结一些经验,使行政复议工作逐步走向规范化、制度化。萍乡市工商局参与行政诉讼活动,不怕当被告,通过诉讼,在实践中锻炼队伍,提高执法水平;该局通过查处福田中学教师刘某经销假氯酸钾一案,撰写《坚持依法行政,立于不败之地》等几篇文章,得到法制部门重视和好评。

2001 年,省工商局按照《江西省实施〈中华人民共和国行政复议法〉若干规定》和省政府办公厅关于贯彻该规定的通知要求,组织全省工商系统行政复议人员进行培训,分两期共培训 220 人。

2002 年,省工商局审理行政复议案件 13 件,其中不予受理 1 件,维持原具体行政行为 4 件,撤销被申请人具体行政行为 1 件,终止审理 5 件,变更被申请人具体行政行为 1 件,未审结 1 件。2003 年,省工商局审理行政复议案件 15 件,其中不予受理 1 件,维持原具体行政行为 7 件,撤销被申请人具体行政行为 1 件,因申请人撤回申请而终止审理 1 件,未审结 2 件。

2004 年,省工商局进一步部署强化行政执法监督工作,组织制定《江西省工商行政管理机关行政处罚案件、行政复议案件备案规定》。省工商局审理行政复议案件 9 件,其中维持原具体行政行为 5 件,因申请人撤回申请而终止审理 1 件,行政复议告知 3 件。2005 年,省工商局审理行政复议案件 17 件,其中维持具体行政行为 2 件,因申请人撤回申请而终止审理 9 件,不予受理 1 件,其他处理 5 件。

2007 年,全省工商系统行政处罚案例分析会召开,各设区市工商局法规科科长和有关案例的作者 32 人参加会议,案例分析会为进一步发现和解决新出现的问题提供交流平台。是年,省工商局参加全国工商行政管理行政复议工作交流会和省政府举办的全省行政复议工作座谈会。省工商局审理行政复议案件 9 件,其中因申请人撤回申请而终止审理 4 件,审理未完 2 件,做出告知处理 2 件,经审查后不予受理 1 件。

2008 年,省工商局召开 2008 年度行政处罚、行政复议案例研讨会,组织实施行政处罚、行政复议案例的编写工作。是年,省工商局审理行政复议案件 1 件。

2009 年,省工商局开展《中华人民共和国行政复议法》施行 10 周年纪念宣传活动。征集行政复议研讨论文,并在《工商行政管理》(半月刊)、《中国工商报》《江西工商》、江西红盾网等媒体发表;开展案例分析征集活动;向国家工商总局报送行政复议法实施 10 周年报告。召开行政复议案例研讨会,以进一步指导全省工商系统行政复议工作。是年,省工商局审理行政复议案件 10 件,其中终止 3 件,不予受理、理解、告知、维持各 1 件,未结 3 件。

2010 年,省工商局制定行政复议案件办理流程图,规范全省工商部门进一步做好行政复议工作。

## 第四节　行政应诉

《中华人民共和国行政诉讼法》(简称《行政诉讼法》)于 1989 年 4 月 4 日颁布,1990 年 10 月 1 日起实施。

20 世纪 90 年代初期,省工商局贯彻实施《行政诉讼法》,做好全省工商系统的行政执法应诉工作。组织各级领导学习《行政诉讼法》,举办县级工商局局长培训班;通过《江西工商》杂志,连续发表政策法规指导性文章和问题解答,召开法制建设理论研讨会、座谈会,开展专题讨论,并且总结高安县工商局开展"工商法规宣传周"活动的经验;成立行政案件应诉小组和请法律顾问;对 1980 年至 1989 年由省工商局起草或涉及工商管理职权、经省政府发布的规章进行认真清理。

1992 年 5 月,省工商局召开全省首次工商行政管理法制工作会议,会议要求全省工商机关在做好复议工作的同时,搞好应诉工作。复议工作不能消除行政诉讼,各级工商局必须高度重视这项工作;要理顺关系,明确职责,建立制度,逐步确立诉讼代理人的资格和权利、义务;认真选择诉讼代理人,开始时可与外部聘请结合起来,以后逐步转入主要依靠本局干部代理诉讼;抓紧内部诉讼代理人的选拔培养,造就一支合格的应诉队伍;各地要注意总结应诉工作经验,在此基础上,建立健全应诉工作制度,使应诉工作程序化、规范化。

7月25日,丰城市董家乡个体户金某强把自己生产的椰子豆奶5220瓶送到安义县销售,被安义县工商局以无照及无产品许可证为由查扣。事后金某强回家取来营业执照及产品许可证、税务登记证、卫生许可证等,并向南昌市工商局反映情况,要求协商解决。但安义县工商局迟迟不肯做出处理,使豆奶超过保质期3个月(生产日期6月19日,送检日期9月22日)后送江西省食品卫生监督检验所化验,并以化验单为据,以金民强生产、推销劣质椰子豆奶为由,做出处理决定,对金某强罚款3000元,将查扣的5220瓶豆奶全部没收。金民强不服,向安义县人民法院提起诉讼,后经安义县人民法院调查,判决被告安义县工商局赔偿原告金民强经济损失4990元,退还原扣押金某强现金2000元。

1996年5月,为整顿湖口煤炭市场,湖口县政府决定关闭撤销全县所有个体原煤粉碎加工点,由县燃料公司"定点粉碎"。当时依据的是国家工商、物价、技术监督、商业、环保、公安某六个部、委、局文件精神,但该文对是否只能由国营燃料公司一家经营,而个体户不得自行粉碎原煤没有明确规定。湖口县工商局具体执行的县政府文件不具有《行政诉讼法》规定的法律、行政法规及地方性法规所具有的法律效力。6—7月,按湖口县政府部署,县工商局会同物价、商业等部门对全县煤炭加工点进行检查,并将所有个体原煤粉碎机就地封存。对不听劝阻,继续从事原煤粉碎的经营户,扣留原煤机并委托物价部门作价,交由县燃料公司收购。由于是几家联合行动,查封原煤粉碎机没有发正式通知书,只是贴上当地工商所盖章的封条,扣留原煤机也没有开具正规扣留凭证,仅有一张县燃料公司盖章、个体户签字委托物价部门作价的委托书(收条)。8月16日,湖口县首例个体工商户诉县工商局查封、扣留其原煤粉碎机行政诉讼案在县法院开庭。此案最后以4名个体户原告撤诉,原扣物品返还而告结束。

1998年,省工商局部署在全省工商系统全面推行执法责任制,以制度约束力促进工商机关办案人员依法行政效能,减少或防止行政诉讼案发生。省工商局制定《江西省工商行政管理机关执法错案责任追究暂行规定》。从而为实现依法监管,依法行政,防止越权、失职、偏私,维护管理相对人在适用法律上的平等地位奠定认识上、行动上的基础。

全省工商系统以服从、服务于国家重大政策和促进宏观调控目标实现为重点,强化市场监管力度,有效地打击各种经济违法行为。1998年,全省办理行政处罚案件8779件。当事人提起诉讼的24件,其中原告撤诉5件,已结案的15件案件中,工商行政管理机关败诉6件。这是1991年至1998年间,江西省工商机关因行政执法提起诉讼最多的一年。

1998年11月25日,定南县工商局开展粮食收购秩序专项整治活动,巡查至历市镇个体工商户陈某(负责人)、赖某、熊某(均系合伙人)开的利民粮食加工厂时,发现其经营的粮食来源不明,当即开出冻结物资通知书,就地查封稻谷7500千克、大米7000千克。同时要求当事人在7日内提供合法粮源凭证。当事人称经营的粮食是1998年8—10月从安远县鹤仔粮管所购进的,并提供由鹤仔粮管所开具的安远县工商局放行证4份,安远县粮食运输放行证4份,安远县县内移库发货明细表4份。但当事人所持的安远县工商局放行证和安远县粮食运输放行证并不是粮食收购所要求的法定凭证,况且安远县工商局早在1998年3月就已宣布放行证作废。另4份安远县县内移库发货明细表,其中 001390 号与存根联截然不同,属一票多用,其余 3 份均未按省工商局、省粮食局相关文件要求加盖安远县工商局粮食批发交易验证或县粮食局加盖的业务专用章,属于无效证据,遂认定陈某等 3 人的行为违反国家法规和粮改政策,属于非法收购,依据《粮食收购条例》第十三条之规定,于 1998 年 12 月 7 日作出《处罚决定书》:对当事人库存早米 6360 千克、早谷 7279 千克,予以没收,变价款上缴国库;对当事人处罚款 1.5 万元;吊销当事人营业执照。陈某等 3 人不服,于 1998 年 12 月 16 日向赣州地区工商局申请复议,赣州地区工商局于 1999 年 3 月 9 日作出行政复议决定书,维持原处罚决定。陈某等 3 人仍不服,向定南县人民法院提起行政诉讼。定南县人民法院受理后,认为被告以原告不能提供合法有效的粮食来源凭证而认定原告为非法收购,属主要事实认定不清,所作处罚不当,判决撤销定南县工商局《处罚决定书》。判决下来,定南县工商局局长迅速召集领导班子成员和业务骨干、法律顾问开会,经研究决定上诉。于是,定南县工商局将此案上诉到赣州市中级人民法院。赣州市中级人民法院受理后,组成合议庭,进行仔细调查和反复讨论。该院认为被上诉人不能提供证据证实其经营的粮食来源合法,属于非法收购粮食行为。定南县法院对本案的审理认定事实清楚,但适用法律不当。1999 年 8 月 27 日,江西省赣州市中级人民法院作出终审判决:撤销定南县人民法院相关行政判决;维持定南县工商局"关于对陈某违法收购粮食的处罚决定",一审和二审案件受理费共计 3000 元,由被上诉人陈某、赖某、熊某共同承担。至此,这起备受社会各界关注,为时 8 个月之久的行政诉讼案最终以定南县工商局胜诉而结束。

2004 年,省工商局对吉安市白鹭建设开发有限公司的违法行为进行行政处罚,当事人不服,要求举行案件听证和行政复议,经省政府复议,维持省工商局的行政处罚决定,当事人又提起行政诉讼,省工商局法规处应诉,经南昌市中级人民法院审理,一审判决省工商局胜诉,当事人未上诉。

2005 年,省工商局工商学校原部分委培毕业生向法院起诉省工商局行政合同违约,该案发生后,省工商局政研法规处会同有关部门做好各项应诉工作,经南昌市中级人民法院一审、江西省高级人民法院二审,均判决省工商局胜诉。为提高基层工商机关办案人员的业务能力,省工商局在本系统办理的有关行政处罚案件中,挑选一些典型案例,编写成行政处罚《案例分析》,不定期地印发至全省各级工商局,供办案人员学习、借鉴。是年,编发两期。

2006 年,按照省工商局部署,全省工商系统坚持推行行政执法责任制与严格追究错案责任制度紧密结合,促进行政执法责任制的落实。在明确每一执法事项的办理机构、岗位、程序、标准的同时,对实施违法或者不当行政执法行为的行政执法机关、有关执法人员承担责任的种类做出明确分解,一旦发生错案行为,则严格按照规定追究责任。

2007 年,省工商局办理行政诉讼案件 1 件,法院驳回原告的诉讼请求。省工商局政研法规处编写 2 期反映全省工商机关行政执法的《案例分析》。

2008 年,省工商局办理行政诉讼案件 3 件,全部胜诉;编印两期《案例分析》。2009 年,省工商局办理行政诉讼案件 1 件(注册类案件),胜诉;编印 1 期《案例分析》。2010 年,办理行政诉讼 1 件,并胜诉。

# 第五节　执法检查

1991—1992 年,全省各级工商机关广泛开展工商行政管理执法检查,确保工商法规的贯彻实施。执法检查形式多样,有的进行案件评查、自查、互查、重点抽查;有的还邀请民主党派人士、人大代表、政协委员参加检查;有的聘请义务监督员以及新闻单位人员进行监督;有的向管理对象发调查表等,多方听取意见,接受社会监督。南昌市工商系统在社会上聘请各界人士 363 人进行执法监督,每年还请市人大、政协对工商行政管理工作开展执法检查。上饶地区工商局每年对各县(市)工商局执法情况进行 1 次检查,1991 年对秉公执法的 37 个先进集体和 51 名先进个人进行表彰。

1992 年 5 月,全省首次工商行政管理法制工作会议召开。会议要求执法人员严格按法律、法规授权,按规定的职责进行行政执法和管理活动。各级工商局加强行政执法监督检查,使行政执法监督检查工作制度化、经常化,形成科学的监督制约机制;各级工商局每年对本单位的执法情况进行一次全面检查。

1996 年 3 月 17 日,《中华人民共和国行政处罚法》(简称《行政处罚法》)颁布,10 月 1 日起施行。为做好《行政处罚法》实施,全省工商系统开展执法大检查和培训工作,开展对执法主体资格的清理工作。是年,全省有 9 个地市工商局和 30 多个县(市)工商局成立法制机构。

1997 年,省工商局成立行政复议委员会、行政诉讼应诉委员会,制定行政处罚程序规定、案件审核办法等;在全省工商系统开展《行政处罚法》《江西省经纪人条例》《江西省商品交易市场管理条例》执法检查;各地市、县工商局法制机构得到加强,充实了人员,开展案件评析,有的地市工商局实行执法责任制。

1998 年初,九江市工商局对全市工商系统行政执法情况进行抽查,发现自《行政处罚法》实施后,全市工商系统的行政执法行为逐步得到规范,但仍存在少数单位违反法定程序办案、个别单位普通程序案件没有经过核审等现象。针对发现的问题,督促相关单位采取措施纠正。

1998 年,南昌市工商局组织对全市部分市场进行检查,发现丁公路市场卫生秩序混乱、铁路五村市场无人管理等现象。市工商局对丁公路工商所副所长和铁路五村工商所副所长给予撤职处分,并处罚款。

1999 年,全省工商系统进一步强化执法监督,各地采取“三个结合”,即内部监督与人大、政府、社会等外部监督相结合,层级监督与职能监督相结合,定期监督检查与经常性的监督检查相结合。省工商局机关推行执法责任制,并公开办事制度,接受社会监督。

2001—2003 年,全省工商系统整顿和规范行政执法行为,各级工商法制机构充分运用执法监督职能,对行政执法办案人员的执法行为开展检查,对检查出来不规范的执法行为要求改正,并举一反三规范执法行为。

2003 年,省工商局和各设区市工商局组织对本系统执行《行政处罚法》情况抽查。同时,省政府和有关设区市政府组织实施对部分设区市工商局抽查。针对抽查发现的问题,省工商局印发《实施〈行政处罚法〉情况检查的通报》,要求各级工商部门对存在的问题及时予以纠正。

2004年，省工商局组织各设区市工商局实施《行政许可法》贯彻执行的各项准备工作，并对省工商局准备工作进行自查，向省政府、国家工商总局书面报告自查情况，部署本系统自查工作，同时继续开展整顿和规范行政执法行为的检查工作。

2004年下半年至2005年上半年，全省工商系统共清理执法案件27612件，发现存在问题案件1408件，纠正差错案件685件，回访涉案当事人21619人；清理消费者申诉19113件，办结18959件，发现不按程序规定处理的情况9起；清理出违规收费行为6起，违规金额9万余元；清理对执法人员的举报679件，已向举报人反馈调查情况及处理结果的有131件；清理出不具备执法资格的执法人员2381人。

2005—2006年，省工商局对2001年印发的《江西省工商行政管理局行政执法责任制》进行修改。在执法依据、执法职权、执法责任等方面，重新规范省工商局各行政执法机构的行政执法责任。

2007年，全省各级工商部门坚持开展行政执法检查，坚持案件评查制度，进一步规范行政执法行为。是年，省工商局在全省范围内组织实施以《行政复议法》为内容的2007年度行政执法检查工作，并向国家工商总局报送《2007年度行政执法检查工作情况自查汇报》；参加省纠风办组织对抚州黎川、临川工商公安违规办案的联合调查组，对黎川县工商局违规办案的案卷进行检查，参加临川"9·25"事故的调查并写出专题报告。

2008年，省工商局对全省工商系统"五五"普法活动进行中期督导抽查，并向国家工商总局报送相关检查情况。坚持行政执法检查制度和案件评查制度，制定绩效考评中的《案件质量评查标准》，组织实施2008年绩效考评中案卷评查工作，进一步规范行政执法行为。

2009年，省工商局制订《全省工商行政管理机关开展规范行政执法行为活动实施方案》，清理行政执法主体、行政执法人员；梳理行政执法依据，列出本部门执行的执法依据共315项；规范行政执法程序，使用国家工商局统一的行政执法文书样式共155份；清理执法职权，列出行政许可10项（含委托下级工商局5项），行政处罚183项，行政强制12项，行政裁决1项，行政征收2项，其他具体行政行为22项；规范涉及企业的行政执法行为，改进执法作风，落实行政执法评议考核制度。各级工商部门坚持行政执法检查制度和案件评查制度，省工商局对全省工商系统的行政执法工作做检查部署，制定绩效考评中的《案件质量评查标准》，组织实施2009年绩效考评中案卷调查。2009年，省工商局获得"江西省2008年度依法行政示范单位"称号。根据国家工商总局部署，在全省工商系统开展2009年度行政执法检查，并接受国家工商总局2009年度行政执法检查，得到国家工商总局检查组好评。通过省政府和国家工商总局对省工商局依法行政实施纲要进行检查，并上报有关落实情况的报告，获得好评。

2008—2010年，全省各级工商部门法制机构对系统内行政执法开展常态化检查和自查，行政执法行为进一步规范，行政处罚案件的行政复议及行政应诉案例逐年下降。

2010年，省工商局按照国家工商总局《全面推进行政指导工作的意见》要求，在全省工商系统推行行政指导工作。制定并印发《江西省工商行政管理机关开展行政指导工作方案》《江西省工商行政管理机关行政指导工作程序规定（试行）》《江西省工商行政管理机关市场监管职能活动行政指导细则》《江西省工商行政管理局关于进一步推进行政指导工作的意见》。通过开展该项工作，全省工商系统的工作由之前单一监管转向监管与行政指导并重,既强调政府职能部门的服务性,又充分发挥行政指导的非强制性,实现监管与服务有机统一,为培育、发展、壮大江西省创业主体,营造良好和谐的创业环境。截至2010年第三季度,全省共做出43855次行政指导,其中建议6521次,辅导5506次,提醒11326次,规劝7289次,约见3806次,示范1595次,公示1630次,其他类行政指导6182次。省工商局依照江西省推进依法行政工作领导小组办公室的文件精神,建立行政处罚典型案例类比制度,要求对按照行政处罚自由裁量基准做出的处罚案件进行总结归纳,编写同类违法行为典型案例,约束行政处罚自由裁量行为,以切实解决行政执法工作中存在的"同案不同罚"问题。为落实类比制度,省工商局推行说理文书、运用案管系统,组织案卷评查,并将此项目作为一个评分点。进一步规范行政处罚案件程序,印发《江西省工商行政管理局行政处罚案件证据规则指导意见》,强调案件质量标准,重申调查取证的基本原则,重点对证据的种类、要求、收集、保全、审查与认定进行梳理明确,并列举部分行政处罚案件应收集的证据。

是年,省工商局进一步加强法制监督工作,开展基层执法办案工作专项整治活动。以近一年办结的适用一般程序的各类行政处罚案件为整治范围,围绕行政处罚中滥用行政强制措施、滥用行政处罚自由裁量权、涉嫌犯罪案件不移交、"重实体、轻程序"、不依法履行告知义务、未按规定使用执法软件等行为,及行政处罚文书使用不规范、罚没物品处理不规范问题等8个方面的重点内容进行整治,并根据查找出来的问题逐步完善内部监督制度,不断加大内部执纪力度,依托"案管系统"实现真正意义上的"阳光办案",建立执法办案长效监督机制。省工商局组织明察暗访组,对全省工商系统进行执法监督和效能督察。结合检查结果,印发《关于充分发挥法制机构的规范执法行为作用的指导性意见》。结合国家新出台的《中华人民共和国食品安全法》,印发《江西省工商行政管理局行政处罚自由裁量权参照执行标准补充规定》,批准各设区市工商局集体讨论决定重大复杂案件范围类型,从而全面推行重大复杂案件集体讨论制度,并向省人民政府法制办作规范性文件备案。省工商局部署在全省工商系统全面推行"说理式"行政处罚文书,组织有关法制工作和办案人员赴浙江学习说理式处罚决定书,组织开展"说理式"行政处罚文书研讨论文评选,举办全省工商系统说理式处罚文书制作研讨班,并制定《关于推行"说理式"行政处罚决定书的实施意见》和《关于"说理式"行政处罚决定书制作的指导意见》,针对9类常见案件制作示范文书,且对"说理式"行政处罚文书的推行情况进行调研;是年,全省工商系统的行政处罚文书都能够按照"说理式"要求进行制作。省工商局举办职务风险预警培训班,讨论有关职务风险案例,梳理关于行政许可、行政审批、行政处罚以及日常监管工作中的风险点,提升执法办案人员职务风险意识。

# 第四篇　基础保障建设

1991—2010年,随着工商行政管理职能的不断加强,全省工商部门基础保障建设提高到一个新的高度。行政事业性收费依法依规执行,财务经费管理办法日趋完善,办公、装备、交通等条件大幅度改善,工商部门面貌发生大的变化。

从1991年起,全省工商系统收费项目不断进行调整优化,以适应经济社会发展,收费工作逐渐规范化、法治化。1992年前,收费项目包括集贸市场管理费、个体工商户管理费、企业和个体工商户注册登记费等10多项。1992年,国家物价局、财政部印发《关于发布工商行政管理系统行政事业性收费项目和标准的通知》,成为全省工商系统行政事业性收费的主要依据,全省工商系统收取企业注册登记费、个体工商户注册登记费、集贸市场管理费等6类行政性收费。为促进个体私营经济发展,工商部门还先后取消私营企业管理费、经济合同鉴证费等项目。2002年,为鼓励下岗失业人员、高校毕业生、城镇退役军人等自谋职业、再就业,工商部门对上述从事个体经营人员自经营之日起三年内免交有关登记类、证照类和管理类的各项行政事业性收费。2008年,统一停止征收个体工商户管理费和集贸市场管理费。2010年,全省工商系统省级行政性收费项目只剩下企业注册登记费、个体工商户注册登记费、商标注册收费、工商行政管理系统干部培训收费4项。

1998年12月省以下垂直管理前,全省各级工商部门隶属当地政府,会计核算与收支预算由所在地政府有关部门管理。从1999年1月起,实行全省工商系统财务收支垂直管理,全省11个地、市工商局行政性收费和罚没收入一律汇缴省工商局,由省工商局统一汇缴中央和省财政,由省财政预拨全省工商系统部门经费。票据管理逐渐规范。1999年,全省各级工商部门收费票据由省财政厅委托省工商局统一管理,罚款票据由省工商局统一向省级财政部门领取。2010年9月,全省工商系统启用新版财政票据,凭票据到指定的代收银行,以"票款分离"的方式上缴省国库。

1991—2010年,全省工商系统重视基层基础建设,通过规范化达标验收开展基层建设年、实施"33410"工程、召开全系统基层建设工作现场会、开展争创三星级工商分局(所)等工作,基本改变全系统基础设施差的状况,基层的执法装备、监管手段、工作生活条件和局容局貌发生根本性变化。省工商局支持各级工商局的办公用房、机动车辆、通信设施、办案装备、信息化等硬件建设。到2010年底,省工商局为全省880个基层分局(所)各新配发执法专用车。

全省工商行政管理信息化工作是伴随着国家改革开放的进程而起步,在社会主义市场经济体制建立和完善中,工商行政管理部门的地位日益提高,队伍不断发展壮大,工商行政管理信息化技术的发展和应用也随之深入与提高。1998年3月1日,"江西工商信息网"正式开通。至2004年,全省各级工商局全部设立信息化管理机构——信息中心。2005年,江西工商系统信息化工程建设涵盖1个省局、11个设区市局、114个县级局、864个基层分局(工商所)。截至2010年7月底,省工商局数据中心共拥有:241942家开业企业信息,78351家吊销企业信息;1017454家开业个体信息,36422家吊销个体信息;9268家农民专业合作社基本信息;14148家一人有限责任公司基本信息;12315咨询99665件、申诉31050件、举报5729件。2010年,全省工商系统基本实现管理电脑化、档案数字化、信息网络化、办公自动化。

# 第一章 财务经费管理

## 第一节 行政事业性收费

1992年前,全省工商系统收费项目包括集贸市场管理费、个体工商户管理费、私营企业管理费、汽车交易市场管理费、合同鉴证费、外资企业登记费、企业和个体工商户注册登记费等10多项。

1992年,国家物价局、财政部印发《关于发布工商行政管理系统行政事业性收费项目和标准的通知》,成为全省工商系统行政事业性收费的主要依据。按文件规定,全省工商系统收取企业注册登记费、个体工商户注册登记费、广告经营单位注册登记费、集贸市场管理费、个体工商户管理费、经济合同仲裁费和鉴证费共6类行政性收费。

1995年,全省工商系统根据财政部、国家计委印发的《关于增加商标注册管理收费项目及有关问题的通知》,新增商标业务收费项目。

1996年1月16日,国家工商局关于转发《国家计委、财政部〈关于商标业务收费标准的通知〉的通知》,确定商标受理收费标准。

1997年12月23日,财政部、国家计委《关于公布取消第一批行政事业性收费项目的通知》。根据此通知,全省工商系统取消私营企业管理费、旧机动车辆市场管理费。

1998年10月23日,国家工商局印发《工商行政管理系统行政性收费和罚没收入收支两条线管理实施细则》,确定的行政性收费项目有企业注册登记费、个体工商户注册登记费、广告经营单位注册登记费、商标注册费、集贸市场管理费、个体工商户管理费、经济合同鉴证费、经济合同示范文本工本费共8类行政性收费。

1999年,全省工商部门依照国家计委、财政部关于低收费标准的通知,将城乡集贸市场管理费、个体工商户管理费和企业注册登记费,在原收费标准基础上下调20%。注册资金总额在100万元以下(含100万元)的,暂按注册资金总额的0.8‰收取;注册资金总额超过1000万元的,超过部分暂按注册资金总额的0.4‰收取。同时,取消工商部门收取的其他市场管理费,其中包括经省级批准的生产资料市场管理费和旧机动车辆市场管理费。根据省人民政府《关于贯彻实施罚款决定与罚款收缴分离实施办法的通知》和省财政厅、省工商局、中国农业银行江西省分行联合签订的《江西省罚没收入银行代收代缴协议》的规定,全省工商系统的罚没收入,由省财政厅统一委托农行代收代缴,实现罚款决定与罚款收缴分离。

自2001年4月16日起,省工商局按照国家计委、财政部《关于全面整顿住房建设收费取消部分收费项目的通知》要求,规定建筑合同鉴证费、工程承包合同鉴证费降低到按价款或工程造价的0.14‰收取,最高不得超过2100元,最低1.4元。

2002年,国家发展计划委员会、监察部、国家工商总局、国务院纠正行业不正之风办公室等4个部门,联合印发《关于在全国开展工商和集贸市场收费专项检查的通知》,国家工商总局印发《关于做好收费专项检查的通知》,省工商局印发《关于转发国家工商总局〈关于做好收费项目专项检查工作的通知〉的通知》,根据上述要求,全省物价部门开展自2000年5月1日后工商和集贸市场收费专项检查。

为鼓励下岗失业人员、高校毕业生、城镇退役军人等自谋职业、再就业,国家先后出台减免行政性收费等优惠政策。凡上述人员从事个体经营的,除国家限制的行业外,自工商部门批准其经营之日起三年内免交有关登记类、证照类和管理类的各项行政事业性收费。免收个体工商户登记费(包括开业登记、变更登记、补换营业执照及营业执照副本)、个体工商户管理费、集贸市场管理费、经济合同鉴证费和经济合同示范文本工本费。凡高校毕业生从事个体经营的,除国家限制的行业外,自工商行政管理机关批准其经营之日起,1年内免交上述费用。

省工商局为落实党中央、国务院和省委、省政府关于促进下岗失业人员再就业时扶持政策,全力做好就业再就业工作。多次召开设区市工商局局长会议,传达、学习党中央、国务院和省委、省政府、国家工商总局关于再就业工作的有关政策措施。各级工商行政管理部门均成立“再就业工作领导小组”。江西经济欠发达,工商部门实行的是以收定支的财政体制,个体工商户的规费收取多少,直接影响到单位的财政状况。为此,省工商局先后两次召开县(市)工商局以上主要领导干部会议,进行深入动员,解决思想认识问题,专题部署。为确保支持下岗失业人员再就业工作各项政策得到不折不扣地执行,省工商局还专门制定实施细则,先后印发《关于充分发挥工商行政管理职能进一步做好促进下岗失业人员再就业工作的意见》等10个专项工作文件,进行周密部署,统一规范。全省各级工商机关共免费培训396期,受训人员14000多人。仅2003年至2004年6月,减免规费2886.57万元,14758人次获减免收费。

省政府为转变政府职能,促进经济发展,在对省政府各部门行政审批事项进行认真清理的基础上,印发《关于印发省人民政府行政审批事项清理工作意见的通知》《关于印发省人民政府第二批行政审批事项取消项目的通知》和《关于印发省人民政府第三批行政审批事项取消项目的通知》,明确规定省政府各部门取消和保留的行政审批事项。省工商局为贯彻落实省政府的上述文件及精神,在及时转发的同时,向全省各级工商部门提出坚决贯彻执行的有关要求。

省政府《关于进一步加快民营经济发展的若干意见》,要求停止对涉及民营企业的新收费项目的审批。省工商局印发《关于进一步规范工商行政管理部门行政性收费行为的通知》,公布收费项目有8项:企业注册登记费,个体工商户、个人合伙注册登记费,广告经营单位注册登记费,个体工商户管理费,集贸市场管理费,合同鉴证费,经济合同示范文本工本费,商标业务费。

2003年,国务院印发《关于取消第二批行政审批项目和改变一批行政审批项目管理方式的决定》。据此,财政部国家发改委印发《关于公布取消部分行政事业性收费项目的通知》,要求各地区、各部门取消与国务院公布取消的两批行政审批项目直接相关的18项行政事业性收费项目。此次取消的行政事业性收费项目包括工商部门收取的经济合同鉴证费、指定印制商标单位证书工本费、指定印制商标单位证书验证费。

为贯彻落实《国务院减轻企业负担部际联席会议关于防治"非典"期间对部分行业减负行政事业性收费的通知》精神,省政府办公厅《关于防治非典期间对我省部分行业行政事业性收费进行减负的通知》,规定自2003年5月1日起至2003年9月30日,对餐饮、旅店、旅游业收取的个体工商户管理费,按现行标准的70%征收;对集贸市场收取的集贸市场管理费和个体工商户管理费按现行标准的80%征收。

2004年,省工商局印发《关于认真做好清理行政性收费工作的通知》,公布江西省工商行政管理部门行政性收费项目,有企业注册登记费,个体工商户、独资、合伙企业注册登记费,广告经营单位注册登记费,集贸市场管理费,个体工商户管理费,经济合同示范文本工本费共6类行政性收费。财政部、国家发展改革委关于公布取消103项行政审批等收费项目,此次取消的行政性收费项目包括工商部门收取的《商标注册证》验证费。

2007年,省政府发布《江西省著名商标认定和保护办法》(江西省人民政府令第161号,自2007年11月1起施行)。规定省工商行政管理部门组织认定著名商标,不得向申请人收取或者变相收取任何费用。

2008年,财政部、国家发展改革委、国家工商总局印发《关于停止征收个体工商户管理费和集贸市场管理费有关问题的通知》,要求自2008年9月1日起,在全国统一停止征收个体工商户管理费和集贸市场管理费。国家工商总局印发《关于认真做好停止征收"两费"工作,进一步加强和改进工商行政管理工作的通知》,强调对超过规定时限已经提前征收的"两费",要积极向财政部门反映情况,认真负责地协调退库事宜,坚决把多收的款项退还,对"两费"收费结存票据及时进行清理、登记和收缴,逐级全部上缴省级工商局,由省级工商局会同财政部门进行统一核销。省工商局印发《关于做好停征个体工商户管理费和集贸市场管理费后有关工作的意见的通知》,要求各级工商部门贯彻落实好上级有关部门的文件精神。省工商局要求全省各级工商部门,以停征"两费"为契机,积极引导、扶持个体经济发展。规定,从2008年起,两年内新开业的个体工商户,一律免收开业登记费。对于生产经营暂时出现困难的个体工商户、私营企业,在年检验照方面予以支持,减免年检费用。

2010年,省工商局转发《江西省财政厅、江西省发展改革委员会关于印发2009年江西省行政事业性收费项目目录的通知》,省财政厅、省发改委发布2009年江西省行政事业性收费项目目录(国家批准的收费项目),全省工商系统省级行政性收费项目只剩下企业注册登记费、个体工商户注册登记费、商标注册收费3项,其他收费项目未予发布。

省财政厅、省发改革发布2010年江西省行政事业性收费项目目录(包括国家批准的收费项目和省批准的收费项目），全省工商系统省级行政性收费项目只剩下企业注册登记费、个体工商户注册登记费、商标注册收费、工商行政管理系统干部培训收费四项，其他收费项目未予公布。

省以下垂直管理体制后，实行全省工商系统财务收支垂直管理。按照国务院和国家工商总局有关规定，全省各级工商局各项行政性收费和罚没收入一律汇缴省工商局，由省工商局统一汇缴中央和省财政，由省财政预拨全省工商系统部分经费。省工商局会同省财政厅等部门制定《江西省工商行政管理部门实行收支两条线管理后经费保障实施意见》，至此，全省工商系统财务经费管理办法基本完善。同时，实行"票款分离"与"罚缴分离"。至2010年底，全省工商系统所有行政性收费和罚没收入，均上缴到省级财政。

# 第二节　财政收支与经费保障

1998年12月省以下垂直管理前，全省各级工商部门隶属当地政府，会计核算与收支预算由所在地政府有关部门管理，省工商局只负责本级会计核算与财务收支预算的编报和全省工商系统的财务工作业务指导、监督检查及报表汇总。实行垂直管理体制后，从1999年1月起，实行全省工商系统财务收支垂直管理，全省11个地、市工商局行政性收费和罚没收入一律汇缴省工商局，由省工商局统一汇缴中央和省财政，由省财政预拨全省工商系统部门经费。根据1999年1月22日，财政部、国家工商局印发《工商行政管理单位财务管理办法》，省工商局会同省财政厅等部门制定《江西省工商行政管理部门实行收支两条线管理后经费保障实施意见》，省财政厅根据全省工商行政管理系统的业务支出范围，对人员经费、公用经费、办案经费、装备经费及基础设施经费等，纳入省财政支出预算，统一核定和拨付，予以保障，至此，全省工商系统财务经费管理办法基本完善。

## 会计机构与核算

1999年前，全省工商系统财务管理机构名称未统一。省工商局1995年设计划财务处，管理省工商局机关财务工作。各地市、县工商局有的单设机构称财务审计科、财务科和财务股、计划股，有的未设独立机构，归办公室统管。

为转变会计管理职能，提高工作效率，加强经济管理，国家实行会计电算化。1998年，国家工商局修订《工商行政管理系统会计制度》，统一研制开发工商行政管理系统会计核算软件，对各省（区、市）工商局财务处长、主管会计进行专门培训后，在全系统推广使用，促进会计核算的规范化、制度化、科学化。至2010年底，全省市、县工商局先后实现办公自动化系统管理，会计核算网络信息化管理，财务处理、报表管理、票据管理、资产管理等均实现网上操作。

## 会计基础工作规范化建设

2005年以前，全省工商系统会计基础工作根据《中华人民共和国会计法》和财政部《会计基础工作规范》的规定管理。

2005年4月，省工商局根据《行政单位会计制度》和《工商行政管理系统会计制度》，印发《关于开展认真执行会计基础工作规范，加强会计基础工作活动的通知》，要求全省工商系统全体财务会计工作人员认真执行《会计基础工作规范》，在系统内全面实施会计基础工作规范。12月，省工商局印发《江西省工商行政管理系统会计基础工作规范化考核办法》，要求各级工商机关切实做好会计基础工作规范化考核工作。

2006年，省工商局根据《会计基础工作规范》制定全省工商系统执行《会计基础工作规范》的考核验收标准，明确各单位的会计基础工作应达到的要求，促进全省工商系统财务会计工作水平的提高。

2007年3月，省工商局印发《关于全省工商系统会计基础工作规范化考核验收工作抽查情况的通报》，强调规范全省工商系统会计基础工作，保证会计信息的真实完整，提高财务管理水平。截至2006年底，全省工商系统已对45个县级工商局进行考核验收，达标单位35个，达标率77%。

2008年，根据"江西省工商系统会计基础工作规范考核内容和评分标准"，省工商局对设区市工商局执行《会计基础工作规范》情况进行考核验收，全省11个设区市工商局全部通过会计基础工作规范验收，达标率100%。

## 经费保障

1998年12月省以下垂直管理前，全省各级工商机关均由属地财政部门保障经费。各单位按照所在地财政部门的要求进行会计核算，省工商局每季度进行一次会计报表汇总。收入来源主要有依法收取的各项规费、管理费、罚没收入、财政补助经费，上级主管部门补助经费，纳入预算管理的行政性收费安排的拨款以及其他收入。

从1999年1月省以下垂直管理后，省财政对全省工商系统的经费保障主要由三个部分组成：财政经费拨款。这部分经费主要由市、县工商局上划的预算内经费和省财政部门历年增资经费组成；行政性收费安排的拨款。省财政对工商系统缴库的行政性收费，扣除集贸市场管理费、个体工商户管理费按规定缴纳的3%水利基金后，全额安排工商系统经费；罚没收入安排的拨款。省财政对全省工商系统缴库的罚没收入，全额安排工商系统经费。

## 财务收支

从1993年开始，按照财政部《关于治理乱收费的规定》，全省工商系统行政性收费收入全部纳入预算内管理，收入全部上缴财政。1997年11月，按照国务院令第235号发布《罚款决定与罚款收缴分离实施办法》，全省各级工商机关执行"罚缴分离"规定，将罚没收入通过银行上缴国库。

1999年1月，财政部、国家工商局联合制发《工商行政管理单位财务管理办法》，省工商局、省财政厅制定《江西省工商行政管理系统财务管理办法》。省工商局按照"收支两条线"管理原则对全省财务经费逐步纳入统一管理，并实行"统一管理、分级负责"的财务管理体制。工商所不再是会计核算单位，所有支出实行定期报账和备用金制度，工商所设杜撰管理员，按报销单位管理。

1999 年,省委、省政府批准《江西省工商行政管理体制改革方案》,要求全省工商系统财务工作实行统一管理,坚决执行省政府发布的《江西省行政事业性收费收支两条线管理办法》。省财政厅、省工商局《关于工商行政管理体制改革财务经费管理有关问题的通知》,确保工商部门行政事业性收入和罚没收入及时足额逐级上缴省工商局,全省工商系统收支全面纳入省级财政。

2002 年,国务院决定对工商部门实行部门预算,加大对工商系统经费的保障力度,根据省财政厅《关于编制 2002 年财务收支计划的通知》要求,省工商局本着"积极稳妥、量力而行、突出重点、保障有力"原则,在深入调查研究的基础上,完成了全省工商系统第一次部门预算编制工作。

# 第三节　审计监督与票据管理

## 内部审计监督

1998 年 12 月省以下垂直管理前,全省工商系统的审计监督主要是接受当地政府有关部门的审计和财务大检查。全省各级工商机关配合省财政厅、省审计厅于 1997 年 10 月前,完成全省工商系统 1996 年 11 个地市局财务管理的全面审计。

省以下垂直管理后,省工商局结合工商系统实际,于 2004 年 6 月 19 日制定印发《江西省工商系统内部审计工作暂行规定》,规定内部审计工作由各级财务装备部门负责,并实行"上审下"的管理原则。省工商局先后实施工程决算审计、部分单位主要领导经济责任审计以及部分省局直属事业单位经济效益审计,部分设区市局也开展内部审计工作,进一步加强系统财务监督管理,规范财务行为。

2005 年起,全省工商系统全面开展内部审计工作。内部审计在全省工商系统基本形成制度化、规范化。

2006 年 3 月,省工商局转发省政府办公厅转发的省审计厅、省财政厅《关于进一步加强财政财务监督管理意见的通知》,省工商局配合省审计厅、省财政厅对工商系统财务收支、预算执行情况等进行全面审计检查。

2005—2010 年,省工商局根据《审计署关于内部审计工作的规定》《江西省工商行政管理系统内部审计工作暂行规定》,印发《江西省工商行政管理系统内部审计工作计划》,做好财政、财务收支审计工作,任期经济责任审计工作,基建工程项目和装修工程项目审计工作,票据审计工作。省工商局组织对直属事业单位及社会团体和 11 个设区市工商局单位负责人离任的经济责任审计。

## 收费票据管理

全省工商行政管理机关行政事业性收费,使用财政部门统一印制的收费票据。收费票据随着国家财政政策的调整,多次更换式样,以强化管理。从最初多层次、多部门管理,到归口财政部门统一管理;从收费使用专用票据,到使用统一的非税收入票据。从 1995 年 7 月 1 日起,全省工商行政管理部门使用的收费票据,由省工商局和省财政厅组织印制,各地根据实际需要,由地市财政造册到省统一领取。

1999年,财政部、国家工商局印发《工商行政管理单位财务管理办法》,省政府印发《江西省行政事业收费票据管理规定》,要求全省各级工商部门取得行政性收费、罚没收入必须使用省级财政部门统一印制或监制的专用收费票据,收费票据由省级财政部门委托省级工商部门统一管理;罚款票据由省级工商部门统一向省级财政部门领取。收费票据和罚款票据由省级统一管理,逐级发放。省级工商部门建立健全收费、罚款票据的领取、发放、使用、结报、稽核、缴销等环节的票据管理制度,省级以下各级工商部门严格执行,做到票款一致,验旧领新。

2001年10月,省财政厅、省工商局《关于更换工商系统专用票据式样的公告》要求自2002年1月1日起,全省工商部门行政事业性收费启用新版套印有"江西省财政厅票据监制章"的专用票据,同时原版专用票据全部停止使用。该票据分为定额和非定额两种。全省工商部门进行罚没款仍按江西省财政厅《关于使用统一罚没票据的通知》的规定使用江西省财政厅统一按原式样印制的罚没专用票据。

2002年1月,全省工商系统启用统一印制的新版票据,并在原有收费票据管理制度的基础上对票据管理行为和票据使用办法提出新的要求。同时,配合省、市财政部门对旧版票据进行全面审验、收缴和销毁,顺利完成新旧票据的交替工作。

2003年,省工商局要求全省各级工商行政管理机关加强对工商专用票据的管理,积极创造条件对票据管理实行电算化管理。

2007年6月,省工商局转发省财政厅、省监察厅《关于在省直单位中全面推行财政票据电子化管理改革的通知》、省财政厅《关于做好2007年度省直单位财政票据电子化管理改革有关工作的通知》,省工商局先期在省、市局两级实施票据管理电子化改革工作。

自2008年1月1日起,全省工商系统根据《江西省工商行政管理系统罚没收缴暂行规定》,罚没缴款使用省财政厅统一印制的"非税收入一般缴款书",票据按照现行工商部门行政性收费票据管理办法领购、使用、缴销、核算、管理。全省工商系统凭票据在各级农业银行开设的收入过渡户逐级汇缴至省工商局收入过渡户后,上缴省财政专户。工商系统原有罚没票据同时停止使用,并按规定逐级缴销。

2010年9月,省财政厅印发《关于启用新版江西省财政票据的通知》,全省工商系统启用新版财政票据,统一使用《江西省政府非税收入一般缴款书》《江西省政府非税收入定额票据》《江西省政府非税收入票据》(手工版、机制版),凭票据到指定的代收银行,以"票款分离"的方式上缴省级国库。

# 第四节　设施建设管理

1992年7月,国家工商局制订《工商行政管理所初级规范(试行)》《关于实施〈工商行政管理所初级规范(试行)〉的通知》,全省各级工商局把基层工商所建设列入重要议程,按照国家工商局关于"八五"期间工商所规范化达标要求,针对存在的薄弱环节,采取有效措施,逐项抓落实。各地纷纷出台优惠政策支持工商所建设,特别是县、市计划部门、财政部门支持工商行政管理部门自筹资金,千方百计解决基层工商所的办公用房问题,基层工商所办公条件得到明显改善。为加快建设和改造进度,许多工商所干部职工自力更生,艰苦创业,自己动手搬砖运土,修整水泥路面、油漆门窗、粉刷墙面,展现新时期工商干部干事创业的精神风貌。

到1997年底,全省工商系统共投入2597.6万元,加强工商所硬件建设,新建改建工商所140个,新购办案车辆237辆,逐步改善办公、装备、生活条件。

到1999年底,全省工商系统省、市、县三级联动,改建或正在改建的工商所达123个。

2000年,省工商局发挥垂直管理体制优势,在全省工商系统广泛开展"基层建设年"活动,提出"一切从基层出发,一切为基层着想,劲往基层使、钱往基层花"的工作思路,集中财力办大事,大力加强基层基础设施建设。

南昌市工商局自2000年"基层建设年"活动开展后,抓好基层建设规划,夯实基层基础建设,先后为21个基层分局新购办公用房9293.04平方米;为28个基层分局新建办公用房8247平方米;为20个基层分局改造办公用房8718平方米。91个基层分局配备车辆134台,安装有线电话145部,配置电脑217台(含打印机)。城区基层分局普遍有办公室、会议(学习)室、厨房、卫生间,农村基层分局还有院子和宿舍,环境绿化、美化、亮化。2005—2006年,投入资金1400万多元,为基层分局更新办公设备和执法装备,其中增配车辆55辆、电话53部、传真机63部、电脑130台、食品检测箱60只和相关通信设备,新建县级工商局12个,工商分局(所)83个;改扩建县级工商局7个,基层分局(所)48个,所有的分局(所)告别了租房、危房及条件差的工作环境。改善基层办公条件,实施工商分局(所)硬件建设的"七个一"工程,即一栋办公住宿楼、一间资料档案室、一个娱乐活动室、一个内部招待所、一个职工食堂、一部执法用车、一组办公电脑。加大信息化建设投入,提高基层现代化办公水平。市工商局投资90多万元建立中心机房和业务数据库;各县(市、区)工商局累计投资1032万元,为每个分局所配备一台以上电脑,并实现与县工商局、市工商局联网。全市160个基层分局(所)可以直接核发个体工商户营业执照,全市登记注册工作已完全采用电子化方式审核、打印执照,极大提高了工作效率,方便办事群众。

2000年全省"基层建设年"活动开展后,萍乡市工商局为改善基层工商分局工作和生活条件,多渠道筹措资金改善办公条件。先后新建18个基层分局办公楼,完成10个基层分局办公楼的"穿衣戴帽"工程;新配置基层执法车辆26辆、电脑49台、打印机16台、摄影照相机22台、空调15台、食品检测仪35套;建立了局域网,实现市局、县(区)局、基层分局与省局联网。全市工商系统基本解决办公用房问题。基层办公条件基本上实现"一年小变样、三年大变样"的目标。萍乡市工商局上栗分局基础设施大变样,拥有3辆执法小车、6辆摩托车、4台电脑、1部数码相机、5台空调、2个食品检测箱,为监管执法提供有力保障。

2000年,宜春市工商局根据"人往基层派,领导力量往基层使,钱往基层用,经济利益向基层倾斜"原则,狠抓基层基础建设。全市对132个工商所共投入资金2370多万元,用于基层基础设施建设,极大改善基层办公条件和生活环境。各县市局牢固树立抓基层,打基础,树门面,讲效益的观念,努力营造基层优先的氛围。对经济基础相对薄弱,条件艰苦地方的工商所,在福利待遇上实行倾斜;对超额完成年度目标管理工作任务,取得良好社会效益的工商所,实行重奖鼓励。各县市工商局计划从年度规费收入中抽取15%作为基层建设基金,有重点地完善工商所的办公、生活及其他配套设施。"九五"期间,全地区现有工商所要全部实现"八有",即办公有楼房,办案有车辆,职工有住房,用膳有食堂,交通有摩托,通信有电话,娱乐有场所,环境有绿化。

新余市工商局自2000年"基层建设年"活动开展后,全力加强基层建设。在硬件建设上舍得投入,市工商局共投入资金1207.97万元,为基层工商分局新建、改建、扩建办公场所,购置电脑、打印机、网络服务器、执法车辆、空调、热水器、健身设备等工作生活设施,基层面貌焕然一新,基础建设明显加强,办公生活条件明显改善。

2000年,抚州市工商局不断加强基层基础建设,本着"总体规划、量力而行"的原则,不断加大投入,用于基层的信息化建设和改善办公、办案条件。全市基层基础设施得到较大的改善,87个基层工商分局(所)中有44个新建办公楼,34个工商分局(所)的办公楼进行改建,新建改建度达90%以上。每个基层工商分局(所)都配备两辆以上的执法办案车辆和两台以上的电脑。

上饶市工商局重视基础建设。2000年,局领导分别带领3个小组深入基层进行为期6天的调查摸底工作,有重点地剖析56个工商所状况。同时,将基层基本情况分门别类地列出细项设计调查表组织问卷调查。经过充分调查摸底,制定《关于加强基层工商所建设的意见》和实施细则。突出"五有"重点,加强硬件建设,不断改善基层工作环境。至2003年,共投入基层建设1248余万元,新建、改建工商所46个。62%的工商所配有机动车辆,所有农村工商所都建有食堂。70%的工商所配有微机,81%的工商所有彩电、VCD、建立电教室。达到办公有房子,办案有车辆,娱乐有设施,查询有微机,用膳有食堂的"五有"要求。

赣州市工商系统基层基础建设严重滞后,全市161个基层工商分局(所)中,47个分局(所)租房办公,93个分局(所)在风雨飘摇的危房或者四面不透光的破旧土木房里办公。2000年全省"基层建设年"活动开展后,为改变这种状况,赣州市工商局坚持先基层,后机关,市工商局党组制定"一年一小变、五年一大变、十年彻底变"的基层基础建设规划。省以下垂管后,全市工商系统累计投入资金2.15亿元,新建县级工商局12个,基层分局(所)99个;"穿衣戴帽"县级工商局7个,基层分局(所)62个,所有的分局(所)均告别租房、危房及条件差的工作环境。全市工商系统基层面貌焕然一新,分局(所)达到"七个一"标准,即一个注册大厅、一个会议室、一个图书资料档案室、一个娱乐活动室、一个内部招待所、一部执法用车、一组办公电脑。

2001年,省工商局共投资1205.24万元加强基层建设。为设区市工商局购置办案车辆11辆,办案用摄像机、照相机各11台;为部分县(市)局购置计算机36台;安排建设基层工商所35个,为全省1177个工商所(队)统一配置学习资料柜和图书。

2002年,省工商局根据小局大所、精局强所的要求,结合实际,完善基层基础设施建设,改善现代化信息处理设备、快速检测设备等。省工商局安排700万元用于基层工商所建设,600万元补助基层基础设施建设,为市、县(区)工商局购置办案车辆106辆,进一步改善基层办公办案条件。

九江市工商局党组面对全系统基础薄弱、发展缓慢的情况,制定了《九江市工商行政管理系统五年发展纲要》，对全系统 2003 年至 2007 年期间基层基础建设的总体思路、工作目标、具体措施进行规划，全市工商系统上下化愿景目标为实际行动，按"心往基层想、事往基层办、人往基层走、钱往基层投"的要求，狠抓基础建设各项措施的落实。全市工商系统以办公用房建设、办公条件改善、信息化建设为重点，挤出经费搞建设，基层的工作和生活条件得到了很大改善。先后新建、改建 7 个县级局、39 个基层分局的办公楼，新增基层办公用房建筑面积 9947 平方米，使全市 15 个县级局、102 个基层分局都有办公用房，县级局机关办公楼自有率达 100%，基层分局办公用房自有率达 94%。在建设中，注意基础设施的成套化，大多数基层分局都建有服务大厅、小庭院、阅览室、休息室、娱乐室、厨房、餐厅、车库、浴室、卫生间等设施。全市工商系统共新购汽车 95 辆、电脑 297 台、空调 292 台、打（复）印机 100 台、照（摄）相机 65 部、电教器材 19 套、食品检测箱 64 个、肉类水分检测仪 15 台、蔬菜农药残留检测仪 15 台。109 个基层分局有汽车 121 辆、电脑 211 台、空调 169 台、打（复）印机 90 台、照（摄）相机 42 部、电教器材 23 套、食品检测箱 64 个，日常办公条件、市场监管手段、执法办案能力跃升到一个新的水平，为职能到位打下坚实基础。全市工商系统累计投资 400 多万元，在 2003 年建成并开通九江红盾网、"EGS"综合业务管理系统，使市局与 15 个县级局全部建立局域网，实现与 109 个基层分局的网络互联。还在市局机关和各县局行政服务大厅设置电子触摸屏，开通多媒体查询系统。通过局域网，全市工商系统每位干部职工都能便捷地收发文件，开展网上办公、登记、年检、处理投诉、查询收费等工作；通过登录九江红盾网或使用电子触摸屏，办事群众能便捷地了解工商局的职能、办事的条件和程序，能下载办证所需表格，能及时与工作人员取得联系。2010 年，九江市工商局掀起新一轮基层建设热潮，在庐山区九威分局召开现场会，提出全市工商系统今后 3 年的基层建设规划，投资 113 万元启动 2 个县级局办公楼，3 个基层分局办公用房的报建程序，新建和改建的 6 个分局办公用房处于紧张建设中。

2006 年 9 月，国家工商总局在山东召开全国工商行政管理系统基层建设和人才工作会议。省工商局根据会议精神，制定《关于加强全省工商行政管理系统基层建设的意见》《江西省工商行政管理系统 2006—2010 年基层硬件建设规划》等 3 个文件。全省工商系统高度重视基层基础建设，省工商局组织对全省工商系统基础建设的现状进行调查摸底，特别是对各工商分局（所）的硬件建设，如办公用房、机动车辆、通信设施、办案装备、信息化和人员配备等进行详细调查。2003 年至 2006 年，全省各级工商局共自筹资金 18376 万元，新建、改造、维修项目共 597 个，为加强基层建设，树立工商形象打下坚实基础。

2007 年，省工商局给全省基层工商分局统一配发 252 辆执法专用车。

到 2008 年底，省工商局累计安排 1.9 亿元资金投入基础设施、执法装备建设。

2009 年，鹰潭市工商局大力改善基层基础条件，优化资源配置。全市系统投入 150 万元用于基建维修，购置办案工具及执法车辆，加大对计算机、打印机等办公设备的投入。每个网格片区拥有一台电脑、一间办公场所、一辆交通工具。

到 2010 年底，省工商局为全省 880 个基层分局（所）各新配发执法专用车。

1991—2010 年，在争取国家工商总局和地方政府支持的同时，全省各级工商局坚持不等不靠，想方设法筹集资金，加大对基层基础设施建设的资金投入。通过规范化达标验收开展基层建设年、实施"33410"工程、召开全系统基层建设工作现场会、开展争创三星级工商分局(所)等工作,基本改变了全系统基础设施差的状况,基层的执法装备、监管手段、工作生活条件和局容局貌发生根本性变化,基层基础建设的整体水平上了一个新台阶,为工商所的服务工作向标准化、规范化、信息化发展奠定坚实基础。

# 第二章　工商信息化

工商行政管理系统的信息化建设是一个系统工程和有效管理的过程,该系统工程的实施促进工商行政管理和服务工作的科学化、现代化和规范化。

1993 年,省工商管理信息中心经省机构编制委员会批准成立。省工商管理信息中心是省工商局负责信息化工作的专门机构。

1998 年,省工商局成立省工商行政管理局信息化工作领导小组,负责综合、规划、组织、协调全省工商系统信息化建设及应用。3 月 1 日,"江西工商信息网"正式开通。12 月 10 日,省工商管理信息中心挂牌办公。

2000 年 5 月,省工商管理信息中心开始单列办公。

2003 年 8 月,国家工商总局在北京召开规范市场秩序,推进企业信用建设经验交流会,首次提出以实施企业信用分类监管为重点的"金信工程"建设任务,至此,全国工商系统的信息化建设正式更名为"金信工程",并进入全面推进、快速发展阶段。

2004 年 4 月,在省人事厅、省编办的关心和支持下,全省工商系统又增设 33 个县(区)工商局信息中心机构,至此,全省各级工商局全部设立信息化管理机构——信息中心,县(市、区)局以上工商局都落实信息化工作人员,使信息化各项工作得以落实。

## 第一节　信息化规划

1995 年 8 月,根据国家工商局《工商行政管理计算机网络和数据中心建设方案》,省工商局印发《关于加快全省工商行政管理系统计算机网络与数据建设的通知》,要求全省各级工商局充分认识计算机网络和数据中心建设的重要意义,把信息现代化作为实现管理规范化和提高队伍整体素质、提高工作效率的重要措施,把计算机网络和数据中心建设作为一项重要的基础建设来抓。按照"统一规划,分步实施,统一体制,统一标准,统一管理,资源共享"的原则,从实际出发,制定本单位的实施方案,抓紧落实。落实硬件配置,抓紧计算机网络建设。凡未配置微机的地、市、县(区)工商局要在年底前配置微机,有条件的要在年底建成局域网。加快数据库建设步伐,重点要抓好企业登记数据库建设,加强计算机专业人员的选配与培训。

1998 年 1 月,根据国家工商局和省政府关于加强信息化工作的一系列文件、会议精神,省工商局印发《关于进一步加强全省工商行政管理信息系统建设的通知》,明确工商行政管理信息系统建设是一项涉及各级工商行政管理机关和各项业务的复杂的系统工程,既要自成网络,又要和国家局、省政府网络联通;既要在本级机关联网,又要和上下级互通;既要建立数据中心,又要实现联网查询。省工商局成立信息化工作领导小组,各地、市局也要成立类似机构,以加强对信息化工作的领导和管理。

按照国家工商局、省政府信息系统建设的部署和要求,全省工商行政管理信息系统建设在省工商局信息化领导小组领导下开展工作,坚持"打好基础,理顺关系,科学规范,提高效益"的方针,按照"统一规划、统一方案、统一标准规范"的原则,逐步完成国家局制定的信息系统建设任务和省政府确定的办公自动化建设任务,积极抓好计算机网络建设、数据中心建设等,加快办公自动化建设步伐,达到国家局提出的"业务管理电脑化、档案存储光盘化、信息查询网络化"的要求。

1998年2月,根据省委、省政府和国家工商行政管理局有关加强信息化工作一系列文件精神,省工商局印发《关于认真抓好江西工商信息网络建设工作的通知》,指出要集中精力建好江西工商信息网络,这是实现工商管理办公自动化的基础,是企业共享社会公众信息网丰富的信息资源的需要;要抓好工商系统工作站建立及企业入网的宣传组织工作,一边组织入网,一边完善管理,同时向社会提供服务。年底前,全省各地、市、县局(分局)及有条件的工商所都建站,及时做好信息源的收集、整理工作,搞好各级工商局设备配备和企业户数的调查摸底工作。

2002年12月,根据《江西省政府系统政务信息化建设2001—2005年规划纲要》(赣府厅发〔2001〕73号)和《2001—2005年工商行政管理系统化规划纲要》(工商办字〔2001〕第376号)文件精神,按照"大胆改革、积极推进、因地制宜、量力而行"的要求,本着效率优先,经济适用的原则,省工商局印发《2003—2005江西省工商行政管理信息化实施方案》,要求以信息化带动工商行政管理职能到位,促进监管模式的改革,促进队伍人员素质的提高,促进工商行政管理部门更好地为经济建设服务。全省工商系统信息化建设的总体目标是:实现"二中心二网四化"。"二中心"即省工商局及各设区市局数据中心。"二网"即内部网和外部网,内部网即通过政府统一平台构筑的省局、设区市局、县(市、区)局,工商所(分局)四层三级虚拟专用网或公用电话线联接的网络;外部网由各地利用本地政府网或因特网构成,外部网是实现电子政务(网上工商)的对外平台。"四化"即管理电脑化、档案数字化、信息网络化、办公自动化。

全省工商系统网络子系统建设主要是各级工商部门内部的网络建设。应用子系统建设是全省工商系统信息化工作的重点和难点,要统一推广使用基础层业务软件、经济户口综合管理系统、信用警示系统、数字档案系统、办公自动化系统。使用统一推广软件,建立本级业务处理数据库,建立集中的区域性即省级、各设区市局两级数据中心。安全子系统必须与网络子系统同步建设。全省工商信息化建设任务用3年时间分3个阶段实施,预算投资2344.2万元,主要包括:应用系统(软件);各设区市局局域网;42个县级局局域网;71个县级局及361个城区工商所单机和相关设备;各设区市局及各县(市、区)局与政府联网的端口接入设备;各设区市局数字档案扫描工程;应用培训等。

2003年1月,省政府举行省政务信息网纵向网开通仪式,标志着省政务信息网已联通到各设区市。省政府要求各地各部门加快整合本地本部门的业务系统和信息资源。3月,省工商局印发《江西省工商系统信息化建设实施标准(试行)》,明确结构化综合布线工程设计建设标准;全省工商系统网络建设标准;服务器的配置选型标准;网络安全子系统实施标准;中心机房建设标准;应用系统建设标准。

2005 年 6 月,按照省政务信息网络建设的要求,省工商局印发《江西省工商系统信息化工程设计方案》和《2005—2007 年江西省工商系统信息化工程实施方案》。全省工商系统信息化工程的主要建设内容是:完善两个网络系统,建立两级数据中心,构造两个支撑平台,整合 3 类业务应用,推进两项信息服务。

江西工商系统信息化工程建设涵盖 1 个省局、11 个设区市局、114 个县级局、864 个基层分局(工商所)。联接总局—省局的工商行政管理主干网络,建立省局—设区市局—县(市、区)局—基层分局(工商所)的网络系统。全面推广基于业务应用层面的"e-工商"应用系统,开发满足各级登记机关与基层分局(工商所)动态监管业务需要、标准统一的企业信用分类监管和行政执法综合网络系统。建立省局数据中心和各设区市局联机业务处理中心,建立全省统一的经济户口数据库,实现经济户口信息的统一管理。建立健全省局、各设区市局外部网站及公共服务系统,实现政务公开及信用信息披露;开展网上注册、年检、审批等工商业务,提高公众服务水平;建立省局与其他政府部门网络互联和信息共享的标准平台,实现与其他政府部门之间的安全数据交换,增强工商行政管理部门与税务、海关、公安、文化、质检、卫生、环保、社保等相关政府部门的协同工作能力。建立健全标准统一、体制统一、互联互通、高效实用的安全保障体系,为业务处理和信息资源利用提供可靠的安全保护和可信授权服务。建立异地容灾备份系统。购置一批经济实用的计算机设备和一批通用型软件,包括公共管理系统。建立各设区市局"12315"指挥中心。建立各级工商局电子档案数据影像系统。建立省局、设区市局、县(市、区)局视频会议系统和远程教育系统。完善省局、各设区市局金信工程运行环境。采取切实有效的措施,培养一支胜任工程建设和运行的技术、管理人员队伍,并加大使用人员的培训力度。

2007 年 7 月,省工商局《关于印发〈计算机信息系统安全管理制定〉等规定的通知》,包括《计算机信息系统安全管理制度》《全省工商系统数据复制权限管理办法》《数据备份及灾难恢复制度》等12 个规范化规章制度。

2009 年 10 月,省工商局印发《2009—2013 年江西省工商行政管理信息化实施方案》,指导思想:全面贯彻国家信息化发展战略,坚持工商信息化为促进工商行政管理发展,提高监管执法效能服务的方向,以体制机制创新为动力,不断提高工商行政管理工作的信息化、标准化、规范化水平,全面提升工商部门服务经济社会发展的综合能力,为工商部门监管社会主义统一大市场,实现"四个统一"奠定坚实的信息化支撑基础。战略方针:统筹规划、协调发展;以人为本、全员参与;数据归口、依法管理;整合资源、深化应用;规范管理、保障安全。发展目标:信息化工作管理体制更加规范顺畅,业务与技术部门配合协调机制初步形成全系统协同建设、整体推进的工作机制基本建立;标准化执行力度加强,工商综合业务应用平台、公共服务平台和内部管理平台初步建立,全省一体化应用系统基本实现,信息资源共享机制基本建立;网络体系进一步健全,网络结构和网络性能更加优化;安全保障体系更加完善,网络和信息安全防护能力进一步增强;信息化技能培训进一步加强,信息化整体应用水平和服务经济社会科学发展能力明显提高,既熟悉工商业务又懂信息化技术的复合型人才队伍不断扩大。

2010年8月31日,全省工商行政管理信息化工作会议在南昌召开。会议回顾2003年国家工商总局提出"金信工程"建设任务以来,全省工商系统信息化发展历程,研究部署当前和今后一个时期的工商信息化工作和数据质量建设工作。江西省工商信息化工程主要任务:建设涵盖1个省局、11个设区市局、119个县(市、区)局、869个基层分局(工商所)、1个工商学校。全省各级工商局积极参与由国家工商总局负责的全系统统一的工商系统信息化标准体系建设;进一步夯实基础,全面优化全系统信息化网络;以应用系统建设为重点,建立并逐步完善统一的市场监管应用支撑平台;完善工商门户网站,建立工商信息服务平台;加强信息资源的开发利用,提高信息资源共享和服务支持能力;加强信息安全建设,建立并不断完善信息安全保障平台;加强基层分局(工商所)信息化建设,着力提高基层信息化水平。

## 第二节　信息化建设

1991—2010年,全省工商系统按照省政府、国家工商总局的有关要求,信息化工作坚持为经济建设服务,为各级工商局市场监管和行政执法服务,为企业和社会服务;以应用促发展,不断适应监管创新的需要,围绕实现总体目标,大力推进信息化建设与应用。信息化建设经历起步、逐步推进、整体推进3个阶段。

起步阶段始于1995年。是年,省工商系统在计算机配置与应用方面做了大量工作,投资130余万元的省局局域网建成,并且与国家局联网,南昌、九江市局机关与各分局已经联网。

1998年12月,省工商局《关于省工商管理信息中心职能等问题的通知》(赣工商人字〔1998〕19号),明确省工商管理信息中心的主要职能有:负责全省工商行政管理系统信息化工作,组织全省工商行政管理信息网络和数据中心建设,对各地工商行政管理信息系统建设进行业务指导,为监督管理与行政执法工作提供技术支持和技术保障;研究、制定并组织实施全省工商行政管理信息系统建设的规划、计划、技术方案;负责机关办公自动化建设;负责机关业务管理自动化系统建设和应用开发工作;负责计算机网络及相关设备的选型、配置和维护;组织开发、推广工商行政管理系统应用软件;承担信息的收集、整理及处理工作;承担全省工商行政管理部门信息技术人员和应用人员的业务培训及技术交流工作;面向社会提供经济信息咨询服务;局领导交办的其他工作。

1999年底,全省工商系统信息化建设投入约780万元,南昌、赣州、景德镇等地市工商局等单位已建立不同宽带和操作系统的局域网,全系统共有486型以上电脑294台。

自2000年开始,进入逐步推进阶段。是年7月,省工商局研究决定:正式开通省局与地市局计算机联网。省工商局选定并购置"朗坤"工商行政管理业务应用系统(软件),推进省局局域网在企业登记、名称查询、档案查询、证照打印(含各类工商登记执照和广告经营许可证)等业务中的应用。南昌、景德镇、九江等地工商局依据"朗坤"工商业务系统开展了企业登记、监管等项工作。10月,省工商局信息中心印发了《各地局域网建设的参考标准》,省局多次派员指导各地局域网建设。

2001年,省政务信息网与省工商局域网联网。省工商局信息中心建立省局企业登记数据库。

省工商局工作人员集中时间,专项将企业登记原始档案进行整理,并录入进"朗坤"系统,完成建立省工商局企业登记数据库的任务。据统计,共录入各类企业数据10685户,其中内资8604户、私营1256户、外资430户、分资机构392户、广告经营单位3户。是年,"江西省工商行政管理局"网站正式开通,11个设区市局网站均已开通,各级工商局充分利用网站实现政务公开和网上办事,实现各县级局单机与省局局域网联网,实现省局与国家工商总局的专线联网。

2002年,省工商局信息中心研发简易的工商所"经济户口"软件,举办三期"经济户口"软件应用培训班,向361个工商所免费发送信息中心自行研制的"经济户口"软件。举办一期各市信息化工作部门负责人参加的"软件推广应用培训及研讨班",对"朗坤"软件使用情况及存在的问题进行研讨。

2002年,省工商局《2003—2005年江西省工商行政管理信息化实施方案》出台,标志着全省工商系统信息化建设进入一个统一规划,整体推进的新阶段。12月25日,省工商局与珠海清华发展公司签订《"江西省工商行政管理信息系统"委托开发协议书》,省工商局信息化工作人员到各部门、宜春市局、袁州区局、章贡区局、袁州区城北工商所等单位进行广泛、细致的需求调研。

2003年,省工商局印发《江西省工商系统信息化建设实施标准》。包括:结构化综合布线工程设计建设标准、网络建设标准、服务器的配置选型标准、网络安全子系统实施标准、中心机房建设标准和应用系统建设标准等六个部分,有利于各地信息化建设的规范化和今后联网应用。到年底,省工商局完成数字档案扫描工程,已使用"朗坤"系统的工商局均已建立企业登记数据库。全省工商系统信息化建设逐步推进,一些成果产生积极效益,以省工商局网站为平台,创建企业信用公示制;联网应用提高工商系统办公效率;以网络传输为途径,建立冠省名企业数据日常报送和制作录入机制,完善了冠省名企业数据库;网络建设及软件应用提高了工商行政管理效率;档案数字化产生积极的社会效益和一定的经济效益。

2004年,按照国家工商总局"金信工程"的要求和省工商局的具体部署,全省工商系统信息化建设稳步推进。据不完全统计,2004年全省工商系统信息化建设投入627万元,围绕局域网建设、联网、web网站建设、业务应用系统的完善推广及培训等工作,各级工商局信息化建设取得不同程度的进展。省工商局分别印发《江西省工商系统广域网络建设方案》和《县(区)工商局局域网建设方案》规范了网络建设和联网标准。各设区市局均建成局域网,全年新建县级局局域网8个,各级工商局购置一批计算机。南昌、九江、吉安、赣州、宜春等地部分基层分局(约57个)已开始运用计算机开展经济户口管理、收费等业务。南昌市联通市局、县(区)局、基层分局的广域网已部分建成;九江市局与城区4个区局、22个基层分局和市政府办证中心联成一体;新余市除乡(镇)所在的分局外全市范围内实现网络互通;赣州市部分县(市、区)局、基层分局构建广域网络;上饶市玉山县局与全县10个分局联网。

2005年,全省工商系统基础网络建设稳步推进。实施网络建设方案,规范网络建设和联网标准,实现省工商局与各设区市工商局联网,39个县(区)工商局及119个基层分局实现与设区市局联网,省工商局、各设区市工商局及58个县(区)工商局建立局域网,涵盖各类业务应用的"江西省工商行政管理业务系统"得到广泛的推广,OA系统在省工商局正式启用并正在南昌市工商系统推广应用。网站建设取得较大进展。省工商局及 8 个设区市局建立 web 网站,省工商局、各设区市工商局及 59 个县级工商局、80 个基层分局均已安装使用了新软件。完成机关文件、表格的网上公示,省工商局和 10 个设区市工商局建立外部网站并以网站为平台加强政务公开工作。组织收集、制作"三网"(省工商局外网网站、内部局域网网站、与国家工商总局联网的"工商行政管理网")的信息内容 7119 条(其中"企业信用档案"3291 家),并不断完善企业登记数据库,企业登记数据入库率省局达到 98%,设区工商市局平均达到 92%,县(区)工商局平均达到 65%,7 个设区市工商局按照数据集中的要求正在建立涵盖所辖县(区)工商局、基层分局的市局数据库。

2006 年,全省工商系统信息化建设取得阶段性成果。全省四级联网全面实现,基础网络建设成效显著。全省 114 个县(区)工商局在全部建立局域网的基础上,通过省政务外网实现与设区市工商局的联网;全系统 868 个基层分局(所)共有 864 个以各设区市工商局为当地中心节点实现联网。省工商局信息化建设投入达 489.70 万元,各级工商局实际信息化建设资金投入达到 2365 万元。全省工商系统共配置小型机 1 台,器 98 台,路由器 151 台,交换机 301 台,台式计算机 3653 台,笔记本 171 台。其中,868 个基层分局(所)共配置计算机 1236 台。省工商局投资 120 万元对计算机机房按照 A 级标准进行改造,为金信工程运行奠定基础,投资 40 余万元建设计算机培训教室,投资 170 万元,通过政府采购购置一套涵盖工商行政管理各业务、适应各级工商局使用的,集成化网络版的新的业务应用综合系统。

2008 年,全省各级工商局加快金信工程建设与应用,全面实施并完成全省 12315 信息网络工程建设任务。全省各级工商局信息化建设投入资金 1419.40 万元,全省各级工商局共计拥有服务器 92 台,路由器 22 台,交换机 104 台,防火墙 19 台,存储设备 6 台,不间断电源 15 台,计算机 4931 台。以应用系统建设为抓手,推进工商业务与信息化的融合。强化培训,举办为期半个月的 12315 信息系统、平台软件培训,共培训系统管理员 17 人;举办案件管理系统培训,共培训业务人员 33 人;举办直销系统培训,共培训应用人员 20 人。共派出 20 余人(次)分别参加总局、省直有关部门、省计算机用户协会等单位组织的专业技术培训。

2009 年,省工商局编制《2009—2013 年江西省工商行政管理信息化实施方案》,全省各级工商部门围绕效能年建设,紧扣业务应用与信息化的融合,加快金信工程建设与应用。实施工商综合业务应用系统改造升级工程,经改造的工商综合业务应用系统集成企业(个体)登记监管及相关信用监管、商标广告监管、食品监管、执法办案、商品交易市场信用分类监管、基层分局综合监管等各项工商业务及总局统计报表制度。改造后的系统适应各级工商局应用,各业务条线可以通过监管系统的集成化、信息数据共享共用的现代化,形成监管合力,为适应信息时代的监管创新,推进"四个转变"提供有力的技术支撑。完善"江西省工商信息系统运维平台",建立全省工商信息系统运维中心。利用省局网站开展政务公开工作,完善"企业登记、监管结果信息公开系统",为优化江西投资环境做出贡献。开展信息化岗位应用培训,省工商局信息中心人员参加各类培训 12 人(次);省工商局派出二批 6 人参加总局在深圳举办的业务骨干信息化培训班;省工商局首次组织各设区市局、县(区)局信息中心系统管理员培训班,参训人员 154 人;全省各设区市工商局及县(区)工商局共组织信息系统业务应用培训班 93 期,参训人员 3309 人(次)。

2010 年,省工商局信息中心就全省工商系统信息化应用先后深入赣州、吉安、鹰潭、宜春、新余、萍乡等地进行调研。各级工商局积极推进现代信息技术与工商业务的融合。打造一体化、构件集成化的综合业务平台,加强公共服务平台(省局网站)的制作发布、应用维护,做好内部管理平台(省工商局协同办公系统)的运行维护工作。全省各级工商机关参与由省信息办牵头的全省联合征信系统建设,已完成接入工作和系统部署。各级工商局进一步加强数据质量建设,各类业务数据质量得到全面提高。截至年底,全省各级工商信息化建设投入经费约 4460 余万元。全省共计配置电脑 6958 台(不含省局),约每 2 人 1 台。

按照国家工商总局"金信工程"总体要求和省工商局的统一部署,全省各级工商局加快信息化建设步伐,全省工商信息化建设取得丰硕成果:加强以局域网、公共服务网和工商行政管理业务专网为主要基础网络设施的建设,实现从省局到基层分局的四级网络贯通,基本建立覆盖全省工商系统的信息化网络体系,促进工商行政管理各项业务的顺利开展;基本实现工商行政管理主要工作的信息化;通过省工商局数据汇聚中心和各设区市工商局数据库建设,推进全系统信息资源共享和各业务工作协同互动;加强统筹规划和制度建设,使信息化工作逐步走上规范化管理的轨道;加强对网络、应用系统、服务器、终端等的日常维护,开展以数据备份、责任认定、病毒防护、应急处置等为内容的网络信息安全防范体系建设、基本保障信息化系统安全可靠运行。

# 第三节　数据质量建设

工商行政管理机关掌握的市场主体基础数据和监管执法数据是工商行政管理系统推进联网应用、有效发挥工商整体职能作用的基础,是实施政府信息共享、服务经济社会发展、推进社会诚信体系建设的基础性信息资源,是国家基础数据库的重要内容,切实加强工商行政管理系统数据质量建设意义重大。

2006 年,全省工商系统全面建立各设区市局经济户口数据库,企业登记数据入库率达 98% 以上。以信息技术为依托,逐步推进企业信用分类监管工作,更换集成化、网络版综合业务新系统,完成新旧版软件的数据倒库工作,涵盖各级局经济户口数据的省局数据中心已经建立。

2007 年,省工商局制定《数据质量建设与管理暂行办法》,要求加强数据质量建设与管理。做好数据采集、数据检查、数据维护、数据应用以及责任追究等。全省各级工商局按照"一数一源"的原则进行数据采集,使用省工商局推广的统一业务软件,加强数据质量建设与管理。

2010 年 8 月,根据国家工商总局在全系统开展"数据质量建设年"活动,全面加强数据质量建设,建立健全数据质量管理制度,建立数据共享机制的要求,省工商局印发《江西省工商系统"数据质量建设年"活动工作方案》,"数据质量建设年"的工作目标是:连续 3 年在全系统开展"数据质量建设年"活动,不断完善各类信息系统;全面、规范应用省工商局统一推广的各类信息系统;全面加强数据质量建设;建立健全数据质量管理制度;建立数据共享机制;使数据标准意识和数据质量意识深入人心。到 2012 年底,省工商局数据中心的数据完整率达到 95% 以上,数据准确率达到 98% 以上,实现国家工商总局—省工商局数据的每日动态更新,不断推进数据应用的深度和广度,为充分发挥工商行政管理数据的基础性作用奠定坚实基础。省工商局建立完善并落实数据质量管理相关规章制度,印发《江西省工商行政管理系统数据质量责任制度》,出台数据质量管理相关规章:《江西省工商行政管理系统数据质量责任制度》《江西省工商行政管理系统数据质量监督检查制度》《江西省工商行政管理系统源数据质量管理制度》《江西省工商行政管理系统质量通报制度》。截至2010年7月底,省工商局数据中心共拥有:241942家开业企业信息,78351家吊销企业信息;1017454家开业个体信息,36422家吊销个体信息;9268家农民专业合作社基本信息;14148家一人有限责任公司基本信息;12315咨询99665件、申诉31050件、举报5729件。

# 第五篇 机构队伍

1991—2010 年,全省工商行政管理体制先后经历"调整大中城市工商行政管理体制""市场办管脱钩""工商所重新核定编制"和"省以下工商行政管理机关垂直管理"等重要改革,职能范围不断拓宽,工作任务日益繁重,管理体制不断理顺。20 年间,全省工商系统致力于提高干部队伍的政治素质,增强业务能力,改进工作作风,改善执法形象,建立了一支政治坚定、业务精通、道德高尚、作风过硬、依法行政的工商干部队伍。

20 世纪 90 年代,全省工商行政管理机构逐步健全,人员编制不断增加。到 1998 年底,全省工商系统共设管理机构 2553 个,有行政事业编制 13817 人,实有在职人数 19219 人;共有直属事业单位、社会团体 306 个,编制数为 2195 人,实际在职人数为 2563 人。1999 年起,实行省以下垂直管理,全省工商系统在机构改革中,机构设置略有调整,人员编制自然增长。2010 年底,全省工商系统共有 11 个设区市工商局、122 个县级工商局、881 个基层分局(所),在编人数 14674 人。

1991—2010 年,全省工商行政管理体制经历一个不断完善的改革过程。1999 年前,全省工商行政管理系统基本上采用的是"条块结合,以块为主"的分级领导管理体制。1999 年起,省以下工商行政管理机关实行垂直管理体制,省工商局为省政府主管市场监督管理和行政执法的职能部门,地市、县级工商局为省工商局所属机构,接受上一级工商局垂直领导。

省工商局持续加强全省工商行政管理队伍建设,以提高干部队伍整体素质和依法行政能力为核心,编制落实干部教育培训"五年规划",建立干部教育培训领导责任制和目标责任制,优化学历结构,开展政治思想教育、学历教育、各类专业培训;实施"领导人才培训工程""基层执法人才培训工程""高层次执法人才培训工程"等,加强对各级领导干部、基层执法干部、高层次专家型执法干部的教育培训。2010 年,全省工商系统全面展开队伍大培训,共举办各类培训班 461 期,培训 31537 人次。认真做好工商行政管理所核编和公务员过渡、考录工作,建立公开、竞争、择优用人和进人机制。加强基层规范化建设,开展"怎样当好工商所长"大讨论、政务环境评议评价工作、"机关效能年"和"创业服务年"活动、"万名干部服务下乡镇"活动等,加强作风效能建设,使工商干部的政治、业务、文化素质逐年得到提高。

在服务经济发展的同时,全省工商系统始终未放松廉政建设。自 20 世纪 90 年代开始,省工商局先后制定印发《江西省工商行政管理局机关关于严禁用公款吃喝和接受吃请礼品的规定》等,整顿基层存在的"吃、拿、卡、要、借"等不正之风,实行兼职监察员制度、述职述廉制度,全面推行风险岗位廉能管理,从制度上扎牢防腐拒变笼子。开展行政监察工作,不断完善工商行政管理人员行为规范;重视群众信访举报,查处干部违反党纪政纪案件;2009 年,全系统纪检监察机关共受理信访举报 71 件,立案查处各类违纪案件 10 件,给予党纪政纪处分 10 人,党纪政纪双重处理 2 人。通过保持对腐败高压打击态势,确保工商干部队伍的纯洁。

# 第一章　机构设置

1991—1998 年,随着工商行政管理职能的不断拓宽,全省工商行政管理机构逐步健全,人员编制不断增加。到 1998 年底,全省工商行政管理系统共设管理机构 2553 个,共有行政事业编制 13817 人,实有在职人数 19219 人;共有直属事业单位、社会团体 306 个,编制数为 2195 人,实际在职人数为 2563 人。1999 年,江西省工商行政管理机关实行省以下垂直管理。2000—2010 年,全省工商行政管理系统在机构改革中,机构设置略有调整,人员编制自然增长。

## 第一节　江西省工商行政管理局

### 机构设置

1992 年底,江西省工商行政管理局(简称省工商局)内设办公室、市场管理处、企业登记管理处、外资企业登记管理处、经济合同管理处、商标广告管理处、个体私营经济管理处、外商投资企业登记管理处、经济检查处(1990 年设立)、人事教育处、政策调研(政策法规)处、纪检监察室和机关党委,在编人数 105 人。全省共设立工商行政管理机构 1334 个,总人数 12344 人。先后成立各级个体劳动者协会(后改为个体私营经济协会)、消费者协会、广告协会、工商行政管理学会等社团组织,挂靠于各级工商局开展工作。

1995 年,在省直机关机构改革中,进一步强化工商行政管理工作,省工商局被确定为省政府主管市场监督管理和行政执法的职能部门,内设办公室、人事处、基层与教育处、财务审计处、政策法规处、企业注册监督管理处、外资企业注册监督管理处、市场监督管理处、公平交易局(内称公平交易处、撤销经济检查处)、个体私营经济监督管理处、商标监督管理处、广告监督管理处等 12 个职能处室以及机关党委、纪检监察与工会与等机构,共定编制 121 人。有直属事业单位 6 个。

1998 年底,党中央、国务院决定对省以下工商行政管理部门实行垂直管理。至此,全省工商系统共设管理机构 2553 个,共有行政事业编制 13817 人,实有在职人数 19219 人。共有直属事业单位、社会团体 306 个,编制数为 2195 人,实际在职人数为 2563 人。1999 年 1 月 25 日,省政府批转《省工商局关于全省工商行政管理体制改革方案》(赣府发〔99〕第 2 号文件),全省工商行政管理体制改革由此全面展开。1999 年 1 月,全省工商部门实行财务垂直管理。6 月,对省以下工商部门的机构编制进行上划,共上划机构数 123 个(含设区市局 11 个),上划机关编制数 2466 个(其中行政 1928 个、事业 310 个、工勤 228 个),3 个协会(个协、消协、广协)编制数 955 个,其他事业单位(培训中心、服务中心、工商〈商标〉事务所),编制数 97 个。12 月,对全省工商行政管理所机构编制进行重新核定,全省共设置 1177 个工商所(其中公平交易执法队设置 111 个)。核定全省工商所行政编制数 10860 个,下达 9774 个。

2000 年 9 月,省政府对省工商局的职能、内设机构和人员编制进行调整。主要职能是:对省以下工商行政管理系统的机构编制、人、财、物和业务工作实行垂直管理;贯彻执行国家有关工商行政管理的法律、法规、方针和政策;拟定、发布全省工商行政管理的规章制度;负责全省工商行政管理系统行政执法的组织实施、协调和监督等 10 项职责。设置办公室、计划财务处、政研法规处、市场规范监督管理处、商标广告监督管理处、个体私营经济监督管理处、人事处、基层与教育处 8 个处室及机关党委、纪检组(监察室),配置编制数 64 人;成立江西省工商局企业注册监督管理局,为省工商局直属正处级行政机构,核定行政编制 16 人;成立省工商局公平交易局,为省工商局直属正处级行政机构,核定行政编制 12 人;成立省工商局直属分局,为省工商局直属正处级行政机构,核定行政编制 10 人。成立省工商局机关后勤服务中心,为省工商局下属相当于处级事业单位,核定事业编制 14 人。管辖 11 个设区市、112 个县(市、区)工商局和 829 个工商分局,29 个工商所。

2005 年底,省、市、县三级工商局成立消费者权益保护局,各级工商机关公平交易局流通环节食品安全监管职能转至消费者权益保护局。

2008 年 12 月,省工商局共设机构数 999 个,管辖设区市工商局 11 个,管辖县(市、区)工商局 119 个、工商分局 841 个、工商所机构数 28 个,实有在职人员数 13030 人,其中公务员 10287(含省工商局 87 人)人,事业编制 2743 人(含省工商局直属事业单位编制 100 人)。

从 2009 年初开始,全省进行新一轮机构改革,经党中央、国务院批准,省委、省政府印发《江西省人民政府机构改革实施方案的通知》,其中,保留江西省工商局,为省人民政府直属机构。2009 年 5 月 15 日,省政府办公厅印发《江西省工商行政管理局主要职责内设机构和人员编制规定》,省工商局内设 8 个职能处室,即办公室、计划财务处、法规处、市场规范监督管理处、广告监督管理处、个体私营经济监督管理处、食品流通监督管理处、人事教育处。设立机关党委,负责机关和直属单位的党群工作。另有纪检组(监察室),为省纪委(监察厅)的派驻机构。省工商局机关行政编制 65 人(含纪检监察编制 5 人、专项编制 1 人)。其中,领导职数为局长 1 人、副局长 4 人、纪检组长 1 人;正处级 10 人、副处级 13 人。保留省工商局机关后勤服务中心,为省工商局下属正处级全额拨款事业单位,核定事业编制 14 人(其中正处级领导职数 1 人、副处级领导职数 1 人);保留省工商局企业注册监督管理局,为省工商局直属正处级行政机构,核定行政编制 11 人(其中局长 1 人、副局长 3 人);保留省工商局公平交易局(省工商局打击传销办公室),为省工商局直属正处级行政机构,核定行政编制 10 人(其中局长 1 人、副局长 3 人);撤销省工商局直属分局,成立省工商局商标监督管理局,为省工商局直属正处级行政机构,核定行政编制 5 人(其中局长 1 人、副局长 1 人);保留省工商局外商投资企业注册监督管理局,为省工商局直属正处级行政机构,核定行政编制 5 人(其中局长 1 人、副局长 1 人);保留省工商局消费者权益保护局,为省工商局直属正处级行政机构,核定行政编制 8 人(其中局长 1 人、副局长 2 人)。

截至 2010 年底,省工商局内设办公室、计划财务处、法规处、市场规范监督管理处、广告监督管理处、个体私营经济监督管理处、食品流通监督管理处、人事教育处、企业注册监督管理局、公平交易局、商标监督管理局、外商投资企业注册监督管理局、消费者权益保护局。设立机关党委,负责机关和直属单位的党群工作。另有纪检组(监察室),为省纪委(监察厅)的派驻机构。保留机关后勤服务中心、省个体私营经济协会办公室、省消费者权益保护委员会办公室、省广告协会办公室、省工商信息中心、省工商井冈山培训中心、省工商学校,在编人数 285 人。全省工商系统共有 11 个设区市工商局、122 个县级工商局、881 个基层分局,在编人数 14674 人。

### 职能调整

1991 年,省工商局的主要任务是:依法确定各类工商企业和个体工商业的合法地位,监督管理或参与监督管理市场上的各种经济活动,检查处理经济违法违章行为,保护合法经营,取缔非法经营,维护正常的市场秩序,保障社会主义商品经济的健康发展。省工商局的主要职责是:市场管理、企业登记管理、经济合同管理、商标管理、广告管理、个体经济管理、打击投机倒把和制止商品流通中的不正之风,维护社会主义有计划的商品经济秩序。

1995 年,在省直党政机构"三定"方案改革中,省工商局的职能配置、内设机构和人员编制得到进一步加强。省工商局被确定为省政府主管市场监督管理和行政执法的职能部门。

省工商局职能得以调整转变。改变企业登记管理制度,将现行的审批设立制度逐步过渡为工商行政管理机关依法登记核准登记注册制度;拓宽监督管理范围,从侧重于监督管理集贸市场和工业品市场,转变为监督管理和参与监督管理省内各类市场;调整行政执法对象,从重点查处投机倒把活动转变为依法规范市场交易行为,保护公平竞争;提高管理层次;从侧重于具体业务管理转变为运用法律和行政手段进行宏观监督管理。

主要职责包括贯彻执行国家工商行政管理方针、政策,制定工商行政管理规章;主管全省工商企业和从事生产经营活动的事业单位、社会团体及公民个人的登记注册工作,核发有关证照,依法确认其企业法人资格或合法经营地位,依法监督检查注册单位的登记注册行为;依法监督检查全省市场主体的经营资格和交易活动,查处垄断和不正当竞争、侵犯消费者权益的行为,维护市场交易秩序,组织开展全省性的市场监督与行政执法活动等 10 项。

省工商局内设 11 个职能处(室)和机关党委,即办公室(兼挂计划财务处牌子)、人事处、基层与教育处、政研法规处、企业注册监督管理处、外资企业注册监督管理处、市场监督管理处、公平交易处(挂公平交易局牌子)、个体私营经济监督管理处(挂个体私营经济监督管理局牌子)、商标监督管理处、广告监督管理处和机关党委。

2000 年 9 月,省政府确定省工商局为省政府主管全省市场监督管理和行政执法工作的直属机构。从 3 个方面调整职能:划出指导广告业发展职能和个体私营经济规划、指导、政策管理职能;增加对租赁柜台经营活动、粮食市场监督管理职能,增加开办商品展销会登记管理职能,管理辖区内特殊标志,对商标代理、商标评估机构以及商标民间社团组织指导和监督管理;对省以下工商行政管理系统实行垂直管理职能;取消市场培育建设、市场布局规划职能,将户外广告登记管理职能下放给市、县工商部门承担。

省工商局承担全省各类企业和个体工商户的登记注册和监督管理;组织实施各类市场经营秩序的规范管理和监督,监督管理租赁柜台经营活动、商品展销会和粮食等重要商品流通秩序;组织监督检查市场竞争行为,查处垄断和不正当竞争及其他市场交易违法违章案件,依法打击流通领域的走私贩私行为和经济违法违章行为;依法保护消费者合法权益,组织查处侵犯消费者合法权益案件,组织查处市场管理和商标管理中的经销掺假及假冒产品行为;组织管理经纪人、经纪机构;依法监督管理经济合同,组织查处违法合同案件,打击合同欺诈行为,调解合同纠纷;组织管理动产抵押物登记和以企业厂房等建筑抵押登记工作;监督管理拍卖活动;监督管理广告发布与广告经营活动,组织查处违法广告;负责商标管理工作,组织查处商标违法案件,保护注册商标专用权,监督和指导商标代理、商标评估机构以及商标民间社团组织的工作;组织管理个体工商户、个人合伙和私营企业的经营行为;对全省工商行政管理系统实行垂直管理,管理市工商局的领导干部,管理本系统的人事工作,协助有关部门管理本系统的机构编制,管理本系统的财务经费、国有资产、装备和基建等工作,负责本系统干部职工的教育培训、思想政治工作和队伍建设。

同时,规定省工商局与省质量技术监督局在商品质量监管方面的分工。省工商局负责查处市场管理和商标管理中发现的经销掺假及假冒产品等违法行为,省质监局负责组织查处生产和流通领域中的产品质量违法行为。

2003年12月5日,省编委重新调整省工商局和省质监局在质量监督管理方面的职能分工。省工商局负责流通领域商品质量的监督管理,同时增加"打击传销、变相传销等经济违法行为"的职能。省质监局负责生产领域产品质量的监督管理。省工商局在实施流通领域商品质量监督管理中查出的属于生产环节引起的产品质量问题,移交省质监局处理。省工商局不再重新组建检测检验机构,需要检测检验的,可委托国家、省认定或授权的检测检验机构进行检测检验。

2005年3月23日,省编委明确全省各级食品安全监管部门的职责分工,确定工商部门负责食品流通环节的质量监管。

2009年5月15日,经省政府批准,省政府办公厅印发《江西省工商行政管理主要职责内设机构和人员编制规定》。根据省政府机构改革要求,省工商局实行职能调整,调整的职能包括取消已由省人民政府公布取消的行政审批事项;不再直接办理与企业、个体工商户有关的评比达标活动和广告专业技术人员职业水平评价工作;加强流通环节食品安全监督管理,服务经济社会发展与保护经营者、消费者合法权益,监测、预警和信息引导的职责,加强和完善工商行政执法,构建市场监督管理长效机制。

省工商局主要职责是负责市场监督管理和行政执法的有关工作,组织拟订有关地方性法规、省政府规章草案,制定工商行政管理制度和政策;负责各类企业、农民专业合作社和从事经营活动的单位、个人以及外国(地区)企业常驻代表机构等市场主体的登记注册并监督管理,承担依法查处取缔无照经营的责任;承担依法规范和维护各类市场经营秩序的责任,负责监督管理市场交易行为和网络商品交易及有关服务行为等 14 项。

表 5 - 1 - 1 1991—2010 年省局历任领导班子成员情况

| 时间段 | 姓 名 | 职 务 | 任职时间 |
|---|---|---|---|
| 1988.9—1994.7<br>班子成员 | 郭建章 | 党组书记、局长 | 1988.09—1994.07 |
| | 徐天庆 | 党组成员、副局长 | 1983.02—20000.8 |
| | 胡菊芬（女） | 党组成员、副局长 | 1986.03—2000.12 |
| | 吴同国 | 党组成员、副局长 | 1992.12—1996.04 |
| | 钟如考 | 党组成员、副局长 | 1991.04—1996.03 |
| 1994.7—1998.10<br>班子成员 | 戴子钧 | 党组书记、局长 | 1994.07—1998.10 |
| | 徐天庆 | 党组成员、副局长 | 1983.02—2000.08 |
| | 胡菊芬（女） | 党组成员、副局长 | 1986.03—2000.12 |
| | 沃祖全 | 副局长 | 1992.05—1998.05 |
| | 吴同国 | 党组成员、副局长 | 1992.12—1996.04 |
| | 钟如考 | 党组成员、副局长 | 1991.04—1996.03 |
| | 张长久 | 党组成员、纪检组长 | 1995.10—2005.01 |
| 1998.10—2003.3<br>班子成员 | 殷国光 | 党组书记、局长 | 1998.10—2003.03 |
| | 徐天庆 | 党组成员、副局长 | 1983.02—2000.08 |
| | 胡菊芬（女） | 党组成员、副局长 | 1986.03—2000.12 |
| | 徐运平 | 党组成员、副局长 | 2000.08—2008.08 |
| | 张长久 | 党组成员、纪检组长 | 1995.10—2005.01 |
| | 刘柏林 | 党组成员、副局长 | 2000.10—2010.06 |
| | 沈庆中 | 党组成员、副局长 | 2000.12—2010.12（在任） |
| | 徐天庆 | 巡视员 | 2000.08—2001.05 |
| | 吴 伟 | 副巡视员 | 2000.08—2010.12（在任） |
| 2003.3—2007.3<br>班子成员 | 朱张才 | 党组书记、局长 | 2003.03—2007.03 |
| | 徐运平 | 党组副书记、副局长 | 2005.07—2008.08 |
| | 张长久 | 党组成员、纪检组长 | 1995.10—2005.01 |
| | 刘柏林 | 党组成员、副局长 | 2000.10—2010.06 |
| | 沈庆中 | 党组成员、副局长 | 2000.12—2010.12（在任） |
| | 张 刚 | 党组成员、纪检组长 | 2005.04—2010.12（在任） |
| | 吴 伟 | 副巡视员 | 2000.08—2010.12（在任） |
| | 肖长角 | 副巡视员 | 2004.04—2010.04 |
| | 杜志刚 | 副巡视员 | 2004.05—2010.12（在任） |

续表

| 时间段 | 姓　名 | 职　务 | 任职时间 |
|---|---|---|---|
| 2007.3—2015.3<br>班子成员 | 邝小平 | 局长 | 2007.03—2010.12（在任） |
| | 王可忠 | 党组书记 | 2007.02—2010.12（在任） |
| | 徐运平 | 党组副书记、副局长 | 2005.07—2008.08 |
| | 刘柏林 | 党组成员、副局长 | 2000.10—2010.06 |
| | 沈庆中 | 党组成员、副局长 | 2000.12—2010.12（在任） |
| | 张　刚 | 党组成员、纪检组长 | 2005.04—2010.12（在任） |
| | 刘建华 | 党组成员、副局长 | 2009.11—2010.12（在任） |
| | 徐运平 | 巡视员 | 2008.07—2009.04 |
| | 吴　伟 | 副巡视员 | 2000.08—2010.12（在任） |
| | 肖长角 | 副巡视员 | 2004.04—2010.04 |
| | 杜志刚 | 副巡视员 | 2004.05—2010.12（在任） |

# 第二节　市级机构

## 垂直管理前市级机构

1991年底,全省设置11个市(地)工商局:南昌、九江、景德镇、新余、萍乡、鹰潭市工商局,赣州、宜春、抚州、吉安、上饶地区工商局。行政编制271人,在职人员479人。

1991—1995年,市(地)工商局内设机构称科室,设置办公室、组织人事科、财务审计科、企业注册监督管理科、市场监督管理科、经济检查科、经济合同监督管理科、商标广告监督管理科、另设监察室等。至1997年市、县机构改革时,市(地)工商局内设机构设置逐渐规范,普遍设置个体私营经济注册监督管理科、政策法规科、经授权具有外资企业登记管理权的工商局还设置外资企业登记管理科。

至1999年底,工商机构实行省以下垂直管理时,全省共设置11个市(地)工商局:南昌、九江、景德镇、新余、萍乡、鹰潭市工商局,赣州、宜春、抚州、吉安、上饶地区工商局。行政编制876人,事业编制1027人,在职人员1970人。

## 垂直管理后市级机构

1998年11月24日,国务院批转《国家工商局行政管理体制改革方案》,改革现行工商行政管理体制,实行省以下工商行政管理机关垂直管理。改革内容涉及机构管理、编制管理、干部管理、财务经费管理等方面。

在机构管理上,地(市)和县(市)工商局为上一级工商局的直属机构;工商所为县(市、区)工商局(分局)派出机构,按经济区域设置;省以下各级工商局内设机构和工商所的设置、变更和撤销,由省级工商局提出意见,省级机构编制管理部门审核报批。

在编制管理上,地(市)和县(市、区)工商局的编制及领导职数,由省级机构编制管理部门会同省级工商局统一核定和管理;人员编制的管理权限上收到省一级。

在干部管理上,地(市)和县(市、区)工商局局长、副局长,经征求地方党委意见后,由上一级工商局做出决定并办理任免手续。

在财务经费管理上,省级工商局按照收支两条线原则,对全省工商系统财务经费实行统一管理。

1998年11月30日,中共中央组织部印发《关于工商行政管理体制改革后干部管理有关问题的通知》,规定地、市、县工商局领导干部,以上一级工商局党组管理为主。各级工商局设党组,省工商局党组成员的任免,由省委征求国家工商局党组意见后审批;地、市、县工商局党组成员的任免,由上一级工商局党组征求地方党委意见后审批。地、市、县工商局机关党的关系,实行属地管理。

1999年1月25日,省政府批转省工商局工商行政管理体制改革方案,规定:市、地工商局的编制等由省工商局会同省机构编制管理部门统一核定和管理,市、地工商局主要职责是负责本行政辖区的市场监管和行政执法工作,领导下属机构开展各项管理业务。1月,全省工商部门实行财务垂直管理。6月,市、地工商局的机构编制、干部人事等上划省工商局管理。12月,对全省工商所机构编制进行重新核定。

1999年7月赣州地区撤地设市,赣州地区工商行政管理局更名为赣州市工商行政管理局(简称赣州市工商局)。2000年5月吉安地区撤地设市,吉安地区工商行政管理局更名为吉安市工商行政管理局(简称吉安市工商局)。2000年6月抚州地区撤地设市,抚州地区工商行政管理局更名为抚州市工商行政管理局(简称抚州市工商局)。2000年8月宜春地区撤地设市,宜春地区工商行政管理局更名为宜春市工商行政管理局(简称宜春市工商局)。2000年10月上饶地区撤地设市,上饶地区工商行政管理局更名为上饶市工商行政管理局(简称上饶市工商局)。

2002年7月26日,省机构编制委员会办公室、省工商局《关于印发〈江西省省以下工商行政管理局机构改革实施方案〉的通知》,明确市级工商局职能、机构和人员编制。划出指导广告业发展,个体、私营经济规划、指导和政策管理职能;取消市场培育建设、市场布局规划职能;增加对流通领域商品质量监督管理职能,对租赁柜台经营活动、粮食等重要商品市场监督管理职能;增加对开办商品展销会登记管理职能,管理辖区内特殊标志,对商标代理、商标评估机构以及商标民间社团组织的指导和监督职能,户外广告登记管理职能,打击传销、变相传销等经济违法行为职能;对工商系统实行垂直管理。

各市工商局为省工商局的直属机构,建制为处级,负责该市辖区内市场监督管理和有关行政执法工作。

市工商局的内设机构根据工作需要设置,内设机构称科、室,建制为科级,其名称和职责分工与省工商局大致对应。南昌市工商局设置办公室、计划财务科、人事教育科、政研法规科、市场规范监督管理科、商标广告监督管理科、个体私营经济监督管理科等7个职能科室和监察室、机关党委,另设机关后勤服务中心。

2004年,国家工商行政管理总局授权上饶市工商局、抚州市工商局、宜春市工商局、吉安市工商局、鹰潭市工商局进行外商投资企业登记,从而省工商局和11个设区市工商局都获得授权,扩大了招商引资、对外开放的平台。

至2005年,全省工商系统行政管理、机构设置、人事管理逐步规范,科学设置机构,理顺职能关系。全省99个县(市、区)局增设政研法规股,市、县(市、区)局全部增设消费者权益保护局,设区市工商局增设外商投资企业管理局,部分县(市、区)局增设信息中心。经国家批准设立的各类开发区和经省政府批准的、规模较大的开发区可设立工商分局,作为市工商局的派出机构。至2007年底,全省设置开发区分局7个,其中副处级2个,科级5个。

至2009年,市、县工商局组织实施人员定岗、定员及超编人员的分流和清退工作。全系统共分流1039人,按照编制管理要求,完成既有人员的核定工作。全系统有在册人员13559人,其中公务员干部9749人,非公务员干部676人,事业编人员3134人。

# 第三节　县级机构

## 垂直管理前县级机构

1991年,全省设县级工商局101个,总人数3567人;设基层工商所1080个,其中专业管理所39个,经济检查队(站)113个,在职人员7981人。全省共设工商行政管理机构1434个,总人数达12344人。

1995年底,全省设有县级工商局94个(注:本应有111个,因1994年根据上级指示,17个区工商局先后改为市工商局直属分局,故县级工商局相对减少17个),设有基层所(站)机构1233个,其中工商所1127个,有专业管理所83个,经济检查队(站)23个,在职人员10743人。

## 垂直管理后县级机构

自1999年2月起实行垂直管理,县级工商局为市级工商局的直属机构,其机构编制、干部人事、财务等上划省、市工商局管理。

2000年9月,省政府调整省工商局的职能、内设机构和人员编制,并赋予省工商局对省以下工商行政管理系统的机构编制、人、财、物和业务工作实行垂直管理。形成省工商局下辖11个设区市局、112个县(市、区)工商局和829个工商分局、29个工商所的机构格局。

2002年7月,省工商局调整和规范基层工商分局的设置。按照国家工商总局要求,按经济区域设立工商所的原则,在科学论证的基础上,对市场主体少、职责单一、功能不全的工商所进行撤并整合。对全省原1177个工商所(队)进行撤并,整合后,共有868个基层工商分局(所),其中839个工商所全部升为副科级分局。至此,基层工商分局的设置布局走向规范、合理。

2003年底,省工商局下辖11个设区市工商局,112个县级工商局,868个基层工商所(分局),编制人数13763人,实有人数21517人。

2008年底,省工商局下辖11个设区市工商局,111个县级工商局,868个基层工商所(分局),在职人数21370人。

2010年,全省工商系统共有11个设区市工商局、122个县级工商局、881个基层工商分局、在编人数14674人。

## 工商行政管理所

1991年4月1日,国务院批准颁布《工商行政管理所条例》(简称《条例》),这是国务院批准的第一个基层行政单位的组织法规范。《条例》明确规定:工商所是区、县工商局的派出机构;工商所按经济区域设立;工商所的设立,报区、县人民政府批准。《条例》还规定工商所的基本任务是依据法律、法规的规定,对辖区内的企业、个体工商户和市场经济活动进行监督管理,保护合法经营,取缔非法经营,维护正常的经济秩序。

工商所的职责包括办理辖区内由区、县工商局登记管理企业的登记初审和年检、换照审查手续,并对区、县工商局核准登记的企业进行监督管理;管理辖区内集贸市场,监督集市贸易经济活动;监督检查辖区内经济合同的订立及履行,调解经济合同纠纷等9项职责。

1992年7月27日,国家工商局印发《关于实施〈工商行政管理所初级规范(试行)〉的通知》,在机构名称、设置原则、管理体制、人员配置、上岗资格、职责权限、工作程序、工作制度、办事公开、办公条件等10个方面,对基层工商所进行规范。

工商所为县级工商局的派出机构,级别一般为股级建制。人、财、物由县、市工商局统一管理,业务工作由县、市工商局统一领导和安排。各地在强化工商行政管理职能进程中,重视加强基层工商所建设,农村工商所根据行政区划分设置,一乡(镇)一所,在城市按经济区域设置工商所,开发区、风景区、矿区根据当地实际单独设置工商所,在与外省交界的交通要道和车站、码头设立工商管理检查站。市工商局直接管理的工商所一般按属地管理原则调整到各分局管理。

# 第二章　管理体制

1991—2010年,随着社会主义市场经济体制的逐步建立和发展,工商行政管理体制经历了一个不断完善的改革过程。

1999年以前,全省工商系统基本上采用的是"条块结合,以块为主"的分级领导管理体制。省工商局是省政府的直属机构,受省政府直接领导,市地、县(区)工商局是同级政府的职能部门,受同级政府直接领导和管理,同时接受国家工商局及上级工商局的业务指导。工商部门既要向地方政府负责,又要向国家工商局及上级工商局负责,是以地方领导为主,以国家工商局及上级工商局领导为辅的双重领导体制。1994年5月23日,经中央机构编制委员会办公室审核并报国务院批准,国务院办公厅印发《关于调整大中城市工商行政管理体制的通知》(简称《通知》)。《通知》要求全国大中城市(设区市)区工商局,一律改为市工商局的分局,作为市工商局派出机构,由市工商局统一领导,统一管理。这一调整可简称为"区局改分局"。自1994年10月起,江西省各级市、地的区工商局先后改为市、地工商局分局,实行垂直管理;县工商局的管理体制不变。

1999年2月起,根据国务院决定,省以下工商行政管理机关实行垂直管理体制,省工商局为省政府主管市场监督管理和行政执法的职能部门,市地、县级工商局为省工商局的所属机构,接受上一级工商局的垂直领导。

全省工商系统实行垂直管理体制后,发挥垂直管理体制的优越性,主动适应市场经济发展需要,各级工商行政管理机关在一定程度上纠正了随意设置工商行政管理机构等问题,对重叠的机构和职能进行撤并,按照"精简、统一、效能"的原则和"小局大所"的思路,重新调整工商所布局和工商所职能,进一步加大工商所的市场监管和行政执法力度。

## 第一节　分级管理

### 机构编制管理

1999年以前,省、市(地)、县(市、区)工商局的设置、变更和撤销,由同级政府机构编制管理部门管理,人、财、物关系由地方政府管理。省工商局的编制数,由省政府机构编制委员会核定,市(地)、县(市、区)工商局的编制数,由同级政府机构编制管理部门核定。省、市(地)、县(市、区)工商行政管理编制核定后,不得自行扩大或者改变使用范围,上级工商局对下级工商局的编制使用情况进行监督检查。

按照省政府机构编制委员会办公室的规定,经济开发区不单独设立工商行政管理机构,工商行政管理工作由当地政府的工商局统一负责。跨行政区域的开发区,工商行政管理工作由上一级政府的工商局设置派出机构负责,其建制规格与派出局的内部机构相同,人员编制在同级机关编制员额内调剂。

### 干部双重管理

1991年,中共中央组织部《关于干部双重管理工作若干问题的通知》印发后,全省工商系统干部双重管理工作在原有基础上进一步深入,即地方各级工商局的局长、副局长任免、调动,应在征求上一级工商局的意见后,再按干部管理权限办理手续,上一级工商局参与对下一级工商行政管理机关领导班子的考核工作,干部任免通知抄送上一级工商局备案。

1995年1月8日,国家工商局党组印发《关于加强地方各级工商行政管理机关干部双重管理工作的通知》。根据要求,全省工商部门主动参与党委组织部门对下一级工商行政管理机关领导班子的考核,适时提出领导班子配备、调整的意见和建议;建立工商行政管理系统各级领导班子基本情况年报制度;下级工商行政管理机关要定期向上级工商行政管理机关报告领导班子情况,并在向同级党委组织部门报送后备干部时,亦报上级工商行政管理机关备案。

1995年6月1日,国家工商局党组规定省、自治区、直辖市工商局党组负责地(市)工商局正副局长及同级别其他领导干部的管理;地(市)工商局党组(党委)负责县(市、区)工商局正副局长及同级别其他领导干部的管理。国家工商局党组负责全国工商行政管理系统干部协管工作的指导和检查;省、自治区工商局党组负责本地区工商行政管理系统干部协管工作的指导和检查。

1997年10月,按照国家工商局的要求,省工商局切实加强对协管工作的组织领导,加强与地方党委组织部门联系,积极参与地方党委对下一级工商行政管理机关领导班子和领导干部的考察考核。

### 大中城市工商局分局设置

1994年5月23日,国务院决定调整大中城市工商行政管理体制,将大中城市的区工商局改为市工商局分局,实行垂直领导的管理体制,进一步加强大中城市工商部门对市场的监督管理,建立统一的、有权威的行政执法机构。

按照国务院的规定,省政府进行前期准备工作,召开有关部门负责人会议,统一思想认识。自1994年10月起,各地市工商局先后完成"区局改分局"工作。南昌市将东湖区工商局、西湖区工商局、郊区工商局、青云谱区工商局、湾里区工商局改为南昌市工商局东湖分局、西湖分局、郊区分局、青云谱分局、湾里分局,作为市工商局的派出机构,由市工商局统一领导,实行垂直管理。九江市将浔阳区工商局改为九江市工商局浔阳区分局,作为市工商局统一领导,实行垂直管理。景德镇市、新余市、萍乡市、鹰潭市、赣州地区、宜春地区、抚州地区、吉安地区、上饶地区的开发区、风景区工商局改为地区工商局分局,由地区工商局直接管理。至 1995 年底,调整工作基本完成,按照新体制运行。

### 工商所人员编制重新核定

1993 年,中共中央《关于党政机构改革方案》提出,工商所重新核定编制,明确编制性质,规范机构设置,优化人员结构,提高人员素质,加强队伍建设。1996 年 3 月 4 日,经国务院批准,中央机构编制委员会办公室、人事部、国家工商局联合印发《关于重新核定工商行政管理所编制及有关问题的通知》,正式下达核编方案,分配给江西省工商系统工商所编制共 10860 人。省编办、省人事厅、省工商局核定下达各市地工商所人员编制 10530 人,省里预留 330 人。重新核定下达的工商所人员编制为行政编制,原使用的事业编制一律核销,其经费开支统一列入各级财政供给范围。此次核定编制的使用范围是市、县工商局派出的工商所、专业管理所、工商缉私队、经济检查队等除工勤人员以外的工作人员,不包括各地聘用的协管员和县以上工商局机关及所属事业单位、市场中介服务机构和群团组织人员。工商所机构编制纳入党政机构编制管理范围,工商所(队)统一实施国家公务员制度,各地工商行政管理部门不再使用协管员。对工商所现有干部身份的人员,在培训合格的基础上,经考核,根据任职条件,并按规定的程序,分期分批完成向国家公务员的过渡。对在公务员职位上工作的工人身份的人员,在国家年度增干计划的统筹安排下,区分不同情况,通过考试考核,分批将合格人员录用为国家公务员。同时,依照国务院批准颁布的《工商行政管理所条例》关于工商所是县(区)工商局的派出机构;工商所按经济区域设立;工商所的设立,报县(市、区)人民政府批准的要求。1996 年 6 月 24 日,省机构编制委员会办公室、省人事厅、省工商局印发《关于冻结增设工商所机构和严格控制工商所及事业单位进人的通知》,重申规范工商所的设置,对按乡镇设所或一镇(乡)多所的地方,进行必要调整;严格工商所建所审批程序,设立工商所需经申报局的上级工商局审核后,由申报局报同级人民政府批准。1999 年初,全省工商所的布局调整规范,编制核定分配工作顺利完成。

## 第二节　垂直管理

1998 年 11 月 24 日,国务院印发《批转国家工商局工商行政管理体制改革方案的通知》,要求改革现行工商行政管理体制,实行省以下工商行政管理机关垂直管理,理顺和完善工商行政管理体制,强化市场监管和行政执法,通过转变职能,强化监管,精简机构,提高效能,增强执法的统一性、权威性和有效性,逐步建立与社会主义市场经济相适应的工商行政管理新体制。

1998 年 12 月 20 日,省政府开始冻结全省工商系统的机构、编制、干部、财务经费,为体制改革做准备。

1999 年初,省政府召开全省工商行政管理体制改革会议,部署体制改革工作,批转省工商局关于全省工商行政管理体制改革方案,印发赣府发〔99〕第 2 号文件,对全省工商系统的机构、编制、干部、财务经费实行垂直管理,建立新的管理体制。1999 年 6 月,省人事厅、省编办、省工商局对全省工商系统的机构、编制进行上划交接,人员上划同时进行。

## 职责权限

自 20 世纪 90 年代末,省以下工商行政管理机关垂直管理后,省工商局为省政府的工作部门,领导省以下工商行政管理机关正确执行国家有关工商行政管理的法律法规和方针政策,履行法定职责规定的工商行政管理职能。省工商行政管理局编制及领导职数,由省机构编制管理部门核定和管理。其正、副局长,党组正、副书记和成员,征求国家工商局意见后,由省委省政府审批任免。市地、县(市、区)工商局为上一级工商行政管理的直属机构,其内设机构的设置、变更和撤销,由省工商局提出意见,省机构编制委员会审核报批;其编制及领导职数,由省机构编制管理部门会同省工商局进行统一核定和管理,其正、副局长,党组正、副书记和成员,征求地方党委意见后,由上一级工商局审批任免。工商行政管理所,为县(市、区)工商局(分局)的派出机构,按经济区域设置,其人、财、物和业务工作,由县(市、区)工商局统一管理。

全省工商系统人事管理工作执行国家和省人事政策与法规,由省工商局会同人事厅管理。计划、录用、人员调配由省工商局审核汇总,报省人事厅审批后执行。行政职务管理,按照干部管理权限,由省工商局提出意见报省人事厅审批,或由省工商局审批报省人事厅备案。工资管理实行省人事厅、省工商局统一领导,按照干部管理权限分级管理。公务员培训、专业技术职务培训按照省人事厅统一部署,由省工商局组织实施。考核晋级参加当地人事部门组织的考试。

## 机构人员交接

**机构编制交接** 省以下工商行政管理机关实行垂直管理后,有关人员编制的管理权限上收到省一级,即县以上工商局按当时实有编制数上划,工商行政管理所编制按 1996 年中央机构编制委员会办公室下达各地工商行政管理所的编制上划。编制上划后,由省工商局根据工作需要和编制空缺情况,提出所需人员编制的具体意见,经省级机构编制管理部门审核报批后,会同省工商局统一下达。

1999 年 6 月 16 日,省机构编制委员会办公室、省工商局印发《关于省以下工商行政管理系统机构编制上划的通知》,并先后与各市地编办、工商局进行交接。上划范围是:1998 年 12 月底前各市地、县(区)工商和所属事业单位在编的正式工作人员及退(离)休人员;1998 年 12 月 1 日前调入工商局的领导班子成员;按国家计划安排接收的军队干部和按计划接收的大中专毕业生。

全省工商行政管理系统上划机构数 123 个(含设区市局 11 个),上划机关编制数 2466 人(其中行政编制 1928 人、事业编制 310 人、工勤编制 228 人),3 个协会编制数 955 人,其他事业单位编制数 97 人。

2000 年 1 月 20 日,省机构编制委员会办公室、省工商局印发《关于重新核定全省工商行政管理所机构编制的通知》,重新核定全省工商行政管理所行政编制。

2002 年 7 月 26 日,省机构编制委员会办公室,省工商局印发《江西省省以下工商行政管理机构改革实施方案的通知》及《江西省省以下工商局所属事业单位设置方案》,重新核定各市、县(市、区)工商系统行政编制、后勤事业编制、内设机构、领导职数配置等。

**超编人员分流**　2004 年 10 月至 2005 年 2 月,省人事厅、省工商局制定《市、区工商行政管理机构改革人员分流安排实施办法》,明确通过清退违规进入人员、办理退休退职、鼓励支持自谋职业等办法,分流安置超编人员。各市、县(市、区)工商系统结合实际,慎重、稳妥地解决分流安置超编人员问题。全省工商行政管理系统先后共分流安置 3321 人。

# 第三章　队伍建设

随着社会主义市场经济的发展,工商行政管理部门责任更大,任务更重,对工商行政管理队伍的素质要求更高。1991—2010年,省工商局把建立一支政治过硬、作风过硬、业务过硬、忠于职守、公正执法、廉洁自律的工商行政管理队伍作为一项战略任务来抓,以提高干部队伍整体素质和依法行政能力为核心,落实教育培训规划,开展政治思想教育、学历教育、各类专业培训,认真做好工商行政管理所核编和公务员过渡、考录工作,加强基层规范化建设,围绕中心,服务大局,努力提高工商行政管理队伍的政治素质和业务水平,为推动工商行政管理事业持续发展打下了坚实基础。

## 第一节　教育培训

自20世纪90年代,省工商局认真贯彻执行中共中央、国务院、国家工商局关于加强教育培训工作的一系列指示精神,不断加深对干部教育培训工作重要性和紧迫性的认识,从实际出发,加强领导、创造条件,克服种种困难,教育培训工作取得显著成绩,通过实施工商行政管理系统教育培训规划和人才队伍建设规划,有效地提高全省工商系统干部的整体素质,对工商行政管理机关加快改革、实现职能转变,起到推进作用。

1990年,省工商局与省人事厅联合印发《江西省工商行政管理岗位职务培训实施意见》。省工商干部学校共举办各类培训班15期,培训1267人次,参加成人高校大专班学习105人,参加大专层次专业证书学习304人,举办3期全省工商系统新闻业务骨干培训班。

1991年开始,全省工商行政管理教育培训工作,从工商行政管理的实际出发,以学历教育为基础,以岗位培训为重点,突出以宪法为核心,以专业法为主体的法制教育。

岗位职务培训是在定职能、定机构、定编制基础上开展的全员培训,对全省工商系统教育培训工作产生深远影响。全省各级工商部门按照国家工商局的部署,根据"三级培训、分级负责、分类指导"的原则,全面开展岗位培训工作,把职业道德教育作为加强队伍建设的重要内容,开展"尽职业责任、讲职业道德、守职业纪律、懂职业技能"的教育。教学内容包括马克思主义基础理论课、公务员公修课和工商行政管理专业课。在培训中,始终抓住工商行政管理是市场监督管理和行政执法这一特点。

1991年8月8日,省工商局印发《1991—1995年江西省工商行政管理系统干部教育发展规划》,要求全省各级工商局认真组织全体工商行政管理人员深入学习宪法,有针对性地学习国家基本法律,有计划、有步骤地分级分类学习以工商行政管理内容为主体的各项法律、法规和规章,提高工商队伍整体执法水平。法制教育按照各级普法主管机关的有关规定组织实施,与工商行政管理工作有关的专门法律以本系统为主实施教育,可与干部教育培训工作有机地结合起来,寓法制教育于岗位职务培训中。

1992年,全国改革开放和经济建设进入一个新的发展阶段,工商行政管理工作的重点也发生深刻变化。国家工商局要求从1992年起,将在各岗位分批试行"持证上岗"制度。省工商局组织广大干部全面、系统地学习社会主义市场经济理论,进一步解放思想,更新观念,提高认识,将岗位职务培训与建立社会主义市场经济体制的需要紧密地结合起来,将新出台的《反不正当竞争法》《消费者权益保护法》《公司法》《商标法》等一系列法律法规充实到培训内容中去,形成以社会主义市场经济理论,法律法规为重点的具有工商行政管理特色的培训内容体系。

省工商局在1993年部署全省工商系统的法律法规学习和业务培训工作,突出抓全国人大通过的《反不正当竞争法》《消费者权益保护法》和修改后的《经济合同法》《商标法》学习,采用集中培训和以会代训等形式,组织干部职工学习工商行政管理法规。干校培训、岗位职务培训、函授教学等与学习新的法规相结合,召开专题理论研讨会与办省工商局机关刊物《江西工商》杂志相结合,使法律宣传学习收到成效。

1994年,全省工商系统抽调42名县、处级干部参加国家工商局组织的岗位培训,省工商局举办1期县工商局局长岗位职务培训。培训的重要内容是学习有关法律法规。

全省工商系统把法制宣传工作摆上重要位置,1995年,突出抓《反不正当竞争法》《消费者权益保护法》《广告法》等法律宣传,各地工商机关与有关部门密切配合,利用报刊、电台、电视台等宣传舆论阵地,以及开展广播讲座、大型宣传、咨询、知识竞赛活动,大力宣传有关法律法规。进一步提升全系统人员法律意识和各级执法人员行政执法能力。

1996年,随着社会主义市场经济体制的逐步建立,工商行政管理的职能发生很大转变,工商行政管理部门监管市场的视野和范围不断拓宽,监管的理性和科技含量不断提高,监管执法的难度也在不断加大,客观上对工商行政管理人员的素质要求越来越高。从总体上看,全省工商系统干部文化层次普遍偏低,高级专门人才数量偏少,干部队伍的知识结构难以适应新形势下监管执法任务的需要。根据国家工商局提出全面实施"红盾人才计划",加速大专以上层次专门人才培养,提高广大干部的文化水平;开展岗位必备专业知识和技能培训,提高广大干部履行岗位职责的素质和能力。省工商局按照国家工商局的部署和要求,印发《1996—2000年江西省工商行政管理系统干部教育培训规划》,紧紧围绕工商行政管理中心工作,全面实施"红盾人才计划",开展多层次、多形式的教育培训活动,进一步提高全系统干部的整体素质。按照"三级培训、分级负责、分类指导"的原则,省工商局负责科(局)级干部培训、市地工商局负责股(所)级和一般干部培训,课程设置除国家工商局规定的《工商人员职业道德概论》《工商行政管理法律法规》《中外市场管理比较》《现代管理基础知识》4门课程外,省工商局结合实际增设《社会主义市场经济》。

开展大专以上层次在职学历教育,走的是"内涵式"发展与"外延式"发展相结合的道路。依托省工商行政管理干部学校与南昌大学、武汉大学、首都经贸大学等联合办学,设立高等职业教育班、高等教育函授站等。至2000年,干部的整体学历层次有大幅度提高,并初步形成一支精通工商行政管理业务、熟悉法律和现代经济管理知识，具有较高政策理论水平的高层次复合型专门人才队伍。

省工商局按照《国家公务员暂行条例》《国家公务员培训暂行规定》的要求，规范有序地开展各类公务员的初任培训、任职培训、更新知识培训和专门业务培训，提高广大干部履行岗位职责的素质和能力。同时，抓住工商所监管模式改革契机，突出抓基层工商所长的培训，省工商局直接组织工商所长的培训工作，着重提高工商所长的思想政治素质、业务执法水平和指挥、管理、协调等能力，将其培养成为熟悉工商行政管理各项业务，能够带领全体干部出色完成市场监管执法任务的复合型人才。到1999年底，全省工商系统14441名在职人员中，大专以上文化程度的有6825人，占在职人员总数的47.26%。

1999年，全省工商系统对法制工作人员进行《行政复议法》的培训和听证主持人资格培训考试，提高执法队伍素质。

工商行政管理省以下垂直体制改革基本完成后，全省工商系统结合干部人事制度改革，探索新形势下教育培训工作的新路子，工作重点逐步由提高干部文化素质转移到加强干部能力建设，更加注重加强理论武装和提高干部依法行政、履行岗位职责的能力，干部教育培训力度和规模明显加大。

2000年，国家工商局先后印发《关于进一步加强和改进工商行政管理系统教育培训工作的意见》，指导全国各级工商机关的教育培训工作；印发《关于工商行政管理所国家公务员初任培训的通知》，部署全国各级工商机关对经过度考核和考试录用的工商所工作的国家公务员，普遍进行一次初任培训。省工商局按照国家工商局的要求，根据工作需要，举办"县级工商局局长培训班"，培训内容包括工商行政管理队伍建设、领导学、WTO基础知识、法学基础与行政法、工商行政管理法律法规、公文写作、计算机网络基础知识与操作技能等。

2001年，国家工商总局印发《2001—2005年全国工商行政管理系统教育培训规划》，提出要经过5年时间的努力，进一步优化队伍结构，使干部队伍整体素质明显增强；完善人才结构，高层次、复合型人才队伍明显壮大；更新知识结构，履行岗位职责的能力和管理的专业化水平显著提高。省工商局实施"红盾素质工程"，开展岗位专业知识与技能的培训，提高监管执法水平；开展知识更新培训，开阔视野，拓宽知识面，提高创新能力；开展各级领导干部的综合素质培训，提高各级领导干部的政策水平、管理水平和决策能力；开展大专以上层次学历教育，进一步提高干部文化素质；开展反腐倡廉教育、作风素质教育和依法行政培训，增强依法行政意识，树立良好执法形象。根据国家工商局的部署要求，省工商局采取多种形式培养造就一批执法监管骨干和专家型人才。

2003年开始，省工商局精心组织、统筹安排"三个代表"重要思想轮训工作，使广大干部特别是领导干部进一步增强学习和实践"三个代表"重要思想的自觉性和坚定性，增强做好工商行政管理工作的责任感和使命感。教育广大干部以科学的发展观指导工商行政管理工作，认真落实"立党为公，执政为民"的要求，深入整顿和规范市场经济秩序，不断推进工商行政管理工作的改革和创新，为国民经济持续快速协调发展营造良好的市场环境。

2005—2006年，全省工商系统统一换发行政执法证。结合行政执法证的换发工作，省工商局分两期组织省工商局行政执法人员和设区市工商局的业务骨干进行行政执法专业法律知识培训,参训人数共200余人。事后,这些业务骨干组织实施各级工商机关行政执法人员的专业法律知识培训,并组织行政执法人员参加省政府法制办统一组织的考试.

2006年9月,国家工商总局印发《2006—2010年全国工商行政管理系统人才队伍建设规划》和《2006—2010年全国工商行政管理系统干部教育培训规划》,对大规模培训干部、大幅度提高干部素质作出部署。省工商局根据要求,切实做好4个方面的重点工作:实施"领导人才培训工程",加强对各级领导干部的教育培训;实施"基层执法人才培训工程",加强对基层执法干部的培训;实施"高层次执法人才培训工程",加强对高层次、专家型执法干部的教育培训;进一步加强反腐倡廉和社会主义荣辱观教育培训。

省工商局在全省工商系统广泛开展岗位技能大练兵活动,开展星级工商所(分局)创建工作,举办各类培训班15个,培训包括新任县级工商局局长、法制人员在内的各类人员1462人次。

2009年,贯彻落实《江西省2008—2012年大规模培训工作实施意见》,全省各级工商局共组织信息系统业务应用培训班93期,参训人员达3909人次,大大提高了业务应用人员的计算机应用水平。全省工商系统共举办含依法行政内容的综合类、业务类培训班517期,培训人数达18378人次。

2010年,省工商局进一步明确干部教育培训的工作重点,全面启动全省工商系统领导干部轮训任务。7月,省工商局先后举办3期全省工商系统科级领导干部培训班,450名科级干部参加培训。8月,省工商局先后举办3期全省工商系统基层分局长(所长)培训班,450名基层分局长(所长)参加培训。

培训班突出加强参训学员的素质能力建设,提高全省工商系统科级领导干部的理想信念、科学管理、责任意识、领导能力和依法行政水平。培训内容有;科学发展观、国情省情报告、领导科学与艺术、依法行政、公共危机处理、党风廉政建设等。

全省工商系统全面展开队伍大培训,共举办各类培训班461期,培训31537人次。

1991年至2010年,省工商局政研法规处每年编印《工商行政管理文件选编》,发至全省各级工商机关,成为全省工商系统学习法律法规、提高执法能力重要手段。自2001年1月至2010年,全省工商系统实施"每日一题""每月一法"学习教育活动。每年,省工商局编写印发的"每日一题""每月一法""文件汇编"等有关材料,均免费发到基层单位每位干部;各地在学习中结合实际,经常开展案例分析研讨。

## 第二节　工商所公务员过渡与考录

1996年3月,中央机构编制委员会办公室、人事部、国家工商局联合印发《关于重新核定工商行政管理所人员编制及有关问题的通知》,在全国工商系统进行工商所重新核编工作,由长期以来使用专项事业编制改列行政编制。1996年6月,国家工商局、人事部联合印发《关于印发〈工商行政管理所推行公务员制度实施方案〉的通知》,要求用两年左右的时间,在全国工商所基本建立起国家公务员制度。实施的单位是已取得工商所初级规范合格证,并已完成市场管办脱钩任务的工商所;实施对象为除临时工、协管员以外的工商所正式职工。其目的是要按照公开、平等、竞争、择优的原则,结合工商行政管理所的工作特点和队伍现状,在全国工商所初步建立国家公务员制度,并逐步加以完善,促进队伍结构的完善和素质的提高,努力造就一支适应市场经济要求的、有权威的基层执法队伍。

根据省人事厅《江西省国家公务员培训实施意见》的要求,省工商局、省人事厅联合印发《关于印发〈江西省工商行政管理所国家公务员过渡培训方案〉的通知》,明确工商行政管理所等基层单位实施国家公务员制度的范围是取得工商所初级规范合格证,已完成市场办管脱钩任务的,凡在1995年12月21日(含21日)前正式进入工商行政管理部门,且仍在基层工商所(含基层工商管理站、经济检查队、专业工商所等)工作具有国家正式干部身份的人员。

1997年,根据人事部、国家工商局的文件精神,省工商局、省人事厅印发《关于全省工商行政管理所推行国家公务员制度过渡考试有关问题的通知》,明确范围和对象,凡1995年、1996年连续两个年度考核获得"称职"及以上等次的工商行政管理部门符合以下全部条件者:①具有国家正式干部身份;②1995年12月21日(含21日)前正式调入工商行政管理部门工作;③工作岗位仍在工商所(含工商行政管理站、经济检查队、专业工商所);④所在工商所完成市场办管脱钩任务,并取得初级规范合格证;⑤参加了全省统一组织的以国家工商局、人事部统编过渡培训教材为内容的专项培训的。

1997年10月11日,全省统一进行工商所推行国家公务员制度过渡考试。全省工商系统共有6239人参加考录公务员的笔试。将报考人员成绩张榜公布,以县为单位,根据省人事厅下达的录用计划和考试总成绩,由高分到低分依次等额确定录用考核人选,同时完成对全省工商所人员过渡资格审查工作。下达全省第一批31个单位的录干计划。

经批准实施《江西省工商行政管理所录用国家公务员实施办法》,下达全省工商所第2批64个单位专项增干指标2793个,全省两批共67个单位进入录用审批程序。

在全省107个录用单位中,82个单位已通过省人事厅审查,其中已批准录用58个单位共2270人。

到2003年底,经省人事厅批准,107个考录单位分6批,共105个单位5022人被录用为国家公务员,其中2003年分四批录用2752人。

2004年,完成全部107个基层单位的公务员录用工作,全省工商所推行国家公务员制度工作总体结束,其中干部身份人员过渡为公务员3705人,以工代干身份人员被录用为公务员5146人。

# 第三节　作风效能建设专项活动

## "怎样当好工商所长"大讨论

1999年7月,省工商局在全省工商系统开展"怎样当好工商所长"大讨论活动,目的在于给工商所长提供广泛交流经验的机会和提高工商所长的综合素质,进一步做好工商所工作,集中全系统智慧,帮助工商所长总结经验,提高水平。大讨论活动开展了1年时间,全系统工商所长全部参加讨论。讨论内容涉及工商所长自身建设、内部管理、队伍建设、监管执法,为经济发展服务等。通过大讨论活动,工商所长进一步明确工作思路,改进工作方法,加强与相关部门的沟通。《江西工商》月刊编辑大讨论专栏12期,编发讨论文章61篇,评选出优秀论文22篇。

## 政务环境评议评价工作

2003年,省政府对政务环境评议评价,明确对49个省直厅局开展政务环境评议评价(简称"双评")工作。省工商局高度重视政务环境评议评价工作,召开党组会,研究部署全系统开展政务环境评议评价工作,并印发《省工商局关于开展政务环境评议评价工作实施方案》,明确指导思想、目标内容、方法步骤和具体要求。省工商局还召开政务环境评议评价工作动员大会,全体干部职工提高认识,统一思想,自觉形成"人人是环境,个个是形象"的共识,从而使"双评"工作扎实有序地开展。

2004年,根据《江西省人民政府关于进一步优化政务环境的若干意见》和《江西省人民政府关于印发2004年省直单位政务环境评议评价工作实施方案的通知》的要求,省工商局结合实际,制定印发《2004年江西省工商局政务环境评议评价工作实施方案》,明确评议的内容和目标,规定评议评价的方法。评议的内容有6个方面,即:行政执法责任制和过错责任追究制落实情况;2003年评议评价整改落实和评议评价承诺兑现落实情况;贯彻《行政许可法》,精简行政审批事项落实情况;清理收费项目和"收支两条线"制度落实情况;政务公开、事务公开制度落实情况;首问责任制、服务承诺制、限时办结制、一次性告知制等管理制度落实情况。

通过评议评价,全省工商系统干部执法为民、求真务实、诚实守信的意识进一步增强,依法行政的制度、措施和责任得到落实,工作效率和服务质量明显提高,依法行政和依规办事水平得到提高,工作作风明显好转,政务环境明显改善。为优化政务环境,省工商局按照省政府部署,在改革行政审批制度、清理压缩收费项目和推行政务公开等方面采取一些措施,原有31项行政审批事项,取消(含下放)23项,取消率达74%,受到企业和社会各界的好评。全省工商系统扎实开展政务环境评议评价工作,加强和改进工商行政管理,全面推进依法行政,着力建设优化政务环境的长效机制,提升工商行政管理机关执法水平。

2005年,省政府印发《江西省人民政府办公厅关于印发2005年省直单位政务环境评议评价工作实施方案的通知》,明确继续对43个厅局开展政务环境评议评价工作。省工商局制定印发《2005年江西省行政管理局政务环境评议评价工作实施方案》。

按照省政府要求,省工商局"双评"工作的主要内容有7个方面,即:2003年服务承诺兑现落实情况;2004—2005年整改落实情况和开展保持共产党先进性教育中查找出来的关于政风方面问题的整改落实情况;深化行政审批制度改革,对行政审批行为的监管和后续监管,规范行政收费行为,降低办事成本的情况;围绕服务型政府的效能建设,推动全民创业工作体系建立,提供服务、简化办事程序,提高办事效率和公信力情况;实行政务公开、办事制度公开,加快电子政务建设情况;贯彻落实政府第三次廉政工作会议精神和《全面推进依法行政实施纲要》,坚持依法行政,着力解决多头执法、重复收费和执法扰民等问题的情况;建立健全政风建设长效机制情况。评议评价工作采取"测"与"评"结合,先测后评,突出评议,重在整改的方式进行。

政务环境评议评价工作开展后,全省各级工商部门按照省局部署,全力以赴,真抓实干。省工商局动员大会后,11个设区市局立即召开动员大会,各市局局长作动员,全体干部职工迅速行动,高效率、高标准、高质量地搞好"双评"工作。各级工商局结合实际,层层落实责任制,"一把手"亲自抓、负总责,一级抓一级,层层严肃纪律,层层抓落实,层层抓好整改。各级工商部门认真贯彻落实省局关于支持促进全民创业的"20条措施",提出具体落实措施。各级工商部门还坚持不折不扣落实国家有关就业、再就业方针政策,落实各项优惠措施。各级工商部门一方面认真搞好自查,另一方面逐条对照政务环境评议评价工作目标和评议的7项内容,抓好整改。

"双评"工作期间,各级工商局围绕省局的要求,结合实际,做了大量有特色、有成效的工作。南昌市工商局开展"走进企业、走进社区、走进乡村,服务发展、服务群众、服务基层"的三走进三服务活动,体现贯彻"三个代表"重要思想,改进作风服务经济,受到市委书记的充分肯定。南昌市局还开展"整顿执法作风,优化政务环境"活动,开展军训活动,实行准军事化管理,都取得较好效果。赣州市工商局对"双评"工作高度重视,一级抓一级,层层抓落实,尤其是市、县局"一把手"真正做到负总责,政令畅通,各项工作狠抓落实。上饶市工商局强化基层建设,大力抓好"党员示范岗"活动,大规模开展干部培训轮岗,大面积实施干部交流教育,大步伐推进"金信"工程建设,抓好市、县、分局三级联网,从而推动了政务环境建设。宜春市局坚持做到优化政务环境常抓不懈,创新服务理念,规范执法行为,进一步优化了政务环境。九江市工商局组织开展"党务行为、政务行为"两个规范教育活动,强化党风、政风建设。吉安市工商局对优化政务环境工作坚持常抓不懈,从平时做起、从点滴做起,注重"内强素质、外树形象、内部和谐、外部顺畅",注重在平时抓好各项工作,为搞好"双评"工作打下基础。抚州市工商局认真贯彻落实省局支持全民创业20条措施,市、县局开辟"绿色通道",提高办事效率,优化政务环境。景德镇市工商局局开展"六查六看",进一步强化队伍建设,促进"双评"工作。鹰潭市工商局局改进作风,不断提高服务水平,市、县局领导挂牌服务,主动上门为企业办实事,解难题,受到企业的好评。市委主要领导也批示,全市各部门要向工商部门学习。新余市工商局局在机关开展"四要四不四自觉"活动,强化机关作风建设;在基层实行"准军事化"管理,强化队伍建设。萍乡市工商局进一步加强与人大代表、政协委员、行风评议员的走访和联系,认真及时查处有关反映的问题,抓好整改工作。

由于不断深化整改,结合实际落实整改,整改工作取得明显成效。省工商局向社会做出的10项承诺得到全面兑现,取信于民,树立工商亲民、帮民、爱民的良好形象。对2003年后"双评"自查的问题和征求意见反映的160多条意见、建议,特别是对省行风评议办公室反馈的80多条意见认真进行整改。尤其对省行风办反馈的37条意见,进行梳理,并分解到各处室,限时完成,加大整改力度,效果很好,得到省检查组的肯定。通过三次"双评",边评边改,省工商局政务环境得到优化,精简行政审批事项得到落实;清理收费项目,"收支两条线"制度得到严格执行;全面推行政务公开和事务公开;首问负责制、限时办结制、一次性告知制等制度进一步落实;行政行为进一步规范,在全系统全面推行"阳光执法",做到公平公正执法、文明执法。

## "两整顿"工作

2004 年,省工商局根据国家工商总局部署的深入整顿规范市场秩序、开展队伍教育整顿两项重要工作要求,召开全省工商局长会议,决定集中半年时间,在全省工商系统深入开展整顿规范市场秩序、开展队伍教育整顿的"两整顿"工作。省工商局印发《全省工商行政管理系统开展食品安全专项整治工作实施方案》(讨论稿)、《全省工商行政管理系统开展保护注册商标专用权行动方案》(讨论稿)、《全省工商行政管理系统开展以树立正确权力观,严格依法行政为主要内容的队伍教育整顿实施方案》(讨论稿)。以开展食品安全专项整治、加大知识产权保护力度为重点的整顿规范市场秩序,树立正确的权力观,严格依法行政为主要内容的开展队伍教育整顿在全省工商系统全面展开。全省工商系统认真履行职能,加大力度维护食品安全,打击假冒伪劣,保护知识产权。全省工商系统干部队伍政治思想有明显进步,工作作风有改进,法纪观念得到增强,执法水平有明显提高,执法形象得到改善。

## "建设和谐平安江西,共创富民兴赣大业"主题教育

2005 年,省委决定在全省广泛开展"建设和谐平安江西,共创富民兴赣大业"主题教育,要求教育活动"声势要大,氛围要浓、参与性要强、效果要好"。为贯彻落实省委部署,省工商局印发《关于在全省工商系统开展"建设和谐平安江西,共创富民兴赣大业"主题教育活动的意见》,要求全省工商系统围绕和谐兴赣创业富民的目标,广泛深入开展各种宣传教育和实践活动,营造团结和谐,充满活力,共谋发展的氛围,形成聚精会神、一心一意干事业的强大合力,推动全省工商行政管理工作再上新台阶。

2005 年 8 月 1 日,省工商局印发《关于全省工商系统推动全民创业,加快富民兴赣的若干措施的通知》,出台推动全民创业措施 20 条,放宽企业设立登记条件,拓宽创业空间,鼓励人民群众投资办企业;加强引导规范、促进公平竞争,维护市场秩序;改进服务,文明公正执法,营造良好的创业氛围。

## "机关效能年"和"创业服务年"活动

2009 年,省委、省政府决定在全省乡镇以上党政机关和有行政管理职能的部门及其公共服务单位,开展以学习实践科学发展观为主题,以提高项目审批和建设效率为重点,以依法高效、创建最优发展环境为目标,以改革创新为动力的机关效能年活动。按照省委、省政府要求,2 月 5 日,江西省工商局制定《全省工商系统开展机关效能年活动实施方案》;2 月 6 日印发《关于服务当前经济发展的若干意见》;3 月印发《关于进一步加强机关作风建设,提高服务效能的若干意见》。要求全省各级工商行政管理机关要充分认识开展机关效能年活动的重要意义,把加强机关效能建设作为"基础工程""良心工程""活力工程"来抓,创建最优发展环境,促进全省经济平稳较快发展,提高干部

队伍整体素质和能力,深化审批改革,规范执法行为,完善政务公开,提升服务水平,落实服务制度,改进机关作风,提高队伍素质,清理达标评比,规范收费行为。

全省工商系统把提高项目审批和建设效率作为重点,以依法高效、创建最优发展环境为目标,坚持监管与发展、监管与服务、监管与维权、监管与执法"四个统一",围绕省委、省政府中心工作和重大决策部署,进一步采取有力措施规范机关行为、完善运行程序、强化监督管理,切实解决机关效能和发展环境方面存在的突出问题。通过开展效能年活动,加快推进制度化、规范化、程序化、法治化"四化建设",全省各级工商机关在解决群众反映强烈的突出问题上有新突破、要解决影响和制约科学发展的突出问题上有新突破、在解决干部队伍政风行风方面存在的突出问题上有新突破,做到办事效率明显提高,工作作风明显转变,履职能力明显增强,社会管理和公共服务明显改进,努力实现建设高素质的队伍、运用高科技的手段、实行高效能的监管、达到高质量的服务的"四高目标"。

2010 年,省委、省政府决定在全省开展创业服务年活动,进一步巩固机关效能年活动成果。省工商局按照省委、省政府提出的要求,结合工商行政管理工作制定《全省工商系统创业服务年活动实施方案》,对全系统开展创业服务年活动提出工作要求。召开全省工商系统创业服务年动员大会,全面推进创业服务年活动深入开展。

在创业服务活动中,全省各级工商部门,牢记监管就是服务、维护好市场秩序就是创造最优的发展环境的职责所在,抓住服务重大产业项目招商引资和建设、完善创业服务体系、优化创业环境、深化机关作风建设、营造服务创业的浓厚氛围等五个方面的重点,在巩固"机关效能年活动"成果基础上,以依法行政、服务科学发展为标准,总结经验,分析不足,认真制定实施方案;明确要求,落实措施,奋发有为,扎实开展好"创业服务年活动",把服务创业的各项工作和措施制度化、规范化、常态化,着力打造全省最优的创业服务环境。

## "万名干部服务下乡镇"活动

2009 年,省工商局按照省委"坚定不移保障和改善民生"的工作要求,制定《全省工商系统"万名干部服务下乡镇"活动实施方案》,以转变基层工作重心,改进机关工作作风,服务经济发展,促进江西崛起。在全省工商系统组织万名工商干部深入乡镇、深入农村,围绕农村市场和个私经济发展中遇到的困难和问题、农村消费者所关注的热点和难点,以及农村经济发展新形势新任务的要求,结合工商行政管理职能,开展有关保障和改善民生政策宣传,提供创业就业、品牌创建、消费维权等方面的系列服务,发展农村市场主体,优化市场发展环境,维护农村市场秩序,保障农村消费安全。

省工商局方案印发后,全省工商系统共成立领导小组 128 个,形成一级抓一级,层层抓落实的工作格局和省工商局统一部署,市工商局组织指导,县工商局具体实施的工作机制。各级工商部门召开动员会,传达学习有关精神,统一思想,提高认识,明确目标,落实责任。各地将"万名干部服务乡镇"活动作为提升机关效能建设的重要载体,改善工商形象的重要机遇,在系统干部中形成人人知晓、人人重视、人人参与的良好氛围。

全省工商系统利用启动仪式,扩大宣传效应。宜春市袁州区工商局于 2009 年 8 月 28 日率先举办服务活动启动仪式;临川、新建、上犹、泰和等县工商局在启动仪式上,邀请当地政府领导出席并讲话,电视报纸等新闻媒体报道跟进,扩大服务活动的影响力。同时,还采用现场会、座谈会、文艺表演会等形式,请相关部门、经营者、居民消费者等广泛参与,既是征求社会意见建议,也是扩大社会影响;南昌、宜春、抚州等地结合"家电下乡红盾同行"宣传咨询月活动同步举行现场活动;萍乡市湘东区工商局在现场活动上辅以群众喜闻乐见的歌舞表演,穿插工商法规知识有奖问答,寓教于乐,扩大影响面和群众参与度。并在广播、电视、报纸、网络等媒体上广泛宣传服务活动;萍乡市工商局联系萍乡日报、萍乡电视台,各县(市、区)电视台等新闻媒体进行跟踪报道;吉安市工商局与井冈山报、吉安晚报合作,开辟专栏,从 2009 年 8 月 29 日至 9 月 17 日连续报道各市县局"千名干部服务下乡村"活动情况共 14 篇;抚州市工商局与市电视台联合制作专题片《抚州工商下乡镇,人民群众得实惠》,在抚州电视台"今日现场"栏目播出;上饶玉山县工商局联系玉山电视台、《今日玉山》报社等媒体对现场活动全程报道。省工商局利用《中国工商报》《江西工商管理信息》和《江西工商行政管理》内刊,大力宣传服务活动,介绍各地经验做法。据统计,活动期间,国家级媒体报道 8 篇,省级媒体 68 篇,市级 177 篇,县级媒体 265 篇。

为宣传创业政策,激发创业热情,全省工商系统广大干部上门办理工商执照,方便群众创业;上门指导使用合同,完善合同帮农;上门走访重点企业,帮助共克时艰;上门宣传品牌战略,实施品牌富农;上门开展消费维权,推进红盾护农。在"万名干部服务下乡镇"活动中,全省工商系统坚持以服务促发展,以服务保民生,以服务求和谐,切实为农村群众提供便利服务,塑造工商部门的良好形象,收到明显成效。保障改善民生的政策落到实处;工商部门与广大农民、个私业主融洽了关系,工商干部的监管水平得到提升。全省工商系统"万名干部服务下乡镇"活动获得地方党委、政府的充分肯定,企业真情感谢,群众热切欢迎。据不完全统计,此次活动中,全省工商系统共出动干部下乡镇服务万余人,发放宣传资料 23 万余份,接受咨询服务 1 万余人次,征求意见建议 200 余条,走访企业、农民专业合作社等 8000 余家,上门办理开业登记、营业执照 180 余家,现场调解处理消费投诉 300 余件,帮助解决实际问题 100 余件。

# 第四节　精神文明创建活动

从 1991 年起,省工商局结合不同时期的工作重点,先后开展创建"文明服务窗口""青年文明号""文明单位""文明行业""红旗单位"等活动,教育引导广大干部职工,以职业道德为准绳,树立公仆意识,规范行政执法行为。

1996 年 10 月,中共中央召开十四届六中全会,审议通过《中共中央关于加强社会主义精神文明建设若干重要问题的决议》,确定社会主义精神文明建设的指导思想和目标任务。为推动全系统深入贯彻这次会议精神,国家工商局于 10 月 18 日印发《关于认真学习贯彻党的十四届六中全会精神,大力加强社会主义精神文明建设的通知》,要求各级工商行政管理机关高度重视精神文明建设,把加强精神文明建设作为一项重大战略任务,列入重要议事日程,高度重视,任务明确,措施得力,务求实效。

1996 年 10 月 14 日，省工商局印发《关于认真贯彻〈中共中央关于加强社会主义精神文明建设若干重要问题的决议〉的通知》，要求全省各地、市工商行政管理机关，进一步增强对社会主义精神文明建设重要性和紧迫性的认识，把全省工商行政管理系统的社会主义精神文明建设推向前进。要求广泛开展"工商形象建设年"活动，围绕"争先创优"和讲正气、树典型，开展"创百佳工商所"、"树百名工商所长标兵"活动，推行社会服务承诺活动。

国家工商局提出将 1996 年作为全系统工商形象建设年，要求树立四个形象：忠于职守，公平公正的执法形象，甘为公仆，廉洁自律的廉政形象，勤政高效、文明礼貌的办事形象，着装整齐、举止端庄的仪表形象。县以上各级工商行政管理机关重点解决利用"案、费、证、照"以权谋私的问题，基层工商所重点解决"吃、拿、卡、要"的问题。为开展好这一活动，省工商局党组专题研究制定印发《开展"工商形象建设年"活动实施意见》，各地、市工商局积极响应，迅速组织实施，成立活动领导小组，制订结合实际、切实可行的《实施方案》。吉安地区工商局在全系统开展"七项系列活动"，鹰潭市工商局开展"百件实事大会战"，九江市工商局开展应知、应会、礼貌用语和举止训练、表演活动，景德镇市工商局开展文明管理争先创优、自律监督、作风纪律整顿等活动，萍乡市工商局开展"领导干部形象""八讲四教育""红盾市场行"等内容的 10 项系列活动等。省工商局及时听取汇报，分析形势，并组织人员分头到各地市调研，掌握活动进展情况，研究遇到的问题；各地、市工商局领导也深入基层，进行指导。省、地、市工商局还运用信息、简报等形式，交流情况和做法，加强沟通和指导。同时狠抓建章立制；吉安地区工商局、南昌市工商局组织开展"百千万评议"活动，即聘请百位人大代表、政协委员为廉政监督员，请千名企业法人、万名市民对工商管理工作开展评议、监督，进一步建立完善廉政制度。

在工商形象建设中，各地结合工商部门特点，重点围绕解决"案、费、证、照"和"吃、拿、卡、要"问题，抓好系统风气，抓好行为规范，完善内控外监机制。在内部制约上，实行纠风责任制和检查制，狠抓廉政制度的健全和考评、落实。并在企业注册、商标管理、广告审批、市场监管、案件审理、收取规费等具体工作中，实行权力分解，交叉制约、互相监督。在外部监督上，实行"两公开、一监督"，将办案(办事)程序、收费标准向社会公开，完善举报制度，聘请社会监督员等，广泛接受社会监督、舆论监督、群众监督。

省工商局在吉安地区召开全省工商形象建设年活动现场交流会。吉安地区工商局增强广大干部职工实践全心全意为人民服务宗旨的自觉性；抚州地区工商局"以内强素质、外树形象"为目标，"倡三讲，树四观"；赣州地区工商局杜绝乱收费、乱罚款、乱摊派现象；上饶地区工商局按照"强一线、保机关、重窗口、保全局"的工作思路，防止和克服"吃、拿、卡、要"现象；鹰潭市工商局以"内强素质、外树形象、提高效能、多办实事"为主线，实施"百件实事大会战"；景德镇市工商局从加强制度建设入手，坚持用制度管人，按制度办事，确保办事公开、公平、公正原则的贯彻落实；萍乡市工商局把加强领导班子建设，作为工商形象建设的"核心工程"来抓；南昌市工商局抓好干部教育工程，争先创优工程，社会监督工程，各级领导注重做好表率。

1998 年，国家工商局结合"当合格的工商行政管理干部，做人民满意的公务员"活动，提出了以"为人民服务，树行业新风"为主题的《全国工商行政管理系统文明管理十条要求》。

全省各级工商部门根据《全国工商行政管理系统文明管理十条要求》和省工商局的统一部署，内强素质，外树形象，在省工商局党组研究确定11个省级精神文明建设示范点的带动下，地（市）、县（市、区）工商局先后设立地（市）、县（市、区）两级示范点，全省系统内示范点总数达到121个，各地针对不同情况各自制定加强精神文明建设示范点建设的实施方案和计划。同时，加大示范点硬件建设的力度，"五小工程"（食堂、浴室、宿舍、娱乐活动室、文化学习室），办公场所均达到"三化"（绿化、硬化、美化）的要求。并强化制度建设，完善内部管理，加强对示范点工作人员的配备和教育培训，提高其政策业务水平，充分发挥示范点在精神文明建设中的表率作用和模范带头作用。

全省各级工商部门努力实现"优质服务、优良作风、优美环境"的三优目标，落实省工商局制定的《工商行政管理人员形象规范》。南昌市工商局开展"创建文明机关（单位）"活动，执行"二制、三令、一督查"（行政执法公示制、巡查制，禁酒令、禁请令、禁购令，对执法监察和效能监察进行督查）。新余市工商局把抓全市系统的精神文明建设摆在突出重要位置，推行"两公开、一监督"和"执法公示制"，狠抓干部队伍的职业道德、作风纪律整顿和文明执法、文明管理。实行着装挂牌上岗、干部轮岗等约束机制，树立依法行政、公正执法、业务精通、文明管理的新风尚，杜绝凭"案、费、证、照"搞"吃、拿、卡、要"的不良现象。上饶市横峰工商局，成立精神文明创建活动领导小组，党组成员分片包干，定点挂钩，基层签订责任书，一级一级落实。塑造好"窗口"形象，实施"首办负责制"，"承诺服务制"，推进行风建设，从社会各界聘请12名廉政监督员，涌现一批爱岗敬业、文明执法的基层工作者，赢得物质文明和精神文明的双丰收。

1999年，全省工商系统开展"争创"活动，提高队伍素质。争当人民满意的公务员，核心是坚持为人民服务的宗旨，做党和国家放心、人民满意的机关工作者；创建文明机关，核心是提高办事效率，提供优质服务，培养优良作风，营造优美环境。开展争创活动，与深入开展"工商形象建设年"活动结合起来，把"窗口"岗位和"案、费、证、照"等关键环节作为重点，从影响机关和队伍形象的具体问题，点滴小事抓起，进一步提高工作质量，转变机关作风，树立良好执法形象。

自1999年10月开始，全省各级工商部门深入开展"创建文明机关"活动，作风得到改进，整体形象不断改善，队伍凝聚力、战斗力进一步加强，促进了全系统班子建设、队伍建设和行政执法水平的提高，全省系统体制改革和市场监管、行政执法工作正常有序开展。

2002年5月8日，省工商局响应省委省政府塑造"求新思变、开明开放、诚实守信、善谋实干"的江西人新形象活动的号召，印发《关于更新观念、提高效率、优质服务，塑造江西工商新形象的意见》，要求全省各级工商部门强化服务意识，加强廉洁自律，依法依规公开、文明收费，在窗口单位继续开展讲文明、树新风、塑形象竞赛活动。在全省工商部门全面推行首办负责制、政务公开制、承诺服务制，实行文明服务，实施"阳光作业"，开通"绿色通道"；同时，广泛开展争创"江西省文明市场""文明经营户"等活动；要求执法办案做到执法文明、公正、刚直、清廉，为经济发展营造一个运行有序、公平交易的市场环境。

在社会主义精神文明创建过程中，全省各级工商行政管理机关广泛开展各类文体活动。省工商局举办了全省工商系统干部职工硬笔书法、"我为八五做贡献"新闻摄影竞赛，工商法律知识竞赛，"和谐共建树形象"演讲比赛。省局机关组织参加省直工委举办省直机关"强健体魄促效能"登山活动,举办"树立社会主义荣辱观"演讲比赛、"学习孔繁森,爱岗敬业,争做人民'公仆'"的演讲、"我和我的祖国"演讲比赛活动;还组织全体党员开展缅怀革命先烈,重温入党誓词活动。

2004年6月,省委、省政府授予的"2003—2004年度全省文明行业单位"共有41个,全省工商系统有6个,占全省总数的14.6%。

2004年,在全省各地政务环境评议评价中,全省工商系统已排出名次的有60个局,其中28个局被评为前3名。

2005年,全省工商系统在参加当地政务环境"双评"活动中,有72个单位被评出名次,其中43个单位进入前3名。

2005—2006年,全省工商行政管理系统有263个单位获省、市、县三级文明单位称号。

# 第五节　基层规范化建设

## 《工商行政管理所条例》和《工商行政管理所初级规范》的实施

1992年,按照国家工商局的要求,省工商局围绕宣传、贯彻、落实《工商行政管理所条例》,组织实施《工商行政管理所初级规范》,从机构名称、设置原则、管理体制、人员配置、上岗资格、职责权限、工作程序、工作制度、办事公开、办公条件等10个方面,依据39条验收标准,全面开展基层规范化建设工作。省工商局发出通知,提出区分情况、分类指导、分期达标的工作方案,部署全省工商系统开展工商所初级规范验收检查工作,并成立验收领导小组,负责全省的验收工作。各地、市工商局的初审工作在1992年12月25日前完成。省工商局验收小组于1993年3月分别对各地、市进行首批验收抽查,验收完毕后上报国家工商局审批,国家工商局在1993年上半年组织首批验收抽查。

吉安地区工商局成立工商所初级规范达标工作领导小组,与万安县工商局共同在窑头、百加、枧头3个工商所进行试点,在万安县召开现场会,推动规范化建设的全面展开,全地区工商所面貌有明显改善。各县(市、区)均投入大量资金,加强基层基础设施建设,改善基层办公、生活条件和所容所貌。各县(市、区)工商所普遍建立和健全规范化管理制度,多数县市工商局推行全员聘任制,加强基层人员培训,各工商所通过建立"两公开一监督"(办事制度公开,办事结果公开,群众监督)等内外监督机制,推动基层树立良好的执法形象。遂川县工商局为贯彻国家工商局实施工商所初级规范,推进《工商行政管理所条例》的实施,组织工商所全体人员学习《条例》和初级规范标准,强化工商所干部依法行政和廉政治所的意识。同时,制定《实施意见》,健全各项制度,严格依法行政,办事程序公开化,将省工商局印发的各项纪律、守则、违纪处罚办法、各项收费标准和办(验)证照条件、程序、期限以及基层所工作人员、照片、姓名、职务、胸章号码、工作职责公开。并改善办公条件,整顿所容所貌,使办公规范化和环境园林化。

赣州地区工商局加快全地区工商所初级规范的步伐,全地区工商系统,经过县(市、区)工商局检查、考核和填表申报,地区工商局初审,完成3批工商所初级规范初审工作,各县(市、区)上报验收的143个工商所(分局)都符合初级规范初审要求。南康县工商局贯彻《工商行政管理所条例》,促进工商所初级规范达标,在工商所的设置、名称、印章、人员配备、装备等方面做了大量工作,并以正式文件明确各工商所的权限和具体工作范围。各工商所根据具体工作范围建立监督管理和行政执法的工作程序,进一步建立健全并岗位责任制度、学习制度、廉政制度、财务制度、监督制度和考核奖罚制度。上犹县工商局加强基层建设,着力夯实一个良好的工作基础,把基层工商所建设提高到一个新的水平。通过多种渠道筹集资金,仅用3年时间就新建2个工商分局、6个工商所、1个工商站。通过实施《工商行政管理所初级规范》,各基层工商分局、所、站呈现房子新、装配新、面貌新、制度新的良好局面。崇义县工商局狠抓基层所基础设施建设和制度化、规范化管理,先后投资256万元,达到5所1分局均有1幢融办公室、单身宿舍、家属房为一体的综合楼房,18个工商站有办公室和单身宿舍等配套设施,各工商所、分局有办公室、资料档案室、食堂、电视机、程控电话、对讲机、摩托车、吉普车。同时,做好干部职工的思想政治教育、业务培训工作,建立健全各项规章制度,狠抓廉政建设和精神文明建设。

南昌市工商局按照办公有房、办案有车、资料有档、管理有章、业户有照、交易有场、党有支部、膳有食堂的要求来规范全市基层工商所的行为。着重抓好基层工商所和"窗口"单位的文明执法形象,进一步健全和完善有关制度,做到依法行政、文明管理,普及和推广行业文明用语,大兴文明新风。同时,实施"四大工程":领导干部形象工程、干部教育工程、社会监督工程、争先创优工程,树立文明形象,促进系统基层工商所的达标建设。

宜春地区工商系统重视基层全面建设,全地区132个工商所,在抓好软件建设,规范行政执法行为的同时,共投入资金2370多万元,用于基层基础设施建设,大大改善了基层的办公条件和生活环境。实行倾斜政策,营造"基层优先"的氛围,心往基层想、劲往基层使、钱往基层花、人往基层走。加大投入,保证硬件建设逐年有新变化。"九五"期间,全地区工商所全部实现"八有",即办公有楼房,办案有车辆,职工有住房,用膳有食堂,交通有摩托,通信有电话,娱乐有场所,环境有绿化。为使达标工商所建设取得明显成效,全地区工商系统实施"四个一"工程,即选好一名所长、培养好一支队伍、练就一身好功夫、健全一种好机制。

1993年上半年,各地市工商局陆续初审上报达标的工商所名单。省工商局根据国家工商局《工商行政管理所初级规范验收标准》,对各地市申报验收的工商所进行抽查验收,并报国家工商局审批。1995年,第一批验收达标工商所437个。

全省各级工商机关加快基层工商所规范化建设步伐,改善基础条件,提高人员素质,基层工商所建设出现新的面貌。1996年有734个工商所验收合格达标,全省工商系统达到国家工商局初级规范标准的工商所共有1171个,占工商所总数的97.91%。

全省工商系统基层工商所建立、健全内部管理制度,明确职责,提高办事效率,依法履行职责,加强行政执法力度,完善监督制约机制,促进廉政建设,改善基层基础设施和办公条件,增强基层工商所的凝聚力和战斗力,工商所的设置更趋合理,进一步明确了法律地位。

## 《全国工商行政管理系统基层建设纲要(试行)》的贯彻

1997年6月,国家工商局制定《全国工商行政管理系统基层建设纲要》,提出今后一个时期基层建设的指导原则、标准及工作任务。结合全省实际,省工商局制定印发《实施〈全国工商系统基层建设纲要〉方案》。

省工商局把基层建设与体制改革、强化执法、服务经济作为统一奋斗目标,一起研究部署,一起检查落实。从建立局党组成员和局机关各处室与基层工商所联系点制度,开展全省性的"如何当好工商所长"大讨论,到充分发挥党支部战斗堡垒作用,理顺和完善工商所党支部建设等一些行之有效的新举措,全省各级工商行政管理部门按照省工商局的统一部署,狠抓各项工作的落实,基层建设取得一定成效,队伍的整体素质有新提高,结构得到优化,通过开展"争当人民满意公务员,创建文明机关"活动,队伍形象、执法形象有了改善,廉政建设得到进一加强。

1999年11月12日,省工商局召开全省地市工商局局长会议,会上对全面加强基层建设的工作作出部署:深化3项改革,即机构建制改革、监管模式改革、队伍结构改革;加强三个建设,即思想政治建设、基层党支部建设、行风廉政建设;抓好4件实事,即改造30个工商所,创建100个先进工商所,培训1000名工商所长,表彰100名工商所长标兵,以进一步加大工作力度,把基层建设提高到一个新水平。

2006年9月,为落实国家工商总局《关于加强工商行政管理系统基层建设的意见》《2006—2010年全国工商行政管理系统人才队伍建设规划》《2006—2010年全国工商行政管理系统干部教育培训规划》,省工商局两次召开党组会研究部署有关工作,在有关处室认真调查研究、广泛征求意见的基础上,出台《关于加强全省工商行政管理系统基层建设的意见》《2006—2010年全省工商行政管理系统干部教育培训和人才队伍建设规划》《江西省工商行政管理系统2006—2010年基层硬件建设规划》三个文件,提出全省工商系统基层建设和人才工作的主要目标任务:整合执法资源,让70%以上的公务员工作在基层工商分局(所)第一线,每个工商分局(所)70%以上人员具备执法办案能力;改善基层基础设施和工作条件,管理更加科学化、制度化、规范化;加强党风廉政建设,工商职能得到更有效发挥;完善干部教育培训工作制度,大规模培训干部的战略任务全面落实,基层复合型人才队伍逐步扩大等。

为保证全省工商系统基层和队伍建设工作有组织按计划地进行,各设区市、县(市、区)工商局贯彻落实省工商局的部署,促进工商所职能到位,围绕规范行政执法、提高执法效能,建设人才工商、夯实基层工商、打造效能工商、彰显活力工商。

南昌市工商局制定印发《全市工商系统"四个一"理论学习实施意见》,实施行政执法"五规范"制,构建科技网络监管体系,推进"三走进三服务",普及准军事化管理做到"五统一"。赣州市工商局实施红盾人才战略,构建市场监管新机制,实施工商分局(所)硬件建设工程,提高基层现代办公水平。吉安市工商局努力开辟新途径,突出"政治理论学习、业务技能培训、干部学历教育"三个重点培育人才;着力完善新机制,规范"民主推荐制度、干部考察制度、干部任用制度、竞争上岗制度"

起用人才。九江市工商局制定《九江市工商行政管理系统五年发展纲要》,从战略的高度全盘谋划九江工商的未来;抓办公用房建设,抓办公条件改善、抓信息化建设;建立竞岗激励机制,末位待岗机制,自我约束机制,工作考核机制,推行企业信用分类监管,打造廉政建设网络平台。萍乡市工商局紧紧围绕"人往基层用、教往基层施、权往基层放、钱往基层花,先往基层评"的工作思路,提供五个保障,强化基层建设,促进基层分局从"重收费、轻监管,重硬件、轻软件"向"监管收费一起抓,硬件软件一起上"的转变。市局党组始终坚持"政策待遇基层优先,工作任务机关带头"的工作思路,心系基层工作条件,情系基层干部生活,把基层的需要当成第一需要,有效地提高基层分局的整体实力,硬件大改善,效能大提升,软件上水平,服务上档次,成为当地党委政府信赖和群众满意的执法单位。

2007年4月26日,省工商局在南昌市红谷滩举行全省工商系统执法专用车发放仪式,给全省基层工商分局统一配发252辆执法专用车。至2010年6月,全省880个基层分局(所)新配发的执法专用车已全部到位,执法条件得到改善,提高了执法效能。

从2006年至2010年,全省工商系统共投入基层建设经费1.673亿元,新建分局办公房75个,改建186个。全省自有办公用房的分局789个。分局平均拥有车辆1.02辆,快速检测设备1台,分局干部平均拥有计算机0.33台,205个分局配置了笔记本电脑,工商综合业务系统、12315申诉举报信息系统、食品安全监控网络系统已全面投入使用。

# 第四章　廉政建设

全省工商系统始终未放松廉政建设。自20世纪90年代开始,省工商局先后制定印发《江西省工商行政管理局机关关于严禁用公款吃喝和接受吃请礼品的规定》《切实加强工商行政管理干部队伍建设的若干意见》《关于贯彻落实省委〈关于加强对党政机关领导干部管理和监督的若干规定〉的实施意见》等,实行兼职监察员制度、述职述廉制度,开展廉政风险点防范管理,从制度上扎牢防腐拒变笼子。开展行政监察工作,不断完善工商行政管理人员行为规范。重视群众信访举报,查处干部违反党纪政纪案件,始终保持对腐败高压打击态势,确保工商干部队伍的纯洁。

## 第一节　廉政制度建设

1991年12月30日,省工商局制定《江西省工商行政管理局机关关于严禁用公款吃喝和接受吃请礼品的规定》,要求省工商局机关工作人员到各地(市)、县(市、区)工商局和工商所搞调查研究,应在工商局(所)食堂按当地规定吃工作餐,或到就近餐馆按标准就餐,并按规定交纳伙食费;省工商局召开各类会议或接待上级、下级单位或外省市的因公办事人员,按相关规定执行,不搞宴请,不发放纪念品或接收对方任何礼物等。省工商局各处、室每月专门召开一次检查对照会,由局监察室进行监督。

1996年9月,省工商局为贯彻国家工商局《关于加强工商行政管理干部队伍建设的意见》和省委《关于加强干部队伍作风建设的若干意见》的决定,根据全省工商系统实际,制定《切实加强工商行政管理干部队伍建设的若干意见》(简称《若干意见》)。《若干意见》要求各级党组织健全对领导干部自下而上、自上而下以及党组织内部的监督制度,逐步实行领导干部个人生活重大事项报告制度,上一级工商局党组派员参加下一级工商局领导干部民主生活会。是年,省工商局印发《江西省工商行政管理人员形象规范》,对工商部门人员违反形象规范规定处理办法。

1997年,全省各级工商部门进一步健全反腐纠风工作机制,省工商局还制定厉行节约、制止奢侈浪费行为的实施细则。

1998年,全省工商系统制订和完善各类制度,在使用通信工具、用车、住房、接待等各方面严格按文件规定办。省工商局带头清理通信工具,按规定配备公用移动电话,对局机关各处室、个人使用的移动电话、用公款安装的住宅电话进行检查清理,对电话费实行"规定限额,超额自负"管理办法。

1999年,全省工商机关在实行垂直管理体制改革工作中,理顺财务垂直管理体制,省工商局就行政事业性收入和罚没款收入的汇缴办法、经费保障、经费开支标准、固定资产管理、票据管理等做出明确规定,强化收支两条线管理措施。各级工商部门从"讲政治"的高度,全面落实收支两条线规定。各地加强工商系统国有资产管理,开展财产清查登记工作,并上划省工商局管理,进一步完善财务管理各项规章制度,罚没收入实行处罚决定与收缴彻底分离。

2000年4月,省工商局印发《全省工商行政管理系统集中开展"整顿市场秩序、整顿队伍作风"的实施意见》,重点整顿廉政意识淡薄、违反财经纪律等不廉洁执法行为,滥用职权、徇私枉法等不公正执法行为,粗暴管理、野蛮执法等严重影响工商行政管理形象的不文明执法行为。

2000年7月11日,省工商局党组印发《关于贯彻落实省委〈关于加强对党政机关领导干部管理和监督的若干规定〉的实施意见》,要求全省工商系统领导干部严格遵守集体领导和个人分工负责相结合的制度、领导干部重大事项报告制度、外事纪律和收受礼品登记制度、领导干部收入申报的规定,规范个人行为。同时,加强和改进领导干部公务活动等方面的管理。

2001年,省工商局印发《全省工商行政管理系统加强和改进党的作风建设的实施意见》,加强对党员领导干部的党性党风党纪教育。

2002年4月1日,省工商局印发《江西省工商行政管理系统纪检监察案件呈报办法(试行)》,规定全省各级工商机关纪检监察部门立案查处的案件,必须在立案后将《立案审批表》逐级上报到省工商局纪检组(监察室),且每级工商局立案查处的案件,自立案之日起于3个工作日内向上一级工商局呈报。全省各级工商机关纪检监察部门立案查处的案件已经结案的,必须将《处分决定书》(案件处理结果)逐级上报省工商局纪检组(监察室),上报时限为7个工作日。

2002年7月18日,省工商局印发《江西省工商行政管理局关于实行党风廉政教育谈心制度的暂行办法(试行)》(简称《暂行办法》),实行党风廉政教育谈心制度。全省各级工商局纪检组、监察室,本着教育在先、预防为主的方针,按照《暂行办法》规定的内容、程序和要求,根据谈心对象有职务晋升或者工作调动、有不廉洁行为或者违纪苗头、有群众反映或者信访举报一般问题等情况,通过谈心进行党风廉政教育。

2002年8月2日,省工商局印发《江西省工商行政管理局关于在行政执法工作中严肃纪律的通知》,要求全省各级工商机关严肃纪律,规范行为,严禁新增行政性审批项目,严禁乱检查、乱办案、乱收费行为。

2002年8月27日,省工商局印发《江西省工商行政管理系统工商形象督察实施办法(试行)》,要求全省工商机关加强队伍建设,促进工作作风和行风的转变,对工作人员遵守行为准则和职业道德情况,执行上级机关决定、命令情况,在办理证、照、案和监管市场中是否有不依法行政、弄虚作假以权谋私情况,是否存在乱收费、乱罚款、乱检查、违反财经纪律情况,落实政务公开、履行承诺情况等进行督察。

2003年3月12日,省工商局印发《江西省工商行政管理系统关于实行兼职监察员制度的规定》,决定在全省县级工商局所属基层工商分局(所)均实行兼职监察员制度,兼职监察员在县级工商局监察室和基层工商分局局长(所长)的领导下开展工作。兼职监察员负责监督检查所在分局(所)贯彻执行国家法律、法规、政策和决定、命令的情况;监督检查干部的廉洁从政行为;制定有关廉政建设的制度和工作计划,并组织实施;负责受理群众来信来访。兼职监察员定期向县级工商局监察室汇报工作。

2005年,省工商局注重从全省工商机关市场监管、依法行政、依规执收执罚等工作实际出发,制定《关于落实〈建立健全教育、制度、监督并重的惩治和预防腐败体系实施纲要〉的具体实施意见》及《任务分工方案》,各设区市和县级工商局制定相应的《具体实施意见》和《任务分工方案》,落实方案的各项工作并稳步推进。针对领导干部在权力运行过程中容易出现的问题和干部职工关心、反映强烈的重大和敏感问题,省工商局制定《关于加强在几个重大和敏感问题中的廉政建设的意见》,从"确保党的路线方针政策和重大决策在全系统得到贯彻执行、加强基建过程中的廉政建设、加强财务管理和监督、严格人事纪律"四个方面提出明确要求。

2006年,省工商局重视抓制度建设和机制创新,着力从源头上防治腐败,制定《关于进一步加强全省工商系统落实党风廉政建设责任制的意见》,明确各级领导干部和相关部门负责人抓党风廉政建设责任制落实的责任,并提出抓好责任考核、监督检查和责任追究的相关要求。为建立健全各项规章制度,省工商局结合工商机关工作实际,先后出台《干部工作监督联席会议制度》《关于在查办渎职案件中加强协调配合建立案件移送制度的规定》《领导干部个人重大事项报告制度》《自由裁量权参照执行标准》等一系列制度;同时,加大对各项制度执行情况的监督检查,强化制度的执行力。全省工商系统推进党风廉政建设示范点的建设,省工商局出台《关于加强党风廉政建设示范点建设的意见》,在全系统建立11个不同类型的党风廉政建设示范点,探索出阳光收费、农资商品售前报检制、运用信息化手段监管等成功经验,并在全省系统进行推广。

2007年4月16日,省工商局制定《江西省工商行政管理机关案源实时报告办法》(简称《办法》)。根据《办法》规定,各级工商行政管理机关内设的办案机构通过举报电话、举报信、电子邮件、市场巡查、以案带案、其他部门移送等形式得到案源后,在采取相关措施的同时,实时予以报告。《办法》有利于纠正重实体、轻程序的倾向,防止对案源的非公务化处置和行政不作为行为,在办案机关内部实行对办案过程的透明化管理。

2007年7月15日,省工商局印发《关于建立江西省工商行政管理系统基层行政执法人员向监管服务对象代表述职述廉制度(试行)的意见》。向监管服务对象代表述职述廉的活动主要在基层工商分局中实施,参加述职述廉接受评议的人员主要为基层工商分局(所)正、副分局(所)长和直接参与行政执法的人员,农村分局(所)全体执法人员参加述职述廉并接受评议,人数较多的城区分局(所)每年安排三分之一左右的人员参加述职述廉,但全体人员接受评议。办证大厅等窗口单位向监管服务对象代表述职述廉。

2008年3月24日,省工商局党组结合学习实践科学发展观活动,在广泛调研的基础上,印发《关于进一步完善领导干部监督的若干制度的意见(试行)》(以下简称《意见》)。《意见》中就廉政谈话制度、个人重大事项报告制度、述职述廉制度、巡视监督制度和局务公开制度等5项制度,比较系统地提出了具体内容、实施方法、责任要求。8月中旬,为抓好《意见》的落实,省工商局决定在九江市工商局进行试点。九江市工商局党组对试点工作高度重视,认真组织部署,完成了试点任务,为全系统推进5项监督制度积累了经验。

2008年8月26日,省工商局印发《江西省工商行政管理局党组贯彻落实〈建立健全惩治和预防腐败体系2008—2012年工作规划〉具体实施办法》,明确用5年时间,建成具有工商机关特点的惩治和预防腐败体系的基本框架,形成反腐倡廉教育长效机制和防治腐败制度体系,做到监管与发展、监管与服务、监管与维权、监管与执法的统一。

2009年,省工商局加强制度机制建设,规范行政权力运行。围绕规范行政执法行为,促进依法行政,建立和完善相关制度,先后制定或完善《江西省工商局首办责任制度》《关于进一步规范全省工商行政管理企业登记注册大厅基本工作程序的意见》《关于推行"说理式"行政处罚文书的实施意见》《行政执法监督检查制度》等。为落实党政机关厉行节约的有关规定,省工商局印发《关于认真落实厉行节约有关要求,促进领导干部廉洁从政的意见》,修订有关出差和接待的配套制度,确保出国经费、公务用车、招待费的3个"零增长"。

2009年9月14日,省工商局印发《江西省工商行政管理局关于开展廉政风险点防范管理工作的实施办法》,重点围绕行政审批、行政执法、队伍管理等权力,针对工作岗位和环节可能发生的问题,制定防范措施,防范工商人员在履行岗位职责、行使行政权力过程中的廉政风险和监管风险,以领导干部、执法人员和管人管钱管物人员为重点,综合运用教育、制度、监督等各项措施,开展廉政风险点的防范管理,最大限度地遏制、减少各类违纪违法案件和监管事故。

2010年5月5日,省工商局印发《全省工商系统开展搭车收费专项整治工作方案》,针对监测点反映和群众投诉比较集中的个别地方在办照、年检期间仍然存在搭车收取个协会费等问题,决定在全省工商系统继续集中开展搭车收费专项整治工作,专项整治的对象为办照部门、各协会、窗口单位和基层分局(所)。

2010年,省工商局部署各级工商机关全面推行风险岗位廉能管理。为落实省纪委十二届七次全会提出的《全面推行岗位廉政风险防范管理制度》要求,对已开展两年的廉政风险和监管风险防范管理工作进行修正和完善,制定《风险岗位廉能管理意见》和工作方案,并狠抓落实。省工商局机关率先垂范,结合各处室岗位职责查找出岗位风险点66个、规范工作流程45个,建立本业务线上的风险点防范措施177项。省工商局围绕规范行政行为,促进依法行政,建立和完善相关制度。建立行政处罚典型案例类比制度,修订行政处罚自由裁量权参照执行标准,推行执法案件的行政指导制度,以及有关人、财、物的管理制度等。在健全制度的同时,还注重从绩效考核的机制构建这一层面上来强化制度的执行力。

2010年,省工商局按照国家工商总局《全面推进行政指导工作的意见》要求,在全省工商系统推行行政指导工作,制定并印发《江西省工商行政管理机关开展行政指导工作方案》《江西省工商行政管理机关行政指导工作程序规定(试行)》《江西省工商行政管理机关市场监管职能活动行政指导细则》《江西省工商行政管理局关于进一步推行行政指导工作的意见》。自此,全省工商系统的工作由之前的单一监管转向监管与行政指导并重,既强调政府职能部门的服务性,又充分发挥行政指导的非强制性。截至2010年第三季度,全省工商系统共做出43855次行政指导,其中建议6521次,辅导5506次,提醒11326次,规劝7289次,约见3806次,示范1595次,公示1630次,其他类行政指导6182次。

## 第二节　行政监察

20世纪90年代初,全省工商系统加强自身的廉政监督,整顿行业不正之风。1991年,广丰县工商局建立部门内部制约和外部监督相结合的廉政监督机制。在党内设立纪检组,行政上设立人事监察股,工商所和主要集市设立举报箱,局长室设立举报电话。在10个工商所配备兼职监察员,并聘请当地乡(镇)领导干部和企业、个体户代表担任工商所的义务监督员。全系统形成一级抓一级、一级做给一级看、一级对一级负责的廉政建设新局面。针对工商部门在办理"案、照、费、证、摊"5个容易产生权钱交易的重点部位,整顿基层存在的"吃、拿、卡、要、借"等不正之风,对查实不廉洁的25人(次)的人和事,分别做出严肃处理,对4位犯有贪污挪用公款而又屡教不改的协管员,作公开辞退的处理。

1991年,永修县工商局从各阶层聘请廉政监督员79人,召开廉政监督员座谈会12次达150人,致各阶层廉政监督员函件69封,向社会各界征求意见卡100份。县工商局每年抓两次财务大检查,进行清票、清产、清账;每年两次对各工商所进行检查,检查时访问廉政监督员,走访个体工商户、企业单位,最后填写"廉政建设检查表",提出改进意见。

1993年,全省工商系统认真贯彻中纪委二次全会精神,把反腐倡廉作为一件大事来抓。对工商部门存在的兴办实体情况,将政府职能转为有偿服务以及基层乱收费、乱罚款、少数工作人员以权谋私等问题逐项进行检查,对自查中发现和群众举报的23起违纪案件分别进行查处,查处违纪金额11.8万元。工商系统兴办的79个经济实体,按有关规定进行处理,107名兼职干部,分别按规定辞去原职或兼职。1993年10月初,省工商局召开全省工商行政管理系统反腐倡廉座谈会,讨论制定工商行政管理人员"十不准",进一步完善工商行政管理人员的行为规范。

1994年,全省各级工商局认真贯彻党的十四届四中全会和中纪委二三次全会精神,领导带头对照中央和省有关廉洁自律的规定进行自查自纠,对群众反映强烈的不正之风进行重点整顿,认真查处一些违纪案件,针对存在的问题健全内部制约和防范机制。为进一步推动全系统反腐纠风工作,召开全省工商行政管理系统反腐倡廉工作暨表彰会,针对新情况新问题,研究提出进一步加强队伍廉政建设、纠正行业不正之风的措施。

1995年,全省各地工商机关狠抓反腐纠风工作,各级领导干部率先开展守法自律活动,抓各项制度落实的检查督促,对具有行业特点的乱查扣、乱收费,以办理"案、照、费、证、摊"谋私等问题,加强内外监督。各地严禁用公款吃喝和参加公费娱乐活动,对举报的各类违法违纪行为进行严肃认真查处。

1995年至1996年,南昌市工商局实施"两大监察巡查",即工商执法监察巡查和工商人员工作效能监察巡查。市工商局、县工商局、县工商分局局长按照各自分工并结合正常工作开展局长巡查,通过巡查市场,发现问题及时纠正。同时,纪检监察人事部门开展巡查,每次巡查情况及时通报,公布违纪违章单位、个人及处罚结果。南昌市工商局党组赋予巡查组现场经济处罚权、检查情况通报权、对有关违纪人员建议处分权、发现先进典型推荐上报权四项权利。此外,还开展单位自查自纠、重大问题专案追查活动。

1996年，省工商局为加强有针对性的执法监察工作，印发《江西省工商行政管理人员形象规范》，并制定违反规范的处理办法。不少市、县（市、区）工商局实行"禁酒令"，对窗口单位工作向社会做出"承诺"，受到群众赞扬。各级工商行政管理机关以防止利用案、费、证、照谋取私利为重点，基层以堵住吃、喝、卡、要为重点，纠正行业不正之风，实现公路无"三乱"（乱设站卡、乱罚款、乱收费）。

1997年，各地认真贯彻省工商局制定的《工商管理人员形象规范》，通过抓苗头，抓典型，及时处理一批敲诈勒索、粗暴管理的违纪案件。各地还把"窗口"单位作为纠风的重点来抓，大力推行"公示制"，有效抑制利用案、费、证、照谋取私利行为，树立行业新风。全省工商系统有20个单位、19人受到省工商局的表彰。各地工商机关治理"三乱"，严肃执纪，对公路"三乱"反弹苗头和问题严肃处理。全系统撤销公路站卡56个，查处公路"三乱"案件24件，处理违纪人员24人。

1998年初，中纪委确定把公检法和工商部门作为推行财务收支两条线的重点部门，国家工商局和省政府召开会议，强调要切实抓好这项工作。全省各级工商部门贯彻落实上级有关工作会议精神，省工商局成立由局长任组长的财务收支两条线领导小组，召开有全省地市工商局长等参加的会议，举办两期县以上工商局会计人员培训班，学习财政部新颁发的《行政单位财务规则》等，提高业务水平。省工商局印发《1998年财务大检查通知》，要求县以上工商部门切实搞好自查、互查，发现问题及时纠正；印发《关于进一步落实工商行政管理部门行政性收费和罚没收入"收支两条线"的意见》，并对省工商局的行政性收费、罚没收入以及各项支出进行自查。全省工商机关普遍开展清理公款安装住宅电话和购买移动电话工作，采取措施，坚决制止用公款吃喝玩乐和严格控制庆典活动取得明显成效。

1999年，省工商局党组印发《加强全省工商系统党风廉政建设的意见》。各级工商部门把党风廉政建设纳入领导班子、领导干部目标管理，一把手负总责。在体制改革中，省工商局强调重点查办违反政治纪律和组织人事纪律的案件，索贿受贿，突击进人、提干，侵吞私分转移国家资产，渎职失职造成国有资产流失的案件。

2000年，全省工商系统强化党风廉政建设，促进行风转变。各地利用重大典型案例对党员干部进行警示教育，加强对领导干部的自律意识和查办案件工作的组织领导，加大制度建设，依法依规查处一批案件。以整顿队伍作风纪律为重点，深入开展纠风工作，着重查处队伍在廉洁、公正、文明执法工作中存在的突出问题，并开展行风建设万户问卷调查。同时，进一步加强财务管理，认真落实"收支两条线"管理规定。

2001年，全省工商系统开展为期1个月以法纪教育为中心的队伍作风整顿，规范行政执法行为，有效地防止简单、粗暴执法以及"吃、拿、卡、要"等不正之风的发生。各地狠刹公路"三乱"不正之风，全系统已基本消灭公路"三乱"行为。同时，积极参加地方民主评议，全系统共有33个单位接受地方行风评议，名列当地前3名的有12个。在整治和优化投资经营环境工作中，推行政务公开制度、行政执法公示制度和服务承诺制度。全系统按照省工商局部署，普遍开展"十查"工作，即一查有无利用"案、费、证、照"以权谋私行为；二查有无管理方法简单、态度粗暴的恶劣行为；三查有无违反勤政规定，办事拖拉、扯皮、推诿行为；四查有无利用职务之便吃、拿、卡、要行为；五查有无"慵、懒、散"现象，工作效率低下行为；六查有无参与或支持色情、吸毒、迷信、赌博行为；七查有无乱收费、乱罚款、乱摊派和公路"三乱"行为；八查有无增加企业和农民负担行为；九查有无以吃抵费、以物抵费等违反"收支两条线"行为；十查有无不认真执行纠风工作责任制、纵容违纪和失职行为。

2001年，弋阳县工商局在用廉政制度进行自律的同时，还面向社会，完善健全他律机制。深入推行政务公开，设立意见箱10个，开设举报电话二台，先后从社会上及人大、政协等聘请义务监督员十余人，监督其职能和行为，主动接受人大等部门的行风评议。相继开展不同规模层次、范围的评议活动，征集各种意见建议110余条，对存在的问题不遮掩、不回避，认真剖析，实行自查自纠。2002年1月，弋阳县工商局同各基层所签订《廉政责任状》；7月，与检察院共同制定《关于在工商行政管理系统预防职务犯罪联系协调制度》等。2002年8月，弋阳县工商局在进行行风建设督查中，花亭乡一个体户反映，2001年花亭工商所内一工商干部把钱收去代办营业执照，至今也未办好执照，该局纪检监察人员立即进行了解，找来代办执照的当事人谈话，提出严肃的批评，及时把照办好送到个体户手中，并表示歉意。弋阳县工商局抓好"五督查"，即督查向社会承诺服务内容的执行情况，督查廉政建设制度建立和行政执法公示执法情况，督查工商所建立政务公开栏、设立举报箱、公布举报电话落实情况，督查收费标准执行情况及对"三乱"和"吃、拿、卡、要"以及粗暴管理行为采取各种形式的明察暗访，督查对市场巡查及依法监管情况等。

2004年7月9日，省工商局机关召开党员干部大会，贯彻落实省委十一届六次全会精神，部署开展治理党政领导干部违反规定接受和赠送现金、有价证券、支付凭证（简称"红包"）问题工作，局党组书记、局长朱张才出席会议并讲话。省纪委驻省工商局纪律检查组向各设区市工商局纪检组、监察室转发省廉政办关于专项治理"红包"问题的通知，要求按照实施方案，认真开展专项治理工作，切实抓出成效。全省工商系统认真开展领导干部违反规定接受和赠送现金、有价证券和支付凭证问题的专项治理工作，全省工商系统副科级以上干部按规定开展自查自纠，上缴"红包"金额40500元。通过专项治理，各级领导干部普遍受到一次廉洁从政教育。全省工商系统按照中纪委和省纪委的部署，对干部职工购建住房情况开展自查，对县处级以上领导干部在企业兼职情况进行清理，落实领导干部及其配偶、子女从业的有关规定，狠刹以各种名义用公款大吃大喝、高消费娱乐歪风。

2005年，各地根据工商系统实际，加强对基层分局行政执法权力运行的监督和制约。针对一线执法岗位点多、线长、面广和基层执法人员手中都有行政执法权力、个人素质参差不齐等特点，省工商局党组专门组织两期有廉洁从政内容的基层分局长培训；各级纪检监察机构加强对基层执法人员的监管，严肃查处违纪问题，有力地促进基层党风廉政建设，加大对办案、收费、办照等容易侵害群众利益的关键环节的监督力度。全省工商系统深入开展以"五项清理"为主要内容的队伍教育整顿清理工作，达到预期目的，共清理执法案件28369件，清理消费者申诉19453件，清理违规收费行为24起，清理对执法人员的举报件542件，清理出不具备执法资格的执法人员3175人。

全省工商系统注意规范各级领导干部和一线执法队伍的权力运行，加强对各级领导干部的行政权力运行的监督检查。先后开展对专项补助资金分配使用情况及重点工程的监督检查，对采购、定制、换发工商制服工作的监督检查,对执行《公务员法》、推行公务员工资制度改革工作的监督检查,确保在重大敏感问题上没有出大的违纪问题。省工商局开展执法监察和效能督查,制订《2006年执法监察工作安排意见》,组织对行政收费和罚没款收缴情况以及执行国家工商总局"六项禁令"情况的检查,还严肃查处被新闻媒体曝光的个别工商机关执法不规范、监管不力、损害群众利益的典型案件。

2006年,吉安市工商局制定《工作人员违反纪律处理的暂行规定》《形象督查办法》,建立形象督查队,并通过建立健全党风廉政责任制,层层签订党风廉政责任状,将廉政建设工作责任逐项落实到每个人。市工商局抽调53人次组成16个督查组,对13个县(市、区)工商局开展4次督查,每次督查结果都及时向全系统发出督查情况通报,对查出的严重问题立案5起,查处违纪人员5人。市工商局在督查工作中坚持对查出的问题不查清不放过,查清后不处理不放过,处理了的有关人员不受到教育不放过的"三不放过"原则,取得督查工作的实际效果。

2007年,省工商局加强对重大和敏感问题决策过程的监督,规范领导干部的权力运行;加强对干部提拔任用工作的监督,对35名调整使用的科级以上干部进行任前廉政审查,对16名新提任的副处以上干部进行任前廉政谈话,对有问题反映的干部及时进行诫勉谈话和提醒谈话;参与省工商局信息中心工作人员考录工作的监督;对总标值近3000多万元的全省工商新制服采购、执法车辆采购等多项重大项目的招投标工作进行全程监督,确保保质、价优、廉洁;加强对国家工商总局下拨的专项补助资金及省局的配套资金的分配、管理、使用情况进行监督,对部分设区市工商局开展财务内部审计。全省工商系统在人、财、基建和严守政治纪律等重大敏感问题上没有出现大的违纪问题。

2007年6月29日,省工商局召开全省工商系统民主评议政风行风工作动员大会。会议由局党组书记王可忠主持,局长、省工商局民主评议政风行风工作领导小组组长邝小平作动员讲话,局纪检组长、省工商局民主评议政风行风工作领导小组副组长张刚宣读《全省工商系统民主评议政风行风工作实施方案》,并作说明。全省各级工商机关扎实开展政风行风评议活动,省工商局政风行风调查征询意见组征询到的意见和建议以及各设区市工商局在自查自纠中发现的问题共有146条,涵盖围绕中心、服务大局方面,政务公开、办事效能方面,公正执法、行为规范方面,文明服务、廉洁从政方面,加强管理、制度建设方面等五大类问题。

2008年1月,全省民主评议政风行风工作告一段落。经省民主评议工作领导小组依据组织考评和社会民调等情况的综合评定,省工商局被评为全省前10名,南昌市工商局、宜春市工商局、萍乡市工商局被评为全系统前3名。全系统11个设区市工商局除2个地市未出结果以外,其余9个进入当地前10名。其中九江市、吉安市、景德镇市、抚州市工商局分别被评为当地前3名。在58个当地已出评议结果的县级工商局中,取得前10名就有48个,其中进入前3名的有39个。在这次双评中,全系统共暗访基层972个、监管服务对象109734人次,查找问题474个,通过新闻媒体接听热线共40多次,走访各级有关部门人员2500多人、个私业主42000多人次,基层执法人员向监管服务对象述职述廉800多次,发调查问卷和征求意见信函50000多份,召开各类座谈会1171次,征求意见、建议近2000条。在抓民调反映出来的问题和整改中,大多数单位都注意上门抓落实,主动做好善后工作。南昌市工商局在做民调工作方面,主动上门,工作做得较细,民调满意率高。

2008年,全省各级工商机关在学习实践科学发展观活动中,结合工商职能特点,加强对有关重点工作的监督检查。开展对履行市场监管职责情况的监督检查,特别是"三鹿奶粉"事件发生后,加大对各级工商机关处置奶粉事件工作的监督检查力度,确保市场秩序和社会稳定;开展停止征收"两费"(个体工商户管理费和集贸市场管理费)政策执行情况的监督检查。省工商局组织五个检查组,对停收"两费"情况进行专项检查,各地加强对停收"两费"政策落实以及清退预收费情况的监督,确保停征"两费"的规定落实到位;开展制止公款旅游的专项检查。省工商局印发《关于坚决制止公款旅游的通知》,重申有关纪律要求,确保上级各项重大决策部署在全省工商系统得到贯彻落实。

2008年,省工商局加强廉政建设制度创新,提出廉政风险点防范管理工作的新课题,确定在南昌市工商局开展廉政风险点防范管理试点工作。南昌市工商局先后召开机关干部、机关负责人、人大代表和政协委员、局党组会,以问卷调查、征求意见、研讨会的形式,对工商行政管理各个岗位廉政风险和监管风险进行细致深入的排查,科学地分析在市场监管、行政许可、行政执法、行政收费、人事管理、财务管理和重大项目等7个方面带有普遍性、规律性的问题;其次,落实"四级查找",即个人自查、部门评查、交叉互查、典型案例评析查,重点查找工作中廉洁自律等方面的不足,制定廉政风险点防范管理措施。通过采取自上而下,自下而上、内外结合的方式,确定岗位职能风险点34个,风险点表现形式135种;建立"三色预警、三级管理"机制。按照风险发生的几率、危害程度和违纪违规的性质等方面,建立"三色预警、三级管理",制定《南昌市工商行政管理局廉政风险点防范管理措施》和97项具体防范措施。2008年至2009年,南昌市工商局开展廉政风险点防范管理试点工作,按照"廉政高于建楼"要求,仅用1年零2个月建成的集信息化办公、食品检测、广告监测、干部培训、12315指挥中心为一体的南昌市工商局红谷滩综合执法大楼,荣获全省建筑工程"杜鹃花奖"。南昌市工商局先后获全国精神文明建设工作先进单位、全国消费维权先进单位、全国法制宣传教育先进单位、全国工商系统红盾护农先进集体,涌现出全国"五一劳动奖章"获得者刘东庚、全国"三八红旗手"黄晓岚、全国工商系统先进个人陈泓朴、江西十大杰出青年周兴、全省优秀军转干部喻宝狮等先进个人典型。

2009年,全省工商系统全面加强领导干部监督。省工商局组织设区市和县级工商局长进行1次集体廉政教育,对15名处级干部进行任前廉政谈话,组织4名市工商局局长进行大会述职述廉,对赣州、宜春市工商局进行党风廉政巡查;各级工商局按照省局党组的要求,在6月底前推行领导干部五项监督制度。同时,开展廉政风险点防范管理工作试点,省工商局制定《关于加强廉政风险点防范管理的实施意见》,并于6月在南昌市工商局抓试点先行,取得成功经验后于9月底召开现场会进行推广;10月29日,副省长熊盛文做出重要批示,充分肯定试点工作的经验做法。全系统按照省工商局的部署积极推行,有49个县级局开展了廉政风险点防范管理工作。省工商局强化对权力运行的监督和制约,切实提高监督实效,对拟提拔干部进行任前廉政审查,参与工商制服夏装及毛衣采购、工商学校改造装修工程以及配套设备采购等重要工作、重大工程、大额资金开支情况的全过程动态监督,从而确保在重大和敏感问题上没有出大的违纪问题。省工商局加强对一线执法人员行政执法行为的监督,部署各地深入开展基层执法人员向监管服务代表述职述廉工作推行政务公开、局务公开,广泛实行办案结果公示、行政许可结果公示、优惠政策享受结果公示、承诺服务结果公示的"四公示"制度,推行行政执法网上办案监管系统,进一步规范行政执法行为。省工商局加强明察暗访工作,抓好对突出问题的查纠,切实纠正行业不正之风;全省各级工商部门共组织400多次专项明察暗访活动,对发现的204个问题进行纠正和责令整改,印发369期《督察通报》和10份《整改督办函》,19人受到组织处理,对相关责任人进行责任追究,并在全省系统通报;针对效能监测点反映和群众投诉比较集中的利用办照、年检搭车收取会费、代其他部门收费、代收报刊征订费等问题进行专项治理,搭车收费现象得到有效遏制。针对公务用车超标、领导干部参与赌博、收受红包、涉足不健康娱乐场所等4个方面问题,组织全系统开展自查自纠;组织开展工程建设领域突出问题专项治理和"小金库"专项治理等工作。

2010年,省工商局按照五项监督制度的要求,对全系统省、市、县三级工商局长及局机关处级干部共180人,以学习贯彻《廉政准则》和《责任制规定》为主要内容进行1次集体廉政教育,对23名副处级以上干部进行任前廉政谈话,组织4名设区市工商局局长在全省工商系统年度廉政工作会上进行述职述廉,对人事调整、政府采购的价值4326万余元的执法车辆、工商制服、电脑等重大事项在全局范围内进行公开,全系统180余名副处级以上领导干部向省工商局进行个人重大事项报告。五项监督制度的推行和深化,得到上级机关和有关领导的肯定。8月,省工商局作为四个典型单位之一,在全国工商系统反腐倡廉建设创新经验大会上就推行五项监督制度进行经验介绍。

各设区市工商局按照省工商局年度工作部署,结合实际,创造性地开展反腐倡廉工作,出现不少亮点和特色工作。南昌市在推行基层公务员绩效考核同时,推进工作满意度平台建设,邀请社会各界对工商工作进行满意度测评。九江市工商局大力推行风险岗位廉能管理工作,被市纪委确定为廉政风险防范管理试点单位,并在当地的现场会上作经验交流发言;此外,以创建"五型机关"、争做"五型干部"主题实践活动为载体,深入开展"作风纪律整顿月"活动。景德镇市工商局将廉政教育纳入干部日常业务培训,在组织全市工商系统股级以上干部培训中,由纪检监察干部讲授廉政课,始终做到警钟长鸣。萍乡市工商局不断深化廉政文化建设,在机关办公楼设计廉能管理、红盾映廉、古人说廉、领袖论廉、以画寓廉、激情书廉六个廉政文化主题长廊,"红盾组合"作为全国工商系统唯一的代表,登上中国红歌会全国总决赛的舞台,提升了工商廉政文化建设的品位。新余市工商局采取上门、电话回访等多种形式,强化执法办案回访工作,机关办案回访率达到100%,县区工商局办案回访率达到60%以上,规范了执法行为。鹰潭市工商局开展为期两个月的党员干部遵纪守法集中教育活动,进行《廉政准则》知识考试,并组织全体干部职工到监狱接受警示教育。赣州市工商局印发《关于加强全市工商系统领导班子和领导干部廉洁自律工作的意见》,对全系统各级领导班子及其成员提出要求;同时,对市局12315指挥中心大楼工程建设项目严格按规定实施招投标,纪检监察机构全程参与监督。宜春市工商局从教育和整顿两方面入手,一方面注重警醒教育,每周一上班时向全市副科级以上干部发送各类廉政短信;另一方面强化作风整顿,从2010年8月起开展长达四个月机关作风整顿活动,机关作风得到加强。上饶市工商局在推进风险岗位廉能管理工作中,抓住"找、防、控"3个环节,确立"三级风险",形成"三色预警",实现"两险并防、廉能结合"目标。吉安市工商局成立由财务人员、办公室人员和纪检监察人员参加的大额资金使用、大宗物品采购的阳光操作监督小组,并连续4年向社会公开述职述廉。抚州市工商局实行新任领导干部"一训双考"制度,对新任领导干部实行廉政教育培训、廉政法规考试、廉洁从政考核、使新任领导干部学纪、知纪、守纪,确保新任领导干部健康成长。

2010年,省工商局部署各地工商部门开展基层执法办案工作专项整治行动活动。以近一年办结的适用一般程序的各类行政处罚案件为整治范围,围绕行政处罚中滥用行政强制措施的行为、滥用行政处罚自由裁量权的行为、涉嫌犯罪案件不移交的行为等8个方面的重点内容进行整治,并根据查找出来的问题逐步完善内部监督制度,不断加大内容执纪力度,依托"案管系统"实现真正意义上的"阳光办案",建立执法办案的长效监督机制。省工商局组织明察暗访组,对全省工商系统进行执法监察和效能督察。结合检查结果,印发《关于充分发挥法制机构的规范执法行为作用的指导性意见》;结合国家新出台的《中华人民共和国食品安全法》,印发《江西省工商行政管理局行政处罚自由裁量权参照执行标准补充规定》,并向省政府法制办作规范性文件备案。按照省政府法制办《关于重新核发〈江西省行政执法证〉和〈江西省行政执法监督证〉的通知》,全省工商系统开展行政执法人员和行政执法监督人员重新核发"两证"的工作。按照文件规定,各地工商部门将事业编制的不符合执法证发放要求的人员剔除。

## 第三节　信访举报与案件查办

20世纪90年代,全省工商系统重视信访举报和案件查办工作,各级工商机关受理群众来信来访,加大力度查处违纪案件。1991年,宜春市工商局对少数工商人员出现的腐败现象和不廉洁的行为,坚持齐抓共管,一级抓一级,层层负责,一抓到底。处理群众来信来访,及时向来信来访群众反馈,组织人员查处违纪案件,对行业不正之风开展自查自纠活动,做到边整边改。全年全市查处违纪案件6件。

1995年,全省工商系统纪检监察机构共收到群众信访417件次。举报的问题涉及县(处)级干部2件,科级干部7件,其他干部212件;涉及党员84件。立案查处59件,结案58件,结案率达98.3%。与此同时,澄清事实196件,批评教育162件,保护教育了一批干部。南昌市、萍乡市、九江市、吉安地区等各级工商部门加大案件查处的力度,查办案件效果明显。

1996年,南昌市工商局查处违反党纪政纪案件。8月,在省军区礼堂召开全市工商干部大会,宣布对9名干部给予党政纪律处分,其中撤职和留党察看的7人,2人限期被清除出工商队伍。

2000年8月18日,省工商局印发《江西省工商行政管理局关于案件移送有关问题的通知》,要求各级工商部门在查处案件过程中,案件当事人的行为已经构成犯罪的,应将案件移送司法机关,不再进行行政处罚,杜绝以罚代刑、不按规定移送案件等渎职行为的发生。

2001年,全省工商部门共受理群众来信来访1085件次,其中省工商局受理群众来信来访325件,转办315件,督办272件;涉及县(处)以上干部2件,涉及科级干部173件;被立案查处85件,给予党纪政纪处分79人;移交司法机关处理19件。全系统各级纪检监察机关加大对基层工商所、"窗口"单位违法违纪案件查处力度,坚决查处不依法行政、态度蛮横粗暴的违纪行为,重点查处违反财经纪律,贪污、挪用公款以及收费不给票和少给票的行为,着力纠处弄虚作假行为;加大信访件的直接查办、呈办、转办和督办工作力度,做到件件有回音、事事有结果。

2002年,全省各级工商部门大力加强思想政治工作和信访工作,确保队伍稳定。各地建立领导责任制和值班制,实行信访工作领导接待日制,领导亲自接待;对不稳定因素进行全面排查,对重点地区、重点问题派工作组下访、回访,及时发现问题,解决问题;省工商局接访824人次,接访集体上访85批次;参加接访的省工商局领导有34人次,共接访18批次、239人次。

2003年,全省工商系统严格落实信访工作各项制度,并把思想政治工作贯穿其中,信访总量呈较大幅度的下降态势,与上年同期相比,来省局上访的批次、人次,分别下降50%和61%;因"公务员考录"和"市场办管脱钩"问题而上访的比例逐渐减少,与上年同期相比,分别减少81%和86%。各地狠抓信访工作责任制的落实,坚持一级抓一级、一级对一级负责,做到"看好自己的门、管好自己的人",力争"小事不出县局、大事不出市局、难事不出省局"。领导坚持"靠前指挥",在发生集体到省上访情况时,上访人所在局的领导,都按要求在"第一时间"赶到现场,快速开展"接处"工作。省工商局和各设区市工商局,参加每周信访接待日和平时日常接访的领导干部达86人次。各地落实"专项治理"工作责任制,着力解决上访难点问题,在"群众重复上访问题专项治理"活动中,各级工商局采取"任务表"等措施解决问题。

2003年,省工商局坚持每季度召开一次信访维稳形势分析排查会,安排每日信访接待值班,阅批群众重要信访件,省工商局领导适时约见信访工作人员谈信访工作,坚持接待重大集体上访和缠访老户。省工商局领导27人次接访17批次、186人次,其中局长朱张才接访10余批次和接待缠访老户10余人次。是年,省工商局党组指定一位副局长专门负责处理已与省工商局脱钩的原省广告公司20余名下岗职工反复集体上访问题,并安排人事处、广告协会等部门负责协调及处理具体工作。在广泛深入的情况调查、政策咨询的基础上,就如何解决其社保等问题的方案、协议,多次征求上访人员意见,通过半年多努力,双方达成协议。九江县工商局分流人员集体上访持续近3年,省工商局多次与该县主要领导商讨解决问题的具体办法,最大限度地取得县委、县政府领导的大力支持和具体帮助,最终使问题得到解决。

2004年,全省各级工商局纪检监察机关坚持信访责任制,分级负责,归口办理,建立有效的信访处理机制,全系统共受理群众来信来访727件,其中来信470件,来访158件,来电99人。省工商局纪检组、监察室共受理群众来信来访225件,完成省政府领导、省政协、省纪委、省委督查室、国家工商总局等交办信访件8件,受理办结申诉复核案件2件,并对信访情况及时进行通报,督促各地妥善处理好信访件。是年,全系统纪检监察机关共立案30件,结案32件,给予纪律处分37人。

2005年,全省工商系统以开展先进性教育、大力推进惩防体系建设和深入进行队伍教育整顿为重点,全面推进党风廉政建设和反腐败工作。全系统纪检监察机关共处理群众来信来访494件,立案20件,给予25人次党纪政纪处分。

2006年,全省工商系统着力构建教育、制度、监督并重的惩治和预防腐败体系,各级工商部门共受理群众来信来访 245 件,处理上级交办信访件 93 件;立案 9 件,结案 8 件,给予政纪处分 8 人,对腐败行为保持高压态势。

2007 年,全省工商部门加强投诉举报的处理督办力度,查办违纪案件的高压态势得到进一步增强。全系统纪检监察机构共受理信访件 324 件,立案查处违纪行为 25 起,结案 24 起,处分 24 人,其中给予党纪处分 5 人次,给予政纪处分 23 人次,受到党纪政纪双重处理有 4 人,移送司法机关 1 人。

是年,省工商局信访办努力化解矛盾纠纷,切实维护群众合法权益,共收处群众来信 195 件,收处网上信访件 8 件,其中省信访局网上信访系统信访件 5 件、省工商局政务网局长信箱 3 件;共接待群众来访 90 批次、276 人次,其中集体访 16 批次、147 人次。各设区市工商局信访办共收处群众来信 165 件,接待群众来访 21 批次、70 人次,其中集体访 6 批次、52 人次。

2008 年,省工商局根据群众举报,对设区市工商局、县工商局和基层分局 3 名领导干部大操大办喜事问题进行查纠,印发问责问廉函,责成退还所收礼金。全系统纪检监察机构共受理信访举报 239 件,其中检举控告类 129 件,共立案查处违纪案件 14 起,给予党纪处分 3 人,给予政纪处分 19 人,组织处理 1 人,责任追究 4 人。对有一般性问题的干部进行诫勉谈话,促其及时改进、防止小问题向大错误发展。

2009 年,全省工商系统严厉查处违纪案件,继续保持对腐败现象的高压打击态势和强大威慑力。各级工商局纪检监察机构严肃查办以权谋私、失职渎职、与民争利、直接侵害群众利益的违纪案件。全系统纪检监察共受理信访举报 71 件,其中检举控告类 36 件;处理上级督办件和转办件 62 件(含 45 件效能监测点督办函);立案查处各类违纪案件 10 件,给予党纪政纪处分 10 人,党纪政纪双重处理 2 人。

# 第六篇　社会团体

挂靠在省工商局的社会团体组织主要有四个：省个体私营经济协会、省消费者协会、省广告协会、省工商行政管理学会。各社会团体遵照各自的章程开展工作，严格遵守国家法律法规，履行自我服务、自我教育、自我管理、自我发展的宗旨，在普及和宣传国家政策法规、加强行业自律、引导爱岗敬业、倡导守法经营、保护行业合法权益、维护社会主义市场经济秩序等方面发挥重要作用，成为各级工商机关的得力助手，是党和政府联系广大会员的桥梁和纽带。

江西省个体私营经济协会（简称省个私协）的前身是江西省个体劳动者协会（简称省个协）。1991—2010 年，省个私协会把宣传贯彻党和国家有关个体私营经济的方针政策，引导个体私营经济健康发展放在重要位置。在全省个私系统持之以恒开展职业道德教育，深入持久开展创评"光彩之星""青年文明号"等精神文明创建活动。举办各类职能技术培训班，帮助会员提高生产经营技能。加大融资服务力度，积极拓宽融资渠道，搭建银企融资平台，为会员解决融资难问题。在会员中大力提倡"富而思进，回报社会"，到 2010 年，全省个私协会员共计向社会捐赠钱物 8400 余万元。开展"维权"服务，建立"维权"网络，维护会员的合法权益。

江西省消费者协会（简称省消协）是一个对商品和服务进行社会监督，保护消费者合法权益的社会团体。1991—2010 年，省消协加强组织建设，建立和完善全省各级消协组织体制；形成覆盖全省城乡纵横交错的消费维权监督服务网络。配合有关部门推动和参与制定有关保护消费者合法权益法规、规章；受理消费者投诉，化解社会矛盾；强化对商品和服务的监督，及时制止损害消费者权益行为，营造良好的市场环境。20 年间，全省县级以上消费者协会共受理消费者投诉 290218 起，解决 284151 起，为消费者挽回经济损失 1.83 亿元，保护了消费者合法权益，促进社会和谐稳定。

江西省广告协会是江西省广告界的行业组织，具有对广告行业的指导、协调、服务、监督职能。1991—2010 年，省广告协会充分发挥"提供服务、反映诉求、规范行为"的作用，为广告业提供专业技术培训、企业资质认定、法律咨询、广告审查、交流合作等服务工作；加强广告行业自律，建立和完善自律性管理约束机制；制定并组织实施行业职业道德准则，推动广告行业诚信建设，规范会员行为，加强自我监管。先后制定《江西省广告行业自律规则》《江西省广告行业公平竞争规则》《江西省广告宣传精神文明自律规则》等自律性文件，规范广告市场秩序，为维护广告行业秩序和促进发展起到积极作用。

江西省工商行政管理学会（简称省工商学会）成立于 1991 年 4 月 27 日，是根据工商行政管理职能研究市场监督管理和行政执法理论与实践的具有法人资格的社会团体组织。省工商学会成立后，积极开展工商行政管理理论研究和学术交流活动，普及和宣传工商行政管理法律法规知识，先后召开 7 次全省工商系统理论研讨会，编辑出版《江西工商行政管理》（以下简称《江西工商》）等工商报刊,为繁荣工商行政管理理论,创新工商行政管理方式方法,提高干部队伍理论水平发挥重要作用。

# 第一章　江西省个体私营经济协会

　　江西省个体私营经济协会(简称省个私协)的前身是江西省个体劳动者协会(简称省个协),是经省政府批准并经省编制委员会办公室核定编制,于 1985 年成立,挂靠省工商行政管理局。1989年 5 月 23 日,省政府办公厅下文将省个体劳动者协会更名为省个体私营经济协会。省个私协是由全省个体工商业者和私营企业及其从业人员组成的非营利性社会团体组织,是党和政府联系广大个体户、私营企业的桥梁纽带。1991—2010 年,省个私协充分发挥自身职能,履行自我教育、自我管理、自我服务的基本职能,积极向广大会员宣传国家法律、法规和政策,开展职业道德教育,团结、教育、引导会员爱岗敬业、守法经营、诚信服务、奉献社会,努力发挥群众自治、桥梁纽带、监管助手、中介组织作用,积极开展有利于全省个体私营经济发展的各项工作,为促进全省个体私营经济的快速健康发展做出积极贡献。

## 第一节　组织机构

### 机构设置

　　省个私协的最高权力机构是会员代表大会,会员代表大会每届 5 年。省个私协实行理事会制,理事会是会员代表大会的执行机构,在代表大会闭会期间领导协会开展日常工作。

　　2001 年 1 月 20 日,省工商局党组会研究决定:省个体私营经济协会内设的办公室、生产经营部、组织宣传部、法律咨询部为正科级机构。

　　2002 年 3 月 20 日,经省编制委员会办公室同意,设立省个体私营经济协会办公室,为个体私营经济协会的办事机构,原定的 12 名事业编制不变。3 月 28 日省个体私营经济协会在南昌召开第四届三次全体理事扩大会议,增补、调整省个私协会理事。7 月 26 日,省机构编制委员会办公室、省工商局联合发文,明确各设区市设置个体私营经济协会办公室,为设区市工商局下属相当于正科级事业单位。

　　2005 年 12 月 26 日,经省人事厅批准,省个体私营经济协会办公室为省工商局直属全额拨款事业单位。

2006年7月27日,省个体私营经济协会召开全省个私协秘书长会议。12月19日,省个体私营经济协会在南昌召开第五届第二次理事会会议,同时举办"江西省个体私营经济创业与发展讲座与论坛"。参加会议的有省个体私营经济协会理事、各市个私协会秘书长,及部分个私协会、个体私营企业代表,共计180人,会议通过省个私协会五届理事会的人事任免,审议通过《江西省个体私营经济协会会员会费收取、使用、管理办法》。

2008年9月17日,省个体私营经济协会办公室向省工商局呈报《江西省个体私营经济协会办公室岗位设置方案》的报告,明确:江西省个体私营经济协会办公室是江西省编制委员会办公室批准设立的全额拨款事业单位,为正处级,编制数12个。内设正科级机构3个,名称分别是综合事务部、组织宣传部、服务维权部。12月18日,省个体私营经济协会在南昌召开第五届第三次理事会会议。

2009年7月1日,省个体私营经济协会召开11个设区市个私协会秘书长及省个私协会基层工作联系点18个县级个私协会秘书长会议。

2010年12月23日,省个体私营经济协会以通讯方式召开第五届第四次理事会。

会员代表大会

1992年11月10—12日,省个体劳动者私营企业者第三次代表大会暨表彰大会在南昌举行。省委常委、副省长舒圣佑,省人大常委会副主任王仲发,省政协副主席叶学龄、沈翰卿、老领导傅雨田等出席会议。省委常委、副省长舒圣佑,省工商局局长郭建章等在会上讲话。选举产生省个私协第三届理事会,张长久为会长,王光春、杨冬贵、万良横、范运龙、张开启为副会长,聘请叶学龄为名誉会长,路广伶为顾问。宣读省工商局、省个私协关于对胡国光等20名先进个体劳动者、南昌华东纺机厂等15个先进私营企业给予表彰的决定,省领导向先进个体劳动者、先进私营企业代表发奖。

1999年4月28日,省个体劳动者、私营企业者第四次代表大会在南昌召开。省人大常委会副主任华桐,省政协副主席沃祖全、喻长林出席,副省长蒋仲平到会讲话,省工商局局长殷国光、副局长徐天庆出席并讲话,副局长胡菊芬主持会议。会议审议通过《江西省个体私营经济协会章程》。选举产生省个体私营经济协会第四届理事会,大会选举殷国光为省个私协第四届理事会长,万世维为副会长;选举万世维为省个私协第四届理事会秘书长(兼),任景文、郑辅良、张修南为副秘书长。

2005年11月30日,省个体私营经济协会第五次代表大会在南昌召开,全省个体私营企业代表270余人出席会议。省人大常委会副主任蒋仲平、副省长孙刚、省政协副主席金异接见会议代表,副省长孙刚作讲话。大会通过刘柏林代表省个私协第四届理事会所做的工作报告,通过《江西省个体私营经济协会章程》的修改案。选举产生省个体私营经济协会第五届理事会,经第五届理事会一次会议民主选举产生第五届理事会领导成员,决定聘请蒋仲平、孙刚、金异为名誉会长,选举刘柏林为省个私协第五届理事会会长,包建勇、袁灿东、陈年代、张果喜、李华、王翔、温显来、杨文龙、谢朗明、熊迪如、刘招财为副会长;选举包建勇为省个私协第五届理事会秘书长(兼),季卫平、张修南、栾晖为副秘书长。

# 第二节　队伍建设

省个私协是伴随着全省个体经济的恢复和发展而产生的一个新型的社团组织。省个私协会自成立以来，就把宣传贯彻党和国家有关个体私营经济的方针政策，引导个体私营经济健康发展放在重要位置。自 90 年代，省个私协会把加强会员队伍的思想道德建设作为重要的工作任务，持之以恒，常抓不懈，为个体私营经济的健康发展提供强有力的精神动力和思想保证。

## 法制与职业道德教育

在全国五次"普法"工作中，全省各级个私协会投入大量的人、财、物，编印普法教材，举办各种培训班、讲座，组织法律知识竞赛等形式，广泛深入地开展对广大会员的普法教育，坚持开展爱国主义、职业道德教育，组织会员赴毛主席故居韶山、革命圣地井冈山参观学习，据不完全统计，全省个私协系统组织会员参加各类学习班共计 12.7 万余次，参加多种形式的学习 193.6 万余人次。

## 非公有制经济组织党建工作

1991—2010 年，全省个私协会系统配合各级党委及组织部门认真抓好非公有制经济组织的党建工作。对个体私营企业和市场中党员情况进行调查统计，积极建立党的组织，扩大党组织的覆盖面，按照加强党的先进性建设的要求，充分发挥党组织和党员的积极作用。

自 2001 年开始，省个私协系统对党建工作进行调查，参加省民政厅、省委组织部召开的非公有制经济党建工作会议，对全省个私协系统党建工作进行布置。

2004 年，全省个私协系统非公有制经济组织的党建工作全面展开，各设区市个私协系统党建工作的步伐加快，党组织和党员的先进作用日益显现。

2005 年底，全省个私协系统已建立党支部 490 个，共有党员 12774 人，党建工作有很大发展。

2009 年，省个私协推广吉安市安福县、上饶市信州区、萍乡市安源区个私协会开展党建工作的经验，在个体私营企业和市场中建立党组织，做好入党积极分子的培养和发展工作，积极发挥党组织的战斗堡垒作用和党员的先锋模范作用。

## 精神文明建设

全省各级个私协会坚持把开展各种创先争优活动作为深化教育的重要内容和形式。在创先争优活动中，不断涌现出爱岗敬业、诚实守信、奉献社会的先进单位。全省个私系统深入持久地开展创评"光彩之星""青年文明号"等精神文明创建活动。

1994 年起，根据团中央、国家工商局、中个协的工作的要求，省个私协、共青团省委、省工商局联合开展"青年文明号"创建活动，全省个体私营经济协会会员中涌现出国家级"青年文明号"9 家，省级"青年文明号"33 家。

1995 年起,省个私协和省工商局在全省个体户中广泛开展"户户讲道德,店店无假货"的活动。全省个私协会会员中涌现出国家级"无假货示范点"4 个,省级"无假货示范点"21 个。

1997 年起,按照国家工商局、中国个协关于在全国个体工商户、私营企业中开展争创"光彩之星"活动的要求,省个私协与省工商局联合开展"光彩之星"创建活动,全省个私协会会员中,涌现出国家级"光彩之星"20 户,省级"光彩之星"101 户。同时,受到省政府表彰的先进私营企业共计 296 家,个体工商户 111 家,优秀私营企业家 9 人。

2001 年 4 月,省工商局、省个私协在全省个私协会系统开展"自我规范、守法经营"宣传教育活动。

2002 年 6 月,省个私协会在全省个体工商户、私营企业中开展以"诚信"为主题的"树立江西人新形象"活动。配合落实省工商局开展的"形象年"活动,省个私协组织南昌、九江、赣州等市个私协,召开声势浩大的"诚信"教育动员大会。

2003 年,中国个协在九江市召开全国个私协系统"重操守、讲诚信、创光彩业绩"活动经验交流会议,九江市个私协在会上交流经验。

2004 年,省个私协在赣州市章贡区召开经验交流会,推广 16 个县(市、区)开展"诚信"活动的先进经验。

2007 年 8 月,省个私协会发文推广修水县个私协会开展青年志愿者活动经验,修水县个私协会创造性地开展"青年志愿者服务团"活动,弘扬"奉献、友爱、互助、进步"的志愿者精神。11 月,省个私协会印发宜丰县个私协经验材料,推广宜丰县个私协会"会员之家""光彩之星""青年文明号""会员定点医疗服务""健全维权网络"的成功经验。

2008 年 9 月,省个私协会在全省个私协会会员中开展以"真诚奉献社会,共享改革成果"为主题的"光彩服务周"活动。

2010 年 6 月,省个私协会组织开展全省个体私营创业典型巡回演讲报告会,充分发挥创业典型的引导示范作用,用典型的事迹鼓舞人,用典型的精神激励人,用典型的经验启迪人,让广大创业者学有标杆,做有榜样,进一步激发和提升社会创业的热情和活力,促进全省非公有制经济更好更快地发展。

自 1999 年 10 月起,省个私协会编辑出版个私协会刊《个私协工作简报》作为不定期的内部刊物,编印《信息快报》,及时向广大会员传播政策、科技、商业信息。

## 基层协会建设

1995 年起,省工商局、省个私协会联合下文组织开展全省个私协会系统基层协会达标活动。

1996 年,省个私协赴部分地、市个私协进行"四落实"工作检查,按照省个私协的部署,各地个私协继续开展基层协会达标活动,调整充实领导骨干,健全各项规章制度,抓紧基层协会党、团组织建设,逐步成立或健全党、团支部组织。全省 1360 个基层协会中,已有 748 个基层协会达标,使全省个私协基层建设工作得到很大加强。省个私协贯彻省政府关于大力引导个体私营企业上规模及调整生产力布局的要求开展调查,省个私协写出《全省个体私营经济上规模之现状及发展趋势》调查报告,全省个私协系统共完成调查报告400余篇。

2002年,省工商局与省编委联合印发省个私协系统人员编制文件,各地市基层协会人员充实、机构健全、制度完善、经费保障。

2004年,省个私协在调查研究的基础上印发《关于加强省个私协系统组织建设工作的通知》,对个私协系统抓"四落实"等提出了具体要求。在九江市召开基层协会建设经验交流会,宣传推广都昌、修水、广昌、渝水等一批先进县(区)个私协加强基层建设的经验,促进基层建设向前迈进一大步。省个私协组织开展调查研究,献计献策,全省个私协系统完成调查报告180份,其中有42份中的建议被政府采纳。省个私协参加省个体私营经济领导小组办公室工作,编印省个体私营经济领导小组简报18期。

2007年,被定为"个私协会建设与发展年"。省个私协大力推进市、县级个私协会的规范化建设,出台《市、县级个私协规范化建设的意见》,在人员配备、组织机构、办公条件、经费保障等方面作出要求,推动市、县级个私协走上规范化、制度化的轨道。是年,省个私协会承办主题为"与时俱进的协会工作"的华东及沿海省(区、市)个协私协秘书长联席会议。

2008年,省个私协会组织部署全省个私协系统六项课题的研究任务,完成了:"招工难"和"就业难"问题、诚信建设助推信用放贷促进个体私营经济发展、新形势下开展公益活动、关于在个私协会系统组建行业性协会、关于进一步加强会员维权工作、关于加强个私协系统党建工作等六项课题研究调研报告。

2009年3月,根据全国个协要求,省个私协会在全省个私协系统开展"基层协会建设年"活动,规范基层个私协工作的内容、程序和要求。为配合开展"基层协会建设年"活动,省个私协会建立省个私协会基层工作联系点。

2010年,省个私协会按照全国个私协会"基层组织建设年"的工作任务和《基层协会组织建设规范化意见》的具体要求,按照"有人员、有场地、有经费、有装备、有职责"的要求,加强协会的组织建设、队伍建设和基层协会建设。

## 会费收取及管理

1997年7月9日,省民政厅、省财政厅《关于个体私营经济协会会员会费收取标准的通知》和《关于个体私营经济协会会员会费收取、管理、使用的通知》。省工商局、省个私协会先后印发《关于个体私营经济协会会员会费收取、管理、使用的补充通知》和《关于严格执行个体私营经济协会会员会费收取、管理、使用规定的通知》。对个私协会会员会费的收取标准、使用范围、管理办法,各级个私协提留及上交比例,均作了明确的规定。

2002年3月15日,省个私协会印发《关于严格按规定标准收取个私协会会员会费,禁止乱收费的通知》,要求严格执行省民政厅、省财政厅1997年7月9日印发《关于个体私营经济协会会员会费收取标准的通知》。

2003 年 11 月 21 日,根据民政部、财政部《关于调整社会团体会费政策等有关问题的通知》和《江西省个体私营经济协会章程》有关规定,经省工商局同意,省个私协会出台《江西省个私协系统财务管理制度》规范了全省个私协系统会费的收入、支出、财产、资金、会计、档案管理等。同时规定:个体工商户会费每月每个会员 3 元。私营企业会费按企业注册资本数额收取,其中,注册资本 50 万元(不含)以下的,年度会费不超过 400 元;注册资本 50 万元至 300 万元的,年度会费不超过 1000 元;注册资本 300 万元以上的,年度会费不超过 2000 元。会费每年或半年收取一次,会员于 6 月下旬或 12 月下旬交纳。还规定:会费必须本着取之于会员,用之于会员的原则,主要用于协会开展各项业务活动,保证专款专用,不得在会员中分配,不得随意挪作他用。严格按照有关规定收取会费,不得擅自提高收费标准和扩大收费范围,对擅自提高收费标准,不按规定开支使用会费的,一经发现,依据有关政策规定严肃处理。

2006 年 11 月 14 日,省个私协会出台《江西省个私协系统会费专用票据办法》。12 月 19 日,省个私协第五届第二次理事会通过《江西省个私协系统会员会费收取、管理、使用方法》规范会费收取依据、会费收取标准、会费收缴办法、会费留成比例、会费管理制度、会费使用范围、会费审批权限等,推动协会会费管理与财务管理的规范化。

2010 年 4 月 15 日,省个私协会印发《关于加强和规范个体私营经济协会会员会费收取使用管理工作的通知》,要求全省个私协系统按照民政部等六部委《关于规范社会团体收费行为有关问题的通知》(民发〔2007〕167 号)执行,树立"依靠会员办会,办会为会员"的理念,遵守"取之于会员、用之于会员"的原则,做到"四个必须":必须将会费全部用于协会工作;必须将会费的大部分用于直接为会员服务上;必须坚持制定年度会费使用预算;必须坚持审批程序规范、账目公开透明。

# 第三节　会员服务

做好服务会员工作是遵循建会宗旨,履行协会职能的根本要求。省个体私营经济协会紧紧围绕经济建设这个中心,把服务会员作为立会之本、生存之基,按照努力实现扩大服务领域,扩大服务受益面,提高服务能力,提高服务层次,提高服务效益的要求,着力为会员办实事、做好事,提供多层次、全方位的服务,不断推动服务工作向深度和广度发展。

## 会员发展

1999 年 4 月 28 日通过的《江西省个体私营经济协会章程》第 8 条规定,协会的会员包括个人会员、单位会员和团体会员。凡经省各级工商行政管理机关核发营业执照的个体工商户、私营企业主及其从业人员,以及经各级民政部门登记的各市、县(市、区)级个体私营经济协会均应成为协会会员。到 2005 年 9 月底,全省有个体工商户 66 万家,从业人员 163.96 万人。全省有私营企业 6.8 万家,私营企业从业人员 126.3 万人,会员总数达 214.72 万人。

### 融资贷款平台搭建

加强联系协调,促进金融信贷服务工作的开展。为解决会员融资难的问题,全省各级个私协会加大融资服务力度,积极拓宽融资渠道,搭建银企融资平台。省个私协不断在全省个私协系统培植典型并推广典型经验。南昌市个私协在2001年即出资100万元,参加本市的信用担保有限公司。还与洪都农村信用合作社共同推出"商户创业贷款",支持个私协经济发展。新余市个私协于2002年即参与筹建"市中小企业信用担保中心",是年即为私企担保贷款1300余万元。九江市共青城个私协与银行联系,获得8000万元的贷款支持。宜丰县与农村信用社共同制定实施方案,会员凡认购农信社1000股(每股2元),即可获得贷款2万元,2001年已惠及会员5000人。此经验已在《光彩杂志》上推广。

2006年,省个私协探索解决会员缓解融资难的问题,共帮助会员贷款2.5亿多元。

2009年,全省各级个私协会切实帮助个私企业缓解融资难的问题,努力担当银企互信互惠的桥梁与纽带,帮助企业拓宽融资渠道。支持帮助企业以商标使用权等知识产权作为质押,争取银行贷款,鼓励引导企业相互联保,获得贷款支持。

### 职业技术培训和民营经济论坛

全省各级个私协会结合当地会员的实际情况,适时举办各类职业技术培训班,帮助会员提高生产经营技能。1996年,全省个私协系统共举办技术培训班586次,参训会员15786人,经有关部门考核评定,获得高级技术职称的190人,中级技术职称的2228人,初级技术职称的4879人。

2001年,省个私协指导各设区市个私协与有关院校联系,建立会员技术培训基地。是年,为促进个私经济发展服务。认真贯彻落实全省个私经济工作暨表彰会精神和《十五期间我省个私经济发展总体目标和思路》;加强对个体私营业主的教育,全省共举办培训班163期,培训人员近8000人。其中省工商局、省个协共同组织两期培训班,副省长蒋仲平作讲话、授课。

2002年,省工商局举办一期私营企业主培训班和一期申办进出口经营权培训班,帮助66户私营企业获得进出口经营权。

2003年,省个私协在省委党校的大力支持下,举办全省个体私营经济协会系统县(区)级协会主要专职骨干学习贯彻党的十六大精神研修班。

2004年5月,省个私协在九江市都昌县召开基层协会思想宣传经验交流会,宣传推广庐山区个私协与党校合办"私营企业、个体工商户素质教育学校",坚持教育培训经常化的经验。

到2005年底,省个私协会先后组织315名私企业主赴中央党校学习深造;与省、市委党校联合举办私企业主高级培训班16期,培训私企大户业主765人次;举办各级个私协骨干培训班3300期,培训各级教育骨干13.5万人次。全省个私协系统与新闻媒体合作,联合举办"民营企业区域经济"论坛,参与召开大型民营经济理论研讨会,开展"源在何处,富从何来,如何进取","致富靠什么,富了怎样干"等大讨论,有效地增强各级个私协人员的发展意识,极大地激发会员的投资创业热情。全省个私协系统共举办各类会员技能培训班1207次,培训会员43744人次,经有关部门考核,获得高级技术职称的5949人,中级技术职称的25399人,初级技术职称的68802人。

2006年12月,省个私协会在南昌召开第五届第二次全体理事会议,同时举办省个体私营经济创业与发展讲座与论坛。邀请省著名经济学家、教授汪玉琦,向与会人员作题为"贯彻党的十六届六中全会精神,建设和谐社会"的讲座。省个私协会副会长兼秘书长包建勇在"全省个私经济发展论坛"上作题为"建设新型协会,推动全民创业"的主旨报告。6名优秀私营企业家和3位市、县个私协代表在会上发言,分别介绍自身创业经验和协会工作经验。

2009年,省个私协会举办全省个私协系统秘书长培训班,内容为:当前客观经济形势和应对措施;企业应对金融危机及发展生产的情况;当前协会面临的形势和问题;交流上一年六项课题调研的成果;讨论基层协会规范化建设考核标准。

### 经贸活动

历年来,省个私协会先后分别组团参加"中国中小企业博览会暨中法中小企业博览会""中国东部企业参与西部结构调整投资贸易洽谈会"(简称"青洽会"),"中国东西部合作与投资贸易洽谈会"(简称"西洽会"),"中国兰州投资贸易洽谈会"(简称"兰洽会"),"中国国际投资贸易洽谈会",广州全国美容美发大赛等。帮助会员扩展对外联系,拓宽经营视野,大力发展外向经营。

2003年5月29日至6月3日,省个私协会在杭州市举办首届"江西省个私企业名优产品展销洽谈会"。全省个私协系统还组织个私业主分批赴省外、国外学习考察,并参加招商引资活动,省个私协每年都组织部分会员参与浙江、安徽、广东等省召开的产品展销会,并实行展位租金补贴制度,把个私产品销往全国各地。

2004年,仅"兰洽会"就与省外企业签订合同700余万元。

### 维权服务

1990年,各级政府开展治理"三乱"(乱收费、乱罚款、乱摊派)工作,全省各级个私协积极加强与社会各有关部门的联系,努力促进政策的落实,抓住贯彻省政府印发《收费明细册》这一重要环节,制止"三乱"问题。

省个私协开展"维权"服务,建立"维权"网络,维护会员的合法权益。到1996年底,全省个私协系统已建立法律服务机构89个,聘请律师64人,对发生的1043起侵权事件,有900余起已得到处理。

到2005年底,全省个私协系统建立法律咨询服务机构116个,聘请常年法律顾问120人,共受理侵权案件3612件,其中3433件得到处理,维护了会员的合法权益。

### 福利事业和文体活动

为增强协会凝聚力,全省各级协会经常开展各种文娱体育活动,活跃会员精神文化生活。许多市、县都有会员业余演出队,为会员组织文艺演出及体育比赛千余场次。

到 1996 年底,全省个私协系统已建立"会员之家"702 个,医疗站 281 个,幼儿园 218 个,图书室 368 个,业余学校 106 所,业余文艺演出队 68 支。

1999 年 9 月,省个私协会在中国个协举行的全国个协、私协系统"歌颂伟大祖国、迎接澳门回归"文艺会演活动中荣获组织奖,选送的小品《一盆蜡梅》荣获优秀节目奖。

自 2002 年起,为解决会员"看病难,费用高"的问题,省个私协与卫生部门及有关医院联系,在全省会员中开展"定点医疗,优惠服务"活动。全省个私协系统已给 457948 名会员发放《会员优惠医疗证》,深受广大会员欢迎。

2003 年,为贯彻落实省委、省政府关于"要支持个体私营经济做大做强"的要求,全省个私协系统建立并实行私营企业大户联系制度,全省个私协系统共与 21700 家个私企业大户建立联系。

2004 年,省个私经济领导小组编印一本《个私企业办事指南》免费发至个体工商户、私营企业。

2010 年,省个私协以组织开展"会员服务年"为载体,印发《服务工作指导意见》和《服务菜单示范文本》,组织指导各地落实"会员服务年"的各项任务。省个私协开发使用协会网站,为会员发布生产经营信息提供服务,将开通的"江西省个体私营经济网",作为全省个私协会系统的门户网站,更好地促进各级协会之间、会员之间的信息交流。

# 第四节　社会服务

1992 年,确定建立社会主义市场经济体制后,江西把发展个体私营经济作为加快本省经济发展的一条重要途径,江西个体私营经济进入一个新的快速发展时期。9 月,省委、省政府颁布《关于继续鼓励发展个体和私营经济的决定》,对大力发展和加强管理全省个体私营经济做出 17 条具体规定,进一步明确加快个体私营经济发展有关政策、规定。全省上下形成鼓励扶持个体私营经济发展的良好环境。

## 社会爱心奉献

1994 年,省政府颁布《江西省个体工商户、私营企业条例》,为进一步加强对个体、私营经济工作的领导,省政府成立由省工商局等 17 个部门参加的省个体私营经济领导小组,为扶持私营经济的发展,省工商局印发《关于私营企业登记管理有关问题的通知》,出台一系列优惠政策,鼓励支持个体私营经济发展。全省个体私营经济对社会的贡献日益增大,成为江西财政收入的重要来源,个体私营经济在繁荣市场、搞活流通,安置就业、稳定社会等方面,发挥着日益显著的作用。全省广大会员爱祖国、爱社会主义、富了不忘国家,不忘群众的意识日渐增强,义务服务、无私奉献、捐赠社会、扶弱济贫、见义勇为等先进事例层出不穷。

1996 年,全省会员共向社会救灾、希望工程、计生扶贫工程等社会公益事业捐赠款达 2600 万元。

1998 年,全省工商部门、个私协会为灾区募集钱物共计 1400 多万元。

2003 年 9 月 1 日起,实施《江西省发展个体私营经济条例》,推动全省个体私营经济加快发展。广大个私协会员已成为推动江西社会生产力发展的一支重要力量,在推动全民创业、富民兴赣、建设和谐平安江西进程中起到重要作用。省个私协带领广大会员开展抗"非典"斗争,共计印发宣传教育材料 20 余万份,捐钱捐物 500 余万元。

到 2004 年底,个体私营经济总产值 1028.68 亿元,占全省生产总值的 29.39%,年纳税额 90 亿元,占全省税收收入的 32.67%。

2005 年 12 月 6 日,省个私协发出关于救助"11.26"地震受灾会员的决定,对瑞昌市、九江县两受灾最重的 20 户会员进行救助。省个私协派人专程到两地发放救助金。

2006 年,省个私协开展"致富不忘国家,奉献回报社会"活动,各地个私协组织会员采取多种形式向社会捐助,向特困群众献爱心。

2007 年,省个私协在会员中大力提倡"富而思进,回报社会"。引导个私企业会员关爱社会、关爱群众,帮扶弱势群体加快脱贫步伐。各级个私协积极响应政府号召,协助有关部门,组织会员积极参加各种慈善事业及赞助社会公益事业。通过赞助社会公益事业和对弱势群体的帮扶救助,进一步塑造自身良好的社会形象,扩大社会影响,为和谐社会的建设做出新的贡献。

2008 年,四川汶川特大地震发生后,全省各级协会和广大会员积极响应,慷慨解囊,热心相助,以实际行动支援灾区,捐款捐物的热情空前高涨。

2009 年,省个私协引导个体私营企业增强社会责任感。动员和组织个私企业参与社会慈善活动,积极回报社会,为建设和谐社会做贡献。推广修水县等个私协会开展公益活动的经验,组织形式多样的公益活动,扩大活动的范围,增进活动的质量,使其向组织化、制度化、规范化目标前进。

全省各级个私协会弘扬奉献风尚,诚意造福社会。经过多年思想教育,在广大会员中,开始形成一种"以文明守法经营,无私奉献社会"为荣的良好风尚。许多会员致富后,慷慨解囊,回报社会。据不完全统计,到 2010 年,全省个私协会员共计向社会捐赠钱物 8400 余万元。

## 再就业工作

就业是民生之本,安国之策,是社会和谐的基础,全省个私协系统认真贯彻落实省委、省政府关于下岗失业人员再就业工作的方针政策,把扶持和安置下岗失业人员再就业与发展个体私营经济有机地结合起来。

1996 年,全省个私协系统组织引导会员投入"在山上再造一个江西"工程,引导个体私营经济发展与国有企业改革接轨,使大批下岗人员获得再就业机会。

1998 年,省工商局印发《关于发挥工商行政管理职能作用,为下岗职工排忧解难,积极扶持"再就业工程"的若干意见》。全省个私协系统积极鼓励下岗失业人员更新择业观念,引导和扶持他们在个私经济领域实现自谋职业,全省个体私营经济已成为安置下岗失业员再就业的主要渠道。

2002 年 11 月,省个私协印发《关于贯彻落实党中央、国务院有关再就业工作精神,大力促进下岗职工再就业的通知》，要求全省个私协系统贯彻落实前不久召开的"全国再就业工作会议"精神，认真执行下岗失业人员再就业有关扶持政策和优惠措施，引导个私业主吸纳下岗职工实现再就业。至年全省个私经济吸纳下岗失业人员再就业95508人次。

2006年，全民创业是省委、省政府加快发展，富民兴赣做出的重大战略决策，省工商局印发支持全民创业的20条措施。省个私协继续做好下岗失业人员再就业安置工作，为解决"企业招工难、失业人员务工难"献计出力，在吉安市召开全省个私协系统解决"两难"问题现场会议，全面总结推广永丰县个私协的经验。至2006年底，全省个私协系统动员、引导个体户和私营企业共吸纳下岗失业人员再就业77.2万人。

至2007年底，为96008名持《再就业优惠证》的下岗失业人员核发个体工商户营业执照。

2009年，省个私协帮助各类失业人员培训和就业，充分享受培训与就业政策。与各部门建立联系，掌握失业人员的基本情况，建立失业人员档案；积极走访企业，收集发布招工用工信息；与劳动保障部门共同适时举办帮扶就业招聘会，促成劳动力供需双方直接见面，创造更多就业机会。

2010年，省个私协鼓励个体私营企业积极吸纳失业人员再就业，以创业带动就业，鼓励失业人员创办个私企业。

# 第二章　江西省消费者协会

　　江西省消费者协会(简称省消协)是由省工商局、省标准计量局(省质量技术监督局)、省商检局、省物价局等政府部门发起,经江西省人民政府批准,于1989年6月30日在南昌成立,对商品和服务进行社会监督的保护消费者合法权益的社会团体。省消协的领导机构是理事会,理事由政府各有关部门、人民团体、社会团体、新闻单位、各设区市消费者协会推举产生。

　　1991—2010年,全省各级消协围绕党和政府的中心工作,围绕消费者关注的热点和难点问题,坚持为消费者服务的宗旨。履行《江西省保护消费者合法权益条例》《中华人民共和国消费者权益保护法》(简称《消法》)和《江西省实施〈中华人民共和国消费者权益保护法〉办法》(简称《实施办法》)赋予的职能,加强消协组织建设,促进消费者权益保护事业发展;建立和完善消费者协会组织体制;形成覆盖全省城乡纵横交错的消费维权监督服务网络,更好为广大消费者服务;配合有关部门推动和参与制定有关保护消费者合法权益法规、规章;发挥桥梁和纽带作用,反映消费者的意见和呼声;受理消费者投诉,化解社会矛盾,维护社会稳定;开展消费教育和消费指导,传播科学消费知识,提高消费者的维权水平和能力;做好保护消费者权益宣传,大力开展"年主题"活动,提高消费者的法治观念和意识,营造良好的舆论氛围;强化对商品和服务的监督,及时制止损害消费者权益行为,维护社会经济秩序,为营造良好的市场环境服务;积极推进消费维权信息化建设,开发利用好全省消协系统信息资源;积极推进农村消费维权工作,为建设社会主义新农村服务。

## 第一节　组织建设

### 机　构

　　**省消费者协会理事会**　1991年10月25日,省消费者协会一届三次理事会在南昌召开。1993年6月11日,省消费者协会召开第十一次常务理事会,李立超会长讲话。会议聘请刘仲候为省消协名誉会长,增选龚三堂、朱顺洲为省消协常务理事,选举赵开成为省消协秘书长,朱顺洲为省消协副秘书长。6月30日至7月1日,省消费者协会召开第四次理事会暨保护消费者权益先进集体、先进个人表彰会。省人大常委会副主任王仲发、副省长郑良玉、省消协名誉会长刘仲候等领导到会,郑良玉副省长讲话。会上表彰了全省保护消费者权益先进集体18个,先进个人20名。

　　1996年8月10日,省政府依据《消费者权益保护法》和《实施办法》的规定,批准成立省消费者权益保护委员会。由省长助理蒋仲平任主任,省政府副秘书长范小珊、省工商局局长戴子钧任副主任,委员由省经贸委、省工商局、省物价局、省卫生厅、省财政厅、省商业厅、省农业厅、省供销社、省商检局、省邮电局、省技术监督局等11个部门的领导担任。省消费者权益保护委员会办公室设在省工商局,与省消协合署办公,省工商局副局长徐天庆兼任办公室主任。

1996年11月15日,省消费者权益保护委员会在省工商局举行揭牌仪式,至此,一个以政府机关形式出现的消费者权益保护委员会在江西正式成立。省消费者权益保护委员会是履行政府实施消费者权益保护工作职能,负责指导、协调、监督、检查、督促有关行政部门依法做好消费者权益保护的综合协调机构。其主要职责是:对全省消费者权益保护工作中需要解决的重大问题及时进行研究,做出决定和部署,组织协调有关部门和单位贯彻实施;对有关保护消费者合法权益的法律、法规的贯彻实施进行督促、检查;研究制定和审议有关保护消费者合法权益工作的政策、计划、方案和措施;对侵害消费者合法权益的重大案件,责成有关行政部门依法查处或协调司法部门依法审理;对《江西省实施〈消法〉办法》具体应用中需要明确的问题进行解释,对消费者权益保护组织的工作实施指导。省消费者权益保护委员会第一次会议审议并通过《江西省消费者权益保护委员会职责》《江西省消费者权益保护委员会办公室职责》《江西省消费者权益保护委员会组织工作制度》等规章制度。

省消费者权益保护委员会的成立,标志着全省消费者权益行政保护与社会保护"双轨制"机制的确立,从而在组织形式和体制上理顺关系,为消费者权益保护事业的发展奠定组织基础。以政府机关形式出现的消费者权益保护委员会在全国还是第一次。因此,中央电视台很快向全国作了报道,在国内引起广泛反响。

1997年4月,省消协在南昌召开会员代表大会,根据需要经换届调整后的领导成员是:省消协会长徐天庆;副会长:刘庆铨、吴伯诚、汪忠武、彭太煜、袁建军、赵开成;秘书长:赵开成;副秘书长:朱顺洲、姚细赣、周全民、李金平、姜国和、谢达亿、罗小璋。

2000年12月6日,省消协召开常务理事会,由省工商局副局长、省消协会长徐天庆提名,吕晓平任省消费者协会秘书长,免去赵开成省消费者协会秘书长、姚细赣副秘书长职务。

2002年2月7日,省消协在南昌召开三届一次理事会议,审议通过省消协第二届理事会的工作报告,修改通过《江西省消费者协会章程》,选举产生省消协第三届常务理事、会长、副会长。省工商局副局长徐运平当选为会长,省财政厅副厅长李锅根等8人当选为副会长,会议还确定了秘书长、副秘书长人选。副省长蒋仲平再次担任省消费者协会名誉会长。

2007年8月21日,省消协在南昌召开常务理事会,审议《江西省实施〈中华人民共和国消费者权益保护法〉办法(征求意见稿)》。

2008年9月22日,省消协向省工商局呈上报告,要求协调有关部门进一步明确:江西省消费者协会办公室是江西省消费者协会理事会的常务办事机构,是对商品和服务进行社会监督、保护消费者合法权益的具有公共事务管理职能的事业单位,单位规格正处级,单位性质全额拨款事业单位,编制数12人,内设机构2个:综合部、投诉与法律事务部。主要职责:依法对商品和服务进行社会监督,保护消费者合法权益。

2009年2月7日,省消协召开三届六次常务理事会。决定出版省消协成立20周年特刊。

**省消协有关机构** 1991年11月13日,省消费者协会批复同意成立:省消费者协会华东地勘局测试研究中心金饰品监督站。其主要职责是:遵照国家有关规定,配合行政管理部门对经营黄金饰品的单位进行质量监测,为消费者监测黄金饰品的重量和成色,鉴别真假黄金饰品,为全省各级消费者协会受理的黄金饰品消费纠纷提供准确的监测数据。

1992年6月开始,全省11个地市中级人民法院相继设立保护消费者合法权益案件审理协调小组或领导小组,做好消费者诉讼的案件受理、审理工作,协调法院与有关行政执法部门案件的处理和工作联系,指导县级法院案件的审理工作。同时,组成保护消费者合法权益专项审判的巡回法庭在各地中心市区、主要商业网站集中的闹市地段挂牌服务。这一经验被中国消费者协会推广。12月12日,省消费者协会以江西进出口商品检验局为依托,成立"江西省消费者协会商品检测中心",以商品质量检测和技术咨询服务为主要营业范围,其宗旨任务是为全省各级消费者组织以及有关行政执法部门处理消费纠纷、加强市场商品监督检查、查处假冒伪劣商品提供技术手段和科学依据。

1993年2月18日,根据中国消费者协会有关文件精神,经省消费者协会、省城市社会经济调查队协商决定:建立省消费者协会消费信息咨询服务中心,并与国家消费者协会联网。中心在省消费者协会的指导下,充分利用省城市社会经济调查队现有人员、设备、技术力量、调查网络,开展全省的社会经济调查、市场预测、信息咨询、推荐名优产品。为省内外的生产经营单位、消费者牵线搭桥,提供信息,当好参谋,并为政府决策提供参考依据。4月10日,省消费者协会批复同意:将省消费者协会华东地勘局测试研究中心金饰品监督站更名为省消费者协会黄金饰品监测中心。7月2日,省消费者协会批复同意设立省消费者协会九洲商厦监督站。

1994年4月13日,省消费者协会批复同意成立省消费者协会华联商厦监督站。

1998年5月29日,省消费者协会向省农机局建议设立省消费者协会农机产品质量投诉监督站。以省农机局为依托,设立办事机构,建立全省第一个农机专业投诉监督站。省消协和省农机局联合印发《江西省农机产品质量投诉受理实施细则》,加强和规范农机产品打假和质量投诉工作,切实维护广大农民消费者的利益。10月30日,省消协批复省进出口商品检验局,同意省消费者协会商品检测中心恢复工作。

2003年5月28日,为进一步拓展消协组织维权的渠道,强化受理消费者投诉,调解消费纠纷的力度,在南昌仲裁委的支持下,经过筹备,成立南昌仲裁委江西省消费者协会案件受理处,并举行挂牌仪式,使消费者的维权之路变得更加顺畅。

2007年6月22日,省消费者协会复函江西省保险行业协会,同意成立省消费者协会保险行业投诉站,投诉站挂靠省保险行业协会,工作人员由省保险行业协会指派,业务工作由省消费者协会负责指导。

## 规范化建设

1992年3月底,全省已建立县以上消费者协会71个,占应建数的64%,同时还有一些城市街道、集贸市场和乡镇设立分会,建立联络站或投诉站,并在一些大中型商场建立一批消协监督岗,形成一个社会监督网络。

1993年7月,全省已建立县以上消费者协会93个,消协分会、监督网点319个。

1994年9月,全省有110个地(市)、县(市、区)建立消费者协会,成为全国第一个完成县级消费者协会组织建立的省份。为适应消费者权益保护工作的深入发展,随后又在城市街道、农村、乡镇建立消费者协会基层组织。到1999年底,已达1722个,在大中型商贸企业建立的监督站、投诉站已达938个。基本形成覆盖全省的保护消费者权益的社会基层网络体系,方便消费者投诉,加强对商品和服务的社会监督,为消费者权益保护工作的深入营造重要的组织保证。

1999年,在全省11个设区市成立"12315"消费者举报申诉指挥中心,94个县(市、区)设立"12315"消费者举报申诉中心,各基层工商所设立"12315"消费者举报申诉站,形成一个贯穿于市、县(市、区)、所的三级执法维权网络。7月28日,全省各级工商行政管理部门开通"12315"消费者举报申诉电话,并配备"12315"专用车辆,从而进一步方便消费者的申诉、举报,促进各级工商行政管理机关举报申诉受理、处理工作规范化、制度化,切实保护消费者和经营者的合法权益。

2000年,在省工商系统垂直管理过程中,全省消费者投诉站总数达1243个,其中,地级市消协直接管理的55个,县级消协直接受理的1188个(设在村委会的287个,设在居委会的37个);消费者联络站达2555个,其中,地级市消协直接管理的124个,县级消协直接管理的2431个。

2009年6月,全省拥有县级以上消协组织117个,在乡镇、街道建立分会852个,在村委会、居委会、社区和企业设立投诉站、联络站19006个,基本形成覆盖城乡、纵横交错的消费权监督服务网络。

# 第二节　受理投诉

消费者协会受理消费者投诉,是根据消费者的投诉请求,对投诉事项进行调查、调解,这是法律赋予消协的重要职责。1991—2010年,全省县级以上消费者协会共受理消费者投诉290218起,解决284151起,为消费者挽回经济损失1.83亿元;接待消费者来访、来电、来信咨询980余万人次,收到消费者送来的锦旗、表扬信等20199件(封)。将大量的不稳定因素消灭在萌芽状态,保护消费者合法权益、化解社会矛盾,促进社会和谐稳定。

## 受理投诉原则、依据及范围

自20世纪90年代初开始,省消协按照中国消费者协会的有关规定,并结合实际,推出多项受理投诉制度,维护广大消费者的合法权益,进一步规范消费者协会受理消费投诉工作。

受理投诉原则。受理投诉应当坚持保护消费者合法权益的宗旨,以事实为依据,以法律为准绳,以消费者和经营者自愿为基础,及时、公正、合理地调解纠纷化解矛盾。鼓励经营者与消费者在自愿的前提下自行和解。

受理投诉依据。国家有关法律、行政法规和部门规章;有关地方性法规、规章;有关国家标准、行业标准、地方标准和企业标准;消费者协会受理投诉规范性文件和其他有关规范性文件;消费者与经营者签订的书面合同或协议;经营者对外公开的有关承诺;民商事活动惯例。

受理投诉范围。对下列情况投诉应予受理:消费者因《消法》和本地消费者权益保护法规规定的权利受到损害的投诉;消费者对经营者未履行《消法》和本地消费者权益保护法规规定的义务的投诉;农民购买、使用直接用于农业生产的生产资料,其合法权益受到损害的投诉;其他应予受理的投诉。

## 受理投诉主要成果

1991—2010年,全省各级消费者协会认真执行受理投诉的法律法规和制度,履行消费维权职责,依法受理消费者投诉,调解大量消费纠纷。

**调解消费者投诉**　全省各级消协按照合法、自愿原则,处理当事人的消费纠纷。

1992年9月5日,江西农大外籍教师斯蒂文·邦斯在南昌市某交电商店买了一辆上海产永久牌山地12速自行车。10月9日,斯蒂文·邦斯骑车往南昌市区的途中,前叉突然断裂,人从车上摔下来,头被划一条三英寸长、一英寸宽的伤口,到医院缝了3针。斯蒂文感到沮丧,他自己及农大外办出面到某交电商店交涉,商店却以骑车时龙头提升过高所致,不予解决。斯蒂文便于12月10日书面投诉到省消费者协会,省消协及时将信转至辖区内的西湖区消费者协会处理。西湖区消协受理后,首先派人到江西农大作实地调查,经过分析,认定确系自行车质量差而造成的。接着,他们便与商店进行交涉,在确凿的事实面前,商店退还自行车款650元,并赔偿医药、营养费100元。为感谢西湖区消协对投诉工作认真负责的精神,江西农大及外办的领导和斯蒂文·邦斯本人上门送来一面锦旗,上面写着:"感谢你勤恳和有效的工作"。

2005年1月28日,分宜县消费者袁某看中一套商品房,交付首期购房款4万元,及银行按揭付款5.4万元。10月,房子如期交付使用,2006年3月袁某请来装修工人对新房进行装修,为此花费购买装修材料、装修工作工资等5700元。后发现房顶上有一道裂缝,于是袁某找到开发商,开发商进行几次维修后,结果仍然不理想,袁某提出要退房,开发商不同意。袁某于2006年4月19日来到分宜县消协投诉。接到投诉后分宜县消协十分重视,马上与该商品房的开发商取得联系,就该商品房的有关问题进行协商。经分宜县消协多次组织双方调解,终于达成协议,开发商同意消费者退房,退回其购买首付款4万元、按揭款5.4万元和装修款5700元,并赔付利息及房价上涨的损失1.7万元,共计人民币11.67万元。

2008年7月2日,进贤县南台乡村民张某在进贤县某农机销售中心花4万多元买了1台某品牌收割机,谁知该收割机在第1天下田使用时就频出故障,累计出现堵机2次、坏皮带2根、割禾滚轮盖损坏、脱履带1次、链条损坏等机械故。之后厂家售后人员进行修理,在修好后没几天链轮又打坏了。于是厂家售后人员重新换了一链轮,修好后张某仅割了20来亩稻禾,该收割机的割台又掉了,就这样在仅仅20多天的时间里,该收割机屡修屡坏,共坏6次。张某无法忍受,多次找到该品牌收割机的代理商,要求退货并赔偿相应损失,但对方始终不答应,无奈之下,张某来到进贤县消协投诉。县消协接到投诉后,立即组织人员进行调查了解,确认消费者反映的情况属实。于是县消协召集品牌、厂家区域经理和消费者三方经过多次调解、磋商,最终依据《消费者权益保护法》《产品质量法》达成协议,由厂家免费更换一台新的收割机给张某,同时补偿张某损失费4000元。

**支持消费者诉讼** 全省各级消协发挥职能作用,在消费者需要通过司法途径维权时,支持消费者依法维护合法权益。

1993年5月10日,武宁县某竹木加工厂某职工触电身亡。事故发生的原因是乡某水电站安装的日光灯镇流器漏电,加之安装者违反操作规程所致。九江市消委会在受理死者家属的投诉后,在调查弄清全部事实并取得武宁县供电局、公安局及九江市第一建筑工程公司水电安装工程处有关证明后,依据《消费者权益保护法》第四十二条"经营者提供商品或者服务,造成消费者或者其他受害人死亡的,应当支付丧葬费、死亡赔偿金以及由死者生前扶养的人所必需的生活费等费用"的规定,作出乡某水电站应赔偿给死者家属1.335万元的调处意见。但两次协商调处未成,市消委会支持死者家属向武宁县人民法院起诉。经法院审理,判决武宁县某水电站一次性赔偿死者家属1.59万元,案件诉讼费1000元亦由某水电站承担。

1994年4月3日,消费者陈某在萍乡市湘东新街市场一楼的一家私营商店,花40元购得东莞怡昌皮鞋厂生产的"波士牌"真皮皮鞋一双。只穿了1天,鞋面就出现裂痕。4月8日,陈到该店要求退换,店主尹某不同意。陈某拿了皮鞋到湘东区消协投诉,区消协邹恒梅当即与陈一块赶到商店。当时尹店主不在,店内只有尹的父亲和营业员。营业员承认鞋是她们出售的(当时没有开发票)。对鞋面发裂,尹的父亲同意消协的调解,赔偿陈10元钱。但营业员不同意,说要由尹店主来决定。第二天,消协派人找店主,店主不理睬,不同意消协的调解。消协支持消费者向法院起诉。法院经过取证后,19日中午给双方当事人送达开庭通知。下午,被告的爱人和父亲到法院,表示同意退货。第二天法院开庭,被告抓住未开发票一节,矢口否认皮鞋是他们卖的。法庭因证据不足,宣告休庭。法院经过再调查后,于4月23日在区工商局公开审理。根据确凿证据,法院依法判决个体经营户尹某退回消费者陈某鞋款40元,承担诉讼费70元。陈某交回尹某皮鞋一双。

## 法规行规建设

1993年10月31日,《中华人民共和国消费者权益保护法》颁布。12月28日,省人大财经委员会、省工商局在南昌联合召开实施《中华人民共和国消费者权益保护法》新闻发布会。省人大常委会副主任王仲发,省政府副省长郑良玉,省消协名誉会长刘仲候,顾问裴德安、沈翰卿、柳滨等出席会议。

1995年,省八届人大常委会第十六次会议通过省消费者协会参与起草、修改的《江西省实施〈中华人民共和国消费者权益保护法〉办法》,定于8月1日起开始施行。7月28日,省人大财经委、法工委、省政府法制办、省工商局、省消协在南昌联合召开新闻发布会。标志着全省保护消费者权益工作进入新的历史阶段。

1998年5月29日,省消协和省农机局制定《江西省农业机械产品修理更换退货责任规定》。

2003年,省消协与省农机局联合印发《江西省农机产品质量投诉受理实施细则》,加强和规范农机产品打假和质量投诉工作,切实维护广大农民消费者的利益。

2005年,省消协制定《江西省消费者协会基层组织规范化建设意见》。

2007年4月,省消协起草《江西省实施〈中华人民共和国消费者权益保护法〉办法》修订草案征求意见稿。

2009年,省消协参与省工商局对《江西省合同格式条款监督管理办法》修改,对该办法提出修改意见及一些有利于保护消费者的建议。

2009年10月14日,省消费者协会联合河北、天津、辽宁、江苏、四川等六省市消费者组织,向国家工业和信息化部、国家质检总局、国家标准化管理委员会递交《关于尽快出台汽车安全气囊国家标准的建议函》,呼吁尽快制定并出台汽车安全气囊国家标准,切实维护消费者的人身和财产安全。

# 第三节　消费指导

省消协注重抓好消费指导工作,通过充分发挥消费调查、商品比较试验、消费警示、普及消费知识等手段,引导广大消费者科学、健康、合理消费。

## 消费调查

消费调查是消协了解消费领域有关问题及发展变化规律,以更好地为消费者提供消费信息与咨询服务,为政府和有关部门及经营者提供参考的基础性工作。调查方法有观察、访问、问卷、抽样等形式。

1992年3月12日,省消协要求成立较早、条件较成熟的地、市消协要逐步开展调查研究和理论研究。

1992年4月10日,全省消协系统组织开展消费者评价家电产品售后服务,群众投票和各级消协进行社会调查活动。

2001年3—5月,根据中国消费者协会的统一部署,省消协和各级消协在全省广泛开展了"千万个绿色消费志愿者在行动"大型调查承诺活动,发放《绿色消费调查承诺卡》23万份。对广大消费者进行一次"绿色消费"宣传教育,绝大多数消费者对倡导"绿色消费"做出庄严的承诺,并就实施"绿色消费"提出积极的建议和要求。8月20日,在对有关居民家庭用水按底度收费的专题调查基础上,省消协致函省建设厅,建议尽快取消对居民家庭按底度收取水费的有关规定,供水部门应按消费者实际用水量收费。10月8日,省物价局、省建设厅联合印发《关于加强全省城市供水价格管理的通知》,取消了居民用水按"底度收费"的规定。

2003年,省消协开展农村消费和消费环境状况调查。选取南昌、九江、抚州、宜春、吉安、新余、萍乡等7个设区市作为调查范围,共有26个县,66个村的1400多户农民接受调查。4月,省消协联合各设区市消协对 2001 年至 2003 年期间商品房市场侵害消费者权益的情况，进行专题调查。调查活动有力地配合省人大常委会在全省范围内开展的《城市房地产管理法》执法检查。5 月起，省消协开展对 2002 年 1 月至 2003 年 9 月 20 日期间，全省各地消费者投诉空调、冰箱的情况进行调查。

2004 年 7 月至 8 月，省消协组织开展"农村化肥消费状况调查"活动。本次调查采用入户访谈，填写问卷的形式。调查内容主要包括：化肥的购买和使用情况，化肥消费中农民权益受损情况，化肥消费中的服务情况以及农民的需求等。9 月，省消协采取在大江网、《都市消费报》等媒体公布调查问卷，征集消费者意见和工作人员深入商场、社区对消费者进行现场问卷等方式，对南昌市部分大中型商场（店）消费环境进行调查。商场在改善消费环境，提高服务质量方面的努力得到消费者的肯定。10 月，全省消协系统开展"农资质量和售后服务状况"调查活动。调查活动采取召开座谈会、走访相关行政单位和农村消费者、调查问卷等方式，对种子、农药、农机等农资产品及售后服务、流通渠道等进行调查。12 月，省消协就食品安全消费中的有关问题，在全省组织开展食品安全消费状况调查活动，全省共有 11 个设区市、40 个县（市、区）2000 多人次参与此次问卷调查。省消协向相关部门及广大消费提出相关建议。

2005 年 6 月，省消协对南昌市早点、熟食品小店的塑料食品袋的卫生状况开展一次消费调查。省消协通过新闻媒体向社会发布消费提示。8 月，省消协开展美容化妆品市场消费状况调查活动。省消协通过新闻媒体向社会发布消费提示，提醒广大消费者应谨慎选择化妆品和美容店。10 月，省消协联合南昌市消协对南昌市部分学校周边食品安全状况开展一次消费调查，并通过新闻媒体向社会公布调查结果。

2006 年 9—10 月，省消协开展旅游服务消费体察活动。省消协和省旅游局及 7 个设区市消费者协会工作人员选择 9 家旅行社、9 条旅游线路以普通消费者的身份进行旅游消费体察，亲身经历咨询、签约、旅行、参观等全过程。

2009 年 9 月 9 日至 10 月 15 日期间，省消协会同南昌市消协共同开展南昌市邮政营业窗口服务情况专项调查活动，共计完成 10 份体察表和 300 份消费者评价表。

商品比较试验

省消协注重商品比较试验。对同一类不同品牌的商品进行市场随机购样，然后委托权威检测机构根据标准对商品具有可比性的特征进行测试，从而对同类商品的不同品牌之间特征差异进行比较，为消费者提供客观的消费信息，以达到科学指导消费者选择商品目的。开展商品比较试验，履行《消费者权益保护法》赋予消费者协会的首项职能，为消费者提供真实的商品信息和咨询服务。根据中国消费者协会比较试验工作准则，省消协先后开展碳酸饮料、果冻等商品比较试验工作，并通过新闻媒体向社会公布比较试验结果。

消费警示

1998 年 7 月，中消协印发《中国消费者协会消费警示发布制度实施规范（试行）》。据此，省消协开始发布消费警示,根据当时消费者的投诉热点问题,不同时期投诉内容的重点问题等,向广大消费者发布警示,把对商品和服务的社会监督,由事后调解维权前移到事前预警防范和初发期预防,提醒消费者避免消费陷阱,走出消费误区,达到理性科学消费。其中有,市场消费警示录:国家明令禁止的商品不准买;对可能危及生命、财产安全的商品不能买;不明码标价的商品不要买;"三无产品"不买;超过保质期的商品不买;无发票的商品不买。

1999 年 3 月 15 日,省消协发布消费警示,提醒消费者买农药要看三证(农药生产许可证或农药生产批准文件、农药标准和农药登记证),警惕电子秤做假,压力锅使用八年赶快淘汰,食用过期食品有害健康,审慎选购水发食品。

2000 年,省消协发布"3·15"忠告,提醒消费者维权要增强证据意识,家庭装修别找"装修游击队",购买进口食品要当心,消费者寻求中介服务五注意,谨防啤酒瓶爆炸伤人。

2001 年 3 月 15 日,省消协发布消费警示,提醒消费者绿色食品有利健康;购买进口食品、化妆品,请认准"CIQ"标志;提倡绿色家装保障安全健康;明码标价谨防欺诈;谨防霉变食品危害您的健康。

2002 年,省消费者协会发布"家庭装修,居住安全""为了健康,食用无公害蔬菜""慎选钢化玻璃燃气灶"等消费警示 10 条。

2004 年,省消协发布系列消费警示。年初,针对南昌市豆制品市场出现的质量问题,发布消费者"购买豆制品时一定要做到'一摸、二看、三闻'"的消费警示;"3·15"期间,发布"儿童食品安全不容忽视""农村消费者购买农资产品五注意"的消费警示;4 月,根据新闻媒体报道安徽省阜阳市出现劣质奶粉坑害儿童事件和江西省也发生类似情况,及时发布消费者"购买奶粉应注意的有关问题"的消费警示;7 月初,省消协通过对市场消费信息的调查,发布"夏季购买使用空调五注意"等消费警示;9 月下旬,发布"十一"黄金周旅游消费警示。

2005 年 3 月 15 日,省消协根据消费者投诉及市场调查中涉及食品、家具、预付费式消费、地板、商品房等消费热点,向广大消费者发布"3·15"消费警示,提醒消费者选购食品要做到"六注意",购买家具要索取"使用说明书",预付费式消费有风险,消费者要谨慎选择,审慎选购和安装地板,认真签订购买商品房合同。

2007 年,省消协在"五一黄金周"前,综合日常受理旅游投诉中反映出来的情况,发布消费提示《旅游消费应注意的八个问题》,为消费者黄金周出行进行维权方面的事前指导。根据全省消协受理消费者投诉的热点问题,8 月下旬与省乳制品质检站联合发布消费提示《乳制品系列消费提示(5 个系列)》。9 月与省建材产品质量监督检验站、南昌市装饰行业协会联合发布消费警示《实木地板三大问题,消费者须六点细心》。

2008 年 3 月 3 日,省消协针对消费生活中存在的十类消费陷阱,发布《网上购物多谨慎,商品包装中文标识不可少》《邮购商品陷阱多,实物和广告宣传要相符》《可疑的义诊和讲座,不要轻信》等"3·15"忠告,以提高广大消费者维护自身合法权益的意识与能力。省消协在"黄金周"前就综合日常消费者投诉反映热点情况等,先后发布旅游、购物等方面消费警示,提醒消费者注意消费安全。

# 第四节　消费教育

1991—2010年,省消协开展消费教育,向广大消费者提供消费信息和咨询服务,提高消费者自我保护意识,提升消费者生活质量,扩大消费需求,增强消费者维权意识,从而保护消费者合法权益。

## 消费宣传

**报刊专栏**　1991年8月,省消协与江西日报社联合举办《消费者之窗》专栏,设消费者来信、受理投诉、法规宣传、消费指南、企业与产品、知识竞赛等六个栏目。

1993年10月,《中华人民共和国消费者权益保护法》颁布,自1994年1月1日起施行。《江西工商》杂志从1994年11月开始连载江西省消费者协会副会长谢日新撰写的辅导文章《消法》讲座,共9讲。

1998年4月,省消费者协会和《信息日报》社联合举办《消费视点》专栏,每周星期四出刊。

2004年4月,省消费者协会在《都市消费报》开辟《诚信·维权》专版。4月至10月举办29期,报道有关消费维权稿件116篇。

**广播电视节目**　1991年5月,省人大法工委、省工商局、省消协和江西电视台联合主办《江西省保护消费者合法权益条例》实施一周年法律知识竞赛。

1992年5月,省消协与江西电视台等8个部门联合在江西电视台"七彩桥"栏目中开辟"质量与消费者"专题节目。宣传在改革开放中,抓质量、上品种、增效益等方面表现突出的生产经营企业,对那些制售假冒伪劣商品,损害消费者利益的单位(包括个体工商户)予以批评和揭露;公布消费者对衣、食、住、行、用等消费热点的典型投诉及政府有关部门对商品质量的检测结果。

1993年5月,省消协、《中国消费者报》江西记者站、江西电视台决定从1993年6月起,在江西电视台"七彩桥"栏目中开辟"消费指南"专题节目。围绕"市场经济与消费者"这一主题,以正面指导为主,适当披露严重侵害消费者利益的行为,维护消费者合法权益,引导消费者合理消费。

1994年4月,省消费者协会与江西人民广播电台联合开设"3·15投诉台""消费指南"栏目。5月1日,省消费者协会与江西经济广播电台联合开设"3·15投诉"热线直播板块节目。

1998年3月17晚,省消费者协会、解放军二炮政治部文工团、江西电视台联合在江西艺术剧院举办"情系消费者"专场文艺晚会,受到广大观众的好评。是年,省消费者协会还与江西教育电视台联合举办《消费指南》专题。

2001年3月9日开始,江西电视台连续播放6期与省消协合作拍摄的有关"绿色消费"的专题节目,内容涉及废弃电池对环境的污染和危害,如何对蔬菜正确使用农药,食品塑料袋及一次性塑料杯的对比试验等等。3月11日,省消协还与江西有线电视台联合录制"绿色消费大家谈"特别节目,专家学者、有关部门负责人、相关企业负责人及数百位消费者集聚一堂,谈各自对"绿色消费"的理解,为倡导"绿色消费"建言献策,使宣传"绿色消费"年主题落到实处。

**书刊宣传教育** 2004年6月14日,为纪念《中华人民共和国消费者权益保护法》颁布实施十周年,省消费者协会成立十五周年,经省工商局批准,省消费者协会于年底编辑出版《共铸诚信》画册。

**理论研讨** 1996年8月21日至23日,省消协与南昌市消协在井冈山联合举办保护消费者权益理论研讨会,出席会议的有各地、市(部分县)消协会长、秘书长及有关教授、学者、企业60多人。会议收到各类理论研讨文章36篇,通过大会发言和书面发言进行交流。到会同志围绕《消法》和《实施办法》的有关精神,结合工作实践,从不同角度探讨《消法》赋予消协的七项职能。

2005年,为深入宣传贯彻"健康·维权"年主题,动员广大消费者加强对商品和服务的社会监督,营造全社会共同维护消费者合法权益的良好氛围,5月30日,省消协面向社会公开征集不平等格式条款及点评意见,具体要求是1月1日至6月30日,消费者在商业企业购买或接受服务时发现的不平等格式条款(含经营者单方以通知、声明、店堂告示等方式做出的不公平、不合理的规定)、显失公平的行业惯例。征集公告发出后,短短1个月时间,省消协就收到消费者提供的点评线索46件,其中不平等格式条款35件。除此之外,省消协的工作人员还以普通消费者的身份,深入到省会南昌的一些大型商场和超市,收集不平等格式条款。8月24日,省消协召开"商业企业格式条款"点评专家座谈会,邀请来自省高级人民法院、省工商局、省司法厅、省内贸办、省律师协会、江西师范大学政法学院、江西中山世佳律师事务所的专家学者,与省、市、区三级消协的有关负责人一起,就公开征集到的、在商业企业中普遍存在的7条格式条款进行广泛、深入的点评。就商业企业中普遍存在的7条格式条款,专家们认为,这些格式条款,本质上都是商业企业的单方告示,是没有法律效力的。专家们还对尽管不是格式条款,但在商业领域普遍存在的一些不良行为进行点评。如商场擅自设立"第二道关卡"违规检查消费者所购物品或在购物票上加盖购物章,收银不找零等等,这些都严重侵害了消费者的合法权益。省消协把这些专家学者的点评意见整理、反馈给制定不平等格式条款的商业企业,劝谕各商业企业进行修订。对拒不改正的企业,将予以曝光,并转请行业主管部门和有关行政部门进行规范,共同营造怨天尤人消费环境。

2006年9月29—30日,省消协、省装饰行业协会联合开展"消费教育系列"活动,举办"怎样正确选用地板""家装市场纵横谈"讲座,受到广大消费者的欢迎。

## "3·15"活动

**早期3·15活动** 每年的3月15日是国际消费者联盟确定的"国际消费者权益日"。省消协都在这一天开展大规模的宣传咨询服务活动。受理消费者投诉,解答消费者咨询,宣传保护消费者权益的法律法规和消费知识,为消费者提供服务。

1991年3月15日,省消协围绕"质量与消费者"这个主题开展"3·15"国际消费者权益日宣传咨询服务活动。

1992年3月15日,省消协举行"3·15"国际消费者权益日宣传咨询服务活动,以提高消费者的自我保护意识。

1993年3月13日,省市工商局、省市消协联合省市有关部门、行业组织、新闻单位、名优企业,在南昌八一广场举行以打击假冒伪劣,推荐名特优商品,维护市场经济秩序,保护消费者利益为主题内容的纪念活动。编印《"3·15"国际消费者权益日宣传资料》6万份,录制《江西省保护消费者合法权益条例》磁带200盒。

1994年3月15日,省消协向广大消费者宣传消费者的权利、经营者的义务及其他有关政策规定,开展咨询服务,现场受理消费者投诉,散发《消法》及宣传材料40多万份。

1995年3月15日,在"国际消费者权益日",省工商局、省消协会同南昌市工商局、市消协、物价、计量等有关部门领导到市人民广场,向广大消费者宣传《消费者权益保护法》,提供咨询服务,现场受理消费者投诉。省工商局局长戴子钧、省消费者协会会长李立超等出席活动。

1996年3月15日,省工商局、省消费者协会、南昌市工商局、南昌市消费者协会在南昌人民广场举办"依法护权 —'96"3·15"国际消费者权益日"大型宣传咨询服务活动。通过现场受理投诉、专家热点咨询、法律法规宣传、实物消费指导、伪劣商品曝光等方式,帮助消费者增强法律意识,提高辨假能力,丰富商品知识。

主题"3·15"活动(开展年主题活动)从1997年起,中国消费者协会每年推出一个主题,即突出一个方面的内容进行宣传教育并作为全年开展活动的主线,推动消费维权工作不断向纵深发展,"3·15"国际消费者权益日纪念宣传咨询服务活动也发展为有主题的活动。

1997年3月15日,省工商局、省技术监督局、省消费者协会、南昌市工商局、南昌市消费者协会在南昌人民广场联合举办以"讲诚信、反欺诈"为主题的"3·15"大型宣传、咨询、展示活动。活动内容包括法律宣传、现场投诉、真伪鉴别、图片展览以及突出我省名优产品宣传为目的的企业产品展示,以生动活泼的形式,介绍消费知识和法律知识,宣传消费者的权益,唤醒消费者的自我保护意识,督促企业重视消费者权益,促进全社会都来关心和保护消费者权益。

1998年3月15—16日,省工商局、南昌市工商局、省消费者协会、南昌市消费者协会在南昌八一广场,举行"为了农村消费者""打假护权"为主题的纪念"'3·15'国际消费者权益日"大型宣传咨询服务活动。组织省市农业、农资有关部门车队"四下乡"活动(送科技书、农资、农机产品、技术服务),到南昌、新建两县进行现场展示服务。3月15日上午,省工商局在南昌市湾里垃圾场进行假冒伪劣商品销毁活动,现场共销毁假冒伪劣商品品种120余种,总计标值达107.16万元。

2000年3月15—16日,省工商局、省消费者协会、南昌市工商局、南昌市消费者协会在南昌市八一广场举行"'3·15'国际消费者权益日"大型宣传咨询服务活动,围绕"明明白白消费"这一主题,突出对消费"知情权"的宣传力度。各行业主管部门结合保护消费者权益中的热点和难点问题,分别举办"明明白白——打电话、旅游、投保、购商品房、购物"等咨询服务活动。

2001年3月15日,省消协以"绿色消费"为主题在南昌市体育中心举行"为国民强壮加杯奶",送"绿色种子"及配套技术下乡出发仪式。省人大环境与资源保护委员会副主任委员龚三堂为江西英雄乳业股份公司、江西阳光乳业公司"为国民强壮加杯奶"送奶活动车队授旗,南昌市副市长雷武江为省农业厅"送优良品种及配套栽培技术下乡活动"宣传车队授旗。

2002年3月15日,省消协组织开展以"科学消费"为主题的"'3·15'国际消费者权益日"纪念活动。整个活动内容丰富,形式多样。

2003年3月15日,省工商局、南昌市工商局等有关部门和省消费者协会、南昌市消费者协会在南昌市胜利路步行街举行"'3·15'国际消费者权益日"宣传咨询服务活动。宣传"营造放心消费环境"主题,为消费者提供咨询服务,邀请有关专家为消费者答疑解惑。省消费者协会华东商贸城消费者投诉站举行揭牌活动,华东商贸城举行实行"先行赔偿制度"承诺签字仪式。

2004年3月15日,由省委宣传部、省工商局、省广电局、江西日报社、省消费者协会、南昌市委宣传部、南昌市工商局、南昌市消费者协会等单位共同主办的"诚信·维权——2004(南昌)'3·15'国际消费者权益日"大型宣传咨询服务活动,在南昌人民公园隆重举行。此次活动旨在动员社会各界关心和支持消费者权益保护事业,增强经营者与消费者的"诚信·维权"意识,推进全社会诚信建设。活动现场还组织名优商品、商品房楼盘和小汽车展示。树立企业打造精品,诚信经营的良好形象,向消费者提供科学、健康、合理的消费知识和消费信息。当天,全省工商系统,组织开展一次集中销毁假冒伪劣商品行动,价值775万元的假劣商品付之一炬。

2005年3月15日,由省委宣传部、省工商局、省消费者协会、南昌市委宣传部、南昌市工商局、南昌市消费者协会共同主办的"健康·维权"——2005年"3·15"国际消费者权益日大型宣传咨询服务活动,在省体育馆隆重举行。近30家单位共100余人在现场设立咨询点,开展法律法规宣传,为消费者答疑解惑,并提供咨询服务和受理消费者投诉。

2006年3月15日,由省委宣传部、省工商局、省消费者协会、南昌市委宣传部、南昌市工商局、南昌市消费者协会共同主办的"消费与环境"——2006江西纪念"3·15"国际消费者权益日大型宣传咨询服务活动,在南昌八一广场举行,吸引近万名市民参与。20多个部门和单位搭起咨询台,开展法律法规宣传,为消费者答疑解惑,并提供咨询服务和受理消费者投诉。活动仪式上,还对省电信有限公司等15家获得中国消费者协会"诚信维权单位"荣誉称号的单位颁发了荣誉证书。

2007年3月15日,由省委宣传部、省工商局、省消费者协会、南昌市委宣传部、南昌市工商局、南昌市消费者协会共同主办的"消费和谐"——2007江西纪念"3·15"国际消费者权益日大型宣传咨询服务活动,在南昌八一广场隆重举行。工商、物价、卫生、质监、出入境检验检疫、房管、药监等部门工作人员组成强大阵容方阵并现场开展宣传咨询活动。活动仪式上,还对获得"江西省消费者协会2006年度调解投诉能手"进行表彰。

2008年3月15日,由省委宣传部、省工商局、省消费者协会、南昌市委宣传部、南昌市工商局、南昌市消费者协会共同主办的"消费与责任"——2008江西纪念"3·15"国际消费者权益日大型宣传咨询服务活动在南昌市八一广场隆重举行。活动仪式上还对获得中消协2007年开展"消费和谐"年主题活动先进单位、省消协2007年度调解投诉先进单位、省消协2007年度调解投诉能手、省消协2007年度诚信承诺先进单位代表进行表彰。3月20日,省消费者协会、南昌市消费者协会联合江西先农种业有限公司到南昌县冈上镇晋安村开展送法、送种子下乡活动,并给当地的贫困户送优良种子和化肥,受到欢迎。

2009年3月15日,由省委宣传部、省工商局、省消费者协会、南昌市委宣传部、南昌市工商局、南昌市消费者协会共同主办的"消费与发展"——2009 江西(南昌)"3·15"国际消费者权益日大型宣传咨询服务活动在南昌八一广场隆重举行。活动仪式上,对获得中消协 2008 年开展"消费与责任"年主题活动先进单位、中消协 2008 年全国消协组织保护消费者权益先进集体,省消协 2008 年底调解投诉先进单位,省消协 2008 年度诚信承诺先进单位代表进行表彰。活动现场,由工商、消协、质监、卫生、物价、旅游、房管等 20 多个政府职能部门和相关行业协会参与宣传咨询服务活动,接受消费者咨询,宣传国家的消费政策和法律法规,解答消费者疑难问题,并现场受理消费者投诉。据统计,参与"3·15"活动的市民人数超过 2 万人,现场发放宣传资料 47360 份,接受咨询 5316 人次,现场受理投诉 206 起,现场解决 136 起。

2010 年 3 月 15 日,由省委宣传部、省工商局、省消费者协会、南昌市委宣传部、南昌市工商局、南昌市消费者协会共同主办的"消费与服务"——2010 江西(南昌)"3·15"国际消费者权益日大型宣传咨询服务活动在南昌市八一广场隆重举行。活动仪式上还对获得中消协 2009 年开展"消费与发展"年主题活动先进单位、省消协 2009 年消费教育工作先进单位、省消协 2009 年度调解投诉先进单位代表进行了表彰。活动现场还与省邮政公司等 23 家企业签订"共建诚信和解单位,投诉和解对接工作协议"。

20 年间,省消费者协会和全省各级消费者协会在保护消费者合法权益方面努力工作,成为党和政府联系群众的一条重要渠道;成为对商品和服务进行社会监督,维护社会经济秩序,促进市场经济健康发展,增强社会安定团结的一支力量;成为贯彻党和政府为人民服务宗旨,反映群众呼声,全心全意为消费者服务的一个重要社会组织,得到社会各界的广泛好评。

# 第三章　江西省广告协会

1986年8月9日,江西省广告协会经省经济体制改革委员会批准成立,协会人员、经费由组建单位解决,业务上接受省工商局指导。是年12月12日,召开江西省广告协会第一次代表大会,制定通过《江西省广告协会章程》,选举产生江西省首届广告协会理事会,江西省广告协会正式宣告成立。

省广告协会是全省广告界的行业组织,是具有法人资格的社会团体,其法定代表人是会长。协会的最高权力机构是会员代表大会。在会员代表大会闭会期间,由理事会行使代表大会的职权。

省广告协会挂靠省工商局,在省工商局的指导下进行行业管理,按照国家有关方针、政策和法规,发挥其对行业的指导、协调、服务、监督职能。

省广告协会内设机构:综合办公室(秘书处)、会员管理部、法律信息咨询部(广告咨询服务中心)。分支机构有:报纸委员会、电视广播委员会、广告公司委员会、学术委员会。

1991—2010年,省广告协会充分发挥广告协会"提供服务、反映诉求、规范行为"的功能作用,在省工商局的领导下,学习宣传贯彻《中华人民共和国广告法》,为广告业提供专业技术培训、企业资质认定、法律咨询、广告审查、交流合作等服务工作,促进江西广告业又好又快发展;向政府有关部门及相关行业反映广告业的诉求,维护行业的利益;制定、落实自律规则,规范竞争行为,维护广告市场秩序。1991—2004年是高速发展阶段、2005—2010年是平稳发展阶段。

## 第一节　组织建设

### 组织沿革

1991年6月,省广告协会第二次会员代表大会在南昌召开,选举产生省广告协会第二届理事会。聘请省人大常委会副主任钱家铭为名誉会长,聘请南昌市市长蒋仲平、省工商局副局长胡菊芬为顾问。选举刘超海担任会长,黄鹤林等7人担任副会长,滕俊强担任秘书长(1994年10月起由赖传金接任),卫苏久、居丽莎担任副秘书长。

1997年4月,省广告协会第三次会员代表大会在南昌召开,150多名来自全省各地市广告协会、广告指导组和专业委员会代表,广告经营单位会员代表、广告主会员代表出席会议。会议修改并通过《江西省广告协会章程》,选举产生省广告协会第三届理事会。聘请省人大常委会副主任郑良玉、省长助理蒋仲平为名誉会长;聘请张会村、黄鹤林、李豆罗为顾问;选举省工商局副局长胡菊芬担任会长,万伟成等9人为副会长,副会长赖传金兼秘书长,副会长王亦平兼副秘书长。12月,省广告协会召开三届二次执行理事会,增补江西新时代美术广告公司等9家单位为省广告协会第三届执行理事单位。

1998年3月,省广告协会根据中国广告协会"开展有偿咨询服务"的要求,设立广告咨询服务中心,坚持为会员单位服务,维护消费者的权益,制止虚假广告的公布。对不符合有关规定的广告,提出不予发布的建议,并购置相应设备坚持每天对主要媒介进行广告监测。发现违法违规现象,及时通知改正或建议行政机关立案查处,以净化广告市场。

2000年2月,省广告协会第三届四次执行理事(扩大)会在南昌召开。增补邹国庆为副会长;因工作变动,原任副会长王福堂、廖智能分别调整为吴仁平、郑怡成;因工作变动,原任协会理事龚海林调整为徐志斌;同意刘超海因已退休要求辞去副会长的请求;免去唐新华副会长职务。

2001年1月,省广告协会举行第三届五次执行理事扩大会,33名执行理事和有关人员参加了会议。审议通过《江西省广告业'十五'发展计划》;增补贺吉生、赵明强2人为省广告协会副会长;因工作调整,王亦平不再担任省广告协会副会长、副秘书长职务。10月,省工商局党组研究决定:沈庆中兼任江西省广告协会会长。胡菊芬不再担任省广告协会会长职务。

2002年2月,省广告协会三届六次执行理事扩大会在南昌召开,24名理事和执行理事出席了会议。宣读并通过省工商局副局长沈庆中为省广告协会会长的任命。增补樊松廷、陶国芳、李宇3人为省广告协会第三届理事、执行理事、副会长,江南都市报广告部为理事、执行理事单位。由于工作变动,刘林茂、郑怡成、吴仁平3人不再担任省广告协会理事、执行理事、副会长。

2004年3月,省广告协会三届八次理事会在南昌召开。增补江西华云气象广告有限公司等5家广告经营单位为理事单位,九江市广告协会等3家单位为执行理事单位,曾庆洪等3人为省广告协会理事、执行理事、副会长;免去江西明珠广告有限公司省广告协会理事、执行理事、副会长单位。万伟成不再担任省广告协会副会长职务,因工作变动,邹国庆不再担任省广告协会理事、执行理事、副会长职务。

2005年7月,省广告协会成立"企业资质认定委员会",下设专家组和办公室,其职责是制定《江西省'中国二级广告企业'评分细则》和《江西省'中国三级广告企业'评分细则》;审查申报"中国一级广告企业"的广告公司上报材料的真实性和合规性,提出初审意见;对申报"中国二级广告企业"和"中国三级广告企业"的广告公司进行认定。认定委员会是广告业企业资质认定的权力机构,其成员由省广告协会会长和副会长组成。专家组是认定委员会的咨询和顾问机构,其成员由大专院校的专家教授组成。办公室是认定委员会的日常办公机构,设在省广告协会秘书处。

2006年1月,省广告协会第三届十次执行理事(扩大)会在南昌召开。根据《江西省广告协会章程》有关规定,由会长提议,调整省广告协会第三届理事会部分领导成员和理事、执行理事单位。南昌市广告协会会长刘林茂、省邮政广告有限责任公司总经理刘鸿、省星际广告有限公司总经理李小勇为副会长,甘盛哲为副秘书长,樊松庭因工作变动不再担任副会长。4月,省广告协会根据《江西省广告协会章程》有关规定,由会长提议,经研究调整省广协第三届部分领导成员,熊激文为江西省广告协会理事、执行理事、副会长。

2006年6月，经省民政厅批复，省广告协会在南昌召开"江西省广告协会学术委员会"成立大会。依托江西高校丰富的学术资源，凝聚优秀的广告理论专家与从事广告行业实际工作人才的集体智慧，为全省进行广告学术研究，发展广告理论，指导广告实践搭建一个良好的平台。大会通过《江西省广告协会学术委员会章程》《江西省广告协会学术委员会条例（草案）》，产生省广告协会第一届学术委员会常务委员会组织机构成员名单，主任委员项国雄，副主任委员甘宗荣等12人，秘书长孙平，常务委员支林等17人，委员王幸福等13人。

2007年2月，省广告协会在南昌召开省广协三届十一次执行理事（扩大）会议，调整省广协第三届理事会领导成员，增补理事单位。增补省电信有限公司黄页分公司为副会长、执行理事、理事单位，省圆融文化传播有限公司及江西上饶立勇广告有限公司为执行理事、理事单位。

2009年1月，省广告协会在南昌召开省广协三届十三次执行理事（扩大）会议。增选江西教育电视台、江西高速广告装饰有限公司、南昌市公交广告公司、江西上饶立勇广告有限公司四家单位为理事、执行理事、副会长单位。

这段时期，全省11个设区市都成立市级广告协会，全面建成省、市行业组织网络。1994年11月18日，新余市广告协会成立。1997年8月22日，抚州地区广告协会成立。2000年11月28日，赣州市广告协会成立。2000年12月15日，宜春市广告协会成立。2001年7月26日，萍乡市广告协会成立。2002年3月22日，上饶市广告协会成立。

表6-3-1　1991—2010年部分年份江西广告业发展情况

| 年　份 | 广告经营单位（户） | 广告从业人员（人） | 广告经营额（万元） | 备　注 |
|---|---|---|---|---|
| 1993 | 730 | | 9579 | |
| 1994 | 1111 | | 18000 | |
| 1996 | 1271 | 10427 | 41385 | |
| 1997 | 1245 | 10647 | 54457 | |
| 1998 | 1248 | 11690 | 60617 | |
| 1999 | 1273 | 11978 | 71317 | |
| 2000 | 1271 | 12249 | 79000 | |
| 2001 | 1345 | 13148 | 85350 | |
| 2002 | 1685 | 14831 | 98000 | |
| 2003 | 1790 | 15408 | 113248 | |
| 2004 | 1910 | 18688 | 142250 | |
| 2005 | 2080 | 21764 | 163000 | |
| 2006 | 2230 | 23064 | 192352 | |
| 2007 | 3042 | 29445 | 212998 | |

续表

| 年　份 | 广告经营单位（户） | 广告从业人员（人） | 广告经营额（万元） | 备　注 |
|---|---|---|---|---|
| 2008 | 3215 | 31956 | 231682 | |
| 2009 | | | 249753 | |
| 2010 | 4306 | 35260 | 287215 | |

## 行业自律

省广告协会加强广告行业自律,建立和完善自律性管理约束机制。围绕规范广告市场秩序,健全各项自律性管理制度,制定并组织实施行业职业道德准则,大力推动广告行业诚信建设,规范会员行为,加强自我监管。先后制定《江西省广告行业自律规则》《江西省广告行业公平竞争规则》《江西省广告宣传精神文明自律规则》等自律性文件,为维护广告行业秩序和促进发展起到积极作用。

1997年4月,《江西省广告行业自律规则》经省广告协会第三次会员代表大会审议通过。省广告协会从广告市场的实际情况出发,把《江西省广告行业自律规则》及时印发至全省会员单位,以便遵照执行,

1998年,省广协对会员进行一次资格认定工作。对于违反自律规则的会员单位,分别进行批评、通报,情节严重或坚持不改的进行公开曝光,直至取消会员资格。对于遵守自律规则好的单位,进行表扬。从而激励先进,批评后进,保证协会会员的骨干地位,以其优质服务为行业做出表率,并带动全行业走规范化经营的轨道。各专业委员会和各地市广告协会、广告指导组开展一系列行之有效的广告行业自律活动,以诚实守信为标准,增强自我教育、自我约束、自我提高的意识,围绕广告业发展的主题,用求新思变的新境界,开明开放的新姿态,诚实守信的新品德、善谋实干的新风采,塑造江西广告人的新形象,涌现一批依法按规办事、社会效益和经济效益双丰收的文明单位,为推进江西广告业持续健康地发展起到了积极的作用。

2000年12月,省人大常委会通过《江西省户外广告管理条例》,并于2001年3月1日起施行。加强户外广告管理,规范户外广告活动,促进户外广告业的健康发展。

2005年,省工商局制定《江西省大众媒体广告监测实施办法》。把广告分为合法、轻微违法、一般违法、虚假或严重违法四类。

2007年1月,省广告协会向全省广告界发出《江西省广告行业自律倡议书》。推动全省广告行业的健康有序发展,增强广告主、广告经营者、广告发布者的行业自律意识,减少和遏制虚假违法广告,树立良好的职业道德和以人为本的服务意识,在行业中营造诚信自律的良好氛围,不断提高广告从业人员的整体素质,发挥广告在全省构建社会主义和谐社会中的积极作用,促进江西经济又好又快地发展。同月,省工商局、省广告协会针对医疗医药广告存在的问题,召开主要由发布医疗广告的相关单位的行业自律座谈会,参加人员60余人。

## 争先创优

1992 年,省广告协会对全省广告经营单位开展"重信誉,创优质服务"活动。搞好行业自律、提高行业素质,促进我省广告业建设和发展。省广告协会和各地市广告协会、广告指导组都把开展这项活动摆在重要议事日程。努力争做"重信誉,创优质服务"先进单位。同年底,省广告协会理事会对各地市广告协会上报的先进单位进行认真评审,评出 39 个"重信誉,创优质服务"的先进单位,并在《信息日报》上予以公开表彰。

2000 年 2 月 23—25 日,中国广告协会在北京召开"1998 年至 1999 年度'争创广告行业精神文明先进单位'总结表彰大会暨中国广告业 21 世纪发展战略研讨会",省信息日报社广告部、赣州地区天马广告实业公司 2 家广告经营单位被命名为"全国广告行业文明单位"。

2001 年,中国广告协会在北京采用书面的形式召开总结表彰大会。江南都市报广告部、农村百事通杂志社广告部、江西方圆广告有限公司、省对外经济贸易广告公司 4 家单位荣获"2000—2001 年度全国广告行业文明单位"称号。12 月 25 日,省广告协会通报表彰全省广告行业文明单位。江西电视台广告部等 27 家单位被授予"2000—2001 年度全省广告行业文明单位"荣誉称号。

2004 年 2 月,中国广告协会开展的"2002—2003 年度争创广告行业精神文明先进单位"活动总结表彰大会在北京举行。江西益民广告有限公司等 6 家广告经营单位获"全国广告行业文明单位"称号,江西省广告协会、南昌市广告协会获"全国先进广告协会"称号,宋学军、周国群两人获"全国广告协会优秀工作者"称号。3 月,省广告协会向全省全行业通报表扬"2002—2003 年度江西省争创广告行业精神文明先进单位"。江西日报社广告部等 38 家广告经营单位获"2002—2003 年度江西省争创广告行业精神文明先进单位"称号,南昌市广告协会等 4 家单位获"2003 年度江西省先进广告协会"称号,宋学军等四人获"2003 年度江西省广告协会优秀工作者"称号。

2007 年 1 月,省广告协会通报表彰"2005—2006 年度全省先进广告协会和全省广告协会优秀工作者"。授予南昌市广告协会、吉安市广告协会、新余市广告协会、萍乡市广告协会为"江西省先进广告协会",授予曹德学、彭丽萍、姚绍义为"江西省广告协会优秀工作者"。1 月 27 日,"2007 年全国广告协会秘书长会议暨全国先进广告协会和优秀工作者表彰会"在北京召开,景德镇市广告协会、上饶市广告协会、宜春市广告协会荣获 2005—2006 年度"全国先进广告协会"荣誉称号,张伟华、邓汇明、刘钧、陈鑫森荣获 2005—2006 年度"全国广告协会优秀工作者"荣誉称号。省广告协会认真开展"2007 年度全国争创广告行业精神先进单位"活动。江西人民广播电台广告经营管理中心、江南都市报社、信息日报社、南昌市公交广告公司、江西电信有限公司黄页分公司、江西上饶立勇广告有限公司共六家单位被授予"全国广告行业文明单位"。

2008 年 1 月,省广告协会通报表彰 2007 年度江西广告行业双文明等五项活动获奖单位和个人。江西省圆融文化传播有限公司等十家单位被授予"2007 年度江西广告行业双文明十佳单位"荣誉称号,江西日报广告部等 3 家单位被授予"2007 年度江西广告行业优秀媒体"荣誉称号,江西星际广告有限公司等 10 家单位被授予"2007 年度江西广告行业十佳广告公司"荣誉称号,江西月兔企业集团有限公司等3家单位被授予"2007年度江西广告行业优秀广告主"荣誉称号。

2009年1月，省广告协会通报表彰"2008年度江西广告行业双文明等五项活动获奖单位和个人"。江西电视台广告中心等10家单位获"2008年度江西广告行业双文明十佳单位"称号，曾庆洪等10人获"2008年度江西广告行业十佳广告人物"称号，江西卫视等7家单位获"2008年度江西广告行业优秀广告媒体"称号，江西星际广告有限公司等10家单位荣获"2008年度江西广告行业十佳广告公司"称号，中国移动通信集团江西公司广丰县分公司等3家单位获"2008年度江西广告行业优秀广告主"称号。是年，省广告协会、南昌市广告协会、抚州市广告协会、萍乡市广告协会、上饶市广告协会获"全国先进广告协会"称号，甘盛哲、彭丽萍、于艳、程昌群、李赛莲获"全国广告协会先进工作者"称号。

# 第二节　指导协调

20世纪90年代开始，省广告协会发挥自身优势，协助政府部门维护公平竞争的市场环境，依据法律法规和自律规则，为企业提供广告发布前的咨询服务，对广告创意和广告内容的合法性提出参考意见与建议，努力提高广告发布质量和水平，增强社会公信力，开展广告刊播监测，了解和掌握广告发布状况，指导、规范和监督会员单位的广告发布活动，杜绝虚假广告，使广告市场健康、有序、文明发展。

1994年11月，省广告协会依据《广告管理条例》的有关规定，协助广告管理部门起草"全国百货订货会"广告规范方案，要求会员与广告经营单位积极参与，并与垄断经营行为作斗争。使"94（南昌）全国百货订货会"的广告经营活动落实在具有经营资格的广告公司，从而结束长期以来"全国百货订货会"广告的无证经营状态，维护了广告经营单位的合法权益。

1997年，省工商局、省广告协会对经各级工商行政管理机关检查不合格的180户广告经营户，取消经营资格。

1998年3月，为促进广告业健康有序发展，根据中国广告协会的要求，经批准，省广告协会成立广告咨询服务中心，并很快投入工作。通过半年多的咨询服务，依据《广告法》要求，经咨询服务中心修改后发布的广告占14%，对部分不符合有关规定的广告，坚持不予发布。咨询服务中心坚持每天对主要媒体进行广告监测，查看发布的广告是否经过审查或审批后是否擅自改变广告内容的现象，堵截违法广告的出现，净化广告市场。同时，采取走出去的办法，上门咨询服务。9月，省工商局根据国家工商局的要求，结合全省实际情况印发《关于开展广告经营资格检查和换发许可证工作的通知》，在全省范围内统一开展广告经营资格检查活动，对检查合格的广告经营单位统一换发新版《广告经营许可证》。广告经营资格检查从1998年12月1日起，至1999年2月28日结束；换发《广告经营许可证》从1999年1月1日起，至3月31日结束。从1999年1月起，全省统一使用新版《广告经营许可证》和《临时性广告经营许可证》；原许可证于1999年3月31日后作废。此后广告经营单位年度检查时间定为每年的1月1日至3月31日。

1999年，省广告协会广告咨询服务中心共接待广告咨询600多条，凡是来要求发布的广告，都进行认真咨询,对内容不符合广告法规的给予指正。特别是保健食品广告的宣传多有夸大之词,一一认真审阅,帮其纠正。在咨询中,经常与广告管理部门取得联系,求得他们的支持和指导。经过咨询纠正广告内容与广告法规有明显违背的约有 60 多条,较好地净化了广告市场。

2000 年,省广告协会认真抓广告发布前的咨询服务工作。重点对药品、医疗、保健食品、招生 4 类广告进行咨询。全年共有 600 余条广告进行咨询,通过咨询约有 10% 违规广告得到纠正。

2001 年,省广告协会加强广告咨询。省广告协会广告咨询服务中心订阅全省的主要报刊,11 个设区市广告协会、指导组配齐广告监测设备,大部分设区市成立广告咨询中心,为"反误导,打虚假"广告专项行动提供服务。省广告协会在全省广告行业中开展"广告信誉年——真实承诺我先行"活动。制定《"开展广告信誉年"活动实施方案》印发给全省广告行业(广告公司、广告媒介、广告主)。《实施方案》明确提出开展活动的目标和具体措施。省广告协会还在《江西广告通讯》刊物上介绍九江市广告协会开展"信誉年"活动的做法、经验及取得的成效,推动"广告信誉年"活动深入开展。

2002 年,省广告协会配合行政部门"反误导,打虚假"专项行动,发挥媒体单位作用,曝光虚假广告,有利会员单位自律,引导会员单位合法经营。对省直报纸、广播电视、期刊等媒介刊播的广告进行监测。从自律出发,对违法、虚假广告进行调查和劝诫,是协会常抓不懈的工作,也是净化广告市场,杜绝虚假违法广告不可少的有力保证。

2003 年,省广告协会全面贯彻落实省委"弘扬井冈精神,兴我美好江西"的号召,向全省广告界发出进一步规范广告用语倡议书,解决广告用语不规范问题,得到全省广告行业的响应。同时,加大法律咨询的力度,按照法律法规的要求,对不符合广告法规的内容给予指正。并加强调查研究工作,同高校联合进行四个专题的课题调研,即全省广告主的广告意识的调研,全省广告公司为外省提供服务情况的调研,广告主、广告发布、广告公司三者的协调合力情况的调研等。调研课题为政府决策提供可靠依据,增强广告协会的服务功能。

2006 年 8 月,省工商局、省广告协会召开广告行业行政告诫会暨法律法规培训。整顿规范广告市场秩序,打出虚假违法广告,提高行业守法意识和自律意识。

2007 年 9 月,省工商局、省广告协会召开广告行业行政告诫会暨举办广告法律法规培训。参加人员 80 余人,本着教育与处罚相结合的原则,通过学习教育和法律法规培训,提高广告活动主体的社会责任感,增强行业守法意识和自律意识,取得良好的效果。

2008 年 12 月,省工商局、省广告协会在南昌召开行政告诫会。分析点评虚假违法广告,进一步强化广告市场主体守法意识和自律意识。

# 第三节　行业活动

## 广告节与优秀作品展

中国广告节是中国广告界的盛会,是广告人切磋技艺、交流合作、共图发展的大舞台。

1992年11月9—10日,省广告协会受中国广告协会的委托,承办在南昌举行的"全国第三届优秀广告作品展",全省选送74件作品参加展评,有11件获奖,其中二等奖2件,三等奖1件,优秀奖2件,佳作奖6件。获奖作品实现零的突破,激励着全省广告工作者不断创新,拓宽思路,努力提高整体策划和设计制作水平。

1995年11月,省广告协会组织开展"江西省第三届广告作品"评比活动。各地市共选送作品74件,评选出24件作品参加中国广告协会在广州举办的"中国国际广告新技术暨全国第四届优秀作品展"。全省获1个地区发展奖和2个佳作奖。

1997年6月17日,省广告协会在南昌组织开展"江西省第五届优秀广告作品"评比活动。各地共选送作品62件,评出金奖作品3件,银奖作品3件,铜奖作品7件,优秀奖作品19件。8月26日,中国广告协会在广州举办"第五届全国优秀广告作品评选暨'红棉杯'中国广告大奖赛"。江西省选送作品52件。赣州地区天马广告实业公司创意制作的《绿凉苦瓜酒》和庐山东方艺术广告公司创意制作的《庐山门票》两件平面广告获中国广告协会和广州市人民政府颁发的"入围奖"。

1999年7月29日,省广告协会在南昌举办"江西省第六届优秀广告作品"评比活动。共收到作品132件,评出金奖作品2件,银奖作品4件,铜奖作品6件,优秀奖作品28件,并选送21件优秀作品参加全国第六届优秀广告作品展。10月20—24日,省广告协会组织全省广告媒介、广告公司、广告管理人员共70余人参加中国广告协会在无锡举办的"第六届全国广告优秀作品展"。江西方圆广告有限公司创意制作的《一千年过去了,再不能占道经营》获入围奖。

2000年8月11日,省广告协会举办"江西省第七届优秀广告作品"评比活动。共收到作品106件,评出获奖作品33件,其中平面类金奖作品1件,银奖作品2件,铜奖作品7件,优秀奖作品13件;影视类金奖作品1件,银奖作品1件,铜奖作品2件;广播类金奖作品1件,银奖作品1件,铜奖作品2件,优秀奖作品2件。10月,中国广告协会在无锡举办"第七届中国广告节","一切尽在不言中……"(江西东方广告有限公司)等6件作品荣获入围奖,其中有1件获铜奖。同时,选送2人(一组)参加全国青年设计大奖赛,荣获全国第六名。

2001年8月7日,省广告协会在南昌举办"江西省第八届优秀广告作品评比"活动。共收到作品157件。评出金奖作品3件、银奖作品5件、铜奖作品10件、优秀奖作品32件、组织奖单位4个。选送41件作品参加中国广告协会10月17—20日在厦门市举行的"第八届中国广告节",有13件作品获全国入围奖。

2002年8月13日,省广告协会举办"江西省第九届优秀广告作品评比"活动,共收到作品238

件,评出获奖作品83件,其中金奖作品2件,银奖作品8件,铜奖作品8件,优秀奖65件。10月23—25日,中国广告协会在大连举办以"交流、竞合、超越"为主题的"第九届中国广告节",江西卫星电视艺术中心创意创作的《没有烟的日子》获大赛铜奖,江西东方广告有限公司创意创作的《食指比拇指好使》等7件作品获大赛入围奖。

2003年12月12日,省广告协会举办"江西省第十届优秀广告作品"评比活动。共征集作品162件,评出获奖作品70件,其中金奖作品1件,银奖作品11件,铜奖作品17件,优秀奖作品41件。组织全省广告行业参加"第十届中国广告节",江西东方广告公司创意制作的《金嗓子喉片(全场大奖)篇》获全国平面类铜奖,有9件作品获全国入围奖,省广告协会荣获大赛最佳组织奖。

2004年10月28—30日,"第十一届中国广告节"在成都举行。根据中广协通知要求,省广告协会不进行初评筛选工作,于11月初举办"江西省第十一届优秀广告作品"评比活动。

2005年12月1日,省广告协会在南昌举办"江西省第十二届优秀广告作品"评比活动。共收到各类广告作品176件,评出金奖作品3件,银奖作品7件,铜奖作品14件,优秀奖作品31件,3个设区市广告协会获大赛组织奖。10月28—30日,中国广告协会在西安举行"第十二届中国广告节",共选送参赛作品70件,江西电视台选送的保护环境《一次性筷子篇》和江西东方船广告有限公司的公益广告《声调篇》获得铜奖,另有10件作品获入围奖,省广告协会荣获大赛最佳组织奖。

2006年10月27—29日,省广告协会组织全省各设区市广告协会和广告企事业单位,共100余人参加中国广告协会在云南省昆明市举行"第十三届中国广告节"。有1件作品获铜奖,2件作品获入围奖。

2007年1月16日,省广告协会在南昌举行"江西省第十三届优秀广告作品评比"活动,景德镇市广告协会、宜春市广告协会、上饶市广告协会、新余市广告协会荣获组织奖。评出:平面类金奖作品2件、银奖作品5件、铜奖作品16件、优秀奖作品21件;户外类金奖作品1件、银奖作品1件、铜奖作品1件、优秀奖作品1件;广播类金奖作品1件、银奖作品1件、铜奖作品1件、优秀奖作品1件;高校平面类金奖作品1件、银奖作品4件、铜奖作品6件。12月14日,省广告协会举办"江西省第十四届优秀广告作品评比"活动。共有参赛作品116件,评出获奖作品24件,其中,平面类金奖作品1件、银奖作品3件、铜奖作品4件、优秀奖作品11件;影视类金奖作品1件、银奖作品2件、优秀奖作品1件;广播类金奖作品1件。12月28日,省广告协会组织全省各设区市广告协会和广告企事业单位参加中国广告协会在山东举办的"第十四届中国广告节",选送作品73件,共有12件作品获奖,其中获铜奖作品2件,获入围奖作品10件。

2008年10月20—23日,省广告协会组织近300人参加中国广告协会在安徽省合肥市举办的"第十五届中国国际广告节"。江西东方广告船有限公司《狗狗唱歌篇》获长城奖金奖。江西人民广播电台等单位选送的五件作品获长城奖入围奖,江西东方船广告有限公司的《沉默时间篇》获黄河奖铜奖,中国电信股份有限公司江西黄页分公司等单位选送的7件作品获黄河奖入围奖。12月30日,省广告协会举办"江西省第十五届优秀广告作品"评比活动。征集广告作品192件,评出获奖作品75件,其中金奖作品4件,银奖作品14件,铜奖作品21件,优秀奖作品36件。景德镇市广告协会、萍乡市广告协会、上饶市广告协会3个单位获组织奖。

2009 年 10 月 29 日至 11 月 1 日,省广告协会组织全省各设区市广告协会和广告企事业单位参加中国广告协会在广西南宁举行的"第十六届中国国际广告节"。探索国际广告节商务合作的方式和途径,协助国家工商总局、中国广告协会在江西举办的 2010 年十七届中国国际广告节。

2010 年 10 月 22—24 日,"第十七届中国国际广告节"在江西南昌举行。4 万多名国内外广告业界人士参加。

## 公益广告

省广告协会多次组织全省广告行业参加中国广告协会举办的公益广告宣传推广活动,组织全省广告行业的公益广告活动,使一大批主题鲜明、内涵深刻、充分反映时代精神的优秀公益广告作品推向社会、不断促进公益广告事业的发展和完善,取得很好的社会效益。

1996 年,在省广告协会的指导下,江西日报社参加"中华好风尚"主题公益广告活动,共发布公益广告 8 条,有 4 幅作品参加全国展评,获国家工商局提名奖 1 个、发展奖 1 个、贡献奖 1 个。

1997 年 12 月 22 日,省广告协会组织全省广告行业开展"自强创辉煌"主题公益广告月活动,在北京举办的全国"自强创辉煌"主题公益广告月活动和全国"争创广告行业精神文明先进单位"活动总结表彰大会上,江西日报社广告部创意制作的《共擎》和《众人拾柴火焰高》,南昌电视台创意制作的《正确对待下岗······路就在脚下》等三件公益广告作品荣获国家奖;江西电视台广告部、江西日报社广告部两家广告经营单位被命名为"全国广告行业文明单位";江西省外贸广告公司、江西方圆广告有限公司、江西明珠广告公司、庐山东方艺术广告公司 4 家广告公司被定为全国表扬单位。

1999 年 3 月 2 日,中央精神文明建设指导委员会办公室和国家工商行政管理局召开 1998 年度全国公益广告活动颁奖大会。江西省公益广告作品《换个插座,你照样发光》(江西方圆广告公司创作)和《路灯》(江西人民广播电台创作),获全国优秀奖;江西人民广播电台经济信息部、南昌有线电视台、南昌晚报广告部 3 家单位获全国公益广告活动先进单位;黄文生、王福堂、叶梅英三人获全国公益广告活动先进个人;亢路、万惠芸两人获全国公益广告获奖作品优秀创作奖。

2001 年 2 月,省文明办和省工商局联合组成评选小组,对 1999—2000 年度全省优秀公益广告作品进行评选。共收到公益广告 93 件,评出一等奖 2 件,二等奖 5 件,三等奖 7 件,公益广告宣传先进集体 4 个、先进个人 5 名。中央文明办和国家工商总局组织开展 1999—2000 年度优秀公益广告作品评选工作。江西东方广告有限公司创意制作的公益广告作品《少了这一点就不是一个完整的中国》,江西人民广播电台广告部创意制作的公益广告作品《别把污水倒在自己碗里》和《秤盘上的洞》获"全国优秀公益广告作品奖"。5 月 1 日至 9 月 15 日,省广告协会、江西金圣实业发展有限公司、信息时报社共同举办"海鸟杯"公益广告大奖赛。大奖赛的主题包括"申奥""环保""建党八十周年"三大部分,共收到参赛作品 400 多件,其中《保护鸟类,关爱人生》《生活中有太多的文盲》《远看山有色》《2008 年奥运北京》《翻身不忘共产党》等 5 件作品获得一致好评,江西东方广告有限公司的作品获一等奖。5 月 14 日,省广告协会组织全省广告行业参加由中国广告协会、中国消费者协会联合举办的"绿色消费"公益广告大赛活动。共征集参赛作品66件,南昌九方连通广告公司报道的《地球之挽》系列公益广告作品获全国平面类作品铜奖,有6件作品获入围奖,省广告协会、省消协获全国大赛组织奖。

2006年6月,省广告协会、信息日报社联合举办"2006首届'八荣八耻'公益广告大赛"活动。以"八荣八耻"为主题的广告设计主元素,通过形象生动的广告画面,倡导社会公德,树立社会主义荣辱观,共建和谐社会。

2007年4月,省广告协会主办,省广告协会学术委员会承办"江西省优秀广告获奖作品高校巡回展"活动。展出作品为:省第十三届优秀广告获奖作品共计63件;省广告协会、信息日报主办的2006首届"八荣八耻"公益广告大赛获奖作品20件;省第十二届部分优秀作品。优秀广告作品高校巡回展,激发大学生对广告事业的热情和参与的积极性,提高大专院校广告专业教学水平,强化广协组织的联系和管理。是年,省广告协会与信息日报社共同主办"2007第二届主题为'和谐江西,美丽南昌'"的公益广告创意设计大赛活动。作品征集阶段2007年6月下旬至9月20日,作品初评阶段2007年9月21日至9月30日,入选作品展示阶段2007年10月8日至10月20日,颁奖2007年10月底。

# 第四节　服务交流

1991—2010年,省广告协会不断提高服务能力和水平,发挥桥梁纽带作用,开展行业调查研究,积极向政府及有关部门反映行业和会员诉求,履行服务行业、企业的宗旨,切实增强吸引力和凝聚力。

## 《广告法》学习宣传

1994年10月27日,《中华人民共和国广告法》经八届全国人大常委会第十次会议通过,自1995年2月1日正式颁布实施。1995年,省广告协会在八一广场开展《广告法》宣传咨询月活动。

1995年,省工商局、省广告协会在南昌市金牛企业集团举办第二期《中华人民共和国广告法》学习班。南昌地区广告发布单位的负责人参加学习班,省工商局副局长、省广告协会会长胡菊芬与学员一起共同座谈讨论,作学习贯彻《广告法》的辅导讲话。

1996年2月10日,省工商局与南昌市工商局、省广告协会、南昌市广告协会在南昌人民广场开展《广告法》义务宣传咨询日活动。接待群众咨询1100余人次,发放宣传材料2400余份。增强社会各界对广告进行监督的意识,提高广告经营者依法经营的自觉性和消费者对虚假违法广告的鉴别能力。

2000年1月28日,省广告协会与省工商局在南昌联合举办《广告法》实施5周年座谈会,省人大、省政府、省司法厅有关部门及省直广告公司、广告媒体单位、广告主企业等70多人参加座谈会。副省长蒋仲平出席座谈会并讲话,局党组书记、局长殷国光参加座谈会并讲话。省广告协会还利用

《江西广告通讯》刊物,报道我省实施《广告法》5 年来取得的成就;报道上饶、景德镇等地结合《广告法》实施 5 周年开展的各种纪念活动。

## 研讨活动

1994 年 6 月,省广告协会组织 7 个会员单位共 11 人参加中国广告协会电视委员会在广东、珠海等地举办的"广告研讨会"。8 月,省工商局、省广告协会组织 13 个广告经营单位的负责人参加中国首届"94 北京广告博览会和国际广告研讨会"。9 月,由江西日报社牵头,省广告协会报纸委员会主办"报纸广告理论研讨会",对报业广告的现状及发展、广告与市场的理论进行研讨,评出近年来报纸广告中较优秀的作品。

1995 年 6 月,省广告协会、九江金三角广告装潢公司在庐山举办"广告策划交流协作暨企业家联合会",邀请全国各地广告公司和全国大中型企业广告负责人及新闻界同仁,就相互关心的问题进行探讨和交流,促成广告合作项目,开辟广告业务渠道。10 月 14 日至 11 月 10 日,省广告协会组织人员参加中国高级广告人才赴美培训团在美国进行为期 1 个月的培训、学习和考察。

1996 年 6 月,省广告协会顾问徐天庆,省广告协会秘书长赖传金随中国广告代表团出席国际广协在韩国汉城举行的第 35 届世界广告大会。省广告协会组织省广告界 4 人参加在法国戛纳举行的 44 届国际广告节。参观国际广告作品,参加获奖作品颁奖仪式,听取广告创意学术讲座,观看历届获奖广告作品电视录像,参观法国户外广告等。

1998 年 5 月,省工商局副局长、省广告协会会长胡菊芬等 4 人参加在埃及首都开罗举行的 IAA 第 36 届世界广告大会,听取广告业较为发达国家的专家、教授、学者关于世纪之交及新世纪全球广告业的发展趋势及热点问题的专题学术讲座,听取埃及总统穆巴拉克夫人有关福利公益广告的讲话。6 月,省广告协会组织全省广告经营单位从业人员 80 多人,观摩中国广告协会在上海举办的华东地区一年一度规模宏大的"98 国际广告技术设备展览交易会"。9 月,省广告协会组织广告界人士参加中国广告协会在广州举办的"98 广州国际广告技术及设备展览会";省广告协会与江西方圆广告有限公司、深圳市采纳营销策划有限公司联合举办"98 庐山营销广告会",邀请国内广告界名人进行创意、策划等方面内容的讲座,吸引全省广告界 100 多人来听讲座。10 月,"龙翔杯"第三届全国报纸广告优秀作品、优秀论文评奖活动在河北省石家庄市揭晓。江西日报广告部王福堂撰写的《努力拓宽省报党报广告发展空间》一文获铜奖。11 月,省广告协会组织全省广告经营单位观摩中国广告协会在北京国际展览中心举办的"第三届 98 北京广告博览会暨驰名商标著名商标企业与产品展示会"。

1999 年 9 月,省广告协会组织全省广告界 50 多名广告从业人员参加中国广告协会在香港举办的"99 亚洲广告展"。10 月,省广告协会组织全省广告媒介单位、广告公司、广告管理人员 70 余人,参加中国广告协会在无锡举行的"全国第六届广告优秀作品展"。

2000 年 4 月,省广告协会组织全省广告经营单位负责人和广告工作者共 8 人,参加中国广告协会在重庆举办"中国广告 2000 高级研讨会",听取国内著名广告专家、学者和资深广告经营大师主讲当前广告界普遍关心的前沿问题。5月,省广告协会与省工商局在南昌联合举办户外广告研讨会,各地市工商局广告科负责人、省广协执行理事、各地市广告协会秘书长和广告指导组副组长以及部分广告公司经理,共30余人参加研讨会。省人大法工委、省政府法制局、省公安厅交警总队、江西日报社、江西电视台有关负责人应邀出席了研讨会。研讨会收到论文14篇。主要探讨户外广告的形势、户外广告现状、户外广告的立法、户外广告的规划、行业自律等。省广告协会将研讨会论文汇编成集,发给各地市工商部门、广告经营单位及其他有关部门,进一步扩大研讨会的宣传效果。10月,省广告协会组织全省广告行业60多人参加中国广告协会在无锡举行中国第七届广告节,为大家提供学习和观展的机会。

2001年10月,省广告协会组织全省各广告经营单位广告从业人员及管理人员300多人参加中国广告协会在厦门举办的"第八届中国广告节"。江西电视台广告部还在广告节上定展位,进行自身形象宣传,对宣传江西,扩大江西在省外的影响起到一定作用。

2002年10月,省广告协会组织全省广告经营单位从业人员300余人观摩在大连举办的"第九届中国广告节"。通过学习考察,开阔视野,增强凝聚力,对江西广告行业发展起到促进作用。

2005年,省广告协会组织会员单位参加"全国大学生广告艺术大赛江西赛区评审会暨江西省高校文科教学改革成果展示会"和广州传立媒体举办的"建构有效全国性投放策略蓝图"论坛等大型活动。增强江西广告行业创新精神、创新能力。

2006年4月,省广告协会组织会员单位及广告行业相关单位参加中国广告协会和北京广告协会在北京举办的"2006中国广告论坛"。6月,省广告协会在南昌举办"江西广告与中部地区崛起论坛"。组织省内著名专家和企业家就如何发展江西广告业为江西中部地区崛起做贡献这一议题进行研讨,宣传和推荐广告资质优秀企事业单位。探索促进江西广告事业健康有序发展的新途径。

## 广告从业人员上岗资格培训

培训工作是涉及全行业的大事,它对提高广告从业人员的政策法规意识和业务素质十分重要。广告从业人员持证上岗,不仅增强了他们的荣誉感和责任感,而且提高了他们遵纪守法的自觉性。

省广告协会组织广告从业人员上岗资格培训。1997年,全省共有300多人参加,经过培训考试,全部办理上岗资格证书。

1998年,省广告协会对400名广告从业人员进行上岗资格培训,完成考试后,办理上岗资格证书。

2000年6月,省广告协会配合省工商局广告处在南昌连续举办两期广告审查员培训班。全省主要媒体单位广告审查员和部分广告公司审查员116人参加。培训的内容:广告法律法规和规章,药品、医械、兽药、农药、医疗服务、烟草、保健食品、房地产等分类广告的审查标准及要求。针对广告审查工作中容易出现的一些带普遍性问题,由广告监管工作第一线人员授课,学员自学、研讨,提高广告审查员的专业素质和实际操作技能。经考试,成绩普遍在良好以上。

2001年2月,省广告协会与省人大法工委联合举办《江西省户外广告管理条例》培训班,广告经营者、广告发布者,共计 120 多人参加。省人大法工委朱开扬主任、省工商局沈庆中副局长在培训班上作讲话。3 月开始,根据国家工商总局《关于进一步开展广告技术岗位培训的通知》,省广告协会组织全省各广告公司、媒介单位 305 名广告从业人员培训,各设区市设立培训站,12 月 8 日全省统一考试,合格率达 98%。

2002 年 3 月,省广告协会印发《关于进一步开展广告专业技术岗位资格培训的通知》,各设区市广告协会设立培训站,抽调专人负责,认真组织行业人员报名,并发放《广告专业技术基础知识(上、下)》《中国广告法律法规汇编》《实用整合营销》《习题集》等 5 本教材,以学员自学为主,集中上课为辅。参加由省广告协会统一命题、统一组织的考试,合格率达 90%。省广告协会还组织部分广告公司经理参加法律法规培训班,学习《广告法》《江西户外广告条例》、中国加入 WTO 后的有关法律法规知识。

2008 年 7 月,省工商局、省广告协会在南昌举办"广告审查员培训班",学习《广告法》《剖析典型违法广告案例》《广告行业自律》等,有 163 名广告从业人员经过考试,取得广告审查员的资格合格证。

## "四新"展览会

省工商局举办"四新"(新技术、新材料、新设备、新媒体)展览会,促进江西广告业的发展,促进行业间、地域间乃至国际交流与合作。

1998 年 6 月,省广告协会组织全省广告界 80 多人参加"华东地区 98 国际广告技术设备展览交易会"。学习广告新技术、新方法、新创意。

1999 年 9 月,省工商局、省广告协会在南昌市省体育馆举行"99 江西广告节暨广告新媒体、新技术、新设备、新材料展览会"。

2000 年 11 月,省广告协会在省体育馆举办"2000 江西(首届)国际广告新技术、新设备、新材料、新媒体及印刷设备包装工业展览会"。共有 100 多家国内外著名广告企业、印刷包装企业和广告主参加展示。同时,举行广告学术报告会,国内资深广告人传授新的广告理念。其中有:高峻的《广告与营销》、徐建的《广告创意》,贾裕斌的《中国广告业面临的挑战和发展趋势》。中广协领导,省委、省政府有关部门领导及省内广告经营单位许多从业人员到展览会参加听课。

2001 年 9 月,由省广告协会、省印刷协会主办,省对外经济贸易广告公司、南昌市中博展览贸易有限公司承办的"2001 江西第二届国际广告'四新'(新技术、新材料、新设备、新媒体)及印刷设备暨首届广告礼品、工艺品展览会"在省展览中心举行。展会期间,举办企业形象技术报告会,由 3M 中国有限公司主讲,传播新的企业形象理念。

2003 年 9 月,省广告协会和省印刷协会共同在南昌举办"2003 江西第三届广告'四新'(新技术、新材料、新设备、新媒体)及印刷设备展览会"。展厅面积 5000 平方米,展位 80 多个,汇集美国、日本、韩国等国家的知名品牌,展会的国际化程度较以往有更大的提高,新型广告设备、材料以及各类胶印机、数码印刷技术、印刷后设备等前沿的高新产品悉数亮相。

### 广告沙龙

省广告沙龙主要是全省广告行业内学术界和企事业单位的聚会活动,是江西广告人互相学习,共享信息资源的窗口,是了解省内外广告行业现状和推动行业进步的平台。举办广告沙龙的目的:组织省内外广告精英对江西广告业的发展情况进行研讨,扩大广告业在江西乃至全国的影响力,向社会宣传和推荐广告资质优秀企事业单位和业绩及声誉良好的广告人,促进江西广告事业健康有序发展。江西广告沙龙的发展目标:把"广告沙龙"逐步发展成全省"广告论坛",打造江西广告界理论研究和企事业单位交流合作的权威品牌;吸引全省、全国广告精英参加研讨和交流,凝聚力量,增强广告行业在全省乃至全国的影响力;为政府、企事业单位、学术界构建一个广告行业监管、理论研究、实际发展三者间相互沟通、互利共赢的平台。广告沙龙的特点是:规模小影响大,时间短效果好,重点突出广告行业的专业性和权威性。

2006年5月,省广告协会在南昌主办"江西省第一届广告沙龙"。中心议题是:"十一五"时期江西广告行业发展趋势研讨。

### 广告业企业资质认定

广告企业的资质等级是广告公司实力和竞争力水平高低的体现,取得资质等级在激烈的市场竞争中会具有一个品牌优势,必将为企业赢得更大的市场。为更好地向社会推荐资质优秀单位,促进会员单位不断提高经营管理水平,中国广告协会自2004年5月开始,开展中国广告业企业资质认定工作。省广告协会建立健全广告经营资质评价体系,提升广告经营单位资质水平,促进广告企业向规模化、专业化方向发展,认真组织全省广告企业参加资质认定工作。

2005年3月,在中国广告协会企业资质认定委员会第二次会议中,江西星际广告有限公司被认定为"中国一级广告企业";江西现代广告发展公司、景德镇百花置业有限公司、吉安新时代广告有限公司、江西省汇美广告有限公司、江西文藻广告装饰工程有限公司等5家广告企业被认定为"中国二级广告企业";江西省亚威广告传播有限公司被认定为"中国三级广告企业"。

到2006年底,全省已有25家广告业企业获全国广告行业资质等级企业,其中,中国一级广告企业1家,中国二级广告企业22家,中国三级广告企业2家。

到2007年底,全省共有31家广告业企业获全国广告行业资质等级。

2008年,全省共有3家广告企业通过首次资质认定,7家广告企业进行资质的再次认定。到年底,全省共有35家广告企业获全国资质认定,其中一级广告企业3家,二级广告企业32家。

### 自学考试

省广告协会针对全省广告业从业人员整体素质参差不齐,影响广告的创意、设计、制作,本着服务企业、为广告行业办实事的宗旨,采取一系列措施,搞好广告人才培训工作。

1995年,经国家教委批复同意,省广告协会与江西师范大学联合开办广告学(自学考试)大专班。

1996年,全省广告经营管理人员及广告业从业人员有750多人在大专班学习。省广告协会分别在10个地市设立辅导站进行辅导学习,对大专班组织完成8门课程的辅导,绝大多数学员的考试成绩都在良好以上。

1998年,省广告协会与江西师范大学联合开办的广告学(自学考试)大专班,有300多名学员已毕业。通过全面系统地对广告业从业人员进行专业教育,提高了他们的广告理论水平和业务素质。

2000年8月,经国家教委批准,省广告协会与江西师范大学联合承办广告学专业(自学考试)本科班。

2001年,省广告协会重视广告业从业人员广告学教育工作,重点抓广告学本科专业自考助学班招生和辅导工作。有40人参加广告学本科专业助学班学习。省广告协会举办二期辅导班,辅导科目达10门。

2002年,省广告协会重点做好广告学本科专业辅导工作,对20多名学员进行八门课程的教学,增设实践课。

## 报刊书籍的编辑出版

1997年3月,省广告协会第三次会员代表大会召开前夕,中断6年的《江西广告通讯》复刊。办刊宗旨是:传递广告信息,宣传广告法规,交流工作经验,服务两个文明。办刊目的是促进全省广告业的健康发展,为广告企业提供良好的法律法规咨询服务,增进广告行业内的协作和信息沟通,规范广告市场秩序,宣传省内名优产品,遏制广告市场中的虚假广告,使全省广告行业步入法制化、正规化的轨道。省广告协会全年共编辑《江西广告通讯》4期,反映协会活动,转载国家有关广告法规文件。

1998年,省广告协会为会员单位办好事、办实事,拓宽协会工作,密切协会与会员单位关系,认真编辑出版《江西广告通讯》6期,开辟"交流园地"栏目,反映各地市广告协会、广告指导组和专业委员会活动动态,会员单位的经验成果等,为会员学习法律法规、了解广告界情况提供方便。

1999年底,省广告协会主编《江西广告20年》画册,印制1000册,发往广告界、有关企业、工商部门及省外广告行业组织,画册较全面地搜集1979年至1998年江西省广告业恢复发展的有关史料,总结20年来江西广告业发展的基本经验,取得的成就,介绍全省广告协会的基本情况,再现广告人、广告主的时代风采。近70家广告经营单位进行自我介绍和宣传,为广告人、广告主加强联系架起一座桥梁。同时,编辑出版内部刊物《江西广告通讯》5期,及时反映行业动态,交流工作经验,向会员单位提供信息。省广告协会还有四篇稿件分别刊登在《江西日报》《信息日报》《广告导报》和《江西工商》杂志,反映江西省广告业取得的成绩,开展的活动。

到2002年底,省广告协会共编辑《江西广告通讯》32期,及时报道江西广告业发展动态,宣传政策法规,提供其他相关信息,介绍会员单位的先进经验,增进会员单位之间的理解与沟通,是会员单位了解行业动态,增进交流与学习的好材料。

2003 年,省广告协会与有关部门创建"江西广告网"网站。江西广告网站,以动态形式全方位展示全省广告界实力,宣传江西品牌和优势企业,发布行业信息,宣传广告政策法规,交流商务资讯,建立网上沟通的桥梁,成为江西广告资源网上"大超市",得到省内外行业的好评。

## 公益活动

1998 年 8 月,省广告协会向全省广告行业人员发出向灾区捐献款物的倡议书,102 个广告经营单位积极响应,共捐款 54000 多元,送往余江县黄溪镇中心小学和永修县三角乡红旗小学灾区,受到当地政府的好评。

2000 年,省广告协会发挥行业自身优势,扶持县域经济发展,组织江西电视台较详细地宣传报道东乡县农副产品和农业产业化、种养一体化等一系列经验和成绩,对促进该县县域经济发展起到很好作用。

2003 年,抗击突如其来的"非典"灾难,广告界行动积极,利用广告媒体优势,大力宣传科学卫生知识,讴歌战斗在抗击"非典"前线的白衣天使,鼓励民众万众一心,众志成城,在党和政府的领导下,打赢"非典"战役,为防治"非典",战胜"非典"贡献力量。广告在特殊时期成为人们的精神支柱,展示广告界高素质、能战斗的精神风貌。据初步统计,全省共发布防治"非典"电视、广播、报刊公益广告 4000 多条、户外广告 800 多面。许多广告公司在救灾解困、扶助孤寡、修路搭桥、捐资助学等方面做了大量的善事好事,得到社会各界的赞誉。

省广告协会把服务于广告行业的建设与发展作为一切工作的出发点和着眼点,在提供服务、反映诉求、规范行为方面发挥着积极的作用,推动江西广告业又好又快发展。

# 第四章　江西省工商行政管理学会

　　江西省工商行政管理学会(简称省工商学会)成立于1991年4月27日,是根据工商行政管理职能,研究市场监督管理和行政执法理论与实践的具有法人资格的社会团体组织。省工商学会在省工商局的领导下,紧紧围绕工商行政管理部门的中心任务,积极开展工商行政管理理论研究和学术交流活动,普及和宣传工商行政管理法律法规知识;协调指导全省各地工商行政管理学会工作,编辑出版《江西工商行政管理》(简称《江西工商》)等工商报刊,为繁荣工商行政管理理论,创新工商行政管理方式方法,提高干部队伍理论水平发挥重要作用。

## 第一节　组织建设

　　1991年4月27日,省工商行政管理学会在南昌召开成立大会。会议通过《江西省工商行政管理学会章程》,选举理事75人,常务理事26人,组成省工商行政管理学会第一届理事会、常务理事会。副省长孙希岳为名誉会长,省工商局局长郭建章任会长,省工商局副局长徐天庆任副会长。聘请省政府原省长赵增益、省政协副主席叶学龄为顾问。

　　1991年,中国工商报社江西记者站成立。

　　1992年2月25日,中国工商报社江西记者站与《江西工商》杂志编辑部合署办公。8月20日,省工商学会在井冈山召开常务理事会。会上补选省工商局副局长沃祖全为省工商学会理事、常务理事、副会长;补选省工商局副局长钟如考、赣州地区工商局局长黄素英、九江市工商局局长傅根保、抚州地区工商局局长张山东、萍乡市工商局局长张乐为省工商学会理事、常务理事。

　　1993年3月,由《江西工商》杂志社、《个体私营经济导报》编辑部、省工商学会秘书处、中国工商报社江西记者站等单位为基础组建的省工商信息中心成立。《江西工商》杂志主编、《个体私营经济导报》总编辑、中国工商报社江西记者站站长、省工商学会副会长兼秘书长、省工商局政策法规处处长文兆哲兼省工商信息中心主任。《江西工商》杂志副主编、《个体私营经济导报》副总编程培芬任省工商信息中心副主任。

　　1994年1月27日,省工商学会召开常务理事会。增补吉安地区工商局局长王淑民、鹰潭市工商局局长冷雪霜为省工商学会常务理事。为推动全省工商学会工作的正常开展,省工商学会确定建立各级工商学会秘书长联席会议制度,定期传达上级精神,反映工商动态,交流工作经验,探讨理论问题。4月29日,省工商学会首次秘书长会议在南昌召开,传达中国工商学会秘书长会议精神,总结部署全省工商学会的主要工作。9月7日,省工商学会召开常务理事会,选举省工商局局长戴子钧为省工商学会理事、常务理事、会长。聘请原省工商局局长、省工商学会会长郭建章为省工商学会顾问，增补南昌市工商局局长勒世振为省工商学会理事、常务理事。

1995年5月16日，全省工商学会第二次秘书长联席会议在南昌召开。会议围绕工商学会如何开创工作新局面这个主题，分析形势，交流经验，就工商学会在加强工商管理建设中的地位及作用等问题展开讨论，有力地推进全省各级工商学会建设。省工商局局长、省工商学会会长戴子钧，省工商局副局长、省工商学会副会长沃祖全等出席会议。

1996年1月20日，江西工商报刊编辑部召开省局机关处室负责人座谈会，广泛听取各业务部门对办好江西工商报刊的建议，出现机关参与办报办刊的新格局。1月29日，经省工商局党组研究，成立江西工商报刊编委会，使整个编辑出版发行工作逐步形成编委会领导下主编负责制的新格局。

# 第二节　理论研讨与学术交流

## 理论研讨活动

省工商学会自成立后，紧紧围绕工商部门的中心工作，认真开展理论研讨。结合专题调查，积极开展理论研讨和学术交流活动，从理论与实践的结合上，撰写出大批论文。省工商局、省工商学会召开全省工商系统理论研讨会。通过多种形式的理论研讨，锻炼、培养人才，提高了干部队伍的理论素养，为领导科学决策提供了依据。

1990年9月21—24日，省工商局召开全省工商系统首次理论研讨会（集体经济专题），会议收到论文62篇，有24位作者在会上发言，从中评选出较好的论文30篇，分别授予一、二、三等奖。

1991年8月31—9月1日，全省工商行政管理系统第二次理论（法制建设专题）研讨会在井冈山召开，出席会议代表共54人。11月13—15日，省工商局、省工商学会在九江市召开全省工商系统第三次理论研讨会（集贸市场专题），出席这次会议代表共43人，收到论文39篇。会议就现阶段集贸市场的地位、作用，集贸市场发展的客观必然性及其趋势，集贸市场如何实现计划经济与市场调节相结合以及集贸市场规范化管理等问题进行研讨。不少论文对集贸市场的建设、管理等问题发表了很好的见解，具有一定理论深度，受到与会者好评。12月12—13日，省工商局、省工商学会在南昌召开全省工商系统第四次理论研讨会。会议以研讨现阶段发展个体、私营经济为主题。出席会议的代表共29人，收到论文39篇。这些论文从理论和实践结合上，就发展全省个体、私营经济的重要性，影响全省个体、私营经济发展的主要矛盾及对策；加强个体、私营经济的监督管理，调整行业结构等问题进行认真探讨。不少论文有一定的理论深度，具有一定的学术价值，将对加强全省工商行政管理工作，促进个体、私营经济稳定健康发展起到积极作用。

1993年12月19—20日，省工商局、省工商学会在南昌举行全省个体私营经济理论研讨会。省工商局局长郭建章、副局长徐天庆、沃祖全、省个协会长张长久参加理论研讨。会议围绕在社会主义市场经济体制下加快发展个体私营经济的主题,进行探讨。收到的论文研究和探讨的主要问题有:社会主义市场经济体制下个体私营经济的地位、作用和发展趋势;个体私营经济在市场经济中的平等地位;当前个体私营经济发展中的新情况新问题及其对策;影响个体私营经济发展的不利因素及对策;对个体私营经济强化规范化管理;加强个体私营经济者的职业道德教育;贫困地区如何发展个体私营经济;山区发展个体私营经济等等。50多篇论文,观点鲜明、材料丰富,论证有办,具有较强的理论性和实践性。

1994年12月6—7日,省政府在南昌召开全省个体私营经济工作暨表彰会议。为配合全省个体私营经济工作暨表彰会议的召开,以及会议精神的贯彻落实。省工商局、省工商学会,在全省工商系统广泛开展一次个体私营经济理论研讨活动,先后收到学术论文、调查报告30多篇。这次理论研讨的一个突出课题,就是如何围绕农业发展战略,大力推进农村个体私营经济规模发展,引导农村和老、少、边远山区脱贫致富奔小康。

1995年12月27—28日,省期刊协会举行期刊理论研讨会,入选论文25篇,省工商学会李卫球的《浅谈工作指导类期刊市场的培育问题》等7篇论文被评为优秀论文。

## 学术交流

1992年8月3—8日,全国工商报刊第六届研究会在内蒙古自治区首府呼和浩特市召开。本届研究会41名评委对各省市工商报刊参评的作品逐一进行评审,然后投票评出等级。《江西工商》参评的14件作品全部获奖。其中,连樟寿和文兆哲的《关于假集体企业的成因及对策》获一等奖;汤秋华的《喜忧参半的白色旋风》,钟育赣的《调整产品结构是搞活企业的当务之急》获二等奖;郭建章的《个体私营经济管理体制改革初探》、吕绍禹的《坚持依法行政立于不败之地》、刘立华和陈冠军的《神秘的"宜丰一号"信箱》获三等奖。文兆哲的《吴官正省长强调要继续发展个体私营经济先把农村集镇和县城繁荣起来》、王海泉和王正元的《铜鼓县排埠工商所帮助企业同美国一公司打官司获胜》评为好新闻。

1994年7月1—3日,全国第八届工商报刊研究会在贵阳召开。《江西工商》杂志推荐参评的八件作品全部获奖,其中,文兆哲和刘承禄的《秦汉时期工商管理析论》获一等奖;李威尔的《金桥—记在改革中诞生的南昌市劳务市场》、郭建章的《转变职能,为建立社会主义市场经济体制服务》、李晓汶的《围墙市场彩龙飞》获二等奖;李海燕的《严格区分应酬、回扣与贿赂罪的界限》、徐天庆的《把个体私营经济理论研究提高到新水平》、陈秋红的《后洲农民靠酒瓶垒起"小康"村》、江训金的《局长会上的热门话题》获三等奖。

1998年8月,"歌风杯"第五届全国工商行政管理系统好新闻、好文章、好作品评选揭晓。先后收到全国工商记协所属55家理事单位报送的参评稿件217篇,共有148篇作品分获一、二、三等奖,其中一等奖16篇、二等奖32篇、三等奖100篇。江西参评稿件《仁者见仁,智者见智》(作者程培芬、编辑徐好文)获二等奖;《试论公司制与国有大中型企业制度创新》(作者张新、编辑姚国华)、《走进"3·15"》(作者杨莹、编辑徐好文)获三等奖。

理论宣传成果评选

1992 年 5 月 21—22 日,全省工商系统 1992 年宣传工作会议在高安县召开。会上宣读省工商局的表彰通报,赣州市局、广丰县局等 22 个单位荣获"宣传工作先进单位"称号;李亦农、曾宪端、王鹤陞等 44 人荣获"先进工作者"称号;王传玉、邹豪生等 29 人获"优秀通讯员"称号。同时,受中国工商报社的委托,向全国工商报刊"我为八五做贡献"大型征文活动获"最佳组织奖"的单位和获一、二、三等奖的作者代发荣誉证书。9 月 14—16 日,全省工商报刊宣传发行工作会议在玉山召开,会上宣读省工商局《关于表彰 1992 年度工商报刊宣传发行工作先进单位和先进个人的决定》,决定对赣州、上饶地区等 8 个地、市工商局,赣州市、玉山县、遂川县、南昌市郊区等 30 个县、市工商局以及曾宪端、徐茂禄、饶贵海等 33 名先进个人给予表彰和奖励。

1993 年 11 月 27 日至 12 月 5 日,由省委宣传部、省体改委、省经贸厅联合主办,各地、市、县和省直有关厅、局,部分"三资企业",中央驻赣单位等 80 多个单位参加,以江西改革开放新成果为主题,集展览、交流、展销为一体的大型综合性展览——《江西改革开放十五年成果展览》在省展览中心隆重举行。由省工商局信息中心牵头,省局各处室协助。根据工商行政管理工作的特点,选择最具代表性的市场建设、个体私营经济发展等为主要成果,图文并茂,形象生动地向观众展示江西 15 年来工商行政管理工作的精神风貌。省工商局的参展工作,展厅布置,得到大会组委会的充分肯定,获得最佳组织奖和质量设计奖。

1994 年 9 月 22—23 日,省工商局、省工商学会在南昌召开全省工商系统宣传工作经验交流暨表彰会,通报表彰全省工商系统宣传发行工作先进单位和个人。赣州地区工商局等 45 个单荣获"宣传发行先进单位"称号;南昌市工商局等 24 个单位获"宣传报道先进单位"称号;定南县工商局等 20 个单位获"工商报刊发行工作先进单位"称号;黄素英等 79 人获"宣传工作先进个人"称号;肖瑞珍等 65 人获"工商报刊优秀通讯员"称号。

1995 年 10 月 11—12 日,省工商局、省工商学会在南昌召开全省工商系统报刊宣传发行工作经验交流会暨表彰会。总结与交流宣传发行工作的经验,表彰与奖励宣传发行工作先进单位与个人。

1996 年 8 月 16—17 日,全省地市工商局长会议和全省工商系统工商报刊宣传发行工作经验交流暨表彰会在南昌召开。会议总结了江西工商报刊创办以来尤其是近 1 年的工作经验,要求培养和造就一支政治强、业务精、作风硬的宣传报道骨干队伍;建立和完善科学化、规范化的管理体系,进一步健全和完善江西工商报刊投递网络,把江西工商报刊的宣传发行工作推上一个新的台阶。

1997 年 10 月 13 日,全省工商系统报刊宣传发行暨表彰会议在南昌召开。会议表彰一批先进集体和个人,并增设特别奖,对 17 名有特殊贡献人员进行表彰。南昌市局西湖区分局等 25 个单位荣获"宣传和发行工作综合先进集体"称号;进贤县局等 27 个单位获"发行工作先进单位"称号;徐继平等 52 人获"宣传发行工作先进个人"称号;赣州地区工商局等 28 个单位获"组织征订国家工商局一报一刊先进单位"称号。

2000 年 1 月 5 日,省工商局通报表彰全省工商系统 1999 年度宣传报道和报刊发行工作先进单位(个人)。赣州市章贡区局等 21 个单位获"宣传报道和发行工作综合先进单位"称号;瑞金市局等 13 个单位获"宣传报道工作先进单位"称号;于都县局等 18 个单位获"发行工作先进单位"称号;钟奇松等 18 人获"发行工作先进个人"称号;刘经从等 20 人获"优秀通讯员"称号;南昌市局等 35 个单位获"组织征订国家局'一报一刊'先进单位"称号。

## 报刊编办

经省委宣传部和江西省新闻出版局批准,《江西工商行政管理》杂志于 1988 年 4 月试刊,内部发行,期刊登记:赣出字第 01—028 号;1989 年 1 月正式创刊;1991 年 1 月,更名为《江西工商》,并增设《江西工商》(内部版)。1992 年 8 月 6 日,经国家新闻出版署和江西省新闻出版局批准,《江西工商》杂志于 1992 年第 10 期开始向全国公开发行,国内统一刊号:CN36—1174/F。2003 年 12 月,《江西工商》停刊。2004 年 1 月,《江西工商行政管理》创刊,改为内部发行,登记证号为:赣内资字第 M2111 号。

1996 年 6 月,《江西工商》编辑部调整《江西工商》栏目设置,辟有决策要论、经济与法、理论与实践等 13 个常设栏目,同时辟有政策法规、记者·作者·编者等非常设栏目。

1997 年 9 月,为适应新形势的发展,江西工商报刊编委会决定,1998 年《江西工商》杂志与《个体私营经济导报》合二为一。为更加突出个体私营经济方面内容及加强对全省个体私营经济发展的宣传力度,报刊合一后的《江西工商》杂志内设栏目将有所调整。

2001 年 11 月,经省工商局党组和编委研究,报请有关部门批准,为进一步提高刊物质量,更好地为经济建设服务为读者服务,从 2002 年元月起,对《江西工商》杂志原设栏目作适当调整和更名,另新辟"工商论坛""报刊拾贝""地市专栏""红盾行动""基层建设""商海风云""大视野""生活指南""图片报道"等栏目。

《江西工商》杂志、《个体私营经济导报》是省工商局、省工商学会主办的机关报刊,是全省工商系统宣传工作的主要窗口,是研究工商、宣传工商、指导工商的重要舆论阵地,始终贯彻"为工商行政管理服务,为各类企业和个体工商户服务,为发展市场经济服务"的办刊办报宗旨。为全省工商系统与社会各界搭建交流沟通的平台。

《江西工商》杂志、《个体私营经济导报》紧紧围绕建立有权威的市场执法和监督机构这个目标,始终把正确舆论引导摆在宣传工作的首位。凡省委、省政府及省工商局的有关工作部署,都适时进行宣传报道;及时刊登国家、国家工商局、省政府和省工商局新出台的有关法律法规;以强化行政执法权威为主线,对"难点""热点"问题进行系列报道,突出宣传先进典型,创造学先进、赶先进的浓厚氛围,取得了较好的社会效益。在编辑工作上,坚持以质取胜的原则,以"新""实""活"为突破口,努力增强开拓读者市场的竞争力。所谓"新",就是着眼于市场监督管理的发展趋势,研究新情况,提出新问题,介绍新知识,交流新经验,宣传新人物,力求以新理论、新观念指导实践;"实",就是坚持实事求是,从客观需求出发,紧贴实际,紧贴读者,融指导性与艺术性、思想性与知识性于一体,力求满足不同层次读者的需求;"活",就是坚持突出主旋律与兼顾多样化的统一,以短为主,长短结合,文体多样,形式活泼,标题新颖,图文并茂,力求把主旋律的丰富思想内容,注入多样化的宣传形式。在发行工作上,坚持以"质"促"量",以"量"保"质"的原则,积极开拓报刊发行工作面。普遍实行责任制,把发行工作纳入目标管理轨道;采取多种形式,利用各种机会,广泛宣传《江西工商》《个体私营经济导报》的宗旨、性质及内容,扩大其社会影响,增强读者的兴趣和征订的自觉性;保证工商报刊传递工作既及时,又准确,增强订户的信任度;注重把订报刊与学报学刊结合起来,以提高工商报刊的宣传效益,促进发行工作。

工商报刊紧密联系工商工作实际,汇集全省和全国的工商信息,反映工商动态,交流工作经验,传达省工商局的意图,探讨理论问题,提高全系统干部的理论水平、业务水平、执法水平,对基层工商管理和各类企业、个体私营业者有指导作用。

《江西工商》杂志被广大读者誉为工商管理指南,市场经济向导,政策法律顾问,企业经营参谋,合理消费益友。《个体私营经济导报》被群众称为个体工商户、私营企业者的良师益友。1995 年,全省发行《江西工商》杂志8.2 万份,《个体私营经济导报》11 万份。1996 年,全省发行《江西工商》杂志8.5 万份,《个体私营经济导报》12 万份。

2010 年,全省工商系统在中央电视台用稿 8 条、江西电视台用稿 219 条、《中国工商报》用稿598 篇、《江西日报》用稿 200 篇、《工商行政管理(半月刊)》用稿 29 篇、其他国家级媒体用稿 215篇、省以上新闻网络媒体用稿 1711 篇。全省工商系统的稿件在中国工商报的采用量位居全国第二。

# 第三节　行业活动

1992 年5 月28 日,《江西工商》杂志编辑部、中国工商报社江西记者站联合举办"江西省工商系统干部职工首次硬笔书法""我为八五做贡献"新闻摄影竞赛活动。("硬笔书法竞赛"从8 月1日开始至9 月30 日结束,"新闻摄影竞赛"从8 月1 日开始至10 月6 日结束)。硬笔书法评出一等奖 3 名、二等奖 5 名、三等奖 10 名、鼓励奖 9 名;摄影奖 1 名。李宝龙、安凤、许鸿宾等 3 人获"硬笔书法一等奖";刘文超、刘序林、李晓斌、魏玉祥、巢理庭等 5 人获"硬笔书法二等奖";涂晓荣、谢俊、刘建荣、肖复生、高小峰、刘光辉、占田新、彭以斌、罗春生、李峰等 10 人获"硬笔书法三等奖";有 9人获"硬笔书法鼓励奖";刘树桢的摄影作品《合格》和《小巷的春天》获"我为八五做贡献新闻摄影奖"。

1999 年2 月,省工商局在《江西工商》举办"星级基层工商干部"评选活动和"怎样当好工商所长"大讨论,得到全省广大工商干部响应。这两项活动,分别经历组织推荐、撰稿、刊发、投票;地市工商局筛选推荐、刊发、论文宣读、专家评审等阶段。南昌市局京西工商所所长陈泓朴等 12 人获"星级基层工商干部"称号;萍乡市局直属分局东门工商所所长朱运生等 11 人获"星级基层工商干部提名奖"。乐平市局镇桥工商所张庭峰的《念活"五字经"当好排头兵》等 6 篇文章获"怎样当好工商所所长"论文评选一等奖;南昌县局莲塘工商所胡志强的《如何当好一名工商所长》等 6 篇文章获"怎样当好工商所所长"论文评选二等奖;南昌市局东湖分局建德观工商所万菊根的《深层次提高工商所长素质的思考》等 10 篇文章获"怎样当好工商所所长"论文评选三等奖。4 月，《江西工商》编辑部举办工商法律、法规知识竞赛活动。竞答期间，广大工商干部、企业经营者、个体工商户积极踊跃地参与，不少工商所还组织人员集体学习和讨论答案，掀起一股学习工商法律法规热潮。9 月 21 日，历时 5 个月的工商法律法规知识竞赛活动揭晓，赣州地区工商局、宜春地区工商局获"组织奖"；邹继红获一等奖；易友特等 5 人获二等奖；万忠开等 10 人获三等奖。

2001 年 3—10 月，为隆重庆祝中国共产党成立 80 周年，讴歌党的丰功伟绩，展现新时期广大工商干部和各类市场经济主体中优秀共产党员的风采，《江西工商》编辑部开展"我身边的共产党员"征文活动，共收到稿件 110 篇，共评出一等奖 1 名、二等奖 2 名、三等奖 5 名、优秀奖 6 名。其中，新余市局何俊秋的《平凡谱就壮丽人生》获一等奖；奉新县局宋友花、熊晓龙的《服务战线的"骄子"》，东乡县人民政府艾国平的《两个苹果引出的佳话》获二等奖；崇义县个协吴少松的《一位潮汕之子的光彩路》，万安县局张青春的《奉献者的魅力》，金溪县个协陈世珍的《一位劳模的奋斗足迹》，南昌市工商局东湖分局叶平的《心系全局　情注事业》，玉山县局刘树桢的《一位老所长的情怀》获三等奖；宜春市局柳忠文、何维升的《忠诚铸红盾》，兴国县局刘建、娄向东的《大雁高飞头雁领》，宜黄县棠阴镇人民政府黄殷夫、徐学智、徐贤杰的《情系红盾》，赣州市章贡区局刘经从的《寻找人生的最佳定位》，宜春市袁州区局周常青、廖晓角的《锐意改革创辉煌》，宁都县局彭建华、李辉荣的《好样的，廖越平》获优秀奖。

《江西工商行政管理》编辑部从 2004 年第 5 期开展的"如何当好基层工商分局长"征文活动历时 7 个月，共收到来稿 500 余篇，择优采用 20 篇。征文来稿从一个侧面反映了全省基层工商分局局长与时俱进，求真务实，执法为民，开拓进取的精神风貌。乐平市局詹顺平的《掌握六种能力　开拓全新局面》获一等奖；赣州市局李峰的《注意处理好五种关系》、德兴市泗洲分局余志明的《基层工商所与地方相处应培养五种意识》等 2 篇文章获二等奖；崇义县局张真的《当新时期合格的红盾卫士》、高安市瑞州分局吴英国的《追求高尚的人格　做先进文化的代表》、南昌市青山湖区塘山分局翟莉的《基层分局长须做到"三要"》等 3 篇文章获三等奖。2005 年 5 月，根据《关于在全省工商系统开展"建设和谐平安江西，共创富民兴赣大业"主题教育活动的意见》的要求，省工商局在全省工商系统开展"建设和谐工商，共谋工商事业发展"征文比赛，征文活动自 2005 年 6 月起至 2005 年 12 月 31 日止。《江西工商行政管理》杂志开设"建设和谐工商，共谋工商事业发展"专栏，优秀征文陆续刊出。

2006 年 2 月，《江西工商行政管理》编辑部举办"充分发挥工商行政管理职能作用，服务社会主义新农村建设"征文活动。征文稿紧密联系工商行政管理职能，报道工商部门在服务社会主义新农村建设中的先进事迹和先进人物，总结服务社会主义新农村建设的经验和做法，探索服务社会主义新农村建设的新思路和新方法。

2007 年 5 月，《江西工商行政管理》编辑部开展"创新基层党建，迎接、学习、贯彻十七大"征文活动。征文稿着重围绕十六大以来基层党建工作的新经验新探索，党组织在建设社会主义和谐社会中如何发挥实践"三个代表"重要思想和落实科学发展观的组织者、推动者作用以及党员在党内生活中如何发挥主体作用等主题展开探讨和进行报道。

2007年6月18日,省工商局"创新创业,共建和谐"主题教育活动领导小组办公室、《江西工商行政管理》编辑部于6月下旬至8月15日,面向全省工商系统人员和关心支持工商事业发展的各界人士征集"共建和谐工商"口号,要求:主题鲜明,构思巧妙,言简意赅,朗朗上口,能充分体现"共建和谐工商"的精髓,具有时代性和先进性。活动得到大家的踊跃响应和支持,共收集口号545条。11月20日,省工商局"创新创业,共建和谐"主题教育活动领导小组办公室通报表彰获奖者。兴国县局钟恩铭的作品荣获一等奖;萍乡市湘东区局李微、修水县局平伟红的作品分别获二等奖;芦溪县局花建波、崇仁县局黎国华、南城县局揭方斌、万安县局刘志彬、莲花县局文智军的作品分别获三等奖。

2008年3月,为纪念改革开放30周年、工商组建30周年,省工商学会、《江西工商行政管理》编辑部举办"我与改革开放、工商组建30周年"征文活动。征文以1978年至2008年为时间跨度,采取"一人一事"的纪实手法,记述亲身经历的工商建设某一事件的始末或片断,展示工商建设和改革的生动实践,讴歌干部职工的崭新风貌,反映改革开放以来工商建设的辉煌成就。

2009年5月,为庆祝中华人民共和国成立60周年,《江西工商行政管理》编辑部举办"在祖国怀抱里成长"征文活动。征文稿要求紧密联系本职工作,以翔实的细节、独特的感受,回忆自己在工商工作岗位上亲历的重大历史事件,讲述新中国60周年发生的动人故事和个人的成长经历,抒发广大工商执法人员对伟大祖国无限热爱的深情。

2010年3月15日,《江西工商行政管理》编辑部表彰2009年度优秀论文及作者和优秀通讯员。全省广大工商干部紧密联系工商实际,大力开展调查研究,着力提升监管和服务效能,为推进工商行政管理事业的改革、创新与发展进行有益探索,撰写出一批具有一定思想深度、实践操作性强、富有理论指导意义的研究论文。萍乡市局李国梁的《以科学发展观统领市场监管工作》等5篇文章获"优秀论文"一等奖;上饶市局江训金的《着眼维护人民群众根本利益　切实履行食品安全监管职责》等10篇文章获"优秀论文"二等奖;宜春市袁州区局黄利民的《构建基层和谐工商关键在于领导"三过硬"》等20篇文章获"优秀论文"三等奖;南昌市西湖区局徐瑛等20人荣获"优秀通讯员"称号。

# 第七篇　各设区市工商行政管理概况

1991—2010年,全省各设区市工商系统加大市场监管和专项整治力度,坚持连年开展整顿和规范市场经济秩序的系列活动,规范市场行为,净化市场环境,整治交易秩序,制止不正当竞争,查禁市场上各种违法违章行为。强化网吧、建材、化妆品、成品油、儿童玩具、家用电器、汽车配件等市场的监管力度,加大对虚报注册资本、抽逃注册资金、无照经营、虚假宣传、商业欺诈、短斤少两、掺杂使假等违法违章行为的查处力度,保护生产者、经营者、消费者合法权益,维护全市市场经济秩序。

各设区市工商局创新监管方式,改驻场式管理为市场巡查,改纸质经济户口为市场主体信用分类监管等。大力建设责任工商、法制工商、信用工商、信息工商,打造"放心食品、商标、信用、诚信维权、工商服务"五大品牌,加快实现从传统"监管型"工商行政管理向现代"服务型"工商行政管理的转变。

各级工商部门坚持把服务地方经济发展作为第一要务,创新服务举措,提高办事效率,出台一系列扶持企业和个体私营经济发展的措施,促进各类经济主体蓬勃发展。至2010年底,全省实有个体工商户106.86万家,从业人员274.44万人;私营企业有15.45万家,从业人员260.69万人。

20年间,各设区市工商管理机构逐步充实健全,人员逐年增加。全省工商队伍经历人员不足到队伍庞大再到精简精干的过程。不断强化工商队伍建设,各设区市工商局先后出台政策鼓励学历教育,制定干部教育规划,落实教育培训计划。加强作风建设,完善各类规章制度,规范行政执法。其间,各地涌现出一大批先进集体和先进个人。

# 第一章　南昌市

20世纪90年代,与建立市场经济体制相适应,南昌市工商行政管理体制不断健全,职能不断强化,作用得到充分发挥。这期间,培育和发展市场,成为各级政府的自觉行动。南昌市在发展商品市场工作中,坚持"政府领导,统筹规划,合理布局,多方兴建,工商部门统一监管"原则,形成国家、地方、单位和个人多方投资、共同兴建商品市场的格局,改变以往由工商部门直接投资、独立承办的局面,为全市商品经济发展上规模上档次奠定基础。

进入21世纪,全市工商部门围绕健全市场体系、发挥市场在资源配置中基础性作用,立足监管,着眼发展,加快实现从传统"监管型"工商行政管理向现代"服务型"工商行政管理转变。为适应监管社会主义统一大市场需要,市工商局党组着眼于培养造就一支政治坚定、纪律严明、业务精通、为政清廉的干部队伍,不断强化工商队伍建设,全面实施"红盾素质工程",落实教育培训计划,优化学历结构,更新知识结构,改善人才结构,致力打造南昌红盾团队。办公条件不断得到改善。2007年2月6日,市工商局红谷滩综合执法大楼竣工,总建筑面积2.2万平方米,总投资8000余万元,由16层主楼、7层裙楼和钢结构大厅组成。

20世纪90年代至2007年,全市工商部门获国家部委先进集体荣誉称号38个次,139个单位受到省政府和省直单位表彰。全市工商部门先后涌现出33名省、市级劳动模范和"五一劳动奖章"获得者,50人被评为国家级先进工作者,152人被评为省级先进工作者。2010年,获国家部委授予先进集体8个,省及省直部门授予先进集体7个;获国家部委授予先进个人15人,省及省直部门授予先进个人15人。

# 第一节　市场主体准入

## 登记管理

**内资企业登记管理**　1992—1999年间,市工商局以有利于发展社会主义社会生产力、有利于增强社会主义国家综合国力、有利于提高人民生活水平"三个有利于"作为衡量企业登记管理的工作标准,着手改革企业登记审批制度,由审批设立制向依法独立核准登记制过渡。

1993年,为扩大企业自主经营权,全市放开企业经营范围、注册资金、经营方式、经营形式及企业组织形式,进一步弱化审批权限。

1995年,按照省工商局《关于企业登记管理有关事项规范意见的通知》,全市工商部门开始将邮电、通信企业纳入企业法人登记管理范围。同时,清理企业实有资金与注册资金不符以及"三无"(无厂名、无厂址、无营业执照)企业,全市清理"三无"企业1802家。

1997年,为建立现代企业制度,市工商局制订《解放思想,刷新思路,为企业服务,促进南昌经济发展》23条措施,派员进驻市股份合作制企业改制指挥部,设立股份合作制企业改制服务窗口,现场提供法律咨询、受理登记注册服务。

1999年,按照国家关于做好军队、武警、司法机关与所办企业脱钩清理工作精神,清理军队、武警、政府机关开办企业211家。至年底,全市各类企业22496家,其中企业法人13587家,营业单位8909家,注册资本15亿元。

2000年,市工商局企业登记工作进驻市行政服务中心,开始实行集中审批和"无节假日"制度。

2003年,市工商局进一步简化、规范企业登记程序,放宽市场准入条件,推行"首办负责制""一站式"服务,"一条龙"审批和"主动跟进、提前介入、跟踪服务"模式,为新开业的企业提供事前、事中、事后全过程服务,有效规范企业经营行为。至年底,全市办理登记注册内资企业778家,注册资本 21.8 亿元。

2004 年,全市企业登记工作开展创评"文明服务星、组织纪律星、廉洁自律星、团结协作星、工作效率星"活动,全面推行网上登记审批、名称查询、申请登记、申请年检,拓宽登记渠道。

2005 年 4 月,市工商局印发《关于在全市实行企业登记一审一核制的实施方案》。6 月,市属各县、区(分)局全面实施一审一核制。全市工商部门有 25 名核准员、54 名审查员被授权代表工商行政管理机关行使企业登记审查、受理、核准权。

2006 年 10 月,根据省工商局《关于公司登记管辖权限的规定》,市工商局将登记注册资本 50 万元以下的公司登记权限下放东湖、西湖、青云谱、青山湖及湾里区工商局。

2007 年,全市登记工作整合服务功能,办照时间由 3 天缩短为 1 天。年底,全市内资企业发展到 15122 家。

2010 年,在企业登记工作中继续实行"一审一核"制,进一步减少审批环节,简化办事程序。是年,全市有内资企业 14183 家,其中,法人企业 8184 家,分支机构 5999 家,注册资本 626 亿元。

**外商投资企业登记**　为引进外国先进技术和管理经验,国家采取逐步放开政策。1992 年 6 月 10 日,市工商局设立外资企业登记管理科。7 月 4 日,国家工商局授予市工商局外商投资企业核准登记权。年底,全市登记外商投资企业 106 家,投资总额 2.16 亿美元,注册资本 1.37 亿美元。

1993 年,全市实行经营范围、注册资金、经营方式、经营形式及组织形式"四放开"举措,工商部门依法受理外商投资企业的登记注册,同时取消专项审批和许可证规定,支持利用外资兴办第三产业。

市工商局做好市政府吸引外商直接投资的协调和配套服务工作。至 1999 年,全市有外商投资企业 446 家,投资总额 11.18 亿美元,注册资本 9.21 亿美元。

2001 年,市工商局制定《解放思想,转变观念,发挥工商职能作用,力促南昌经济发展》30 条措施,实行营业执照预备登记制。2002 年,市政府批转《南昌市外商投资企业设立登记制改革方案(试行)》。随后,市工商局制订《南昌市工商行政管理机关市外投资企业开展行政效能"零投诉"活动的实施方案》,实行"五公开",实现外商投资企业登记与国际惯例接轨。从此,外商投资者只需在工商服务窗口办理一次登记,即可完成企业设立的全部手续。

2005 年,全市实现外资登记工作由审批型向服务型转变,工商人员由"管理员"向"服务员"转变。2007 年底,全市有外商投资企业 891 家,投资总额 27.20 亿美元,注册资本 4.76 亿美元。

2008—2010 年,市工商局学习贯彻执行新的登记规范,提升工作人员操作水平,结合机关效能年活动,进一步提高行政审批效率,全市外资投资企业有 1618 家(其中,法人企业 997 家,分支机构 621 家),注册资本 72 亿美元。

**个体私营经济登记**　1992 年春,邓小平发表南方谈话,为发展个体私营经济铺平道路。市工商局抓住有利于个体私营经济发展机遇期,扶持和促进全市个私经济健康发展,清理该废止文件,研究该放宽的政策和该下放的权力,为个体私营经济大发展创造更宽松环境。

1993 年 11 月,市工商局实行"四不限"(不限比例、不限速度、不限规模、不限经营范围)政策,促进个体私营经济发展。1995 年底,全市私营企业 1853 家,同比增长 281.28%;注册资本 5.95 亿元,增长 163.63%。

1997 年,引导个体、私营企业参与国有集体企业的改制、改组。至年底,全市私营企业 3874 家,从业人员 74951 人,注册资本 34.28 亿元。

1999 年,全市个体工商户发展到 59518 家,从业人员 151680 人,注册资本 8.37 亿元;私营企业发展到 5838 家,从业人员 83960 人,注册资本 32.88 亿元。

2001 年 3 月,市工商局印发《关于进一步做好发展个体私营经济承诺兑现工作的通知》,为发展个体私营经济做出 15 条承诺,取消 62 项涉及个体私营经济管理审批项目。

2004 年,全市实行行政许可限时办结制、工商联络员制和重点企业挂牌服务制等,派出工商联络员 200 人次,对 200 家私营企业提供跟踪服务,确定 40 家私营企业为重点帮扶企业。年底,全市私营企业 17909 家,从业人员 21.61 万人,注册资本 200.34 亿元。

2005 年 3 月 11 日,市工商局为解决个体私营企业贷款难问题,与洪都信用联社联合推出不用评估、不用抵押贷款活动,推出操作灵活的"创业授信贷款"。年内发放信用贷款 1000 余万元。9 月,为推动全民创业,又向社会公开 10 项承诺和 20 条措施。开展"三走进三服务"活动,率先将个体工商户办照窗口前移至基层分局,下放登记权限,进一步简化个体工商户登记程序,缩短办证时间。至 2007 年,全市用于支持南昌市个私经济发展创业授信贷款总额 10 亿元,全市登记注册个体工商户 110588 家,从业人员 260075 人,注册资本 19.90 亿元;私营企业 31727 家,从业人员 354050 人,注册资本 439.45 亿元。

从 2007 年 12 月至 2008 年 3 月,市工商局组织各基层分局对全市个体工商户现状进行一次系统的普查调研。截至 2008 年 3 月,南昌市个体工商户实际普查数为 68148 家,普查率为 90.1%;个体工商户从业人员 12.3 万人,所创造国内生产总值总额为 216.17 亿元,占全市国内生产总值总额 15.6%,税收 165.8 亿元,占全市各项税收 3.4%。

2008 年 9 月 1 日,全市工商部门停止征收个体工商户管理费和集贸市场管理费。"两费"停征直接受惠个体工商户达 7.97 万家,每年家均可减负 600 元。全市工商部门以停征"两费"为契机,变"阳光收费"为"阳光服务",实现监管执法成功转型做法,中央电视台、"人民网""新华网"等媒体相继报道。2009 年,全市有个体工商户 95758 家、私营企业 41202 家。

2010 年,全市紧紧围绕"科学发展,固本强基"主题年,优化个私经济发展环境,个体私营经济再创新高。全年登记注册个体户 124952 家,私营企业 49051 家,注册资本同比分别增长 30.5% 和 35.1%,私营企业注册资本首次突破 900 亿元。

**农民专业合作社登记管理**　2005 年,市工商局制订《关于进一步发挥职能作用促进农民专业合作社大发展的实施意见》,支持、引导农民专业合作社发展。2007 年 1 月 1 日起,贯彻《中华人民共和国农民专业合作社法》《中华人民共和国农民专业合作社登记管理条例》,开辟农村市场主体准入绿色通道,支持农村各类人员自主创业,兴办各种类型经济实体;至年底,全市登记农民专业合作社 796 家,出资总额 20.94 亿元,登记数列全省首位。2010 年 5 月 4 日,组织开展农民专业合作社样板社评选活动,南昌鄱阳湖裕丰水产品专业合作社和南昌县雪键现代农业种植专业合作社被省工商局评为"全省农民专业合作社依法设立管理规范样板社";至年底,登记农民专业合作社累计

1908家,注册资本91亿元。

## 第二节  市场监督管理

### 市场建设与监管

国务院于1983年颁布《城乡体系贸易管理办法》后,全市工商部门进一步解放思想,调整管理政策,加快对城乡集贸市场新建、改建和扩建的步伐,使城乡集贸市场得以恢复和发展。

1992年,开展"满意在市场,有事找工商"活动。全市投资8834万元,新建、改建和扩建市场28处,面积4.7万平方米,市场成交金额15亿元。1993年,市工商局向市政府呈报《关于加强市场建设和完善市场体系的报告》,将集贸市场建设纳入城市建设规划,实行建设市场谁投资谁受益政策,鼓励社会各方按照政府规划投资建设农贸市场。

1995年,市工商局制定《关于加强集贸市场规范管理的若干规定》,对市场建设和组织、市场管理、市场服务等做出具体明确规定。7月,国务院办公厅转发《国家工商行政管理机关与所办市场尽快脱钩意见的通知》,强调工商部门应尽快与所办市场脱钩。随后,南昌市委、市政府批转《市工商局关于工商行政管理机关与所办市场脱钩的实施意见》。1996年,市政府批准设立南昌市场建设物业管理中心,全市工商部门按照"债随市场走,人随市场走,整体移交,彻底脱钩"的原则,开始办理市场脱钩。1999年,完成所有市场资产评估。

2001年11月,全市工商部门将自办、联办各类市场移交当地政府,共移交物业管理机构10个,市场77个(面积31.57万平方米),店面915个,摊位17762个,办公用房1745平方米;移交人员726人。全市市场办管脱钩全面完成。是年,围绕全市"双创"活动和创建花园城市工作,抓好市场综合整治和市场拆迁,清理取缔无照占道摊点5840个,取缔非法占道市场14个,拆除违章搭建物6.2万平方米,安排经营户入室经营2638家,全市城区基本实现退路进室、还路于民的整治目标。

2003年,全国出现非典疫情,全市工商部门集中力量严厉查处利用防治非典名义从事违法经营行为,出动执法人员7337人次,检查市场727个次,超市203家,医院门诊部、药店230家,查获劣质口罩7万个,劣质消毒液近1.9万千克,查处违法经营案件66件,总案值46.5万元,罚没入库30余万元,移送司法机关案件2件。全市工商部门有8个单位,29人被当地党委、政府授予防治非典先进集体和先进个人。

2008年,推广农资经营示范店做法,推行"七到位"工作机制,即打假行动到位、维权网点延伸到位、法律政策宣传到位、工商协调到位、红盾把关到位、党员帮扶到位、日常监管到位。至年底,整顿农资商品市场13个,检查农资经营主体681家次,取缔无照经营18家;抽检农资商品299批次,合格率94%;查处农资案件26件,罚没金额46.7万元。

2010年,市工商局将强化农资市场监管作为贯彻落实中央一号文件和中央农村工作会议精神的改治任务列入重要工作日程,加大对流通领域农资商品质量的监测工作,会同产品质量监督检验机构抽样检验化肥 243 批次,合格率 82.72%。经纪活农成效突出,四县及湾里区建成农村经纪组织示范点 13 个,培育和发展农村经纪人 1082 家,从事农村经纪活动人员 8276 人。

## 合同监管

20 世纪 90 年代,全国人大常委会通过《中华人民共和国合同法》,对工商部门合同监督管理职责做出新规定。1991—2010 年间,为从根本上解决经济交往中的"三角债"问题,市政府办公厅批转《市工商局关于整顿商品交易秩序加强市场运行合同化管理的意见》,要求各经济主管部门配合工商行政管理机关,组织企业清理拖欠,依法调整合同债权债务关系。1993 年 9 月,全市工商行政管理机关终止无效经济合同确认工作。

1995 年 9 月,市工商局终止合同仲裁活动后,制定《南昌市工商行政管理局行政调解程序暂行规定》,规定在借贷、买卖、货物运输、加工承揽等经济活动中,当事人因合同争议,涉及损害赔偿的,可以申请行政调解。此后,全市各级工商部门开展合同争议行政调解工作。

1996 年 1 月,市工商局印发《关于办理企业动产抵押物登记的通知》,部署抵押物登记事项,率先开发抵押物登记与合同执法档案微机管理系统。是年,历时 4 年的清仓销账、追偿欠款与整顿商品交易秩序、严肃结算纪律两项活动结束,累计为企业追回外欠合同货款 1.02 亿元。

1998 年 1 月,省工商局印发《对南昌市工商局关于贯彻实施〈拍卖法〉规范拍卖行为的报告的批复》,委托市工商局统一行使辖区内委托拍卖合同鉴证权。

2002 年,《南昌市市场场地租赁合同》示范文本在全市各类市场推行,明确市场双方权利和义务,为加强市场主办单位和经营者管理提供重要依据。

2003 年 10 月,市工商局取消合同鉴证。2006 年,印发《南昌市工商局优化投资环境、深入开展守合同重信用活动实施方案》,提出完善、落实优化投资环境 9 项政策事项。

2007 年,全市工商部门大力实施"商标兴农、合同帮农、权益保农"系列"红盾护农"工程,指导 328 家涉农企业与 15400 家农户签订农业订单,标的额达 2.82 亿元。

2010 年,市工商局贯彻《江西省合同格式条款监督办法》,做好合同格式条款备案工作,规范拍卖行为,强化合同信用建设,先后制订推行南昌市机动车驾驶培训合同、南昌市前期物业服务合同,南昌市客运出租汽车责任承包经营合同等示范文本,办理合同格式备案 236 份,认定"守合同、重信用"AA 企业 57 家、推荐认定"守合同、重信用"AAA 企业 29 家,受理拍卖备案 125 件,现场监拍 77 起。

## 商标监管

1993 年 9 月,市工商局设立南昌市商标事务所,全市商标注册由核转制过渡到代理制,商标管理工作的重点转移到保护注册商标专用权上,注册商标的保护力度得到加强。

1994 年,全市确定 50 家大中型骨干企业为商标重点企业,为其提供商标法律跟踪服务。市工商部门上门指导重点企业办理商标注册 124 件。此后,着力加强商标法律和商标基础知识的宣传和培训,提高企业商标意识。大力保护注册商标专用权,1996年,工商部门查办各类商标假冒侵权案112件,案值1070万元,销毁假冒侵权商品370万元,捣毁制假窝点49处,移送司法机关追究刑事责任41人。1999年,全市注册商标增加到4080件。

市工商局帮助有条件的企业争创江西省著名商标和中国驰名商标,2000年制订20条措施,指导有条件的企业申请注册证明商标和集体商标。2003年,新增注册商标700件,全市工商部门查处商标侵权案件35件,一般违法案件28件,罚没金额19.4万元,收缴和清除违法商标标识13.5万件。2007年,全市注册商标总量由2000年的4752件增加到19155件,认定知名商标36件;著名商标68件;驰名商标从无到有,发展到8件。

2010年,开展"4·26"知识产权保护日活动,现场接受群众咨询1000余人次,发送商标宣传册2.2万份,提高群众商标法律意识。至年底,全市拥有中国驰名商标12件、江西省著名商标172件、市知名商标39件,有效注册商标总数14828件。

### 广告监管

20世纪90年代,全市广告业发展加快。1993年7月,市工商局取消广告经营总量控制,放开所有制形式,允许各种经济成分从事广告经营。

自《中华人民共和国广告法》于1995年2月1日施行后,全市着力引导广告业向规模化、集约化、专业化方向发展。至1999年底,全市广告经营单位发展到250家,从业人员1863人,广告营业额9012万元。

从2004年起,全市工商部门探索广告监管长效机制,将以往广告日常监管经验上升为监管制度性措施,连续三年在全市开展"打虚假、树诚信"广告专项整治行动,把医疗、药品、保健食品违法广告列为打击重点。

2005年6月,根据国家工商总局等11个部委和省工商局等10个厅局"虚假违法广告专项整治方案",建立9个部门参加的整治虚假违法广告联席会议制度,构建治理虚假违法广告新机制。至2007年底,全市广告经营单位1551家,广告从业人员16516人,广告营业额2.24亿元。

2009年,开展整治医疗、药品、保健食品等广告严重虚假违法活动,查处广告案件20余种,罚没金额20余万元。查处《南昌晚报》发布南昌东大肛肠医院违法医疗广告,罚没金额3万元。

2010年,市工商局充分发挥广告监测中心强大功能,24小时不间断监测南昌地区13个主要电视频道、9路广播节目和平面、移动媒体广告。监测新闻媒体发布广告620816条,涉嫌严重违法广告44944条,查处各类虚假广告案件152件,罚没金额150.55万元。登记注册广告经营单位由2008年的1069家增加到2010年的4900家。10月,协同中国广告协会、南昌市政府成功举办第十七届中国国际广告节。

# 第三节　公平交易执法

## 反不正当竞争

1993—1999年,国家相继出台《反不正当竞争法》《消费者权益保护法》《行政处罚法》《行政复议法》等法律,全市工商部门经济检查工作重心逐步转变从侧重于管理集贸市场转变为监管社会主义统一大市场,从查处投机倒把案件为主转向以监督检查市场主体交易行为制止不正当竞争,禁止传销及侵犯消费者权益行为。

为尽快实现新职能到位,1997年2月,市工商局经济检查科更名公平交易科。此后,全市工商部门公平交易执法工作围绕"公平交易执法年""文明管理年""维护公平交易,促进经济发展"等主题活动,宣传、贯彻、落实《反不正当竞争法》《禁止传销经营活动的通知》等法律法规,以保护市场公平交易秩序为重点,开展"节日打假保平安""农资打假保农业""食品打假保安全"等专项整治活动。

7年间,共查处假冒伪劣商品案件1408件,案值7400万元,罚没金额1034万元,为上当受骗单位和个人挽回经济损失1877.8万元,捣毁制假窝点719处,提请司法机关拘审涉案当事人235人。在贯彻落实国家粮食流通体制改革工作中,加大力度,集中整治粮食市场,取得良好效果。

2008—2010年,市工商局公平交易局大力推行阳光执法,全面实施"一字工作法",严厉打击各类违法违章行为,维护公平市场环境。2008年,全市查处各类违法违章案件752件,罚没入库金额1555.34万元;2010年,查处各类经济违法案件976件,罚没入库金额2097.56万元。

## 打击传销和规范直销

2004年,全市工商部门重点打击境外传销企业入境从事传销活动。2005年,着力构建打击传销和变相传销长效监督机制,在社区乡村建立对传销和变相传销监控和预警反馈机制。通过预警反馈,查处4人非法传销"雅歌丹"熏香系列产品案,处罚违法当事人20万元。

2006年,重点打击"拉人头"传销、互联网传销和假借"直销"名义从事传销的违法活动。一举破获红花国人公司网上传销案,冻结该公司用于传销活动银行存款1505万元,查封其传销食用油3000箱,涉案金额1.14亿元,涉案人员近万人,被国家工商总局列为2006年全国十五大传销案之一。是年,开展治理商业贿赂专项执法工作;至年底,立案调查药品购销、医疗卫生、学校教学辅导材料采购、超市酒店等领域各类商业贿赂案件91件,结案70件;其中,大要案39件,罚没入库金额511万元。

2000—2007年,全市工商部门查处传销案38件,取缔窝点46处,遣返传销人员3300余人,移送司法机关处理涉案人员21人,罚没金额944.87万元。

# 第四节　消费者权益保护

1994 年 1 月 1 日,《中华人民共和国消费者权益保护法》施行后,全市工商部门依法加大保护消费者权益工作力度。1997 年 11 月,市工商局建立"3·15"消费者投诉中心,开通消费者举报投诉电话。"3·15"投诉服务中心开通半年,受理消费者投诉 1830 件,为消费者挽回经济损失 51 万元,收到群众感谢信 25 件、锦旗 5 面。

1999 年,市工商局"12315"消费者申诉举报指挥中心成立,开始全面履行受理消费者申诉、调解消费者权益纠纷、指导消费者消费和维护消费者权益行政执法四项职能。是年,全市各级工商行政管理机关受理消费者申诉举报电话 1766 次,调解处理消费者申诉 1763 件,调解成功率为85.92%,转立案查处 17 件,罚没金额 6.86 万元,为消费者挽回经济损失 102.56 万元。

2000 年,开展"明明白白消费"主题年活动,依法受理投诉 2088 件,为消费者挽回经济损失98.5 万元。

2003 年,全市建立"一个中心、三级执法"消费者投诉受理处置网络,建成市级"12315"消费者申诉举报指挥中心 1 个,县区级"12315"投诉中心 9 个,基层分局"12315"投诉站 91 个,形成快速、灵活、便捷、高效的受理、处理消费者投诉工作机制。

2004 年,市工商局投入巨资,对"12315"指挥中心的软、硬件进行调整和改善,使全市"12315"指挥中心系统具有声讯服务系统、GPS 卫星定位系统等多种智能化服务功能,实现消费者申诉举报数据、市场违法经营主体和违法经营数据收集的标准化采集、网络传输、实时汇总、交流共享,为保护消费者合法权益提供可靠技术保障。

2005 年,消费者维权网络延伸至社区、乡镇、农村,聘请 273 名乡村干部担任"12315"站长。2006 年 1 月 20 日,市工商局消费者权益保护局("12315"网络指挥中心)成立。其主要职责是:保护消费者合法权益,组织查处侵犯消费者合法权益案件,组织查处假冒伪劣等违法行为,组织监督流通领域的商品质量。

2007 年,市工商局投资 80 万元,在原有"12315"指挥系统基础上,新增信息录入、指挥调度、信息处置、统计分析、绩效考核"五大"功能,实现对消费者维权工作电子计算机信息化处理,提升"12315"指挥调度系统功能,消费者维权通道更加畅通。至年底,全市受理消费者申诉举报投诉4223 件,处理 4210 件,为消费者挽回经济损失 891 万元。

是年,开展"红盾护农"行动,全面落实"两账一卡一书"制度。全市建立农资维权服务站 129个;出动执法人员 1760 人次,检查农资市场 24 个(次),检查农资经营企业 786 家,抽查农资商品178 批次,查处农资违法案件 46 件,取缔农资无照经营 41 家,全市农资市场经营秩序明显好转。

2010 年,全市工商部门大力开展各类专项整治活动,切实维护消费者合法权益。"12315"指挥调度中心接听电话 44147 件,申斥办结率 98.09%,调解率 74.95%,为消费者挽回经济损失 360 万元。"3·15"国际消费者权益日,组织 10 名《江西日报》读者参与"让你零距离接触 12315"体验活动,提升消费维权工作透明度。

## 第五节 流通领域食品监管

2003年11月,根据国务院《关于开展食品药品放心工程的通知》和国家工商总局等八部委联合下发《食品药品放心工程实施方案》,市工商局向市政府报送《关于实施食品市场准入制度试点方案》,正式启动"食品市场准入试点工程",从而把流通领域商品质量监管由部门行为上升为政府行为。是年,首次明确企业是食品安全第一责任人。

2004年11月,市工商局举办题为"民以何食为天"高峰论坛,拉开全面实施流通环节食品安全监管工作序幕。是年,先后制定3个规范性文件,明确食品安全抽查办法、监管方案和流通领域食品安全信用体系建设办法。市工商部门组织18次不同食品、不同地段的专项整治,检查市场3218个次、经营户15425家次,取缔无照经营327家,责令整改213家,捣毁制假窝点3处,收缴各种问题食品标值230余万元,有力地维护市场食品安全。

2005年,市工商局组织90个基层分局举办3期食品检测业务骨干培训班,226人参训,有效提高食品检测能力。为给食品安全监管打下坚实物质基础,投入200余万元,购买2台食品检测车、60台手提食品检测箱、5辆卫星定位消费投诉处理车,并开发启用全市食品安全信用电子监管系统。

2007年,全市完成9313家食品生产经营主体资格审查,组织食品质量专项整治13次,检查经营场所1.4万处,抽检食品3820批次,取缔无照食品经营户670家,查处违法案件617件,收缴假冒伪劣食品标值576.24万元。提前实现县以上城市食品市场、超市100%建立进货索取证票制度,乡镇、街道、社区食杂店100%建立食品进货台账制度和彻底解决乡政府所在地及县城以上小食杂店、小摊点无照经营问题的整治目标。中央电视台先后7次报道南昌市工商局食品安全专项整治工作成果,国务院、国家工商总局和省、市领导对此也给予高度肯定。

2008年,市工商局妥善处理"三鹿奶粉事件",充分发挥"12315"申诉举报指挥中心快速反应作用,接听消费者有关三鹿奶粉电话1.45万个;出动执法人员2.44万人次,检查经营主体4.03万家次,退市问题乳制品7290.52千克;为消费者退换问题乳制品608.96千克,为洪城大市场乳制品批发商退换问题乳制品9531件,价值374.9万元。至年底,立案查处食品案件327件,罚没金额361.53万元,收缴假冒伪劣不合格食品标值621.7万元。

2010年,全市流通领域食品安全监管实行常态监管。全市食品流通环节市场准入备案查询系统累计录入食品信息6.02万条,食品生产企业信息8846条,食品销售商信息1.18万条,备案查询点击率19万次。

## 第六节 法治建设

2000年,市工商局印发《南昌市工商行政管理法制建设若干规定(试行)》《市场管理执法不作为追究制度》《南昌市工商行政管理局办案工作暂行规定》《南昌市工商行政管理机关行政处罚案件审核办法》，着力实行以行政首长负责制为核心的行政执法责任制和"办、审、定"相分离的执法监督制度。

2001年，全市工商部门把推行行政执法责任制和评议考核作为依法行政的一项基础性工作，列入年终目标考核重要内容，制定《南昌市工商行政管理局行政执法评议考核方案》。

2002年，市工商局制定《案源预先申报制度》《案件跟踪制度》《案件回访制度》《重大案件集体讨论制度》《案件廉政监督制度》五项"阳光执法工程"制度，并在青山湖区工商分局进行"阳光执法工程"试点。

2004年，以建设诚信工商、法治工商、信息工商为目标，全市建立各项依法行政考核验收制度，相继制定《行政执法办事指南》《收费公示制度》《重大许可事项听证办法》《行政审批项目内部监督规定》《规费收缴分离暂行规定》等，形成便利、实用、有约束力的机制，从制度上有效防止违法办案和滥用权力行为的发生。

2005年，市工商局实施国务院《全面推进依法行政实施纲要》，制订《南昌市工商行政管理局全面推进依法行政五年规划（2004—2008）》《行政执法责任评议考核方案》《行政执法评议考核细则》，明确法制建设、依法行政、执法形象评议考核内容和评（分）议标准。

2006年，市工商局延伸行政执法监督范围，调整办案责权，通过权力分解和程序设定，实现从案源到罚没款入库全程监督。4月，印发《南昌市工商行政管理局办案程序有关规定》，实行立（销）案报告制度，行政复议、行政诉讼、申请法院强制执行案归口管理制度，行政处罚、行政复议案件备案制度。同时，执行《江西省工商行政管理机关行政处罚自由裁量权适用规则（试行）》和《江西省工商行政管理机关行政处罚自由裁量权参照执行标准》，做到依法行政。

2007年1月，市政府发布《南昌市合同格式条款监督办法》，受到媒体高度关注。为实施这项规章，市工商局及时设立格式合同备案中心，并于年底正式运行。

2005—2007年，全市工商部门查处各类经济违法案件，未出现一起行政复议撤销案、行政诉讼败诉案，并取得案件质量、大要案数量、罚没金额在全省工商部门连续三年三项第一的好成绩，被评为全省工商部门执法办案工作先进单位。

2008—2010年，全市工商部门切实履行法制机构监督、协调、把关的职能，采取措施，全面推行行政指导，做好案件审核、行政复议、行政应诉工作，加强依法监督，严格办案、审案。

2010年11月，全市工商部门1101名行政执法人员经培训和考试合格，换发《江西省行政执法证》和《江西省行政执法监督证》。同时，市工商局机关113名干部参加全省副科以上干部法律知识考试，统考面100%，考试成绩进入个人考核任用档案。是年，市工商部门办理行政处罚案件778件，其中市级查处270件，占案件总数34.7%；县区局查处508件，占案件总数65.3%。

# 第七节　机构队伍

## 机构设置

1991 年 6 月,第一次实行市区工商部门垂直管理。9 月 11 日,南昌市东湖、西湖、青云谱、郊区工商局改为由市工商局直接领导的分局,人事、财务、业务等方面实行垂直管理。1992 年 7 月 30 日,市政府印发《关于调整完善我市四区工商行政管理体制的通知》,规定东湖、西湖、青云谱和郊区 4 个分局下放给所在区管理。1994 年 12 月 20 日,市政府将东湖、西湖、郊区、青云谱、湾里区局改为市工商局东湖分局、西湖分局、青云谱分局、湾里分局,作为市工商局派出机构,由市工商局统一领导,实行垂直管理。

1997 年 2 月,市直党政机构改革,市政府办公厅印发《关于印发南昌市工商行政管理局职能配置、内设机构和人员编制方案的通知》,规定市工商局是市政府主管市场监督管理和行政执法的职能部门。

1999 年 1 月 25 日,省政府印发《江西省人民政府批转省工商局工商行政管理体制改革方案的通知》,南昌市工商局编制等由省工商局会同省机构编制管理部门统一核定和管理,市工商局主要职责是负责辖区的市场监管和行政执法工作,领导下属机构开展各项行政管理业务。2 月,全市工商部门编制上划。

2000 年 11 月,省机构编制委员会办公室、省工商局《关于重新核定全省工商所机构编制的通知》,核定全市工商所(队)机构 120 个,其中 4 县 63 个,5 区 39 个,直属、洪城、高新、昌北分局 14 个,直属所队 4 个。

2002 年 7 月 26 日,省机构编制委员会办公室、省工商局《关于印发〈江西省省以下工商行政管理局机构改革实施方案〉的通知》规定,南昌市工商局为省工商局直属机构。南昌市工商局下辖 4 个县局、5 个区局、3 个直属分局(洪城、高新、昌北),机关内设 3 个局(公平交易局、企业注册局、直属局)9 个科室和 7 个事业单位。全市 110 个工商所精减为 90 个,并改称工商分局,干部职工 1889 人,超编 362 人。同时,市工商局内设机构重新进行调整,撤并 5 个科级单位(直属分局、车管所、家具所、万寿宫商城所及执法支队)和 3 个机关科室(合同科、外资科、基层教育科),改设直属局、公平交易局、企业注册局。各县区工商局进行相应调整,执法大队、法制股、合同股被撤并,企业科和个体科合并为企业注册局,公平交易科改称公平交易局;基层工商分局、企业注册局和公平交易局 3 个单位同时升格为副科级单位。

2004 年 10 月至 2005 年 2 月,贯彻落实省人事厅、省工商局《市、区工商行政管理机构改革人员分流安排实施办法》,稳妥做好离岗退养工作,使队伍更趋年轻化、知识化、专业化。

2007 年 3 月 22 日,根据江西省机构编制委员会办公室《关于对省以下工商系统部分机构编制进行调整的批复》,市工商局运输市场管理分局更名为市工商局专业市场管理分局。至年底,市工商局有机关处室 9 个,直属事业单位 8 个,县、区局 9 个,派出机构 7 个(其中副处级派出机构 2 个),直属行政单位 5 个,副科级基层工商分局和企业注册局、公平交易局 113 个。

2008 年,全市理顺机构人员编制,4 个正科级单位更名;增编南昌市红谷滩新区工商局沙井工商分局和红角洲工商分局 2 个副科级单位,增编南昌英雄经济开发区工商局和市工商局专业市场管理分局各 3 个正股级单位。

2010 年,市工商局县级局 4 个,区级局 5 个,派出机构 7 个(其中副县级单位 2 个),事业单位 7 个,行政单位 5 个,局机关内设处(室)10 个,基层分局 93 个。

表 7 - 1 - 1 1991—2010 年南昌市工商局主要负责人情况

| 姓　名 | 职　务 | 任职时间 | 备　注 |
|---|---|---|---|
| 马自行 | 党组书记、局长 | 1991.01—1994.03 | 1988 年 12 月任党组书记,1989 年 1 月任局长 |
| 勒世振 | 党组书记、局长 | 1994.04—2000.03 | 1994 年 4 月任党组书记,11 月任局长 |
| 杜志刚 | 党组书记、局长 | 2000.10—2004.08 | 2000 年 4 月主持工作,10 月任党组书记;2001 年 4 月任局长 |
| 刘东庚 | 党组书记、局长 | 2004.08—2010.12(在任) | |

## 队伍建设

20 世纪 90 年代,市工商局党组将大教育、大培训作为实现工商职能到位的全局性、基础性工作,实施"红盾素质"工程,打造素质较高的工商行政管理人才队伍。

1997 年,全市工商部门开展"学习洪都工商所,当合格工商干部,做人民满意的公务员"活动。2000 年,市工商局开展以"忠于职守,清正廉洁,执法如山"为核心内容的职业道德教育。

2002 年,市工商局通过"公开选拔、竞争上岗",从 257 人中选拔 74 人任用到副科级领导岗位上。2005 年 7 月 12 日,市工商局下发《关于在全市基层工商分局开展岗位练兵活动的实施办法》;10 月 31 日,首次成功举行准军事训练成果汇报会,充分展示南昌工商队伍的精神风貌。

2006 年 1 月,全市工商部门开展向"执法为民"楷模陈泓朴(青山湖区工商局四交分局局长)学习活动。6 月 30 日,2000 余名工商执法人员举行新式工商制服着装仪式。9 月 4 日,全市工商部门作为全省试点单位正式启动公务员登记工作,在核定 1202 名国家行政编制限额内,实际登记 1155 人,经过省级以上公务员主管部门统一考试录用进入机关试用期满考核合格的人员 454 人。是年,加强人员培训,注重"会办文、会办会、会办事、会办案"岗位练兵,强化队伍"四会"能力。

2007 年 7 月 2 日,市工商局党组决定,市局机关部分正科级干部职位在全局部门内组织竞争上岗,70 人报名并通过资格审查的副科级干部,经过笔试、面试、民主测评、组织考察等程序,4 人走上正科级干部岗位。至 10 月,全市工商部门有大专以上学历人员 1487 人,占在职人数 81.93%。其中,法学专业 308 人,占 20.75%;经济学专业 328 人,占 22.10%;管理学专业 379 人,占 25.49%。

2010 年,市工商局与复旦大学公共绩效管理与信息研究中心合作,开发建设"一个中心、三个平台"(绩效数据中心,全局指挥监控平台、执行力建设平台、经济环境满意度建设平台)绩效考核管理系统,按照"德、能、勤、绩、廉"五个方面,将内容细化为共同、管理和业务3类21项126个指标,提升行政效能,实现由"绩效考核"向"绩效管理"转变。该项成果获国家版权局颁发的"中华人民共和国版权局计算机软件著作权登记证书",获省科技厅颁发的"科学技术成果证书"。开展绩效考核工作后,市场经营主体亮证亮照率由59%上升为98%;"12315"申诉办结率由70.6%上升为99%;食品经营主体备案率由74%上升为96%。年底,全市工商部门核定编制1683人,实有总人数2238人,其中在职1661人,离岗退养86人,离退休人数491人。

# 第八节　社会团体

## 南昌市个体私营经济协会

1993年3月26—27日,南昌市个体私营经济协会召开第四届会员代表大会,选举产生会长徐炳泉,副会长卢海根、万良横、陶成等,秘书长卢海根(兼)等。

1996年11月,南昌市个体私营经济协会拆分为南昌市个体劳动者协会(简称市个协)和南昌市私营企业协会(简称市私企协)。市私企协会长史大瀚,副会长卢海根、章荣彬、卢刚、朱爱国,秘书长廖晓青。市个协会长史大瀚,副会长卢海根、居凤官、万良横、蔡飞莺、熊迪如,秘书长居凤官(兼)。

2005年1月14日,南昌市个体劳动者协会和南昌市私营企业协会合并成立南昌市个体私营经济协会(简称市个私协),选举产生会长吴瑞金,副会长万良横、邓晓冰、刘伟星、朱星河、李义海、吴惠、胡九海、徐东升、徐桂芬、钱国辉、曹国洪、熊迪如,秘书长邓晓冰(兼)。10月,增补喻光林、周国群、杨智勇为副会长,喻光林为秘书长(兼)。

1991—2010年,市个私协教育并组织个体劳动者、私营企业者学习国家法律、法规,开展文明经营、照章纳税、公平竞争、优质服务活动。帮助会员建立自我约束机制,制订行业性条规,引导行业健康发展。为会员做好中介服务工作,及时为会员生产经营提供相应信息咨询。组织会员参加经营管理和业务技术的培训工作,开展会员福利事业等互助、互利活动等。

## 南昌市消费者协会

南昌市消费者协会(简称市消协)于1989年12月成立。1993年2月,市消协第二届第一次理事会召开,选举徐炳泉为会长,龚和平、冯金兆、蓝新为副会长。至2006年,南昌市消协在南昌、新建、安义、进贤县和东湖、西湖、青云谱、青山湖、湾里区以及高新开发区、经济技术开发区、洪城大市场成立县区级消协12个;乡镇、街办级消协分会104个,消费者投诉站426个,消协联络站59个。

1991—2010年,市消协不断加强《消费者权益保护法》等有关法律法规的宣传普及,每年定期举办"3·15"大型宣传咨询服务活动,在八一广场、省体育馆、胜利路步行街、洪城大市场等地设立现场咨询服务台、现场受理投诉台、识假辨假鉴别台。组织开展"学雷锋,见行动"活动,义务为民提供修理电器、修鞋、理发等项目服务。市消协配合各新闻媒体,先后在南昌电视台开办《消费者之声》栏目,在《南昌晚报》开辟《消费者购物指南》专栏,在《经济晚报》开办《消费者之窗》专栏等,解答消费者疑难问题,指导、引导消费者合理消费,讲授识假辨假知识。

## 南昌市广告协会

南昌市广告协会于 1987 年 2 月成立。1991 年 10 月,市广告协会第二次全体会员代表大会召开,选举李汝泉为会长,肖天亮、王台元、熊仕贵、李俊为副会长,秘书长为肖天亮(兼);有理事单位 44 个,执行理事单位 16 个。1999 年 12 月,市广告协会第三次全体会员代表大会召开,选举刘林茂为会长,樊松廷、周国群、王国祥、杭云龙、刘茂达、熊云华、徐洪伟、应晓胜、王雪娟、吴文斌、徐志斌为副会长;有理事单位 47 个,执行理事单位 20 个。

1991—2010 年,市广告协会开展相关法律法规宣传教育活动。1994 年《广告法》颁布实施后,开展《广告法》一系列宣传活动。开展广告专业培训和广告作品评比展览,指导、帮助会员单位参加企业资质认定;2005 年,江西星际广告公司参加第三届全国广告业企业资质认定评比,成为全省第一家中国一级广告企业。组织公益广告活动,1998 年长江流域发生特大洪水灾害,市广告协会联合相关单位主办赈灾义演活动,收到捐款捐物 4 万余元。强化广告行业自律,2006 年与南昌市消费者协会、南昌市房地产协会等联合召开 2006 房地产广告诚信自律会议,有 60 余家房地产开发企业到会并签署诚信宣言。

## 南昌市工商行政管理学会

1996 年 12 月,南昌市工商行政管理学会成立,有 13 个团体会员。

该学会成立后,围绕促进工商行政管理职能到位,提高履行职责能力、服务发展能力、科学监管能力和执政为民能力,开展理论研究和学术交流工作。2007 年 11 月 28—29 日,南京区域经济工商行政管理第 21 次协作会议在南昌召开。协作会由南昌市工商局主办,南昌市工商学会协办。参会单位有南京市工商局、合肥市工商局、镇江市工商局等 19 个设区市工商局,与会代表 45 人,收到论文 22 篇。

# 第二章　九江市

1991—2010 年,九江市工商系统始终坚持服务发展不动摇,通过出台一系列扶持企业和个体私营经济发展的措施,各类经济主体蓬勃发展。截至 2010 年底,全市内资企业 9134 家,外商投资企业 1081 家,个体工商户 119871 家,私营企业 18262 家,农民专业合作社 1350 家。全市个体户和私营企业上交国家税收占全市财政收入从 1991 年 10.36% 增长到 2010 年 57.6% ,安置失业待业人员从 1991 年 2.7 万余人增长到 2010 年 8.3 万余人。

20 年间,全市工商系统坚持创新监管不停顿,经历由驻场式管理到市场巡查,由纸质经济户口到市场主体信用分类监管,由传统的刚性执法到说理式处罚等过程。监管流通领域商品质量,严厉打击制售假冒伪劣商品违法行为,营造公平竞争的市场环境;打击传销规范直销,维护经营者和消费者合法权益。查处制假售假、虚假医疗广告、欺诈性商业促销、传销等一批群众反映强烈的大要案件,《人民日报》、中央电视台等国家主流媒体对此进行了报道。

全市工商部门坚持队伍和基层建设不松手。出台政策鼓励学历教育,制定干部教育规划;实行基层执法人员述职述廉制度,加强领导干部监督,探索风险岗位廉能管理体系;改建基层办公用房,有计划地新建办公楼。至 2010 年,全市工商系统大专以上学历人员 1037 人,占在职人数的 65.22% 。

20 年间,全市共新建各级工商机关办公用房项目 60 个,新建面积 42413 平方米,投入资金 3556 万元;原址重建项目 11 个,面积 7963 平方米,投入资金 437 万元;改扩建(不含装修)项目 9 个,面积 3724 平方米,投入资金 374 万元。

20 年间,全市工商机关获省(部)级以上表彰的先进集体 47 个次,获省(部)以上表彰的先进个人 26 人次。九江市工商局先后被江西省政府表彰为"2004 年江西省再就业工作先进单位"和"2006 年江西省服务非公有制经济发展先进单位"等,被国家工商总局表彰为"1999 年度全国工商系统办案先进单位""2008 年度全国工商系统'红盾护农'工作先进单位"和"2010 年度全国工商行政管理系统行政复议工作先进集体"等。

## 第一节　市场主体准入

登记管理

内外资企业及个私经济登记 1991—2010 年,九江市工商局深入贯彻《公司法》和《公司登记管理条例》,先后出台《关于深化改革扩大开放,促进经济发展的意见》《关于印发〈讲大局,抓服务,搞创新,发挥工商职能,力促九江经济发展〉的通知》《关于更新观念、创新管理、转变作风力促九江经济大发展的工作意见》《九江市工商系统推动全民创业的二十条》等措施,以推进现代企业制度的建立为目标,深化企业登记制度改革。2010 年,全市企业发展到 9134 家,注册资本 2746855 万元。

20 年间,市工商局贯彻落实省工商局《关于进一步加强外商投资的公司出资管理的实施意见》,为扩大招商引资提供实际材料和建议,并开通外资企业登记绿色通道和重大项目跟踪服务制,对投资总额达到 500 万美元以上的外资企业,派专人受理并给予指导,当场发照,对重点招商企业实行跟踪服务。2010 年,全市累计外商投资企业 1117 家,投资总额 65.89 亿美元,注册资本 39.92亿美元。

市工商局贯彻党和国家关于发展个体私营经济的方针政策,对个体私营经济在政治上鼓励、政策上扶持、法律上保护、经营上引导,为个体私营经济营造良好发展环境,促进个体私营经济持续、稳定、健康发展。

全市个体工商户由 1991 年的 52479 家发展到 2000 年的 73799 家,2010 年发展到 119871 家;个体工商户从业人员由 1991 年的 97183 人发展到 2000 年的 163511 人,2010 年发展到 278002 人;注册资本由 1991 年的 13388 万元发展到 2000 年的 63670 万元,2010 年发展到 595649 万元。私营企业由 1991 年的 192 家发展到 2000 年的 2367 家,2010 年发展到 18262 家;私营企业从业人员由1991 年的 3570 人发展到 2000 年的 48146 人,2010 年发展到 402487 人;注册资本由 1991 年的 1435万元发展到 2000 年的 142985 万元,2010 年发展到 3890573 万元。

**农民专业合作社登记**  2007 年 7 月 1 日,庐山区工商局登记"九江市庐山区芳兰湖养鱼专业合作社"等 4 家农民专业合作社,颁发《法人营业执照》。此 4 家合作社为九江市首批农民专业合作社。2008 年 7 月,九江市工商局印发《关于进一步做好农民专业合作社登记服务工作的紧急通知》,组织登记人员学习《农民专业合作社法》《农民专业合作社登记管理条例》及有关规范性文件,开辟"农民专业合作社绿色通道",大力推广"公司 + 基地 + 农户"的合作经营模式,切实做好农民专业合作社的登记服务工作,在登记工作中坚持做到"引导不强迫,支持不包办、服务不干预"。2009 年,九江市工商局探索以土地承包经营权出资设立农民专业合作社,拓宽农民增收致富的渠道。2010 年,九江市工商局多措并举服务新农村建设,走访农民专业合作社 980 家、合作社成员5032 人次,4 家农民专业合作社获评全省"样板社"。全年新登记农民专业合作社 335 家,总数达1350 家,同比增长 33%。

监督管理

自 20 世纪 90 年代后,九江市工商局开展党政机关办实体脱钩工作,组织清理"三无"(无执照、无资金、无场地)企业工作,对全市军队、武警部队、政法机关及所属单位办的经营性企业进行全面清理,对全市公司制企业的出资进行规范,对企业实行信用分类监管,开展以煤矿为重点的矿山安全整治、道路和水上交通运输安全整治、危险化学品安全整治、民用爆破器材和烟花爆竹安全整治、人员密集场所消防安全整治、其他相关领域的整治,结合年检对各类市场主体违法违规行为进行查处,对"十五小"(小造纸、小制革、小染料、土炼焦、土炼硫、土炼砷、土炼汞、土炼铅锌、土炼油、土选金、小农药、电镀、土法生产石棉制品、土法生产放射性制品、小漂染)、"新五小"(小水泥、小火电、小炼油、小煤矿、小钢铁)和无照经营予以查处取缔。停止征收两费后,九江市工商局进行基层监管模式改革。市工商局登记的企业按注册地址分配到辖区工商分局进行监管。基层分局对辖区内的企业巡查率达 90% ,对重点行业、高危企业的巡查率达 100%。

2002 年,九江市工商系统落实江西省工商局瑞金会议精神,改革创新,进一步落实市场巡查制、首办负责制、经济户口管理、企业信用体系管理和收费管理办法五项制度。深化工商所监管模式改革,建立和完善"公示制""经济户口"管理制和市场巡查制。各基层工商所实现"一档、一账、一卡、一机"的"经济户口"管理模式,形成辖区内工商所与登记机关上下联动机制,实行送费上门的缴费模式。

2003 年,九江市工商局制定《九江市企业注册登记"并联审批"暂行办法》,全面实行并联审批、告知承诺、限时完成"一站式"服务,统一在市行政服务中心大厅办理注册登记,提高市场主体的准入效率。市局改革登记注册方式方法,实行属地登记与级别登记相结合、企业法人登记与分支机构登记相分离的新型登记监管模式,将企业的年检权下放到基层分局,改变以往"坐堂式"年检为主动上门年检、预约年检等。

2005 年,市工商局开展以企业信用分类监管为主要内容的监管模式改革,制定《九江市工商行政管理系统企业信用分类监管暂行办法》和实施细则,配合省局信息中心开发使用企业信用分类监管软件,坚持因地制宜、统筹安排、抓好试点、分步实施,初步形成以经济户口管理为基础,以信息化为手段,以市场主体准入、经营和退出信息为依据的企业信用分类监管模式,带动巡查方式的变革。建立企业信用分类监管数据库,优化资源配置,突出监管重点,提高工作效率。

2006 年,市工商局推进企业信用分类监管,基本完成企业数据库建设,基层市场巡查可根据信用记录和计算机提示,做到重点突出、科学高效。推进 E－工商软件的应用,开发《个体工商户管理费收费系统》,建立规费收缴网络平台,实现"程式化"管理,进一步巩固规费主动送缴制的成果。

## 政策扶持

1991—2010 年,九江市委、市政府出台《九江市个体私营企业行政事业性收费合理负担卡》《关于加快个体私营经济发展的决定》《关于鼓励和支持返乡农民工就业创业的意见》等政策,九江市工商局相应制定印发《关于鼓励和支持返乡农民工就业创业的若干措施》等,对个体私营经济在政治上鼓励、政策上扶持、法律上保护、经营上引导,为个体私营经济营造良好发展环境,促进个体私营经济持续、稳定、健康发展。

2005 年 8 月 12 日,九江市工商局印发《关于全市工商系统推动全民创业加快富民兴赣的若干措施的通知》,推动全民创业。1991—2010 年,九江市工商局先后印发《关于深化改革扩大开放,促进经济发展的意见》《九江市企业注册并联审批方案》《九江市工商系统推动全民创业的二十条》

等,促进全市企业快速发展。

# 第二节　市场监督管理

## 市场建设

1991—1999年,九江市工商系统积极培育市场,通过筹资,自办和联办一大批市场,改善市场交易条件,促进市场发展。1999—2001年,按照国务院工商行政管理体制改革和市场管办脱钩要求,九江市工商系统42座市场全部办理移交手续。从2007年开始,九江市工商系统对商品交易市场进行信用分类监管。

## 商品交易市场管理

1996年,九江市工商局根据省政府办公厅转发省工商局《关于工商行政管理机关与所办市场脱钩实施意见》,开展市场脱钩工作。至2001年10月31日,全市42座需移交市场全部办理移交手续,移交市场总面积11881.5平方米,移交总资产5149万元,移交债务2447万元,移交市场服务中心14个,移交人员174人。

2001年,九江市工商系统推行工商所监管模式改革。城镇工商所实行"送费上门"制度,实行公开定费、张榜公布、通知到户、集中缴纳、逾期受罚,改变将主要精力用于收费的现象,送费上门率度在95%以上,促进监管职能的到位。农村工商所实行"片区监管、联动巡查、统分结合、增强效能"的监管模式,强化属地管理,实现对大市场的全方位监管。

2005年,九江市工商局改革收费制度,在城区、乡镇所在地、集贸市场推行规费主动送缴制,把基层的主要精力从繁重的规费收缴中解放出来,投入到市场监管等重点工作中。

2009年,九江市工商局与九江日报社、市农产品经纪人协会共11家单位开展九江市2009"农民合作经济组织年度领军人物""十佳农产品经纪人""优秀农产品经纪人"评选活动。至2010年,全市农村经纪人发展到2032家,从业人员13938人。

20年间,全市工商系统开展肉品市场、粮油市场、砂石市场、成品油市场、汽车及配件市场、房地产交易市场、文化市场、"网吧"监管、旅游市场等治理工作。2010年,九江市工商局制定《关于进一步开展集中整治市场秩序推进"维权工程"的实施方案》,是年,全市共立案查处欺行霸市、制假售假、商业欺诈等违法违章案5138件,结案4559件,结案率88.7%。

## 合同监管

**合同管理**　1991—2004年,九江市工商系统加强对建设工程勘察设计合同、建筑安装工程承包合同以及交易会、订货会、房地产租赁和交易合同的鉴证管理,通过合同调解、鉴证、仲裁、确认无效合同等手段为合同当事人避免和挽回大量经济损失。2004年,九江市工商局不再办理合同鉴证。

1991—2010 年,全市工商部门查处不合格合同 3500 余件。

**动产抵押登记**　2001 年 2 月,九江市工商局对全市拍卖企业实行建档备案制度,拍卖备案更加严谨规范。2010 年,全市共办理拍卖备案 197 次,现场监督 65 次,拍卖确认金额 188392.46 万元。

**"守合同、重信用"活动**　1991—2000 年,九江市工商部门开展"守合同、重信用"活动,全市共有 3500 余户企业被命名为"重合同、守信用"企业。从 2001 年 5 月开始,全省"重合同、守信用"企业认定实行 A 制。2003 年,九江市工商局改革"守合同、重信用"企业单位的评定办法,以市场主体的准入、存续和消亡为主线,以企业市场准入、经营行为和市场退出三个方面的信用监管为重点,对"守合同、重信用"企业重新甄别和登记,推进企业信用体系建设。

## 商标监管

1991—2010 年,九江市工商系统加大商标法律法规的宣传力度,严厉打击商标侵权行为,保护注册商标专用权,引导企业商标注册,培育企业争创中国驰名、全省著名商标等。到 2010 年底,九江市有注册商标 3123 件,其中中国驰名商标 1 件;全省著名商标 35 件;九江市知名商标 52 件,证明商标 4 件,集体商标 2 件。

20 年间,全市工商部门贯彻落实《商标法》,通过报刊、电台、电视台等媒体宣传运用商标开拓市场、占领市场的重要性,强化企业商标意识,着力引导名、优、特产品和新产品、支柱产业产品申请商标注册。帮助有条件企业争创江西省著名商标和中国驰名商标,指导有条件的地方申请注册证明商标和集体商标。广泛动员企业实施省政府名牌战略工程,在全市建立商标重点企业帮扶点,帮助企业运用商标战略,开拓市场,树立企业和产品形象,提高商标知名度。

各级工商部门开展查处侵权商品行动,设立举报投诉电话和举报箱,发挥群众参与打击假冒商标的积极性。建立与名牌企业联手打假的工作机制,开展"净市场、保名牌、促消费"活动,整治"专卖店""专营店""专修店",进行"讲诚信、反侵权、保名牌、打假冒"专营专卖店整治,集中整治奥林匹克标志及奥运特许商品,保护上海世博会标志专有权等,严厉查处商标侵权行为。

## 广告监管

1991 年,九江市工商局以中国(国际)龙舟大赛在九江市举办为契机,放宽广告经营市场主体准入,推动广告业发展。是年,九江市有广告经营企业 78 家。

1996 年,九江市工商局公开向社会做出承诺,广告经营企业登记由法定 30 个工作日缩短到 7 个工作日内办结。

2002 年,九江市工商局鼓励民营资本进入广告业,引导广告业规模化、集约化、专业化方向发展。2004 年,通过"九江工商红盾信息网",有计划地推进网上咨询代理、广告预审。2007 年,九江市工商局制定《九江市工商系统基层分局商标广告监管工作规范》,推进基层广告监管全面进入商场、医疗机构、社区等场所。

2010 年,九江市工商局完善户外广告登记数据平台,加强户外广告监管,户外广告小样全部录入综合业务平台,监管力度得到加强。是年,全市共有广告公司454家,注册资金18145.37万元。

1991—2010年,九江市工商部门发挥工商职能,宣传广告管理法规,开展经常性的检查,实行广告发布建档备查制度、户外广告登记审查制度,不断放宽广告经营主体市场准入条件。

20年间,九江工商局发挥牵头单位作用,建立虚假广告整治联席会议制度,明确整治工作重点,完善协作机制,加强广告监测,健全监管制度,开展"反误导、打虚假""打虚假树诚信"、户外广告、医疗广告、药品广告、保健食品广告、化妆品广告及互联网广告等专项整治行动,使群众反映强烈的广告虚假宣传现象得到有效治理。

# 第三节　公平交易执法

## 反不正当竞争

自20世纪90年代开始,九江市工商系统根据上级部署,围绕与人民生活密切相关的医药、食品、烟、酒类商品,严厉打击制造、贩运、经销假冒劣商品黑窝点及地下工厂。先后组织开展"扫假""打假"、打击制售假农资、"打假护农保春耕"等专项执法行动,启动"百城万店无假货"活动,查处大批假农药、假化肥、假种子、无碘盐以及伪劣食品、饮料和生活用品,打击制假售假不法行为。

1994—2010年,全市工商系统运用反不正当竞争法对不正当竞争行为进行查处。先后开展公用企业强制服务滥收费用、公用企业捆绑销售、垄断行业限制竞争、打击"傍名牌"保护企业合法权益等专项整治行动,组织"服务领域反欺诈""旅游行业查贿赂""流通领域反仿冒""垄断行业查强制"专项执法行动,市场经济环境得到进一步净化。2008年,九江市工商系统开展保护奥林匹克标志及奥运特许商品专项执法行动,及时认定侵权行为,查处侵犯奥林匹克标志专有权案件17件。北京奥组委法律事务部专门致函,对九江市工商局依法保护奥林匹克标志的做法给予高度评价。

## 打击传销和规范直销

1996年,庐山工商物价处查处九江市首例非法传销案。从1997年开始,九江市工商系统开展对传销活动专项整治。2003年,九江市工商、公安部门贯彻落实公安部、国家工商总局《关于坚决打击传销和变相传销活动维护经济秩序和社会稳定的通知》,协作打击传销。2004年,九江市政府确定8月为"打击传销宣传月"。2005年,全市工商系统大力宣传《禁止传销条例》和《直销管理条例》。

2006年,市工商局成立打击传销专项整治领导小组,建立打击传销和规范直销日常监管工作机制,形成"政府牵头、部门齐动、社会参与、综合治理"工作格局。向社会公开各地查处传销案件,完善防范、控制、打击三位一体查禁传销、规范直销长效机制。6月3日,江西电视台《社会传真》以"直击九江捣毁传销窝点"为题,报道九江市工商系统查处传销活动的情况。

2007年4月12日,在九江市庐山砂轮厂附近,130余名传销骨干分子集体围攻、殴打公安民警、工商执法人员、媒体记者,共造成 2 名工商执法人员、7 名公安民警、1 名记者受伤住院治疗,现场另有 20 余名执法人员均不同程度受伤。5 月,九江市工商局与湖北省黄冈市工商局建立打击传销协作机制。8 月 23 日,九江市成立打击传销活动领导小组,并将打击传销工作纳入全市社会治安综合治理范畴,制定打击传销有关工作考核评分标准和办法。

2008 年,全市工商系统集中力量查办涉及地区广、参与人员多、社会危害深大要案件;打击诱骗学生、农民工、少数民族等特殊群体参与传销行为;严厉查处利用互联网传销行为。同时依法查处擅自从事直销等违法行为,重点查处未获得直销经营许可从事直销员招募活动、培训活动及直销销售活动;直销企业超出批准区域、超出产品核准范围及未完成服务网点备案从事直销活动。

2009 年 7 月 9 日,九江市工商局、公安局开展打击传销百日联合执法行动,查处"世界通"网络传销大案。

2010 年,九江市工商、公安局联合开展"迎世博,禁传销"专项执法行动,开展创建"无传销社区(村)"活动,建立和完善部门联动、社区群防群控打击机制。召开全市直销企业座谈会,九江直销企业负责人签订《直销企业自律承诺书》。是年,共捣毁传销窝点 15 个,教育遣散传销人员 210 人,抓获传销头目 25 人,其中刑拘 13 人,逮捕 7 人;有关传销窝点、聚集人员、涉传投诉明显减少。

### 商业贿赂治理

1994 年,九江市工商系统运用《反不正当竞争法》对为推销商品向对方贿赂行为进行查处。1998 年,市工商局查处武宁公路段东门渡口管理所限制竞争及商业贿赂案、中保人寿保险公司武宁办事处滥收费用及商业贿赂案。

2000 年,九江市工商局开展纠正医药购销中不正之风工作,打击医药购销中商业贿赂、假冒他人注册商标及擅自使用他人企业名称等不正当竞争行为,加强药品广告管理。

2004 年,市工商局开展以药品回扣为重点商业贿赂行为专项执法检查,检查范围是市内各药品生产企业、药品经销企业和医疗机构,严把药品经营主体市场准入关,依法查处无照从事药品经营活动;严格规范药品交易行为,打击药品购销活动中收受回扣违法行为。

2006 年,市工商局把治理商业贿赂作为整顿和规范市场秩序重点,结合当地实际,开展书刊发行、旅游、餐饮、商业零售、保险代理等行业商业贿赂行为专项整治。提出查办医疗购销领域商业贿赂,重点是利用商业贿赂手段推销假冒伪劣药品、医疗器械案件,贿赂国家工作人员以销售药品、医疗器械案件,在药品、医疗器械购销中利用职权索取、收受商业贿赂大要案件等。

2007 年,市工商局开展治理商业贿赂,重点查处药品购销、商场超市、酒水饮料、房地产开发、资产评估、拍卖、通信运营商中商业贿赂行为。

2010 年,市工商局以医药购销、中介服务、产权交易、保险促销等为重点,查处商业贿赂案件。10 月 13 日,全市治理医疗购销领域商业贿赂工作联席会在市工商局召开。会议商定由九江市工商局、市卫生局、市纪委抽调人员组成联合检查组,联合开展查处商业贿赂工作。

## 第四节　消费者权益保护

20世纪90年代，九江市消费者权益保护工作主要依托各级消费者协会。1999年，九江市工商局成立"12315"指挥中心，调度城区工商局调处消费投诉工作。

2003年，九江市工商局按照"立足职能，突出服务，长远规划，分步实施"思路，对"12315"投诉举报系统进行首次改造，建立以信息化为支撑的现代化投诉举报指挥中心。全市"12315"网络建设深入到农村、社区，借助信息化手段，提高投诉受理、分流和调处的效率。2004年，再次投资近百万元对"12315"申诉举报指挥中心实施提升改造，初步形成"一线三网、三级执法、四级维权"的维权新格局。

从2005年9月20日始，全市"12315"特服电话（除庐山风景名胜区外）全部集中到市局"12315"网络指挥中心受理。是年，九江市工商局成为九江市政府热线首批联动单位。

市工商局于2005年开展"红盾护农维权进村"活动，聘请村干部担任维权员，把农村维权纳入村委会议事日程。

2006年，市、县两级增设消费者权益保护局，启用新版投诉软件，消费者投诉在第一时间通过网络派发到基层分局，实现投诉、受理、调解集成化管理。是年，全市村级"红盾护农"维权点1774个，聘请维权联络员3433人，调解消费纠纷493件，为农民挽回经济损失66.75万元。2007年5月11日，《江西电视台》新闻联播以"九江村上消费维权点撑起农民利益保护伞"为题，报道九江"红盾护农"取得的显著成效。

2007年，市工商局以网络为载体，实现消费者投诉快速流转、快速调解新机制。

2008年，市工商局对"12315"消费者申诉举报网络指挥中心进行第三次升级改造，完善功能，快速反应能力进一步提高。

2010年，九江市"12315"申诉举报中心接听消费者申诉电话4645个，受理申诉1391起，为消费者挽回经济损失39.82万元。市工商局查处侵权案件341件，为消费者挽回经济损失89.86万元。

## 第五节　流通领域食品监管

### 食品准入

20世纪90年代，九江市工商局配合市卫生部门，开展查处假冒伪劣食品工作。1995年，八届全国人大常委会第16次会议审议通过《食品卫生法》，规定国家实行食品卫生监督制度。是年，九江市卫生局协调全市食品卫生执法工作，九江市工商局等部门配合。

2003—2008年，九江市食品药品监管局负责综合协调全市食品安全监管工作，九江市工商局负责流通环节食品安全监管。2008年后，改为九江市卫生局负责综合协调全市食品安全监管工作。

2009年,九江市成立食品安全委员会。

## 食品专项整治

1991—2002年,九江市工商系统以流通环节食品安全为重点,开展食盐市场、食品市场"整市场、保节日"、肉类市场、儿童食品市场、夏秋时令食品市场、奶粉市场等专项整治行动,确保消费安全。

2004年,对食品经营主体和食品入市、交易、消费环节做到查生产者主体资格,看食品生产许可证、营业执照等"八查八看",严格落实食品安全相关制度,对奶制品、酒类、饮料等九大类重点商品实行进货验收,索证索票和进货、销售台账等"两账一卡三承诺"制度,在京九蔬菜、副食批发市场和黄氏干菜批发市场进行"场地挂钩、场厂挂钩"制度试点。实施流通领域食品质量抽查制度,确定一批辐射面广、交易量大、商品质量问题较多的集贸市场、专业市场、大型商场、超市作为重点开展食品抽查。建立食品安全信息公示制度,通过每月一期的《九江消费者》杂志向社会公布食品质量状况、违法违规经营者和不合格食品信息,指导消费。推进食品企业信用分类监管制度,建立严重失信、制假售假企业"黑名单"系统,187家出现违法违章行为的食品经营企业在九江工商红盾网被公示。

2005年,市工商局确定派拉蒙超市和农工商超市为九江市第一批食品安全准入制示范商场,在食品经营者中进一步落实食品经营责任制度,建立检测机制,提高市场主办者、食品经营者食品安全第一责任人意识。制定《九江市工商系统流通环节重大食品安全事故应急预案》,进一步明确重点食品、重点环节、重点区域、重点市场。

2007年,市工商局以食品经营户实行信用分类监管为基础,实行领导责任制和食品质量安全网格化管理,强化责任,完善制度,全面完成"两个100%"(县城以上城市的食品市场、超市要100%建立进货索证索票制度;乡镇、街道和社区食杂店要100%建立食品进货台账制度)和"一个彻底解决"(彻底解决乡镇政府所在地及县城以上城市小食杂店、小摊点无照经营问题)目标任务。开展"农村产品质量和食品安全示范店"创建活动,认定"农村产品质量和食品安全示范店"447家。

2008年,全市工商部门清查流通环节不合格奶制品,联合环保部门对封存的不合格奶粉进行无害化处理,开展婴幼儿奶粉事件患儿赔偿工作。以京九批发市场为试点,推行批发商随货附送《商品交易清单》制度,零售商改"记账"为"贴票",为批零双方简化交易手续,从制度和机制上保证索证索票和进货台账制度的落实,为食品安全监管提供追踪溯源的"路线图"。

2009年,市工商局启动《食品安全监管应急预案》,对浔阳区刘某擅自拆封销售含有霍乱弧菌的问题甲鱼、涉嫌构成危害公共卫生行为,做出移交公安机关依法追究其刑事责任的决定。是年,全市工商系统以多种形式宣传《食品安全法》,开展《食品流通许可证》发放工作。

2010年,九江市政府把实施"放心食品工程"作为2010年为民办实事的重要工作,并作出部署。市工商局立足职能,两次开展食品安全满意度调查。严把食品流通市场准入关,审核发放食品流通许可证5535份;建立食品安全示范店697家。全市工商系统推广农民自产自销实名登记制,对乳粉和含乳食品、"地沟油"、非法添加非食用物质和滥用食品添加剂、豆制品、米粉、抗洪救灾食品等开展专项整治,检查经营户 2.8 万家,查处无照经营 267 家,查处食品案件 422 件,捣毁制假窝点 15 个,查扣食品 1743 千克,退市食品 6524 千克,强化流通环节食品质量监管。

# 第六节　法治建设

## 普法宣传教育

1991—1995 年,九江市工商局制订《九江市工商局法制宣传教育第二个五年规划实施方案》,选派理论水平、业务素质较高的人员参加省工商局组织的师资培训,举办工商所长法律条例培训班、全系统专业法律法规的学习培训。采取报纸、电视、广播、流动宣传车、上街咨询服务等多种形式,开展《公司法》及《公司登记管理条例》宣传活动,提高企业和群众用法守法的自觉性。

1996—2000 年,全市工商系统组织《行政处罚法》《国家赔偿法》《行政诉讼法》《刑法》《香港特别行政区基本法》《合伙企业法》的培训和考试活动,组织《每日一题》《每月一法》学习,重点普及宣传《宪法》修正案、《行政诉讼法》《行政复议法》《合同法》等法律、法规及规定。

2001—2005 年,市工商局制定《九江市工商局第四个五年普法和依法治理工作规划》,开展以社会主义市场经济与公民工作、生活密切相关的法律法规为重点的法制宣传教育。

2006—2010 年,市工商局开展"法律进机关""法律进乡村"等"六进"活动。组织全系统干部职工学习《合伙企业法》《农民专业合作社法》等法律法规。

## 规范行政执法行为

1991—1995 年,九江市工商局健全审案委员会和应诉小组,进一步加强行政执法监督,完善办案集体审批制,面向社会聘请一批不公开的义务监督员。

1996—2000 年,市工商局印发《九江市工商行政管理法制工作工作职责、程序和制度的通知》《行政执法公示制度》,成立行政复议委员会,确定法制机构为行政复议工作机构。"办案、审案、定案"三分离的监督机制初步形成,1998 年,九江市工商局成立执法责任制领导小组。1999 年,全市工商系统使用新的行政处罚统一文书,落实案件评查制度,对各办案单位案件开展全面评查。

2001—2005 年,市工商局制定印发《九江市工商局贯彻落实全国、全省依法行政工作会议精神和〈全面推进依法行政实施纲要〉的实施意见》,对《行政处罚法》执行情况进行专项检查。在部分县(市、区)工商局增设法制机构,明确基层法制监督员工作职责,在基层分局选派政策水平较高,责任心较强,熟悉法律和业务的人员为法制监督员,进一步规范基层工商分局的具体行政行为。实施"阳光执法工程",制定包括《案源预先申报制度》《重大案件集体讨论制度》《重要商品责任追究制度》等阳光执法八项制度,在案件审理等关键环节上建立行之有效的监督制约机制。印发《九江市工商行政管理系统适用〈反不正当竞争法〉、〈产品质量法〉行政处罚裁量指导规则(试行)》,率先在全省工商系统推行行政处罚自由裁量权制度化。

2006—2010 年，全面使用行政许可申请材料补正告知书、行政许可听证告知书、行政许可听证笔录、行政许可撤回审批表、行政许可撤回决定书、案件集体讨论记录、强制执行申请书等行政许可、行政执法文书。全市工商系统副科以上干部参加市委组织部、市委宣传部、市司法局联合组织的全市领导干部法律知识答卷考试。印发《九江市工商行政管理局关于发挥工商职能促进法治城市、法治县(市、区、山)创建活动工作工作方案》，发挥工商行政管理机关职能作用，服务法治城市建设。制定《关于实施部分行政处罚首次告诫的指导意见》，对 80 种轻微违法行为实行首次告诫、免予处罚。在工商行政执法中开始推行提示、告诫、约见、建议等 5 种"柔情"式行政指导方式，率先在全省工商系统探索开展行政指导工作。制定《关于进一步规范全市工商系统行政执法办案工作的若干意见》，推进工商行政管理工作制度化、规范化、程序化、法制化建设。印发《关于"说理式"行政处罚决定书制作的指导意见》，全面推行说理式行政执法文书。制定《九江市工商局关于实施若干行政指导工作的意见(试行)》，围绕行政指导"普及、规范、深化、提高"等方面列举 126 种具体行政指导行为，开创事前指导、事中说理、事后回访"三步式"行政指导工作模式，将行政指导贯穿于监管执法工作的全过程。

2009 年被九江市工商局确定为"改革提高年"，在全省系统率先开展基层工作模式改革。通过整合，全市 110 个分局归并为 96 个；各县(市、区)局 70% 左右的人员配置到分局工作，重点充实农村分局力量；建立片区监管责任制，全市共划分监管责任区 356 个，每个责任区都明确监管员；优化分局工作运行机制，普遍推行"一室两队"工作模式，明确工作职责；强化培训，分局干部基本掌握市场巡查、消保维权、登记发照、执法办案等主要业务操作知识；规范内部管理，实施基层工作绩效考核，增强基层干部工作的主动性。7 月，省工商局在九江市召开全省工商局长座谈会，现场观摩庐山区局、浔阳区局基层工作模式转变情况。9 月上旬，在国家工商总局召开的基层建设工作座谈会上，省工商局介绍九江市工商局的做法和经验，在全国工商系统产生广泛影响。

# 第七节　机构队伍

## 机构设置

1991—1998 年，九江市工商局为九江市政府的职能机构，业务上受省工商行政管理局的指导。1999 年 1 月 1 日后，工商行政管理机关实行省以下垂直管理，九江市工商局为省工商局直属部门，编制序列归口省政府。截至 2010 年，九江市工商局内设机构有办公室、计划财务科、人事教育科、政研法规科、市场监督管理科、个体私营经济监督管理科、广告监督管理科、食品流通监督管理科、监察室、机关党委，直属机构有企业注册局、商标监督管理局、公平交易局、外商投资企业注册监督管理局、消费者权益保护局，事业机构有培训中心、个体私营经济协会办公室、消费者协会办公室、广告协会办公室、后勤中心、信息中心，派出机构为九江经济技术开发区分局，下辖 9 个县工商局

（修水县工商局、武宁县工商局、都昌县工商局、湖口县工商局、彭泽县工商局、德安县工商局、永修县工商局、星子县工商局、九江县工商局），1个县级市工商局（瑞昌市工商局），2个区工商局（浔阳区工商局、庐山区工商局）和庐山工商局、共青工商局。其中，庐山工商局、共青工商局为副处级单位。

表7-2-1 1991—2010年九江市工商局主要负责人情况

| 姓　名 | 职　务 | 任职时间 |
|--------|--------|----------|
| 巢理庭 | 党组书记、局长 | 1991.01—1992.01 |
| 傅根保 | 党组书记、局长 | 1992.01—2002.08 |
| 孔祥华 | 党组书记、局长 | 2002.08—2010.12（在任） |

## 队伍建设

1991—1995年，九江市工商系统以纠正行业不正之风为廉政建设重点，抓住"案、费、证、照、摊"等关键部位，查处少数人利用职权"吃、喝、拿、要"等问题。印发《关于严禁用公款吃请送礼的规定》《关于集贸市场管理工作实行"两公开一监督"的规定》等，制定《上下班制度》《人员日常管理制度》等制度。市工商局建立副科以上干部廉洁自律档案，各县局建立股（所）干部廉洁自律档案。

九江市工商局根据《九江工商系统1991—1995年干部教育发展规划》，抓好学历教育，使当时45岁以下的中青年干部基本达到高中（中专）以上文化程度；20%以上干部应达到大专以上文化程度，其中市工商局机关55%以上干部达到大专以上文化程度。

1996—2000年，全市工商系统把廉政建设的重点放在容易产生权钱交易、以权谋私的"查案、收费、发证、发照、摊位"环节上，着重抓业务部门廉政制度建设、领导干部自律和一线工商行政管理队伍建设。制定《不准用公款请客送礼的规定》《九江市工商行政管理机关保持廉洁的暂行规定》等制度，把廉政考核情况纳入各单位年终考评。开展以"树立忠于职守、公平公正的执法形象；甘为公仆、廉洁自律的廉政形象；勤政高效、文明礼貌的办事形象；着装整齐、举止端庄的仪表形象"为主要内容的"工商形象建设年"系列活动，改进机关作风。

其间，市工商局对干部职工进行岗位职务培训，全系统干部岗位职务培训参训率达93%。制定《九江市工商行政管理所国家公务员过渡培训实施方案》《关于做好基层教育培训工作的意见》等培训学习制度，鼓励干部职工攻读国家承认的大专以上学历，并在教育经费方面执行单位报销70%、个人负担30%的政策。2000年1—3月，九江市工商局在县处级以上党员领导干部中开展以讲学习、讲政治、讲正气为主要内容的党性党风教育。

2001—2005年，全市工商系统开展以法纪教育为中心的队伍作风整治和加强行风整顿活动。把保持共产党员先进性教育作为深化党风廉政建设抓手，与市检察院建立共同预防职务犯罪联系协调机制，提出"谁破坏经济发展环境，影响工商形象，谁就下岗"的口号。开展以"树立正确权力观,严格依法行政"为主要内容的队伍教育整顿活动,制定《建立健全教育、制度、监督并重的惩治和预防腐败体系实施纲要》,在全市系统中深入开展"五项清理"(清理执法案件、清理行政性收费情况、清理消费者投诉处理情况、清理对工商执法人员举报的办理情况、清理执法队伍)和"七项查纠"(查纠政务公开内容不全面、执收执罚不透明、服务意识不强烈、执法行为不公正、工作作风不扎实、监管整顿不主动、落实政策不到位)活动。市工商局党组提出领导干部带头过好双重组织生活、带头洁身自好、带头讲团结等"六个带头",在全市系统开展机关作风建设、政务环境评议评价、民主评议行风三项活动。

其间,九江市工商局对全市 15 个县区局所属的 108 个基层分局局长职位实行竞争上岗,对县工商局班子进行重新任命。共调整 15 人,其中提升局长 1 人,待安排 5 人,按年龄改任非领导职务 17 人。市工商局中层干部平均年龄从 48 岁降至 47 岁,县工商局班子年龄从 47 岁降至 45 岁。制定《2004—2005 年全市工商行政管理系统干部教育培训工作计划》,鼓励干部职工通过脱产、半脱产、业余学习等教育方式,取得国家承认的各类学历证书。

2006—2010 年,九江市工商系统深化党风廉政建设责任制,开展"做公道正派之人,建公平正义之家""弘扬廉政文化,服务赶超发展"等主题教育和学习实践科学发展观活动及"做党的忠诚卫士、当群众的贴心人"主题实践活动,在全市系统中开展加强领导干部监督的廉政谈话制度、个人重大事项报告制度等"五项制度"试点工作。全面推行风险岗位廉能管理工作,探索控机制和廉能防范管理体系。2008 年 12 月,全省工商系统推行领导干部监督"五项制度"现场会在九江召开,中央纪委驻国家总局纪检组组长石见元、省纪委副书记徐必鸿、省工商局党组书记王可忠出席会议,九江市工商局试点工作经验在全省系统予以推广。

其间,九江市工商局对全市工商系统 117 名基层副科级干部以及 94 名县局机关正股级干部进行培训。印发《九江市工商行政管理系统干部管理规定》,进一步加强干部队伍建设和管理。

# 第八节　社会团体

## 九江市个体私营经济协会

九江市个体私营经济协会(简称市个私协)前身是成立于 1985 年 1 月的九江市个体劳动者协会,挂靠九江市工商局。1990 年更名为九江市个体私营经济协会。1991 年,九江市工商局、市个私协印发《关于加强个协基层分会建设的意见》,要求已建立工商所的地方均应建立分会。2010 年,九江市个私协下辖 15 个县(市、区)级协会,107 个基层协会和 10 个行业协会,共有会员 116066 人,其中团体会员 15714 个。

1991—2010 年,市个私协会同有关部门组织会员参加法制、职业道德、技术培训班,开展"星级文明经营户""青年文明号"创建、"户户讲道德、店店无假货"、争创"光彩之星"等活动,举办"庆国庆、迎回归"卡拉 OK 歌咏比赛和"庆澳门回归、迎新千年"等联欢会。聘请专业律师担任市个私协法律顾问,受理维护会员合法权益事件。每年组织会员参加学雷锋活动;积极调研,向市委、市政府报送个私经济发展专题调查报告。1998年抗洪期间,市个私协组织市区1.2万名会员参加抗洪斗争,搬运土石方4000吨,慰问解放军、武警官兵38次,慰问金额12万元,为灾区人民捐款捐物(折合人民币)165万元。2008年,组织开展向四川汶川灾区献爱心捐款活动,捐赠现金和物资价值686万余元。

2009年,市个私协要求全市扎实推进协会体制改革工作,按照"脱离依附关系,重在指导帮助;重新登记入会,民主选举干部;改革财务管理,强化服务兴会"改革思路,在修水县开展个协改革试点工作,从帮助组织架构、人事安排、活动形式、财务管理等方面对个私协工作进行大胆创新。

## 九江市消费者协会

九江市消费者协会(简称市消协)于1990年8月成立,机构设在市工商局内,实行会长领导下的秘书长负责制;选举产生第一届理事会,会长巢理庭,秘书长刘复生。1993年6月,选举产生第二届理事会,至2006年12月,傅保、孔祥华、唐飞先后任会长;刘复生、程万鹏、程荣欣、王礼树、余宝泉、柯於祥先后任秘书长或负责人。2006年12月,选举产生第三届理事会,唐飞为会长;至2010年12月,柯於祥、丁清娥先后任秘书长。

1993年,市消协抓基层组织建设,在全市普遍建立消费者协会分会。1996年11月7日,市政府办公室印发《关于成立九江市消费者保护委员会的通知》,成立九江市消费者权益保护委员会,委员会办公室设在市工商局,与市消协合署办公。2010年,全市有县级消协组织15个,消协基层分会109个,投诉联络站1507个,其中农村1242个,城镇263个。形成以市消费者协会为龙头,县(区)消协组织为支点,遍布全市各乡镇、街道基层组织的监督网络,为宣传咨询和开展消费维权工作奠定基础。

1991—1996年,市消协通过举办大规模宣传咨询活动,大力宣传《消费者权益保护法》,发挥党和政府联系群众的桥梁与纽带作用。1991年,全市消协组织受理消费者投诉案件436件,挽回经济损失24.5万元;1996年,受理案件1960件,挽回经济损失74.92万元。

1997年,市消协开展"讲诚信反欺诈"主题年宣传教育活动。此后,每年开展年主题宣传活动。

2000年,全市消协组织受理消费者投诉案件1825件,挽回经济损失39.03万元;2010年,受理消费者投诉案件1283件,挽回经济损失103.72万元。

1991—2010年,九江市各级消协组织参与或组织各类市场监督检查1437次,开展商品和服务调查412次,召开各类消费者座谈会632次,参加各类听证会120次。开展推荐商品活动,向消费者推荐商品25批,近70种。开展"消费者满意单位(商品)""消费者信得过单位""诚信单位"等评选活动,评出市级表彰单位870多家。各级消协组织共受理消费者投诉27805件,为消费者挽回经济损失近1150万元,成功调解一批重大投诉案件。

## 九江市广告协会

九江市广告协会于1990年1月18日成立,是九江市广告界的行业组织,主管单位为九江市工商局。

1991—2009 年,九江市广告协会组织企业用广告宣传企业、名优商品,提高知名度,开展"自强创辉煌"等主体公益广告月活动,举办"美庐"杯公益广告创意设计大赛等比赛。在九江市广告协会协助下,九江市新东方广告公司的作品《三翻面广告招租广告》获江西省第 12 届优秀广告作品大赛银奖。

2009 年 8 月 28 日,九江市工商局注销九江市广告协会。

## 九江市工商行政管理学会

1993 年 11 月,九江市民政局通过《关于九江市工商行政管理学会等社团成立的批复》,批准九江市工商行政管理学会成立。会员代表大会是九江市工商行政管理学会的最高权力机关,一般每 4 年召开一次。会员代表大会闭会期间的执行机构为理事会。常务理事会由理事会选举产生,常务理事会选举正、副会长,聘请名誉会长、顾问。秘书长(由副会长兼)由会长提名并经理事会或常务理事会通过,副秘书长由会长任命或聘任。1994 年 1 月,首届会员大会召开,选举产生领导机构组成人员。

学会每年均组织全市工商行政管理系统开展理论研讨和学术交流活动。根据会员实际情况部署课题,针对不同领域开展学术研究。

# 第三章　景德镇市

1991—2010 年,景德镇市工商局适应社会主义市场经济体制改革,对工商行政管理部门的机构、设置、职能、职责做出相应的调整。管理手段由单纯的行政管理手段逐步转变为行政管理手段与法律手段相结合。市场管理、企业登记管理、广告管理、个体私营经济管理、外商投资企业登记管理、经济合同管理、商标管理、经济检查等"七管一打"工作全面展开。全市工商部门支持经济建设,促进个体私营经济发展,依法行使市场管理职能,协调生产者、经营者、消费者间关系,为群众提供职能服务。

## 第一节　市场主体准入

### 登记管理

**内资企业登记**　1991 年,市工商局依据《中华人民共和国企业法人登记管理条例》进行登记。全市工业、交通运输等 10 个行业企业登记总数为 6831 家。

1993—1994 年,《中华人民共和国公司法》《中华人民共和国公司登记管理条例》相继出台。企业及公司登记有开业(或设立)登记、变更登记和注销登记。1994 年全市企业登记数达 10766 家。

2003 年,市工商局对高危行业登记实行上报一级登记备案制。2004 年,全市企业登记数达3368 家。

2006 年 1 月 1 日,市工商局根据新修订的《公司法》和《公司登记管理条例》施行,进一步降低公司设立门槛,承认一人公司的合法地位,取消股份公司审批制,公司登记制度进一步完善。全市企业登记数达 3389 家。

2007 年,将二审一核制改为一审一核制,缩短办证时间。对食品行业实行特别标准,严把食品行业准入关。全市企业登记数达 3344 家。

2008 年开通远程企业名称核准登记。当事人可通过市工商局网站提供的电子信箱申报企业名称,市工商局通过互联网形式反馈核准情况。开展股权出质登记,帮助中小企业解决融资难问题。全市企业登记数达 3342 家。

2009 年,全市企业登记总数达 3787 家,注册资金(本)1191904 万元。新开业 245 家,新增资金96458 万元。

2010年,全市企业登记总数达3670家,注册资金1466729万元。

**外资企业登记**　1994年外资企业登记数98家,注册资金1.23亿元。1999年外资企业登记数82家,注册资金1.31亿元。

2004年2月,市工商局强化外商企业登记注册管理。外资企业登记数95家,注册资金4.24亿元。

2005年,全市新增外资企业36家,新增资金8552万元。是年,外资企业登记总数130家,注册资金38514万元。

2010年,全市外资企业登记数达249家,注册资金10.4亿元。

**个体私营经济登记**　1991年,全市个体工商户、私营企业申请开业登记事项由属地工商部门受理。个体登记程序包括:名称预先核准、前置审批(持预先核准通知书前往有关部门办理前置审批手续)、实质审查和发照。私营企业登记按《中华人民共和国私营企业暂行条例》《中华人民共和国合伙企业法》《中华人民共和国个人独资企业法》和《中华人民共和国企业法人登记管理条例》执行。

1998年底,个体工商户共有25287家,从业人员47537人,私营企业428家,从业人员7845人。

2010年,个体工商户达到51029家,私营企业4725家,个体私营经济注册资金760451万元。

## 监督管理

1991—1994年,市工商部门推出"政策上优惠,舆论上引导,范围上放宽,手续上简化"等措施,引导扶持个体私营经济发展。

1993年,市工商局先后两次对党政机关经商办企业进行清理整顿。党政机关注册登记的152家企业中,已办理转出、脱钩手续的有36家。同时配合房地产开发公司进行全面清理整顿,在9家无资质证书的房地产开发公司中,对8家办理注销登记手续。是年12月,国家工商局发布《企业年度检验办法》,市工商机关开始按年度对企业进行检查,确认企业继续经营资格。

1999年年检时强化前置审批证件的审查,要求对安全生产企业(含个体工商户)要从严审查,核对好前置审批条件,对前置审批条件不全或失效的一律吊销其营业执照。检查中采取拉网式检查。向生产经营烟花爆竹的所有企业发出整改通知书538份,责令5家企业办理变更或注销登记,督促154家企业补办有关前置审批手续,取缔无照经营烟花爆竹545家,对212家超越经营范围的企业进行纠正,彻底查封乐平市环城西路上的烟花爆竹一条街,对17家煤矿进行整顿和规范,对16家不符合条件的煤矿吊销其营业执照,对18家无前置审批条件的企业责令其限期整改。

2001年,全市个体工商户,私营企业全面建立"经济户口"管理制度。

2002年,市工商局开始实行企业信用分类监管,共分A、B、C、D四级。

2003年,配合实施国务院颁布的《无照经营查处取缔办法》,开展取缔无照经营活动,全市共排查出无照经营户3268家。通过整治补办营业执照2367家,取缔528家。

2004年,工商所(分局)建立企业巡查制度,巡查发现问题及时下达整改通知书,督促企业及时办理变更登记。同时加大两虚一逃(虚假出资、虚报注册资本、抽逃资金)查处力度,重点对经登记作为出资的固定资产或不动产不到位的查处。

2009年,市工商局对受到国际经济危机影响造成缴资期内不能按时出资的56家企业,允许其出资期限延长到年底。对成立6个月未开业的企业,按规定可吊销其营业执照,允许48家企业延续至年底开业。

2009—2010年,开展市场中介组织服务和收费整顿,共注销6家企业,责令2家退出中介业务,15名公务员和事业单位工作人员退出中介组织。

## 政策扶持

20世纪90年代,个私经营进入快速发展阶段,发展工作由工商行政管理的"部门行为"上升为"政府行为"。

1998年3月,市政府颁布《关于加快发展非公有制经济的决定》,放宽条件,放手发展非公有制经济,非公有制经济发展产生巨大效力。下岗职工从事个体经营和兴办私营企业,实行"先发展后规范,先放开后完善"的办法,在证照办理、场地选择、技能培训、介绍就业等方面提供帮助和支持。

2001—2002年,市委、市政府相继出台鼓励和加快非公有制经济的决定和办法,市工商局全面简化办事程序,个私登记下放工商分局,开通信息公开查询平台,多方协调资金为困难企业搭建融资渠道。鹏飞陶瓷有限公司、昌大饲料有限公司等知名企业得到较快发展,成为全市利税大户、知名品牌。

2003年,市工商局制定《支持个体私营经济发展三十条》,降低市场准入门槛,放宽注册登记限制,允许注册资本分期注入,允许个私经济自主选择经营范围和经营方式,支持个私企业参与国有企业改组、改制。对50家改制企业进行定期回访。

2008年8月,财政部、国家发改委、国家工商总局下发《关于停止征收个体工商户管理费和集贸市场管理费有关问题的通知》,全市各级工商行政管理机关加大宣传,设立举报电话、投诉箱等,接受监督,防止违反规定继续收费或变相收费。

2010年,停征两费工作全面落实。

# 第二节　市场监督管理

## 市场建设

1990年2月,由市工商局自筹资金120万元建设的人民市场投入使用,总面积5100平方米,为4层钢混结构,是全第一家大型室内综合农贸市场。

1992年4月,市政府批准市工商局关于兴建瓷贸大厦工程项目的报告。瓷贸大厦随后开始兴建。

1995年8月28日,由市工商局筹资250万元兴建的曙光路蔬菜批发市场启用,占地1万平方米,钢架顶棚结构。1997年1月8日,曙光路水果批发市场开始营业,占地面积7000平方米,交易场地内拥有65间库房,可停放49辆大货车,日平均成交水果近百吨,年成交额上亿元,是赣东北地区最大的水果集散地。

1999年7月,全市城乡共有商品交易市场62个,年成交额6.92亿元。至2004年底,全市城乡共有商品交易市场64个,年成交额7.15亿元。

2010年底,全市城乡共有商品交易市场50个。

## 商品交易市场管理

**市场规范化管理**　1993年4月,市工商局对各类消费品市场生产资料、生产要素市场进行登记管理,校发市场登记证。7月,依法对全市商品交易市场进行登记,市场登记事项包括:市场名称、市场地址、市场面积、上市商品种类、开办单位负责人,市工商局对全市商品交易市场实行常态管理和统计汇总制度。市场开办单位按季度、年度向工商部门报送各类商品的交易量、成交额及进场设点的摊位个数等资料,大型市场内设有市场管理所,水果批发市场设有水果批发市场管理所,人民市场内设有人民市场管理所,负责日常市场监管,及时查处违法违章行为,受理消费者投诉等。12月,将肥料、农药、种子纳入市场监管范围。

1996年,市工商局依法对房屋交易双方的资格和房地产交易活动的合法性进行审查,对确认合格的房屋交易和租赁,经营实行验证管理。

1998年6月开始,全面加强对粮食市场的监管。

1999年6月,对全市中介机构开展检查,检查是否有经济资格证书,是否有营业执照,全年举办经纪人培训班1期,颁发经纪人资格证书34份。

2000年6月,省工商局和省粮食局下发《关于做好我省早籼稻退出保护价收购范围后企业收购资格审批有关工作的通知》,市工商局审核收购主体,共发放《资格证》72份,执行粮食运输凭证检查制度、市场巡查制度,全年共出动检查车30多辆次,人员400余人,清理个体私营粮食加工企业6家,查处粮食案件19件,没收粮食17023千克,罚款1.6万元

2002年12月24日,在全市商品交易市场实行"三到位一加强"(即亮照到位、投诉站到位、现行赔偿制度到位、全面加强市场监管),在各市场均设立投诉站(台),加强市场日常巡查。

2003年,抗击"非典"期间,市工商局每天派出巡查组,深入集贸市场和超市,加强市场监控和对假冒伪劣商品的打击。"非典"期间共出动执法人员477人次,车辆73辆次,检查各类市场5个,检查市场主体3179家,查处"非典"案件15件,通过媒体向社会公布10起"非典"案件。2003年1月,查获吕某在"非典"期间贩卖劣质医疗器械案,案值3万元,罚款1万元。

2004年3月,市工商局制订《景德镇市工商局防控高致病性禽流感应急预案》,对农贸市场禽类经营加强巡查,督促市场开办单位每日做好市场消毒工作,切断禽流感通过市场传播的途径。9月,对辖区内经纪人从业情况进行全面调查,监督经纪人做好从业明示和申领营业执照。

2006年7月,印发《农资经营诚信评定办法》,对农资经营户实行信用分类监管。

2008年6月,加强塑料袋市场监管,共出动执法人员220人次,检查集贸市场25个,超市52家,经营户共1830家,收缴不合格塑料购物袋27000余个,立案5件,罚没款1.2万元。禁用不合格塑料袋,少用或者有偿使用合格塑料袋。

2010年,对全市种子、化肥、农药3种重点农资商品进行检查,共抽查农资商品67批次,查处涉农案件14起,案值13万元,罚没款8.4万元。

**创建文明集贸市场** 1992年12月,斗富弄综合农贸市场被国家工商总局授予"全国文明市场"称号。

2002年10月23日,金昌利陶瓷大市场、昌河农贸市场被评为"江西省文明市场"。

市场"办管脱钩"1999年9月,市工商局制订《景德镇市工商系统市场办管脱钩和移交工作实施方案》,全市工商系统正式与市、县(市、区)政府办理市场"办管脱钩"和移交,市场物业管理人员按机构、人员、财务、职责分离的原则从工商管理部门分离出去,移交给地方政府管理。全市共移交市场16个,移交市场总面积36553平方米,总造价1335.9万元。"办管脱钩"后,市工商行政管理机关在市场设立的管理机构只对市场的经营主体和经营活动依法进行管理。

## 合同监管

**经济合同仲裁与鉴证** 1992年,全市经济管理部门采取措施,配合工商行政管理机关,组织企业认真清理三角债。全年共清理三角债务127件,案值3046万元。

1995年11月,全市重点对"三无"企业(无资金、无场地、无机构)开展查处工作,共查处合同违法案3件,案值600万元,涉嫌合同诈骗移送公安机关处理1件,案值70万元。

1997年11月,国家工商局发布《合同鉴证管理办法》,全市合同鉴证依此执行

1999年3月,《中华人民共和国合同法》出台,经济合同的鉴证由过去的强制原则转变为自愿原则。

2001年,国家工商总局公布《拍卖监督管理暂行办法》,规定工商行政管理机关对拍卖企业举行拍卖活动实行备案和监督拍卖全过程制度,实施拍卖现场监管。

截至2010年12月,全市共办理拍卖合同备案63件,现场监督拍卖活动43次。1998—2010年,全市共调解合同争议案30件,金额100余万元。

**企业动产抵押登记** 1996年,依据《中华人民共和国担保法》规定,市工商局履行动产抵押登记职能,在全市启动动产抵押物登记工作,全年共办理企业动产抵押登记40件,抵押物抵资金1.5亿元,为企业贷流动资金10.1亿元。

1999年8月,《国家工商行政管理总局关于贯彻实施〈企业动产抵押物登记管理办法〉若干问题的意见》发布,全市动产抵押登记工作操作进一步细化。市工商局以把好市场主体关,合同条款关,抵押权属关为切入口,设立动产抵押登记档案,登记制度实现程序化,明确工商责任和义务。凡资料齐全、产权明确的,一般当天受理,当天审查,3天内发证。

2010 年,全市办理抵押合同 127 份,抵押物价值 7 亿元;办理借贷合同 127 份,金额 6.3 亿元。

1996—2010 年,全市共办理动产抵押登记 1038 件。

**"守合同、重信用"活动**　1986 年,"重合同、守信用"评选活动启动,企业每年对照标准经推荐、申请、认定及严格的考核验收,以市(县、区)政府或工商机关名义命名其为"重合同、守信用"单位,并授予证书或牌匾。

从 1997 年起,市工商局根据省工商局要求,实施每两年评选一次,检查复审一次的制度。

截至 2010 年,全市获"守合同、重信用"AAA 企业 41 家,"守合同、重信用"AA 企业 97 家,"守合同、重信用"A 企业 207 家。

## 商标监管

**商标注册**　1992 年 9 月,全市续展注册工作全面展开。商标续展期限包括两部分:一是注册商标有效期满前 6 个月;二是注册商标有效期满后 6 个月即宽展期。1994 年注册商标 219 件。

2000 年 9 月,市辖区内江西昌河汽车有限责任公司注册的"昌河"商标,被国家工商总局认定为中国驰名商标,结束全市无驰名商标历史。

2002 年 2 月,景德镇陶瓷协会的"景德镇"商标认定为中国驰名商标。

2004 年,全市注册商标 277 件,

2005 年,景德镇华意电器总公司的"HUAYI"商标认定为中国驰名商标。2009 年景德镇华意电器总公司实施破产,其商标转让给华意压缩机股份有限公司。

2010 年,全市有效注册商标 579 件。其中有景德酒业食品有限公司的龙珠阁等 52 件注册商标为江西省著名商标。

**商标专用权保护**　1995 年,立案查处制售假冒伪劣商品案 25 件,商标侵权案 3 件,捣毁制假商店 8 个,罚没款 20 余万元,共查获销售假冒伪劣商品 22 大类,112 个品种,标值 64.73 万元,主要品种有假冒香烟、酒、味精、陈醋、卫生巾、商标标识、彩电、摩托车等物品。

2001 年,市工商局组织力量对重点地区和重点企业进行突出检查,对 14 家陶瓷经营户下达责令改正通知书,收缴仿冒名牌陶瓷 300 多件(套),对 3 万多件(套)标值 20 多万元的假冒"景德镇"商标陶瓷进行查封,有效遏制陶瓷市场的侵权行为。

2004 年,当事人应某在未办理营业执照和未经"景德镇"商标注册人景德镇陶瓷协会许可情况下,将自己设计带有"景德镇"注册商标的陶瓷包装盒及礼品袋样稿送深圳印刷,共印包装盒装潢 1000 份、礼品袋 2000 余只,在试销中被查扣,其余被封存。根据《商标法》规定,罚款 2000 元,被封存的包装盒袋待办理商标使用许可后启封使用。

2005 年,湖田纯净水站使用未注册商标冒充注册商标,经营者被罚款 4200 元。

2007 年,当事人梁某在金昌利陶瓷市场内销售陶瓷时,未经"法兰瓷"商标注册人海畅实业有限公司许可,擅自称其销售的景德镇市蓝鹰瓷厂生产的陶瓷茶具为法蓝瓷,并在收款收据上注明。当事人行为违反"商标法"第 52 条第五项规定,依据"商标法实施条例"第 52 条规定,责令当事人

立即停止侵权行为,并处3000元罚款上缴国库。

## 广告监管

1991年初,全市开始实行《广告业务证》制度,对符合广告业务条件的,颁发广告业务员证。

1992年8月,景德镇市第一家广告公司——景德镇市广告公司开始发布户外广告。《景德镇日报》、景德镇电视台、景德镇广播电台相继利用媒体先后发布广告。工商部门对广告从业人员定期开班进行广告专业技术和广告法律、法规培训,经考试合格者,颁发广告专业技术岗位资格证书。

1993年,全市广告经营单位发展到21家,广告经营额5488万元。市工商局查处广告违章违法案件9件。

1994年10月,根据国家工商局有关规定,全市对用专题报道、经济信息等形式收取高额费用的行为加大监督管理力度,对属于商业广告性质的专题报道,经济信息无论以何种形式出现,均不得发布。

1995年12月,规定在市辖区范围内设置、张贴户外广告,都必须到市工商局办理登记手续,未经登记,不得经营和设置户外广告,市工商局在城区设置11块钢架结构户外广告牌。

1995年,市烟草公司利用《景德镇日报》以新闻的形式整版变相刊登"金圣"香烟广告,严重违反《广告法》有关规定。市工商局分别对《景德镇日报》广告经理部,市烟草公司各处3万元的罚款。

1991—1996年,市工商局每年组织一次广告审查员培训,规定每个广告经营单位审查员不得少于2人。

1997年开始,根据《广告经营资格检查办法》规定,每年开展一次全市性广告经营单位资格检查,以确定每个广告经营单位是否具有继续经营广告的资格。

1998年10月,市工商局购置录像机、录音机、收音机、电视机,建立广告监测机构,对每日大众传媒广告进行监测。

2000年,全市设置160块"市公共广告信息服务中心"栏,加强对招贴广告管理的宣传和监管力度,规定广告经营者经批准登记后,方可发布广告,未按规定发布广告的,责令发布者自行清理。在市容局未成立前,市工商局组织人员,对影响市容市貌的牛皮癣广告进行清洗。

2001年,全市有广告经营单位63家,从业人员416人,广告经营额1880万元。市工商局查处广告违章违法案件14件,罚款3.6万元。

2002年4月,在全市范围内对大众传媒广告实行"分类管理、分工负责、层层落实"的网络化监管。授权乐平、浮梁、珠山、昌江区局具体监督媒介单位广告,上下联动,降低广告违法率。

2004年,全市有广告经营单位81家,从业人员740人,广告经营额2712万元。是年,无业人员董某,利用所聘人员朱某、周某等人在市经销"金水鲜"药品时,在没有药品广告审批证照的情况下,擅自在市一、二、三医院内及周边散发"金水鲜"药品印刷品广告6000余份。违反《广告法》第二十四条规定,对董某处以3000元罚款上缴国库。全年共查处虚假违法广告59起,罚款9.8万元。

2005年,全市开展"打虚假树威信"广告专项整治活动,狠抓对虚假违法广告的监测和查处,

2006年,瓷都晚报社法定代表人李某,利用《瓷都晚报》为美清肝病专科门诊(另案处理)以每期500元的价格,发布两期广告,误导消费者,违反《广告法》第四条规定,对当事人处以3000元罚款上缴国库。

2007年,景德镇市协和综合门诊部民营法定代表人黄某,在未取得《医疗广告审查证明》的情况下,擅自在《瓷都晚报》、景德镇市电视台发布医疗广告,其行为违反《医疗广告管理办法》第三条规定,市工商局责令当事人立即停止发布违法广告,并处1万元罚款上缴国库。

2008年,景德镇市广播电视台广告中心法定代表人钟某,利用广播电视台,发布"OJO"包间食品广告,其中"彻底解决男性性功能障碍"及"优帮胶囊"保健食品广告含有"迅速增强性功能,安全壮阳"等虚假夸大内容广告,违反《广告法》第四条规定,市工商局责令当事人立即停止发布违法广告,并以等额广告费在相应范围内公开更正消除影响,没收广告费3000元,并处3000元罚款上缴国库。

1998—2010年,市工商局针对广告经营单位不断增加,广告从业人员增多的现象,不定期组织广告人员短训班,提高广告从业人员的素质。至2010年,全市共查处广告违法案722件,罚没款共计135.21万元。

2010年,全市有广告经营单位399家,从业人员1593人,广告经营额5488万元。市工商局查处广告违章违法案件70件,罚款30.13万元。

# 第三节 公平交易执法

## 反不正当竞争

1993年9月,《反不正当竞争法》实施,全市反不正当竞争行动全面展开。

1996—1999年,全市出动执法人员850人次,开展打击药品购销过程中收受回扣等违法行为专项整治,全市150余家药品生产经营企业和医疗机构进行自查,查出市三院等17家药品生产、经销企业和医疗机构折扣让利634万元,依照《反不正当竞争法》罚款140万元。

2000年,市昌顺糖酒贸易公司采用排挤竞争手段限制他人竞争垄断行业案,案件涉及1000余家经销商,处罚款2万元,并责成书面通过报社向消费者道歉。是年,全市工商系统查处各类不正当竞争案件50件,案件总值213万元,罚没总额83万元,为受害人追回金额130万元。

2008年,市工商局查处欺骗性有奖销售案两件,各处罚款1万元。

2007—2010年,市工商局开展打击"傍名牌"行为专项行动,重点将他人的知名字号或注册商标作为自己的字号申请登记企业名称,并以多种形式在市场上使用,造成市场误认、混淆的"傍名牌"违法行为;以及仿冒知名商品特有的名称、包装、装潢、侵犯他人商业秘密等其他侵犯权利人知识产权的行为;重点打击仿冒"景德镇"注册商标等知名商标行为。共出动执法人员200人次,执法

车辆 40 余台次,对涉嫌仿冒"景德镇""法蓝瓷"注册商标等重点领域检查,立案 3 件,案值 100 万元。

2010 年,全市工商系统查处各类制售假冒案件 1256 件,案件总值 317 万元,罚没总额 317 万元,为受害人追回金额 234 万元。

### 打击传销和规范直销

2006 年,市工商局大力宣传《禁止传销条例》《直销管理条例》,在公共场所张贴公告 300 余份,实行"五个一"(签订"一份责任书",派发"一张联系卡",建立"一个信息资料库",印发"一批宣传资料",构建"一个监管网")措施,做到打防结合、综合治理、标本兼治、重点治本。出动执法人员 200 余人次,捣毁传销窝点 704 个,遣散传销人员 8724 人,解救被骗群众 1230 人次,移送公安传销头目 54 人。

昌江区工商局联合公安部门成功解救被骗加入传销组织四川籍少女的事迹在中央电视台一套《今日说法》栏目播出,引起强烈反响,遏制住传销蔓延的势头,维护市场经济秩序和社会治安稳定。

### 商业贿赂治理

2001—2007 年,市工商局按照中共中央办公厅、国务院办公厅《关于开展治理商业贿赂专项工作的意见》,部署实施方案,查处景德镇高等专科学校等 55 件商业贿赂案件,案值 846.5 万元,罚没款 117.1 万元。

2006 年,查处景德镇碧优诗服装鞋帽公司虚假宣传案,案值 73 万元,罚款 3 万元。

## 第四节　消费者权益保护

### 商品质量监管

1995 年,市工商局查处江西省农业生产资料公司婺源县公司销售假冒化肥案,案值 16.7 万元,罚款 6.3 万元。1998 年,查处刘某销售假冒面粉案,案值 15 万元,罚款 3 万元。

2000 年,按照国家工商总局等部门的部署,全市创建"百城万店无假货示范街"——珠山中路一条街。

2003 年抗击"非典"期间,全市工商系统出动执法人员 5324 人次,检查市场 248 个(次),检查医院、门诊部、药品经销店 184 个,对假冒伪劣防"非典"药品、医疗器械、广告内容等进行全面排查,销毁各类无效药品、夸大宣传疗效、假冒医疗器械 445 件。

2006 年,市工商局查处叶某假冒他人名瓷、伪造产地、虚假宣传案,案值 5 万元,没收青花万件瓶一对,罚款 5000 元。

2008 年,查处中国石油化工股份公司江西景德镇分公司石洪加油站销售不合格零号柴油案,案值 1 万元,罚款 8000 元。

2010 年,查处王某假冒防火排气管道器材案,案值 2 万余元,收缴不合格器材、吊销营业执照,罚款 2 万元。

1990—2010 年,全市工商系统共出动执法人员 2.6 万人次,查获各类假冒伪劣商品 312 个品种,价值 2 亿元,立案 3061 件,捣毁制假窝点 103 个,罚款 603 万元,移送公安司法机关处理 14 人。

### 消费者申诉举报受理

1991—1996 年,全市工商系统无统一的消费者投诉受理机构,由市工商局有关业务科室随机受理。

1997 年,围绕"讲诚信、反欺诈"主题,开展维护公平交易秩序和保护消费者合法权益系列活动,如何使消费者的诉求及时、准确地得到反映提上议事日程,经过一段时间筹备,市工商局于 12 月建立"3·15"消费者投诉中心。

1999 年 7 月正式开通"12315"投诉举报电话,随之相应成立市工商局"12315"投诉举报中心,各县(市、区)建立消费者协会 5 个,投诉站和"12315"举报联络站 73 个,聘请义务维权人员 146 人。在 5 个县(市、区)局设立"12315"申诉举报中心,在全市 32 个工商分局设立申诉举报站,配备"12315"执法车辆 32 辆。形成市、县(区)、工商所三级网络,实现建立相关程序和制度,上下协同,左右联动的社会效果。至 2010 年底,中心受理各类投诉 12712 件,处结率 99%。

### 农资监管

2000 年,市工商局对农资市场专项整治,共检查生产单位 15 家,经营单位 150 余家,查缴劣质化肥 50 吨,假包装袋 3000 余条,变质农药 500 余瓶,劣质种子 100 千克,"三无"农机配件 150 余件,不合格饲料 4000 千克。在开展"红盾打假护农"行动中,乐平市工商局查获汪某倒卖劣质化肥 5 吨,全部收缴,并处 5000 元罚款。

## 第五节　机构队伍

1991 年,市工商局设人事秘书科、经济检查科等 8 个职能科室,编制 152 人(行政编制 25 人,事业编制 127 人),实有人数 151 人(行政编制 25 人,事业编制 126 人)。是年 7 月,浮梁县复县,将鹅湖、蛟潭、经公桥、三龙 4 个工商所的全部人、财、物移交给浮梁县工商局,移交总编制及人数均为 30 人。编制划减后,市工商局编制 154 人,其中市局机关编制 60 人。

1997 年 4 月,市工商局内设组织人事科、办公室、公平交易科(挂公平交易局牌子)等 11 个职能科室,另设纪检委(监察室),有珠山分局、昌江分局、直属分局(正科级)3 个派出机构。编制 184 人,其中行政编制 42 人,事业编制 142 人;在职人数 204 人。

1999 年 2 月,工商行政管理机关实行垂直管理。上划编制 122 人(其中:行政编 69 人,事业编

42人,工勤编11人)。机构设置仍按地方政府批准的予以上划。行政编制387人。

2001年12月,市工商局市场经营服务中心整建制划归市政府管理。

2002年7月,市工商局为省工商局直属机构。内设办公室、计划财务科、人事教育科、政研法规科、市场规范监督管理科、商标广告监督管理科、个体私营经济监督管理科7个职能科室和机关党委、监察室。辖直属机构3个:企业注册局、公平交易局、直属局。直属事业单位6个:后勤服务中心、个体协会办公室、消费者协会办公室、广告协会办公室、培训中心、信息中心。行政编制392人,事业编制117人。

2004年2月,增设外商投资企业注册监督管理局,为正科级直属单位。2005年11月,增设消费者权益保护局,为正科级直属单位。2006年9月,增设景德镇市高新技术产业开发区工商分局陶瓷科技园分局。

2010年12月,内设办公室、计划财务科、人事教育科、法规科、市场规范监督管理科、广告监督管理科、个体私营经济监督管理科、食品流通监督管理科8个职能科室和监察室(与党组纪检组合署)、机关党委。辖直属机构5个:企业注册监督管理局、公平交易局、外商投资企业注册监督管理局、消费者权益保护局、商标监督管理局。行政编制419人,事业编制126人。

表7-3-1 1991—2010年景德镇市工商局主要负责人情况

| 姓　名 | 职　务 | 任职时间 |
|---|---|---|
| 黄华祥 | 党组书记、局长 | 1989.10—1995.04 |
| 杜志刚 | 党组书记、局长 | 1995.04—2000.11 |
| 操柳林 | 党组书记、局长 | 2000.11—2010.12(在任) |

# 第六节　社会团体

## 景德镇市个体私营经济协会

原为景德镇市个体劳动者协会。

20世纪90年代,景德镇市个体私营经济协会(简称市个私协)与浮梁县江村乡挂钩扶贫,解决扶贫资金10余万元,与困难学生结成对子,先后帮助40余人完成学业,进入大学。1998年特大洪水灾害发生后,会员自觉捐款3万余元,捐物折价5万余元。2003年抗击"非典"期间,组织会员捐款捐物,宣传预防"非典"知识。2008年四川汶川发生大地震后,会员踊跃捐款捐物共计30余万元。2010年4月,注册景德镇光彩网域名,成为江西省第一家个私网站,注册个私企业会员70家。开展创"青年文明号"活动,有5家个私单位当选市级"青年文明号",3家当选为省级"青年文明号"。

## 景德镇市消费者协会

景德镇市消费者协会成立于1985年7月。1995年2月,召开第三届理事会,产生理事52人,常务理事28人。2005年10月,召开第四届理事会,产生理事61人,常务理事30人。下设1室6部:市消费者协会办公室、投诉部、产品质量监督检查部、卫生监督检查部、物价监督检查部、食品药品监督检查部、法律事务部。

## 景德镇市广告协会

景德镇市广告协会成立于1984年。2010年,有会员单位75家。

# 第四章　萍乡市

1991—2010年，萍乡市工商部门加大市场监管和专项整治，严厉查处商标侵权行为，全面整治虚假违法广告，严厉打击传销活动，开展反不正当竞争专项整治，强化"网吧"、建材、化妆品、成品油、儿童玩具、家用电器、汽车配件等市场的监管力度，加大对虚报注册资本、抽逃注册资金、无照经营、虚假宣传、商业欺诈、短斤少两、掺杂使假等违法违章行为的查处力度，维护市场经济秩序。

20年间，全市工商部门创新服务举措，提高办事效率，服务经济发展。至2010年底，全市有个体工商户67170家，私营企业7116家，农民专业合作社613家，从业人员39.18万人；外资企业发展到251家；共有注册商标1472件，其中驰名商标1件，著名商标34件，知名商标31件。

全市工商管理机构逐步充实健全，人员逐年增加。20世纪90年代，萍乡市工商部门人员编制总数增加，且分批向公务员过渡，编制员额管理逐步规范化。2000年，全市工商系统共有三级机构57个，人员编制603名。至2010年底，全市工商系统实有工作人员710人，离岗退养44人，离退休（退职）200人。不断加强队伍建设，先后出台政策鼓励学历教育，制定教育培训计划，开展全员适应性教育培训。重视基层办公条件的改善，有计划地新建办公楼，购置办公设备。2010年底，全市工商系统各单位基本拥有自有办公用房，面积24222.02平方米；拥有公务用车12辆、工商执法专用车52辆、食品检测车1辆、工商执法摩托车38辆、计算机368台、摄影机8台、照相机39台、食品检测仪48台。

20年间，全市工商系统涌现出一大批先进集体和先进个人。获省部级表彰先进集体28个（次）、市厅级表彰先进集体173个（次）；获省部级表彰先进工作者35人（次）、市厅级表彰先进个人169人（次）。

## 第一节　市场主体准入

### 登记管理

**内资企业登记**　1993年，市工商局承诺新开办企业从受理、审核到发照不得超过7天；变更登记随到随办，企业有特殊需要的一天内办完；对交通不便地方上门服务，现场办公，就地发照。

1994年，市工商局对企业登记管理制度进行重大改革，将公司登记由审批登记制改为由工商机关依法核准登记制，市、县（区）工商局登记改为市、县工商局登记，各工商区（分）局不再对公司登记发照。

1995年,全市对公司企业实行直接申请,独立注册制度,即除国家法律法规另有规定外,一律由出资人直接向工商部门申请注册,不须先经其他任何部门批准。是年,市注册局为107家新设立公司办理注册手续,全市内资发展到10824家,注册资本25.14亿元。

2001年,市工商局在市政府办证中心设立工商登记窗口,方便企业办理有关工商登记手续。2002年,变"串联式"审批为"并联式"审批,实行"一站式"登记发照制。

2004年7月,市工商局在企业登记注册中实行服务承诺制,承诺企业名称预先核准登记当场受理,当场做出准予核准或不准予核准的决定;企业设立登记自受理之日起5日内做出准予核准或不予核准的决定;企业变更登记自受理之日起3日内做出准予核准或不准予核准的决定;企业注销登记当场受理,当场做出准予核准或不予核准的决定;企业年检自受理之日起2个工作日办理完毕。萍乡市工商局成立服务承诺制度监督办公室,保证承诺制度的落实。是年,发展内资企业252家,办理变更登记1251家。

2005年5月,市工商局实行对企业的申请登记行为先由审查员进行审查受理,再由核准员进行最终核准的两个环节登记审核制度。是年,降低注册资本登记有限公司13家,注册资本分期认缴4家,需前置审批而未取得的情况下确定主体资格13家,实施远程名称登记18家,一人有限公司5家。

2006年,全面推行服务承诺制、首办责任制、预约服务制,实行限时服务、延时服务、上门服务、即时服务,企业开业登记缩短为5个工作日,变更、注销登记缩短为3个工作日,名称预先核准缩短为1个工作日,符合条件的个体工商户登记随到随办。是年,受理内资企业注册登记83家,注销登记117家。

2008年7月,全市工商系统开展"跟踪服务百个重大项目"活动,在全市范围内确定100个重大项目。对有意落户萍乡创业发展的重大项目提前介入,提供注册指导;对已签约重大项目,开辟注册登记绿色通道;对在建重大项目,明确联络员全程跟踪服务。是年,受理企业注册登记1028家,变更登记1392家次,注销登记232家,预先核准名称3500家次。

2009年,市工商局再次将企业设立登记缩短为4个工作日,变更登记缩短为2个工作日,注销登记和名称预先核准随到随办。是年,完成市场主体开业登记1050家,变更登记4117家次,预先核准名称4616家次。

2010年,在全市工商系统开展创业创新服务年活动,进一步放宽名称登记限制;在萍乡工商红盾信息网上建立企业基本信息查询平台,方便企业、公众查询;实行工业园区代办点制度,派驻专人就近为入园企业办理各项工商事务。是年,全市共有内资企业2453家,注册资本(金)525145万元。

**外商投资企业登记**　1996年7月,国家工商局授予萍乡市工商局外商投资企业核准登记权。授权后,萍乡市工商局专门设置外资科,为企业注册局的内设科,代表国家工商局对设立在萍乡市的中外合资企业、中外合作企业、外商独资企业等办理核准登记、发证和监督管理工作。

1998年,市工商局把优化投资环境作为注册登记工作的重中之重,对符合注册条件的外商投资企业,办照时间缩短为 5 个工作日,变更登记随到随办。由于采取开放的措施,全市外商投资企业有较快发展,由 20 世纪 80 年代中期的两三家,发展到 2000 年的 24 家,其中外商独资企业 11 家,中外合资企业 12 家,中外合作企业 1 家,投资总额 2286 万美元,注册资本 2055 万美元,其中外方资本 1327 万美元。

2007 年,市工商局加强与市发展和改革委、市外经贸局、市外汇管理局以及各县(区)招商局的协作,实行一站式服务,架设互通的办事联系电话,为外商投资企业提供良好发展环境,促进外资企业稳步发展。是年,登记外资企业 50 家,其中合资企业 3 家,独资企业 24 家,分支机构 23 家,投资总额 19335 万美元,注册资本 12107 万美元,外方认缴出资额 11799 万美元。吊销外资企业 15 家,内资企业变更为外资企业 1 家。

2010 年,全市工商系统开展创业创新服务年活动,建立企业联络员制度,对外资企业登记实行全程跟踪服务。是年,全市共有外商投资企业 251 家(其中:企业法人 164 家,分支机构 87 家),投资总额 91809.68 万美元,注册资本 66853.29 万美元(外方 59310.47 万美元),实收资本 21290 万美元(外方 18795.05 万美元)。

**个体私营经济登记** 1992 年,萍乡市工商局抓住有利于发展个体经济的大气候,简化办照程序,实行经营范围、经营方式、经营资金、经营组织形式四放开。

1993 年,对个体工商户和私营企业的主体资格、经营范围、经营方式以及登记审批手续等予以放开,将原来由市、分局发照改为委托工商所直接发照,一般情况下做到当天受理当天发照,特殊情况不超过 3 天。将龙台乡、杨岐乡、华云乡等 11 个乡列为"先放开、后规范"试点区域,在该辖区内从事个体经营的,可在工商部门备案后,先开业,不发照,不收管理费,待条件成熟后再登记注册。是年,全市发展个体工商户 1715 家,从业人员 8351 人。

1999 年,萍乡市政府召开全市个体私营经济工作座谈会和全市优化个体私营经济发展环境工作会议,进一步优化发展个体私营经济的政策环境、生产经营环境、舆论环境。

2006 年,市工商局降低市场主体准入门槛,凡是国家没有明文禁止的行业,民营经济均可进入;凡是中国政府向外资开放和国有、集体企业推出的领域,民间资本均可进入。按照"非禁即可"原则,允许民营企业自主选择经营范围。

至 2010 年底,全市共有个体工商户 67170 家,从业人员 209123 人,注册资本 246236 万元;私营企业 7116 家,从业人员 177009 人,注册资本 1085480 万元。

## 监督管理

1999 年 7 月,萍乡市工商局下达《关于对全市个体私营无照经营情况进行整顿及检查的通知》,重点清理无照经营,同时对是否年检验照,是否亮证,是否涂改、出租、转让、转借营业执照,是否改变经营地点进行检查。

2000 年,对个体私营无照经营户进行一次全面的清理,凡有相对固定门店、摊位(含市场内的摊位、夜市摊位等),经营时间相对稳定在 3 个月以上的经营户都要求办理《营业执照》,建立档案,列入个体私营监管对象。通过清理整顿,补办营业执照1178家,依法取缔1018家,查处出租转让营业执照等违法违章行为2547起。

2001年,萍乡市工商局印发《关于在全市工商行政管理系统全面推行"经济户口"管理制度的通知》,成立全市工商所推行和建立"经济户口"管理制度领导小组,召开全市工商所建立"经济户口"制度工作会议,对个体私营经济实行"经济户口"管理。

2002—2004年,全市工商系统健全"经济户口"管理制度,对各类市场主体建立"经济户口"档案,实行一档一卡一账"三位一体"的日常监督属地管理。至2004年底,全市建立经济户口22965家。

2003年,市工商局贯彻落实《无照经营查处取缔办法》,制定并报市政府批转《取缔无照经营实施方案》,在新闻媒体、大型市场、主要街道、重点地段刊登张贴整治无照经营公告,悬挂标语,出动宣传车,印发宣传单,做到宣传教育与依法取缔相结合,重点打击与区别对待相结合,集中整治与片区巡查相结合。是年,清理无照经营2757家,补办营业执照2579家,依法取缔178家。

2005年,市工商局贯彻国家工商总局印发的《个体工商户分层分类登记管理办法》,将所有注册登记信息全部录入工商登记软件系统,为信用分类监管工作打下基础。至年底,全市工商系统录入个体工商户34303家。

2006年,在全市个体工商户、私营企业中开展争创"诚信经营户""诚信经营企业"活动,推进个体私营经济信用体系建设。

2007年,全市工商系统完善对个体工商户分层分类监管制度,将个体工商户信用状况根据其市场准入、经营行为、市场退出等指标认定,具体划分为守信、警示、失信和严重失信四类,分别用A、B、C、D四级信用度表示。

2008年5月,市工商局印发《关于加强外商投资公司出资管理的通知》,规定自6月1日起,委托各县(区)工商局(分局)依法对外商投资公司的出资情况进行监督管理。

2008年,全市工商机关对企业信用分类监管工作,在硬件建设、网络联接、软件开发、数据输入方面已基本完成。8月,全面实现网上办案,市场主体信用分类监管工作的一些重要数据从执法办案立案伊始适时生成,通过信息化手段进行全程监管,基本上实现工商系统内部一体化监管机制。在企业年检中突出信用分类,在信用资产评估中强化信用考核,在市场主体准入和日常监管中全面体现信用因素。

2009年11月,市工商局印发《〈萍乡市工商行政管理局关于转变基层工作模式　全面加强基层建设的意见〉的通知》,在全市工商系统推行基层监管模式改革,全面实施分类监管。将市场主体信用分为A、B、C、D四类,网格工作人员对网格内A类市场主体每年巡查不少于1次,对B类市场主体每季度巡查不少于1次,发现问题及时预警提示;对C类及高危行业市场主体每月巡查不少于1次,发现问题及时依法处理;对D类市场主体,每月巡查不少于2次,实施重点跟踪管理。

政策扶持

1991年,萍乡市工商局先后印发《关于扶持发展乡镇企业八条措施》《支持国营工业和国营企事业搞活的十条意见》《关于进一步搞活企业特别是大中型企业若干配套政策措施》等文件，促进企业经营机制转换。

20世纪90年代中期开始，全市工商部门贯彻落实支持国有企业深化改革政策，支持企业实行租赁、拍卖发展多种股份制等。

1997年，萍乡市委、市政府印发《关于改善外商投资管理工作及优化投资环境的决定》，决定由市外经贸局牵头，市计委、市经贸委、萍乡市工商局、市环保局分别确定一名专职人员联合办公，集中审查外商投资项目，分别办理有关手续，直至核发营业执照。在招商引资工作中，萍乡市工商局建立项目跟踪服务，派员参加省、市政府在各地召开的招商引资项目洽谈会，对已签约的项目和省、市重点项目，实行提前主动介入，全程跟踪服务。

2009年，市工商局印发《服务经济转型促进经济发展的若干意见》《全市工商系统开展机关效能、项目建设年活动实施方案》，全面落实"一审一核制""八小时以外预约服务制""应邀协办制"，再度承诺缩短企业设立登记办理时限。

# 第二节　市场监督管理

## 市场建设

1991年，萍乡市工商局新建、扩建、改造市场12个，扩建改造东门市场、西门室内市场；搬迁云龙市场，与市第三运输公司、市农贸公司合建亨运市场。

1992年，市工商局新建、改造、扩建市场7个。1993年，兴建、完善市场5个。1994年，实施市委、市政府"五百工程"之一的"百个集市工程"，加快市场建设步伐。1994—1995年，新建市场18个，重点是萍乡商城、大有市场、高坑市场、莲花县商品大世界等龙头市场建设。

2007年6—9月，市工商局按照创建文明城市的部署和要求，改造东门、西门两大市场。改造后的市场按照半超市型的要求，进行重新规划、布局。2008年，随着全市创建工作不断引向深入，萍乡市工商局又改造北门市场和矿区市场，使这两处市场长期脏乱差的现象从根本上得到改变。

## 商品交易市场管理

**市场规范化管理和"办管脱钩"** 1993年7月，国家工商局颁布《商品交易市场登记管理暂行办法》，萍乡市工商局组织召开商业、供销、林业、物资、劳动、粮食等有关部门领导参加的座谈会，之后在全市全面实行商品交易市场登记管理和市场年检制度。

1995年5月，市工商局与市标准计量局联合发出《关于在公众贸易中淘汰杆秤的通知》，在全市商店、粮油店、集贸市场的固定摊位淘汰杆秤，更换为双面弹簧度盘秤或电子计价秤。是年，萍乡市工商局在全市18个条件较好的农贸市场实行"净菜上市"，要求上市菜类做到"三无"（无烂叶、无菜根、无污泥），保持市场卫生。

1995 年 10 月开始,全市工商系统开展市场"办管脱钩"工作。

2000 年,市工商局按照集贸市场规范化管理的各项要求,从经营秩序、环境卫生、划行归市等环节对照检查,加以规范。是年,突出节假日市场管理,全年共检查市场 71 个,摊位 4799 个,查处违法行为 142 起,吊销营业执照 3 个。

2001 年 1 月,市政府下发《关于对萍乡市工商行政管理系统市场办管脱钩和人员分流工作方案的批复》,全市工商机关与所办市场实行机构、职责、财务和人员"四分离",原工商部门自办市场一律划归萍乡市市场管理服务中心管理。

2002 年,市工商局对全市 82 个较大集贸市场(含农村天天集)的主办单位和经营主体开展清理检查,督促市场主办单位落实先行赔付和保证金制度,督促市场经营者亮照经营,准确计量,诚信经商。是年,清理经营户 1960 家,取缔无照经营 430 家,未亮照经营 110 家,限期办理开业或变更登记 56 家,注销登记 20 家。

2006 年,全市工商系统推行市场巡查制,主要巡查市场卫生与秩序情况、市场公平秤和投诉台(站)及"三栏"落实情况、严禁假冒商品和野生保护动物等上市经营的执行情况。是年,共检查各类市场 136 个,检查市场经营户 3 万余家,收缴不合格衡器 981 把,查处无照经营 598 家,限期办理登记或变更登记 1130 家,办理注销 70 家。

2007 年,加大对消费品市场和生产资料市场管理。开展茶叶市场专项整治,对全市 489 家生产、加工、经营茶叶的单位进行全面摸底检查,要求经营者建立健全进货查验、购销台账、质量安全承诺等相关制度;对茶叶进行食品安全检测。是年,检查各类市场 87 个,检查市场经营户 1620 余家,收缴不合格衡器 105 把,查处无照经营 35 家。

2008 年,全市对集贸市场及主要商品零售经营场所使用塑料购物袋情况进行治理,查办案件 5 件,没收违规塑料购物袋 10 余万个。加大对集贸市场集中检查力度,全年共检查衡器 800 余把,收缴不合格衡器 105 把。

2009 年,市工商局印发《萍乡市工商行政管理局市场巡查管理暂行办法》,对市场巡查的范围、职责、要求等做出明确规定。在全市各大型商场、超市、市场统一设置公平秤 30 台,全年检查衡器 800 余把,收缴不合格衡器 35 把,放生青蛙 200 余千克,收缴不合格入市猪肉 3000 余千克。

2010 年,完善市场监管模式,全面推行基层分局网格化管理,对市场巡查进行优化、提升。是年,检查衡器 500 余把,收缴不合格衡器 25 把,放生青蛙 200 余千克,收缴不合格入市猪肉 1500 余千克。

**创建文明集贸市场**　1992 年开始,萍乡市工商局加强对各类商品市场的培育发展,拓宽管理领域,开展市场登记发证工作,更广泛地开展以规范交易行为、保护生产者和消费者权益、文明礼貌服务为核心内容的"创建文明集贸市场"活动,设立市场咨询服务台,为生产者、贩运者提供商品信息,促进各类商品市场健康有序发展。湘东新街市场被国家工商局授予 1993—1995 年度"全国文明市场"称号。从 1986 年至 1995 年,全市有 5 个集贸市场先后 9 次获省级"文明市场"称号。

2010 年,市工商局贯彻国家工商总局、中央文明办、中央农村工作领导小组办公室、公安部、国家税务总局联合下发的《关于在农村广泛开展创建文明集市活动的通知》和国家工商总局下发的

《关于开展创建诚信市场活动的通知》,组织开展创建"文明集市"和"诚信市场"活动,制定工作方案,确定安源建材市场为试点市场,同时建立和完善创建活动的相关机制。

## 合同监管

1991年,市工商局推行合同示范文本制度,制订《萍乡市企业承包经营合同书》等7种合同文本,为企业制定统一的经营合同台账2000套;举办《经济合同法》实施10周年专题广播活动和"工商杯"经济合同法规知识电视竞赛活动;举办经济合同法规学习班30期,参加学习的厂长、经理、业务人员1267人(次);向企业发送《经济合同法基本知识简述》《学习经济合同法要点》《经济合同法规汇编》等辅导资料10000多册;帮助企业建立健全经济合同管理制度,是年,有1592家企业建立合同管理机构,配备专、兼职合同管理人员2215人。

**合同监督与鉴证** 1991—1996年,萍乡市工商局对企业执行合同进行检查。共检查企业13934家,合同91471份,查处违法合同587份,违法金额3936万元。在检查经济合同和清理"三角债"工作中,对部分企业的债权债务情况进行摸底,通过法律手段,与法院、银行等部门配合,向1241家企业合同的对方单位发出咨询函电,为企业追回货款1287万元,避免经济损失18790万元。

1992—1996年,全市共鉴证经济合同5634份,涉及金额8.04亿元;为企业查询合同对方当事人资信情况1500人(次),使企业避免经济损失0.44亿元;利用法律、行政、经济等手段,先后派出35人(次)为企业追回货款186万元。

1997年后,市工商局扩大合同管理领域,鉴证建筑安装装潢合同181份,金额10368万元,登记建设工程项目183个,总设计面积79578平方米,投资决算14886万元。1998年,鉴证建筑安装装潢合同50份,金额851万元,为企业办理法人授权委托书400份。2003年10月,国务院决定取消合同鉴证。

2010年,贯彻《江西省合同格式条款监督办法》,做好格式合同备案工作。是年,备案各类合同66份。

**企业动产抵押登记** 1996年,萍乡市工商局为企业融资强化抵押登记,办理抵押登记90件,抵押物价值14888万元,主债权金额10129万元。1997年,办理抵押登记208件,抵押物价值52655万元,主债权金额39088万元。1998年,办理抵押登记87件,价值16800万元,主债权金额11552万元。1999—2002年,办理抵押登记57件,价值4600万元,主债权金额2800万元。

2007年,萍乡市工商局把企业、个体工商户、农业生产经营者及有的及将有的生产设备、原材料、半成品、产品抵押纳入动产抵押登记范围;运用企业动产抵押登记职能,帮助国有、私营企业筹措资金、盘活存量资产、增强经济活力。是年,全市办理抵押登记129件,抵押物价值462201万元。其中国有企业抵押合同1份,抵押物价值60000万元;有限责任公司抵押合同34份,抵押物价值189482万元。

2008年,市工商局完善拍卖企业备案制度。是年,全市共有拍卖企业6家,备案次数19次,拍卖委托金额3.55亿元,拍卖成交金额1.76亿元。办理抵押登记226件,抵押物价值325384.56万元;办理变更登记 15 份,抵押物价值 4101 万元。

2009 年,市工商局办理动产抵押登记 220 件,抵押物价值 49574 万元。全年备案 31 次,拍卖委托金额 5.1 亿元,拍卖成交金额 1.9 亿元。

2010 年,市工商局为 200 家企业办理抵押登记,帮助企业获得银行贷款 86211 万元。

**"守合同、重信用"活动** 1993 年,萍乡市政府命名"重合同、守信用"企业 134 家。是年,27 家企业被省经委、省工商局审核授予省级"重合同、守信用"企业称号。

1996 年,全市 102 家企业经市人民政府命名为"重合同、守信用"企业,其中连续 3～4 年被评选为"重合同、守信用"企业 43 家。1997 年,参加评选企业 1000 余家,命名 80 家。

1998 年,萍乡市工商局对全市 126 家"重合同、守信用"企业进行审查,保留合格企业 84 家,撤销不合格企业 42 家。

2006 年后,市工商局通过座谈、走访、征求意见,开展"守合同、重信用"评价活动。2006 年,有 22 家企业被认定为萍乡市"守合同、重信用"AA 企业;推荐参加被省工商局认定为"守合同、重信用"AAA 企业 6 家。

2008 年,9 家企业被认定为 AA 企业;推荐被认定为 AAA 企业 2 家,继续认定为 AAA 企业 2 家。

2010 年,15 家企业被认定为 AA 企业;推荐被认定为 AAA 企业 11 家,继续认定为 AAA 企业 3 家。

## 商标监管

**商标注册** 1991 年,萍乡市工商局向国家工商局商标局核转商标注册申请 64 件,驳回 9 件,初审公告 55 件;核转变更注册事项 12 件,办理商标使用许可合同 3 件。是年,全市有注册商标 384 个,分别在 27 个商品类别中取得商标专用权。1992 年,核转注册申请 80 个。

1993 年 6 月 24 日,终止商标核转工作,市工商局引导企业实施商标战略,指导商标申请人申请商标注册及办理其他商标事宜。

2001 年 7 月,萍乡市政府批转由市工商局制定的《萍乡市知名商标评选认定工作实施方案》,成立萍乡市知名商标评选认定委员会,是年,市知名商标评选认定委员会依据商标所指商品或服务的质量、销售额、利润、市场占有率、商标所有人的商标管理、广告宣传费投入等情况进行综合考核、评议,筛选,认定安源实业股份有限公司客车制造厂的"安源"商标等 29 件商标为萍乡市知名商标。

2002 年 6 月,萍乡市工商局成立争创中国驰名商标和江西省著名商标领导小组,与企业建立联系制度,主动上门服务,帮助企业争创江西省著名商标。派员作为"腾飞""博升""武冠"申报中国驰名商标的联络员,帮助企业制定申报计划。

2005 年 6 月 23 日,国家工商总局商标局认定江西武冠新材料股份有限公司的"武冠"商标为中国驰名商标,为萍乡市第一件中国驰名商标。

2006 年,市工商局指导帮助企业做好农产品商标和地理标志注册和管理工作。是年,全市拥有注册商标702件,芦溪县、上栗县分别申报"萍乡电瓷""上栗花炮"证明商标,"上栗花炮"证明商标得到国家工商局核准注册。

2007年,市工商局印制《商标注册建议》《商标策略提示》手册,免费赠送给企业,增强企业的商标意识。是年,帮助42家企业申报注册商标,续展注册商标6件。

2008年,实施商标助农、品牌兴农战略,市工商局开展为期半年的农产品及商标使用情况调研工作,摸清萍乡农产品的规模、产值、注册商标及发展潜力。7月,开展"培植引导100家企业树品牌"活动,以传统的水泥、建材及电瓷、花炮为重点行业,支持企业实施精品名牌战略,创优质产品,创特色商品,利用商标广告战略拓展市场,提高知名度。是年,指导帮助37家企业申报注册商标,续展注册商标12件。

2009年,全市推行"公司+商标+农户"产业化经营模式。

2010年,市工商局在全市工商系统开展创业创新服务年活动,印制《商标注册建议书》《商标策略提示书》和《商标法律告知书》等5000份免费发放给企业,对企业进行分类指导和扶持。9月,策应市委、市政府提出的"实施名牌发展战略"重大决策,帮助指导萍乡市品牌企业促进会成功举办萍乡市首届商标品牌企业展示会。是年,重点培育江西萍乡龙发实业股份有限公司的"莲花"商标申报中国驰名商标,帮助7家企业争创江西省著名商标,新认定省著名商标4件。是年,萍乡共有中国驰名商标1件、省著名商标34件、市知名商标31件。

是年,全市实施"一社(农民专业合作社)一标(商标)"品牌创建工程,市工商局加大对农民专业合作社申报注册商标的指导帮扶。组织针对农民专业合作社商标品牌专题讲座、培训班、现场咨询等,宣传商标富农的战略意义,提升广大农民群众"商标兴农、商标富农"意识水平;设立商标联络员,协助农民专业合作社申请注册农产品商标或地理标志,全年帮扶13家农民专业合作社申请注册商标。至年底,全市农民专业合作社使用商标16家,拥有注册商标3家,受理申请件数13件,待申请注册商标12件。

**商标专用权保护** 1991年,萍乡市工商局组织多次清理整顿,查处假冒商标侵权案件和一般商标违法案件91件。1992年5月,以各工商分(区)局为单位,对所辖范围的企业进行突击检查,查处冒牌商标标识62.5万张。

1994年,开展以保护知识产权,制止商标侵权行为的专项整治。对烟、酒、保健品、药品、农业生产资料、饮料、家电、电器开关,以及进口汽车、摩托车、配件、服装、鞋类等商品进行专项整治。共查处违法违章案130件,其中立案查处76件,罚款7400元,收缴假"四特"酒、假"国公"酒、冒牌名烟等。

1995年10月,市工商局工商局对全市重点生产企业、重点商场、批发市场、商标印制企业和非指定商标印制企业进行排查,发现案件线索,查实后进行处理。是年,查处商标侵权案118件,违法金额193万元。

1998年1月,市工商局重点整治假冒他人注册商标,仿冒知名商品特有的名称、包装、装潢,伪造商品产地、伪造或冒用他人企业名称和认证标志、名优标志等质量标志,掺杂使假、以次充好、以假充真等违法行为。1996—1999年,共查处各类商标违法违章案332件,违法金额343万元。

2000年,加大对萍乡市"腾飞""青峰""大地红"等全省著名商标和知名品牌的保护力度,并与企业开展联手打假保名优活动。是年,查处商标侵权案37件,违法金额48万元,查处一般商标违法案61件,违法金额92万元。

2004年7月,市工商局制定《关于开展保护注册商标专用权行动方案》,集中力量开展专项整治,重点查处食品、药品的违法行为及侵犯驰名商标、著名商标和证明商标、集体商标专用权的违法行为。是年,出动执法人员893人次、车辆124辆次,检查经营户1257家、专营专卖店181家、商品交易市场69个,查封扣留涉嫌侵权服装、皮鞋等627件(双),涉及国内外著名、驰名品牌10余种,立案60件。

2006年,建立打假协作制度,完善跨地区商标保护网络,加强商标跨区保护,利用华东六省一市商标管理协作网解决异地打假问题。是年,查处各类商标违法案68件,其中商标侵权假冒案件36件,收缴和消除侵权商标标识10062件(只)。

2008年,重点开展保护奥林匹克标志专有权执法行动,出动执法人员1687人次,检查经营企业和个体户5180家,检查各类市场307次,查处侵犯奥林匹克标志专有权案件5件。

2010年,先后组织开展保护世博会标志专有权行动、保护亚运会标志专项行动、打击侵犯知识产权和制售假冒伪劣商品等专项整治行动,出动执法人员1022人次,检查经营企业和个体工商户4500家次,各类市场136次,查处商标侵权案件60件。

## 广告监管

**广告登记管理**　1992年春,邓小平南方谈话发表后,广告业进入快速发展阶段。8月,萍乡市工商局印发《关于申请办理"广告经营许可证(照)"的手续、审批程序和管理权限的通知》。是年,全市发展广告经营单位13家。

1993年,市工商局在审批广告经营单位上,实行国营、集体、个体一齐上的方针,全年发展广告经营单位46家,广告经营额达517万元。全市广告经营机制初步形成规模。

1995年2月,《中华人民共和国广告法》施行。是年,市工商局通过举办讲座、在新闻媒体刊播文章、悬挂条幅标语等形式进行宣传。

2000年,全市发展广告经(兼)营单位15家,注册资本350万元,新增广告从业人员120人,全市共有广告经(兼)营单位80家,从业人员522人,全年实现广告经营额1970万元。

2005年,全面实行广告经营企业登记政务公开制、首办负责制和限时办结制,严格登记审批程序和审批条件,严把市场主体准入关,将广告登记窗口移至市公共政务服务中心。

2007年,通过召开广告作品评析会,征集优秀广告作品参加广告商标节等活动,激发广告人的创意热情,加强广告公司、广告主、广告媒体与消费者之间的互动与配合。

2010年,全市广告经营单位发展到180家(专营广告公司72家、报社3家、电台1家、电视台8家、其他96家),从业人员788人,年营业额4320万元。

**广告市场管理**　1992年,萍乡市工商局举办广告经营、兼营单位学习班,严格实行对各类广告审查存档制度,禁止制作、刊播、发布虚假广告行为。8月,向各广告经(兼)营单位印发《关于重申广告管理有关规定的通知》,特别重申广告经(兼)营单位一律不得继续经营"致富信息"广告,广告客户申请刊播、设置、张贴广告,必须提交各类证明的原件或原出证机关重新签章,公证机关公证的复制件等。

1994年4月12日,全省商标广告管理工作会议在萍乡召开,萍乡市工商局被评为全省商标广告管理工作达标先进单位。

2000年,全市开展"慧眼识广告"活动,利用报纸、广播、电视等媒体进行宣传,并对利用各种形式正在发布涉及人民生活切身利益的药品、食品、化妆品、保健品、医疗器械、家用电器、商品房、医疗服务、美容服务、旅游服务、中介服务等广告进行全面检查,检查广告458件,对28件广告内容有虚假的进行立案查处,对262块不规范户外广告牌匾予以拆除。

2001年,市工商局集中力量对全市药品、医疗服务、保健食品等广告进行全面检查,共检查药店、商场、医疗机构、新闻媒介等单位478家,检查药品、医疗服务、保健食品765件,立案查处违法违章案件8件。

2003年,市工商局与市卫生局联合印发《萍乡市医疗广告专项整治实施方案》,着力从根本上制止虚假违法医疗广告。全年检查各类医疗广告36条,立案查处7件;检查房地产广告48条,立案2件。是年,查处各类违法广告案件105件,罚款10.4万元。2004年,查处各类广告违法案件123件,罚没款11.43万元。

2005年,工商部门牵头,建立由党委宣传部、公安、监察、纠风、广播影视、新闻出版、卫生、食品药品监督管理等单位参加的萍乡市整治虚假违法广告专项行动联席会议制度,明确各部门工作职责,增强打击和治理虚假违法广告的工作力度。是年,市工商局全面开展广告监测和市场巡查工作,重点监测关系群众生命健康安全的药品广告,对重点场所每月巡查不少于3次。

2006年,市工商局印发《关于开展药品、保健食品广告专项整治工作方案》,加强对药品、保健食品广告发布情况的集中监测和检查。是年,发布广告监测通报10期,监测各类广告4677条。广告违法率明显下降。

2007年11月,市工商局组织全市63家广告经营单位(喷绘部门)的负责人及广告审查员近100人,举办全市广告语言文字规范化知识培训班,对广告发布中不规范用字进行整改。加强广告监测力度,强化对虚假违法广告监管力度,全年监测各类广告3860条(次),下达责令整改通知书13份,查处各类违法广告案件138件,涉案金额近280万元。

2008年,市工商局组织开展治理整顿网上非法"性药品"广告和性病治疗广告、奥运广告、民办高校招生广告专项检查,对重点地区、重点时段的广告进行重点监测,对轻微违法广告责令当事人立即改正,避免严重违法行为发生。

2010年,全市工商系统以医疗、药品、保健食品、非法涉性、低俗不良广告以及扰乱公共秩序、影响社会稳定的严重虚假违法广告等为重点开展专项整治。是年,共监测各类广告83208条(次),责令改正1697条(次),查处违法广告案件57件。

# 第三节　公平交易执法

## 反不正当竞争

1992年,萍乡市工商局成立领导小组与办事机构,开展防治假冒伪劣工作。利用各种宣传形式,出动宣传车30多辆次,电视报道15次,板报专栏200期,印发识假宣传材料1万多份,组织假冒伪劣商品展览40多次,宣传识别假冒伪劣商品知识。组织大规模"打假"行动7次,参加检查人员1250人(次),检查商业店铺及厂家7198家,查获假冒商品标值114万元,其中有假冒伪劣酒、烟、食品等。

1993年12月1日,《中华人民共和国反不正当竞争法》开始实施。1999年1月1日,《江西省反不正当竞争条例》施行;12月,萍乡市工商局公平交易执法支队成立。随着反不正当竞争工作的不断深入,打击投机倒把的很多工作与打击"傍名牌"、虚假宣传、损害竞争对手和消费者的假冒行为等反不正当竞争执法重合,并且以反不正当竞争执法为主。是年,捣毁制售假酱油黑窝点2个,查获假药8743瓶,各类名酒12261瓶等假冒伪劣商品标值30余万元。

1994年,市工商局先后开展7次专项整治活动,捣毁制假黑窝4个,查获各类假冒伪劣商品23000件。

1995年,市工商局组织3次大规模打假专项活动,查处制售假冒伪劣商品案118件,捣毁制销假窝点10个,查获劣质酒21470瓶、饮料95678瓶、不合格化肥208吨等标值62万元的假冒伪劣商品。

1997年,全市工商系统开展"讲诚信、反欺诈"活动,加强扫假打劣工作,查处制售假冒伪劣商品案68件,查获假茅台酒252瓶、假冒园田牌追风透骨丸225件等假劣商品案值150余万元。

2000年,市工商局开展对重点产品、重点市场、重点区域打假专项行动,检查经营户2100家,立案34件,捣毁制假窝点5个,新闻单位组织现场追踪报道9次,江西电视台报道2次。

2001年,市工商局集中检查制假售假集散地,捣毁窝点13个,立案76件,货物标值30万元;重点监控湘东、安源两处制造销售仿冒椰岛牌鹿龟酒的主要地区,没收销毁仿冒椰岛牌鹿龟酒3261瓶,销毁仿冒包装3480只;严厉查处制售假农资案8件,标值10万元;开展食品药品打假工作,查处饮品、食品、药品案件12件,标值4.9万元。

2002年,在规范垄断行业的经营行为中,依法查处铁路运输企业和供水公司限制竞争行为,全年查处和制止垄断性不正当竞争行为案47件。第一次组织流通领域商品质量抽查工作,抽查经营户31家,采集样品58组,处罚商品质量有问题的经营单位8家,查封多种劣质、过期失效和三无产品,收缴假冒伪劣商品5.6吨,捣毁窝点3个。

2004年,安徽阜阳有毒奶粉事件发生后,市工商局进一步加大食品安全监管力度,共检查经营户2750家,查获不合格肉制品502千克、粮油制品7439千克、奶粉和奶制品11000余包等。是年,结合流通领域商品质量抽查,检查农资经营户600家,取缔无照经营34家,查获过期农药139瓶、假化肥2500千克等,立案34件,罚没款24200元;组织开展果汁、碳酸饮料、月饼质量专项抽查,抽查30批次商品,其中果汁、碳酸饮料分别有1个批次不合格。

2005年,全市工商部门开展垄断行业限制竞争行为专项整治,进一步加大对供电、供水、供气、邮政、交通等与人民群众生活密切相关的垄断性行业强制交易、强制服务等违法行为的查处力度。

2006年,市工商局开展反垄断专项执法,立案3件,案件涉及烟花爆竹专营公司、邮政部门、供水公司。2007年,规范垄断行业经营行为,立案查处或制止限制竞争行为5起。

2007年8月,市工商局组织打击"傍名牌"不正当竞争专项执法,查处各类假冒侵权案件85件,罚款39.8万元,查获假冒湖南猴王茶叶公司"猴王"茶叶100余包,假冒广东乐美公司"真彩"笔芯10800支等。是年,针对电线电缆行业短少尺寸和加油站掺杂使假进行专项抽查,立案12件。是年,公平交易执法职能有很大调整,食品安全监管、流通领域商品质量监测、"12315"申诉举报受理工作划归消费者权益保护局。

2009年,市工商局有针对性地对供水、供电、通讯、交通等公用企业启动限制竞争调查8件。

2010年,全市查处交通企业限制竞争案2件,供水企业限制竞争案1件。

## 打击传销与规范直销

2000年,萍乡市工商局开展打击传销专项整治行动,查禁广东海恩特实业有限公司、天狮莲花专卖店、芦溪县和和商贸部、萍乡神凤酒厂4起传销和变相传销案,遣散传销人员800余人,及时制止一起用欺骗手段将他人骗往异地从事传销活动行为。

2001年,全市遣散传销人员800余人。"萍乡神凤酒厂"传销案移送公安机关处理,涉及受害人数千人。

2003年,市工商局加大对城乡接合部、外来人口集中地等重点区域的监管,加大对转型企业在萍从事违规培训活动的监管,重点加强对安利公司、天狮公司在萍乡经营活动的监督。

2004年3—4月,全市开展打击传销执法行动,查处传销、变相传销案4件,罚款2万元,捣毁窝点4个,遣散传销人员163人,收缴一批用于传销的书籍和笔记本。8月中旬,工商人员开始深入学校、社区、乡村、车站,进行打击传销、变相传销宣传,散发宣传资料,张贴标语等,连续7天在萍乡电视台进行宣传,受理咨询39人(次)。

2005年,市工商局组织执法人员学习《直销管理条例》和《禁止传销条例》,制定打击非法传销3年规划。是年,捣毁传销窝点1个,遣散参与人员100余人。

2006年,市工商局制订《打击传销专项整治工作方案》,公布举报电话和举报网站,全年共捣毁传销窝点4个,遣散传销人员264人,收缴传销物品西装4套以及一批传销资料和笔记本,查处传销案件2件。

2007年,萍乡市政府印发《关于严厉打击传销活动工作方案的通知》,成立以市政府分管副市长为组长,公安、工商、财政、民政等18个局、室、院、办及各县(区)、开发区管委会分管领导为成员的市政府打击传销工作领导小组。是年,市工商局立案查处传销案件 14 件,罚没款 51 万余元;取缔传销窝点 138 个,出动执法人员 2400 人次,清查、教育、遣散传销人员 3000 余人,移送司法机关 8 件,涉案人员 14 人;查处违规直销案件 6 件,罚没款 8.2 万元。

2008 年,萍乡市工商、公安部门牵头,组织相关部门开展 10 次打击传销集中执法行动,张贴打击传销公告 200 张,发放打击传销宣传资料 200 册,宣传画 500 份;全市各级工商部门组织执法人员 1047 人次,会同相关部门捣毁传销窝点 137 个,清查、教育、遣散传销人员 2250 人,立案查处传销案 4 件,罚款 5.6 万元,收缴传销宣传资料 220 册,销毁传销物资 82 件;向出租房主发出《责令停止为传销人员提供便利条件通知书》90 份。

2009 年,市工商局与公安部门联合开展打击传销百日联合执法行动,取缔传销窝点 74 个,清查、教育、遣散传销人员 1592 人,解救受骗群众 15 人,办结传销案件 4 件,罚没款 94.52 万元;移送司法机关案件 4 件,涉案人员 17 人。10 月 22 日,中央电视台财经频道《经济与法》栏目以"一次特殊的解救"为题,报道萍乡工商部门打击传销整治行动。

是年,市工商局对直销企业在萍乡经销商、专卖店进行清查造册,全面实行直销企业产品推介活动的备案工作。

2010 年 5 月 15 日,市工商局会同公安等部门开展"打击和防范经济犯罪——你我共同的责任"宣传活动,组织大型咨询、宣传活动 15 次,发放各种宣传资料 14900 份。是年,开展"迎世博、迎亚运、禁传销"专项整治行动,捣毁传销窝点 39 个,教育、遣散传销人员 1108 人;清理出租房屋给传销人员的 32 户。全年走访直销企业 62 次,立案查处违规直销案 5 件。

## 商业贿赂治理

2000 年,萍乡市工商局把查处医药购销中商业贿赂行为作为重点,在全市范围内开展全面查处商业贿赂行为专项整治,对市直 4 家医院进行检查,立案 2 件,涉及回扣 27 万元。2001 年,查处涉嫌商业贿赂的医药门店 8 家。

2005 年,全市工商部门开展纠正医药购销和医疗服务中不正之风专项治理,以规范医药市场交易行为和药品、医疗广告为主,立案查处商业贿赂案 3 件,医药违法广告案 37 件。

2006 年,市工商局立案查处商业贿赂案件 12 件,罚款 27 万元,涉及领域有酒类零售、医药购销、医疗服务、房地产评估等。其中某经贸有限公司买断酒水经营权案、某医院支付介绍费争取患者案、某药房收受回扣案的查处,在社会上引起强烈反响。

2007 年,市工商局加强与会计事务所和检察机关的协作,全年办结商业贿赂案件 10 件。其中大要案 3 件,移送检察机关 1 件,涉嫌犯罪人员 9 人。此举在全市商业保险行业和商业零售行业引起很大反响。

2009 年,全市重点查办商业保险、医药购销、零售行业、旅游行业、政府采购活动中的商业贿赂案件,全年立案 10 件,办结 6 件。

2010 年,市工商局在治理商业贿赂专项工作中采取行政指导、督促自查、调查处理相结合的方式,向教育主管机关、出版发行单位、大药房、超市、大型酒店和娱乐场所等发出公函,要求对相关经营活动进行对照核查,及时纠正可能存在的违章违法行为。是年,查处酒水供应商行贿案 4 件,建筑企业行贿案 1 件,婴幼儿奶粉销售企业行贿医院案 1 件,汽车销售商受贿案 2 件,零售商索贿案 3 件。

# 第四节　消费者权益保护

## 商品质量监管

1996 年 3 月 15 日,萍乡市工商局结合"3·15"国际消费者权益保护日等宣传活动,查处损害消费者合法权益案 148 件,查获假酒 19492 瓶,伪劣饮料 26200 瓶及劣质种子、农药、变质食品、保健品等。

2003 年 3—8 月,全市组织开展为期 6 个月的"维权反欺诈"活动,重点整治餐饮、美容美发、旅游、修理等服务消费领域,严厉查处掺杂使假、以次充好、虚假打折、强制消费等侵害消费者合法权益行为。

2004 年,全市工商系统围绕"诚信维权"年主题,开展"诚信维权"与食品生产经营、商品房、旅游、药品等 4 项分主题调查活动,查出不合格食品 27 种,对开发商存在的商品房质量、产权手续等问题,下发整改意见书,发布消费警示,关闭无证旅行社 2 家,对 1 家不守信用旅行社进行教育。

2010 年,全市开展"清新居室百日行动",以人造板、铝合金型材为重点商品,查处案件 32 件。是年,查处流通环节商品质量违法案件 36 件、侵犯消费者合法权益案件 30 件,查获假冒伪劣商品标值 55 万余元;受理咨询 1478 人次,申诉 605 件,举报 28 件,为消费者挽回损失 63.34 万元。

## 消费者申诉举报受理

2000 年,萍乡市工商局本着"有诉必受、有受必复、有案必查、有查必果"原则,把市场监管与"12315"举报、投诉受理工作结合起来,全年受理投诉、举报 832 件,调解纠纷 324 件,查处案件 36 件。

2001 年 4 月 17 日,市工商局"12315"投诉举报指挥中心成立,"12315"举报电话畅通。市工商局在萍乡各类媒体连续一星期向社会公布"12315"举报电话,告知投诉范围及事项。至 5 月 30 日,全市受理电话举报投诉 339 起。是年,市工商局将安源区八一东路创建为"省级打假维权、消费者满意街(区)"。

2002 年 5 月,"12315"指挥中心陆续接到消费者关于对市广播电视网络传输中心的举报,称其借电视传输线路改造之机擅自向用户收取 30～50 元材料费。接诉后,"12315"指挥中心到用户、市广播电视网络传输中心进行调查取证后,依法要求该中心停止违法行为。该中心接受建议立即停止乱收费行为,对已经收取的采取充抵收视费方式退回用户。

2005年5月,"12315"指挥中心陆续接到部分学生家长关于2B铅笔的咨询投诉。适时组织2B铅笔市场专项检查行动,查获涉嫌假冒2B铅笔6000余支,维护广大学生消费者利益。

2003—2007年,萍乡市工商局逐步完善"一个中心、三级体系、分级执法"的"12315"申(投)诉举报网络。至2007年,建立市级"12315"网络指挥中心1个,县区级"12315"申诉举报中心6个,基层分局"12315"工作站35个,在全市初步形成"12315"维权体系。

2008年7月,全市工商系统开展"新设百个消费投诉维权站(点)"实施活动,大力推进"12315"进社区、进村组活动。通过设立100个"12315"投诉维权站,宣传消费知识,受理消费投诉,传授维权技巧,解决消费纠纷,做到让村民不出村、居民不出社区就可以享受"12315"投诉维权站(点)的服务。

2010年,市工商局申诉举报中心设立"专人专机"受理服务工作平台,按照中心集中受理,流转基层分局办理和反馈的模式运行,基本实现"相对集中受理、分工协作办理、应急指挥调度、信息汇总分析、进行消费提示"五种功能相结合的行政监管执法体系。是年,全市共有消费者投诉站和"12315"联络站635个,基本做到解决农民申诉举报不出乡镇。

### 农资监管和"红盾护农"

1992—1996年,萍乡市工商局加强农资市场管理,查处非法经营农资案84件,查获非法经营农药32.6吨、化肥392吨、种子8.9吨、棉花11.2吨;查获劣质化肥1630吨、农药8.4吨、种子2.7吨;取缔非法农药经销点113个。

1997年,取缔无照经营农资31家,查扣违法经营化肥27.4吨、农药0.7吨、伪劣化肥25吨、饲料12吨、冒牌农用水泵8台。1999年,整治规范城区农资经营单位36家,取缔无证经营13家。

2000年,市工商局开展"打假护农"和"整农资、保春耕"专项整治活动,对全市农资经营单位进行突击性检查。是年,查处无生产合格证种子案4件,查获无生产合格证、无经营许可证种子16.5吨,取缔无照经营农资户22家,查处制售假冒农资案8件,价值达10万元。

2005年,市工商局加强对农资市场的监管,建立1个市级、6个县级、42个乡级、240个村级"红盾护农""12315"维权中心(站),畅通制售假冒伪劣农资举报和投诉的绿色通道。是年,全市工商系统受理涉农投诉64件,为农村消费者挽回经济损失13.6万元。抽查农资商品73批次,查处无照农资经营户38家,查扣不合格化肥61吨,农药340瓶,立案29件,总案值21.82万元。

2006年,全市工商部门深入开展"红盾护农"专项整治,健全"两账、两票、一卡、一书"制度,统一农资经营企业进销货登记台账,要求农资经营者向农资生产厂家索要农资商品质量信用卡,签订农资商品质量责任书;试行农资产品准入备案制,全市共备案99个品种;完善农资市场长效监管机制,对全市部分农资商品经营户实行A、B、C三级标准信用分类监管,全市共评定A级信用138家、B级信用344家、C级信用15家。是年,全市工商系统共查处无照农资经营户46家,立案查处案件20件,总案值18.2万,罚没款2.95万余元;查扣假冒伪劣化肥300千克,农药18千克、种子65千克;受理农民投诉43起,为农民挽回直接经济损失13.6万元。

2007年,市工商局成立"红盾护农"工作领导小组,开展"红盾护农统一行动日"活动,针对重点时节,对农资经营户进行拉网式检查。是年,查处各类农资经营违法违章案件14件,处理农资经营纠纷37件,取缔无照经营16家,收缴不合格化肥4.3吨、不合格农药69千克,涉案金额近100万元。

2008年初,持续低温雨雪冰冻天气,给萍乡市农业生产造成损失。市工商局支持农业灾后重建,联合农业等执法部门对全市542家农资经营网点进行集中检查,清理规范农资经营主体资格,取缔无照经营3家;抽检化肥28批次,23批次合格;配合市农业局抽检农资商品145批次,136批次合格;查处各类农资案件11件。

2009年,市工商局组织开展"红盾护农保春耕、保夏播、保秋种"活动,取缔无照经营3家,查处案件9件,查扣不合格种子、化肥、农药近10.5吨。推进农资示范店建设,设立农资示范店97个。加强"红盾护农"维权网络建设,在全市县、乡、村设立"12315"投诉维权站点208个,为农民消费者提供零距离维权服务,农资市场秩序明显好转。

2010年,对全市460家农资经营网点进行全面检查,取缔无照经营6家。联合市农业局抽检农资商品,其中化肥20批次,农药20批次,查处不合格化肥2批次。

# 第五节　流通领域食品监管

## 食品准入

2004年,萍乡市工商局向市政府报送《关于实施食品市场准入制度试点方案》。得到批准后,在心连心安源购物广场、富森百货、爱家超市、爱心超市正式启动首批"食品市场准入试点工程",首次明确企业是食品安全第一责任人。同时,采取授牌、媒体宣传等形式,有效提升企业知名度和消费者信任度。

2006年初,市工商局印发《关于开展依法清理规范食品经营主体资格工作的通知》,按照"谁登记、谁规范、谁负责"原则,由各级登记注册机关对食品生产经营企业和个体工商户的食品卫生许可证、营业执照的有效性依法审核、清理与规范,并将清理规范后的各类食品生产经营企业和个体工商户情况,逐级反馈给生产经营主体所在地的基层工商分局,由基层工商分局对辖区所有从事食品生产经营企业和个体工商户逐户进行排查,按照"一户一卡"逐户建档。全市工商系统在此次清理规范食品经营主体资格工作中,出动执法人员1230人次,检查食品经营主体4441家次,其中变更153家,注销96家,取缔无照经营143家。

2007年,全市工商系统贯彻《国务院关于加强食品等产品安全监督管理的特别规定》,严格目标管理责任制,要求食品经营者落实检查验收、进货台账、销售台账、索证索票等制度;落实市场开办者责任,督促其建立并落实食品安全管理制度和责任制度。结合"农村食品市场整顿年"活动与流通环节产品质量和食品安全专项整治行动,对全市4225家食品经营主体资格进行严格审查,取缔无照食品经营户 74 家。

2009 年 6 月,《食品安全法》正式实施,该法将流通领域食品经营的入市把关职能划入工商部门。面对全新的监管领域,市工商局严格行政许可程序,依法核发《食品流通许可证》。至 2010 年底,核发食品流通许可证 1687 本。

### 食品专项整治

2004 年 4 月,安徽阜阳"劣质奶粉"坑害婴儿事件曝光后,萍乡市工商局加强食品安全监管力度,先后 12 次部署对不同食品、不同时节的专项整治行动。全市工商系统检查食品经营户 3750 家次,查获粮油、肉制品、奶粉、饮料、月饼、酒类、豆制品、儿童食品等假冒伪劣食品标值 18 万余元;查处无照经营 78 家,查处案件 181 件。

2005 年 6 月,萍乡市政府拨付专款 5 万元,市工商局拨付 23 万元,为 6 个县(区)局、35 个基层分局全部配备食品安全快速检测设备,建立市、县、基层分局三级监测网络。全系统利用快速检测箱检测食品 381 批次,立案 13 件。同时,引导、督促食品经营单位建立食品质量进货检查验收、索票索证、食品购销台账和质量承诺制度,并在全市组织大规模食品安全宣传,散发宣传资料 2.3 万份,电视台、电台、报纸等新闻媒体进行宣传报道 101 次。

2005 年,成立流通环节食品监管工作领导小组,下设办公室。是年,全市工商系统结合节日食品市场、儿童食品市场等整治行动,先后开展元旦、春节食品、含"苏丹红一号"食品、奶制品等专项整治 11 次。各级工商部门共出动执法人员 3859 人次,执法车辆 513 辆次,检查经营户 8759 家次,查处无照经营 116 家,立案查处案件 40 件,罚没款近 12 万元,查获的假冒伪劣食品有饮料、酒类、奶制品等。

2006 年,市工商局组织开展以粮、肉、水产品、饮料、儿童食品、保健食品等专项执法检查累计 16 次。在各类专项整治行动中,全市工商系统共出动执法人员 4391 人次,检查经营户 6526 家次,取缔无照经营 143 家,立案 95 件,罚没款 33.67 万元,查获各类假冒伪劣食品标值 21.26 万元,取缔无照经营 143 家,立案查处案件 95 件,捣毁制假窝点 6 个。对"水产品、水发食品、冻品、腊制品、干货类、熏制品、蔬菜类、豆制品"八大类食品进行重点检测。抽检 1135 批次 77 个品种,其中不合格 68 批次 16 个品种。

2007 年 3 月,全市开展"农村食品市场整顿年"宣传活动,对农村食品市场经营主体展开拉网式的清理排查。5 月,开展食品安全宣传月活动;其间,张贴标语 315 张,悬挂横幅 394 幅,散发资料 2 万余份,组织食品安全进学校讲课 21 次。是年,共检查食品经营主体 12260 家次,取缔无照经营 193 家,查处制售假冒伪劣食品案件 89 件,查获各类假冒伪劣食品 890 余千克,案值 23 万余元。

2008 年 9 月,"三聚氰胺"问题奶粉事件曝光之后,市工商局迅速成立领导小组,部署清查工作。全系统共出动执法人员 11082 人次,检查奶制品经营户 22365 家次,监督销毁不合格奶制品 3309.9 千克,立案查处案件 3 件。9 月 20 日,国家工商总局督查组到萍乡市,检查督导含三聚氰胺的婴幼儿配方奶粉及液态奶清查情况。对萍乡市工商部门在处理"问题奶粉"时反应迅速、措施得力表示充分肯定。

是年,萍乡市工商局先后15次部署对不同食品、不同区域、不同时节的专项整治行动,检查经营户18690家次,取缔无照经营236家,查获假冒伪劣食品5251.9千克,标值30余万元,立案查处案件44件。

2009年,全市工商系统出动执法人员10976人次,检查食品经营户29158家次。其中,查获假冒伪劣食品标值38.27万元,取缔无照经营798家,吊销营业执照7家;捣毁制假窝点3个,查处案件103件,罚没款87.83万元;查处一批无照加工豆制品、经销假冒"五粮液""国窖"名酒等典型案件。安源区工商局端掉7家黑心豆腐作坊,并在《江南都市报》进行长时间跟踪报道。

2010年,全市工商部门开展食品安全月月专项整治行动。共出动执法人员13568人次,检查各类食品经营户28957家次,查获假冒伪劣食品标值38.27万元,捣毁制假窝点2个,查处案件21件,取缔无证无照经营食品196家。

# 第六节　法治建设

## 普法宣传教育

"三五"普法(1996—2000年)期间,全市工商系统共举办普法知识竞赛70余场次,各类报告会、座谈会110场,参加人员5000余人次。全系统举办法律法规培训班200期,共培训人员4700余人。在个协组织中开展普法教育活动,举办普法教育培训班169期,培训人员4000余人次,编发教材2万份。为企业厂长、经理、业务人员、个体工商户举办法律法规培训班52期,参加人员3000余人次,向社会发放各种法制宣传材料5000份,出动宣传车2次,开展街头咨询活动9次,出宣传栏59期,在各级报纸杂志上发表法制宣传稿件66篇。1996年,萍乡市工商局组织全系统执法人员参加市政府统一组织的上岗资格考试,合格率100%,均取得执法资格。

2001—2005年,全市工商系统继续实行学法每年一考,年年登记在册,五年一证(普法合格证)制度,全面完成"四五"普法学法任务。贯彻《江西省法制宣传工作条例》,坚持面授为主,层层培训骨干,完善学法读书计划和学法读书笔记制度。全系统举办各类培训班55期,参加人员1500余人。开展"12·4"全国法制宣传日活动、社会普法宣传活动及"送法下乡"活动,发放法律宣传单1万余份,赠送法律书籍600余册,接受提供咨询1600余人次。2004年,召开一次学习《行政许可法》研讨会。

2006—2010年,市工商局组织全系统干部职工参加全省公民普法重点考试,各县(区)工商局开展季度学法考试活动。"3·15"国际消费者权益日和"12·4"全国法制宣传日,全市工商系统利用广播、电视、报刊、宣传栏、宣传车等宣传媒体,广泛开展对消费知识、商品知识和食品安全知识以及这些方面的法律宣传,并向偏远地区的农民群众提供法律咨询,累计提供法律咨询1000余人次,发放法律宣传单4000余份。2006年,开展《党章》和工商行政管理法律知识竞赛活动。2007年,举办全系统各级执法办案单位培训班,近100人参加。2008年,开展全员适应性教育培训,法律知识培训是重点培训内容之一。2009年,开展"纪念改革开放30周年和工商行政管理系统恢复建制30周年"工商法律法规知识竞赛。

## 规范行政执法行为

1997年,萍乡市工商局制定《行政规范性文件审查制度》《重大案件备案制度》《法律、法规、规章执行情况检查制度》等8项法制工作制度。对办案期限、案件数字统计、处罚决定书的使用、案件管辖、办案资格确认等5个方面进行具体规范,确保所有的行政执法行为都有法可依,有章可循。

1998年,陆续出台《行政执法责任制实施方案》《执法过错追究制度》《关于加强办案纪律严格办案程序的通知》《关于明确查扣财物处理程序的通知》等制度。4月,实行政务公开,通过公示自觉接受社会监督;开展"文明执法月"和"治理乱收费活动月"活动。12月,制定《关于全面推行政务公开制度实施方案》,明确"公开办事制度、公开收费制度、公开限时办事制度、公开办事纪律"4项政务公开制度。该制度从1999年1月起实施。

2000年,将行政强制行为纳入核审范围,有8起行政强制措施因法制机构及时提出意见而取消。2001年,实行案件调查、案件核审、处罚决定三分开制度。

2002年,市工商局加强执法证件管理,印发《关于持证执法若干规定》《关于重大行政处罚决定、行政复议决定备案若干规定》等5项制度,强化持证执法意识,完善内部监督制约机制,维护法律严肃性,防止滥用职权等违法违纪行为的发生。

2003年,完成全系统42个执法机构主体资格的核定工作,新办理行政执法证75本,执证执法人员达到417人。执法人员均做到持证上岗、亮证执法。

2004年,市工商局制定《工商登记管理人员工作规则》《违反行政许可行为的处理暂行规定》《行政许可项目审批公示》《行政执法案卷评查制度》,规范工作人员的行政行为,促进全局职能转变、行政效率的提高和依法行政的开展。

2005年,开展清理工作,共清理行政处罚案件1612件,回访涉案当事人1497人;清理办结消费者申诉1266件,清理对执法人员的举报16件。在对执法队伍的清理中,1名违法违纪人员和2名临时人员调离执法岗位,辞退临时人员11人。

2006年,市工商局加强对行政处罚案件的立案审查和行政强制措施审查,做到行政处罚法律文书、行政处罚告知书和处罚决定书编号,由法制机构建立全局行政处罚案件台账"三统一"。健全涉案财物管理制度,统一集中处理一批没收物资和扣留期超过3个月的无主财物。

2007年,市工商局对法律文书、执法程序、自由裁量权的行使进行规范。按照《行政处罚程序规则》,统一建立全局行政处罚案件台账,出台涉案财物管理、规范执法行为、防范执法风险若干制度。针对执法过程中自由裁量权的公正使用等问题,拟定《执法办案管理办法》,出台《提高执法效能规范执法行为实施细则》,实行重大案件专项办理制度,执行执纪执法情况回访制度,加强对行政执法中暂扣物资和罚没物品的管理。

2008年，进一步规范执法行为，市工商局先后印发《开展阳光收费、阳光执法督察工作实施意见》《萍乡市工商局重大案件专案办理》等一系列文件。8月，全面实现网上办案。

2009年，市工商局制定《执法办案管理办法》，印发《关于进一步加强执法检查的通知》《全面清理行政处罚案件积案的通知》等文件，规范案件管辖制度、明确案件处理集体讨论制度、涉案财物管理制度、案件执行制度、案件回访制度、执法过错责任追究制度等。6月，在全系统实行"说理式"行政处罚文书。

2010年，市工商局印发《关于实行行政处罚案件到期提示制的通知》，实行案件到期提示制度、案件核审意见书制度、年度案件质量评查和季度案件质量检查制度。

# 第七节　机构队伍

## 机构设置

1991—1998年，萍乡市工商局属市政府的职能机构，编制序列归口萍乡市政府，业务上受省工商局指导。截至1998年底，市工商局内设办公室、财务审计科、企业注册局综合科等15个职能科室；下设莲花县工商局、直属分局等8个正科级县（分）局；47个工商所（队），其中1个正科级公平交易执法支队，5个公平交易执法大队，2个专业工商所，3个直属工商所，36个工商所；挂靠社会团体4个，即个私协会、消费者协会、广告协会、工商学会。全系统共有编制603个，其中行政编制585个，事业编制2个，工勤编制16个；机关编制139个，工商所（队）行政编制464个。1999年1月，萍乡市工商局由省工商局直属管理，编制序列归口省政府。

2002年，萍乡市工商系统实行机构改革，安源分局、湘东分局改为区工商局；商城分局划入安源区工商局管辖；直属分局更名直属局，为市工商局机关内设科室，其管辖的西门、东门、矿区3个工商所划入安源区工商局管辖。全市除开发区工商分局外，5个县（区）工商局内设机构均进行调整，内设企业注册监督管理局、公平交易局（打击传销办公室），升格为副科级直属机构。全市核定基层工商分局34个，为县（区）局副科级派出机构。2005年，开发区分局增设横板分局。2008年，萍乡经济开发区工商分局更名为萍乡经济开发区工商局。2009年，安源区工商局增设站前分局。至2010年底，全市工商系统有县（区）工商局6个，工商分局36个，实有人数954人，其中在职710人，离岗退养44人，离退休（退职）200人。

表7-4-1　1991—2010年萍乡市工商局主要负责人情况

| 姓　名 | 职　务 | 任职时间 | 备　注 |
|---|---|---|---|
| 吕绍禹 | 党组书记、局长 | 1983.09—1992.05 | |
| 张　乐 | 党组书记、局长 | 1992.05—1995.11 | |
| 黄　勇 | 党组副书记、副局长 | 1995.11—1996.04 | 主持工作 |

续表

| 姓　　名 | 职　务 | 任职时间 | 备　　注 |
|---|---|---|---|
| 肖庆仁 | 党组书记、局长 | 1996.04—2006.04 | |
| 李国梁 | 党组书记、局长 | 2006.04—2010.12（在任） | |

## 队伍建设

**公务员管理**　1996 年 10 月 8 日,根据《萍乡市现有机关工作人员向国家公务员过渡实施办法》的规定,实施公务员登记、过渡工作。全市工商系统符合条件的在岗拟过渡人员统一参加全市工商系统公务员过渡考试,共过渡公务员 116 人。2000 年 6 月,基层工商所过渡公务员 191 人。

2000 年 6 月 24 日,全市工商系统 260 人参加工商所录用国家公务员考试,共录用国家公务员 250 人。

**干部教育**　1991 年至 1995 年 6 月,全市工商系统共举办业务培训班 11 期,每期培训时间 3 个月;由各业务科室举办的单项业务培训班 83 期,每期培训时间 10 天左右。共花费各类培训、学习费用达 53.8 万元,其中购买各类学习工具书 8.6 万元,参加培训学习费 45.2 万元。

1996 年,实行培训岗位资格证书制度,将干部教育培训工作纳入制度化规范化管理。"九五"规划期间,共举办"九五"专业知识及知识更新培训班 6 期,培训人员 400 余人。

2003 年 5 月,萍乡市工商局成立培训中心,制定《工商行政管理干部队伍教育培训三年实施方案》。2003—2005 年间,举办"四五"普法培训、行政许可法培训、政务信息及新闻写作培训、法律法规等各类培训 52 期(次),参训人员 1105 人。

2006 年,市工商局编制干部教育培训"五年规划",建立干部教育培训领导责任制和目标责任制等制度措施,干部教育培训工作开始有组织、有计划、有步骤地进行。是年,对全系统在编在岗人员基本情况进行详细调查摸底,组织做好全员信息采集工作。举办法律法规、信息化知识、工商礼仪等培训班 23 期,参加培训 900 余人次。2007 年,开展多种形式的培训班 52 期,培训人员 1593 人次,干部职工业务知识与操作技能有明显提升。

2008 年,全市工商系统实施全员培训工程,先后举办"12315"软件应用培训班、"多媒体课件"制作培训班、食品快速检测培训班、财务培训班、计算机知识与实践应用培训班等,全年共举办各类培训班 23 期,参训人员 1280 人次。

2009 年,工商职能由"收费管理型"向"服务监管型"转变。是年,市工商局印发《关于 2009 年继续开展大规模干部培训的通知》,建立干部教育培训考核档案,把干部参加培训经历及成绩记入个人档案,作为年度考核和提拔任用的依据。开展全员信息化知识学习达标活动,45 岁以下在职干部职工均要求参加学习达标。12 月 14 日,在萍乡高等专科举行全市工商系统信息化知识考试,630 多名干部职工参加考试。

2010 年,市工商局举办食品快速检测业务培训班,各县(区)工商局消费者权益保护局负责人、食品检测执法人员 30 余人参加培训。是年,举办各类专项培训班 16 期,参加江西财经大学公共管理硕士(MPA)在职学习 3 人。

# 第八节　社会团体

## 萍乡市个体私营经济协会

1991—2010 年,萍乡市个体私营经济协会在全市广大会员中有计划、有步骤地开展以职业道德教育为主要内容的精神文明建设活动,先后在会员中开展"五好个体户""文明经营示范户""诚信经营会员""消费者满意一条街"等各种评优创先竞赛活动。全市各级个私协会多形式地组织开展职业道德教育、普法教育等 88 期;组织会员开展法规知识竞赛、演讲比赛、文艺会演活动等 55 场;举办各种法规学习培训班 1110 期;举办各类技术、现代企业知识、电脑等培训班 76 期;直接参与的会员达 7260 人(次);先后选送 9 批县(区)个协秘书长及骨干参加省个协的培训,投入教育经费 190 万元。

全市各级个协组织会员开展助残助学、扶贫帮困、捐款救灾等活动,为各类公益事业捐款达 350 余万元,为灾区及贫困地区捐款捐物累计 148 万元,发放困难会员慰问金、扶助金等达 93.3 万元。

## 萍乡市消费者协会

萍乡市消费者协会成立于 1990 年 1 月,设立 1 个市级消协组织,莲花、上栗、芦溪、湘东、安源、开发 6 个县(区)消协组织,35 个基层消协分会;各县(区)消协组织成立投诉站 82 个、下设联络站 124 个。

至 2010 年底,全市每个社区、农村消费者投诉站、联络点("12315"举报站)实现统一挂牌,统一聘请消费维权义务调解员、监督员。据统计,全市农村、社区、学校、大型工矿、商场超市已建立消费维权投诉联络站 544 个;有市级消费纠纷仲裁庭 1 个、县级消费者权益保护庭 2 个。

## 萍乡市商标广告协会

萍乡市商标广告协会是具有法人资格的社会团体,是全市各广告经营单位联合组成自我管理、自我规范的行业性组织,接受萍乡市民政局的管理和省商标协会、省广告协会的业务指导,挂靠市工商局。

1991 年 4 月,市政府批准设立"萍乡市广告协会"。截至 2010 年底,共有团体会员数 41 家,其中,副会长单位 2 家,常务理事单位 6 家,理事单位 28 家,会员 5 家。2001 年 7 月,萍乡市广告协会更名为"萍乡市商标广告协会"。

## 萍乡市工商行政管理学会

萍乡市工商行政管理学会是从事工商行政管理理论研究的、具有法人资格的群众性学术团体，于1992年11月经市民政局批准成立，受市工商局领导。

1996年4月，萍乡市工商学会召开首次理论研讨会，萍乡高专校长黎祖谦、市委宣传部副部长刘树包参加研讨会。会议收到参选论文25篇。经评审委员会评审，有13篇论文分别获得一、二、三等奖。

# 第五章 新余市

　　1991—2010年,新余市工商部门加大市场监管和专项整治力度,坚持开展整顿和规范市场经济秩序的系列活动,强化流通领域市场监管力度,切实保护生产者、经营者、消费者合法权益,维护全市市场经济秩序。

　　全市工商部门创新监管方式,改驻场式管理为市场巡查,改纸质经济户口为市场主体信用分类监管等。大力建设法制工商、信用工商、信息工商,加快实现从传统"监管型"工商行政管理向现代"服务型"工商行政管理的转变。

　　全市工商系统坚持把服务地方经济发展作为第一要务,出台一系列扶持企业和个体私营经济发展的优惠,各类经济主体蓬勃发展。2010年,全市实有各类市场主体43309家,注册资本(金)总额达3753309万元;有私营企业6166家,农民专业合作社372家,个体工商户33081家。

　　20年间,全市工商队伍经历人员不足到队伍庞大再到精干的过程。2002年,全市工商系统共有在编人员296人,2008年有314人。

　　2003—2007年,新余市工商局连续两届被评为江西省文明行业,2002—2008年连续3届被评为江西省文明单位;2002—2008年连续3届被省政府评为服务个体私营经济发展先进单位;2007—2010年,市工商局先后被国家工商总局评为"全国流通环节产品质量和食品安全专项整治先进单位""全国工商系统红盾护农先进单位"。

## 第一节 市场主体准入

### 登记管理

　　内资企业登记1994年,《公司法》及《公司登记管理条例》颁布实施后,全市各级工商机关开展多种形式《公司法》宣传活动,并由此进一步加强和规范登记注册工作。全市各级工商机关对全市341家党政机关所办实体开展脱钩工作,到6月底全部清理完毕,并发布脱钩公告。1995年共清理"假集体"企业20家。

　　1997年3月,在市工商局机关二楼设立企业注册服务大厅,实行受理、审核、登记、打印、发照一条龙服务,极大方便企业办事。是年,市工商局组织企业(公司)数据入库482家,改版214家,核准企业名称281家,接待各类查询、咨询6000余人次;对7111家企业进行年检和换照。1998年,工商部门对转制企业实行定期回查,跟踪帮扶。对名为集体企业实为个体和名存实亡企业进行清理整顿,共清理假集体 325 家,注销名存实亡企业 135 家。

2002 年 6 月 13 日,市政府决定工商注册登记、广告登记业务全部进入市办证收费服务大厅办理,开始实行集中审批。

2003 年,全市大力推行靠前服务等"五个服务",开通招商引资项目注册登记"绿色通道",使外来投资者少走弯路,以缩短市场准入时间,提高办照效率,窗口工作连续获得市办证服务大厅评选的流动红旗单位。

2004 年,市工商局在落实首办责任制、行政执法责任制、责任追究制,限时办结制等制度基础上,全面推行企业登记注册"一审一核"制,简化办事程序,促进企业注册登记工作规范化。

2005 年,市工商局决定在每个乡镇都确定 3~5 家信誉好、实力强的个体经营户核发农资经营执照,取缔无照经营农资现象。规定只要领取卫生行政管理部门颁发营利性行医许可证的个体诊所,就为其核发营业执照,对其经营行为依法进行监管。

2006 年,全市工商系统深入开展企业对口帮扶,做到由群众上门找我办事转变为我为群众登门服务等"四个转变"。2007 年,实行审批手续快、解决问题快等"六个快"和今日事今日办、特殊事特别办等"六个办"制度,受到企业和社会各界好评。

2008 年,市工商局先后制定实施《关于支持和服务全市光伏产业发展的 15 条措施》《关于支持和服务返乡农民工就业创业的 15 条措施》等制度,进一步化程序,促进各类市场主体的培育和发展。

2009 年,市工商局首次办理股权出质和股权出资登记。至 2010 年,全市共办理公司股权出质登记 32 家,出质股权数额 166723 万元,被担保债权数额 1257868 万元;办理股权出资登记 5 家,股权出资金额 17.9 亿元。

**外商投资企业登记** 1997 年 12 月,匈牙利商人出资创立新余市享泰服饰有限公司,是新余市第一家外商独资企业,注册资本 100 万元,从事加工服装、服饰品。

2000 年,国家工商总局授权新余市工商局行使外商投资企业核准登记权限。

2002 年,市工商局进一步简化企业设立登记管理的审查程序和手续,使外商投资者只需在一个窗口办理一次登记,即可完成企业设立的全部手续。2003 年,全市有外商投资企业 50 家,新发展外商投资企业 27 家(其中,法人企业 16 家,分支机构 11 家)。

2004 年,市工商局实行"一审一核"制,缩短办事程序和时间;全面推行首办负责制和服务承诺制,注册登记业务一律在市政府办证服务大厅办理。是年,全市有外商投资企业 98 家,投资总额 30224 万美元,注册资本 18737 万美元。

2006 年,市工商局对外商企业登记注册主动跟进,提前介入,只要不涉及前置审批项目,由企业出具承诺书,即先予办理营业执照。是年,全市共有外资企业 79 家,外商企业分支机构 91 家,注册资本达 35689 万美元。

2008 年,市工商局引导和鼓励外商投资企业应对全球性金融危机,扩大投资,加快发展。是年,全市有外资投资企业 79 家,外资分支机构 66 家,注册资本达 121365 万美元;新发展外商投资企业16家,新增注册资本22555万美元。2010年,全市实有外商投资企业193家,注册资本1249108万元。

**个体私营经济登记** 20世纪90年代,新余市委、市政府陆续出台一系列政策,发展个体私营经济。2004年,新余市个体私营经济发展速度加快,全年注册户数比上年增长38.76%,从业人员增长57.95%,注册资本增长64.89%;全市个体私营企业完成总产值175159万元,比上年增长46.5%,营业额305023万元,比上年增长44.75%,上缴税收18035万元,比上年增长83.59%,占地方财政收入31.62%。

2008年,新余市个体工商户、私营企业总户数达到24737家,从业人员100049人,注册资本693055万元。

2010年,全市实有个体工商户33081家,注册资本160893万元

**农民专业合作社登记** 2007年7月1日,《中华人民共和国农民专业合作社法》颁布实施。新余市各级工商行政管理机关认真组织学习贯彻、开展培训工作,重点组织从事登记人员进行培训。

2008年,全市各级工商机关开设绿色通道,引导扶持符合条件的农村种养殖户,自愿组成专业合作社,并在办照中加强咨询服务,加强登记指导,提高服务水平。到年底全市登记注册的农民专业合作社153家,注册资本8592.25万元,注册人数1354人,业务范围涵盖农产品加工、种植业、养殖业等。截至2010年,全市实有农民专业合作社372家,注册资本46067万元。

## 监督管理

1994年6月,国务院发布《公司登记管理条例》,规定每年1月1日至4月30日,公司登记机关对公司进行年度检验。1994年,全市企业年检率达98%,通过年检,处理擅自变更登记事项,以及不按时参加年检的企业138家。

1999年,市工商局加强企业年检工作,采取与技术监督等部门联合办公年检。同时,以企业年检为契机,对未参加年检1998年度年检企业进行全面清理,并依照法定程序注(吊)销1530家多年未年检、名存实亡企业的营业执照。开展清理三无(无资金、无场所、无人员)企业和煤炭、印刷企业工作。清理出三无企业35家,没有煤炭开采和印刷许可证企业358家。

2000年,市工商局开展外商投资企业联合年检工作,依照法定程序,对多次通知仍不年检企业,予以吊销营业执照,共吊销营业执照1006家,并对不按期年检企业负责人举办有关法律法规学习班。

2003年,新余市应检内资企业3622家,实检3226家;应检外资企业34家,实检31家。新余市政府、渝水区政府、分宜县政府设立办证大厅,年检手续均可在大厅一次性办好,极大方便企业年检。2004年年检期间,共注销企业181家。

2006年,全市共年检内资企业4807家,年检率93%。是年,市工商局参加由市外经贸局、工商局、经贸委、财政局、外汇管理局、国家税务局、地方税务局7个单位的联合年检工作,对全市2005年12月31日前登记注册的外商投资企业进行年检。年检外商投资企业129家,年检率82%。加

大对未参加年检外商投资企业处罚力度,对未依法办理年检企业,做出吊销营业执照的行政处罚,吊销企业20家。

2007年,市工商局年检内资企业4906家,年检率96%。开展整治"四小企业"、整治非法用工打击违法犯罪专项行动,组织人员集中时间对乡村小砖窑、小煤矿、小矿山、小作坊等进行地毯式逐户排查,重点整治无证照小砖窑,对其中无证照,或者采矿许可证无期的小砖窑,下达责令停产通知书,依法予以查处。

2008年,市工商局通过短信通知、电话通知、上门通知等方式及时通知企业按时参加年检,开通绿色通道,设置专人导办窗口,为企业提供现场指导和服务。针对企业年检的不同情况提供延时年检服务、预约年检服务、委托年检服务、上门年检服务、集中联合年检、跟踪年检服务等个性化服务。是年,办理年检6528家,年检率97%。

2010年,市工商局组织开展多种专项检查和执法行动,先后开展国有资产转让专项检查、安全生产百日督查专项行动、兴奋剂生产经营专项整治、仙女湖水环境综合整治活动、孔目江水环境综合整治等,有效规范市场主体行为,维护良好市场秩序。

## 政策扶持

1992年,邓小平南方谈话发表后,全市工商系统抓住有利于个体私营经济发展的机遇期,扶持和促进全市个私经济健康发展,为个体私营经济大发展创造更宽松的环境。

1993年,市工商局对个体私营经济实行经营对象、经营范围、经营方向、注册资金"四不限"。

1997年4月,新余市委市政府制定印发《关于加快发展个体私营经济若干规定》(40条),实施一系列优惠政策,鼓励支持个体私营企业快速发展,全市个体私营经济继续保持良好发展势头。

2001年,市工商局帮助市赣锋锂业公司、市双林恩达纺织印染有限公司2家私营企业申办自营出口权。

2003年,配合新余市复市20周年纪念活动,市工商局和市个私协组织编写出版《流光溢彩》一书,该书收集全市知名个体私营企业创业历程和企业家的成长过程,真实反映新余市个体私营经济20年辉煌历程。5月,全市个体私营经济工作暨表彰会召开,由市政府提供56.8万元奖金表彰30家先进私营企业,22家先进个体工商户和12家个私企业纳税贡献大户,省"光彩之星"2家及省级优秀"无假货示范点企业"1家。

2005年,围绕市委市政府关于"推动全民创业,加快富民强市"重大决策,市工商局制定印发《充分发挥工商职能为推动全民创业服务的实施意见》。

2006年,市工商局组织召开"光彩之星"表彰大会,对评选出的96家个体工商户,46家私营企业由市政府授予"光彩之星"称号,激发全市广大个私业主的创业激情。

2007年,市工商局推出"学浙江、见行动"12条新举措,为招商引资、促进个私发展、推动全民创业提供优质高效服务。是年,办理下岗优惠个体营业执照1109家,占新发展个体工商户25.8%,免收工商规费617.28万元。至2007年底,累计办理下岗优惠个体营业执照4934家,免收规费

2228.98万元，共有17283名下岗失业人员在个私经济领域实现就业和再就业。

2009年，市工商局通过走访个体户近2万家，采集近30万个数据，形成《关于新余市个体工商户发展状况的普查调研报告》。代市政府草拟《新余市人民政府关于进一步加快个体私营经济发展的意见》，并经市政府常务会议通过下发实施。

# 第二节　市场监督管理

## 市场建设

20世纪90年代，新余市工商局按照以新亚新商城建设为重点，以县区为纽带，以集镇为基础的市场建设思路，着重抓新亚新商城、分宜商城、城北集贸中心、城南中心农贸市场、立交桥下水果批发市场、双林夏布市场、罗坊小商品市场以及良山、罗坊、水北、下村、凤阳、杨桥、双林、高岚等地农村集贸市场建设或改造，市场建设有突破性进展。到1995年底，市集贸市场发展到67个，建筑面积30万平方米。

2003年，分宜县工商局、渝水区工商分局均采取"地方财政拨一点、受益单位和个体户集一点、市场管理费中开支一点"办法，牵头筹集市场建设资金，有计划地新建和扩建一批农贸市场。

## 商品交易市场管理

在大力培育和发展市场同时，新余各级工商机关加强市场的监督管理。按照"管而不死，活而不乱"原则，实行管理与服务相结合，保护合法经营，取缔非法经营，打击短斤少两、掺杂使假、欺行霸市等各种违法行为，并在全市集贸市场广泛开展"五好集市"和"文明市场"评选活动。分宜商城被评为1999至2000年度全国文明市场。

1994年，市工商局选择城南中心农贸市场作为省工商局联系点，定期采集市场粮、肉、禽、蛋、蔬菜等主要商品价格行情，为政府决策提供依据。

1993—1995年，由市工商局牵头，从物价、公安、标准计量、卫生防疫、畜牧检疫5个职能部门抽调人员，成立市整治市场打击菜霸工作组，对城区各主要集贸市场开展大规模的专项整治，摧毁菜霸23人，取缔霸占摊位145个，取缔场外非法交易点4个，查处场外拦路强行低价收购进城农副产品65起。同时，对城区各国营、集体、个体商店1616家经营行为进行检查，查处违规经营318起，取缔3家劣质酱油加工厂，收缴一批假冒劣质商品。

加强机动车辆交易市场的监督管理，为7774辆各种车辆交易办理验证盖章手续，交易金额34154.18万元。市工商局开展打击非法走私进口汽车专项斗争，查获非法购买走私进口汽车117辆，案值2400余万元，罚没款30余万元。

1996年5月，市政府批准设立新余市市场服务中心，全市工商部门按照"债随市场走，人随市场走，整体移交，彻底脱钩"原则，开始进行市场"办管脱钩"工作，市场的物业管理均由当地政府或政府委托的部门负责。2001年8月,新余市工商局及渝水区工商分局将自办、联办的各类市场全部移交当地政府,但没有移交人员;11月,分宜县工商局将政府投资并受托管理的分宜商城移交县政府,同时移交市场服务中心人员17人。至此,新余市市场"办管脱钩"全面完成。

## 合同监管

**经济合同鉴证和仲裁**　1991—1995年,市工商局共鉴证各类经济合同7686份,鉴证金额为108684.33万元;调解、仲裁各类经济合同纠纷案件219件,确认无效经济合同60件,查处违法违章合同案件103件,涉及金额1799万元,为企业避免和挽回经济损失2050万元。

市工商局自1991年10月开始,对全市所属企业经济合同管理进行一次全面检查,搞清企业之间合同履行中拖欠货款而形成的"三角债"。采取以实物、产品、商品抵债形式,帮助企业解开"债务链",对故意不履行合同的动员债务方向仲裁机关或人民法院起诉,对逾期不执行生效法律文书的责令其交滞纳金,使拖欠者得不到便宜。至1992年,全市共清理"三角债"363万元。为预防新的"三角债"发生,市工商局制定重建经济合同管理网络等4项措施。

1999年,市工商局加强合同监管,举办合同法培训班6期,培训企业法定代表人500余人次。依法鉴证经济合同3821份,鉴证金额26905万元。

2000年,市工商局采取多种形式,大力宣传新《合同法》。充分发挥合同监管职能,开展合同执法检查。全年共鉴证各类经济合同2032份,鉴证金额20580万元。2002年,合同管理机构(科、股)撤销,合同管理业务由市场管理机构管理,房屋建筑工程合同由强制鉴证改为自愿鉴证,从此合同管理工作开始弱化。

2005年,市工商局推广合同示范文本使用工作,加大对买卖合同、房屋租赁合同、工矿产品购销合同的推广力度。加强对拍卖企业监管力度,规范拍卖企业的拍卖行为,协同公安部门对全市拍卖企业的每次拍卖行为进行摸底调查,查出四海超市恶意串标行为一起,对佳通拍卖公司前期报申拍卖确认书进行处罚,共办理拍类备案54次,拍卖成交金额达19375万元。2006年,共备案拍卖企业6家,拍卖备案49次,拍卖成交金额34760万元。

2007年,全市共发放合同示范文本312套。2008年,市工商局加强涉农合同发放工作,抓好合同示范文本监管工作。是年共发放《建设工程施工合同》《工矿产品购销合同》等各类合同示范文本326套。

**动产抵押登记**　1998年,市工商局办理动产抵押登记26件,抵押金额10776.81万元,借贷金额6233.5万元。根据《担保法》关于实行属地管辖的规定,市工商局规定各级工商局抵押物登记权限,明确由市工商局登记发照企业作为抵押人,其抵押物存放于所辖县、区工商局登记所在地时,由市工商局办理抵押登记;各县、区工商局登记发照企业作抵押人,其抵押物存放地与登记发照工商局所在地不一致时,由企业注册登记工商局办理抵押登记;抵押物分别存放两个以上不同登记机关辖区时,由主要抵押物所在地的登记机关办理抵押登记。

2000年,市工商局办理动产抵押登记25件,借贷金额6279万元。2004年,办理抵押登记2060

件,抵押物价值 96.75 亿元,融通资金 63.8 亿元。2005 年,办理抵押登记 261 件,抵押物价值 567075.6 万元。

2008 年,市工商局将企业动产抵押登记交由各县区(分)局办理,市工商局市场科进行业务指导。市工商局加强对企业动产抵押登记检查力度,随机抽查登记材料,严格要求县区工商局按照法定条件和法定程序进行登记。是年,共办理企业动产抵押登记 87 件,抵押物价值 323460 万元,申贷资金 66260 万元。

**"守合同、重信用"活动** 1991—1995 年,市工商局深入开展"重合同、守信用"活动,参加的 580 家企业有 76 家被评为省级"重合同、守信用"企业。

1999 年,全市有 177 家企业被命名为"重合同、守信用"企业。2000 年,在"重合同、守信用"企业评比活动中,全市共有 159 家企业通过年检、考评合格,被省工商局和各级政府命名"重合同、守信用"企业。

2002 年,全市有 4 家企业被省经贸委和省工商局评为"守合同、重信用"AAA 企业,有 25 家企业被市政府评为"守合同、重信用"AA 企业。

2004 年,全市共评选 16 家企业为"守合同、重信用"AA 企业。

2005 年,全市共评选"守合同、重信用"AA 企业 15 家,AAA 企业 1 家,并召开全市"守合同,重信用"企业授牌大会。

2006 年,市工商局评选新余市沙土建筑集团工程有限公司等 19 家企业为"守合同、重信用"AA 企业,向省工商局推荐申报并通过新余建筑工程有限公司等 5 家企业为 AAA 企业。获"守合同、重信用"企业,享有营业执照免检优惠政策,建筑行业在招投标中享有加分的优惠条件。

2007 年,市工商局通过向税务、银行等 10 多个相关部门征求参评企业的反馈意见,评选市开关厂等 10 家企业为 AA 企业。

2008 年,市工商局继续针对企业纳税、信贷、安全生产、环境保护、劳动用工,民工工资发放等问题向税务、银行等 10 多个相关部门征求参评企业的反馈意见,并在《新余日报》进行公示,向社会各界及市民征求意见,共评选出市开关厂等 16 家企业为 AA 企业,并对上年度的 AA 企业信用情况进行回访,符合条件的进行年检。

## 商标监管

**商标注册** 1993 年,新余市工商局开始办理全市服务商标注册。1994 年,引导企业实施商标战略,为企业申报注册商标 46 件,全市累计注册商标 204 件。

1995 年,市工商局加强宣传教育和具体指导,鼓励企业争创名牌商标。是年,代理企业申报注册商标 25 件,被核准注册 15 件。全市累计注册商标 219 件,商标验证 213 件。

1996 年,全市建立健全商标代理制度,进一步规范商标代理行为,逐步发展代理机构和代理队伍,引导企业正确运用商标广告战略开拓市场。市工商局对重点企业跟踪提供商标法律服务,指导帮助康美乐冷饮申报"陶氏"和"佬表"两个注册商标。是年,被核准注册商标 20 件,全市累计注册商标 239 件。

1997 年,全市工商部门支持企业争创中国驰名商标、省著名商标,推进品牌强市战略。组织全市 6 件商标参加全省第三届著名商标的认定评选。1998 年,对企业改制、兼并、破产过程中商标管理情况进行调查摸底,至年底,全市注册商标降至 223 件。

2000 年,市工商局广泛动员企业积极实施省政府名牌战略工程,为企业代理申办商标注册 22 件,变更 4 件,转让 4 件。2001 年,为企业代理申办注册商标 22 件,办理注册商标转让、购买 13 件。推荐的前卫化工厂"红旗"商标(油漆)、康美乐食品饮料厂"康美乐"商标(系列冰糕)等 6 件商标认定为"省著名商标"。

2002 年,市工商局与市电视台联合投拍 4 集《WTO 与品牌效应》专题片,进一步增强企业对参与品牌竞争重要性和紧迫性认识。全市累计注册商标 263 件。2003 年,新余市政府对获得 2003 年度省著名商标的两家民营企业各给予 10 万元的奖励。

2004 年,市工商局为企业代办商标注册申请、商标续展、商标转让、商标变更事项、商标使用许可等共 23 件。推荐的 4 件商标被认定为省著名商标。

2005 年,全市有新华股份公司等 4 家企业的商标被认定为省著名商标。全市省著名商标数量增至 16 件。

2006 年,市工商局建立 3 个企业商标联系点,指导、帮助企业申请注册商标、许可、变更等 26 件,全市的省著名商标达到 17 件。2007 年,帮助企业办理申请商标注册、许可、变更 27 件。2008 年新增省著名商标 5 件,至此全市省著名商标总数有 23 件。

2009 年,根据省工商局《关于全面开展农产品商标和地理标志产品调研的通知》要求,市工商局联合市农业部门,开展专项调研活动,充分挖掘全市农产品商标、地理标志,积极宣传引导农民注册农产品商标。是年,帮助企业代理申请注册商标 16 件,商标续展 1 件,商标变更 2 件。

**商标专用权保护**　1991—1995 年,全市各级工商部门严查严打市场上的各种侵权商品。出动执法人员 4000 余人(次),开展 24 次规模较大的"打假"活动,共检查企业 2456 家,累计查处商标侵权案件 202 件。

1997 年 3 月,市工商局查处违法商标案件 73 件,收缴并销毁侵权商标标识 466 万套。

1998—1999 年,全市查处商标违法违章案件 161 件,销毁侵权和违章违法商标标识 11.925 万套,收缴非法商标印版 9 套。

2000 年,全市工商部门以打击商标违法行为为重点,开展"整市场、保名牌、促消费""红盾护农""打假保名优"、进口商品专项检查、绿色食品专项检查,共查获假冒伪劣商品标值 32 万元,端窝点 7 个,查处制售伪劣商品案 83 件、商标侵权案件 21 件,收缴、清除商标标识 32 万套。

2002 年,各级工商部门清理整顿商标印制企业,重新审查各商标印制企业的资质条件,依法取缔无证无照印制商标黑窝点。收缴和销毁假冒侵权商标标识 21.87 万套,收缴和销毁非法印制商标标识 2.75 万套,查处违法印制商标案 2 件。

2004 年,市工商局开展侵犯中国驰名商标、省著名商标和市知名商标整治行动,共查处商标违法侵权案件 49 件,收缴和销毁假冒商标标识 1.47 万套,销毁假冒侵权商品 0.41 吨。

2005 年,以保护驰名商标、著名商标、农产品商标和地理标志为重点,市工商局加大执法力度,严厉打击侵害注册商标专用权的各类违法行为,共查处商标违法侵权案 58 件,总案值 559.8 万元。

市工商局加强企业使用注册商标管理,2007 年,查获侵犯省著名商标案件 3 件,收缴和销毁假冒侵权商标标识 1.15 万套,行政罚款 4.85 万元。

2008 年,市工商局突出对奥林匹克标志专用权的保护。收缴和销毁假冒侵权商标标识 0.72 万套,共查处商标违法侵权案件 44 件,案值 47 万元,行政罚款 7.05 万元。

2010 年,市工商局联合"扫黄打非"、新闻出版等部门开展"反盗版百日行动",收缴盗版音像制品、计算机软件光盘 4920 余册(张)。继续深入开展查处侵犯注册商标专用权行动。查获商标违法侵权案件 51 件,案值 185.3 万元,收缴和销毁假冒侵权商标标识 1.522 万套。

## 广告监管

**广告登记管理** 1991 年,市工商局对广告经营单位进行清理整顿,着重解决部分经营单位机构设置不健全,广告承接、登记、审查、档案、财务管理制度不落实以及经营单位之间存在的不正当竞争现象等问题,清理整顿资质不具备、有章不循的广告经营单位。

为提高广告监督管理人员素质,1994 年,市工商局举办商标广告法律、法规培训班 6 期,培训干部及广告审查人员 808 人。1995 年,举办广告法律法规培训班 10 期,培训广告监管人员 400 余人次。

1996 年,全市举办广告法律、法规培训班 8 期,培训广告从业人员 500 余人次,散发相关广告法律、法规知识手册 600 余册。1998 年,采取定期检查和抽查的办法,对广告经营单位进行广告经营资格检查,以促进广告经营单位提高经营管理水平。

2001 年,市工商局开展广告监测 60 条,审查登记广告 201 条,指导修正 10 条,限制发布 2 条,从源头上杜绝虚假违法广告的发生。

2004 年 7 月,市工商局取消企业单位的广告经营资格(即取消广告经营许可证)审批登记,保留对兼营广告的事业单位广告经营许可证管理制度,停止对企业单位和个体工商户经营广告的广告经营资格检查。此后,只对兼营广告的事业单位进行广告经营资格检查。

2006 年,市工商局加强对利用公共、自有或者他人所有的建筑物等设置户外商业广告进行监督管理。

2007 年,市工商局帮助督促广告经营单位完善广告承接登记、内容审核和合同档案管理制度,落实广告审查员"一票否决制",把好广告审查和发布关。是年,审核和登记各类广告 2776 份,监测医疗、药品、保健食品等广告 670 条,处理违法广告 24 件。

2010 年,市工商局共监测医疗、药品、保健食品等广告 360 条,处理违法广告 21 件。审核和登记各类广告 466 份,纠正广告内容 35 处。

**广告市场管理** 1991—1993 年,市工商局根据新修订的《广告管理条例》,加强各类展销会、广告会及各类招生广告、行医广告的查处力度,3 年全市共查处广告违法违章案件 32 件。

1994 年,市工商局执行广播电影电视部、国家工商局联合发出《关于进一步加强电视广告宣传管理的通知》,查处市电视台、市经济电视台违法发布广告违章案件 26 件,罚没金额 9520 元。

1995—1996 年,全市工商系统开展医疗广告、药品广告、食品和保健食品广告、化妆品广告、酒类广告、房地产广告、加工承揽和致富信息广告、印刷品广告等项执法检查,共查处广告违法违章案件 69 件,罚没金额 15.3 万元。

1997 年,市工商局对电视屏、酒类、印刷品、食品、房地产广告进行专项整治,查处"虚假乱"等违法广告案件 51 件,收缴和制止内容不健康及违法违章广告数千份。

1998—2000 年,市工商局以主要媒介和城市户外发布的广告作为监管重点,制止虚假违法广告蔓延。全市共查处违法广告案 175 件,查缴违法印刷品广告 2 万余份。

2001 年,全市工商系统对社会反映强烈的药品、医疗、保健食品等广告,进行集中整治。查处各类广告违法案件 43 件,罚款 2.5 万元,清除、收缴、销毁保健食品宣传治疗广告宣传单 1000 余份,拆除 9 个户外广告,查缴 5 个广告牌匾。

按照"反误导,打虚假"广告市场专项治理行动的指示,2002 年 5 月,市工商局开展"商标广告执法月"行动,共拆除违章违法条幅 57 条,拆除违法户外广告牌 5 块。是年,开展保健食品广告专项执法,清除、收缴、销毁和宣传治疗效果的违法广告 1 万余份。

2003 年,市工商局加强对有关预防"非典"商品广告的监督检查,严厉查处以防治"非典"名义发布的各种虚假广告。

2005 年,市工商局开展"打虚假,树诚信"广告专项整治行动,以打击保健品、药品、医疗、化妆品、美容服务行业领域虚假违法广告为重点,严厉打击欺骗和误导消费者的商业欺诈行为。收缴违章广告条幅 38 条,虚假印刷品广告 4200 余份,查处广告违法违章案 68 件,罚没款 6.67 万元。

2007—2010 年,市工商局重点加强对户外广告、医疗药品广告、房地产广告等虚假违法广告以及以党和国家领导人名义进行宣传的违法广告打击力度,共查处违法违章广告案 122 件,罚没款 26.7 万元。

# 第三节  公平交易执法

## 反不正当竞争

20 世纪 90 年代,新余市工商系统围绕与人民生活密切相关的医药、食品、烟、酒类商品,严厉打击制造、贩运、经销假冒劣商品黑窝点及地下工厂,先后组织开展"打假"、打击制售假农资、"打假护农保春耕"等专项执法行动,启动"百城万店无假货"活动,查处大批假农药、假化肥、假种子、无碘盐以及伪劣食品、饮料和生活用品,打击制假售假不法行为。

1997 年,市工商局查处不正当竞争案 17 件,案值 74.66 万元,罚没款 5.05 万元。

1998 年,市工商局与福州市工商部门联手查处假冒新余电工厂"电工"牌电钻头案,没收电钻头 8000 余个,标值 10 多万元。对新余市邮电局强制收取电话用户电话机代维费行为处 8 万元罚款。1999 年.查处不正当竞争案 38 件,案值 74 万元,罚没款 20 万元。

2000 年,市工商部门先后开展"整市场,保名牌,促消费""红盾打假护农""打假保名优"等活动,共端掉窝点 7 个。查处 7 起景点给回扣的不正当竞争案件,查处 2 起景点哄抬物价的不法行为。与邮政、国安、公安等部门联手,对全市邮政市场进行专项整治,查处无证照经营速递业务 1 家,检查邮品经营户 45 家,查处无证经营 29 家。是年,共查处不正当竞争案 84 件,案值 4512 万元,罚没 41 万元。

2003 年,各级工商部门在全市范围内开展《反不正当竞争法》颁布 10 周年纪念活动。是年,共查处不正当竞争案 26 件,案值 834 万元,罚没款 16 万元。

2007 年,市工商局查处不正当竞争案 26 件,案值 40 万元,罚没款 25 万元。

2010 年,市工商局查处侵犯商业秘密、利用广告进行虚假宣传、违法有奖销售案件 6 件,罚款 4.8 万余元。制止一起零售商对供应商的限制行为和一起食用油限制购买行为。是年,全市工商部门查处不正当竞争案 7 件,案值 50 万元,罚没款 11 万元。

## 打击传销和规范直销

传销从 1995 年下半年开始传入新余,至次年越加泛滥。从 1999 年起,全市各级工商机关开始将打击传销工作摆在重要位置。2000 年,市工商局与市公安局联合发布禁止传销公告,在市城关观下村和沙土乡望城村查获两伙安徽籍传销人员 200 余人。

2001 年,市工商局与市委政法委、公安、民政局等单位进行 2 次集中打击传销活动,端掉传销窝点 42 个,查处传销人员 240 余人,驱散涉嫌传销人员 2000 余人,查获用于传销的工具标值 14.3 万元。

2002 年,工商部门先后 6 次采取"查出租房、抓头目、封账号"等措施,出动执法人员 540 余人次,对城区及周边地区的涉嫌传销人员进行严厉打击,共捣毁传销窝点 39 个,遣还传销人员 400 余人。同时,加强对外商投资新型企业在新余经营活动的监管,对安利日用品有限公司等的经营情况进行一次全面检查。

2003 年 4 月 10 日,市委市政府牵头组织开展一次大规模打击传销统一行动,出动公安、工商、武警等执法人员 500 余人,并由民政部门、各城区街道办协助,共遣还传销人员 255 人。

针对传销活动出现反弹抬头现象,2006 年,市工商局建议市政府将打击传销活动纳入社会治安综合治理范围,建立长效监管机制。是年,共捣毁传销窝点 20 多个,遣散传销人员 650 余人。同时,在各种媒体开办专栏、公布典型案例、制作专题节目以及开展知识竞赛、送法律进校园进社区等多种形式,大力开展《禁止传销条例》和《直销管理条例》宣传教育活动。

2007 年,全市工商系统组织人员对全市传销情况进行调查摸底,及时向市政府提交传销情况的调查报告。市委市政府专门成立全市打击传销专项工作领导小组,市工商局与政法委、公安、民政等部门共同开展打击传销专项行动。是年,市工商局单独或联合其他部门开展打击传销专项行动 67 次,取缔传销窝点 61 个,遣散涉嫌传销人员 1600 余人,移交检察机关批捕传销犯罪人员 17 人。

### 商业贿赂治理

1994—1996 年,市工商局重点抓整顿药品回扣违法行为。市政府从市工商局、市卫生局、市医药管理局、市党风廉政办等单位抽调 32 名业务骨干分成 5 个组,在全市范围内开展对药品购销中给予、收受回扣等违法行为的专项检查,检查组办公室设在市工商局。检查药品生产企业 2 家、经销单位 12 家、医疗机构 40 家、个体诊所 26 家。通过调、听、问、查等方式,查出折扣让利款 1422.4 万元,个人回扣 0.8 万元,排查案件 7 件,立案查处案件 4 件,纪检监察配合处理案件 1 件,司法机关配合查处的案件 1 件,查处无照经营诊所 3 家。

1997 年,市工商局在重点行业突出整治打击药品回扣中,共检查药品生产企业、医疗单位 54 家,检查折扣让利款 1408 万元。立案查处药品回扣案 4 件,涉及金额 36.84 万元。

2000 年,全市工商部门对全市药品生产经营单位在医药购销中收受商业贿赂的行为进行查处,由市廉政办公室牵头,聘请有经验的注册会计师组成专项检查组,对全市药品生产经营企业和市属医疗单位、厂矿职工医院等 8 家进行检查,采取"一讲二问三看四查"的方法。全市共查出 8 个单位收受让利回扣和给予让利回扣金额 4118 万元。

2004 年 8 月,市工商局聘请江西华泰会计师事务所对全市 4 家医院 1 家医药公司进行商业贿赂审计,对收受商业贿赂行为进行查处,涉案金额 200 余万元,罚没款 7.9 万元。

2006 年,市工商局查处新余市某商业银行为保险公司代理保险,违反有关规定高额收取手续费等涉嫌商业贿赂案件 8 件。是年,共查处各类经济违法违章案件 381 件,案件总值 698.73 万元,罚没款 212.5 万元。

2010 年,市工商局重点加强对保险代理、医药购销和产品营销等领域商业贿赂案件的查处力度。公布举报电话和投诉网站,强化对执法人员的业务培训。同时,加强与有关部门的协调配合,建立情报通报、线索移送、案件协查、信息共享机制,形成治理商业贿赂工作的整体合力。是年,共立案查处商业贿赂案件 8 件,罚没款 8.9 万元。

## 第四节　消费者权益保护

### 商品质量监管

1991—1995 年,全市各级工商部门根据季节时间集中开展查处制售假冒伪劣商品的专项斗争。共组织工商执法人员 4000 人次,先后开展 24 次规模较大的"打假"活动。共检查企业 2456 家,查缴各种劣质饮料 9090 瓶等,标值 297.56 万元。捣毁制假黑窝点 16 个。

1998 年,市工商局集中力量突出抓以打击假冒伪劣商品、查处走私活动为重点的市场专项整治。自山西"朔州事件"发生后，市工商部门对1300余户国营、集体商场、商店、副食品批发经营单位和个体摊点进行拉网式检查，检查市场24个，捣毁制假窝点15个，查封收缴假冒过期食品1万千克等。

1999年，市工商部门开展"整市场，保春节"专项治理活动，检查企业、个体户560家，查获"三无"食品、过期变质食品1850千克。

2002年，新余市开展创建"打假维权、消费者满意街（区）"活动，继省工商局命名新余市胜利北路为"省消费者满意文明街"后，又命名胜利南路、分宜县钤阳东路、渝水区良山镇镇前中路为"市级消费者满意文明街"。

2003年，市工商局、市消协专门编印《科学消费手册》资料，开展大型宣传咨询服务活动，在"3·15"宣传活动现场当场散发《科学消费手册》及其他宣传资料15万份，现场受理消费投诉500余件。

2005年，市工商局查在配置1台食品检测车的基础上，一次性为所有基层分局和职能股室（局）配备手提式食品快速检测设备24套。

2010年，市工商局共抽检、快检食品达1247批次；立案查处食品案件78件，案值204.3万元；查缴各种假冒劣质食品3970千克。

## 消费者申诉受理

《消费者权益保护法》施行后，全市工商部门依法加大保护消费者权益工作力度。1999年，市工商局"12315"消费者申诉举报指挥中心成立，开始全面履行受理消费者申诉、调解消费者权益纠纷、指导消费者消费和维护消费者权益行政执法四项职能。是年，全市各级工商部门受理消费者申诉举报电话710次，调解处理消费者申诉702件，调解成功率为99%，为消费者挽回经济损失37.4万元。

2000年，"12315"投诉指挥中心受理消费投诉873件，其中调解成功858件，为消费者挽回经济损失37.4万元，接待消费者来信、来访、来电咨询11291人次。通过"12315"举报而查处案件24件，罚没款3万元。

2001年，"12315"投诉指挥中心在集贸市场实行先行赔偿到位、投诉服务站（台）设立到位，是年各投诉服务站（台）共受理消费投诉720起，调解消费纠纷480起，先行赔偿3起。

2003年，"12315"投诉指挥中心受理解决消费者投诉828起，为消费者挽回经济损失66.7万元。2004年，受理各类申诉举报投诉441起，解决处理427起，为消费者挽回经济损失45.7万元。2005年，受理各类申诉举报914起，调解成功885起，为消费者挽回经济损失48.3万元。

2006年1月，市工商局成立消费者权益保护局（简称消保局）。10月，正式启用"12315"网络指挥中心。以"12315"申诉举报网络进市场、进社区等"五进"活动为依托，在全市范围内选择13个市场、12个社区、45个乡村，共100个点作为工商部门"12315"消费维权监督站，聘请100名消费者维权联络员，组织消费维权的相关培训，建立健全维权监督站工作制度和台账。是年，消保局共受理消费者投诉举报 274 件,解决 274 件,接到"12315"申诉举报网络申诉举报 596 个,为消费者挽回经济损失 32.75 万元。

2010 年,市工商局"12315"消费者申诉举报指挥中心共受理消费者咨询、申诉、举报 884 件。对"12315""五进"活动中设立的 100 个消费维权监督站进行检查考核,对部分站点和人员进行相应调整,对消费维权联络员组织相关培训。是年,全市各维权监督站受理消费者申诉举报 274 件,调解处理 265 件,为消费者挽回损失 88.6 万元。消保局受理消费者投诉 2545 件,解决 2535 件,为消费者挽回经济损失 187.25 万元。

### "红盾护农"

2005 年,市工商局按照国家工商总局和省工商局部署,检查农资经营户 195 家,抽查农资商品 75 批次,取缔无照经营户 42 家,立案查处并办结 35 件,案值 44.5 万元,罚没款 23 万元。

2006 年,市工商局着力创新监管模式,印制《农资市场经营管理责任书》,与经营主体签订责任状 406 份,发放维权联络卡 2000 余张,建立市、县(区)、乡(镇)村四级"红盾护农"维权点,设立"红盾护农"维权网络 6 个,设维权点 50 个,聘任维权联系员 50 名,维权信息员 50 名,畅通群众举报投诉通道。

2007 年,全市各级工商部门加强对经济户口的管理,切实做到全面清查、严格审核。对农资商品市场主体经营资格进行逐一核查登记,对租、借、买卖工商营业执照行为,所谓承包经营的"假集体"进行彻底清查,坚决取缔无照经营农资商品行为,从严把好农资经营主体准入关。是年,共检查各类农资经营主体 262 家,整顿农资市场 9 个,取缔无照经营 89 家,受理投诉 46 件,为群众挽回经济损失 19.6 万元,查处非法经营农资案件 18 件,案值 44.36 万元。

2008 年,市工商局重点组织开展"打假保春耕、夏播、秋种"行动,全面规范农资市场秩序,取缔租、借、买卖工商营业执照行为,清理"假集体"经营行为,取缔无照经营 12 家。

2009 年,市工商局与各县区(分)局签订《全市农资商品市场监管目标责任书》,建立农资市场监管责任追究制度。与 262 户农资经营户签订《不销售假冒伪劣农资商品责任状》,落实市场巡查日志制度。抓好重点农资商品备案报验制和种子留样备查制,共封存种子样品 102 个,取缔非法种子经营户 6 家,对 262 家农资经营户实行 ABCD 信用等级分类,在经济户口中实行记档区分监管模式。

2010 年,全市工商系统开展打击以各种名义加工生产"傍名牌"农资商品、冒充进口化肥以及省工商局下发的 87 个不合格化肥名单的 3 次专项整治行动,加强日常抽检农资商品样品力度,共抽检市场上销售的化肥 96 个批次,立案查处不合格农资案件 23 件,案值 116 余万元,罚款 12.4 万元。

# 第五节　流通领域食品监管

## 食品准入

1991—2005年,新余市食品监管工作由工商、质监和卫生等多部门独立或联合开展。2006年1月后,市县两级工商机关陆续增设消费者权益保护局,负责食品安全监管工作。

2004年9月,市工商局建立片区监管责任制度、食品经营主体准入制度等一系列食品安全监管和企业自律制度,加强食品安全监管。

2005年,市工商局结合节日食品市场、旅游食品市场及儿童食品市场等整治行动,加大对食品市场监管执法力度。开展检查儿童食品、奶粉、食盐、月饼质量等专项整治行动9次,检查集贸市场20余个次,商场(超市)230余个次,经营户310余家。

2006年,市工商局对全市流通领域食品经营主体资格进行清理,全市共有食品加工主体60家,食品经营主体797家,餐馆业主体405家。在全市超市实行蔬菜质量安全市场准入制度,会同市药监局、农业局在全市范围内对8家较大超市实行蔬菜质量安全市场准入工作。

2008年,全市为1189家食品经营户建立食品安全综合档案,全面推行食品安全市场准入制,开展各类食品安全专项检测35次,抽检品种135个,包括水发食品检测、蔬菜农药残留检测、卤制品食品抽检等。

2009年,市工商局组织开展多项产品质量和食品安全专项执法检查和元旦春节期间食品安全专项执法检查。市政府还组织开展以工商部门为主,公安、药监、质监、卫生、农业、物价、经贸委、城管等部门参加的元旦春节市场专项整治。

2010年,在全市五家大、中超市全面推行食品准入制度,建立商品管理制度、进货检查验收制度,索票索证登记制度等,变事后被动监管为事前主动监管。

## 食品专项整治

2002年,市工商局开展食品专项执法联合行动和"放心菜篮子肉食品"专项整治,重点打击制售假冒伪劣食品饮料行为,共捣毁制假窝点2个,查获各类假冒伪劣商品标值5万余元。送检各类食品11个品种,对4家经销不合格商品予以立案查处。

2004年,市工商局开展奶粉市场专项整治,重点检查阜阳市工商、卫生部门已曝光的45种奶粉,出动执法人员554人次,车辆185辆次,检查奶粉经营户379家,查扣黑名单上不合格奶粉6个品种253包(听)。

2005年,清理规范食品生产加工、经营主体867家,捣毁一起利用化学品加工病死猪肉窝点,查处病死猪肉2.5吨。进一步推行食品安全信用试点工作。在首批3家的基础上新增1家试点企业。开展流通领域商品质量监测12次,根据监测结果查处案件17件,案值12.5万元。

2006 年,全市开展食品安全专项整治活动 7 次,出动执法人员 8467 人次,检查各类商家 2146 家、各类市场 43 个,收缴不合格杆秤 62 把,注水鸡、注水牛肉、私屠滥宰猪肉、灌沙禽类、过期变质饮料等食品折价数万元。

2007 年,建立农村市场安全示范店 51 家,检查各类大中型集贸市场 34 个,没收注水牛肉、病死猪肉、灌砂鸡鸭等,取缔无照经营 7 家,查缴各种过期变质食品、饮料,三无裸装食品等,案值 1.37 万元。

2008 年,市工商局组织 5 次各类食品安全专项抽检,对全市证照齐全的 1189 家食品经营户全部建立新的食品安全监管台账,取缔无照经营 136 家,重新登记食品经营户 2867 家。

2009 年,市工商部门开展食品安全专项整治 20 余次,检查各类市场、超市、个体工商户 17360 家次,查扣含不合格乳制品在内的假冒伪劣食品 3650 千克,价值 81 万元,查处包括食品案件在内的各类案件 78 件,罚没款 29.67 万元,案值 204.3 万元。

2010 年,开展食品安全专项整治 20 余次,查获假酒销售窝点 2 个、批发部 1 个、仓库 1 个,查出涉嫌假干红葡萄酒、假冒四特酒、五粮液、水井坊等名牌白酒一批。

# 第六节　法治建设

## 普法宣传教育

1991 年,市工商局委托宜春地区工商局代理培训 9 名正副所长、派出 8 名理论水平、业务素质较高的人员参加省工商局统一组织的师资培训。

1992 年,新余市岗位职务培训全面展开,全市工商系统有 117 人参加各级各类岗位职务培训。

1993 年,市工商局举办两期法律法规培训班,参训人员 126 人。

1994 年 7 月,全市各级工商部门采取报纸、电视、广播、流动宣传车、上街咨询服务等多种形式,开展《公司法》等宣传周活动。8 月,市工商局与市人大财经委联合召开实施《公司法》及《公司登记管理条例》新闻发布会,向社会各界进行广泛宣传。同时,举办 1 期企业登记管理干部《公司法》培训班,全市工商系统 50 名企业登记管理干部参训。是年,共举办企业法人培训班 12 期,773 人参训,印制《企业须知》9000 册发给各企业。

1996 年,市工商局以普及《行政处罚法》为重点,开展一系列宣传培训活动。3 月,市工商局选派 15 名素质好,业务强的干部职工分别参加省工商局和市政府组织的《行政处罚法》培训和研讨班。6—10 月,全市工商系统开展《行政处罚法》全员培训,开设培训班 8 期,参训人员 320 人,组织以《行政处罚法》《国家赔偿法》等为主要内容的检验培训成果答卷活动,合格率为 100%。同时,举办 2 期《企业动产抵押登记管理办法》培训班,培训经济合同专管员 57 人。对全市各类企业法定代表人、购销人员、私营企业主、个体工商户骨干举办工商行政管理法律法规培训班 15 期,参训人员 1800 余人。

1999 年,市工商局开展每月学一法活动,专题学习《行政复议法》《合同法》《江西省反不正当竞争法》等13项法律、法规及规定。派出法制工作人员参加全省听证主持人培训班、市政府法制局举办的《行政复议法》培训班等。

2002年5—6月，开设5期"WTO"知识暨依法行政培训班，全市工商系统341名干部职工分期参加培训。

2004年，全市工商系统192人分4批参加市政府举办的《行政许可法》培训班。5月，市工商局举办办案人员及核审人员培训班，参训人员60人。

2006年，市工商局通过培训评比、帮建社区、议策建言等举措，着力推进法制建设。举办法律法规知识和微机基础知识培训班，培训干部750人次。2007年，市工商局被列入全国工商行政管理法制工作基层联系点，承办2007年度全省行政处罚案例分析会。2008年，举办8期法制培训班。

2009年，市工商局开展工商行政管理法律法规进社区、进乡村等"五进"活动选择市区钟家山居委会试点，培育典型社区。

## 规范行政执法行为

1991—1995年，全市各级工商部门严格按程序办案，坚持先审批、后处理原则，全面推行《工商行政管理人员执法检查规则（试行）》，做到依法检查、文明检查，执法形象得到较大改善。

1996年，市工商局印发《关于严格界定聘用临时工工作范围的通知》，解散协管员队伍，规范执法人员资格，将部分确属工作需要的，改为临时工，界定工作范围为。严格执法主体，明确规定内设机构不得以自己名义实施行政处罚。对市政府颁发的由市工商局负责执行的规范性文件进行清理，对其中违反《行政处罚法》有关规定的文件进行废止或修改。

1997年，市工商局制定并实行《行政执法公示制度》，将执法内容、程序、违法责任追究、监督电话等予以公示。是年，核审各类行政处罚案件93件，案件核审率达100%。

1998年，市工商局全面推行执法责任制，建立错案追究制、罚没物资登记管理制等依法行政监督机制。全市工商系统所办案件未出现一起行政诉讼。

1999年，市工商局完善落实粮食市场监管制度，建立健全主要领导责任制，监督网络制、市场巡查制等行之有效的制度和方法。落实案件评查制度，对各县、区（分）局及机关各办案单位案件开展全面评查，对办案技巧以及实践中应注意的一些问题进行规范。是年，全市工商系统共核审行政处罚案件275件。

2000年，市工商局深入整顿队伍作风，开展查执法廉不廉洁等"六查"活动。2001年，将核审制度延伸到对立案行为和对处罚决定执行的监督，核审各类案件426件。2002年，核审各类行政处罚案件613件。

2004年，市工商局强化行政执法监督，按照"谁实施、谁清理、谁负责"原则，对全局所有行政许可事项、收费及实施主体进行全面清理。制定《新余市工商行政管理局案件主办责任制》，加强案件监督，举行对公用企业限制竞争行为案件听证会2次，全市工商系统核审各类行政处罚案件566件。

2005 年,全面推进执法案件检查清理工作。共清理案件 747 件,纠正问题案件 13 件,回访涉案当事人 553 人。241 名执法人员实行上岗认证制度,统一参加执法证申领考试。2006 年,通过对行政处罚案件进行"案前、案中、案后"全程监督,核审行政处罚案件 478 件。

2007 年,市工商局核审各类行政处罚案件 705 件,案件核审类达 100%,案件结案率达 100%。2008 年,核审案件 461 件,其中符合听证案件 214 件,向人民法院申请强制执行行政处罚案件 8 件,强制取缔无证、无照 KTV4 家,执行罚没款 6 万余元。

2009 年,全系统开始全面实行"说理式"行政处罚文书。将工商部门的执法依据、执法权限、执法程序和行政审批的办理程序、办理期限和涉及行政收费的项目、收费依据、收费标准以及监督举报电话等信息,通过政府网站、新余工商红盾信息网站及公告栏等进行公开,方便群众办事,接受社会监督。

2010 年,新余市工商局实行案件到期提示制度、案件核审意见书制度、年度案件质量评查和季度案件质量检查制度。

# 第七节　机构队伍

## 机构设置

1991 年新余市工商局隶属于新余市政府。下设市工商局城南分局、渝水区工商分局和分宜县工商局 3 个正科级下属单位。

从 1995 年起,新余市工商局渝水分局改由新余市工商局直接领导,人、财、物全部由市工商局管理。1995 年 9 月新设新亚新商城管理局,后于 1999 年 12 月撤销。

1998 年底,工商行政管理机构实行省以下垂直管理,市工商局的人、财、物由省工商局直接统一管理。

2002 年 7 月 26 日,新余市工商局改为省工商局直属机构,其内设机构为办公室、计划财务科、个体私营经济监督管理科等 7 个职能科室和监察室(与党组纪检合署)、机关党委,并设置企业注册监督管理局(外商投资企业注册局)、公平交易局(打击传销办公室)、消费者权益保护局、直属局为市工商局的直属机构;有事业单位人员编制为 23 人,其中市工商局 14 人,渝水区局 5 人,分宜县局 4 人。在编制中个协办 7 人,消协办 8 人,广协办 3 人,信息中心 2 人,培训中心 3 人。10 月,设立仙女湖风景名胜区工商分局。11 月 6 日,撤销新余市工商局渝水分局,成立新余市渝水区工商局,同时撤销新余市工商局城南分局,其业务划归渝水区工商局管辖。

2004 年 3 月新设新余市开发区工商分局。

市工商局先后设立个体私营经济协会办公室、消费者协会办公室、广告协会办公室、后勤服务中心、信息中心、培训中心 6 个事业机构。2010 年,全市工商系统共有干部职工 360 人。

表 7 - 5 - 1　1991—2010 年新余市工商局主要负责人情况

| 姓　名 | 职　务 | 任职时间 |
| --- | --- | --- |
| 李绍华 | 党组书记、局长 | 1986.04—1996.02 |
| 胡克勇 | 党组书记、局长 | 1996.06—2001.09 |
| 刘燕萍(女) | 党组书记、局长 | 2001.09—2009.12 |
| 刘清明 | 党组书记、局长 | 2009.12—2010.12(在任) |

## 队伍建设

1991 年,新余市工商局深入开展"工商形象建设"活动,确定良山、双林、城北三个工商所为全市精神文明建设示范点。1998 年 5—10 月,开展以"抓整顿、搞评议、树新风"为主题的民主评议行风活动。1999 年,全系统开展"如何当好工商所长"大讨论活动,全系统 60 余名正副所长、指导员参与大讨论,收到体会文章 40 余篇。2000 年,开展基层工商所公务员过渡和考录工作。

2002 年,全市工商系统开展塑造新余工商新形象主题教育活动。2003 年,为解决城乡分局人员交流问题,市工商局印发《新余市工商系统县(区)局、仙女湖区分局科以下工作人员交流规定》,明确交流的形式、基本原则、审批权限及程序、城乡交流的条件等,为县(区)局、仙女湖分局人员交流制度化、经常化、规范化提供了依据。

2005 年,全系统推行基层分局准军事化管理模式。开展全系统岗位练兵和基层工商干部勤奋学习星等"六星"创评活动。2006 年,开展"八荣八耻"社会主义荣辱观教育和学习新党章活动,建立渝水区下村分局、分宜县洪阳分局两个廉政文化建设示范点,并由点带面在全系统推广,把廉政文化建设活动逐步引向深入。

2007 年,全市工商系统首次开展机关中层以上干部大会述职和群众测评活动;严格按要求组织开展未明确身份人员的公务员考录登记,未明确身份人员在公务员录用考试中全部顺利通过。

2008 年,全市落实执法办案回访卡和办照收费回访卡制度,基层执法人员向监管服务对象述职述廉活动全面开展,推行监督制度。市工商局制定实施《机关工作人员违纪违规经济处罚试行办法》。

2010 年,市工商局组织三场全市工商系统践行科学发展观先进事迹巡回报告会,以身边的先进典型激发干部职工学先进赶先进的热情。

# 第八节　社会团体

## 新余市个体私营经济协会

原名为新余市个体劳动者协会。1991 年,新余市个体劳动者协会更名为新余市个体私营经济协会(简称市个私协),内设办公室、组织宣传部、生产经营部。

1992年1月12日,李建立为常务理事、会长。3月23日,增补张敬安、张金元为副会长。1995年3月,市个私协第四次代表大会召开,选举李建立为会长,张金元、杨惠君、黄明亮为副会长。2001年11月28日,市个私协第五次代表大会召开,选举黄传贞为会长,邹韶华、谢令明、李火根、黄明亮、袁才生、廖江闽、虞志华为副会长,邹韶华兼秘书长。在五届五次理事会上补选林红兵、吴小玲为副会长,林红兵兼秘书长。2006年11月10日,市个私协第六次代表大会召开,选举产生第六届理事会。

2004年,市个私协举办私营企业主高级培训班、政策法规等培训班6期,培训骨干502人次。2005年,走访困难个体户和私营企业困难职工92户,送慰问金20200元;接待群众来访300余人(件),调解各种纠纷26人(次),为会员挽回经济损失700余万元。2006年,举办家居、家电和餐馆行业等培训班共7期,200余名会员参与培训。

2008年,南方出现严重雨雪冰冻灾害,四川发生特大地震灾害。市、县、区个私协理事带头献出爱心,广大个协会员踊跃参加,市个私协会共募集捐款57.9万元。2009年,编印《个私协简报》28期,组织会员参加全国个私协会系统首期青年企业家高级经营管理研修班、中国青海结构调整暨投资贸易洽谈会等。

## 新余市消费者协会

1992年5月,新余市消费者协会(简称市消协)成立。此后,全市4个县(区)消费者权益保护组织相继成立。全市有县(区)消费者协会4个,消费者投诉站19个,联络站128个,"一会两站"100个。

1997年8月29日,选举边九生为会长,何志敏为秘书长。2004年12月8日,选举包建勇为会长,鄢国云为秘书长等。

1992—2010年,全市各级消协组织开展"3·15"宣传活动,参与商品、服务和生产领域的监督检查。市消协每年配合工商、卫生、物价等部门对城区月饼生产企业、夏季饮料、食品等市场进行督导检查,对市场中存在的现状,及时通过有关媒体向消费者公布检查情况。在全市商业服务行业中陆续开展"消费者信得过单位"和"消费者信得过产品"等先进单位评选活动。其间,共受理消费者投诉6022起,解决5901起,为消费者挽回经济损失1016万余元,收到消费者表扬信、锦旗、感谢电话1561次。

## 新余市广告协会

1994年8月,新余市广告协会(简称市广协)第一次代表大会召开,选举黄传贞为会长,宋小平当选为秘书长等。2003年7月,召开市广协第二次代表大会。选举辛荷根为会长,严水根、卢小明、姚绍义、刘颖静为副会长,姚绍义为秘书长等。

1994—2003年,市广协配合工商部门开展整治规范医疗广告活动,配合市政府开展创建国家园林城市活动,对户外广告进行整治;在广告行业开展争创"市级、省级文明单位"称号。组织 11 家广告企业参加 2003 江西第三届广告新设备、新材料、新技术、新媒体及印刷包装展览会,选送 11 幅作品参加全国第十届广告节。2005 年,组织 8 家广告企业,选送 10 件作品参加全国第十二届广告节和江西省第十一届优秀广告作品评选。2006 年,引导广大会员申报全国广告企业资质证书,有 1 家会员单位被批准为中国二级广告企业。2007 年,引导广大会员申报全国广告企业资质证书,组织 10 家广告企业,选送 15 件作品参加全国第十四届广告节和江西省第十三届优秀广告作品评选。2008 年,组织召开全市广告行业纪念改革开放 30 周年座谈会,参加合肥广告节。

### 新余市工商行政管理学会

1996 年 10 月 25 日,新余市工商行政管理学会挂牌成立,选举李建立为会长,同时选出 5 名副会长、1 名秘书长等。

新余市工商行政管理学会成立后,多次组织开展对全市个体工商户和私营企业发展现状、问题进行调查,对全市市场建设、管理情况、外商外资企业基本情况、挂靠居委会企业情况等专题调研,有 40 篇论文被选入《新余市发展个体私营经济研讨会交流论文》。

# 第六章　鹰潭市

1991—2010年,鹰潭市工商部门加大市场监管和专项整治力度,坚持连年开展整顿和规范市场经济秩序的系列活动,制止不正当竞争,查禁市场上各种违法违章行为,强化网吧、建材、成品油、家用电器等市场的监管力度,加大对无照经营、虚假宣传、商业欺诈、短斤少两、掺杂使假等违法违章行为查处力度,保护生产者、经营者、消费者合法权益,维护全市市场经济秩序。

全市工商系统创新监管方式,大力建设责任工商、法制工商、信用工商、信息工商,打造"放心食品、商标、信用、诚信维权、工商服务"五大品牌,加快实现从传统"监管型"工商行政管理向现代"服务型"工商行政管理的转变。

全市工商系统坚持把服务地方经济发展作为第一要务,出台一系列扶持企业和个体私营经济发展措施,各类经济主体蓬勃发展。至2010年底,全市有内资企业2041家,外商投资企业151家,个体工商户2.06万家,私营企业4261家,农民专业合作社321家;共有注册商标超过1200余件,中国驰名商标2件,省著名商标26件。

20年间,鹰潭市工商系统不断强化工商队伍建设,先后出台政策鼓励学历教育,制定干部教育规划,落实教育培训计划。重视基层办公条件的改善,2002年,市工商局新建改建工商所4个,购买办案汽车15辆,无偿拨给余江工商局6辆执法办案车,为10个农村工商所添置彩电等,实现基层工商所有办公房、办案汽车、电脑,农村工商所有彩电、食堂的目标。2004年,拨出18万余元,支持月湖区5个分局和市直属局各配备1辆昌河"北斗星"办案车辆。2005年,开展创建星级基层工商分局活动,共投入资金134万,为各基层分局分别配有执法车、电脑、电视机、空调(个别分局有多台空调)、照相机、影碟机等各一台(辆)。2007年,投入经费用于信息化建设和改善办公条件,添置高配置的服务器、笔记本电脑等。全面完成基层网络建设,完成市局与省局、各县(市、区)局、基层分局四级联网,数据库建设全面完成。

1991～2010年,鹰潭市工商系统涌现出一大批先进集体和先进个人。2006年,市工商局被省工商局评为年度全省行政执法办案先进单位等。

## 第一节　市场主体准入

### 登记管理

**内资企业登记**　1991年,鹰潭市工商企业有3785家,其中企业法人1766家,营业单位

2019 家。

1992 年,全市从 6 月起对城乡个体工商户、私营企业进行年检换证。是年,全市新发展企业 954 家,注册资本 17005 万元,从业人员 17020 人。1994 年,全市有企业 5705 家。

1999 年,全市有登记注册内资企业 3573 家,新开业登记企业 228 家,办理变更登记企业 335 家,注销企业 59 家。

2000 年,全市有登记注册的内资企业 3235 家,其中法人企业 1691 家,注册资本 250024 万元,有分支机构 1543 家;是年新开业登记企业 196 家,办理变更登记 396 家,注销 32 家,吊销营业执照 503 家。2001 年,有登记注册内资企业 3302 家,新开业登记 101 家,办理变更登记 314 家,注销 82 家。2002 年,全市依法吊销 240 家。

2005 年,全市有登记注册内资企业总数为 2246 家,其中国有企业 954 家,集体企业 819 家,股份合作企业 11 家,有限责任公司 462 家,注册资本 28.94 亿元。

2006 年,全市登记注册的内资企业总数为 2252 家,注册资本 29.92 亿元,其中国有企业 952 家,集体企业 792 家,股份合作企业 36 家,有限责任公司 472 家。

2008 年,市工商局对改制、外资等企业在登记注册方面遇到的特殊问题,遵循"提前介入、参与论证、政策引导、完善方案"原则,实行登记预约,全程服务。是年共有内资企业 2032 家,注册资本 34.36 亿元,实收资本 31.1 亿元。

2009 年,全面统一规范登记窗口、"绿色通道"服务,完善首办责任制度,继续实施"延伸服务卡""一审一核制"等制度,为企业提供延时服务超过 300 个小时。是年,新增内资企业 653 家、注册资本 4.94 亿元。

2010 年,全市共有内资企业 2047 家,比 2009 年基本持平。

**外商投资企业登记** 1992 年 8 月,鹰潭市政府制定《关于鼓励境外投资优惠办法》,外商资本开始进入鹰潭市场。1993 年 8—10 月,鹰潭市工商局组织专人,对外商投资企业注册、出资情况进行全面调查。是年共有外资企业 51 家,注册资本 5694.26 万美元。其中合资企业 36 家,合作企业 1 家,独资企业 14 家;行业涉及生产加工、服务、房地产开发;来源有马来西亚、新西兰、美国、菲律宾、印度尼西亚、法国等国家和地区。被调查的 51 家企业投资总额 7032.7 万美元,其中中方投资 2491.61 万美元,外商投资 3202.65 万美元。

1998 年,全市核准登记注册外商投资企业 68 家(其中中外合资 40 家,中外合作 5 家,外商独资 23 家),总投资 7488 万美元,注册资本 6463 万美元。

2000 年,外商投资企业 70 家,投资总额 9933 万美元,注册资本 7629 万美元,外方认缴 4320 万美元。是年新开业 4 家,注销 1 家,变更 5 家。

2002 年,经登记注册的外商投资企业总数为 79 家(合资 44 家,合作 8 家,独资 27 家),营业单位 27 家,投资总额 14792 万美元,注册资本 10033 万美元,外方认缴额 6501 万美元。2003 年,新设立登记外商投资企业 13 家,变更 4 家。

2004 年,全市有外商投资企业 100 家(合资 46 家、合作 6 家、独资 48 家),分支机构 41 家,投资总额 25403 万美元,注册资本 15855 万美元。新设立登记的外商投资企业 10 家,分支机构 9 家,办理变更登记3家。2005年,共有外商投资企业78家。

2007年,外商投资企业法人94家,分支机构66家,投资总额5.1亿余美元,注册资本3.07亿美元,外方认缴额1.84亿余美元。

2009年,全市新增外资企业28家,注册资本9353.38万美元。

2010年,外商投资企业保持平稳发展态势,实有户数151家,比2009年增长30家,投资总额达4.96亿余美元。

**个体私营经济登记**　1991—2010年,鹰潭市工商局对个体私营经济在政治上鼓励,政策上扶持,法律上保护,经营上引导,为个体私营经济营造良好发展环境,促进个体私营经济持续、稳定、健康发展。截至2010年,全市个体工商户累计发展到2.06万家,私营企业累计发展到4261家。

**农民专业合作社登记**　鹰潭市工商局学习贯彻《农民专业合作社法》及相关规定,制定下发文件,明确市、县两级局的职责,做好登记注册和监督管理工作,到2007年底,农民专业合作社登记16家。

2008年,登记注册农民专业合作社76家,全部免收登记费和工本费,对农村经纪人准入实行登记注册"零收费",为农民增收致富搭建新平台。

2009年,市工商局培育农村经纪人和专业合作社发展壮大,全市发展农村经纪人704家,新增专业合作社159家。是年,有农村合作社235家,筹集资金1.56亿元,登记在册的3352名合作社成员人均每年增收1000元以上,"市场+经纪人+品牌+农户"的产业化经营模式基本形成。

2010年,全市农民专业合作社达321家,实行农民专业合作社"不收费""不年检"政策。

## 监督管理

1994年,鹰潭市成立党政机关与所办经济实体脱钩工作领导小组,对党政机关兴办的各类经济实体进行逐个清理。经查,全市党政机关兴办经济实体262家,有173名干部在各类经济实体兼职,其中县级干部2人,科级干部26人。经过清理整顿,有51家转出,108家被撤销。

1996年,全市有374家"三无"企业被吊销营业执照。

1998年,注销"三无"企业25家,并公告吊销未经年检的法人企业258家,吊销分支机构826家。取消粮食批发经营企业6家,对军队、政法机关所办28家企业办理注销和脱钩手续。

2001年全面推行"经济户口"制度,在全市共建立企业"经济户口"2297家、个私"经济户口"9603家,并利用"经济户口"进行监管创新。

2003年,市工商局与相关部门密切配合,采取核发预备期营业执照和集中整治无照经营相结合方式,整治全市运输市场,免费为273家货运经营户办理预备期营业执照。

2005年,查处取缔"黑网吧"和变相"黑网吧"经营行为,全市工商系统单独及联合有关部门出动1300余人次,检查全市"网吧"48家,责令整改11家,立案查处"黑网吧"17家。

2007年,市工商局推进企业信用分类监管,先期选择5个基层分局开展个体工商户信用分类监管试点工作,再全面实施。建立健全与个体工商户分类监管配套的工作机制和工作制度,确保个体工商户信用分类监管取得实效。

2010年,建立以副市长杨晓群为组长的查处取缔无照经营联席会议制度,把查处取缔工作与规范经营行为、保护经营者合法权益、社会治安综合治理工作结合起来。

## 政策扶持

2001年,市工商局实行营业执照预备期制,对1家企业核发6个月预备期的营业执照;实行注册资本分期注入制,帮助10家企业采取注册资本分期注入制;放宽企业经营范围,降低企业改制成本,对8家国有企业改制实行报纸公告不作为登记必须提交的文件;引导下岗职工从事个私企业,是年共有下岗职工申办个体工商经营590家,私营企业11家免收登记费6000余元,免收管理费1万余元;实行注册登记、变更、年检办理的承诺公示。

2002年,市工商局对每次招商引资活动的签约项目实行注册登记服务领导挂点制度。2003年,组织全市工商系统18位市、县(市、区)局长、副局长、纪检组长、助理调研员挂牌服务61个招商引资企业,上门走访服务200余人次。

2004年,开通下岗失业人员再就业"绿色通道",为下岗职工办理《优惠证》营业执照657家,免收各类规费106万元。

2005年,全市凭再就业优惠证办理工商营业执照50家,累计709家,减免各种规费78.3万元,累计191万元。安置下岗失业人员300多人,累计4000多人。坚持"你创业我铺路,你发展我服务"工作准则,按照省工商局"加快全民创业20条措施"设立公司16家。

2006年,全面推行企业登记"一审一核制",简化办事程序。市、县(市、区)企业登记机关全部入驻当地政府设立的统一审批(办证)中心,并落实"一个窗口对外"的行政许可办理制度,继续实行首办负责制及上门年检、咨询服务等制度;积极开展全民创业宣讲活动。据统计,市工商局按照省工商局20条优惠政策登记的企业,减少注册资本的有限公司6家。

2007年,市工商局改进行政审批方式,大力推进网上年检,网上审批,方便企业和群众办事。

2008年,针对年初持续的冰冻雨雪天气,较大影响市农资市场,市工商局配合地方政府为农资企业和经营者开辟绿色通道和优惠政策,出台助推新农村建设"十条举措"。

2009年,市工商局制定实施《服务新农村建设促进返乡农民工创业再就业16项措施》,实行试营业和零收费、发照"一站式"服务等优惠政策。按照"以培训促就业,以就业带培训"工作思路,全市工商机关邀请企业技术骨干、资深教师及创业能人56人次,开展创业就业指导培训班28期,共引导、扶持5000余名失业人员实现创业再就业。

2010年,市工商局推出规范1项收费、出台2项措施、开展3项活动、完善4项制度、撰写5篇报告等创业服务"五项重点"工程,全市工商系统减免各类注册、登记费用132.1万元。

# 第二节　市场监督管理

## 市场建设

1991 年,鹰潭市政府提出扩建眼镜市场,改建杏树园市场,新建农副产品批发中心的"一条龙"设想,三大市场并始进行筹建。同时,贵溪、余江两县加快市场建设步伐,贵溪新建泗沥农贸市场,投资 4 万元;余江新建画桥、黄庄、坞桥顶棚式综合市场。

1992 年,市工商局成立市场建设办公室事。是年,全市新建、扩建、改建市场 7 个,总面积 16327 平方米,总投资 379.2 万元。

1993 年,赣东商城、杏树园农贸市场分别建成,贵溪、余江相继改造和新建一批商品市场,全市共新增市场面积 2 万平方米。是年,集市贸易成交额超过 2 亿元,创历史最高纪录。

1994 年,全市投资 645 万元,新建市场 17136 平方米。同时,开创"厂矿建市场,工商来管理"的新路子。是年集贸市场成交额 2.58 亿元,比上年增长 21%。

1996 年,市工商局动员金山弄、米集巷、解放路三个地段 400 多工商业户迁入赣东商城营业,使赣东商城经营户由上年底 271 家增至 943 家,营业房使用率达 75% 以上,年商品成交额 3 亿元。

1998 年,全市有各类市场 54 个,总面积 260 万余平方米,市场面积为 1983 年的 77.4 倍。1996—1998 年,全市城乡集贸市场商品成交额累计达 396700 万元,年均 132233 万元。

## 商品交易市场管理

1992 年,鹰潭市政府制定实施《鹰潭市城乡集贸市场管理暂行办法》,城乡集市贸易获得有序、快速发展。

自 1996 年后,市工商局着手市场办管脱钩和移交工作,基本实行职能、机构、人员、财务"四分离",分别建立市场服务机构。2001 年 10 月,鹰潭市区、贵溪市、余江县完成全部应脱钩市场的移交工作,共移交市场 20 个,人员 149 人,移交率 100%,共移交资产 2131.18 万元,债务 450.225 万元,房产 37329.7 平方米,地产 55346.3 平方米。

2003 年,市工商局对从事粮食代购代销经营的人员进行经纪人资格培训,并核发农副产品经纪人资格证书 140 余份。

## 合同监管

**合同鉴证管理**　1996 年,鹰潭市工商局进行机构调整,经济合同科撤销,改由公平交易科负责经济合同管理事务。市工商局组织专人重点检查全市 190 家 16918 份经济合同的签订和履行情况,查出不合法和违约经济合同 108 份,受理合同纠纷案件 63 件,审结 63 件。

1997 年,全市鉴证合同 133 份,鉴证金额 21806 万元,办理动产抵押登记 19 家,抵押金额 3985

万元。

**企业动产抵押登记** 2002年,市工商局参加市场监拍24次,拍卖成交额2614.88万元,盘活国有资产2094.6万元;受理合同鉴证68起,工程总造价22614万元,收取合同鉴证费4.8万元。

2009年,为28家企业办理动产抵押贷款1.55亿元,84家企业在优惠政策下延续经营资格、出资期限。

**"重合同、守信用"活动** 1991年,全市获"重合同、守信用"称号企业有45家。是年,已连续4年被评为"重合同、守信用"企业20家。

1992年获"重合同、守信用"称号企业24家。连续4年被评为"重合同、守信用"企业15家,连续5年被评为"重合同、守信用"企业并报江西省命名者共34家。

1993年获"重合同、守信用"称号企业27家,连续4年"重合同、守信用"企业17家。

## 商标监管

**商标注册** 1991年,全市核转注册商标19件;1992年核转25件。1996年,全市开展创驰名商标、名牌产品活动,并召开"商标与名牌战略"学术研讨会。1997年,全市核转注册商标24件,其中"潭花""三川""天久"商标评为省级著名商标。

2001年,市工商局帮助"施大壮"等4个注册商标申请为全省著名商标,推荐"三川"注册商标参加全国驰名商标评选。2002年,开展对商标申请注册的指导和服务活动,为企业提供咨询服务共118人次,受理注册商标申请38件。

2003年,全市开展名牌商标战略,市工商局帮助企业申报驰名、著名商标,全年有22家企业的商标被评为省著名商标;开展商标服务工作,接受商标咨询120起,查询76期,通过查询成功注册商标41件。

2004年,贵溪化肥有限公司的"施大壮"商标被认定为中国驰名商标,实现鹰潭市驰名商标零的突破。2005年,全市有22家企业的商标被评为省著名商标;市工商局共接受商标咨询60余起,查询30期,通过查询成功注册商标6件。

2008年,市工商局成功帮助江铜、三川等一批市重点企业争创驰名商标和著名商标。贯彻市政府《鹰潭市知名商标认定和保护规定》,组织全市企业开展知名商标评审和认定工作。是年,受理商标查询100余起,通过查询成功注册商标36件。全市注册商标达520余件,其中中国驰名商标2件,省著名商标21件。

2010年,市工商局协助"天久"的等9个商标成功申报省著名商标。是年共受理商标查询110余起,帮助企业申请注册商标28件,全市有注册商标超过1200余件,省著名商标26件,中国驰名商标2件。

**商标专用权保护** 1999年,市工商部门向社会各界聘请40名商标管理社会监督员,协助商标监督管理工作,加大商标管理力度,全年查处各类商标违纪违法案件20余件、为企业追回注册商标侵权赔偿金额4万余元;验证注册商标142件,验证率达95.3%,为企业提供有关商标的咨询服务

280 余人次。

2000 年,根据北京商标事务所请求,鹰潭市工商局对外商商标"ABB 低压空气开关""德英商标""拓普康商标"侵权案件进行查处,共收缴侵权产品拓普康商品 576 套、ABB 空气开关 525 只、德英商标标识 300 个,价值共 3.2 万元。

2001 年,市工商局建立受理商标举报投诉制度,通过受理投诉,切实加强商标监管。是年,受理商标投诉案件 3 件,均妥善解决;开展注册商标验证及商标调查摸底和建立"商标户口"工作,共验证 178 件;开展整顿和规范专卖店工作,对市区 42 户各类专卖店进行清理整顿。加大对市场上侵权假冒商标商品查处力度,共查处各类假冒伪造商标商品标值 2.5 万余元。

2002 年,开展新《商标法》宣传活动和商标印制单位及非商标印制单位执法检查,清理整治各类专卖(专营)店 126 家,查处商标侵权案件 7 件。

2004 年,全市共查处商标侵权案 16 件,罚没款 5.4 万元,销毁假冒商标标识 4000 余张。

在 2005 年的保护注册商标专用权行动中,全市共出动执法人员 450 人次,检查商品市场 15 个,检查经营户 580 家,查处案件 19 件,案件标值 3.6 万元。

2010 年,市工商部门开展打击"傍名牌"保护企业合法权益专项执法行动,查处 142 件仿冒"红牛""四特"等商标侵权。加强对当地名牌、名优企业的保护,为当地企业挽回 150 万元的经济损失。

## 广告监管

1992 年,鹰潭市政府印发《江西省鹰潭市户外广告管理办法》。按市政府统一部署,市工商局从市、县各有关部门抽调干部 30 人,进行户外广告市场整顿工作。

1996 年,为严格执行《广告法》,全市结合企业年检,对广告经营单位重新进行资格审查,制止和查处虚假违法广告。1997 年全市广告营业额达 640 万元,工商部门审查各类广告 159 件,收取广告管理费 3.46 万元。

1999 年,市工商局颁布广告经营许可证 7 家,全市累计有广告经营单位 44 家、从业人员 216 人,对 41 家广告经营单位进行年检,合格率达 90.2%,全年查处违章违法广告案件 65 件,对乱张贴、乱书写的广告进行全面清理,查获利用广告进行商品虚假宣传的违法行为 7 起。

2001 年,市工商局以"反误导、打虚假"专项治理为重点,加强广告监管,年内共查处各类虚假、误导广告案件 6 件,罚没款 9000 元。

2003 年,市工商部门对无广告证明的医疗、药品广告和未经登记的户外广告集中进行专项整治,立案查处 18 件。

2004 年,对全市 76 家广告经营者进行资格检查,先后开展医疗广告、药品广告、林木种苗广告专项治理行动,共查处广告违法案件 21 件,罚没款 2.3 万元。

2005 年,市工商局对保健食品、药品、医疗广告进行专项监测并建立监测台账,监测保健食品广告 210 起,药品广告 400 起,医疗广告 500 起并登记造册,定期形成监测报告 3 份。对在监测、巡查中发现的违法广告进行立案查处,共查处药品、医疗和其他违规广告 36 件。

2007年，重点对医疗、药品、保健食品等广告采取分品种、分季度、分阶段进行监管，对大众媒介开展广告监测并建立监测台账，同时加大整治处罚力度，共查处各类违法、违规广告案件41件，共清理未登记的违规户外广告8件，办理户外广告登记400余件。

# 第三节　公平交易执法

## 反不正当竞争

2001年春耕春种期间，根据余江县农户的投诉，鹰潭市工商局查处余江县某供销社及市某磷肥有限公司两起不正当竞争行为案件，查封劣质及冒用他人厂名、厂址的磷肥80吨，责令经销商向农户退赔，并对生产商和经销商进行处罚。

2002年，全市共开展8次专项整治行动，先后查处一批涉及汽车、摩托车配件、农药、种子、化肥等假冒伪劣商品，同时查获各类侵权商标标识、包装袋、制假工具，查封制售假冒伪劣商品窝点9个，对68个各类市场进行清理。

2003年，市工商局出动工商执法人员2000人次，出动检查车辆400辆次，检查市场、商场、超市、仓库、生产加工点近万个次，端掉制售假冒伪劣商品窝点11个。查办各类案件260余件，查扣各类假冒伪劣商品标值660万元。

2009年，全市查处各类经济违法案件302件，涉案金额2400余万元，在查处扰乱市场秩序、危害群众利益的大要案件上实现突破。

## 打击传销和规范直销

2000年，市工商局查处、驱散7起非法传销活动，缴获赛鲨力、海豹油、爽安康等传销商品价值达2万余元。

2001年，共查处各类非法传销案件12件，驱散800多名传销人员，摧毁传销窝点40多个，收缴各类用于传销的物品标值7万余元。

2004年6月，根据群众举报，市工商局对某保健品有限公司传销行为进行查处，罚没款4万元；9月，会同公安部门先后端掉6个传销窝点，遣返传销人员55人。

2006年，全市工商系统通过"12315"等投诉热线，建立预警机制，密切关注传销和变相传销的动态，对举报及时出击，做到件件有落实。是年，共出动执法人员265人次，取缔传销窝点36个，驱散传销人员520人，配合公安机关解救人质5人，移送公安机关案件3件。

2007年，鹰潭市政府成立市打击传销领导小组，共出动执法人员847人次，查处传销案件3件，取缔传销窝点190个，清查教育遣散传销人员6222人次。加大对直销企业的监管，对已取得直销资格的雅芳、安利等转型企业的注册登记审批、企业保证金信息披露、退换货制度，员工的招募、培训、计酬等环节进行跟踪监管，加以规范和引导。

2008 年,全市实行举报传销奖励制度,采取端窝打点,追根溯源,驱散、遣送传销人员等有效措施,加大对传销活动的打击力度。全年共端掉传销窝点 262 个、遣散传销人员 4265 人,解救被骗群众 26 人,创建"无传销社区"4 个,开展防止传销进学校活动。

是年,市工商局对打击传销和规范直销工作实行定期报表报告制度,逐步建立完善一整套打击传销、规范直销长效工作机制。通过调查、摸底和检查等方式,建立直销企业经济户口,对其经营活动进行有效监管。率先在全省工商系统出台《鹰潭市工商局突发传销事件应急预案》。7—9 月,开展集中性、规模性"打传销、保奥运"专项执法行动。

2010 年,全市建立监控、监管、执法等打防和控管工作体系,开展"打传销迎新春""打传销保世博""打传销迎亚运"等 12 次打击传销专项执法行动,共捣毁取缔传销窝点 37 个,清查遣散刑拘传销人员 707 人次,解救被骗人员 12 人,派送宣传单 3500 余份。

### 商业贿赂治理

2006 年,鹰潭市工商局贯彻落实《全省工商系统治理商业贿赂专项工作实施方案》和市委、市政府治理商业贿赂会议精神,与有关部门加强协作,开展治理商业贿赂工作。全市工商系统共查处商业贿赂案件 29 件,案值 194.19 万元。

2007 年,全市工商系统以工程建设、医药购销、商业保险和商业经销企业等领域为重点,加大商业贿赂案件查处力度,共查处商业贿赂案件 13 件。

# 第四节　消费者权益保护

### 商品质量监管

1991 年 1—9 月,鹰潭市消费者协会相继开展春季、暑季、秋季打假战役,采取"大兵团"作战,"小分队"突击等战术,共检查商业企业 153 家,个体户 1760 家。查出伪劣产品、伪劣机具等,销毁变质商品标值 1 万余元。1992 年,查处经济违法违章案 43 件,罚没款 9.8 万元。

1996 年,市工商部门把"一反两保护"(反不正当竞争、保护生产经营者、保护消费者)列为全年工作重点,全市查缴假冒伪劣商品 7 大类 80 个品种,其中假名酒 1800 余瓶,假名烟 1300 条,当众销毁假冒伪劣商品 30 余个品种,标值 20 余万元。

1998 年,全市开展打击制假售假和查私等专项斗争,查处违章违法案件 126 件,查获假冒奶糖 70 余箱,假恒顺陈醋 524 箱等,罚没款 16 万元。

2001 年,全市共组织集中整治行动 7 次,出动执法人员 2182 人次,出动车辆 362 台次,检查市场 23 个,查获假冒伪劣商品标值 286 万元,立案 57 件,捣毁窝点 15 个。1 个月内连端 5 处生产加工销售冷饮窝点,查获近百种伪造厂名、厂址及品牌的冰棒和豆奶,没收各类包装箱 1000 只,塑料包装袋 20 万只等。

2004 年,市工商局共检查市场、商场、超市、仓库、生产加工点万余个,查扣各类假冒伪劣商品标值 700 余万元,罚没款 92 万余元。

2009 年,市工商局组织开展查处"傍名牌"行为等专项行动,结合食品安全、企业信用分类管理、经济户口等,实行相关查看制度,查处仿冒"飞利浦""红牛""四特"等不正当竞争案件 11 件,案值 30 万元。

### 消费者申诉举报受理

1991 年 3 月 15 日,市、区消费者协会出动宣传车、张贴巨幅标语,印制宣传材料 1 万余份,散发给城乡消费者。首次举办伪劣商品展览,开展咨询服务活动。

1991 年,全市受理投诉 82 起,处理 75 起,投诉金额 14.95 万元,为消费者挽回经济损失 8.31万元。消费者杨某因所购立式遥控彩电爆炸烧毁,到市消费者协会投诉,市消费者协会在有关部门协助下,20 天内就为其换回一台新彩电。

1992 年,根据消费者举报,市工商局迅速组织力量,查获经销冒牌"永久""凤凰"自行车的单位及个体户 5 家,冒牌自行车 321 辆。

1993 年,市县消费者协会继续加大"3·15"国际消费者权益日宣传力度。是年。全市投诉点增到 3 个,全年接待消费者咨询 13238 人次,受理投诉案件 1189 件,结案 1187 件,为消费者挽回经济损失 23.8 万元。

1996 年,市、县消费者协会结合"公平交易执法年"和"工商形象建设年"活动,经检人员重新核发《公平交易检查证》。在纪念"3·15"国际消费者权益日活动中,推出十大举措。

1997 年,鹰潭市设立"3·15"消费者投诉服务中心,开通"3·15"投诉热线电话免费服务,实行"受害先赔"承诺制度。

为进一步巩固"3·15"保护消费者合法权益成果,1998 年,鹰潭市将投诉服务中心改称"投诉服务指挥中心"。市、县"3·15"投诉电话实行全天 16 小时热线开通,并且承诺接到举报后 20 分钟内赶到现场服务。是年,全市受理消费者投诉 693 起,为消费者挽回经济损失 94.6 万元,收到消费者表扬信 20 多封,锦旗 10 面,牌匾 5 个。

2001 年,市投诉中心共受理消费者投诉 2304 起,接待 5400 人次,调解结案 2111 件,投诉金额180 万元,为消费者挽回经济损失 173 万元;受理举报 24 起,立案查处 19 件,案值 48 万元。"五一""十一"黄金旅游周期间,"12315"投诉服务台介入旅游市场,在景区主要景区设立投诉服务站,受理投诉 35 起,其中 2 起兑现"消费者权益受侵害、工商受理先赔偿"的承诺。2002 年,受理消费者投诉 1018 起,接待 4500 人次,调解结案 998 件,为消费者挽回经济损失 123 万元,受理举报 11 件。

2003 年,"3·15"期间,市工商局组织开展"营造放心消费环境"文艺晚会、"扶优打假"咨询展示活动;在市场首次组织开展"营造放心消费环境"活动,评出 18 家"放心经营户"。

2005 年,"12315"投诉举报中心通过"12315"热线和接待群众来信、来访共接受消费者咨询1400 余起,受理消费申诉 190 起,调解成功 180 起;受理群众举报 16 件,全部查实办结,为消费者挽回经济损失 100 余万元。2006 年,共受理消费者投诉 587 起,调解 562 起,为消费者挽回经济损失 86 万余元,向有关行政部门提供案源 7 件,案值达百余万元。

2008 年,市工商局加大对申诉平台的硬件设备投入,实现利用"12315"业务系统进行信息处理。围绕"消费与责任"维权主题,精心组织"3·15"系列活动,深入开展消费维权知识宣传,参加市民达 2 万余人,散发宣传单(册)5 万余份。全年受理消费者咨询、申诉、举报 4968 件,为消费者挽回直接经济损失达 190 余万元。

2009 年,市工商局将"12315""四个平台"功能延伸到村镇和社区,扩大城乡覆盖面。全市建立"12315"消费维权投诉站 181 个,受理消费者咨询申诉举报 695 件,办结率达 93%,完成市政府交办的"三鹿"奶粉婴儿患者赔偿金发放工作。

2010 年,全市在规范基层维权"一会两站"建设上,打造"维权渠道保畅通、舆论渠道要疏通、联络渠道常沟通"的三通模式维权服务机制,全市建立农村维权站(点)181 个,创建食品安全示范点 47 个、"红盾护农"维权点 64 个,评定 490 家农资经营户的信用等级类别。共受理消费者咨询、申诉和举报 1969 件,办结率达 98%,检查经营主体约 1.16 万家次,为消费者挽回经济损失 303.6 万元。

### 农资监管和"红盾护农"

2000 年春耕生产期间,全市工商部门开展"整农资、保春耕"的"红盾打假护农"专项整治,查处违法经营农业生产资料案件 8 件,罚款 4.3 万元。

2002 年,市工商局会同有关部门对 42 家农资经营户进行检查,查处销售不合格产品的经营户 7 家,查获不合格产品 200 箱(包),不合格复合肥 60 吨,标值 6 万余元。

2004 年,全市开展"红盾护农"农资市场专项整治,检查农资经营户 230 家,抽查各类农资 10 余批次,立案 14 件,查处假冒伪劣农资 300 余吨,罚没款 8 万余元。

2005 年,市工商局深入开展"2005 红盾护农"行动。共出动执法人员 500 余人次,检查化肥生产、经营企业 250 余家,查处农资案件 19 件,标值 17 万元。

2006 年,市工商局出台服务新农村建设"十条措施",开展"红盾护农"、合同帮农、经纪活农、品牌兴农、权益帮农等活动,加大对农资市场监管,加大对化肥市场的抽检力度。

2007 年,全市工商系统层层签订"农资监管责任书",广泛开展"打假、护农、增收"活动,共抽检化肥 172 批次,农药 110 个品种,种子 115 批次,查办伪劣农资案件 118 件,受理解决涉农投诉 89 起,挽回经济损失 18 万余元。

2008 年,抽检农资商品 189 个批次,合格率达 72%,立案查处农资不合格产品案件 11 件。广泛开展"打假、护农、增收"活动。推行"一会两站"制度,密织农村维权网,有 300 多个村、67 户居民小区、21 家大型商场建立维权点,受理解决涉农投诉 10 起,挽回经济损失 20 万元。

2009 年,查处农资违法案件 10 件,为农民挽回经济损失 8 万余元;全市 95% 以上农资经营户建立较完善的索证索票、购销台账制度,流通领域农资商品质量合格率达 82.6%。

2010年,市工商局组织开展"红盾护农保春耕"专项执法行动,抽检化肥、农药品种83批次,合格率达到76%。

# 第五节　流通领域食品监管

## 食品准入

2005年,以著名商标品牌"金龙鱼"食用油、广场副食品店(大观园超市)、万福隆超市有限公司、贵溪市云梦超市有限公司、江铜贵冶生活服务公司(大全超市)、鹰潭市华联超市有限公司余江分店作为切入点,在全市推行商品市场准入制度。据统计,试点超市主动将食品下柜退市的就有果冻、花生、瓜子、月饼、水饺、奶粉等六大类食品约800千克。

2006年,在全市大中型超市全面推行市场准入制,该项制度实施后,企业主动将食品下柜退市的有果冻、花生、瓜子、月饼、水饺、奶粉等六大类食品。

## 食品专项整治

2001年,市工商局对全市66家粮食经营企业进行资格证年检。年检时,对粮食经营企业台账进行清查,要求企业建账做到账票相符、账物相符,并通过全面推行粮食购销合同制度、粮食收购码单制度、标识制度、承诺公示制度等措施,完善粮食经营台账制度。严厉打击粮食市场违法违章行为,全市共查处涉粮案件16件,罚没款入库58512元。

2004年,全市公平交易系统查处食品类案件35件,罚没款16.68万元。检查粮食企业150余家,用粮企业80余家,立案查处陈化粮126吨,罚没款4万余元。开展禽流感防治工作,全年共检查各类市场52个,禽类摊位350余个,加工点50余个,暂停销售活鸡、活鸭、鸟类等。

2005年,市工商局加强流通领域食品安全专项整治,组织开展元旦、春节、五一、十一"黄金周"等食品安全专项整治,出动执法人员1523人次,检查个体商店(摊位)、食品生产、经营厂家4336家,查处无证经营10家,查获"三无"蛋糕、饮料、白酒、吊白块腐竹、不合格月饼等。加强流通领域食品质量动态监控,共开展4次食品质量抽检,对酒、酱油、醋、腐竹、干鲜果、啤酒、饮料、月饼8种食品49个样品进行检测。对抽检结果为不合格的食品,及时向社会进行公告。

市工商局制定《市工商局食品安全检测制度》及《市工商局食品安全检测登记制度》,并抽调专人到省工商局参加食品安全检测培训班。深入贵溪、余江、月湖、龙虎山等地,对大型超市、农贸市场、食品批发市场进行抽查检验。

2007年,以开展"农村食品市场整顿年"活动为契机,重点抓好农村食品市场整治,全市工商系统共检查农村各类食品经营户1346家,检查乡村各类市场41个,查处一批假冒伪劣水产品、病死猪肉、霉变豆制品、儿童食品、劣质糕点、假酒、饮料,有效维护农村食品安全。

2008年,市工商局建立食品安全专项整治监管责任制和责任追究制,开展以食用油、肉类及副食品等人民群众生活必需品为重点的各类专项整治,共检查各类经营场所、商品经营户 1815 家,查处假冒伪劣商品 6056 件、不合格商品 3293 千克,取缔无照经营 1000 余家,捣毁制售假冒伪劣窝点 35 个,对 1408 个批次的商品进行质量定向监测,合格率达 95.8%。

是年,成立鹰潭市工商局婴幼儿奶粉事件处置工作领导小组,建立和完善经营者自律、工商部门监管、社会监督"三位一体"工作监管体制,开展拉网式排查问题奶粉。共出动执法人员 3601 人次,检查食品经营户 8300 余家次,下架含三聚氰胺奶粉、液态奶 5150 千克,受理消费者有关咨询、申诉、举报 4163 件,为消费者退换奶粉 600 千克。对召回的 2 万余袋(听)12 吨价值 60 余万元的"三鹿"牌不合格奶粉在市郊实施深度填埋销毁。

2009 年,开展专项食品安全整治 5 次,抽检食品 131 批次,检查经营户 8215 户次,查获问题食品 2316 千克,保障流通环节食品安全。

2010 年,全市工商系统集中开展奶制品市场专项执法检查、"世博"会期间流通环节食品安全监管等食品安全专项整治 13 次,对月湖区内 1382 家食品经营户推行食品安全流通"一票通"制度,并开展农村食品店安全消费警告公示活动。是年,全市工商系统发放食品流通许可证 1480 家,检查食品经营户 3245 家次,查获问题食品 1830 千克,标值 16.31 万元,流通领域食品安全得到进一步强化。

# 第六节　法治建设

## 普法宣传教育

1996—2000 年,消费者协会成员到城乡巡回宣传,组织学习《中华人民共和国消费者权益保护法》。

2001—2005 年,鹰潭市工商局开展《每月一法》《每日一题》学习活动,举办《每月一法》知识竞赛,与鹰潭市电台联合举办《中华人民共和国商标法》知识竞赛活动,完成"四五"普法学法任务。

2006—2010 年,市工商局制订详细的学法普法及工商业务知识培训计划,通过集中培训、案件流程学习、跟班锻炼等多种方式,使干部职工综合素质得到提升,适岗能力明显加强;以《消费者权益保护法》《反不正当竞争法》等 10 部法律法规为内容,组织全市工商机关 304 名干部职工进行工商法规知识测试,对干部职工的综合业务能力进行一次全方位检验。2010 年,组织开展"送法下乡"宣传活动 7 次,送法上门服务活动 7 次,实行"每月一法"培训,加强学习型机关建设。

## 规范行政执法行为

2001 年,市工商局经过考核,下文赋予各基层所以自己名义做出一定种类、幅度的行政处罚权力,以提高基层办案能力,促进执法工作到位。

2002 年,市工商局实行行政执法责任制和评议考核制上墙。加强案件核审工作力度,共核审处罚案件 51 件,案件核审率为 100%,受理结案行政复议案件 1 件。

2004 年,市工商局投入培训专项经费 2 万元,组织全市工商系统 267 名干部参加公共管理主要课程《行政领导学》的培训与考试。

2006 年,按照政务公开的要求,所有分局完善服务承诺、收费评议、执法公示、错案追究、市场巡查、廉政督察 6 项制度,建立《政治业务学习制度》《车辆管理制度》等 24 项制度。全系统通过与直属各单位负责人签订廉政建设责任状、目标责任书,将党风廉政建设和反腐败工作任务进行量化,明确目标,落实责任。加大事前监督和源头治腐力度,加大对办案、收费、办照等易侵害群众利益的关键环节监督力度。

2007 年,鹰潭市工商局行政处罚案件立案 99 件,行政处罚案件核审 99 件,案件核审率达 100%。根据当事人要求,依法举行听证 2 次。申请法院强制执行不履行行政处罚决定案件 2 件,执行款 13.1 万元。规范案件查处工作,实现行政执法程序化,全市工商系统所有立案处罚案件均经过法制机构的严格核审,纠正重实体、轻程序现象和办人情案现象,实现执收执罚制度化。

2008 年,市工商局开展政务环境优化年活动,向县(市、区)局、市局直属各单位下达责任书,开展典型案例警示教育活动,制定《鹰潭市工商局优化政务环境工作若干规定》,详细列举 11 项禁止事项和违禁处理办法,不搞"下不为例"。

2010 年,按照"干什么学什么、缺什么补什么"原则,市工商局全面加强执法办案能力培训。逐步推行行政审批权"两集中、两到位"改革,全市各级工商部门所有行政审批事项全部进驻当地行政服务中心并设立窗口。推行局务公开、党务公开制度,涉及决策、人事、财务、基建工程等事项全部通过局党组会、局长办公会决策执行。制定《鹰潭市工商行政管理系统工作人员问责办法》,报市纪委审批后下发全系统。

# 第七节　机构队伍

## 机构设置

1991—1992 年,鹰潭市工商局为省辖鹰潭市工商行政管理局(正县级),核定行政编制 6 人,事业编制 28 人。实有 34 人,内设有秘书科、工商科、市场管理科、个体经济科、企业科,审计科、法制科、商标科、广告科、经检科、人事科、教育科等职能机构。下属专业市场管理所和西站、交通、江边、东湖梅园等工商所,均为正科级事业单位。

1993 年,成立"个体私营经济管理局"(副县级),与个体经济科合署办公,两块牌子一套人马。1996 年 12 月,内设机构进行调整,新设机构有人事科、基层与教育科、政研法规科、商标监督管理科、广告监督管理科、审计科,撤销人事教育科、商标广告科、经济合同科、个体经济管理科、私营企业管理科、法制信息科等。同时,增设上清工商所。

1998 年底,鹰潭市工商局归省工商局垂直管理。

2002 年,成立月湖区工商局。市工商局、县(市)区工商局均成立公平交易局、企业注册局。全市所有工商所改为工商分局。县(市)公平交易局、企业注册局、工商分局局长实行竞争上岗。

2010 年,鹰潭市工商局下辖月湖区工商局、贵溪市工商局、余江县工商局;机关设有办公室、监察室、机关党委、人事教育科、计划财务科、政研法规科、市场规范监督管理科、商标广告监督管理科、个体私营经济监督管理科、公平交易局、企业注册局、直属局、龙虎山风景旅游区工商分局;直属事业单位有个体私营经济协会、消费者协会、广告协会;在职干部职工 350 余人。

表 7 - 6 - 1 1991—2010 年鹰潭市工商局主要负责人情况

| 姓　名 | 职　务 | 任职时间 | 备　注 |
|---|---|---|---|
| 陈　鉴 | 党组书记、局长 | 1991.01—1993.04 | 1989 年 3 月任党组书记、局长 |
| 冷雪霜 | 党组书记、局长 | 1993.05—2002.09 | |
| 李纬华 | 党组书记、局长 | 2002.09—2006.05 | |
| 刘章明 | 党组书记、局长 | 2006.05—2007.12 | |
| 彭　鹏 | 党组书记、局长 | 2007.12—2010.12(在任) | |

## 队伍建设

2001 年,市工商局建立健全和完善有关制度、规定,制定全市工商系统廉政建设"100 条"和《禁止公路"三乱"责任状》,机关严格实行上班、下班打卡制度。加强对行风廉政建设和工作纪律的督查,市工商局领导和纪检组、监察室组织人员不定期到基层所明察暗访,检查基层所人员到岗、所容所貌、"每日一题""每月一法""经济户口"等情况,并将明察暗访情况在全市工商系统予以通报主动接受社会各界监督,采取"走出去、请进来"方法,发出征求意见函 20000 份,设立 9 个举报意见箱,召开企业个私业主代表座谈会,查找行风建设方面存在的问题,进行整顿。9 月 14 日,与上海市工商局杨浦分局缔结友好局关系,坚持经常沟通信息;互派干部挂职学习、锻炼。

2002 年,全市由原来的 28 个工商所集并成 21 个,精简 25%;农村工商所每所人员由原来的 3～4 人增加到 6～8 人。年内对全市工商系统干部职工分层次按步骤进行理论知识和业务知识培训,共举办培训 22 期,培训人员近 300 人次。继续把用人竞争机制引入科(股)所长一级干部。

2003 年,市工商局实行科级干部任前谈话制度,对竞争上岗的 10 名副科级干部实施任前谈话。

2006 年,全市工商系统围绕践行"八荣八耻",开展"进一步加强机关建设,发挥表率作用"活动。市工商局加强对各级领导干部行政权力运行的监督和制约;着重落实领导干部重大事项报告制度。在建立健全副科以上干部廉政档案基础上,加强对中层干部的管理,对县(市、区)局所有科级干部提出要求,个人重大事项必须事先报告。重视抓好廉政文化建设,坚持把工商廉政文化建设情况纳入党风廉政建设责任制目标考核内容。

2007 年,市工商局举办全市工商系统基层分局长能力建设研讨班;积极稳妥地做好《公务员法》实施工作,完成公务员登记和工资改革工作。按照全省工商系统民主评议政风行风工作的总体部署和要求,先后制定《实施"四大一新"战略,促进全市经济又好又快发展的意见》《执法车辆使用"六不准"规定》等长效机制。在全市基层分局和窗口单位全面开展述职述廉活动,全力打造群众满意工程。

2008年,市工商局将中心组专题学习活动扩大至机关科室主要负责人,坚持重大问题党组会和局长办公会集体决定。各级领导班子成员自觉维护领导班子的整体形象,带头落实谈话、述职述廉、个人重大事项报告、局务公开、巡视监督"五项制度"。深入开展"做公道正派之人,建公平正义之家"主题实践活动。

2009年,全市工商系统落实领导干部"一岗双责",进一步加强提高领导班子的学习、统筹、创新、管理四种能力,各级班子的凝聚力、战斗力明显增强。以开展廉政风险点防范管理为抓手,狠抓廉政风险点防范管理,共查出132个风险点,有效控制腐败产生。开展对基层分局、窗口单位明察暗访2次。共举办各类培训班26期,培训在职人员2100余人次。

2010年,全市推行"工作实绩台账季度初评制度、考评结果运用"相结合工作法,实行"一线工作法",通过在全体党员中开展承诺内容"亮底",上级督导"亮评",群众测评"亮分"的措施,全面推行公开承诺活动,对党员进行"三定责"。按照《关于推进学习型党组织建设的意见》工作部署,全面落实中心组学习制度、领导干部讲课制度、领导班子调研制度等三项制度,全年共举办党课7次。大力构建和顺的外部工作环境,狠抓工商工作宣传各类媒体用稿1361篇。

# 第八节　社会团体

### 鹰潭市个体私营经济协会

原为鹰潭市个体劳动者协会,1990年5月更名为鹰潭市个体私营经济协会(简称市个私协)。

1997年11月,市个私协第五届三次理事会召开,选举冷雪霜为会长,陈标利为常务副会长,副会长兼秘书长为周晓兰。

1996年后,全市各级个体私营经济协会出资金2万余元,走访慰问困难个体工商户。

### 鹰潭市消费者协会

鹰潭市消费者协会(简称市消协)成立于1990年7月6日。1991年,全市只建立市消协,贵溪、余江两县消协和市百货商场消费者监督站。从1992年起,市消协狠抓基层组织的建设,到1992年,全市凡是设有工商所的地方,全部建立消协组织,由工商所长或副所长兼任消协会长或投诉站长,基本上形成覆盖全市城乡的消协网络。

市消协自成立后,开展"3·15"国际消费者权益日活动。受理消费者投诉,接待消费者咨询。1998年,鹰潭市消费者协会受理消费者投诉693起,为消费者挽回经济损失94.6万元。

## 鹰潭市商标广告协会

2003 年 5 月,鹰潭市广告商标协会成立。是年,鹰潭市工商局设置广告协会办公室、商标协会办公室,为市工商局下属正科级事业单位。广告协会办公室的主要职责是对广告行业进行指导、协调、咨询、服务;承办广告协会的日常工作。商标协会办公室主要职责是为会员争创著名商标和驰名商标提供服务;承办商标协会的日常工作。

# 第七章　赣州市

1991—2010 年,赣州市工商部门加大市场监管和专项整治力度,连续开展整顿和规范市场经济秩序的系列活动,制止不正当竞争,强化"网吧"、建材、化妆品等市场监管力度,加大对虚报注册资本等违法违章行为的查处力度,保护生产者、经营者、消费者合法权益,维护全市市场经济秩序。

全市工商部门创新监管方式,大力建设责任工商、法制工商、信用工商、信息工商,打造"放心食品、商标、信用、诚信维权、工商服务"五大品牌,加快实现从传统"监管型"工商行政管理向现代"服务型"工商行政管理的转变。

赣州市工商局出台一系列扶持企业和个体私营经济发展的措施,全市各类经济主体蓬勃发展。至 2010 年底,全市有内资企业 7973 家,外商投资企业 1302 家,个体工商户 213579 家,私营企业 17907 家,农民专业合作社 1665 家;共有注册商标 1472 件,其中驰名商标 1 件,著名商标 34 件。

全市不断强化工商队伍。1992 年,全市在职工商人员有 2437 人,此后逐年增加,至 1999 年达 3065 人,自 2000 年开始人员经过分流与精简,队伍人数呈下降趋势,至 2010 年,全市在职公务员 1767 人,事业编制 560 人。基层办公条件不断改善。全市各级工商机关增配 200 多辆业务用汽车,购置计算机、复印件、打印机、照相机、摄像机、食品检测仪等办公、办案器材近 3000 台。

1991—2010 年,赣州市工商系统涌现出一大批先进集体和先进个人。全市获国家部委先进集体称号的单位有 69 个次,有 528 个单位受到省政府和省直单位表彰;66 人被评为国家级先进工作者,585 人被评为省级先进工作者。

## 第一节　市场主体准入

### 登记管理

**内资企业登记**　1991 年,赣州地区工商局印发《关于支持企业搞活生产经营的几点意见》,支持企业深化改革,对实行承包租赁经营企业适度放宽经营范围、经营方式、注册资金限额。至 1991 年底止,全地区企业总数 23139 家,从业人员 440372 人,注册资本 306973 万元。

1992 年 6 月 15 日,赣州地区工商局受省工商局委托,开始受理在赣州市范围内的地属以上企业登记注册工作。

1993 年,全地区实施以"落实企业自主经营权""依法对企业登记注册"为内容的企业登记管理制度改革。1994年,推进以公司制为主要内容的企业登记制度改革,促进国有企业改革和无主管部门、股份合作制企业的发展。

1995年,在设立登记制度上,逐步由主管部门审批转向出资人直接申请登记;登记程序上,逐步由多级审核转向一审一核。是年,全地区新设立企业2351家,注册资本60.16亿元。

2001年,赣州市综合办证服务中心设立。市工商局、市土管局等20个单位首批进驻服务中心,实行并联办公,为各类市场主体提供优质高效服务。

2004年,市工商系统以推进诚信建设年和贯彻实施《行政许可法》为契机,在登记注册方面推行"一审一核"制度,落实"一次性告知、首办责任、服务承诺、限时办结"等制度。是年,全市发展内资企业552家,办理变更登记1074家。2006年,新登记内资企业562家,全市新登记私营企业9517家。

2007年,推进市场主体监管制度改革。逐步实现登记规范化、监管属地化、服务优质化。进行企业注册号转换工作。是年,全市内资企业7834家,注册资金114.87亿元,全市私营企业9783家,注册资本172.56亿元。2009年,新登记内资企业423家,办理注销登记218家,吊销企业438家。

2010年,市工商局围绕"一条主线、六个重点"工作目标,不断提升服务效能。是年,全市共有内资企业7973家,注册资本1986818万元。

**外商投资企业登记**　1992年,赣州地区工商局、赣州市(现章贡区)工商局受省工商局委托,直接办理审批外商投资企业登记注册,并代发营业执照。全地区新登记外资企业97家,投资总额15576.21万美元,注册资本13233.38万美元。

2001,全市实有外商投资企业447家,投资总额86374万美元,注册资本60415万美元,其中外方资本46317万美元。2003年实有外资企业520家,2004年652家,2005年达843家。

2008年,全市外商投资企业累计1053家,其中外商独资企业913家,中外合资企业100家,中外合作企业40家,投资总额456532万美元,注册资本337284万美元,其中外方资本认缴313024万美元。

2010年,全市外资企业发展数量相对稳定,投资规模逐步增大。新设企业户均注册资本388.49万美元。外商独资企业较合资、合作更多,占外资企业总数68.97%。

**个体私营经济登记**　1991—2010年,赣州市工商局贯彻党和国家关于发展个体私营经济的方针政策,围绕经济建设中心,采取灵活、优惠的政策和措施,坚持发展与管理并重,为个体私营经济发展营造更加宽松的外部环境,促进个体私营经济持续、稳定、健康发展。截至2010年,全市个体工商户累计发展到213579家,同比增长26.23%,为1991年的2.39倍;私营企业累计发展到17907家,同比增长24.26%,为1991年的35.6倍。

**农民专业合作社登记**　2007年《农民专业合作社法》和《农民专业合作社登记管理条例》施行后,赣州市工商局多措并举服务农村经济发展,使农民专业合作社数量进一步增加。2010年,新登记农民专业合作社581家,总数1665家,是2007年的7倍多。成员规模和经营规模进一步扩大,合作社社员50人以上的991家,100人以上的674家。注册资本100万~500万元的1204家,500万元以上的 461 家。农民专业合作社成为农民致富的渠道之一。

### 监督管理

自 20 世纪 90 年代初开始，赣州地区工商局开展党政机关办实体脱钩工作，组织清理"三无"（无资金、无场地、无机构）企业工作，对全市军队、武警部队、政法机关及所属单位办的经营性公司进行全面清理，对全市公司制企业出资进行规范，对企业实行信用分类监管，开展以煤矿为重点的矿山安全整治、道路和水上交通运输安全整治、危险化学品安全整治、民用爆破器材和烟花爆竹安全整治、人员密集场所消防安全整治、其他相关领域整治。

2000 年，全市各级工商部门探索企业监管模式改革，加强企业动态管理，及时纠正和查处违反登记管理法规行为。同时在企业年检工作中，实行审企业主体资格、核实企业年检提交资料与登记注册材料是否一致等"六审一核"制度，推动年检质量的提高。是年，全市应检企业 24288 家，实际参检 21521 家，年检率达 89%，年检处罚违章企业 742 家。清理外商投资企业档案 628 家，查出需要提供前置审批或审批失去核推生产经营时效的外商投资企业 8 家。

2001 年，各级工商部门以年检为重点，加强企业的监督管理，并在有关部门配合下，对公众聚集场所，文化市场，医药市场、小煤矿、非煤矿山、成品油市场、液化石油气市场及从事生产经营烟花爆竹、交通运输等涉及人民生命财产安全的行业进行清理整顿，进一步净化市场主体。全市全年共清理"三无"企业 413 家，无照经营 4356 家。办理注销手续的企业 2207 家，未按期年检被吊销营业执照的企业 3774 家。

2003 年，全市工商系统开展 4 次拉网式安全生产大检查，特别是对公共聚集场所、煤矿、非煤矿、石油液化气加油站、危险化学品等高危行业进行全面、细致地检查，最大限度消除不安全隐患。是年，共检查安全生产重点企业 38776 家次，责令企业整改 194 家，限期办理变更登记 44 家，注销或吊销不符合安全生产条件的企业 136 家，取缔无照经营 1950 家，依法查处违法企业 128 家。

同时，各县（市、区）工商局以"经济户口"为载体，建立企业信用制度，以企业年检为依托，强化企业日常监管。是年，全市共清理"三无"企业和"假集体"企业 505 家，查处违法违章企业 217 家。

2004 年，市工商局加强对出资人出资行为及验资机构的监管，全市查处虚假出资等违法违规行为 38 起。重点查处提供虚假证明文件或采取欺诈手段骗取登记注册的行为，全市在年检期间查处各类违章行为 79 件。开展对"地条钢"生产企业的专项整治，共检查"地条钢"生产企业 108 家，对以"五金加工""金属材料"生产等名义变相从事"地条钢"生产的 39 家企业收缴其营业执照，责令其办理注销登记。

2006 年，全市各登记机关以实施新《公司法》为契机，开展企业年检与换发新版营业执照工作。全市应检内资企业 8324 家，实际到检并确认继续经营资格的企业 6024 家。

2007 年，全市推进市场主体监管制度改革，应检内资企业 8031 家，实际到检并确认继续经营资格的企业 6906 家。共查处企业登记违法行为 241 件，罚款 94.23 万元。清理无照经营 213 家，吊销营业执照 209 家。

2008 年,依法查处各类企业违法行为 289 起,罚款 93 万元;清理无照经营 197 家,吊销营业执照 269 家,待吊销 940 家。

2010 年,全市工商系统切实履行确认市场主体资格、监管市场主体行为、提供市场主体信息服务等职能,不断提升服务效能和依法行政水平,支持各类市场主体健康发展。应检内资企业 7989 家,实际参检并确认继续经营资格企业 6433 家;依法查处各类企业违法行为 67 件,罚款 45.74 万元;取缔无照经营 389 家。

## 政策扶持

1992—1995 年,全地区各级工商部门围绕经济建设中心,贯彻落实省委、省政府和地委、行署关于大力发展个体私营经济的指示。1992 年,行署批转地区工商局《关于进一步鼓励城乡个体私营经济发展意见的报告》,1993 年地区行署出台《关于加快发展个体私营经济若干规定》,为个体私营经济的发展营造更加宽松的外部环境,使全地区的个体私营经济以每年 1 万~2 万家的速度超常规发展。

20 世纪 90 年代中期开始,赣州地委、行署把个体私营经济工作列入全地区经济工作"131 工程"和"533 工程"的重要项目,印发《进一步大力发展个体私营经济,确保今年新增税收 1.5 亿元目标的实施方案》,各县市均由党政一把手任个体私营经济工作领导小组组长。1996 年至 2000 年全市个体私营经济一直保持强劲发展势头。1996 年是赣州地区个体私营经济发展创特色、管理增力度的一年,这一年地委、行署成立利用非公有制企业资金领导小组,开展一系列招商引资活动。

1997—2000 年,赣州地区(市)把发展个体私营作为振兴经济新的增长点来抓。1997 年,赣州地委、行署出台《关于进一步鼓励个体私营经济的补充决定》,进一步放宽政策,放开发展。1998 年,赣州地委、行署出台《关于促进个体私营经济新一轮大发展的决定》,明确个体私营经济成为赣南经济的重要增长点。1998 年底,个体工商户达到 18908 家,私营企业 4600 家,从业人员共计 608402 人。全市各级工商部门主动为下岗职工安排就业市场,1998 年底累计安排下岗职工从事个体经营和兴办私营企业达 52139 人,约占全地区下岗职工的 65%。2000 年,赣州市工商局印发《关于积极引导、扶持个体私营经济发展与强化监管工作的意见》,加强个体私营经济监管。

2001—2002 年,赣州市委、市政府相继出台鼓励和加快非公有制经济的决定和办法,2001 年 3 月出台《赣州市"十五"期间个体私营经济发展目标和 2001 年工作意见》,提出"抓好三项创新,促进个体私营经济跨越式发展"。2002 年出台《赣州市人民政府关于赣州市 2002 年发展个体私营经济意见》,把发展个体私营经济列为各级政府的重点工作。是年,个体私营经济实现税收 7.88 亿元,占全市财政收入的 30.3%。2002 年,赣州市工商局按照省工商局"创新监管制度,力促经济发展(20 条)"要求,再次召开全市工商系统强化服务意识、优化投资环境工作会议,并出台《赣州市工商系统关于转变作风优化服务、扶持发展十条措施》。

2003 年,赣州市委、市政府出台《关于学习浙江经验,进一步解放思想,加快我市经济发展的意见》,使全市个体私营经济继续保持"户数总量不断增多,质量层次日趋提高,贡献份额逐年扩大"

态势。年内外省、外市来赣州市投资注册资本 100 万以上的企业 317 家,500 万以上的企业 137 家,1000 万以上的企业 49 家。

2004 年,全市工商系统围绕市委、市政府"对接长珠闽、建设大赣州"发展战略,采取积极有效措施,有力推动个体私营经济发展,使全市个体私营经济继续保持"投资快速增长,实力明显增强,效益日益提高"的态势。年内新发展个体工商户 27791 家,私营企业 1725 家。个体工商户和私营企业注册资本达 115.61 亿元。

2005 年,贯彻执行省工商局的"加快全民创业 20 条措施",全市工商系统推动全民创业,富民兴赣,继续采取"放宽准入、加强引导、优化环境、强化服务"措施,为下岗失业人员再就业落实优惠政策,年底止,凭《再就业优惠证》申办个体工商户 11147 家,免收工商规费 1948.4 万元,获得群众称赞。

2006 年,市工商局以实施新的《公司法》为契机,充分发挥登记监管职能,开展换发营业执照工作,全市登记内资企业 8031 家,注册资本 1078403 万元。

2009 年,赣州市工商局出台《关于支持我市现代服务业发展的实施意见》,要求认真落实服务业发展的政策措施,支持新兴行业进入市场,放宽企业依据登记条件、出资方式、经营范围等,促进全市服务业大发展。

2010 年,赣州市工商局按照"增加总量、扩大规模、鼓励先进、淘汰落后"要求,分别出台《关于积极服务个体私营经济发展的若干措施》(20 条)、《关于积极促进服务农村经济发展的若干措施》和《全市工商系统个私经济"扩质提量"发展助推工程工作方案》等,为创办个体私营企业的群体提供全方位政策支持。

# 第二节　市场监督管理

## 市场建设

1992 年开始,全市各级政府把培育建设市场工作列入政府议事日程,市政府专门成立市场建设工作领导小组。全市市场培育建设步入快车道。2000 年,全市有各类市场 602 个,市场总面积 236 万平方米,市场交易额达 300 亿元。

2001 年,全市有城市市场 73 个,农村市场 512 个,到 2005 年,城市市场增加到 165 个,农村市场数量则降至 320 个。

## 商品交易市场管理

**市场规范化管理**　1991 年开始,全地区各级工商部门对消费品市场全面进行规范化管理,从经营、管理、环境设施等方面做出规范,建立健全各项规章制度。1991—2000 年,共查处违法违章案件 9487 件。

1995 年,国家工商总局颁布《经纪人管理办法》后,全地区工商部门加强经纪人的培训,该年度共举办经纪人培训 4 期,培训经纪人 69 人。1996 年《江西省经纪人管理条例》颁布后,对中介机构和中介人加强管理,地区工商局于 1997 年印发《关于加强生产资料、生产要素市场监督管理工作的意见》,此后几年陆续查处一批不具备资格条件、无合法手续的单位和个人,同时每年定期开办经纪人培训班,发放经纪人资格证,确保经纪人持证上岗。

2001—2005 年,全市各级工商部门坚持"标本兼治、整管结合、重在规范"的工作方针,连续 5 年开展较大规模的整顿和规范市场经济秩序系列活动,查处和打击市场各种违法违章活动,维护全市市场经济秩序和社会稳定。

2006—2010 年,工商部门把加强市场专项整治与市场日常监管有机结合,着力建立和完善市场长效监管机制,五年间共查处各类违法违章案件 25394 件。

**市场"办管脱钩"**　1999 年,全市开始启动"办管脱钩"和移交工作,到 2001 年,工商机关将本市应脱钩的总面积为 53.56 万平方米,总资产为 14903.74 万元的 337 个市场全部移交给各县(市、区)人民政府。至此,工商机关垂直管理后的市场"办管脱钩"和移交工作全部完成。

## 合同监管

**经济合同仲裁与鉴证**　1991—2004 年,全市各级工商部门贯彻《经济合同法》,落实经济合同法律法规培训,在鉴证过程中,严把审查关,实行跟踪监管,保证鉴证质量。1992 年,鉴证合同 6528 份,总金额 68258.5 万元;2000 年,合同鉴证 4500 份,金额 108928 万元;2004 年,合同鉴证 164077 份,总金额 351 万元。

14 年间,累计鉴证各类经济合同 7 万余份,鉴证金额 126.37 亿元。同时,通过确认无效合同,查处违法合同,调解仲裁经济合同纠纷案件,为企业避免或挽回部分经济损失,维护社会主义市场经济秩序。2005 年,根据《行政许可法》及上级有关规定,经济合同鉴证工作终止。

**企业动产抵押登记**　1996 年,全地区开始施行企业动产抵押登记管理工作,各级工商部门把动产抵押登记管理作为强化合同管理、减少合同欺诈、维护金融秩序的一项重要工作来抓,加强与银行等有关部门的合作,为企业融资增效、盘活资产提供优质服务。1996 年,动产抵押登记 126 件,担保金额 56218 万元,主债权金额 30572 万元;2010 年,动产抵押登记 212 件,担保金额 155000 万元,主债权金额 65000 万元。

**"守合同、重信用"活动**　1991—2010 年,全市各级工商行政管理机关持续在企业中开展"守合同、重信用"评选活动。2000 年,全市工商系统对历年被命名的"重合同、守信用"企业进行复审,清理和废止一些名不符实的"重合同、守信用"企业,该年度共有省级命名的"重合同、守信用"企业 38 个,相比上年度减少 34.5%。2001 年,《江西省重合同守信用企业认定管理暂行办法》颁布,"重合同、守信用"企业认定实行 A 制,即 A,AA,AAA 3 个等级。2010 年 11 月 1 日,《江西省守合同重信用认定办法》正式实施,到 2010 年底,全市共认定"守合同、重信用"AA 企业 69 家,继续认定"守合同、重信用"AA 企业 70 家,申报"守合同、重信用"AAA(含继续认定)企业 58 家。

## 商标监管

**商标注册** 1991—2010 年,全市各级工商部门不断推动全市商标战略的实施,引导企业商标申请注册,促进企业提高产品质量,树立商标信誉,提高全市注册商标知名度和市场竞争能力。1991年,全地区经国家商标局核准的注册商标 40 余件,此后,全地区商标注册量逐年增加,到 2005 年,全市有效注册商标累计数达到 1500 余件。2006 年开始,全市有效商标注册量呈井喷式增长,以平均每年 1000 件左右的数量不断增加。至 2010 年,全市有效注册商标累计达到 6693 件。有效省著名商标共有 75 件,推荐中国驰名商标行政认定 1 件。

**商标专用权保护** 1991—2010 年,全市工商部门加强对商标专用权的保护,加大查处商标侵权假冒行为力度。平均每年查处商标违法案件达 100 多件,累计收缴和消除的商标标识超过 100 万件(套)。同时纠正处理大量不规范使用商标,擅自改变注册商标文字、图形,以及假冒他人商标和知名商标名称等违法行为,逐步规范商标注册人的商标使用行为,避免和减少商标纠纷和商标侵权假冒行为的发生。

## 广告监管

1991 年,全地区广告经营单位仅有 49 家,从业人员 500 余人,大部分属于报社、电视台等国有企业和集体企业兼营的媒介,年广告营业额仅 210 多万元。1992 年 3 月初至 4 月中旬,工商部门对全地区原有的 49 家广告经营单位进行年检和整顿。1993 年,取消原推行的《广告业务员证》和《广告业务专用发票》制度,废除约束广告经营活动的做法。

1994 年,地区工商局制定《赣南广告业发展规划》,对全地区以后 5 年广告业的发展提出目标和重点。

1995 年 4 月 11—14 日,全省商标广告管理工作会议在赣州市召开。9 月,在全省第 3 届暨全国第 4 届优秀广告作品评选中,赣州地区广播电台等 7 家广告经营单位送评的 9 件作品获江西省第 3 届优秀广告作品奖,其中地区广播电台"润田太空水"等 3 件作品入选全国第 4 届广告作品展。

1995 年《广告法》颁布实施,此后几年,全市持续开展业务培训和法律宣传,并逐步建立健全广告监管规章制度。

1997 年 8 月 29 日,地区工商局召开以"自强创辉煌"主题公益广告新闻发布会,到会有地、市县新闻单位负责人、主要广告媒介单位及广告主代表共 50 余人,9 月,工商部门组织开展"自强创辉煌"主题公益广告月活动,并推选 11 件作品报省参评,其中苦瓜酒电视广告和招贴广告获金奖(招贴广告获全国入围奖),《赣南日报》、赣州新形象广告公司作品获铜奖。

进入 21 世纪后,全市工商部门注重广告监管工作,同时结合新情况、新形势,加强对广告行业的扶持,通过举办广告创意作品大赛、组织广告经营单位参观考察、在全国各类媒体推荐本市优秀品牌等方式,推动广告业做大做强。到 2010 年底,全市广告经营单位已达近千家,大部分为私营企业,广告营业额 4 亿多元,部门比 1991 年增长 200 多倍。

20 年间,全市工商部门持续打击广告违法行为,多次重新验审广告经营单位资质情况,不定期开展对户外广告及社会广告的专项检查行动,尤其注重对市内报纸、有线电视发布的广告进行检测。全市 20 年里共查处广告违法违章案件 5000 余件,有力维护广告市场秩序。

# 第三节　公平交易执法

## 反不正当竞争

1991—1995 年,全地区各级工商部门贯彻党中央关于进一步深化改革、扩大开放,搞好国营大中型企业,搞活农村经济的方针,坚持管理与服务相结合,改进检查方式和方法,为全市经济发展营造一个宽松的环境。

1992—1995,全地区共查处各类违法违章案件 4260 件。其中万元以上案件 546 件。查处的主要物资有:进口汽车、摩托车、录(放)像机、空调机、电视机、化纤布、香烟和假冒劣质化肥、农药、种子、酒、饮料、商标标识等。

1996—2000 年,全地区工商部门加大执法力度,有计划、有步骤地整治制售假冒伪劣商品行为,打击走私贩私,查处欺诈和不正当竞争等违法违章行为。5 年间,全地区共查处各类违法违章案件 5427 件。查处的主要物资有进口汽车、进口摩托车、黄金、白银以及假冒伪劣的空调机、电视机、化工原料、成品油、钢材、农药、化肥、种子、烟酒、食品、饮料和非法出版物、音像产品等。

2001—2010 年,全市工商部门进一步拓宽监管领域,加大执法力度,强化对市场竞争行为、市场交易行为的规范管理,深入开展整顿和规范市场经济秩序专项斗争,严厉打击商品交易活动中各类经济违法违章行为,促进全市统一、公平竞争、规范有序的市场体系建立和完善。

10 年间,全市每年都要组织多次大规模集中统一行动和专项整治行动,严厉打击商品交易中的各种违法违章行为。2002 年,先后开展食品打假集中联合执法统一行动、"放心菜篮子"肉食品专项整治行动、集贸市场专项整治行动、"五一"黄金周节日旅游市场整治工作、夏季食品专项整治行动、打假保安全居住专项执法大检查、加油站专项整治行动等。

## 打击传销和规范直销

1996—2000 年,非法传销活动呈蔓延趋势,全市各级工商部门加强查处非法传销活动的工作力度,共查处非法传销案件 29 件,驱散涉及传销人员两万余人。其中,2000 年开展的打击非法传销活动专项行动一举查处赣州华恩实业有限公司等 12 起非法传销案件,驱散涉及传销人员 19200 多人。

2001—2010 年,全市开展数次较大规模的集体行动,共查处传销案 93 件,驱散传销人员 2 万余人。同时,全市加大《禁止传销条例》和《直销管理条例》宣传力度,累计发放宣传资料 10 万余份,受众 20 万余人次,帮助广大群众增强防范传销意识,远离传销。严格规范直销行为,对已获直销经营许可企业的服务网点进行检查,重点检查直销企业的直销活动、直销员招募、直销培训、直销员计酬、信息披露、计酬制度、信息报备、退换货等8个方面内容。采集备案直销网点在本地的经营活动信息,及时掌握直销企业动态情况,严厉打击打着直销旗号从事传销的违法行为。

## 商业贿赂治理

进入21世纪后,全市商业贿赂行为有所增加,工商部门加强日常监管和市场巡查,通过发挥"12315"申诉举报系统和"一会两站"网络作用,及时收集整理群众举报信息。同时,主动加强与纪检监察、检察、公安、审计等有关部门的协调合作,建立情况通报、线索移送、案件协查、信息共享机制,重大案件及时向当地党委、政府领导和纪检监察部门汇报,争取当地党委、政府支持。2004年,查处违法违章案件14835件,案值7730万元,是查处各类经济违法违章案件数量最多、案值最大的一年。截至2010年底,全市工商系统累计立案查办商业贿赂案件112件,案值900余万元,其中大案要案40件,已查结案件104件,罚没款323.6万元。

# 第四节　消费者权益保护

## 商品质量监管

1991—2010年,赣州市工商局在全市范围内将打击假冒伪劣商品专项整治活动作为监管商品质量的重要途径,在每年的元旦、春节、"3·15"、五一、国庆节等期间,进行"打假"宣传和专项整治工作。

1991年,全地区开展对市场商品和服务质量监督检查活动,举报假冒伪劣商品展览,参观展览群众达46370人次。

1996—1998年,全地区工商系统紧紧围绕"讲诚信、反欺诈"主题,开展各项活动。1999年,开展元旦、春节、中秋等节日市场检查和农资检查以及与消费者安全健康有关的医药、食品、粮食、饮料等专项检查,检查6大类29个品种的商品,查处销毁标值为1052.73万元的烟、酒、饮料、猪油、化妆品、食品、化肥、农药等一大批假冒伪劣商品。

2001年,赣州市工商局召开"反误导、打虚假"广告市场专项治理工作会议,具体部署全市开展"反误导、打虚假"广告市场专项整治。

2003年5月,全市工商系统为抗击"非典",出动执法人员26518人次,出动执法车辆3216辆次,检查市场1356个,检查市场主体53886家次,查处销售假冒伪劣违法行为或其他违法活动203起,案值150.3万元。

2010年全市工商系统查处制售假冒伪劣商品案件1684件,案值1197.71万元,入库罚没款755.98万元。

### 消费者申诉举报受理

1991—2005 年,全市消费者权益保护工作主要由消费者协会主抓。全市各级消协组织在消费宣传教育、受理投诉、维权、社会监督检查和自身建设等方面做了大量工作,受到各界好评。1997年,各级工商部门相继成立消费者权益保护委员会,与消费者协会合署办公。

15 年间,各级消协与有关单位密切配合,采取多种形式广泛深入地开展《消费者权益保护法》的宣传活动,累计印发宣传资料 100 多万份,通过出专栏、简报,向报社、电视台投稿,出动宣传车,张贴(悬挂)宣传标语,召开座谈会,发布广播电视讲话,上街开展咨询服务活动等方式广泛宣传《消费者权益保护法》,增强消费者"以法护权"意识。2000 年,市消协开展"诚信单位"评比和创建"百城万店无假货"活动;2003 年是《消费者权益保护法》颁布 10 周年,全市各级消协组织开展"营造放心消费环境"主题年活动。

各级消协配合工商、物价、卫生、技术监督部门大力开展市场监督检查和打假活动,有力打击制假售假行为,同时做好消费者投诉受理工作,切实维护消费者合法权益。2005 年,市工商局增设消费者权益保护局。2008 年 9 月,"12315"消费者申诉举报指挥中心成立,并于 12 月 22 日正式开通。

2006—2010 年,赣州市工商局通过健全消费维权体系、完善消费维权机制、创新消费维权手段,不断提高消费维权能力。开展有关服务领域消费维权,查处假冒伪劣等违法行为,承担指导消费者咨询、申诉、举报受理、"12315"消费者申诉举报网络系统三级贯通等工作,保护消费者合法权益。

经过 5 年的体制机制建设,全市实现"一会两站"(即消费者协会分会、投诉站和维权站)全覆盖。5 年间,全市工商系统平均每年受理咨询 1 万余起,受理申诉 2000 多起。其中,2008—2010 年累计挽回经济损失 957.39 万元,查处案件 5142 件,案值 5611.84 万元,罚没款 2212.85 万元。

### "红盾护农"

2005 年,赣州市工商局以加强农资市场监管工作为切入点,围绕农资打假治劣,深入开展红盾打假护农活动,加大对农资市场监管工作,从重打击坑农害农行为。

2006—2010 年,全市工商部门深入开展"红盾护农"行动,农资市场得到进一步规范。据不完全统计,5 年里全市共检查农资经营主体 19471 家次,查处各类农资违法违章案件 1318 件,为农民消费者挽回经济损失 1354.7 万元。全面畅通消费者投诉举报渠道,"12315"申诉举报网络广泛延伸,在全市 19 个县(市、区)建立 2790 个维权投诉站。

## 第五节　流通领域食品监管

### 食品准入

1991—2005 年,赣州市食品监管工作由工商、质监和卫生等多部门独立或联合开展。2005 年

12月后,市县两级工商机关陆续增设消费者权益保护局,负责食品安全监管工作。

2005年,市工商局加强食品安全监测网络、设施的建设,培训专职食品安全检测人员。完善食品安全长效监管机制,加强食品经销企业的监督,确保流通渠道,消费安全。

2006年,市工商局创新监管模式,完善工作制度,引导小型食品经营业户建立包含进货登记、质量承诺、经营告知的自律制度,督导工商所建立食品经营单位巡查档案,强化食品安全监测工作。开展创建"食品放心示范店"活动,食品安全举报案件办结率达到100%。在全市80家大中型超市商场全部建立"12315"申诉举报点。

2007年,全市工商系统督促经营者依法建立索证索票和进货台账制度,年内乡镇、街道和社区食品经营店建立进货台账制度已经达到100%。

2009年6月1日起施行《食品安全法》,将食品流通许可职责赋予工商部门,通过经营主体规定"准入条件"的经验做法,进一步加强食品流通主体准入的监管。

2010年,赣州市工商局制订《2010年流通领域商品质量检测计划》,落实食品市场巡查制度,使食品安全监管制度化、规范化。

## 食品专项整治

2001年,全市工商系统按照国务院和各级人民政府整顿和规范市场经济秩序要求,集中力量,重拳出击统一开展夏季饮料市场整治。全市共查获假冒伪劣过期变质和"三无"饮料94512瓶,不合格果汁450袋,取缔无证照经营冷饮食品生产经营户38家。开展肉、食品市场专项整治。

2002年,全市开展"放心菜篮子"肉食品专项整治,共出动执法人员3132次,执法车辆347辆次,对330个集贸市场,4560家肉食品经营户及各大酒店、饭店、超市进行检查,从而确保肉食类食品安全。

2003年,全市工商系统贯彻落实党中央、国务院一系列关于抗击非典疫情的重大决策和部署,同时加大对制售假冒伪劣食品等行为的打击力度。江西电视台对赣州市工商部门开展抗击"非典"、加强市场管理工作所取得的成绩,进行专题报道。

2004年,市工商局在全市范围内连续5次开展大规模食品安全专项整治行动,并以查处劣质奶粉为重点,开展儿童食品市场的集中整治。安徽阜阳"劣质奶粉"坑害婴儿事件曝光后,全市工商系统迅速行动,对全市所有商超、农贸市场、批发市场、个体摊点进行"拉网式"突击检查,对所有的奶粉品种、名称等进行登记,对不合格奶粉进行查封。全市共检查奶粉65个品种,查出不合格奶粉、冒牌奶粉、来路不明奶粉和"三无"奶粉11759包(瓶)、价值14.35万元、查办此类案件93件,案值16.88万元。

2005年,全市工商系统在全市范围内开展5种类型食品专项整治活动,将食品安全专项整治作为全年工作之首,重点对儿童食品、饮料、酒、奶制品等包装食品进行专项执法检查。对1500余批次的食品进行检测,立案500余件、没收销毁不合格食品50余吨。

2008年,围绕三鹿婴幼儿奶粉事件、奥运期间食品安全、节日期间食品供应,深入开展相关领域的食品安全整治,是年,共查处流通领域食品案件 156 件,案值 123.76 万元,罚没款 137.49 万元,捣毁假冒伪劣食品窝点 2 个。在《赣州晚报》开设《聚焦"问题奶粉"关注食品安全》热线接听栏目。

2009 年,全市加强"12315"平台建设,处理消费申诉举报,维护食品安全,查处流通领域食品案件 725 件,案值 208.98 万元,入库罚没款 244.13 万元,捣毁制售假冒伪劣食品窝点 7 个。

2010 年,市工商局开展校园及其周边食品安全专项整治行动,出发执法和宣传人员 2887 人次,检查校园及周边经营户 4077 家,进入 461 所校园上课宣传食品安全知识,食品安全宣传教育课覆盖学生数量 107683 人次,向学生发放食品安全宣传材料数量 72528 份。开展废弃食用油脂集中执法检查,打击违法经营"地沟油"和非正规来源食用油行为,开展宣传教育,食用油经营户签订承诺书。切实加强食品安全监测,各县(市、区)工商局建立食品检测室,143 个基层工商分局配备有食品快速检测箱。市工商局统一组织采购一批快速检测试剂,采购金额 7 万余元,试剂可检次数 35590 次。

# 第六节　法治建设

## 普法宣传教育

1991—1995 年,赣州市工商局举办工商所长法律条例培训班、全系统专业法律法规的学习培训。采取报纸、电视、广播、流动宣传车、上街咨询服务等多种形式,开展《中华人民共和国公司法》及《中华人民共和国公司登记管理条例》宣传活动,提高企业和群众用法守法的自觉性。

1996—2000 年,全市工商系统共举办普法知识竞赛十余场(次),各类报告会、座谈会 50 场,参加人员 1000 余人(次)。全系统先后举办法律法规培训班 20 期,共培训人员 3000 余人。为企业厂长、经理、业务人员、个体工商户举办法律法规培训班 52 期,参加人员 3000 余人(次),向社会发放各种法制宣传材料 3000 份,开展街头咨询活动 5 次,出宣传栏 21 期,在各级报纸杂志上发表法制宣传稿件 23 篇。1996 年,赣州市工商局组织全系统执法人员参加市政府统一组织的上岗资格考试,合格率 100%,均取得执法资格。

2001—2005 年,继续实行学法每年一考,年年登记在册,5 年 1 证(普法合格证)制度,全面完成"四五"普法学法任务。全系统举办各类培训班 35 期,参加人员 1000 余人。开展"12·4"全国法制宣传日活动、社会普法宣传活动及"送法下乡"活动,发放法律宣传单 1 万余份,赠送法律书籍 200余册,接受提供咨询 1000 余人次。

2006—2010 年,市工商局组织全系统干部职工参加全省公民普法重点考试,各县(区)工商局开展季度学法考试活动。"3·15"国际消费者权益日和"12·4"全国法制宣传日,全市工商系统利用广播、电视、报刊、宣传栏、宣传车等宣传媒体,广泛开展对消费知识、商品知识和食品安全知识以及这些方面的法律宣传,并向偏远地区的农民群众提供法律咨询,累计提供法律咨询 1000 余人(次),发放法律宣传单 2000 余份。

### 规范行政执法行为

1991—1997年,全市工商系统格按程序办案,坚持先审批、后处理原则,全面推行《工商行政管理人员执法检查规则(试行)》,做到依法检查、文明检查,执法形象得到较大改善。开展《反不正当竞争法》《消费者权益保护法》等法律法规的学习培训,使全市经检人员的政策水平和业务水平有明显提高。7年间,全市工商系统查处经济违法违章案件的结案率、准确率均达到98%以上,共受理行政复议案件4件。

1998年,市工商局印发《案件审核程序示意图》和《关于提高办案质量,规范行政执法行为的若干规定》。各县(市)陆续设置法制科股,并在工商分局、所、站设立法治监督员,形成法制监督网络,制定持证上岗制度、执法程序规范制度、监督检查制度、奖惩制度和错案追究制度等,进一步严格执法程序。

2000年,市工商局印发《关于规范行政强制措施应用及其他行政执法规定的通知》,建立全市工商行政管理系统的行政复议、行政诉讼的层级执法监督和司法执法监督机制,使工商行政管理系统日常的案件审核、行政复议、行政诉讼、行政赔偿案件等执法监督工作逐步走上正轨。

2006年,市工商局重新制定《赣州市工商局行政执法责任制》,共核审市工商局本级一般程序案件10件,案值总额110余万元,罚没款20余万元上缴国库。受理行政复议案件14件。

2007年,市工商局编制《赣州市工商行政管理机关行政执法依据目录》印发贯彻执行,制定《赣州市工商局法律服务工作方案》。共受理行政复议案件18件。

2008年,市工商局出台《"阳光执法"八项制度》,对上年度未结行政复议案件三件依法作出复议决定,市局本级无行政诉讼案件。全市工商法制机构共核审案件1433件,一般程序案件核审率100%。至2008年底,全市经核审已报批办理《江西省行政执法证》1521册、《江西省行政执法监督证》149册、《江西省行政执法主体资格证》20册。

2009年,全市工商系统开始全面推行国家总局2009版新式行政处罚文书,严格行使自由裁量权,依法实施行政强制措施,大力开展行政指导等工作。市工商局印发《赣州市工商行政管理机关执法办案工作规范》《关于说理式行政处罚决定书制作指导意见》《关于服务当前经济发展的实施意见》,组织落实开展国家"2009年百家网站法律知识竞赛",受理行政复议案件1件,无诉讼案件。

2010年,全市工商系统开展为期1个月的"送法上门"宣传月活动,市工商局制订印发《赣州市工商行政管理机关全面推进行政指导工作实施方案》《关于建立规范性文件有效期制度和定期清理制度的通知》《赣州市工商行政管理局在市场监管、行政执法中实行首违不罚的若干规定》。是年,全市工商法制机构共核审案件4597件,一般程序案件核审率100%。

# 第七节　机构队伍

## 机构设置

1991—1998 年,赣州地区工商局属地区行政公署的职能机构,编制序列归口地区行政公署,业务上受省工商局指导。1994 年 11 月 24 日,成立赣州地区个体私营经济管理局,为副县级行政管理机构,隶属地区工商局。1996 年 6 月,地区工商局商标广告管理科分开设置商标监督管理科和广告监督管理科。1998 年,地区工商局内设办公室、计划财务科、企业注册监督管理科等 10 个职能科(室),地区工商行政管理咨询服务事务所等 5 个事业单位,1 个机关总支委员会,1 个公平交易执法支队和 1 个直属工商所。1999 年 1 月 1 日后,地区工商局改为江西省工商局直属部门,编制序列归口省政府。

1999 年 7 月 1 日,赣州撤地设市。2001 年 6 月 13 日,原赣州地区工商局更名为赣州市工商局,内设行政科室和事业单位 24 个。截至 2010 年底,市工商行政管理局内设办公室、计划财务科、人事教育科、法规科、市场规范监督管理科、广告监督管理科、个体私营经济监督管理科、食品流通监督管理科 8 个职能科(室),企业注册监督管理局、公平交易局(打击传销办公室)等 5 个直属机构,个体私营经济协会办公室、机关后勤服务中心等 7 个事业单位和监察室(与党组纪检组合署)、机关党委。

1991—1998 年,全地区 18 个县(市)工商局属县、市政府的职能部门,编制序列归口县(市)政府,业务受地区工商局指导,内设机构与地区工商局内设机构基本对应。1999 年 1 月 1 日后,18 个县(市)工商局整建制上划,为地区工商局的下属机构,编制序列归口省人民政府。1999 年 7 月,原赣州市改名为章贡区,原赣州市工商局改名为章贡区工商局。2001 年 7 月 26 日,19 个县(市、区)工商局所属按经济区域设置的原 164 个基层工商所更名为基层工商分局,升格为副科级派出机构。同日黄金开发区工商局挂牌成立。2004 年 8 月,黄金开发区工商局更名为赣州经济技术开发区工商局。

表 7 - 7 - 1　1991—2010 年赣州市工商局主要负责人情况

| 姓　名 | 职　务 | 任职时间 | 备　注 |
|---|---|---|---|
| 陈章义 | 党组书记、局长 | 1991.01—1991.12 | 1988 年 5 月任 |
| 黄素英 | 党组书记、局长 | 1991.12—1996.10 | |
| 陈伟光 | 党组书记、局长 | 1996.10—2009.10 | |
| 刘雪峰 | 党组书记、局长 | 2009.11—2010.12(在任) | |

## 队伍建设

1991—1995 年,各级工商部门有计划、有步骤、分层次、分阶段对工商干部进行业务培训、法制教育,使全市工商行政管理干部职工的政治、业务、文化素质逐年得到提高。5 年里,地区工商局共举办培训班 33 期,培训 2643 人次。

1996—2000 年,全市各级工商部门把建设一支高素质的工商行政管理队伍作为重要任务来抓,举办骨干培训、业务培训和《行政处罚法》《合同法》等培训班。5 年里,共举办培训班 228 期,培训人数达上万人次。

2001—2005 年,市工商局按照"十五"干部教育规划和"红盾素质工程"要求,进一步改进培训方式,优化培训内容,开展在职人员法规培训、业务培训和成人高等学历教育。5 年里,全市共举办培训班 634 期,培训两万余人次。到 2005 年底,全市工商系统大专以上学历人数达 1358 人,占总人数 56.8%。

2006—2010 年,市工商局根据《2006—2010 年全国工商行政管理系统人才队伍建设规划》,围绕政治理论、法律知识、基本技能、行为规范以及工商行政管理专业知识等方面,在全系统掀起岗位练兵热潮,特别是党员结合保持共产党员先进性教育活动,学习政治理论,提高广大党员的政治思想觉悟。

# 第八节　社会团体

## 赣州市个体私营经济协会

前身为赣州市个体劳动者协会。2000 年 10 月 12 日,赣州市个体私营经济协会(简称市个私协)召开第一次代表大会,选举产生第一届理事会会长、副会长、秘书长等。1995—2010 年,周德和(1995 年至 2000 年 9 月)、陈伟光(2000 年 10 月至 2010 年 3 月)、涂光江(2010 年 3 月开始)先后任会长。历任副会长为刘有钟、刘石星、丁东林、程大池、王艳、刘事芳、谢朗明、谢祚珍、黄九华、廖国禄、欧阳效芳、赖少莲、钟芳明、何翠娥、刘国钰等人。

1991—2000 年,市个私协兴办医疗站、图书室、托儿所,开办技术培训班,建"会员之家"、"活动中心",协助会员搞好资金借贷等措施,为会员生产经营提供有利条件。到 2000 年底,全市共有"会员之家"79 个,医疗室 16 所等。进入 21 世纪后,全市各级个私协进一步强化服务职能,构建全市互动的个私协会员定点医疗、法律服务网络,并通过推荐个私企业家到高校进修,组织会员代表到沿海发达地区和欧美发达国家考察学习等措施。到 2006 年底,全市个私协系统建立 19 个法律服务中心和 21 家会员定点医疗优惠单位。各级个私协坚持连年在元旦、春节等节日期间,开展"送温暖"活动,慰问困难会员。2008 年,市个私协组织个私业主为抗冰灾捐款捐物折合人民币 119 万余元,为四川汶川地震灾区捐款捐物折合人民币达 1704.99 万元。2010 年,组织会员向青海玉树地震灾区捐款捐物折合人民币 153 万余元。赣州市个私协先后多次被评为全国、全省个私协系统先进单位。

## 赣州市消费者权益保护协会

1990 年,江西省消费者协会赣州地区工作委员会成立。1991 年,各县(市、区)相继成立消费者协会。到 1995 年,各级消协组织基本健全办事机构,选举会长、副会长和秘书长,成立理事会。1997 年,地区和部分县(市)相继成立消费者权益保护委员会,与消协合署办公;10 月,市消协工委进行换届工作,产生赣州地区消费者协会第二届理事会。

2004 年开始,各级消协组织把受理消费者投诉工作途径延伸到乡镇、农村,开展"一会两站"(即消费者协会分会、投诉站和维权站)建设。至 2010 年底,全市各级工商机关在乡镇共建立消费者协会分会 170 个,在村、社区等设立投诉站和维权站 2353 个,实现全覆盖。

1991—2010 年,全市各级消协组织受理共受理消费者投诉 4 万余起,解决率超过 98% ,为消费者挽回经济损失 3000 余万元,接待消费者来信来访、咨询服务 20 多万人次。

## 赣州市广告协会

1989 年 12 月 13 日,赣州市(后为章贡区)广告协会成立,协会由驻市 34 个单位组成。2000 年 11 月 28 日,赣州市广告协会成立大会暨第一次会员代表大会召开,选举产生赣州市广告协会第一届理事会会长、副会长、秘书长等。

市广告协会成立后,强化广告行业自律,持续开展争创全国、全省"广告行业文明单位"活动,连续 10 年组织广协会员单位参加中国广告协会举办的"中国广告节"的观摩、学习、参观活动和省广告协会举办的优秀广告作品评比活动。

## 赣州市工商行政管理学会

1991 年 12 月 19 日,赣州地区工商行政管理学会成立。2001 年 9 月 17 日,赣州市工商行政管理学会(简称市工商学会)成立大会暨第一次会员代表大会召开,选举产生市工商学会第一届会长、副会长、秘书长等。2007 年 2 月,市工商学会召开第二次代表大会。2010 年 6 月 10 日,市工商学会对理事会领导机构进行调整变更

1991—2010 年,市工商会针对市场经济出现的新情况、新问题,联系工商行政管理实际,组织会员深入调查研究,开展多形式、多层次的理论研讨和学术交流活动,在国家级、省级、地级的各类媒体发表一批反映实际有价值、有新意的研讨文章和有关工商行政管理工作动态的通讯报道、摄影图片。

# 第八章　宜春市

1991—2010 年,宜春市工商系统顺应职能转变,努力做好监管、发展、服务、执法维权等工作,全力维护良好市场经济秩序,促进宜春社会经济稳定持续发展。

20 年间,全市工商系统从监管集贸市场和小商小贩转变到监管社会主义大市场上,对市场实行"管办脱钩"。不断拓宽监管领域,提高管理层次和水平,加大消费者权益保护力度,强化食品安全监管,建立消保机构,提升"12315"申诉举报处理质量,完善"12315"网络建设。

全市工商系统改革监管模式,实行垂直管理,发挥快速反应优势,加强法制建设,规范执法行为,促进公正执法,在监管社会主义大市场中充分发挥职能作用。以管理体制改革为契机,建立公开、竞争、择优用人和进人机制,规范公务员考核录用工作,确保新进人员质量。

20 年间,市工商局始终把干部队伍建设放在重要位置。抓好县(市、区)工商局领导班子建设和工商队伍建设,树立良好工商形象。加强对干部的教育、培训、管理,确保工商队伍的精干和高素质,适应强化监管执法工作的需要。

## 第一节　市场主体准入

### 登记管理

**内资企业登记**　1991—1995 年,宜春地区工商局实行登记改革,开展清理整顿公司和清理假集体,对工商企业中申请登记的受理、审查、核准、填写执照内容进行规范,通过企业法人登记注册和年检换照,逐户确认企业法人资格,将企业审批制逐步向核准制过渡。

1996—1997 年,地区工商局支持国有企业改组、改制、改造,发展企业集团,开展国有中小企业产权制度改革,出台《关于支持企业改革,优化发展环境的实施意见》,参与组建企业集团 9 家,组建公司 7 家,参与企业改制为公司 39 家,改制股份合作企业 30 家。参与"宜工"(宜春工程机械集团)等四大集团的可行性论证、文件修改,报批手续,使集团顺利挂牌运转。

1998 年始,对注册登记体制进行全面改革,变分散登记为全市集中登记,变谁登记谁管理为地域与行业监管相结合,建立市场主体准入与市场行为动态巡查相结合的监管机制。

2001 年 12 月,宜春市政府成立经济发展服务中心(即后来的行政服务中心),设立企业注册登记窗口,市工商局抽调人员进驻。

2007 年,市工商局在执行"一审一核"制、首办责任制基础上,完善"一次性告知制、责任追究制"等 10 余项制度。2009 年,解决重点项目建设难题 36 个,为企业提供法律咨询服务 2330 次,解决涉及注册登记、股权出质、抵押贷款、商标注册、企业年检等方面问题 3630 多个。

2010 年,市工商局以开展创业服务年活动为契机,创新服务举措,注册登记锂电新能源等重大产业和重点项目 22 家。改革行政审批制度,对重点招商引资项目实行"绿色通道",主动提前介入跟踪服务,对符合条件材料齐全的现场办结。

**外商投资企业登记**　1991—2010 年,市工商局开展外资企业登记工作,全面实行"一审一核",完善"并联审批",落实审批责任制、首问责任制,外资登记管理进一步规范,至 2010 年底,全共有外商投资企业 395 家,投资总额 27.97 亿美元。

**农民专业合作社登记**　1991—2010 年,市工商局开展农民专业合作社登记管理工作,2007 年,发展登记农民专业合作社 102 家,出资额 12023.9 万元,出资人 1248 个。

2008 年,市工商局开通"绿色登记通道",为兴办各类型农民专业合作社提供登记事前、事中、事后跟踪服务,免收登记费、工本费和管理费。全市登记注册农民专业合作社 400 家,出资额 2.8 亿元,合作人员 4046 人。靖安县对 18 个适合成立农民合作社的农业产业化项目,实行"零距离、零障碍、零收费"服务,新发展农民专业合作社 15 家。

2010 年,注册登记农民专业合作社 334 家,全市共有农民专业合作社 1506 家,成员达 5.41 万家,带动农户 26.19 万家。

## 监督管理

20 世纪 90 年代初期,地区工商局对党政机关、军队、武警、政法部门所办经济实体进行全面清理,开展清理假集体企业、"三无企业"、污染严重企业,清理企业不良文化、不合格中介组织,整顿粮食企业、金融企业、高危产业,整治走私企业。

1992 年,对党政机关办企业 1144 家公司进行清理,决定保留 687 家,撤销 301 家,合并 18 家,降格不予冠公司名称的 138 家。至 1993 年上半年,党政机关所办经济实体累计 567 家,分流机关人员 1522 人;是年地区工商局加大进口小汽车的"打私"力度,分别对广东省南海、河源等地的多家公司、宜春市轻化建材公司、青龙实业有限公司等单位无准运证等手续走私日产各类小汽车、轿车等数百起违法行为进行处罚。

1996 年,清理"三无企业"281 家。在企业年检中注销或吊销企业 2378 家;办理企业变更登记 1930 家,取消粮食批发、石油制品经营企业 105 家,注销或吊销信息经营单位 4 家;处理企业违法违章案 126 件,罚款 7.35 万元。针对不良文化在企业名称方面的表现进行整治,先后责令更换 76 家企业名称。查处各类企业的汽车、摩托车、家用电器走私案件 54 件,案值 233 万元。

1997 年,地区工商系统清理"三无企业"346 家,挂靠企业 133 家,处理违章案件 163 件。关停一批污染严重和土法生产企业,对全地区 17 户造纸厂作停产或转产处理。清理不合格中介机构 30 家,规范 18 家,取缔 12 家。粮食市场整顿中,对无照从事粮食加工经营的 374 家企业和个体工商户予以查封。

1998年,按照关于政法机关不再从事经营活动的规定,地区工商局对政法机关所办117家企业分别变更主管部门登记3家,注销登记98家,保留16家。清理"假集体"224家,其中办理注销登记153家,转为个体工商户登记71家。

1999年,全地区严格执行中央关于军队、武警、政法部门不准办企业的规定,对政法系统93家、军队27家、武警14家企业分别办理注销、变更、重新登记手续。是年,清理虚假出资企业33家。

2000年,市工商局查处粮食违规案件184件。对全市2451个行政村逐村进行检查,取缔烟花鞭炮无证加工户3737家,停止经营1276家,变更1274家,吊销注销56家,加强雷管、炸药、压力容器、小煤窑、成品油、液化气站、医药、食品、娱乐等行业管理,清理非法气功组织所办企业,吊销4家。

2001年8月,全市开展为期3个月的清理"三无企业"专项整治,清理"三无"企业647家,查处无照经营1830家。9月,对粮食收购资格证书进行年度检验,验证415个,年检率100%。

2002年,市工商局联合有关部门加强对烟花爆竹、小煤矿、液化气、加油站、化学危险品、交通运输、建筑施工、公众聚集场所等生产经营单位的安全检查。全年组织安全检查7次,检查生产经营单位3394家,关闭、注销涉及安全生产小煤矿40家,烟花爆竹生产企业213家。检查非煤矿山、加油站、液化气站(点)872家,规范经营352家,关闭320家。

## 政策扶持

1991年,地区工商局与地区税务局等6个部门制定鼓励和支持个体私营经济持续发展的具体意见和措施。至年底,个体私营企业数量逐月呈持续稳定上升势头。

1996年,地区工商局《关于进一步解放思想,更新观念,落实政策,优化环境,促进个体私营经济健康快速发展的报告》,引起地委行署领导重视,决定在全地区立即建立行署专员、县市长接待日制度,领导定点联系私营企业大户制度,纪委、监察局对个私企业实行挂牌保护制度。

1999年,宜春地委、地区行署印发《关于进一步放手发展个体私营经济的通知》,对个体户、私营企业的登记办照,只要材料齐全,分别由过去1周、1月缩短为3天、1周发放执照。

2000年6月6日,地区工商局出台《服务地方经济建设的工作意见》,至年底,仅纳税50万元以上的个体工商户、私营企业就有76家。全年有176家个私企业采取购买、租赁、承包、参股、兼并等形式参与国有集体企业改革。

2002年2月,在私营企业中开始试行免检制度。6月,市工商局鼓励和宣传"四方面人员"(即登记失业人员、残疾人、退役士兵以及毕业2年以内的普通高校毕业生)从事个体私营经济。参与全市国有、集体企业改制的541家,比上年底增长180家。全市个体私营企业累计吸纳安置下岗职工49015人,比上年底增加15144人。

2003年,市工商局印发《宜春市工商系统促进就业的十条措施》,大力支持全市和市级个私经济发展。从机关到基层开辟"再就业服务窗口"和下岗失业人员优惠政策公示栏,建立五项服务制度,为下岗失业人员办理个体工商户 2574 家,办理私营企业 136 家,吸纳下岗失业人员 16959 人。

2005 年,进一步降低企业准入门槛,对下岗失业人员设立专门的政策咨询及办照窗口,开辟"绿色通道",做到优先受理、优先发照。

2008 年 9 月,市工商局抓好下岗失业人员再就业优惠政策的落实,为下岗失业人员申办个体工商户 798 家,免收个体工商户注册登记费 1.1 万元、管理费 206 万元。9 月 1 日,全市工商系统停止收取个体工商户管理费和集贸市场管理费,此前未收完的不再征收。

2010 年,市工商局实施个体私营经济"扩量提质"工程和落实创业就业优惠政策。至年底,全市共有个体工商户 115079 家,从业人员 252128 人,注册资本 635946 万元;共有私营企业 14190 家(含分支机构),从业人员 484555 人,注册资本 4145720 万元。

# 第二节　市场监督管理

## 市场建设

1991 年,地区工商局集中各地资金 1809 万元投入市场建设,兴建专业、批发市场 12 个,新建、改建、扩建综合市场 16 个,地区市场达到 426 个,新增室内面积 46212 平方米,顶棚面积 19230 平方米。市场总面积增加到 104930 平方米,比上一年增长 165.7%。

1992 年,地区工商局投资 4804 万元建设市场,新增市场 12 个,改建 35 个,扩大市场面积 29 万平方米,各类市场增加到 438 个,总面积达到 126.4 万平方米。其中,樟树市工商局投入资金 1620 万元,建设总面积 30090 平方米药都商品大世界。

1993 年,宜春商城和高安凤凰商城竣工。其中,宜春商城投资 1069 万元,面积 4 万平方米;高安凤凰商城投资 1000 万元,面积 2 万平方米。

1994 年 5 月,丰城市工商局与当地食品公司联手以及个体老板合资 1476 万元,建成 1.4 万平方米的丰城市禽蛋批发市场。合资修建店面 86 间,面积 1660 平方米,加盖混凝土框架交易棚 4 座,面积 1800 平方米。

1998 年,全地区初步形成以城镇综合贸易市场为龙头,以乡镇集贸市场和农副产品专业市场为主体,零售与批发兼顾的种类较多、功能齐全、辐射较强的市场体系。全地区有各类市场 461 个,市场成交额 47 亿多元。全年新增贩运户 1869 家,贩运水果、蔬菜、大米、花生、禽蛋达 26.83 吨。2001 年,全市有集贸(商品)市场 421 个,其中消费品综合市场 239 个,农副产品综合市场 152 个,工业消费品市场 26 个,其他市场 4 个,集贸(商品)市场成交额为 75 亿元,比上年同期增长 31.1%。

## 商品交易市场管理

市场规范化管理 1991 年,地区工商局制定《宜春地区乡镇集贸市场管理规范》,加强和改进乡镇集贸市场管理。

1996 年,地区工商局组织实施《集市贸易管理规范》《商品交易市场登记管理暂行办法》及《江西商品交易市场管理条例》,规定县(市)工商局负责各类市场的登记注册和监督管理,完成与所办市场脱钩工作,成立市场服务组织,为市场经营者、消费者提供服务。

2001 年,实行市场巡查制度,加强监督管理,共查处市场违法违章案件 2963 件,罚没金额 36.35 万元。

2002 年 2 月,宜春市工商局执行省工商局《市场巡查实施办法(试行)》,对市场巡查制的性质、规范、原则、范围、职责、程序、形式、巡查人员纪律,一一作了规定,使市场巡查管理制度走向规范化。

2004 年,宜春市工商局制定《宜春市城区商品交易市场管理暂行办法》和《宜春市城区商品交易市场管理暂行办法实施细则》,其中,对市场物业公司、工商行政管理部门职能分别作了明确规定。

**创建文明集贸市场** 2000 年,地区陆续创建一批全国、全省、地区文明市场。铜鼓县永宁集贸市场、丰城市城镇集贸中心、高安市筠阳市场、宜丰县集市贸易中心被评为全国"文明市场"。丰城市城镇贸易中心、高安筠阳集贸市场、宜春市箭道集贸市场、宜春城西集贸市场、铜鼓县永宁集贸市场、上高县集贸中心市场、奉新县商品大世界、樟树市药都商品大世界、宜丰县集市贸易中心、袁州彬江农贸市场等多次被评为全省文明市场。

2006 年 6 月,市工商局制定《宜春市创建文明诚信市场实施意见》。文明市场主体为全市各类市场。文明诚信市场标准包括证照齐备、文明诚信经营、设施整洁完好等 10 个方面,并规范文明诚信市场评审程序。

**市场"办管脱钩"** 1996 年,地区工商局规定,县(市)工商局负责各类市场的登记注册和监督管理,完成与所办市场脱钩工作,成立市场服务组织,为市场经营者、消费者提供服务。

2002 年底,全市工商系统移交地方政府各类市场 61 个,合计金额约 1.39 亿元,市场面积达 240189 平方米。

## 合同监管

**经济合同仲裁与鉴证** 1991 年,经济合同仲裁办案严格遵循"求办案质量、求社会效益"原则,调解仲裁合同纠纷 277 件,查处违法合同 51 件。

1997 年 2 月,为维护建筑市场正常秩序确保工程质量,加强建筑市场监管力度,地区工商局印发《关于加强建设工程承包合同鉴证监管的通知》,对建设工程项目进行倒手转包、挂靠承包、无照施工等行为一律按违法合同查处。

1999 年,地区工商局把合同监管作为维护市场交易秩序的切入口,组织开展打击合同欺诈的专项执法活动,检查经济合同 7183 份,鉴证经济合同 1863 份,调解合同纠纷 15 件;办理动产抵押 216 件,金额 43057 万元;通过查询、鉴证等途径为当事人避免和挽回经济损失 819 万元。

2000—2001 年,地区工商局会同地区建设局联合发文,要求施工企业、监理公司、测量队一律使用新的《建设工程委托监理合同示范文本》及《测绘合同示范文本》,重在规范管理,便于执法检查,同时也为企业使用合同提供方便。撤地设市后,市工商局又会同市房管局印发《商品房买卖合同示范文本》,旨在规范商品房销售行为,保障消费者权益。同时,市工商局经济合同管理工作并入市场管理职能科室。

2003 年,市工商局强化建筑合同、房屋租赁合同、委托拍卖合同的鉴证工作,推行和使用"商品交易市场进场经营合同示范文本",明确市场经营单位与市场经营者之间的法律关系。

2010 年,市工商局成立 173 个"涉农合同服务指导站",帮助农民签订各类涉农合同 11027 份,发展"订单农业"3.9 万余份。是年,奉新县工商局推行融资性质专卖担保合同。

**企业动产抵押登记**　1996 年,地区工商局依据《中华人民共和国担保法》规定,履行动产抵押登记职能,在全市启动动产抵押物登记工作,全年共办理企业动产抵押登记 40 件,抵押物抵资金1.5 亿元,为企业贷流动资金 10.1 亿元。

1999 年 8 月,《国家工商行政管理总局关于贯彻实施〈企业动产抵押物登记管理办法〉若干问题的意见)》发布,全市动产抵押登记工作操作进一步细化,以把好市场主体关,合同条款关,抵押权属关为切入口,设立动产抵押登记档案,登记制度实现程序化,明确工商责任和义务。凡资料齐全、产权明确的,一般当天受理,当天审查,3 天内发证。

1996—2010 年,全市共办理动产抵押登记 1038 件。

**"守合同、重信用"活动**　20 世纪 90 年代,宜春工商部门引导企业开展"重合同、守信用"活动。每年 4 月,坚持开展企业"重合同,守信用"评比活动。

1992 年,地区工商局对江西轴承厂等 63 家企业授予"重合同,守信用"称号。1994 年,宜春钽铌矿等 77 家企业被评为"重合同,守信用"企业。

1995 年,地区工商局更新"重合同,守信用"评选标准,先后授予宜春市农业机械厂等 79 家和宜春地区面粉厂等 11 家企业"重合同,守信用"称号。

2000 年,宜春市房地产开发公司等 23 家企业被评为"重合同,守信用"企业。

2004 年,市工商局认定宜春石油公司等 54 家企业为宜春市"守合同、重信用"AA 企业。

2008 年,市工商系统协调金融部门将企业信用评级和"守合同、重信用"企业评选,纳入银行的征信体系,对信用等级高、守信情况好的企业提供融资服务。全年发展"守合同,重信用"AA 企业30 家,累计"守合同,重信用"AA 企业 257 家,为企业办理动产抵押登记进行融资 171 件,贷款金额6.1 亿元,有效缓解部分中小企业融资问题。

## 商标监管

**商标注册**　1991 年,地区工商局申请办理注册商标 219 件,拥有注册商标 674 件。1992 年,申请注册商标 178 件,核转注册商标 151 件,累计注册商标 828 件。

1996 年,地区工商局申报商标注册 63 件,核准注册商标 36 件,注销注册商标 21 件,商标续展20 件,商标使用许可备案 7 件,商标变更 6 件。1997 年,申报注册商标 37 件,办理商标续展 29 件。

2002 年,地区工商局指导国有、集体、个体私营企业申请商标注册 59 件,获准注册 7 件,协助代理商标许可、续展、转让 36 件。2003 年,申请注册商标 140 件。注册商标转让 10 件,注册商标变更 9 件,注册商标续展 25 件,商标使用许可备案 4 件,全市实有注册商标 974 件,正常使用 662 件。

2005 年,国家商标局受理由市工商局组织的"上湖"商标集体商标注册申请,江西奋发竹木业有限公司的"奋发"商标在韩国申请注册并通过受理程序。

2008 年,全市大力发展涉农商标 300 件,成功注册集体商标和证明商标 3 个。宜丰"仪宝"豆腐乳商标注册、奉新"碧云"大米商标注册;使用"靖安白茶"证明商标的会员 280 个。

2010 年,开展"一社一标"品牌创建活动,万载百合和万载花炮成功注册地理标志。是年,全市累计注册商标 6900 件。其中农产品商标 734 件;中国驰名商标 7 件(含司法认定),省著名商标 154 件;注册地理标志商标 3 件(万载百合、高安上湖蔬菜、靖安白茶)。市工商局共指导农民专业合作社申请商标注册 103 件。

**商标专用权保护** 1991 年 5—10 月,地区工商局查处商标案 295 件,结案 292 件,收缴和销毁商标标识 209771 张(套)。涉及假冒自行车、服装、饮料、酒、复合肥、农药等,总标值 351 万元。

1992 年,查处商标标识 12 万套(张),假冒伪劣商品 107 种,冒牌凤凰永久牌自行车 3859 辆、冒牌奶粉 210230 包、冒牌香烟 17817 条、假冒劣质化肥 654.2 吨、假冒劣质饮料酒 89994 瓶,制假压瓶机 10 台。

1993 年,查处商标侵案 22 件,一般商标案 275 件,收缴销毁商标标识 80.6 万套(张)。

1995 年第四季度,地区工商局开展打击假冒注册商标专项整治。出动人员 737 人次,车辆 75 辆次,检查商场 573 家,市场 54 家,印刷企业 125 家。查处假冒注册商标案 36 件,收缴商标标识 105 万套;查处违法承印商标企业 4 家,收缴印刷模具 30 套,没收商标标识 5 套,取消定点印制企业 6 家。

1996 年,宜春工程机械股份有限公司的"宜工"商标到期未按期续展,被人抢注。地区工商局协助企业采取应急措施,为企业挽救商标损失。

1997 年,加大保护"庆祝香港回归祖国"标志图案的力度,查处商标侵权案 31 件,收缴销毁商标标识 282756 张(套)。

1998 年 9 月,撤销与国家领导人姓名谐音的非法酒名。

1999 年,开展"澳门回归祖国"标志图案的保护工作,查处商标侵权假冒案 32 件,收缴、销毁假冒侵权标识 43.8 万套;查处商标一般案 66 件,收缴、销毁商标标识 22567 套。

2000 年,地区工商局加强专卖店的清理,打击商标侵权行为,维护合法商标专用权,取缔无经营资格专卖店 125 家,查处商标侵权案 29 件,收缴假冒商标标识 13900 套;查处一般商标案 45 件。

2001 年,市工商局开展"反仿冒、反误导"专项整治行动,打击商标假冒侵权行为,统一确认专卖经营资质标准,对专卖店实行跟踪或动态监管,清理专卖店、专修店 335 家,取缔专卖经营资格 65 家,查处假冒专卖店 10 家。

2004 年,全市开展保护注册商标专用权专项行动,以查处药品、食品商标侵权案和保护驰名商标为重点,加大对集贸市场、大型超市、专营专卖店商标使用监管力度,组织三次行动,出动车辆 36

辆次,出动人员 1000 余人次,检查经营户 3584 家,各类专业市场、大型超市 80 家,营业摊点 1251 个,对不符合条件的经营户责令整改,对商标数量较多的大型企业建立联系点 144 家,督促企业规范商标使用行为。

2005 年,全市工商系统出动宣传车辆 100 余辆,在主要街道设立服务咨询台 40 余个,印发宣传资料 10000 余份,通过媒体刊载宣传标语 16 条。是年,检查经营户 4953 家,商品交易市场 363 个,查处商标侵权违法案 115 件,收缴商标标识 38408 套,销毁侵权物品 3291.5 吨。

2007 年,市工商局加强对商标专用权的监管力度,督促 30 家企业建立健全商标档案,检查商标印制企业 159 家,收缴非法印制商标标识 11430 张(套),责令改正 30 家。开展奥林匹克标志保护专项执法行动,检查企业 763 家,大型商场 10 个,小商品市场 12 个,商业网点 858 个。是年,查处商标侵权违法案 63 件,案值近 70 万元,收缴商标标识 1.2 万张(套),没收销毁侵权物品 1.7 吨。

2010 年,市工商局组织开展保护农用物资注册商标专用权专项整治行动、“保护知识产权宣传周”活动、保护上海世博会标志专有权检查等一系列活动。立案查处都市春天房地产开发服务商标侵权案等商标侵权案件 16 件,有力打击侵权行为,维护注册商标权利人合法权益。

## 广告监管

**广告经营管理**　1991 年 10 月,地区工商局举办广告业务员培训班,为考试合格的 33 人核发《广告业务员证》。是年,推出樟树大型防雨广告,万载地方名优产品系列路牌广告,宜春市灯箱广告一条街、街心花园广告群。

1992 年,开展《广告管理暂行条例》“法规宣传周”活动,组织企业厂长、经理、供销科长、协管员等学习有关法律法规。

1994 年,地区工商局派人深入企业进行广告法规宣传,帮助企业提高广告意识。同时,各县市工商局根据当地实际,制订广告事业发展规划。

1995 年,以实施《广告法》为契机,地区工商局组织人员上街宣传,张贴标语、悬挂横幅、出动彩车、散发资料等多种形式,开展《广告法》宣传活动。

1997 年,组织广告经营单位参加“自强创辉煌”主题公益广告月活动。

1998 年,地区工商局根据全省第十届运动会的特点,规范全市广告,配合市政府亮化工程,指导企业开展霓虹灯广告业务。

2000 年 1 月 13 日,地区工商局组织广告主、广告经营者和广告发布单位,利用电视、广播、户外广告等各种媒体,在《广告法》实施 5 周年之际开展纪念活动。

2002 年,市工商局改变广告监管方式,充分利用监管设备和派出监管人员对媒体广告监管,并将药品保健品广告、招生招聘广告、房地产广告、性病和医疗服务广告等列为重点监管范围。

2003 年 3 月 7 日,市工商局联合市卫生局对宜春电视台(广告中心)、宜春日报社(广告部)、宜春广播电视报社(广告部)、宜春人民广播电台等四家市直单位所发布医疗服务广告有步骤、分阶段进行监管。对反映四家市直单位过多、过量发布违法性病广告下达“自查自纠情况通知书,要求立即停止刊播利用自有媒体所发布性病广告,依法依规自查自纠。市工商局派人上门进行检查,4 家新闻媒体单位接到通知后积极配合,共停止刊播各种性病广告 12 条,经修改后以公益广告形式发布广告 6 条,并调整刊播时间和版面。

2005 年,市工商局根据国家、省发展和改革委,工商局有关广告服务明码标价规定文件,对广告服务价格做出明确规定。

2007 年,市工商局先后 3 次组织对宜春电视台、宜春日报、宜春广播电视台等市内主流媒体发布的广告进行监测,共监测广告 726 条,其中涉嫌违法广告 47 条,对涉嫌违法广告,视情节轻重先后进行立案查处。组织开展医疗、药品等广告专项整治,共检查广告经营单位、广告主 120 家,检查药品广告 900 条,责令停止发布违法药品广告和处方药品广告 28 条,限期整改 21 条,行政告诫 10家;责令停止发布违法医疗广告 126 条,限期整改 40 条。抽查保健品、房地产、化妆品广告 236 条,责令停止发布 25 条,限期整改 19 条,行政告诫 7 条。全市共查处虚假违法广告案 62 件,罚没金额24.63 万元。

**广告市场整治** 1991 年,地区工商局对户外广告实行登记、审查、收费、入栏张贴进行管理,建立和健全户外广告检查制度、广告栏定期清洗制度、户外广告核审制度、户外广告检查制度。是年,查处广告违法违章案件 371 件。

1992 年,地区工商局依法查处无宣传批准文号、无药品卫生经营企业许可证、超出审批内容而任意扩大不实的药品广告。定期检查药品广告发布动态,查处不符合规定的药品广告行为,确保药品广告宣传健康。

1993 年 4 月,为加强电视广告管理,地区工商局就表达亲情、友情的点歌节目贺词做出若干规定,就播放广告的电视台、站亦作严格规定。同时,严禁在电视台中以任何形式为香烟、烈性酒(含酒精 400 以上)做广告。是年,查处广告违法违章案 624 件,罚款 11803 元。1995 年 9 月,开展打击假冒商标、虚假违法广告的专项治理,查处虚假广告案 93 件,其他广告违法案 8 件。

1996 年,地区工商局组织开展清理店铺招牌工作,对构成侵权的"好来西""东风"等招牌责令予以拆除,对有问题单位限期变更企业名称。

1997 年,加强对印刷品、房地产、食品广告检查,收缴违法印刷品广告 25000 份,取缔非法行医点两处,处理传播虚假信息服务站一家。组织医疗广告专项检查,审查电视广告 40 条,禁止发布 6条。组织招贴广告、烟草广告、房地产广告的专项检查中,查处丰华房地产公司、广丰卷烟厂违法行为。全年查处广告违法违章案 117 件,罚款 6.33 万元。

2000 年,市工商局开展广告安全检查,行署所在地城区拆除有安全隐患的巨幅广告 21 块,一般广告牌 14 块。

2001 年 3 月,组织"反误导,打虚假"广告市场专项整治,出动人员 96 人次,车辆 7 辆次,在宜春市城区检查药店 25 个,性保健品商店 6 个,医疗服务诊所 3 个,拆除虚假服务门楣广告 2 个,收缴广告牌 121 块,药品灯箱 1 个,收缴违章印刷品广告 31600 份,拆除条幅广告 112 条,处理车身演艺广告 1 起,责成电视台和有线电视台停播医疗药品广告 5 起。

2002 年,将药品保健品广告、招生招聘广告、房地产广告、性病和医疗服务广告等列为重点监管范围。是年,查处广告违法案283件,拆除各类违法广告牌、条幅562块,罚没金额28340元。

2004年,市工商局对烟草、医药、医疗广告进行集中整治,查处违法违规广告案38件,清理违法违规广告牌、条幅650块,收缴违法印刷广告5300份,罚没金额4.97万元。

2005年,市工商局与卫生、药监等部门建立整治虚假广告联席会制度,以整治虚假广告为重点,整治保健品、药品、医疗等虚假违法广告,清理违法违规广告牌、条幅147块,收缴违法品广告73608份,查处虚假广告案103件,罚没金额27.65万元。

2006年,市工商局组织对全市176户广告媒体单位的检查,检查药品、医疗、保健食品、化妆品4类广告1061条,查处违法行为50条。其中药品广告253条,医疗广告376条,保健食品289条,化妆品广告50条,责令立即停播37条。

2007年,对市内主流媒体发布的广告进行监测,查处其违法行为。检查广告经营单位、广告主120家,责令停止发布28条,限期整改21条,行政告诫10户;责令停止发布违法医疗广告126条,限期整改40条;抽查保健品、房地产、化妆品广告236条,责令停止发布25条,限期整改19条,行政告诫7条;查处虚假违法广告案62件,罚没金额24.63万元。

2010年,市工商局开展以医疗、药品、保健食品、化妆品、美容服务、房地产等6类广告为重点的虚假违法广告专项整治,立案查处违法广告案件22件,责令停播违法广告19条次。

## 第三节　公平交易执法

### 反不正当竞争

1992年上半年,地区工商局办理违法违章案件348件,查处假冒伪劣商品价值5003万元,直接为受害者挽回经济损失103万元。

1993年,查处各类违法违章案件336件,万元以上案件13件,罚没金额109万元。

1994年,先后组织5次打假活动,查处假冒伪劣农资、食品、药品价值148万元,捣毁制售伪劣物品窝点18个,销毁假货商品总值88.8万元。

1995年,开展"打三假""除三霸"专项行动。成立打假工作组赴昆明市扣押假红梅釉面砖近万箱,为企业挽回经济损失2134万元,是年,查处违法违章经济案件523件,罚没万元以上大案28件;查处假冒伪劣案件333件,罚没金额104万元。

1996年3月,开展以"一反"(反不正当竞争),"二保护"(保护生产经营者、消费者权益)为主要内容,以打击市场欺诈、制售假冒商品、哄抬物价、走私贩私以及破坏农业生产的坑农害农案件为重点的"公平交易执法年"活动。7—10月,地区工商局开展对药品购销中给予收受回扣等违法行为进行专项检查,检查745家药品生产、销售、医疗门诊单位,查处31家无证无照经营违法违规户16家,3人触犯刑律而拘捕,查处价值为5.1亿元的假冒伪劣变质药品及不合格医疗器械。

1998年,查处各种违法违章案件735件,罚款万元以上的案件61起,罚没款183万元,涉案金额1114万元。

1999—2000年,开展专项整治,其对象是对烟、酒、农产品、化肥和其他农业生产资料等实行强制交易或者地区封锁和垄断企业限制竞争行为社会反应强烈、情况严重、问题较多的行业。

2001年,宜春市工商局在打假治劣整治中,立案查处各类违法违规案件970件,案值796万元,罚没金额56万元,取缔制售假冒伪劣商品窝点43个,为企业挽回经济损失305.6万元,销毁物品价值80万元。

2002年,开展维护市场公平竞争秩序,打击假冒欺诈行为的专项执法行动,查处"生产销售假冒伪劣商品、扰乱市场秩序"案件815起,移送司法机关处理案件4件。

2005年,查处樟树市、铜鼓县医药购销中不正当竞争行为和高安、丰城两市供电企业限制竞争行为。

2007年11月底,市工商局查处各类经济违法违章案2149件,案值2560万元;立案查处不正当竞争违法案件279件,罚没金额85.7万元。

## 打击传销和规范直销

1996年,地区工商局执行省工商局《关于禁止非法开展多层次传销活动的通告》规定,查处规模较大的"爽安康"非法传销案。

2005年12月1日开始,实施《直销管理条例》,坚持从严监管的指导思想,引导、规范直销企业依法经营,保证直销企业的持续、健康发展。是年,地区工商局捣毁传销与变相传销窝点13个,遣散参与传销人员700多名。

2007年,宜春成立由市政府分管市长任组长的宜春市打击传销(简称"打传")工作领导小组,将打击传销工作作为政府年终考评"一票否决"制来执行,在宜春市中心城区7个街道及49个社区居委会建立"打传"联络站,站站聘请联络员,通过举报电话、日常巡查、社区联络员对中心城区的传销窝点摸排调查,全面详细地掌控传销人员培训、居住场所情况。与相关部门组织联合执法10次,捣毁传销窝点259个,驱散传销人员6500余人,查处传销案件21件,移送公安机关24人。

2009年10月22日,中央电视台《经济与法》栏目对宜春的打击传销行动作专题跟踪报道,江西、湖南等地方电视台6次直播宜春市打击传销情况。

2010年,市工商局出台《宜春市打击传销工作实施办法》,"打传"工作更为规范,各部门依职责各负其责,分工具体明确,并加强队伍力量,市公安局增设市"打传"支队。市政府相关领导、公安和工商两局局长做客《明月访谈》节目,与广大网民交流打击传销有关问题,进一步增强群众防范传销的意识。打传工作进入常态化。

## 商业贿赂治理

2006年,宜春市工商局办理商业贿赂案23件,涉案金额3780万元,罚款200万元。

2007年,立案查处商业贿赂案件18起,罚没入库金额44.8万元;立案查处不正当竞争违法案件 279 件,罚没金额 85.7 万元。

2010 年,全市工商系统共立案查处各类经济违法违章案件 2126 件,涉案金额 4000 余万元,罚没入库 1240.93 万元。

## 第四节 消费者权益保护

### 商品质量监管

2005 年 3 月 15—16 日,宜春市消协在朝阳路悦华广场举办"3·15 健康·维权"大型宣传咨询服务活动,该活动得到市委、市人大、市政府、市政协高度重视,市委、市人大、市政、市政协相关领导等到"3·15"现场参加宣传咨询活动。参加宣传咨询服务活动的政府部门、群团组织和本地名优企业近百家,参加咨询服务人员上万人,散发各种宣传资料达 5 万多份,赠阅《宜春消费者之声 3·15 特刊》2 万多份,现场受理消费者投诉 45 件,提供咨询服务 3520 人次。

2009 年 3 月 15 日,市工商局组织开展"3·15"消保维权活动,公开受理法律法规咨询和投诉,市委、市政府相关领导到现场助威。市工商局、质监局、药监局、烟草局、卫生局、出入境检验检疫局等单位现场接受群众投诉,解答消费者疑虑问题,讲解鉴别名酒、名烟真伪方法,散发法律、法规宣传资料。这次"3·15"现场解答咨询 218 人次,受理投诉 61 件,散发各类宣传资料 2 万件。

2010 年 3 月 14 日,宜春市工商局、宜春市消协于 19:30 至 22:00 在宜春市大会堂举办"消费与服务——中国移动之夜'3·15'文艺晚会",晚会紧抓"消费维权"主线,通过文艺表演的方式体现如何搞好服务、如何开展消费维权工作,还专门安排三次权威发布与五次行业宣誓。市委书记谢亦森到场观看演出,市委常委、宣传部长杨建国作讲话,副市长王庆为"消协工作先进集体"颁奖。3 月 15 日,工商、物价、质监、烟草等 15 个单位举行现场宣传咨询服务活动,现场设置投诉台、咨询台、家电免费维修服务区,真假商品识别区等,散发宣传资料 3200 份,受理投诉 5 起,提供咨询解答 234 起。

### 消费者申诉举报受理

2006 年,市工商局消保机构受理消费者投诉 1504 件,解决 1436 件,解决率 95.5%,为消费者免受经济损失 153.05 万元,其中,因调处经营欺诈行为,消费者得到加倍赔偿的投诉 17 件,金额 7.2 万元;提供案情给有关执法部门罚没款 6.8 万元;接待消费者来访、咨询 2.3 万人次,收到表扬信 10 件;支持消费者提起诉讼 9 件。

2007 年,受理消费者投诉 1184 起,解决 1127 起,解决率为 95.1%,为消费者免受经济损失 172.92 万元。其中,调处经营欺诈行为,消费者得到加倍赔偿的投诉 34 起,金额 2.12 万元,提供案情给有关执法部门罚没款的 8.40 万元;接待消费者来访、咨询 5995 人次,收到表扬信 18 件,支持消费者提起诉讼 5 起;办理重大投诉 22 起,其中,群体投诉 9 起。涉及商品房、医疗、农资、汽车、建材、食品安全、公用企业等多个领域。

2009年,受理投诉1171起,为消费者免受经济损失207.04万元。其中,消费者得到加倍赔偿的投诉5起,涉案金额4419万元,提供案情给有关执法部门处罚金额14.45万元。接待消费者来访、咨询3831人次,收到消费者表扬信18件,锦旗5面,支持消费者提起诉讼3起。消保局本着对消费者高度负责的工作态度,运用"12315"平台及时有效地处理631起消费举报或投诉,其中转办20起,终止调解13起,办结598起。

2010年,市工商局受理消费者各类投诉949件,为消费者挽回经济损失503.85万元。其中,因欺诈行为得到加倍赔偿的5件,消费者得到加倍赔偿金额41209元。接待来访、接受咨询2981件,3018人次。收到表扬信15件,锦旗4面。

## 农资监管与"红盾护农"

1995年春耕前,地区工商局开展整顿农资市场专项行动,检查农资经营单位413家,查处一批伪劣农资商品。

1998年,开展"打假保春耕"统一行动,检查农资经营单位2810家,立案查处41起,收缴假冒农药、假劣化肥、伪劣种子、劣质农膜共900多吨,案值238万元,取缔无证经营户567家。

2001年,市工商局开展"红盾打假护农"执法活动,取缔无照无证户27家,查处假种子1613千克,劣质化肥1381千克,掺假饲料700吨。

2004年,集中力量查处违章违法行为。全市执法检查农资经营户2900家,其中,抽查化肥100余个品种,价值120万元,立案查处100余起。

2005年,成立"红盾护农"工作领导小组。组织专项整治52次,查处坑农违法案件93起,罚没金额97.79万元。

2006年,市工商局开展"红盾护农维权进乡村宣传周"活动,在维权整治中,查处各类坑农、害农、损农违法案件173件,罚没金额106万元,为农民挽回经济损失367万元。

2007年,加大"红盾护农进村"力度,抽查各种化肥130品种,种子4个批次,农药16个批次,收缴高毒有机农药"甲胺磷"150瓶,查获质量不达标"井冈霉素"农药200包,收缴假冒复合肥5万千克,冒牌种子2000千克,取缔无证无照农资经营户26家。查处坑农、害农、损农违法案件56件。

2009年,开展"千名干部进村入户护农解难促发展"和"万名干部服务下乡镇"活动。查处经销假冒伪劣农资案件244件,案值近571万元,为农民挽回经济损失近105万元。

2010年,市工商局在2017个行政村设立"红盾护农"维权点,聘请义务监督员2278人,组织1597家农资经营户建立健全"两账两票、一书一卡"等内部管理制度。处理投诉举报81起,挽回经济损失300万元。

开展"红盾护农"专项整治,对农资市场监管力度进一步加大。对农资市场进行全方位监管,举办全市农资经营户培训班。共抽检农药、化肥、种子等农资商品723批次,检查各类农资经营主体2285家,查处经销假冒伪劣农资案件331件,案值达150.36万元。取缔无照经营36家,受理涉农举报投诉案 69 件,为农民挽回经济损失 124.94 万元,切实保护广大农民的利益。

# 第五节　流通领域食品监管

1992 年,地区各级工商部门对所有经营肉类商品的单位和个人进行资格审查,凡不符合条件的一律予以取缔。严格控制病死、变质猪肉上市,母猪肉上市要挂牌公布。

1993—1994 年,工商部门执行《街头食品卫生管理暂行办法》,加强城乡集贸市场肉类管理。1996 年 6 月,按照《江西省保健食品市场整治工作方案》,查处一批生产和销售假冒伪劣保健食品的企业和个体工商户。

1998 年,开展"打假保健康"整治活动,重点清理碘制品、饮料、肉类、食品市场,捣毁制假窝点 29 个,收缴非碘劣质盐 130 吨,假酒 11620 瓶,注水猪、牛肉 12 吨,假劣饮料、罐头 10720 瓶(听)。

2001 年 3 月,宜春市工商局配合有关部门对全市盐业市场进行一次彻底检查,严厉打击假冒伪劣食盐窝点,加强对酱制、腌制、炒货、肠衣、饮料用盐单位的监督检查,防止私盐流入,坚持实行食(碘)盐零售许可证制度,从销售渠道上保障消费者可以买到合格食盐。在食品安全检查中,组织多次"打假"集中整治,查出多种假冒伪劣和过期变质食品,罚没金额 22 万元。

2002 年 1—4 月,做好监管生猪定点屠宰工作,严厉打击私屠滥宰和生产销售"瘦肉精"猪肉、病害猪肉、注水猪肉的不法行为,加强对猪肉制品加工,宾馆、团体伙食单位的猪肉管理,坚决制止非定点屠宰场点的产品流入,防止集体中毒事件的发生。市工商局以集贸市场、农产品养殖场(单位、农户)、畜禽屠宰场、食品添加剂及食品包装材料生产经营单位为重点领域,确定重点地区、重点市场、重点产品,集中时间、集中力量,重拳出击。监督不法商贩或企业将废弃油脂进入食品生产经营环节,并依法查处无照无证回收加工食品生产经营单位废弃油的行为。

2003 年,市工商局围绕防"非典",实施"食品药品放心工程",加强市场监管。凡是冒用绿色食品标志的商标侵权行为,违规使用绿色食品标志和商标行为,未按规范组合使用绿色食品标志、商标、编号、文字等行为,一经发现,严厉打击,并组织对市内所有生产、经营食品的企业、个体工商户进行拉网式检查。吊销营业执照 14 家,取缔无照经营 83 家。查处食品违法案件 250 余件,违法商品粮食 300 吨、水发产品 1080 千克等。

2004 年 2 月,全市开展食品安全专项整治,重点检查在阜阳"奶粉事件"中曝光的 45 种奶粉,同时对所有经营当中的奶粉厂家、产品名称、注册商标进行登记造册,检查经营户 5000 余家、奶粉品种 72 个。行动中查扣不合格奶粉 305 件、不合格奶粉饮料 510 箱、过期饮料 1630 瓶。查处无照经营 86 家,制售窝点 9 处,吊销营业执照 22 家,移送公安机关处理 1 件。12 月,市工商局印发《宜春市工商局流通领域食品安全责任追究规定》,对流通领域发生重大食品安全事故的,坚决追究有关人员责任。同时,以实施"食品放心工程"为重点,加大对食品安全监管力度,实现节日和重大活动期间流通环节食品安全零事故目标。

2005 年,市工商局在食品市场监管中,严把食品市场主体准入关,全年共检查经营主体 11400 余家,查缴伪劣食品 3500 余千克,捣毁制售伪劣食品窝点 87 个、查处食品经营违法违章案件 126

起,案值97万元,罚没款42万元。

2007年,全市工商系统出动执法人员1267人次,出动执法车辆471辆次,查缴注水肉240千克,注水鸡14千克,不合格及未经检疫猪肉3500千克,未经检疫的鸡80只,鸭子50只,查处无照经营10件。

2009年《食品安全法》宣传月活动中,市工商局开展节日市场专项检查,抽检食品459个批次,查处食品无照经营553家,捣毁制假售假窝点6个,查处食品安全案件382件,查扣不合格食品51024千克,加大流通领域商品质量的监管力度。

2010年,市工商局竭力做好流通领域食品安全保障工作,重点加强对食品行业的监管,严格执行食品进货索证索票溯源制度。向宜春中心城区大型超市派驻食品监管员,进行日常监管、食品快速检测、现场受理消费投诉。严把食品流通许可证准入关,发放食品流通许可证5033份。元旦、春节、五一、端午节、上海世博会、中博会、亚运会期间,开展大规模的食品安全专项治理工作,下架退市问题乳粉23577.1千克、液态奶9000千克,捣毁制售假劣食品窝点4个,查处制售假劣食品案件53件,有效地净化全市食品市场环境。

# 第六节 法治建设

## 普法宣传教育

1992年,为支持企业转换经济机制,地区工商局对《经济合同法》10年成果进行巡回展览,强化企业竞争力,并通过对《商标法》《广告管理暂行条例》的宣传,强化经济合同履约意识,加强商标、广告的有序监管。

2007年3月开始,宜春市工商局在全市工商系统开展作风建设推进年活动和基层环境建设年活动,进一步改进服务质量,提高工作效率,优化发展环境。

## 规范行政执法行为

1993年,地区工商局加大打私力度,先后发出几百份处理决定书,分别对广东省某实业有限公司及宜春市某建材公司、某实业有限公司等单位无准运证等手续走私日产各类小汽车、轿车等违法行为进行处罚。

1995年,有效开展以打"三假"(伪劣商品、假冒商标、虚假广告)为中心的专项斗争,全年依法办案523件,查处制售假冒伪劣案333件,查处广告案455件,商标侵权案40件,收缴销毁商标标识128.9万套。会同管理部门办理合同违法案件35件,办理扰乱市场秩序案960件。

2000年8月,宜春市工商局集中时间,办理大批企业名称变更和重新审核发照等工作。

2001年,开展农资市场、打假、旅游市场、不正当竞争等四项专项整治,整顿规范市场经济秩序。

2007年9月,市工商局印发推行行政审批"两集中、两到位"改革工作实施方案,即行政许可

(审批)职能向一个科室集中,行政服务科向市行政服务中心集中,整建制进驻行政服务中心,市工商局行政许可(审批)项目进入行政服务中心到位,市工商局在市行政服务中心窗口作为市工商局实施行政许可的唯一窗口,审批权限下放窗口到位。

# 第七节　机构队伍

## 机构设置

1991—1998 年,宜春地区工商局属地区行政公署的职能机构,编制序列归口地区行政公署,业务上受省工商局指导。全市 10 个县(市、区)工商局属县、市政府的职能部门,编制序列归口县(市、区)政府,业务受市工商局指导,内设机构与市工商局内设机构基本对应。1995 年 12 月,地区行署同意工商行政管理机关与所办市场脱钩。1998 年,地区工商局内设秘书科、企业注册监督管理科等 7 个职能科(室),有经济检查大队等 5 个事业单位。

1999 年 1 月 1 日后,实行省以下垂直管理,宜春市工商局则为省工商局直属部门,编制序列归口省政府。10 个县(市、区)工商局整建制上划,为市工商局下属机构,编制序列归口省政府。

2000 年 8 月,宜春撤地设市,宜春地区工商局更名为宜春市工商局,内设行政科室和事业单位17 个;原宜春市改名为袁州区,原宜春市工商局改名为袁州区工商局。

2001 年 7 月 26 日,省机构编制委员会办公室、省工商行政管理局印发《江西省省以下工商行政管理机构改革实施方案》,全市 10 个县(市、区)工商局内设机构均进行调整;内设企业注册监督管理局、公平交易局(打击传销办公室),升格为副科级直属机构;10 个县(市、区)工商局所属 92 个基层工商所更名为基层工商分局,升格为副科级派出机构。2007 年 8 月,宜春经济技术开发区工商分局成立。

2010 年,宜春市工商局设 9 个职能科(室),即办公室、计划财务科、人事教育科、法规科、市场规范监督管理科、商标广告监督管理科、个体私营经济监督管理科、监察室(与党组纪检组合署)、机关党委;6 个直属机构,即企业注册监督管理局、外商投资企业注册局、公平交易局(打击传销办公室)、直属局、消费者权益保护局、宜春经济开发区工商分局;7 个事业单位,即个体私营经济协会办公室、消费者协会办公室、广告协会办公室、商标协会办公室、信息中心、培训中心、机关后勤服务中心。是年,全市有县(市、区)工商局 10 个,工商分局 68 个。

表 7-8-1　1991—2010 年宜春市工商局主要负责人情况

| 姓　名 | 职　务 | 任职时间 |
|---|---|---|
| 李亦农 | 党组书记、局长 | 1991.01—1996.12 |
| 徐长林 | 党组书记、局长 | 1996.12—2006.12 |
| 徐云辉 | 党组书记、局长 | 2006.12—2010.12(在任) |

## 队伍建设

1991—1995 年,宜春地区工商局紧抓思想政治教育,重视学历教育,以岗位职务培训为重点,有计划、有步骤、分层次、分阶段对全市工商行政管理干部进行业务培训、法制教育,使全市工商行政管理干部职工的政治、业务、文化素质逐年得到提高,较好适应改革开放新形势。5 年里,市工商局共举办培训班 28 期,培训 2247 人次。

1996—2000 年,地区工商局把建设一支高素质的工商行政管理队伍作为重要任务来抓,主要举办骨干培训、业务培训和《行政处罚法》《合同法》等培训班,不断提高培训班数量和质量,通过高密度培训和高强度锻炼,培养出一支作风优良的工商行政管理干部队伍。5 年里,全市工商系统共举办培训班 198 期,培训人数近万人次。

2001—2005 年,全市工商系统先后开展塑造宜春工商新形象主题教育、学习贯彻"三个代表"重要思想等一系列活动。宜春市工商局对全市 10 个县(市、区)局所属的 95 个企业注册局、公平交易局以及基层分局局长职位进行竞争上岗,对县工商局领导班子进行重新任命。鼓励干部职工通过脱产、半脱产、业余学习等教育方式,取得国家承认的各类学历证书。5 年里,全市共举办培训班 578 期,培训近 2 万人次。

2006 年,市工商局开展"和谐环境诚信年"活动;强化廉政教育,向全市系统 1299 名干部职工发出《加强廉政文化建设,塑造和谐清廉工商倡议书》,组织观看教育片,剖析系统内外典型案例。

2007 年,市工商局制定《宜春市工商局作风建设推荐年活动实施方案》,建立健全规范机关工作人员行为的 10 项内部管理制度,并制定《宜春市工商局机关管理监督检查办法》和《宜春市工商局廉洁守纪目标考核办法》,规范内部管理,提高队伍履职能力。开展基层分局长向监管服务对象代表述职述廉活动,全市工商系统 93 个基层分局的 368 名正、副分局长都向当地监管服务对象代表进行述职述廉,群众满意率在 96% 以上。

2009 年,市工商局全面推行领导干部监督五项制度,开展机关效能建设年活动,围重点工作、深入查找突出问题,逐项整改落实,在宜春市委督导组组织的深入学习实践科学发展观群众满意度测评活动中,人大、政协及各界群众对宜春市工商局的总体满意率达 100%。

2006—2010 年,对全市工商系统新提拔的副科级干部和县局机关正股级干部进行培训,并推行网络培训,全市工商部门县(市、区)局领导班子副职和基层工商分局正副局长共 416 人参加培训。印发《宜春市工商行政管理系统干部管理规定》,进一步加强干部队伍建设和管理。

# 第八节　社会团体

## 宜春市个体私营经济协会

宜春市个体私营经济协会成立于 1984 年 5 月,1999 年 11 月更名为宜春市个体私营经济协会

（简称市个私协）。宜春市个私协会下辖 10 个县（市、区）级协会，建立 113 个基层协会，共有会员 216063 人，其中团体会员 5714 个。

1991—2010 年，市个私协会同有关部门开展"星级文明经营户""光彩之星"评选，创建"青年文明号"等评优创先活动。全市各级个私协会多形式组织开展职业道德教育、普法教育等 58 期；组织会员开展法规知识竞赛、演讲比赛、开展迎香港、澳门回归大型文艺会演等 25 场；举办各种法规学习培训班 111 期；举办各类技术、现代企业知识、电脑等培训班 58 期；搭建用工企业和求职者的沟通平台，举办复退军人、大学生择业招聘会、培训班和建设实习基地及开展跨省劳务用工对接等多种形式，帮助高校毕业生、复退军人、农民工、城镇就业困难人员就业创业，帮助解决企业用工和劳动力找工难题，缓解社会就业压力，促进社会和谐。全市个私协系统组织会员企业参加招聘会 900 余场次，帮助提供就业岗位 1.7 万个。直接参与的会员达 17260 人（次）；聘请专业律师担任全市个私协会法律顾问，受理维护会员合法权益事件。每年组织会员参加学雷锋活动，大力宣传倡导《个体工商户和私营企业职业道德规范》，引导会员履行好市场主体的社会责任。开展"青年文明号""诚信文明经营户"和"先进个体工商户"评选活动，广泛开展"户户讲道德，店店无假货""重操守，讲诚信，创光彩业绩"活动，组织开展"光彩服务周"和"10·18 光彩服务日"活动，引导广大会员进一步提高"爱国敬业、守法经营、诚信服务、奉献社会"的自觉性，出资开展铺路架桥、助学助教、敬老爱幼、赈灾济困等公益事业，主动承担社会责任，以实际行动回报社会。1998 年抗洪期间，市个私协组织市区近 2 万名会员参加抗洪斗争，慰问解放军、武警官兵 20 次，金额 112 万元。累计为九江洪灾和四川汶川等灾区人民捐赠现金和物资折合人民币 680 万余元。

## 宜春市消费者协会

宜春市消费者协会成立于 1992 年 11 月。1992 年，全市凡是设有工商所的地方，全部建立消协组织，由工商所长或副所长兼任消协会长或投诉站长，基本上形成覆盖全市城乡的消协网络。2010 年，有 1 个市级消协组织，袁州区、万载、宜丰、铜鼓、上高、奉新、靖安、高安、樟树、丰城开发区 10 个县（市、区）消协组织，92 个基层消协分会；各县（市、区）消协组织共成立投诉站 205 个、下设联络站 310 个。

宜春市消费者协会自成立后，贯彻执行《江西省保护消费者合法权益条例》，组建网络，建立三级消协组织（市消协、各县市消协、城乡消协投诉站），初步形成以消协为主的保护消费者权益社会监督体系。利用各种宣传工具，大造声势，增强广大消费者的自我保护能力，开展"3·15"国际消费者权益日活动。受理消费者投诉，1992—2010 年，消协组织共接待消费者咨询 72560 人次；受理消费者投诉 32580 起，已解决（办结）的投诉 32255 起，解决率达 99%；为消费者挽回经济损失 2644 万余元。

## 宜春市广告协会

2000 年 12 月 25 日，宜春市广告协会成立。是年，宜春市工商局设置广告协会办公室，为市工商局下属正科级事业单位。广告协会办公室的主要职责是对广告行业进行指导、协调、咨询、服务；承办广告协会的日常工作。截至 2019 年底，共有团体会员数 80 家，其中，副会长单位 3 家，常务理事单位 10 家，理事单位 30 家，会员 36 家。

### 宜春市商标协会

2003 年，宜春市商标协会成立，并设置宜春市商标协会办公室，为宜春市工商局下属正科级事业单位。宜春市商标协会办公室的主要职责是为会员争创著名商标和驰名商标提供服务；承办商标协会的日常工作。共有团体会员 294 个。

# 第九章　上饶市

1991—2010 年,上饶市工商系统坚持连年开展整顿和规范市场经济秩序系列活动,规范市场行为,净化市场环境,整治交易秩序,制止不正当竞争,查禁市场上各种违法违章行为,保护生产者、经营者、消费者合法权益,维护全市市场经济秩序,为上饶经济社会和谐发展做出了贡献。

20 年间,全市工商部门大力建设责任工商、法制工商、信用工商、信息工商,打造"放心食品、商标、信用、诚信维权、工商服务"五大品牌,加快实现从传统"监管型"工商行政管理向现代"服务型"工商行政管理的转变。

全市工商部门出台一系列扶持企业和个体私营经济发展措施,促进各类经济主体发展。至 2010 年底,全市有内资企业 21177 家,外商投资企业 532 家,个体工商户 135348 家,私营企业 17723 家,农民专业合作社 1628 家;共有注册商标 4906 件,其中中国驰名商标 5 件,著名商标 93 件,知名商标 84 件。

1991 年,全地区工商干部职工 1405 人,此后逐年增加,至 1999 年达 2247 人,自 2000 年开始人员经过分流与精简,队伍人数呈下降趋势。

20 世纪 90 年代,上饶工商系统开展"办公有场所、办案有车子、通信有机子、吃饭有食堂、居住有房子、检查有资料"工商所"六有"建设,推行局长包干负责制,到 1996 年底,全地区有 83 个工商所评为"五好工商所",占工商所总数 70%,其中 25 个连续 3 年被评为"五好工商所"。1991—2010 年,全市工商系统新建改建工商所 59 个,面积 18718 平方米,投资 650 万元,基层建设其他方面投入达 1390 万元。被省工商局评为百佳工商所 26 个,国家工商总局评为先进工商所 3 个。上饶地区工商系统涌现出一大批先进集体和先进个人。玉山县工商局获全国先进集体称号,受国家工商总局和人事部表彰,铅山县工商局永平检查站站长汪大兴被评为"全国优秀军转干部",弋阳县詹成益被工商总局、中国个协评为全国先进个体劳动者。

## 第一节　市场主体准入

### 登记管理

**内资企业登记**　1991 年,上饶地区工商局新开企业办理登记 1856 家,其中企业法人 681 家,营业单位 1175 家,企业核准率达 100%。1992 年,办理中央、省、地所属企业法人 621 家、营业单位

217 家;新增企业登记注册 660 家。

1993 年,地区逐步取消主管部门对开办企业的审批,取消不必要的前置条件;放宽经营范围和经营方式,放宽公司登记条件;淡化核准经营范围时主兼营的划分,淡化对企业经营场所的审查。各县(市、区)工商局简化程序,加快办照速度,从受理到核准发照,企业法人登记不超过 7 天,营业登记不超过 3 天,变更登记随到随办。是年,全地区核准登记注册的企业法人 621 家。

1994 年,地区工商局对地区党政机关所办经济实体进行全面清理。1994 年,全地区新开业法人公司 460 家,比上年同期减少 641 家,下降 58%;共注销企业 814 家。1995 年,新登记企业法人 1611 家,注册资本 27178 万元,办理变更登记 1680 家,注销登记 1210 家。

1998 年,规范公司登记,对新设立企业实行实地核查制,对新登记注册的 118 家企业,严把市场主体准入关。

2007 年,全市工商系统加快推进政务公开,优化市场主体准入环境。尤其是加强工商办证窗口硬件建设、队伍建设和制度建设。坚持一审一核、首办负责、当场受理、限时办结等一系列制度,进一步深化政务公开,优化政务环境,把办照办事程序印成《办事指南》免费发放。在登记中做到"政策一次讲清、事情一趟办成"。

2009 年,市工商局制定印发《上饶市工商局支持企业应对金融危机和促进全民创业若干意见》,为企业应对金融危机冲击提供政策服务。

2010 年,全市有注册企业 8379 家,是 1991 年 4.5 倍;注册资本 1659813 万元,是 1991 年 6.6 倍。

**外商投资企业登记** 1992 年,全地区新办理外商外资企业注册登记 52 家,比上年增长 260%,外商外资企业达 72 家。1994 年,新登记外资企业 22 家。1995 年,新登记外商投资企业 22 家,注册资本 1715 万美元。

1991—1996 年,各级政府加强与境外联络,拓宽工作思路,疏通招商引资渠道。全地区共批准成立外商投资企业 201 家,实际利用外资 3844 万美元。

1997—2000 年,全地区共批准成立外资企业 86 家,实际利用外资 7150 万美元。

2000 年 3 月,上饶地委、行署出台《关于进一步改善投资环境,全方位扩大招商引资的决定》,制定《大力发展非公有制经济的意见》,为外资企业颁发保护牌和收费登记手册,实行一个窗口收费等。是年,有外商投资企业 105 家,注册资本 11650 美元,其中外方认缴额 6833 万元。

2007 年,上饶市工商局进一步简化外资审批程序,探索新的审批制度改革,全年外资企业申请各类登记 90% 以上实行当场登记发照。全市外资企业共有 268 家,投资总额 82182 万美元,其中外方 70362 万美元。

2008 年,全市外资企业 501 家,外资总额 191575 万美元,注册资本 127292 万美元,其中外方占注册资本 82%。2009 年,新增注册登记外商投资企业 52 家。

2010 年,全市新增注册登记外商投资企业 59 家,注册登记外商投资企业达 532 家,投资总额 238046 万美元,注册资本 145719 万美元,其中投资 1000 万—5000 万美元的有 66 家,5000 万美元以上 1 家。

**个体私营经济登记**　1992 年,全地区个体私营经济突破 1989 年后徘徊不前局面,新增登记注册 2414 家,相当于前 3 年的总和。1993 年,个体私营经济达 52492 家,注册资本 17408 万元。1998 年,全地区新登记注册个体私营企业 6512 家,注册资本 7478 万元。

2007 年,全市个体私营企业总量达 103331 家。其中个体工商户 93287 家,从业人员 318394 人,注册资本 239991 万元;私营企业 10044 家,从业人员 192042 人,注册资本 1707799 万元。全市个私经济纳税额 243393 万元。

2008 年,全市工商系统进一步增强服务意识,全力营造良好和谐发展环境,个体工商户和私营企业注册新增 20231 家,新增册资本 341734 万元,新增从业人员 70222 人。2009 年,全市新增注册个体工商户和私营企业 28596 家,新增注册资本 388989 万元,新增从业人员 91503 人,非公经济占全市生产总值比重达 60.4%。

2010 年,全市个体工商户发展到 135348 家,私营企业发展到 17723 家。

**农民专业合作社登记**　2007 年,自《农民专业合作社法》颁布实施后,全市工商系统加强宣传和业务培训,全面铺开登记工作,全年共登记农民专业合作社 143 家,出资额 1.65 亿元,入社成员 1400 余人。

2008 年,全市新增农民专业合作社 287 家,新增社员 2.3 万人。有 2 家农民专业合作社被江西省农业厅评为全省标兵合作社,4 家被评为省级示范合作社。

2009 年,全市注册登记的农民专业合作社达 984 家,注册资本 158538 万元,参与成员总数 5.1 万人,农民占 90% 以上,带动农户 22.2 万户,共有 27 个合作社建立党支部。农民专业合作社统一组织销售农产品总值 138307 万元,统一购买生产投入总值 24470 万元,171 家合作社拥有注册商标,19 家合作社通过农产品质量认证,272 家合作社提留公积金、公益金及风险金,160 家合作社按交易量返还成员可分配盈余,有 7 家合作社创办加工实体。有 6 家部级示范社,15 家省级示范社。

2010 年,市工商局多措并举服务新农村建设,农民专业合作社达 1628 家。全市农民专业合作社大多建立健全理事会、监事会和社员代表大会,并建立健全章程制度。

监督管理

1991 年,企业登记管理工作从重登记向重管理转变,登记注册工作开始走向程序化、规范化。地区工商部门加强对企业的监督管理,共组织 116 次对个体工商户进行检查,查处违章违法行为 1270 起,取缔无照经营 1595 家。根据"省政府批转省工商局关于清理和整顿假集体企业报告的通知",清理出一批名为全民、集体,实为个体、私营企业共 1269 家。

1995 年,地区工商部门根据《关于开展清理"三无企业"的工作实施意见》,对 1898 户企业(含分支机构)进行全面检查,其中法人单位 1025 家,检查清理出"三无企业"185 家。是年,地区工商局将企业登记的受理、初审下放到各分局、所。

1998 年,地区工商局清理撤销军队、武警所属和挂靠企业。同时,全面参与煤炭行业关井压产整治工作,关闭国有煤矿 4 家,压减产量 11 万吨,取缔关闭乡镇、个体煤矿 647 处,压减产量 118.5

吨。对未按期限年检的64家企业进行处罚,对"名存实亡"的400余家企业予以吊销执照;充实完善"证照注册服务中心",推出政务服务承诺制,对全市213家登记在册从事粮食经营企业进行整顿,取消53家非国有粮食企业批发资格。

2000年,上饶市工商部门共清理规范烟花爆竹生产经营企业57家,关停注销790家。

1991—2000年,上饶市工商局共办理注、吊销工商企业执照2375家,其中注销650家,吊销1725家,非法人公司677家,有限公司569家,分支机构1129家。

2002年,市工商局对高危行业全面执行企业登记前置审批制度,通过年检重点审查前置条件的有效期限,不能提供的则不以通过年检或变更。

2009年,市政府印发《上饶市建立健全查处取缔无证无照经营长效工作机制的若干意见》,初步建立"政府组织、工商牵头、部门联合、各负其责、形成合力"的长效机制。全市工商系统共出动执法人员4557人次,执法车辆1000辆次,检查个体工商户25388家,发现无证无照经营4106家,依法取缔139家,办理变更(注销)326家,立案查处1170家。

2010年,市工商局开展食品经营主体资格、"地沟油""家电下乡"市场等专项执法检查。各县(市、区)工商局全部建立查处取缔无照经营联席会议制度。是年,开展联合执法行动12次,查处取缔无照经营237家,市场主体持照率达95%以上。

## 政策扶持

1991年6月,上饶地委宣传部、地区工商局等10个部门,共同决定从税收、资金、服务、管理、激励措施等7个方面,扶持个体私营经济发展。是年,地区工商局运用企业登记管理职能,支持搞活大中型企业和骨干企业,帮助企业调整产业结构116次,帮助企业推销积压商品45次,金额168万元,帮助企业召开展销会17次,推销金额965万元。

1992年,各级工商部门对个体私营经济采取放宽经营范围、放活经营方式、放松注册条件、放大经营规模、简化办证手续"四放一简"措施,鼓励个体私营经济承包、租赁、购买国有、集体企业等,促进个体私营经济大发展。

1995—2000年,上饶地区把发展个体私营经济作为振兴上饶新的增长点来抓。1995年1月,上饶地委、行署印发《关于进一步大力发展个体私营经济的决定》,放宽条件,放手发展非公有制经济。各级工商部门把服务好个体私营经济作为一项硬指标完成,搞好环境整治,为个体私营企业提供"一站式"审批,一个窗口收费的便捷服务。

2002年,在企业登记注册上,办照人员全部进入市经济发展服务中心,从6月起,对登记发照实行预约制。

2007年2月,上饶市委印发《关于积极发展现代农业扎实推进社会主义新农村建设的实施意见》,大力发展农民专业合作社组织。是年,全市工商系统共为2059名下岗失业人员再就业办理营业执照,免行政性收费约610万元。

2008年,市工商局出台推动全民创业23条意见,对符合条件的下岗失业人员、大学毕业生、城镇退役士兵、失地农民、残疾人、两劳刑释解教人员等从事个体经营的,3 年减免登记类、管理类、证照类行政事业性收费,全年为下岗失业人员持《再就业优惠证》申办个体工商户 10388 家,免收工商管理费 4097.07 万元。9 月 1 日起,全面停征个体工商户管理费和集贸市场管理费。全市近 10 万户个体工商户均减负 600 多元,对 5000 多户预收的 160 万元管理费全部退还。

2009 年,市工商局出台"服务企业发展渡难关 20 条意见""推进全民创业 12 条措施""促进乡村旅游业发展 7 条办法"等一系列政策措施,进一步完善服务承诺制、首办负责制、限时办结制。全市各级工商办照窗口共办理各类登记 1.5 万件,当场办结率达 80% 以上。

2010 年,全面推行资料齐全马上办、对符合法律法规的确保畅通等"五办四通"工作制度,提高注册登记一次性办结率,全年窗口当场办结率达 90% 以上。向社会发布经济动态信息,对个体投资创业进行提示、预警;多次开展停征"两费"督查;开展流动办照上门办照活动月活动,降低门槛,简化程序。

## 第二节　市场监督管理

### 市场建设

20 世纪 90 年代初,上饶地区集贸市场多为露天市场,少数顶棚市场,设施很差,市场体系未形成。1991 年和 1993 年,上饶行署分别召开市场建设工作会议,研究部署市场建设工作,每年从财政列支 30 万元作为市场建设启动资金,工商部门主动作为,出台新建市场管理费减免的优惠政策。

1993 年,全地区市场建设形成"政府牵头、统一规划、多方兴建、统一管理"格局,共新建、改建、扩建各类市场 32 个,投资 2755 万元,建设面积为 11.6 万平方米。至 1995 年,全地区兴建市场 167 个,市场面积达 68 万平方米,投入资金 1.7 亿元。

1991—1999 年,上饶地区工商系统通过多方筹资,自办和联办一批城区商品交易市场,改建、扩建一批农村乡镇集贸市场,余干集贸大世界、玉山白云边贸市场、上饶县沙溪芝麻夏布专业市场等相继竣工开业。

### 商品交易市场管理

**市场规范化管理**　1991 年,上饶地区工商系统加强对农资市场管理,选配 370 名经培训考核合格并获得协管员证的农资协管员,定期不定期开展市场检查。加强对机动车辆交易市场和个体运输业的管理,机动车辆交易管理走向正轨。

1992 年,地区工商系统从过去侧重于集贸市场的管理转为监督管理社会主义统一大市场。部分县市开始介入或参与房地产市场、金融市场、文化市场、生产资料市场、劳务市场、技术市场管理,全年查处各类经济案件 219 件,其中大案要案 8 件。

1995 年,地区工商系统对粮食市场进行整顿,检查粮店 140 家,对不符合粮油质量的问题进行处罚．同时,对药品市场、食盐市场、文化市场、烟草市场加强管理整顿。

2002 年,上饶市工商局成立集贸市场专项整治领导小组,对各类集贸市场主办单位和场内经营主体进行全面清理检查,检查经营户 8009 家,查处案件 88 件。

2006 年,市工商局组织专门执法力量对全市食品经营主体资格进行清查。共检查食品生产经营 3.5 万家(次),检查各类食品市场、商场、经营者 10800 家,捣毁制假售假食品窝点 16 个。妥善处理铅山县"有毒咸鸭蛋"食品安全突发事件,配合政府有关部门查清"毒咸蛋"的进货来源、销售渠道,大力控制事态的发展。2007 年,吊销 94 家高污染、高能耗企业营业执照。

2008 年,全市加大对农资市场检查力度,共检查农资经营户 1910 家,查处农资案件 151 件,案值 200 万元。

2009 年,市工商局加强对家电下乡、汽车摩托车下乡商品质量监管,对 1297 家销售网点进行排查。部署开展集贸(农资)市场"限塑"整治工作,密切配合新闻出版、文化、旅游等部门开展扫黄打非、印刷等各类市场整顿,查处取缔无照经营"网吧"77 家,纠正不规范经营 95 家。

2010 年,市工商局组织力量对 13 家财产保险公司利用优势地位、联合制定"私家车车损险 300元以下不予理赔"条款侵害私家车用户合法权益一案,及时查处,责令向消费者进行退赔。

**创建"文明市场"** 1991 年,地区工商局开展创建"文明市场"活动,进行"文明市场"评比,产生国家级"文明市场"1 个,省级"文明市场"16 个。1992 年,表彰 22 个地级"文明市场"、23 名地级优秀市管员,7 个省级"文明市场"、7 名省级市管员,两个全国"文明市场"。

**市场"办管脱钩"** 1995 年,地区工商局开展市场"办管脱钩"工作,至 2000 年底,全地区除广丰县外,其他县(市、区)的工商局都成立市场物业管理中心,在工商行政管理系统内部实现机构、人员、名称、职能四分离,并与市场物业管理服务中心脱钩。

1999—2001 年,按照国务院工商行政管理体制改革和市场"办管脱钩"要求,上饶市工商系统将自办和联办的市场全部办理移交手续。

## 合同监管

**经济合同仲裁与鉴证** 自 20 世纪 90 年代开始,全市工商系统大力宣传《经济合同法》宣传,增强企业法制观念,强化经济合同管理力度。

1991 年,在边远地区设立仲裁庭 38 个,受理乡镇企业合同纠纷 4842 起,争议金额 790 万元,帮助乡镇企业整理合同台账、指导签订合同,为乡镇企业预防诈骗合同 9150 份,通过咨询、鉴证、检查等合同手段为企业避免和挽回经济损失 3579 万元。对全地区建筑市场实行建筑合同强制鉴证工作,使建筑市场纳入工商管理工作范围。

1993 年,地区工商局强化对建设工程施工合同管理,鉴证建设工程施工合同 677 份,金额 290.40 万元。调解合同纠纷 259 起,为当事人避免和挽回损失 1312 万元。

1991—1995 年,各级工商机关开展经济合同调解、仲裁与鉴证,并在各县(市、区)经委、商业、物资、二轻、乡镇、街道等部门及下属企业配备专(兼)职经济合同管理人员,上饶市(县级市)各企业成立经济合同管理小组 267 个,有专(兼)职经济合同管理人员 2126 人。全地区基本形成工商机关、企业主管、企业三级经济合同管理网络。

1994—1995 年,全地区共鉴证各类经济合同 7403 份,金额达 107220 万元。1996 年,共鉴证各类经济合同 3039 份,金额 59508.36 万元。1998 年,鉴证建筑合同 26 份,鉴证金额 3600 万元,调解建筑合同纠纷 2 起,金额 460 万元;鉴证房地产交易市场合同 420 余份,收缴合同鉴证费 26145 元。

2010 年,上饶市工商局组织学习并落实《江西省合同格式条款监督办法》,开展合同格式条款监管和备案工作,印发宣传资料 5000 余份,举办座谈会 6 次,在余干县开展试点。对电信、移动、供水、供电等 8 大类 16 种 287 份合同格式条款进行备案。

**企业动产抵押登记**　1996 年,地区工商局启动动产抵押物登记工作,全年共办理企业动产抵押登记 98 件,抵押物抵资金 7611 万元。1997 年上半年,办理企业动产抵押登记 51 份,金额 9655 万元。

1998 年,地区工商局按照《拍卖法》有关规定,事先对委托拍卖合同、拍卖人、竞买人的主体资格和拍卖标的物的权属情况进行审核,派人到拍卖现场进行监管,及时纠正和制止不规范拍卖行为,规范拍卖市场。

1999 年,地区动产抵押登记工作操作进一步细化,地区工商局设立动产抵押登记档案,登记制度实现程序化,明确工商责任和义务。凡资料齐全、产权明确的,一般当天受理,当天审查,3 天内发证。

**"守合同、重信用"活动**　20 世纪 90 年代,上饶地区工商部门引导企业开展"重合同、守信用"活动。1991 年,上饶行署命名 30 家"重合同、守信用"企业。

1992 年,80 家企业被上饶行署评为"重合同、守信用"企业,15 家企业被省政府评为"重合同、守信用"企业。1993 年评出"重合同、守信用"单位 374 家。1995 年,全地区有"重合同、守信用"企业 436 家。

1999 年,全地区开展"重合同、守信用"企业复审工作。至 2000 年,共复审企业 120 家,取消"重合同、守信用"资格企业 11 家。

从 2007 年开始,上饶市工商系统对商品交易市场进行信用分类监管。以市场主体"经济户口"管理为基础,从完善制度建设入手,全面实行企业信用分类监管,增强企业自律意识。

2009 年,加强企业信用分类管理,推进社会信用体系建设,全年新认定市级"守合同、重信用"AA 企业 8 家,21 家申报省级"守合同、重信用"AAA 企业。

商标监管

**商标注册**　1991—1995 年,境内的商标注册每年约在 60～90 件左右。

1992 年,上饶地区有 9 个商标被评为首届江西省著名商标。

1993 年,地区工商局对 78 家商标定点印制单位进行年检,帮助企业健全商标印制制度,全年共申请商标注册 155 件,全地区共有注册商标 546 件。

1995年，对89家商标定点印制厂进行检查，18家违法承印商标。共查处商标案件52件，罚款23770元。

1999年，江西光学仪器集团公司照相机"凤凰"商标被认定为中国驰名商标。

1991—2000年，全地区有商标注册855件。

2007年，全市新增注册商标400余种，其中新增中国驰名商标"万年青"1件，使全市中国驰名商标达3件，省著名商标60件。是年，共有注册商标2178件，

2009年，市工商局开展注册商标和未注册商标抽查摸底工作，指导和帮助玉山县春源绿色食品有限公司"得尔乐"商标成功认定为中国驰名商标，这是上饶市首个民营企业、首件农产品商标被认定为中国驰名商标。是年，新增省著名商标12件，累计注册商标达2678件，其中中国驰名商标4件，江西省著名商标76件。

2010年，全市新注册商标1126件，其中新增中国驰名商标1件、省著名商标19件、上饶市知名商标18件。是年，市工商局代市政府起草《关于实施商标战略促进经济发展的实施意见》，主持制定《关于实施"一社一标"品牌创建工程的工作方案》，开启新一轮"商标兴市、品牌兴企"战略。全面开展"一社一标"工作，着力引导农民专业合作社培育自主品牌，全市有67家农民专业合作社申请注册自己的商标，全市农产品注册商标总量达到910件。

**商标专用权保护**　1991—2000年，各级工商部门就商标持有人对商标的使用、管理和保护的有关资料作详尽的调查，并对企业商标在市场上可能被侵权等因素的分析，列出名录给予重点保护。

1998—1999年，地区工商局印发《关于大力扶持我区烟酒工业发展，运用职能做好服务工作的意见》和《关于印发"上饶地区重点商标保护名录"的通知》，将境内的"月兔"卷烟、"信州""全良""康郎""饶州"酒类等34件注册商标列入地区重点商标给予保护。

1991年，商标管理工作重点向打击假冒侵权方面转变，全地区开展39次打假活动，查处假冒商品案件155件，案值111万元，收缴和销毁商标标识50500多套。

各级工商部门利用每年对《营业执照》年检和平时的例行检查，加强对专营专卖经营户的管理。1995年开始，地区工商局和上饶市局每年都在市区联合进行1～2次的专营专卖经营检查；截至2000年底，全地区共有专营专卖经营户350家。主要专营全国驰名、著名商标（品牌）的各类商品。

1998年，地区工商局查处上饶市电池厂侵权上海电池厂"白象"商标案件，没收商标标识9.78万套，罚款5000元。2000年，上饶市工商局查处上饶县金星轧钢厂假冒南昌钢铁厂"海鸥"商标侵权案，罚款1.2万元。对全市36家专营专卖店进行检查，共查处商标侵权案4件，企业商标咨询18人次。

2008年，市工商局以保护奥运会标志、食品商标、药品商标、农产品商标和地理标志为重点，开展保护注册商标专用权专项整治行动，共查处侵犯标识奥林匹克标志专有权案件48件，收缴侵权标识1万余份。

2009年，市工商局开展"华东六省一市"商标专有权保护工作，加大知识产权保护力度。根据相关线索查获制售假冒王老吉饮料生产窝点1个、没收王老吉饮料完整生产设备一套，价值50余万元。全年共查处侵犯商标专用权的违法案件130件，案值374万元。

## 广告监管

20世纪90年代开始,上饶地区广告经营准入资格采取三级审查的一证一照制,其程序为:由各县(市、区)工商局注册登记科(股)核审"营业执照"受理登记,将发给"营业执照"后,由县广告监督管理科(股)对其广告经营单位的设施、人员、制作场地进行资格审查,填发《广告经营许可证申请表》,再由县(市、区)工商局业务股整理好材料报地区工商局广告科核审,发给"广告经营许可证"。每年1—4月为"广告经营许可证"年检期,各县(市、区)工商局广告股对经营业主"广告经营许可证"是否遗失、承接广告业务合同是否齐全进行查验,同时对"广告审查员证""广告专业技术岗位证书"进行年检。

1991年,地区工商系统对地区39个广告经营单位进行年检,对不符合经营条件的单位进行整顿压缩。整顿后,广告经营单位和广告发布单位为23家,从业人员201人,广告经营额为105万元。1992年,新增广告经营单位6家,营业额比上年增长105%。1993年,查处违章广告、虚假广告214件。

1994年,工商部门加大广告管理力度,对户外广告采取上街检查,划定张贴地点,增设广告张贴栏等,共查处违章广告154件。

1995年,地区工商局开展广告作品评选活动,其中两幅作品入选参加全国第四届优秀广告作品展览。加强对烟草制品广告管理,严格烟草广告审查;清理不规范广告,对违章违法广告分别作出限期改正、责令拆除、禁止发布等决定,共处罚各种违章违法广告96起,罚款20.4万元;对88家广告经营单位进行年检验证,吊销广告许可证6家。是年,新增广告经营单位18家,全年营业额为610.6万元。

1995、1999、2000年,地区工商局分别举办广告审查员培训,对289名广告专业人员进行培训,经考试评分合格的,核发《广告审查员证》,同时根据省工商局、省广告协会安排,由上饶地区工商局和上饶广告指导组分别在1995年、1999年、2000年举办"广告专业技术岗位证书"培训班,经考试合格者,可以领取由国家工商局广告监督管理司统一制作的《广告专业技术岗位证书》。

1997年,地区工商局严格执行广告审查登记在前制度,一些地方开始在繁华街道设立霓虹灯广告。1998年,全面清理乱张贴、乱涂写、乱刻画广告单位与个人105家;在全市制作公共广告栏40个;对印刷广告中存在的虚假内容,尤其是保健品广告,内容低俗类广告进行长期检查,查处8家;对6家医疗单位、8家新闻媒体擅自刊登、悬挂性病治疗广告经营单位进行严厉查处。

1991—2000年,各级工商部门共查处各类违法违规广告案件1228件,罚没款金额44.68万元;拆除违章广告建筑51块,收缴各类药品、保健品等印刷广告20万份等。

2007年,市工商局充分发挥广告联席会议制度的作用,加大部门联合执法力度,广告违法率整体下降。

2008年,开展广告专项整治行动,以落实广告监测、广告执法办案、广告审查员管理三项制度为切入点,完善分级广告监测制度,强化对广告主、广告经营者、广告发布者的法律培训和全过程监管。2009年,共监测各类广告4759条,违法率5.69%,查处271件广告违法案件。

2010年,市工商局开展虚假违法广告专项整治,加强上海世博会期间广告监管工作,开展清理非法涉性广告专项整治等行动,检查药店、医院及媒体单位180余家,收缴违法印刷品和"性药品"广告、性病治疗广告10000多份,立案查处非法涉性广告6件。

# 第三节　公平交易执法

## 反不正当竞争

1992年元月,地区各县(市)均成立打假领导小组,下设办公室(简称打假办)设在各县(市)工商局。是年,地区工商局先后组织4次大规模打假活动,查处的假冒商品录像带工作被中央电视台新闻节目报道。1993年,共开展打假68次,举办打假展览31期,查获各类假冒伪劣产品总案值750万元,查处走私汽车112辆、摩托车5辆。

自1994年开始,地区工商系统运用反不正当竞争法对不正当竞争行为进行查处,先后开展公用企业强制服务滥收费用、打击"傍名牌"保护企业合法权益等专项整治行动,组织"服务领域反欺诈"等专项执法行动,市场经济环境得到净化。

1995年,打击经营假化肥、假农药、假种子等农业生产资料违法行为,查获伪劣农资商品案值720万元,罚没款26.39万元,查扣假农药、假种子、假化肥,取缔无证经营农资经营户38家,移送司法机关处理1件。

1996年,地区工商局加大宣传各类法律法规宣传,开展取缔私货交易市场专项整治活动,重点对成品油、计算机及主板、通信器材等商品进行检查。共查处光盘6240张、卷烟3735条,立案13件。1998年,开展酒类市场整治和粮食收购市场整治,打击走私贩私活动,在春耕时节开展打假保春耕农资市场整治,全年查处各类违章违法案件38件,各类制假售假大要案3件,上缴罚没款10万元。

1991—2000年,地区工商部门共查办不公平交易案件1219件。

2007年,上饶市工商局制定实施《关于进一步加强上饶市工商系统执法办案工作的意见》,要求各地加大办案投入,充实办案力量。是年,共查结一般程序案件3169件,罚没入库1340.73万元,大要案件79件。2008年,共查结一般程序案件3752件,罚没入库1414.76万元,大要案件80件。

2009年,根据群众举报,对部分县(市、区)供水、供电、烟草公司、银行等公用企业或其他依法具有独占地位的限制竞争行为进行查处,立案查处8件,全部结案,较好地维护公平正义、公开透明的市场环境。

2010年,市工商局细化明确从重从快查处的67类严重违法违规行为和应从轻、减轻或免予行政处罚的35类轻微违法违规行为,推进基层执法转型工作。是年,查结一般程序案件4826件,完成总罚没入库 2069.47 万元。

## 打击传销和规范直销

1996 年,根据国务院《关于禁止传销经营活动的通知》,上饶地区开展打击传销活动。余干县工商局通过"12315"消费者举报投诉,查处一宗传销"益生藻""益儿藻"传销案,收缴案值 4 万元传销物品,为受骗群众追回货款 4.8 万元。

2002 年,上饶市工商局成立打击传销专项整治领导小组办公室,建立打击传销和规范直销日常监管工作机制,向社会公开各地查处传销案件,完善"防范、控制、打击"三位一体查禁传销、规范直销长效机制。

从 2007 年开始,市、县(市、区)两级政府都成立打击传销工作领导小组,政府领导担任小组组长。上饶市社会治安综合治理考评将打击传销工作纳入考核范畴,"打传"经费列入市财政预算。2007 年 2 月,市委书记和市长亲自指示和安排打击传销工作,指示由市纪委牵头。2007 年,工商部门立案查处传销案件 2 件,取缔传销窝点 42 个,教育遣散传销人员近 2000 人,13 名传销组织头目被移送司法机关追究刑事责任。全市基本形成政府牵头,部门协调的打击传销领导机构和工作制度。

2008 年,上饶市打击传销工作第一次写入市政府工作报告,形成"政府主抓、部门联合、各方支持、齐抓共管"的工作局面,全年共取缔传销窝点 200 余个,教育遣散传销人员 3700 余人次,解救被限人身自由 50 人。

2009 年,全市对传销和变相传销行为保持严厉打击的高压态势。市工商局全面启用"打击传销规范直销系统",建立传销组织人员"黑名单"。开展打击传销法律知识进高校、进企业、进社区活动,提高全社会抵制传销、举报传销的氛围。全年共取缔传销窝点 130 余个,摧毁传销团伙 19 个,教育遣散传销人员 2200 人次,解救被限制人身自由人员 130 人。

2010 年,以"迎世博、禁传销"专项执法行动为契机,市工商局与公安等部门联合开展集中打击行动,共捣毁传销窝点 84 处,查获传销人员 660 人次,立案 5 件,移送刑拘 12 人,有效遏制传销和变相传销活动。成功查处湘潭康本生物科技有限公司在上饶市信州区设立总部的传销案件,并移送司法机关。

2000—2010 年,上饶市工商与公安部门共出动执法人员 1.5 万余人次,捣毁传销窝点 804 处,查获传销人员 9000 余人次,解救被限人身自由 122 人。

## 商业贿赂治理

2007 年,全市工商系统共查处商业贿赂案件 74 件,罚没入库 131 万元。信州区工商局对中介机构、医疗单位商业贿赂行为进行专项集中普查,从中发现大量案件线索,一举查办 26 件商业贿赂案件。

2008 年,市工商局对医药购销、商业零售、中介、旅游等行业存在的商业贿赂线索进行筛选和调查,确定对象重点突破,共立案 66 件,结案 59 件,罚没入库 103.19 万元。2009 年,查结商业贿赂案 63 件,罚没入库 66.27 万元,完成大要案 5 件。

2010 年,查处商业贿赂案 61 件(其中完成大要案 4 件),罚没 55.06 万元。

# 第四节　消费者权益保护

## 商品质量监管

上饶市工商局重视流通环节商品质量监测工作,坚持质量监测与市场检查、案件查处、消费指导向、质量准入、规范教育等相结合,在宣传有关法规和政策同时,引导经营者加强自律,完善进货台账和索证索票制度,规范经营行为。围绕"抽查一种商品,查处一批案件,教育一批企业,规范一个行业"目的,每年根据总体工作部署,确定钢材、水泥、电线电缆、小型家用电器、液化石油气、烟花爆竹、油漆涂料、汽车配件等商品作为重点抽查的商品品种。同时,开展不同内容的消费市场专项整治活动。

1996 年,上饶地区工商局成立"双生"(生产资料、生产要素)市场管理所,各县(市、区)工商局加强对钢材、汽车、农资、成品油、棉花、粮食等重要生产资料管理,加强对房地产、劳动力、信息、技术等生产要素市场的管理。1998 年,上饶地区工商局下达《关于推行巡查制的通知》,1999 年始,地区工商局在上饶县旭日镇进行市场巡查试点。巡查制的推行,改变以往监管市场习惯于一个市场设一个工商所或几个市场设一个工商所的管理模式,实行"一人管一项,多人管一片"的管理方法。

## 消费者申诉举报受理

20 世纪 90 年代,消费者基本是通过来访、发函、拨打工作电话等方式投诉举报。1991 年,地区工商局受理消费投诉 327 起,当年解决 326 起,为消费者挽回经济损失 197149 元。1993 年,共受理消费者投诉 397 起,解决率达 98.7%,为消费者挽回经济损失 91 万元。

1996 年 7 月 28 日,上饶地区"12315"投诉电话正式开通,地区工商局印发《上饶地区工商行政管理机关实施"12315"消费者举报投诉指挥中心试行手册》,基本做到"有诉必查、有查必果"。

2002 年,市工商局在各旅游风景点设立投诉站或"12315"投诉提示牌,共检查经营户 4153 家,查处违章案件 67 件,受理消费者投诉 37 件,为旅游者挽回经济损失 5600 元。

2007 年,全面建立市、县(市、区)、基层分局消费申诉、举报机构。全市共建申诉联络站 520 个,聘请义务监督员 506 人,其中大中型商场、超市全部建立"12315"举报申诉联络站。全年受理消费者投诉 1131 起,解决 1077 起,解决率 95.2%。

2008 年 10 月 1 日,上饶市"12315"行政执法网络体系正式运行,基本构建起市、县、分局三级联动消费维权网络。是年,各级"12315"机构全年受理咨询申诉举报共 10330 起,其中申诉 1544 起,调解成功 1498 起;各级消协组织受理消费者投诉 880 起,调解终结 837 起。

2009 年"12315"申诉举报业务软投入使用,建立起"12315"数据库。市工商局"12315"指挥中心共接来电 5304 个,为消费者解答咨询 3918 个,处理消费纠纷 1184 个,挽回消费者经济损失 288.38 万元。

2010 年,全市建有消费者投诉站 2014 个,消协分会 117 个,维权联络站 1985 个,其中进社区 202 个,进村镇 1783 个。是年,共受理消费者投诉 1203 起,解决 1184 起,累计为消费者挽回经济损失 398 万余元。

### "红盾护农"

2005 年,市工商局开展农村"红盾护农"维权新机制建设,形成"工商主动搭台,政府重视推动,乡村参与组织,共同护农维权"的农村维权新格局。在上饶市设立 1722 个村级"红盾护农"维权点,覆盖面达到 87%,2005 年,上饶市工商系统共受理农民投诉 553 起,为农民挽回直接经济损失 41 万元。

2007 年,深入开展"红盾护农"先行动,全年共检查农资经营企业 1757 家,抽检种子 25 批次、农药 22 批次、化肥 305 批次、农机具 4 批次,总合格率 85%,查处农资案件 124 件,案值 487 万元,解决农资消费纠纷 32 起,为农民挽回经济损失近 50 万元。

2008 年,全市工商系统深入组织开展"打假保春耕、夏播、秋种"行动,全面规范农资市场秩序,确保农资流通渠道畅通。春耕期间,全市共抽检农资商品 345 批次,总合格率 88%。针对化肥的氮、磷、钾含量不达标现象,检查农资经营户 1910 家,查处农资案件 151 件,案值近 200 万元。

2009 年,在全市推广实施农资商品质量抽检报备"一卡通"监管新机制,县(市、区)工商局负责辖区内大型农资批发企业、连锁销售企业所经销的农资进行售前抽检,从源头上把住农资商品质量准入关。全年对 344 个上市肥料品种进行备案,抽查农资商品 456 批次,总合格率在 85%以上,查处农资案件 135 件,总案值 145 万元,为农民挽回经济损失 62.44 万元,并在 1135 个行政村设立"红盾护农"维权点,在县城及乡镇建立 203 个农资商品示范店。

2010 年,市工商局强化农资商品上市前的质量检测、备案工作,严厉打击制售假冒伪劣农资坑农害农等违法行为,全年共查处农资违法案件 487 件,为农民挽回经济损失 50 余万元;建立村级"红盾护农"维权点 1355 个,建立农资商品示范店 200 家。

# 第五节　流通领域食品监管

### 食品准入

1998 年,上饶地区工商局执行《生猪屠宰管理条例》,切实做好生猪定点屠宰工作,定点屠宰由上年的 10130 头上升为 43102 头,杜绝病死猪肉上市交易,保障市民吃上"放心肉"。

2004 年,上饶市工商局购置 28 台食品安全快速检测仪器,配给 15 个工商分局使用,提高基层分局的食品安全检测水平。

2007 年,在全市县城以上 518 个超市全部建立索证索票制度,乡镇、街道和社区的 10741 户食杂店全部建立进货台账。共举办食品安全培训班 42 期,培训食品经营户 3000 多人,指导和帮助食品经营者建立完善 7 项自律制度,基本形成长效监管机制。

2009 年,市工商局做好食品流通许可证的受理、审查和核准工作,全年共准予发放食品流通许可证 812 家,实现食品流通许可证核发工作由卫生部门向工商部门的平稳过渡。

## 食品专项整治

1995 年,地区工商系统在夏季开展假饮料专项整治,共抽查饮料生产销售企业(摊点)3587 家,取缔无证经营 52 家,责令停业整顿 24 家,查处假劣饮料案值 17.6 万元,现场处理 160 起,罚没金额 4130 万元。

1991—2003 年,全市工商系统以流通环节食品安全为重点,开展陈化粮市场、食盐市场、肉类市场、节日食品市场、儿童食品市场、夏秋时令食品市场、奶粉市场等专项整治行动,确保消费安全。

2004 年,全市开展多次专项整治行动,共查办食品安全类案件 350 件,案值 772 万元,罚没款 175 万元,收缴、销毁食品假包装、假标识 2.2 万件,查扣"黑名单"奶粉 3900 袋,收缴病死猪肉 2.1 吨、啤酒 7 万余瓶等。

2007 年,全市工商系统开展食品安全专项整治,整治重点区域 319 处,捣毁制假窝点 9 个,对不合格食品实行退市处理 3.1 万千克,受理消费者申诉举报 566 起,为消费者挽回经济损失 108 万元。扎实开展"农村食品市场整顿年"活动,重点查处制售假冒伪劣和"三无"食品,对农村食品生产经营主体进行全面排查,取缔无照经营户,对没有取得前置审批证件又一时难以取缔的"小豆腐坊、小榨油坊、小糕点坊"等农村小型食品生产加工主体,进行调查摸底、分类造册。

2008 年,全市工商系统查办食品案件 485 件,案值 400 多万元,投入检测经费 46 万元,专项监测商品质量 1452 批次,快速检测 17756 批次,总合格率 80%,对不合格的食品及时进行处理。尤其是"三聚氰胺奶粉"事件发生后,全市工商系统开展拉网式大排查,对列入名单的含三聚氰胺婴幼儿奶粉,责令经营户立即停止销售、下架退市、就地封存,共出动执法人员 3 万人次,检查商店、超市、批发部 5.4 万家,下架奶粉 26575 千克,生产企业召回 2.6 万千克,销毁不合格奶粉 1890 千克,为消费者退换奶粉、液态奶 5832 千克,受理消费者有关奶粉咨询 3039 件。

2010 年,全市深入开展流通环节食品安全专项整治,共出动执法人员 35389 人次,检查食品经营户 69101 家次,集贸市场 1212 个次,取缔无照经营 137 家,发放食品流通许可证 5346 家,开展食品质量抽检 631 批次,捣毁制假售假窝点 5 个,查办食品案件 290 件,查扣假冒伪劣和不合格食品 8936 千克。做好问题乳制品清查收缴工作,与 4548 家乳粉经营户签订承诺书,签订率 100%,确保全年未发生食品安全事故。

# 第六节　法治建设

## 普法宣传教育

1991 年,上饶地区工商局开展形式多样的法律宣传活动,举办各类人员培训班,对新出台《行政处罚法》《行政复议法》进行培训;举办企业经营管理人员培训班,宣传讲解工商法规;派出咨询队伍上街宣传工商法规,以宣传车在闹市区开展咨询服务、黑板报、宣传栏等方式开展宣传;举办工商法规知识竞赛。

1993 年,地区工商局成立普法领导小组,把法制工作列入目标管理。在县市工商局、工商所门前设立工商法规宣传栏,定期宣传工商法规,开展个体户学法守法的考试,参考面达 80% 。采取报纸、电视、广播、流动宣传车、上街咨询服务等多种形式,开展多项法律法规宣传活动,提高企业和群众用法守法的自觉性。

1995 年,开展首届"工商杯"工商法规知识竞赛活动。1996 年,开展对《公司法》《反不正当竞争法》《消费者权益保护法》《商标法》《广告法》宣传教育,共举办公平交易执法培训班 34 期,印发有关宣传材料 1.8 万份。

1997 年,地区工商系统广泛开展"3·15"消费者权益保护宣传月活动,出动宣传车 15 辆,刊播稿件 3560 份,张贴标语 2753 条。

2000 年 3 月,地区工商局与地区司法局共同举办全地区工商法律竞赛,地区所有工商干部和5000 多名企业经营管理人员、个体户参加此次竞赛活动,铅山县代表队获第一名。

## 规范行政执法行为

1993 年,地区工商局重点解决在执法过程中的不公正行为,在抓"案、照、费"等工作时,在收费、审查、审批等环节制定新的制度。

1994 年,地区工商局加强执法监督,对业务科(股)所处理的行政处罚案件,要求送至法制科书面审核,重点审查办案程序是否合法,案件定性是否准确,对有错误的及时给予纠正、补充。同时开展执法大检查。

1997 年开始,地区工商部门受理案件审核工作。至 2000 年底,共受理行政复议案件 13 件,其中维护 4 件、撤销 6 件,申请人撤回复议申请 3 件。

2000 年,市工商局制定《上饶市工商局加强政研法规工作的若干规定》,明确法制机构工作职责,做到定人、定岗、定责,制定机关各岗位的执法责任。7 月,对各县(市、区)工商局做出的行政处罚行为、行政许可行为及有关法律法规的学习贯彻情况进行大检查,共查阅行政处罚案卷 61 件,行政许可方面的档案 68 件。

2008 年,上饶市执法办案推行跟班学习措施,各县(市、区)工商局推选执法办案骨干人员参与市工商局公平交易局一起工作与学习。推行网上办案管理系统,阳光办案。

2009 年 7 月开始,全市工商系统推行领导干部监督"五项制度",以局务公开为重点,通过局务公开查询台、公示栏、网上公示、电子触摸屏等途径,接受群众监督。开展 3 次行政执法监察和效能督察,对发现的问题及时予以纠正并进行通报。

2010 年,市工商局制定印发《全面推行行政执法转型工作的实施意见》和《对严重违法违规行为和轻微违法违规行为细化的指导意见》,规范执法行为,强化行政指导。全年全市工商系统共立案查处一般程序案件 5418 件,案值 1.1 亿元,同比分别下降 12.5%、25.2%。组织编写《上饶市工商局网格化监管巡查工作手册》,帮助基层干部提高监管效率。

# 第七节　机构队伍

## 机构设置

1991 年,上饶地区工商局机关内设人事秘书科、企业登记管理科、市场管理科、经济合同管理科,有干部职工 43 人。全地区工商局共有基层工商所 114 个,干部职工 1405 人。

1992 年,地区工商局直属分局成立,与企业科两块牌子一班人员合署办公。

1996 年 9 月 16 日,上饶行署下发《上饶地区工商行政管理局职能配置、内设机构和人员编制方案》,内设机构有办公室、人事科等 8 个科室,机关行政编制 21 名,事业编制 2 名。地区工商局下辖 12 个县(市)工商局,与地方党委、政府实行"双重领导";是年,地区工商局、上饶市、德兴市等县(市)成立"双生"市场管理所。

1999 年,实行省以下工商机关垂直管理,党群关系隶属当地党委政府。上饶地区工商系统于 1999 年 3 月,完成机构编制和人员管理权限上收,共上划总编制数 1592 个,上划人员总计 2247 人。2000 年,全市工商系统共有干部职工 1716 人。

2000 年 6 月,撤销上饶地区和县级上饶市,设立地级上饶市。2001 年 6 月 13 日,上饶地区工商局更名为上饶市工商局。

2002 年 7 月,上饶市工商系统实行自省以下垂直管理以来的第一次全面机构改革。市工商局为省工商局正处级直属机构,内设办公室、计划财务科、人事教育科、政研法规科、市场规范监督管理科、商标广告监督管理科、个体私营经济监督管理科等 7 个职能科室和监察室(与党组纪检组合署)、机关党委;设置企业注册监督管理局(外商投资企业注册局)、公平交易局(打击传销办公室)、直属局等 3 个直属机构。信州区等 12 个县(市、区)工商局为上饶市工商局正科级直属机构,三清山风景名胜区工商行政管理分局为市工商局正科级派出机构。全市共有 111 个基层工商分局(所),为各县(市、区)工商局副科级派出机构。全市工商系统总编制 1609 个,其中:行政编制 1130 个、为老干部服务单列编 21 个,事业编制 458 个。是年,全市工商系统有在职人员 1768 人。

2005 年 5 月,市工商局增设综合科。2005 年 12 月,省、市、县三级工商局成立消费者权益保护局。2007 年 3 月,增设上饶经济开发区工商分局。

2010 年 12 月,市工商局直属分局更名为商标监督管理局,商标广告科更名为广告监督管理科,增设食品流通监督管理科,三清山风景名胜区工商分局、上饶经济开发区工商分局分别更名为三清山风景名胜区工商局、上饶经济开发区工商局。

表 7 - 9 - 1　1991—2010 年上饶市工商局主要负责人情况

| 姓　名 | 职　务 | 任职时间 |
| --- | --- | --- |
| 刘书田 | 党组书记、局长 | 1988.05—1996.02 |
| 涂福生 | 党组书记、局长 | 1996.02—2000.05 |
| 江训金 | 党组书记、局长 | 2000.05—2010.12(在任) |

## 队伍建设

上饶地区工商局重视队伍建设。1991 年,培训工商所长和干部职工 119 人,其中工商所长 53 人。1992 年,举办两期岗位职务培训班,参训人员 115 人,各县市工商局举办短期学习班 87 期,参训人员 2395 人次,其中参加大中专学习 91 人。

1993 年初,地区工商局投资 50 余万元在三清山建造有学员宿舍、教室、食堂等设施约 800 平方米的三清山工商培训中心。10 月,开办第五期培训班。全年共举办各种内容的短训班 97 期,参训人员 2896 人次。1997 年组织实施公务员过渡培训工作。1998 年,上饶地区工商管理干部培训大楼建成。

1991—2000 年,由上饶地区工商局统一部署,采取集中函授与辅导相结合,各县(市)工商局共举办普法、知识更新、股(所)长培训及其他培训 27528 人次,投入经费 632 万元,地区工商局组织各类培训 3345 有次,投入经费 81 万元。其间,分别送国家局和省工商局知识更新培训的副县级以上干部 12 人,科级干部 26 人。通过培训和学习,全地区工商系统干部素质和知识结构发生很大变化,研究生学历由零增加到 6 人,本科学历由零增加到 47 人,大专学历由 125 人增加到 636 人。

2007 年,市工商局将领导干部述职述廉、重大事项报告等制度和要求纳入廉政责任内容进行考核,共开展 5 次执法监察和效能督查,652 名分局长、基层主要执法人员向监管服务对象述职述廉。采取分类培训、全员练兵方式,共举办 28 期应用软件培训班、2 期政治理论培训班、2 期食品安全培训班,参训人员共 800 多人,培训内容涉及法律法规、新软件应用、办案技巧、管理心理学等 10 多个方面。

2008 年,举办两期有 160 名副科级干部、办案骨干政治理论和综合业务培训班,采取送出去挂职、送到上级跟班学习,拓宽干部交流和学习领域。2009 年,进行全市基层网格化监管改革,全面落实辖区监管责任制,开展 3 次行政执法监察和效能督察。

2010 年,市工商局组织编写基层分局岗位绩效即时动态考核系统软件,将基层人员的巡查、监管、执法、内务管理等工作内容作为岗位考核指标,市、县、分局三级网络联网,实现远程网络考核、即时监督。

# 第八节　社会团体

## 上饶市个体私营经济协会

原为上饶地区个体劳动者协会,1990年改称上饶地区个体私营经济协会。截至2010年,上饶市个体私营经济协会(简称市个私协)下辖12个县(市、区)级协会,107个基层协会和10个行业协会,共有会员116066人,其中团体会员15714个。

1991～2010年,市个私协会同有关部门开展"文明经营户""个体十佳经营户""十大杰出青年""光彩之星"评选、"青年文明号"创建等评优创先活动。聘请专业律师担任市个私协法律顾问,受理维护会员合法权益事件。每年组织会员参加学雷锋活动,奉献爱心。1998年,组织个私企业为洪涝灾区捐款捐物达62万余元,支援灾区人民。2008年,组织个体私营业主为四川地震灾区捐款捐物价值2300余万元。

## 上饶市消费者权益保护协会

1991年1月,上饶地区消费者权益保护协会成立,同年地区12个县市成立消费者协会。1998年,分别在基层分局、所成立分会,建立一整套受理消费者投诉规章制度,基本上形成覆盖全地区城乡的消协网络。2010年,全市建有1个市级消协组织,消费者协会分会117个,消费者投诉站2014个,维权联络站1985个(其中社区202个,村镇1783个)。

## 上饶市广告协会

2002年3月,上饶市广告协会成立。上饶市广告协会是全市各广告经营单位联合组成的行业性组织,接受上饶市民政局的管理和省广告协会的业务指导,挂靠市工商局。

## 上饶市商标协会

2002年3月,上饶市商标协会成立。

## 上饶市工商行政管理学会

1996年1月,上饶市工商行政管理学会成立,是从事工商行政管理理论研究的、具有法人资格的群众性学术团体。成立后选送10多篇论文参加省内和全国的研讨会。

# 第十章　吉安市

1991—2010 年,吉安市工商系统服务地方经济发展,出台一系列扶持企业和个体私营经济发展的措施,主动帮助企业解决发展中遇到的困难,促进各类经济主体蓬勃发展。截至 2010 年底,全市个体工商户 111753 家,从业人员 232791 万人,注册资本 298519 万元;私营企业 10942 家,从业人员 227879 万人,注册资本 2275330 万元;内资企业 16124 家,注册资本 4493728.78 万元。全市共有注册商标 4241 件,其中全国驰名商标 2 件、全省著名商标 134 件。

20 年间,吉安市工商局不断强化队伍建设,鼓励干部职工进行学历教育,制定干部培训学习制度,落实教育培训计划。至 2010 年,全市工商系统共核定编制 1823 人,其中行政编 1314 人,事业编 509 人,全系统共有人员 2423 人,其中在职人员 1741 人,离退休人员 612 人。全系统共有 8 个党委,140 个党支部,共产党员 1332 人。

1991—2010 年,吉安市工商局获得多项省委、省政府等给予的表彰。2004 年被省政府评为"全省发展个体私营经济先进单位";2006 年被省委、省政府评为全省"四五普法教育先进单位",全省服务非公有制经济发展先进单位,全系统有 3 个单位被评为省级文明单位;2006 年被中国个私协会评为"全国个协私协系统先进工作单位""全国个协私协系统'四五'普法先进单位"等。

## 第一节　市场主体准入

### 登记管理

**企业及个私经济登记**　1991—2010 年,吉安市工商局深入贯彻《公司法》和《公司登记管理条例》,先后出台《关于印发〈全市工商系统推动"和谐创业富民强市"若干措施〉的通知》《关于印发〈吉安市工商局关于开展服务企业"百日行动"实施方案〉的通知》等措施,以推进现代企业制度的建立为目标,深化企业登记制度改革。2010 年,全市企业发展到 16124 家,注册资本 4493728.78 万元。

全市工商系统贯彻落实省工商局《关于进一步加强外商投资的公司出资管理的实施意见》,向市委、市政府报送《关于我市外商投资企业的现状调查及发展建议的报告》,为扩大招商引资提供实际材料和建议,并开通外资企业登记绿色通道和重大项目跟踪服务制,加强对市场主体服务意识,改进工作作风,提升服务满意度。实行服务时间零限制、服务过程零障碍等"五零"服务模式。2010

年,全市累计外商投资企业512家,投资总额32.78亿美元,注册资本23.97亿美元。

全市工商系统贯彻党和国家关于发展个体私营经济的方针政策,对个体私营经济在政治上鼓励,政策上扶持,法律上保护,经营上引导,为个体私营经济营造良好发展环境,促进个体私营经济持续、稳定、健康发展。2010年,全市个体工商户发展到111753家,为1991年的2.16倍,年均增长5.81%;私营企业累计发展到10942家,为1991年的124.3倍。

**农民专业合作社登记** 2007年7月1日,《农民专业合作社法》和《农民专业合作社登记管理条例》施行。是日,吉安县工商局登记"吉安县横江葡萄专业合作社",颁发《法人营业执照》,为吉安市首个农民专业合作社。市工商局围绕当地主导产业和特色农业,以提高农民组织化程度和促进农民增收为出发点,先后印发《关于加快农民专业合作社发展的实施意见》《关于印发吉安市农民专业合作社试点工作实施方案的通知》《关于进一步加快发展农民专业合作社的意见》等文件,明确规定财政扶持、项目倾斜、税收优惠、办证登记、信贷支持等5个方面的优惠政策和具体措施,为全市农民合作社发展创造良好政策环境,推动全市农民合作社快速规范发展。

2007年,全市开展农民合作社试点工作,市政府专门下发实施方案,给予资金扶持,并确定8个相关市直单位对口帮扶10家农民合作社。2008—2010年,全市连续3年开展农民合作社"百家示范社行动"。全市有4家农民合作社被列为部级示范点,有30家农民合作社被列为省级示范点。2010年,工商部门注册登记的农民合作社有1226家,成员2.96万人,带动农户35.5万户,成员出资总额10.5亿元。

## 监督管理

1991—2010年,吉安市工商局开展党政机关办实体脱钩工作,组织清理"三无"(无资金、无场地、无机构)企业工作,对全市军队、机关等开办的经营性公司进行全面清理,对全市公司制企业的出资进行规范,对企业实行信用分类监管,开展道路和水上交通运输安全等整治活动,结合年检对各类市场主体违法违规行为进行查处。停止征收两费后,吉安市工商局进行基层监管模式改革,市工商局登记的企业按注册地址分配到辖区工商分局进行监管。基层分局对辖区内的重点行业、高危企业的巡查率达100%。

## 政策扶持

1991—2010年,吉安市工商局先后出台《关于印发〈优化发展环境构建和谐社会为加快吉安经济发展服务的意见〉的通知》《关于〈印发扶持市重大产业项目登记注册绿色通道工作方案〉的通知》等,服务吉安经济发展,促进全市企业快速发展。

2009年2月26日,吉安市政府印发《关于加强和扶持返乡农民工创业就业工作若干政策意见(试行)》,鼓励扶持返乡农民工创业就业。市工商系统围绕市委、市政府决策和部署,相应制定印发《关于〈印发关于在全市工商系统开展"优化投资环境,提升服务水平"实践活动的实施方案〉的通知》等文件,对非公企业进行扶持、保护、引导,为私营经济营造良好发展环境,促进私营经济持续、稳定、健康发展。

# 第二节　市场监督管理

## 市场管理

1991—2010 年,吉安市工商系统贯彻落实国家工商总局《集贸市场管理规范》,全面推行"两账一卡三承诺",落实市场中食品经营主体和食品入市、交易、消费环节查看制度和食品安全制度,建立严重失信、制假售假企业"黑名单"系统,市场规范化管理取得成效。

1996 年,吉安市工商局转发省工商局《关于工商行政管理机关与所办市场脱钩实施意见》,开展市场脱钩工作。至 2002 年 7 月 20 日,全市 57 个需移交市场全部办理移交手续,移交市场总面积 32117.5 平方米,移交总资产 8561 万元,移交债务 3291 万元,移交市场服务中心 12 个,移交人员 122 人。

20 年间,全市工商系统开展农业生产资料市场、报废汽车市场、粮油市场、成品油市场、汽车及配件市场、文化市场、野生动物市场、"网吧"监管、旅游市场等专项治理工作。全市共立案查处商业欺诈、销售不合格产品等违法违章案 3314 件,结案 3016 件。

## 合同监管

**经济合同仲裁与鉴证**　1991—2002 年,吉安市工商系统加强对建设工程勘察设计合同、建筑安装工程承包合同以及交易会、订货会、房地产租赁和交易合同的鉴证管理,通过合同调解、鉴证、仲裁、确认无效合同等手段为合同当事人避免和挽回大量经济损失。2004 年,市工商局不再办理合同鉴证。1991—2010 年,吉安全市工商系统查处合同欺诈、合同格式条款违法案件 5390 余件。

企业动产抵押登记 2001 年,根据国家工商总局出台的《拍卖监管管理暂行办法》,吉安市工商系统对全市拍卖企业实行建档备案制度,拍卖备案更加严谨规范。至 2010 年,全市共办理拍卖备案 300 余次,现场监督 77 次,拍卖确认金额 2933125.80 万元。

**"守合同、重信用"活动**　1991—2000 年,吉安市工商系统开展"重合同、守信用"活动,全市共有 5000 余家企业被命名为"重合同、守信用"企业。从 2001 年 5 月开始,全省"重合同、守信用"企业认定实行 AA 和 AAA 制。2003 年,吉安市工商局改革"守合同、重信用"单位的评定办法,以市场主体的准入、存续和消亡为主线,以企业市场准入、经营行为和市场退出三个方面的信用监管为重点,对"守合同、重信用"企业重新甄别和登记,推进企业信用体系建设。从 2007 年开始,全市工商系统对商品交易市场进行信用分类监管。

## 商标监管

1991—2010 年,吉安市工商系统充分发挥商标监管职能作用,着力健全完善商标发展服务机制,不断优化商标监管,大力推进商标战略实施。全市工商系统充分利用广播、电视、报刊、网络等多种形式,广泛宣传和普及商标法律法规知识。市政府坚持把商标发展作为促进经济发展的重要抓手,出台争创著名商标、驰名商标和注册地理标志鼓励政策。

市工商局培育农业商标品牌,突出高产油茶、优质水果、绿色蔬菜、有机茶叶、特色中药材、花卉苗木等特色农业,加快农业产业化经营,培育一批具有地域、产业特色和集生产、加工、销售、服务于一体的农副产品品牌,引导注册农产品商标,争创知名品牌;鼓励农业企业申请地理标志商标,组织推荐农副产品证明商标、集体商标申报驰名、著名商标。大力提升制造业商标品牌,突出电子信息、新医药及微生物农药、新材料等战略性新兴产业,引导行业龙头企业申报驰名、著名商标,扶持骨干企业,做大做强做优商标品牌,提升产业发展质量。充分发挥工商职能优势,做好商标培育、发展工作,指导并帮助企业经营、运作和保护商标;做好著名商标、驰名商标争创指导、推荐等工作,建立完善覆盖商标培育、注册、使用和保护的全过程、全方位的服务机制,鼓励企业加大对商标的宣传和投入,扩大商标知名度和影响力,巩固和提升吉安商标的市场地位。至2010年底,吉安市有注册商标4241件,其中中国驰名商标2件,江西省著名商标134件,证明商标4件,集体商标2件。

20年间,全市工商系统按照"统一指导、分级管理、整体联动、协作保护"原则,探索建立遏制商标侵权假冒行为的长效监管机制,深入开展以食品商标、驰名商标、地理标志、涉外商标为重点的保护注册商标专用权专项执法行动,坚持开展与知名企业联手打假行动,着力强化商标行政执法工作,严厉打击商标侵权假冒行为,依法查处一批有影响的商标违法案件。

## 广告监管

1991年,吉安地区放宽广告经营市场主体准入条件,推动广告业发展。是年,吉安地区有广告经营企业40家。从业人员496人,广告营业额达223万元。

1996年,地区工商局公开向社会做出承诺,广告经营企业登记由法定30个工作日缩短到7个工作日内办结。2002年,吉安市工商局鼓励民营资本进入广告业,引导广告业规模化、集约化、专业化方向发展。2004年,通过吉安工商红盾信息网,有计划地推进网上咨询代理、广告预审。2007年,市工商局制定《吉安市工商系统基层分局商标广告监管工作规范》,推进基层广告监管全面进入商场、医疗机构、社区等场所。

2010年,吉安市工商局完善户外广告登记数据平台,加强户外广告监督管理,户外广告小样全部录入综合业务平台,监管力度得到加强。是年,全市共有广告公司244家,从业人员1251人,广告营业额达3173万元。

1991—2010年,吉安市工商系统充分发挥工商行政管理职能,坚持宣传《广告法》及相关的广告管理法规,坚持经常性的监督检查,坚持广告发布建档备查制度、户外广告登记审查制度,不断放宽广告经营主体市场准入条件。

吉安市工商局发挥牵头单位作用,建立虚假广告整治联席会议制度,明确整治工作重点,完善协作机制,加强广告监测,健全监管制度,开展"反误导、打虚假""打虚假树诚信"、户外广告、医疗广告、药品广告、保健食品广告、化妆品广告及互联网广告等专项整治行动,使群众反映强烈的广告虚假宣传现象得到有效治理。

# 第三节　公平交易执法

## 反不正当竞争

1993—2010 年,吉安市工商系统运用反不正当竞争法对不正当竞争行为进行查处,先后开展公用企业强制服务滥收费用、公用企业捆绑销售、垄断行业限制竞争、打击"傍名牌"保护企业合法权益等专项整治行动,组织"服务领域反欺诈""旅游行业查贿赂""流通领域反仿冒""垄断行业查强制"专项执法行动,市场经济环境得到进一步净化。2008 年,吉安市工商系统开展保护奥林匹克标志及奥运特许商品专项执法行动,及时认定侵权行为,查处侵犯奥林匹克标志专有权案件 25 件。

吉安市局系统根据上级部署,围绕与人民生活密切相关的医药、食品、烟、酒类商品,严厉打击制造、贩运、经销假冒劣商品黑窝点及地下工厂。先后组织开展"扫假""打假"、打击制售假农资、"打假护农保春耕"等专项执法行动,启动"百城万店无假货"活动,查处大批假农药、假化肥、假种子、无碘盐以及伪劣食品、饮料和生活用品,打击制假售假不法行为。

## 打击传销和规范直销

从 1997 年开始,吉安市工商系统开展对传销活动专项整治。2003 年,吉安市工商、公安部门贯彻落实公安部、国家工商总局《关于坚决打击传销和变相传销活动维护经济秩序和社会稳定的通知》,协作打击传销。

2004 年,吉安市政府确定 6 月为"打击传销宣传月"。2005 年,市工商系统大力宣传《禁止传销条例》和《直销管理条例》。

2006 年,吉安市工商局成立打击传销专项整治领导小组,由 17 个单位组成,办公室设在市工商局公平交易局。建立打击传销和规范直销日常监管工作机制,形成"政府牵头、部门齐动、社会参与、综合治理"工作格局。向社会公开各地查处传销案件,完善"防范、控制、打击"三位一体查禁传销、规范直销长效机制,并将打击传销工作纳入全市社会治安综合治理范畴,制定打击传销有关工作考核评分标准和办法。

2007 年,全市工商系统集中力量查办涉及地区广、参与人员多、社会危害深大要案件;打击传销行为,严厉查处利用互联网传销行为。同时依法查处擅自从事直销等违法行为,重点查处未获得直销经营许可从事直销员招募活动、培训活动及直销销售活动,直销企业超出批准区域、超出产品核准范围及未完成服务网点备案从事直销活动。

2008 年,市工商局与市公安局统一部署开展"迎世博,禁传销"专项执法行动,各地按照统一部署,与公安机关开展联合行动,确保世博会期间社会稳定。在查处传销案件特别是大要案件上下功夫,重点打击以"国家 1040 工程""政府融资""扶贫开发大西北"等名义及利用互联网从事的传销活动;深入开展"无传销社区(村)""无传销校园"创建活动。

2009 年,根据掌握的传销活动线索,各县(市、区)工商、公安局集中力量,对掌握的传销窝点进行精确捣毁,全市工商系统出动执法人员 1739 人次,捣毁传销窝点 136 个,劝谴传销人员 457 人次,立案查处传销案件 2 件。市工商局组织 7 个打击传销专项行动执法组对全市进行统一清查,捣毁 23 个传销窝点,遣返来自湖北、河北、甘肃、湖南、河南、四川等地的传销人员 157 人。

2010 年,全市工商局、公安局下联合开展打击传销活动专项工作。全市工商系统出动执法人员 956 人次,捣毁传销窝点 93 个,劝谴传销人员 460 人次,发出警示 414 次,立案查处传销案件 2 件,并将涉嫌传销人员及产品名单记录在案,列入黑名单档案,录入信息库。

### 商业贿赂治理

1994 年,吉安市工商系统运用反不正当竞争法对为推销商品向对方贿赂行为进行查处。1998 年,市工商局依据《反不正当竞争法》,查处保险公司及商业贿赂案。

2000 年,市工商局开展纠正医药购销中不正之风工作,打击医药购销中商业贿赂、假冒他人注册商标及擅自使用他人企业名称等不正当竞争行为,加强药品广告管理。2004 年,开展以药品回扣为重点商业贿赂行为专项执法检查,检查范围是市内各药品生产企业、药品经销企业和医疗机构,依法查处无照从事药品经营活动,打击药品购销活动中收受回扣违法行为。

2006 年,市工商局把治理商业贿赂作为整顿和规范市场秩序重点,开展书刊发行、旅游、餐饮、商业零售、保险代理等行业商业贿赂行为专项整治。2007 年,重点查处药品购销、商场超市、酒水饮料、房地产开发、资产评估、拍卖、通信运营商中商业贿赂行为,继续开展治理商业贿赂专项工作。

2008 年,全市开展严肃查处经营者在经营中的商业贿赂案。大力查办一批涉及医药购销回扣、酒店酒水开瓶费、超市进场费等领域的案件,共查结 46 件,罚没 84 万多元,有效地遏制商业贿赂的蔓延。

2009 年,全市工商系统继续把治理商业贿赂作为整顿和规范市场经济秩序工作的重要内容来抓,重点治理医药购销、工程建设、土地出让、书刊发行、餐饮、商业零售等行业的不正当竞争行为,共查处贿赂案件 36 件,共计案值 243 万元,罚没款 162 万元。

2010 年,市工商局印发《关于切实做好 2010 年全市公平交易执法工作的通知》,组织开展打击"傍名牌"、制止滥用行政权力排除限制物流业竞争、治理商业贿赂等专项执法行动,查结"傍名牌"、"虚假宣"、违法有奖销售等不正当竞争案件 122 件,案值 263 万元,罚没金额 125 万元。

## 第四节　消费者权益保护

### 商品质量监管

1991—2010 年,吉安市工商局将打击假冒伪劣商品专项整治活动作为监管商品质量的重要途径,在每年元旦、春节、"3·15"、五一、国庆节等期间,进行"打假"宣传和专项整治工作。共开展各项"打假"宣传120余次,开展建材、家用电器、服装鞋帽等各种专项整治184次,出动执法车辆1245辆次,出动执法人员16923人次,制作发放识别假冒伪劣商品手册40万余册,每年"3·15"宣传期间,在市中心广场举办假冒伪劣商品展览,累计销毁260余万假冒伪劣商品。在专项"打假"活动中,共抽查国营、集体企业2882家次,抽查各类私营企业8257家次、抽查个体工商户116430余家次,查缴62大类、1200余种假冒伪劣商品,总标值1746万元,立案查处销售假冒伪劣商品案件3314件,罚没款1065万元。

## 消费者申诉举报受理

20世纪90年代,消费者维权是通过来访、发函、拨打工作电话等方式投诉举报。1999年7月28日,吉安地区工商局正式开通以"12315"为特服号的消费者举报投诉电话,同时设立"12315"消费者举报投诉指挥中心(简称"12315"指挥中心),明确公平交易局承担日常工作,消费者协会参与配合,并配发"12315"专用车一辆,各县(市、区)工商局相应设立本级"12315"中心。"12315"开通第一年,"12315"指挥中心接到消费者投诉510件,举报30件,从处理的投诉中发案并转行政立案查处10件,为消费者挽回经济损失6.2万元,根据举报线索立案调查违法案件15件,收到良好社会效果。

2005年12月13日,根据省机构编制委员会办公室批复,成立省、市、县三级工商局消费者权益保护局,吉安市工商局消费者权益保护局遂于成立,同时增挂吉安市工商局"12315"网络指挥中心牌子,消费者申诉举报受理工作职能从公平交易局划转消保局。形成市工商局"12315"指挥中心、县(市、区)工商局"12315"中心和分局及工商所站"12315"申诉举报站的"12315"三级执法网络。2006年10月31日,市工商局制定印发《吉安市工商行政管理局"12315"申诉举报工作规范(试行)》,在原有"12315"消费者申诉举报网络的基础上,不断巩固和扩大"12315"消费维权工作成果,努力构建以行政执法、行业自律、社会监督为一体的"12315"消费者权益保护行政执法体系。

2007年,市工商局开展"红盾护农维权进村"活动,聘请村干部担任维权员,把农村维权纳入乡镇村委会议事日程。全市村级"红盾护农"维权点945个,聘请维权联络员2331人,调解消费纠纷590件,为农民挽回经济损失115.77万元。

2008—2010年,吉安市工商局通过创新机制、扩大功能、理顺关系、完善网络等措施,对"12315"消费者申诉举报网络的现代化、制度化、规范化、法治化和程序化方面进行精心打造,使其成为工商部门的"品牌工程"和"民心工程"。其间,充实专职接诉员,建立"12315"数据库,完成全市工商系统各"12315"机构对"12315"网络系统应用的逐级培训。2009年1月1日起,在全市全面实行"12315"电话市级统一受理。2010年6月1日,制定印发《关于进一步加强全市"12315"窗口建设的实施方案》,开启全市"12315"窗口的标准化、规范化和现代化改造建设;9月21日,开通"12315"短信受理平台。健全消费维权组织网络,在全市系统中建立起一个由1个市工商局"12315"网络指挥中心、13个县(市、区)工商局"12315"消费者申诉举报中心、111个基层工商分局

(所、站)"12315"消费者申诉举报站,共125个"12315"工作机构组成的"纵向到底、横向到边、覆盖城乡、纵横联动"的"12315"三级执法网络。

## 第五节　流通领域食品监管

1991—2002年,吉安市工商系统以流通环节食品安全为重点,开展食盐市场、肉类市场、儿童食品市场、夏秋时令食品市场、奶粉市场等专项整治行动,确保食品消费安全。2001年3月,市工商局配合有关部门对全市盐业市场进行一次彻底检查,严厉打击假冒伪劣食盐窝点,加强对酱制、腌制、炒货、肠衣、饮料用盐单位的监督检查,防止私盐流入,坚持实行食(碘)盐零售许可证制度,从销售渠道上保障消费者可以买到合格食盐。严格限制采取碘盐以外的其他群体性补碘措施。在食品安全检查中,组织多次"打假"集中整治,查出多种假冒伪劣和过期变质食品,罚没金额20余万元。

2002年1—4月,吉安市工商局做好监管生猪定点屠宰工作,严厉打击私屠滥宰和生产销售"瘦肉精"猪肉、病害猪肉、注水猪肉的等不法行为,加强对猪肉制品加工,宾馆、团体伙食单位猪肉的管理,坚决制止非定点屠宰场点产品流入这些单位,防止集体中毒事件发生。

2003年,市工商局围绕防"非典",实施"食品药品放心工程",加强市场监管。凡是冒用绿色食品标志的商标侵权行为,违规使用绿色食品标志和商标行为,未按规范组合使用绿色食品标志、商标、编号、文字等行为,一经发现,严厉打击,并组织对市内所有生产、经营食品的企业、个体工商户进行拉网式检查。吊销营业执照10家,取缔无照经营72家。查处食品违法案件239余件,违法商品粮食300吨、粮食制品3250千克、食用油1280千克、肉及肉制品3285千克等。

2004年2月,为防治致病性禽流感,关闭疫点半径10千米范围内活禽交易市场,直到县级人民政府解除封锁令止。

2009年,市工商局开展节日市场专项检查,抽检食品459个批次,查处食品无照经营43家,捣毁制假售假窝点4个,查处食品安全案件372件,查扣不合格食品50024千克,加大流通领域商品质量监管力度。

2010年,市工商局严格食品安全监管,竭力做好流通领域食品安全保障工作。元旦、春节、五一、端午、上海世博会、中博会、亚运会期间,全市各级工商部门开展大规模食品安全专项治理工作10余项,下架退市问题乳粉22577.1千克、液态奶8000千克,捣毁制售假劣食品窝点3个,查处制售假劣食品案件52件,有效地净化全市食品市场环境。

## 第六节　法治建设

1991—1995年,吉安市工商局制订《吉安市工商局法制宣传教育第二个五年规划实施方案》,选派理论水平、业务素质较高人员参加省工商局组织的师资培训,举办工商所长法律条例培训班、全系统专业法律法规的学习培训。采取报纸、电视、广播、流动宣传车、上街咨询服务等多种形式,开展《公司法》及《公司登记管理条例》宣传活动,提高企业和群众用法守法的自觉性。

1996—2000 年,吉安市工商系统组织开展《行政处罚法》《国家赔偿法》《行政诉讼法》等法律法规的培训和考试活动,组织《每日一题》《每月一法》学习,重点普及宣传《宪法》修正案、《行政诉讼法》《合同法》等法律、法规及规定。成立行政复议委员会,确定法制机构为行政复议工作机构。"办案、审案、定案"三分离的监督机制初步形成,1998 年,市工商局成立执法责任制领导小组。1999 年,全市工商系统使用新的行政处罚统一文书,落实案件评查制度,对各办案单位案件开展全面评查。

2001—2005 年,吉安市工商系统开展《消费者权益保护法》等与公民工作、生活密切相关的法律法规为重点的法制宣传教育。每年举办系统内执法人员培训班及参加省工商局、市政府法制办组织的法律知识培训班。市工商局制订《吉安市工商局关于开展法制宣传教育的第四个五年规划》,每年制定《吉安市工商局普法依法治理工作意见》。市工商局和各县工商局分别成立普法领导小组,有些基层分局也成立相应机构,加强对普法工作的领导。确立"四五"普法的法制宣传员,每个基层分局确立 1 人,每个县局机关至少 1 人,做好日常的行政执法监督及执法监督检查工作。

2006—2010 年,市工商局突出重点,大力推进公民法律素质教育。注重实效,大力推进和谐创业的法制宣传教育工作。学用结合,大力推进工商事业的法治化进程。创新形式,大力推进法制宣传教育工作深入开展。组织全系干部职工学习《合伙企业法》《农民专业合作社法》等法律法规。2009 年 8 月,印发《吉安市工商行政管理局规范行政执法行为手册》,进一步规范全系统行政执法行为。2010 年 8 月 6 日,全市工商系统行政执法办案培训班在井冈山大学举办。全市工商系统法制人员、办案人员共 230 余人参加培训,行政执法能力得到提高。

# 第七节　机构队伍

## 机构设置

1991—1998 年,吉安地区工商局为吉安地区行署的职能机构,业务上受省工商局指导。1999 年 1 月 1 日后,吉安地区工商局为省工商局直属部门,编制序列归口省政府。

2000 年 5 月 11 日,吉安撤地设市。2000 年 8 月,吉安地区工商局更名为吉安市工商局。2002 年 7 月,市工商局内设办公室、计划财务科、人事教育科、政研法规科、市场规范监督管理科、商标广告监督管理科、个体私营经济监督管理科、监察室、机关党委,下设企业注册监督管理局(外商投资企业注册局)、公平交易局(打击传销办公室)、直属局等三个直属机构,下属个体私营经济协会办公室、培训中心等五个事业单位,下辖 13 个县(市、区)工商局,109 个基层工商分局,103 个股室等内设机构(含后勤服务中心),13 个个体私营经济协会,13 个消费者协会,10 个广告协会,11 个信息中心。

2010 年,市工商局内设办公室、计划财务科、市场规范监督管理科等 11 个机构;有企业注册监督管理局、公平交易局等 5 个直属机构;有机关后勤服务中心、吉安市工商行政管理培训中心等 6

个所属事业单位。下辖 10 个县工商局（吉安县工商局、泰和县工商局、吉水县工商局、峡江县工商局、安福县工商局、永新县工商局、永丰县工商局、安福县工商局、遂川县工商局、万安县工商局），1个县级市工商局（井冈山市工商局），2 个区工商局（吉州区工商局、青原区工商局）。

表 7 - 10 - 1　1991—2010 年吉安市工商局主要负责人情况

| 姓　名 | 职　务 | 任职时间 |
|---|---|---|
| 王淑民 | 党组书记、局长 | 1993.08—2002.08 |
| 冷雪霜 | 党组书记、局长 | 2002.08—2009.12 |
| 陈苗甫 | 党组书记、局长 | 2009.12—2010.12（在任） |

## 队伍建设

1995—2000 年，吉安市工商局对干部职工进行岗位职务培训，全系统干部岗位职务培训参训率达 93％。制定《吉安市工商行政管理所国家公务员过渡培训实施方案》《关于做好基层教育培训工作的意见》等培训学习制度，鼓励干部职工攻读国家承认的大专以上学历。

2001—2005 年，市工商局对全市 13 个县（市、区）工商局所属 109 个基层分局局长职位进行竞争上岗，对县工商局班子进行重新任命。市工商局中层干部平均年龄从 48 岁降至 47 岁，县工商局班子年龄从 47 岁降至 45 岁。制订《2004—2005 年全市工商行政管理系统干部教育培训工作计划》，鼓励干部职工通过脱产、半脱产、业余学习等教育方式，取得国家承认的各类学历证书。

2006—2010 年，市工商局对全市工商系统新提拔的副科级干部和县局机关正股级干部进行培训，印发《吉安市工商行政管理系统干部管理规定》，加强干部队伍建设和管理。

# 第八节　社会团体

## 吉安市个体私营经济协会

原为江西省个体劳动者协会（简称省个协）吉安地区工作委员会，为省个协派出机构。2000 年5 月吉安撤地设市后，吉安市个体私营经济协会（简称市个私协）成立，主管单位为吉安市工商局。至 2010 年底，吉安市个私协下辖 13 个县（市、区）级协会，119 个基层分会和 497 个行业小组。共有会员 88137 个，其中私营企业会员 9467 个。有 14 个法律维权组织，聘请常年法律顾问 27 人。全市个私协系统有党总支 2 个，62 个党支部，有党员 569 人。

1991—2010 年，吉安市个私协开展各类教育培训活动，提高会员自身素质。开展"光彩之星""诚信经营户""青年文明号"评选活动，增强会员文明经商、守法经营意识。慰问困难会员，开展爱心助学活动，组织开展回报社会、服务社会的"光彩服务日"活动。2006 年，市个私协被全国个私协会授予"全国个协私协工作先进单位"和"四五普法工作先进单位"称号。2008 年四川汶川地区发生特大地震后,全市广大个私会员投入到"抗震救灾捐款献爱心"活动中。全市个私协系统共募集救灾善款520.1万元,捐赠物资折款47.8万元。2008年底,市个私协被全国个私协会授予"全国个私协会系统抗震救灾优秀组织单位"称号,有三名个私业主被全国个私协会评为"全国个私协会系统抗震救灾无私奉献会员"。大力实施代办导办服务,全市个私协系统共设立代办导办服务窗口118个,为个私企业开展大量代办导办服务。

## 吉安市消费者协会

吉安市消费者协会成立于2008年7月。协会有理事单位62家,常务理事单位17家,协会理事会下设办公室,为正科级全额拨款事业单位。

协会自成立后,履行《消费者权益保护法》赋予的公益性职责,按照协会章程规定务实开展工作。对全市商品和服务进行社会监督,履行提供消费信息、咨询服务,受理消费者投诉并对投诉事项进行调解等公益职责,保护消费者合法权益责。

## 吉安市广告协会

吉安市广告协会成立于2003年12月27日,是吉安市广告界的行业组织,主管单位为吉安市工商局。

2003—2009年,吉安市广告协会组织企业用广告宣传企业、名优商品,提高知名度,组织企业参加中广协、省广协组织的活动,受到省广协多次表彰。

# 第十一章　抚州市

1991—2010年,抚州市工商系统加大市场监管和专项整治力度,查禁市场上各种违法违章行为,保护生产者、经营者、消费者合法权益,维护全市市场经济秩序。

全市工商系统围绕抚州经济社会发展总体目标,履行市场监管、行政执法职能,不断创新优化工作机制、服务机制。精心打造政策优惠、优质高效、帮扶提速"三大平台",加强窗口、网络、上门走访"三大服务",采取"事前指导提醒、事中服务办妥、事后监督整改"全程介入法,切实优化投资环境、推进全民创业,市场主体不断发展壮大。至2010年底,全市有内资企业5757家,外商投资企业472家,个体工商户76160家,私营企业13358家,农民专业合作社938家;共有注册商标2458件,其中中国驰名商标5件,省著名商标55件,地理标志证明商标3件。

20年间,全市工商队伍经历人员不足到精简精干的过程。2010年,全市在职人员1451人,其中公务员1003人,事业人员448人。全市工商部门注重提高队伍素质,开展干部教育培训,教育培训面达100%。注重加强党风廉政建设,在全市率先开展腐败风险预警防控管理工作,初步构建具有工商行政管理特色的腐败风险预警防控工作新机制。重视基层办公条件的改善,有计划地新建办公楼,购置办公设备。全市工商系90个基层分局星级工商分局建设达标达71个。

1991—2010年,抚州市工商系统涌现出一大批先进集体和先进个人。全市获国家部委省政府表彰的单位有42个次,获省直单位表彰的单位有7个次;先后涌现出国家部委、省先进个人24人。

## 第一节　市场主体准入

### 登记管理

**内资企业登记**　1992年5月,按省工商局规定,中央、省驻抚州地区企业及抚州地区企业,由抚州地区工商局登记注册管理。

1993年,地区工商局制定《关于进一步改进企业登记管理的实施办法》,规定对企业放开经营范围、注册资金、经营方式,放开企业组织形式和经营形式。是年,登记注册股份合作企业12家、无主管部门企业12家。

1994年,地区工商部门组织学习《公司法》,开展公司登记工作;举办企业登记管理人员学习班17期,299人参加学习;举办公司法人代表培训班36期,参训1885人次。是年,登记有限责任公司

26 家,注册资本(金)1560 万元。

1997 年,按省工商局规定,地区工商局将企业年检权限下放至各基层工商所。

2002 年 1 月,抚州市工商局执行省工商局《关于加强企业登记注册受理工作的规定》,进一步规范登记窗口受理行为,强化受理人员责任意识和服务意识。

2003 年 9 月,市工商局组织全市 11 个县(市、区)工商局,开展无照经营查处取缔专项检查工作。是年,撤销企业注册科,改设企业注册局,切实落实职能转变,建立企业经济户口 8294 家。

2004 年,全市针对企业名称预先核准、企业登记审查、核准发照等行政许可过程推行一个窗口对外和当场登记的办理模式,实行"一审一核,当场决定"的基本流程,在窗口实现一站式办结,公开办事程序和收费项目、收费标准,为各类企业登记程序制作公示牌和"办照指南"以及示范文本,做到许可内容、法律依据、材料申报、审核流程、承诺时限、收费标准、举报投诉七公开,提高办事效率。

2005 年,全面推行"一审一核制",集中举办 3 期"一审一核制"培训班,培训人员 240 多人,共确定有审查员 22 人、核准员 139 人。2006 年 7 月,全市对登记在册的内资企业营业执照注册号进行升级,由 13 位全部升级为 15 位。

2008 年 10 月 1 日,市工商局施行《股权出质登记管理办法》,拓宽企业融资渠道。

2010 年,市工商局制定《抚州市工商局规范核定企业个体工商户经营范围的实施意见》,先后出台《全市工商系统开展创业服务年活动十一项重点任务工作方案》和《围绕创业服务年活动运用企业登记管理职能支持企业持续发展的九项意见》,在全市推行"结对包干式"服务,即注册登记前对引进的重点项目实行各级工商干部结对包干驻点服务;注册登记后相关责任人定期走访项目人主动跟踪服务,及时解决涉及工商部门的相关事宜,得到投资者一致好评。是年底,全市共有内资企业 5757 家,注册资本 759410 万元。

**外商投资企业登记**　1993 年,受省工商局委托,地区工商局对全地区申请开办中外合资、中外合作和外商投资企业此进行前期审核和监督管理。是年,全地区有外资企业 88 家(中外合资 64 家、中外合作 7 家、外商投资 17 家),注册资本 9207 万美元,其中外商出资 4714 万美元。

2004 年 7 月,国家工商总局授予抚州市工商局外商投资企业登记权限,并成立外商投资企业注册监督管理局,对授权登记的 302 家外商投资企业注册号进行重新编排。

2010 年,全市工商系统开展创业创新服务年活动,建立企业联络员制度,对外资企业登记实行全程跟踪服务。是年,全市共有外商投资企业 472 家,其中中外合资 76 家、中外合作 15 家、外商投资 381 家;投资总额 115378 万元,注册资本 83965 万元(其中外方出资 76387 万元)。

**个体私营经济登记**　1991—2010 年,抚州市工商局贯彻党和国家关于发展个体私营经济的方针政策,围绕经济建设中心,对个体私营经济在政治上鼓励、政策上扶持、法律上保护、经营上引导,为个体私营经济营造良好发展环境。截至 2010 年,全市个体工商户累计发展到 76160 家,私营企业累计发展到 13358 家。

**农民专业合作社登记**　2007 年 7 月 1 日,《农民专业合作社法》颁布实施,全市工商系统发挥职能作用,培育这一新型市场主体。是年,全市登记农民专业合作社 92 家,出资额共计 4535 万元,成员共计 1183 个。

2010年4月,市工商局开展市级农民专业合作社样板社评选工作及全市农民专业合作社大走访活动。抚州市临川区联胜种养专业合作社等10家获"市级农民专业合作社样板社"称号。截至2010年,全市农民专业合作社发展到938家,从业人员10025人,注册资本80769万元。

## 监督管理

1991—1998年,抚州市工商局开展党政机关办实体脱钩工作,组织清理"三无"(无资金、无场地、无机构)企业工作,对《公司法》公布之前所办公司进行清理,改制为有限责任公司,对部队、司法机关兴办经济实体进行清理,对全市公司制企业的出资进行规范,对企业实行信用分类监管,开展人员密集场所消防安全整治等。

1999年,市工商局初步确立以工商所为基础,结合片区责任制,对各类市场主体的市场行为实行"经济户口"式管理机制。

2000年3月,市工商局对已登记注册需前置审批条件企业进行排查,对手续不全者发出整改通知书1万余份,取缔非法经营烟花爆竹企业1142家、成品油经营企业128家、液化气经营企业88家,对无证或证件时效过期的液化气经营企业12家、成品油经营企业162家,责令停业整顿。

2001年11月,全市按照"经济户口"等要求,落实属地监管责任制。是年,开展"安全生产回头看"专项检查,检查易燃易爆、煤矿生产企业,宾馆、商场、娱乐场所及交通运输企业3872家,依法责令2家煤矿生产企业、139家交通运输企业、23家液化气经营企业停业整顿。对未按期完成脱钩改制的中介机构进行撤销,吊销9家中介机构的营业执照。

2002年,市工商局加大企业年检工作力度,对年检中存在逾期未检、注册后6个月未开展经营活动以及在市场上缺乏竞争力等问题的637家企业,做出注(吊)销其工商执照的决定。

2003—2006年,严把市场准入,规范登记管理,强化执法监督,吊销1170家逾期未年检的内资企业营业执照,对2709家逾期未参检企业下发催检公告。

2007年,市政府印发《关于印发市企业登记注册并联审批实施细则(试行)的通知的精神》,为14家涉及前置许可公司(企业)实行并联审批。对全市快递行业进行执法大检查,规范快递市场经营秩序。

2008年,市工商局在年检中注重参检企业信用体系的建立,将企业按信用等级由高至低分为A、B、C、D四个等级,共逾期年检等案件187件,案值120.82万元。配合公安、银监等部门严厉打击安徽亳州市科技实业有限公司在抚州市利用种植仙人掌等进行非法集资活动。对60家逾期年检和逾期未出资的外资企业进行调查,对57家原由省工商局发照的外资企业实行公告换照,其中39家外资企业依法被吊销营业执照。

2009年9月,市工商局承担林权出资登记专题研究工作,形成书面报告报送省工商局,为上级部门做出决策提供有力依据。对全市登记在册的99家经济鉴证类市场中介组织进行整理,对2家存在公务员、事业单位人员兼职情况的中介组织下达整改通知书,责令其办理相关手续。

2010年,全市对已登记注册需前置审批条件企业进行安全排查,重点检查煤矿、非煤矿山、烟花爆竹、民爆器材、危险化学品等行业经营单位,对手续不全者发出整改通知书 1.2 万余份,对一些前置许可到期和经营中存在不规范行为企业限期整改,吊销两家安全生产许可证到期的煤炭经营企业。

### 政策扶持

20 世纪 90 年代初,全国治理经济秩序,个体私营经济出现暂时市场疲软,抚州市个体私营从业人员一度出现报停、歇业现象,工商部门反复强调国家支持和鼓励个体经济发展的方针、政策未变,同时采取引导行业结构调整,鼓励从事工业和服务业;取缔无证户,保护有证户经营;及时查处违章违法经营行为等措施,加强监管。1991—1994 年,抚州行署先后下发《关于鼓励和支持个体私营经济发展的补充通知》《关于进一步加快个体私营经济发展的意见》,成立抚州地区个体私营经济委员会,主任由行署专员担任,地区工商局局长任办公室主任。随后,各县(市、区)成立相应机构。落实措施,推动全地区个体私营经济发展。

1996 年,全市工商系统贯彻执行《江西省股份合作条例》,推动国有企业实行股份合作改造。

1998 年,为推动个私经济发展,地区行署先后印发《关于加快发展个体私营经济的通知》《关于优化经济发展环境的若干意见》。是年 8 月,地区政法委、地区工商局对个体私营企业税费负担及治安情况进行调查,召开地区个体私营经济委员会会议,研究制定解决个体私营经济发展相关措施。

2000 年,地区行署印发《关于进一步加快发展个体私营经济的通知》,进一步放宽政策,依法保护个体私营企业合法权益,引导个体私营经济发展"一乡一业、一村一品"块状经济等。

2008 年 9 月,全市停止征收个体工商户管理费和集贸市场管理费。2009 年,对全市对所有新申请开办个体户的,一律免收个体工商户开业登记费、营业执照副本工本费。

2010 年 11 月,为把优秀农村经纪人培养成党员,促进农村党员队伍壮大,市委组织部和抚州市工商局联合开展农村基层党组织"三培三促"活动。市工商局出台建立人才档案等五大措施。是年,全市建立农村经纪人帮扶点 35 个,新发展农村经纪人 2300 多家,从业人员 1.8 万人。

## 第二节　市场监督管理

### 市场建设

1990 年后,抚州地区逐年增加对市场建设投入,1992 年,全地区出现第一个年成交额超亿元市场——抚州市五皇殿集贸市场,年成交额达 23670 万元。至 2000 年共投入 50476 万元,建成永久性设施市场 101 个、棚顶市场 109 个,共有商品交易市场 226 个。2001 年后,由于"管办脱钩",工商部门不再承担市场建设职责,全市均采取政府投入或企业、个人投入的办法,兴建或改造市场。经改造建设,至 2010 年底,全市共有各类商品交易市场 175 个,其中综合市场 62 个、消费品综合市场

51 个、农产品综合市场 20 个、专业市场 23 个、其他市场 19 个;市场总面积 1138700 平方米,经营户 26009 家,摊位 38476 个,市场年交易总额 163822 万元,年交易额亿元以上的 40 个。

## 商品交易市场管理

**市场规范化管理** 1991 年 4 月,抚州地区工商局组织实施《江西省城乡集市贸易管理规范》,在全市主要农资市场实行划行归市、亮照经营。

1993 年 7 月,地区工商局开始依法对全地区商品交易市场进行登记,市场登记事项包括市场名称、市场地址、市场面积、上市商品种类、开办单位负责人。对全市商品交易市场实行常态管理和统计汇总制度。

1995 年,对成品油和粮食经营市场进行整顿。整顿后,保留成品油批发企业 14 家、零售企业 195 家;保留粮食批发企业 349 家、零售企业 393 家。是年,举办市场经纪人培训班 10 期,参训 141 人,经考试合格发证 42 人。

1997 年,地区工商局开始逐步探索监管社会主义大市场的常规性市场监管模式——市场巡查制,并探索商品准入与企业信用分类监管模式。对全市 52 家职介所、婚介所、投资咨询公司进行清理整顿。

1999 年,地区工商局建立粮食市场准入制度、四方(工商所、粮管所、乡镇村、粮食加工厂)联保制度、粮食市场巡查制度等,加强对粮食市场管理。查处非法收购、贩运粮食案件 229 件,没收粮食 99.5 万千克,取缔无照经营和加工粮食单位 82 家,罚款 84.67 万元。

2000 年,市工商局对国庆节日市场和副食品肉类市场进行专项整治,出动工商人员 1264 人,对 223 个市场、3560 个门市摊点进行检查,没收商品价值 7.2 万元。

2002 年,市工商局在各市场设立投诉站(台),加强市场日常巡查。深入开展集贸市场专项整治工作,查处无照经营户 405 家,查缴假冒伪劣商品 2383 件,标值 30 万元。加大对节日市场、旅游市场整治力度,清理无照经营 1713 家。

2003 年 5 月,全市工商系统开展针对防治"非典"药品和相关商品的专项检查。是年,清理无照经营 1300 家。

2008 年 1 月,全市工商系统做好应对冰冻灾害市场监管工作。全年共印发宣传资料 1.5 万份,出动检查 6510 人次,出动检查车辆 2045 辆次,检查市场 158 个,检查经营单位 14159 个,取缔无照经营 49 家,处罚违法违规经营案件 18 个,罚没款 3.16 万元,受理消费者投诉案件 329 件,为消费者挽回经济损失 15.23 万元。开展限制销售使用塑料购物工作,全市对 120 个集贸市场和 5120 家经营户销售使用塑料购物袋的情况进行检查,收缴食品经营户违规使用购物袋 14.4 万只。

2009 年,全市工商系统开展成品油市场专项整治工作,经核定,全市成品油经营企业共有 179 家,协同检测机构对全市 126 个成品油经营企业(加油站)经营 47 个样品的成品油质量进行抽检,经检测全部合格。

2010 年,市工商局完善市场监管模式,全面推行基层分局网格化管理,对市场巡查进行优化、提升。查处各类案件751件,取缔无照经营178家,受理投诉129件。

**创建文明集贸市场**　自20世纪90年代初期开始,地区工商部门广泛开展以规范交易行为、保护生产者和消费者权益、文明礼貌服务为核心内容的"创建文明集贸市场"活动,设立市场咨询服务台,为生产者、贩运者提供商品信息,促进各类商品市场健康有序发展

1999年,地区工商局根据市场变化修订"文明市场"标准,将"四好"改为监督管理、经营作风、场容场貌等3项,并对其内容作补充和具体化。是年,临川县农村大世界市场、抚州市五皇殿集贸市场被国家工商局授予全国"文明市场"称号。1991—2010年,全市有3个集贸市场先后获全国"文明市场"称号,10个集贸市场先后获省级"文明市场"称号。

**市场"办管脱钩"**　1995年10月,地区行署下达《关于工商行政管理机关与所办市场分离的实施意见》,全地区开始对市场"办管脱钩"工作进行宣传和调查。1999年,由地区财政局、国有资产管理局、工商局对全地区工商部门独办市场的产权、债权债务全面进行清理、评估、造册登记。全地区工商部门独办市场31个,建筑面积15314平方米,市场资产总值9111.428万元,工商部门投资3671.93万元,市场债务3106.5万元,到2000年底已办理脱钩移交手续。"办管脱钩"后,市工商机关在市场设立的管理机构只对市场经营主体和经营活动依法进行管理。`

## 合同监管

**经济合同仲裁与鉴证**　自20世纪90年代开始,全市工商系统大力宣传《经济合同法》宣传,增强企业法制观念,强化经济合同管理的力度。1991年,调解仲裁合同纠纷277件,查处违法合同51件。

1991,开始推广经济合同示范文本。在区属重点企业中组织推广8种经济合同示范文本。1992年,85%以上有经济往来的企业都能使用规范文本,其中建筑施工合同示范文本的推广率达100%,防止企业因签约疏漏而造成的损失。

1993年,全地区举办经济合同管理人员培训班17期,企业法人培训班12期,参训2000余人。是年,工商部门确认无效经济合同职能终止。

1995年,《仲裁法》开始实施,合同仲裁委员会终止活动,工商部门对合同仲裁职能也相应取消。为贯彻执行《仲裁法》,地区工商系统共举办经济合同专管人员培训班32期,参训434人;企业法人代表培训班30期,参训的企业法人代表和经营管理人员1455人。

1996年,地区工商部门不断拓宽鉴证职能范围,把建筑工程勘察、设计等合同纳入强制鉴证范围。

1997年,地区工商局会同地区建设局印发《关于统一使用国家标准合同示范文本及加强建筑市场管理的通知》,全年发放《合同示范文本》12700份。采取自愿鉴证与强制鉴证结合原则,开展合同鉴证工作。7月,地区工商局成立经济合同行政调解中心,是年调解经济合同纠纷19起,争议金额20.6万元。

1999年,《合同法》开始实施。8月,开展《合同法》宣传,组织举办《合同法》培训班两期。

2000年，抚州市工商局会同有关部门对粮食收购、买卖和粮食加工合同按《粮食合同示范文本》实施。是年，调解经济合同争议案13件，合同金额11.6万元。

2001年，全市工商系统选择105家企业建立合同监管联系制度，接待企业、个人法律咨询180余次，通过传真、电话为企业提供咨询80余次，为企业避免、挽回经济损失437万元。

2002年，全市工商系统共为企业、个人提供合同法律咨询、资信服务350余次，通过传真、电话、电报为企业提供咨询服务900余次。

2003年3月，市工商局印发《关于查处合同欺诈等合同违法案件有关事项的通知》。随后，全系统分别举办防范合同欺诈培训班12期，培训420余人。散发宣传资料万余份。是年，鉴证各类经济合同7439份，金额46120万元；共查处经济合同违法案件14件。

2004年，大力引导企业使用合同示范文本，加强对订单农业中的合同行为规范。加大合同"打欺治骗"执法力度，以买卖、加工承揽、旅游、重要生产资料合同欺诈为重点，开展合同监督检查工作，共检查各类合同960份，金额10590万元。

2005年，市工商局推行《工程建设项目招标代理合同示范文本》《建设工程施工劳务分包合同》等合同示范文本，规范全市范围内工程建设合同。是年，调解合同纠纷3起，争议金额15.4万元。

2006年，在全市范围开展涉农合同帮扶工程，推行15种涉农合同。是年，开展打击合同欺诈专项执法行动，全市工商部门共出动执法人员1100人次，车辆360辆次，检查企业1500余家，检查各类合同3万余份，查处合同欺诈等违法案件3件，案值4万余元。

2009年，根据省工商局制定的15个涉农合同文本，市工商局推出白莲、香菇、烟叶等23种涉农合同示范文本，实行涉农合同备案制度。查处合同欺诈行为，为农民挽回经济损失50万余元。12月，市工商局在广昌县工商局召开全市工商部门规范涉农合同示范文本现场会，全面推广全市涉农合同示范文本。

2010年，抚州市合同格式条款备案中心成立。市工商局以商品房买卖、通信、旅游、住宅等社会关注的重点、热点行业领域为重点，加强对格式合同条款的检查，全市备案格式合同130份。是年，调解经济合同争议案3件，合同金额14.7万元。

**企业动产抵押登记**　1996年起，全地区开展抵押物登记工作，是年共办理企业动产抵押物登记189件，抵押物价值53188万元；办理企业和个体户房产抵押登记218件，抵押价值32856万元，其中最大一笔抵押合同登记为江西富奇汽车总厂与工商银行抚州市支行抵押借款合同，抵押房产和设备价值112939万元，借款额9057万元。

1999年，地区动产抵押登记工作操作进一步细化，地区工商局以把好市场主体关，合同条款关，抵押权属关为切入口，设立动产抵押登记档案，登记制度实现程序化，明确工商责任和义务。凡资料齐全、产权明确的，一般当天受理，当天审查，3天内发证。

2000年，市工商局加强登记后监管，防止抵押物变卖、转移；规范文本格式，加强档案管理。是年，办理抵押物登记1640件，其中动产115件、房地产1525件；抵押物价值57129万元，债权28522万元。

2003年，市工商局进一步规范拍卖企业的拍卖行为，注重拍卖合同审查，做到事前备案、事中监督。全市工商机关现场监拍 62 次。

2006 年,进一步完善动产抵押登记文书格式,坚持实行"三级审批"制度,严把抵押登记的主体资格关、抵押物权属关、抵押物价值关,确保主债权的实现,全市办理动产抵押登记 56 件,价值 89756 万元,主债权 12405 万元。

2007 年,市工商局在拍卖市场中,坚持审查拍卖企业主体资格、拍卖师资格及委托合同、拍卖公告;严格规范委托合同、成交确认书等拍卖合同文本,方便审查监管和企业操作;坚持现场监拍,凡拍卖活动都及时公布举报电话,并保证有两名工作人员到场监拍;定期对拍卖企业进行走访,帮助拍卖企业总结分析拍卖过程中存在的问题,提升拍卖水平。是年,共监拍各类拍卖会 102 次,成交金额达 3.43 亿元。

2010 年,全市办理动产抵押登记 21 件,价值 17340.2 万元,主债权 4050 万元。

1996—2010 年,全市共办理动产抵押登记 3657 件。

**"守合同、重信用"活动**　1992 年,地区工商局按照省工商局《"重合同、守信用"企业命名及管理办法》规定的 6 条标准,开展"重合同、守信用"评比活动。

1995 年,对"重合同、守信用"企业(简称重守企业)实行年检制度,即每年对上年度重守企业实行检查,合格者保留称号,不合格者撤销其称号。省级和地级重守企业由地区工商局年检,县级重守企业由企业所在地县(市)工商局年检。是年,年检重守企业 203 家,撤销重守企业称号 36 家。

1997 年始,重守企业评选活动实行"一年评选、一年复审"制度,评选和复审交替进行。是年,评选出新重守企业 230 家,其中省级 99 家。1999 年,新发展省级重守企业 33 家。

2000 年,全市经复审保留重守企业称号 182 家,其中有江西富奇汽车总厂等 118 家省级重守企业。

2001 年,省工商局颁布《江西省重合同守信用企业认定管理暂行办法》,市工商局共评定"重合同、守信用"AA 企业 7 家。

2005 年,省工商局颁布实施《江西省守合同重信用认定管理暂行办法》,市工商局在全市范围内宣传,共评定"守合同、重信用"AA 企业 29 家。

2006 年,市工商局在农村开展"守合同、重信用"活动,引导农村经营主体依法经营、诚信经营,不断提高广大农户的诚信意识和履约意识,共评定 35 家重合同守信用 AA(市级)企业,其中涉农企业 5 家。

2008 年,全市工商系统协调金融部门将企业信用评级和"守合同,重信用"企业评选,纳入银行的征信体系,对信用等级高、守信情况好的企业提供融资服务。是年,评定"守合同、重信用"AA 企业 21 家。

从 1991 年至 2010 年,全市累计有"守合同、重信用"AAA 企业 212 家,AA 企业 412 家。2010 年,全市有"守合同、重信用"AAA 企业 42 家,AA 企业 119 家。

# 第三节　公平交易执法

## 反不正当竞争

1993年,抚州地区工商局在强化市场监督中,突出"打假"和"打私"两个重点,组织"打假"专项活动178次,查获假冒劣质商品总标值78万元,罚没金120.5万元。

1996年是全国"公平交易执法年",地区工商部门围绕反不正当竞争,以保护经营者和消费者合法权益为核心内容开展执法工作,查处一批不正当竞争案件,重点查处仿冒知名商品特有名称、包装装潢、公司企业或其他具有独立地位经营者强制交易、虚假商品标示和宣传、商业贿赂等4个方面违法行为。

1998年,山西朔州市白酒中毒事件发生后,地区工商局对全地区所有生产和销售食用酒企业和个体工商户进行全面检查,重点查缴国家公布的山西省汾阳市杏花村中杏酒厂的19种品牌酒等。开展对重点地区、重点商品打假工作,查处走私进口汽车、摩托车,组织"打假"专项活动8次。查处一批假冒他人注册商标,仿冒知名商品特有名称、包装、企业名称等案件,罚款26万元。

2000年,地区工商局以反仿冒、反误导、反分割和封锁市场的行政性壁垒为重点,加大对仿冒知名商品特有的名称、包装、装潢、企业名称的行为及虚假表示、虚假宣传等误导行为的查处力度,把被仿冒较多的饮料、食品、烟、酒等,作为重点检查商品,开展专项整治,保护市场环境,促进扩大内需,切实维护经营者的合法权益。是年,查处走私进口农用地膜10吨、照相机560架等。

2001年4月,市工商局制定印发《抚州市工商行政管理系统整顿和规范市场经济秩序实施意见》,出动执法人员6000人次,执法车辆523辆次,检查各类经营单位3524家,检查重点市场12个,其他集贸市场(区域)79个,查获假冒伪劣商品300万元,捣毁制售假冒伪劣商品窝点18个,清理无照经营153家;查办一批大案要案,其中假冒"钓鱼牌"扑克案涉案金额60万元。是年,开展对公用企业强制交易行为调查摸底工作,取缔报废车辆回收拆解市场8处;全市共查处各类经济违法违章案件306件,案值1000余万元。

2003年3月,市工商局印发《关于切实加强市场监管,严厉查处利用防治非典名义从事违法经营活动的紧急通知》,维护"非典"期间市场稳定。全市工商部门出动执法人员4725人次,执法车辆950辆次,检查各类经营单位10407家次,查处相关违法行为案件30件。

2005年,市工商局在全市范围内对供水、邮政、交通运输、烟草、殡葬、供电等公用企业和其他依法是有独特地位的经营者开展垄断性行为限制竞争行为专项执法整治,共出动执法人员278人次,执法车辆132辆次,走访消费者1324人,发放问卷调查表1150份,在全市范围内开展针对广东多宝饮料食品有限公司等9起侵犯知识产权不正当竞争案件的查处。

2007年,开展打击"傍名牌"专项执法行动,打击服装、鞋帽、电器产品、卫生厨具、建材等领域的违法行为,出动执法人员562人次,检查各类经营户438家,共立案查处假冒他人注册商标等案件 45 件,涉案金额 27.56 万元。

2008 年 3 月,全市工商部门开展房地产市场整治,出动执法人员 460 人次、车辆 380 辆次,检查售楼处 380 余处,检查在建工地 56 个,查处房地产违法案件 30 件,案值 5758.8 万元。

2010 年 3 月,市工商系统组织开展"送法上门"宣传活动,出动执法人员 880 人次,出动执法车辆 125 辆次,散发各种宣传资料 1 万余份。继续深入推进公平交易执法办案网上监管系统的运用,共录入案 3808 件。是年,全市工商部门共查处各类经济违法违章案 3808 件,案值 4767.65 万元。

## 打击传销和规范直销

1996 年,地区工商局开展查禁传销专项整治活动,通过电视、报纸刊播查禁非法传销《通告》,查处非法传销案件 5 件。

2006 年,市工商局大力宣传《禁止传销条例》和《直销管理条例》,查办传销案件数 1 件,取缔窝点数 1 个清查遣散 30 人。

2007 年,市工商局把打击传销活动作为日常工作,全年共出动执法人员 1850 人次,执法车辆 348 次,查处传销案件 13 件,取缔传销窝点 16 个,遣散传销人员 740 人次。2008 年,查处传销案件 13 件,取缔传销窝点 16 个,遣散传销人员 740 人次,协助移送司法机关刑拘 16 人,解救在校大学生 9 人。

2009 年 7 月,开展打击传销百日联合执法行动,全市工商部门和公安机关共出动执法人员 529 人次,清查出租房屋 237 个,捣毁传销窝点 40 个,教育遣散传销人员 851 人,解救放困人员 66 人,收缴各类传销资料 1800 余份,刑事拘留传销人员 2 人,行政拘留 4 人,行政处罚 13 人,对出租房屋人治安处罚 6 人,行政拘留 2 人。

2010 年 4 月,市工商局在创建"无传销社区"活动的同时,发放宣传资料 30000 份,张贴宣传画 5000 张,悬挂宣传标语 85 幅,制作宣传展报栏 24 块,4 月 24 日江西电视台第五套"目击者"栏目和湖南株潭电视台一套"知音人间"栏目组专程到抚州市对市工商局解救传销受困人员进行现场全程跟踪报道。

## 商业贿赂治理

2000 年,市工商局集中力量对公用企业限制竞争行为和医药购销中商业贿赂行为进行整治,从查处药品回扣案件入手,开展对商业贿赂行为的全面检查。

2006 年 4 月,抚州市工商局治理商业贿赂领导小组成立。7 月,市工商局分别对各县(区)局治理商业贿赂工作的落实情况进行督查。全市工商部门出动执法人员 542 人次,检查各类企业 214 家,立案查处各类商业贿赂案件 46 件,涉案金额达 402.545 万元,移送检察机关案件 1 件,有效打击涉及医药购销、商业保险等领域的商业贿赂行为。

2009 年,市工商局继续将治理商业贿赂工作作为监管执法和整顿规范市场经济秩序的一项重要任务,依法打击商业贿赂违法行为发生,并依托现代信息技术,实现执法办案网上管理,建立健全防治商业贿赂有效机制。是年,查处商业贿赂案件 8 件,结案 8 件,涉案金额 45.179 万元。

# 第四节 消费者权益保护

## 消费者申诉举报受理

1994年，《消费者权益保护法》开始实施，抚州地区工商系统与消费者协会运用多种形式，广泛宣传《消费者权益保护法》，开展对消费者权益的保护。

1997年，国家工商局《工商行政管理所办理消费者申诉实施办法》开始实行。是年，11月11日，南城县工商局在全地区率先建立消费者投诉服务台。

1999年，地区工商部门开展"3·15消费者权益保护宣传月"活动，对涉及消费者安全健康的商品和服务进行一次拉网检查。7月28日，开通"12315"消费者投诉举报电话，同时成立"12315"投诉举报中心。此后至2000年，全地区建立和健全"12315"消费者申诉举报网络，各县(市)成立"12315"消费者申诉举报机构。

2000年，抚州市工商局筹建全市"12315"消费者申诉举报中心。是年全市共受理消费者申诉举报2066件，解决2033件，立案查处侵害消费者权益案件6件，为消费者挽回经济损失184.9万元。

2001年，进一步完善"12315"消费者举报投诉中心各项工作制度，受理投诉，及时解决消费纠纷，严厉打击侵害消费者权益的行为。是年，全市受理消费者投诉808起，为消费者挽回经济损失9万元。

2002年，发挥"12315"申诉举报网络作用，维护消费者合法权益。根据消费者关注的热点问题，加大查处侵害消费者权益案件的力度。是年，全市受理消费者投诉901起，为消费者挽回经济损失33.5万元。

2003年，市工商局对旅游、餐饮、美容美发、修理等行业进行专项整治；共检查餐饮经营户648家，责令整改132家；检查美容美发经营户577家，责令整改66家。是年，全市受理投诉486起，解决409件，为消费者挽回经济损失36.2万元。

2006年4月，抚州市消费者权益保护局成立。是年，不断健全和完善"12315"申诉举报指挥系统，实现市工商局、县(区)工商局和基层工商分局(所)三级联网，形成三级消费维权联动机制；充分利用"3·15"消费者权益日活动，扩大维权工作网络，推进"12315"进入村镇、社区、学校和超市。重点推出农村"一会两站一点"(消费者协会、消费者投诉站和"12315"联络站、消费者投诉点)建设工程，将农资市场监管及农民消费维权触角延伸到农村。全市81个乡镇建立消费者投诉站("12315"投诉站)81个，1733个行政村建立投诉点765个，聘请1027名乡村干部，先后培训基层维权人员1200人次。全市各级消费者协会和"12315"投诉站(点)受理消费者投诉647起，为消费者挽回经济损失共计37.3万元。

2008年9月16日，抚州市工商局"12315"申诉举报中心成立，与12个县(区)局、92个基层分局(所、站)进行对接。全年共接到申诉举报和咨询电话 1992 个,其中受理各类咨询 1470 起,申诉举报 447 起,已处理 447 起,为消费者挽回经济损失 36.2 万元。

2009 年,全市工商部门对消费环节的家用电器、儿童玩具等各类产品质量检测达 171 批次,合格率为 92.39%。开展创建放心示范店,放心示范商场和放心示范市场等活动,全市创建农村放心示范店 1704 家。全市查处侵害消费者权益案件 105 件,案件总值 99.4 万元,没收金额 25.12 万元,罚款 70.08 万元,为消费者挽回经济损失 112.5 万元。

2010 年 6 月 21 日,抚州市全境遭受特大洪涝灾害。全市工商部门第一时间在灾民安置点及市场街道等地设立"12315"维权联系点和临时食品快速检测点共 73 处,落实工作人员 387 人。推行先行赔偿制,凡涉及灾民各类投诉,只要证据确凿的,一律由消协组织向消费者先行赔偿,再由消协组织向有关商家或生产厂家追索赔款,并报辖区工商部门予以处罚。是年,市工商局"12315"申诉举报指挥中心共受理各类申诉举报案件 5297 件,共办结 5284 件。至 2010 年底,建立市工商局"12315"指挥中心 1 个,县(市、区)工商局"12315"申诉举报中心 12 个,基层工商分局申诉举报站 90 个,形成覆盖全市的三级执法体系。

### 农资监管和"红盾护农"

1996 年,地区工商部门农资市场进行全面清理整顿,共检查农资经营户 306 家,取缔不具备农资经营条件经营单位 133 家,查获假化肥 35.5 吨、假种子 3.44 吨等,查处坑害农民案件 14 件,罚没金额 139 万元。

2007 年,市工商局深入开展"红盾护农"行动,对全市 1533 家农资经营户进行信用评定,其中 A 类 490 家、B 类 1026 家、C 类 17 家。

2010 年,市工商局大力开展"红盾护农"行动,全市共上市肥料备案品种 480 个,抽样送检化肥 487 个批次,检查经营户 1347 家,查处案件 252 件,取缔无照经营 58 家,受理投诉 27 件,为农民挽回经济损失 51 万元。

## 第五节　流通领域食品监管

### 食品准入

2002 年,抚州市工商局建立流通领域商品质量检查制度、日常监督管理等制度,组织开展流通领域商品质量监督管理工作,并通过食品质量抽检,查办食品案件。

2004 年,市工商局探索建立长效监管机制,大力推行商品准入制度。2 月,市工商局将振宇超市 9 家连锁店作为试点单位,实行食品准入制度,11 个县(市、区)工商局分别选择 1~2 个较大规模大型商场、超市作为试点单位,试行食品准入制度。

2005 年 2 月,市政府批转市工商局《关于实施流通领域食品安全市场准入制度工作方案》,在全市全面推行食品准入制度。同时,探索建立和完善市场巡查、信用分类监管、商品抽查等监管制度和进货查验、索证索票、信息档案和不合格商品退市、召回等企业自律机制。2月28日至3月1日,市工商局先后在南城县、金溪县、临川区召开食品安全监管工作(现场)会议,确立南城株良工商分局、金溪秀谷工商分局、临川西湖工商分局为食品安全监管试点。是年,全市工商部门11个县(区)工商局、86个基层工商分局(所)正式推行食品准入制度。同时,各级工商部门制定《食品安全监管工作责任制》和《食品安全工作责任追究制度》,层层签订责任状,落实到岗、到人,并进行定期或不定期检查。

2008年,市工商局在全市范围内开展县乡联动工程,推行以"一票通行、二级建档、入境备案、全面配送"为主要内容的食品源头监管模式,确保源头可溯,安全可控,去向可查,努力营造放心、和谐的消费环境。

2010年,建立健全流通环节食品安全监管长效机制,推行经营主体准入考试制及经营主体退出制,发放食品流通许可证6286家。

### 食品专项整治

2003年,全市工商部门以实施"食品药品放心工程"为重点,开展食品药品市场专项整治,共检查市场375个次,取缔无照经营188家,查处食品、药品案件64件。

2004年,全市工商部门重点打击扰乱市场秩序欺行霸市,强买强卖、短斤少两和制售假冒伪劣商品等违法违章行为,先后开展时令食品专项整治、奶粉市场及儿童食品专项整治等活动。是年,全市工商部门查处食品违法案件259件,查获假冒伪劣食品价值68.2万元。

2005年,为全面推行流通领域食品准入新机制,全市工商部门举办食品经营户培训班、座谈会170余次,发送宣传册(本)2万份,在电视报纸等各级各类新闻媒体及时曝光大案要案和典型案件。组织开展元旦、春节市场专项整治、儿童食品市场集中整治,中秋、国庆节日旅游市场整治、盐业市场专项整治等专项整治行动,维护消费安全。是年,出动执法人员2861人次,执法车辆517辆次,检查食品经营户27568家次,查处无照经营113家,捣毁制假售假窝点17个,立案查处食品违法案件214件,罚没款41.12万元。

2007年,全市工商部门重新对涉及食品生产、销售企业和个体工商户的经营资格全面进行重新清理,进一步摸清食品经营主体状况。全市有各类食品经营主体10505家,建立食品安全示范点46个,食品安全示范便利店216家。督促食品经营主体建立索票索证制度,完成率达100%。在市区及各县城区共建立食品安全示范店46家,在乡镇共建立食品安全示范店216家。是年,全市工商部门查处制售假冒伪劣食品案件73件,捣毁制假售假窝点14个,查获假冒伪劣食品价值35.41万元,罚没金额17.1万元。

2008年,市工商局对全市25大类食品分824批次进行质量监测,监测食品总合格率为93.9%。利用食品安全快速检测车和快速检测箱,对全市13大类,528个批次食品进行检测,合格率90.6%。9月,三聚氰胺事件发生后,市工商局印发《关于抚州市工商局局领导分工挂点督查婴幼儿奶粉事件处置工作的通知》，各级工商部门按照通知要求监督经营者退换奶制品4360.1千克，下架不合格和问题奶制品33.5吨，查处销售违法奶制品案件5件，其他食品案件115件。

2009年，全市工商部门开展制售熏蒸鲜辣椒等10余项打击流通环节违法添加非食用物质和滥用食品添加剂的专项执法检查，出动执法人16049人次，检查食品经营户35142家次。

2010年6月，抚州市全境遭受特大洪涝灾害。全市工商部门在各安置点共检查食品86个品种、756个批次，价值390万元；退回不合格食品5个品种、5个批次，价值4.2万元。洪灾期间共出动巡查人员4668人次，取缔48家无证照的食品经营户，规范46家食品经营店和流动摊点。9月，市工商局对全市29个批次酱油、20个批次食品添加剂进行抽检，检验合格率100%；10月，对流通环节乳饮料、蔬菜、熟肉制品等23类251个批次的食品进行抽检，合格率99.2%。

# 第六节　法治建设

## 普法宣传教育

2001年，在全市工商部门开展"一日一题"和"每月一法"学习活动，市工商局机关确定每星期一下午集中学习。举办全市整顿和规范市场经济秩序培训班2期，56人参训。是年，市工商局被省委、省政府评为江西省法制宣传教育先进（"三五"普法先进）单位。

2002年，抚州市工商局印发《抚州市工商局第四个五年普法规划》和《关于严格执行"一日一题"学习答题制度和"两个半小时"制度的通知》，落实"一日一题""每月一法"学习活动。市工商局举办法制培训班2期，参训人员61人次；县区工商局举办培训班81期，参训人员2800余人次。2003年，办2期法制工作人员培训班。

2004年7～9月，全市工商部门开展"依法行政树立工商执法新形象"活动、"工商法律法规宣传周"活动，发放征求意见函380份，收集意见和建议600余条。

2006年，市工商局制订全市工商部门"五五"普法规划和《"十一五"期间依法治局规划》，2010年完成"五五"普法任务。

## 规范行政执法行为

1994年，抚州地区工商局对行政处罚案件进行审核。是年，审核行政处罚案件70件，申请复议1件。

1996年，地区工商局对此前办理的案件进行清理。是年，全地区查处各种经济案件384件，全部经过审核，其中改变定性4件、改变处罚依据4件、改变处罚金额11件。

自1997年10月10日起，地区工商局实行执法公示制度，将职责范围、具体行政执法内容、执法程序、工作标准、时限等向社会公布，接受社会监督。

1998年11月，地区工商局对宜黄县兰水乡水电站滥收、强收电费一案举行全地区第一次听证会。1999年,地区各县（市、区）工商局先后制定《行政处罚案件审核制度》和《执法监督检查制度》,规定执行审核程序的强制性。

2000年,地区工商部门查办一般程序案件206件,审核206件,受理行政复议申请3件,申请人撤回申请2件,经复议维持原处罚决定1件,行政诉讼1件（人民法院判决维持行政处罚决定）。

2001年,市工商局落实省工商局《关于加快推行行政执法责任制和评议考核制工作的通知》,印发《实施方案》《抚州市工商局行政执法责任制及考核细则》,开展对县区工商局评议考核,发放调查问卷200余份。2002年,将行政执法评议考核纳入年度工作考评内容。

2003年7—8月,市工商局开展《行政处罚法》执行情况专项检查,重点自查和抽查处罚主体资格、处罚程序、罚缴分离、案卷规范等情况,查摆并整改"先调查后立案"等17个问题。全市工商部门立案查处违法经营案1376件,法制核审率100%。

2004年,市工商局被市政府列为实施行政许可法试点单位。12月,组织全市工商部门处罚案件核审研讨会,讨论交流处罚案例29件。是年,清理并报市政府公布全市系统13项行政许可项目,拟定《行政许可告知函》等9件通用许可文书,在市集中办事大厅设立工商窗口。立案查处违法经营案1926件,法制核审率100%,其中属听证范围的268件,应当事人申请组织听证会1次;县区工商局行政应诉案2件,均获维持;市工商局受理行政复议案7件,维持2件、撤销3件、当事人撤回申请2件。

2005年3—5月,落实省工商局队伍教育整顿专项清理工作,全市系统清理执法案件2503件,回访当事人1953家次,市工商局随机抽查128件处罚案并当场反馈,发文通报56个带共性的执法问题。12月,由法规科牵头组织全市工商部门办案先进评查,抽查县区工商局大要案110件,评出6家办案先进单位、33位办案能手,通报28件带共性的问题。

2006年,市工商局创新执法工作制度,推行重要法律文书盖章登记制度和法制机构统一管理强制措施空白文书制度。组织评查县区工商局124个处罚案卷,评出6家办案先进单位、31位办案能手。是年,全市工商部门立案查处违法经营案1254件,法制核审率100%。

2007年,开展执法讲台进基层活动,由市工商局组织业务骨干到县区工商局巡回讲课,深入浅出地讲解工商执法人员应具备的法治理念和执法原则、常见执法问题、办案审案思路和调查取证技巧。举办行政处罚案例分析会,组织38名法制人员和办案人员讨论23件处罚案例,探讨商业贿赂案件的新特点、虚报注册资本的界定标准和责任主体等问题。

2008年,市工商局印发《行政处罚案件审查会议集体讨论重大复杂案件办法》,明确市、县两级工商局重大复杂案件类型和范围。开展办案提示工作,根据法规调整及执法实务情况,市工商局法规科及时通过电子邮件,向市工商局办案机构和县区工商局发出办案提示,是年共发《办案提示》11期。

2009年7月,市工商局全面推行说理式行政处罚文书,实行"说理式"处罚决定书法制人员复核制,组织县区工商局交叉督查说理式处罚文书制作等。在金溪县工商局开展为期1年的行政处罚调查取证与处罚建议分离试点工作,共试点分离式查办商标案9件、广告案12件。是年,全市工商部门行政应诉案4件,其中市工商局于9月对资溪县供电有限责任公司强行收取水电站线损费限制竞争一案,依照《反不正当竞争法》作出罚款8万元行政处罚。

2010年,市工商局印发《抚州市工商行政管理局重大行政决策程序规定》,并出台重大行政决策听取意见、听证及公布制度,合法性审查制度,实施后评价制度等,进一步规范各种行政执法行为。是年,全市工商部门立案查处违法经营案3434件,法制核审率100%,其中属听证范围的1110件。

# 第七节　机构队伍

## 机构设置

1991—1998年,抚州地区工商局属地区行政公署的职能机构,编制序列归口抚州地区行政公署,业务上受省工商局指导。截至1998年底,地区工商局内设人事秘书科、企业科等7个职能科(室),有培训中心等3个事业单位。

1999年1月,地区工商局及所属11个县(市、区)工商局上划省工商局垂直领导;12月,增设人事科和财务科。2000年10月,抚州地区工商局改为抚州市工商局。

2002年7月,抚州市工商局内设办公室、市场规范监督管理科、机关党委等9个机构;有企业注册监督管理局等3个直属机构;派出机构1个,即抚州经济技术开发区工商分局;有后勤服务中心等7个所属事业单位。是月,抚州市工商局临川分局更名为抚州市临川区工商局。10月,临川市工商局改为抚州市工商局临川分局。是年,11个县(市、区)工商局共设工商分局(所)86个,内设机构55个,县(市、区)工商局直属局22个。

2004年2月,市工商局增设外商投资企业注册监督管理局。2005年5月,11个县(市、区)工商局增设政研法规股;12月,市工商局增设消费者权益保护局,并增挂市工商局"12315"网络指挥中心牌子,11个县(市、区)工商局增设消费者权益保护局,并增挂县(市、区)工商局"12315"网络指挥中心牌子。

2006年9月,抚州经济技术开发区工商分局更名为抚州市工商局金巢经济开发区分局;2008年7月,更名为抚州金巢经济开发区工商局。

2010年12月,县(市、区)工商局13个基层工商所改设为工商分局,市工商局直属分局更名为商标监督管理局,商标广告监督管理科更名为广告监督管理科,同时增设食品流通监督管理科。

表7-11-1　1991—2010年抚州市工商局主要负责人情况

| 姓　名 | 职　务 | 任职时间 |
| --- | --- | --- |
| 伍汉辉 | 党组书记、局长 | 1987.07—1990.06 |
| 张三东 | 党组书记、局长 | 1990.06—1995.12 |
| 冯锦庭 | 党组书记、局长 | 1996.01—2007.12 |
| 黄厚祝 | 党组书记、局长 | 2007.12—2010.12(在任) |

### 队伍建设

1991—1998 年,地区各级工商部门以岗位职务培训为重点,有计划、有步骤、分层次、分阶段对全市工商干部进行业务培训、法制教育,使全市工商干部职工的政治、业务、文化素质逐年得到提高。1996 年,开展"工商形象建设年""公平交易执法年"活动,全面规范队伍的执法形象、廉政形象、办事形象和仪表形象。8 年里,市工商局共举办培训班 78 期,培训 5874 人次。

2000 年 1 月,省编办、省工商局核定抚州地区工商局直属工商所(队)机构总数 120 个,编制总数 921 个;7 月,858 名基层工商所人员参加公务员录用考试;12 月,298 名国家干部过渡为公务员;是年,共有在职人员 1701 人。2001 年,全市工商所有 597 人被录用为公务员,全市工商所过渡、考录公务员共 895 人。

2002 年 12 月,全市 11 个县(市、区)工商局企业注册监督管理局局长、公平交易局局长和基层工商分局局长等 91 个职位,进行竞争上岗。

1999—2009 年,市工商局在全系统先后开展"工商形象建设年"、收受和赠送"红包"专项治理、争创"红旗单位"、建设"服务型机关"主题教育等活动,加强干部队伍建设和管理。

2010 年,市工商局在全市率先开展腐败风险预警防控管理工作,通过建立风险查找、风险防控、风险管理 3 项机制,制定主要工作流程图 6 个,确立易发风险工作 20 项,查找风险点 43 个、风险表现形式 165 种、防范对策 173 项,初步构建具有工商行政管理特色的腐败风险预警防控工作新机制。《中国工商报》《工商行政管理》等国家级报刊进行了专题报道。是年 7 月,制定《抚州市工商行政管理系统数据质量责任制度》等 4 项制度,组织全市工商部门开展"数据质量建设年"活动。

# 第八节　社会团体

## 抚州市个体私营经济协会

前身是抚州市个体劳动者协会。2001 年 5 月,抚州市个体私营经济协会(简称市个私协)成立,选举产生市个私协第一届理事会理事、常务理事、会长、副会长、秘书长等。2006 年 5 月,召开第二届会员代表大会,选举产生第二届理事会理事、常务理事、会长、副会长、秘书长等。2010 年,全市有各级个私协会共 13 个,基层分会 98 个,会员 70746 家,专职工作人员 43 人。

2002—2004 年,市个私协开展"消费者满意一条街"和"户户讲道德,店店无假货"活动,规范个私经营户经营行为。2008 年 5 月 29 日,举办迎奥运"光彩杯"红歌赛,来自各县(市、区)个私协会推荐的 34 位个私会员选手参加比赛。是年,为支援四川汶川地震重建,市个私协会员共为灾区捐款 956 万元。全国个私协会授予抚州个私协"全国个私协系统抗震救灾优秀组织单位"称号。2009 年 6 月,举办基层分会长培训班,来自全市的基层协会分会长及各县(市、区)个私协会秘书长共 88 人参加培训。2010 年,抚州市大部分县(区)遭遇洪水灾害,市个私协会员捐款捐物累计达 80 万余元。

## 抚州市消费者协会

前身是江西省消费者协会抚州地区工作委员会,成立于 1990 年 10 月 8 日;是年 7 月至 12 月,全地区 12 个县(市、区)先后建立消费者协会。1997 年 3 月,设立江西省消费者协会抚州地区工作委员会办公室。2000 年,全市 10 个县和临川区建有消费者协会 12 个,消费者协会分会 109 个,消费者监督站 251 个。

1992 年,全地区消费者协会受理消费者投诉 195 起,有商品质量投诉、价格投诉、虚假广告投诉、假冒商品投诉,投诉的商品涉及家用电器、家用机械、日用百货、食品、药品医用机械、服务等,消费者免受经济损失 68877 元。1994 年,是实施《消费者权益保护法》的第一年,地区各级消费者协会与有关部门联合组织学习班 24 期,参加学习的经营者近千人;以"3·15"国际消费者权益日为契机,出动宣传车 64 辆,深入到城区、乡镇及人流较多的地方进行《消法》宣传;是年,有 9 个县市建立与工商所为依托的消费者协会分会 92 个. 抚州市在市区较大的零售商店中建立消费者监督站 28 个。1998 年,开展"为了农村消费者年"主题活动;地区各级消协共受理消费者投诉 181 起,接待消费者信访和咨询 17500 人次,使消费者免受经济损失 141 万元。

2001 年,抚州市消费者协会围绕"绿色消费年"主题,开展多种形式宣传活动,举办抚州市名优特产品展示会;受理消费者投诉 808 起,调解完结 775 起,为消费者挽回经济损失达 9 万元。2004 年 5 月,在全市开展"农资质量和售后服务状况调查";是年,全市受理投诉 481 起,为消费者挽回经济损失 73 万元。2007 年,围绕"消费和谐年"主题,加大维权宣传和整治市场环境,对全市供水、供电、有线电视、公交、银行、电医疗等消费者意见较大的公用服务行业开展消费者评议活动;是年,全市消协系统受理消费者投诉 563 起,直接解决投诉 512 起,解决率达 90%。2008 年,开展"消费与责任"主题年活动,进行形式多样的宣传咨询,向消费者散发法律法规及维权知识宣传资料 17000多份、商品知识宣传单 3300 多份,接待各类咨询 2300 人次。

2010 年 6 月,抚州市大部分县(市、区)遭遇洪水灾害,市消协在唱凯、罗针、华溪、云山等地灾区对被洪水浸泡的各种食品进行监督检查,查出不符合要求并停止发放的食品有 4 个品种 5 个批次。是年,受理消费者投诉 1239 起,调解 1025 起,为消费者挽回经济损失 153.1 万元。

## 抚州市广告协会

前身是抚州地区广告协会,成立于 1997 年 8 月 22 日。成立时有广告业会员 58 人,理事 21 人。2006 年 6 月,召开第三次会员大会,选举产生抚州市广告协会第三届理事会和执行理事、会长、副会长等。2010 年 12 月,抚州市广告协会召开第三次会员大会,选举产生第四届理事会和执行理事、会长、副会长。抚州市广告协会内设组织机构 4 个,即学术分会、传媒分会、户外分会、办公室,协会理事单位 27 个。

1998 年,市广告协会组织 50 名广告经营人员进入大专院校学习,14 人参加江西省第 5 期广告专业技术资格培训。是年6月,抚州地区连降暴雨成灾,市广告协会15个会员推出抗洪救灾公益广告20件。2000年,组织广告从业人员培训班2期,参加业务培训120人次。组织会员5人参加在无锡举办的"中国广告节"和在南昌举办的"四新广告节"。2002年6月,举办"抚州市首届沿河花园杯"公益广告作品大赛,共征集35件作品,并进行评奖。选送14件平面作品参加省广协举办的"江西省第九届优秀作品评比"活动,有5件作品获奖。2004年,在全市广告行业开展"争创精神文明"创建活动,江西天义广告艺术有限公司创作的《中国广告火辣辣》入围"中国第11届广告节"。2005年,江西天义广告艺术有限公司被中国广告协会授予2004—2005年度全国广告行业文明单位称号。

2006年11月,市广告协会举办抚州市首届广告法规知识竞赛,11个代表队参赛,临川区队获一等奖。2008年,组织全市各大媒体、报刊以及各会员单位推出以抗冰救灾、抗震救灾为主题的公益广告,宣传救灾中涌现出的好人好事,各会员单位和个人还纷纷向受灾地区捐钱捐物,受到政府好评。2009年是中国广告信誉年,市广告协会征集7件优秀广告作品参加中国公益广告招贴大赛。2010年,配合广告监管部门加大对虚假广告的监督管理,对制作、发布虚假广告的典型案例,配合广告监管部门进行点评。

# 人 物

## 一、人物简介

**郭建章** 1934 年 11 月出生,内蒙古林西人,1950 年 6 月加入中国共产党,1948 年 1 月参加工作,大学文化。曾任省计委副处长,省经委处长,南昌市委常委、副市长,省体改委副主任,省体改委党组书记、副主任,1988 年 9 月至 1994 年 7 月任省工商局党组书记、局长。

**戴子钧** 1946 年 1 月出生,江苏省如东人,1975 年 7 月加入中国共产党,本科学历,高级政工师、工程师。1968 年 12 月参加工作,历任江西生产建设兵团四团连部文书、团政治处干事,南昌钢铁厂炼铁分厂团总支副书记、政工组负责人,南昌钢铁厂党委宣传部部干事、副部长、部长,1983 年 7 月任南昌钢铁厂党委副书记,1984 年 11 月任南昌钢铁厂党委书记,1988 年 2 月任南昌钢铁厂厂长,1990 年 7 月任省总工会党组副书记、副主席兼省教育工会主席,1994 年 7 月至 1998 年 11 月任省工商局党组书记、局长,1998 年 3 月兼任省国家税务局党组书记,1998 年 11 月任省国家税务局党组书记、局长。

**殷国光** 1946 年 9 月出生,江苏省海门市人,1975 年 1 月加入中国共产党,1970 年 8 月参加工作,大学学历,工程师。历任景德镇市体改委主任、党组书记,景德镇市副市长,景德镇市委常委、副市长,景德镇市委副书记、市长,景德镇市委书记、市长、景德镇军分区党委第一书记,景德镇市委书记、景德镇军分区党委第一书记。1998 年 9 月至 2003 年 1 月任省工商局党组书记、局长;2003 年 1 月至 2003 年 2 月任省政协副主席、党组成员,省工商局党组书记、局长;2003 年 2 月至 2008 年 1 月任省政协副主席、党组成员。

**朱张才** 1949 年 1 月出生,浙江省上虞人。中共党员,1969 年 3 月参加工作,研究生学历,农艺师。历任江西畜牧良种场党委副书记、副场长,党委书记、场长,省科委主任、党组成员,省政府副秘书长,省科学院党组书记、省政府发展研究中心主任,省科委主任、党组书记。1999 年 12 月任省政府副秘书长、省政府办公厅主任、党组书记;2003 年 3 月任省工商局局长、党组书记;2007 年 1 月当选为省政协副主席。

**邝小平** 1956 年 1 月出生,江西寻乌县人,1980 年 1 月加入中国共产党,1974 年 8 月参加工作,大学普通班,江西共大总校农机专业毕业。历任寻乌县中学教师,寻乌县委宣传部秘书、副部长,寻乌县长宁镇镇长、书记,全南县委常委、宣传部部长,共青团赣州地委书记,兴国县委书记,赣州地委委员、宣传部部长,赣州市委常委、宣传部部长,萍乡市委副书记、代市长、市长。2006 年 11

月任省工商局党组书记,2007年2月任省工商局局长、党组副书记。

**王可忠** 1953年2月出生,山东省潍坊人,1974年10月加入中国共产党,1968年3月参加工作,南昌陆军学院马列主义基础理论专业毕业,大专学历。历任解放军某部排长、指导员、副教导员、教导员,省委组织部干部、副处长、处长、副部长,2007年2月,任省工商局党组书记。

**王建辉** 1966年1月生,中共党员,泰和县灌溪工商所所长。1990年7月由部队转业进入工商部门工作。1994年9月8日,王建辉在乘泰和至南昌的公共汽车途中,面对拦车抢劫、手持刀棍等凶器的一伙歹徒,挺身而出,英勇搏斗,头部、腹部、手臂多处负伤,保护了20多名大学生和其他旅客的生命财产安全。1994年12月21日,省工商局党组印发《关于在全省工商行政管理系统开展向王建辉同志学习的决定》。

**兰社源** 1955年12月出生,大专学历,中共党员,1988年10月从部队转业分配到高安市工商局工作,2003年1月任高安市工商局黄沙分局局长。他所在的分局成为全省工商行政管理基层建设的“黄沙模式”。2004年7月,高安市委作出决定,号召全市各单位、各部门向兰社源所在的高安市工商局黄沙分局学习。2004年12月,人事部、国家工商总局联合授予兰社源“全国工商行政管理系统先进工作者”荣誉称号。2007年1月,省文明办、省广播电视局联合授予兰社源全省首届“十大文明执法人物”荣誉称号。2007年2月2日,省工商局党组印发《关于在全省工商行政管理系统开展向兰社源同志学习活动的通知》。

**陈泓朴** 1962年3月出生,大学学历,中共党员,1987年转业分配到南昌市青山湖区工商局工作,任南昌市青山湖区工商局党组成员、副局长兼四交分局局长。2000年被评为“江西省杰出青年卫士”,2005年11月被省委、省政府授予“江西省先进工作者”荣誉称号,2006年7月被评为省、市优秀共产党员,2007年2月荣获南昌市“干部创事业十大标兵”称号。2007年9月10日,中共江西省工商行政管理局党组印发《关于在全省工商行政管理系统开展向陈泓朴同志学习活动的通知》。

# 二、人物名录

### 江西省工商局领导名录

| 姓 名 | 籍 贯 | 职 务 | 任职时间 |
|---|---|---|---|
| 郭建章 | 内蒙古林西 | 党组书记、局长 | 1988.09—1994.07 |
| 戴子钧 | 江苏如东 | 党组书记、局长 | 1994.07—1998.10 |
| 殷国光 | 江苏海门 | 党组书记、局长 | 1998.10—2003.03 |
| 朱张才 | 浙江上虞 | 党组书记、局长 | 2003.03—2007.03 |
| 邝小平 | 江西寻乌 | 党组书记 | 2006.12—2007.02 |
| 邝小平 | 江西寻乌 | 局长 | 2007.02—2010.12(在任) |
| 王可忠 | 山东潍坊 | 党组书记 | 2007.02—2010.12(在任) |
| 徐天庆 | 山东潍坊 | 党组成员、副局长 | 1983.03—2000.08 |

续表

| 姓　名 | 籍　贯 | 职　务 | 任职时间 |
|---|---|---|---|
| 胡菊芬（女） | 浙江慈溪 | 党组成员、副局长 | 1986.03—2000.12 |
| 钟如考 | 江西波阳 | 党组成员、副局长 | 1991.04—1996.03 |
| 沃祖全 | 浙江镇海 | 副局长 | 1992.05—1998.05 |
| 吴同国 | 江西萍乡 | 党组成员、副局长 | 1992.12—1996.04 |
| 张长久 | 重庆 | 党组成员、纪检组长 | 1995.10—2005.01 |
| 徐运平 | 江西樟树 | 党组成员、副局长 | 2000.10—2008.08 |
| 刘柏林 | 江西南昌 | 党组成员、副局长 | 2000.10—2010.06 |
| 沈庆中 | 江西瑞昌 | 党组成员、副局长 | 2000.12—2010.12（在任） |
| 刘建华 | 江西南昌 | 党组成员、副局长 | 2009.11—2010.12（在任） |
| 魏晓奎 | 江西德安 | 党组成员、副局长 | 2010.11—2010.12（在任） |
| 张　刚 | 江西新干 | 党组成员、纪检组长 | 2005.04—2010.12（在任） |
| 徐天庆 | 山东潍坊 | 巡视员 | 2000.08—2001.05 |
| 徐运平 | 江西樟树 | 巡视员 | 2008.07—2009.04 |
| 吴　伟 | 江西永修 | 副巡视员 | 2000.08—2010.12（在任） |
| 肖长角 | 江西南昌 | 副巡视员 | 2004.04—2010.04 |
| 杜志刚 | 湖南涟源 | 副巡视员 | 2004.05—2010.12（在任） |

## 先进个人名录

| 姓　名 | 所在单位 | 获得荣誉 | 获得时间 | 授予单位 |
|---|---|---|---|---|
| 朱树池 | 玉山县工商局 | 全国工商系统先进工作者 | 1992年 | 人事部、国家工商局 |
| 陈章义 | 赣州地区工商局 | 全国工商系统先进工作者 | 1992年 | 人事部、国家工商局 |
| 罗泽川 | 遂川县工商局于田工商所 | 全国工商行政管理系统优秀工商行政管理人员 | 1992年 | 人事部、国家工商局 |
| 徐荣华 | 丰城市工商局城郊分局 | 全国工商行政管理系统优秀工商行政管理人员 | 1992年 | 人事部、国家工商局 |
| 周建明 | 南丰县工商局 | 全国工商行政管理系统优秀工商行政管理人员 | 1992年 | 人事部、国家工商局 |
| 曾福明 | 波阳县工商局 | 全国工商行政管理系统优秀工商行政管理人员 | 1992年 | 人事部、国家工商局 |
| 谌秀银 | 南昌市郊区工商局 | 全国工商行政管理系统优秀工商行政管理人员 | 1992年 | 人事部、国家工商局 |

续表

| 姓 名 | 所在单位 | 获得荣誉 | 获得时间 | 授予单位 |
|---|---|---|---|---|
| 王文钦 | 永修县工商局云山工商所 | 全国工商行政管理系统优秀工商行政管理人员 | 1992 年 | 人事部、国家工商局 |
| 方萃椿 | 于都县工商局 | 全国工商行政管理系统优秀工商行政管理人员 | 1992 年 | 人事部、国家工商局 |
| 耿建国 | 景德镇市工商局斗富弄市场管理所 | 全国工商行政管理系统优秀工商行政管理人员 | 1992 年 | 人事部、国家工商局 |
| 罗天宝 | 新余市工商局 | 全国工商行政管理系统优秀工商行政管理人员 | 1992 年 | 人事部、国家工商局 |
| 吕绍禹 | 萍乡市工商局 | 全国工商行政管理系统优秀工商行政管理人员 | 1992 年 | 人事部、国家工商局 |
| 安玉爱 | 南昌市工商局青云谱分局 | 全国工商行政管理系统先进工作者 | 1996 年 | 人事部、国家工商局 |
| | | 中国杰出(优秀)青年卫士提名奖 | 1997 年 | 共青团中央、中央综治委、最高人民法院、最高人民检察院、公安部、司法部、财政部、中国人民银行、国家税务总局、国家工商局、海关总署、中国人民武装警察部队联合 |
| 杜 杰 | 景德镇市工商局斗富弄工商所 | 全国工商行政管理系统先进工作者 | 1996 年 | 人事部、国家工商局 |
| 叶阿树 | 南昌市工商局东湖分局 | 全国工商行政管理系统优秀工商行政管理人员 | 1996 年 | 人事部、国家工商局 |
| 王文钦 | 永修县工商局云山工商所 | 全国工商行政管理系统优秀工商行政管理人员 | 1996 年 | 人事部、国家工商局 |
| 秦接桃 | 波阳县工商局 | 全国工商行政管理系统优秀工商行政管理人员 | 1996 年 | 人事部、国家工商局 |
| 廖德宽 | 萍乡市工商局上栗分局上栗工商所 | 全国工商行政管理系统优秀工商行政管理人员 | 1996 年 | 人事部、国家工商局 |
| 王建平 | 分宜县工商局商城分局 | 全国工商行政管理系统优秀工商行政管理人员 | 1996 年 | 人事部、国家工商局 |

续表

| 姓　名 | 所在单位 | 获得荣誉 | 获得时间 | 授予单位 |
|---|---|---|---|---|
| 李红梅（女） | 鹰潭市工商局 | 全国工商行政管理系统优秀工商行政管理人员 | 1996 年 | 人事部、国家工商局 |
| 谢生霖 | 于都县工商局利村工商所 | 全国工商行政管理系统优秀工商行政管理人员 | 1996 年 | 人事部、国家工商局 |
| 刘正泉 | 赣州市工商局南外分局 | 全国工商行政管理系统优秀工商行政管理人员 | 1996 年 | 人事部、国家工商局 |
| 阎黎明 | 遂川县工商局 | 全国工商行政管理系统优秀工商行政管理人员 | 1996 年 | 人事部、国家工商局 |
| 王建辉 | 泰和县工商局灌溪工商所 | 全国工商行政管理系统优秀工商行政管理人员 | 1996 年 | 人事部、国家工商局 |
| 黄裕桃 | 铅山县工商局 | 全国工商行政管理系统优秀工商行政管理人员 | 1996 年 | 人事部、国家工商局 |
| 余建强 | 金溪县工商局枫山工商所 | 全国工商行政管理系统优秀工商行政管理人员 | 1996 年 | 人事部、国家工商局 |
| 易奇浩 | 宜丰县工商局 | 全国工商行政管理系统优秀工商行政管理人员 | 1996 年 | 人事部、国家工商局 |
| 彭小春 | 高安市工商局建山工商所 | 全国工商行政管理系统优秀工商行政管理人员 | 1996 年 | 人事部、国家工商局 |
| 李法平 | 九江市工商局第一直属分局三里街工商所 | 中国优秀青年卫士 | 1999 年 | 共青团中央、中央综治委、最高人民法院、最高人民检察院、公安部、司法部、财政部、中国人民银行、国家税务总局、国家工商局、海关总署、中国人民武装警察部队联合 |
| 刘小生 | 瑞金市工商局谢坊工商所 | 中国优秀青年卫士提名奖 | 1999 年 | 共青团中央、中央综治委、最高人民法院、最高人民检察院、公安部、司法部、财政部、中国人民银行、国家税务总局、国家工商局、海关总署、中国人民武装警察部队联合 |

续表

| 姓　名 | 所在单位 | 获得荣誉 | 获得时间 | 授予单位 |
|---|---|---|---|---|
| 邓晓冰 | 南昌市工商局万寿宫商城工商所 | 全国工商行政管理系统先进工作者 | 2000年 | 人事部、国家工商局 |
| 鲁明德 | 莲花县工商局 | 全国工商行政管理系统先进工作者 | 2000年 | 人事部、国家工商局 |
| 钟国庆 | 九江市工商局直属分局滨江工商所 | 全国工商行政管理系统先进工作者 | 2000年 | 人事部、国家工商局 |
| 万东平 | 南昌市工商局青云谱分局 | 全国工商行政管理系统优秀工商行政管理人员 | 2000年 | 人事部、国家工商局 |
| 熊金梅（女） | 南昌市工商局东湖分局墩子塘工商所 | 全国工商行政管理系统优秀工商行政管理人员 | 2000年 | 人事部、国家工商局 |
| 曹尚华 | 九江县工商局 | 全国工商行政管理系统优秀工商行政管理人员 | 2000年 | 人事部、国家工商局 |
| 余顺统 | 都昌县工商局 | 全国工商行政管理系统优秀工商行政管理人员 | 2000年 | 人事部、国家工商局 |
| 唐　飞 | 乐平市工商局 | 全国工商行政管理系统优秀工商行政管理人员 | 2000年 | 人事部、国家工商局 |
| 吴启荣 | 芦溪县工商局芦溪工商所 | 全国工商行政管理系统优秀工商行政管理人员 | 2000年 | 人事部、国家工商局 |
| 辛荷根 | 新余市工商局渝水分局 | 全国工商行政管理系统优秀工商行政管理人员 | 2000年 | 人事部、国家工商局 |
| 郑　刚 | 鹰潭市工商局白露工商所 | 全国工商行政管理系统优秀工商行政管理人员 | 2000年 | 人事部、国家工商局 |
| 傅声禧 | 赣州市章贡区工商局卫府里工商所 | 全国工商行政管理系统优秀工商行政管理人员 | 2000年 | 人事部、国家工商局 |
| 邹凤英（女） | 赣县工商局茅店工商所 | 全国工商行政管理系统优秀工商行政管理人员 | 2000年 | 人事部、国家工商局 |
| 苏　谭 | 横峰县工商局 | 全国工商行政管理系统优秀工商行政管理人员 | 2000年 | 人事部、国家工商局 |
| 江和平 | 余干县工商局 | 全国工商行政管理系统优秀工商行政管理人员 | 2000年 | 人事部、国家工商局 |

续表

| 姓　名 | 所在单位 | 获得荣誉 | 获得时间 | 授予单位 |
|---|---|---|---|---|
| 熊良栋 | 宜春市工商局 | 全国工商行政管理系统优秀工商行政管理人员 | 2000 年 | 人事部、国家工商局 |
| 朱小三 | 新干县工商局直属工商所 | 全国工商行政管理系统优秀工商行政管理人员 | 2000 年 | 人事部、国家工商局 |
| 顾金郎 | 广昌县工商局 | 全国工商行政管理系统优秀工商行政管理人员 | 2000 年 | 人事部、国家工商局 |
| 裘应强 | 江西省工商局 | 全国工商行政管理系统优秀工商行政管理人员 | 2000 年 | 人事部、国家工商局 |
| 帅华龙 | 南昌市青山湖区工商局 | 全国工商行政管理系统先进工作者 | 2004 年 | 人事部、国家工商总局 |
| 兰社源 | 高安市工商局黄沙分局 | 全国工商行政管理系统先进工作者 | 2004 年 | 人事部、国家工商总局 |
| 肖丽凤（女） | 万安县工商局 | 全国工商行政管理系统先进工作者 | 2004 年 | 人事部、国家工商总局 |
| 陶勇利 | 南昌市西湖区工商局万寿宫分局 | 全国工商行政管理系统优秀工商行政管理人员 | 2004 年 | 人事部、国家工商总局 |
| 李腾勇 | 瑞昌市工商局肇陈分局 | 全国工商行政管理系统优秀工商行政管理人员 | 2004 年 | 人事部、国家工商总局 |
| 孟祥萍（女） | 乐平市工商局后港分局 | 全国工商行政管理系统优秀工商行政管理人员 | 2004 年 | 人事部、国家工商总局 |
| 鲁明德 | 萍乡市湘东区工商局 | 全国工商行政管理系统优秀工商行政管理人员 | 2004 年 | 人事部、国家工商总局 |
| 林丰平 | 分宜县工商局城镇分局 | 全国工商行政管理系统优秀工商行政管理人员 | 2004 年 | 人事部、国家工商总局 |
| 余香娇（女） | 鹰潭市月湖区工商局 | 全国工商行政管理系统优秀工商行政管理人员 | 2004 年 | 人事部、国家工商总局 |
| 刘沐垣 | 宁都县工商局 | 全国工商行政管理系统优秀工商行政管理人员 | 2004 年 | 人事部、国家工商总局 |
| 黄宜清 | 龙南县工商局 | 全国工商行政管理系统优秀工商行政管理人员 | 2004 年 | 人事部、国家工商总局 |

续表

| 姓　名 | 所在单位 | 获得荣誉 | 获得时间 | 授予单位 |
|---|---|---|---|---|
| 周　青（女） | 铜鼓县工商局 | 全国工商行政管理系统优秀工商行政管理人员 | 2004 年 | 人事部、国家工商总局 |
| 张　平 | 万载县工商局 | 全国工商行政管理系统优秀工商行政管理人员 | 2004 年 | 人事部、国家工商总局 |
| 沈良发 | 广丰县工商局洋口分局 | 全国工商行政管理系统优秀工商行政管理人员 | 2004 年 | 人事部、国家工商总局 |
| 柯少华 | 鄱阳县工商局 | 全国工商行政管理系统优秀工商行政管理人员 | 2004 年 | 人事部、国家工商总局 |
| 许世禄 | 吉安市吉州区工商局 | 全国工商行政管理系统优秀工商行政管理人员 | 2004 年 | 人事部、国家工商总局 |
| 陈　林（女） | 泰和县工商局 | 全国工商行政管理系统优秀工商行政管理人员 | 2004 年 | 人事部、国家工商总局 |
| 饶冬亮 | 南丰县工商局市山分局 | 全国工商行政管理系统优秀工商行政管理人员 | 2004 年 | 人事部、国家工商总局 |
| 陈俊明 | 东乡县工商局 | 全国工商行政管理系统优秀工商行政管理人员 | 2004 年 | 人事部、国家工商总局 |
| 康淑兰（女） | 江西省工商局 | 全国工商行政管理系统先进工作者 | 2008 年 | 人力资源和社会保障部、国家工商总局 |
| 陈泓朴 | 南昌市青山湖区工商局 | 全国工商行政管理系统先进工作者 | 2008 年 | 人力资源和社会保障部、国家工商总局 |
| 盛巧明 | 上饶市工商局 | 全国工商行政管理系统先进工作者 | 2008 年 | 人力资源和社会保障部、国家工商总局 |
| 屠浩翔 | 南昌市青云谱区工商局京山分局 | 全国工商行政管理系统优秀工商行政管理人员 | 2008 年 | 人力资源和社会保障部、国家工商总局 |
| 万婉红（女） | 九江县工商局江洲分局 | 全国工商行政管理系统优秀工商行政管理人员 | 2008 年 | 人力资源和社会保障部、国家工商总局 |
| 黄贤宁 | 武宁县工商局船滩分局 | 全国工商行政管理系统优秀工商行政管理人员 | 2008 年 | 人力资源和社会保障部、国家工商总局 |
| 吴建华 | 浮梁县工商局经公桥分局 | 全国工商行政管理系统优秀工商行政管理人员 | 2008 年 | 人力资源和社会保障部、国家工商总局 |

续表

| 姓　名 | 所在单位 | 获得荣誉 | 获得时间 | 授予单位 |
|---|---|---|---|---|
| 吴建忠 | 上栗县工商局 | 全国工商行政管理系统优秀工商行政管理人员 | 2008 年 | 人力资源和社会保障部、国家工商总局 |
| 谢平华 | 新余市渝水区工商局 | 全国工商行政管理系统优秀工商行政管理人员 | 2008 年 | 人力资源和社会保障部、国家工商总局 |
| 桂维新 | 余江县工商局锦中分局 | 全国工商行政管理系统优秀工商行政管理人员 | 2008 年 | 人力资源和社会保障部、国家工商总局 |
| 黄　平 | 赣州市工商局 | 全国工商行政管理系统优秀工商行政管理人员 | 2008 年 | 人力资源和社会保障部、国家工商总局 |
| 文运华 | 会昌县工商局 | 全国工商行政管理系统优秀工商行政管理人员 | 2008 年 | 人力资源和社会保障部、国家工商总局 |
| 胡楚兵 | 宜春市袁州区工商局城西分局 | 全国工商行政管理系统优秀工商行政管理人员 | 2008 年 | 人力资源和社会保障部、国家工商总局 |
| 陈坤禧 | 铜鼓县工商局 | 全国工商行政管理系统优秀工商行政管理人员 | 2008 年 | 人力资源和社会保障部、国家工商总局 |
| 周光明 | 万年县工商局 | 全国工商行政管理系统优秀工商行政管理人员 | 2008 年 | 人力资源和社会保障部、国家工商总局 |
| 刘汉青 | 井冈山市工商局茨坪分局 | 全国工商行政管理系统优秀工商行政管理人员 | 2008 年 | 人力资源和社会保障部、国家工商总局 |
| 胡小勇 | 峡江县工商局 | 全国工商行政管理系统优秀工商行政管理人员 | 2008 年 | 人力资源和社会保障部、国家工商总局 |
| 胡松华 | 南丰县工商局琴城分局 | 全国工商行政管理系统优秀工商行政管理人员 | 2008 年 | 人力资源和社会保障部、国家工商总局 |
| 黄少清 | 抚州市临川区工商局 | 全国工商行政管理系统优秀工商行政管理人员 | 2008 年 | 人力资源和社会保障部、国家工商总局 |
| 刘东庚 | 南昌市工商局 | 全国"五一劳动奖章" | 2009 年 | 中华全国总工会 |

### 先进集体名录

| 单位名称 | 获得荣誉 | 获得时间 | 授予单位 |
|---|---|---|---|
| 赣州市工商局 | 全国工商县工商行政管理系统先进集体 | 1992年 | 人事部、国家工商局 |
| 泰和县工商局 | 全国工商县工商行政管理系统先进集体 | 1992年 | 人事部、国家工商局 |
| 樟树市工商局 | 全国工商县工商行政管理系统先进集体 | 1992年 | 人事部、国家工商局 |
| 南昌县工商局 | 全国工商县工商行政管理系统先进集体 | 1992年 | 人事部、国家工商局 |
| 瑞昌市工商局 | 全国工商县工商行政管理系统先进集体 | 1992年 | 人事部、国家工商局 |
| 鹰潭市工商局经济检查科 | 全国工商县工商行政管理系统先进集体 | 1992年 | 人事部、国家工商局 |
| 崇义县工商局城关工商所 | 全国工商行政管理系统先进工商所 | 1992年 | 人事部、国家工商局 |
| 新干县工商局金川工商所 | 全国工商行政管理系统先进工商所 | 1992年 | 人事部、国家工商局 |
| 高安县工商局黄沙工商所 | 全国工商行政管理系统先进工商所 | 1992年 | 人事部、国家工商局 |
| 广丰县工商局永丰工商所 | 全国工商行政管理系统先进工商所 | 1992年 | 人事部、国家工商局 |
| 抚州市工商局五皇殿工商所 | 全国工商行政管理系统先进工商所 | 1992年 | 人事部、国家工商局 |
| 南昌市东湖区工商局墩子塘工商所 | 全国工商行政管理系统先进工商所 | 1992年 | 人事部、国家工商局 |
| 德安县工商局邹桥工商所 | 全国工商行政管理系统先进工商所 | 1992年 | 人事部、国家工商局 |
| 乐平县工商局西市工商所 | 全国工商行政管理系统先进工商所 | 1992年 | 人事部、国家工商局 |
| 萍乡市工商局城关分局高坑工商所 | 全国工商行政管理系统先进工商所 | 1992年 | 人事部、国家工商局 |
| 新余市工商局渝水分局良山工商所 | 全国工商行政管理系统先进工商所 | 1992年 | 人事部、国家工商局 |
| 鹰潭市月湖区工商局江边工商所 | 全国工商行政管理系统先进工商所 | 1992年 | 人事部、国家工商局 |
| 南昌市工商局青云谱分局洪都工商所 | 全国首批工商行政管理系统精神文明建设示范点 | 1996年 | 国家工商局 |
| | 全国创建文明行业工作先进单位 | 1999年 | 中央文明委、中央文明办 |
| 遂川县工商行政管理局 | 全国工商行政管理系统先进集体 | 1996年 | 人事部、国家工商局 |
| 上犹县工商行政管理局 | 全国工商行政管理系统先进集体 | 1996年 | 人事部、国家工商局 |
| 玉山县工商行政管理局 | 全国工商行政管理系统先进集体 | 1996年 | 人事部、国家工商局 |
| 德安县工商行政管理局 | 全国工商行政管理系统先进集体 | 1996年 | 人事部、国家工商局 |

续表

| 单位名称 | 获得荣誉 | 获得时间 | 授予单位 |
|---|---|---|---|
| 金溪县工商行政管理局 | 全国工商行政管理系统先进集体 | 1996 年 | 人事部、国家工商局 |
| 萍乡市工商行政管理局安源分局 | 全国工商行政管理系统先进集体 | 1996 年 | 人事部、国家工商局 |
| 南昌市工商局青云谱分局洪都工商所 | 全国工商行政管理系统先进工商所 | 1996 年 | 人事部、国家工商局 |
| 九江市工商局第一分局滨江工商所 | 全国工商行政管理系统先进工商所 | 1996 年 | 人事部、国家工商局 |
| 乐平市工商局西市工商所 | 全国工商行政管理系统先进工商所 | 1996 年 | 人事部、国家工商局 |
| 萍乡市工商局安源分局高坑工商所 | 全国工商行政管理系统先进工商所 | 1996 年 | 人事部、国家工商局 |
| 新余市工商局渝水分局良山工商所 | 全国工商行政管理系统先进工商所 | 1996 年 | 人事部、国家工商局 |
| 鹰潭市工商局江边工商所 | 全国工商行政管理系统先进工商所 | 1996 年 | 人事部、国家工商局 |
| 南康市工商局成衣市场管理所 | 全国工商行政管理系统先进工商所 | 1996 年 | 人事部、国家工商局 |
| 遂川县工商局零田工商所 | 全国工商行政管理系统先进工商所 | 1996 年 | 人事部、国家工商局 |
| 波阳县工商局油墩街工商所 | 全国工商行政管理系统先进工商所 | 1996 年 | 人事部、国家工商局 |
| 临川市工商局五皇殿工商所 | 全国工商行政管理系统先进工商所 | 1996 年 | 人事部、国家工商局 |
| 高安市工商局石脑工商所 | 全国工商行政管理系统先进工商所 | 1996 年 | 人事部、国家工商局 |
| 景德镇市工商局直属分局生产资料市场工商所 | 全国工商行政管理系统先进集体 | 2000 年 | 人事部、国家工商局 |
| 鹰潭市工商局"12315"消费者投诉举报中心 | 全国工商行政管理系统先进集体 | 2000 年 | 人事部、国家工商局 |
| 信丰县工商局 | 全国工商行政管理系统先进集体 | 2000 年 | 人事部、国家工商局 |
| 遂川县工商局 | 全国工商行政管理系统先进集体 | 2000 年 | 人事部、国家工商局 |
| 上高县工商局 | 全国工商行政管理系统先进集体 | 2000 年 | 人事部、国家工商局 |
| 临川市工商局公平交易执法大队 | 全国工商行政管理系统先进集体 | 2000 年 | 人事部、国家工商局 |

续表

| 单位名称 | 获得荣誉 | 获得时间 | 授予单位 |
|---|---|---|---|
| 南昌市工商局青云谱分局洪都工商所 | 全国工商行政管理系统先进工商所 | 2000 年 | 人事部、国家工商局 |
| 南昌市工商局东湖分局墩子塘工商所 | 全国工商行政管理系统先进工商所 | 2000 年 | 人事部、国家工商局 |
| 九江市工商局直属分局双峰工商所 | 全国工商行政管理系统先进工商所 | 2000 年 | 人事部、国家工商局 |
| 乐平市工商局太平桥工商所 | 全国工商行政管理系统先进工商所 | 2000 年 | 人事部、国家工商局 |
| 萍乡市工商局安源分局高坑工商所 | 全国工商行政管理系统先进工商所 | 2000 年 | 人事部、国家工商局 |
| 分宜县工商局城镇工商所 | 全国工商行政管理系统先进工商所 | 2000 年 | 人事部、国家工商局 |
| 鹰潭市工商局江边工商所 | 全国工商行政管理系统先进工商所 | 2000 年 | 人事部、国家工商局 |
| 会昌县工商局筠门岭工商所 | 全国工商行政管理系统先进工商所 | 2000 年 | 人事部、国家工商局 |
| 南康市工商局直属工商所 | 全国工商行政管理系统先进工商所 | 2000 年 | 人事部、国家工商局 |
| 泰和县工商局城区工商所 | 全国工商行政管理系统先进工商所 | 2000 年 | 人事部、国家工商局 |
| 上饶县工商局旭日工商所 | 全国工商行政管理系统先进工商所 | 2000 年 | 人事部、国家工商局 |
| 高安市工商局新街工商所 | 全国工商行政管理系统先进工商所 | 2000 年 | 人事部、国家工商局 |
| 崇仁县工商局公平交易执法大队 | 全国工商行政管理系统先进工商所 | 2000 年 | 人事部、国家工商局 |
| 上饶市横峰县工商局 | 全国创建文明行业工作先进单位 | 2003 年 | 中央文明委、中央文明办 |
| 九江市浔阳区工商局 | 全国工商行政管理系统先进集体 | 2004 年 | 人事部、国家工商总局 |
| 乐平市工商局 | 全国工商行政管理系统先进集体 | 2004 年 | 人事部、国家工商总局 |
| 莲花县工商局琴水分局 | 全国工商行政管理系统先进集体 | 2004 年 | 人事部、国家工商总局 |
| 兴国县工商局 | 全国工商行政管理系统先进集体 | 2004 年 | 人事部、国家工商总局 |
| 鄱阳县工商局 | 全国工商行政管理系统先进集体 | 2004 年 | 人事部、国家工商总局 |
| 资溪县工商局鹤城分局 | 全国工商行政管理系统先进集体 | 2004 年 | 人事部、国家工商总局 |
| 南昌县工商局莲塘分局 | 全国工商行政管理系统先进工商所 | 2004 年 | 人事部、国家工商总局 |
| 南昌市东湖区工商局永外分局 | 全国工商行政管理系统先进工商所 | 2004 年 | 人事部、国家工商总局 |

续表

| 单位名称 | 获得荣誉 | 获得时间 | 授予单位 |
|---|---|---|---|
| 九江市庐山区工商局十里分局 | 全国工商行政管理系统先进工商所 | 2004 年 | 人事部、国家工商总局 |
| 都昌县工商局城镇分局 | 全国工商行政管理系统先进工商所 | 2004 年 | 人事部、国家工商总局 |
| 景德镇市珠山区工商局新村分局 | 全国工商行政管理系统先进工商所 | 2004 年 | 人事部、国家工商总局 |
| 萍乡市安源区工商局安源分局 | 全国工商行政管理系统先进工商所 | 2004 年 | 人事部、国家工商总局 |
| 新余市渝水区工商局良山分局 | 全国工商行政管理系统先进工商所 | 2004 年 | 人事部、国家工商总局 |
| 余江县工商局锦江分局 | 全国工商行政管理系统先进工商所 | 2004 年 | 人事部、国家工商总局 |
| 赣县工商局南塘分局 | 全国工商行政管理系统先进工商所 | 2004 年 | 人事部、国家工商总局 |
| 瑞金市工商局沙洲坝分局 | 全国工商行政管理系统先进工商所 | 2004 年 | 人事部、国家工商总局 |
| 宜春市袁州区工商局城北分局 | 全国工商行政管理系统先进工商所 | 2004 年 | 人事部、国家工商总局 |
| 广丰县工商局永丰分局 | 全国工商行政管理系统先进工商所 | 2004 年 | 人事部、国家工商总局 |
| 泰和县工商局城区分局 | 全国工商行政管理系统先进工商所 | 2004 年 | 人事部、国家工商总局 |
| 崇仁县工商局礼陂分局 | 全国工商行政管理系统先进工商所 | 2004 年 | 人事部、国家工商总局 |
| 抚州市崇仁县工商局 | 全国精神文明建设工作先进单位 | 2005 年 | 中央文明委、中央文明办 |
| | | 2008 年 | 中央文明委、中央文明办 |
| 江西省工商局市场处 | "2005 红盾护农"行动先进单位 | 2005 年 | 国家工商总局 |
| 南昌市工商局市场处 | "2005 红盾护农"行动先进单位 | 2005 年 | 国家工商总局 |
| 江西省南昌县工商局小蓝分局 | "2005 红盾护农"行动先进单位 | 2005 年 | 国家工商总局 |
| 湖口县工商局 | "2005 红盾护农"行动先进单位 | 2005 年 | 国家工商总局 |
| 湖口县工商局马影分局 | "2005 红盾护农"行动先进单位 | 2005 年 | 国家工商总局 |
| 浮梁县工商局鹅湖分局 | "2005 红盾护农"行动先进单位 | 2005 年 | 国家工商总局 |
| 莲花县工商局市场股 | "2005 红盾护农"行动先进单位 | 2005 年 | 国家工商总局 |
| 分宜县工商局松山分局 | "2005 红盾护农"行动先进单位 | 2005 年 | 国家工商总局 |
| 余江县工商局公平交易局 | "2005 红盾护农"行动先进单位 | 2005 年 | 国家工商总局 |
| 赣县工商局市场股 | "2005 红盾护农"行动先进单位 | 2005 年 | 国家工商总局 |

续表

| 单位名称 | 获得荣誉 | 获得时间 | 授予单位 |
|---|---|---|---|
| 赣州市章贡区工商局市场股 | "2005 红盾护农"行动先进单位 | 2005 年 | 国家工商总局 |
| 高安市工商局瑞州分局 | "2005 红盾护农"行动先进单位 | 2005 年 | 国家工商总局 |
| 宜春市袁州区工商局秀江分局 | "2005 红盾护农"行动先进单位 | 2005 年 | 国家工商总局 |
| 余干县工商局 | "2005 红盾护农"行动先进单位 | 2005 年 | 国家工商总局 |
| 上饶市信州区工商局三江分局 | "2005 红盾护农"行动先进单位 | 2005 年 | 国家工商总局 |
| 吉安县工商局市场股 | "2005 红盾护农"行动先进单位 | 2005 年 | 国家工商总局 |
| 永新县工商局文竹分局 | "2005 红盾护农"行动先进单位 | 2005 年 | 国家工商总局 |
| 崇仁县工商局市场股 | "2005 红盾护农"行动先进单位 | 2005 年 | 国家工商总局 |
| 金溪县工商局市场股 | "2005 红盾护农"行动先进单位 | 2005 年 | 国家工商总局 |
| 江西省工商局市场处 | 全国工商行政管理系统"红盾护农"先进单位 | 2008 年 | 国家工商总局 |
| 南昌市工商局 | 全国工商行政管理系统"红盾护农"先进单位 | 2008 年 | 国家工商总局 |
| 安义县工商局 | 全国工商行政管理系统"红盾护农"先进单位 | 2008 年 | 国家工商总局 |
| 南昌县工商局 | 全国工商行政管理系统"红盾护农"先进单位 | 2008 年 | 国家工商总局 |
| 九江市工商局 | 全国工商行政管理系统"红盾护农"先进单位 | 2008 年 | 国家工商总局 |
| 九江市庐山区工商局 | 全国工商行政管理系统"红盾护农"先进单位 | 2008 年 | 国家工商总局 |
| 湖口县工商局 | 全国工商行政管理系统"红盾护农"先进单位 | 2008 年 | 国家工商总局 |
| 乐平市工商局 | 全国工商行政管理系统"红盾护农"先进单位 | 2008 年 | 国家工商总局 |
| 莲花县工商局 | 全国工商行政管理系统"红盾护农"先进单位 | 2008 年 | 国家工商总局 |

续表

| 单位名称 | 获得荣誉 | 获得时间 | 授予单位 |
|---|---|---|---|
| 新余市工商局市场科 | 全国工商行政管理系统"红盾护农"先进单位 | 2008 年 | 国家工商总局 |
| 鹰潭市工商局市场科 | 全国工商行政管理系统"红盾护农"先进单位 | 2008 年 | 国家工商总局 |
| 赣州市工商局市场科 | 全国工商行政管理系统"红盾护农"先进单位 | 2008 年 | 国家工商总局 |
| 兴国县工商局 | 全国工商行政管理系统"红盾护农"先进单位 | 2008 年 | 国家工商总局 |
| 南康市工商局市场股 | 全国工商行政管理系统"红盾护农"先进单位 | 2008 年 | 国家工商总局 |
| 宜春市工商局 | 全国工商行政管理系统"红盾护农"先进单位 | 2008 年 | 国家工商总局 |
| 高安市工商局 | 全国工商行政管理系统"红盾护农"先进单位 | 2008 年 | 国家工商总局 |
| 宜丰县工商局 | 全国工商行政管理系统"红盾护农"先进单位 | 2008 年 | 国家工商总局 |
| 上饶市工商局 | 全国工商行政管理系统"红盾护农"先进单位 | 2008 年 | 国家工商总局 |
| 余干县工商局 | 全国工商行政管理系统"红盾护农"先进单位 | 2008 年 | 国家工商总局 |
| 鄱阳县工商局 | 全国工商行政管理系统"红盾护农"先进单位 | 2008 年 | 国家工商总局 |
| 吉安市工商局 | 全国工商行政管理系统"红盾护农"先进单位 | 2008 年 | 国家工商总局 |
| 井冈山市工商局 | 全国工商行政管理系统"红盾护农"先进单位 | 2008 年 | 国家工商总局 |
| 吉安市青原区工商局 | 全国工商行政管理系统"红盾护农"先进单位 | 2008 年 | 国家工商总局 |
| 井冈山市工商局 | 全国工商行政管理系统"红盾护农"先进单位 | 2008 年 | 国家工商总局 |

续表

| 单位名称 | 获得荣誉 | 获得时间 | 授予单位 |
|---|---|---|---|
| 吉安市青原区工商局 | 全国工商行政管理系统"红盾护农"先进单位 | 2008 年 | 国家工商总局 |
| 峡江县工商局 | 全国工商行政管理系统"红盾护农"先进单位 | 2008 年 | 国家工商总局 |
| 广昌县工商局市场股 | 全国工商行政管理系统"红盾护农"先进单位 | 2008 年 | 国家工商总局 |
| 宜黄县工商局凤冈分局 | 全国工商行政管理系统"红盾护农"先进单位 | 2008 年 | 国家工商总局 |
| 南城县工商局 | 全国工商行政管理系统"红盾护农"先进单位 | 2008 年 | 国家工商总局 |
| 九江市庐山区工商局 | 全国工商行政管理系统先进集体 | 2008 年 | 人力资源和社会保障部、国家工商总局 |
| 新余市渝水区工商局城北分局 | 全国工商行政管理系统先进集体 | 2008 年 | 人力资源和社会保障部、国家工商总局 |
| 贵溪市工商局 | 全国工商行政管理系统先进集体 | 2008 年 | 人力资源和社会保障部、国家工商总局 |
| 上犹县工商局 | 全国工商行政管理系统先进集体 | 2008 年 | 人力资源和社会保障部、国家工商总局 |
| 高安市工商局企业注册监督管理局 | 全国工商行政管理系统先进集体 | 2008 年 | 人力资源和社会保障部、国家工商总局 |
| 安福县工商局横龙分局 | 全国工商行政管理系统先进集体 | 2008 年 | 人力资源和社会保障部、国家工商总局 |
| 南昌市东湖区工商局胜利分局 | 全国工商行政管理系统先进工商所 | 2008 年 | 人力资源和社会保障部、国家工商总局 |
| 南昌县工商局蒋巷分局 | 全国工商行政管理系统先进工商所 | 2008 年 | 人力资源和社会保障部、国家工商总局 |
| 九江市浔阳区工商局大桥分局 | 全国工商行政管理系统先进工商所 | 2008 年 | 人力资源和社会保障部、国家工商总局 |
| 乐平市工商局太平桥分局 | 全国工商行政管理系统先进工商所 | 2008 年 | 人力资源和社会保障部、国家工商总局 |

续表

| 单位名称 | 获得荣誉 | 获得时间 | 授予单位 |
|---|---|---|---|
| 萍乡市安源区工商局西门分局 | 全国工商行政管理系统先进工商所 | 2008 年 | 人力资源和社会保障部、国家工商总局 |
| 分宜县工商局城镇分局 | 全国工商行政管理系统先进工商所 | 2008 年 | 人力资源和社会保障部、国家工商总局 |
| 鹰潭市月湖区工商局白露分局 | 全国工商行政管理系统先进工商所 | 2008 年 | 人力资源和社会保障部、国家工商总局 |
| 赣州市章贡区工商局东外分局 | 全国工商行政管理系统先进工商所 | 2008 年 | 人力资源和社会保障部、国家工商总局 |
| 于都县工商局梓山分局 | 全国工商行政管理系统先进工商所 | 2008 年 | 人力资源和社会保障部、国家工商总局 |
| 瑞金市工商局叶坪分局 | 全国工商行政管理系统先进工商所 | 2008 年 | 人力资源和社会保障部、国家工商总局 |
| 樟树市工商局淦阳分局 | 全国工商行政管理系统先进工商所 | 2008 年 | 人力资源和社会保障部、国家工商总局 |
| 上饶市信州区工商局白鸥园分局 | 全国工商行政管理系统先进工商所 | 2008 年 | 人力资源和社会保障部、国家工商总局 |
| 余干县工商局白马桥分局 | 全国工商行政管理系统先进工商所 | 2008 年 | 人力资源和社会保障部、国家工商总局 |
| 吉安市青原区工商局值夏分局 | 全国工商行政管理系统先进工商所 | 2008 年 | 人力资源和社会保障部、国家工商总局 |
| 崇仁县工商局巴山分局 | 全国工商行政管理系统先进工商所 | 2008 年 | 人力资源和社会保障部、国家工商总局 |

# 附　录

## 中共江西省委　江西省人民政府
## 关于继续鼓励发展个体和私营经济的决定

1992 年 9 月 23 日

为进一步解放社会生产力,促进全省经济更快更好地发展,现就大力发展我省个体、私营经济的有关问题,作如下决定:

**一、大力发展个体、私营经济,是必须长期坚持的一项重要方针**

(一)大力发展个体、私营经济是加快我省经济发展的一条重要途径,是到本世纪末实现"小康"的一项重要措施。实践证明,大力发展个体、私营经济,对于活跃城乡经济、方便人民生活、扩大劳动就业、增加财政收入等都有重要作用。各级党委、政府要抓好转换国营企业经营机制、发展壮大城乡个体经济的同时,切实抓好个体、私营经济的发展。坚持鼓励个体、私营经济发展的政策长期不变,坚持鼓励合法经营、勤劳致富的政策长期不变,坚持保护个体工商户、私营企业合法权益的政策长期不变。

**二、进一步放宽政策,创造个体、私营经济发展的良好环境**

(二)鼓励农民、城镇待业人员从事个体经营,开办私营企业。允许行政事业单位中经批准的停薪留职人员和离退休人员、企业的富余人员、停工待业人员从事个体经营,开办私营企业,或者到个体户、私营企业做工。

(三)欢迎外地人员来我省从事个体经营,独资或合伙开办私营企业,并给予第一年内免交所得税的优惠。工商部门要在场地和经营条件方面给予妥善安排。

(四)除专营、专卖商品和国家有明文规定不准经营的行业和商品外,其余的放手让个体工商户和私营企业经营,可以综合合营、长途贩运、批发零售,也可以从事经纪活动,个别目前国家还没有放开的项目,经省人民政府批准,也可以试营或试生产。

(五)鼓励个体工商户和私营企业参与高新技术产品开发和农业开发,兴办生产型、科技型、开发型企业,允许开办私立文化、医疗、教育、体育等服务实体及其他社会服务项目。

(六)支持个体工商户和私营企业通过各种途径兴办中外合资、合作企业,开展"三来一补"业务,并给予国营和集体企业同等待遇。允许个体工商户和私营企业通过委托代理开展外贸业务,也可以到海外经商办厂。

(七)支持个体工商户和私营企业相互间及跨地区、跨所有制发展横向联合,互相参股经营。允许个体工商户和私营企业租赁、承包、购买小型国营、集体企业。

(八)专业银行、城乡信用社应按照国家信贷原则和利率政策,安排和解决个体工商户、私营企业生产经营所需的设备贷款和流动资金贷款。县以上工商联、个体私营经济协会开办为个体私营经济服务的信用社,人民银行应加强指导和管理。

(九)凡符合减、缓征税条件的个体工商户、私营企业,各级税务部门应按照税收管理体制的规定,为其办理减、缓征税手续。为了鼓励和支持个体私营的经济发展,对本规定发出之日起新登记的个体工商户和私营企业(不含老户重新办照者),对贫困地区和在农村从事直接为农业产前、产中、产后服务的行业,以及在城市从事社会急需而盈利微薄的行业,可给予定期减免税、费的照顾。具体规定由省税务局、省工商局另行制订印发。个体工商户、私营企业同国营、集体企业一样使用税务部门统一印制的发票。

(十)切实保护个体工商户和私营企业的合法权益。对执法人员中有吃、拿、卡、要行为的,要给予批评教育。情节严重的,除在经济上退赔外,要给予党纪和政纪处分。除国家规定的收费、罚款项目和省人民政府批准及授权物价部门批准的收费、集资项目外,任何部门、单位和个人都不得擅自到个体工商户、私营企业中乱收费、乱摊派、乱罚款,违者严肃查处。对乱收费、乱罚款、乱摊派的行为,个体工商户和私营企业有权拒绝、控告。

(十一)为缓解当前经营场所紧张的困难,各地应统筹规划,从实际出发,切实帮助安排好个体工商户、私营企业生产经营的场所。有条件的地方,要积极建立各类专业市场和小商品市场。允许行政机关和企事业单位出租闲置场地给个体户和私营企业经营。对个体工商户、私营企业生产租用土地,各级建设规划部门和土地管理部门应按照国家有关规定予以审批解决。个体户和私营企业经批准使用的土地和自行建设的生产经营场所,任何单位和个人不得随意侵占和拆迁。因城市建设确需征用的,应安排新的场所,并给予合理补偿。

(十二)加快建立健全个体、私营企业从业人员的社会保障制度。各级工商联和个体私营经济协会应积极动员和组织他们参加工伤、医疗、待业、养老等保险,保险部门要从多方面提供服务。

**三、加强领导和管理,保证个体、私营经济的健康发展**

(十三)县级政府应建立健全个体、私营经济领导小组,由政府主管领导任组长,工商、税务、公安、工商联、城建、劳动、物价、土地、标准计量、卫生等部门负责人参加。乡镇政府和街道办事处也要确定一名领导分管个体、私营经济工作。

(十四)加强对个体工商户、私营企业的监督管理,对违章、损害消费者利益的行为,要给予严肃批评教育。对制造和销售假冒伪劣商品、强买强卖、哄抬价格、欺行霸市、用投机诈骗手段牟取暴利和偷税漏税等非法行为要坚决查处。严厉打击卖淫、嫖娼、赌博等违法犯罪活动。

各级工商、公安、城管、交通、税务等部门要对无照经营户每年进行几次清理,对符合条件的,给予办理登记发照,准许继续经营;对不具备经营条件的,要限期改进或停业整顿。

(十五)加强对个体工商户、私营企业主的社会主义教育、遵纪守法教育和职业道德教育,不断提高其守法经营、照章纳税、恪守职业道德的自觉性。抓好职业培训,省、地两级有关部门应创造条件,逐步建立个体、私营从业人员培训中心,努力提高他们的经营管理水平和职业技能。

要在全社会形成鼓励和支持个体、私营经济健康发展的正确舆论,对于遵纪守法、有显著业绩和突出贡献的个体、私营从业人员,要通过多种形式予以表彰和鼓励。

(十六)加强各级个体私营经济协会建设,健全机构,充实力量,支持个体、私营经济协会履行工作职能。充分发挥各级工商联的作用,加强对个体、私营企业人员的思想政治工作。

(十七)各地各部门对过去我省有关个体、私营经济的政策规定,要进行一次认真清理,凡与本决定有抵触的,一律以本决定为准。

# 江西省实施《中华人民共和国消费者权益保护法》办法

(1995 年 6 月 30 日江西省第八届人民代表大会常务委员会第十六次会议通过)

**第一条** 根据《中华人民共和国消费者权益保护法》(以下简称《消费者权益保护法》)和其他有关法律、法规的规定,结合本省实际,制定本办法。

**第二条** 本办法所称的消费者,是指为生活消费需要购买、使用商品或者接受服务的个人和单位。

本办法所称的经营者,是指为消费者提供其生产、销售的商品或者提供服务的生产者、销售者和服务者。

**第三条** 本办法由各级人民政府负责组织实施。

工商、物价、卫生、技术监督、商检等行政部门应当依法做好保护消费者权益的具体工作,查处损害消费者合法权益的违法行为。对属于职责范围内的消费者投诉案件,有关行政部门必须受理,不得推诿或者久拖不决。

县级以上人民政府消费者权益保护委员会负责指导、协调、督促、检查有关行政部门和单位的消费者权益保护工作,其办事机构设在同级人民政府工商行政管理部门。

**第四条** 消费者协会是依法成立的对商品和服务进行社会监督的保护消费者合法权益的社会团体,依照《消费者权益保护法》第三十二条的规定履行职能。

各级人民政府及有关行政部门应当支持消费者协会开展社会监督工作,保障其职能的正常履行,提供必要的经费。

**第五条** 消费者协会可以就有关消费者合法权益的问题,向有关行政部门查询。采用书面形式查询的,应当写明查询事由和要求答复的问题。

被查询单位应当自收到书面查询之日起 15 日内做出书面答复。

被查询单位拒绝接受查询的,消费者协会可以向上级消费者协会和被查询单位的上级机关报告,也可以公开揭露、批评。

**第六条**　大众传播媒介应当做好维护消费者合法权益的宣传,对损害消费者合法权益的行为进行舆论监督。任何单位和个人不得干涉、压制有关保护消费者合法权益的真实报道。

**第七条**　人民法院应当组成保护消费者权益法庭,方便消费者提起诉讼。

**第八条**　经营者除应当履行《消费者权益保护法》和其他有关法律、法规规定的义务外,还必须遵守下列规定:

(一)提供商品或者服务,必须依照国家规定明码标价,因清仓、换季、搬迁等原因对商品削价处理的,价格表示应当真实;

(二)经营需要开封调试的商品,应当当场开封调试;

(三)从事保健美容、娱乐等经营性服务项目的,应当具备保障人体健康和人身安全的技术条件、服务设备及用品;

(四)从事修理、加工服务应当合理收费、按期交货和保证质量,不得偷换零部件或者原材料;

(五)消费者在购买商品付款后感到不满意当场提出退货的,经营者应当退还全部价款,并不得收取任何费用;

(六)遵守公平、自愿原则,不得违背消费者意愿强行销售、强行服务或者强迫消费者接受不公平条件;

**第九条**　消费者和经营者对商品质量和服务质量问题有争议的,可以由双方约定或者由受理投诉的行政部门、消费者协会指定的鉴定机构鉴定,鉴定费由责任方承担。

**第十条**　发生消费者权益争议的,消费者可以持购货凭证或者服务单据,与提供商品或者服务的经营者协商和解。不愿通过协商途径解决或者协商和解不成的,可以请求经营者所在地的消费者协会调解或者根据双方达成的仲裁协议向仲裁机构申请仲裁,也可以直接向有关行政部门申诉或者向人民法院提起诉讼。

**第十一条**　经营者提供商品或者服务,因质量问题造成消费者或者其他受害人(以下简称受害者)人身伤害、残疾、死亡,应当按照《消费者权益保护法》第四十一条、第四十二条规定的项目和下列标准支付费用:

(一)医疗费,按照医院对受害者治疗所必需的费用计算。

(二)治疗期间护理费,受害者住院治疗期间生活不能自理的,按照当地雇请1名护理人员所需费用计算。

(三)因误工减少的收入,按照受害者因误工减少的实际收入计算;减少的实际收入难以确认的,以当地职工年平均工资为标准计算。

(四)残疾者生活自助器具费,按照普及型器具的费用计算。

(五)残疾者生活补助费,根据受害者伤残等级,按照当地年平均生活费的10倍至20倍计算。

(六)残疾赔偿金,根据受害者伤残等级,按照当地职工年平均工资的5倍至10倍计算。

(七)丧葬费,按照当地殡葬单位基本服务项目收费标准计算。

(八)死亡赔偿金,按照当地年平均生活费的20倍计算。

(九)死者生前抚养的人的生活费,以当地年平均生活费为标准,对不满16周岁的,按抚养到

16 周岁计算;对其他无劳动能力的,按抚养 20 年计算。

法律、法规对前款另有规定,从其规定。按照前款规定支付的费用应当一次性补偿。

本条规定的当地职工年平均工资,是指当地市、县人民政府统计部门公布的该区域上一年度职工平均工资;本条规定的当地年平均生活费,是指省人民政府统计部门公布的上一年度城镇居民家庭或者农民家庭人均生活消费支出额。

第十二条 违反本法第八条规定的,由工商行政管理部门按照下列规定处理:

(一)从事保健美容、娱乐等经营性服务项目,不符合保障人体健康和人身安全要求的,责令改正,没收违法所得,情节严重的,责令停业整顿或者吊销营业执照;

(二)修理、加工服务不符合质量标准或者不符合与消费者的约定,经两次返工仍不能正常使用的,责令退还服务费用,并赔偿消费者的直接经济损失;

(三)偷换零部件或者原材料的,责令改正,赔偿消费者的直接经济损失,并处被偷换零部件或者原材料价款 1 倍至 5 倍的罚款;

(四)强行销售、强行服务或者强迫消费者接受不公平条件的,责令改正,退还商品价款或者服务费用,并处商品价款或者服务费用 1 倍至 5 倍的罚款,情节严重的,责令停业整顿或者吊销营业执照。

第十三条 对消费者提出的修理、重作、更换、退货,补足商品数量、退还货款和服务费用或者赔偿损失的要求,经营者故意拖延或者无理拒绝,除依照《消费者权益保护法》第五十条规定处罚外。还应当赔偿消费者因交涉、投诉而误工减少的收入和交通费、运输费等合理费用。

第十四条 消费者协会和有关行政部门接到消费者投诉后,应当在 10 日内做出是否受理的决定。决定受理的,应当自受理之日起 30 日内做出处理,并将结果通知有关经营者和消费者;决定不受理的,应当向消费者说明原因。

第十五条 工商、物价、卫生、技术监督、商检等行政部门对属于职责范围内的消费者投诉案件,故意推诿不予受理或者久拖不决的,同级人民政府或者上级行政部门应当责令其受理,限期解决,对直接责任人员和主要负责人由其所在单位或者上级机关给予行政处分。

第十六条 行政执法部门处理损害消费者合法权益案件,应当实行先赔偿后处罚的原则,对同一违法行为,不得重复处罚。

第十七条 经营者对行政处罚决定不服的,可以依照《行政复议条例》和《中华人民共和国行政诉讼法》的规定申请行政复议,或者提起行政诉讼。

第十八条 罚没处罚必须出具省财政部门统一印制的票据,罚没收入必须全额上缴同级财政。

第十九条 行政执法部门工作人员玩忽职守、滥用职权、徇私舞弊的,由其所在单位或者上级机关给予行政处分,构成犯罪的,依法追究刑事责任。

第二十条 农民购买、使用直接用于农业生产的生产资料或者接受相关服务,参照《消费者权益保护法》和本办法执行。

第二十一条 本办法具体应用中的问题,由省人民政府负责解释。

第二十二条 本办法自 1995 年 8 月 1 日起施行,1989 年 12 月 27 日江西省第七届人民代表大会常务委员会第十二次会议通过的《江西省保护消费者合法权益条例》同时废止。

# 江西省取缔无照经营办法

（2002年6月1日江西省第九届人民代表大会常务委员会第三十次会议通过）

**第一条**　为维护社会主义市场经济秩序，鼓励和保护公平竞争，根据有关法律、法规的规定，结合本省实际，制定本办法。

**第二条**　在本省行政区域内从事生产、经销、服务等经营活动的自然人、法人或者其他，依照法律、行政法规的规定需要办理营业执照的，应当向工商行政管理机关申请登记注册，领取营业执照后，方可从事经营活动。

**第三条**　自然人、法人或者其他组织违反本办法第二条规定，未依法取得合法、有效的营业执照而从事生产、经销、服务等经营活动的，属于无照经营，应当依法予以取缔。

租借、非法受让他人营业执照从事经营活动的，视为无照经营。

**第四条**　县级以上人民政府应当加强对取缔无照经营工作的领导，工商行政管理机关具体负责依法取缔无照经营工作，其他有关部门应当在各自职责范围内配合工商行政管理机关做好取缔无照经营工作。

**第五条**　取缔无照经营应当坚持疏导与取缔、教育与处罚相结合的原则。

各级人民政府及有关部门应当统筹安排，采取措施培育各类市场，通过多种途径，为经营者提供经营场所等便利条件。

**第六条**　工商行政管理机关在为经营者办理营业执照时，应当采取集中办照、明示办照期限等形式，提供优质、高效的服务。不得违反法律、法规和省政府的规定收取办照以外的费用。

**第七条**　自然人、法人或者其他组织不得有下列行为：

（一）以出租、出借、非法转让等方式为无照经营者提供营业执照；

（二）以营利为目的，明知他人无照经营而为其提供合同文本、介绍信、发票、银行账户、资金、场所等经营条件或者居中介绍等便利条件。

**第八条**　工商行政管理机关取缔无照经营时，可行使下列职权：

（一）调查、询问无照经营者以及相关的单位或者个人；

（二）查阅、复制与无照经营有关的合同、账册、发票、文件、记录、业务函电等经营资料和财务资料；

（三）检查与无照经营有关的场所和物品；

（四）查封、扣押与无照经营有关的资料和财物；

（五）查封无照经营场所；

（六）对无照经营行为实施行政处罚；

（七）法律、法规规定的其他职权。

第九条 工商行政管理机关在查处无照经营行为时,应当有两名以上行政执法人员,并出示合法、有效的行政执法证件,文明执法。

第十条 工商行政管理机关在查处无照经营行为时,发现无照经营者可能转移、隐匿、销毁有关资料和财物的,或者其经营的物品可能产生危害后果的,可以对与无照经营直接有关的资料和财物实施查封、扣押的强制措施。但不得查封、扣押经营者个人及其所抚养家属维持生活必需的住房和用品。

第十一条 工商行政管理机关实施查封、扣押强制措施时,应当符合下列规定:

(一)经县以上工商行政管理机关主要负责人或者其委托的负责人批准;在边远、水上、交通不便地区或者不及时采取查封、扣押措施可能影响案件查处的,可以在先予查封、扣押后3日内补办批准手续;

(二)对查封的资料、财物和场所,加贴封条;

(三)出具查封、扣押财物通知书和资料、财物清单,并依法送达当事人。

第十二条 工商行政管理机关实施查封、扣押强制措施时,严禁动用、调换或者损毁查封、扣押的资料和财物。

查封、扣押的期限不得超过15日,因案情复杂不能在规定期限内作出处理决定需延长期限的,须经县以上工商行政管理机关主要负责人或者其委托的负责人批准,但延长的期限不得超过15日。

第十三条 有下列情形之一的,工商行政管理机关应当立即向当事人送达解除查封或者扣押强制措施通知书:

(一)查封、扣押的资料、财物及查封的场所与无照经营无关的;

(二)查封、扣押期满的;

(三)行政处罚决定已执行的;

(四)在查处无照经营行为过程中,经督促及时办理了营业执照的;

(五)法律、法规规定应当解除查封、扣押强制措施的其他情形。

第十四条 工商行政管理机关解除行政强制措施通知书送达之日起满30日,当事人不认领被解除查封、扣押和财物的,或者因无法找到当事人,经依法公告送达后仍无人认领的,经县以上工商行政管理机关主要负责人或者其委托的负责人批准,可将该财物依法拍卖或者变卖,拍卖、变卖后的价款必须及时上缴国库。

被查封、扣押的物品易腐烂变质的,可留取证据后,先行依法拍卖或者按照国家有关规定处理。

被查封、扣押的物品属法律、行政法规禁止生产或者流通的,依照有关法律、行政法规的规定处理。

第十五条 违反本办法规定,从事无照经营的,工商行政管理机关应当责令其停止经营活动,限期改正;拒不改正的,依法给予下列行政处罚:

(一)罚款。处以50元以上500元以下罚款;情节严重的,处以500元以上3000元以下罚款。

(二)没收违法所得。

（三）对拒不接受停止经营活动决定的，可以没收与无照经营有关的设备、工具、原辅材料、产品（商品）等财物。

工商行政管理机关对非法的营业执照、有关证明、合同文本、介绍信、发票等资料，应当予以收缴，或者移送有关行政管理部门依法处理。

法律、行政法规另有规定的，从其规定。

**第十六条**　以出租、出借、非法转让等方式为无照经营者提供营业执照的，由工商行政管理机关依照有关法律和行政法规的规定予以处罚。

**第十七条**　违反本办法第七条第（二）项规定的，由工商行政管理机关责令其限期改正，没收违法所得；在限期内不改正的，可处 2000 元以上 2 万元以下罚款。

**第十八条**　当事人擅自动用、转移或者调整被查封、扣押的财物的，工商行政管理机关应当责令其限期改正，恢复原状，并可处所动用、转移或者调换财物价值 20% 以下的罚款。

**第十九条**　本办法规定的罚款、没收违法所得的行政处罚决定，可以由工商行政管理机关的派出机构做出，但对个人罚没款额 200 元以上、对单位罚没款额 2000 元以上的，应当由县以上工商行政管理机关做出。

**第二十条**　无照经营妨碍工商行政管理机关工作人员依法执行职务，违反《中华人民共和国治安管理处罚条例》的，由公安机关予以处罚；构成犯罪的，依法追究刑事责任。

**第二十一条**　无照经营被取缔后，不免除无照经营者依法应当承担的其他法律责任。

**第二十二条**　工商行政管理机关及其工作人员对不应查封、扣押的资料和财物及不应查封的场所予以查封、扣押，或者动用、调换、损毁查封、扣押的资料和财物，或者违反本办法第十三条规定造成当事人经济损失的，应当依法承担赔偿责任；对直接负责的主管人员和其他直接责任人员，依法给予行政处分；构成犯罪的，依法追究刑事责任。

**第二十三条**　工商行政管理机关发现无照经营不查处，或者查处不力的，应当视其情节，由其上一级工商行政管理机关或者行政监察机关对直接负责的主管人员和其他直接责任人员依法给予行政处分；构成犯罪的，依法追究刑事责任。

**第二十四条**　本办法自 2002 年 7 月 1 日起施行。

# 江西省著名商标认定和保护办法

（2007 年 9 月 8 日省人民政府第 63 次常务会议审议通过，

自 2007 年 11 月 1 日起施行）

**第一条**　为规范江西省著名商标（以下简称著名商标）的认定工作，维护著名商标声誉，保护著名商标所有人、使用人和消费者的合法权益，促进经济发展，根据《中华人民共和国商标法》、《中华人民共和国商标法实施条例》等有关法律、法规，结合本省实际，制定本办法。

**第二条**　本省行政区域内著名商标的认定和保护适用本办法。

本办法所称著名商标,是指在市场上享有良好声誉,为相关公众所知晓,依照本办法认定的注册商标。

第三条 省工商行政管理部门负责著名商标的认定和保护工作;设区市工商行政管理部门负责著名商标的推荐和保护工作;县(市、区)工商行政管理部门负责著名商标的保护工作。

其他有关部门、行业协会、消费者权益保护组织依据各自职责,协助做好著名商标的认定和保护工作。

第四条 著名商标的认定,应当遵循自愿申请和公开、公平、公正的原则。

第五条 著名商标应当符合下列条件:

(一)该商标所有人的住所或者商标所指商品的产地在本省行政区域内;

(二)申请著名商标认定前,该商标连续3年合法使用,商标权属无争议;

(三)该商标所指商品近3年质量稳定,在相关公众中享有良好声誉;

(四)该商标所指商品销售区域较广,近3年的销售额、纳税额、市场占有率等主要经济指标在本省同行业中领先;

(五)该商标有严格的使用和管理制度以及保护措施。

第六条 申请认定著名商标,应当提交下列材料:

(一)申请书;

(二)申请人的有关身份证明材料;

(三)商标注册的证明材料(申请人为商标使用人的,还须提交商标使用许可的证明材料);

(四)该商标所指商品近3年的销售额、纳税额、市场占有率等主要经济指标及在省内同行业排序情况的有关材料;

(五)该商标使用、管理和保护的有关材料。

第七条 设区市工商行政管理部门应当自收到申请材料之日起10日内,提出推荐或者不予推荐的意见,并连同申请材料一并报送省工商行政管理部门。

省工商行政管理部门应当自收到申请材料和设区市工商行政管理部门的意见之日起20日内,依据本办法第五条、第六条的规定进行初步审查,并做出受理或者不予受理的决定。决定予以受理的,应当书面通知申请人;决定不予受理的,应当将申请材料退还申请人并书面说明理由。

申请材料需要补正的,省工商行政管理部门应当一次性书面通知申请人限期予以补正;逾期未补正的,视为放弃申请。

第八条 省工商行政管理部门对受理的著名商标认定申请,应当在省级新闻媒体上发布初步审查公告,并征询有关部门、行业协会、消费者权益保护组织的意见。

自初步审查公告发布之日起30日内,任何单位和个人均可以提出异议。

有关部门、行业协会、消费者权益保护组织应当如实向省工商行政管理部门提出书面意见。

第九条 省工商行政管理部门组织设立的著名商标认定委员会(以下简称认定委员会),负责著名商标的认定工作;每次认定著名商标,应当有不少于三分之二的认定委员参加。

认定委员会组成办法以及著名商标的具体认定标准、程序、规则,由省工商行政管理部门会同有关部门制定,报省人民政府备案。

**第十条**　认定委员会应当依据著名商标申请材料、有关方面意见,按照本办法第五条规定的条件,对提交认定的商标进行客观、公正的判断和评价。

**第十一条**　认定委员会以无记名投票方式表决,获与会委员三分之二以上票数通过的商标,认定为著名商标。

认定为著名商标的,由省工商行政管理部门发给相应证明,并在省级新闻媒体上公告。未被认定为著名商标的,省工商行政管理部门应当书面通知申请人并说明理由。

**第十二条**　著名商标有效期为 3 年,自公告之日起计算。

著名商标有效期届满前 3 个月,著名商标所有人、使用人可以向省工商行政管理部门提出延续认定申请。符合本办法第五条规定条件的,省工商行政管理部门应当予以延续认定并公告。每次延续认定的有效期为 3 年。逾期不申请延续认定的,该著名商标失效。

**第十三条**　自著名商标公告发布之日起,除法律、法规、规章另有规定的外,其所有人、使用人可以在著名商标所指的商品、商品包装、装潢、说明书、业务函件或者广告宣传、展览以及其他业务活动中使用"著名商标"字样。

未被认定为著名商标或者未经著名商标所有人依法许可,任何组织和个人不得使用"著名商标"字样。

**第十四条**　有下列情形之一的,著名商标所有人应当依照《中华人民共和国商标法》及《中华人民共和国商标法实施条例》的规定办理有关手续,并报省工商行政管理部门备案;

(一)著名商标所有人的名义、地址发生变更的;

(二)著名商标所有人转让其著名商标的;

(三)著名商标所有人许可他人使用其著名商标的。

**第十五条**　著名商标所有人和使用人应当保证该著名商标所指商品的质量,维护商标声誉。

**第十六条**　在著名商标所指商品的同一种或者类似商品上,他人不得实施下列行为:

(一)将与著名商标相同或者相近似的文字、图形、字母、数字、三维标志和颜色组合,或者上述要素的组合,作为商品名称、商品装潢使用或者作为未注册商标使用,容易使相关公众产生误认的;

(二)将与著名商标相同或者相近似的文字作为企业的字号在同一种或者类似商品上使用,容易使相关公众产生误认的;

(三)使用著名商标所指商品特有的或者相近似的包装,容易使相关公众产生误认的。

**第十七条**　在与著名商标所指商品不相同或者不相类似的商品上,将与著名商标相同或者相似的商品上,将与著名商标相同或者相近似的文字、图形、字母、数字、三维标志和颜色组合,或者上述要素的组合,作为商品名称、商品装潢使用或者作为未注册商标使用,致使著名商标所有人、使用人的利益可能受到损害的,著名商标所有人、使用人可以请求工商行政管理部门处理,工商行政管理部门应当及时处理。

**第十八条**　著名商标在本省行政区域外被侵权的,著名商标所有人、使用人可以向工商行政管理部门反映、工商行政管理部门应当及时给予帮助。

**第十九条** 著名商标所有人、使用人有下列情形之一的,由省工商行政管理部门撤销其著名商标,并予以公告:

(一)以提交虚假材料或者采取其他欺骗手段取得著名商标的;

(二)在著名商标的有效期内,该著名商标所指商品因质量等问题不具备本办法规定条件的;

(三)超出核定使用的范围使用"著名商标"字样,经工商行政管理部门责令其限期改正而拒不改正的;

(四)有其他违反著名商标管理规定行为的。

有前款第(一)项规定行为的,省工商行政管理部门可以并处2000元以上1万元以下罚款。

**第二十条** 违反本办法第十三条第二款规定的,由县以上工商行政管理部门责令改正,可以并处5000元以上1万元以下罚款。

**第二十一条** 违反本办法第十六条规定的,由县以上工商行政管理部门责令行为人停止侵权行为,并依据《中华人民共和国商标法》《中华人民共和国反不正当竞争法》等有关法律、法规予以处罚。

**第二十二条** 工商行政管理部门工作人员有下列情形之一的,对直接负责的主管人员和其他直接责任人员依法给予处分;构成犯罪的,依法追究刑事责任:

(一)违反法定程序组织认定著名商标的;

(二)未依法履行保护著名商标职责的;

(三)违法向申请人收取费用的;

(四)有其他玩忽职守、滥用职权、徇私舞弊行为,并造成严重后果的。

**第二十三条** 认定委员会委员在著名商标的认定过程中弄虚作假、徇私舞弊,造成著名商标的认定结果严重失实的,由省工商行政管理部门撤销其委员资格,并由其所在单位或者监察机关依法给予处分。

**第二十四条** 省工商行政管理部门组织认定著名商标,不得向申请人收取或者变相收取任何费用。

**第二十五条** 本办法关于商品商标的规定,适用于服务商标。

**第二十六条** 本办法自2007年11月1日起施行。

# 江西省人民政府关于建立查处取缔
# 无证无照经营行为长效工作机制的意见

各市、县(区)人民政府,省政府各部门:

为进一步整顿和规范市场经济秩序,促进公平竞争,保护经营者和消费者的合法权益,建设和谐平安江西,根据《无照经营查处取缔办法》(国务院令第370号)和有关法律法规规定,现就建立查处取缔无证无照经营行为长效工作机制,提出如下意见:

## 一、指导思想

以邓小平理论和"三个代表"重要思想为指导,深入贯彻落实科学发展观,按照政府统一领导、职能部门各负其责、齐抓共管的原则,切实履行市场监管职能,全面查处取缔无证无照经营行为,努力构建公平有序的市场经济环境,促进社会和谐,促进社会主义市场经济健康发展。

## 二、工作机制

查处取缔无证无照行为是一项综合性执法工作。地方各级政府要按照权力和责任对等的原则,坚持"谁主管、谁审批、谁负责",落实责任,建立长效工作机制。要通过建立联席会议制度和信息通报、案件移送制度,开展专项行动,形成监管合力,确保查处取缔无证无照经营行为工作落到实处,取得实效。

(一)联席会议制度。

查处取缔无证无照经营联席会议由地方各级政府分管领导主持,成员单位由同级工商、卫生、文化、国土资源、煤炭、安监、公安、消防、经贸、质监、交通、食品药品监管、新闻出版、劳动保障、人事、建设、农业、林业、测绘、财政、环保、广电、电信、旅游、烟草专卖、法制、监察等政府职能部门和单位组成,各成员单位负责人参加。联席会议办公室设在各级工商行政管理部门,各成员单位确定专人负责与联席会议办公室的日常联系。联席会议由办公室根据成员单位提议,报经政府领导同意后召开。联席会议原则上每年至少召开一次。联席会议的主要职责是通报查处取缔无证无照经营工作情况,研究制定工作措施,协调解决重大问题,指导、督促查处取缔无证无照经营工作。各成员单位要认真落实联席会议决定的事项并向办公室反馈有关情况,各级联席会议办公室负责将落实情况通报联席会议。

(二)信息通报、案件移送制度。

在查处取缔无证无照经营工作中,政府各职能部门(单位)要本着"各司其职、通力合作"的原则,互相配合,互通信息,交换意见。有关行政许可审批部门在营业执照有效期内依法吊销、撤销、注销经营者行政许可证或其他批准文件,或者经营者行政许可证、其他批准文件有效期届满的,应在吊销、撤销、注销或届满之日起 5 个工作日内,及时将有关情况告知同级后续相关行政许可审批部门和工商行政管理部门。在接到告知后,同级后续相关行政许可审批部门应依法作出相应处理,同级工商行政管理部门应依法办理变更登记或注销登记。政府各相关职能部门(单位)在查处无证无照经营行为时,发现涉及其他职能部门(单位)监管职责范围的违法行为,应及时将涉嫌违法案件和有关证据材料一并移送同级相关职能部门(单位),对其中违法情节严重、涉嫌犯罪的,要依法移送司法机关追究责任。

## 三、查处取缔无证无照经营行为的范围

1. 应当取得而未依法取得许可证、其他批准文件和营业执照,擅自从事经营活动的违法经营行为;

2. 按规定无须取得许可证或其他批准文件即可取得营业执照而未依法取得营业执照,擅自从事经营活动的违法经营行为;

3. 已经依法取得许可证或其他批准文件,但未依法取得营业执照,擅自从事经营活动的违法经

营行为;

4.有关行政许可证和其他批准文件被吊销、撤销、注销,或有效期届满但未按规定重新办理登记或延期变更手续,擅自继续从事经营活动的违法行为;

5.超出核准登记的经营范围,擅自从事应当取得许可证或者其他批准文件后方可从事的经营活动的违法行为。

**四、查处取缔重点及职责分工**

(一)查处取缔重点。

1.严重危及社会公众利益和人民群众生命财产安全的无证无照经营行为;

2.严重扰乱市场经济秩序、损害公平竞争的无证无照经营行为;

3.根据实际情况认为需要列为查处取缔重点的其他无证无照经营行为。

(二)职责分工。

根据《无照经营查处取缔办法》和现行法律法规的规定,政府各相关职能部门(单位)对须经行政许可方可从事的经营活动的监督管理和查处取缔无证无照经营行为的具体职责明确如下:

工商行政管理部门负责对依照法律、行政法规的规定需要办理营业执照方可从事的经营活动进行监督管理。

卫生行政管理部门负责对须经本部门许可(批准)方可从事的食品生产经营、餐饮、化妆品、消毒产品、涉水产品、集中式供水服务、医疗服务、采供血、公共场所等经营活动进行监督管理。

文化行政管理部门负责对须经本部门许可(批准)方可从事的娱乐场所、互联网上网服务营业场所的经营活动,营业性演出,文艺表演团体及演出经纪机构的设立等进行监督管理。(注:"网吧"的无证无照经营按《互联网上网服务营业场所管理条例》第二十七条之规定予以取缔)

煤炭监管监察部门负责对须经本部门许可(批准)方可从事的煤炭生产、经营等经营活动进行监督管理。

安全生产监督管理部门负责对须经本部门许可(批准)方可从事的烟花爆竹、危险化学品等的生产、经营、储存,及非煤矿山等其他须经安全生产许可方可从事的生产活动进行监督管理。

公安部门负责对须经本部门许可(批准)方可从事的旅馆、互联网上网服务营业场所、公章刻制、印刷经营、因私出入境中介服务、营业性射击场所、爆破作业、危险化学品运输、剧毒化学品和易制毒化学品使用和运输及其他须经公安部门许可方可从事的经营活动进行监督管理。

公安消防机构负责对从事娱乐场所等公众聚集场所及其他须经公安消防机构验收合格、方可开展经营活动的场所进行监督检查。负责查处违反消防法律法规的行为。

经贸行政管理部门负责对须经本部门许可(批准)方可从事的成品油生产、经营、仓储、食盐生产、批发和碘盐加工、批发、二手车鉴定评估、典当行等经营活动进行监督管理。

质量技术监督行政管理部门负责对须经本部门许可(批准)方可从事的工业品(含食品)生产加工、计量器具制造及修理、计量标准核准、认证认可、检验检测、特种设备生产和使用等经营活动进行监督管理。

交通运输行政管理部门负责对须经本部门许可(批准)方可从事的道路运输经营、水路运输经营、机动车维修经营、机动车驾驶员培训经营、道路运输站(场)经营、港口经营、港口理货经营、港口危险货物作业、水路危险货物运输等经营活动进行监督管理。

食品药品监督管理部门负责对须经本部门许可(批准)方可从事的药品和医疗器械的生产、经营活动进行监督管理。

国土资源行政管理部门负责对须本部门许可(批准)方可从事的矿产资源的勘查、开采等经营活动进行监督管理。

新闻出版行政管理部门负责对须经本部门许可(批准)方可从事的出版物出版、发行、零售、印刷、复制、出版物进口以及音像制品的进口、批发、零售和出租等经营活动进行监督管理。

劳动保障、人事、建设、农业、林业、测绘、财政、环境保护、广播电视、电信、旅游、烟草专卖及其他有关部门负责对须经本部门许可(批准)方可从事的经营活动进行监督管理。

政府各相关职能部门(单位)要按照"谁主管、谁审批、谁负责"的原则,依法认真履行查处取缔无证无照经营行为的职责,负责查处未经本部门许可(批准)或已依法吊销、撤销许可证(照、批准文件),或许可证(照、批准文件)有效期届满后未按规定重新办理行政许可手续,擅自从事相关经营活动的违法经营行为。

在查处取缔无证无照经营工作中,对经营活动涉及多项许可审批的生产经营领域的,第一顺序许可审批部门(单位)为负责该领域无证无照经营查处取缔工作的第一责任者,第一顺序许可审批部门已审批、发证的,后续顺序许可审批部门(单位)为负责该领域无证无照经营查处取缔工作的第一责任者,对无证无照经营行为的查处取缔工作,由第一责任者负责,其他有关部门配合;对发现涉及其他职能部门(单位)监管职责范围的无证无照经营行为的,该职能部门(单位)应及时将已掌握的情况和有关证据材料一并及时书面告知(移送)同级相关职能部门(单位)。政府各相关职能部门(单位)要依法认真履行各自职责,按照既有分工又有合作的原则,确保查处取缔无证无照的各项工作落到实处。

**五、工作要求**

(一)提高认识,加强领导。

地方各级政府要进一步提高对无证无照经营行为危害性以及查处取缔工作重要性的认识,切实把查处取缔无证无照经营行为作为整顿和规范市场经济秩序的一项重要任务,作为保障人民群众生命财产安全的一项重要措施,实施综合整治。要加大组织领导力度,认真协调解决查处取缔无证无照经营工作中遇到的困难和问题,积极支持职能部门依法开展工作,实现并保持在本行政区域内基本消灭无证无照经营行为的目标。

(二)落实责任,齐抓共管。

一是各级联席会议要加强组织领导、指导协调、督促检查的力度,形成各职能部门各负其责、齐抓共管、联合执法的查处取缔合力;二是按照"谁主管、谁审批、谁负责"的原则,明确责任,落实责任追究制度。对个别涉及多个部门审批的重点行业,相关部门要进一步明确市场准入审批程序和监管查处责任;三是健全部门查处与联合执法相结合的工作机制,确保查处取缔工作积极稳妥、有序有效进行;四是供水、供电、电信等公共服务行业、企业要增加法律意识和社会责任意识,积极配合有关职能部门做好查处取缔无证无照经营行为的工作;五是充分发挥基层组织作用,乡(镇)政府、街道办事处、社区居民委员会及农村村民委员会等基层组织对本辖区内的无证无照经营行为,要及时向有关监管部门报告;六是政府各职能部门要依据法定职责,强化内部责任管理,实施属地监管,把责任落实到人。对于相关部门的抄告事项,要及时处理,不得推诿扯皮。

(三)宽严相济,分类整治。

地方各级政府相关职能部门要正确处理执法与服务、整顿与发展的关系,在查处取缔无证无照经营工作中,遵循查处与引导相结合、处罚与教育相结合、取缔与规范相结合的原则,对存在重大安全隐患、威胁公共安全、破坏环境资源的无证无照经营行为,要坚决查处取缔,并依照《无照经营查处取缔办法》等有关规定予以处罚,对其中违法情节严重、涉嫌犯罪的,要及时移送司法机关依法处理。对下岗失业人员、残疾人等困难群体或者经营范围、经营条件基本符合法律、法规规定的无证无照经营行为,应引导帮助其依法办理相关手续,使其合法经营;对法律法规未明确规定应当登记的经营行为,或按照相关政策规定应免于登记的经营行为,要依法规范管理,不视为无证无照经营行为进行查处取缔。

(四)依法行政,文明执法。

在查处取缔工作中,各职能部门要加强相关法律、法规宣传,严格按照办案程序,准确适用法律,坚持依法行政;要秉公执法、廉洁执法、文明执法,杜绝粗暴执法,避免引发群体性事件;对拒绝、阻碍依法查处取缔无证无照经营行为的,要做好说服教育工作;需要公安机关配合的,要及时向公安机关通报情况,公安机关在接到协同执法请求后,要积极支持配合,制止各种阻挠执法、暴力抗法等违法行为的发生,对触犯刑律的无证无照非法经营行为,依法追究刑事责任。法制部门要研究查处取缔无证无照非法经营行为提供法律意见,依法协调部门之间法定职责争议问题。

(五)严肃法纪,追究责任。

政府各相关职能部门要全面落实监管责任,加强对本部门和所属下级单位开展查处取缔无证无照经营工作情况的监督检查,对本部门及其工作人员利用职务上的便利收受他人财物或者其他好处,或者不依法履行监督职责,或者发现违法行为不予依法查处的,对直接负责的主管人员和其他直接责任人员,依法依规给予行政处分。监察部门要对各级政府和各相关职能部门查处取缔无证无照非法经营行为工作的情况进行监督,对失职、渎职、包庇袒护、不负责任、延误工作的部门领导和工作人员,按照有关规定追究责任。

(六)加强宣传,营造氛围。

各地各部门要加大宣传力度,运用多种形式,大力宣传《无照经营查处取缔办法》《安全生产法》《食品卫生法》《消防法》《危险化学品安全管理条例》《工业产品生产许可证管理条例》《特种设备安全监察条例》《娱乐场所管理条例》《互联网上网服务营业场所管理条例》等相关法律、法规,努力提高全社会依法经营意识,营造有利于市场经济健康发展的社会氛围,促进全省经济社会又好又快发展。

二〇〇八年九月十九日

# 江西省合同格式条款监督办法

江西省人民政府令　　第 179 号

**第一条**　为了规范合同中的格式条款,保护消费者的合法权益,维护市场交易秩序,根据《中华人民共和国合同法》、《中华人民共和国消费者权益保护法》等有关法律、法规的规定,结合本省实际,制定本办法。

**第二条**　本办法所称格式条款,是指经营者为了重复使用而预先拟定,并在订立合同时未与消费者协商的条款。

商业广告、通知、声明、须知、店堂告示、说明、凭证等,其内容符合要约和前款规定的,视为格式条款。

**第三条**　本省行政区域内的经营者与消费者采用格式条款订立合同的,适用本办法。

**第四条**　工商行政管理部门负责对格式条款进行监督,对利用格式条款损害消费者合法权益的违法行为依法进行处理。

其他有关行政主管部门按照各自职责,做好格式条款的监督工作,及时处理损害消费者合法权益的违法行为。

行业协会依照法律、法规、规章和章程的规定,对本行业格式条款的制定和使用进行规范和指导,协助工商行政管理等行政主管部门对格式条款进行监督。

**第五条**　经营者制定和使用格式条款应当遵循公平和诚实信用原则,不得利用格式条款损害消费者、第三人和社会公共利益。

**第六条**　鼓励经营者参照相关合同示范文本制定格式条款。

合同示范文本由有关行政主管部门或者行业转会制定。

工商行政管理部门可以参与合同示范文本的制定。

**第七条**　格式条款不得含有免除经营者下列责任的内容:

(一)造成消费者人身伤害的责任;

(二)因故意或者重大过失造成消费者财产损失的责任;

(三)对提供的商品或者服务依法应当承担的保证责任;

(四)依法应当承担的违约责任和其他责任。

格式条款含有减轻、免除经营者应当承担的其他责任内容的,经营者应当在合同订立前采取合理的方式提醒消费者注意,并按照消费者的要求予以说明。

**第八条**　格式条款不得含有加重消费者下列责任的内容:

(一)违约金或者损害赔偿金数额明显偏高;

(二)承担应当由经营者承担的经营风险责任;

(三)违反法律、法规加重消费者责任的其他内容。

第九条  格式条款不得含有排除消费者下列主要权利的内容:

(一)依法撤销、变更、中止或者解除合同的权利;

(二)请求支付违约金或者请求损害赔偿的权利;

(三)行使合同解释的权利;

(四)选择合同争议解决途径的权利;

(五)依法享有的其他主要权利。

第十条  经营者应当在经营、服务场所或者通过其他方式公开含有格式条款的合同文本,供消费者查阅。

第十一条  下列含有格式条款的合同,经营者应当在合同文本使用之日起30日内报其登记注册的工商行政管理部门备案,但本办法第二条第二款规定视为格式条款的除外:

(一)房屋买卖及租赁、物业服务、住宅装修装饰合同;

(二)旅游合同;

(三)汽车买卖、租赁合同;

(四)供电、供水、供气合同;

(五)邮递、通信、有线电视服务合同;

(六)经纪合同;

(七)经营性培训合同;

(八)美容健身、餐饮住宿、摄影服务合同。

前款规定之外的含有格式条款的合同需要备案的,由省工商行政管理部门提出,报省人民政府批准。

第十二条  经营者将含有格式条款的合同报工商行政管理部门备案,应当提交下列材料:

(一)备案报告表;

(二)合同文本(含电子文本);

(三)营业执照副本复印件。

工商行政管理部门应当推行电子政务,要在本部门网站上公布格式条款备案事项,方便经营者采取数据电文等形式提交格式条款备案材料。

工商行政管理部门收到备案材料后,应当及时出具备案受理通知书。

第十三条  工商行政管理部门应当对备案的合同文本建立档案,并通过网络等方式向社会公布,便于公众查阅。

第十四条  经备案的格式条款涉及消费者权益的内容变更的,经营者应当在10日内将变更后的合同文本重新报原备案的工商行政管理部门备案。

第十五条  消费者认为格式条款损害其合法权益的,可以向工商行政管理部门申诉或者向消费者协会投诉,也可以依照约定向仲裁机构申请仲裁或者依法向人民法院提起诉讼。

公民、法人或者其他组织发现格式条款损害消费者合法权益的,可以向工商行政管理部门或者其他有关行政主管部门举报。

对格式条款损害消费者合法权益的申诉、投诉或者举报,工商行政管理部门、消费者协会以及其他有关行政主管部门应当依法及时处理,并将处理结果告知申诉人、投诉人或者举报人。

第十六条　工商行政管理部门通过下列方式发现格式条款违反法律、法规和本办法第七条、第八条、第九条规定的,应当向经营者书面提出修改意见:

(一)备案审查发现的;

(二)日常监督检查发现的;

(三)由消费者协会反映发现的;

(四)由消费者申诉发现的;

(五)由公民、法人或者其他组织举报发现的。

经营者对修改意见无异议的,应当自收到修改意见之日起 15 日内对格式条款进行修改,并将修改结果告知工商行政管理部门。

经营者对修改意见有异议的,应当自收到修改意见之日起 15 日内向工商行政管理部门书面提出,并可以要求举行听证。

第十七条　工商行政管理部门应当在收到经营者提出异议之日起 15 日内作出书面答复。

经营者要求举行听证的,工商行政管理部门应当在收到书面申请之日起 15 日内组织听证,并在听证后 10 日内将听证意见书面答复经营者。听证时间不计算在前款规定的时间内。

工商行政管理部门组织听证时,可以邀请消费者协会、有关行政主管部门、行业协会和专家学者、消费者代表参加。

第十八条　工商行政管理部门对经营者提出异议后的答复或者听证后的答复仍要求经营者修改格式条款的,经营者应当在收到答复之日起 15 日内修改,并将修改结果告知工商行政管理部门。

第十九条　经营者对工商行政管理部门要求修改的格式条款在规定期限内拒不修改的,工商行政管理部门可以将该格式条款及其经营者的有关情况向社会公告。

第二十条　工商行政管理部门应当加强对格式条款的监督检查,对发现违反本办法的行为可以采取下列措施:

(一)询问双方当事人、利害关系人和证明人;

(二)对经营、服务场所实施现场检查;

(三)查阅、复制与格式条款有关的合同、发票、账册、凭证等资料;

(四)法律、法规规定的其他措施。

第二十一条　违反本办法规定,经营者未将含有格式条款的合同文本报工商行政管理部门备案的,由工商行政管理部门责令限期改正;逾期拒不改正的,处 1000 元以上 5000 元以下罚款,并可以将有关情况向社会公告。

第二十二条　工商行政管理部门及其他有关行政主管部门在格式条款监督工作中,有下列行为之一的,对负有责任的主管人员和其他直接责任人员依法给予处分;构成犯罪的,依法追究刑事责任:

(一)未履行法定职责或者监管失误损害经营者或者消费者合法权益的;

（二）违反规定实施行政处罚的；

（三）利用职务便利索取或者收受财物的；

（四）其他滥用职权、玩忽职守、徇私舞弊的行为。

**第二十三条** 农民购买直接用于农业生产的生产资料和有偿接受农机服务，与经营者订立含有格式条款的合同，参照本办法执行。

**第二十四条** 本办法自 2010 年 3 月 1 日起施行。

本办法规定应当备案的含有格式条款的合同，在本办法施行前已经使用的，经营者应当自本办法施行之日起 90 日内报工商行政管理部门备案。

# 编纂始末

根据省政府的统一部署,按照省政府办公厅《关于印发第二轮江西省志编纂工作方案的通知》(赣府厅字〔2012〕6号),及省政府办公厅召开第二轮《江西省志》编纂工作动员部署大会的要求,2012年4月,江西省工商局党组研究决定开展第二轮《江西省工商行政管理志》编纂工作,省工商局印发《〈江西省志·工商行政管理志(1991—2010)〉编纂工作实施方案》,成立《江西省志·工商行政管理志(1991—2010)》编纂委员会,2012年,邝小平局长任编委会主任,局副巡视员袁建军任常务副主任(领导工作调整后由局副巡视员郑辅良担任常务副主任);2017年,吴治云局长任编委会主任,刘建华副局长任常务副主任;2019年,省市场监管局王福平局长任编委会主任,沈庆中副局长任常务副主任。编委会下设办公室,编纂办公室主任由局有关部门负责人担任,具体负责志书编纂的组织、实施、协调等工作。省局机关各处(室)、直属单位,各设区市局指定一名领导负责局志工作,并选定一名管理本单位资料的同志为联络员。

省局领导对局志编纂工作非常重视,将其列入局志承编、参编单位年度工作任务,并多次召开局志办的工作人员会议,研究部署局志编纂工作,并对局志编纂工作进行了具体部署和安排,提出"坚持依法修志、坚持实事求是、坚持志书体例、坚持质量第一"等要求,实现"领导到位、机构到位、经费到位、队伍到位、条件到位",有力地保障了省工商行政管理志编纂工作的开展。省局处室、直属单位和设区市局积极参与,通力配合,保证了史志编纂工作的顺利进行。

根据编志工作的要求,坚持从实际出发,经编纂室多次讨论研究,并与省方志办沟通后,拟定了《江西省志·工商行政管理志(1991—2010)》编纂篇目,并以省局名义印发,局机关各处(室)、直属单位、设区市局组织落实。由于工商行政管理体制进行改革,省以下工商行政管理系统由省以下垂直管理改为设区市、县(市、区)块块管理,而且省、市、县(市、区)工商局、质监局、食药局等部门合并为一个部门,这对省工商行政管理志编纂工作的开展和进度产生了一定的影响。

2019年底,省局领导进一步部署了编志工作,决定在原工作基础上,调整编纂队伍,更新编纂人员,加快了编纂进度。2020年4月,完成初审稿并提交初审;8月底召开初审会并通过初审;12月下旬,在对初审稿进行补充、核实、修改、完善的基础上,完成复审稿并提交复审;2021年4月12日,召开复审会并通过复审;《工商志》通过复审后,省局本着对历史负责的态度,针对省方志院反馈的复审意见,编纂办公室克服人手不足的困难,编纂人员在资料筛选及文字表述等方面进一步打磨,经过2个多月的努力,于2021年7月初形成验收稿并提交验收;9月17日,召开验收会,《工商志》顺利通过验收。

志书编纂是存史、资治、育人的重要工作。修志工作不仅是一项艰苦繁重的文字工作,更需要大量的信息和历史资料,为了积累足够的相关资料,编志人员先后到江西省档案馆、江西省图书馆、省工商局档案室收集了近500万字的历史资料,为丰富本志的内容提供了充分的史实依据。编写人员在收集资料的工作中,先后到九江、上饶、鹰潭等设区市,得到了他们的大力支持和帮助。本志编纂过程中,省地方志办公室给予了热情关心和指导,省局各处(室)对本志的编纂工作提供了有力支持和帮助。在此,谨向为《江西省志·工商行政管理志(1991—2010)》编纂作出贡献的所有单位和同志致以崇高敬意和衷心感谢!

编　　者

2021 年 10 月

图书在版编目（CIP）数据

江西省志. 工商行政管理志：1991—2010／江西省
地方志编纂委员会编.--南昌：江西人民出版社,2021.12
ISBN 978-7-210-13651-4

Ⅰ.①江… Ⅱ.①江… Ⅲ.①江西-地方志 ②工商行
政管理-概况-江西-1991-2010 Ⅳ.①K295.6
②F203.9

中国版本图书馆 CIP 数据核字（2021）第 279392 号

江西省志·工商行政管理志:1991—2010
江西省地方志编纂委员会　编

出版总监:张德意　梁　菁
出版总协调:涂如兰
责任编辑:邓丽红　胡　滨
责任印制:潘　璐
书籍设计:同异文化传媒
出版发行:江西人民出版社
经　　销:各地新华书店
地　　址:江西省南昌市三经路 47 号附 1 号
编辑部电话:0791-86893196
发行部电话:0791-86898815
邮　　编:330006
网　　址:www.jxpph.com
E－mail:jxpph@tom.com
2021 年 12 月第 1 版　2021 年 12 月第 1 次印刷
开　　本:889 mm×1194 mm　1/16
印　　张:40.25　插页:10
字　　数:997 千字
ISBN 978-7-210-13651-4
定　　价:788.00 元
承 印 厂:深圳市精彩印联合印务有限公司
赣版权登字-01-2021-866